ABC-Griffleiste

Die ABC-Griffleiste am Rand dieser Seite hilft, den gesuchten Buchstaben im französisch-deutschen oder deutsch-französischen Teil schnell aufzufinden.

Man „greift“ den gesuchten Buchstaben hier am Rand und blättert mit dem Daumen, bis der gesuchte Buchstabe auf dem Rand der betreffenden Seite auftaucht. Er kommt zweimal vor – einmal im französisch-deutschen und einmal im deutsch-französischen Teil.

Linkshänder benutzen in gleicher Weise die ABC-Griffleiste am Ende des Buches.

A B C D E F G H I J K L M N O P Q R S T U V W Z

Die Nennung von Waren erfolgt in diesem Werk,
wie in Nachschlagewerken üblich, häufig ohne Erwähnung etwa
bestehender Patente, Gebrauchsmuster oder Warenzeichen.
Das Fehlen eines solchen Hinweises begründet also nicht
die Annahme, eine Ware oder ein Warenname sei frei.

1997 bearbeitet vom Büro für Lexikographie, Veronika Schnorr und Beate Wengel,
und der Langenscheidt-Redaktion.

Ergänzende Hinweise, für die wir jederzeit dankbar sind,
bitten wir zu richten an:
Langenscheidt-Verlag, Postfach 40 11 20, 80711 München

Neubearbeitung 1997

Auflage:	*6.*	*5.*	*4.*	*3.*	*2.*	*Letzte Zahlen*
Jahr:	*2001*	*2000*	*1999*	*98*	*97*	*maßgeblich*

Druck: Graph. Betriebe Langenscheidt, Berchtesgaden/Obb.
Printed in Germany · ISBN 3-468-13152-6

Langenscheidts Schulwörterbuch Französisch

Französisch-Deutsch
Deutsch-Französisch

von

Wolfgang Löffler

und

Michel Mercier

Neu bearbeitet 1997
in der neuen deutschen Rechtschreibung

LANGENSCHEIDT

BERLIN · MÜNCHEN · WIEN · ZÜRICH · NEW YORK

Vorwort

Dies ist eine Neubearbeitung von „Langenscheidts Schulwörterbuch Französisch“, bei der die Reform der deutschen Orthografie bereits umgesetzt wurde. Auch in dieser Auflage war das Ziel eine durchweg schülergerechte Gestaltung des Wörterbuchs. Nicht nur der Wortschatz als solcher sollte auf die heutigen Bedürfnisse des Schülers hin ausgerichtet werden. Auch die Erschließung des Wortschatzes sollte so leicht wie möglich gemacht werden.

Hierzu wurde vor allem das Symbol ⚠ eingeführt, das den Schüler vor häufig gemachten Fehlern warnt und ihn auf unregelmäßige Wortformen, besonders in der Plural- und Adverbbildung, aufmerksam macht. Der Schüler kann sich mit Hilfe dieses ihm aus dem Straßenverkehr vertrauten Warnzeichens die Schwierigkeiten der französischen Sprache gezielt einprägen.

Dem sicheren Umgang mit dem Französischen dienen weiterhin die Angabe der Femininform zu jedem Adjektiv sowie die zahlreichen Hinweise zur Satzkonstruktion, die vom präpositionalen Umfeld der Stichwörter bis zum Gebrauch des Konjunktivs reichen.

Schülergemäß wurden auch die Benutzerhinweise zu Beginn des Wörterbuchs gestaltet. Sie stellen eine erste allgemeine Einführung in den Gebrauch zweisprachiger Wörterbücher dar. Der bewährte Anhang mit einem vollständigen Überblick über die Konjugation der französischen Verben wurde um kurze Darstellungen der Silbentrennung, Zeichensetzung und Bindung im Französischen erweitert, was für den Schüler eine zusätzliche Hilfe beim Französischschreiben und -sprechen bedeutet.

Die Verfasser der Ausgabe von 1988 – Wolfgang Löffler bearbeitete den französisch-deutschen Teil, Michel Mercier den deutsch-französischen Teil – sind erfahrene Sprachlehrer an einem deutschen bzw. französischen Gymnasium. Sie bieten die Gewähr, dass der in der Erfahrungswelt der Schüler liegende Wortschatz weitgehend berücksichtigt wurde. So wurden natürlich die Bereiche Schule, Hobbys, Sport, Computer und Umwelt besonders sorgfältig behandelt, aber auch abstraktes

Vokabular, das für die Textarbeit in Frage kommt, fehlt nicht. Selbstverständlich wurde auch die familiäre, ja gelegentlich vulgäre Umgangssprache einbezogen. Hier gilt: Nicht alles, was verstanden werden soll, muss auch gebraucht werden. In angemessenem Umfang wurden zu den einzelnen Stichwörtern die geläufigsten Redewendungen verzeichnet.

Neben den Verfassern trug Herr Dr. Manfred Bleher, seit vielen Jahren als Lexikograph im Langenscheidt-Verlag tätig, bei der Gestaltung dieses Wörterbuches die Hauptlast der Verantwortung. Ihm sei an dieser Stelle herzlich gedankt. Neu bearbeitet und mit den oben erwähnten zusätzlichen Informationen wird das Wörterbuch sicherlich auch weiterhin das beliebte und kompetente Arbeitsmittel für die Schule bleiben.

Es versteht sich von selbst, dass in die vorliegende Neubearbeitung auch die Neuwörter der letzten Jahre eingeflossen sind, wofür folgende Beispiele genannt seien: *génothèque*, *cloner*, *maladie de la vache folle*, *patins en ligne*, *sidatique*, *balayer*, *cliquer*, *écolo*, *chiant* – *Pflegeversicherung*, *der gelbe Sack*, *Datenautobahn*, *CD-ROM-Laufwerk*, *Techno*, *Handy*, *E-Mail*, *Genmanipulation*, *virtuell*.

LANGENSCHEIDT

Inhaltsverzeichnis

Wie benutze ich das Schulwörterbuch?

Keine Angst vor unbekannten Wörtern!

Das Schulwörterbuch tut alles, um das Nachschlagen und das Kennenlernen eines Wortes so leicht wie möglich zu machen.

Die folgenden Seiten zeigen, wie und wo die nötigen Informationen zum Verständnis eines Textes, für eine Übersetzung in der Schule, für einen Brief an französische Freunde oder auch zur Vorbereitung eines mündlich vorgetragenen Referats zu finden sind.

Wie und wo finde ich ein Wort?

Alle französischen Stichwörter des französisch-deutschen Teils und alle deutschen Stichwörter des deutsch-französischen Teils sind **alphabetisch geordnet.** Die Kenntnis der alphabetischen Reihenfolge ist also der Schlüssel zum raschen Auffinden eines Wortes.

Suchen wir z. B. das Wort *März*:

Zunächst wird mit Hilfe der **ABC-Griffleiste** der Anfangsbuchstabe des gesuchten Stichwortes aufgeschlagen. Dann blättern wir an Hand der fett gedruckten **Leitwörter** in den oberen Ecken jeder Doppelseite, bis wir auf den Ausschnitt aus der alphabetischen Stichwortfolge stoßen, die das gesuchte Wort enthält, in unserem Fall *Marxismus – Melone*.

Marxismus 456

Marxis|mus *m* marxisme *m*; **~t(in** *f*) *m* marxiste *m, f*; **2tisch** marxiste
März *m* mars *m*; ***im ~*** en mars; ***am 5. ~*** le 5 mars; ***der 5. ~ 1996*** le 5 mars 1996
Marzipan *n* pâte *f* d'amandes
Masche *f* maille *f*; F ***die neueste ~*** le nouveau dada

457 **Melone**

Melde|pflicht *f Einwohnermeldeamt* inscription *f* obligatoire; *Krankheit* déclaration *f* obligatoire; **~schluss** *m* clôture *f* des inscriptions
Meldung *f* annonce *f*, rapport *m*, déclaration *f*; *Nachricht* information *f*; *An2* inscription *f*; *EDV* message *m*
meliert ***~es Haar*** cheveux poivre et sel
melken traire
Melod|ie *f* mélodie *f*; **2isch** mélodieux
Melone *f bot* melon *m*; *Wasser2* pastèque *f*; *Hut* chapeau *m* melon

Es ist zu beachten, dass durch die streng alphabetische Reihenfolge der Stichwörter gelegentlich Glieder derselben Wortfamilie voneinander getrennt werden, wie die folgenden Beispiele zeigen:

volt	**Hand**	**Rad**
voltage	**Handarbeit**	**Radar**
volte-face	**Händedruck**	**Radio**
voltige	**Handel**	**Radius**
voltmètre	**Handfeger**	**Radkappe**

Die einzige Abweichung von der alphabetischen Reihenfolge erlaubt sich unser Wörterbuch bei den femininen Wortformen, die aus Gründen der Platzersparnis jeweils mit der maskulinen Form zusammengefasst sind, z. B.

exclure	**Autopsie**
exclus|if, ~ive	**Autor(in** *f*) *m*
exclusion	**Autoradio**

In das alphabetische Wörterverzeichnis sind auch Eigennamen (***Algérie***, ***Cologne***, ***Rhône*** usw.) und Abkürzungen (***B.D.***, ***C.E.S.***, ***S.N.C.F.*** usw.) aufgenommen, ebenso schwierige unregelmäßige Verbformen mit Verweis auf den Infinitiv.

Auch französische Wörter, die mit Bindestrich geschrieben werden, stehen als eigene Stichwörter an alphabetischer Stelle, wie z. B. ***chauve-souris, essuie-glace, rez-de-chaussée, roman-feuilleton, sans-abri.*** Wird übrigens ein solches Wort an der Stelle des Bindestrichs getrennt, so wiederholt unser Wörterbuch, entgegen der üblichen Rechtschreibung, den Bindestrich am Anfang der folgenden Zeile:

essuie-
-glace ***roman-***
-feuilleton usw.

Französische Wortbildungen vom Typus ***sac à main***, ***tableau de bord*** – also ohne Bindestrich geschrieben – werden nicht als gesonderte Stichwörter behandelt. Sie sind im allgemeinen unter ihrem ersten Bestandteil eingeordnet, das heißt unter den Stichwörtern ***sac, tableau*** usw.

Genauso sind Redewendungen im Wörterbuch unter ihren Kernwörtern verzeichnet, z. B. Wendungen, die ein Substantiv enthalten, unter demselben, also ***à regret*** unter ***regret, aller à la dérive*** unter ***dérive, l'autre jour*** unter ***jour, für j-n Partei ergreifen*** unter ***Partei*** usw.

Was bedeuten die verschiedenen Schriftarten?

Vier verschiedene Schriftarten gliedern die Informationen eines Stichwortartikels, wobei jede Schriftart eine ganz bestimmte Funktion hat:

fettgedruckt	sind alle französischen und deutschen Stichwörter,
Auszeichnungsschrift	kennzeichnet die Wendungen,
Grundschrift	wird für die Übersetzungen verwendet,
kursiv	sind alle erklärenden Zusätze gedruckt.

clean [klin] F **1.** sauber; **2.** *Person*: schwer in Ordnung; **3.** *Süchtige*: clean
clébard [klebar] *m od* **clebs** [klɛps] *m* F *péj* Köter *m*
clef [kle] *f cf* ***clé***

Ratte *zo f* rat *m*
rattern faire du bruit; *tech* brouter
rau *Oberfläche* rugueux; *Haut* rêche; *Klima* rude; *Stimme* rauque; *Gegend* sauvage; *Sitte* grossier

Was sagen die Zeichen und Abkürzungen?

In einem Wörterbuch kehren bestimmte Elemente immer wieder: dasselbe Grundwort in einer Wortfamilie oder in einer Reihe von Wendungen, dieselben grammatischen Bezeichnungen, dieselben Sachgebiete, dieselben Hinweise auf den Sprachgebrauch usw. Um platzaufwändige Wiederholungen zu vermeiden, wurden lexikografische Zeichen und Abkürzungen geschaffen.

~, ~ Die **Tilde** ist ein Wiederholungszeichen.

Als fette Tilde vertritt sie in den angehängten Stichwörtern das ganze Anfangsstichwort oder nur dessen vor dem senkrechten Strich (|) stehenden Teil:

Binde	**contrôl|e**
~gewebe (= Bindegewebe)	**~er** (= contrôler)
~glied (= Bindeglied)	**~eur** (= contrôleur)

Als einfache Tilde vertritt sie das Stichwort innerhalb des Artikels:

eau ... ***nager entre deux ~x*** (= eaux)

2, 2 Wechselt die Schreibung von groß zu klein oder umgekehrt, so wird dies durch einen Kreis über der Tilde ausgedrückt:

Instinkt	**baltique ...** ***la mer 2***
2iv (= instinktiv)	(= Baltique)

⚠ Dieses Symbol warnt vor häufig gemachten Fehlern und weist auf unregelmäßige Wortformen hin:

endive [ɑ̃div] *f bot, cuis* Schikoree *f*; ⚠ *nicht* Endivie

guitare [gitar] *f* Gitarre *f*; ⚠ *Schreibung*

dynamo [dinamo] *f tech* Dynamo *m*; Lichtmaschine *f*; ⚠ ***la ~***

fédéral, ~e [federal] (⚠ *m/pl* **-aux**) Bundes...; eidgenössisch; **~isme** *m*

F, P Diese beiden Abkürzungen geben wichtige Hinweise auf die Stilebene unterhalb der Normalsprache. F bedeutet familiär, umgangssprachlich. Mit F markierte Wörter und Wendungen können in der gesprochenen Sprache ohne weiteres gebraucht werden. Vorsicht ist bei P geboten, das populär, vom Volk gebraucht, also meist derb bedeutet. Mit P gekennzeichnete Wörter und Wendungen sollten von Ausländern im aktiven Sprachgebrauch vermieden werden.

copain [kɔpɛ̃] F *m* Freund *m*, Kumpel *m*

Fresse *f* P gueule *f*

Im Wörterbuch verwendete Abkürzungen

a auch, *aussi*
abr *abréviation*, Abkürzung
adj *adjectif*, Adjektiv
adv *adverbe*, Adverb
agr *agriculture*, Landwirtschaft
allg allgemein, *généralement*
arch *architecture*, Architektur
arg *argot*, Argot, Gaunersprache
astr *astronomie*, Astronomie
auto *automobile*, Kraftfahrzeug(wesen)
aviat *aviation*, Flugwesen

bes besonders, *particulièrement*
biol *biologie*, Biologie
bot *botanique*, Botanik

cf *confer*, siehe
ch *chasse*, Jagdwesen
chim *chimie*, Chemie
comm *commerce*, Handel
conj *conjonction*, Konjunktion
cuis *cuisine*, Kochkunst

écon *économie*, Wirtschaft
EDV elektronische Datenverarbeitung, *informatique*
e-e, **e-e**, *e-e* eine, *un*(*e*)
égl *église*, Kirche
e-m, **e-m**, *e-m* einem, *à un*(*e*)
e-n, **e-n**, *e-n* einen, *un*(*e*)
enf *langage des enfants*, Kindersprache
e-r, **e-r**, *e-r* einer, *d'un*(*e*), *à un*(*e*)
e-s, **e-s**, *e-s* eines, *d'un*(*e*)
etc *et cetera*, und so weiter
etw, **etw**, *etw* etwas, *quelque chose*

f *féminin*, weiblich, Femininum
F *familier*, umgangssprachlich
fig *figuré*, bildlich, übertragen
f/pl *féminin pluriel*, Femininum Plural
frz französisch, *français*

gén *génitif*, Genitiv
géogr *géographie*, Geografie
géol *géologie*, Geologie
gr *grammaire*, Grammatik

hist *histoire*, Geschichte

ind *indicatif*, Indikativ
inf *infinitif*, Infinitiv
iron *ironique*, ironisch

j, **j**, *j* jemand, *quelqu'un*
j-m, **j-m**, *j-m* jemandem, *à quelqu'un*
j-n, **j-n**, *j-n* jemanden, *quelqu'un*
j-s, **j-s**, *j-s* jemandes, *de quelqu'un*
jur *juridique*, Rechtswesen

ling *linguistique*, Sprachwissenschaft
litt *littéraire*, literatursprachlich

m *masculin*, männlich, Maskulinum
mar *marine*, Schifffahrt
math *mathématiques*, Mathematik
méd *médecine*, Medizin
mil *militaire*, Militärwesen
m/pl *masculin pluriel*, Maskulinum Plural
mus *musique*, Musik

n *neutre*, sächlich, Neutrum

od oder, *ou*
östr österreichisch, *autrichien*

P *populaire*, volkssprachlich, derb
péj *péjoratif*, verächtlich
phil *philosophie*, Philosophie
phm *pharmacie*, Pharmazie
phys *physique*, Physik
pl *pluriel*, Plural
plais *plaisant*, scherzhaft
poét *poétique*, Dichtersprache
pol *politique*, Politik
p/p *participe passé*, Partizip Perfekt
prép *préposition*, Präposition
prov *proverbe*, Sprichwort
p/s *passé simple*, historisches Perfekt
psych *psychologie*, Psychologie

qc, **qc**, *qc quelque chose*, etwas
qn, **qn**, *qn quelqu'un*, jemand(en)

rel *religion*, Religion

sg *singulier*, Singular

st/s	*style soutenu*, gehobener Stil	*u*	und, *et*
subj	*subjonctif*, Konjunktiv	*unv*	unverändert, *invariable*
subst	*substantif*, Substantiv	*z. B.*	zum Beispiel, *par exemple*
tech	*technique*, Technik	*zo*	*zoologie*, Zoologie
tél	*téléphone*, Telefon	*Zssgn*	Zusammensetzungen, *mots composés*
TV	*télévision*, Fernsehen		

Wie spricht man ein Wort aus?

Da die normale Schrift oft keinen Hinweis auf die Aussprache gibt – wie wird z. B. ***ch*** in ***psychologie*** und in ***psychique***, wie ***x*** und ***en*** in ***examen***, wie ***t*** in ***diplomatie*** gesprochen? – hat man sich international auf eine Lautschrift geeinigt, die einem Zeichen eine ganz bestimmte Aussprache zuordnet. Mit Hilfe der **Internationalen Lautschrift** kann man jedes Wort in jeder Sprache aussprechen.

Im Wörterbuch steht die Lautschrift in eckigen Klammern direkt hinter dem französischen Stichwort.

Für das Französische gelten folgende Lautschriftzeichen:

Zeichen	Lautcharakteristik	Beispielwörter (Schreibweise der Laute)
	a) Vokale	
[a]	helles a wie in „R**a**d“	p**a**tte, cour**a**ge, noix [nwa]
[ɑ]	dunkles a wie in englisch „f**a**ther“ (häufig wie [a] gesprochen)	**â**me, phr**a**se
[e]	geschlossenes e wie in „L**e**ben“	l**é**g**er**, l**es**, n**ez**
[ɛ]	offenes e wie in „w**ä**rmer“	p**è**re, t**ê**te, s**e**c, l**ai**t, n**ei**ge
[ə]	kurzer, dumpfer ö-Laut	l**e**, d**e**hors, autr**e**ment
[i]	geschlossenes, helles i wie in „L**ie**be“	**i**c**i**, st**y**le
[o]	geschlossenes o wie in „N**o**t“	p**o**t, d**ô**me, t**au**pe, b**eau**
[ɔ]	offenes o wie in „R**o**st“	p**o**che, L**au**re, alb**um**
[ø]	geschlossenes ö wie in „m**ö**gen“	chant**eu**se, n**œu**d
[œ]	offenes ö wie in „k**ö**nnen“	s**eu**l, c**œu**r
[u]	geschlossenes, helles u wie in „n**u**r“	s**ou**ci, g**oû**t, **où**
[y]	geschlossenes, helles ü wie in „T**ü**te“	**u**s**u**re, s**û**r, **eu**

Zeichen	Lautcharakteristik	Beispielwörter (Schreibweise der Laute)
	b) Nasalvokale	
[ɑ̃]	nasales ɑ	d**an**s, l**am**pe, **en**trer, **em**bêter
[ɛ̃]	nasales ɛ	v**in**, **im**pair, pl**ain**te, r**ein**, bi**en**
[ɔ̃]	nasales o	t**on**, p**om**pe
[œ̃]	nasales œ (häufig wie ɛ̃ gesprochen)	l**un**di, parf**um**
	c) Halbvokale	
[j]	gleitendes i wie in „**J**ahr"	bi**e**n, cra**y**on, fi**ll**e
[w]	gleitendes u wie in englisch „**w**ater"	**ou**i, trois [trwa]
[ɥ]	gleitendes ü	l**u**i, n**u**age
	d) Konsonanten	
[p]	im Französischen nicht behaucht	**p**aix, a**pp**orter
[t]	im Französischen nicht behaucht	**t**able, **th**é, pa**tt**e
[k]	im Französischen nicht behaucht	**c**amp, **qu**i, **ch**aos, **k**épi
[b]	im Französischen sehr stimmhaft („weich")	**b**eau, a**bb**é
[d]	im Französischen sehr stimmhaft („weich")	**d**roit, a**dd**ition
[g]	im Französischen sehr stimmhaft („weich")	**g**ant, **gu**eule
[s]	stimmlos („scharf") wie in „hei**ß**"	**s**entir, ta**ss**e, **c**es, **ç**a, sec**t**ion
[z]	stimmhafter („weicher") s-Laut	mai**s**on, **z**éro
[ʃ]	stimmlos wie in „**sch**ön"	**ch**anter
[ʒ]	stimmhafter („weicher") sch-Laut	**j**our, ca**g**e
[r]	Halszäpfchen-r (Zungen-r selten)	**r**ue, ba**rr**e
[l]	wie in „**l**egen"	**l**ong, a**ll**er
[f]	stimmlos wie in „**f**ein"	**f**uir, éto**ff**e, **ph**oto
[v]	stimmhaft wie in „**W**and"	**v**ent
[m]	wie in „**M**auer"	**m**ou, so**mm**e
[n]	wie in „**N**acht"	**n**om, a**nn**ée
[ɲ]	n mit nachklingendem j (mouilliertes n)	ga**gn**er
[ŋ]	ng-Laut (nur in Fremdwörtern aus dem Englischen)	campi**ng**

Das **e muet** („stummes e“, Zeichen ə) wird in der Lautschrift häufig in Klammern gesetzt, z. B. ***regarder*** [r(ə)garde]. Dies bedeutet, dass dieser Laut nur in bestimmten Fällen gesprochen wird, etwa in der ersten Silbe einer Wortgruppe oder um eine Häufung von mehr als zwei Konsonanten zu vermeiden. Vergleiche ***regarde!*** [rəgard], ***la dame regarde*** [ladamrəgard] mit ***les gens regardent*** [leʒɑ̃rgard], ***il a regardé*** [ilargarde] usw.

Das Französische kennt keinen h-Laut, unterscheidet aber zwischen **h aspiré** und **h muet**, was sich auf Apostrophierung und Bindung auswirkt:

(h aspiré) ***la hanche, les hanches*** [leɑ̃ʃ],
(h muet) ***l'habit, les habits*** [lezabi].

Die mit h aspiré beginnenden Stichwörter sind im Wörterbuch besonders gekennzeichnet:

'hâblerie, 'hache, 'hagard, 'haie usw.

Ein **Betonungszeichen** ['] wird bei den französischen Stichwörtern nicht gesetzt, da das Französische nicht die eindeutige und ausgeprägte Wortbetonung des Deutschen besitzt. Im Französischen werden die aufeinander folgenden Silben gleichmäßig schwebend betont. Der etwas stärkere Ton auf der letzten Silbe eines Einzelwortes verschwindet, wenn dieses nicht mehr am Ende einer Wortgruppe steht: vergleiche etwa ***rembourser*** [rɑ̃bur'se] und ***rembourser ses dettes*** [rɑ̃bursese'dɛt].

Ebenso werden bei den französischen Stichwörtern keine **Vokallängen** [ː] angegeben, da diese für die Bedeutungsunterscheidung im Französischen ohne Belang sind. Vergleiche dagegen im Deutschen ***Rate*** ['raːtə] und ***Ratte*** ['ratə], ***zählen*** ['tsɛːlən] und ***Zellen*** ['tsɛlən] usw.

Die Aussprache des französischen Alphabets

a [a]	**h** [aʃ]	**o** [o]	**v** [ve]
b [be]	**i** [i]	**p** [pe]	**w** [dubləve]
c [se]	**j** [ʒi]	**q** [ky]	**x** [iks]
d [de]	**k** [ka]	**r** [ɛr]	**y** [igrɛk]
e [ø]	**l** [ɛl]	**s** [ɛs]	**z** [zɛd]
f [ɛf]	**m** [ɛm]	**t** [te]	
g [ʒe]	**n** [ɛn]	**u** [y]	

Die Aussprache häufiger Endungen

Um Raum zu sparen, erscheinen im Wörterbuch Stichwörter, die aus Tilde und einer der folgenden Endungen bestehen, ohne Lautschrift. Deshalb wird die Aussprache dieser Endungen an dieser Stelle einmal angegeben.

~able [-ablə]	**~é** [-e]	**~ienne** [-jɛn]	**~ition** [-isjɔ̃]
~age [-aʒ]	**~el** [-ɛl]	**~in** [-ɛ̃]	**~ment** [-mɑ̃]
~ais [-ɛ]	**~elle** [-ɛl]	**~ine** [-in]	**~oir** [-war]
~aise [-ɛz]	**~er** [-e]	**~ion** [-jɔ̃]	**~ois** [-wa]
~aison [-ɛzɔ̃]	**~ère** [-ɛr]	**~ique** [-ik]	**~oise** [-waz]
~al [-al]	**~erie** [-ri]	**~ir** [-ir]	**~on** [-ɔ̃]
~ale [-al]	**~eur** [-œr]	**~iser** [-ize]	**~onne** [-ɔn]
~ance [-ɑ̃s]	**~euse** [-øz]	**~isme** [-ismə]	**~teur** [-tœr]
~ation [-asjɔ̃]	**~ible** [-iblə]	**~iste** [-ist]	**~tion** [-sjɔ̃]
~aux [-o]	**~ien** [-jɛ̃]	**~ité** [-ite]	**~trice** [-tris]

Welche Übersetzung in welchem Fall?

Das Wichtigste im zweisprachigen Wörterbuch ist die Übersetzung. Eine einzige Übersetzung hinter dem Stichwort ist selten. Meist kommen mehrere Übersetzungen in Frage, die durch entsprechende Unterteilung des Artikels und zusätzliche Erläuterungen in Kursivdruck differenziert werden.

Zwischen sinnverwandten Übersetzungen steht das **Komma**, während der **Strichpunkt** verschiedene Bedeutungen trennt:

démonter ... zerlegen, auseinander nehmen; abmontieren; *fig* aus der Fassung bringen

féroce ... wild, reißend; blutdürstig; grausam

Fette **arabische Ziffern** bezeichnen Bedeutungen, die so unabhängig voneinander sind, dass der Strichpunkt zur Trennung nicht genügt. Arabische Ziffern werden auch verwendet, wenn dasselbe Stichwort verschiedenen Wortklassen, z. B. Adjektiv und Substantiv, angehört:

conscience ... **1.** Gewissen *n*; **2.** Bewusstsein *n*

acoustique ... **1.** *adj* akustisch, Hör...; **2.** *f* Akustik *f*

Hochzahlen markieren verschiedene Wörter, die meist nur zufällig gleich geschrieben werden (Homonyme):

fin[1] ... *f* Schluss *m*, Ende *n*; ... **fin**[2], **fine** ... fein; ...	**Mark**[1] *f Geld* mark *m*; ... **Mark**[2] *n Knochen*〜 moelle *f*; ...

Um die Auswahl der passenden Übersetzung zu erleichtern, wird zusätzlich durch **Abkürzungen** und sonstige **Erläuterungen** aufgezeigt, in welchem Zusammenhang die einzelne Übersetzung vorkommt:

action [aksjɔ̃] *f* Tat *f*, Handlung *f*; *jur* Klage *f*; *comm* Aktie *f*	**Lehre** *f Belehrung* leçon *f*; *System* doctrine *f*; *Lehrzeit* apprentissage *m*; *Messinstrument* calibre *m*, jauge *f*

Grammatik auch im Wörterbuch?

Eine Grammatik leitet aus typischen Fällen Regeln ab. Sie kann nicht jeden Einzelfall erfassen. Diese Möglichkeit hat nur ein Wörterbuch. Das vorliegende Werk bietet deshalb über die Wort-für-Wort-Gleichung hinaus zahlreiche grammatische Informationen für die Handhabung eines Wortes im Satz.

Jedes französische und deutsche Substantiv, ob Stichwort oder Übersetzung, ist mit einer **Genusangabe** (*m*, *f*, *n*) versehen.

Jedem französischen Verb-Stichwort folgt eine Verweiszahl auf das betreffende **Konjugationsmuster** im Anhang:

allumer [alyme] (1a) ...	**décrire** [dekrir] (4f) ...

Jedes französische Adjektiv-Stichwort erscheint in der maskulinen und **femininen Form**:

anc|ien, ~ienne [ɑ̃sjɛ̃, -jɛn] ...	**gros, grosse** [gro, gros] ...

Auf **unregelmäßige** oder schwierige **Pluralformen** sowie auf unregelmäßige **Adverbbildung** wird durch das Warnzeichen ⚠ noch besonders aufmerksam gemacht:

amical, ~e [amikal] (⚠ *m/pl* ***-aux***) **ardent** ... ⚠ *adv* ***ardemment*** [-amɑ̃]	**bloc-notes** [blɔknɔt] *m* (⚠ *pl* ***blocs-notes***) Notizblock *m*

Außer den Wortformen wird auch die **Rektion** der Verben, der Gebrauch der **Präpositionen** und die **Satzkonstruktion** berücksichtigt:

suivre ... folgen (***qn*** j-m); ... **content** ... zufrieden (***de*** mit); ...	**fürchten** craindre (***j-n, etw*** qn, qc; ***dass*** ... que ne + *subj*); ***sich ~*** avoir peur (***vor*** de)

Vor **möglichen Fehlern**, die dem deutschen Benutzer leicht unterlaufen, wird wiederum durch das Symbol ⚠ gewarnt:

grimper [grɛ̃pe] (1a) klettern, (an)-steigen (*à fig*); ⚠ *il a grimpé*	**aucunement** [okynmɑ̃] keineswegs; ⚠ *mit* ***ne*** *beim Verb*

Wörterverzeichnis

Französisch-Deutsch
Deutsch-Französisch

Französisch-Deutsches Wörterverzeichnis

A

a [a] *cf* **avoir**
à [a] (⚠ „*à le*“ *wird zu* **au**, „*à les*“ *zu* **aux** *zusammengezogen*) *prép* **1.** *räumlich* in; nach ... hin; ***à Paris*** in, nach Paris (⚠ ***en*** *France*); ***à Chypre***, ***à Haïti*** auf (nach) Zypern, Haiti; ***à la campagne*** auf dem Land; ***à l'étranger*** im Ausland; ***à 20 pas d'ici*** 20 Schritt von hier; **2.** *zeitlich* ***à cinq heures*** um fünf Uhr; ***à demain*** bis morgen; ***à tout moment*** jeden Augenblick; **3.** *Ziel* ***tasse*** *f* ***à café*** Kaffeetasse *f*; ***à jamais*** für immer; **4.** *Zugehörigkeit* ***c'est à moi*** das gehört mir; ***un ami à moi*** ein Freund von mir; **5.** *Art u Weise* ***à pied*** zu Fuß; *mus* ***à quatre mains*** vierhändig; **6.** *Maß- u Zahlenverhältnisse* ***à trois francs*** zu drei Franken; ***goutte à goutte*** tropfenweise; ***mot à mot*** wörtlich; ***pas à pas*** schrittweise; ***peu à peu*** allmählich, nach und nach
abaiss|ement [abɛsmɑ̃] *m* Herablassen *n*; Senkung *f*; Erniedrigung *f* (*a fig*); **~er** (1b) herunterlassen, senken; *Preis, Niveau*: herabsetzen; *fig* demütigen; **s'~** sich senken; *fig* sich erniedrigen
abandon [abɑ̃dɔ̃] *m* Verlassen *n*; Vernachlässigung *f*; Preisgabe *f*; Verzicht *m*; Ungezwungenheit *f*; *Sport*: Aufgabe *f*; ***laisser à l'~*** verwahrlosen lassen, vernachlässigen
abandonner [abɑ̃dɔne] (1a) im Stich lassen, verlassen; vernachlässigen; aufgeben; *Kind*: aussetzen; **s'~** sich hingeben, sich ergeben
abasourdir [abazurdir] (2a) betäuben, benommen machen
abat-jour [abaʒur] *m* (⚠ *pl unv*) Lampenschirm *m*
abatt|ement [abatmɑ̃] *m* (*Steuer-*)Nachlass *m*, Ermäßigung *f*; Mattigkeit *f*; Niedergeschlagenheit *f*; **~is** [-i] *m/pl* Schlachtabfälle *pl*; (Gänse- *etc*)Klein *n*; F *fig* Arme und Beine; F ***numéroter ses ~*** seine Knochen zählen, zusammensuchen; **~oir** *m* Schlachthaus *n*
abattre [abatrə] (4a) niederschlagen, fällen; *aviat* abschießen; schlachten; *péj* abknallen; *fig* schwächen; entmutigen; ***je ne me laisserai pas ~*** ich werde mich nicht unterkriegen lassen; ***~ beaucoup de besogne*** e-e Menge wegarbeiten; **s'~** einstürzen, zusammenbrechen; *Wind*: sich legen
abattu, ~e [abaty] geschwächt; niedergeschlagen
abbatial, ~e [abasjal] (⚠ *m/pl* **-aux**) Abtei..., Abts...
abbaye [abei] *f* Abtei *f*
abbé [abe] *m* Abt *m*; Pfarrer *m*
abbesse [abɛs] *f* Äbtissin *f*
abc [abese] *m* Fibel *f*; Anfangsgründe *m/pl*
abcès [apsɛ] *m* Abszess *m*
abdication [abdikasjɔ̃] *f* Abdankung *f*; Verzicht *m*
abdiquer [abdike] (1m) abdanken; verzichten, aufgeben
abdomen [abdɔmɛn] *m* Unterleib *m*
abdominal, ~e [abdɔminal] (⚠ *m/pl* **-aux**) Bauch..., Unterleibs...
abécédaire [abesedɛr] *m* Fibel *f*
abeille [abɛj] *f* Biene *f*
aberr|ant, ~ante [abɛrɑ̃, -ɑ̃t] abwegig, absurd; abweichend; **~ation** *f* Abweichung *f* (*a phys*); Verirrung *f*, Absurdität *f*
abêtir [abɛtir] (2a) verdummen
abêtiss|ant, ~ante [abɛtisɑ̃, -ɑ̃t] stumpfsinnig
abîm|e [abim] *m* Abgrund *m*, Tiefe *f*; **~er** (1a) zu Grunde richten; beschädigen; **s'~** schadhaft werden; *Lebensmittel*: verderben; *litt* sich vertiefen
abject, ~e [abʒɛkt] gemein
abjection [abʒɛksjɔ̃] *f* Gemeinheit *f*
abjurer [abʒyre] (1a) abschwören
ablation [ablasjɔ̃] *f méd* operative Entfernung *f*
ablutions [ablysjɔ̃] *f/pl* (rituelle) Waschungen *f/pl*; F ***faire ses ~*** sich waschen
abnégation [abnegasjɔ̃] *f* Entsagung *f*
aboiement [abwamɑ̃] *m* Gebell *n*

abois [abwa] *m/pl* ***être aux ~*** in e-r verzweifelten Lage sein
abol|ir [abɔlir] (2a) abschaffen, aufheben; **~ition** *f* Abschaffung *f*; **~itionnisme** [-isjɔnismə] *m hist* Bewegung *f* gegen die Sklaverei
abomin|able [abɔminablə] abscheulich; **~ation** *f* Gräuel *m*
abond|ance [abɔ̃dɑ̃s] *f* Überfluss *m*; ***société f d'~*** Wohlstandsgesellschaft *f*; **~ant, ~ante** [-ɑ̃, -ɑ̃t] (⚠ *adv* ***abondamment*** [-amɑ̃]) reichlich; fruchtbar; **~er** (1a) reichlich vorhanden sein; Überfluss haben (***en*** an)
abonn|é [abɔne] *m* Abonnent *m*, Bezieher *m*; *tél* Teilnehmer *m*; **~ement** [-mɑ̃] *m* Abonnement *n*; Zeitkarte *f*; Dauerkarte *f*; ***~ mensuel*** Monatskarte *f*; **~er** (1a) ***s'~ à une revue*** e-e Zeitschrift abonnieren
abord [abɔr] *m* Zutritt *m*; Landung *f*; ***~s*** *pl* Umgebung *f*; ***~ facile*** Zugänglichkeit *f*; ***être d'un ~ facile*** umgänglich sein; ***d'~*** zuerst; ***tout d'~, dès l'~*** gleich zu Anfang; ***au premier ~, de prime ~*** auf den ersten Blick, zunächst
abord|able [abɔrdablə] zugänglich; **~er** (1a) **1.** *mar* entern; zusammenstoßen (***qc*** mit etw), rammen; anlegen (***à*** an); **2.** *Frage*: anschneiden; *j-n* anreden
abouler [abule] (1a) *arg Geld*: rausrücken
about|ir [abutir] (2a) ***~ à*** grenzen an, endigen in; *fig* führen zu; **~issement** [-ismɑ̃] *m* Ergebnis *n*; Erfolg *m*; Endpunkt *m*
aboyer [abwaje] (1h) bellen
abracadabr|ant, ~ante [abrakadabrɑ̃, -ɑ̃t] unwahrscheinlich, toll
abras|if, ~ive [abrazif, -iv] *tech* **1.** *adj* abschleifend, scheuernd; **2.** *m* Schleifmittel *n*
abrég|é [abreʒe] *m* Abriss *m*; Auszug *m*; Kurzfassung *f*; **~er** (1g) abkürzen
abreuv|er [abrœve] (1a) tränken; F ***s'~*** seinen Durst löschen; **~oir** *m* Tränke *f*
abréviation [abrevjasjɔ̃] *f* Abkürzung *f*
abri [abri] *m* Obdach *n*; Unterkunft *f*; Wartehalle *f*; *fig* Schutz *m*, Sicherheit *f*; *mil* Unterstand *m*; Luftschutzkeller *m*; ***à l'~ de*** geschützt gegen; ***mettre à l'~*** in Sicherheit bringen; ***être sans ~*** obdachlos sein; **~bus** [-bys] *m* Wartehäuschen *n*
abricot [abriko] *m* Aprikose *f*; ⚠ ***un ~***; **~ier** [abrikɔtje] *m* Aprikosenbaum *m*
abriter [abrite] (1a) beherbergen; vor Wind und Regen schützen; ***~ de*** schützen vor; ***s'~*** *mil* in Deckung gehen
abroger [abrɔʒe] (1l) *jur* aufheben
abrupt, ~e [abrypt] abschüssig; schroff (*a fig*)
abruti, ~e [abryti] **1.** *adj* abgestumpft; blöd; **2.** *m, f* ***espèce d'~!*** du Idiot!
abrut|ir [abrytir] (2a) verdummen; ***s'~*** abstumpfen, verblöden; **~issant, ~issante** [-isɑ̃, -isɑ̃t] stumpfsinnig, geisttötend; **~issement** [-ismɑ̃] *m* Verdummung *f*
A.B.S. [abeɛs] *m* (*abr* ***Antiblockiersystem***) ABS *n*
absence [apsɑ̃s] *f* Abwesenheit *f*
abs|ent, ~ente [apsɑ̃, -ɑ̃t] abwesend; *fig* zerstreut
absent|éisme [apsɑ̃teismə] *m* Fernbleiben *n*; Arbeitsversäumnis *n*; **~er** (1a) ***s'~*** sich entfernen
abside [apsid] *f arch* Apsis *f*
absinthe [apsɛ̃t] *f bot* Wermut *m*; *Branntwein*: Absinth *m*
absolu, ~e [apsɔly] völlig; unbedingt; absolut; unumschränkt; **~ment** *adv* unbedingt, durchaus; ganz; **~tion** *f rel* Absolution *f*, Lossprechung *f*; **~tisme** [-tismə] *m pol* Absolutismus *m*
absorber [apsɔrbe] (1a) aufnehmen, aufsaugen; *fig* völlig in Anspruch nehmen; ***s'~ dans qc*** sich vertiefen in etw
absorption [apsɔrpsjɔ̃] *f* Aufnahme *f*, Aufsaugen *n*
absoudre [apsudrə] (4bb) ***~ qn*** j-n lossprechen; *st/s* j-m vergeben
abstenir [apstənir] (2h) ***s'~ de qc*** sich e-r Sache enthalten, auf etw verzichten
abstention [apstɑ̃sjɔ̃] *f* (Stimm-)Enthaltung *f*
abstentionniste [apstɑ̃sjɔnist] *m pol* Nichtwähler *m*
abstinence [apstinɑ̃s] *f rel* Enthaltsamkeit *f*
abstraction [apstraksjɔ̃] *f* abstrakter Begriff; ***faire ~ de qc*** von etw absehen; ***~ faite de*** abgesehen von
abstraire [apstrɛr] (4s) abstrahieren, begrifflich erfassen; ***s'~*** F abschalten
abstr|ait, ~aite [apstrɛ, -ɛt] abstrakt
absurd|e [apsyrd] absurd, unsinnig; **~ité** *f* Absurdität *f*, Widersinn *m*

abus [aby] *m* Missbrauch *m*; Missstand *m*; ~ ***de confiance*** Untreue *f*

abus|er [abyze] (1a) ~ ***de qc*** etw missbrauchen; ***s'~*** sich täuschen; ***si je ne m'abuse*** wenn ich mich nicht irre; **~if, ~ive** [-if, -iv] missbräuchlich

acabit [akabi] *m péj* Schlag *m*; ***du même ~*** von derselben Sorte

académicien [akademisjɛ̃] *m* Akademiemitglied *n* (*bes der Académie française*); ⚠ *nicht* Akademiker

académ|ie [akademi] *f* Akademie *f*, Hochschule *f*; *in Frankreich* Schulaufsichtsbezirk *m*; **~ique** Akademie...; *fig* schulmäßig; erstarrt

acajou [akaʒu] *m* Mahagoni *n*

acariâtre [akarjɑtrə] griesgrämig

accabl|ant, ~ante [akablɑ̃, -ɑ̃t] erdrückend; *fig* quälend; **~er** (1a) nieder-, bedrücken; überhäufen (***de*** mit)

accalmie [akalmi] *f* Flaute *f*

accapar|er [akapare] (1a) *écon* aufkaufen, hamstern; *fig* in Beschlag nehmen; **~eur** *m* F Hamsterer *m*

accéder [aksede] (1f) ~ ***à*** gelangen zu, erreichen; *Weg*: führen zu; *fig* erlangen; ~ ***à l'indépendance*** die Unabhängigkeit erlangen

accélér|ateur [akseleratœr] *m auto* Gaspedal *n*; *phys* Beschleuniger *m*; **~er** (1f) beschleunigen; *auto* Gas geben

accent [aksɑ̃] *m* Betonung *f*; Akzent *m*; Tonfall *m*; Aussprache *f*; *fig* ***mettre l'~ sur*** betonen, hervorheben

accentu|ation [aksɑ̃tɥasjɔ̃] *f* Betonung *f*; *fig* Verschärfung *f*; **~er** (1n) betonen

accept|able [akseptablə] annehmbar; **~ation** *f* Annahme *f*; **~er** (1a) annehmen, akzeptieren; ~ ***de*** (+ *inf*) zusagen zu (+ *inf*); ~ ***que*** (+ *subj*) anerkennen, dass

acception [aksɛpsjɔ̃] *f* (Wort-)Bedeutung *f*

accès [aksɛ] *m* **1.** Zutritt *m*, Zu-, Eingang *m*; **2.** *méd* Anfall *m*; **3.** *EDV* Zugriff *m*; ***temps d'~*** Zugriffszeit *f*

accessible [aksɛsiblə] zugänglich (***à*** für), erreichbar; verständlich

accessoire [aksɛswar] **1.** *adj* nebensächlich; **2.** *m* Nebensache *f*; **~s** *pl* Zubehör *n*; modisches Beiwerk *n*; **~s de théâtre** Theaterrequisiten *n/pl*

accident [aksidɑ̃] *m* Unfall *m*; Zufall *m*; ~ ***de terrain*** Unebenheit *f*; ~ ***de travail*** Arbeitsunfall *m*; ***par ~*** zufällig; ***dans un ~*** bei e-m Unfall

accident|é, ~ée [aksidɑ̃te] uneben, hügelig; verunglückt; ***voiture f accidentée*** Unfallwagen *m*; **~el, ~elle** zufällig; **~ellement** *adv* zufällig

acclam|ation [aklamasjɔ̃] *f* Beifallsruf *m*; **~er** (1a) ~ ***qn*** j-m zujubeln

acclimat|ation [aklimatasjɔ̃] *f* Akklimatisierung *f*; Gewöhnung *f*; *von Menschen*: Einleben *n*; ***Jardin m d'~*** *zoologischer u botanischer Garten in Paris*; **~er** (1a) (***s'~*** sich) eingewöhnen

accointances [akwɛ̃tɑ̃s] *f/pl meist péj* ***avoir des ~ avec qn*** Beziehungen zu j-m haben

accolade [akɔlad] *f* Umarmung *f*; *hist* Ritterschlag *m*; *Schrift*: (geschweifte) Klammer *f*

accommod|ation [akɔmɔdasjɔ̃] *f* Anpassung *f*; **~er** (1a) anpassen; *cuis* zubereiten; ***s'~ à*** sich richten nach; ***s'~ de*** sich abfinden mit

accompagna|teur, ~trice [akɔ̃paɲatœr, -tris] *m,f* Begleiter(in) *m(f)* (*a mus*)

accompagn|ement [akɔ̃paɲmɑ̃] *m* Begleitung *f*; **~er** (1a) begleiten (*a mus*); ***accompagné de*** *od* ***par*** in Begleitung von

accompl|i, ~ie [akɔ̃pli] vollendet, vollkommen; **~ir** (2a) vollenden, erledigen, ausführen; **~issement** [-ismɑ̃] *m* Erfüllung *f*; Erledigung *f*

accord [akɔr] *m* Übereinstimmung *f*; Abkommen *n*; *mus* Akkord *m*; *gr* Kongruenz *f*; (***être***) ***d'~*** einverstanden (sein); ***tomber d'~*** übereinkommen, einig werden; ***avec l'~ de, en ~ avec*** im Einvernehmen mit; ***donner son ~*** zustimmen

accorder [akɔrde] (1a) in Übereinstimmung bringen; *mus* stimmen; bewilligen, einräumen; ***s'~*** sich vertragen; ***s'~ pour faire qc*** vereinbaren, etw zu tun; ***s'~ qc*** sich etw gönnen

accost|age [akɔstaʒ] *m mar* Anlegen *n*, Landen *n*; **~er** (1a) *mar* anlegen; ~ ***qn*** j-n ansprechen

accot|ement [akɔtmɑ̃] *m* Seitenstreifen *m* (*e-r Straße*); **~s non stabilisés** Seitenstreifen nicht befestigt; **~er** (1a) ***s'~ à, sur*** sich anlehnen an, sich aufstützen auf

accouch|ée [akuʃe] *f* Wöchnerin *f*;

~ement [-mɑ̃] *m* Entbindung *f*; **~er** (1a) niederkommen (***de*** mit); entbinden; *fig* F **~ *d'un roman*** e-n Roman zu Stande bringen; **~eur, ~euse** *m, f* Geburtshelfer *m*, Hebamme *f*
accoupl|ement [akupləmɑ̃] *m biol* Paarung *f*, Begattung *f*; *tech* Kupplung *f*; Schaltung *f*; **~er** (1a) *biol* (***s'~*** sich) paaren, (sich) begatten; *tech* kuppeln; schalten; *fig* verbinden
accourir [akurir] (2i) herbeieilen; ⚠ *passé composé meist mit* ***être***
accoutr|ement [akutrəmɑ̃] *m péj* Aufmachung *f*; **~er** (1a) ***s'~*** sich herausputzen
accoutum|ance [akutymɑ̃s] *f biol* Gewöhnung *f*; **~é, ~ée** gewohnt; üblich; ***être ~ à qc*** etw gewohnt sein; **~er** (1a) **~ *qn à*** j-n gewöhnen an; ***s'~ à qc*** sich an etw gewöhnen
accréditer [akredite] (1a) akkreditieren; beglaubigen
accro [akro] F (*Kurzwort für* ***accroché***) **1.** *adj* süchtig; **2.** *m, f* Rauschgiftsüchtige(r) *m, f*; ***un ~ du vélo*** ein Radfan *m*
accroc [akro] *m* Schwierigkeit *f*
accroch|age [akrɔʃaʒ] *m* Zusammenstoß *m*; **~er** (1a) an-, aufhängen; hängen bleiben (***qc*** an *od* mit etw); (leicht) zusammenstoßen (***qn, qc*** mit j-m, etw); **~ *qn*** j-s Aufmerksamkeit fesseln; ***s'~ à*** sich an-, festklammern an
accroissement [akrwasmɑ̃] *m* Zuwachs *m*; Vergrößerung *f*; **~ *démographique*** Bevölkerungszunahme *f*
accroître [akrwatrə] (4w) vermehren; ***s'~*** (an)wachsen
accroupir [akrupir] (2a) ***s'~*** sich niederhocken, sich zusammenkauern
accru, ~e [akry] (*p/p von* ***accroître***) vermehrt
accu [aky] *m* F (*Kurzwort für* ***accumulateur***) Batterie *f*
accueil [akœj] *m* Aufnahme *f*, Empfang *m*
accueill|ant, ~ante [akœjɑ̃, -ɑ̃t] freundlich; gastlich; **~ir** (2c) aufnehmen, empfangen
accumul|ateur [akymylatœr] *m* Akkumulator *m*; Batterie *f*; **~ *thermique*** Wärmespeicher *m*; **~ation** *f* Anhäufung *f*; **~er** (1a) anhäufen; speichern
accusa|teur, ~trice [akyzatœr, -tris] *m, f* Ankläger(in) *m(f)*; **~tion** *f* Anklage *f*
accus|é, ~ée [akyze] *m, f* **1.** Angeklagte(r) *m, f*; **2.** *comm* ***accusé m de réception*** Empfangsbescheinigung *f*; **~er** (1a) **1.** anklagen; **2.** deutlich machen, betonen; *comm* **~ *réception*** den Empfang bestätigen
acerbe [asɛrb] herb; *fig* bitter; verletzend
acéré, ~e [asere] scharf (*a fig*)
acét|ique [asetik] Essig...; ***acide m ~*** Essigsäure *f*; **~one** [-ɔn] *f chim* Azeton *n*
achalandé, ~e [aʃalɑ̃de] *Laden*: ***bien ~*** mit großer Auswahl; gut gehend
acharn|é, ~ée [aʃarne] erbittert; hartnäckig; **~ *à qc*** auf etw versessen; **~ement** [-əmɑ̃] *m* Hartnäckigkeit *f*; **~er** (1a) ***s'~ à qc*** auf etw versessen sein; ***s'~ sur*** *od* ***contre qn*** sich wild auf j-n stürzen
achat [aʃa] *m* Einkauf *m*, Kauf *m*; ***pouvoir m d'~*** Kaufkraft *f*
acheminer [aʃmine] (1a) befördern; weiterleiten; ***s'~ vers*** sich auf den Weg machen, sich begeben nach
achet|er [aʃte] (1e) (ein)kaufen; **~ *qc à qn*** **a)** j-m etw kaufen; **b)** j-m etw abkaufen; **~eur, ~euse** *m, f* Käufer(in) *m(f)*, Abnehmer *m*
achèvement [aʃɛvmɑ̃] *m* Vollendung *f*
achever [aʃve] (1d) vollenden; **~ *de*** (+ *inf*) vollends etw tun; **~ *qn*** j-m den Gnadenstoß geben; *fig* j-m den Rest geben; ***s'~*** zu Ende gehen
acid|e [asid] **1.** *adj* sauer (*a chim*); **2.** *m chim* Säure *f*; **~ *désoxyribonucléique*** Desoxyribonukleinsäure *f*; **~ité** *f* Säure *f*; Schärfe *f*
acier [asje] *m* Stahl *m*; *fig* ***d'~*** stahlhart
aciérie [asjeri] *f* Stahlwerk *n*, -hütte *f*
acolyte [akɔlit] *m péj* Helfershelfer *m*
acompte [akɔ̃t] *m* Abschlagzahlung *f*; Vorschuss *m*
à-côté [akote] *m* (⚠ *pl* ***à-côtés***) sekundäre Frage *f*; **~s** *pl* Nebeneinnahmen *f/pl*; zusätzliche Ausgaben *f/pl*
à-coup [aku] *m* (⚠ *pl* ***à-coups***) Ruck *m*; ***par ~s*** ungleichmäßig
acoustique [akustik] **1.** *adj* akustisch, Hör...; **2.** *f* Akustik *f*
acquér|eur [akerœr] *m* Erwerber *m*, Käufer *m*; **~ir** (2l) erwerben
acquerrai [akɛre] *futur von* ***acquérir***
acquiers [akjɛr] *présent von* ***acquérir***

acquiescer [akjɛse] (1k) **~ à** einwilligen in
acquis [aki] **1.** *p/p von* ***acquérir*** *u adj* erworben; ***c'est un point ~*** das steht fest; **2.** *m* Errungenschaft *f*; ***les ~*** das Erreichte
acquisition [akizisjɔ̃] *f* Erwerb *m*, (An-)Kauf *m*, Anschaffung *f*; *fig* Errungenschaft *f*
acquit [aki] *m comm* ***pour ~*** Betrag erhalten; *fig* ***par ~ de conscience*** um sein Gewissen zu beruhigen
acquitt|ement [akitmɑ̃] *m* Zahlung *f*; *jur* Freispruch *m*; **~er** (1a) bezahlen, begleichen; quittieren; *jur* ***~ qn*** j-n freisprechen; ***s'~ de qc*** sich e-r Sache entledigen; ***s'~ d'un devoir*** e-e Pflicht erfüllen
âcre [ɑkrə] herb, scharf, beißend; *fig* bissig, scharf
âcreté [ɑkrəte] *f* Schärfe *f*
acrobatie [akrɔbasi] *f* Akrobatik *f*; ⚠ *Aussprache*
acrylique [akrilik] *m* Acryl *n*
acte [akt] *m* **1.** Tat *f*, Handlung *f*; ***faire ~ de présence*** sich kurz sehen lassen; ***faire ~ de candidature*** kandidieren; **2.** *jur* Urkunde *f*; Akte *f*; Rechtsgeschäft *n*; ***~ de mariage***, ***~ de naissance*** Heirats-, Geburtsurkunde *f*; ***dresser un ~*** e-e Urkunde ausstellen; **3.** *Theater*: Akt *m*, Aufzug *m*; ⚠ *Akt in der Malerei*: ***le nu***
acteur, actrice [aktœr, aktris] *m, f* Schauspieler(in) *m(f)*
actif, active [aktif, aktiv] **1.** *adj* aktiv, rührig, tätig; **2.** *m comm* Aktivvermögen *n*
action [aksjɔ̃] *f* Tat *f*, Handlung *f*; *jur* Klage *f*; *comm* Aktie *f*
actionn|aire [aksjɔnɛr] *m* Aktionär *m*, Aktienbesitzer *m*; **~er** (1a) *tech* in Bewegung setzen; betätigen
activ|er [aktive] (1a) aktivieren, beschleunigen, fördern; **~ité** *f* Tätigkeit *f*; Aktivität *f*, Rührigkeit *f*
actualité [aktɥalite] *f* Aktualität *f*; Zeitgeschehen *n*; **~s** *pl TV* Nachrichten *f/pl*; Tagesschau *f*; Wochenschau *f*
actuel, ~le [aktɥɛl] zeitgemäß; gegenwärtig; **~lement** *adv* zur Zeit, im Moment
acuité [akɥite] *f* Schärfe *f*; Heftigkeit *f*
acuponcture [akypɔ̃ktyr] *f* Akupunktur *f*
adage [adaʒ] *m* Sprichwort *n*; Sinnspruch *m*
Adam [adɑ̃] *m* Adam *m*
adapt|able [adaptablə] anpassungsfähig; **~ateur** *m* Adapter *m*; Zwischenstecker *m*; **~ation** *f* Anpassung *f*; Bearbeitung *f*; **~er** (1a) anpassen; bearbeiten; ***s'~ à*** sich anpassen an, sich umstellen auf
addition [adisjɔ̃] *f* Addieren *n*; Hinzufügung *f*; Zusatz *m*; Rechnung *f* (*Restaurant*)
additionn|el, ~elle [adisjɔnɛl] zusätzlich; **~er** (1a) addieren; hinzufügen
adepte [adɛpt] *m, f* Adept *m*, Anhänger(in) *m(f)*
adéqu|at, ~ate [adekwa, -at] adäquat, angemessen, passend
adhér|ence [aderɑ̃s] *f* (An-)Haften *n*; *tech* Reibungswiderstand *m*; **~ent, ~ente** [-ɑ̃, -ɑ̃t] **1.** *adj* haftend; **2.** *m, f* Mitglied *n*; **~er** (1f) haften (***à*** an); *fig e-r Lehre*: anhängen; ***~ à un parti*** e-r Partei beitreten
adhés|if, ~ive [adezif, -iv] **1.** *adj* klebend; **2.** *m* Klebstoff *m*; **~ion** *f* Beitritt *m*; Zustimmung *f*
adieu [adjø] **1.** leb wohl!; ***dire ~ à qn*** j-m ade sagen; **2.** **~x** *m/pl* Abschied *m*; ***faire ses ~x*** Abschied nehmen (***à qn*** von j-m)
adip|eux, ~euse [adipø, -øz] fetthaltig; feist
adjac|ent, ~ente [adʒasɑ̃, -ɑ̃t] angrenzend; ***rue f adjacente*** Nebenstraße *f*
adjectif [adʒɛktif] *m gr* Adjektiv *n*; ***~ numéral*** Zahlwort *n*; ***~ possessif*** adjektivisches Possessivpronomen *n*
adjoindre [adʒwɛ̃drə] (4b) **~ à** hinzufügen zu, anbringen an; ***s'~ qn*** sich j-n (zu Hilfe) nehmen
ad|joint, ~jointe [adʒwɛ̃, -ʒwɛ̃t] **1.** *adj* stellvertretend; **2.** *m* Stellvertreter *m*; ***~ au maire*** Beigeordnete(r) *m*, stellvertretender *od* zweiter Bürgermeister *m*
adjudication [adʒydikasjɔ̃] *f* Versteigerung *f*; Ausschreibung *f*; Auftragsvergabe *f*; Zuschlagerteilung *f*
adjuger [adʒyʒe] (1l) zusprechen, zuerkennen
adjurer [adʒyre] (1a) inständig bitten
admettre [admɛtrə] (4p) zulassen; aufnehmen; zugeben, einräumen (***que*** *subj od ind* dass ...); annehmen

administra|teur, ~trice [administratœr, -tris] *m, f* Verwalter(in) *m(f)*; ***administrateur judiciaire*** Konkursverwalter *m*; **~if, ~ive** [-tif, -tiv] Verwaltungs...; **~tion** *f* Verwaltung(sbehörde) *f*; Leitung *f*; *méd* Verabreichung *f*
administrer [administre] (1a) verwalten, leiten; *méd* verabreichen; *Sakramente*: spenden, austeilen; *jur Zeugen*: beibringen
admirable [admirablə] bewundernswürdig; **~teur, ~trice 1.** *adj* bewundernd; **2.** *m, f* Bewunderer *m*, Bewunderin *f*; **~tion** *f* Bewunderung *f*
admirer [admire] (1a) bewundern; ***~ qn pour son courage*** j-n wegen seines Mutes bewundern; *litt* ***~ que*** (+ *subj*) erstaunt sein, dass
admission [admisjõ] *f* Zulassung *f*; *Schule*: Aufnahme *f*
admonest|ation [admɔnɛstasjõ] *f* Verweis *m*, Zurechtweisung *f*; **~er** (1a) maßregeln, zurechtweisen
A.D.N. [adeɛn] *m* (*abr* ***acide désoxyribonucléique***) DNS *f*
ado [ado] *m, f* F Heranwachsende(r) *m, f*
adolesc|ence [adɔlɛsɑ̃s] *f* Jünglings-, Mädchenalter *n*, Jugendzeit *f*; **~ent, ~ente** [-ɑ̃, -ɑ̃t] *m, f* Jugendliche(r) *m, f*, junger Mann *m*, junges Mädchen *n*
adonner [adɔne] (1a) ***s'~ à qc*** sich e-r Sache hingeben
adopt|er [adɔpte] (1a) adoptieren; sich zu eigen machen; ***~ une loi*** ein Gesetz verabschieden; **~if, ~ive** [-if, -iv] Adoptiv...; ***père*** *m* ~ Adoptivvater *m*
adoption [adɔpsjõ] *f* Annahme *f* (an Kindes statt), Adoption *f*
adora|ble [adɔrablə] entzückend, reizend, süß; **~tion** *f* Anbetung *f*; glühende Verehrung *f*, Vergötterung *f*
adorer [adɔre] (1a) anbeten; glühend verehren, schwärmen für
adosser [adose] (1a) anlehnen; ***s'~ contre*** *od* ***à*** sich anlehnen an
adouci|r [adusir] (1a) mildern; *Wetter*: ***s'~*** sich erwärmen; **~ssant** *m* Weichspüler *m*
adrénaline [adrenalin] *f* Adrenalin *n*; ⚠ ***une ~***
adress|e [adrɛs] *f* **1.** Anschrift *f*, Adresse *f*; ***à l'~ de qn*** für j-n bestimmt; **2.** Geschicklichkeit *f*; ***avec ~*** geschickt; **~er** (1b) richten, adressieren (***à*** an); ***~ la parole à qn*** das Wort an j-n richten; ***s'~ à qn*** sich an j-n wenden
Adriatique [adrijatik] *f* ***l'~*** die Adria
adroit, adroite [adrwa, adrwat] geschickt, gewandt
adula|teur, ~trice [adylatœr, -tris] *m, f* Schmeichler(in) *m(f)*
aduler [adyle] (1a) ***~ qn*** j-m kriechend schmeicheln, lobhudeln
adulte [adylt] **1.** *adj* erwachsen; **2.** *m, f* Erwachsene(r) *m, f*
adultère [adyltɛr] **1.** *adj* ehebrecherisch; **2.** *m* Ehebruch *m*
advenir [advənir] (2h) geschehen; *prov* ***advienne que pourra*** komme, was da wolle
adverbe [advɛrb] *m gr* Adverb *n*, Umstandswort *n*
adversaire [advɛrsɛr] *m, f* Gegner(in) *m(f)*
adversité [advɛrsite] *litt f* Missgeschick *n*
aér|ateur [aeratœr] *m* (Be-)Lüftungsanlage *f*; **~ation** *f* Ventilation *f*; (Be- und Ent-)Lüften *n*; **~er** (1f) lüften
aér|ien, ~ienne [aerjɛ̃, -jɛn] Luft...; ***défense*** *f* ***aérienne*** Luftverteidigung *f*; ***forces*** *f/pl* ***aériennes*** Luftwaffe *f*; ***pont*** *m* ***aérien*** Luftbrücke *f*
aéro... [aerɔ] *in Zssgn* Luft..., Flug...
aérobic [aerɔbik] *f* Aerobic *n*; ⚠***une ~***
aéro|drome [aerɔdrom] *m* Flugplatz *m*; **~dynamique** [-dinamik] stromlinienförmig, aerodynamisch; **~gare** [-gar] *f* Flughafengebäude *n*; **~glisseur** [-glisœr] *m mar* Luftkissenboot *n*; **~naute** [-not] *m* Luftschiffer *m*; **~nautique** [-notik] **1.** *adj* Luftfahrt..., Flugzeug...; **2.** *f* Luftfahrt *f*, Flugwesen *n*; **~navale** [-naval] *f mil* Marinefliegertruppe *f*; **~nef** [-nɛf] *m* Luftfahrzeug *n*; **~port** [-pɔr] *m* Flughafen *m*; **~sol** *m* Spray *m*; ***déodorant en ~*** Deospray *m*; **~spatial(e)** [-spasjal] (⚠ *m/pl* ***-aux***) (Luft- und) Raumfahrt...; ***transporteur*** *m* ***aérospatial*** Raumtransporter *m*; **~train** [-trɛ̃] *m* Luftkissenzug *m*
affabilité [afabilite] *f* Leutseligkeit *f*, Freundlichkeit *f*
affable [afablə] leutselig, freundlich
affaibl|ir [afɛblir] (2a) schwächen; ***s'~*** schwächer werden; **~issement** [-ismɑ̃] *m* Entkräftung *f*, Schwächung *f*; Nachlassen *n*

affair|e [afɛr] *f* Geschäft *n*; Angelegenheit *f*, Sache *f*; *jur* Sache *f*, Fall *m*; ***les* ≈*s étrangères*** das Außenministerium; *hist* ***l'~ Dreyfus*** die Dreyfusaffäre; ***avoir ~ à qn*** mit j-m zu tun haben; ⚠ *il a ses devoirs **à faire***; **~é, ~ée** geschäftig, stark beschäftigt; **~er** (1b) ***s'~*** sich zu schaffen machen; **~iste** *m*, *f* Geschäftemacher(in) *m(f)*

affamé, ~e [afame] hungrig; ***~ de gloire*** ruhmsüchtig

affect|ation [afɛktasjɔ̃] *f* **1.** Ziererei *f*; **2.** Verwendung *f*; Versetzung *f*; (Dienst-) Posten *m*; **~é, ~ée** geziert, gekünstelt; **~er** (1a) **1.** vortäuschen, heucheln; ***~ une forme*** e-e Form annehmen; **2.** verwenden; ***~ à un poste*** auf e-n Posten schicken *od* versetzen; **3.** betrüben, berühren

affect|if, ~ive [afɛktif, -iv] gefühlsbetont

affection [afɛksjɔ̃] *f* **1.** Zuneigung *f*, Liebe *f*; **2.** *méd* Erkrankung *f*

affectu|eux, ~euse [afɛktɥø, -øz] liebevoll, herzlich, zärtlich

affermir [afɛrmir] (2a) festigen, stärken

affichage [afiʃaʒ] *m* Bekanntgabe *f* durch Anschlag; Plakatierung *f*; *EDV* Anzeige *f*, Display *n*; ***~ numérique*** Digitalanzeige *f*; ***une montre à ~ numérique*** eine Digitaluhr; ***panneau*** *m* ***d'~*** Anschlagtafel *f*

affich|e [afiʃ] *f* Plakat *n*; Aushang *m*; **~er** (1a) öffentlich anschlagen; zur Schau tragen; *EDV* anzeigen; **~eur** *m* Plakatkleber *m*; *EDV* Display *n*; ***~ à cristaux liquides*** Flüssigkristallanzeige *f*

affil|ée [afile] ***d'~*** ununterbrochen; **~er** (1a) schleifen, wetzen

affilier [afilje] (1a) aufnehmen; ***être affilié à un parti*** e-r Partei angehören; ***s'~ à*** sich anschließen an

affinité [afinite] *f* Verwandtschft *f*, Ähnlichkeit *f*

affirmat|if, ~ive [afirmatif, -iv] bejahend; entschieden

affirm|ation [afirmasjɔ̃] *f* Behauptung *f*; Bestätigung *f*; **~er** (1a) behaupten; bestätigen

affliction [afliksjɔ̃] *f* Kummer *m*

afflige|ant, ~ante [afliʒɑ̃, -ɑ̃t] traurig, schmerzlich; **~er** (1l) betrüben, bekümmern; *Krankheit*: heimsuchen; ***s'~ de*** bekümmert sein über

afflu|ence [aflyɑ̃s] *f* Menschenandrang *m*; ***heures*** *f/pl* ***d'~*** Stoßzeiten *f/pl*; **~ent** [-ɑ̃] *m* Nebenfluss *m*; **~er** (1a) zusammenströmen

afflux [afly] *m* Andrang *m* (*a méd*); Zustrom *m*

affol|ement [afɔlmɑ̃] *m* Aufregung *f*, Verwirrung *f*; **~er** (1a) aufregen; ***s'~ u être affolé*** sich aufregen, den Kopf verlieren

affranch|ir [afrɑ̃ʃir] (2a) **1.** freilassen; **2.** *Brief*: frankieren; **~issement** [-ismɑ̃] *m* **1.** Freilassung *f*; **2.** Frankieren *n*

affréter [afrete] (1f) *mar*, *aviat* chartern

affr|eux, ~euse [afrø, -øz] schrecklich, abscheulich

affront [afrɔ̃] *m* grobe Beleidigung *f*

affrontement [afrɔ̃tmɑ̃] *m* Zusammenstoß *m*; *fig* Konfrontation *f*

affronter [afrɔ̃te] (1a) ***~ qn*** j-m trotzen; ***s'~*** sich gegenüberstehen

affubler [afyble] (1a) lächerlich ausstaffieren

affût [afy] *m ch* Anstand *m*; *fig* ***être à l'~*** auf der Lauer liegen

affûter [afyte] (1a) *tech* schleifen

Afghanistan [afganistɑ̃] *m* ***l'~*** Afghanistan *n*

afin [afɛ̃] ***~ de*** (+ *inf*) um zu; ***~ que*** (+ *subj*) damit, (auf) dass

afric|ain, ~aine [afrikɛ̃, -ɛn] **1.** *adj* afrikanisch; **2.** ≈ *m*, *f* Afrikaner(in) *m(f)*

Afrique [afrik] *f* ***l'~*** Afrika *n*; ***l'~ du Nord*** Nordafrika *n*; ***l'~ du Sud*** Südafrika ***n***

agaç|ant, ~ante [agasɑ̃, -ɑ̃t] auf die Nerven gehend, lästig

agacer [agase] (1k) reizen; nerven; necken

agate [agat] *f* Achat *m*

âge [aʒ] *m* Alter *n*; Lebensalter *n*; Zeitalter *n*; ***Moyen*** ≈ Mittelalter *n*; ***~ tendre*** Kindheit *f*; ***troisième ~*** Alter *n*, Lebensabend *m*, Ruhestand *m*; ***retour*** *m* ***d'~*** *méd* Wechseljahre *n/pl*; ***en bas ~*** in zartem Alter; ***quel ~ a-t-il?*** wie alt ist er?

âgé, ~e [aʒe] alt, betagt; ***~ de deux ans*** zwei Jahre alt

agence [aʒɑ̃s] *f* Agentur *f*; Geschäftsstelle *f*; ***~ immobilière*** Maklerbüro *n*; ***~ de publicité*** Werbeagentur *f*; ***~ de voyages*** Reisebüro *n*

agenc|ement [aʒɑ̃smɑ̃] *m* Anordnung *f*, Verteilung *f*; Aufbau *m*; Gestaltung

f; **~er** (1k) anordnen; einrichten; aufteilen; gestalten
agenda [aʒɛ̃da] *m* Merkbuch *n*; Taschenkalender *m*
agenouiller [aʒnuje] (1a) **s'~** (sich) niederknien
agent [aʒɑ̃] *m* **1.** Agent *m*; Vertreter *m*; Beamte(r) *m*; Bedienstete(r) *m, f*; ***~ de police*** Polizist *m*; ***~ général*** Alleinvertreter *m*; ***~ provocateur*** Lockspitzel *m*; **2.** Wirkstoff *m*; Substanz *f*; *méd* ***~ pathogène*** Krankheitserreger *m*
agglomération [aglɔmerasjɔ̃] *f* Ballungszentrum *n*, -raum *m*; geschlossene Ortschaft *f*; Siedlung *f*
agglomér|é [aglɔmere] *m* Spanplatte *f*; Presskohle *f*; *arch* Pressstein *m*; **~er** (1f) zusammenballen
agglutiner [aglytine] (1a) ver-, zusammenkleben; ***s'~*** sich zusammenballen
aggrav|ant, ~ante [agravɑ̃, -ɑ̃t] *jur* erschwerend; **~er** (1a) verschlimmern; erschweren; ***s'~*** sich verschlimmern, sich zuspitzen
agil|e [aʒil] behände, flink; **~ité** *f* Gewandtheit *f*, Beweglichkeit *f*
agio [aʒjo] *m* *écon* Kreditkosten *pl*
agir [aʒir] (2a) handeln; ***~ sur qn*** auf j-n (ein)wirken; ***il s'agit de*** ... es handelt sich um ...
agissements [aʒismɑ̃] *m/pl* *péj* Machenschaften *f/pl*, Umtriebe *m/pl*
agita|tion [aʒitasjɔ̃] *f* (heftige) Bewegung *f* (*a fig*); Unruhe *f*; Erregung *f*; **~teur** *m*, **~trice** *f* *pol* Aufwiegler(in) *m(f)*; Agitator(in) *m(f)*
agit|é, ~ée [aʒite] bewegt; erregt; **~er** (1a) hin und her bewegen, schwenken; beunruhigen; aufregen; aufhetzen
agneau [aɲo] *m* (⚠ *pl* ***~x***) Lamm (-fleisch) *n*
agonie [agɔni] *f* Todeskampf *m*
agonis|ant, ~ante [agɔnizɑ̃, -ɑ̃t] **1.** *adj* im Sterben liegend; **2.** *m, f* Sterbende(r) *m, f*; **~er** (1a) mit dem Tode ringen
agoraphobie [agɔrafɔbi] *f* *méd* Platzangst *f*
agraf|e [agraf] *f* Haken *m*; Klammer *f*; **~er** (1a) an-, zuhaken; heften; **~euse** *f* Hefter *m*, Heftmaschine *f*
agraire [agrɛr] Acker...; ***réforme f ~*** Bodenreform *f*
agrandir [agrɑ̃dir] (2a) vergrößern
agrandiss|ement [agrɑ̃dismɑ̃] *m* Vergrößerung *f*; Zuwachs *m*; **~eur** *m* Vergrößerungsapparat *m*
agréable [agreablə] angenehm (***à qn*** j-m)
agré|é, ~ée [agree] **1.** *p/p* zugelassen; **2.** *m* Parteivertreter *m*; **~er** (1a) genehmigen; ***se faire ~ dans un milieu*** in e-n Gesellschaftskreis aufgenommen werden; ***veuillez ~, Monsieur, mes salutations distinguées*** mit freundlichem Gruß
agrégation [agregasjɔ̃] *f* *Prüfung für das Lehramt an höheren Schulen u Universitäten*
agrég|é, ~ée [agreʒe] *m, f* *Gymnasiallehrer(in) bzw Dozent(in), der (die) die Agrégation besitzt*; **~er** (1g) verbinden; ***s'~*** sich verfestigen
agrément [agremɑ̃] *m* **1.** Genehmigung *f*; **2.** *meist pl* ***les ~s*** der Reiz; das Gewinnende; ***jardin m d'~*** Ziergarten *m*
agrémenter [agremɑ̃te] (1a) verzieren, ausschmücken
agress|er [agrese] (1b) überfallen; *fig* belasten; **~eur** *m* Angreifer *m*; **~if, ~ive** [-if, -iv] aggressiv, angriffslustig; **~ion** *f* Überfall *m*; Angriff *m*; Aggression *f*; ⚠ *Schreibung*
agricole [agrikɔl] landwirtschaftlich, Landwirtschafts...; ***ouvrier m ~*** Landarbeiter *m*
agricult|eur [agrikyltœr] *m* Landwirt *m*; **~ure** [-yr] *f* Landwirtschaft *f*; Ackerbau *m*
agripper [agripe] (1a) packen, an sich reißen; **s'~** sich festhalten (**à** an)
agro|alimentaire [agroalimɑ̃tɛr] **1.** *adj* Lebensmittel...; **2.** *m* Lebensmittelsektor *m*; **~biologie** [-bjɔlɔʒi] *f* Biolandwirtschaft *f*
agronomie [agrɔnɔmi] *f* Landwirtschaftskunde *f*
agrumes [agrym] *m/pl* Zitrusfrüchte *f/pl*
aguerrir [agerir] (2a) abhärten
aguets [agɛ] ***être aux ~*** auf der Lauer liegen
aguicher F [agiʃe] (1a) anlocken; F bezirzen
ahur|i, ~ie [ayri] verblüfft, verdutzt; begriffsstutzig; **~ir** (2a) verblüffen; **~issant, ~issante** [-isɑ̃, -isɑ̃t] verblüffend; unglaublich
ai [e] *cf* ***avoir***

aide [ɛd] **1.** *f* Hilfe *f*; **~ *contextuelle*** kontextsensitive Hilfe; **~ *sociale*** Sozialhilfe *f*; ***à l'~ de qc*** mit Hilfe von etw; ***avec l'~ de qn*** mit j-s Hilfe; **2.** *m, f* Gehilfe *m*, Gehilfin *f*
aide-mémoire [ɛdmemwar] *m* (⚠ *pl unv*) kurze Zusammenfassung *f*
aider [ɛde] (1b) helfen (***qn*** j-m); **~ *à qc*** zu etw beitragen; ***s'~ de qc*** etw benützen
aïeul, ~e [ajœl] *st/s m, f* Großvater *m*, Großmutter *f*; Ahne *m, f*; **~s** *pl* Großeltern *pl*
aïeux [ajø] *m/pl* Vorfahren *m/pl*, Ahnen *m/pl*
aigle [ɛglə] *m* Adler *m*; *f* Adlerweibchen *n*
aigre [ɛgrə] sauer; *fig* schrill; schneidend; scharf; **~-doux, ~-douce** [-du, -dus] süßsauer; **~fin** [-fɛ̃] *m* Schwindler *m*, Hochstapler *m*
aigreur [ɛgrœr] *f* Säure *f*; *fig* Schärfe *f*
aigrir [ɛgrir] (2a) säuern; *fig* erbittern
aigu, aigüe [egy] spitz; schrill; stechend; *méd* akut
aigue-marine [ɛgmarin] *f* (⚠ *pl* ***aigues-marines***) Aquamarin *m*
aiguillage [egɥijaʒ] *m tech* Weiche *f*
aiguille [egɥij] *f* Nadel *f*; (Uhr-)Zeiger *m*; *Kirchturm, Berg*: Spitze *f*
aiguill|ette [egɥijɛt] *f mil* Achselschnur *f*; **~eur** *m* Weichensteller *m*; *aviat* **~ *du ciel*** Fluglotse *m*
aiguiser [egize] (1a) schleifen
ail [aj] *m* (⚠ *pl* ***ails***, *selten* ***aulx*** [o]) Knoblauch *m*; ***gousse*** *f* ***d'~*** Knoblauchzehe *f*
ail|e [ɛl] *f* Flügel *m*; *auto* Kotflügel *m*; *arch* Seitentrakt *m*; **~ *avant*** vorderer Kotflügel; **~é, ~ée** geflügelt
aileron [ɛlrõ] *m* Flügelspitze *f*; *aviat* Quer-, Höhenruder *n*
ailier [ɛlje] *m Sport*: **~ *droit*** (***gauche***) Rechtsaußen (Links-) *m*
aille [aj] *subj von* ***aller***
ailleurs [ajœr] anderswo(hin); ***d'~*** übrigens; ***par ~*** außerdem, überdies; ***nulle part ~*** sonst nirgends
ailloli [ajɔli] *m cuis* kalte Knoblauchsoße *f*
aim|able [ɛmablə] liebenswürdig; **~ant[1], ~ante** [-ɑ̃, -ɑ̃t] *adj* zärtlich
aim|ant[2] [ɛmɑ̃] *m* Magnet *m*; **~anter** [-ɑ̃te] (1a) magnetisieren
aimer [ɛme] (1b) lieben, gern haben; gern essen *od* trinken; **~ *mieux*** lieber mögen, vorziehen; **~ *faire qc*** *od st/s* ***à faire qc*** gern etw tun; **~ *que*** (+ *subj*) es gern haben, dass ...
aine [ɛn] *f* Leistengegend *f*
aîné, ~e [ɛne] **1.** *adj* älter (*von zweien*); älteste(r); **2.** *m, f* Älteste(r) *m, f*
ainsi [ɛ̃si] also, so, daher; **~ *que*** sowie; **~ *soit-il!*** amen!; ***pour ~ dire*** sozusagen
air [ɛr] *m* **1.** Luft *f*; Klima *n*; Wind *m*; Zugwind *m*; ***mettre à l'~*** ins Freie stellen; ***en plein ~*** im Freien, unter freiem Himmel; **2.** Miene *f*; Aussehen *n*; Ausdruck *m*; ***avoir l'~ de*** (+ *inf*) so aussehen als ob, scheinen zu ...; F ***avoir l'~ con*** alt aussehen; ***se donner des ~s*** vornehm tun; **3.** Melodie *f*; Arie *f*
airbag [ɛrbag] *m* Airbag *m*
airbus [ɛrbys] *m* Airbus *m*
aire [ɛr] *f* (Dresch-)Tenne *f*; freier Platz *m*; (Boden-)Fläche *f*; *Raubvogel*: Horst *m*; **~ *de repos*** Rastplatz *m*; ⚠ *nicht verwechseln mit* ***air***
airelle [ɛrɛl] *f bot* Heidelbeere *f*
aisance [ɛzɑ̃s] *f* **1.** Leichtigkeit *f*, Ungezwungenheit *f*; **2.** Wohlstand *m*, Wohlhabenheit *f*
aise [ɛz] **1.** *adj st/s* ***être bien ~ de*** (+ *inf*) *od* ***que*** (+ *subj*) sich freuen zu *od* dass; **2.** *f meist pl* **~s** Wohlbehagen *n*, Bequemlichkeit *f*, Gemütlichkeit; ***prendre ses ~s*** es sich bequem machen; ***à l'~, à son ~*** wie man es gern hat; bequem; ***être à l'~*** sich wohl fühlen; ***à votre ~!*** wie es Ihnen beliebt!
aisé, ~e [eze] leicht, ungezwungen; wohlhabend; **~ment** *adv* leicht, mühelos
aisselle [ɛsɛl] *f* Achselhöhle *f*
Aix-la-Chapelle [ɛkslaʃapɛl] Aachen
ajonc [aʒõ] *m bot* Stechginster *m*
ajourn|ement [aʒurnəmɑ̃] *m* Vertagung *f*, Aufschub *m*; *mil* Zurückstellung *f*; **~er** (1a) vertagen (***d'une semaine*** um e-e Woche); *mil* zurückstellen
ajouter [aʒute] (1a) hinzufügen; *litt* **~ *foi à qc*** e-r Sache Glauben schenken; **~ *à qc*** etw noch vergrößern, verschlimmern; ***s'~ à*** noch hinzukommen zu
ajustage [aʒystaʒ] *m tech* An-, Einpassen *n*
ajust|ement [aʒystəmɑ̃] *m* Anpassung *f*; **~er** (1a) richten; in Ordnung brin-

gen; *tech* an-, einpassen; **~eur** *m* Monteur *m*; Schlosser *m*
alambic [alɑ̃bik] *m* Retorte *f*
alambiqué, ~e [alɑ̃bike] *Stil*: gekünstelt, geschraubt
alarm|ant, ~ante [alarmɑ̃, -ɑ̃t] alarmierend; beunruhigend
alarm|e [alarm] *f* Alarm *m*; Schrecken *m*; ***signal*** *m* ***d'~*** Notbremse *f*; ⚠ ***une ~***; **~er** (1a) alarmieren; beunruhigen; **~iste** *m, f* Gerüchtemacher(in) *m(f)*
Albanie [albani] *f* ***l'~*** Albanien *n*
albâtre [albɑtrə] *m* Alabaster *m*
album [albɔm] *m* Album *n*; Bilderbuch *n*
alcool [alkɔl] *m* Alkohol *m*; ***~ à brûler*** Brennspiritus *m*; **~émie** [-emi] *f* Blutalkoholspiegel *m*; **~ique 1.** *adj* alkoholisch; **2.** *m* Säufer *m*, Trinker *m*; **~iser** (1a) Alkohol zusetzen, in Alkohol verwandeln; ***s'~*** sich betrinken; **~isme** *m* Alkoholvergiftung *f*; Trunksucht *f*
alco(o)test [alkɔtɛst] *m* Alkoholtest *m*
aléa [alea] *m meist pl* **~s** Ungewissheit *f*, Risiko *n*; **~toire** [-twar] zufallsbedingt
alentour [alɑ̃tur] **1.** *adv* ringsumher; **2.** **~s** *m/pl* Umgebung *f*; ***aux ~s (de)*** in der Nähe (von)
alert|e [alɛrt] **1.** *adj* rege, munter; flink; **2.** *f* Alarm(signal *n*) *m*; ***~ aérienne*** Fliegeralarm *m*; ***donner l'~ à qn*** j-n alarmieren (*auch fig*); **~er** (1a) alarmieren
algèbre [alʒɛbrə] *f* Algebra *f*
Algérie [alʒeri] *f* ***l'~*** Algerien *n*
algér|ien, ~ienne [alʒerjɛ̃, -jɛn] **1.** *adj* algerisch; **2.** ♀ *m, f* Algerier(in) *m(f)*
algorithm|e [algɔritmə] *m* Algorithmus *m*; **~ique** algorithmisch
algue [alg] *f bot* Alge *f*
alién|able [aljenablə] veräußerlich; **~ation** *f* Veräußerung *f*; *fig* Preisgabe *f*; *méd* Geistesgestörtheit *f*; *phil* Entfremdung *f*
alién|é, ~ée [aljene] *m, f* Geistesgestörte(r) *m, f*; **~er** (1f) veräußern; entfremden; ***s'~ les sympathies*** sich die Sympathien verscherzen
alignement [aliɲmɑ̃] *m* Ausrichtung *f*; Reihe *f*; Bau-, Straßenflucht *f*; *fig* Anpassung *f*; Angleichung *f*; *mil* ***sortir de l'~*** aus der Reihe treten
aligner [aliɲe] (1a) ausrichten; in e-e Reihe bringen; aneinander reihen; *pol* ***les pays non alignés*** die blockfreien Länder; ***s'~ sur qc*** sich e-r Sache anpassen, -schließen
aliment [alimɑ̃] *m* Nahrung(smittel) *f(n)*
aliment|aire [alimɑ̃tɛr] zur Ernährung gehörig; **~ation** *f* Ernährung *f*; *tech* Versorgung *f*; ***~ énergique*** Energieversorgung *f*; ***~ en courant (électrique)*** Stromversorgung *f*; ***~ de base*** Grundnahrungsmittel *n/pl*; **~er** (1a) ernähren; *tech* versorgen
alinéa [alinea] *m* Absatz *m*, neue Zeile *f*
aliter [alite] (1a) ***~ qn*** j-n ans Bett fesseln; ***être alité(e)*** bettlägerig sein; ***s'~*** sich (krank) ins Bett legen
alizé [alize] (***vent*** *m*) ***~*** *m* Passatwind *m*
allaiter [alɛte] (1b) säugen, stillen
all|ant, ~ante [alɑ̃, -ɑ̃t] **1.** *adj* tatkräftig, unternehmungslustig; **2.** *m* Schwung *m*
allécher [aleʃe] (1f) anlocken
allée [ale] *f* Gang *m*; Allee *f*; ***les ~s et venues*** die Laufereien *f/pl*
allégation [alegasjɔ̃] *f* Behauptung *f*
alléger [aleʒe] (1g) erleichtern
allégorie [alegɔri] *f* Sinnbild *n*; Allegorie *f*
allègre [alɛgrə] munter, lustig
allégrement [alɛgrəmɑ̃] *adv* frisch-fröhlich; ⚠ *accent aigu*
allégresse [alegrɛs] *f* Freude *f*
alléguer [alege] (1f) anführen, zitieren; sich berufen auf
Allemagne [almaɲ] *f* ***l'~*** Deutschland *n*; ***en ~*** in Deutschland; nach Deutschland
allem|and, ~ande [almɑ̃, -ɑ̃d] **1.** *adj* deutsch; **2.** ♀ *m, f* Deutsche(r) *m, f*; **3.** *m* Deutsch *n*; ***apprendre l'~*** Deutsch lernen; ***parler ~*** deutsch sprechen; ***traduire en ~*** ins Deutsche übersetzen
aller [ale] (1o) **1.** gehen; fahren; reisen; ***~ à cheval*** reiten; ***~ en voiture*** Auto fahren; ***~ à*** (*od* ***en***) ***bicyclette*** mit dem Rad fahren; *mit inf* ([*nahe*] *Zukunft*) im Begriff sein zu (+ *inf*); ***j'allais dire*** ich wollte sagen, ich hätte beinahe gesagt; ***~ chercher*** holen (gehen); ***~ voir qn*** j-n besuchen; ***je vais bien*** es geht mir gut; ***cela me va*** das ist mir recht; ***il y va de*** es handelt sich (es geht) um; F ***on y va!*** gleich!, ich komme schon!; ***il va sans dire*** selbstredend; ***va!*** meinetwegen!; ***allez!*** los!, auf geht's!; ***allons!*** vor-

wärts!; ***allons donc!*** stimmt das wirklich?, ist doch nicht möglich!; ***s'en ~*** weggehen; **2.** ***~ à qn*** j-m stehen, passen; **3.** *m* ***~ et retour*** Hin- und Rückreise *f*; *Sport*: ***match*** *m* ***~*** Hinspiel *n*; ***au pis ~*** schlimmstenfalls

allerg|ie [alɛrʒi] *f* Allergie *f*; **~ique 1.** *adj* allergisch; **2.** *m, f* Allergiker(in) *m(f)*; **~ologiste** [alɛrgɔlɔʒist] *m, f* Allergologe *m*, Allergologin *f*

alliage [aljaʒ] *m chim* Legierung *f*

alli|ance [aljɑ̃s] *f* Bündnis *n*; Bund *m*; Ehebund *m*; Verwandtschaft *f*; Trauring *m*; **~é, ~ée 1.** *adj* verbündet; verschwägert; **2.** *m, f* Verbündete(r) *m, f*; angeheiratete(r) Verwandte(r) *m, f*; **~er** (1a) vereinigen; verbinden; ***s'~ à qn*** sich mit j-m verbünden

allocation [alɔkasjɔ̃] *f* Beihilfe *f*; Unterstützung *f*; Zuschuss *m*; ***~s familiales*** Kindergeld *n*; ***~ chômage*** Arbeitslosengeld *n*; ***~ de fin de droits*** Arbeitslosenhilfe *f*

allocution [alɔkysjɔ̃] *f* Ansprache *f*

allonger [alɔ̃ʒe] (1l) verlängern; *Arm, Bein*: ausstrecken; ***~ le pas*** schneller gehen; ***s'~*** sich hinlegen, sich ausstrecken; ***être allongé*** liegen

allouer [alwe] (1a) bewilligen

allumage [alymaʒ] *m* Anzünden *n*; *tech* Zündung *f*

allume-gaz [alymgaz] *m* (⚠ *pl unv*) Gasanzünder *m*

allum|er [alyme] (1a) an-, entzünden; anknipsen; Licht machen; **~ette** [-ɛt] *f* Streichholz *n*; **~euse** *f* F Frau, die die Männer scharfmacht

allure [alyr] *f* Gang(art) *m(f)*; Tempo *n*, Geschwindigkeit *f*; **~s** *pl* Verhalten *n*, Auftreten *n*; ***avoir de l'~*** vornehm wirken, aussehen

allusion [alyzjɔ̃] *f* Anspielung *f*; ***faire ~ à*** anspielen auf

alors [alɔr] damals; dann; ***ça ~!*** na so was!; ***~?*** was nun?; ***~ que*** (damals,) als; während (dagegen)

alouette [alwɛt] *f zo* Lerche *f*

alourdir [alurdir] (2a) schwer(er) machen; *Stil*: schwerfällig machen

alpage [alpaʒ] *m* Alm *f*

Alpes [alp] *f/pl* ***les ~*** die Alpen *pl*

alpestre [alpɛstrə] Alpen...

alphabet [alfabɛ] *m* Alphabet *n*

alphabéti|que [alfabetik] alphabetisch; **~sation** [-zasjɔ̃] *f* Alphabetisierung *f* (*von Analphabeten*)

alphanumérique [alfanymerik] alphanumerisch

alp|in, ~ine [alpɛ̃, -in] Alpen....

alpin|isme [alpinismə] *m* Bergsport *m*, Bergsteigen *n*; **~iste** *m* Alpinist *m*, Bergsteiger *m*

Alsace [alzas] *f* ***l'~*** das Elsass

alsac|ien, ~ienne [alzasjɛ̃, -jɛn] **1.** *adj* elsässisch; **2.** ♀ *m, f* Elsässer(in) *m(f)*

altercation [altɛrkasjɔ̃] *f* Zank *m*

altérer [altere] (1f) **1.** verschlechtern; entstellen; fälschen; **2.** durstig machen

altern|ance [altɛrnɑ̃s] *f* Wechsel *m*; **~atif, ~ative** [-atif, -ativ] abwechselnd; **~ative** *f* regelmäßiger Wechsel *m*; Alternative *f*; **~er** (1a) (ab)wechseln; alternieren

alti|er, ~ère [altje, -ɛr] hochmütig

alti|mètre [altimɛtrə] *m* Höhenmesser *m*; **~tude** [-tyd] *f* Höhe *f*

alto [alto] *m mus* Bratsche *f*; Altstimme *f*

altru|isme [altrɥismə] *m* Nächstenliebe *f*; **~iste 1.** *adj* selbstlos; **2.** *m, f* uneigennütziger Mensch *m*

aluminium [alyminjɔm] *m* Aluminium *n*

alunir [alynir] (2a) auf dem Mond landen

alvéole [alveɔl] *m od f* Wachszelle *f*; Zahnhöhle *f*

Alzheimer [alzajmœr] ***maladie*** *f* ***d'~*** alzheimersche Krankheit *f*, Alzheimer *m*

amabilité [amabilite] *f* Liebenswürdigkeit *f*

amadouer [amadwe] (1a) ***~ qn*** j-n für sich gewinnen

amaigr|i, ~ie [amɛgri] mager, abgezehrt; **~ir** (2a) dünner machen; ***~ qn*** *a* an j-m zehren; **~issement** [-ismɑ̃] *m* Abmagerung *f*

amalgame [amalgam] *m* Gemisch *n*; Amalgam *n*

amand|e [amɑ̃d] *f bot* Mandel *f*; ⚠ *nur botanisch*; **~ier** [-je] *m* Mandelbaum *m*

amant [amɑ̃] *m* Geliebte(r) *m*, Liebhaber *m*

amarr|e [amar] *f mar* Tau *n*; **~er** (1a) *Schiff*: festbinden

am|as [ama] *m* Anhäufung *f*; **~asser** [-ase] (1a) anhäufen; horten; *Geld*: scheffeln

amateur [amatœr] *m* Liebhaber(in) *m(f)*; Interessent(in) *m(f)*; *Sport*: Amateur(in) *m(f)*; ~ ***d'art*** Kunstliebhaber(in) *m(f)*; *péj* ***en*** ~ dilettantisch
amazone [amazon] f Reiterin *f*; *Mythologie*: Amazone *f*
ambassa|de [ɑ̃basad] *f* Botschaft *f*; **~deur** *m*, **~drice** *f* [-dœr, -dris] Botschafter(in) *m(f)*
ambiance [ɑ̃bjɑ̃s] *f* Umgebung *f*, Milieu *n*; Atmosphäre *f*, Stimmung *f*
ambigu, ambigüe [ɑ̃bigy] zweideutig; zwielichtig
ambigüité [ɑ̃bigɥite] *f* Zweideutigkeit *f*, Doppelsinn *m*
ambit|ieux, ~ieuse [ɑ̃bisjø, -jøz] **1.** *adj* ehrgeizig; *Wort*: anspruchsvoll; **2.** *m,f péj* Ehrgeizling *m*
ambiti|on [ɑ̃bisjɔ̃] *f* Ehrgeiz *m*; **~onner** [-ɔne] (1a) ~ ***qc*** (ehrgeizig) streben nach etw
ambival|ence [ɑ̃bivalɑ̃s] *f* Ambivalenz *f*, Doppelwertigkeit *f*; **~ent, ~ente** [-ɑ̃, -ɑ̃t] ambivalent, doppelwertig
ambre [ɑ̃brə] *m* ~ ***gris*** Ambra *f*; ~ ***jaune*** Bernstein *m*
ambulance [ɑ̃bylɑ̃s] *f* Krankenwagen *m*; Ambulanz *f*
ambul|ant, ~ante [ɑ̃bylɑ̃, -ɑ̃t] umherziehend; Wander...; ***marchand m ambulant*** fliegender Händler *m*
âme [ɑm] *f* Seele *f*; ***état m d'***~ Stimmung *f*, Gemütsverfassung *f*; ***rendre l'***~ den Geist aufgeben
amélior|ation [ameljɔrasjɔ̃] *f* Verbesserung *f*; *gesundheitlich*: Besserung *f*; **~er** (1a) verbessern
aménagement [amenaʒmɑ̃] *m* Einrichtung *f*; Ausstattung *f*; Umgestaltung *f*; Bewirtschaftung *f*; ~ ***du territoire*** Raumordnung *f*; ~ ***du temps de travail*** Arbeitszeitregelung *f*
aménager [amenaʒe] (1l) einrichten; neu ordnen; umbauen; *Wald*: bewirtschaften
amende [amɑ̃d] *f* Geldstrafe *f*; ***sous peine d'***~ bei Strafe
amend|ement [amɑ̃dmɑ̃] *m* Besserung *f*; *agr* Düngemittel *n*; *pol* Abänderungsantrag *m*; **~er** (1a) (ver)bessern; *pol Gesetzentwurf*: abändern
amener [amne] (1d) her(bei)führen; her-, mitbringen; befördern; zur Folge haben; ~ ***qn à faire qc*** j-n dazu bringen, etw zu tun
amer, amère [amɛr] bitter
améric|ain, ~aine [amerikɛ̃, -ɛn] **1.** *adj* amerikanisch; **2.** ♀ *m,f* Amerikaner(in) *m(f)*
Amérique [amerik] *f* ***l'***~ Amerika *n*
amerrir [amɛrir] (2a) *aviat* wassern
amertume [amɛrtym] *f* Bitterkeit *f*
ameubl|ement [amœbləmɑ̃] *m* Innenausstattung *f*; Mobiliar *n*; **~ir** (2a) *agr Boden*: lockern
ameuter [amøte] (1a) aufhetzen
ami, ~e [ami] **1.** *m,f* Freund(in) *m(f)*; ***petit ami*** fester Freund; **2.** *adj* befreundet
amiable [amjablə] ***à l'***~ gütlich, in Güte
amiante [amjɑ̃t] *m* Asbest *m*
amical, ~e [amikal] (⚠ *m/pl* ***-aux***) freundschaftlich; **~e** *f* Verein *m*
amid|on [amidɔ̃] *m chim* Stärke *f*; **~onner** [-ɔne] (1a) *Wäsche*: stärken
amincir [amɛ̃sir] (2a) dünner machen; verdünnen
amiral [amiral] *m* (⚠ *pl* ***-aux***) Admiral *m*
amitié [amitje] *f* Freundschaft *f*, Zuneigung *f*; **~s** *pl* Grüße *m/pl*
amnésie [amnezi] *f* Gedächtnisschwäche *f*, -verlust *m*
amniocentèse [amnjosɛ̃tɛz] *f* Fruchtwasseruntersuchung *f*
amnis|tie [amnisti] *f* Amnestie *f*; **~tier** [-tje] (1a) amnestieren
amoindr|ir [amwɛ̃drir] (2a) verringern, kleiner machen; **s'**~ sich verringern; **~issement** [-ismɑ̃] *m* Verminderung *f*
amoll|ir [amɔlir] (2a) er-, aufweichen; *fig* schwächen; **~issement** [-ismɑ̃] *m* Erschlaffung *f*
amonceler [amɔ̃sle] (1c) an-, aufhäufen
amoncellement [amɔ̃sɛlmɑ̃] *m* Haufen *m*; Stapel *m*
amont [amɔ̃] ***en*** ~ flussaufwärts; ***en*** ~ ***de*** oberhalb von
amorc|e [amɔrs] *f* Köder *m*; Zündpulver *n*; Anfangsstück *n*; *fig* Beginn *m*; **~er** (1k) ködern; *fig* in Gang bringen, beginnen
amort|ir [amɔrtir] (2a) dämpfen; lindern; *Ball*: stoppen; *comm* tilgen; **~issement** [-ismɑ̃] *m* Schuldentilgung *f*; **~isseur** [-isœr] *m tech* Schall- *od* Stoßdämpfer *m*

amour [amur] *m* Liebe *f*; Liebling *m*; **~s** *pl* Liebschaften *f/pl*; **~eux, ~euse** [-ø, -øz] verliebt (**de** in); **~-propre** [-prɔprə] *m* Selbstachtung *f*; Eigenliebe *f*
amphétamine [ɑ̃fetamin] *f* Amphetamin *n*; ⚠ **une ~**
amphibie [ɑ̃fibi] *biol* amphibisch; *tech* **véhicule** *m* **~** Amphibienfahrzeug *n*; *mil* **char** *m* **~** Schwimmpanzer *m*
amphithéâtre [ɑ̃fiteɑtrə] *m* Hörsaal *m*; *der Römer*: Amphitheater *n*
ampl|e [ɑ̃plə] weit, umfassend; reichlich; **~eur** *f* Weite *f*, Breite *f*; Ausmaß *n*
amplific|ateur [ɑ̃plifikatœr] *m tech* Verstärker *m*; **~ation** *f tech* Verstärkung *f*; *fig* Ausweitung *f*
amplifier [ɑ̃plifje] (1a) *tech* verstärken; *fig* ausweiten
amplitude [ɑ̃plityd] *f phys* Amplitude *f*; *math* **~ d'un arc** Bogenweite *f*
ampoule [ɑ̃pul] *f* (*Haut-*)Blase *f*; Ampulle *f*; Glühbirne *f*
ampoulé, ~e [ɑ̃pule] *Stil*: schwülstig
amput|ation [ɑ̃pytasjɔ̃] *f* Amputation *f*; *fig* Kürzung *f*; **~er** (1a) amputieren
amus|ant, ~ante [amyzɑ̃, -ɑ̃t] unterhaltsam, belustigend
amuse-gueule [amyzgœl] *m* (⚠ *pl unv*) Appetit(s)happen *m*
amus|ement [amyzmɑ̃] *m* Belustigung *f*, Vergnügen *n*; **~er** (1a) unterhalten, belustigen; **s'~** sich unterhalten; **s'~ à** (**faire**) **qc** sich bei etw vergnügen (sich damit vergnügen, etw zu tun); **s'~ de** sich lustig machen über
amygdal|e [ami(g)dal] *f méd* Mandel *f*; **~ite** [-it] *f* Mandelentzündung *f*
an [ɑ̃] *m* Jahr *n*; **jour** *m* **de l'~** Neujahrstag *m*; **bon ~, mal ~** im Durchschnitt; **deux fois l'~** zweimal jährlich; **par ~** jährlich
anabolisant [anabɔlizɑ̃] *m* Anabolikum *n*
analgésique [analʒezik] *m phm* Schmerzmittel *n*
ana|logie [analɔʒi] *f* Ähnlichkeit *f*; Analogie *f*; Entsprechung *f*; **~logue** [-lɔg] ähnlich
analys|e [analiz] *f* Analyse *f*; **~ syntaxique** Parsing *n*; **~ de sang** Blutuntersuchung *f*; **~er** (1a) analysieren
analyste [analist] *m, f* Analytiker(in) *m(f)*; **~-programmeur** *m* (⚠ *pl* **analystes-programmeurs**) Systemanalytiker *m*
analytique [analitik] analytisch
ananas [anana(s)] *m bot* Ananas *f*; ⚠ **un ~**
anarch|ie [anarʃi] *f* Anarchie *f*; **~iste** *m* Anarchist *m*
anatomie [anatɔmi] *f* Anatomie *f*
ancêtres [ɑ̃sɛtrə] *m/pl* Vorfahren *m/pl*, Ahnen *m/pl*
anchois [ɑ̃ʃwa] *m* An(s)chovis *f*, Sardelle *f*
anc|ien, ~ienne [ɑ̃sjɛ̃, -jɛn] **1.** sehr alt, althergebracht; **à l'ancienne** auf alte Art; **2.** (⚠ *vorangestellt*) früher; ehemalig; **3.** antik, alt (*Gegensatz*: *modern*); **les écrivains anciens** die antiken Schriftsteller; **les Anciens** die Alten (*Griechen u Römer*); **~iennement** [-jɛnmɑ̃] *adv* früher; einst
ancienneté [ɑ̃sjɛnte] *f* Alter *n*; Dienstalter *n*
ancr|e [ɑ̃krə] *f* Anker *m*; ⚠ **une ~**; **~er** (1a) verankern; **être ancré** vor Anker liegen; *fig* verwurzelt sein
Andes [ɑ̃d] *f/pl* **les ~** die Anden *pl*
Andorre [ɑ̃dɔr] *f* **l'~** Andorra *n*
andouille [ɑ̃duj] *f* Kaldaunenwurst *f*; F Dummkopf *m*
androgyne [ɑ̃drɔʒin] *m biol* Zwitter *m*
âne [ɑn] *m* Esel *m* (*a fig*); **dos** *m* **d'~** *Straße*: Querrinne *f*
anéant|ir [aneɑ̃tir] (2a) vernichten; **~issement** [-ismɑ̃] *m* Vernichtung *f*
anecdote [anɛgdɔt] *f* Anekdote *f*; lustige kleine Geschichte *f*
anémie [anemi] *f méd* Blutarmut *f*
ânerie [ɑnri] *f* Eselei *f*, große Dummheit *f*
ânesse [ɑnɛs] *f zo* Eselin *f*
anesthés|ie [anɛstezi] *f méd* Anästhesie *f*, Narkose *f*; Unempfindlichkeit *f*; **~ier** [-je] (1a) betäuben; **~ique 1.** *adj* schmerzbetäubend; **2.** *m* Betäubungsmittel *n*
aneth [anɛt] *m bot* Dill *m*
ange [ɑ̃ʒ] *m* Engel *m*; *fig* **être aux ~s** im siebten Himmel sein
angélique [ɑ̃ʒelik] engelhaft
angine [ɑ̃ʒin] *f méd* Angina *f*
angl|ais, ~aise [ɑ̃glɛ, -ɛz] **1.** *adj* englisch; **2.** **≗** *m, f* Engländer(in) *m(f)*
angle [ɑ̃glə] *m* Winkel *m*; Ecke *f*
Angleterre [ɑ̃glətɛr] *f* **l'~** England *n*

anglicisme [ɑ̃glisismə] *m* englische Spracheigentümlichkeit *f*
angoiss|ant, ~ante [ɑ̃gwasɑ̃, -ɑ̃t] beängstigend, beklemmend
angoiss|e [ɑ̃gwas] *f* Angst *f*; **~er** (1a) ängstigen
anguille [ɑ̃gij] *f zo* Aal *m*; *fig* ***il y a ~ sous roche*** da steckt doch was dahinter
angul|aire [ɑ̃gylɛr] Eck...; Winkel...; **~eux, ~euse** [-ø, -øz] kantig, eckig
anicroche [anikrɔʃ] *f* Hindernis *n*; (kleine) Schwierigkeit *f*
animal [animal] (⚠ *m/pl* ***-aux***) **1.** *m* Tier *n*; **2.** *adj* (*f* ***~e***) tierisch; Tier...; **~ité** *f* tierisches Wesen *n*
anima|teur, ~trice [animatœr, -tris] *m, f* Stimmungsmacher(in) *m(f)*; Spiel- *od* Gesprächsleiter(in) *m(f)*; **~tion** *f* Belebung *f*; Belebtheit *f*; **~** (***culturelle***) Freizeitgestaltung *f*
anim|é, ~ée [anime] belebt, lebend; lebhaft; ***dessin(s) animé(s)*** Zeichentrickfilm *m*; **~er** (1a) beleben; beseelen; *Diskussion*: leiten; ***être animé de qc*** von etw erfüllt sein
animosité [animozite] *f* Groll *m*; Feindseligkeit *f*; Erbitterung *f* (***envers qn*** gegenüber j-m)
annales [annal] *f/pl* Jahrbücher *n/pl*; Annalen *pl*
anneau [ano] *m* (⚠ *pl* ***~x***) Ring *m*
année [ane] *f* Jahr *n* (*Dauer*); ⚠ *Unterschied zu* ***an*** *beachten*
annex|e [anɛks] *f* Nebengebäude *n*; Anhang *m*; An-, Beilage *f* (*zum Brief*); **~er** (1a) **1.** beifügen; **2.** einverleiben, annektieren; **~ion** *f* Einverleibung *f*; Annektierung *f*
annihiler [aniile] (1a) zunichte machen; vernichten
anniversaire [anivɛrsɛr] *m* Jahres-, Geburtstag *m*; ***bon ~!*** herzlichen Glückwunsch zum Geburtstag!
annonc|e [anɔ̃s] *f* Ankündigung *f*; Anzeige *f*; An-, Vorzeichen *n*; ***petites ~s*** *pl Zeitung*: Anzeigenteil *m*; **~er** (1k) ankündigen; **~eur** *m* Inserent *m*; Ansager *m*
annot|ation [anɔtasjɔ̃] *f* Anmerkung *f*; **~er** (1a) mit Anmerkungen versehen
annu|aire [anɥɛr] *m* Jahrbuch *n*; ***~ du téléphone*** Telefonbuch *n*; **~el, ~elle** jährlich
annuité [anɥite] *f* Jahresrate *f*
annulaire [anylɛr] **1.** *adj* ringförmig; **2.** *m* Ringfinger *m*
annuler [anyle] (1a) für nichtig erklären; widerrufen; annullieren; stornieren
anod|in, ~ine [anɔdɛ̃, -in] harmlos, unschädlich; *Person*: nichts sagend, unbedeutend
anomalie [anɔmali] *f* Anomalie *f*; Abnormität *f*
anonymat [anɔnima] *m* Anonymität *f*
anonyme [anɔnim] anonym; unbekannt; ***société*** *f* **~** Aktiengesellschaft *f*
anorak [anɔrak] *m* Anorak *m*
anorexie [anɔreksi] *f* Magersucht *f*
A.N.P.E. [aɛnpeø] *f* (*abr* ***agence nationale pour l'emploi***) nationale Arbeitsvermittlung
anse [ɑ̃s] *f* **1.** Henkel *m*, Griff *m*; **2.** *géogr* kleine Bucht *f*
antagon|isme [ɑ̃tagɔnismə] *m* Gegensatz *m*; Rivalität *f*; **~iste 1.** *adj* gegensätzlich; **2.** *m, f* Widersacher(in) *m(f)*
antarctique [ɑ̃tarktik] antarktisch, Südpolar...
antécédent [ɑ̃tesedɑ̃] *m* **1.** *gr* Beziehungswort *n*; **2. ~s** *pl* Vorleben *n*; *méd* Vorgeschichte *f*
antédiluv|ien, ~ienne [ɑ̃tedilyvjɛ̃, -jɛn] F *fig* vorsintflutlich
antenne [ɑ̃tɛn] *f* **1.** *zo* Fühler *m*; **2.** *TV, Radio* Antenne *f*; ***~ parabolique*** Parabolantenne *f*; ***être sur l'~*** auf Sendung sein
antéposé, ~e [ɑ̃tepoze] *gr* vorgestellt
antérieur, ~e [ɑ̃terjœr] vordere(r); frühere(r); ***~ à*** früher als; **~ement** [-mɑ̃] *adv* vorher, früher
antériorité [ɑ̃terjɔrite] *f* zeitliches Vorangehen *n*
anti|aérien, ~aérienne [ɑ̃tiaerjɛ̃, -aerjɛn] *mil* Flugabwehr...; Luftschutz...; **~alcoolique** [-alkɔlik] antialkoholisch; **~biotique** [-bjɔtik] *m* Antibiotikum *n*; **~bruit** [-brɥi] Lärmschutz...; ***écran m ~*** Lärmschutzwall *m*; **~chambre** [-ʃɑ̃brə] *f* Vorzimmer *n*
anticip|ation [ɑ̃tisipasjɔ̃] *f* Vorwegnahme *f*; ***roman m d'~*** Zukunftsroman *m*; **~er** (1a) vorzeitig leisten *od* abschließen; ***~ sur qc*** e-r Sache vorgreifen; etw vorwegnehmen
anticlérical, ~e [ɑ̃tiklerikal] (⚠ *m/pl* ***-aux***) kirchenfeindlich

anticonstitutionnel, ~le [ɑ̃tikɔ̃stitysjɔnɛl] verfassungswidrig
anti|cyclone [ɑ̃tisiklon] *m Meteorologie*: Hoch(druckgebiet) *n*; **~dater** [-date] (1a) **~ *la facture*** die Rechnung rückdatieren; **~dérapant, ~dérapante** [-derapɑ̃, -derapɑ̃t] *auto* **1.** *adj* rutschfest; **2.** *m* Gleitschutz *m*; **~dopage** [-dɔpaʒ] gegen das Doping; ***contrôle*** *m* **~** Dopingkontrolle *f*; **~dote** [-dɔt] *m méd* Gegengift *n*; **~gel** [-ʒɛl] *m* Frostschutz(mittel *n*) *m*; **~grippe** [-grip] *adj* gegen Grippe; **~histaminique** [-istaminik] *f* Antihistamin *n*; ⚠ ***une* ~**; **~nucléaire** [-nykleɛr] *m* Kernkraftgegner *m*; **~parasite** [-parazit] *m Radio*: Störschutz *m*; **~pathique** [-patik] unsympathisch, zuwider; **~pelliculaire** [-pelikylɛr] gegen Schuppen; **~pode** [-pɔd] *m* ***aux* ~s** *géogr* diametral gegenüber; *fig* sehr fern; diametral entgegengesetzt; **~pollution** [-pɔlysjɔ̃] **1.** *adj* Umweltschutz...; **2.** *f auto* Abgasentgiftung *f*
antiquaire [ɑ̃tikɛr] *m* Antiquitätenhändler *m*
antique [ɑ̃tik] antik; altertümlich
Antiquité [ɑ̃tikite] *f* Antike *f*; **2s** *pl* Antiquitäten *f/pl*; Altertümer *n/pl*
antirouille [ɑ̃tiruj] Rostschutz...
antisèche [ɑ̃tisɛʃ] *f* F Spickzettel *m*
antisém|ite [ɑ̃tisemit] **1.** *adj* antisemitisch; **2.** *m, f* Antisemit(in) *m(f)*; **~itisme** *m* Antisemitismus *m*
antisocial, ~e [ɑ̃tisɔsjal] (⚠ *m/pl* ***-aux***) unsozial
anti|sportif, ~sportive [ɑ̃tispɔrtif, -spɔrtiv] unsportlich; **~thèse** [-tɛz] *f* Gegensatz *m*; **~vol** [-vɔl] *m* Diebstahlsicherung *f*; *auto* Lenkradschloss *n*
antonyme [ɑ̃tɔnim] *m ling* Gegenteil *n*
anus [anys] *m méd* After *m*
Anvers [ɑ̃vɛr] Antwerpen
anxi|été [ɑ̃ksjete] *f* Angst *f*, Beklemmung *f*, Ängstlichkeit *f*; **~eux, ~euse** [-ø, -øz] ängstlich; ***être* ~ *de*** (+ *inf*) sich danach sehnen zu
aorte [aɔrt] *f* Hauptschlagader *f*, Aorta *f*
août [u(t)] *m* August *m*; ***en* ~** im August; ***le 5* ~** am 5. August; ***le 5* ~ *1998*** der 5. August 1998
août|ien, ~ienne [ausjɛ̃, -jɛn] *m, f* Augusturlauber(in) *m(f)*
apais|ement [apɛzmɑ̃] *m* Beruhigung *f*; Linderung *f*; **~er** (1b) beruhigen, besänftigen; beschwichtigen; **~ *sa faim*** (***sa soif***) seinen Hunger (seinen Durst) stillen
à partir de [a partir də] ab, von ... an
apathique [apatik] teilnahmslos; gleichgültig
apatride [apatrid] staatenlos
apercevoir [apɛrsəvwar] (3a) (***qc*** etw) erblicken; wahrnehmen, bemerken; ***s'* ~ *de qc*** etw merken
aperçu [apɛrsy] **1. ~(e)** *p/p von* ***apercevoir***; **2.** *m* Übersicht *f*; (*Kosten-*) Überschlag *m*
apérit|if, ~ive [aperitif, -iv] **1.** *adj* appetitanregend; **2.** *m* Aperitif *m*
apéro [apero] *m* F *für* ***apéritif***
apesanteur [apəzɑ̃tœr] *f* Schwerelosigkeit *f*
à peu près [apøprɛ] **1.** *adv* ungefähr; **2.** *m* (⚠ *pl unv*) Halbheit *f*
aphorisme [afɔrismə] *m* Sinnspruch *m*, Aphorismus *m*
apicult|eur [apikyltœr] *m* Imker *m*; **~ure** [-yr] *f* Bienenzucht *f*
apitoyer [apitwaje] (1h) **~ *qn*** j-n mit Mitleid erfüllen; j-n erbarmen; ***s'* ~ *sur qc*** Mitleid mit etw fühlen; ***s'* ~ *sur qn*** j-n bemitleiden
aplanir [aplanir] (2a) (ein)ebnen, planieren; *fig* schlichten, beheben
aplatir [aplatir] (2a) platt machen; *fig* ***s'* ~ *devant qn*** vor j-m kriechen
aplomb [aplɔ̃] *m* senkrechte Stellung *f*; *fig* Selbstsicherheit *f*; Dreistigkeit *f*; ***d'* ~** senkrecht; *fig* ***ne pas être d'* ~** sich nicht wohl fühlen; ***avec* ~** selbstsicher; dreist
apogée [apɔʒe] *m* Erdferne *f* (*des Mondes*); *fig* Höhepunkt *m*; Gipfel *m*
apolitique [apɔlitik] unpolitisch
apologie [apɔlɔʒi] *f* Verteidigungsrede *f*, -schrift *f*
apoplexie [apɔplɛksi] *f méd* Schlag(-anfall) *m*
apostolique [apɔstɔlik] apostolisch; ***siège*** *m* **~** Päpstlicher Stuhl
apostroph|e [apɔstrɔf] *f* **1.** *Rhetorik*: Anrede *f*, Apostrophe *f*; *fig* Abkanzelung *f*, Anpfiff *m*; **2.** *Zeichen*: Apostroph *m*; ⚠ ***une* ~**; **~er** (1a) **~ *qn*** j-n abkanzeln, anschnauzen, anfahren
apothéose [apɔteoz] *f* Vergöttlichung *f*; Huldigung *f*; Krönung *f*
apôtre [apotrə] *m* Apostel *m*

apparaître [aparɛtrə] (4z) zum Vorschein kommen, erscheinen; ***faire** ~* erkennen lassen, zeigen; *~ **à qn*** j-m erscheinen (***comme*** wie); ***il apparaît que*** es zeigt sich, dass
apparat [apara] *m* Pomp *m*, Prunk *m*
appareil [aparɛj] *m* Apparat *m*, Gerät *n*; *aviat* Maschine *f*; *~ **auditif*** Hörgerät *n*; *~ **photo**, ~ **photographique*** Fotoapparat *m*; *~ **téléphonique*** Telefon *n*; *~ **à sous*** Spielautomat *m*
appareill|age [aparɛjaʒ] *m* **1.** *mar* Auslaufen *n*; Ablegen *n*; **2.** *tech* Apparatur *f*; **~er** (1a) **1.** zusammenstellen, kombinieren; **2.** *mar* auslaufen (***pour*** nach), in See stechen
apparemment [aparamɑ̃] anscheinend, allem Anschein nach
apparence [aparɑ̃s] *f* **1.** Aussehen *n*; **2.** *meist pl* **~s** Anschein *m*
appar|ent, ~ente [aparɑ̃, -ɑ̃t] sichtbar; scheinbar
apparenté, ~e [aparɑ̃te] verwandt (***à qn, à qc*** mit j-m, mit etw); verschwägert
apparition [aparisjɔ̃] *f* Erscheinung *f*
appartement [apartəmɑ̃] *m* Wohnung *f*
apparten|ance [apartənɑ̃s] *f* Zugehörigkeit *f*; Mitgliedschaft *f*; **~ir** (2h) gehören (***à qn*** j-m); ***il ne m'appartient pas d'en décider*** es steht mir nicht zu, daüber zu entscheiden
appât [apɑ] *m* Köder *m*; Lockspeise *f*; *fig* Verlockung *f*
appâter [apɑte] (1a) ködern
appauvr|ir [apovrir] (2a) arm, ärmer machen; ***s'~*** verarmen; **~issement** [-ismɑ̃] *m* Verarmung *f*
appel [apɛl] *m* Ruf *m*; Anruf *m* (*a tél*); Aufruf *m* (*a EDV*); *fig u mil* Appell *m*; *jur* Berufung *f*; *mil* Einberufung *f*; ***sans** ~* unwiderruflich; ***faire** ~ **à qn*** an j-n appellieren
appel|é [aple] *m mil* Einberufene(r) *m*; **~er** (1c) (herbei)rufen; (ein)berufen; nennen; *EDV* aufrufen; ***s'~*** heißen; ***en** ~ **à qn*** an j-n appellieren
appellation [apɛlasjɔ̃] *f* Bezeichnung *f*, Benennung *f*
appendicite [apɛ̃disit] *f méd* Blinddarmentzündung *f*
appesant|ir [apəzɑ̃tir] ***s'~*** schwerfällig werden; ***s'~ sur*** lang und breit reden über; **~issement** [-ismɑ̃] *m* Schwerfälligkeit *f*
appétiss|ant, ~ante [apetisɑ̃, -ɑ̃t] appetitlich, lecker
appétit [apeti] *m* Appetit *m*; Hunger *m* (*a fig* ***de*** nach)
applaudimètre [aplodimɛtrə] *m* Applausmesser *m*
applaudir [aplodir] (2a) applaudieren, Beifall klatschen (***qn*** *od* ***qc*** j-m *od* e-r Sache; *litt a* ***à qn***)
applaudissement [aplodismɑ̃] *m* (*meist pl* **~s**) Applaus *m*, Beifall *m*
applica|ble [aplikablə] anwendbar; **~tion** *f* Anbringung *f*; Anwendung *f*; Fleiß *m*
appliqu|é, ~ée [aplike] fleißig; *Schneiderei*: aufgesetzt; *Wissenschaft*: angewandt; **~er** (1m) auflegen; anbringen; anwenden (***à*** auf); ***s'~*** fleißig sein; ***s'~ à qc*** zu etw passen, auf etw zutreffen; sich e-r Sache widmen *od* zuwenden; ***s'~ à faire qc*** sich bemühen, etw zu tun
appointements [apwɛ̃tmɑ̃] *m/pl* Bezüge *m/pl*, Gehalt *n*
apport [apɔr] *m comm* Einlage *f*; *fig* Unterstützung *f*, Beitrag *m* (***à*** zu)
apporter [apɔrte] (1a) (mit)bringen; beitragen
apposer [apoze] (1a) anfügen; anbringen; *Zettel*: ankleben
appréci|able [apresjablə] beträchtlich, nennenswert; **~ation** *f* Abschätzen *n*; Einschätzung *f*, Urteil *n*; **~er** (1a) (ein)schätzen; beurteilen
appréhen|der [apreɑ̃de] (1a) *~ **qc*** etw fürchten; *jur ~ **qn*** j-n festnehmen; **~sion** [-sjɔ̃] *f* Befürchtung *f*
apprendre [aprɑ̃drə] (4q) lernen; erfahren (***par qn*** von j-m); *~ **qc à qn*** j-n etw lehren; j-m etw mitteilen; *~ **à lire*** lesen lernen
apprent|i, ~ie [aprɑ̃ti] *m, f* Lehrling *m*; **~issage** [-isaʒ] *m* Lehre *f*; Lehrzeit *f*; (Er-)Lernen *n*
apprêt [aprɛ] *m* Appretur *f*; *fig* Affektiertheit *f*
apprêt|é, ~ée [aprɛte] affektiert; **~er** (1a) zubereiten; ***s'~ à faire qc*** sich anschicken, etw zu tun
apprivoiser [aprivwaze] (1a) zähmen
approba|teur, ~trice [aprɔbatœr, -tris] beifällig, billigend; **~tion** *f* Billigung *f*

approch|ant, ~ante [aprɔʃɑ̃, -ɑ̃t] annähernd; ***qc d'approchant*** etw Ähnliches
approch|e [aprɔʃ] *f* Herannahen *n*; *a fig* Zugang *m*; *aviat* Anflug *m*; **~er** (1a) näher heranbringen (***qc de*** etw an); herankommen, sich nähern (***de qc*** e-r Sache); ***s'~ de qn*** *od* ***de qc*** sich j-m *od* e-r Sache nähern
approfondir [aprɔfɔ̃dir] (2a) vertiefen
appropri|é, ~ée [aprɔprije] angemessen, passend; **~er** (1a) anpassen; ***s'~ qc*** sich etw aneignen
approuver [apruve] (1a) billigen (***qc*** etw); ***~ qn de faire qc*** es gut finden, dass j etw tut; ⚠ ***~ que*** *subj*
approvisionn|ement [aprɔvizjɔnmɑ̃] *m* Versorgung *f* (***en*** mit); **~er** (1a) versorgen; beliefern
approximat|if, ~ive [aprɔksimatif, -iv] annähernd; **~ivement** [-ivmɑ̃] *adv* schätzungsweise
appui [apɥi] *m* Stütze *f*; Halt *m*; Unterstützung *f*; *Sport*: ***~ tendu*** Handstand *m*; ***à l'~ de*** ... um ... zu stützen; **~-tête** [-tɛt] *m* (⚠ *pl* ***appuis-tête***) Kopfstütze *f*
appuyer [apɥije] (1h) ***~ qn, qc*** j-n, etw (unter)stützen; ***~ sur qc*** auf etw drücken; *fig* auf etw Nachdruck legen
âpre [ɑprə] herb; heftig; bitter
après [aprɛ] **1.** *prép* (*örtlich u zeitlich*) nach, hinter; ***~ quoi*** worauf, darauf; ***~ tout*** schließlich; (+ *inf*) ***~ avoir lu***, *il* ... nachdem er gelesen hatte ...; ***~ manger*** nach dem Essen; ***d'~*** nach, gemäß; **2.** *adv* nachher; **3.** *conj* ***~ que*** (+ *ind od subj*) nachdem
après|-demain [aprɛdmɛ̃] übermorgen; **~-midi** [-midi] *m od f* (⚠ *pl unv*) Nachmittag *m*; **~-rasage** [-razaʒ] *m* (⚠ *pl unv*) Rasierwasser *n*, Aftershave *n*; **~-ski** [-ski] *m* (⚠ *pl unv*) Moonboots *pl*; **~-vente** [-vɑ̃t] *m* (⚠ *pl unv*) Kundendienst *m*
âpreté [ɑprəte] *f* Herbheit *f*; Heftigkeit *f*
apr. J.-C. (*abr* ***après Jésus-Christ***) n.Chr.
à-propos [aprɔpo] *m* Schlagfertigkeit *f*
apte [apt] fähig, geeignet (**à** zu, für)
aptitude [aptityd] *f* Fähigkeit *f*, Eignung *f*; ***~s*** *pl* Begabung *f*
aquaplanage [akwaplanaʒ] *m* Aquaplaning *n*
aquarelle [akwarɛl] *f* Aquarell *n*
aquatique [akwatik] Wasser...
aqueduc [akdyk] *m* Aquädukt *m*
aquilin [akilɛ̃] ***nez*** *m* **~** Adlernase *f*
aquit|ain, ~aine [akitɛ̃, -ɛn] aquitanisch (*SW-Frankreich*)
arabe [arab] **1.** *adj* arabisch; **2.** ♀ *m, f* Araber(in) *m(f)*
Arabie [arabi] *f* ***l'~*** Arabien *n*; ***l'~ Saoudite*** Saudi-Arabien *n*
arachide [araʃid] *f bot* Erdnuss *f*
araignée [arɛɲe] *f* Spinne *f*; F ***avoir une ~ dans le plafond*** nicht ganz richtig im Kopf sein
arbitr|age [arbitraʒ] *m* Schiedsspruch *m*; Schlichtung *f*; **~aire** [-ɛr] willkürlich
arbitr|e [arbitrə] *m* Schiedsrichter *m*; **~er** (1a) als Schiedsrichter entscheiden
arborer [arbɔre] (1a) *Flagge*: hissen; *fig Orden, Abzeichen*: zur Schau tragen
arbr|e [arbrə] *m* Baum *m*; *tech* Welle *f*; **~isseau** [arbriso] *m* (⚠ *pl* **~x**) Bäumchen *n*
arbuste [arbyst] *m* Strauch *m*
arc [ark] *m* Bogen *m*
arcade [arkad] *f* (*oft pl* **~s**) *arch* Bogengang *m*, Arkade *f*
arc-boutant [arkbutɑ̃] *m* (⚠ *pl* ***arcs-boutants***) *arch* Strebebogen *m*
arc-en-ciel [arkɑ̃sjɛl] *m* (⚠ *pl* ***arcs-en-ciel***) Regenbogen *m*
archaïsme [arkaismə] *m* Archaismus *m*, altertümlicher Ausdruck *m od* Stil *m*
archange [arkɑ̃ʒ] *m rel* Erzengel *m*
arche [arʃ] *f* **1.** Brückenbogen *m*; **2.** *Bibel*: Arche *f*
archéologie [arkeɔlɔʒi] *f* Archäologie *f*
archer [arʃe] *m* Bogenschütze *m*
archet [arʃɛ] *m mus* Geigenbogen *m*
arche|vêché [arʃəveʃe] *m* Erzbistum *n*; **~vêque** [-vɛk] *m* Erzbischof *m*
archi|comble [arʃikɔ̃blə] F brechend voll; **~connu, ~connue** [-kɔny] F total bekannt; **~difficile** [-difisil] F echt schwierig; **~faux, ~fausse** [-fo, -fos] F total falsch
archipel [arʃipɛl] *m* Archipel *n*, Inselgruppe *f*
architect|e [arʃitɛkt] *m* Architekt *m*; **~ure** [-yr] *f* Architektur *f*
archiv|er [arʃive] (1a) *EDV* archivieren; **~es** *f/pl* Archiv *n*; **~iste** *m* Archivar *m*
arçon [arsɔ̃] *m* Sattelbogen *m*; *Turnen*: ***cheval*** *m* ***d'~s*** Pferd *n*; *fig* ***être ferme dans*** *od* ***sur ses ~s*** fest im Sattel sitzen

arctique [arktik] arktisch, nördlich, Nordpolar...
ard|ent, ~ente [ardɑ̃, -ɑ̃t] glühend, brennend; *fig* leidenschaftlich; ⚠ *adv* ***ardemment*** [-amɑ̃]
ardeur [ardœr] *f* Glut *f*; *fig* Eifer *m*
ardoise [ardwaz] *f* Schiefer *m*
ardu, ~e [ardy] steil; schwierig
arène [arɛn] *f* Arena *f* (*auch fig*); **~s** *pl römische* Arena *f*
arête [arɛt] *f* (Fisch-)Gräte *f*; Kante *f*
argent [arʒɑ̃] *m* Silber *n*; Geld *n*
argent|é, ~ée [arʒɑ̃te] versilbert; silberweiß; **~er** (1a) versilbern; **~erie** *f* Silberzeug *n*; **~in, ~ine 1.** *Klang*: silberhell; **2.** argentinisch
Argentine [arʒɑ̃tin] *f* ***l'~*** Argentinien *n*
argile [arʒil] *f géol* Ton *m*
argil|eux, ~euse [arʒilø, -øz] tonig, tonhaltig, Ton...
argot [argo] *m* Gaunersprache *f*, Rotwelsch *n*; Sondersprache *f*; Jargon *m*
argotique [argɔtik] ***mot*** *m*, ***terme*** *m* **~** Argotwort *n*, -ausdruck *m*
Argovie [argɔvi] *f* ***l'~*** der Aargau
argument [argymɑ̃] *m* Beweisgrund *m*, Argument *n*; Inhaltsangabe *f*; **~aire** [-tɛr] *m* Argumentationshilfe *f*
argument|ation [argymɑ̃tasjɔ̃] *f* Beweisführung *f*; **~er** (1a) argumentieren, Beweise vorbringen
arid|e [arid] dürr, trocken; **~ité** *f* Dürre *f*
aristo|crate [aristɔkrat] *m*, *f* Aristokrat(in) *m*(*f*); **~cratie** [-krasi] *f* Aristokratie *f*; ⚠ *Aussprache*; **~cratique** [-kratik] aristokratisch
arithmétique [aritmetik] **1.** *adj* arithmetisch; **2.** *f* Arithmetik *f*
armateur [armatœr] *m* Reeder *m*
armature [armatyr] *f* Gestell *n*, Gerüst *n*; *Beton*: Armierung *f*; *fig* Grundlage *f*, Stütze *f*; *mus* Vorzeichnung *f*
arm|e [arm] *f* Waffe *f* (*a fig*); **~s** *pl* Wappen *n*; **~é, ~ée** bewaffnet; *fig* gewappnet (***contre*** gegen); **~ de** versehen, ausgestattet mit; ***béton*** *m* ***armé*** Eisenbeton *m*
armée [arme] *f* Heer *n*; **~ *du Salut*** Heilsarmee *f*
armement [armәmɑ̃] *m* Bewaffnung *f*; Rüstung *f*; Ausrüstung *f*
armer [arme] (1a) bewaffnen, ausrüsten, versehen (**de** mit); *tech* armieren
armistice [armistis] *m* Waffenstillstand *m*
armoire [armwar] *f* Schrank *m*
armoiries [armwari] *f*/*pl* Wappen *n*
armoise [armwaz] *f bot* Beifuß *m*
armure [armyr] *f hist* Rüstung *f*; *fig* Schutz *m*; *tech* Metallbeschlag *m*; *mus* Vorzeichnung *f*
arnaque [arnak] F *f* Betrug *m*, Hochstapelei *f*; **~r** (1a) F übers Ohr hauen, bescheißen; ***se faire ~*** übers Ohr gehauen werden
aromate [arɔmat] *m* Gewürz *n*
aroma|thérapie [arɔmaterapi] *f* Aromatherapie *f*; **~tique** wohlriechend, -schmeckend; **~tiser** (1a) würzen
arome *od* **arôme** [arom] *m* Duft *m*; Aroma *n*
arpent|er [arpɑ̃te] (1a) vermessen; *fig* **~ *une pièce*** e-n Raum mit großen Schritten durchmessen; **~eur** *m* Feldmesser *m*, Geometer *m*
arrach|e-pied [araʃpje] ***travailler d'~*** unablässig arbeiten; **~er** (1a) herausreißen, -ziehen; **~ *qc à qn*** j-m etw entreißen (*a fig*); ***s'~ à*** *od* ***de qc*** sich von etw losreißen; ***s'~ qn***, ***qc*** sich um j-n, etw reißen; **~eur** *m* ***mentir comme un ~ de dents*** lügen, dass sich die Balken biegen
arrang|ement [arɑ̃ʒmɑ̃] *m* Einrichtung *f*; Anordnung *f*; Vereinbarung *f*; **~er** (1l) einrichten; ordnen; *Streit*: beilegen; **~ *qn*** F j-n übel zurichten; ***s'~ avec qn de*** sich mit j-m verständigen über; ***tout s'arrange*** alles wird wieder gut; ***s'~ pour*** (+ *inf*) es so einrichten, dass; ***s'~ de qc*** sich mit etw abfinden
arrestation [arɛstasjɔ̃] *f* Verhaftung *f*
arrêt [arɛ] *m* Anhalten *n*; Aufenthalt *m*; Haltestelle *f*; *jur* (endgültiges) Urteil *n*; *tech* Sperre *f*; *mil* **~s** *pl* Arrest *m*; **~ *de maladie*** ärztliches Attest *n*; **~ *de mort*** Todesurteil *n*; **~ *de travail*** Arbeitsniederlegung *f*; *méd* ärztliches Attest *n*; F **~ *pipi*** Pinkelpause *f*
arrêt|é, ~ée [arɛte] **1.** *adj* fest; abgemacht; **2.** *m* Erlass *m*, Anordnung *f*; **~er** (1b) auf-, ein-, anhalten; stehen bleiben; *tech* absperren; *jur* verhaften; festsetzen; **~ *que*** anordnen, dass; **~ *de*** (+ *inf*) aufhören zu; ***s'~*** stehen bleiben
arrhes [ar] *f*/*pl comm* Anzahlung *f*
arrière [arjɛr] **1.** *adv* zurück; ***en ~*** rück-

wärts; ***en ~ de*** hinter; **2.** *adj* ***feu*** *m ~ auto* Schlusslicht *n*; ***siège*** *m ~* Rücksitz *m*; **3.** *m* Heck *n*; *Sport*: Verteidiger *m*, Abwehrspieler *m*; ***à l'~*** hinten; ***~s*** *pl mil* Etappe *f*

arriéré, ~e [arjere] rückständig

arrière|-cour [arjɛrkur] *f* (⚠ *pl* ***arrière-cours***) Hinterhof *m*; **~-goût** [-gu] *m* Nachgeschmack *m*; **~-grand-mère** [-grɑ̃mɛr] *f* (⚠ *pl* ***arrière-grand[s]-mères***) Urgroßmutter *f*; **~-grand-père** [-grɑ̃pɛr] *m* (⚠ *pl* ***arrière-grands-pères***) Urgroßvater *m*; **~-pays** [-pei] *m* Hinterland *n*; **~-pensée** [-pɑ̃se] *f* (⚠ *pl* ***arrière-pensées***) Hintergedanke *m*; **~-petit-fils** [-p(ə)tifis] *m* (⚠ *pl* ***arrière-petits-fils***) Urenkel *m*; **~-plan** [-plɑ̃] *m* Hintergrund *m*; **~-saison** [-sɛzɔ̃] *f* Nachsaison *f*; **~-train** [-trɛ̃] *m* (⚠ *pl* ***arrière-trains***) *Fahrzeug*: Hintergestell *n*; *zo* Hinterteil *n*

arrimer [arime] (1a) *mar* stauen; ***s'~ (à)*** *Raumschiff*: ankoppeln (an)

arriv|age [arivaʒ] *m Waren*: Anlieferung *f*; **~ée** *f* Ankunft *f*; *Sport*: Ziel *n*; **~er** (1a) ankommen; ***~ à*** gelangen zu; ***~ à*** (+ *inf*) es schaffen zu; ***~ à qn*** j-m zustoßen; ***il arrive que*** (+ *subj od ind*) es kommt vor, dass

arriviste [arivist] *m, f* Streber(in) *m(f)*; Erfolgsritter *m*

arrog|ance [arɔgɑ̃s] *f* Arroganz *f*, Dünkel *m*; **~ant, ~ante** [-ɑ̃, -ɑ̃t] anmaßend, arrogant

arrond|ir [arɔ̃dir] (2a) abrunden; **~issement** [-ismɑ̃] *m in Frankreich*: Unterbezirk *m*; Stadtbezirk *m*

arros|er [aroze] (1a) (be)gießen; *fig* vorbeifließen (*an e-r Stadt*); **~euse** *f* Sprengwagen *m*; **~oir** *m* Gießkanne *f*

arsenal [arsənal] *m* (⚠ *pl* ***-aux***) Arsenal *n*, Waffenlager *n*

art [ar] *m* Kunst *f*; Kunstfertigkeit *f*; ***avoir l'~ de*** (+ *inf*) die Gabe haben zu; ***~s décoratifs*** (*od* ***appliqués*** *od* ***industriels***) Kunstgewerbe *n*

artère [artɛr] *f* Pulsader *f*; *fig* Verkehrsader *f*

artéri|el, ~elle [arterjɛl] arteriell; ***tension f artérielle*** Blutdruck *m*; **~osclérose** [-ɔskleroz] *f méd* Arterienverkalkung *f*

arthrite [artrit] *f* Gelenkentzündung *f*, Arthritis *f*

artichaut [artiʃo] *m* Artischocke *f*; ⚠ ***un ~***

article [artiklə] *m* Artikel *m*; *jur a* Paragraf *m*; ***~ de fond*** *Presse*: Leitartikel *m*

articul|aire [artikylɛr] Gelenk...; **~ation** *f* Gelenk *n*; Artikulation *f*; **~é, ~ée** *Laut*: artikuliert; *Glieder*: beweglich; *fig* gegliedert; **~er** (1a) *Sprache*: artikulieren; deutlich aussprechen; ***s'~*** durch Gelenk verbunden sein

artific|e [artifis] *m* Kunstgriff *m*; Kniff *m*

artillerie [artijri] *f* Artillerie *f*; ***pièce f d'~*** Geschütz *n*

artisan [artizɑ̃] *m* Handwerker *m*

artisan|al, ~ale [artizanal] (⚠ *m/pl* ***-aux***) handwerklich, Handwerks...; **~at** [-a] *m* Handwerk(swesen) *n*; ***~ d'art*** Kunsthandwerk *n*

artist|e [artist] **1.** *m, f* Künstler(in) *m(f)*; ⚠ *nicht* Artist; **2.** *adj* künstlerisch veranlagt; **~ique** künstlerisch; Kunst...

as[1] [a] *cf* ***avoir***

as[2] [as] *m* Ass *n*; *fig a* Kanone *f*

ascendance [asɑ̃dɑ̃s] *f* Vorfahren *m/pl*; *Meteorologie*: Aufwind *m*; *astr* Aufgang *m*

ascend|ant, ~ante [asɑ̃dɑ̃, -ɑ̃t] **1.** *adj* aufsteigend; **2.** *m* (starker) Einfluss *m* (***sur qn*** auf j-n); *meist pl* ***~s*** Vorfahren *m/pl*

ascens|eur [asɑ̃sœr] *m* Lift *m*, Aufzug *m*, Fahrstuhl *m*; **~ion** *f* Besteigung *f*; Aufsteigen *n*; *fig* Aufstieg *m*; ***l'*Ⓐ** *rel* (Christi) Himmelfahrt *f*

ascèse [asɛz] *f rel* Askese *f*

ascète [asɛt] *m rel* Asket *m*

ASCII [aski] ***code*** *m ~* ASCII-Code *m*

Asie [azi] *f* ***l'~*** Asien *n*; ***l'~ Mineure*** Kleinasien *n*

asile [azil] *m* Asyl *n*; Zuflucht(sort) *f(m)*; ***~ d'aliénés*** Irrenanstalt *f*

aspect [aspɛ] *m* **1.** Anblick *m*, Aussehen *n*; ***à l'~ de*** beim Anblick von; **2.** Gesichtspunkt *m*; ***sous cet ~*** unter diesem Aspekt

asperge [aspɛrʒ] *f bot* Spargel *m*

asperger [aspɛrʒe] (1l) besprengen, bespritzen

aspérité [asperite] *f* Unebenheit *f*

asphyx|ie [asfiksi] *f* Ersticken *n*; **~ier** [-je] (1a) ersticken; zum Erstickungstod

führen (***qn*** bei j-m); ***s'~ au gaz*** sich mit Gas umbringen
aspic [aspik] *m* **1.** *zo* Viper *f*; **2.** *cuis* Aspik *m*, Sülze *f*
aspir|ant, ~ante [aspirɑ̃, -ɑ̃t] *m, f* Anwärter(in) *m(f)*
aspira|teur [aspiratœr] *m* Staubsauger *m*; **~tion** *f* Einatmen *n*; *fig* Streben *n*; Verlangen *n*
aspirer [aspire] (1a) einatmen; auf-, einsaugen; ***~ à qc*** *od* ***à*** (+ *inf*) trachten nach etw *od* danach, zu (+ *inf*)
aspirine [aspirin] *f* Aspirin *n*; ⚠ ***une ~***
assagir [asaʒir] (2a) vernünftig machen; ***s'~*** vernünftig werden
assaill|ant, ~ante [asajɑ̃, -ɑ̃t] **1.** *adj mil* angreifend; **2.** *m* Angreifer *m*; **~ir** (2c, *futur* 2a) angreifen, anfallen; *fig* bestürmen (***qn*** j-n)
assain|ir [asɛnir] (2a) reinigen; sanieren (*zB Währung*); **~issement** [-ismɑ̃] *m* Sanierung *f*
assaisonner [asɛzɔne] (1a) würzen
assassin [asasɛ̃] *m* Mörder *m*
assassin|at [asasina] *m* Mord *m*; **~er** (1a) ermorden
assèchement [asɛʃmɑ̃] *m* Entwässerung *f*, Trockenlegung *f*
assécher [aseʃe] (1f) trockenlegen
assembl|age [asɑ̃blaʒ] *m* Zusammenfügung *f*; *fig* Gemisch *n*; **~ée** *f* Versammlung *f*; **~er** (1a) zusammenbringen, -tragen; ***s'~*** sich versammeln; **~eur** *m EDV* Assembler *m*
assentiment [asɑ̃timɑ̃] *m* Einwilligung *f*
asseoir [aswar] (3l) hin-, niedersetzen; gründen (***sur*** auf); ***faire ~ qn*** j-n Platz nehmen lassen; ***s'~*** sich setzen; ***être assis*** sitzen
assermenté, ~e [asɛrmɑ̃te] vereidigt
assertion [asɛrsjɔ̃] *f* Behauptung *f*
asservir [asɛrvir] (2a) unterwerfen, -jochen
assez [ase] genug; ziemlich; ***~ d'argent*** genug Geld
assidu, ~e [asidy] emsig, fleißig; beharrlich; ⚠ *adv* ***assidûment***
assiduité [asidɥite] *f* Gewissenhaftigkeit *f*; Fleiß *m*
assiéger [asjeʒe] (1g) belagern; *fig* ***~ qn*** j-n bedrängen
assiérai [asjere] *futur von* ***asseoir***
assiett|e [asjɛt] *f* Teller *m*; *fig* ***n'être pas dans son ~*** sich nicht wohl fühlen; **~ée** *f ein* Teller voll
assimilation [asimilasjɔ̃] *f* Gleichstellung *f*, Angleichung *f*, Assimilierung *f*
assimiler [asimile] (1a) gleichsetzen; assimilieren; *fig* geistig verarbeiten; ***s'~ à*** sich anpassen an
ass|is, ~ise [asi, -iz] *p/p von* ***asseoir*** *u adj* sitzend; ***être ~*** sitzen; ***place f assise*** Sitzplatz *m*; *fig* ***bien ~*** wohl begründet; **~ise** [-iz] *f* (Stein-)Schicht *f*; *fig* Basis *f*
assises [asiz] *f/pl* Tagung *f*; Kongress *m*; *jur* ***cour f d'~*** Schwurgericht *n*
assist|ance [asistɑ̃s] *f* **1.** Anwesenheit *f*; *die* Anwesenden *m/pl*; **2.** Unterstützung *f*, Fürsorge *f*; Mithilfe *f*
assist|ant, ~ante [asistɑ̃, -ɑ̃t] **1.** *adj* assistierend; **2.** *m, f* Assistent(in) *m(f)*; ***les assistants*** *m/pl* die Anwesenden *m/pl*; ***assistant social*** Sozialarbeiter *m*; ***assistante médicale*** Arzthelferin *f*; **~er** (1a) ***~ à qc*** bei etw zugegen sein; ***~ qn*** j-m beistehen, helfen
associ|ation [asɔsjasjɔ̃] *f* Vereinigung *f*; Verbindung *f*; **~é, ~ée 1.** *adj* assoziiert; **2.** *m, f* Teilhaber(in) *m(f)*; **~er** (1a) verbinden; ***~ qn*** j-n beteiligen; ***s'~*** sich zusammenschließen; ***s'~ à*** sich anschließen an
assoiffé, ~e [aswafe] sehr durstig; *fig* ***~ de*** gierig nach
assomm|ant, ~ante [asɔmɑ̃, -ɑ̃t] F unerträglich langweilig
assommer [asɔme] (1a) totschlagen; *fig* F belästigen, tödlich langweilen
Assomption [asɔ̃psjɔ̃] *f rel* Mariä Himmelfahrt *f*
assort|i, ~e [asɔrti] passend (***à*** zu); ***fromages*** *m/pl* ***assortis*** verschiedene Käsesorten *f/pl*; **~iment** [-imɑ̃] *m* Zusammenstellung *f*; Sortiment *n*; **~ir** (2a) passend zusammenstellen; anpassen (***à*** an); *comm* mit Waren versehen
assouplir [asuplir] (2a) geschmeidig machen
assouplissant [asuplisɑ̃] *m* Weichspüler *m*
assourdir [asurdir] (2a) betäuben; *Geräusche*, *Farben*: dämpfen
assouvir [asuvir] (2a) sättigen, stillen; *fig* befriedigen
assujettir [asyʒetir] (2a) unterwerfen; nötigen (***à*** zu)

assumer [asyme] (1a) auf sich nehmen, übernehmen

assurance [asyrɑ̃s] *f* Zuversicht *f*; Selbstsicherheit *f*; Zusicherung *f*; Gewissheit *f*; Versicherung *f*; **~ auto** Kfz-Versicherung *f*; **~ de responsabilité civile** Haftpflichtversicherung *f*; **~ maladie** Krankenversicherung *f*; **~ voyage** Reiseversicherung *f*; **~ tous risques** Vollkaskoversicherung *f*

assur|é, ~ée [asyre] sicher; versichert; **~ément** [-emɑ̃] *adv* sicherlich; **~er** (1a) versichern (**à qn que** [+ *ind*] j-m, dass); **~ qn de qc** *st/s* j-n e-r Sache versichern; **~ qc** etw gewährleisten; **~ qc à qn** j-m etw zusagen; **s'~ de qc** sich e-r Sache vergewissern; **s'~ sur la vie** e-e Lebensversicherung abschließen

astérisque [asterisk] *m* Sternchen *n* (*im Buchdruck*)

asthme [asmə] *m* Asthma *n*

asticot [astiko] *m* Made *f*

astiquer [astike] (1m) blank putzen, polieren

astre [astrə] *m* Gestirn *n*, Stern *m*

astreindre [astrɛ̃drə] (4b) nötigen, zwingen (**à qc** zu etw)

astro|naute [astrɔnot] *m*, *f* Astronaut(in) *m(f)*; **~nomie** [-nɔmi] *f* Astronomie *f*, Himmelskunde *f*

astuc|e [astys] *f* Schlauheit *f*; Kniff *m*; **~ieux, ~ieuse** [-jø, -jøz] raffiniert; einfallsreich

atelier [atəlje] *m* Werkstatt *f*; Atelier *n*; **~-débat** [-deba] *m* (⚠ *pl* **ateliers-débats**) Workshop *m*

athée [ate] **1.** *adj* atheistisch; **2.** *m*, *f* Atheist(in) *m(f)*

Athènes [atɛn] Athen

athlétisme [atletismə] *m* Leichtathletik *f*

atlantique [atlɑ̃tik] *adj* **l'océan** *m* ♀ (*a* **l'**♀ *m*) der Atlantische Ozean, der Atlantik

atmosphère [atmɔsfɛr] *f* Atmosphäre *f*; *fig* Stimmung *f*

atom|e [atom] *m* Atom *n*; *fig* Spur *f*; **~ique** Atom..., atomar; **bombe** *f* **~** Atombombe *f*; ⚠ *aber* **énergie nucléaire** Atomenergie; **~iseur** [-izœr] *m* Zerstäuber *m*

atout [atu] *m* Trumpf *m*

atroc|e [atrɔs] entsetzlich, grauenhaft; **~ité** *f* Abscheulichkeit *f*; *pl* **~s** Gräueltaten *f/pl*

attach|ant, ~ante [ataʃɑ̃, -ɑ̃t] spannend

attach|e [ataʃ] *f* Band *n*; Klammer *f*; *fig* **~s** *pl* Bindung *f*; **~é, ~ée 1.** *adj* gefesselt; verbunden (**à** mit), gebunden (**à** an); **2.** *m* Attaché *m*; **~é-case** [-kɛs] *m* (⚠ *pl* **attachés-cases**) Aktenkoffer *m*; **~ement** [-mɑ̃] *m* Anhänglichkeit *f*; **~er** (1a) anbinden; befestigen; *fig* **~ ses yeux sur qn** seine Blicke auf j-n heften; **~ de l'importance à qc** e-r Sache Bedeutung beimessen; **s'~ à qn, qc** an j-m, etw hängen

attaqu|ant, ~ante [atakɑ̃, -ɑ̃t] *m*, *f* *Sport*: Angreifer(in) *m(f)*

attaqu|e [atak] *f* Angriff *m*; *méd* Anfall *m*; **~er** (1m) angreifen; **s'~ à qc** etw in Angriff nehmen, gegen etw angehen

attarder [atarde] (1a) **s'~** sich verspäten; **s'~ à** *od* **sur qc** sich mit etw aufhalten

atteindre [atɛ̃drə] (4b) erreichen, erlangen; treffen

atteinte [atɛ̃t] *f* **1. hors d'~** unerreichbar; **2.** *fig* Beeinträchtigung *f*, Verletzung *f*; **porter ~ à qc** e-r Sache Schaden zufügen

attel|age [atlaʒ] *m* Gespann *n*; **~er** (1c) anspannen; ankuppeln

atten|ant, ~ante [atnɑ̃, -ɑ̃t] angrenzend

attendant [atɑ̃dɑ̃] **en ~** unterdessen, inzwischen; *conj* **en ~ de** (+ *inf*), **en ~ que** (+ *subj*) (so lange) bis

attendre [atɑ̃drə] (4a) warten; **~ qn** j-n erwarten, auf j-n warten; **~ de** (+ *inf*), **~ que** (+ *subj*) warten bis; **s'~ à qc** auf etw gefasst sein

attendr|ir [atɑ̃drir] (2a) weich machen; *fig* rühren; **~issement** [-ismɑ̃] *m* Rührung *f*

attendu [atɑ̃dy] **1.** *prép* in Anbetracht; **2.** *adj* lang erwartet

attentat [atɑ̃ta] *m* Attentat *n*

attent|e [atɑ̃t] *f* Warten *n*; Erwartung *f*; **~er** (1a) **~ à** ein Attentat verüben auf

attent|if, ~ive [atɑ̃tif, -iv] aufmerksam (**à** auf)

attention [atɑ̃sjɔ̃] *f* Aufmerksamkeit *f*; **~!** Achtung!, Vorsicht!; **faire ~ à qc** auf etw achten, aufpassen; **faire ~ à** *od* **de** (+ *inf*) zusehen, dass

atténu|ant, ~ante [atenɥɑ̃, -ɑ̃t] mildernd; *jur* **circonstances** *f/pl* **atténu-**

antes mildernde Umstände *m/pl*; **~er** (1n) lindern, mildern
atterr|er [atɛre] (1b) bestürzen, betroffen machen; **~ir** (2a) *mar*, *aviat* landen; **~issage** [-isaʒ] *m mar*, *aviat* Landung *f*; ~ ***forcé*** Notlandung *f*; ~ ***en catastrophe*** Bruchlandung *f*
attest|ation [atɛstasjõ] *f* Bescheinigung *f*; **~er** (1a) bescheinigen
attifer [atife] F (1a) herausputzen
attir|ail [atiraj] *m* F Kram *m*, Plunder *m*; **~ance** *f* Anziehungskraft *f*; Verlockung *f*; **~er** (1a) (her)anziehen; (an)locken
attiser [atize] (1a) schüren
attitré, ~e [atitre] fest angestellt; ständig
attitude [atityd] *f* Haltung *f*; Verhalten *n*
attract|if, ~ive [atraktif, -iv] anziehend
attraction [atraksjõ] *f* Anziehung(skraft) *f*; Attraktion *f*
attrait [atrɛ] *m* Reiz *m*; Zauber *m*
attrape [atrap] *f* (***farces*** *f/pl* ***et***) **~s** *pl* Scherzartikel *m/pl*; ⚠ *nicht* Attrappe; **~-nigaud** [-nigo] *m* (⚠ *pl* ***attrape-nigauds***) Bauernfängerei *f*; plumper Trick *m*
attraper [atrape] (1a) fangen; einholen; erreichen; *fig* sich zuziehen; ~ ***un rhume*** sich den Schnupfen holen; *fig* ~ ***qn*** j-n (he)reinlegen
attray|ant, ~ante [atrɛjã, -ɑ̃t] anziehend, attraktiv
attribuer [atribɥe] (1n) zuteilen; ~ ***qc à qn/qc*** j-m/e-r Sache etw zuschreiben
attribut [atriby] *m* Attribut *n*; wesentliches Merkmal *n*; *gr* Prädikatsnomen *n*
attribution [atribysjõ] *f* Zuteilung *f*; Zuerkennung *f*
attrister [atriste] (1a) betrüben
attroup|ement [atrupmɑ̃] *m* Menschenauflauf *m*; **~er** (1a) ***s'~*** sich zusammenrotten
atypique [atipik] untypisch
au [o] *Zusammenziehung aus* ***à*** *u* ***le***
aubaine [obɛn] *f* ***une bonne*** ~ ein Glücksfall *m*
aube [ob] *f* Morgendämmerung *f*; *fig u st/s* Beginn *m*
auberge [obɛrʒ] *f* Gasthof *m*; ~ ***de la jeunesse*** Jugendherberge *f*
aubergine [obɛrʒin] *f* **1.** *bot* Aubergine *f*, Eierfrucht *f*; **2.** F *fig* Politesse *f*
aubergiste [obɛrʒist] *m, f* Gastwirt(in) *m(f)*
auc|un, ~une [okɛ̃ *od* okœ̃, -yn] *mit* ***ne*** *u allein stehend*: keine(r); *nach negativen Ausdrücken*: irgendeine(r); *litt* ***d'aucuns*** einige, manche; ***en aucun cas*** auf keinen Fall; ⚠ ***ne*** ... ***aucun***/***aucun*** ... ***ne*** (*ohne* ***pas***)
aucunement [okynmɑ̃] keineswegs; ⚠ *mit* ***ne*** *beim Verb*
audac|e [odas] *f* Kühnheit *f*; **~ieux, ~ieuse** [-jø, -jøz] kühn; frech
au-delà [od(ə)la] **1.** darüber hinaus; ~ ***de*** jenseits; **2.** *m rel* Jenseits *n*
au-dessous [odsu] unterhalb (***de*** von)
au-dessus [odsy] oberhalb (***de*** von)
au-devant [odvɑ̃] ~ ***de qn*** j-m entgegen
audible [odiblə] hörbar
audience [odjɑ̃s] *f* Audienz *f*, Unterredung *f*; Zuhörerschaft *f*; Aufmerksamkeit *f*
audio|numérique [odjɔnymerik] digital; **~visuel, ~visuelle** [-vizɥɛl] audiovisuell
audi|teur, ~trice [oditœr, -tris] *m, f* Zuhörer(in) *m(f)*; Hörer(in) *m(f)*; **~tion** *f* Hören *n*; Anhören *n*; Anhörung *f*; **~toire** [-twar] *m* Zuhörerschaft *f*; Publikum *n*
auge [oʒ] *f* Trog *m*; Kübel *m*
augment|ation [ogmɑ̃tasjõ] *f* Vermehrung *f*; Erhöhung *f*; Zunahme *f*; **~er** (1a) vergrößern, erhöhen; zunehmen, wachsen
auguste [ogyst] *st/s od plais* erhaben, erlaucht
aujourd'hui [oʒurdɥi] heute
aulne [on] *cf* ***aune***[1]
aumôn|e [omon] *f* Almosen *n*; **~ier** [-je] *m* Anstaltsgeistliche(r) *m*
aune[1] [on] *m bot* Erle *f*
aune[2] [on] *f* Elle *f*
auparavant [oparavɑ̃] *adv* vorher
auprès [oprɛ] **1.** *prép* ~ ***de*** dicht bei; *fig* bei; **2.** *adv* (*selten*) nahebei
aurai [ɔre] *futur von* ***avoir***
auréole [ɔreɔl] *f* Heiligenschein *m*
auriculaire [ɔrikylɛr] **1.** *adj* Ohr...; **2.** *m* kleiner Finger *m*
aurore [ɔrɔr] *f* Morgenröte *f*
ausculter [oskylte, ɔs-] (1a) *méd* abhorchen
auspices [ospis] *m/pl* Auspizien *n/pl*; ***sous de meilleurs*** ~ unter besseren Umständen
aussi [osi] **1.** *adv* auch; ~ ... ***que*** ebenso

... wie; *einschränkend*: ~ (+ *adj*) **que** (+ *subj*) wie ... auch (immer); **2.** *conj* (*als Satzanfang*) daher (*meist mit Inversion*); **~tôt** [-to] sogleich; ~ **que** sobald als

aust|ère [ostɛr] streng; **~érité** [-erite] *f* Strenge *f*; **politique** *f* **d'~** Sparpolitik *f*

austral, ~e [ostral] (⚠ *m/pl* **~s**) *géogr* südlich

Australie [ostrali] *f* **l'~** Australien *n*

austral|ien, ~ienne [ostraljɛ̃, -jɛn] **1.** *adj* australisch; **2.** ♀ *m, f* Australier(in) *m(f)*

autant [otɑ̃] ebenso viel, ebenso sehr; **d'~** gleichermaßen; (**pour**) ~ **que** (+ *subj*) soweit, insofern; **en faire ~** dasselbe machen; **d'~ plus que** umso mehr als; zumal

autarcie [otarsi] *f écon* Autarkie *f*

autel [otɛl] *m* Altar *m*

auteur [otœr] *m* Urheber(in) *m(f)*; Autor *m*

authenticité [otɑ̃tisite] *f* Echtheit *f*

authentique [otɑ̃tik] echt; authentisch

autis|me [otismə] *m* Autismus *m*; **~te 1.** *adj* autistisch; **2.** *m, f* Autist(in) *m(f)*

auto [oto] *f* Auto *n*; ~ **tamponneuse** Autoskooter *m*; ⚠ **une** ~

auto... [otɔ] Selbst..., selbst...; Auto...; **~bus** [-bys] *m* (Auto-)Bus *m*; **~car** [-kar] *m* Reisebus *m*; **~caravane** [-karavan] *f* Wohnmobil *n*

autochtone [otɔktɔn] **1.** *adj* eingeboren, einheimisch; **2.** *m, f* Ureinwohner(in) *m(f)*

autocoll|ant, ~ante [otɔkɔlɑ̃, -ɑ̃t] **1.** *adj* selbstklebend; **2.** *m* Aufkleber *m*

auto|-couchettes [otɔkuʃɛt] **train** *m* ~ Autoreisezug *m*; **~critique** [-kritik] *f pol* Selbstkritik *f*; **~cuiseur** [-kɥizœr] *m cuis* Schnellkochtopf *m*; **~défense** [-defɑ̃s] *f* Selbstverteidigung *f*; **~détermination** [-detɛrminasjɔ̃] *f* Selbstbestimmung *f*; **~didacte** [-didakt] *m, f* Autodidakt(in) *m(f)*; **~drome** [-drom] *m* Autorennbahn *f*; **~-école** [-ekɔl] *f* (⚠ *pl* **auto-écoles**) Fahrschule *f*

autogéré, ~e [otɔʒere] selbstverwaltet

auto|gestion [otɔʒɛstjɔ̃] *f* Arbeiterselbstverwaltung *f*; **~graphe** [-graf] **1.** *adj* eigenhändig geschrieben; **2.** *m* Autogramm *n*

automa|te [otɔmat] *m* Automat *m*; mechanisches Spielzeug *n*; ⚠ *nicht* Warenautomat; **~tion** *f tech* Automation *f*; **~tique** [-tik] automatisch

automne [otɔn] *m* Herbst *m*; **en** ~ im Herbst

automobil|e [otɔmɔbil] **1.** *adj* Kraftfahrzeug...; **2.** *f* Automobil *n*; Autoindustrie *f*; ⚠ **une** ~; **~isme** *m* Automobilwesen *n*, -sport *m*; **~iste** *m, f* Kraftfahrer *m*; Autofahrer(in) *m(f)*

autonom|e [otɔnɔm] autonom, eigenständig; **~ie** [-i] *f* Autonomie *f*, Selbstständigkeit *f*; *fig* Aktionsradius *m*

autopsie [otɔpsi] *f* Leichenöffnung *f*; *jur* Obduktion *f*

autorail [otɔraj] *m* (Diesel-)Triebwagen *m*

autori|sation [otɔrizasjɔ̃] *f* Genehmigung *f*; **~ser** [-ze] (1a) ~ **qn à faire qc** j-m erlauben, etw zu tun; **s'~ de qc** sich auf etw berufen; **~taire** [-tɛr] autoritär; gebieterisch; **~té** [-te] *f* **1.** (Befehls-, Amts-)Gewalt *f*; **par ~ de justice** durch gerichtliche Anordnung; **2.** Autorität *f*, Ansehen *n*; **3.** Obrigkeit *f*; Behörde *f*

autorout|e [otɔrut] *f* Autobahn *f*; ~ **à péage** gebührenpflichtige Autobahn *f*; ~ **de dégagement** Entlastungsautobahn *f*; ~ **de l'information** Datenautobahn *f*; **~ier, ~ière** [-je, -jɛr] **réseau** *m* **autoroutier** Autobahnnetz *n*

auto|-stop [otostɔp] *m* **faire de l'~** per Anhalter fahren; **~-stoppeur, ~-stoppeuse** [-stɔpœr, -stɔpøz] *m, f* (⚠ *pl* **auto-stoppeurs, -euses**) Anhalter(in) *m(f)*

autour¹ [otur] *adv* darum herum; ~ **de** *prép* um ... (herum); F ungefähr

autour² [otur] *m zo* Habicht *m*

autre [otrə] andere(r); **l'~ jour** neulich; **l'un** (**avec**) **l'~** (mit)einander; **nous ~s Allemands** wir Deutschen; **d'~s** andere; **rien d'~** nichts anderes; **d'~ part** andererseits; **de temps à ~** dann und wann; **quel ~?** wer sonst?; **l'~ année** letztes Jahr; **~fois** [-fwa] früher, einst, ehemals; **~ment** anders (**que** als); sonst

Autriche [otriʃ] *f* **l'~** Österreich *n*

autrich|ien, ~ienne [otriʃjɛ̃, -jɛn] **1.** *adj* österreichisch; **2.** ♀ *m, f* Österreicher(in) *m(f)*

autruche [otryʃ] *f zo* Strauß *m*

autrui [otrɥi] *m* (*ohne pl*, *meist als Ergänzung*) anderer *sg*, andere *pl*

auvent [ovɑ̃] *m* Wetter-, Schutzdach *n*
auvergn|at, ~ate [ovɛrɲa, -at] **1.** *adj* der Auvergne, auvergnatisch; **2.** ♀ *m, f* Bewohner(in) *m(f)* der Auvergne
aux [o] *Zusammenziehung aus* **à** *u* **les**
auxiliaire [oksiljɛr] **1.** *adj* Hilfs..; **2.** *m, f* Hilfskraft *f*; **3.** *m* Hilfsverb *n*
av. (*abr* ***avenue***) Straße
aval [aval] **1.** *adv* ***en ~*** flussabwärts; *prép* ***en ~ de*** unterhalb von; **2.** *m comm* Wechselbürgschaft *f*
avalanche [avalɑ̃ʃ] *f* Lawine *f*
avaler [avale] (1a) (ver)schlucken; (ver)schlingen
avanc|e [avɑ̃s] *f* Vormarsch *m*; Vorsprung *m*; Vorteil *m*; *comm* Vorschuss *m*; ***~s*** *pl* Annäherungsversuche *m/pl*; ***à l'~, par ~, d'~*** im voraus; ***en ~*** zu früh; ***~ement*** [-mɑ̃] *m* Fortschritt *m*; Beförderung *f*; ***~er*** (1k) vorrücken; vorwärts bringen; vorwärts kommen; aufsteigen; *Uhr*: vorstellen, -gehen; *Geld*: vorschießen; ***s'~ vers*** zugehen auf
avant [avɑ̃] **1.** *prép* (*zeitlich, Reihenfolge, Rangfolge, räumlich*) vor; ***~ six mois*** vor Ablauf von sechs Monaten; ***~ tout*** vor allem; ***~ peu*** binnen kurzem; (+ *inf*) ***~ manger*** vor dem Essen; **2.** *adv* vorher; vorn; ***en ~!*** vorwärts!; **3.** *conj* ***~ que*** (+ *subj*) *u* ***~ de*** (+ *inf*) bevor, ehe; **4.** *adj* ***roue f ~*** Vorderrad *n*; **5.** *m* Vorderteil *n*; *Schiff*: Bug *m*; *Sport*: Stürmer *m*
avantag|e [avɑ̃taʒ] *m* Vorteil *m*; Überlegenheit *f*; ***~er*** (1l) bevorzugen; ***~eux, ~euse*** [-ø, -øz] vorteilhaft
avant|-bras [avɑ̃bra] *m* (⚠ *pl unv*) Unterarm *m*; ***~-coureur*** [-kurœr] (⚠ *pl* ***avant-coureurs***) ***signe m ~*** Vorbote *m*, Vorzeichen *n*; ***~-dernier, ~-dernière*** [-dɛrnje, -dɛrnjɛr] (⚠ *pl* ***avant-derniers, avant-dernières***) vorletzte(r); ***~-garde*** [-gard] *f mil* Vorhut *f*; *fig* Avantgarde *f*; ***~-goût*** [-gu] *m fig* Vorgeschmack *m* (***de*** auf); ***~-guerre*** [-gɛr] *m* Vorkriegszeit *f*; ***~-hier*** [avɑ̃tjɛr] vorgestern; ***~-poste*** [-pɔst] *m* (⚠ *pl* ***avant-postes***) Vorposten *m*; ***~-projet*** [-prɔʒɛ] *m* (⚠ *pl* ***avant-projets***) Vorentwurf *m*; ***~-propos*** [-prɔpo] *m* (⚠ *pl unv*) Vorwort *n*; ***~-train*** [-trɛ̃] *m* (⚠ *pl* ***avant-trains***) vorderes Fahrgestell *n*; ***~-veille*** [-vɛj] *f* zweiter Tag zuvor
avar|e [avar] **1.** *adj* geizig; ***être ~ de qc*** mit etw geizen; **2.** *m* Geizhals *m*; ***~ice*** [-is] *f* Geiz *m*
avar|ie [avari] *f mar, aviat* Havarie *f*; Schaden *m*; ***~ié, ~iée*** [-je] beschädigt; verdorben
avec [avɛk] *prép* mit; bei; ***et ~ cela*** und noch dazu; *adv* F damit; dazu
avènement [avɛnmɑ̃] *m* Regierungsantritt *m*; Thronbesteigung *f*
avenir [avnir] *m* Zukunft *f*; ***à l'~*** in Zukunft; ⚠ *nicht verwechseln mit* ***le futur*** (*grammatische Zeit*)
avent [avɑ̃] *m* Advent(szeit *f*) *m*
aventur|e [avɑ̃tyr] *f* Abenteuer *n*; ***à l'~*** aufs Geratewohl; *st/s* ***d'~, par ~*** zufällig; ***diseuse f de bonne ~*** Wahrsagerin *f*; ⚠ ***une ~***; ***~er*** (1a) aufs Spiel setzen; ***s'~*** sich wagen (***dans*** in); ***~eux, ~euse*** [-ø, -øz] abenteuerlich; riskant; abenteuerlustig; ***~ier, ~ière*** [-je, -jɛr] **1.** *m, f* Abenteurer(in) *m(f)*; **2.** *adj* ***esprit m aventurier*** Abenteuergeist *m*; ***~isme*** *m* politisches Abenteurertum *n*
avenue [avny] *f* Avenue *f*, Prachtstraße *f*, Allee *f*
avérer [avere] (1f) ***s'~*** (+ *adj*) sich als ... erweisen
averse [avɛrs] *f* Platzregen *m*
aversion [avɛrsjɔ̃] *f* Abneigung *f* (***pour*** *od* ***contre*** gegen); ***prendre qn en ~*** e-e Abneigung gegen j-n bekommen
avert|ir [avɛrtir] (2a) benachrichtigen (***qn de qc*** j-n von etw); warnen; ***~ qn de*** (+ *inf*) j-m raten zu; ***~issement*** [-ismɑ̃] *m* Warnung *f*; Vorbemerkung *f*; ***~isseur*** [-isœr] *m auto* Hupe *f*; ***~ d'incendie*** Feuermelder *m*
aveu [avø] *m* (⚠ *pl* ***~x***) Geständnis *n*; ***de l'~ de*** nach dem Zeugnis von, nach Aussagen von
aveugl|e [avœglə] **1.** *adj* blind (*a fig u arch*); **2.** *m, f* Blinde(r) *m, f*; ***en ~*** blindlings; ***~ement*** [-əmɑ̃] *m fig* Verblendung *f*; ***~ément*** [-emɑ̃] *adv* blindlings, unüberlegt; ***~er*** (1a) blind machen; blenden; verblenden; ***~ette*** [-ɛt] ***à l'~*** *fig* aufs Geratewohl, planlos
avia|teur, ~trice [avjatœr, -tris] *m, f* Flieger(in) *m(f)*; ***~tion*** *f* Flugwesen *n*, Luftfahrt *f*
avid|e [avid] (be)gierig (***de*** nach, auf); ***~ité*** *f* Gier *f*, Begierde *f*
avil|ir [avilir] (2a) herabwürdigen; ent-

werten; **~issement** [-ismɑ̃] *m* Erniedrigung *f*; Entwertung *f*
aviné, ~e [avine] betrunken
avion [avjɔ̃] *m* Flugzeug *n*; ***en ~*** beim Fliegen; im Flugzeug; ***aller en ~*** fliegen; ***par ~*** mit Luftpost; mit dem Flugzeug; ***~ à réaction*** Düsenflugzeug *n*; ***~ de bombardement*** Bomber *m*; ***~ de chasse*** Jagdflugzeug *n*; ***~ de combat*** Kampfflugzeug *n*; ***~ commercial***, ***~ de ligne*** Passagierflugzeug *n*; ***~ de reconnaissance*** Aufklärer *m*; ***~ supersonique*** Überschallflugzeug *n*; ***~ de transport*** Verkehrsflugzeug *n*; ***~ à hélice*** Propellerflugzeug *n*
aviron [avirɔ̃] *m* Ruder *n*; Rudersport *m*
avis [avi] **1.** Meinung *f*, Ansicht *f*; ***à mon ~*** meiner Meinung nach; ***de l'~ de qn*** nach j-s Ansicht; ***sur l'~ de qn*** auf j-s Empfehlung; ***être d'~ de*** (+ *inf*) *od* ***que*** (+ *subj*) der Meinung sein, dass ...; **2.** Hinweis *m*; Bekanntmachung *f*; ***lettre f d'~*** Benachrichtigungsschreiben *n*; ***~ de réception*** Empfangsbescheinigung *f*; ***sauf ~ contraire*** bis auf Widerruf
avis|é, ~ée [avize] besonnen, umsichtig; ***être bien ~ de*** (+ *inf*) gut beraten sein zu (+ *inf*); **~er** (1a) ***~ qn de qc*** j-n von etw benachrichtigen; ***~ à qc*** auf etw bedacht sein; ***s'~ de qc*** etw bemerken, gewahr werden; ***s'~ de*** (+ *inf*) sich einfallen lassen, auf den Gedanken kommen zu (+ *inf*)
av. J.-C. (*abr* ***avant Jésus-Christ***) v.Chr.
avoc|at, ~ate [avɔka, -at] **1.** *m*, *f* Rechtsanwalt *m*, -wältin *f*; **2.** *m bot* Avocado(birne) *f*
avoine [avwan] *f* Hafer *m*
avoir [avwar] (1) **1.** haben; besitzen; bekommen; ***~ faim*** (***soif***) Hunger (Durst) haben; F *fig* ***~ qn*** j-n reinlegen; ***~ à faire qc*** etw zu tun haben; ***~ 20 ans*** 20 Jahre alt sein; ***~ froid*** frieren; ***j'ai chaud*** mir ist warm; **2.** *Hilfsverb zur Bildung von zusammengesetzten Zeiten*; **3.** ***il y a*** es gibt, es ist (sind); *zeitlich* vor; **4.** *m comm* Guthaben *n*; *st/s* Besitz *m*
avoisiner [avwazine] (1a) ***~ qc*** angrenzen an etw
avort|ement [avɔrtəmɑ̃] *m* Abtreibung *f*; *fig* Fehlschlagen *n*; **~er** (1a) abtreiben; *bot* verkümmern; *fig* missglücken, fehlschlagen; *Frau*: ***se faire ~*** abtreiben; *fig* ***faire ~*** zum Scheitern bringen
avou|é [avwe] *m jur* Anwalt *m*; **~er** (1a) (ein)gestehen; ***~ avoir fait qc*** gestehen, etw getan zu haben
avril [avril] *m* April *m*; ***en ~*** im April; ***le 3 ~*** am 3. April; ***le 3 ~ 1998*** der 3. April 1998
ax|e [aks] *m* Achse *f* (*bes math u fig*); ⚠ ***un ~***; **~er** (1a) ausrichten (***sur*** auf); **~ial, ~iale** [-jal] (⚠ *m/pl* ***-iaux***) axial, Achsen...
ayant [ɛjɑ̃] **1.** *participe présent von* ***avoir***; **2.** *m jur* ***~ cause*** Rechtsnachfolger *m*; ***~ droit*** Berechtigte(r) *m*, *f*
azimut [azimyt] *m astr* Azimut *n od m*; *fig* ***tous ~s*** allseitig; völlig; weltweit; ***défense f tous ~s*** Rundumverteidigung *f*
azote [azɔt] *m chim* Stickstoff *m*
azur [azyr] *m* Himmelblau *n*; Azur *m*; tiefblauer Himmel *m*

B

baba [baba] **1.** *m* Rosinenkuchen *m*; **2.** F *adj* (⚠ *unv*) verblüfft, verdutzt
babeurre [babœr] *m* Buttermilch *f*
babill|age [babijaʒ] *m* Schwatzen *n*, Plappern *n*; **~er** (1a) schwatzen, plaudern, plappern; *Vögel*: zwitschern
babiole [babjɔl] F *f* Kleinigkeit *f*; *fig* Bagatelle *f*, Lappalie *f*
bâbord [babɔr] *m mar* Backbord *n*; ***à ~*** backbord(s)
babouin [babwɛ̃] *m zo* Pavian *m*
baby-foot [babifut] *m* (⚠ *pl unv*) Tischfußball *m*
bac [bak] *m* **1.** Fähre *f*; **2.** Trog *m*; ***~ à***

vaisselle Spülschüssel *f*; **3.** F (*Kurzwort für* ***baccalauréat***) Abi *n*
baccalauréat [bakalɔrea] *m* Reifeprüfung *f*, Abitur *n*
bâche [bɑʃ] *f* Plane *f*, Decke *f*
bacheli|er, ~ère [baʃəlje, -ɛr] *m, f* Abiturient(in) *m(f)*
bachot [baʃo] *m* F Abi(tur) *n*
bachoter [baʃɔte] (1a) F (ein)pauken, büffeln
bacille [basil] *m biol, méd* Bazillus *m*
bâcler [bɑkle] (1a) F schnell zusammenpfuschen
bactérie [bakteri] *f biol, méd* Bakterie *f*
badaud [bado] *m* Schaulustige(r) *m*
badge [badʒ] *m* Button *m*
badigeonner [badiʒɔne] (1a) übertünchen; weißen; *méd* (be-, aus)pinseln
badiner [badine] (1a) spaßen, schäkern
baffe [baf] F *f* Ohrfeige *f*
baffle [baflə] *m* Lautsprecherbox *f*
bafouer [bafwe] (1a) verhöhnen
bafouiller [bafuje] (1a) F stammeln, stottern; faseln
bâfrer [bɑfre] (1a) F fressen, sich vollstopfen
bagage [bagaʒ] *m* Gepäckstück *n*; *meist pl* **~s** Gepäck *n*; *fig* Rüstzeug *n*; ***~s à main*** Handgepäck *n*
bagarr|e [bagar] *f* Rauferei *f*, Schlägerei *f*; *fig* F harter Kampf *m*; **~er** F (1a) kämpfen, streiten; **se ~** sich prügeln, (sich) raufen; **~eur** F *m* Raufbold *m*
bagatelle [bagatɛl] *f* Kleinigkeit *f*
bagnard [baɲar] *m* Zuchthäusler *m*
bagne [baɲ] *m* Zuchthaus *n*; Bagno *n*
bagnole [baɲɔl] F *f* Auto *n*; F Karre *f*
bague [bag] *f* (Finger-)Ring *m*
baguette [bagɛt] *f* **1.** Gerte *f*; Stab *m*; (Ess-)Stäbchen *n*; Taktstock *m*; ***~ magique*** Zauberstab *m*; **2.** *frz* Stangenweißbrot *n*
bahut [bay] *m* **1.** Anrichte *f*, (rustikales) Büfett *n*; **2.** *Schule*: F Penne *f*
baie [bɛ] *f* **1.** *bot* Beere *f*; **2.** Bucht *f*; **3.** Türöffnung *f*; große Fensternische *f*
baign|ade [bɛɲad] *f* Badestelle *f*; Baden *n*; **~er** (1b) baden; F ***ça baigne*** alles ist bestens; **se ~** sich baden; ⚠ *in der Badewanne*: ***prendre un bain***; **~eur, ~euse** *m, f* Badende(r) *m, f*; **~oire** [-war] *f* Badewanne *f*
bail [baj] *m* (⚠ *pl* ***baux*** [bo]) Pacht *f*; Mietvertrag *m*
bâiller [bɑje] (1a) gähnen; klaffen
bâillon [bɑjõ] *m* Knebel *m*
bâillonner [bajɔne] (1a) knebeln (*a fig*)
bain [bɛ̃] *m* Bad *n*; Baden *n*; ***salle f de ~s*** Bad(ezimmer) *n*; *fig* ***être dans le ~*** Bescheid wissen; *fig* ***se mettre dans le ~*** sich eingewöhnen; ***prendre un ~*** ein Bad nehmen, (sich) baden; ***prendre un ~ de foule*** ein Bad in der Menge nehmen; ***~s*** *pl* Badeanstalt *f*; Badeorte *m/pl*; ***~ à remous*** Whirlpool *m*; ***~ de soleil*** Sonnenbad *n*; **~-marie** [-mari] *m* (⚠ *pl* ***bains-marie***) *cuis* Wasserbad *n*
baisemain [bɛzmɛ̃] *m* Handkuss *m*
baiser [bɛze] **1.** *m* Kuss *m*; ***~ langue*** Zungenkuss *m*; **2.** *Verb* (1b) **a)** küssen, *nur in Zssgn wie* ***~ la main, un crucifix*** die Hand, ein Kruzifix küssen; ⚠ j-n küssen ***embrasser qn***; **b)** P ***se faire ~*** sich bescheißen lassen; **c)** P bumsen, *obszön* vögeln
baiss|e [bɛs] *f* Sinken *n*, Schwinden *n*, Schwund *m*; **~er** (1b) **1.** senken; herunterlassen; *Mut*: sinken lassen; *Augen*: niederschlagen; **se ~** sich bücken; **2.** abnehmen, sinken
bal [bal] *m* (⚠ *pl* ***bals***) Ball *m* (*Tanz*); ⚠ *nicht verwechseln mit* ***le ballon (de football)*** *u* ***la balle (de tennis)***
balad|e [balad] *f* F Bummel *m*; ***faire une ~*** e-n Spaziergang machen; ⚠ *nicht verwechseln mit* ***ballade***; **~er** F (1a) spazieren führen; **se ~** spazieren gehen, bummeln
baladeur [baladœr] *m* Walkman *m*
baladeuse [baladøz] *f* Karren *m* (*der Straßenhändler*); *tech* Ableuchtlampe *f*
balafre [balafrə] *f* Hiebwunde *f*; Schmiss *m*
balai [balɛ] *m* Besen *m*; **~-brosse** [-brɔs] *m* (⚠ *pl* ***balais-brosses***) Schrubber *m*
balanc|e [balɑ̃s] *f* Waage *f*; Gleichgewicht *n* (*a fig*); *comm* Bilanz *f*; *astr* ♎ Waage *f*; **~er** (1k) schaukeln, schwingen; schwanken, baumeln; ins Gleichgewicht bringen; F werfen; schmeißen; **~ier** [-je] *m* Pendel *n*; Perpendikel *m*
balançoire [balɑ̃swar] *f* Schaukel *f*
balay|er [balɛje] (1i) (weg)fegen, kehren; *EDV* scannen; **~ette** [-ɛt] *f* Handfeger *m*; **~eur** *m* Straßenkehrer *m*; **~ures** [-yr] *f/pl* Kehricht *m*
balbutier [balbysje] (1a) stammeln; stottern

balcon [balkɔ̃] *m* Balkon *m*
Bâle [bal] Basel
baleine [balɛn] *f zo* Wal(fisch) *m*
balisage [balizaʒ] *m aviat* Leuchtfeuer *n*; *mar* Bebakung *f*; *Wanderwege*: Markierung *f*
balise [baliz] *f mar* Bake *f*, Boje *f*; *aviat* Leuchtfeuer *n*; *EDV* Textsortenmarkierung *f*
baliverne [balivɛrn] *f meist pl* **~s** Albernheiten *f/pl*
Balkans [balkɑ̃] *m/pl* **les ~** der Balkan
ballade [balad] *f* Ballade *f*
balle [bal] *f* **1.** Ball *m* (*zum Spielen*); *fig* ***renvoyer la ~ à qn*** j-m die Antwort nicht schuldig bleiben; **2.** (Gewehr-)Kugel *f*; **3.** Warenballen *m*; **4.** P Gesicht *n*; **5.** **~s** *pl* F Francs *m/pl*, Franken *m/pl*; ⚠ ***la ~***; ⚠ Fußball ***le ballon***, Schneeball ***la boule de neige***
ballerine [balrin] *f* Balletttänzerin *f*; *Schuh*: Ballerinaschuh *m*
ballon [balɔ̃] *m* (Luft-)Ballon *m*; Fußball *m*; *chim* Glaskolben *m*
ballonné, ~e [balɔne] aufgebläht
ballot [balo] *m* kleiner Ballen *m*; F *fig* Dummkopf *m*
ballott|age [balɔtaʒ] *m* (***scrutin*** *m* ***de***) ~ Stichwahl *f*; **~er** (1a) hin und her schütteln; hin und her rutschen
balluchon [balyʃɔ̃] F *m* Bündel *n*
balnéaire [balneɛr] Bade...
bal|lourd, ~ourde [balur, -urd] tölpelhaft; **~ourdise** [-urdiz] *f* Unbeholfenheit *f*
baltique [baltik] ***la mer*** ♀ die Ostsee
baluchon *cf* ***balluchon***
balustrade [balystrad] *f* Geländer *n*; Brüstung *f*
bambin [bɑ̃bɛ̃] *m* kleiner Junge *m*
bambou [bɑ̃bu] *m bot* Bambus *m*
ban [bɑ̃] *m* **1.** **~s** *pl* Aufgebot *n*; **2.** *hist* Bann *m*, Acht *f*
banal, ~e [banal] (⚠ *m/pl* ***-als***) banal, gewöhnlich; seicht
banane [banan] *f bot* Banane *f*; *Tasche*: Gürteltasche *f*
banc [bɑ̃] *m* (Sitz-)Bank *f*; Schicht *f*; *Fische*: Schwarm *m*; ⚠ ***le ~***; ⚠ *Geldinstitut* ***la banque***
bancaire [bɑ̃kɛr] Bank...; ***chèque*** *m* ~ Bankscheck *m*
bancal, ~e [bɑ̃kal] (⚠ *m/pl* ***-als***) hinkend; wackelig; *fig* schief
bandage [bɑ̃daʒ] *m méd* Verband *m*; *tech* Radreifen *m*
bande [bɑ̃d] *f* Schar *f*, Gruppe *f*; Binde *f*; Streifen *m*; Band *n*; ***~ dessinée*** Comics *pl*; ***~ magnétique*** Tonband *n*; ***~ sonore*** Tonspur *f*, Soundtrack *m*; ***~ d'arrêt d'urgence*** Standspur *f*; **~-annonce** [-anɔ̃s] *f* (⚠ *pl* ***bandes-annonces***) Trailer *m*
band|eau [bɑ̃do] *m* (⚠ *pl* **~x**) Binde *f*; Stirnband *n*; Augenbinde *f*; **~er** (1a) verbinden; *Bogen*: spannen; F einen Ständer haben
banderole [bɑ̃drɔl] *f* Wimpel *m*; Spruchband *n*
bandit [bɑ̃di] *m* Gangster *m*; Bandit *m*
bandoulière [bɑ̃duljɛr] *f* Schulterriemen *m*; ***en ~*** umgehängt
banlieue [bɑ̃ljø] *f* Vororte *m/pl*
banlieus|ard, ~arde [bɑ̃ljøzar, -ard] *m, f* Vorortbewohner(in) *m(f)*; Pendler(in) *m(f)*
bannière [banjɛr] *f* Banner *n*; ***c'est la croix et la ~*** es ist verdammt schwierig
bannir [banir] (2a) verbannen
banque [bɑ̃k] *f* Bank(haus) *f(n)*; ***~ de données*** Datenbank *f*; ***~ d'organes*** Organbank *f*; ⚠ (Sitz-)Bank ***le banc***
banqu|eroute [bɑ̃krut] *f* Bankrott *m*; **~et** [-ɛ] *m* Festessen *n*; **~ette** [-ɛt] *f* (Sitz-)Bank *f*; *auto* Bank *f*; **~ier** [-je] *m* Bankier *m*; **~ise** [-iz] *f* Packeis *n*
baobab [baɔbab] *m bot* Affenbrotbaum *m*
bapt|ême [batɛm] *m* Taufe *f*; **~iser** (1a) taufen (*a fig*); **~istère** [-istɛr] *m* Taufkapelle *f*
baquet [bakɛ] *m* Kübel *m*, Zuber *m*
bar [bar] *m* Stehkneipe *f*; Theke *f*; Bar *f*; ⚠ ***le ~***; ⚠ *nicht verwechseln mit* ***la boîte de nuit*** Nachtbar
baragouin [baragwɛ̃] *m* Kauderwelsch *n*
baraqu|e [barak] *f* Baracke *f*; **~é, ~ée** F (***bien***) ~ groß und kräftig
barat|in [baratɛ̃] F *m* schöne Worte *n/pl*; F Schmus *m*; **~iner** [-ine] (1a) schöne Worte machen
baratt|e [barat] *f* Butterfass *n*, -maschine *f*; **~er** (1a) buttern
barb|ant, ~ante [barbɑ̃, -ɑ̃t] F geisttötend; stinklangweilig
barbare [barbar] **1.** *adj* barbarisch; **2.** *m, f* Barbar(in) *m(f)*

barbar|ie [barbari] *f* Barbarei *f*; Rohheit *f*; **~isme** *f ling* Barbarismus *m*
barbe [barb] *f* **1.** Bart *m*; ***se faire faire la*** ~ sich rasieren lassen; F ***quelle ~!*** jetzt langt's mir aber!; ~ ***à papa*** Zuckerwatte *f*; ⚠ ***la*** ~; **2.** *bot* Granne *f*
barbeau [barbo] *m* (⚠ *pl* **~x**) *zo* Barbe *f*
barbelé [barbəle] *adj* ***fil m de fer*** ~ *od subst* ~ *m* Stacheldraht *m*
barb|er [barbe] F (1a) ermüden; langweilen; F anöden; **~iche** [-iʃ] *f* Kinnbart *m*; **~ier** [-je] *m früher*: Barbier *m*
barbiturique [barbityrik] *m phm* Barbiturat *n*
barbon [barbõ] *m plais* F ***un*** (***vieux***) ~ ein alter Knabe
barbot|er [barbɔte] (1a) **1.** plätschern, planschen; **2.** F klauen; **~euse** *f* Spielanzug *m*
barbouiller [barbuje] (1a) grob anstreichen; beschmieren; bekritzeln; ***avoir l'estomac barbouillé*** e-n verdorbenen Magen haben
barbu, ~e [barby] bärtig
barbue [barby] *f zo* Glattbutt *m*
barda [barda] *m* F Kram *m*, Krempel *m*; *mil* Gepäck *n*
bardeau [bardo] *m* (⚠ *pl* **~x**) (Dach-)Schindel *f*
barder [barde] (1a) F ***ça va*** ~ dann kracht es
barème [barɛm] *m* Tabelle *f*; Tarif *m*
baril [baril] *m* Fässchen *n*; *Erdöl*: Barrel *n*
bariolé, ~e [barjɔle] bunt(scheckig)
barjo [barʒo] F total verrückt
barmaid [barmɛd] *f* Bardame *f*
barman [barman] *m* Barkeeper *m*
baromètre [barɔmɛtrə] *m* Barometer *n*
baroque [barɔk] seltsam, wunderlich; *arch* barock
barque [bark] *f mar* Barke *f*; *fig* ***mener la*** ~ das Heft in der Hand haben
barrage [baraʒ] *m* Versperren *n*; Sperre *f*; Staudamm *m*, Talsperre *f*
barre [bar] *f* **1.** Stange *f*; Stab *m*; *Sport*: ~ ***fixe*** Reck *n*; **~*s parallèles*** Barren *m*; ~ ***de combustible*** Brennstab *m*; ~ ***d'espacement*** Leertaste *f*; *fig* ***c'est le coup de*** ~ F da wird man ganz schön ausgenommen; **2.** *Edelmetall*: Barren *m*; **3.** *mus* Taktstrich *m*; **4.** *mar* Ruderpinne *f*; **5.** Schranke *f* (*des Gerichtshofes*)
barreau [baro] *m* (⚠ *pl* **~x**) **1.** Gitterstange *f*; **2.** *jur* Rechtsanwaltsstand *m*; Anwaltsberuf *m*
barrer [bare] (1a) **1.** versperren; **2.** (aus-, durch)streichen
barr|ette [barɛt] *f* Barett *n*; Kardinalsbirett *n*; Haarspange *f*; Ordensspange *f*; **~eur** *m* Steuermann *m*; **~icader** [-ikade] (1a) verrammeln; **~ière** [-jɛr] *f* Absperrung *f* (*a fig*); (Bahn-)Schranke *f*; **~*s douanières*** Zollschranken *f/pl*
barrique [barik] *f* Fass *n*
bas, basse [bɑ, bɑs] **1.** *adj* niedrig (*a fig*); *geogr* Nieder...; Unter...; *mus* tief; *Stimme*: leise; ***à voix basse*** mit leiser Stimme; **2.** *adv* ***bas*** tief; niedrig; ***à bas ...!*** nieder mit ...!; ***en bas*** unten; ***là-bas*** dort; **3.** *m* Unterteil *n*; (langer) Strumpf *m*; ***au bas de*** unten an
basané, ~e [bazane] sonnenverbrannt
bas-bleu [bɑblø] *m* (⚠ *pl* ***bas-bleus***) *péj* Blaustrumpf *m*
bas-côté [bɑkote] *m* (⚠ *pl* ***bas-côtés***) *Straße*: Seitenstreifen *m*; *arch* Seitenschiff *n*
bascul|e [baskyl] *f* Schaukel(brett) *f* (*n*); Brückenwaage *f*; **~er** (1a) schaukeln; umkippen; *fig* e-e andere Wendung nehmen
bas|e [bɑz] *f* Basis *f* (*a mil*); Grundlage *f*; *chim* Base *f*, Lauge *f*; ~ ***de données*** Datenbasis *f*; ~ ***de lancement*** Abschussrampe *f*; ***de*** ~ grundlegend; **~-ball** [-bol] *m* Baseball *m*; **~er** (1a) gründen (***sur*** auf); ***se*** ~ ***sur*** sich stützen auf (*fig*)
bas-fond [bɑfõ] *m* (⚠ *pl* ***bas-fonds***) *mar* Untiefe *f*; *fig* ***bas-fonds pl*** Hefe *f* des Volkes
basilic [bazilik] *m bot* Basilikum *n*; *zo* Basilisk *m*
basilique [bazilik] *f arch* Basilika *f*
basket [baskɛt] *m* Basketballschuh *m*; F ***lâche-moi les ~s!*** lass mich in Ruhe!; F ***à l'aise dans ses ~s*** rundum zufrieden; **~-ball** [-bol] *m Sport*: Basketball *m*
basque [bask] **1.** *adj* baskisch; ***le pays*** ~ das Baskenland; **2.** ♀ *m*, *f* Baske *m*, Baskin *f*
basse [bɑs] *f* Bass(stimme) *m*(*f*); Bassist *m*; Bassgeige *f*; **~-cour** [-kur] *f* (⚠ *pl* ***basses-cours***) *agr* Hühnerhof *m*; Geflügel *n*
bassement [bɑsmɑ̃] *adv* auf gemeine, niederträchtige Weise

bassesse [basɛs] *f* Gemeinheit *f*
basset [basɛ] *m zo* Basset *m*; ~ ***allemand*** Dackel *m*
bassin [basɛ̃] *m* Becken *n* (*a Körperteil*); *mar* Hafenbecken *n*; Dock *n*
bassin|e [basin] *f* Wanne *f*; große Schüssel *f*; **~er** (1a) befeuchten; *Bett*: anwärmen; F langweilen
bastingage [bastɛ̃gaʒ] *m mar* Reling *f*
bastion [bastjɔ̃] *m mil* Bollwerk *n*; Bastei *f*; Bastion *f* (*a fig*); ⚠ ***le*** ~
bastonnade [bastɔnad] *f* Prügelstrafe *f*
bas-ventre [bɑvɑ̃trə] *m* Unterleib *m*
bât [bɑ] *m* Packsattel *m*; *fig* ***c'est là que le*** ~ (***le***) ***blesse*** da drückt (ihn) der Schuh
bataclan [bataklɑ̃] *m* F Kram *m*, Krempel *m*; ***et tout le*** ~ und so weiter und so fort
bataill|e [bataj] *f* Schlacht *f*; Kampf *m*; ***livrer*** ~ e-e Schlacht liefern; **~er** (1a) *fig für etw* kämpfen; **~eur, ~euse** streitbar, -lustig; **~on** *m mil* Bataillon *n*
bât|ard, ~arde [batar, -ard] **1.** *adj* Bastard..., Zwitter..., Misch...; uneinheitlich, unecht; **2.** *m* Bastard *m*
bateau [bato] *m* (⚠ *pl* ***~x***) **1.** *mar* Schiff *n*, Boot *n*; ***faire du*** ~ Boot fahren; segeln, rudern; *fig* ***mener qn en*** ~ j-m e-n Bären aufbinden; **2.** ***~x*** *pl* F Quadratlatschen *m/pl*; **3.** ~ (***de porte***) Ausfahrt *f*; **~-citerne** [-sitɛrn] *m* (⚠ *pl* ***bateaux-citernes***) Tanker *m*; **~-feu** [-fø] *m* (⚠ *pl* ***bateaux-feux***) Feuerschiff *n*; **~-mouche** [-muʃ] *m* (⚠ *pl* ***bateaux-mouches***) kleiner Ausflugsdampfer *m* (*auf der Seine*)
bat|elier [batəlje] *m* (Fluss-)Schiffer *m*; **~ellerie** [-ɛlri] *f* (Fluss-)Schifffahrt *f*
bâti, ~e [bati] **1.** *adj* bebaut; ***bien*** ~ *Person*: gut gebaut; **2.** *m* Gestell *n*; Untersatz *m*
batifoler [batifɔle] (1a) tändeln; herumtollen
bât|iment [bɑtimɑ̃] *m* **1.** Gebäude *n*, Bauwerk *n*; Bau(gewerbe) *m*(*n*), Bauwesen *n*; **2.** *mar* (großes) Schiff *n*; **~ir** (2a) bauen (*a fig*); **~isse** [-is] *f meist péj* Gebäude *n*
bâton [bɑtɔ̃] *m* Stock *m*; Stab *m*; Knüppel *m*; ~ ***de rouge*** Lippenstift *m*
bâtonner [bɑtɔne] (1a) verprügeln
batt|age [bataʒ] *m* Dreschen *n*; Klopfen *n*; F *fig* Reklamerummel *m*; **~ant, ~ante** [-ɑ̃, -ɑ̃t] **1.** *adj* schlagend; *Regen*: prasselnd; ***le cœur battant*** mit Herzklopfen; **2.** *m* Türflügel *m*; Glockenschwengel *m*
batte [bat] *f* Schläger *m*; ~ ***de base-ball*** Baseballschläger *m*
batt|ement [batmɑ̃] *m* Schlagen *n*; Wartezeit *f*; **~erie** *f mil, tech* Batterie *f*; *mus* Schlagzeug *n*; **~eur** *m cuis* Handmixer *m*; *mus* Schlagzeuger *m*; **~euse** *f agr* Dreschmaschine *f*
battre [batrə] (4a) schlagen, klopfen; verprügeln; besiegen; *Getreide*: dreschen; *Münzen*: prägen; *Herz*: pochen; ~ ***des cils*** zwinkern; ***se*** ~ kämpfen
battu, ~e [baty] *p/p von* ***battre*** *u adj* geschlagen, besiegt
battue [baty] *f ch* Treibjagd *f*
baudroie [bodrwa] *f zo* Seeteufel *m*
baume [bom] *m* Balsam *m*
bav|ard, ~arde [bavar, -ard] **1.** *adj* schwatzhaft; **2.** *m, f* Schwätzer(in) *m*(*f*)
bavard|age [bavardaʒ] *m* Geschwätz *n*; **~er** (1a) schwatzen
bavar|ois, ~oise [bavarwa, -waz] **1.** *adj* bay(e)risch; **2.** ♀ *m, f* Bayer(in) *m*(*f*)
bav|e [bav] *f* Speichel *m*; **~er** (1a) sabbern; geifern; **~ette** [-ɛt] *f* (Sabber-)Latz *m*
Bavière [bavjɛr] ***la*** ~ Bayern *n*
bavure [bavyr] *f tech* Gussnaht *f*; *fig* Missstand *m*; Übergriff *m*; ***sans*** ~ tadellos
bayer [baje] (1i) ~ ***aux corneilles*** Maulaffen feilhalten
bazar [bazar] m Kramladen *m*; Basar *m*; F Krempel *m*
bazooka [bazuka] *m* Panzerfaust *f*
B.C.B.G. [besebeʒe] (*abr* ***bon chic bon genre***) todschick, durchgestylt
bd (*abr* ***boulevard***) Boulevard
B.D. [bede] *f* (*abr* ***bande dessinée***) Comics *pl*
béant, béante [beɑ̃, beɑ̃t] klaffend
béat, béate [bea, beat] selig; *péj* naiv; einfältig
béatitude [beatityd] *f* (Glück-)Seligkeit *f*
beatnik [bitnik] *m* Gammler *m*
beau, bel, belle [bo, bɛl] (⚠ ***bel*** *adj vor Vokal od stummem h*; ⚠ *m/pl* ***beaux***) **1.** *adj* schön; vornehm, fein; gut; günstig; ***il fait beau*** (***temps***) es ist schönes Wetter; ***il a beau dire*** (***faire*** *etc*) er

mag sagen (tun *etc*), was er will; ***l'échapper belle*** mit einem blauen Auge davonkommen; ***bel et bien*** wirklich, tatsächlich; ***de plus belle*** noch stärker; **2.** *m, f* ***le beau*** das Schöne; ***un vieux beau*** ein alter Schönling *m*; ***une belle*** ein schönes Mädchen *n*

beaucoup [boku] viel(e); sehr; ***~ de monde*** viele Leute

beau|-fils [bofis] *m* (⚠ *pl* ***beaux-fils***) Schwiegersohn *m*; Stiefsohn *m*; **~-frère** [-frɛr] *m* (⚠ *pl* ***beaux-frères***) Schwager *m*; **~-père** [-pɛr] *m* (⚠ *pl* ***beaux-pères***) Schwiegervater *m*; Stiefvater *m*

beauté [bote] *f* Schönheit *f*

beaux|-arts [bozar] *m/pl* ***les ~*** die schönen Künste; die bildende Kunst; **~-parents** [boparɑ̃] *m/pl* Schwiegereltern *pl*

bébé [bebe] *m* Baby *n*; **~-éprouvette** [-epruvɛt] *m* (⚠ *pl* ***bébés-éprouvettes***) Retortenbaby *n*

bec [bɛk] *m* Schnabel *m*; Spitze *f e-r Feder*; (Gas-)Brenner *m*; Ausguss *m*, Tülle *f e-r Kanne*; *mus* Mundstück *n*; F ***un ~ fin*** ein Feinschmecker *m*; ***~ de lièvre*** Hasenscharte *f*; ***~ de gaz*** Gaslaterne *f*

bécane [bekan] F *f* Fahrrad *n*; *Computer*: Kiste *f*

bécasse [bekas] *f* Schnepfe *f*

béchamel [beʃamɛl] *f cuis* (***sauce*** *f*) ***~*** Bechamelsoße *f*

bêch|e [bɛʃ] *f* Spaten *m*; **~er** (1b) umgraben; F eingebildet sein

bécot [beko] F *m* Küsschen *n*; **~er** (1a) F knutschen

becqueter [bɛkte] (1e) an-, aufpicken; F *fig* essen; F futtern

bedaine [bədɛn] *f* F Wanst *m*

bédé [bede] *f* Comic *m*

bedeau [bədo] *m* (⚠ *pl* **~x**) Kirchendiener *m*, Küster *m*

bée [be] *adj* (*nur f*) ***bouche ~*** mit offenem Mund

beffroi [bɛfrwa] *m* Rathaus-, Glocken-, Wachtturm *m*

bégayer [begɛje] (1i) stottern; stammeln

bègue [bɛg] **1.** *adj* stotternd; **2.** *m, f* Stotterer *m*, Stotterin *f*

béguin [begɛ̃] *m* F *fig* ***avoir le ~ pour qn*** für j-n schwärmen

beige [bɛʒ] beige, sandfarben; *Wolle*: ungefärbt

beignet [bɛɲɛ] *m cuis* Krapfen *m*, (Berliner) Pfannkuchen *m*

bêler [bɛle] (1b) blöken; meckern

belette [bəlɛt] *f zo* Wiesel *n*

belge [bɛlʒ] **1.** *adj* belgisch; **2.** **♀** *m, f* Belgier(in) *m(f)*

Belgique [bɛlʒik] ***la ~*** Belgien *n*

bélier [belje] *m zo* Widder *m*; *astr* **♀** Widder *m*

belladone [bɛladɔn] *f bot* Tollkirsche *f*

belle *cf* ***beau***

belle|-fille [bɛlfij] *f* (⚠ *pl* ***belles-filles***) Schwiegertochter *f*; Stieftochter *f*; **~-mère** [-mɛr] *f* (⚠ *pl* ***belles-mères***) Schwiegermutter *f*; Stiefmutter *f*; **~s-lettres** [-lɛtrə] *f/pl* schöne Literatur *f*; **~-sœur** [-sœr] *f* (⚠ *pl* ***belles-sœurs***) Schwägerin *f*

belliciste [bɛlisist] **1.** *adj* zum Krieg hetzend; **2.** *m, f* Kriegstreiber(in) *m(f)*

belligér|ant, ~ante [bɛliʒerɑ̃, -ɑ̃t] Krieg führend

belliqu|eux, ~euse [bɛlikø, -øz] kriegerisch; streitlustig

belon [bəlɔ̃] *m zo flache, runde Austernart*

belote [bəlɔt] *f frz Kartenspiel*

belvédère [bɛlvedɛr] *m* Aussichtspunkt *m*

bémol [bemɔl] *m mus* B *n*, Erniedrigungszeichen *n*

béné|dicité [benedisite] *m* Tischgebet *n*; **~diction** [-diksjɔ̃] *f* Segen *m*; Einsegnung *f*; Weihe *f*

bénéfic|e [benefis] *m* Vorteil *m*, Nutzen *m*; *comm* Gewinn *m*; **~iaire** [-jɛr] **1.** *adj* Gewinn bringend; **2.** *m, f* Nutznießer(in) *m(f)*; Berechtigte(r) *m, f*; **~ier** [-je] (1a) ***~ de qc*** von etw profitieren; etw genießen

bénéfique [benefik] wohltuend; günstig

Bénélux [benelyks] ***le ~*** die Beneluxländer *pl*

benêt [bənɛ] *m* Dummkopf *m*

bénévole [benevɔl] freiwillig; ehrenamtlich

bénignité [beniɲite] *f* Gutartigkeit *f* (*a méd*); Harmlosigkeit *f*

bén|in, ~igne [benɛ̃, -iɲ] gutartig (*a méd*); harmlos

bén|ir [benir] (2a) segnen; **~it, ~ite** [-i, -it] geweiht; ***eau f bénite*** Weihwasser *n*; **~itier** [-itje] *m* Weihwasserkessel *m*, -becken *n*

benne [bɛn] *f* Kübel *m*; Wagenkasten *n*; Förderkorb *m*; Container *m*; ~ ***basculante*** Kippkübel *m*
benzine [bɛ̃zin] *f* Waschbenzin *n*; *chim* Benzol *n*
béot|ien, ~ienne [beɔsjɛ̃, -jɛn] **1.** *adj* banausisch; **2.** *m, f* Banause *m*
B.E.P. [beøpe] *m* (*abr* ***brevet d'études professionnelles***) *etwa* Berufsfachschulabschluss *m*
B.E.P.C. [beøpese] *m* (*abr* ***brevet d'études du premier cycle***) *etwa* mittlere Reife *f*
béqueter [bekte] (1e) *cf* ***becqueter***
béquille [bekij] *f* Krücke *f*; *Fahrrad*: Ständer *m*
berc|eau [bɛrso] *m* (⚠ *pl* **~x**) Wiege *f*; **~er** (1k) wiegen; schaukeln; *fig* ~ ***qn de qc*** j-n mit etw hinhalten, verlocken; *fig* ***se ~ de qc*** sich in etw wiegen; **~euse** *f* Wiegenlied *n*; Schaukelstuhl *m*
béret [berɛ] *m* Baskenmütze *f*
berge [bɛrʒ] *f* **1.** Böschung *f*; Uferweg *m*; **2.** *arg* (Lebens-)Jahr *n*
berg|er [bɛrʒe] *m* Schäfer *m*; Schäferhund *m*; **~ère** *f* Schäferin *f*; Lehnsessel *m*; **~erie** [-əri] *f* Schafstall *m*; Schäferei *f*; *Literatur*: Schäfergedicht *n*
Berlin [bɛrlɛ̃] Berlin
berline [bɛrlin] *f* Grubenwagen *m*; *auto* Limousine *f*
berlingot [bɛrlɛ̃go] *m* *Milchtüte*: Tetrapack *m*
berlue [bɛrly] *f* F ***avoir la*** ~ sich täuschen, irren
bermuda [bɛrmyda] *m* Bermudashorts *pl*
berne [bɛrn] *Fahne*: ***en*** ~ (auf) halbmast
Berne [bɛrn] Bern
berner [bɛrne] (1a) ~ ***qn*** j-n zum Besten halten
besogn|e [bəzɔɲ] *f* Arbeit *f*; **~er** (1a) hart arbeiten; **~eux, ~euse** [-ø, -øz] (be)dürftig
besoin [bəzwɛ̃] *m* **1.** Bedürfnis *n*; Verlangen *n*; ***avoir ~ de*** brauchen, nötig haben; ***avoir ~ que*** (+ *subj*) etw benötigen; ***il n'est pas besoin de dire*** es ist nicht nötig zu sagen; ***au*** ~ bei Bedarf, im Notfall; **2.** *écon* **~s** *pl* Bedarf *m* (***en*** an); **3.** F ~ ***naturel*** Notdurft *f*; **4.** Not *f*, Armut *f*
bestial, ~e [bɛstjal] (⚠ *m/pl* ***-iaux***) viehisch; bestialisch; **~ité** *f* Rohheit *f*; Bestialität *f*
bestiaux [bɛstjo] *m/pl* Vieh *n*
bestiole [bɛstjɔl] *f* Tierchen *n*
best-seller [bɛstsɛlœr] *m* (⚠ *pl* ***best-sellers***) Bestseller *m*
bêt|a, ~asse [bɛta, -as] F **1.** *adj* dumm, blöde; **2.** *m, f* Dummkopf *m*
bétabloquant [bɛtablɔkɑ̃] *m* Betablocker *m*
bétail [betaj] *m* (⚠ *ohne pl*) Vieh *n*
bête [bɛt] **1.** *f* Tier *n*; **~s** *pl a* Wild *n*; Vieh *n*; *fig* Dummkopf *m*; **2.** *adj* dumm, blöd, albern; ~ ***à manger du foin*** F dumm wie Bohnenstroh; **~ment** *adv* auf dumme Weise
bêtise [betiz] *f* Dummheit *f*; Belanglosigkeit *f*; **~s** *pl* dummes Zeug *n*
béton [betɔ̃] *m* Beton *m*; ~ ***armé*** Eisenbeton *m*
bétonnière [betɔnjɛr] *f* Betonmischmaschine *f*
bette [bɛt] *f* *bot* Mangold *m*
betterave [bɛtrav] *f* Runkelrübe *f*; ~ ***rouge*** Rote Bete *f*; ~ ***à sucre*** Zuckerrübe *f*
beugler [bøgle] (1a) *Rinder*: muhen, brüllen; F *fig* grölen; dröhnen
beurr|e [bœr] *m* Butter *f*; *fig* ***faire son*** ~ sein Schäfchen ins trockene bringen; ***petit*** ~ Butterkeks *m*; ⚠ ***le*** ~; **~er** (1a) mit Butter bestreichen; **~ier** [-je] *m* Butterdose *f*
beuverie [bœvri] *f* Saufgelage *n*
bévue [bevy] *f* (peinlicher) Fehler *m*
biais [bjɛ] **1.** *adv* ***de*** *od* ***en*** ~ schief, schräg; **2.** *m* Schräge *f*, Schiefe *f*; *fig* Ausweg *m*; Umweg *m*; ***par le ~ de*** auf dem Umweg über
biaiser [bjɛze] (1b) ausweichen; sich winden
bibelot [biblo] *m* Nippsache *f*
biberon [bibrɔ̃] *m* Saugflasche *f*
bibi [bibi] F ich; ***c'est pour*** ~ das ist für mich
bibine [bibin] *f* F Gesöff *n*
Bible [biblə] *f* Bibel *f*, Heilige Schrift *f*
biblio... [biblijɔ] Buch..., Bücher...; **~bus** [-bys] *m* fahrende Bücherei *f*, Bibliotheksbus *m*; **~thécaire** [-tekɛr] *m, f* Bibliothekar(in) *m(f)*; **~thèque** [-tɛk] *f* **1.** Bibliothek *f*, Bücherei *f*; **2.** Bücherschrank *m*, -regal *n*
biblique [biblik] biblisch, Bibel...
bic [bik] *m* (*Warenzeichen*) Kugelschreiber *m*

bicarbonate [bikarbɔnat] *m chim* ~ ***de soude*** doppeltkohlensaures Natrium *n*; Natron *n*
bicentenaire [bisɑ̃tənɛr] *m* Zweihundertjahrfeier *f*
bich|e [biʃ] *f zo* Hirschkuh *f*; *fig* ***ma*** ~ mein Schätzchen; **~er** (1a) P ***ça biche?*** geht's gut?; **~onner** [-ɔne] (1a) herausputzen; verhätscheln
bicolore [bikɔlɔr] zweifarbig
bicoque [bikɔk] *f* F Bruchbude *f*
bicorne [bikɔrn] *m* Zweispitz *m* (*Hut*)
bicot [biko] *m* F *péj* Nordafrikaner *m*
bicross [bikrɔs] *m* BMX-Rad *n*; Mountainbike *n*
bicyclette [bisiklɛt] *f* (Fahr-)Rad *n*; ***aller en*** *od* ***à*** ~ Rad fahren
bide [bid] *m* F **1.** Bauch *m*; **2.** Reinfall *m*, Flop *m*; ***faire un*** ~ ein Flop sein
bidet [bidɛ] *m* Bidet *n*
bidon [bidɔ̃] *m* **1.** Kanister *m*; **2.** F *fig* Bluff *m*; Schwindel *m*
bidonville [bidɔ̃vil] *m* Barackensiedlung *f*, Elendsviertel *n* (*in der Nähe e-r Großstadt*); ⚠ ***le*** ~
bidule [bidyl] *m* F Dings(da, -bums) *n*
bien [bjɛ̃] **1.** *m* **a**) Wohl *n*; Heil *n*; Vorteil *m*; Gute(s) *n*; **b**) Hab *n* und Gut *n*; Vermögen *n*; **~*s de consommation*** Konsumgüter *pl*; **~*s d'investissement*** Investitionsgüter *pl*; **2.** *adv* gut, wohl; sehr; gern; sehr viel; ~ ***des fois*** sehr oft; ***eh ~!*** nun!, na!; ***je veux*** ~ gern; **3.** *adj* gut, wohl; richtig; ***être, se sentir*** ~ sich wohl fühlen; ***avoir l'air*** ~ gut aussehen; F ***un monsieur*** ~ ein besserer Herr; **4.** *conj* ~ ***que*** (+*subj*) obgleich, obwohl
bien-être [bjɛ̃nɛtrə] *m* Wohlstand *m*, -befinden *n*
bien|faisance [bjɛ̃fəzɑ̃s] *f* Wohltätigkeit *f*; **~fait** [-fɛ] *m* Wohltat *f*; **~faiteur, ~faitrice** [-fɛtœr, -fɛtris] *m, f* Wohltäter(in) *m(f)*; **~-fondé** [-fɔ̃de] *m* Berechtigung *f*, Stichhaltigkeit *f*; **~-fonds** [-fɔ̃] *m* (⚠ *pl* ***biens-fonds***) *jur* Grundbesitz *m*
bienheur|eux, ~euse [bjɛ̃nørø, -øz] (glück)selig
biennal, ~e [bjenal] (⚠ *m/pl* ***-aux***) zweijährig; alle zwei Jahre stattfindend
Bienne [bjɛn] Biel
biensé|ance [bjɛ̃seɑ̃s] *f* Schicklichkeit *f*; **~ant, ~ante** [-ɑ̃, -ɑ̃t] schicklich
bientôt [bjɛ̃to] bald; ***à ~!*** auf ein baldiges Wiedersehen!
bienveill|ance [bjɛ̃vɛjɑ̃s] *f* Wohlwollen *n*; **~ant, ~ante** [-ɑ̃, -ɑ̃t] wohlwollend
bienvenu, ~e [bjɛ̃vny] **1.** *adj* willkommen; **2.** *m, f* ***être le bienvenu, la bienvenue*** willkommen sein
bienvenue [bjɛ̃vny] *f* Willkommen *n*
bière [bjɛr] *f* **1.** Bier *n*; **2.** Bahre *f*
biffer [bife] (1a) durchstreichen
bifteck [biftɛk] *m* Beefsteak *n*
bifur|cation [bifyrkasjɔ̃] *f* Gabelung *f*; Abzweigung *f*; **~quer** [-ke] (1m) sich gabeln; *Auto, Zug*: abbiegen; *fig* ~ ***vers*** überwechseln zu
bigamie [bigami] *f* Doppelehe *f*
bigarré, ~e [bigare] bunt(scheckig)
big|ot, ~ote [bigo, -ɔt] frömmelnd
bigotterie [bigɔtri] *f* Frömmelei *f*
bigoudi [bigudi] *m* Lockenwickler *m*
bigre [bigrə] F verdammt noch mal!; Donnerwetter; **~ment** F verflixt
bijou [biʒu] *m* (⚠ *pl* **~*x***) Juwel *n*; Schmuckstück *n*
bijout|erie [biʒutri] *f* Juwelenhandel *m*; Schmuck(laden) *m*; **~ier, ~ière** [-je, -jɛr] *m, f* Juwelier *m*
bilan [bilɑ̃] *m comm* Bilanz *f*; Schlussabrechnung *f*; *fig* Fazit *n*; Ergebnis *n*; ***déposer son*** ~ Konkurs anmelden
bilatéral, ~e [bilateral] (⚠ *m/pl* ***-aux***) zweiseitig
bile [bil] *f* Galle *f*; *fig* schlechte Laune *f*, Ärger *m*; F ***se faire de la*** ~ sich Sorgen machen
bili|aire [biljɛr] Gallen...; **~eux, ~euse** [-ø, -øz] Gallen...; gallig (*a fig*)
bilingue [bilɛ̃g] zweisprachig
billard [bijar] *m* Billard *n*; F ***c'est du ~!*** das ist ganz einfach!
bille [bij] *f* Kugel *f*; Billardkugel *f*; Murmel *f*; Klotz *m*; ***stylo*** *m* (***à***) ~ Kugelschreiber *m*
billet [bijɛ] *m* Fahrkarte *f*; Eintrittskarte *f*; Briefchen *n*; Zettel *m*; *Lotterie*: Los *n*; ~ ***de banque*** Banknote *f*; ~ ***stand-by*** Stand-by-Ticket *n*
billetterie [bijɛtri] *f* **1.** Kasse *f*; **2.** Geldautomat *m*; ~ ***automatique*** Fahrscheinautomat *m*
billion [biljɔ̃] *m* Billion *f*; ⚠ ***le*** ~
bimensuel, ~le [bimɑ̃sɥɛl] monatlich zweimal erscheinend
bimestriel, ~le [bimɛstrijɛl] zweimonatlich

binaire [binɛr] binär; aus zwei Einheiten bestehend
biniou [binju] *m* bretonischer Dudelsack *m*
binocle [binɔklə] *m* Kneifer *m*; Lorgnon *n*; F **~s** *pl* Brille *f*
binz [bins] *m* F Chaos *n*; ***c'est tout un ~*** das ist vielleicht ein Zirkus
biochimique [bjɔʃimik] biochemisch
biodégradable [bjɔdegradabl] biologisch abbaubar
biographie [bjɔgrafi] *f* Lebensbeschreibung *f*, Biografie *f*
biolog|ie [bjɔlɔʒi] *f* Biologie *f*; **~iste** *m, f* Biologe *m*, Biologin *f*
biomasse [bjɔmas] *f* Biomasse *f*
biopsie [bjɔpsi] *f* Biopsie *f*
biorythme [bjɔritm] *m* Biorhythmus *m*
biosphère [bjɔsfɛr] *f* Biosphäre *f*
biotechnologie [bjɔtɛknɔlɔʒi] *f* Biotechnik *f*
biotope [bjɔtɔp] *m* Biotop *n*
bipartite [bipartit] *pol* Zweier..., Zweimächte...
biplace [biplas] *m* Zweisitzer *m*
biplan [biplɑ̃] *m aviat* Doppeldecker *m*
bipolaire [bipɔlɛr] zweipolig
bique [bik] *f* F *zo* Ziege *f*; *fig u péj* ***vieille ~*** alte Schachtel *f*
biréacteur [bireaktœr] *m aviat* zweistrahliges Flugzeug *n*
bis[1], **bise** [bi, biz] graubraun; ***pain m bis*** Graubrot *n*
bis[2] [bis] **1.** *adv* da capo; *bei Hausnummern*: a; **2.** *m* Wiederholung *f*, Dakapo *n*
bisaïeul, ~e [bizajœl] *litt m, f* Urgroßvater *m*, Urgroßmutter *f*
bisannuel, ~le [bizanɥɛl] zweijährig, -jährlich
bisbille [bizbij] F *f kleine* Zankerei *f*
biscornu, ~e [biskɔrny] seltsam, bizarr, wunderlich
biscotte [biskɔt] *f* Zwieback *m*
biscuit [biskɥi] *m* **1.** Keks *m*; Biskuit *n*; **2.** Biskuitporzellan *n*
bise [biz] *f* **1.** Nord(ost)wind *m*; **2.** F Kuss *m*
bisexuel, ~le [bisɛksɥɛl] bisexuell
bison [bizɔ̃] *m zo* Büffel *m*
bisque [bisk] *f cuis* ***~ d'écrevisses, ~ de homard*** Krebs-, Hummersuppe *f*
bisquer [biske] (1m) F sich ärgern
bissextile [bisɛkstil] ***année f ~*** Schaltjahr *n*
bistro(t) [bistro] *m* F Kneipe *f*
bit [bit] *m EDV* Bit *n*
bite [bit] *f* F Schwanz *m*
bitumer [bityme] (1a) asphaltieren
bivouac [bivwak] *m* Biwak *n*
bizarr|e [bizar] seltsam; **~erie** [-əri] *f* Absonderlichkeit *f*
bizut(h) [bizy] *m e-r Grande École*: Student *m* im ersten Studienjahr; Neuling *m*, Anfänger *m*
blackbouler [blakbule] (1a) F *pol, Schule*: ***~ qn*** j-n (durch)fallen lassen; ***se faire ~*** durchfallen
blaf|ard, ~arde [blafar, -ard] bleich, fahl
blagu|e [blag] *f* **1.** Tabaksbeutel *m*; **2.** F Ulk *m*, Scherz *m*; Witz *m*; Streich *m*; ***sans ~!*** im Ernst!; **~er** F (1a) scherzen, spaßen; ***tu blagues!*** nicht möglich!, das ist nicht wahr!; ***~ qn*** j-n verspotten, necken
blaireau [blɛro] *m* (⚠ *pl* **~x**) **1.** *zo* Dachs *m*; **2.** Rasierpinsel *m*
blairer [blɛre] (1b) F ***je ne peux pas le ~*** ich kann den nicht ausstehen
blâmable [blɑmablə] tadelnswert
blâm|e [blɑm] *m* Tadel *m*; **~er** (1a) tadeln
blanc, blanche [blɑ̃, blɑ̃ʃ] **1.** *adj* weiß, hell, blank; rein, sauber; unbeschrieben; ***examen m blanc*** Probeexamen *n*; ***mariage m blanc*** nicht vollzogene Ehe *f*; ***en blanc*** Blanko...; unausgefüllt; ***il a gelé (à) blanc*** es hat gereift; **2.** *m* Weiß *n*; *comm* Weißwaren *f/pl*; Weißwein *m*; *im Text*: unbeschriebene Stelle *f*
blanc-bec [blɑ̃bɛk] *m* (⚠ *pl* ***blancs-becs***) Grünschnabel *m*
blanchâtre [blɑ̃ʃɑtrə] weißlich
Blanche-Neige [blɑ̃ʃnɛʒ] *f* Schneewittchen *n*
blanch|eur [blɑ̃ʃœr] *f* Weiße *n u f*; **~ir** (2a) weißen; (weiß)waschen; bleichen; *cuis* abbrühen; *fig* rein waschen; *Haar*: weiß werden; **~isserie** [-isri] *f* Wäscherei *f*; **~isseur, ~isseuse** [-isœr, -isøz] *m, f* Wäscher(in) *m(f)*
blanc-seing [blɑ̃sɛ̃] *m* (⚠ *pl* ***blancs-seings***) Blankovollmacht *f*
blanquette [blɑ̃kɛt] *f* **1.** weißer Schaumwein *m* (*Languedoc*); **2.** *cuis* ***~ de veau*** Kalbsragout *n*
blasé, ~e [blɑze] blasiert
blason [blɑzɔ̃] *m* Wappenschild *n*

blasph|ème [blasfɛm] *m* Gotteslästerung *f*, Blasphemie *f*; **~émer** [-eme] (1f) (Gott) lästern; fluchen
blatte [blat] *f zo* Schabe *f*
blé [ble] *m* Weizen *m*; Getreide *n*
bled [blɛd] *m* F *péj* Kaff *n*, Nest *n*
blêm|e [blɛm] leichenblass, fahl; **~ir** (2a) erblassen
blennorragie [blɛnɔraʒi] *f méd* Tripper *m*
bless|er [blɛse] (1b) verwunden; verletzen (*a fig*); **se ~** sich verletzen; **~ure** [-yr] *f* Wunde *f*; Verwundung *f*; Verletzung *f*; *fig* Kränkung *f*
blet, blette [blɛ, blɛt] *Obst*: matschig
blette [blɛt] *f* Mangold *m*
bleu, ~e [blø] (⚠ *m/pl* **~s**) **1.** *adj* blau; ***carte** f **bleue*** Scheckkarte *f*; ***zone** f **bleue*** Kurzparkzone *f*; ***peur** f **bleue*** F Heidenangst *f*; **2.** *m* Blau *n*; *auf der Haut*: blauer Fleck *m*; *fig* Neuling *m*; *tech* Blaupause *f*; **~ (*de travail*)** blauer Arbeitsanzug *m*; *cuis* ***truite** f **au ~*** Forelle *f* blau; **~ *d'Auvergne*** Blauschimmelkäse *m*; ⚠ blau (*betrunken*) *ist frz* ***gris***
bleu|âtre [bløɑtrə] bläulich; **~et** [-ɛ] *m bot* Kornblume *f*; **~ir** (2a) blau anlaufen (lassen)
blind|age [blɛ̃daʒ] *m* Panzerung *f*; **~é, ~ée 1.** *adj* gepanzert, Panzer...; **2.** *m mil* Panzer *m*; **~er** (1a) panzern
bloc [blɔk] *m* Block *m* (*auch pol*); *fig* (feste) Einheit *f*; F Kittchen *n*; ***en ~*** im Ganzen; **~age** *m* Blockierung *f*; Sperre *f*, Sperrung *f*; *psych* innerer Widerstand *m*
blockhaus [blɔkos] *m mil* Bunker *m*
bloc-notes [blɔknɔt] *m* (⚠ *pl* ***blocs-notes***) Notizblock *m*
blocus [blɔkys] *m* Blockade *f*
blond, blonde [blɔ̃, blɔ̃d] **1.** *adj* blond; hell; ***cigarette** f **blonde*** Zigarette *f* aus hellem Tabak; **2.** *m*, *f* Blonde(r) *m*, *f*; Blondine *f*; *f* helles Bier *n*
bloquer [blɔke] (1m) blockieren, sperren, verriegeln; zusammenfassen
blottir [blɔtir] (2a) ***se ~*** sich kauern, sich ducken
blous|e [bluz] *f* Kittel *m*; Bluse *f*; **~er** (1a) F reinlegen; **~on** *m* Windjacke *f*; Blouson *m*; *fig* **~ *noir*** Halbstarke(r) *m*
blue-jean [bludʒin] *m* (⚠ *pl* ***blue-jeans***) Blue Jeans *f*; ⚠ ***le ~***
bluff [blœf] *m* Täuschung *f*; **~er** (1a) bluffen, täuschen
bobard [bobar] *m* F Schwindel *m*, (Zeitungs-)Ente *f*
bobinage [bobinaʒ] *m tech* Wicklung *f*; (Auf-)Spulen *n*
bobin|e [bɔbin] *f* Spule *f*; Rolle *f*; Trommel *f*; **~er** (1a) (auf)wickeln; aufspulen
bobo [bobo] *m enf* Wehweh *n*
bocal [bɔkal] *m* (⚠ *pl* **-aux**) Einmachglas *n*
boche [bɔʃ] *péj* **1.** *adj* deutsch; **2.** ♀ *m*, *f* Deutsche(r) *m*, *f*
bock [bɔk] *m* ***un ~*** ein kleines Bier ($^1/_8$ *l*)
body [bɔdi] *m* Body *m*
bœuf [bœf, *pl* bø] **1.** *m* Ochse *m*; Rind(vieh) *n*; Rindfleisch *n*; **2.** *adj* F Bomben...; gewaltig; ***succès** m **~*** Bombenerfolg *m*
bof! [bɔf] pah!, ach was!, was soll's!, F null Bock!
bohème [bɔɛm] **1.** *f* leichtsinnige Künstlerwelt *f*; **2.** *m*, *f* verbummeltes Genie *n*, Bohemien *m*
bohém|ien, ~ienne [bɔemjɛ̃, -jɛn] **1.** *adj* böhmisch; **2.** *m*, *f* Zigeuner(in) *m(f)*; ♀ Böhme *m*, Böhmin *f*
Bohême [bɔɛm] ***la ~*** Böhmen *n*; ***la forêt de ~*** der Böhmerwald
boire [bwar] **1.** (4u) trinken; aufsaugen; **2.** *m* Trinken *n*
bois [bwa] *m* Holz *n*; Wald *m*; **~** *pl* Geweih *n*; *mus* Holzblasinstrumente *n/pl*
bois|age [bwazaʒ] *m* Zimmerung *f*; **~é, ~ée** bewaldet; **~er** (1a) aufforsten; *Bergbau*: auszimmern; **~erie** *f* Täfelung *f*, Holzverkleidung *f*
boisson [bwasɔ̃] *f* Getränk *n*; ⚠ ***la ~***
boîte [bwat] *f* **1.** Schachtel *f*; Büchse *f*, Dose *f*; Kasten *m*; *auto* **~ *de vitesses*** Getriebe *n*; **~ *aux lettres*** Briefkasten *m*; **~ *aux lettres électronique*** elektronischer Briefkasten *m*, Mailbox *f*; **~ *postale*** Postfach *n*; **~ *noire*** Flugschreiber *m*; **2. ~ *de nuit*** Nachtlokal *n*; **3.** F *péj* (Saft-)Laden *m*; **4.** F Firma *f*
boit|er [bwate] (1a) hinken (*a fig*); **~eux, ~euse** [-ø, -øz] hinkend; wacklig
boîtier [bwatje] *m* Gehäuse *n*; **~ *de télécommande*** Fernbedienung *f*
boitiller [bwatije] (1a) leicht hinken, humpeln

bol [bɔl] *m* **1.** (Trink-)Schale *f*; **2.** F ***avoir du*** ~ F Schwein haben

bolide [bɔlid] *m* Meteorstein *m*; *auto* Rennwagen *m*

Bolivie [bɔlivi] ***la*** ~ Bolivien *n*

bombance [bɔ̃bɑ̃s] *f* F ***faire*** ~ schlemmen

bombard|ement [bɔ̃bardəmɑ̃] *m* Beschießung *f*; Bombardierung *f*; **~er** (1a) bombardieren

bombe [bɔ̃b] *f mil* Bombe *f*; *fig* Spraydose *f*; *cuis* ~ ***glacée*** Eisbombe *f*; F ***faire la*** ~ prassen, üppig leben

bomb|é, ~e [bɔ̃be] gewölbt; **~er** (1a) (sich) wölben; F sprühen

bon, bonne [bɔ̃, bɔn] **1.** *adj* gut; tüchtig; richtig; gütig; gutmütig; naiv; ***de bonne foi*** aufrichtig; ***de bonne heure*** frühzeitig; **(*à*)** ***bon marché*** billig (*a fig*); ***il est bon de*** (+ *inf*) *od* ***que*** (+ *subj*) es ist gut zu ... *od* dass ...; ***à quoi bon?*** wozu?; ***bon mot*** Witz *m*; **2.** *adv* ***trouver bon que*** (+ *subj*), ***juger bon de*** (+ *inf*) es für richtig halten zu ... *od* dass ...; ***sentir bon*** gut riechen; ***tenir bon*** standhalten; **3.** *m* **a)** ***le bon*** das Gute; **b)** Gutschein *m*

bonasse [bɔnas] (zu) gutmütig

bon|bon [bɔ̃bɔ̃] *m* Bonbon *m od n*; **~bonne** [-bɔn] *f* Korbflasche *f*; **~bonnière** [-bɔnjɛr] *f* Konfektschachtel *f*; F *fig* kleine hübsche Wohnung *f*; niedliches Haus *n*

bond [bɔ̃] *m* (Ab-, Auf-)Sprung *m*; Satz *m*; ***d'un*** ~ mit e-m Satz; *fig* sofort; ***par ~s*** sprungweise

bond|é, ~ée [bɔ̃de] überfüllt; **~ir** (2a) (auf)springen

bonheur [bɔnœr] *m* Glück *n*; ***par*** ~ zum Glück; ⚠ ***le*** ~; ⚠ *nicht verwechseln mit* ***à la bonne heure*** (*cf* ***heure***); ⚠ *Glück haben* ***avoir de la chance***

bonhomie [bɔnɔmi] *f* Gutmütigkeit *f*

bonhomme [bɔnɔm] *m* (⚠ *pl* ***bonshommes*** [bɔ̃zɔm]) F Mann *m*, Mannsbild *n*; Männchen *n*; ***petit*** ~ Knirps *m*; ~ ***de neige*** Schneemann *m*; ⚠ *Entsprechung*: ***la bonne femme*** (*getrennt geschrieben*)

boni [bɔni] *m* Überschuss *m*; Gewinn *m*; **~fier** [-fje] (1a) (ver)bessern; **~ment** *m* marktschreierische Reklame *f*; F Märchen *n*

bonjour [bɔ̃ʒur] *m* guten Morgen, guten Tag; F Gruß *m* (***à qn*** an j-n); ***simple comme*** ~ kinderleicht

bonne [bɔn] *f* Kinder-, Haus-, Dienstmädchen *n*; ~ ***à tout faire*** Mädchen *n* für alles

bonnement [bɔnmɑ̃] *adv* ***tout*** ~ ganz einfach, kurz gesagt

bonnet [bɔnɛ] *m* Mütze *f*; Kappe *f*; *fig* ***gros*** ~ hohes Tier *n*; F ***c'est*** ~ ***blanc et blanc*** ~ das ist Jacke wie Hose

bonneterie [bɔnɛtri] *f* Trikotagen *f/pl*; Wirk- und Strickwaren *f/pl*

bonsaï [bɔ̃zaj] *m* Bonsai *m*

bonsoir [bɔ̃swar] *m* guten Abend

bonté [bɔ̃te] *f* Güte *f*

bonus [bɔnys] *m* Bonus *m*, Schadenfreiheitsrabatt *m*

bonze [bɔ̃z] *m* Bonze *m* (*Priester in Ostasien*); *péj* (*Partei- etc*) Bonze *m*, hohes Tier *n*

boom [bum] *m comm* Boom *m*

boomerang [bumrɑ̃g] *m* Bumerang *m*

boot [but] *m* **1.** Stiefelette *f*; **2.** *EDV* Booten *n*; **~er** (1a) *EDV* booten

bord [bɔr] *m* **1.** Rand *m*; Ufer *n*; *fig* ***sur les ~s*** am Rande, ein bisschen; **2.** *mar* Bord *m*; ***tableau*** *m* ***de*** ~ Armaturenbrett *n*; ***à*** ~ **(*de*)** an Bord (von); ***virer de*** ~ wenden; *fig* umschwenken

bordage [bɔrdaʒ] *m* Einfassen *n*; *mar* Schiffsplanken *f/pl*

bordel [bɔrdɛl] *m* **1.** P Puff *m*; **2.** F Durcheinander *n*

bordel|ais, ~aise [bɔrdəlɛ, -ɛz] aus Bordeaux

bordélique [bɔrdelik] F unordentlich

border [bɔrde] (1a) einfassen, -säumen

bordereau [bɔrdəro] *m* (⚠ *pl* **~*x***) *comm* Aufstellung *f*; Liste *f*; Begleitzettel *m*

bordure [bɔrdyr] *f* Einfassung *f*, Kante *f*

boréal, ~e [bɔreal] (⚠ *m/pl* ***-aux***) nördlich, Nord...

borgne [bɔrɲ] **1.** *adj* einäugig; **2.** *m, f* Einäugige(r) *m, f*

borne [bɔrn] **1.** Grenz-, Eckstein *m*; ~ ***kilométrique*** Kilometerstein *m*; **2.** *fig* Grenze *f*, Schranke *f*; **3.** F Kilometer *m*; **4.** *tech* (Anschluss-)Klemme *f*

born|é, ~e [bɔrne] beschränkt, engstirnig; **~er** (1a) abgrenzen; beschränken (***à qc*** auf etw); ***se*** ~ ***à*** **(*faire*)** ***qc*** sich beschränken auf etw (darauf, etw zu tun)

B

Bosnie-Herzégovine [bɔsniɛrzegɔvin] ***la ~*** Bosnien-Herzegowina *n*
bosquet [bɔskɛ] *m* Wäldchen *n*
bosse [bɔs] *f* Beule *f*; Buckel *m*; F ***avoir la ~ de*** e-e Begabung haben für
bosser [bɔse] (1a) F schuften
bossu, ~e [bɔsy] buck(e)lig
botanique [bɔtanik] **1.** *adj* botanisch; **2.** *f* Botanik *f*, Pflanzenkunde *f*
botte [bɔt] *f* **1.** Bund *m*, Bündel *n*; **2.** Stiefel *m*; **3.** *Fechten*: Stoß *m*
botter [bɔte] (1a) *fig* ***~ le derrière à qn*** F j-m e-n Tritt in den Hintern versetzen; F ***ça me botte*** das gefällt mir
bottin [bɔtɛ̃] *m* Telefonbuch *n*
bouc [buk] *m* **1.** (Ziegen-)Bock *m*; *fig* ***~ émissaire*** Sündenbock *m*; **2.** Spitzbart *m*
boucan [bukɑ̃] *m* F Höllenlärm *m*
bouchage [buʃaʒ] *m* Ver-, Zustopfen *n*; Verkorken *n*
bouche [buʃ] *f* Mund *m*; Maul *n*; Öffnung *f*; Mündung *f*; ***~ de métro*** U-Bahn-Eingang *m*
bouche-à-bouche [buʃabuʃ] *m méd* Mund-zu-Mund-Beatmung *f*
bouchée [buʃe] *f* Bissen *m*; ***~ à la reine*** Königinpastete *f*
boucher[1] [buʃe] (1a) zu-, verstopfen; versperren
bouch|er[2] [buʃe] *m* Fleischer *m*, Schlachter *m*, Metzger *m*; **~ère** *f* Fleischersfrau *f*; **~erie** *f* Fleischerei *f*, Metzgerei *f*; ⚠ *nicht verwechseln mit* ***charcuterie***
bouche-trou [buʃtru] *m* (⚠ *pl* ***bouche-trous***) Lückenbüßer *m*
bouchon [buʃɔ̃] *m* Pfropfen *m*, Stöpsel *m*, Korken *m*; Pfropf *m*; *fig* (Verkehrs-)Stau *m*
bouchonner [buʃɔne] (1a) sich stauen
boucl|e [buklə] *f* Ring *m*; Schlinge *f*, Schleife *f* (*a EDV*); Schnalle *f*; Flusswindung *f*; *Haar*: Locke *f*; **~é, ~ée** lockig, gelockt; **~er** (1a) schnallen; in Locken legen; *mil* umzingeln; F zumachen; *fig* ***boucle-la!*** halt den Mund!; F ***~ qn*** j-n einlochen
bouclier [buklije] *m hist u tech* Schild *m*; *fig* Schutzwall *m*
boud|er [bude] (1a) schmollen; ***~ qn (qc)*** mit j-m (mit etw) nichts zu tun haben wollen; j-n (etw) ablehnen *od* meiden; **~eur, ~euse** schmollend
boudin [budɛ̃] *m* Blutwurst *f*
boue [bu] *f* Schlamm *m*; Schmutz *m*; F Dreck *m*
bouée [bwe] *f mar* Boje *f*; Rettungsring *m*
bou|eux, ~euse [buø, -øz] schmutzig
bouff|ant, ~ante [bufɑ̃, -ɑ̃t] bauschig
bouff|e [buf] **1.** *adj mus* ***opéra m ~*** komische Oper *f*; **2.** F *f* Essen *n*, P Fressen *n*; ***se faire une ~*** gemütlich zusammen essen; **~ée** *f* Windstoß *m*; Lufthauch *m*; Zug *m* (*des Rauchers*); **~er** (1a) **1.** sich bauschen; **2.** F essen, fressen
bouffi, ~e [bufi] aufgedunsen
bouff|on, ~onne [bufɔ̃, -ɔn] **1.** *adj* possenhaft; **2.** *m* Possenreißer *m*
bouffonnerie [bufɔnri] *f* Possenhaftigkeit *f*; *meist pl* ***~s*** Possen *m/pl*
bouge [buʒ] *m* Dreckloch *n*; Spelunke *f*
bougeoir [buʒwar] *m* Kerzenleuchter *m* (mit Griff)
bouger [buʒe] (1l) sich bewegen, sich rühren; bewegen, (ver)rücken
bougie [buʒi] *f* Kerze *f*; *auto* Zündkerze *f*
bougonner [bugɔne] (1a) F brummen; nörgeln
bougre [bugrə] *m* **1.** F Kerl *m*; **2.** *Ausruf*: Donnerwetter!; **~ment** *adv* F verdammt, verflixt
boui-boui [bwibwi] *m* F miese Kneipe *f*
bouillabaisse [bujabɛs] *f cuis provenzalische* Fischsuppe *f*
bouill|ant, ~ante [bujɑ̃, -ɑ̃t] siedend, kochend; *fig* aufbrausend
bouilli, ~ie [buji] *cuis* **1.** *adj* gekocht; **2.** *m* gekochtes Rindfleisch *n*
bouillie [buji] *f* Brei *m*
bouillir [bujir] (2e) sieden, kochen (*a fig*); ⚠ ***l'eau bout***; *aber* ***faire du café, faire cuire des pommes de terre***; ***faire la cuisine***
bouilloire [bujwar] *f* Teekessel *m*
bouillon [bujɔ̃] *m* Luftblase *f*; Fleischbrühe *f*; **~-cube** [-kyb] *m* (⚠ *pl* ***bouillon-cubes***) Brühwürfel *m*
bouillonner [bujɔne] (1a) *Wasser*: brodeln, (auf)wallen (*a fig*)
bouillotte [bujɔt] *f* Wärmflasche *f*
boulang|er [bulɑ̃ʒe] *m* Bäcker *m*; **~ère** *f* Bäckersfrau *f*; **~erie** *f* Bäckerei *f*
boule [bul] *f* Kugel *f*; F *fig* Kopf *m*; ***~ de neige*** Schneeball *m*; ***jeu m de ~s*** Boule(spiel) *n*, Boccia(spiel) *n*

bouleau [bulo] *m* (⚠ *pl* **~x**) *bot* Birke *f*
bouledogue [buldɔg] *m zo* Bulldogge *f*; ⚠ **le ~**
bouler [bule] (1a) F **envoyer ~ qn** j-n fortjagen
boulet [bulɛ] *m hist* Kanonenkugel *f*
boulette [bulɛt] *f* Kügelchen *n*; Fleischkloß *m*; F **faire une ~** e-e Dummheit machen
boulevard [bulvar] *m* Boulevard *m*; **~ périphérique** Ringstraße *f*
boulevers|ement [bulvɛrsəmɑ̃] *m* Umwälzung *f*; Erschütterung *f*; **~er** (1a) umstürzen; *fig* erschüttern
boulimie [bulimi] *f* Esssucht *f*, Bulimie *f*
bouliste [bulist] *m Sport*: Boulespieler *m*
boul|ot¹, ~otte [bulo, -ɔt] *meist von e-r Frau*: rundlich, F pummelig
boulot² [bulo] F *m* Arbeit *f*
boulotter [bulɔte] F (1a) essen, F futtern
boum [bum] F *f* Party *f*
boumer [bume] (1a) F **ça boume?** alles in Ordnung?
bouquet [bukɛ] *m* (Blumen-)Strauß *m*; Blume *f* (*des Weins*)
bouquetin [buktɛ̃] *m zo* Steinbock *m*
bouquin [bukɛ̃] *m* F alter Schmöker *m*; Buch *n*
bouquin|er [bukine] (1a) F schmökern; **~iste** *m, f* Antiquariatsbuchhändler(in) *m(f)*, Bukinist(in) *m(f)*
bourb|e [burb] *f* Morast *m*, Schlamm *m*; **~eux, ~euse** [-ø, -øz] schlammig; **~ier** [-je] *m* Sumpfloch *n*; *fig* üble Lage *f*
bourde [burd] *f* F Schnitzer *m*
bourdon [burdɔ̃] *m* **1.** Hummel *f*; **2.** Brummen *n*; *mus* Bass *m*; große Glocke *f*
bourdonner [burdɔne] (1a) summen; brummen; dröhnen; sausen (*im Ohr*)
bourg [bur] *m* (Markt-)Flecken *m*
bourgade [burgad] *f* kleiner (Markt-)Flecken *m*
bourge|ois, ~oise [burʒwa, -waz] **1.** *adj* bürgerlich; *péj* spießerhaft; **esprit** *m* **bourgeois** Spießbürgertum *n*; **2.** *m, f* Bürger(in) *m(f)*; *péj* Spießer *m*; **~oisie** [-wazi] *f* Bürgertum *n*
bourgeon [burʒɔ̃] *m bot* Knospe *f*
bourgeonner [burʒɔne] (1a) Knospen treiben, ausschlagen
bourgmestre [burgmɛstrə] *m in Deutschland, Holland, Belgien, in der Schweiz*: Bürgermeister *m*
Bourgogne [burgɔɲ] **la ~** Burgund *n*; ♀ *m* Burgunder(wein) *m*
bourguign|on, ~onne [burgiɲɔ̃, -ɔn] **1.** *adj* burgundisch; *cuis* **bœuf** *m* **bourguignon** Rindsgulasch *n* mit Rotwein; **fondue** *f* **bourguignonne** Fleischfondue *n od f*; **2.** ♀ *m, f* Burgunder(in) *m(f)*
bourlinguer [burlɛ̃ge] (1m) ein abenteuerliches Leben führen
bourrade [burad] *f* Rippenstoß *m*
bourrage [buraʒ] *m* F **~ de crâne** propagandistische Bearbeitung *f*; Indoktrinierung *f*
bourrasque [burask] *f* (jäher) Windstoß *m*, (Wind-)Bö *f*
bourré, ~e [bure] gestopft voll; F voll, blau
bourreau [buro] *m* (⚠ *pl* **~x**) Henker *m*; **~ d'enfants** Kinderschänder *m*; **~ des cœurs** Herzensbrecher *m*; **~ de travail** Arbeitstier *n*
bourrer [bure] (1a) voll stopfen; **se ~ de qc** F sich den Bauch mit etw voll schlagen
bourriche [buriʃ] *f* Korb *m*
bourrique [burik] *f* Esel(in) *m(f)*; *fig* Dummkopf *m*; *fig* **faire tourner qn en ~** j-n verrückt *od* wahnsinnig machen; F **rond comme une ~** F sternhagelvoll
bours|e [burs] *f* (Geld-)Beutel *m*; Börse *f* (*a comm* ♀); Stipendium *n*; **~ier, ~ière** [-je, -jɛr] **1.** *adj* Börsen...; **2.** *m, f* Stipendiat(in) *m(f)*
boursouf(f)l|é, ~ée [bursufle] geschwollen (*a fig*); **~ure** [-yr] *f méd* Schwellung *f*; *fig* Schwulst *m*
bouscul|ade [buskylad] *f* Gedränge *n*; **~er** (1a) anrempeln; wegstoßen; *fig* erschüttern
bouse [buz] *f* **~** (**de vache**) (Kuh-)Mist *m*, (Kuh-)Fladen *m*
bousiller [buzije] (1a) F kaputtmachen; *Arbeit*: hinpfuschen; *Person*: kaltmachen
boussole [busɔl] *f* Kompass *m*; F **perdre la ~** den Kopf verlieren
bout¹ [bu] *m* Ende *n*; Zipfel *m*; Spitze *f*; Stück(chen) *n*; **~ à ~** [butabu] (*mit den Enden*) aneinander; **à ~ de bras** mit ausgestreckten Armen; **au ~ de** am Ende von; **au ~ d'une année** nach einem Jahr; **de ~ en ~, d'un ~ à l'autre** von

Anfang bis Ende; *fig* **aller jusqu'au ~** nicht aufgeben; **être à ~** am Ende, erschöpft sein; **être à ~ de qc** mit etw am Ende sein; **venir à ~ de qc (de qn)** mit etw (j-m) fertig werden; **connaître qc sur le ~ des doigts** etw ganz genau kennen; **manger un ~** e-n Happen essen

bout² [bu] *cf* **bouillir**

boutade [butad] *f* (geistvoller) Scherz *m*

boute-en-train [butɑ̃trɛ̃] *m* (⚠ *pl unv*) Betriebsnudel *f*

bouteille [butɛj] *f* Flasche *f*; **~ consignée** Pfandflasche *f*; **~ jetable** Einwegflasche *f*

boutiqu|e [butik] *f* Laden *m*; Boutique *f*, Modesalon *m*; **~ hors taxes** Duty-Free-Shop *m*; **~ier, ~ière** [-je, -jɛr] *m, f péj* Händler(in) *m(f)*, Krämer *m*

bouton [butɔ̃] *m* Knopf *m*; *méd* Pickel *m*; *bot* Knospe *f*; **~-d'or** [-dɔr] *m* (⚠ *pl* **boutons-d'or**) *bot* Butterblume *f*

boutonn|er [butɔne] (1a) zuknöpfen; *bot* Knospen treiben; **~ière** [-jɛr] *f* Knopfloch *n*

bouton-pression [butɔ̃prɛsjɔ̃] *m* (⚠ *pl* **boutons-pression**) Druckknopf *m*

bouvreuil [buvrœj] *m zo* Dompfaff *m*, Gimpel *m*

bov|in, ~ine [bɔvɛ̃, -in] *zo* **1.** *adj* Rinder...; **2.** *m/pl* **bovins** Rinder *n/pl*

box [bɔks] *m* (⚠ *pl* **boxes**) Box *f*; ⚠ **le ~**

box|e [bɔks] *f* Boxen *n*; ⚠ **la ~**; **~er** (1a) boxen; **~er-short** [bɔksœrʃɔrt] *m* (⚠ *pl* **boxers-shorts**) Boxershorts *pl*; **~eur** *m* Boxer *m*

boyau [bwajo] *m* (⚠ *pl* **~x**) Darm *m*; Schlauch *m*

boycott|age [bɔjkɔtaʒ] *m* Boykott *m*; **~er** (1a) boykottieren

B.P. (*abr* **boîte postale**) Postfach *n*

bracelet [braslɛ] *m* Armband *n*

braconn|er [brakɔne] (1a) wildern; **~ier** [-je] *m* Wilddieb *m*, Wilderer *m*

brader [brade] (1a) verschleudern

braderie [bradri] *f* Trödelmarkt *m*; Ausverkauf *m*

braguette [bragɛt] *f* Hosenschlitz *m*

braill|ard, ~arde F [brɑjar, -ard] **1.** *adj* laut schreiend; **2.** *m, f* Schreihals *m*; **~er** (1a) johlen, schreien

braire [brɛr] (4s) *Esel*: iahen; F brüllen, schreien

brais|e [brɛz] *f* Kohlenglut *f*; **~er** (1b) *cuis* schmoren

bramer [brame] (1a) *Hirsch*: röhren; F *fig* schreien, brüllen

brancard [brɑ̃kar] *m* **1.** Tragbahre *f*; **2.** Holm *m*; Gabel(deichsel) *f*; *fig* **ruer dans les ~s** sich sträuben, sich widersetzen

branchage [brɑ̃ʃaʒ] *m* Astwerk *n*

branch|e [brɑ̃ʃ] *f* Ast *m*, Zweig *m*; *fig* Fach *n*; *comm* Branche *f*; *fig* Arm *m*; **~é, ~ée** F im Trend, in, up to date; **~er** (1a) anschließen; anschalten; *fig* **être branché** Bescheid wissen; F in sein

branchies [brɑ̃ʃi] *f/pl* Kiemen *f/pl*

brandir [brɑ̃dir] (2a) *Waffe*: schwingen; *fig* **~ qc** mit etw drohen

branle [brɑ̃l] *m* Schwingung *f*; **mettre en ~** in Gang bringen; **donner le ~ à** in Bewegung setzen

branler [brɑ̃le] (1a) wackeln

braquage [brakaʒ] *m auto* Einschlagen *n*; **rayon** *m* **de ~** Wendekreis *m*

braque [brak] F *Person*: komisch, verdreht, verschroben

braquer [brake] (1m) *Waffe*: **~ sur** richten auf; *auto* **~ à droite** nach rechts einschlagen; *fig* F **~ qn contre** j-n aufbringen gegen

bras [bra, brɑ] *m* Arm *m* (*a fig*); Oberarm *m*; *zo* Fangarm *m*; *fig* Arbeitskraft *f*; **~ dessus ~ dessous** untergefasst; **à force de ~** durch Muskelkraft; **à tour de ~** mit ganzer Kraft; F *fig* **avoir qn, qc sur les ~** j-n, etw am Hals haben; **cela me coupe ~ et jambes** F das macht mich völlig fertig

brasier [brɑzje] *m* Feuersglut *f*

brassage [brasaʒ] *m* Bierbrauen *n*; *fig* Rassen-, Völkervermischung *f*

brassard [brasar] *m* Armbinde *f*

brasse [bras] *f* Brustschwimmen *n*; Stoß *m beim Schwimmen*

brass|ée [brase] *f ein* Arm voll; **~er** (1a) *Bier*: brauen; *fig* mischen; **~ des affaires** viele Geschäfte betreiben; **~erie** *f* Brauerei *f*; Bierhalle *f*; **~eur¹** *m* Bierbrauer *m*; **~eur², ~euse** m, *f* Brustschwimmer(in) *m(f)*

brav|ache [bravaʃ] *m* Großmaul *n*; **~ade** [-ad] *f* Herausforderung *f*; Angeberei *f*

brave [brav] **1.** *adj* **a)** (*nachgestellt*) tapfer; **b)** (*vorangestellt*) rechtschaffen, anständig, ordentlich, brav; F **un ~ type** ein netter Kerl *m*; ⚠ ein braves

Kind *n* ***un enfant sage***; **2.** *m* ***un*** ~ ein tapferer Mann *m*
brav|er [brave] (1a) ~ ***qn*** j-m trotzen; **~oure** [-ur] *f* **1.** Tapferkeit *f*; **2.** *mus* ***morceau*** *m* ***de*** ~ Bravurstück *n*
break [brɛk] *m* **1.** *auto* Kombi *m*; **2.** *Tennis*: Break *m*; **3.** F Pause *f*
brebis [brəbi] *f* (Mutter-)Schaf *n*
brèche [brɛʃ] *f* Bresche *f*; Lücke *f*, Loch *n*; Scharte *f*
bredouill|e [brəduj] ***rentrer*** ~ unverrichteter Dinge, mit leeren Händen zurückkehren; **~er** (1a) undeutlich sprechen; stammeln
bref, brève [brɛf, brɛv] **1.** *adj* kurz; **2.** *adv* ***bref*** kurzum, mit einem Wort
Brême [brɛm] Bremen
Brésil [brezil] ***le*** ~ Brasilien *n*
brésil|ien, ~ienne [breziljɛ̃, -jɛn] **1.** *adj* brasilianisch; **2.** ♀ *m, f* Brasilianer(in) *m(f)*
bretelles [brətɛl] *f/pl* Hosenträger *m/pl*
Bretagne [brətaɲ] ***la*** ~ die Bretagne
bret|on, ~onne [brətɔ̃, -ɔn] **1.** *adj* bretonisch; **2.** ♀ *m, f* Bretone *m*, Bretonin *f*
breuvage [brœvaʒ] *m* Trank *m*; Getränk *n*
brevet [brəvɛ] *m* Diplom *n*, (Abschluss-)Zeugnis *n*; Patent *n*; *fig* Garantie *f*; *cf a* ***B.E.P.C.***
breveter [brəvte] (1c) patentieren
bribe [brib] *f meist pl* **~s** Brocken *m/pl*, Fetzen *m/pl*
bric-à-brac [brikabrak] *m* Trödelkram *m*
bricolage [brikɔlaʒ] *m* Bastelei *f*; Pfuscharbeit *f*
bricol|e [brikɔl] *f* Kleinigkeit *f*; Nebensächlichkeit *f*; **~er** (1a) (zusammen)basteln; **~eur, ~euse** *m, f* Bastler(in) *m(f)*, Heimwerker *m*
brid|e [brid] *f* Zaum *m*, Zügel *m*; **~é, ~ée** ***yeux*** *m/pl* ***bridés*** Schlitzaugen *n/pl*; **~er** (1a) zäumen; zügeln (*a fig*)
bridge [bridʒ] *m Kartenspiel*: Bridge *n*; *méd* (Zahn-)Brücke *f*
briève|ment [brijɛvmɑ̃] *adv* kurz; **~té** [-te] *f* Kürze *f im Ausdruck*, kurze Dauer *f*
brigad|e [brigad] *f mil* Brigade *f*; ~ ***des mœurs*** Abteilung *f* der Sittenpolizei
brigand [brigɑ̃] *m* Schurke *m*; Räuber *m*
brigandage [brigɑ̃daʒ] *m* schwerer Raub *m*
briguer [brige] (1m) anstreben, sich bemühen um
brill|ant, ~ante [brijɑ̃, -ɑ̃t] **1.** *adj* glänzend (*a fig*); brillant; ⚠ *adv* ***brillamment*** [-amɑ̃]; **2.** *m* Glanz *m*; Brillanz *f*; Brillant *m*
briller [brije] (1a) glänzen (*a fig*); *Sonne*: scheinen
brim|ade [brimad] *f* Schikane *f*; **~er** (1a) schikanieren
brin [brɛ̃] *m* Halm *m*; *fig* ***un*** ~ (***de***) ein bisschen (+ *subst*); **~dille** [-dij] *f* Zweiglein *n*
bringue [brɛ̃g] *f* F ***faire la*** ~ in Saus und Braus leben
brioche [brijɔʃ] *f cuis* Hefegebäck *n*; F Bauch *m*
brique [brik] *f* Ziegelstein *m*
briquer [brike] (1m) auf Hochglanz polieren
briqu|et [brikɛ] *m* Feuerzeug *n*; **~ette** [-ɛt] *f* Presskohle *f*, Brikett *n*; ⚠ ***une*** ~
bris [bri] *m gewaltsames* Aufbrechen *n*
brise [briz] *f* Brise *f* (*a mar*)
brisé, ~e [brize] gebrochen; *fig* zerschlagen
bris|e-glace(s) [brizglas] *m* (⚠ *pl unv*) Eisbrecher *m*; **~e-lames** [-lam] *m* (⚠ *pl unv*) Wellenbrecher *m*; **~er** (1a) zerbrechen, -schlagen (*a fig*); *Meer*: branden; ***se*** ~ (zer)platzen, bersten; **~e-tout** [-tu] *m* (⚠ *pl unv*) Tollpatsch *m*; **~eur** *m* ~ ***de grève*** Streikbrecher *m*
britannique [britanik] **1.** *adj* britisch; **2.** ♀ *m, f* Brite *m*, Britin *f*
broc [bro] *m* Kanne *f*, Krug *m*
brocant|e [brɔkɑ̃t] *f* (Handel *m* mit) Trödel *m*; **~er** (1a) mit Trödel handeln; **~eur** *m* Trödler *m*
brocart [brɔkar] *m* Brokat *m*
broch|e [brɔʃ] *f* Bratspieß *m*; Brosche *f*; *tech* Dorn *m*, Stift *m*; Spindel *f*; **~er** (1a) heften, broschieren
brochet [brɔʃɛ] *m zo* Hecht *m*
brochette [brɔʃɛt] *f cuis* kleiner Bratspieß *m*; (*Art*) Schaschlik *n*
brochure [brɔʃyr] *f* Broschüre *f*
brocoli [brɔkɔli] *m* Brokkoli *m*
brod|er [brɔde] (1a) sticken; **~erie** *f* Stickerei *f*
bronche [brɔ̃ʃ] *f méd* Bronchie *f*
broncher [brɔ̃ʃe] (1a) straucheln; *meist verneint*: sich rühren, F mucksen; ***sans*** ~ ohne zu murren

bronchite [brɔ̃ʃit] *f méd* Bronchitis *f*
bronz|e [brɔ̃z] *m* Bronze *f*; ⚠ ***le*** ~; **~er** (1a) *tech* bronzieren; *Haut*: bräunen; (***se***) ~ braun werden
bross|e [brɔs] *f* Bürste *f*; Pinsel *m*; ~ ***à dents*** Zahnbürste *f*; **~er** (1a) (ab-, aus)bürsten; ***se ~ les dents*** sich die Zähne putzen; ***se ~ les cheveux*** sich die Haare bürsten
brouette [bruɛt] *f* Schubkarre *f*
brouhaha [bruaa] *m* Getöse *n*
brouillard [brujar] *m* Nebel *m*; *comm* Kladde *f*
brouill|e [bruj] *f* Zwist *m*, Krach *m*; **~é, ~ée 1.** *cuis* ***œufs*** *m/pl* ***brouillés*** Rühreier *n/pl*; **2.** *Himmel*: verhangen; *Teint*: blass, unrein; **~er** (1a) verwirren; *Personen*: auseinander bringen; *Papiere*: durcheinander bringen; *Radio*: stören; *Ei*: rühren; ***se*** ~ *Personen*: sich entzweien
brouillon [brujɔ̃] *m* Konzept *n*
broussailles [brusaj] *f/pl* Gestrüpp *n*
brousse [brus] *f géogr* Busch *m*
broyer [brwaje] (1h) zermalmen; zerkleinern; *fig* ~ ***du noir*** traurig sein, Trübsal blasen
Bruges [bryʒ] Brügge
brugnon [bryɲɔ̃] *m bot* Nektarine *f*
bruin|e [brɥin] *f* Nieselregen *m*; **~er** (1a) nieseln; **~eux, ~euse** [-ø, -øz] nasskalt
bruire [brɥir] (*nur noch in*: ***il bruit***, ***ils bruissent***, ***il bruissait***, ***ils bruissaient*** *u* ***bruissant***) *st/s* rauschen, brausen
bruissement [brɥismɑ̃] *st/s m* Rauschen *n*; Säuseln *n*, Rascheln *n*
bruit [brɥi] *m* Geräusch *n*, Lärm *m*; Gerücht *n*
bruitage [brɥitaʒ] *m Radio*, *Theater*: Geräuschkulisse *f*
brûl|ant, ~ante [brylɑ̃, -ɑ̃t] glühend; brennend heiß; *fig* heiß, heikel; *st/s* leidenschaftlich; **~é, ~ée 1.** *adj* verbrannt, versengt; ***sentir le brûlé*** brenzlig riechen; **2.** *m, f* Verletzte(r) *m, f* mit Verbrennungen
brûle-pourpoint [brylpurpwɛ̃] ***à*** ~ geradeheraus, ohne Umschweife
brûl|er [bryle] (1a) **1.** (ver-, an)brennen; versengen, ausdörren; ***se ~ la cervelle*** sich e-e Kugel durch den Kopf jagen; **2.** *Fahrzeug*: durchfahren, ohne anzuhalten; **~ure** [-yr] *f* Brandwunde *f*; Verbrennung *f*; **~s *d'estomac*** Sodbrennen *n*
brum|e [brym] *f* Dunst *m*; Nebel *m*; **~eux, ~euse** [-ø, -øz] dunstig, neb(e)lig
brun, brune [brɛ̃ *od* brœ̃, bryn] **1.** *adj* braun; brünett; *a* dunkel; **2.** *m, f* Brünette(r) *m, f*; Dunkelhaarige(r) *m, f*; **3.** *m* Braun *n*
brun|âtre [brynɑtrə] bräunlich; **~ir** (2a) bräunen
Brunswick [brɛ̃svik] Braunschweig
brushing [brœʃiŋ] *m* Föhnen *n*
brusqu|e [brysk] barsch, grob, heftig; jäh, plötzlich; **~er** (1m) *Person*: hart anfahren; *Dinge*: überstürzen; **~erie** [-əri] *f* barsches Wesen *n*; Grobheit *f*
brut, ~e [bryt] roh; ***champagne m brut*** sehr trockener Champagner *m*; *comm* ***poids m brut*** Bruttogewicht *n*
brutal, ~e [brytal] (⚠ *m/pl* ***-aux***) brutal; gemein; hart; plötzlich; **~iser** (1a) grob behandeln; **~ité** *f* Rohheit *f*; Gewalttätigkeit *f*
brute [bryt] *f* roher Mensch *m*; Dummkopf *m*
Bruxelles [bry(k)sɛl] Brüssel
bruy|ant, ~ante [brɥijɑ̃, -ɑ̃t] laut, lärmend; ⚠ *adv* ***bruyamment*** [-amɑ̃]
bruyère [bryjɛr, brɥijɛr] f Heidekraut *n*, -land *n*
bu, bue [by] *p/p von* ***boire***
buanderie [byɑ̃dri] *f* Waschküche *f*
bûche [byʃ] *f* Scheit *n*; Klotz *m*; ~ ***de Noël*** Biskuitrolle *f* (*Weihnachtskuchen*)
bûcher[1] [byʃe] *m* Scheiterhaufen *m*
bûcher[2] [byʃe] (1a) F büffeln, pauken, schuften
bûcheron [byʃrɔ̃] *m* Holzfäller *m*
budget [bydʒɛ] *m* Budget *n*, Etat *m*, Haushalt *m*
budgétaire [bydʒetɛr] Haushalts...
buée [bɥe] *f* feuchter Beschlag *m*, Schwitzwasser *n*
buffet [byfɛ] *m* Büfett *n*; Anrichte *f*; ~ (***de la gare***) Bahnhofswirtschaft *f*
buffle [byflə] *m zo* Büffel *m*
building [bildiŋ] *m* Hochhaus *n*
buis [bɥi] *m bot* Buchsbaum *m*
buisson [bɥisɔ̃] *m* Busch *m*, Gebüsch *n*
buissonnière [bɥisɔnjɛr] ***faire l'école*** ~ die Schule schwänzen
bulbe [bylb] *f bot* Zwiebel *f* (*a arch*), Knolle *f*

Bulgarie [bylgari] ***la*** ~ Bulgarien *n*
bulldozer [buldozœr] *m* Planierraupe *f*
bulle [byl] *f* **1.** Blase *f*; Sprechblase *f*; ~ ***de savon*** Seifenblase *f*; **2.** *hist u des Papstes*: Bulle *f*; **~r** (1a) F faulenzen
bulletin [byltɛ̃] *m* Wahlzettel *m*; Bericht *m*; Schulzeugnis *n*; Schein *m*; ~ ***météorologique*** Wetterbericht *m*; ~ ***de consigne*** Gepäckschein *m*; ~ ***d'expédition*** Paketkarte *f*; ~ ***de salaire*** Gehaltsabrechnung *f*
buraliste [byralist] *m*, *f* Inhaber(in) *m(f)* e-s Tabakgeschäfts
bureau [byro] *m* (⚠ *pl* **~x**) **1.** Arbeits-, Schreibtisch *m*; **2.** Büro *n*; Arbeitszimmer *n*; Amt(szimmer) *n*, Kanzlei *f*; ~ ***de change*** Wechselstube *f*; ~ ***de poste*** Postamt *n*; ~ ***de tabac*** Tabakladen *m*; **~crate** [-krat] *m*, *f* Bürokrat(in) *m(f)*; **~cratie** [-krasi] *f péj* Bürokratie *f*; ⚠ *Aussprache*
bureautique [byrotik] *f* Bürokommunikation *f*
burette [byrɛt] *f* Kännchen *n*
burin [byrɛ̃] *m tech* Meißel *m*; Stichel *m*
bus¹ [bys] *m* (Stadt-)Bus *m*; *EDV* Bus *m*
bus² [by] *p/s von* ***boire***
buse [byz] *f zo* Bussard *m*
busqué [byske] ***nez*** *m* ~ Hakennase *f*
buste [byst] *m* Oberkörper *m*; Brustbild *n*; Büste *f*; ⚠ ***le*** ~
bustier [bystje] *m* Korsage *f*
but [by(t)] *m* Zweck *m*; Ziel *n*; *Sport*: Tor *n*; Treffer *m*; ***dans le ~ de*** (+ *inf*) in der Absicht zu (+ *inf*); ***avoir pour*** ~ bezwecken; ***marquer un*** ~ ein Tor schießen
butane [bytan] *m* Butangas *n*
but|é, ~ée [byte] eigensinnig; **~er** (1a) stoßen (***contre*** an); ***se*** ~ dickköpfig werden
buteur [bytœr] *m* Torjäger *m*
butin [bytɛ̃] *m* Beute *f* (*e-s Diebes*)
butoir [bytwar] *m* Prellbock *m*
butte [byt] *f* Erdhügel *m*; Schießstand *m*, Kugelfang *m*
buv|able [byvablə] trinkbar; **~ard** [-ar] (***papier*** *m*) ~ *m* Löschblatt *n*; **~ette** [-ɛt] *f* Erfrischungsraum *m*; Ausschank *m*; **~eur, ~euse** *m*, *f* Trinker(in) *m(f)*

C

ça [sa] (F *für* ***cela***) das, dies, es; ~ ***alors!*** na so was!; ~ ***va?*** wie geht's?; ~ ***y est*** es ist so weit; ***c'est ~!*** stimmt!; ***et avec ~?*** sonst noch was?
çà [sa] **1.** ~ ***et là*** hier und da, hin und her; **2.** *litt* ***ah ~!*** nanu!; also
cabale [kabal] *f* Kabale *f*, Intrige *f*
cabane [kaban] *f* Hütte *f*; Schuppen *m*
cabanon [kabanɔ̃] *m* Gummizelle *f*; kleine Hütte *f*; *in der Provence*: kleines Landhaus *n*
cabaret [kabarɛ] *m* Kabarett *n*
cabas [kabɑ] *m* Einkaufstasche *f*
cabillaud [kabijo] *m zo* Kabeljau *m*; Schellfisch *m*
cabine [kabin] *f* Kabine *f*; Raum *m*; *mar a* Kajüte *f*; *Lkw*: Führerhaus *n*; ~ ***téléphonique*** Fernsprechzelle *f*
cabinet [kabinɛ] *m* Kammer *f*; Kabinett *n* (*a pol*); Arbeitszimmer *n*; Anwaltsbüro *n*; Arztpraxis *f*; **~s** *pl* W.C. *n*, Toilette *f*
câbl|e [kɑblə] *m* Seil *n*, Tau *n*; Kabel *n*; Leitung *f*; ~ ***optique*** Glasfaserkabel *n*; ~ ***de remorquage*** Abschleppseil *n*; **~er** (1a) kabeln; verkabeln; verseilen; **~odistribution** [-odistribysjɔ̃] *f* Kabelfernsehen *n*
cabosser [kabɔse] (1a) verbeulen; ramponieren
cabrer [kɑbre] (1a) ***se*** ~ sich bäumen; sich sträuben
cabriol|e [kabrijɔl] *f* Luftsprung *m*; **~et** [-ɛ] *m auto* Kabriolett *n*
caca [kaka] *m enf* Aa *n*
cacah(o)uete [kakawɛt, -ɥɛt] *f bot* Erdnuss *f*
cacao [kakao] *m bot* Kakao(bohne) *m(f)*
cacatoès [kakatɔɛs] *m zo* Kakadu *m*

C

cache|-cache [kaʃkaʃ] *m* Verstecken *n* (*Spiel*); **~-col** [-kɔl] *m* (⚠ *pl unv*) feiner Schal *m*; **~mire** [-mir] *m Gewebe*: Kaschmir *m*; **~-nez** [-ne] *m* (⚠ *pl unv*) (Woll-)Schal *m*
cacher [kaʃe] (1a) verbergen, verstecken; ***se ~ de qn*** sich vor j-m verstecken; ***~ qc à qn*** j-m etw verbergen
cache-sexe [kaʃsɛks] *m* (⚠ *pl unv*) winziges Höschen *n*
cachet [kaʃɛ] *m* **1.** Stempel *m*, Siegel *n*; **2.** *fig* Charakter *m*, Gepräge *n*; **3.** *phm* Kapsel *f*, Tablette *f*; **4.** Honorar *n*, Gage *f*
cacheter [kaʃte] (1c) (ver)siegeln
cachette [kaʃɛt] *f* Versteck *n*; ***en ~*** heimlich
cachot [kaʃo] *m* (finsteres) Gefängnis *n*; strenger Arrest *m*
cachotterie [kaʃɔtri] *f* Geheimniskrämerei *f*
cactus [kaktys] *m* Kaktus *m*
c.-à-d. (*abr* ***c'est-à-dire***) das heißt
cadastre [kadastrə] *m* Kataster *m*; Katasteramt *n*; ⚠ *Schreibung*
cadavre [kadavrə] *m von Menschen*: Leiche *f*; *von Tieren*: Kadaver *m*
caddie [kadi] *m* **1.** Einkaufswagen *m*; **2.** *Golf*: Caddie *m*
cadeau [kado] *m* (⚠ *pl* ***~x***) Geschenk *n*
cadenas [kadnɑ] *m* Vorlegeschloss *n*
cadenc|e [kadɑ̃s] *f* Rhythmus *m*, Takt *m*; Tempo *n*, Geschwindigkeit *f*; *mus* Kadenz *f*; **~é, ~ée** rhythmisch, taktmäßig; ***au pas cadencé*** im Gleichschritt
cad|et, ~ette [kadɛ, -ɛt] *m*, *f* jüngerer Sohn *m*, jüngere Tochter *f*; ***il est mon cadet de trois ans*** er ist drei Jahre jünger als ich
cadran [kadrɑ̃] *m* Zifferblatt *n*; *Radio*: Skala *f*; ***~ solaire*** Sonnenuhr *f*
cadr|e [kɑdrə] *m* **1.** Rahmen *m* (*a fig*); **2.** *mil* Kader *m*; **3.** leitender Angestellter *od* Beamter *m*; ***les ~s*** das leitende Personal *n*; ***~s supérieurs*** (***moyens***) obere (mittlere) Führungskräfte *f/pl*; **~er** (1a) ***~ avec*** übereinstimmen mit; passen zu
cad|uc, ~uque [kadyk] veraltet; baufällig; *jur* unwirksam
cæcum [sekɔm] *m méd* Blinddarm *m*
caf|ard, ~arde [kafar, -ard] **1.** *adj* scheinheilig; **2.** *m*, *f* Scheinheilige(r) *m*, *f*; *Schule*: Petze *f*; **3.** *m zo* (Küchen-)Schabe *f*; **4.** *m* F ***avoir le ~*** traurig, mutlos, verstimmt sein; ***donner le ~ à qn*** j-n trübselig machen; **~arder** [-arde] (1a) *Schule*: petzen
café [kafe] *m* Kaffee *m*; Kaffeehaus *n*, Café *n*; Wirtshaus *n*, Kneipe *f*; ***~ crème*** (***noir***) Kaffee *m* mit (ohne) Milch; ***~ filtre*** Filterkaffee *m*; ⚠ Café-Konditorei ***salon de thé***; **~-concert** [-kɔ̃sɛr] *m* (⚠ *pl* ***cafés-concerts***) Tingeltangel *n*
caféine [kafein] *f* Koffein *n*
cafétéria [kafeterja] *f* Cafeteria *f*
café-théâtre [kafeteɑtrə] *m* (⚠ *pl* ***cafés-théâtres***) Kleinkunsttheater *n*
cafetier [kaftje] *m* Cafébesitzer *m*, Wirt *m*
cafetière [kaftjɛr] *f* Kaffeekanne *f*; Kaffeemaschine *f*
cafouillage [kafujaʒ] *m* F Durcheinander *n*
cage [kaʒ] *f* Käfig *m*; *tech* Gehäuse *n*; ***~ d'escalier*** Treppenhaus *n*; ⚠ ***la ~***
cageot [kaʒo] *m* Lattenkiste *f*, Steige *f*
cagibi [kaʒibi] F *m* Abstellkammer *f*; Verschlag *m*
cagn|eux, ~euse [kaɲø, -øz] x-beinig
cagnotte [kaɲɔt] *f* Spielkasse *f*; Gemeinschaftskasse *f*
cag|ot, ~ote [kago, -ɔt] *litt* **1.** *m*, *f* Heuchler(in) *m(f)*; **2.** *adj* heuchlerisch
cagoule [kagul] *f* Kapuze *f* (mit Augenschlitzen)
cahier [kaje] *m* (Schreib-)Heft *n*; ***~ de brouillon*** Schmierheft *n*, Kladde *f*; ***~ de devoirs*** Hausaufgabenheft *n*; ***~ de textes*** Aufgabenheft *n*
caille [kaj] *f zo* Wachtel *f*
caill|é [kaje] (***lait*** *m*) ***~*** *m* Sauermilch *f*, dicke Milch *f*; **~er** (1a) gerinnen (lassen); F *fig* ***on*** (***se***) ***caille ici*** hier erfriert man ja
caillot [kajo] *m* ***~*** (***de sang***) (Blut-)Gerinnsel *n*
caillou [kaju] *m* (⚠ *pl* ***~x***) Kieselstein *m*; Stein(chen) *m(n)*; ***~x*** *pl* Schotter *m*; Kies *m*; **~ter** [-te] (1a) (be)schottern; bekiesen
caïman [kaimɑ̃] *m zo* Kaiman *m*
Caire [kɛr] ***le ~*** Kairo
caiss|e [kɛs] *f* **1.** Kiste *f*, Kasten *m*; **2.** Kasse *f*; **3.** *mus* Resonanzkörper *m*, Trommel *f*; ***grosse ~*** Pauke *f*; *fig* ***battre la grosse ~*** Reklame machen; **~ier,**

~ière [-je, -jɛr] *m, f* Kassierer(in) *m(f)*; **~on** *m* Kiste *f*, Behälter *m*; *mil* Munitionswagen *m*; *arch* Kassette *f*
cajoler [kaʒɔle] (1a) (lieb)kosen
cal [kal] *m* Schwiele *f*
calamité [kalamite] *f* Unheil *n*
calandre [kalɑ̃drə] *f auto* Kühlergrill *m*
calcaire [kalkɛr] **1.** *adj* kalkig, Kalk...; **2.** *m* Kalk(stein) *m*
calcification [kalsifikasjɔ̃] *f méd* Verkalkung *f*
calciné, ~e [kalsine] ausgebrannt, verkohlt
calcul [kalkyl] *m* **1.** Rechnen *n*; Rechnung *f*; *fig* Berechnung *f*; **2.** *méd* Stein *m*; **~ *biliaire*** Gallenstein *m*
calcula|ble [kalkylablə] berechenbar; **~teur, ~trice 1.** *adj* (be)rechnend; **2.** *m comm u tech* Rechner *m*; **3.** *f* Taschenrechner *m*; Rechenmaschine *f*; ***calculateur analogique*** Analogrechner *m*
calculer [kalkyle] (1a) (aus-, be)rechnen (*a fig*)
calculette [kalkylɛt] *f* Taschenrechner *m*
cale [kal] *f* **1.** *mar* Kielraum *m*; Dock *n*; F ***être à fond de ~*** ruiniert sein; **2.** Keil *m*
calé, ~e [kale] F beschlagen (***en*** in)
calebasse [kalbas] *f* **1.** *bot* Flaschenkürbis *m*; **2.** Kürbisflasche *f*
caleçon [kalsɔ̃] *m* Unterhose *f*; Leggins *pl*; **~ *de bain*** Badehose *f*
calembour [kalɑ̃bur] *m* Wortspiel *n*, Kalauer *m*
calendrier [kalɑ̃drije] *m* Kalender *m*
calepin [kalpɛ̃] *m* Notizbuch *n*
caler [kale] (1a) *Motor*: abwürgen; absterben; *tech* verkeilen; *Segel*: niederholen; *Schiff*: Tiefgang haben; *fig* F satt machen
calibre [kalibrə] *m mil* Kaliber *n*; *tech* Stärke *f*, Durchmesser *m*; Schublehre *f*; Schablone *f*; *fig* F Format *n*; Kaliber *n*
calice [kalis] *m* Kelch *m*
câl|in, ~ine [kalɛ̃, -in] **1.** *adj* zärtlich, liebevoll; zärtlichkeitsbedürftig; **2.** *m* Liebkosung *f*; **~iner** [-ine] (1a) zärtlich sein zu; verhätscheln
call|eux, ~euse [kalø, -øz] schwielig; **~osité** [-ozite] *f* Schwiele *f*
calm|ant, ~ante [kalmɑ̃, -ɑ̃t] **1.** *adj* beruhigend, schmerzlindernd; **2.** *m* Beruhigungs- und Schmerzmittel *n*
calm|e [kalm] **1.** *adj* ruhig, still; **2.** *m* Ruhe *f*, Stille *f*; Windstille *f*; Gemütsruhe *f*; ***avec ~*** gelassen; **~ement** [-əmɑ̃] *adv* ruhig; **~er** (1a) zur Ruhe bringen
calomnia|teur, ~trice [kalɔmnjatœr, -tris] **1.** *adj* verleumderisch; **2.** *m, f* Verleumder(in) *m(f)*
calomn|ie [kalɔmni] *f* Verleumdung *f*; **~ier** [-je] (1a) verleumden
calori|e [kalɔri] *f phys* Kalorie *f*; **~fuger** [-fyʒe] (1l) (wärme)isolieren
calqu|e [kalk] *m tech* Pause *f*, Durchzeichnung *f*; *fig* Nachahmung *f*; **~er** (1m) durchzeichnen, -pausen; *fig* **~ *qc*** etw kopieren
calvados [kalvados] *m* Apfelbranntwein *m*
calvaire [kalvɛr] *m rel* Kalvarienberg *m*; *fig* Leidensweg *m*
calvitie [kalvisi] *f* Kahlköpfigkeit *f*, Glatze *f*
camarad|e [kamarad] *m, f* Kamerad(in) *m(f)*; *pol* Genosse *m*, Genossin *f*; ⚠ *Schreibung*; **~erie** Kameradschaft *f*
Camargue [kamarg] ***la ~*** die Camargue
cambiste [kɑ̃bist] *m* Devisenhändler *m*; Geldwechsler *m*
Cambodge [kɑ̃bɔdʒ] ***le ~*** Kambodscha *n*
cambouis [kɑ̃bwi] *m* Schmieröl *n*; Schmiere *f*
cambrer [kɑ̃bre] (1a) krümmen; wölben
cambriol|age [kɑ̃brijɔlaʒ] *m* Einbruch *m*; **~er** (1a) einbrechen (***qc*** in etw, ***qn*** bei j-m); **~eur, ~euse** *m, f* Einbrecher(in) *m(f)*
cambrousse [kɑ̃brus] *f* F *péj* gottverlassene Gegend *f*
came [kam] *f* **1.** *tech* Nocken *m*; ***arbre m à ~s*** Nockenwelle *f*; **2.** F *Rauschgift*: Stoff *m*
camé, ~e [kame] *m, f* F Fixer(in) *m(f)*
caméléon [kameleɔ̃] *m* Chamäleon *n*
camélia [kamelja] *m* Kamelie *f*; ⚠ ***le ~***
camel|ot [kamlo] *m* Straßenhändler *m*; **~ote** [-ɔt] *f* F Schund *m*, Ramsch *m*
camembert [kamɑ̃bɛr] *m* Camembertkäse *m* (*aus der Normandie*)
caméra [kamera] *f* (Film-)Kamera *f*; **~ *vidéo*** Videokamera *f*; **~man** [-man] *m* Kameramann *m*

C

caméscope [kameskɔp] *m* Videokamera *f*, Camcorder *m*
camion [kamjõ] *m* Lastwagen *m*; **~-citerne** [-sitɛrn] *m* (⚠ *pl* **camions-citernes**) Tankwagen *m*
camionn|age [kamjɔnaʒ] *m* Straßentransport *m*; **~ette** [-ɛt] *f* Lieferwagen *m*; **~eur** *m* Lastwagenfahrer *m*
camisole [kamizɔl] *f* **~ *de force*** Zwangsjacke *f*
camomille [kamɔmij] *f bot* Kamille *f*
camoufl|age [kamuflaʒ] *m* Tarnung *f*; **~er** (1a) tarnen; verstecken, verbergen
camp [kã] *m* Lager *n* (*a mil u pol*); Partei *f*; **~ *militaire*** Truppenübungsplatz *m*; **~ *de concentration*** Konzentrationslager *n*; **~ *de jeunes*** Jugendlager *n*; **~ *de vacances*** Ferienlager *n*; F ***ficher le ~*** abhauen, sich verziehen
campagn|ard, ~arde [kãpaɲar, -ard] **1.** *adj* ländlich, bäuerlich; **2.** Landbewohner(in) *m(f)*
campagne [kãpaɲ] *f* **1.** Land *n* (*im Gegensatz zur Stadt*); Feld *n*; Gelände *n*; ***à la ~*** auf dem Land; ***en pleine ~*** weit auf dem Land draußen; **2.** *mil u fig* Feldzug *m*; **~ *électorale*** Wahlkampf *m*
campan|ile [kãpanil] *m* (einzeln stehender) Glockenturm *m*; **~ule** [-yl] *f bot* Glockenblume *f*
camp|ement [kãpmã] *m mil* Lagern *n*; (*Feld-*)Lager *n*; *fig* Kampieren *n*; **~er** (1a) campen, zelten; kampieren; lagern; **~eur, ~euse** *m, f* Camper(in) *m(f)*
camping [kãpiŋ] *m* Camping *n*, Campen *n*, Zelten *n*; (***terrain m de***) **~** Campingplatz *m*; **~-car** [-kar] *m* (⚠ *pl* ***camping-cars***) Wohnmobil *n*
Canad|a [kanada] ***le ~*** Kanada *n*; **≈air** [kanadɛr] *m* Löschflugzeug *n*; **≈ien, ≈ienne** kanadisch; **~ien, ~ienne** Kanadier(in) *m(f)*; **≈ienne** *f* **1.** Felljacke *f*; **2.** Zweimannzelt *n*; **3.** *Boot*: Kanadier *m*
canaille [kanaj] *f* Schurke *m*, Kanaille *f*
canal [kanal] *m* (⚠ *pl* **-aux**) Kanal *m*; **~isation** [-izasjõ] *f* Leitung *f*; Kanalisierung *f*; Kanalisation *f*
canaque [kanak] **1.** *adj* kanakisch; **2.** **≈** *m, f* Kanake *m*, Kanakin *f*
canard [kanar] *m* Ente *f*, Enterich *m*; *fig* (*Zeitungs-*)Ente *f*; *péj* Zeitung *f*; *mus* falsche Note *f*; F ***un froid de ~*** Saukälte *f*
canari [kanari] *m* Kanarienvogel *m*
cancan [kãkã] *m* **1.** *meist pl* **~s** Klatsch *m*, Klatscherei *f*; **2.** Cancan (*Tanz*)
cancer [kãsɛr] *m méd* Krebs *m*; *fig* Krebsschaden *m*; *astr* **≈** Krebs *m*
cancér|eux, ~euse [kãserø, -øz] **1.** *adj* Krebs..., krebsartig; krebskrank; **2.** *m, f* Krebskranke(r) *m, f*; **~igène, ~ogène** [-iʒən, -ɔʒɛn] Krebs erregend
cancre [kãkrə] *m* fauler Schüler *m*
candeur [kãdœr] *f* Treuherzigkeit *f*
candi [kãdi] ***sucre m ~*** Kandiszucker *m*
candid|at, ~ate [kãdida, -at] *m, f* Kandidat(in) *m(f)*; **~ature** [-atyr] *f* Kandidatur *f*
candide [kãdid] treuherzig
cane [kan] *f* (*weibliche*) Ente *f*
caner [kane] (1a) F sich drücken, kneifen
caneton [kantõ] *m* Entchen *n*
canevas [kanva] *m* Gitterleinen *n*; *fig* Gerüst *n*, Entwurf *m*
caniche [kaniʃ] *m* Pudel *m*
canicule [kanikyl] *f* Hundstage *m/pl*; Gluthitze *f*
canif [kanif] *m* Taschenmesser *n*
canine [kanin] *f* Eckzahn *m*
caniveau [kanivo] *m* (⚠ *pl* **~x**) Rinnstein *m*; *tech* Leitungskanal *m*
cannabis [kanabis] *m* Cannabis *m*
canne [kan] *f* Rohr *n* (*bot*); Spazierstock *m*; **~ *à sucre*** Zuckerrohr *n*; **~ *à pêche*** Angelrute *f*
cannelé, ~e [kanle] gerillt
cannelle [kanɛl] *f* **1.** *bot, cuis* Zimt *m*; **2.** Fasshahn *m*
canoë [kanɔe] *m* Kanu *n*
canoéiste [kanɔeist] *m, f* Kanufahrer(in) *m(f)*
canon [kanõ] *m* **1.** *mil* Kanone *f*; *Gewehr, Pistole*: Lauf *m*; **~ *à eau*** Wasserwerfer *m*; ⚠ ***le ~***; **2.** *mus* Kanon *m*; **3.** Regel *f*, Kanon *m*; **4.** F Glas *n* Wein
canot [kano] *m* Boot *n*; **~ *de sauvetage*** Rettungsboot *n*; **~ *pneumatique*** Schlauchboot *n*; ⚠ *nicht* Kanu
canot|age [kanɔtaʒ] *m* Kahnfahren *n*; Rudern *n*; **~er** (1a) Kahn fahren; rudern
cantatrice [kãtatris] *f* Sängerin *f*; ⚠ der Sänger ***le chanteur***
cantine [kãtin] *f* Kantine *f*; Speisesaal *m*
canton [kãtõ] *m* Kanton *m*

cantonal, ~e [kɑ̃tɔnal] (⚠ *m/pl* **-aux**) kantonal, Kantons...
cantonn|er [kɑ̃tɔne] (1a) *mil* unterbringen; *fig* ***se ~ dans*** sich beschränken auf; **~ier** [-je] *m* Straßenwärter *m*
canule [kanyl] *f méd* Röhrchen *n*, Kanüle *f*
caoutchouc [kautʃu] *m* Kautschuk *m*; Gummi *m od n*; Gummiband *n*; *bot* Gummibaum *m*
cap [kap] *m* **1.** Kap *n*; *fig* ***franchir le ~*** die schwierige Lage überstehen; **2.** *mar* Kurs *m*; ***mettre le ~ sur*** ... Kurs auf ... nehmen
C.A.P. [seape] *m* (*abr* ***certificat d'aptitude professionnelle***) *etwa* Gesellen-, Facharbeiterprüfung *f*, -brief *m*
cap|able [kapablə] fähig; ***~ de*** (+ *inf*) fähig, im Stande zu (+ *inf*); **~acité** [-asite] *f* Fähigkeit *f*, Tüchtigkeit *f*; Rauminhalt *m*; Kapazität *f*; ***~ de mémoire*** Speicherkapazität *f*
cape [kap] *f* Umhang *m*; *fig* ***rire sous ~*** heimlich lachen
C.A.P.E.S [kapɛs] *m* (*abr* ***certificat d'aptitude professionnelle à l'enseignement secondaire***) *etwa* Staatsexamen *n* für das höhere Lehramt
capét|ien, ~ienne [kapesjɛ̃, -jɛn] *hist* Kapetinger...
capillaire [kapilɛr] kapillar; Haar...
capitaine [kapitɛn] *m mil* Hauptmann *m*; *mar* Kapitän *m*; *Sport*: Mannschaftsführer *m*
capital, ~e [kapital] (⚠ *m/pl* **-aux**) **1.** *adj* hauptsächlich; Haupt...; ***il est capital que*** (+ *subj*) es ist von größter Wichtigkeit, dass ...; ***peine f capitale*** Todesstrafe *f*; **2.** *m* Kapital *n*; Vermögen *n*; ***capital génétique*** Erbgut *n*; ***capital humain*** menschliche Ressourcen *f/pl*; **3.** *f* Hauptstadt *f*; Großbuchstabe *m*; **~iste 1.** *adj* kapitalistisch; **2.** *m, f* Kapitalist(in) *m(f)*
capit|eux, ~euse [kapitø, -øz] berauschend; **~onner** [-ɔne] (1a) auspolstern; **~uler** [-yle] (1a) kapitulieren
caporal [kapɔral] *m* (⚠ *pl* **-aux**) *mil* Gefreite(r) *m*
cap|ot [kapo] *m auto* Motorhaube *f*; **~ote** [-ɔt] *f* Mantel *m* (mit Kapuze); *auto* Verdeck *n*; P ***~ anglaise*** Kondom *n*, P Pariser *m*; **~oter** [-ɔte] (1a) *aviat, auto* sich überschlagen
câpre [kɑprə] *f cuis* Kaper *f*
capric|e [kapris] *m* Laune *f*; **~ieux, ~ieuse** [-jø, -jøz] launenhaft
Capricorne [kaprikɔrn] *m astr* Steinbock *m*
capsule [kapsyl] *f* Kapsel *f*
capt|er [kapte] (1a) *Aufmerksamkeit*: fesseln; *Quelle*: fassen; *Signal*: auffangen; *Strom*: entnehmen; **~eur** *m tech* ***~ solaire*** Sonnenkollektor *m*
capt|if, ~ive [kaptif, -iv] **1.** *adj* gefangen; **2.** *m, f* Gefangene(r) *m, f*; **~iver** [-ive] (1a) *fig* fesseln, faszinieren; **~ivité** [-ivite] *f* Gefangenschaft *f*
captur|e [kaptyr] *f* Gefangennahme *f*; Fang *m*; **~er** (1a) fangen; festnehmen
capuchon [kapyʃɔ̃] *m* Kapuze *f*
capuc|in [kapysɛ̃] *m rel* Kapuziner *m*; **~ine** *f bot* Kapuzinerkresse *f*
caquet [kakɛ] *m*, **caquetage** [kaktaʒ] *m* Gackern *n*; F *fig* Geschwätz *n*
caqueter [kakte] (1c) gackern; *fig* schwatzen; F tratschen
car¹ [kar] *m* Reise-, Überlandbus *m*
car² [kar] *conj* denn
carabin|e [karabin] *f* Karabiner *m*; Gewehr *n*; ⚠ ***la ~***; **~é, ~ée** F heftig; stark
carac|tère [karaktɛr] *m* **1.** Schriftzeichen *n*; ***~ de contrôle, de commande*** Steuerzeichen *n*; **2.** Charakter *m*; Art *f*; Merkmal *n*; ⚠ *Schreibung*
caractériel, ~le [karakterjɛl] verhaltensgestört
caractéris|é, ~ée [karakterize] eindeutig; typisch; **~er** (1a) charakterisieren; kennzeichnen
caractéristique [karakteristik] **1.** *adj* charakteristisch (**de** für); **2.** *f* Kennzeichen *n*; Wesenszug *m*
carafe [karaf] f Karaffe *f*; ⚠ *Schreibung*
carambol|age [karɑ̃bɔlaʒ] *m* Auffahrunfall *m*, Karambolage *f*; ⚠***le ~***; **~er** (1a) anprallen, zusammenstoßen
caramel [karamɛl] *m* Karamellbonbon *n*; Karamell *m*
carapace [karapas] *f zo u fig* Panzer *m*
caravan|e [karavan] *f* **1.** Karawane *f*; **2.** *auto* Wohnwagen *m*; Caravan *m*; ⚠ ***la ~***; **~ing** [-iŋ] *m* Reisen *n* mit e-m Wohnwagen
carbon|e [karbɔn] *m chim* Kohlenstoff *m*; ***papier m ~*** Kohlepapier *n*; **~ique** *chim* ***gaz m ~*** Kohlendioxid *n*; **~iser** (1a) verkohlen

carbur|ant [karbyrɑ̃] *m* Treib-, Kraftstoff *m*; **~ateur** [-atœr] *m tech* Vergaser *m*
carcasse [karkas] *f von Tieren*: Gerippe *n*; *tech* Gestell *n*
carcéral, ~e [karseral] (⚠ *m/pl* **-aux**) Gefängnis...
carcinome [karsinom] *m* Krebsgeschwulst *f*, Karzinom *n*
cardiaque [kardjak] *méd* **1.** *adj* Herz...; herzkrank; **2.** *m* Herzmittel *n*; **3.** *m, f* Herzkranke(r) *m, f*
cardinal, ~e [kardinal] (⚠ *m/pl* **-aux**) **1.** *adj* hauptsächlich, Haupt...; ***les points cardinaux*** die vier Himmelsrichtungen; **2.** *m égl* Kardinal *m*
carême [karɛm] *m* Fastenzeit *f*
carénage [karenaʒ] *m tech* stromlinienförmige Karosserie *f*
carence [karɑ̃s] *f* Fehlen *n*; Mangel *m*
caress|e [karɛs] *f* Liebkosung *f*, Zärtlichkeit *f*; **~er** (1b) streicheln, liebkosen
car-ferry [karferi] *m* (⚠ *pl* ***car-ferrys*** *u* ***car-ferries***) Autofähre *f*
cargaison [kargɛzɔ̃] *f* (Schiffs-)Ladung *f*; Fracht *f*
cargo [kargo] *m mar* Frachtschiff *n*, Frachter *m*
caricatur|e [karikatyr] *f* Karikatur *f*; Zerrbild *n*; **~er** (1a) karikieren; verzerren
carie [kari] *f méd* Karies *f*
carié, ~e [karje] *Zahn*: kariös, hohl
carill|on [karijɔ̃] *m* Glockenspiel *n*; **~onner** [-ɔne] (1a) (ein)läuten
carlin [karlɛ̃] *m zo* Mops *m*
carlingue [karlɛ̃g] *f aviat* Kabine *f*
carnage [karnaʒ] *m* Blutbad *n*
carnation [karnasjɔ̃] *f* Gesichtsfarbe *f*
carnaval [karnaval] *m* (⚠ *pl* **-als**) Fasching *m*, Karneval *m*; ⚠ *Schreibung*
carnet [karnɛ] *m* Notizbuch *n*
carnivore [karnivɔr] **1.** *adj* Fleisch fressend; **2.** *m/pl* **~s** Fleischfresser *m/pl*
carotte [karɔt] *f* Mohrrübe *f*, Möhre *f*, Karotte *f*; ***poil de ~*** rothaarig, fuchsrot; *fig* ***la ~ et le bâton*** Zuckerbrot *n* und Peitsche *f*
carpe [karp] *f zo* Karpfen *m*; ⚠ ***la ~***
carpette [karpɛt] *f* kleiner Teppich *m*; Läufer *m*; Bettvorleger *m*
carr|é, ~ée [kare] **1.** *adj* Quadrat...; viereckig; eckig; *fig* deutlich, unzweideutig; ⚠ *nicht* kariert; **2.** *m* Quadrat *n*, Viereck *n*; *Garten*: Beet *n*; **~eau** [-o] *m* (⚠ *pl* **~x**) Fliese *f*, Kachel *f*; Fensterscheibe *f*; *Kartenspiel*: Karo *n*; ***à ~x*** kariert, gewürfelt
carrefour [karfur] *m* Straßenkreuzung *f*; *fig* Treffpunkt *m*; Scheideweg *m*
carrel|age [karlaʒ] *m* Fliesen-, Plattenbelag *m*; **~er** (1c) mit Fliesen auslegen; **~eur** *m* Fliesen-, Plattenleger *m*
carrément [karemɑ̃] *adv* rundweg, geradeheraus; kurz entschlossen, ohne weiteres; F ***vas-y ~!*** überleg nicht erst lange!
carrière [karjɛr] *f* **1.** Steinbruch *m*; **2.** Laufbahn *f*; Beruf *m*
carrossable [karɔsablə] befahrbar
caross|e [karɔs] *m* Kutsche *f*, Karosse *f*; ⚠ ***le ~***; ⚠ *Schreibung*; **~erie** *f auto* Karosserie *f*
carrousel [karuzɛl] *m fig* Karussell *n*; ⚠ *Schreibung*
carrure [karyr] *f* Schulterbreite *f*
cartable [kartablə] *m* Schulmappe *f*, -ranzen *m*
carte [kart] *f* (Land-, Spiel-, Visiten-, Speise- *etc*) Karte *f*; ***~ à puce*** Chipkarte *f*; ***~ de crédit*** Kreditkarte *f*; ***~ d'embarquement*** Einsteigekarte *f*, Bordkarte *f*; ***~ de membre*** Mitgliedsausweis *m*; ***~ de paiement*** Kundenkreditkarte *f*; ***~ de téléphone*** Telefonkarte *f*; ***~ d'étudiant*** Studentenausweis *m*; ***~ d'identité*** Personalausweis *m*; ***~ de visite*** Visitenkarte *f*; ***~ bancaire*** Kreditkarte *f*; ***~ graphique*** *EDV* Grafikkarte *f*; *auto* ***~ grise*** Kraftfahrzeugschein *m*; ***~ Inter-rail*** Interrailkarte *f*; ***~ jeune*** Junior-Pass *m*; ***~ orange*** Verbundpass *m*; ***~ postale*** Postkarte *f*; ***~ son*** *EDV* Soundkarte *f*; ***~ vermeil*** Seniorenpass *m*; ***~ verte*** grüne Versicherungskarte; *fig* ***donner ~ blanche à qn*** j-m freie Hand lassen; ⚠ *nicht verwechseln mit* ***le billet*** *u* ***le ticket***
cartel [kartɛl] *m écon* Kartell *n*; *pol* Block *m*
carter [kartɛr] *m tech* Gehäuse *n*
cartilage [kartilaʒ] *m* Knorpel *m*
cartomancienne [kartɔmɑ̃sjɛn] *f* Kartenlegerin *f*
carton [kartɔ̃] *m* Pappe *f*; Karton *m*; (Papp-)Schachtel *f*; Mappe *f*; ***~ goudronné*** Teerpappe *f*; ***~ ondulé*** Well-

pappe *f*; *Fußball*: ~ ***jaune*** (***rouge***) gelbe (rote) Karte
cartonn|age [kartɔnaʒ] *m* Herstellen *n* von Kartonagen; Kartonage *f*; ⚠ ***le*** ~; ⚠ *Schreibung*; **~ier** [-je] *m* Aktenschrank *m*
cartouch|e [kartuʃ] *f mil* Patrone *f*; Hülse *f*; *Zigaretten*: Stange *f*
cas [kɑ, ka] *m* Fall *m* (*a méd, gr, jur*); Lage *f*; ***en aucun*** ~ in keinem Fall; ***dans ce*** **~*-là***, ***en ce*** ~ in dem Fall; ***en tout*** ~ jedenfalls; ***en*** ~ ***de*** im Fall (+ *gén*); ***au*** ~ ***où*** (+ *cond*), *litt* ***en*** ~ ***que*** (+ *subj*) falls; im Falle, dass; ***faire grand*** ~ ***de qn***, ***qc*** auf j-n große Stücke halten, auf etw großen Wert legen
casan|ier, ~ière [kazanje, -jɛr] *m, f* Stubenhocker(in) *m(f)*
cascad|e [kaskad] *f* Wasserfall *m*; *Film*: Stunt *m*; **~eur** *m Film*: Stuntman *m*
case [kɑz] *f* **1.** (Eingeborenen-)Hütte *f*; **2.** Fach *n*; *Schachbrett*: Feld *n*
caser [kaze] (1a) unterbringen; verstauen
casern|e [kazɛrn] *f* Kaserne *f*
casier [kazje] *m* Fach *n*; Regal *n*; Kartei *f*; ~ ***judiciaire*** Strafregister *n*
casqu|e [kask] *m* (Schutz-, Sturz-)Helm *m*; *Radio*: Kopfhörer *m*; **≈*s bleus*** Blauhelme *pl*; **~ette** [-ɛt] *f* (Schirm-)Mütze *f*
cass|able [kasablə] zerbrechlich; **~ant, ~ante** [-ɑ̃, -ɑ̃t] zerbrechlich; *fig* schroff; **~ation** *f jur* Aufhebung *f*; ***cour f de*** ~ *Frankreich*: oberster Gerichtshof *m*
casse[1] [kas] *f* Zerschlagen *n*; Schrott *m*
casse[2] [kas] *arg m* Einbruch *m*
casse|-croûte [kaskrut] *m* (⚠ *pl unv*) Imbiss *m*; **~-noisettes** [-nwazɛt] *m* (⚠ *pl unv*) Nussknacker *m*
casser [kase] (1a) zerbrechen, zerschlagen; F kaputtmachen; *jur* für ungültig erklären; F ~ ***les pieds à qn*** F j-m auf den Wecker fallen; ***se*** ~ *Glas etc*: zersplittern
casserole [kasrɔl] *f* Kochtopf *m* (mit Stiel)
casse-tête [kastɛt] *m* (⚠ *pl unv*) Totschläger *m* (*Waffe*); *fig* Geduldspiel *n*, harte Nuss *f*
cassette [kasɛt] *f* Kassette *f*; ~ ***vidéo*** Video *n*, Videokassette *f*; ***magnétophone*** *m* ***à*** ~ Kassettenrekorder *m*
casseur [kasœr] *m* **1.** Schrotthändler *m*; **2.** Randalierer *m*; ***jouer les*** **~*s*** den starken Mann spielen
cassis [kasis] *m* **1.** *bot* Schwarze Johannisbeere *f*; (***crème f de***) ~ Likör *m* aus Schwarzen Johannisbeeren; **2.** Querrinne *f*
cassoulet [kasulɛ] *m cuis Eintopf aus Bohnen, Speck, Hammelfleisch*
cassure [kasyr] *f* Bruch *m*
caste [kast] *f* Kaste *f* (*a péj*)
castor [kastɔr] *m zo* Biber *m*
cata|clysme [kataklismə] *m* (Natur-)Katastrophe *f*; **~logue** [-lɔg] *m* Katalog *m*; **~loguer** [-lɔge] (1m) katalogisieren; **~lyseur** [-lizœr] *m chim* Katalysator *m*; **~lytique** [-litik] mit Katalysator; ***pot m*** ~ Katalysator *m*; **~phote** [-fɔt] *m auto etc* Rückstrahler *m*, Katzenauge *n*; **~racte** [-rakt] *f* **1.** *großer* Wasserfall *m*; Katarakt *m*; ⚠ ***la*** ~; **2.** *méd* grauer Star *m*
catarrhe [katar] *m* Katarr *m*
catastroph|e [katastrɔf] *f* Katastrophe *f*, Unglück *n*; ***en*** ~ überstürzt; **~é, ~ée** F niedergeschlagen, F fertig; **~ique** katastrophal; **~isme** *m* Schwarzseherei *f*
catéch|iser [kateʃize] (1a) *rel* den Katechismus lehren; *fig* ~ ***qn*** j-n instruieren; **~isme** *m* Religionsunterricht *m*; Katechismus *m*
catégor|ie [kategɔri] *f* Kategorie *f*; Klasse *f*; Art *f*; **~ique** kategorisch, entschieden, energisch
cathédrale [katedral] *f* Dom *m*, Kathedrale *f*, Münster *n*
catholique [katɔlik] **1.** *adj* katholisch; F ***ce n'est pas très*** ~ da ist etwas faul; **2.** *m, f* Katholik(in) *m(f)*
catimini [katimini] F ***en*** ~ ganz heimlich
cauchemar [koʃmar] *m* Albtraum *m*, -drücken *n*; *fig* Gräuel *m*
caus|e [koz] *f* **1.** Ursache *f*, Grund *m*, Anlass *m*; ***à*** ~ ***de*** wegen; F ***à*** ~ ***que*** weil; ***sans*** ~ grundlos; **2.** *fig* Sache *f*, Angelegenheit *f*; **3.** *jur* Prozess *m*; ***mettre en*** ~ in Frage stellen; **~er** (1a) **1.** verursachen; **2.** plaudern (***avec qn de*** mit j-m über); F *allg* sprechen; **~erie** *f* Plauderei *f*; **~ette** [-ɛt] *f* F Schwatz *m*
caus|eur, ~euse [kozœr, -øz] *m, f* Plauderer *m*, Plauderin *f*
caustique [kostik] *chim* ätzend; *fig* beißend, scharf, schneidend
cautériser [koterize] (1a) *méd Wunde*: ausbrennen

C

caution [kosjõ] *f* Bürgschaft *f*; Kaution *f*; Garantie *f*
cautionner [kosjɔne] (1a) *jur u fig* **~ qn** für j-n bürgen
cavale [kaval] *f* F **être en ~** auf der Flucht sein
caval|er [kavale] (1a) F **~ après qn** j-m nachlaufen; **~erie** *f* Kavallerie *f*, Reiterei *f*; ⚠ *Schreibung*; **~ier, ~ière** [-je, -jɛr] **1.** *m, f* Reiter(in) *m(f)*; Begleiter(in) *m(f)*; **2.** *m* Kavallerist *m*; *Schach*: Springer *m*; **3.** *adj* ungehörig, ungezogen
cave [kav] *f* Keller *m*; Weinkeller *m*; Kellerlokal *n*
caverne [kavɛrn] *f* Höhle *f*
cavité [kavite] *f* Hohlraum *m*
C.C. [sese] *m* (*abr* **Corps consulaire**) Konsularisches Korps *n*
C.D. [sede] *m* **1.** (*abr* **Corps diplomatique**) Diplomatisches Korps *n*; **2.** (*abr* **compact disc**) CD *f*; **lecteur** *m* **de ~** CD-Spieler *m*; **~-ROM** [-rɔm] *m* CD-ROM *f*; **lecteur** *m* **de ~** CD-ROM-Laufwerk *n*
ce [sə] *m* (*f* **cette** [sɛt], *pl* **ces** [se]; ⚠ *m/sg* **cet** [sɛt] *vor Vokal u stummem h*) diese(r, -s); **ce que** (*tu fais*), **ce qui** (*me plaît*) was; **c'est pourquoi** deshalb; **ce matin** heute Morgen; **c'est que** nämlich, denn
ceci [səsi] dieses, dies, das; **~ ou cela** dies oder jenes
cécité [sesite] *f* Blindheit *f*
céder [sede] (1f) **~ qc à qn** j-m etw überlassen, abtreten; **~ à qn** j-m nachgeben; **il ne lui cède en rien** er steht ihm in nichts nach; **~ le passage!** Vorfahrt achten!
cédille [sedij] *f gr* Cedille *f*
cèdre [sɛdrə] *m bot* Zeder *f*; ⚠ **le ~**
C.E.E. [seøø] *f* (*abr* **Communauté économique européenne**) E(W)G *f*, Europäische (Wirtschafts-)Gemeinschaft *f*
C.E.G. [seøʒe] *m* (*abr* **collège d'enseignement général**) *etwa* Realschule *f*
cégétiste [seʒetist] *m, f* Gewerkschaftler(in) *m(f)*, Mitglied *n* der C.G.T. (*Confédération générale du travail*)
C.E.I. [seøi] *f* (*abr* **Communauté des États indépendants**) GUS *f*
ceinture [sɛ̃tyr] *f* Gürtel *m*; Einfassung *f*; *aviat, auto* **~ de sécurité** Sicherheitsgurt *m*; **~ à enrouleur** Automatikgurt *m*; *fig* **se serrer la ~** den Gürtel enger schnallen
cela [s(ə)la] das (da); **il y a cinq ans de ~** das war vor fünf Jahren; ⚠ F *cf* **ça**
célébration [selebrasjõ] *f* Feier *f*; **~ du mariage** Trauung *f*
célèbre [selɛbrə] berühmt
célébr|er [selebre] (1f) feiern; rühmen; **~ité** *f* Berühmtheit *f* (*a Person*)
céleri [sɛlri] *m bot* Sellerie *m od f*; ⚠ *Schreibung*
céleste [selɛst] Himmels...; himmlisch; göttlich
célibat [seliba] *m* Ehelosigkeit *f*; *rel* Zölibat *m od n*
célibataire [selibatɛr] **1.** *adj* ledig; **2.** *m, f* Junggeselle *m*, Junggesellin *f*
cell|ier [sɛlje] *m* Wein- *od* Vorratskeller *m*; **~ule** [-yl] *f* Zelle *f*; **~ulose** [-yloz] *f* Zellulose *f*; **~ végétale** Ballaststoffe *pl*
celtique [sɛltik] keltisch
celui [səlɥi] *m* (*f* **celle** [sɛl], *m/pl* **ceux** [sø], *f/pl* **celles** [sɛl]) der, die, das(jenige); **~-ci** [-si] dieser; **~-là** [-la] jener; ⚠ *vor* **de** *u Relativsatz kein* **-ci**/**-là**
cendre [sɑ̃drə] *f* Asche *f*
cendr|é, ~ée [sɑ̃dre] aschfarben; **~ée** *f Sport*: Aschenbahn *f*; **~ier** [-ije] *m* Aschenbecher *m*
Cendrillon [sɑ̃drijõ] *f Märchen(gestalt)*: Aschenbrödel *n*
cens|é, ~ée [sɑ̃se] **il est ~ être malade** man nimmt an, dass er krank ist; **~eur** *m* **1.** Zensor *m*; *fig* Kritiker *m*; **2.** *etwa* stellvertretender Direktor *m* e-r höheren Schule (*Disziplinfragen*)
censur|e [sɑ̃syr] *f* Zensur(behörde) *f*; *pol* **motion** *f* **de ~** Misstrauensantrag *m*; **~er** (1a) *Film, Buch*: zensieren; verbieten
cent [sɑ̃] **1.** *adj* hundert; **2.** *m* Hundert *n*, *f*; **pour ~** Prozent *n*; ⚠ **deux cents**, *aber* **deux cent dix**
centaine [sɑ̃tɛn] *f* Hundert *n*; **une ~ de** ... ungefähr hundert ...
centenaire [sɑ̃tnɛr] **1.** *adj* hundertjährig; **2.** *m* Hundertjahrfeier *f*
centième [sɑ̃tjɛm] **1.** hundertste; **2.** *m* Hundertstel *n*
centime [sɑ̃tim] *m* Centime *m* ($^1/_{100}$ *Franc*)
centimètre [sɑ̃timɛtrə] *m* Zentimeter *n od m*

central, ~e [sɑ̃tral] (⚠ *m/pl* **-aux**) **1.** *adj* zentral, Mittel..., Haupt...; **2.** *m tél* Zentrale *f*; *f* **centrale (électrique)** Kraftwerk *n*; **centrale nucléaire** Kernkraftwerk *n*; **~iser** (1a) zentralisieren; zusammenfassen

centr|e [sɑ̃trə] *m* Mittelpunkt *m*; Zentrum *n*; Hauptort *m*; *pol* Mitte *f*; *Sport*: Mittelstürmer *m*; *Fußball*: Flanke *f*; **~ d'accueil** Beratungs-, Informationsstelle *f*; **~ d'apprentissage** Ausbildungszentrum *n*; **~ de culturisme** Fitnesscenter *n*; **~ commercial** Einkaufszentrum *n*; **~ industriel** Industriezentrum *n*; **~ d'attraction** Anziehungspunkt *m*; **~ d'intérêt** Brennpunkt *m* des Interesses; **au ~ de** in der Mitte (von); **~er** (1a) in die Mitte stellen; *Text*: zentrieren; *Fußball*: flanken

centupler [sɑ̃typle] (1a) (sich) verhundertfachen

cep [sɛp] *m* Rebstock *m*

cèpe [sɛp] *m bot* Steinpilz *m*

cependant [səpɑ̃dɑ̃] indessen; doch

céramique [seramik] **1.** *adj* keramisch; **2.** *f* Keramik *f*

cercle [sɛrklə] *m* Kreis *m*; Ring *m*; *fig* Zirkel *m*; ⚠ *nicht Zirkel als Instrument*

cercueil [sɛrkœj] *m* Sarg *m*

céréales [sereal] *f/pl* Getreidearten *f/pl*; Getreide *n*

cérébral, ~e [serebral] (⚠ *m/pl* **-aux**) Gehirn...

cérémo|nial [seremɔnjal] *m* (⚠ *pl* **~s**) Zeremoniell *n*; **~nie** [-ni] *f* Feier *f*; Zeremonie *f*; Förmlichkeit *f*

cerf [sɛr] *m zo* Hirsch *m*

cerfeuil [sɛrfœj] *m bot* Kerbel *m*

cerf-volant [sɛrvɔlɑ̃] *m* (⚠ *pl* **cerfs-volants**) Papierdrachen *m*; *zo* Hirschkäfer *m*

ceris|e [s(ə)riz] *f* Kirsche *f*; **~ier** [-je] *m* Kirschbaum *m*

cerne [sɛrn] *m* Rand *m*; **~s** *pl* Ringe *m/pl* (um die Augen)

cerner [sɛrne] (1a) umzingeln; *fig Problem*: klar erkennen

cert|ain, ~aine [sɛrtɛ̃, -ɛn] *adj* **1.** (*nach subst*) gewiss, bestimmt, sicher; **être ~ de qc** e-r Sache sicher sein; **2.** (*vor subst*) gewiss (*in unbestimmtem Sinn*); **d'un certain âge** nicht mehr ganz jung; **~ainement** [-ɛnmɑ̃] *adv* gewiss; allerdings

certes [sɛrt] *adv* sicher; zwar

certif|icat [sɛrtifika] *m* Bescheinigung *f*; Zeugnis *n*; **~ier** [-je] (1a) beglaubigen; **~ qc à qn** j-m etw bestätigen, bescheinigen

certitude [sɛrtityd] *f* Gewissheit *f*

cerveau [sɛrvo] *m* (⚠ *pl* **~x**) Gehirn *n*

cervelas [sɛrvəla] *m etwa* Fleischwurst *f*

cervelle [sɛrvɛl] *f* Hirnsubstanz *f*; *fig* Verstand *m*; *cuis* Hirn *n*; *fig* **se brûler la ~** sich e-e Kugel durch den Kopf jagen

Cervin [sɛrvɛ̃] **le ~** das Matterhorn

ces [se] *cf* **ce**

C.E.S. [seøɛs] *m* (*abr* **collège d'enseignement secondaire**) *etwa* Gesamtschule *f*

césarienne [sezarjɛn] *f méd* Kaiserschnitt *m*

cess|e [sɛs] **sans ~** unaufhörlich; **~er** (1b) aufhören (**qc** mit etw); **~ de** (+ *inf*) aufhören zu (+ *inf*)

cessez-le-feu [sɛselfø] *m* (⚠ *pl unv*) Waffenruhe *f*

c'est-à-dire [sɛtadir] das heißt

cet [sɛt] *cf* **ce**

C.E.T. [seøte] *m* (*abr* **collège d'enseignement technique**) *etwa* Berufsfachschule *f*

cétacé [setase] *m zo* Wal *m*

cette [sɛt] *cf* **ce**

ceux [sø] *cf* **celui**

cf. (*abr* **confer**) vergleiche (*abr* vgl.)

C.F.C. [seɛfse] *m* (*abr* **chlorofluorocarbone**) FCKW *m*

chac|un, ~une [ʃakɛ̃ *od* ʃakœ̃, -yn] *m, f* jede(r, -s); **chacun de** *od* **d'entre nous** jeder von uns

chagrin [ʃagrɛ̃] *m* Kummer *m*, Schmerz *m*

chagriner [ʃagrine] (1a) **~ qn** j-n betrüben, bekümmern

chahut [ʃay] *m* F Radau *m*

chaîne [ʃɛn] *f* Kette *f*; Reihe *f*; *Radio, TV* Programm *n*; **~ hi-fi** Stereoanlage *f*; **~ alimentaire** Nahrungskette *f*; **~ humaine** Menschenkette *f*; **travail** *m* **à la ~** Fließbandarbeit *f*

chair [ʃɛr] *f* Fleisch *n* (*von Menschen, lebenden Tieren, Früchten*); **en ~ et en os** leibhaftig; **avoir la ~ de poule** e-e Gänsehaut haben

chaire [ʃɛr] *f* Kanzel *f*; Lehrstuhl *m*

C

chaise [ʃɛz] *f* Stuhl *m*; **~ *longue*** Liegestuhl *m*
chalet [ʃalɛ] *m* Sennhütte *f*; Schweizerhaus *n*
chaleur [ʃalœr] *f* Hitze *f*; Wärme *f*; *fig* Herzlichkeit *f*
chaleur|eux, ~euse [ʃalørø, -øz] herzlich, warm, eifrig
challenge [ʃalɑ̃ʒ] *m Sport*: Pokalkampf *m*; Wanderpreis *m*
chalumeau [ʃalymo] *m* (⚠ *pl* **~x**) (Trink-)Halm *m*; *tech* Schweißbrenner *m*
chamailler [ʃamaje] (1a) F ***se ~*** sich herumzanken
chambard [ʃɑ̃bar] *m* F Krach *m*, Spektakel *m*
chambouler [ʃɑ̃bule] (1a) umwerfen, durcheinander bringen
chambr|e [ʃɑ̃brə] *f* Zimmer *n*; Kammer *f* (*a jur, pol, tech*); *auto etc* **~ *à air*** Luftschlauch *m*; **~ *à coucher*** Schlafzimmer *n*; **~ *froide*** Kühlraum *m*; **~ *à gaz*** Gaskammer *f*; **~er** (1a) **1.** im Zimmer einsperren; **2.** *Wein*: temperieren
chameau [ʃamo] *m* (⚠ *pl* **~x**) *zo* Kamel *n*
chamois [ʃamwa] *m zo* Gämse *f*; Gamsleder *n*
champ [ʃɑ̃] *m* Acker *m*; Feld *n*; Platz *m*; *fig* Gebiet *n*; ***à travers* ~** querfeldein; **~ *électrique*** elektrisches Feld *n*; ***laisser le ~ libre à qn*** j-m freie Hand lassen
champagne [ʃɑ̃paɲ] *m* Champagner *m*
Champagne [ʃɑ̃paɲ] ***la* ~** die Champagne
champêtre [ʃɑ̃pɛtrə] ländlich; ***garde*** *m* **~** Feldhüter *m*
champignon [ʃɑ̃piɲɔ̃] *m bot* Pilz *m*; **~ *de Paris*** (Zucht-)Champignon *m*; **~ *atomique*** Atompilz *m*
champ|ion, ~ionne [ʃɑ̃pjɔ̃, -jɔn] *m, f Sport*: Meister(in) *m(f)*, Sieger(in) *m(f)*; **~ionnat** [-jɔna] *m* Meisterschaft(skampf) *f(m)*
chance [ʃɑ̃s] *f* Glück *n*; (glücklicher) Zufall *m*; Chance *f*; Aussicht *f*; ***mauvaise* ~** Missgeschick *n*; ***c'est une ~ que*** (+ *subj*) es ist ein Glück, dass ...; ***il y a peu de ~s pour que*** (+ *subj*) es besteht wenig Aussicht, dass ...; ⚠ Glück(sgefühl) ***le bonheur***
chanceler [ʃɑ̃sle] (1c) (sch)wanken
chanc|elier [ʃɑ̃səlje] *m* Kanzler *m*; **~ellerie** [-ɛlri] *f* Kanzlei *f*; Kanzleramt *n*
chanc|eux, ~euse [ʃɑ̃sø, -øz] ***être* ~** Glück haben
chandail [ʃɑ̃daj] *m* (⚠ *pl* **~s**) Pullover *m*
chandelier [ʃɑ̃dəlje] *m* Leuchter *m*
chandelle [ʃɑ̃dɛl] *f* Kerze *f*
chang|e [ʃɑ̃ʒ] *m* Tausch *m*; *comm* (Geld-)Wechsel *m*; **~eable** veränderlich; **~eant, ~eante** [-ɑ̃, -ɑ̃t] veränderlich; launisch; schillernd; **~ement** [-mɑ̃] *m* (Ver-)Änderung *f*; **~ *de vitesse*** *auto* Gangschaltung *f*
changer [ʃɑ̃ʒe] (1l) **1.** um-, aus-, vertauschen; verändern; *Geld*: wechseln; **~ *en qc*** in etw ver-, umwandeln; **~ *avec qn*** mit j-m tauschen; **2.** sich (ver)ändern; **3. ~ *de qc*** (mit) etw wechseln; **~ *d'adresse*** umziehen; **~ *de train*** umsteigen; **~ *d'avis*** seine Meinung ändern; **4. *se* ~** sich umziehen
chans|on [ʃɑ̃sɔ̃] *f* Lied *n*; Schlager *m*; Chanson *n*; ⚠ ***la* ~**; **~onnier** [-ɔnje] *m* Kabarettist *m*
chant [ʃɑ̃] *m* Gesang *m*; Singen *n*; Lied *n*
chantage [ʃɑ̃taʒ] *m* Erpressung *f*
chanter [ʃɑ̃te] (1a) singen; *Hahn*: krähen; **~ *qc*** etw besingen; ***faire* ~ *qn*** j-n erpressen
chanterelle [ʃɑ̃trɛl] *f bot* Pfifferling *m*
chant|eur, ~euse [ʃɑ̃tœr, -øz] *m, f* Sänger(in) *m(f)*
chantier [ʃɑ̃tje] *m* Baustelle *f*; **~ *naval*** Werft *f*
chantonner [ʃɑ̃tɔne] (1a) vor sich hin singen
chanvre [ʃɑ̃vrə] *m bot* Hanf *m*
chaos [kao] *m* Chaos *n*
chaparder [ʃaparde] (1a) F klauen
chapeau [ʃapo] *m* (⚠ *pl* **~x**) Hut *m*; *tech* Deckel *m*
chapelet [ʃaplɛ] *m rel* Rosenkranz *m*
chapelle [ʃapɛl] *f* Kapelle *f*
chapelure [ʃaplyr] *f cuis* Paniermehl *n*
chapiteau [ʃapito] *m* (⚠ *pl* **~x**) (Zirkus-)Zelt *n*; *arch* Kapitell *n*
chapitre [ʃapitrə] *m* Kapitel *n*
chaque [ʃak] *adj* jeder, jede, jedes
char [ʃar] *m* Wagen *m*; *hist* Streitwagen *m*; *mil* Panzer *m*
charabia [ʃarabja] *m* F Kauderwelsch *n*
charbon [ʃarbɔ̃] *m* Kohle *f*; Kohlezeichnung *f*
charbonn|age [ʃarbɔnaʒ] *m* Kohlenbergwerk *n*, Zeche *f*; **~ier, ~ière** [-je,

-jɛr] **1.** *adj* Kohlen...; **2.** *m* Kohlenhändler *m*; Köhler *m*
charcut|erie [ʃarkytri] *f* **1.** Fleisch- und Wurstwaren *f/pl*; **2.** Metzgerei *f*, Fleischerei *f*; **~ier** [-je] *m* Metzger *m*, Fleischer *m*
chardon [ʃardɔ̃] *m bot* Distel *f*
charg|e [ʃarʒ] *f* Last *f*; Belastung *f*; Ladung *f*; *fig* Bürde *f*; Verpflichtung *f*; ***à la ~ de*** zulasten von; ***avoir qn à ~*** für j-n sorgen müssen
charg|é, ~ée [ʃarʒe] beladen; ***~ de*** beauftragt mit; **~ement** [-əmɑ̃] *m* (Ver-)Ladung *f*; (*e-r Waffe*) Laden *n*; **~er** (1l) **1.** (be)laden, bepacken; *fig* belasten; ***~ qn de qc*** j-n mit etw beauftragen; ***se ~ de qc*** etw auf sich nehmen; **2.** *mil* angreifen; **3.** *EDV* laden; **~eur** *m tech* Ladegerät *n*; *Gewehr*: Magazin *n*; *Photo*: Kassette *f*
chariot [ʃarjo] *m* Wagen *m*; Karren *m*; Kofferkuli *m*
char|itable [ʃaritablə] mildtätig; **~ité** *f* Barmherzigkeit *f*; *rel* Nächstenliebe *f*
charivari [ʃarivari] *m* Krach *m*, Radau *m*
charlatan [ʃarlatɑ̃] *m péj* Quacksalber *m*, Scharlatan *m*
charm|ant, ~ante [ʃarmɑ̃, -ɑ̃t] reizend, entzückend
charm|e¹ [ʃarm] *m* Zauber *m*; Reiz *m*; **~e²** *m bot* Hage-, Weißbuche *f*; **~er** (1a) bezaubern; entzücken
charn|el, ~elle [ʃarnɛl] fleischlich, körperlich, sinnlich; **~ière** [-jɛr] *f* Scharnier *n*
charnu, ~e [ʃarny] fleischig
charogne [ʃarɔɲ] *f* Aas *n*; Kadaver *m*; P Dreckschwein *n*
charpent|e [ʃarpɑ̃t] *f* Gebälk *n*; Gerüst *n*; **~ier** [-je] *m* Zimmermann *m*
charrette [ʃarɛt] *f* Wagen *m*; Karren *m*
charrier [ʃarje] (1a) an-, abfahren; anschwemmen
charrue [ʃary] *f* Pflug *m*
charte [ʃart] *f* Charta *f*; *hist* Urkunde *f*
chartreuse [ʃartrøz] *f rel* Kartäuserkloster *n*
chas [ʃɑ] *m* Nadelöhr *n*
chasse [ʃas] *f* Jagd(revier) *f(n)* (*a fig*); ***~ d'eau*** Wasserspülung *f*; ***~ déformée*** Proportionalschrift *f*
châsse [ʃɑs] *f* Reliquienschrein *m*; ***~ de lunettes*** Brilleneinfassung *f*
chasse|-mouches [ʃasmuʃ] *m* (⚠ *pl unv*) Fliegenwedel *m*; **~-neige** [-nɛʒ] *m* (⚠ *pl unv*) Schneepflug *m*
chasser [ʃase] (1a) jagen; fort-, hinaus-, verjagen; hinauswerfen; *auto* rutschen, schleudern
chasseur [ʃasœr] *m* **1.** Jäger *m* (*a fig*, *mil*, *aviat*); **2.** Hotelboy *m*
châssis [ʃɑsi] *m* Rahmen *m*, Einfassung *f*; *auto* Fahrgestell *n*
chast|e [ʃast] keusch, sittsam; **~eté** [-əte] *f* Keuschheit *f*
chat [ʃa] *m zo* Katze *f*; Kater *m*
châtaign|e [ʃɑtɛɲ] *f* Kastanie *f*; **~ier** [ʃɑtɛɲe] *m* Kastanienbaum *m*
châtain [ʃɑtɛ̃] (***châtaine*** *f selten*) braun; hellbraun
château [ʃato] *m* (⚠ *pl* **~x**) Schloss *n*; ***~ fort*** Burg *f*; ***~ d'eau*** Wasserturm *m*; **~briant** [-brijɑ̃] *m cuis* (*dickes gegrilltes*) Rinderfilet *n*
châtiment [ʃɑtimɑ̃] *m* Strafe *f*; Züchtigung *f*
chaton [ʃatɔ̃] *m zo u bot* Kätzchen *n*
chatouill|er [ʃatuje] (1a) kitzeln; **~eux, ~euse** [-ø, -øz] kitz(e)lig
chatoyer [ʃatwaje] (1h) schillern
châtrer [ʃɑtre] (1a) kastrieren
chatte [ʃat] *f weibliche* Katze *f*
chatterton [ʃatɛrtɔn] *m tech* Isolierband *n*
chaud, chaude [ʃo, ʃod] **1.** *adj* warm; *fig* hitzig, glühend, brennend; **2.** *m* Wärme *f*
chaudière [ʃodjɛr] *f* (Heiz-, Dampf-) Kessel *m*
chaudron [ʃodrɔ̃] *m* Kochkessel *m*
chauffage [ʃofaʒ] *m* Heizung *f*; ***~ au mazout*** Ölheizung *f*
chauffard [ʃofar] *m* F rücksichtsloser Autofahrer *m*
chauffe [ʃof] *f tech* Heizung *f*; Feuerung *f*; **~-eau** [-o] *m* (⚠ *pl unv*) Warmwasserbereiter *m*; **~-plats** [-pla] *m* (⚠ *pl unv*) Warmhalteplatte *f*
chauff|er [ʃofe] (1a) warm machen, heizen; warm werden; *Motor*: (sich) heißlaufen; ***se ~*** sich wärmen; **~erie** *f* Heizkeller *m*; *mar* Kesselraum *m*; **~eur** *m* **1.** Heizer *m*; **2.** Chauffeur *m*, Fahrer *m*; ***~ de taxi*** Taxifahrer *m*; **~eur-livreur** [-livrœr] *m* (⚠ *pl* ***chauffeurs-livreurs***) Ausfahrer *m*
chaum|e [ʃom] *m* Halm *m*; Stoppel(feld

n) *f*; (Dach-)Stroh *n*; **~ière** [-jɛr] *f* (strohgedeckte) Hütte *f*
chaussée [ʃose] *f* Fahrbahn *f*
chauss|e-pied [ʃospje] *m* (⚠ *pl* ***chausse-pieds***) Schuhanzieher *m*; **~er** (1a) ~ ***qn*** j-m die Schuhe anziehen; für j-n Schuhe machen; ***se*** ~ (sich) die Schuhe anziehen; ***se ~ chez*** ... seine Schuhe immer bei ... kaufen; ~ ***du 40*** Schuhgröße 40 haben; **~ette** [-ɛt] *f* Socke(n) *f*(*m*)
chauss|on [ʃosõ] *m* Hausschuh *m*; *cuis* ~ ***aux pommes*** Apfeltasche *f*; **~ure** [-yr] *f* Schuh *m*; **~s** *pl a* Schuhwerk *n*
chauve [ʃov] kahl(köpfig)
chauve-souris [ʃovsuri] *f* (⚠ *pl* ***chauves-souris***) *zo* Fledermaus *f*
chauv|in, ~ine [ʃovɛ̃, -in] **1.** *adj* chauvinistisch; **2.** *m*, *f* Chauvinist(in) *m*(*f*); **~inisme** [-inismə] *m* Chauvinismus *m*
chaux [ʃo] *f* Kalk *m*
chavirer [ʃavire] (1a) *mar* kentern, umschlagen; *fig* ~ ***qn*** j-n zutiefst berühren
chef [ʃɛf] *m* **1.** Führer(in) *m*(*f*); Chef(in) *m*(*f*); Anführer *m*; Oberhaupt *n*; **2.** *litt* Kopf *m*, Haupt *n*; **3.** *jur* Hauptpunkt *m*; ***au premier*** ~ in erster Linie; ***de mon*** ~ auf eigene Faust
chef|-d'œuvre [ʃɛdœvrə] *m* (⚠ *pl* ***chefs-d'œuvre***) Meisterwerk *n*; **~-lieu** [ʃɛfljø] *m* (⚠ *pl* ***chefs-lieux***) Hauptort *m*
chemin [ʃ(ə)mɛ̃] *m* Weg *m*, Straße *f* (***de*** nach); *EDV* Pfad *m*; ~ ***de fer*** Eisenbahn *f*
cheminée [ʃ(ə)mine] *f* Kamin *m*, Schornstein *m*, Schlot *m*
cheminot [ʃ(ə)mino] *m* Eisenbahner *m*
chemis|e [ʃ(ə)miz] *f* **1.** Hemd *n*; **2.** Aktendeckel *m*; **3.** *tech* Mantel *m*; **~ette** [-ɛt] *f* Polohemd *n*; **~ier** [-je] *m* Hemdbluse *f*
chenal [ʃ(ə)nal] *m* (⚠ *pl* ***-aux***) Fahrrinne *f*; Mühlbach *m*
chenapan [ʃ(ə)napɑ̃] *m* F Taugenichts *m*
chêne [ʃɛn] *m bot* Eiche *f*; ⚠ ***le*** ~
chenil [ʃəni(l)] *m* Hundezwinger *m*
chenille [ʃ(ə)nij] *f zo* Raupe *f*; *tech* Gleiskette *f*; ***véhicule*** *m* ***à ~s*** Raupenfahrzeug *n*
chèque [ʃɛk] *m comm* Scheck *m*; ~ ***barré*** Verrechnungsscheck *m*; ~ ***de voyage*** Reisescheck *m*; ***centre*** *m* ***de ~s postaux*** Postscheckamt *n*; **~-cadeau** [-kado] *m* (⚠ *pl* ***chèques-cadeau***) Geschenkgutschein *m*
chéquier [ʃekje] *m* Scheckbuch *n*, -heft *n*
cher, chère [ʃɛr] **1.** *adj* lieb (***à qn*** j-m); teuer; **2.** *adv* ***payer***, ***vendre cher*** teuer bezahlen, verkaufen; **3.** *m*, *f* ***mon cher***, ***ma chère*** mein Lieber, meine Liebe
cherch|er [ʃɛrʃe] (1a) suchen; ~ ***à*** (+ *inf*) versuchen zu, sich bemühen zu (+ *inf*); ***aller*** ~ holen (gehen); ***venir*** ~ abholen; ***envoyer*** ~ holen lassen; **~eur, ~euse** *m*, *f* Forscher(in) *m*(*f*)
chère [ʃɛr] *f* Kost *f*; ***aimer la bonne*** ~ gern gut essen
chéri, ~e [ʃeri] **1.** *adj* geliebt; ***l'enfant*** ~ ***du public*** der Liebling des Publikums; **2.** *m*, *f* Liebling *m*, Schatz *m*
chérir [ʃerir] (2a) zärtlich lieben (***qn*** j-n)
cherté [ʃɛrte] *f* hoher Preis *m* (***de*** für)
chét|if, ~ive [ʃetif, -iv] schmächtig; dürftig; kümmerlich
cheval [ʃ(ə)val] *m* (⚠ *pl* ***-aux***) Pferd *n*; ***aller à*** ~ reiten; ***faire du*** ~ *Sport*: reiten; ***être à ~ sur*** rittlings sitzen auf; *fig* herumreiten auf
cheval|eresque [ʃ(ə)valrɛsk] ritterlich; **~erie** *f* Rittertum *n*, -würde *f*
cheval|et [ʃ(ə)valɛ] *m* Bock *m*; Gestell *n*; *Malerei*: Staffelei *f*; *mus* Steg *m*; **~ier** [-je] *m hist* Ritter *m*; **~ière** [-jɛr] *f* Siegelring *m*
cheval|in, ~ine [ʃ(ə)valɛ̃, -in] Pferde...; ***boucherie*** *f* ***chevaline*** Pferdemetzgerei *f*
cheval-vapeur [ʃ(ə)valvapœr] *m* (⚠ *pl* ***chevaux-vapeur***) *tech* Pferdestärke *f*
chevaucher [ʃ(ə)voʃe] (1a) reiten auf; übereinander stehen, sich überlappen; ***se*** ~ sich überschneiden
chevel|u, ~ue [ʃəvly] mit dichtem Haar(schopf); ***cuir*** *m* ***chevelu*** Kopfhaut *f*; **~ure** [-yr] *f* Haarwuchs *m*, Haare *n*/*pl*
chevet [ʃəvɛ] *m* **1.** Kopfende *n des Bettes*; **2.** *arch* Apsis *f*
cheveu [ʃ(ə)vø] *m* (⚠ *pl* **~x**) (*Kopf-*)Haar *n*; ***aux ~x courts*** kurzhaarig; *fig* ***couper les ~x en quatre*** Haarspalterei treiben; ⚠ Körperhaar ***le poil***
cheville [ʃ(ə)vij] *f* Knöchel *m*; *tech* Dübel *m*; *mus* Wirbel *m*
chèvre [ʃɛvrə] *f zo* Ziege *f*
chevreau [ʃəvro] *m* (⚠ *pl* **~x**) Zicklein *n*

chèvrefeuille [ʃɛvrəfœj] *m bot* Geißblatt *n*
chevreuil [ʃəvrœj] *m zo* Rehbock *m*, Reh *n*
chevronné, ~e [ʃəvrɔne] erfahren, routiniert
chewing-gum [ʃwiŋgɔm] *m* (⚠ *pl* ***chewing-gums***) Kaugummi *m*
chez [ʃe] bei; zu; ~ ***lui*** bei *od* zu ihm (zu *od* nach Hause); ***de*** ~ ***vous*** aus Ihrem Hause; ***les ouvriers de*** ~ ***Renault*** die Arbeiter bei R.; ~ (*od* ***dans***) ***Molière*** bei Molière; ***j'irai*** ~ ***moi*** ich gehe nach Hause; **~-moi** [-mwa] *m*, **~-nous** [-nu] *m*, **~-toi** [-twa] *m etc* Zuhause *n*; Heim *n*
chiant, chiante [ʃjɑ̃, ʃjɑ̃t] F beschissen, ätzend
chic [ʃik] **1.** *m* Schick *m*; **2.** *adj* schick, hochelegant; F **~!** toll!, Klasse!
chican|e [ʃikan] *f* Schikane *f*; Streit *m*; **~er** (1a) streiten; ~ ***qn*** j-n schikanieren; an j-m herumnörgeln
chiche [ʃiʃ] knauserig; spärlich; *bot* ***pois*** *m* ~ Kichererbse *f*; F ***je suis*** ~ ***de*** (+ *inf*) ich trau es mir zu, zu (+ *inf*)
chichis [ʃiʃi] *m/pl* Getue *n*
chicorée [ʃikɔre] *f bot* Zichorie *f*; ~ (***endive***) Endivie *f*; ⚠ *nicht* Schikoree
chicot [ʃiko] *m* (Baum-, Zahn-)Stumpf *m*
chié, ~e [ʃje] F super; *Person*: saufrech
chien [ʃjɛ̃] *m* **1.** Hund *m*; ~ ***de berger*** Schäferhund *m*; ~ ***policier*** Polizeihund *m*; *fig* F ~ ***de temps*** Sauwetter *n*; **2.** *am Gewehr*: Hahn *m*; **~-loup** [-lu] *m* (⚠ *pl* ***chiens-loups***) *zo* Wolfshund *m*
chienne [ʃjɛn] *f* Hündin *f*
chier [ʃje] P scheißen; ***ça me fait*** ~ F das stinkt mir
chiffe [ʃif] *f* Flasche *f*, Schlappschwanz *m*
chiffon [ʃifɔ̃] *m* Lappen *m*, Lumpen *m*
chiffonn|er [ʃifɔne] (1a) zerknittern; F *fig* ärgern; **~ier, ~ière** [-je, -jɛr] *m, f* Lumpensammler(in) *m(f)*
chiffr|e [ʃifrə] *m* Ziffer *f*; Zahl *f*; Geheimschrift *f*; *comm* ~ ***d'affaires*** Umsatz *m*; ⚠ ***le*** ~; **~er** (1a) beziffern; nummerieren; chiffrieren
chignon [ʃiɲɔ̃] *m* Haarknoten *m*
Chili [ʃili] ***le*** ~ Chile *n*
chimère [ʃimɛr] *f* Hirngespinst *n*
chim|ie [ʃimi] *f* Chemie *f*; ⚠ *Schreibung*; **~iothérapie** [ʃimjoterapi] *f* Chemotherapie *f*; **~ique** chemisch; **~iste** *m, f* Chemiker(in) *m(f)*
chimpanzé [ʃɛ̃pɑ̃ze] *m* Schimpanse *m*
Chine [ʃin] ***la*** ~ China *n*
chin|ois, ~oise [ʃinwa, -waz] **1.** *adj* chinesisch; **2.** ♀ *m, f* Chinese *m*, Chinesin *f*
chinoiserie [ʃinwazri] *f* chinesische Nippsache *f*; F *fig* Pedanterie *f*; **~s** *f/pl* ***administratives*** Amtsschimmel *m*
chiot [ʃjo] *m* junger Hund *m*, Welpe *m*
chiottes [ʃjɔt] *f/pl* P Scheißhaus *n*
chiper [ʃipe] (1a) F klauen
chiqu|e [ʃik] *f* Kautabak *m*, Priem *m*
chiromanc|ien, ~ienne [kirɔmɑ̃sjɛ̃, -jɛn] *m, f* Handleser(in) *m(f)*
chirurg|ical, ~icale [ʃiryrʒikal] (⚠ *m/pl* ***-aux***) chirurgisch; **~ien** *m* Chirurg *m*; ~ ***dentiste*** Zahnarzt *m*
chloro|fluorocarbone [klɔroflyɔrokarbɔn] *m* Fluorchlorkohlenwasserstoff *m*; **~forme** [-fɔrm] *m* Chloroform *n*; **~phylle** [-fil] *m* Chlorophyll *n*
choc [ʃɔk] *m* Stoß *m*; Schlag *m*; Erschütterung *f*; Zusammenstoß *m*; *méd* Schock *m*; ***de*** ~ *Person*: aktiv, dynamisch; *Sache*: sensationell
chocolat [ʃɔkɔla] *m* Schokolade *f*; ⚠ ***le*** ~
chœur [kœr] *m* Chor *m* (*a fig u arch*); ***en*** ~ im Chor, gemeinsam
choisir [ʃwazir] (2a) (aus)wählen; ~ ***de faire qc*** sich dafür entscheiden, etw zu tun
choix [ʃwa] *m* Wahl *f*; Auswahl *f*; ***au*** ~ nach Wahl; ***de*** ~ erster Wahl, erstklassig
choléra [kɔlera] *m* Cholera *f*; ⚠***le*** ~
cholestérol [kɔlɛsterɔl] *m* Cholesterin *n*
chôm|age [ʃomaʒ] *m* Arbeitslosigkeit *f*; ~ ***partiel*** Kurzarbeit *f*; ~ ***structurel*** strukturelle Arbeitslosigkeit; **~er** (1a) arbeitslos sein; **~eur, ~euse** *m, f* Arbeitslose(r) *m, f*
chope [ʃɔp] *f* Bierkrug *m*
choqu|ant, ~ante [ʃɔkɑ̃, -ɑ̃t] schockierend, anstößig; **~er** (1a) ~ ***qc*** gegen etw verstoßen; ~ ***qn*** j-n schockieren, entrüsten, verletzen
chor|al [kɔral] *m* (⚠ *pl* **~s**) Choral *m*; **~ale** *f* Chor *m*, Gesangverein *m*; **~iste** *m, f* Chorsänger(in) *m(f)*
chose [ʃoz] *f* Sache *f*, Ding *n*; *fig* Ange-

C

legenheit *f*; ***autre*** ~ etwas anderes; ***peu de*** ~ wenig; ***quelque*** ~ etwas
chou [ʃu] *m* (⚠ *pl* **~x**) *bot* Kohl *m*; ~ ***de Bruxelles*** Rosenkohl *m*; ~ ***rouge*** Rotkohl *m*; *cuis* ~ ***à la crème*** Windbeutel *m* mit Schlagsahne; *fig* ***mon (petit)*** ~ (mein) Schatz, Liebling
chouchou, chouchoute [ʃuʃu, ʃuʃut] *m, f* Liebling *m*; **~ter** (1a) verwöhnen
choucroute [ʃukrut] *f* Sauerkraut *n*
chouette [ʃwɛt] **1.** *f zo* Eule *f*; **2.** *adj* F toll, prima
chou|-fleur [ʃuflœr] *m* (⚠ *pl* ***choux-fleurs***) Blumenkohl *m*; **~-rave** [-rav] *m*(⚠ *pl* ***choux-raves***) Kohlrabi *m*
chrét|ien, ~ienne [kretjɛ̃, -jɛn] **1.** *adj* christlich; **2.** *m, f* Christ(in) *m(f)*; **~ienté** [-jɛ̃te] *f* Christenheit *f*
Christ [krist] *m rel* ***le*** ~ Christus *m*
christian|iser [kristjanize] (1a) zum Christentum bekehren; **~isme** *m* Christentum *n*
chromé, ~e [krome] verchromt
chroniqu|e [krɔnik] **1.** *adj* chronisch; **2.** *f* Chronik *f*; **~eur** *m* Chronist *m*; Berichterstatter *m*
chrono|mètre [krɔnɔmɛtrə] *m* Stoppuhr *f*; **~métrer** [-metre] (1f) die Zeit abnehmen; **~métreur** [-metrœr] *m* *Sport*: Zeitnehmer *m*
chuchoter [ʃyʃɔte] (1a) flüstern; *poét* murmeln; säuseln
chut [ʃyt] still!, pst!
chute [ʃyt] *f* Fall *m*, (Ab-)Sturz *m*; ***faire une*** ~ ***de bicyclette*** vom Rad stürzen
Chypre [ʃipr] ***la*** ~, ***l'île de*** ~ Zypern *n*
ci [si] **1.** *mit* ***ce*** *subst* diese(r, -s) ... (hier); ***à cette heure-***~ um diese Zeit; **2.** ~ ***et ça*** dies und jenes; ***comme*** ~ ***comme ça*** F soso lala; ***par-***~ ***par-là*** hier und dort
ci-après [siaprɛ] weiter unten
cibiste [sibist] *m* CB-Funker *m*
cible [siblə] *f* (Ziel-)Scheibe *f*; Ziel *n*
ciboulette [sibulɛt] *f bot* Schnittlauch *m*
cicatri|ce [sikatris] *f* Narbe *f* (*a fig*); **~ser** [-ze] (1a) **(*se*)** ~ vernarben
ci-contre [sikɔ̃trə] nebenstehend
ci-dessous [sidsu] unten stehend; weiter unten
ci-dessus [sidsy] oben stehend; weiter oben
cidre [sidrə] *m* Apfelwein *m*
ciel [sjɛl] *m* (⚠ *pl* ***cieux*** [sjø]; *Malerei*: **~s**) Himmel *m*
cierge [sjɛrʒ] *m rel* (Wachs-)Kerze *f*
cigale [sigal] *f zo* Grille *f*, Zikade *f*
cigar|e [sigar] *m* Zigarre *f*; ⚠ ***le*** ~; ⚠ *Schreibung*; **~ette** [-ɛt] *f* Zigarette *f*; **~illo** [-ijo] *m* Zigarillo *m*
ci-gît [siʒi] *Grabinschrift*: hier ruht
cigogne [sigɔɲ] *f zo* Storch *m*
ci-inclus [siɛ̃kly] anbei
ci-joint [siʒwɛ̃] anbei
cil [sil] *m* Wimper(haar) *f* (*n*)
cime [sim] *f* Gipfel *m*; Wipfel *m*
ciment [simɑ̃] *m* Zement *m*
cimenter [simɑ̃te] (1a) zementieren; *fig* festigen
cimetière [simtjɛr] *m* Friedhof *m*
ciné [sine] *m* F (*abr* ***cinéma***) Kino *n*
cinéaste [sineast] *m* Filmemacher *m*
ciné-club [sineklœb] *m* (⚠ *pl* ***ciné-clubs***) Filmklub *m*
cinéma [sinema] *m* Kino *n*; **~thèque** [-tɛk] *f* Filmothek *f*; Filmarchiv *n*; **~tique** [-tik] *f phys* Bewegungslehre *f*; **~tographique** [-tɔgrafik] Film...
cinémomètre [sinemɔmɛtr] *m* Radarkontrollgerät *n*
ciné-parc [sinepark] *m* (⚠ *pl* ***ciné-parcs***) Autokino *n*
cinétique [sinetik] *phys* kinetisch
cingl|é, ~ée [sɛ̃gle] F bescheuert, behämmert; **~er** (1a) **1.** schlagen; peitschen; **2.** *mar* segeln (***vers*** nach)
cinoche [sinɔʃ] *m* F Kino *n*
cinq [sɛ̃k; *vor Konsonant* sɛ̃] **1.** *adj* fünf; ***à*** ~ zu fünft; ***le*** ~ ***mai*** der fünfte *od* am fünften Mai; **2.** *m* Fünf *f*; ⚠ ***le*** ~
cinquantaine [sɛ̃kɑ̃tɛn] *f* etwa fünfzig; *Alter*: Fünfzig *f*
cinquant|e [sɛ̃kɑ̃t] fünfzig; **~ième** [-jɛm] **1.** fünfzigste; **2.** *m* Fünfzigstel *n*
cinquième [sɛ̃kjɛm] **1.** fünfte; **2.** *m* Fünftel *n*
cintr|e [sɛ̃trə] *m* **1.** *arch* Wölbung *f*; Bogen *m*; **2.** Kleiderbügel *m*; **~é, ~ée** *Jacke*: tailliert; *arch* mit Rundbogen; F *cf* ***cinglé***
cirage [siraʒ] *m* Bohnern *n*; Schuhcreme *f*
circon|cision [sirkɔ̃sizjɔ̃] *f rel* Beschneidung *f*; **~férence** [-ferɑ̃s] *f* Umfang *m*; Umkreis *m*; **~flexe** [-flɛks] ***accent*** *m* ~ Zirkumflex *m*; **~scription** [-skripsjɔ̃] *f* Bezirk *m*; Wahlkreis *m*; **~scrire** [-skrir] (4f) *math* umschreiben; *fig* umgrenzen; **~spect, ~specte** [-spɛ,

-spɛkt] umsichtig; **~spection** [-spɛksjɔ̃] *f* Umsicht *f*; **~stance** [-stɑ̃s] *f* Umstand *m*

circuit [sirkɥi] *m* Umkreis *m*; Rundreise *f*; *Sport*: Rund-, Rennstrecke *f*; *tech* Stromkreis *m*; ***court*** **~** Kurzschluss *m*; **~ *intégré*** integrierte Schaltung *f*

circul|aire [sirkylɛr] **1.** *adj* kreisförmig; **2.** *f* Rundschreiben *n*; Umlauf *m*; **~ation** *f* Verkehr *m*; *Geld*: Umlauf *m*; *méd* **~ *du sang*** Blutkreislauf *m*; **~er** (1a) verkehren; fließen, zirkulieren; umlaufen, kursieren

cir|e [sir] *f* Wachs *n*; **~é, ~ée 1.** *adj* gebohnert, poliert; **2.** *m mar* Ölzeug *n*; Regenmantel *m*; **~er** (1a) wichsen, bohnern; **~eur** *m* Schuhputzer *m*

cirque [sirk] *m* Zirkus *m* (*a fig*)

cis|aille [sizaj] *f meist pl* **~s** große Schere *f*; **~ *à tôle*** Blechschere *f*; **~eau** [-o] *m* (⚠ *pl* **~x**) Meißel *m*; **~x** *pl* Schere *f*; ***une paire de*** **~x** e-e Schere

ciseler [sizle] (1d) ziselieren; *fig* ausfeilen

citad|elle [sitadɛl] *f* Feste *f*; Zitadelle *f*; *fig* Bollwerk *n*; **~in, ~ine** [-ɛ̃, -in] **1.** *adj* städtisch; **2.** *m*, *f* Städter(in) *m(f)*

citation [sitasjɔ̃] *f* Zitat *n*; *jur* Vorladung *f*

cité [site] *f* Stadt *f*; Siedlung *f*; *hist* Stadtstaat *m*; **~ *administrative*** Behördenviertel *n*; **~ *hospitalière*** Krankenhauszentrum *n*; **~ *universitaire*** Studentenwohnheim *n*; ***droit m de*** **~** Bürgerrecht *n*; **~-dortoir** [-dɔrtwar] *f* (⚠ *pl* ***cités-dortoirs***) Schlafstadt *f*; **~-jardin** [-ʒardɛ̃] *f* (⚠ *pl* ***cités-jardins***) Gartenstadt *f*

citer [site] (1a) anführen, zitieren; *jur* vorladen

citerne [sitɛrn] *f* Zisterne *f*; Tank *m*

citoy|en, ~enne [sitwajɛ̃, -ɛn] *m*, *f* Bürger(in) *m(f)*; Staatsangehörige(r) *m*, *f*; ⚠ *nicht verwechseln mit* ***le bourgeois***; **~enneté** [-ɛnte] *f* Staatsbürgerschaft *f*

citr|on [sitrɔ̃] *m* Zitrone *f*; ⚠ ***le*** **~**; **~onnier** [-ɔnje] *m* Zitronenbaum *m*

citrouille [sitruj] *f* Kürbis *m*

civet [sivɛ] *m cuis* **~ *de lièvre*** Hasenpfeffer *m*

civette [sivɛt] *f bot* Schnittlauch *m*

civière [sivjɛr] *f* Tragbahre *f*

civil, ~e [sivil] **1.** *adj* Bürger..., bürgerlich, Zivil...; *litt* gesittet, höflich; ***responsabilité*** *f* ***civile*** Haftpflicht *f*; ***état*** *m* ***civil*** Personenstand *m*; ***bureau*** *m* ***de l'état civil*** Standesamt *n*; ***mariage*** *m* ***civil*** standesamtliche Trauung *f*; **2.** *m* Zivilist *m*; **~ement** [-mɑ̃] *adv* nichtkirchlich; zivilrechtlich

civilis|ation [sivilizasjɔ̃] *f* Zivilisation *f*; Kultur *f*; Gesittung *f*; **~er** (1a) zivilisieren

civ|ique [sivik] staatsbürgerlich, Bürger...; **~isme** *m* Bürgersinn *m*

clair, ~e [klɛr] **1.** *adj* hell, klar (*a fig*); deutlich; **2.** *adv* ***voir*** **~** gut sehen; **3.** *m* Helle *f*; **~ *de lune*** Mondschein *m*

claire-voie [klɛrvwa] *f* (⚠ *pl* ***claires-voies***) Lattenzaun *m*

clairière [klɛrjɛr] *f* Lichtung *f*

clair-obscur [klɛrɔpskyr] *m* (⚠ *pl* ***clairs-obscurs***) *Malerei*: Helldunkel *n*

clairon [klɛrɔ̃] *m mus* Horn *n*

clairsemé, ~e [klɛrsəme] dünn gesät; *Wald*: hell, licht

clairvoy|ance [klɛrvwajɑ̃s] *f* Scharfblick *m*; **~ant, ~ante** [-ɑ̃, -ɑ̃t] klarblickend

clan [klɑ̃] *m* Clan *m*; *fig* Klüngel *m*; Sippschaft *f*

clandest|in, ~ine [klɑ̃dɛstɛ̃, -in] heimlich; verborgen; ***passager*** *m* ***clandestin*** blinder Passagier *m*

clapot|ement [klapɔtmɑ̃] *m od* **~is** [-i] *m*, Plätschern *n*; **~er** (1a) plätschern

claquage [klakaʒ] *m méd* Muskelzerrung *f*

claqu|ant, ~ante [klakɑ̃, -ɑ̃t] F anstrengend

claqu|e [klak] *f* Klaps *m*; Ohrfeige *f*; (***chapeau*** *m*) **~** Klappzylinder *m*; **~é, ~ée** F fix und fertig; **~ement** *m* Klatschen *n*, Knallen *n*, Schnalzen *n*

claqu|er [klake] (1m) klatschen, knallen, klappern; *Geld*: verjubeln; ***faire*** **~ *la porte*** die Tür zuknallen; ***faire*** **~ *sa langue*** mit der Zunge schnalzen; *Sport*: ***se*** **~ *un muscle*** sich e-e Muskelzerrung zuziehen; **~ette** [-ɛt] *f* Klappe *f* (*bei Filmaufnahmen*); **~s** *pl* Stepp(tanz) *m*

clarifier [klarifje] (1a) (ab)klären (*a fig*)

clarinette [klarinɛt] *f mus* Klarinette *f*

clarté [klarte] *f* Helle *f*; Schein *m*; *fig* Klarheit *f*; Deutlichkeit *f*

clash [klaʃ] *m* Konflikt *m*

classe [klas] *f* **1.** Klasse *f*; Schicht *f*; **2.** (Schul-)Klasse *f*; Stunde *f*; Unterricht

C

m; ***aller en ~*** zur Schule gehen; ***faire la ~*** unterrichten, Unterricht geben; ***~ verte*** Schullandheim *n*; ***~ de neige*** Skilager *n*; **3.** *fig* Rang *m*; Format *n*; **4.** *mil* Jahrgang *m*; ***faire ses ~s*** seine Grundausbildung machen
classement [klasmɑ̃] *m* (Ein-)Ordnung *f*; Einteilung *f*; Ablage *f* (*von Briefen etc*); *Sport*: Bewertung *f*; Tabelle *f*
class|er [klase] (1a) einordnen, klassifizieren, einteilen; *Akten etc*: ablegen, abheften; *Gebäude*: unter Denkmalschutz stellen; F ***~ qn*** j-n abschätzig beurteilen; **~eur** *m* (Akten-)Ordner *m*; Aktenschrank *m*
classi|cisme [klasisismə] *m* Klassik *f* (*Literatur*); *arch* Klassizismus *m*; **~fication** [-fikasjɔ̃] *f* Klassifizierung *f*; **~fier** [-fje] (1a) klassifizieren
classique [klasik] klassisch; *arch, Kunst a*: klassizistisch; *fig* herkömmlich; konventionell
clause [kloz] *f* Klausel *f*
clavecin [klavsɛ̃] *m mus* Cembalo *n*
clavicule [klavikyl] *f* Schlüsselbein *n*
clavier [klavje] *m* Tastatur *f*; Klaviatur *f*; ***~ à touches multifonctionnel*** Multifunktionstastatur *f*
clé [kle] *f* Schlüssel *m* (*a tech, mus, fig*); ***fermer à ~*** absperren; ***la ~ est sur la porte*** der Schlüssel steckt; ***sous ~*** unter Verschluss; *fig* ***prendre la ~ des champs*** das Weite suchen; *arch* ***~ de voûte*** Schlussstein *m*; ***~ en croix*** Kreuzschlüssel *m*; ***~ de contact*** Zündschlüssel *m*; ***~ de fonction*** *EDV* Funktionstaste *f*
clean [klin] F **1.** sauber; **2.** *Person*: schwer in Ordnung; **3.** *Süchtige*: clean
clébard [klebar] *m od* **clebs** [klɛps] *m* F *péj* Köter *m*
clef [kle] *f cf* ***clé***
clém|ence [klemɑ̃s] *st/s f* Milde *f*; **~ent, ~ente** [-ɑ̃, -ɑ̃t] gütig; mild
clerc [klɛr] *m* **1.** Schreiber *m*; **2.** Geistliche(r) *m*
clergé [klɛrʒe] *m* Klerus *m*
clérical, ~e [klerikal] (⚠ *m/pl* **-aux**) geistlich, klerikal
cliché [kliʃe] *m* Klischee *n*; *Foto*: Negativ *n*
cli|ent, ~ente [klijɑ̃, -ɑ̃t] *m, f* Kunde *m*, Kundin *f*; *méd* Patient(in) *m(f)*; **~entèle** [-ɑ̃tɛl] *f* Kundschaft *f*
clign|er [kliɲe] (1a) ***~ (des yeux)*** blinzeln; ***~ de l'œil à qn*** j-m zuzwinkern; **~otant** [-ɔtɑ̃] *m* Blinklicht *n*; **~oter** [-ɔte] (1a) blinken
climat [klima] *m* Klima *n*; *fig* Atmosphäre *f*
climat|ique [klimatik] klimatisch; ***station f ~*** Luftkurort *m*; **~isation** [-izasjɔ̃] *f* Klimaanlage *f*; **~isé, ~isée** klimatisiert; **~iseur** *m* Klimaanlage *f*; **~ologie** [-ɔlɔʒi] *f* Klimakunde *f*
clin [klɛ̃] *m* ***~ d'œil*** Augenzwinkern *n*; ***en un ~ d'œil*** im Nu
clin|icien [klinisjɛ̃] *m* praktizierender Arzt *m*; **~ique 1.** *adj* klinisch; **2.** *f* Klinik *f*
clinqu|ant, ~ante [klɛ̃kɑ̃, -ɑ̃t] protzig; kitschig
clip [klip] *m* Videoclip *m*
clique [klik] *f péj* Sippschaft *f*; Clique *f*
cliquer [klike] (1m) *EDV* (an)klicken; ***~ deux fois*** doppelklicken
cliquet|er [klikte] (1c) klirren; rasseln; **~is** [-i] *m* Geklirr *n*; *Motor*: Klopfen *n*
cloaque [klɔak] *m* Kloake *f*; ⚠ ***le ~***
cloch|ard, ~arde [klɔʃar, -ard] *m, f* Stadtstreicher(in) *m(f)*, F Penner *m*
cloche [klɔʃ] *f* Glocke *f*; **~-pied** [-pje] ***aller, sauter à ~*** auf einem Bein hüpfen
cloch|er [klɔʃe] **1.** *m* Glocken-, Kirchturm *m*; *fig* ***esprit m de ~*** Lokalpatriotismus *m*; **2.** *Verb* (1a) F ***ça cloche*** da stimmt etwas nicht; **~ette** [-ɛt] *f* Glöckchen *n*
cloison [klwazɔ̃] *f* Scheidewand *f*; *mar* Schott *n*; *fig* Schranke *f*
cloîtr|e [klwɑtrə] *m* **1.** *arch* Kreuzgang *m*; **2.** Kloster *n*; **~er** (1a) *fig* ***se ~*** sich abschließen, sich zurückziehen
cloner [klone] (1a) klonen
clope [klɔp] *m od f* F Kippe *f*, Zigarettenstummel *m*
clopin-clopant [klɔpɛ̃klɔpɑ̃] *adv* F humpelnd, hinkend
clopiner [klɔpine] (1a) humpeln
cloporte [klɔpɔrt] *m* Kellerassel *f*
cloque [klɔk] *f* (Haut-)Blase *f*
clos, close [klo, kloz] **1.** *p/p von* ***clore*** geschlossen; ***maison f close*** Freudenhaus *n*; **2.** *m* Weinberg(lage) *m(f)*; Grundstück *n*
clôtur|e [klotyr] *f* **1.** Einfriedigung *f*; Zaun *m*; **2.** *comm* (Ab-)Schluss *m*; **~er** (1a) einfriedigen; *fig* (ab)schließen

C

clou [klu] *m* Nagel *m*; *fig* Höhepunkt *m*; *méd* Furunkel *m*; F **~s** *pl* Fußgängerüberweg *m*; *cuis* **~ de girofle** Gewürznelke *f*; F **vieux ~** alte Karre *f*; **~er** (1a) (an-, auf)nageln; **~té, ~tée** [-te] genagelt; **passage** *m* **clouté** Fußgängerüberweg *m*

clown [klun] *m* Clown *m*

club [klœb] *m* Klub *m*

coaguler [kɔagyle] (1a) *chim* gerinnen lassen; ausflocken; (**se**) **~** gerinnen

coali|ser [kɔalize] (1a) *bes pol* **se ~** sich verbünden; **~tion** *f bes pol* Bündnis *n*; Koalition *f*

coasser [kɔase] (1a) quaken

cobaye [kɔbaj] *m zo* Meerschweinchen *n*; *fig* Versuchskaninchen *n*

coca [kɔka] **1.** *m* Cola *f*; **2.** *f* Kokain *n*

cocagne [kɔkaɲ] *f* **mât** *m* **de ~** Klettermast *m* (*Volksspiel*); **pays** *m* **de ~** Schlaraffenland *n*

cocaïn|e [kɔkain] *f* Kokain *n*; **~omane** [-oman] *m, f* Kokainsüchtige(r) *m, f*

cocarde [kɔkard] *f* Kokarde *f*; Schleife *f*

cocasse [kɔkas] F komisch, ulkig

coccinelle [kɔksinɛl] *f* Marienkäfer *m*; F *auto* Käfer *m*

cocher [kɔʃe] **1.** *m* Kutscher *m*; **2.** *Verb* (1a) abhaken (*auf e-r Liste*)

cochère [kɔʃɛr] **porte** *f* **~** Torweg *m*, Durchfahrt *f*

cochon [kɔʃɔ̃] **1.** *m zo* Schwein *n*; *fig* F Ferkel *n*; **~ d'Inde** Meerschweinchen *n*; ⚠ Schweinefleisch **le porc**; **2.** *adj* **~, ~ne** [-ɔn] F schmutzig; schweinisch, zotig

cochonn|er [kɔʃɔne] (1a) F hinpfuschen; **~erie** *f* F Schweinerei *f*; Dreck *m*; Zote *f*

cocktail [kɔktɛl] *m* Cocktail *m*; *fig* Mischung *f*

coco [kɔko] *m* **noix** *f* **de ~** Kokosnuss *f*

cocon [kɔkɔ̃] *m zo* Kokon *m*, (Seiden-)Raupengespinst *n*

cocorico [kɔkɔriko] *m* Kikeriki *n*

cocotier [kɔkɔtje] *m* Kokospalme *f*

cocotte [kɔkɔt] *f cuis* Schmortopf *m*; *enf* Huhn *n*; F Liebling *m*; *péj* Kokotte *f*, Halbweltdame *f*; **~-minute** [-minyt] *f* (⚠ *pl* **cocottes-minute**) Schnellkochtopf *m*

cocu [kɔky] F *m* betrogener, gehörnter Ehemann *m*, Liebhaber *m*

code [kɔd] *m* **1.** *jur* Gesetzbuch *n*; **~ civil** BGB (= Bürgerliches Gesetzbuch); **~ pénal** Strafgesetzbuch *n*; **~ de déontologie** Berufsethos *n*; **~ de la route** Straßenverkehrsordnung *f*; **2.** F Verkehrsregeln *f/pl*; **se mettre en ~** abblenden; **3.** Kodex *m*; Code *m*; **~ confidentiel** Geheimzahl *f*, Geheimnummer *f*; **~ postal** Postleitzahl *f*; **~ d'accès** Codenummer *f*; **~ ASCII** ASCII-Code *m*; **~ à barres** Strichkode *m*

cœur [kœr] *m* Herz *n* (*a fig*); **~ du réacteur** Reaktorkern *m*; **à ~ joie** nach Herzenslust; **de bon ~** von Herzen gern; **par ~** auswendig; **j'ai mal au ~** mir ist übel

coffre [kɔfrə] *m* Kasten *m*; Truhe *f*; *auto* Kofferraum *m*; ⚠ *nicht* Koffer; **~-fort** [-fɔr] *m* (⚠ *pl* **coffres-forts**) Geldschrank *m*, Tresor *m*

coffret [kɔfrɛ] *m* Kästchen *n*; Kassette *f*

cogestion [kɔʒɛstjɔ̃] *f pol, jur* Mitbestimmung *f*

cognac [kɔɲak] *m* Cognac *m*, Weinbrand *m*

cognassier [kɔɲasje] *m bot* Quittenbaum *m*

cogn|ée [kɔɲe] *f* Axt *f*; **~er** (1a) *Motor*: klopfen; **~ qc** an etw stoßen; **~ à, contre** auf, gegen ... schlagen, hämmern; **se ~ à, contre qc** sich an etw stoßen

cohabitation [koabitasjɔ̃] *f* Zusammenleben *n*; *pol* Kohabitation *f*

cohér|ence [kɔerɑ̃s] *f* Zusammenhang *m*, -halt *m*; **~ent, ~ente** [-ɑ̃, -ɑ̃t] zusammenhängend, eng verbunden; kohärent

cohésion [kɔezjɔ̃] *f* Zusammenhang *m*, -halt *m*

cohue [kɔy] *f* Menschenmenge *f*; Gewühl *n*

coiff|e [kwaf] *f* (Trachten-)Haube *f*; **~er** (1a) **~ qn** j-n frisieren; **~ qn d'un bonnet** j-m e-e Mütze aufsetzen; *fig* **~ qc** etw bedecken; **se ~** sich frisieren, sich kämmen; **~eur, ~euse 1.** *m, f* Friseur *m*, Friseuse *f*, Frisör *m*, Frisöse *f*; **2.** *f* Frisiertisch *m*; **~ure** [-yr] *f* Kopfbedeckung *f*; Frisur *f*

coin [kwɛ̃] *m* **1.** Ecke *f* (*a fig*); **2.** *tech* (Spalt-)Keil *m*

coincer [kwɛ̃se] (1k) (ein)klemmen; quetschen; *fig* **~ qn** j-n in die Enge treiben

C

coïncid|ence [kɔɛ̃sidɑ̃s] *f zeitliches* Zusammenfallen *n*, -treffen *n*; **~er** (1a) zusammenfallen, -treffen (**avec** mit)
coing [kwɛ̃] *m bot* Quitte *f*
Coire [kwar] Chur
col [kɔl] *m* **1.** Kragen *m*; *e-r Flasche*: Hals *m*; **2.** *géogr* (Gebirgs-)Pass *m*
colère [kɔlɛr] *f* Zorn *m*; Wut *f*
colérique [kɔlerik] jähzornig; hitzig
colimaçon [kɔlimasɔ̃] *m zo* Schnecke *f*; ***escalier m en ~*** Wendeltreppe *f*
colis [kɔli] *m* Paket *n*; Frachtstück *n*; ***~ postal*** Postpaket *n*
collabor|ateur, ~atrice [kɔlabɔratœr, -atris] *m, f* Mitarbeiter(in) *m(f)*; **~ation** *f* Mitarbeit *f*; *pol péj* Kollaboration *f*; **~er** (1a) mitarbeiten (**à qc** an etw)
coll|ant, ~ante [kɔlɑ̃, -ɑ̃t] **1.** *adj* klebend; eng anliegend; F *fig* aufdringlich; **2.** *m* Strumpfhose *f*
collatéral, ~e [kɔlateral] (⚠ *m/pl* ***-aux***) Seiten...; Neben...
collat|ion [kɔlasjɔ̃] *f* Imbiss *m*; **~ionner** [-jɔne] (1a) vergleichen, prüfen
colle [kɔl] *f* **1.** Klebstoff *m*; Leim *m*; **2.** *Schülersprache*: knifflige Frage *f*; Nachsitzen *n*, Arrest *m*
collect|e [kɔllɛkt] *f* (Geld-)Sammlung *f*; *rel* Kollekte *f*; **~if, ~ive** [-if, -iv] gemeinschaftlich; Sammel..., Kollektiv...
collect|ion [kɔlɛksjɔ̃] *f* Sammlung *f*; (Buch-)Reihe *f*; Kollektion *f*; **~ionner** [-jɔne] (1a) sammeln
collectivité [kɔlɛktivite] *f* Gemeinschaft *f*
collège [kɔlɛʒ] *m in Frankreich* (*seit 1977*) *etwa* Gesamtschule *f* (*bis einschließlich Sekundarstufe I*); ⚠ ***le lycée*** (*seit 1977*) Oberstufe (*bis Abitur*)
collég|ial, ~iale [kɔleʒjal] (⚠ *m/pl* ***-iaux***) **1.** *égl* Stifts...; **2.** kollegial; **~ien, ~ienne** *m, f* Schüler(in) *m(f)* e-s Collège
collègue [kɔlɛg] *m, f* Kollege *m*, Kollegin *f*; ⚠ *nicht verwechseln mit* ***le collège***
coller [kɔle] (1a) **1.** (an-, auf-, zusammen)kleben, leimen; *fig* drücken, pressen; *Kleidung*: hauteng sitzen; ***se ~ contre qn*** sich an j-n (an)schmiegen; **2.** *Schülersprache*: ***~ qn*** j-m e-e schwierige Frage stellen; j-n durchfallen lassen; ***être collé*** durchrasseln; nachsitzen müssen
collet [kɔlɛ] *m cuis* Halsstück *n*; ***prendre qn au ~*** j-n am Kragen packen
collier [kɔlje] *m* Halsband *n*, -kette *f*
colline [kɔlin] *f* Hügel *m*
collision [kɔlizjɔ̃] *f* Zusammenstoß *m*, Kollision *f* (*a fig*)
colloque [kɔlɔk] *m* Kolloquium *n*
collyre [kɔlir] *m* Augentropfen *m/pl*
Cologne [kɔlɔɲ] Köln
colombage [kɔlɔ̃baʒ] *m arch* Fachwerk *n*
colomb|e [kɔlɔ̃b] *f zo* Taube *f*; *fig* ***~ de la paix*** Friedenstaube *f*; **~ier** [-je] *m* Taubenhaus *n*, -schlag *m*
colon [kɔlɔ̃] *m* **1.** (An-)Siedler *m*; **2.** Kind *n* in e-r Ferienkolonie
colonel [kɔlɔnɛl] *m* Oberst *m*
colon|ial, ~iale [kɔlɔnjal] (⚠ *m/pl* ***-iaux***) Kolonial..., kolonial; **~ie** [-i] *f* Kolonie *f*; Siedlung *f*; ***~ de vacances*** Ferienkolonie *f*, -lager *n*
colonis|ation [kɔlɔnizasjɔ̃] *f* Kolonisierung *f*; Besiedlung *f*; **~er** (1a) kolonisieren; besiedeln
colonne [kɔlɔn] *f* Säule *f* (*a fig*, *tech*); Zeitungs-, Textspalte *f*, Kolumne *f*; (Zahlen-)Kolonne *f*; *mil*, *pol* Kolonne *f*
color|ant, ~ante [kɔlɔrɑ̃, -ɑ̃t] **1.** *adj* Farb...; **2.** *m* Farbstoff *m*; **~er** (1a) färben; **~is** [-i] *m* Kolorit *n*; Färbung *f*
colossal, ~e [kɔlɔsal] (⚠ *m/pl* ***-aux***) gewaltig, kolossal, riesengroß
colosse [kɔlɔs] *m* Koloss *m*, Riese *m* (*a fig*)
colport|age [kɔlpɔrtaʒ] *m comm* Hausieren *n*; *fig* Kolportieren *n* (*von Nachrichten*); **~er** (1a) hausieren; *fig* kolportieren, verbreiten; **~eur, ~euse** *m, f* Hausierer(in) *m(f)*
colza [kɔlza] *m bot* Raps *m*
combat [kɔ̃ba] *m* Kampf *m*; Gefecht *n*
combatt|ant, ~ante [kɔ̃batɑ̃, -ɑ̃t] **1.** *adj* kämpfend, Kampf...; **2.** *m* Soldat *m* im Kampf; ***ancien combattant*** (ehemaliger) Kriegsteilnehmer *m*
combattre [kɔ̃batrə] (4a) (be)kämpfen; ***~ l'ennemi***, ***ses passions***, ***une maladie*** den Feind, seine Leidenschaften, e-e Krankheit bekämpfen; ***~ contre qn***, ***pour qc*** gegen j-n, für etw kämpfen
combien [kɔ̃bjɛ̃] *adv* wie viel; wie (sehr); ***~ de fois*** wie oft; ***~ de temps*** wie lange
combinaison [kɔ̃binɛzɔ̃] *f* **1.** Zusammenstellung *f*; Verbindung *f*; Kombi-

nation *f*; **2.** *fig* Mittel *n*; Trick *m*; **3.** Arbeits-, Monteuranzug *m*, Kombination *f*; Unterrock *m*; Strampelhöschen *n*

combin|e [kɔ̃bin] F *f* Trick *m*; Dreh *m* F, Masche *f* F; **~er** (1a) verbinden; kombinieren

combl|e [kɔ̃blə] **1.** *m* **a)** *fig* Gipfel *m*; Höhepunkt *m*; **b)** Dach(form) *n(f)*; Dachstuhl *m*; *pl* **~s** Dachgeschoss *n*; **2.** *adj* übervoll; **~er** (1a) anfüllen; zuschütten; *fig* überhäufen (***qn de qc*** j-n mit etw); ausfüllen

combust|ible [kɔ̃bystiblə] **1.** *adj* brennbar; **2.** *m* Brennstoff *m*; **~ion** *f* Verbrennung *f*

coméd|ie [kɔmedi] *f* Komödie *f*; *fig* Theater *n*; Zirkus *m*; **~ *musicale*** Musical *n*; **~ien, ~ienne** *m*, *f* Komödiant(in) *m(f)*; Schauspieler(in) *m(f)* (*a fig*)

comestible [kɔmɛstiblə] **1.** *adj* essbar; **2. ~s** *m/pl* Nahrungsmittel *n/pl*

comète [kɔmɛt] *f* Komet *m*; ⚠ ***la ~***

comique [kɔmik] **1.** *adj* komisch; **2.** *m* Komiker *m*; Komödienschreiber *m*; Komik *f*; ⚠ ***le ~***

comité [kɔmite] *m* Ausschuss *m*, Komitee *n*; **~ *d'entreprise*** Betriebsrat *m*; ⚠ *Schreibung*

commandant [kɔmɑ̃dɑ̃] *m mil* Kommandant *m*; Kapitän *m*; *Dienstgrad*: Major *m*; **~ *en chef*** Oberbefehlshaber *m*; *aviat* **~ *de bord*** Flugkapitän *m*

command|e [kɔmɑ̃d] *f* Bestellung *f*; *tech* Steuerung *f*; Antrieb *m*; *EDV* Befehl *m*; **~ *de copie*** Kopierbefehl *m*; **~ement** [-mɑ̃] *m mil* Kommando *n*; Befehl *m*; *rel* Gebot *n*; **~er** (1a) bestellen; befehlen; (F herum)kommandieren (***qn*** j-n) *fig* erfordern, verlangen; *tech* steuern; bedienen

commandit|aire [kɔmɑ̃ditɛr] *m* stiller Teilhaber *m*; Sponsor *m*; **~er** (1a) finanzieren; sponsern

comme [kɔm] **1.** *adv* (*in der Weise*) wie; (*in der Eigenschaft*) als; **2.** *conj zeitlich*: als; *Grund*: da; *in Vergleichen*: wie; (eben)so wie; F **~ *ci* ~ *ça*** soso lala; ***c'est tout* ~** das ist fast genauso; **~ *il faut*** anständig; **~ *si*** als ob; ⚠ *nicht verwechseln mit* ***comment***

comméмora|tif, ~tive [kɔmemɔratif, -tiv] Gedächtnis...; Gedenk...; **~tion** *f* Gedenkfeier *f*; Gedenken *n*

commenç|ant, ~ante [kɔmɑ̃sɑ̃, -ɑ̃t] *m*, *f* Anfänger(in) *m(f)*

commenc|ement [kɔmɑ̃smɑ̃] *m* Anfang *m*; **~er** (1k) anfangen, beginnen; **~ *qc par qc*** etw mit etw anfangen; **~ *à*** (*od selten* ***de***) (+ *inf*) beginnen zu (+ *inf*); **~ *par faire qc*** zuerst etw tun

comment [kɔmɑ̃] *adv* wie?, wie!; ***le ~ et le pourquoi*** das Wie und Warum

comment|aire [kɔmɑ̃tɛr] *m* Kommentar *m*; **~ateur, ~atrice** [-atœr, -atris] *m*, *f* Kommentator(in) *m(f)*; **~er** (1a) kommentieren

commerç|ant, ~ante [kɔmɛrsɑ̃, -ɑ̃t] **1.** *adj* Handels...; **2.** *m*, *f* Geschäftsmann *m*, -frau *f*; Kaufmann *m*

commerc|e [kɔmɛrs] *m* Handel *m*; *fig* Umgang *m*; **~er** (1k) Handel treiben

commercial, ~e [kɔmɛrsjal] (⚠ *m/pl* ***-iaux***) kaufmännisch, Handels...; **~iser** (1a) vermarkten

commère [kɔmɛr] *f* Klatschbase *f*

commettre [kɔmɛtrə] (4p) *Verbrechen*: begehen; *jur* beauftragen

commis [kɔmi] *m* kaufmännische(r) Angestellte(r) *m*; **~ *voyageur*** Handlungsreisende(r) *m*

commisération [kɔmizerasjɔ̃] *f* Mitleid *n*, Erbarmen *n*

commissaire [kɔmisɛr] *m* Kommissar *m*; *comm* **~ *aux comptes*** Wirtschaftsprüfer *m*

commissariat [kɔmisarja] *m* Kommissariat *n*; **~ *de police*** Polizeirevier *n*

commiss|ion [kɔmisjɔ̃] *f* Auftrag *m*, Besorgung *f*; Ausschuss *m*, Kommission *f*; *comm* Provision *f*; **~ionnaire** [-jɔnɛr] *m* Beauftragte(r) *m*, Kommissionär *m*; Bote *m*, Laufbursche *m*; **~ionner** (1a) **~ *qn*** j-n beauftragen

commod|e [kɔmɔd] **1.** *adj* bequem; umgänglich; ⚠ *adv* ***commodément***; **2.** *f* Kommode *f*; **~ité** *f* Bequemlichkeit *f*; **~s** *pl litt* Toilette *f*

commotion [kɔmɔsjɔ̃] *f méd* **~ *cérébrale*** Gehirnerschütterung *f*

comm|un, ~une [kɔmɛ̃ *od* kɔmœ̃, -yn] gemeinsam, -schaftlich; alltäglich; ***transports*** *m/pl* ***en commun*** öffentliche Verkehrsmittel *n/pl*; **~ *à plusieurs*** mehreren gemeinsam; ⚠ *adv* ***communément***

communal, ~e [kɔmynal] (⚠ *m/pl*

C

*-**aux***) Gemeinde...; **~iser** (1a) der Gemeinde unterstellen
communau|taire [kɔmynotɛr] Gemeinschafts...; **~té** [-te] *f* Gemeinsamkeit *f*; Gemeinschaft *f* (*a pol*, *rel*)
commune [kɔmyn] *f* (Land- *od* Stadt-)Gemeinde *f*
communica|tif, ~tive [kɔmynikatif, -tiv] mitteilsam; **~tion** *f* Mitteilung *f*; Verbindung *f* (*a mil*, *tél*, *Verkehr*); *tél a* Gespräch *n*; *allg* Kommunikation *f*; Kontakt *m*; Verständigung *f*
commun|ier [kɔmynje] (1a) *rel* die Kommunion empfangen; **~ion** *f rel* Gemeinschaft *f*; Abendmahl *n*, Kommunion *f*; *fig* Übereinstimmung *f*
communiqu|é [kɔmynike] *m pol* Kommunikee *n*; Mitteilung *f*; **~er** (1m) mitteilen; ~ ***qc à qn*** j-n mit etw anstecken (*a fig*); ~ ***avec*** in Verbindung stehen mit; ***se*** ~ sich ausbreiten
commun|isme [kɔmynismə] *m* Kommunismus *m*; **~iste 1.** *adj* kommunistisch; **2.** *m*, *f* Kommunist(in) *m*(*f*)
commutable [kɔmytablə] umschaltbar
commutateur [kɔmytatœr] *m tech* Schalter *m*
compact, ~e [kɔ̃pakt] dicht; fest; ~ ***disc*** *m* CD *f*
compagn|e [kɔ̃paɲ] *f* Gefährtin *f*; Begleiterin *f*; **~ie** [-i] *f* Gesellschaft *f* (*a comm*); Begleitung *f*; *mil* Kompanie *f*; **~on** *m* Gefährte *m*; Begleiter *m*
compar|able [kɔ̃parablə] vergleichbar (***à***, ***avec*** mit); **~aison** *f* Vergleich *m*; ***en*** ~ ***de***, ***par*** ~ ***à*** *od* ***avec*** im Vergleich zu, mit; **~aître** [-ɛtrə] (4z) erscheinen (***en justice*** vor Gericht); **~atif, ~ative** [-atif, -ativ] **1.** *adj* vergleichend; Vergleichs...; **2.** *m gr* Komparativ *m*; **~ativement** [-ativmɑ̃] *adv* vergleichsweise; verglichen (***à*** mit); **~er** (1a) ~ ***à*** *od* ***avec*** vergleichen mit
compartiment [kɔ̃partimɑ̃] *m* Fach *n*; Feld *n*; *Eisenbahn*: Abteil *n*
compartimenter [kɔ̃partimɑ̃te] (1a) (in Fächer) einteilen; abgrenzen
compas [kɔ̃pa] *m* Zirkel *m*; *mar* Kompass *m*
compassion [kɔ̃pasjɔ̃] *f* Mitleid *n*
compatibilité [kɔ̃patibilite] *f* Vereinbarkeit *f*; *EDV* Kompatibilität *f*
compatible [kɔ̃patiblə] vereinbar; *EDV* kompatibel
compatir [kɔ̃patir] (2a) ~ ***à*** mitfühlen mit
compatriote [kɔ̃patrijɔt] *m*, *f* Landsmann *m*, -männin *f*
compens|ateur, ~atrice [kɔ̃pɑ̃satœr, -atris] ausgleichend; **~ation** *f* Ausgleich *m*, Ersatz *m*; **~er** (1a) ausgleichen, ersetzen
compère [kɔ̃pɛr] *m litt* Gevatter *m*; *fig* Kerl *m*; Bursche *m*
compét|ence [kɔ̃petɑ̃s] *f* Zuständigkeit *f* (*a jur*); Sachkenntnis *f*; **~ent, ~ente** [-ɑ̃, -ɑ̃t] zuständig; kompetent; sachkundig
compilateur [kɔ̃pilatœr] *m EDV* Compiler *m*
compét|itif, ~itive [kɔ̃petitif, -itiv] konkurrenz-, wettbewerbsfähig; ***societé*** *f* ***compétitive*** Leistungsgesellschaft *f*; **~ition** *f* Wettbewerb *m*
complai|re [kɔ̃plɛr] (4aa) ~ ***à qn*** *litt* j-m gefällig sein; ***se*** ~ ***à*** (+ *inf*) sich darin gefallen zu (+ *inf*); **~sance** [-zɑ̃s] *f* Gefälligkeit *f*; **~sant, ~sante** [-zɑ̃, -zɑ̃t] gefällig (***pour*** *od* ***envers qn*** j-m gegenüber)
complé|ment [kɔ̃plemɑ̃] *m* Ergänzung *f* (*a gr*); **~mentaire** [-mɑ̃tɛr] ergänzend
compl|et, ~ète [kɔ̃plɛ, -ɛt] **1.** *adj* vollständig; vollkommen; *Hotel*: belegt; **2.** *m* (Herren-)Anzug *m*; **~ètement** [-ɛtmɑ̃] *adv* völlig
compléter [kɔ̃plete] (1f) vervollständigen
complex|e [kɔ̃plɛks] **1.** *adj* vielschichtig; komplex; **2.** *m* Komplex *m* (*a arch*, *psych*); **~é, ~ée** *psych* gehemmt; F verklemmt; **~ité** *f* Kompliziertheit *f*
complication [kɔ̃plikasjɔ̃] *f* Verwicklung *f*; Komplikation *f* (*a méd*)
complic|e [kɔ̃plis] **1.** *adj* mitschuldig; **2.** *m*, *f* Komplize *m*, Komplizin *f*; **~ité** *f* Mitschuld *f*; Mittäterschaft *f*
complimen|t [kɔ̃plimɑ̃] *m* Kompliment *n*; Empfehlung *f*; **~ter** [-te] (1a) ~ ***qn pour qc*** j-n zu etw beglückwünschen
compliqu|é, ~ée [kɔ̃plike] verwickelt, kompliziert; **~er** (1m) komplizieren; erschweren
compl|ot [kɔ̃plo] *m* Verschwörung *f*; **~oter** [-ɔte] (1a) ein Komplott schmieden; ~ ***qc*** etw anzetteln, aushecken
comport|ement [kɔ̃pɔrtəmɑ̃] *m* Ver-

halten *n*; **~er** (1a) enthalten, umfassen; zur Folge haben; ***se ~*** sich betragen, sich verhalten

compos|ant [kɔ̃pozɑ̃] *m* Bestandteil *m*, Komponente *f*; **~é, ~ée 1.** *adj* zusammengesetzt (***de*** aus); **2.** *m* Zusammensetzung *f*; **~er** (1a) zusammensetzen; ausarbeiten, verfassen; *tél Nummer*: wählen; *mus* komponieren; ***se ~ de*** bestehen aus

composi|teur, ~trice [kɔ̃pozitœr, -tris] *m, f* Komponist(in) *m(f)*; **~tion** *f* Zusammensetzung *f*; Komposition *f* (*a mus*); *Schule*: Klassenarbeit *f*

composter [kɔ̃pɔste] (1a) **1.** *Fahrschein*: entwerten; **2.** *Garten*: mit Kompost düngen

composteur [kɔ̃pɔstœr] *m* (Fahrkarten-)Entwerter *m*

compote [kɔ̃pɔt] *f* Kompott *n*; ⚠ ***la ~***; ⚠ *Schreibung*

compréhens|ible [kɔ̃preɑ̃siblə] begreiflich; ***il est ~ que*** (+ *subj*) es ist verständlich, dass ...; **~if, ~ive** [-if, -iv] verständnisvoll; **~ion** *f* Verständnis *n*; Auffassungsgabe *f*

comprendre [kɔ̃prɑ̃drə] (4q) **1.** verstehen, begreifen; ***~ que*** (+ *ind*) verstehen, dass ...; ***je comprends que*** (+ *subj*) mir ist verständlich, dass ...; ***faire ~ qc à qn*** j-m etw verständlich machen; j-m etw zu verstehen geben; ***se faire ~*** sich verständlich machen; **2.** enthalten, umfassen

compress|e [kɔ̃prɛs] *f méd* Kompresse *f*, Umschlag *m*; **~eur** *m tech* Kompressor *m*; **~ion** *f* Druck *m*; Verdichtung *f*; Kompression *f*

comprim|é [kɔ̃prime] *m* Tablette *f*; **~er** (1a) zusammendrücken; *tech* verdichten

compr|is, ~ise [kɔ̃pri, -iz] (⚠ *vor subst unv*) ***y ~*** mit einbegriffen; ***~ dans*** inbegriffen in; ***non ~*** nicht mit einbegriffen

compro|mettre [kɔ̃prɔmɛtrə] (4p) schaden; gefährden; kompromittieren; **~mis** [-mi] *m* Kompromiss *m*

compt|abilité [kɔ̃tabilite] *f* Buchführung *f*, -haltung *f*; **~able** *m, f* Buchhalter(in) *m(f)*; **~ant** [-ɑ̃] *comm* bar; ***au ~*** gegen Barzahlung

compt|e [kɔ̃t] *m* Rechnen *n*, Berechnung *f*; *comm* Konto *n*; *fig* Rechenschaft *f*; ***à bon ~*** preiswert; ***se rendre ~ de qc*** sich über etw klar sein; ***tenir ~ de qc*** etw berücksichtigen; ***~ tenu de*** unter Berücksichtigung von; ***pour mon ~*** was mich betrifft; ***prendre qc sur son ~*** etw auf seine Kappe nehmen; ***~ rendu*** Bericht *m*, Rezension *f*; *Schule*: Nacherzählung *f*; **~er** (1a) zählen; (an-, aus-, be)rechnen; ***~ avec*** rechnen mit; ***~ sur*** zählen *od* sich verlassen auf; ***~ que*** damit rechnen, dass ...; ~ (+ *inf*) beabsichtigen zu (+ *inf*); **~e-tours** [-tur] *m* (⚠ *pl unv*) *tech* Drehzahlmesser *m*; **~eur** *m* Zähler *m* (*a tech*); **~ine** *f* Abzählreim *m*; **~oir** *m* Theke *f*; Ladentisch *m*; Kontor *n*

comt|e [kɔ̃t] *m* Graf *m*; **~é** *m* Grafschaft *f*; **~esse** [-ɛs] *f* Gräfin *f*

con [kɔ̃] P (*auch f* ***conne*** [kɔn]) **1.** *adj* P saublöd, -dämlich, -doof; **2.** *m* F Blödmann *m*, Trottel *m*; *als Schimpfwort* P Arschloch *n*

concasser [kɔ̃kase] (1a) zerkleinern, zerstoßen

concave [kɔ̃kav] konkav

concéder [kɔ̃sede] (1f) bewilligen; ***~ que*** zugeben, dass ...

concentr|ation [kɔ̃sɑ̃trasjɔ̃] *f* Konzentration *f* (*a fig*); **~er** (1a) konzentrieren; ***se ~*** sich sammeln, konzentrieren (***sur*** auf)

concept [kɔ̃sɛpt] *m* Begriff *m*

conception [kɔ̃sɛpsjɔ̃] *f* Vorstellung *f*; Planung *f*, Gestaltung *f*, Konzeption *f*; *biol* Empfängnis *f*; ***~ assistée par ordinateur*** CAD *n*, Computer Aided Design *n*

concern|ant [kɔ̃sɛrnɑ̃] *prép* betreffend, bezüglich; **~er** (1a) ***~ qc, qn*** etw, j-n betreffen, angehen; ***en ce qui me concerne*** was mich betrifft

concert [kɔ̃sɛr] *m* Konzert *n* (*a fig*); ***de ~ avec*** in Übereinstimmung mit; ⚠ *nicht verwechseln mit* ***le concerto***

concerter [kɔ̃sɛrte] (1a) vereinbaren; ***se ~*** sich absprechen

concerto [kɔ̃sɛrto] *m* Konzert *n* (*Komposition*)

concess|ion [kɔ̃sɛsjɔ̃] *f* Bewilligung *f*; Konzession *f*; Zugeständnis *n*; **~ionnaire** [-jɔnɛr] *m* Konzessionsinhaber *m*; Vertragshändler *m*

concev|able [kɔ̃səvablə] begreiflich; **~oir** (3a) begreifen; ersinnen, entwerfen; *biol* empfangen; ***ainsi conçu*** folgendermaßen abgefasst

concierge [kɔ̃sjɛrʒ] **1.** *m, f* Pförtner(in) *m(f)*; Hausmeister(in) *m(f)*; **2.** *f fig* Klatschbase *f*
concili|able [kɔ̃siljablə] vereinbar; **~ant, ~ante** [-ɑ̃, -ɑ̃t] entgegenkommend; versöhnlich; **~er** (1a) in Einklang bringen
conc|is, ~ise [kɔ̃si, -iz] prägnant; knapp; **~ision** [-izjɔ̃] *f* Bündigkeit *f*, Kürze *f*
concitoy|en, ~enne [kɔ̃sitwajɛ̃, -ɛn] *m, f* Mitbürger(in) *m(f)*
conclu|ant, ~ante [kɔ̃klyɑ̃, -ɑ̃t] überzeugend, schlüssig
conclu|re [kɔ̃klyr] (4l) (ab)schließen, zu Ende bringen; **~ de qc** aus etw folgern; **~ à qc** auf etw schließen; **~ un contract** e-n Vertrag schließen; **~sion** [-zjɔ̃] *f* Schluss(folgerung) *m(f)*
concombre [kɔ̃kɔ̃brə] *m bot* Gurke *f*
concordance [kɔ̃kɔrdɑ̃s] *f* Übereinstimmung *f*; *gr* **~ des temps** Zeitenfolge *f*
concord|e [kɔ̃kɔrd] *f* Eintracht *f*; **~er** (1a) übereinstimmen
concourir [kɔ̃kurir] (2i) **1. ~ à qc** an etw mitwirken; **~ à** (+ *inf*) dazu beitragen zu (+ *inf*); **2.** an e-m Wettbewerb teilnehmen
concours [kɔ̃kur] *m* **1.** Wettbewerb *m*; Ausleseverfahren *n*; **2.** Unterstützung *f*; Mitwirkung *f*; **avec le ~ de qn** mit j-s Hilfe; **3.** Andrang *m*; ⚠ *nicht* Konkurs
con|cret, ~crète [kɔ̃krɛ, -krɛt] konkret; gegenständlich; **~crétiser** [-kretize] (1a) verdeutlichen
conçu, ~e [kɔ̃sy] *p/p von* **concevoir**
concurr|ence [kɔ̃kyrɑ̃s] *f* Konkurrenz *f*, Wettbewerb *m* (*a comm*); **jusqu'à ~ de** bis zur Summe von; **~ent, ~ente** [-ɑ̃, -ɑ̃t] **1.** *adj* konkurrierend; **2.** *m, f* Mitbewerber(in) *m(f)*, Konkurrent(in) *m(f)*; **~entiel, ~entielle** [-ɑ̃sjɛl] konkurrenzfähig
condamn|able [kɔ̃danablə] verwerflich; **~ation** *f* Verurteilung *f* (*a fig*); **~er** (1a) **1.** *jur u allg* verurteilen (**qn à qc** j-n zu etw); **2. ~ la porte** die Tür zumauern, verstellen
condenser [kɔ̃dɑ̃se] (1a) kondensieren; *fig* gedrängt darstellen
condescen|dance [kɔ̃desɑ̃dɑ̃s] *f péj* Herablassung *f*; **~dre** [-drə] (4a) **~ à** sich herablassen zu
condiment [kɔ̃dimɑ̃] *m* Gewürz *n*
condisciple [kɔ̃disiplə] *m, f* Mitschüler(in) *m(f)*; Studienkollege *m*, -in *f*
condit|ion [kɔ̃disjɔ̃] *f* **1.** Bedingung *f*; Voraussetzung *f*; **à (la) ~ que** (+ *subj*), *bei gleichem Subjekt*: **à (la) ~ de** (+ *inf*) unter der Bedingung, dass; **2.** Verfassung *f*, Kondition *f*; **3.** Stellung *f*, Rang *m*; **4.** *EDV* Zustand *m*; **~ionnement** [-jɔnmɑ̃] *m Waren*: Verpackung *f*; Konditionierung *f*
condoléances [kɔ̃dɔleɑ̃s] *f/pl* Beileid *n*
conduc|teur, ~trice [kɔ̃dyktœr, -tris] **1.** *adj* leitend; **2.** *m, f* Fahrer(in) *m(f)*; Führer(in) *m(f)*; **3.** *m phys* Leiter *m*
conduire [kɔ̃dɥir] (4c) führen, leiten; *auto* fahren; **~ à** (+ *inf*) dazu bringen zu (+ *inf*); **permis** *m* **de ~** Führerschein *m*; **se ~** sich betragen
conduit [kɔ̃dɥi] *m* Rinne *f*; Röhre *f*; Leitung *f*
conduite [kɔ̃dɥit] *f* Führung *f*; *tech* (Zu-)Leitung *f*; *fig* Betragen *n*; *auto* Fahren *n*, Steuern *n*
cône [kon] *m* Kegel *m* (*a math*); *bot* Tannenzapfen *m*; *tech* Konus *m*
confect|ion [kɔ̃fɛksjɔ̃] *f* Anfertigung *f*; *bes* Konfektion *f*; **~ionner** [-jɔne] (1a) an-, verfertigen, herstellen
confédération [kɔ̃federasjɔ̃] *f* Bund *m*; Staatenbund *m*
confér|ence [kɔ̃ferɑ̃s] *f* Konferenz *f*, Besprechung *f*; Vortrag *m*, Vorlesung *f*; *pol* **~ au sommet** Gipfelkonferenz *f*; **~encier, ~encière** [-ɑ̃sje, -ɑ̃sjɛr] *m, f* Redner(in) *m(f)*; Referent(in) *m(f)*; **~er** (1f) **1.** übertragen, verleihen; **2.** sich besprechen, konferieren
confess|er [kɔ̃fɛse] (1b) gestehen; *rel* beichten; **~ qc** sich zu etw bekennen; **se ~** *rel* die Beichte ablegen; **~ion** *f rel* Bekenntnis *n* (*a fig*); Beichte *f*; **~ionnal** [-jɔnal] *m* (⚠ *pl* **-aux**) Beichtstuhl *m*
confiance [kɔ̃fjɑ̃s] *f* Vertrauen *n*; **avoir ~ dans** *od* **en qc, qn** Vertrauen zu etw, j-m haben; **faire ~ à qn** j-m vertrauen
confid|ence [kɔ̃fidɑ̃s] *f* vertrauliche Mitteilung *f*; **~ent, ~ente** [-ɑ̃, -ɑ̃t] *m, f* Vertraute(r) *m, f*; **~entiel, ~entielle** [-ɑ̃sjɛl] vertraulich
confier [kɔ̃fje] (1a) anvertrauen (**qc à qn** j-m etw)
configur|ation [kɔ̃figyrasjɔ̃] *f* Beschaf-

fenheit *f*; *EDV* Konfiguration *f*; **~er** (1a) *EDV* konfigurieren
confire [kõfir] (4o) *Früchte etc* einlegen; kandieren
confirm|ation [kõfirmasjõ] *f* Bestätigung *f*, Bekräftigung *f*; *rel* Konfirmation *f*; Firmung *f*; **~er** (1a) bestätigen, bekräftigen; bestärken; *rel* konfirmieren; firmen
confiscation [kõfiskasjõ] *f* Beschlagnahme *f*
confiserie [kõfizri] *f* Süßwaren *f/pl*, Zuckerwerk *n*; Süßwarengeschäft *n*
confisquer [kõfiske] (1m) beschlagnahmen
conf|it, ~ite [kõfi, -it] *cuis* kandiert; eingelegt
confiture [kõfityr] *f* Konfitüre *f*, Marmelade *f*
conflictuel, ~le [kõfliktɥɛl] konfliktgeladen
conflit [kõfli] *m* Konflikt *m* (*a pol*, *jur*); Streit *m*
confluent [kõflyɑ̃] *m von Flüssen*: Zusammenfluss *m*
confondre [kõfõdrə] (4a) verwechseln; *st/s* vermengen; verblüffen
conform|e [kõfɔrm] **~ à** gemäß; entsprechend; **~ément** [-emɑ̃] *adv* **~ à** gemäß; laut; **~er** (1a) **~ à** anpassen; richten nach; ***se ~ à qc*** sich nach etw richten; **~isme** *m* Konformismus *m*, bedingungsloses Sichanpassen *n*; **~ité** *f* Gleichförmigkeit *f*
confort [kõfɔr] *m* Komfort *m*; Behaglichkeit *f*
confortable [kõfɔrtablə] behaglich, komfortabel
confrère [kõfrɛr] *m in freien Berufen*: Kollege *m*
confront|ation [kõfrõtasjõ] *f* Gegenüberstellung *f*; **~er** (1a) gegenüberstellen, vergleichen
conf|us, ~use [kõfy, -yz] wirr; undeutlich; unklar; verwirrt; beschämt; **~usément** [-yzemɑ̃] *adv* undeutlich; vage; **~usion** [-yzjõ] *f* Verwirrung *f*; Verlegenheit *f*; Verwechslung *f*
congé [kõʒe] *m* Urlaub *m*; Kündigung *f*; ***avoir ~*** freihaben; ***prendre ~ de qn*** sich von j-m verabschieden; ***être en ~*** im, in, auf Urlaub sein
congédier [kõʒedje] (1a) verabschieden; entlassen, kündigen (***qn*** j-m)
congélateur [kõʒelatœr] *m* Tiefkühltruhe *f*; Gefrierschrank *m*
congel|é, ~ée [kõʒle] ***viandes f/pl congelées*** Gefrierfleisch *n*; **~er** (1d) einfrieren; tiefkühlen; ***se ~*** gefrieren
congénital, ~e [kõʒenital] (⚠ *m/pl* ***-aux***) angeboren (*a fig*)
congère [kõʒɛr] *f* Schneeverwehung *f*
congestion [kõʒɛstjõ] *f méd* Blutandrang *m*
congrégation [kõgregasjõ] *f rel* Kongregation *f*; geistlicher Orden *m*
congrès [kõgrɛ] *m* Kongress *m*; Tagung *f*
congressiste [kõgrɛsist] *m*, *f* Kongressteilnehmer(in) *m(f)*
congru, ~e [kõgry] ***portion f congrue*** Existenzminimum *n*
conifère [kɔnifɛr] *m bot* Nadelbaum *m*
conique [kɔnik] konisch, kegelförmig
conjecture [kõʒɛktyr] *f* Mutmaßung *f*, Vermutung *f*
conj|oint, ~ointe [kõʒwɛ̃, -wɛ̃t] **1.** *adj* gemeinsam; verbunden; **2.** *meist m* Ehegatte *m*, -gattin *f*
conjonction [kõʒõksjõ] *f st/s* Verbindung *f*; *gr* Konjunktion *f* (*a astr*)
conjonc|tive [kõʒõktiv] *f méd* Bindehaut *f*; **~ture** [-tyr] *f* Zusammentreffen *n*; Umstände *m/pl*; *écon* Konjunktur *f*
conjugaison [kõʒygɛzõ] *f gr* Konjugation *f*
conju|gal, ~ale [kõʒygal] (⚠ *m/pl* ***-aux***) ehelich; **~guer** [-ge] (1m) vereinigen; *gr* konjugieren
conjur|ation [kõʒyrasjõ] *f* Ver-, Beschwörung *f*; **~er** (1a) beschwören (***qn de*** *inf* j-n zu + *inf*); ***se ~ contre qn*** sich gegen j-n verschwören
connaiss|ance [kɔnɛsɑ̃s] *f* **1.** Kenntnis *f*; **2.** *bes phil* Erkenntnis *f*; **3.** Bewusstsein *n*; ***perdre ~*** das Bewusstsein verlieren; ***reprendre ~*** wieder zu sich kommen; **4.** Bekannte(r) *m*, *f*; Bekanntschaft *f*; ***faire ~ avec qn od la ~ de qn*** j-n kennen lernen; **~eur** *m* Kenner *m*
connaître [kɔnɛtrə] (4z) kennen; kennen lernen; ***s'y ~ en qc*** sich verstehen auf etw; ***faire ~ qc*** etw bekannt geben
connard [kɔnar] *m* F Blödmann *m*
connasse [kɔnas] *f* F blöde Kuh *f*
connecter [kɔnɛkte] (1a) *tech* anschließen; verbinden; *EDV* vernetzen; ***en mode connecté*** online

C

connerie [kɔnri] *f* P Mist *m*; Krampf *m*; Blödsinn *m*

connex|e [kɔnɛks] verbunden; **~ion** *f* Verknüpfung *f*; Zusammenhang *m*; *tech* Anschluss *m*

connivence [kɔnivɑ̃s] *f* heimliches Einverständnis *n*; ***être de ~ avec qn*** mit j-m unter e-r Decke stecken

connu, ~e [kɔny] *p/p von* ***connaître*** *u adj* bekannt

conque [kɔ̃k] *f zo* Meeresschnecke *f*

conquér|ant [kɔ̃kerɑ̃] *m* Eroberer *m*; **~ir** (2l) erobern

conquerrai [kɔ̃kɛrɛ] *futur von* ***conquérir***

conquête [kɔ̃kɛt] *f* Eroberung *f*

conquis [kɔ̃ki] *p/s u p/p* (*f* ***~e***) *von* ***conquérir***

consacrer [kɔ̃sakre] (1a) **1.** *rel* (ein)weihen; **2.** widmen; ***se ~ à qc, qn*** sich e-r Sache, j-m widmen

consangu|in, ~ine [kɔ̃sɑ̃gɛ̃, -in] blutsverwandt; ***frère*** *m* ***consanguin*** Halbbruder *m* väterlicherseits

conscience [kɔ̃sjɑ̃s] *f* **1.** Gewissen *n*; **2.** Bewusstsein *n* (*a phil*)

conscienc|ieux, ~ieuse [kɔ̃sjɑ̃sjø, -jøz] gewissenhaft

consc|ient, ~iente [kɔ̃sjɑ̃, -jɑ̃t] bewusst

consécration [kɔ̃sekrasjɔ̃] *f rel* Weihe *f*; *fig* Krönung *f*

consécut|if, ~ive [kɔ̃sekytif, -iv] aufeinander folgend; **~ *à*** e-e Folge von; **~ivement** [-ivmɑ̃] *adv* hintereinander

conseil [kɔ̃sɛj] *m* Rat(schlag) *m*; Ratgeber *m*; Ratsversammlung *f*, -sitzung *f*; ***~ municipal*** Gemeinde-, Stadtrat *m*; ***~ de classe*** Lehrerkonferenz *f*

conseiller[1] [kɔ̃sɛje] (1b) raten; ***~ qn*** j-n beraten; ***~ qc à qn*** j-m zu etw raten

conseill|er[2] [kɔ̃sɛje] *m* Berater *m*, Ratgeber *m*, Rat *m* (*Person*); ***~ municipal*** Gemeinde-, Stadtrat(smitglied *n*) *m*; ***~ d'orientation*** Berufsberater *m in der Schule*; **~ère** *f* Beraterin *f*, Ratgeberin *f*

consent|ement [kɔ̃sɑ̃tmɑ̃] *m* Einwilligung *f*; **~ir** (2b) einwilligen (***à qc*** in etw); gewähren (***qc*** etw); ***~ à ce que*** (+ *subj*) damit einverstanden sein, dass ...

conséqu|ence [kɔ̃sekɑ̃s] *f* Folge *f*, Konsequenz *f*, Auswirkung *f*; ***en ~*** infolgedessen, dementsprechend; **~ent, ~ente** [-ɑ̃, -ɑ̃t] konsequent; ***par conséquent*** folglich

conserv|ateur, ~atrice [kɔ̃sɛrvatœr, -atris] **1.** *adj* konservativ; **2.** *m pol* Konservative(r) *m*; *Museum*: Konservator *m*; **~ation** *f* Erhaltung *f*; **~atoire** [-atwar] *m* Konservatorium *n*

conserv|e [kɔ̃sɛrv] *f* Eingemachte(s) *n*; Konserve *f*; **~er** (1a) konservieren; aufbewahren; erhalten

considér|able [kɔ̃siderablə] beträchtlich; **~ation** *f* **1.** Überlegung *f*; Berücksichtigung *f*; ***en ~ de*** mit Rücksicht auf; ***prendre en ~*** in Betracht *od* Erwägung ziehen; **2.** Achtung *f*; Ansehen *n*; **3.** **~s** *pl* Ansichten *f/pl*; Meinungen *f/pl*; **~er** (1f) betrachten; berücksichtigen

consign|e [kɔ̃siɲ] *f* (An-)Weisung *f*; Gepäckaufbewahrung *f*; *Flaschen*: Pfand *n*; *Schule*: Nachsitzen *n*; ***~ automatique*** Schließfach *n*; **~er** (1a) hinterlegen; Pfand verlangen (***qc*** für etw); *Schüler*: nachsitzen lassen

consist|ance [kɔ̃sistɑ̃s] *f* Festigkeit *f*; **~ant, ~ante** [-ɑ̃, -ɑ̃t] dick; nahrhaft; **~er** (1a) bestehen (***en, dans*** in, aus); **~ *à*** (+ *inf*) darin bestehen zu (+ *inf*)

consol|ant, ~ante [kɔ̃sɔlɑ̃, -ɑ̃t] tröstlich; **~ation** *f* Trost *m*

console [kɔ̃sɔl] *f* Konsole *f*; Konsoltisch *m*

consoler [kɔ̃sɔle] (1a) trösten; lindern

consolider [kɔ̃sɔlide] (1a) (be)festigen, sichern

consomma|teur, ~trice [kɔ̃sɔmatœr, -tris] *m, f* Verbraucher(in) *m, f*; Konsument(in) *m(f)*; **~tion** *f* Verbrauch *m*; *im Lokal*: Verzehr *m*; Getränk *n*

consomm|é [kɔ̃sɔme] *m cuis* Kraftbrühe *f*; **~er** (1a) verbrauchen; verzehren

cons|onance [kɔ̃sɔnɑ̃s] *f* Klang *m*; **~onne** *f* Mitlaut *m*, Konsonant *m*

conspir|ateur, ~atrice [kɔ̃spiratœr, -atris] **1.** *adj* verschwörerisch; **2.** *m, f* Verschwörer(in) *m(f)*; Verschworene(r) *m, f*; **~ation** *f* Verschwörung *f*; **~er** (1a) sich verschwören

constance [kɔ̃stɑ̃s] *f* Beständigkeit *f*, Ausdauer *f*, Beharrlichkeit *f*, Standhaftigkeit *f*

const|ant, ~ante [kɔ̃stɑ̃, -ɑ̃t] **1.** *adj* beständig, ausdauernd, standhaft, beharrlich; ⚠ *adv* ***constamment*** [-amɑ̃]; **2.** *f* Konstante *f*

constat [kɔ̃sta] *m* (amtliches) Protokoll *n*

constat|ation [kõstatasjõ] *f* Feststellung *f*; **~er** (1a) feststellen
constellation [kõstɛlasjõ] *f* Sternbild *n*
constern|ation [kõstɛrnasjõ] *f* Bestürzung *f*; **~er** (1a) in Bestürzung versetzen; *meist adj* **consterné(e)** bestürzt, betroffen, erschüttert
constipation [kõstipasjõ] *f méd* Verstopfung *f*
constituer [kõstitɥe] (1a) bilden, darstellen, bedeuten; konstituieren, begründen; *jur zu etw* einsetzen; *ein Gehalt etc* aussetzen; **se ~** sich konstituieren
constitu|tion [kõstitysjõ] *f* **1.** Beschaffenheit *f*; (physische) Konstitution *f*; **2.** *pol* Verfassung *f*; **~tionnel, ~tionnelle** [-sjɔnɛl] verfassungsmäßig, Verfassungs...
construc|teur, ~trice [kõstryktœr, -tris] **1.** *adj* schöpferisch; **2.** *m* Erbauer *m*; Baumeister *m*; **~ *mécanicien*** Maschinenbauer *m*; **~tif, ~tive** [-tif, -tiv] konstruktiv; kreativ; **~tion** *f* Erbauung *f*; Bau *m*; Bauwerk *n*; Konstruktion *f*; *fig* Aufbau *m*
construire [kõstrɥir] (4c) (er)bauen, errichten; konstruieren; *fig* anordnen, gestalten
consul [kõsyl] *m* Konsul *m*; **~at** [-a] *m* Konsulat *n*
consult|ant, ~ante [kõsyltɑ̃, -ɑ̃t] beratend; **~atif, ~ative** [-atif, -ativ] beratend; **~ation** *f* Beratung *f*; Sprechstunde *f*; Befragung *f*; *jur* Gutachten *n*; **~er** (1a) um Rat fragen; konsultieren
contact [kõtakt] *m* Berührung *f*; Kontakt *m* (*a fig*); **~ *intime*** Intimkontakt *m*; ***entrer en ~ avec qn*** mit j-m in Verbindung treten; *auto* ***mettre le* ~** die Zündung einschalten; **~er** (1a) sich in Verbindung setzen mit; sich wenden an
contag|ieux, ~ieuse [kõtaʒjø, -jøz] ansteckend (*méd u fig*); **~ion** *f* Ansteckung *f*
container [kõtɛnɛr] *m* Container *m*
contaminer [kõtamine] (1a) infizieren; verseuchen
conte [kõt] *m* Erzählung *f*; Geschichte *f*; **~ (*de fées*)** Märchen *n*
contempl|atif, ~ative [kõtɑ̃platif, -ativ] beschaulich; **~er** (1a) betrachten; nachsinnen
contempor|ain, ~aine [kõtɑ̃pɔrɛ̃, -ɛn] **1.** *adj* zeitgenössisch; **2.** *m* Zeitgenosse *m*
contenance [kõtnɑ̃s] *f* Inhalt *m*; *fig* Haltung *f*; Gelassenheit *f*
conteneur [kõtənœr] *m* Container *m*; **~ *à verre*** Altglascontainer *m*
contenir [kõtənir] (2h) **1.** enthalten, fassen; **2.** in Schranken halten
cont|ent, ~ente [kõtɑ̃, -ɑ̃t] zufrieden (***de*** mit); ***être* ~ *que*** (+ *subj*) sich freuen, dass ...
content|ement [kõtɑ̃tmɑ̃] *m* Zufriedenheit *f*; Befriedigung *f*; **~er** (1a) zufrieden stellen; befriedigen; **se ~ *de* (*faire*) *qc*** sich mit etw begnügen; sich darauf beschränken zu (+ *inf*)
contenu [kõtny] m Inhalt *m*
contest|able [kõtɛstablə] bestreitbar; **~ataire** [-atɛr] *pol* **1.** *adj* rebellisch; Protest...; **2.** *m* Protestler *m*; Systemveränderer *m*; **~ation** *f pol* Protest (-bewegung) *m(f)*; **~er** (1a) bestreiten (***que*** *subj* dass ...)
contexte [kõtɛkst] *m* Kontext *m*; Zusammenhang *m*
contig|u, ~üe [kõtigy] angrenzend; benachbart (*a fig*)
contin|ence [kõtinɑ̃s] *f* Enthaltsamkeit *f*; **~ent** [-ɑ̃] *m* Kontinent *m*, Erdteil *m*
contingent [kõtɛ̃ʒɑ̃] *m* Anteil *m*; Kontingent *n*
continu, ~e [kõtiny] stetig; fortlaufend; ununterbrochen
continu|ation [kõtinɥasjõ] *f* Fortsetzung *f*; Fortdauer *f*; **~el, ~elle** beständig; **~er** (1n) fortsetzen; fortfahren; fortdauern; **~ *à*** *od* ***de*** (+ *inf*) weiter(hin) (+ *inf*); **~ité** *f* Beständigkeit *f*; Kontinuität *f*
contorsion [kõtɔrsjõ] *f* Verdrehung *f*, Verrenkung *f*
contour [kõtur] *m* Umriss *m*, Kontur *f*; ⚠ ***le* ~**; **~ner** [-ne] (1a) herumgehen, -fahren, -fließen um; *fig* umgehen
contracept|if, ~ive [kõtrasɛptif, -iv] empfängnisverhütend
contract|er [kõtrakte] (1a) **1.** zusammenziehen; **2.** *Bündnis*: schließen; *Versicherung*: abschließen; *Krankheit*: sich zuziehen; *Gewohnheit*: annehmen; **~uel, ~uelle** [-ɥɛl] **1.** *adj* vertraglich; **2.** *m, f* Hilfspolizist *m*, Politesse *f*
contradic|tion [kõtradiksjõ] *f* Widerspruch *m*; **~toire** [-twar] widersprüchlich

C

contraindre [kɔ̃trɛ̃drə] (4b) zwingen (***qn à** od **de** inf* j-n zu + *inf*)
contrainte [kɔ̃trɛ̃t] *f* Zwang *m*; Gezwungenheit *f*
contraire [kɔ̃trɛr] **1.** *adj* gegensätzlich, gegenteilig, entgegengesetzt (***à***); nachteilig; **2.** *m* Gegenteil *n*, -satz *m*; ***au ~*** im Gegenteil; ***au ~ de*** im Gegensatz zu; **~ment ~ à** im Gegensatz zu, entgegen ...
contrari|ant, ~ante [kɔ̃trarjɑ̃, -ɑ̃t] ärgerlich, widerwärtig; **~er** (1a) behindern; stören; **~ *qn*** j-m widersprechen; j-n ärgern; **~été** [-ete] *f* Verärgerung *f*; Unannehmlichkeit *f*
contrast|e [kɔ̃trast] m Gegensatz *m*, Kontrast *m*; **~er** (1a) im Gegensatz stehen (***avec*** zu), kontrastieren
contrat [kɔ̃tra] *m* Vertrag *m*, Kontrakt *m*; ⚠ *Schreibung*
contravention [kɔ̃travɑ̃sjɔ̃] *f jur* Übertretung *f*, Verstoß *m*; Strafzettel *m*
contre [kɔ̃trə] **1.** *prép* gegen; (***tout***) **~** (dicht) neben *od* bei; **2.** *adv* dagegen; ***par ~*** andererseits; **3.** *m **le pour et le ~*** das Für und Wider
contre|balancer [kɔ̃trəbalɑ̃se] (1k) ein Gegengewicht bilden (***qc*** zu etw); aufwiegen; **~bande** [-bɑ̃d] *f* Schmuggel(ware) *m(f)*; **~bandier** [-bɑ̃dje] *m* Schmuggler *m*; **~carrer** [-kare] (1a) behindern; durchkreuzen; **~cœur** [-kœr] **à ~** mit Widerwillen, ungern; **~coup** [-ku] *m* Rückwirkung *f*; **~-courant** [-kurɑ̃] *m* (⚠ *pl **contre-courants***) Gegenströmung *f*; **~danse** [-dɑ̃s] *f* F Strafzettel *m*; Geldstrafe *f*; **~dire** [-dir] (4m) **~ *qn*** j-m widersprechen; ⚠ ***vous contredisez***; **~façon** [-fasɔ̃] *f betrügerische* Nachahmung *f*, Fälschung *f*; **~faire** [-fɛr] (4n) *betrügerisch* nachahmen, -machen, fälschen; **~-indication** [-ɛ̃dikasjɔ̃] *f* (⚠ *pl **contre-indications***) Gegenanzeige *f*, Kontraindikation *f*; **~-jour** [-ʒur] **à ~** gegen das Licht, im Gegenlicht; **~maître** [-mɛtrə] *m* Werkmeister *m*; Polier *m*; **~-mesure** [-məzyr] *f* (⚠ *pl **contre-mesures***) Gegenmaßnahme *f*; **~partie** [-parti] *f* Ausgleich *m*; ***en ~*** als Gegenleistung; **~-pied** [-pje] *m* Gegenteil *n*; **~-plaqué** [-plake] *m* Sperrholz *n*; **~poids** [-pwa] *m* Gegengewicht *n*; **~sens** [-sɑ̃s] *m* Sinnwidrigkeit *f*; **à ~** widersinnig; verkehrt; **~signer** [-siɲe] (1a) gegenzeichnen; **~temps** [-tɑ̃] *m* widriger Umstand; **à ~** zur Unzeit; **~vent** [-vɑ̃] *m* Fensterladen *m*
contribu|able [kɔ̃tribɥablə] *m* Steuerzahler *m*; **~er** (1n) **~ *à qc*** zu etw beitragen, beisteuern
contribution [kɔ̃tribysjɔ̃] *f* Beitrag *m*; Steuer *f*
contrôl|e [kɔ̃trol] *m* Kontrolle *f*; ***~ de gestion*** Controlling *n*; ***~ de luminosité*** Helligkeitsregelung *f*; ***~ technique des voitures*** *etwa* TÜV *m*; ⚠ ***le ~***; **~er** (1a) kontrollieren, prüfen, beaufsichtigen; **~eur, ~euse** *m, f* Kontrolleur(in) *m(f)*; Schaffner *m*; ⚠ *Schreibung*
controverse [kɔ̃trɔvɛrs] *f* Kontroverse *f*, Streit *m*
contusion [kɔ̃tyzjɔ̃] *f méd* Prellung *f*, Quetschung *f*
convainc|ant, -ante [kɔ̃vɛ̃kɑ̃, -ɑ̃t] überzeugend
convainc|re [kɔ̃vɛ̃krə] (4i) **1. ~ *qn de qc*** j-n von etw überzeugen; **2. ~ *qn de qc*** j-n e-r Sache überführen; **~u, ~ue** [-y] überzeugt
convalesc|ence [kɔ̃valesɑ̃s] *f* Genesung *f*; **~ent, ~ente** [-ɑ̃, -ɑ̃t] **1.** *adj* genesend; **2.** *m, f* Genesende(r) *m, f*
conven|able [kɔ̃vnablə] passend; angemessen; zufrieden stellend; **~ance** *f* **~s** *pl* Schicklichkeit *f*; ***qc à ma ~*** etw Passendes
convenir [kɔ̃vnir] (2h) **1.** (*mit **avoir***) **~ *à qn*** j-m passen, gefallen; **~ *à qc*** zu etw passen; **2.** (*mit **avoir**; st/s **être***) **~ *de qc*** etw vereinbaren; etw zugeben; **3.** ***il convient de*** (+ *inf*) *od* ***que*** (+ *subj*) es empfiehlt sich zu (+ *inf*)
convent|ion [kɔ̃vɑ̃sjɔ̃] *f* Übereinkunft *f*, Verabredung *f*, Abkommen *n*; Konventionen *f/pl*; ***~ collective*** Tarifvertrag *m*; **~ionnel, ~ionnelle** [-jɔnɛl] förmlich; konventionell, herkömmlich
converger [kɔ̃vɛrʒe] (1l) *in e-m Punkt*: zusammenlaufen, konvergieren; *fig* übereinstimmen
convers|ation [kɔ̃vɛrsasjɔ̃] *f* Gespräch *n*, Unterhaltung *f*; ***~ téléphonique*** Telefongespräch *n*; **~er** (1a) sich unterhalten; **~ion** *f rel* Bekehrung *f*, Übertritt *m*; *comm* Konvertierung *f*; *allg* Umwandlung *f*; *pol* Umbildung *f*; *Schule*: Umschulung *f*

C

convert|i, ~ie [kɔ̃vɛrti] *rel* **1.** *adj* bekehrt; **2.** *m, f* Bekehrte(r) *m, f*, Konvertit(in) *m(f)*; **~ible** *comm* umtauschbar; konvertierbar; **~ir** (2a) *rel* bekehren; *comm* konvertieren, umrechnen
convexe [kɔ̃vɛks] konvex
conviction [kɔ̃viksjɔ̃] *f* Überzeugung *f*
convivial, ~e [kɔ̃vivjal] (⚠ *m/pl* **-aux**) gesellig; *EDV* benutzerfreundlich
convocation [kɔ̃vɔkasjɔ̃] *f* Einberufung *f*; Vorladung *f*
convoi [kɔ̃vwa] *m* Geleitzug *m*
convoit|er [kɔ̃vwate] *st/s* (1a) begehren; **~ise** [-iz] *f* Begehrlichkeit *f*
convoquer [kɔ̃vɔke] (1m) ein-, be-, zusammenrufen; vorladen
convoyer [kɔ̃vwaje] (1h) eskortieren
convuls|er [kɔ̃vylse] (1a) (**se ~** sich) krampfhaft verzerren; **~if, ~ive** [-if, -iv] krampfhaft; **~ion** *f* Zuckung *f*; Krampf *m*
coopérant [kɔɔperɑ̃] *m* Entwicklungshelfer *m*
coopéra|teur, ~trice [kɔɔperatœr, -tris] *m, f* Mitarbeiter(in) *m(f)*; **~tif, -tive** [-tif, -tiv] **1.** *adj* kooperativ; genossenschaftlich; **2.** *f* Genossenschaft *f*; **~tion** *f* Zusammenarbeit *f*
coopérer [kɔɔpere] (1f) **~ à qc** an etw mitarbeiten
coordina|teur, ~trice [kɔɔrdinatœr, -tris] **1.** *adj* koordinierend; **2.** *m* Koordinator *m*; **~tion** *f* Koordinierung *f*; *gr* Beiordnung *f*
coordonner [kɔɔrdɔne] (1a) koordinieren, aufeinander abstimmen
copain [kɔpɛ̃] F *m* Freund *m*, Kumpel *m*
copiage [kɔpjaʒ] *m Schule*: Abschreiben *n*
copie [kɔpi] *f* Abschrift *f*; Kopie *f*; Duplikat *n*; Abbild *n*, Nachbildung *f*; *Schule*: (Klassen-, Haus-)Arbeit *f*
copier [kɔpje] (1a) abschreiben (**sur qn** von j-m); kopieren; nachbilden
copieur [kɔpjœr] *m* **1.** Abschreiber *m*; **2.** Kopierer *m*, Kopiergerät *n*
copi|eux, ~euse [kɔpjø, -øz] reichlich
copine [kɔpin] F *f* Freundin *f*
coprocesseur [kɔprɔsɛsœr] *m* Koprozessor *m*
copropriété [kɔprɔprijete] *f* Miteigentum *n*
copyright [kɔpirajt] *m* Urheberrecht *n*, Copyright *n*
coq [kɔk] *m* **1.** *zo* Hahn *m*; **2.** *mar* Schiffskoch *m*
coque [kɔk] *f mar, aviat* Rumpf *m*; *st/s* (Eier-, Nuss-)Schale *f*; **œuf** *m* **à la ~** weich gekochtes *od* weiches Ei *n*; **~licot** [-liko] *m bot* Klatschmohn *m*; **~luche** [-lyʃ] *f* Keuchhusten *m*; *fig* Liebling *m*
coqu|et, ~ette [kɔkɛ, -ɛt] hübsch; kokett
coquetier [kɔktje] *m* Eierbecher *m*
coquetterie [kɔkɛtri] *f* Koketterie *f*; Gefallsucht *f*
coquillage [kɔkijaʒ] *m* Muschel(schale) *f*
coquille [kɔkij] *f* Muschel(schale) *f*; Schneckengehäuse *n*; Eier-, Mandel-, Nussschale *f*
coqu|in, ~ine [kɔkɛ̃, -in] **1.** *adj bes Kinder*: spitzbübisch, schelmisch; **2.** *m, f* Schlingel *m*; **~inerie** [-inri] *f* Schelmerei *f*; Pfiffigkeit *f*
cor [kɔr] *m* **1.** *mus* (Wald-)Horn *n*; Hornbläser *m*; **2.** *méd* Hühnerauge *n*
corail [kɔraj] *m* (⚠ *pl* **coraux**) Koralle *f*
Coran [kɔrɑ̃] *m* Koran *m*
corbeau [kɔrbo] *m* (⚠ *pl* **~x**) *zo* Rabe *m*
corbeille [kɔrbɛj] *f* Korb *m*
corbillard [kɔrbijar] *m* Leichenwagen *m*
cord|e [kɔrd] *f* Seil *n*; Strick *m*; Schnur *f*; (Bogen-)Sehne *f*; *mus* Saite *f*; **~s vocales** Stimmbänder *n/pl*; **~ée** *f Bergsteiger*: Seilschaft *f*
cordelière [kɔrdəljɛr] *f* Kordel *f*; Schnur *f*
cordial, ~e [kɔrdjal] (⚠ *m/pl* **-iaux**) herzlich; *phm* herzstärkend; **~ité** *f* Herzlichkeit *f*
cordon [kɔrdɔ̃] *m* Schnur *f*; Litze *f*; Ordensband *n*; Absperrung *f*; **~-bleu** *m* (⚠ *pl* **cordons-bleus**) F geschickte Köchin *f*
cordonnier [kɔrdɔnje] *m* Schuhmacher *m*
Corée [kɔre] **la ~** Korea *n*
coriace [kɔrjas] zäh (wie Leder); *fig* hartnäckig
cormoran [kɔrmɔrɑ̃] *m zo* Kormoran *m*
corn|e [kɔrn] *f zo u allg* Horn *n*; Hornhaut *f*; *Schnecke*: Fühler *m*; *Buch*: Eselsohr *n*; *auto* Hupe *f*; *fig* **avoir des ~s** betrogen werden (*Ehe*); **~ à chaussures** Schuhanzieher *m*; **~ée** *f Auge*: Hornhaut *f*

C

corneille [kɔrnɛj] *f zo* Krähe *f*
cornemuse [kɔrnəmyz] *f* Dudelsack *m*
corner¹ [kɔrne] (1a) *auto* hupen; **~ qc** an etw e-e Ecke umknicken
corner² [kɔrnɛr] *m Fußball*: Eckball *m*
cornet [kɔrnɛ] *m* Horn *n* (*a mus*); Hörrohr *n*; (spitze) Tüte *f*; **~ à dés** Würfelbecher *m*
corniche [kɔrniʃ] *f* kurvenreiche Küstenstraße *f*; *arch* Kranzgesims *n*
cornichon [kɔrniʃɔ̃] *m* Gewürzgürkchen *n*
coronaire [kɔrɔnɛr] *méd* Herzkranz..., Koronar...
corpor|atif, ~ative [kɔrpɔratif, -ativ] ständisch; **~ation** *f* Körperschaft *f*; *früher* Gilde *f*, Zunft *f*
corporel, ~le [kɔrpɔrɛl] körperlich
corps [kɔr] *m* **1.** Körper *m*, Leib *m*; Leichnam *m*; ***combattre ~ à ~*** Mann gegen Mann kämpfen; **2.** Körperschaft *f*; Gruppe *f*; **~ *enseignant*** Lehrerschaft *f*; **3.** Hauptteil *m*; *Schiff*: Rumpf *m*; *Texte*: Korpus *n*
corpul|ence [kɔrpylɑ̃s] *f* Beleibtheit *f*; **~ent, ~ente** [-ɑ̃, -ɑ̃t] (wohl)beleibt
corpuscule [kɔrpyskyl] *m phys* Teilchen *n*, Partikel *f*
correct, ~e [kɔrɛkt] richtig; fehlerfrei; korrekt (*a Person*); *Arbeit*: passabel
correction [kɔrɛksjɔ̃] *f* **1.** Richtigkeit *f*, Korrektheit *f*; **2.** Verbesserung *f* (*als Handlung*), Korrektur *f*; **3.** Tracht *f* Prügel
corrélation [kɔrelasjɔ̃] *f* Wechselbeziehung *f*
correspond|ance [kɔrɛspɔ̃dɑ̃s] *f* **1.** Übereinstimmung *f*; **2.** *Verkehr*: Anschluss *m*; **3.** Briefwechsel *m*, Korrespondenz *f*; **~ancier, ~ancière** [-ɑ̃sje, -ɑ̃sjɛr] *m, f* Handelskorrespondent(in) *m(f)*; **~ant, ~ante** [-ɑ̃, -ɑ̃t] **1.** *adj* entsprechend; **2.** *m, f* Korrespondent(in) *m(f)*, Berichterstatter(in) *m(f)*; Brieffreund(in) *m(f)*
correspondre [kɔrɛspɔ̃drə] (4a) korrespondieren (***avec*** mit); in Verbindung stehen; **~ *à qc*** e-r Sache entsprechen
corridor [kɔridɔr] *m* Gang *m*, Flur *m*
corrig|é [kɔriʒe] *m* (Muster-)Lösung *f* (*Schule*); **~er** (1l) verbessern, berichtigen; *Kind*: schlagen; **~ *qn de qc*** j-n von etw heilen
corroborer [kɔrɔbɔre] (1a) (ver)stärken; bekräftigen
corroder [kɔrɔde] (1a) ätzen; zersetzen
corromp|re [kɔrɔ̃prə] (4a) korrumpieren, verderben; bestechen; ***se ~*** sich zersetzen; *fig* in Verfall geraten; **~u, ~ue** [-y] *p/p von* ***corrompre*** *u adj* korrupt
corros|if, ~ive [kɔrozif, -iv] **1.** *adj* ätzend; *fig* beißend; **2.** *m* Ätzmittel *n*
corruption [kɔrypsjɔ̃] *f* Bestechung *f*; Korruption *f*
corsage [kɔrsaʒ] *m* (Damen-)Bluse *f*
corse [kɔrs] **1.** *adj* korsisch; **2. ♀** *m, f* Korse *m*, Korsin *f*; **3. *la* ♀** Korsika *n*
corset [kɔrsɛ] *m* Korsett *n*; ⚠ *Schreibung*
cortège [kɔrtɛʒ] *m* Gefolge *n*; Demonstrations-, Hochzeits-, Trauerzug *m*
cortex [kɔrtɛks] *m* **~ *cérébral*** Großhirnrinde *f*
cortisone [kɔrtizɔn] *f* Kortison *n*; ⚠***la ~***
corvée [kɔrve] *f* Fron(dienst) *f(m)*; lästige Arbeit *f*; Last *f*; *mil* Sonderdienst *m*
cosmétique [kɔsmetik] **1.** *adj* kosmetisch; **2.** *f* Kosmetik *f*; **3.** *m* Schönheitsmittel *n*
cosmique [kɔsmik] kosmisch
cosmopolite [kɔsmɔpɔlit] **1.** *adj* kosmopolitisch, weltbürgerlich; **2.** *m* Kosmopolit *m*, Weltbürger *m*
cosse [kɔs] *f* Schote *f*, Hülse *f*
cossu, ~e [kɔsy] wohlhabend; stattlich
costaud [kɔsto] (⚠ *f unv*) F stämmig, kräftig; robust
costum|e [kɔstym] *m* (Herren-)Anzug *m*; Kostüm *n*; Tracht *f*; **~ *régional*** Volkstracht *f*; ⚠ Damenkostüm ***le tailleur***; **~er** (1a) (***se***) **~** (sich) verkleiden, kostümieren
cote [kɔt] *f* Anteil *m*, Quote *f*; Kursnotierung *f*; Kennziffer *f*, Aktenzeichen *n*; Bewertung *f*; *fig* F ***avoir la ~*** sehr angesehen sein
côte [kot] *f* **1.** Rippe *f*; Kotelett *n*; **2.** Steigung *f*, Hang *m*; **3.** Küste *f*; ***la ♀ d'Azur*** die Côte d'Azur; ***la ♀ d'Ivoire*** die Elfenbeinküste
coté, ~e [kɔte] geschätzt, angesehen; bewertet
côté [kote] *m* Seite *f*; ***à ~*** nebenan; ***à ~ de*** neben; ***de ~*** beiseite, zur Seite; ***de l'autre ~*** auf der anderen Seite, auf die andere Seite, von der anderen Seite,

andererseits; ***du ~ de*** in der Nähe von; in Richtung auf; ***par le ~*** von der Seite (her); ***sur le ~*** auf der Seite
coteau [kɔto] *m* (⚠ *pl* ***~x***) Hügel *m*, Abhang *m*
côtelette [kotlɛt] *f cuis* Kotelett *n*; ⚠ ***la ~***
cotis|ation [kɔtizasjɔ̃] *f* (Mitglieds-)Beitrag *m*; Anteil *m*; **~er** (1a) Beitrag zahlen
coton [kɔtɔ̃] *m* Baumwolle *f*
cotonn|ier, ~ière [kɔtɔnje, -jɛr] **1.** *adj* Baumwoll...; **2.** *m* Baumwollstrauch *m*
coton-tige [kɔtɔ̃tiʒ] *m* (⚠ *pl* ***coton-tiges***) Wattestäbchen *n*
cotte [kɔt] *f* blaue Latzhose *f* (*der Arbeiter*); ***~ de mailles*** Panzerhemd *n*
cou [ku] *m* (⚠ *pl* ***~s***) Hals *m*
couardise [kwardiz] *f* Feigheit *f*
couch|age [kuʃaʒ] *m* Übernachten *n*; ***sac*** *m* ***de ~*** Schlafsack *m*; **~ant** [-ɑ̃] **1.** *st/s m* Westen *m*; **2.** *adj* ***soleil*** *m* ***~*** untergehende Sonne *f*
couch|e [kuʃ] *f* **1.** Schicht *f* (*a fig*); ***~ d'ozone*** Ozonschicht *f*; ***trou*** *m* ***dans la ~ d'ozone*** Ozonloch *n*; **2.** ***fausse ~*** Fehlgeburt *f*; ***~s*** *pl* Niederkunft *f*, Kindbett *n*; **3.** *Säuglinge*: Windel *f*; **~é, ~ée** liegend; **~-culotte** [-kylɔt] *f* (⚠ *pl* ***couches-culottes***) Windelhöschen *n*; **~er** (1a) **1.** (hin)legen, zu Bett bringen, übernachten lassen; schlafen, übernachten; ***se ~*** zu Bett gehen; F ***~ avec qn*** mit j-m schlafen; **2.** *m* ***~ du soleil*** Sonnenuntergang *m*; **~-tard** [-tar] *m* (⚠ *pl unv*) Nachtmensch *m*; **~-tôt** [-to] *m* (⚠ *pl unv*) ***être un ~*** früh schlafen gehen; **~ette** [-ɛt] *f* Platz *m* im Liegewagen
couci-couça [kusikusa] F soso lala
coucou [kuku] *m* Kuckuck *m*; Kuckucksuhr *f*
coude [kud] *m* Ell(en)bogen *m*; (Straßen-)Biegung *f*; ***jouer des ~s*** sich durchdrängeln; *fig* die Ellenbogen gebrauchen
cou-de-pied [kudpje] *m* (⚠ *pl* ***cous-de-pied***) Spann *m*, Rist *m*
coudoyer [kudwaje] (1h) ***~ qn*** mit j-m in Berührung kommen
coudre [kudrə] (4d) (zusammen-, an)nähen
couenne [kwan] *f* Schwarte *f*
couette [kwɛt] *f* **1.** Steppdecke *f*; **2.** *Frisur*: Rattenschwanz *m*
couffin [kufɛ̃] *m* Tragkorb *m*
couille [kuj] P *f* Hoden *m*
couillon [kujɔ̃] *m* F Blödmann *m*
couillonner [kujɔne] (1a) F reinlegen
coul|age [kulaʒ] *m tech* Guss *m*; *fig, comm* Verlust *m*; **~ant, ~ante** [-ɑ̃, -ɑ̃t] *Stil*: flüssig; *fig* großzügig; nachsichtig; **~er** (1a) fließen; auslaufen; untergehen, versinken; verstreichen; *tech* gießen; *Schiff*: versenken; F ***se la ~ douce*** ein angenehmes Leben führen; ⚠ ***il a coulé***
couleur [kulœr] *f* Farbe *f*
couleuvre [kulœvrə] *f zo* Natter *f*
coulis [kuli] **1.** *adj* ***vent*** *m* ***~*** Zugluft *f*; **2.** *m cuis* Püree *n*
coulisse [kulis] *f* **1.** *tech* Falz *m*; Führung *f*; ***à ~*** Schiebe...; **2.** *Theater*: Seiten- und Hinterbühne *f*; *fig* ***dans les ~s*** hinter den Kulissen
couloir [kulwar] *m* Flur *m*; Gang *m*
coup [ku] *m* Schlag *m*, Stich *m*, Stoß *m*; Schuss *m*; Schluck *m*; (Spiel-)Zug *m*; *fig* Coup *m*, Stückchen *n*; ***~ d'État*** Staatsstreich *m*; ***~ de chance*** Glücksfall *m*; ***donner un ~ de main*** behilflich sein; ***~ de feu*** Schuss *m*; ***~ de génie*** Geistesblitz *m*; ***~ de maître*** Meisterstück *n*; ***~ d'œil*** Blick *m*; ***~ de pied*** Tritt *m*; ***~ de téléphone*** Anruf *m*; ***avoir un ~ de soleil*** e-n Sonnenbrand haben; ***~ franc*** *Sport*: Freistoß *m*; ***tout d'un ~*** mit e-m Male; ***tout à ~*** plötzlich; ***à ~s de*** mit, durch, mittels; ***à ~ sûr*** sicherlich; ***du ~*** deshalb; ***du même ~*** bei dieser Gelegenheit; ***pour le ~*** (für) diesmal; F ***être dans le ~*** mitmachen, mit dabei sein; ***tenir le ~*** durchhalten
coupable [kupablə] schuldig
coupage [kupaʒ] *m* Schneiden *n*; *Wein*: Verschnitt *m*
coup-de-poing [kudpwɛ̃] *m* (⚠ *pl* ***coups-de-poing***) Schlagring *m*
coupe[1] [kup] *f* Schneiden *n*; Schnitt *m*; Zuschneiden *n*; *Holz*: Fällen *n*
coupe[2] [kup] *f* (Trink-)Schale *f*; Pokal *m*
coupe|-circuit [kupsirkɥi] *m* (⚠ *pl unv*) *tech* Sicherung *f*, Sicherheitsschalter *m*; **~-faim** [-fɛ̃] *m* (⚠ *pl* ***coupe-faims***) Appetitzügler *m*; **~-ongle** [-ɔ̃gl] *m* (⚠ *pl* ***coupe-ongles***) Nagelknipser *m*; **~-papier** [-papje] *m* (⚠ *pl unv*) Papiermesser *n*
couper [kupe] (1a) (ab-, auf-, durch-,

C

zer)schneiden; unterbrechen; trennen; streichen, kürzen; *Wein*: verschneiden; *Flüssigkeit*: mischen; *Tier*: kastrieren; *Karten*: abheben

coupl|e [kuplə] *m* Paar *n* (*lebender Wesen*); **~er** (1a) *tech* koppeln

couplet [kuplɛ] *m* Strophe *f*

coupole [kupɔl] *f arch* Kuppel *f*; ***la*** ♀ die Académie Française

coupon [kupõ] *m* Tuchrest *m*; *comm* Zinsschein *m*; *allg* Abschnitt *m*; **~-réponse** [-repõs] *m* (⚠ *pl* ***coupons-réponse***) Rückantwortschein *m*

coupure [kupyr] *f* Schnitt(wunde) *m(f)*; Kürzung *f*; Einschnitt *m*; Geldschein *m*, Banknote *f*

cour [kur] *f* Hof *m*; *jur* Gerichtshof *m*; ⚠ ***la*** **~**; ⚠ *nicht verwechseln mit* ***le cours*** *u* ***la course***

courag|e [kuraʒ] *m* Mut *m*; ⚠ ***le*** **~**; **~eux, ~euse** [-ø, -øz] mutig, beherzt

couramment [kuramɑ̃] *adv* geläufig, fließend

cour|ant, ~ante [kurɑ̃, -ɑ̃t] **1.** *adj* laufend; fließend; üblich, gebräuchlich; **2.** *m* Strom *m* (*a fig u Elektrizität*); Strömung *f*; Lauf *m*; ***~ d'air*** Luftzug *m*; ***au ~*** auf dem Laufenden

courbature [kurbatyr] *f* Glieder-, Kreuzschmerzen *m/pl*; Muskelkater *m*

courb|e [kurb] **1.** *adj* gebogen; krumm; **2.** *f* Kurve *f*; Krümmung *f*; Wölbung *f*; **~er** (1a) krümmen, biegen; ***se ~*** sich bücken

coureur [kurœr] *m* Läufer *m*; Rennfahrer *m*

courge [kurʒ] *f bot* Kürbis *m*

courgettes [kurʒɛt] *f/pl bot* Zucchini *pl*

courir [kurir] (2i) rennen; *schnell* laufen; fließen; *Gerücht*: umgehen, im Umlauf sein; ***~ qc*** etw viel besuchen; e-r Sache nachlaufen; ***~ les femmes*** F hinter den Frauen her sein; ***en courant*** eilig; ⚠ ***il a couru***

couronn|e [kurɔn] *f* Krone *f*; Kranz *m* (*a tech*); **~é, ~ée** gekrönt (***de*** von); **~ement** [-mɑ̃] *m* Krönung *f*; **~er** (1a) krönen; *fig* auszeichnen; vollenden; bekränzen

courrai [kure] *futur von* ***courir***

courrier [kurje] *m* Post(sachen *f/pl*) *f*, Korrespondenz *f*; Postflugzeug *n*, -schiff *n*, -wagen *m*; Kurier *m*, Bote *m*; ***~ électronique*** E-Mail *f*, elektronische Post *f*; ***par le même ~*** mit gleicher Post; ***par retour du ~*** postwendend, umgehend

courroie [kurwa] *f* Riemen *m*, Gurt *m*; *auto* Keilriemen *m*

cours [kur] *m* **1.** Lauf *m*; Strömung *f*; *zeitlich*: Verlauf *m*; ***au ~ de*** im Laufe (+ *gén*); **2.** *écon* Kurs *m*; **3.** Unterrichtsstunde *f*; Vorlesung *f*; Kursus *m*; Lehrbuch *n*; ***~ de base*** Grundkurs *m*; ***~ magistral*** Vorlesung *f*; ⚠ *nicht verwechseln mit* ***la cour*** *u* ***la course***

course [kurs] *f* Laufen *n*; Wettrennen *n*; Fahrt *f* (*e-s Wagens*); ***~ en montagne*** Bergtour *f*; ***~ aux armements*** Rüstungswettlauf *m*; ***~ en sac*** Sackhüpfen *n*

court[1] [kur] *m* (*a* ***~ de tennis***) Tennisplatz *m*

court[2]**, courte** [kur, kurt] kurz; ***à court de*** ohne

court-circuit [kursirkɥi] *m* (⚠ *pl* ***courts-circuits***) *tech* Kurzschluss *m*

courtier [kurtje] *m* Makler *m*

courtisan [kurtizɑ̃] *m hist* Höfling *m*

courtisane [kurtizan] *f* Kurtisane *f*

courtiser [kurtize] (1a) ***~ qn*** j-m den Hof machen; *fig péj* j-n hofieren

court|ois, ~oise [kurtwa, -waz] rücksichtsvoll; höflich; *hist* höfisch; **~oisie** [-wazi] *f* Höflichkeit *f*; Vornehmheit *f*

couru, ~e [kury] *p/p von* ***courir*** *u adj* viel besucht

courus [kury] *p/s von* ***courir***

couscous [kuskus] *m cuis* Kuskus *m*

cous|in, ~ine [kuzɛ̃, -in] *m* Vetter *m*; *f* Base *f*, Kusine *f*

cousis [kuzi] *p/s von* ***coudre***

coussin [kusɛ̃] *m* Kissen *n*

coussinet [kusinɛ] *m* kleines Kissen *n*; *tech* Lager *n*

cousu, ~e [kuzy] *p/p von* ***coudre*** *u adj* genäht; *fig* ***être*** (***tout***) ***~ d'or*** steinreich sein

coût [ku] *m* Kosten *pl*

coûtant [kutɑ̃] ***prix*** *m* **~** Selbstkostenpreis *m*

couteau [kuto] *m* (⚠ *pl* **~x**) Messer *n*

coûter [kute] (1a) kosten; ***~ cher*** teuer sein; *fig* ***~ cher à qn*** j-n teuer zu stehen kommen; ***coûte que coûte*** koste es, was es wolle

coût|eux, ~euse [kutø, -øz] kostspielig

coutume [kutym] *f* Gewohnheit *f*; Brauch *m*, Sitte *f*

C

coutur|e [kutyr] *f* Naht *f*; Nähen *n*; Näharbeit *f*; **~ier** [-je] *m* Modeschöpfer *m*; **~ière** [-jɛr] *f* Schneiderin *f*
couvent [kuvɑ̃] *m* Kloster *n*
couver [kuve] (1a) (be-, aus)brüten; *fig* aushecken; F *Krankheit*: ausbrüten; **~ qn** j-n verhätscheln; *fig* **~ sous la cendre** unter der Oberfläche schwelen
couvercle [kuvɛrklə] *m* Deckel *m*
couv|ert, ~erte [kuvɛr, -ɛrt] **1.** *p/p von* **couvrir** *u adj* bedeckt; überdacht; **être bien ~** warm angezogen sein; gut zugedeckt sein; **à ~ de** sicher vor; *fig* **sous le ~ de** unter dem Vorwand von; **2.** *m* Gedeck *n*; Besteck *n*; **mettre le ~** den Tisch decken; ⚠ *nicht* Kuvert
couverture [kuvɛrtyr] *f* Decke *f*; Umschlag *m*; Einband *m*; *Zeitung*: Titelseite *f*; *mil u Versicherung*: Deckung *f*
couveuse [kuvøz] *f* Brutapparat *m*, -kasten *m*
couvre|-chef [kuvrəʃɛf] *m* (⚠ *pl* **couvre-chefs**) *plais* Kopfbedeckung *f*; **~-feu** [-ø] *m* (⚠ *pl* **couvre-feux**) Ausgangssperre *f*; **~-lit** [-li] *m* (⚠ *pl* **couvre-lits**) Tagesdecke *f*
couvrir [kuvrir] (2f) (be-, zu)decken; *fig* überhäufen (**de** mit); **~ qn** j-n decken; **se ~** sich warm anziehen
crabe [krab] *m* Krebs *m*; Krabbe *f*; ⚠ **le ~**
crachat [kraʃa] *m* Spucke *f*
crach|é [kraʃe] F **tout ~** ganz aus dem Gesicht geschnitten; **~er** (1a) spucken; spritzen (*Füllhalter*); **~in** *m* Nieselregen *m*; **~oir** [-war] *m* Spucknapf *m*; **~oter** [-ɔte] (1a) oft ausspucken
crack [krak] *m* F Kanone *f*, *Sport*: Ass *n*
craie [krɛ] *f* Kreide *f*
craignis [krɛɲi] *p/s von* **craindre**
craindre [krɛ̃drə] (4b) **~ qn, qc** j-n, etw fürchten, sich vor j-m *od* etw fürchten; **~ de** (+ *inf*) sich scheuen zu (+ *inf*); **~ que** (**ne**) (+ *subj*) fürchten, dass ...
crainte [krɛ̃t] *f* Furcht *f*, Scheu *f*, Angst *f*; **de ~ de** aus Furcht vor
craint|if, ~ive [krɛ̃tif, -iv] furchtsam, ängstlich
crampe [krɑ̃p] *f méd* Krampf *m*; ⚠ **la ~**
cramp|on [krɑ̃pɔ̃] *m* Klammer *f*; *Bergsteigen*: Steigeisen *n*; **~onner** [-ɔne] (1a) an-, verklammern; **se ~** (**à**) sich klammern (an)
cran [krɑ̃] *m* Einschnitt *m*, Kerbe *f*; F **avoir du ~** Schneid haben
crân|e [krɑn] *m* Schädel *m*; **~er** F angeben; **~erie** *f* Großsprecherei *f*
crapaud [krapo] *m zo* Kröte *f*
crapoter [krapɔte] (1a) F paffen
crapule [krapyl] *f* Lumpenpack *n*; Lump *m*
craque [krak] *f* F Aufschneiderei *f*; Lügenmärchen *n*; **~lé, ~lée** [krakle] rissig; **~lure** [-lyr] *f* Riss *m*, Sprung *m*; **~ment** *m* Krachen *n*, Knarren *n*
craquer [krake] (1m) krachen, knacken, knirschen
craqueter [krakte] (1c) knistern; klappern (*Storch*)
crash [kraʃ] *m* Absturz *m*
crass|e [kras] **1.** *adj* extrem; **2.** *f* Schmutz *m*, Dreck *m*; **~eux, ~euse** [-ø, -øz] schmutzig, dreckig
cratère [kratɛr] *m* Krater *m*
cravate [kravat] *f* Krawatte *f*, Schlips *m*; ⚠ *Schreibung*
crawl [krol] *m Sport*: Kraulen *n*
cray|on [krɛjɔ̃] *m* Bleistift *m*, Stift *m*; Bleistift-, Kreidezeichnung *f*; **~ feutre** Filzstift *m*; **~ optique** Lichtgriffel *m*; **~ khôl** Kajalstift *m*; **~onner** [-ɔne] (1a) kritzeln; skizzieren
créanc|e [kreɑ̃s] *f comm* (Schuld-)Forderung *f*; *Diplomatie*: **lettres *f/pl* de ~** Beglaubigungsschreiben *n*; **~ier, ~ière** [-je, -jɛr] *m, f* Gläubiger(in) *m(f)*
créa|teur, ~trice [kreatœr, -tris] **1.** *adj* schöpferisch, kreativ; **2.** *m, f* Schöpfer(in) *m(f)*; **~tif, ~tive** [-tif, -tiv] kreativ; **~tion** *f* Schöpfung *f*; Schaffung *f*; Schaffen *n*; *Theater*: Erstinszenierung *f*; **~tivité** [-tivite] *f* Kreativität *f*; **~ture** [-tyr] *f* Geschöpf *n*
crèche [krɛʃ] *f* Krippe *f*; Kinderkrippe *f*
créd|ibilité [kredibilite] *f* Glaubwürdigkeit *f*; **~ible** glaubwürdig
crédit [kredi] *m* Kredit *m*; *fig* Ansehen *n*; **~-bail** [-baj] *m* (⚠ *pl* **crédits-bails**) Leasing *n*
créditer [kredite] (1a) gutschreiben (**qn d'une somme** j-m e-n Betrag)
crédul|e [kredyl] leichtgläubig; **~ité** *f* Leichtgläubigkeit *f*
créer [kree] (1a) (er)schaffen; *fig* gründen; erfinden; ersinnen
crémaillère [kremajɛr] *f tech* Zahnstange *f*; **chemin *m* de fer à ~** Zahnradbahn *f*; *fig* **pendre la ~** die neue Wohnung einweihen

C

crématoire [krematwar] **1.** *adj* Verbrennungs...; **2.** *m* Krematorium *n*
crème [krɛm] *f* Sahne *f*, Rahm *m*; Creme *f*; *fig* F Creme *f* (der Gesellschaft); ~ ***Chantilly*** Schlagsahne *f*; ~ ***à raser*** Rasiercreme *f*; ~ ***à épiler*** Enthaarungscreme *f*; ~ ***hydratante*** Feuchtigkeitscreme *f*
crémerie [krɛmri] *f* Milchgeschäft *n*
créneau [kreno] *m* (⚠ *pl* **~x**) Zinne *f*; Schießscharte *f*; Parklücke *f*; *écon* Marktlücke *f*
crêpe [krɛp] **1.** *m* Krepp *m*; Trauerflor *m*; **2.** *f* (dünner) Pfann-, Eierkuchen *m*
crêper [krɛpe] (1b) *Haare*: toupieren
crépi [krepi] *m* Bewurf *m*, Putz *m*
crép|ir [krepir] (2a) verputzen; **~iter** [-ite] (1a) knistern, prasseln; **~u, ~ue** [-y] kraus
crépuscule [krepyskyl] *m* Dämmerung *f*
cresson [krɛsɔ̃ *od* krəsɔ̃] *m bot* Kresse *f*
crétacé, ~e [kretase] *géol* **1.** *adj* Kreide..., kreidig; **2.** *m* Kreidezeitalter *n*
Crète [krɛt] ***la*** ~ Kreta *n*
crête [krɛt] *f* (Hahnen-)Kamm *m*; Bergkamm *m*; Dachfirst *m*
crét|in, ~ine [kretɛ̃, -in] **1.** *adj* schwachsinnig; F dumm, blöd; **2.** *m, f* Schwachsinnige(r) *m, f*; F Dummkopf *m*, Idiot *m*
creuser [krøze] (1a) ausgraben, -bohren, -höhlen; *fig* ***se ~ la cervelle*** sich den Kopf zerbrechen
creuset [krøzɛ] *m tech u fig* Schmelztiegel *m*
creux, creuse [krø, krøz] **1.** *adj* hohl; ***heures*** *f/pl* ***creuses*** Zeiten, in denen wenig Betrieb ist; **2.** *adv* ***sonner creux*** hohl klingen; **3.** *m* Höhlung *f*; *fig* Leere *f*
crevaison [krəvɛzɔ̃] *f* Platzen *n*; *auto, Fahrrad*: Reifenpanne *f*
crev|ant, ~ante [krəvɑ̃, -ɑ̃t] F ermüdend
crevass|e [krəvas] *f* Spalt *m*, Riss *m*; **~er** (1a) rissig machen; ***se ~*** Risse bekommen
crever [krəve] (1d) platzen lassen, zerstechen, aufschlitzen; bersten, platzen; krepieren, eingehen; F ***j'ai crevé*** ich habe e-n Platten (*e-e Reifenpanne*)
crevette [krəvɛt] *f zo* Garnele *f*
cri [kri] *m* Schrei *m*; Ruf *m*; *fig* ***le dernier ~*** der letzte Schrei
criailler [krijɑje] (1a) kreischen; keifen
cri|ant, ~ante [krijɑ̃, -ɑ̃t] (himmel)schreiend
cri|ard, ~arde [krijar, -ard] schreiend, kreischend; *Farbe*: grell
cribl|e [kriblə] *m* Sieb *n*; **~er** (1a) durchlöchern, -bohren; (aus)sieben
cric [krik] *m* Wagenheber *m*
cri|ée [krije] *f* ***vente*** *f* ***à la ~*** öffentliche Versteigerung; **~er** (1a) schreien; (zu-, aus)rufen; knarren; knirschen
crime [krim] *m* Verbrechen *n*
Crimée [krime] ***la*** ~ die Krim
criminalité [kriminalite] *f* Kriminalität *f*
crimin|el, ~elle [kriminɛl] **1.** *adj* verbrecherisch; Kriminal...; **2.** *m, f* Verbrecher(in) *m(f)*
crin [krɛ̃] *m* Rosshaar *n* (*bes Mähne u Schweif*); *fig* ***à tous ~s*** leidenschaftlich, mit Leib und Seele
crinière [krinjɛr] *f* Mähne *f*
criquet [krikɛ] *m zo* Feldheuschrecke *f*
crise [kriz] *f* Krise *f* (*a méd*); ~ ***cardiaque*** Herzanfall *m*; Herzschlag *m*; ~ ***de foie*** Magenverstimmung *f*; ~ ***de nerfs*** hysterischer Anfall *m*; ~ ***de la quarantaine*** Midlife-Crisis *f*; ~ ***du logement*** Wohnungsnot *f*
crisper [krispe] (1a) kräuseln; verkrampfen, verzerren; F *fig* wütend machen
crisser [krise] (1a) knirschen
cristal [kristal] *m* (⚠ *pl* **-aux**) Kristall *m*; Kristall(glas) *n*
cristalliser [kristalize] (1a) kristallisieren; *fig* (**se**) ~ deutlich werden
critère [kritɛr] *m* Kriterium *n*; Maßstab *m*
critiqu|e [kritik] **1.** *adj* kritisch; **2.** *m* Kritiker(in) *m(f)*; **3.** *f* Kritik *f*; Rezension *f*; **~er** (1m) kritisieren
croasser [krɔase] (1a) krächzen
croat|e [krɔat] kroatisch; **℃e** *m, f* Kroate *m*, Kroatin *f*; **℃ie** [krɔasi] ***la*** ~ Kroatien *n*; ⚠ *Aussprache*
croc [kro] *m* Fangzahn *m*; Haken *m*
croc-en-jambe [krɔkɑ̃ʒɑ̃b] *m* (⚠ *pl* ***crocs-en-jambe***) Beinstellen *n*
croch|et [krɔʃɛ] *m* Haken *m*; Häkelnadel *f*; *Straße*: Bogen *m*; **~s** *pl* eckige Klammern *f/pl*; ***faire du ~*** häkeln; **~eter** [krɔʃte] (1e) mit dem Dietrich öffnen; **~u, ~ue** [-y] krumm; hakenförmig

crocodile [krɔkɔdil] *m zo* Krokodil *n*
croire [krwar] (4v) **1.** glauben (***qc, qn*** etw, j-m); **~ *qc de qn*** etw von j-m glauben; ***je le crois*** ich glaube es; ich glaube (es) ihm; ***on le croyait médecin*** man hielt ihn für e-n Arzt; ***en ~ qn*** sich auf j-n verlassen; ***à en ~ les journaux*** wenn man den Zeitungen Glauben schenken will; ***faire ~ qc à qn*** j-m etw weismachen; **2. ~ *à qc*** an etw glauben; **~ *en qn*** an j-n glauben; **~ *en Dieu*** an Gott glauben; **3. *se ~ qn*** sich für j-n halten; ***il se croit intelligent*** er hält sich für intelligent
crois|ade [krwazad] *f* Kreuzzug *m*; **~é, ~ée 1.** *adj* gekreuzt; **2.** *m* Kreuzfahrer *m*; **3.** *f* Kreuzung *f*; **~ement** [-mɑ̃] *m* Kreuzen *n*; Kreuzung *f* (*a biol*); **~er** (1a) kreuzen (*a mar, biol*); **~ *qn*** j-m begegnen; **~eur** *m mar* Kreuzer *m*; **~ière** [-jɛr] *f mar* Kreuzfahrt *f*
croiss|ance [krwasɑ̃s] *f* Wachstum *n*; **~ant, ~ante** [-ɑ̃, -ɑ̃t] **1.** *adj* wachsend; zunehmend; **2.** *m* Mondsichel *f*; *Islam*: Halbmond *m*; *cuis* Hörnchen *n*
croître [krwɑtrə] (4w) wachsen
croix [krwa] *f* Kreuz *n*; ***c'est la ~ et la bannière*** es ist verdammt schwierig; ⚠ ***la ~***
croqu|ant, ~ante [krɔkɑ̃, -ɑ̃t] knusprig
croque|-mitaine [krɔkmitɛn] *m* (⚠ *pl* ***croque-mitaines***) schwarzer Mann *m*; **~-monsieur** *m* (⚠ *pl unv*) *cuis* Schinkentoast *m* mit Käse; **~-mort** [-mɔr] F *m* (⚠ *pl* ***croque-morts***) Sargträger *m*
croquer [krɔke] (1m) **1.** knabbern; knuspern; *im Mund*: krachen, knirschen; **2.** skizzieren, entwerfen
croquis [krɔki] *m* Skizze *f*
crott|e [krɔt] *f* Kot *m*; F *fig* **~ *de bique*** Plunder *m*; **~in** *m* Pferdemist *m*
croul|ant, ~ante [krulɑ̃, -ɑ̃t] baufällig; **~er** (1a) einstürzen; zusammenbrechen
croup [krup] *m méd* Krupp *m*
croustill|ant, ~ante [krustijɑ̃, -ɑ̃t] knusprig
croût|e [krut] *f* Kruste *f*, Rinde *f*; Schorf *m*; F ***casser la ~*** e-n Imbiss zu sich nehmen; **~er** (1a) F futtern; **~on** *m* (Brot-)Kanten *m*; Brotwürfel *m*
croy|able [krwajablə] (*meist negativ*) glaubhaft; **~ance** *f* Glaube(n) *m*; **~ant, ~ante** [-ɑ̃, -ɑ̃t] *rel* **1.** *adj* gläubig; **2.** *m, f* Gläubige(r) *m, f*
C.R.S. [seɛrɛs] (*abr* ***compagnie républicaine de sécurité***) *etwa* Bereitschaftspolizei *f*
cru, ~e [kry] **1.** *p/p von* ***croire***; **2.** *adj* ungekocht, unbearbeitet, roh; grell; *fig* geradeheraus; **3.** *m* (Wein-)Gebiet *n*; Weinberg *m*; ***du ~*** einheimisch; *fig* ***de mon ~*** von mir erfunden
cruauté [kryote] *f* Grausamkeit *f*
cruche [kryʃ] *f* Krug *m*
cruci|al, ~ale [krysjal] (⚠ *m/pl* ***-aux***) entscheidend
cruci|fié [krysifje] *m* Gekreuzigte(r) *m*; **~fiement** [-fimɑ̃] *m* Kreuzigung *f*; **~fier** [-fje] (1a) kreuzigen; **~fix** [-fi] *m* Kruzifix *n*; **~fixion** [-fiksjɔ̃] *f Kunst*: Kreuzigung *f*
crudité [krydite] *f* Grobheit *f*; Härte *f*; **~s** *pl* Rohkost *f*
crue [kry] *f* Hochwasser *n*
cruel, ~le [kryɛl] grausam
crûment [krymɑ̃] *adv* unumwunden, schonungslos
crus [kry] *p/s von* ***croire***
crustacés [krystase] *m/pl zo* Krusten-, Krebstiere *n/pl*
crypte [kript] *f* Krypta *f*
Cuba [kyba] Kuba *n*
cubage [kybaʒ] *m* Kubikinhalt *m*
cub|e [kyb] *math* **1.** *m* Würfel *m*; Kubikzahl *f*, dritte Potenz *f*; **2.** *adj* Kubik...; **~ique** kubisch; **~isme** *m Kunst*: Kubismus *m*; **~iste** *m* Kubist *m*
cueill|ette [kœjɛt] *f* Obsternte *f*; Erntezeit *f*; **~ir** (2c) pflücken; *fig* ernten
cuiller *od* **cuillère** [kɥijɛr] *f* Löffel *m*
cuillerée [kɥij(e)re] *f ein* Löffel voll
cuir [kɥir] *m* Leder *n*; **~ *chevelu*** Kopfhaut *f*
cuire [kɥir] (4c) kochen; braten; backen; ***faire ~ qc*** etw kochen, braten, backen; ⚠ *aber*: ***faire du café*** Kaffee kochen; ***l'eau bout*** das Wasser kocht
cuis|ant, ~ante [kɥizɑ̃, -ɑ̃t] brennend, stechend; schmerzlich
cuisine [kɥizin] *f* Küche *f*; ***faire la ~*** kochen (*die Mahlzeiten bereiten*)
cuisin|é [kɥizine] ***plat*** *m* **~** Fertiggericht *n*; **~er** (1a) zubereiten, kochen; **~ier** [-je] *m* Koch *m*; **~ière** *f* [-jɛr] Köchin *f*; Küchenherd *m*
cuiss|e [kɥis] *f* (Ober-)Schenkel *m*; **~eau** *m* (⚠ *pl* **~x**) Kalbskeule *f*

C

cuisson [kɥisõ] *f* Kochen *n*; Backen *n*; Sieden *n*; Garen *n*
cuit, cuite [kɥi, kɥit] *p/p von* **cuire** *u adj* **1.** gekocht; gebraten; gebacken; **2.** *Ton etc*: gebrannt
cuite [kɥit] *f* **1.** Brennen *n*, Brand *m* (*von Porzellan*); **2.** F Rausch *m*
cuivr|e [kɥivrə] *m* Kupfer *n*; **~ *jaune*** Messing *n*; **~er** (1a) verkupfern
cul [ky] *m* P Arsch *m*
culbut|e [kylbyt] *f* Purzelbaum *m*; ***faire la ~*** e-n Purzelbaum schießen; **~er** (1a) umwerfen; über den Haufen rennen; *Wagen*: sich überschlagen
cul-de-sac [kydsak] *m* (⚠ *pl* ***culs-de-sac***) Sackgasse *f* (*a fig*)
culinaire [kylinɛr] Koch..., Küchen..., kulinarisch
culmin|ant [kylminɑ̃] ***point*** *m* **~** *astr* Kulminationspunkt *m*; *fig* Höhepunkt *m*; **~er** (1a) seinen höchsten Punkt haben; *fig* den Höhepunkt erreichen
culot [kylo] F *m* Frechheit *f*, Unverschämtheit *f*
culott|e [kylɔt] *f* (kurze) Hose *f*; Schlüpfer *m*; **~é, ~ée** F frech, dreist
culpabilité [kylpabilite] *f* Schuld *f*
culte [kylt] *m rel* Kult(us) *m*; Religion *f*; Konfession *f*; Gottesdienst *m*
cultiv|able [kyltivablə] *agr* anbaufähig; **~ateur, ~atrice** [-atœr, -atris] *m*, *f* Landwirt(in) *m(f)*; **~é, ~ée** *agr* bebaut; *fig* gebildet; **~er** (1a) **1.** *agr* an-, bebauen, bestellen; (an)pflanzen, ziehen; **2.** *fig* betreiben, pflegen, üben; ***se ~*** sich weiterbilden
cultur|e [kyltyr] *f* **1.** *agr* Bebauung *f*; Zucht *f*; Anbau *m*; **2.** Bildung *f*; Kultur *f*; **~el, ~elle** kulturell, Kultur...; **~isme** *m* Bodybuilding *n*
cumin [kymɛ̃] *m bot* Kümmel *m*
cunéiforme [kyneifɔrm] keilförmig
cupidité [kypidite] *f* Begierde *f*, Habsucht *f*
cure [kyr] *f* **1.** *méd* Kur *f*; **2.** *égl* Pfarre *f*; Pfarrstelle *f*
curé [kyre] *m* (katholischer) Pfarrer *m*
cure-dent [kyrdɑ̃] *m* (⚠ *pl* ***cure-dents***) Zahnstocher *m*
curer [kyre] (1a) reinigen, säubern
curi|eux, ~euse [kyrjø, -øz] **1.** neugierig; wissbegierig; **2.** seltsam, sonderbar
curiosité [kyrjɔzite] *f* **1.** Neugierde *f*; Wissbegier *f*; **2. ~s** *pl* Sehenswürdigkeiten *f/pl*
curiste [kyrist] *m*, *f* Kurgast *m*
curriculum vitæ [kyrikylɔmvite] *m* (⚠ *pl unv*) Lebenslauf *m*
curseur [kyrsœr] *m* Cursor *m*
cursus [kyrsys] *m* Studiengang *m*; Werdegang *m*
cutané, ~e [kytane] Haut...
cuv|e [kyv] *f* Gärbehälter *m*, Bütte *f*, Bottich *m*; **~ée** [-e] *f* Inhalt *m* e-s Gärbehälters; Weinsorte *f*; **~er** (1a) in der Kellerei gären; *fig* **~ *son vin*** seinen Rausch ausschlafen; **~ette** [-ɛt] *f* (Wasch-)Schüssel *f*; Waschbecken *n*
CV *m* (*abr* ***cheval-vapeur***) *auto* (Steuer-)PS *n*
C.V. [seve] (*abr* ***curriculum vitæ***) Lebenslauf *m*
cyber-espace [sibɛrɛspas] *m* Cyberspace *m*
cybernét|icien, ~icienne [sibɛrnetisjɛ̃, -isjɛn] *m*, *f* Kybernetiker(in) *m(f)*; **~ique** *f* Kybernetik *f*
cyclable [siklablə] ***piste*** *f* **~** Radfahrweg *m*
cyclamen [siklamɛn] *m bot* Alpenveilchen *n*
cycle¹ [siklə] *m* **1.** *allg* Kreis *m*; Zyklus *m*; *Literatur*: Sagenkreis *m*; **2.** *Schule*: **~ *élémentaire*** 1.-5. Volksschulklasse *f*; ***premier* ~** 1.-4. Gymnasialklasse; *Universität*: 1. + 2. Studienjahr *n*; ***second* ~** 5.-7. Gymnasialklasse; *Universität*: 3. + 4. Studienjahr *n*; ***troisième* ~** Studienzeit nach ‚licence' + ‚maîtrise' mit Abschluss ‚doctorat'
cycle² [siklə] *m meist pl* **~s** Fahr- *u* Dreiräder *n/pl*
cycl|isme [siklismə] *m* Radsport *m*; **~iste** *m*, *f* Radfahrer(in) *m(f)*; **~omoteur** [-ɔmɔtœr] *m* Mofa *n*
cyclone [siklon] *m* Wirbelsturm *m*; Tiefdruckgebiet *n*, Tief *n*
cygne [siɲ] *m zo* Schwan *m*
cylindr|e [silɛ̃drə] *m math*, *tech* Zylinder *m*; Walze *f*; Rolle *f*; ⚠ *nicht* Zylinder(hut); **~ée** [-e] *f auto* Hubraum *m*; **~er** (1a) walzen
cymbale [sɛ̃bal] *f mus* Becken *n*
cyn|ique [sinik] zynisch; *philos* kynisch; **~isme** *m* Zynismus *m*; *philos* Kynismus *m*

cyprès [siprɛ] *m* Zypresse *f*; ⚠ ***le*** **~**
cypriote [siprijɔt] **1.** *adj* zypriotisch; **2.** **♀** *m*, *f* Zypriot(in) *m(f)*

cyrillique [sirilik] kyrillisch
cystite [sistit] *f méd* Blasenentzündung *f*

D

D

d'abord [dabɔr] zuerst einmal
d'accord! [dakɔr] einverstanden!
dactylo [daktilo] *f* Schreibkraft *f*; Maschineschreiben *n*; **~graphie** [-grafi] *f* Maschineschreiben *n*
dada [dada] *m enf* Pferdchen *n*; F Steckenpferd *n*
dadais [dadɛ] *m* (***grand***) **~** Tollpatsch *m*
daigner [dɛɲe] (1b) *st/s* **~** (+ *inf*) die Güte haben zu (+ *inf*), geruhen zu (+ *inf*)
dallage [dalaʒ] *m* Plattenbelag *m*
dall|e [dal] *f* **1.** Steinplatte *f*; Fliese *f*; **2.** P ***que*** **~** nichts; **~er** (1a) mit Platten belegen
dalton|ien, ~ienne [daltɔnjɛ̃, -jɛn] farbenblind
damas [dama] *m* Damast(seide *f*) *m*; Damaszenerklinge *f*
dam|e [dam] *f* **1.** Dame *f* (*a im Karten-, Schach- u Damespiel*); Frau *f*; **2.** *tech* Stampfer *m*; **~e-jeanne** [-ʒan] *f* (⚠ *pl* ***dames-jeannes***) große (Korb-)Flasche *f*; **~er** (1a) *Dame-, Schachspiel*: zur Dame machen; *tech* (fest)stampfen
damier [damje] *m* Schachbrett *n*
damn|able [danablə] *rel* verdammenswert; **~ation** *f* Verdammung *f*, Verdammnis *f*; **~er** (1a) verdammen; *fig* ***faire*** **~** ***qn*** j-n zur Verzweiflung bringen
dancing [dɑ̃siŋ] *m* Tanzlokal *n*
dandin|ement [dɑ̃dinmɑ̃] *m* Schwanken *n*, Schaukeln *n*; **~er** (1a) **se ~** hin und her schaukeln; watscheln
Danemark [danmark] ***le*** **~** Dänemark *n*
danger [dɑ̃ʒe] *m* Gefahr *f*; **~** ***de mort*** Lebensgefahr *f*; ***courir le*** **~** ***de*** (+ *inf*) Gefahr laufen zu (+ *inf*)
danger|eux, ~euse [dɑ̃ʒrø, -øz] gefährlich
dan|ois, ~oise [danwa, -waz] **1.** *adj* dänisch; **2.** **♀** *m*, *f* Däne, Dänin *m*, *f*

dans [dɑ̃] **1.** *örtlich*: in, auf, an; **~** ***la rue*** auf der Straße; **~** (*od* ***chez***) ***Molière*** bei Molière; *fig* ***être*** **~** ***le commerce*** im Handel tätig sein; ***boire*** **~** ***un verre*** aus e-m Glas trinken; **2.** *zeitlich*: innerhalb von, in; **~** ***les 24 heures*** innerhalb von 24 Stunden; **~** ***trois jours*** in 3 Tagen; **3.** *Art u Weise*: **~** ***ces circonstances*** unter diesen Umständen; ***avoir*** **~** ***les 50 ans*** etwa 50 Jahre alt sein
dans|ant, ~ante [dɑ̃sɑ̃, -ɑ̃t] tanzend; ***soirée*** *f* ***dansante*** Tanzabend *m*
dans|e [dɑ̃s] *f* Tanz *m*; ⚠ ***la*** **~**; **~er** (1a) tanzen; **~eur** *m*, **~euse** *f* Tänzer(in) *m(f)*
Danube [danyb] ***le*** **~** die Donau
dard [dar] *m hist* Wurfspieß *m*; *Biene, Skorpion etc*: Stachel *m*
dare-dare [dardar] F eiligst, schleunigst
dartre [dartrə] *f méd* (Haut-)Flechte *f*
dat|e [dat] *f* Datum *n*; Zeitpunkt *m*; Termin *m*; ***de longue*** **~** seit langem; **~** ***limite*** *od* ***de péremption*** Haltbarkeitsdatum *n*; ⚠ ***la*** **~**; **~er** (1a) datieren; **~** ***de*** stammen aus; ***à*** **~** ***de ce jour*** von diesem Tage an
datt|e [dat] *f* Dattel *f*; **~ier** [-je] *m* Dattelpalme *f*
daube [dob] *f cuis* Schmoren *n*; Schmorfleisch *n*
dauphin [dofɛ̃] *m* **1.** *zo* Delfin *m*; **2.** *hist* Dauphin *m* (*französischer Thronfolger*); *fig* Kronprinz *m*, Nachfolger *m*
davantage [davɑ̃taʒ] mehr (***que*** als)
D.C.A. *f* (*abr* ***défense contre avions***) Flak *f*
de [də] (*vor Vokal u stummem h* **d'**; ⚠ *„de le" wird zu* **du**, *„de les" zu* **des**); **1.** *prép* von; *örtlich*: von ... her, von ... weg, aus; **~** ***ce côté-ci*** von, auf, nach dieser Seite; *zeitlich*: **~** ***jour*** tagsüber; **~**

D

nos jours heutzutage; ***je n'ai pas dormi ~ la nuit*** ich habe die ganze Nacht nicht geschlafen; ~ ... ***à*** von ... bis; *Grund*: ~ ***peur*** vor Angst; *Art u Weise*: ~ ***force*** mit Gewalt; ~ ***plus en plus grand*** immer größer; *Maßangabe*: ***une planche ~ 10 cm ~ large*** ein 10 cm breites Brett; *vor inf*: zu; ***cesser ~ travailler*** aufhören zu arbeiten; **2.** *Teilungsartikel* (*meist unübersetzt*): ***du pain*** Brot; ***des petits pains*** Brötchen; ⚠ *nach Mengenangaben nur* ***de***

dé [de] *m* (*Spiel-*)Würfel *m*; ~ (***à coudre***) Fingerhut *m*

débâcle [debɑklə] *f* Eisgang *m*; *fig* wilde Flucht *f*, Auflösung *f*; Zusammenbruch *m*; Debakel *n*; ⚠ ***la ~***

déballer [debale] (1a) auspacken

débarbouiller [debarbuje] (1a) ~ ***un enfant*** e-m Kind das Gesicht waschen

débarcadère [debarkadɛr] *m mar* Landungsbrücke *f*; Landeplatz *m*

débard|age [debardaʒ] *m mar* Löschen *n*; **~er** (1a) *mar* ausladen, löschen; *Holz*: abfahren; **~eur** *m* Top *n*

débarqu|ement [debarkəmɑ̃] *m* Ausladen *n*, Löschen *n*; *Passagiere*: Anlandgehen *n*, Vonbordgehen *n*; *mil* Landung *f*; **~er** (1m) *mar* ans Land setzen, ausladen; *mil Truppen*: landen; *allg* an Land *od* von Bord gehen

débarr|as [debara] *m* **1.** F ***bon ~*** e-e wahre Erlösung!; **2.** Abstellraum *m*; **~asser** [-ase] (1a) aus-, abräumen; ~ ***de qc*** von etw befreien; ***se ~ de qn*** (***qc***) sich j-n (etw) vom Halse schaffen

débat [deba] *m* Debatte *f*, Erörterung *f*; ⚠ ***le ~***

débattre [debatrə] (4a) ~ ***qc*** etw debattieren, durchsprechen; ***se ~*** sich wehren; *fig* sich abmühen (***contre*** mit)

débauch|e [deboʃ] *f* Ausschweifung *f*; **~é, ~ée 1.** *adj* ausschweifend, lasterhaft, liederlich; **2.** *m*, *f* Wüstling *m*; liederliches Frauenzimmer *n*; **~er** (1a) **1.** *Personal*: entlassen, abbauen; abwerben; **2.** F verleiten, verführen

débil|e [debil] **1.** *adj* schwächlich; hinfällig; *fig* ohnmächtig; F blöd, doof; P ***il est complètement ~*** bei dem tickt es nicht richtig; **2.** *m* ~ ***mental*** Schwachsinnige(r) *m*; **~ité** *f* Schwäche *f*; ~ ***mentale*** Schwachsinn *m*

débin|e [debin] P *f* Not *f*, Elend *n*; **~er** (1a) F anschwärzen; ***se ~*** türmen, abhauen

débit [debi] *m* **1.** Absatz *m*; Vertrieb *m*; **2.** ~ ***de tabac*** Tabakladen *m*; ~ ***de boissons*** Schankwirtschaft *f*; **3.** Redeweise *f*; Vortrag *m*; **4.** Ergiebigkeit *f*; Durchflussmenge *f*; Ausstoß *m*; Leistung *f*; **5.** *comm* Soll *n*, Debet *n*

débiter [debite] (1a) **1.** verkaufen, absetzen; **2.** *péj* von sich geben; aufsagen; herleiern; **3.** liefern, abgeben, ausstoßen; **4.** *comm* ~ ***qn d'une somme*** j-n mit e-m Betrag belasten

débi|teur, ~trice *f* [debitœr, -tris] **1.** *m*, *f* Schuldner(in) *m*(*f*); **2.** *adj* Schuldner...

déblai [deblɛ] *m meist* **~s** *pl* Aushub *m*; Schutt *m*, Trümmer *pl*

déblayer [deblɛje] (1i) *e-n Platz*: abräumen; *von Schutt*: freilegen; *Erde etc*: wegschaffen

déblocage [deblɔkaʒ] *m tech* Lösen *n*; *écon* ~ ***des prix*** Freigabe *f* der Preise

débloquer [deblɔke] (1m) *tech* lösen; *écon Preise etc*: freigeben; F Blödsinn reden

déboiser [debwaze] (1a) abholzen; entwalden

déboîter [debwate] (1a) ausrenken; *auto* ausscheren

débonnaire [debɔnɛr] gutmütig

débordé, ~e [debɔrde] überlastet, im Stress

débord|ement [debɔrdəmɑ̃] *m* Überlaufen *n*, Überschwemmung *f*; *fig* ~ ***de joie*** Überschwang *m* der Freude; **~s** *pl* Exzesse *m*/*pl*; **~er** (1a) über die Ufer treten; überlaufen; *fig* ***faire ~ le vase*** das Maß voll machen; ~ ***de santé*** vor Gesundheit strotzen

débouch|é [debuʃe] *m* **1.** Ausgang *m*; Einmündung *f*; **2.** *écon* Absatzmarkt *m*; **3.** **~s** *pl* Berufsaussichten *f*/*pl*; **~er** (1a) entkorken; *Rohr*: freimachen; ~ ***de*** herauskommen aus; *Weg*: ~ ***dans*** einmünden in; *fig* ~ ***sur*** führen zu

déboucler [debukle] (1a) aufschnallen

déboulonner [debulɔne] (1a) abschrauben; *fig* ~ ***qn*** j-n absägen

débourser [deburse] (1a) *Geld*: ausgeben

debout [dəbu] aufrecht (stehend); ***être ~*** stehen; auf(gestanden) sein; *fig* ***tenir ~*** Hand und Fuß haben

déboutonner [debutɔne] (1a) aufknöpfen
débraillé, ~e [debraje] schlampig, salopp
débrancher [debrɑ̃ʃe] (1a) *tech* abschalten; *Gerät*: ausstecken
débrayer [debrɛje] (1i) auskuppeln; *fig* die Arbeit niederlegen
débridé, ~e [debride] zügellos; entfesselt
débris [debri] *m/pl* Trümmer *pl*; Scherben *f/pl*
débrouill|ard, ~arde [debrujar, -ard] pfiffig, schlau; **~er** (1a) entwirren, ordnen; *fig* (auf)klären; **se ~** sich zu helfen wissen, zurechtkommen
début [deby] *m* Beginn *m*, Anfang *m*; *Theater, Politik etc*: **~s** *pl* Debüt *n*, erstes Auftreten *n*; **~ mai** Anfang Mai
début|ant, ~ante [debytɑ̃, -ɑ̃t] *m,f* Anfänger(in) *m(f)*; Neuling *m*; **~er** (1a) anfangen, beginnen
deçà [dəsa] *adv* **en ~** diesseits; *prép* **en ~ de** diesseits (+ *gén*)
décacheter [dekaʃte] (1c) *Umschlag*: öffnen
décad|ence [dekadɑ̃s] *f* Verfall *m*; Dekadenz *f*; **~ent, ~ente** [-ɑ̃, -ɑ̃t] dekadent; angekränkelt
décaféiné, ~e [dekafeine] **café** *m* **~** koffeinfreier Kaffee *m*
décal|age [dekalaʒ] *m* Verschiebung *f*; Abstand *m*; Unterschied *m*; **souffrir du ~ horaire** Jetlag haben; **~er** (1a) verschieben; versetzen
décalqu|age [dekalkaʒ] *m od* **décalqu|e** [dekalk] *m* (Ab-, Durch-)Pausen *n*; Pause *f*; **~er** (1m) (ab-, durch)pausen
décamper [dekɑ̃pe] (1a) F abhauen, sich verziehen
décaper [dekape] (1a) abbeizen; entrosten
décapiter [dekapite] (1a) enthaupten, köpfen
décapotable [dekapɔtablə] **1.** *adj* mit zurückklappbarem Verdeck; **2.** *f* (**voiture** *f*) **~** Kabriolett *n*
décapsul|er [dekapsyle] (1a) den Deckel abnehmen von; **~eur** *m* Flaschenöffner *m*
décéd|é, ~ée [desede] verstorben; **~er** (1f) (ver)sterben, verscheiden
déceler [desle] (1d) nachweisen, feststellen; erkennen lassen
décembre [desɑ̃brə] *m* Dezember *m*; **en ~** im Dezember; **le 18 ~** am 18. Dezember; **le 18 ~ 1998** der 18. Dezember 1998
décence [desɑ̃s] *f* Anstand *m*
décennie [deseni] *f* Jahrzehnt *n*
déc|ent, ~ente [desɑ̃, -ɑ̃t] (wohl)anständig; zurückhaltend; diskret; ⚠ *adv* **décemment** [-amɑ̃]
décentraliser [desɑ̃tralize] (1a) dezentralisieren
déception [desɛpsjɔ̃] *f* Enttäuschung *f*
décerner [desɛrne] (1a) *Preis*: verleihen, zuerkennen
décès [desɛ] *m* Ableben *n*; Tod *m*
décev|ant, ~ante [desəvɑ̃, -ɑ̃t] enttäuschend
décevoir [desəvwar] (3a) enttäuschen
déchaîn|ement [deʃɛnmɑ̃] *m* Entfesselung *f*; Ausbruch *m*; **~er** (1b) losketten; *fig* entfesseln; **se ~** aus-, losbrechen
décharg|e [deʃarʒ] *f phys* Entladung *f*; *comm u jur* Entlastung *f*; *mil* Salve *f*; **~ publique** Müllkippe *f*, Deponie *f*; **~er** (1l) ab-, ausladen; entladen (*a Batterie*); *mar* löschen; *fig* entlasten; erleichtern; *Waffe*: abfeuern
décharné, ~e [deʃarne] mager, dürr
dèche [dɛʃ] F *f* Geldverlegenheit *f*; F Klemme *f*
déchéance [deʃeɑ̃s] *f* Verfall *m*; *jur* Verlust *m* e-s Rechtes
déchet [deʃɛ] *m meist pl* **~s** Abfälle *m/pl*, Abfall *m*; **~s biodégradables** kompostierbarer Müll *m*; **~s hospitaliers** Klinikmüll *m*; **~s radioactifs** Atommüll *m*; **~s toxiques** Giftmüll *m*
déchetterie [deʃɛtri] *f* Müllverwertungsanlage *f*
déchiffrer [deʃifre] (1a) entschlüsseln, entziffern; *mus* vom Blatt spielen *od* singen
déchir|ant, ~ante [deʃirɑ̃, -ɑ̃t] herzzerreißend; **~ement** [-mɑ̃] *m* (Zer-)Reißen *n*; *fig* (tiefer) Schmerz *m*; **~er** (1a) zerreißen (*a fig*); **se ~** reißen; **~ure** [-yr] *f* Riss *m*
déchoir [deʃwar] (3m) verfallen; **~ de son rang** seinen Rang verlieren
déchu, ~e [deʃy] heruntergekommen; *Herrscher*: gestürzt
décid|é, ~ée [deside] entschlossen; be-

stimmt; ***être ~ à qc*** entschlossen sein zu etw; **~ément** [-emɑ̃] *adv* wirklich; entschieden; **~er** (1a) ~ ***qc*** etw beschließen; ~ ***qn à*** (***faire***) ***qc*** j-n zu etw veranlassen; ~ ***de qc*** über etw entscheiden; ~ ***de*** (+ *inf*) *od* ***se ~ à*** (+ *inf*) beschließen zu (+ *inf*), sich entschließen zu (+ *inf*); **~eur** *m* Entscheidungsträger *m*

décimal, ~e [desimal] (⚠ *m/pl* **-aux**) Dezimal..., Zehner...

décis|if, ~ive [desizif, -iv] entscheidend; **~ion** *f* Entscheidung *f*; Entschluss *m*; Entschlossenheit *f*

déclam|atoire [deklamatwar] *péj* schwülstig; **~er** (1a) deklamieren

déclar|ation [deklarasjɔ̃] *f* Erklärung *f*; *bei Behörden*: Anmeldung *f*; **~er** (1a) erklären; anmelden; angeben; **se ~** sich äußern; *Feuer*, *Epidemie*: ausbrechen; ***se ~ coupable*** sich für schuldig erklären

déclasser [deklase] (1a) deklassieren; niedriger einstufen

déclench|ement [deklɑ̃ʃmɑ̃] *m* Auslösen *n*, Auslösung *f*; **~er** (1a) auslösen; **se ~** losgehen; ausbrechen; **~eur** *m Foto*: Auslöser *m*

déclic [deklik] *m* Auslösevorrichtung *f*; Klicken *n*; ***ça a été le ~*** der Groschen ist gefallen

déclin [deklɛ̃] *m* Niedergang *m*, Verfall *m*

déclin|aison [deklinɛzɔ̃] *f gr* Deklination *f*; **~er** (1a) verfallen; abnehmen; *Gesundheit*: sich verschlechtern; *Angebot*, *Ehrung*, *Verantwortung*: ablehnen; *gr* deklinieren; ~ ***ses nom***, ***prénoms et qualités*** seine Personalien angeben

déclive [dekliv] (***en***) ~ abschüssig

décod|er [dekɔde] (1a) dekodieren, entschlüsseln; **~eur** *m* Decoder *m*

décoiffer [dekwafe] (1a) *Haare*: zerzausen

décoll|age [dekɔlaʒ] *m aviat* Start *m*; **~er** (1a) *Geleimtes*: losmachen, ablösen; *aviat* starten, abheben

décollet|é, ~ée [dekɔlte] **1.** *adj Kleid*: ausgeschnitten; **2.** *m* Dekolletee *n*

décolorer [dekɔlɔre] (1a) bleichen

décombres [dekɔ̃brə] *m/pl* Trümmer *pl*; (Bau-)Schutt *m*

décommander [dekɔmɑ̃de] (1a) abbestellen; absagen

décompacter [dekɔ̃pakte] (1a) *EDV* dekomprimieren, dearchivieren

décompos|er [dekɔ̃pɔze] (1a) zersetzen; zerlegen; *fig* entstellen; **se ~** verwesen; *Gesicht*: sich verzerren; **~ition** *f* Zerlegung *f*; Verwesung *f*

décompresser [dekɔ̃prɛse] (1a) *EDV* dekomprimieren, dearchivieren; *Person*: sich entspannen

décompt|e [dekɔ̃t] *m* Abzug *m* (*von e-r Summe*); Abrechnung *f*; **~er** (1a) abrechnen, abziehen

déconcert|ant, ~ante verwirrend, beunruhigend; **~er** (1a) ~ ***qn*** j-n aus der Fassung bringen

déconf|it, ~ite [dekɔ̃fi, -it] betreten; enttäuscht; **~iture** [-ityr] *f* Scheitern *n*; Pleite *f*

décongeler [dekɔ̃ʒle] (1d) auftauen

décongestionner [dekɔ̃ʒɛstjɔne] (1a) *Straße*: entlasten

déconnecté, ~e [dekɔnɛkte] *EDV* offline

déconnecter [dekɔnɛkte] (1a) abschalten

déconner [dekɔne] P (1a) Blödsinn machen, reden

déconseiller [dekɔ̃sɛje] (1b) abraten (***qc à qn*** j-m von etw)

décontamination [dekɔ̃taminasjɔ̃] *f* Entseuchung *f*, Entgiftung *f*

décontenancer [dekɔ̃tnɑ̃se] (1k) aus der Fassung bringen

décontracté, ~e [dekɔ̃trakte] entspannt; F lässig; zwanglos

décor [dekɔr] *m* Ausstattung *f*; Schmuck *m*; **~s** *pl* Bühnenbild *n*; *fig* Umgebung *f*; **~atif, ~ative** [-atif, -ativ] schmückend; **~ation** *f* Verzierung *f*; Orden *m*; **~er** (1a) ausschmücken (***de*** mit); ~ ***qn*** j-m e-n Orden verleihen

décortiquer [dekɔrtike] (1m) schälen; *fig* zerpflücken

découcher [dekuʃe] (1a) auswärts schlafen

découdre [dekudrə] (4d) auftrennen

découler [dekule] (1a) ~ ***de*** herrühren aus, sich ergeben aus

découper [dekupe] (1a) ausschneiden, zerschneiden; *fig* **se ~** sich abheben (***sur*** von *od* gegen)

découpure [dekupyr] *f* Aus-, Einschnitt *m*

décourag|ement [dekuraʒmɑ̃] *m* Mutlosigkeit *f*; **~er** (1l) entmutigen; ~ ***qn de***

qc j-n von etw abbringen; **se ~** den Mut verlieren
décousu, ~e [dekuzy] ab-, aufgetrennt; *fig* zusammenhanglos
découv|ert, ~erte [dekuvɛr, -ɛrt] unbedeckt, offen; *fig* ***à visage découvert*** ohne Verstellung; ***à découvert*** ungedeckt (*a Konto*)
découverte [dekuvɛrt] *f* Entdeckung *f*
découvrir [dekuvrir] (2f) aufdecken; entdecken; **se ~** den Hut abnehmen; *Wetter*: sich aufklären, aufklaren
décrasser [dekrase] (1a) säubern
décrép|it, ~ite [dekrepi, -it] altersschwach
décret [dekrɛ] *m* Verordnung *f*, Erlass *m*
décréter [dekrete] (1f) ver-, anordnen
décrire [dekrir] (4f) beschreiben
décrocher [dekrɔʃe] (1a) vom Haken nehmen; abnehmen (*a tél*); F *fig Preis etc*: erlangen
décroissance [dekrwasɑ̃s] *f* Abnahme *f*, Rückgang *m*, Sinken *n*
décroître [dekrwɑtrə] (4w) abnehmen, zurückgehen, schwinden
décrotter [dekrɔte] (1a) säubern, den Schmutz abkratzen (**qc** von etw)
décrypter [dekripte] (1a) entschlüsseln
déçu, ~e [desy] *p/p von* ***décevoir*** *u adj* enttäuscht
dédaign|er [dedɛɲe] (1b) verachten, gering schätzen; verschmähen; **~ de** (+ *inf*) es nicht der Mühe wert halten zu (+ *inf*); **~eux, ~euse** [-ø, -øz] verächtlich, geringschätzig
dédain [dedɛ̃] *m* Verachtung *f*, Geringschätzung *f*
dédale [dedal] *m* Labyrinth *n*
dedans [dədɑ̃] **1.** *adv* darin; hinein; **2.** *m* Innere(s) *n*
dédicace [dedikas] *f* Widmung *f*
dédier [dedje] (1a) weihen; widmen
dédire [dedir] (4m) **se ~** sein Wort zurücknehmen; ⚠ ***vous vous dédisez***
dédommag|ement [dedɔmaʒmɑ̃] *m* Entschädigung *f*; **~er** (1l) entschädigen (**de** für)
dédouaner [dedwane] (1a) verzollen, zollamtlich abfertigen
dédoubler [deduble] (1a) halbieren; teilen
dédramatiser [dedramatize] (1a) entschärfen
déduction [dedyksjɔ̃] *f comm* Abzug *m*; *phil* Ableitung *f*, Schlussfolgerung *f*
déduire [dedɥir] (4c) *comm* abziehen; *phil* deduzieren; *allg* folgern, ableiten (**de** von)
déesse [deɛs] *f* Göttin *f*
défaill|ance [defajɑ̃s] *f* Ohnmacht *f*, Schwäche *f*; *tech* Versagen *n*; **~ant, ~ante** [-ɑ̃, -ɑ̃t] kraftlos, schwach
défaillir [defajir] (2n) schwach, ohnmächtig werden
défaire [defɛr] (4n) auf-, losmachen; auseinander nehmen; *st/s* ***~ qn de*** j-n befreien von; **se ~** sich (auf)lösen; ***se ~ de qn, de qc*** sich j-n, etw vom Halse schaffen
défaite [defɛt] *f* Niederlage *f*
défait|isme [defɛtismə] *m* Defätismus *m*, Miesmacherei *f*; **~iste** *m*, *f* Defätist(in) *m(f)*, Miesmacher *m*
défaut [defo] *m* **1.** Fehler *m*; Mangel *m*; ***~ de caractère*** Charakterfehler *m*; **2.** Fehlen *n*; ***à ~ de*** in Ermangelung von; ***faire ~*** fehlen; **3.** *jur* Nichterscheinen *n*; ⚠ *nicht verwechseln mit* ***la faute***
défavor|able [defavɔrablə] ungünstig; **~iser** (1a) benachteiligen
défectu|eux, ~euse [defɛktɥø, -øz] mangelhaft; defekt; **~osité** [-ozite] *f* Mangelhaftigkeit *f*; Fehler *m*
défendable [defɑ̃dablə] vertretbar
défendre [defɑ̃drə] (4a) **1.** verteidigen; **2.** verbieten (***qc à qn*** j-m etw; ***à qn de faire qc*** j-m, etw zu tun); ***il est défendu de fumer*** Rauchen verboten
défens|e [defɑ̃s] *f* **1.** *mil* Verteidigung *f* (*a fig*, *jur*); ***~ de l'environnement*** Umweltschutz *m*; **2.** Verbot *n*; ***~ de fumer*** Rauchen verboten; **3.** *zo* Stoßzahn *m*; **~eur** *m* Verteidiger(in) *m(f)* (*a jur*); ***~ de l'environnement*** Umweltschützer *m*; **~ive** [-iv] *f* Defensive *f*; ***être sur la ~*** in der Defensive sein
déferler [defɛrle] (1a) branden; *fig* strömen
défi [defi] *m* Herausforderung *f*
défi|ance [defjɑ̃s] *f* Misstrauen *n*; **~ant, ~ante** [-ɑ̃, -ɑ̃t] misstrauisch
déficience [defisjɑ̃s] *f* Schwäche *f*; ***~ immunitaire*** Immunschwäche *f*
déficit [defisit] *m* Fehlbetrag *m*, Defizit *n*; **~aire** [-ɛr] defizitär; Verlust...
défier [defje] (1a) ***~ qn*** j-n herausfordern; *fig* ***~ qc*** e-r Sache trotzen; *st/s* ***se ~ de qn*** j-m misstrauen

D

défigurer [defigyre] (1a) entstellen, verunstalten
défil|é [defile] *m* Aufmarsch *m*, Parade *f*; *géogr* Engpass *m*; **~er** (1a) vorbei-, aufmarschieren
défin|i, ~ie [defini] bestimmt; **~ir** (2a) bestimmen; **~itif, ~itive** [-itif, -itiv] endgültig; ***en définitive*** schließlich; **~ition** *f* (Begriffs-)Bestimmung *f*
défoliation [defɔljasjɔ̃] *f bot* Laubfall *m*; *mil* Entlaubung *f*
défoncer [defɔ̃se] (1k) den Boden einschlagen; eindrücken; *Straße*: stark beschädigen; F **se ~** sich zudröhnen; *bei Arbeit*: sich reinknien
déform|ation [defɔrmasjɔ̃] *f* Verformung *f*; Missbildung *f*; Entstellung *f* (*a fig*); **~ *professionnelle*** Abfärben *n* des Berufs auf den Menschen; **~er** (1a) verformen, verunstalten, entstellen, verzerren; **se ~** sich verformen
défouler [defule] (1a) **se ~** sich abreagieren; sich austoben
défroisser [defrwase] (1a) *Kleidung etc*: glätten, glatt streichen
défunt [defɛ̃, -fœ̃], **défunte** [defɛ̃t, -fœ̃t] **1.** *adj* verstorben; **2.** *m, f* Verstorbene(r) *m, f*
dégag|é, ~ée [degaʒe] frei; klar; ungezwungen; **~ement** [-mɑ̃] *m* Befreiung *f*, Freilegung *f e-r Straße*; Freiwerden *n*, Freisetzung *f*; ***voie** f **de ~*** Entlastungsstraße *f*; **~er** (1l) aus-, einlösen; befreien, entbinden; freimachen, -legen; räumen; ausstrahlen, verströmen
dégarnir [degarnir] (2a) (ab-, aus)räumen; entblößen; **se ~** leer *od* kahl werden
dégât [degɑ] *m* Schaden *m*
dégel [deʒɛl] *m* Auftauen *n*; Tauwetter *n* (*a pol*)
dégeler [deʒle] (1d) (auf)tauen
dégénér|er [deʒenere] (1f) entarten; *fig* ausarten (***en*** in); **~escence** [-esɑ̃s] *f* Entartung *f*
dégivr|er [deʒivre] (1a) abtauen; *tech* enteisen, entfrosten; **~eur** *m* Enteiser *m*, Entfroster *m*
déglutir [deglytir] (2a) schlucken
dégobiller [degɔbije] (1a) P kotzen
dégonfler [degɔ̃fle] (1a) Luft ab-, herauslassen (***qc*** aus etw); **se ~** (die) Luft verlieren; F e-n Rückzieher machen
dégot(t)er [degɔte] (1a) F auftreiben, -gabeln
dégouliner [deguline] (1a) tropfen, tröpfeln
dégourd|i, ~ie [degurdi] pfiffig, aufgeweckt; **~ir** (2a) *Glieder*: bewegen, lockern; **se ~ *les jambes*** sich die Beine vertreten
dégoût [degu] *m* Ekel *m*, Abscheu *m* (***pour*** vor)
dégoût|ant, ~ante [degutɑ̃, -ɑ̃t] ekelhaft, abscheulich; **~er** (1a) anekeln; **~ *qn de qc*** j-m etw verleiden
dégrader [degrade] (1a) herabsetzen, entwürdigen, erniedrigen; *mil* degradieren; **se ~** *Lage*: sich verschlechtern; *Gebäude*: verfallen
dégraisser [degrɛse] (1b) das Fett abschöpfen (***qc*** von etw); Fettflecken entfernen (***qc*** aus etw)
degré [dəgre] *m* Stufe *f*; Grad *m*; Stadium *n*; ⚠ *aber* ***les grades militaires***
dégrever [degrəve] (1d) *von Steuern etc*: entlasten
dégringoler [degrɛ̃gɔle] (1a) F hinunterpurzeln
dégriser [degrize] (1a) nüchtern machen
déguenillé, ~e [deg(ə)nije] zerlumpt
déguerpir [degɛrpir] (2a) sich aus dem Staub machen
dégueulasse [degœlas] P zum Kotzen; widerlich
dégueuler [degœle] (1a) P kotzen; **~ *sur*** lästern über
déguis|ement [degizmɑ̃] *m* Verkleidung *f*; **~er** (1a) verkleiden; verstellen; **se ~** sich verkleiden (***en*** als)
dégust|ation [degystasjɔ̃] *f* Kosten *n*, Probieren *n*; **~er** (1a) kosten, probieren, versuchen
dehors [dəɔr] **1.** *adv* draußen; hinaus; **2.** *prép* **en ~ de** außerhalb (+ *gén*); außer (+ *dat*); **3.** *m* Äußere(s) *n*
déjà [deʒa] schon, bereits
déjanté, ~e [deʒɑ̃te] F ausgeflippt
déjection [deʒɛksjɔ̃] *f méd* Stuhlgang *m*; *géol* Auswurf *m*
déjeuner [deʒœne] **1.** (1a) (zu) Mittag essen; frühstücken; **2.** *m* Mittagessen *n*; ***petit-~*** Frühstück *n*
delà [dəla] *cf* ***au-delà***
délabré, ~e [delabre] verfallen
délacer [delase] (1k) aufschnüren
délai [delɛ] *m* Aufschub *m*; Frist *f*, Termin *m*; ***sans ~*** unverzüglich; ***dans les ~s*** termingerecht

délaisser [delɛse] (1b) im Stich lassen; aufgeben; vernachlässigen
délass|ement [delasmɑ̃] *m* Erholung *f*; **~er** (1a) entspannen; **se ~** sich erholen
déla|teur, ~trice *m, f* [delatœr, -tris] Denunziant(in) *m(f)*; **~tion** *f* Denunziation *f*
délavé, ~e [delave] verwaschen
delco [dɛlko] *m auto* Batteriezündanlage *f*
délect|able [delɛktablə] *st/s* köstlich; **~er** (1a) **se ~ à** *od* **de qc** sich an etw ergötzen
délégation [delegasjɔ̃] *f* Abordnung *f*, Delegation *f*; *jur* Vollmacht *f*
délégu|é, ~ée [delege] *m, f* Beauftragte(r) *m, f*; Delegierte(r) *m, f*; **délégué syndical** Gewerkschaftsvertreter *m*; **délégué à la condition féminine** Frauenbeauftragte(r) *m*; **délégué de classe** Klassensprecher *m*; **délégué du personnel** Arbeitnehmervertreter *m*; **~er** (1f) *seine Amtsgewalt*: übertragen; *j-n* abordnen, entsenden
délester [delɛste] (1a) entlasten; *iron* erleichtern (**qn de qc** j-n um etw)
délibér|ation [deliberasjɔ̃] *f* Beratung *f*; Überlegung *f*; Beschluss *m*; **~é, ~ée** entschlossen, entschieden; **~ément** [-emɑ̃] *adv* absichtlich; **~er** (1f) beratschlagen; *st/s* überlegen
délic|at, ~ate [delika, -at] zart, fein; schwach, empfindlich; schwierig, heikel; taktvoll; **~atesse** [-atɛs] *f* Zartheit *f*, Feinheit *f*; Empfindlichkeit *f*; Zartgefühl *n*, Takt *m*
délic|e [delis] *m* Freude *f*, Wonne *f*; **~s** *pl* Genüsse *m/pl*; **~ieux, ~ieuse** [-jø, -jøz] köstlich
déli|é, ~ée [delje] **1. avoir la langue déliée** ein flinkes Mundwerk haben; **2.** *st/s* dünn, schlank; **~er** (1a) auf-, ent-, losbinden; lösen
délimiter [delimite] (1a) abgrenzen
délinqu|ant, ~ante [delɛ̃kɑ̃, -ɑ̃t] *m, f jur* Straffällige(r) *m,f*; Delinquent(in) *m(f)*; **~ance** *f* Kriminalität *f*
délir|e [delir] *m* Wahn(sinn) *m*; **~er** (1a) fantasieren; F spinnen; *fig* **~ de joie** vor Freude rasen
délit [deli] *m* Vergehen *n*
délivr|ance [delivrɑ̃s] *f* Befreiung *f*; Aushändigung *f*, -stellung *f*; **~er** (1a) befreien; aushändigen, ausliefern; ausfertigen, ausstellen
déloger [delɔʒe] (1l) ausquartieren; verjagen
déloyal, ~e [delwajal] (⚠ *m/pl* **-aux**) unfair, unehrenhaft; **concurrence** *f* **déloyale** unlauterer Wettbewerb *m*
deltaplane [dɛltaplan] *m* Flugdrachen *m*; Drachenfliegen *n*; **faire du ~** Drachen fliegen
déluge [delyʒ] *m* Sintflut *f*; **un ~ de** e-e Flut von ...
déluré, ~e [delyre] gewitzt, pfiffig; *péj* ungeniert, kess
demain [d(ə)mɛ̃] *adv* morgen
demande [d(ə)mɑ̃d] *f* Bitte *f*; Antrag *m*, Gesuch *n*; *écon* Nachfrage *f*; *jur* Klage *f*; **~ d'emploi** Stellengesuch *n*
demandé, ~e [d(ə)mɑ̃de] gefragt, begehrt
demander [d(ə)mɑ̃de] (1a) **~ qc à qn** j-n um etw bitten; etw von j-m verlangen; j-n nach etw fragen; **~ à qn de faire qc** j-n bitten, etw zu tun; **~ que** (+ *subj*) (darum) bitten *od* verlangen, dass ...; **~ à** (+ *inf*) bitten *od* verlangen *od* wünschen zu (+ *inf*); **~ qn** j-n *od* nach j-m verlangen
demandeur [d(ə)mɑ̃dœr] *m* Antragsteller *m*; **~ d'emploi** Arbeit Suchende(r) *m*; **~ d'asile** Asylbewerber *m*
démang|eaison [demɑ̃ʒɛzɔ̃] *f* Jucken *n*; **~er** (1l) jucken
démanteler [demɑ̃tle] (1d) niederreißen; *fig* zerschlagen
démaquiller [demakije] (1a) **se ~** sich abschminken
démarcation [demarkasjɔ̃] *f* Abgrenzung *f*; Grenzlinie *f*
démarche [demarʃ] *f* Gang *m*; *fig* Schritt *m*; **faire des ~s** Schritte unternehmen
démarr|age [demaraʒ] *m* Anfahren *n*, Starten *n*; *fig* Beginn *m*; *EDV* **~ à froid** Kaltstart *m*; **~er** (1a) *auto etc* anlassen, starten; anfahren; *Motor*: anspringen; *fig* in Gang bringen; in Gang kommen; **~eur** *m auto etc* Anlasser *m*, Starter *m*
démasquer [demaske] (1m) entlarven
démêl|é [demele] *m* Auseinandersetzung *f*, Streit *m*; **~er** (1b) entwirren; *fig* aufklären
déménag|ement [demenaʒmɑ̃] *m* Umzug *m*; **~er** (1l) aus-, umziehen; *Möbel*: fortschaffen; ⚠ *il* **a** *déménagé*

démence [demɑ̃s] *f* Wahnsinn *m*
dém|ent, ~ente [demɑ̃, -ɑ̃t] verrückt
démenti [demɑ̃ti] *m pol* Dementi *n*
démentir [demɑ̃tir] (2b) Lügen strafen; widerlegen; dementieren
démerder [demɛrde] (1a) F **se ~** klarkommen, zurechtkommen; sich beeilen
démesuré, ~e [deməzyre] übermäßig, maßlos
démettre [demɛtrə] (4p) **1.** aus-, verrenken; **2. ~ *qn de ses fonctions*** j-n seines Amtes entheben
demeur|e [dəmœr] *st/s f* Wohnsitz *m*; **~er** (1a) **1.** (***avoir***) wohnen; **2.** (***être***) bleiben
demi, ~e [d(ə)mi] **1.** *adj* (*unv vor subst*) halb; ***une heure et ~e*** anderthalb Stunden; *Uhrzeit*: halb zwei; ⚠ *aber* ***une demi-heure*** e-e halbe Stunde; **2.** *adv* ***à demi*** halb, zur Hälfte; **3.** *m* (kleines) Glas Bier; *Sport*: Läufer *m*, Mittelfeldspieler *m*
demi|-finale [d(ə)mifinal] *f* (⚠ *pl* ***demi-finales***) *Sport*: Halb-, Semifinale *n*; **~-heure** [-jœr] *f* (⚠ *pl* ***demi-heures***) halbe Stunde *f*
démilitariser [demilitarize] (1a) entmilitarisieren
demi-mot [dmimo] **à ~** ohne viel Worte
demi-sel [d(ə)misɛl] leicht gesalzen
démiss|ion [demisjɔ̃] *f* Rücktritt *m*; **~ionner** [-jɔne] (1a) zurücktreten
demi|-tour [d(ə)mitur] *m* Kehrtwendung *f*; ***faire ~*** kehrtmachen, umkehren; **~-vie** [-vi] *f* (⚠ *pl* ***demi-vies***) Halbwertzeit *f*; **~-volée** [-vɔle] *f* (⚠ *pl* ***demi-volées***) Halfvolley *m*
démo [demo] *f* F (*Kurzwort für* ***démonstration***) Demo *f*
démocratie [demɔkrasi] *f* Demokratie *f*; ⚠ *Aussprache*
démocratique [demɔkratik] demokratisch
démodé, ~e [demɔde] altmodisch
demoiselle [d(ə)mwazɛl] *f* Fräulein *n*; ⚠ *nicht in der Anrede*
démolir [demɔlir] (2a) ab-, niederreißen; *fig* kaputtmachen, demolieren, zu Grunde richten; F *j-n* zusammenschlagen
démon [demɔ̃] *m* Dämon *m*; Teufel *m*
démoniaque [demɔnjak] dämonisch; teuflisch
démonstra|tif, ~tive [demɔ̃stratif, -tiv] **1.** *Person*: überschwänglich; **2.** *gr* hinweisend; **~tion** *f* Beweis(führung) *m(f)*; Vorführung *f*; Bekundung *f*, Demonstration *f*; ⚠ *pol Demonstration*: ***manifestation*** *f*
démonter [demɔ̃te] (1a) zerlegen, auseinander nehmen; abmontieren; *fig* aus der Fassung bringen
démontrer [demɔ̃tre] (1a) beweisen, aufzeigen
démoraliser [demɔralize] (1a) entmutigen, demoralisieren
démordre [demɔrdrə] (4a) ***ne pas ~ de qc*** nicht von etw abgehen, ablassen
démotiver [demɔtive] (1a) demotivieren
démunir [demynir] (2a) **~ *qn de qc*** j-m etw wegnehmen; ***être démuni*** (***d'argent***) ohne Geld, mittellos sein
dénatur|é, ~ée [denatyre] entartet; **~er** (1a) entstellen, verfälschen
dénazifier [denazifje] (1a) entnazifizieren
déniaiser [denjeze] (1b) aufklären
dénicher [deniʃe] (1a) aufstöbern, auftreiben
dénier [denje] (1a) (ab)leugnen; **~ *à qn le droit de*** (+ *inf*) j-m das Recht absprechen zu (+ *inf*)
dénigrer [denigre] (1a) anschwärzen, verleumden
dénitrification [denitrifikasjɔ̃] *f* Entstickung *f*
dénivellation [denivɛlasjɔ̃] *f* Höhenunterschied *m*
dénombr|ement [denɔ̃brəmɑ̃] *m* Zählung *f*; **~er** (1a) (auf)zählen
dénomina|teur [denɔminatœr] *m math* Nenner *m*; **~tion** *f* Benennung *f*
dénommer [denɔme] (1a) benennen; namentlich aufführen
dénonc|er [denɔ̃se] (1k) anzeigen; denunzieren; *Vertrag*: (auf)kündigen; *fig* anprangern; **~iateur, ~iatrice** [-jatœr, -jatris] *m, f* Denunziant(in) *m(f)*; **~iation** [-jasjɔ̃] *f* Anzeige *f*; Denunziation *f*; *jur* Kündigung *f*
dénoter [denɔte] (1a) **~ *qc*** auf etw hindeuten
dénouement [denumɑ̃] *m Literatur*: (Auf-)Lösung *f*, Ausgang *m*
dénoyauter [denwajɔte] (1a) entkernen, entsteinen
denrée [dɑ̃re] *f* Essware *f*; **~s** (***alimentaires***) Lebensmittel *n/pl*

dense [dɑ̃s] dicht, fest
densité [dɑ̃site] *f* Dichte *f*; ***disquette*** *f* ***double*** ~ DD-Diskette *f*; ***disquette*** *f* ***haute*** ~ HD-Diskette *f*
dent [dɑ̃] *f* Zahn *m*; Zacken *m*, Zinke *f*; Horn *n* (*Berggipfel*); ***avoir mal aux*** **~s** Zahnschmerzen haben; ⚠ ***la*** ~
dent|aire [dɑ̃tɛr] Zahn...; **~é, ~ée** gezackt; ***roue*** *f* ***dentée*** Zahnrad *n*
dentelé, ~e [dɑ̃tle] gezahnt, gezackt
dentelle [dɑ̃tɛl] *f* Spitze *f*
dent|ier [dɑ̃tje] *m künstliches* Gebiss *n*; **~ifrice** [-ifris] *m* Zahnpasta *f*; **~iste** *m*, *f* Zahnarzt *m*, -ärztin *f*
dénucléarisé, ~e [denyklearize] atomwaffenfrei
dénuder [denyde] (1a) entblößen
denué, ~e [denɥe] ~ ***de qc*** ohne etw; ...los
déodorant [deɔdɔrɑ̃] *m* Deodorant *n*; ~ ***en aérosol*** Deospray *m*; ~ ***à bille*** Deoroller *m*; ~ ***en stick*** Deostift *m*
déontologie [deɔ̃tɔlɔʒi] *f* Berufsethik *f*
dépann|age [depanaʒ] *m auto* Reparatur *f*; Pannenhilfe *f*; ***service*** *m* ***de*** ~ Abschleppdienst *m*; **~er** (1a) in Stand setzen; abschleppen; *fig* F ~ ***qn*** j-m aushelfen; **~euse** *f* Abschleppwagen *m*
dépareillé, ~e [depareje] unvollständig
départ [depar] *m* Abreise *f*, Aufbruch *m*, Abmarsch *m*, Abfahrt *f*, Abflug *m*; *Sport*: Start *m*; ***point*** *m* ***de*** ~ Ausgangspunkt *m*
département [departəmɑ̃] *m in Frankreich*: Departement *n*; *allg* Geschäftsbereich *m*
dépasser [depase] (1a) überholen; überragen, übersteigen; übertreffen
dépaysé, ~e [depeize] ***se sentir*** ~ sich fremd, verlassen vorkommen
dépaysement [depeizmɑ̃] *m* Fremdsein *n*; Tapeten-, Ortswechsel *m*
dépecer [depəse] (1d *u* 1k) zerstückeln, zerlegen
dépêcher [depɛʃe] (1b) ***se*** ~ sich beeilen (***de*** *inf* zu + *inf*)
dépeindre [depɛ̃drə] (4b) schildern
dépendance [depɑ̃dɑ̃s] *f* Abhängigkeit *f*; Zusammenhang *m*; **~s** *pl* Nebengebäude *n*/*pl*
dépendre [depɑ̃drə] (4a) abhängen, abhängig sein (***de*** von); gehören (***de*** zu); ***cela dépend*** das kommt darauf an, je nachdem
dépens [depɑ̃] *m*/*pl* ***aux*** ~ ***de*** auf Kosten von
dépens|e [depɑ̃s] *f* Ausgabe *f*, Aufwendung *f*; Aufwand *m*; **~er** (1a) ausgeben, aufwenden; **~ier, ~ière** [-je, -jɛr] verschwenderisch
déperdition [depɛrdisjɔ̃] *f* Verlust *m*; Schwund *m*
dépérir [deperir] (2a) dahinsiechen; verkümmern; zu Grunde gehen
dépérissement [deperismɑ̃] *m* Eingehen *n*; ~ ***des forêts*** Waldsterben *n*
dépeupler [depœple] (1a) entvölkern
dépilatoire [depilatwar] ***crème*** *f* ~ Enthaarungscreme *f*
dépistage [depistaʒ] *m Verbrecher*: Aufspüren *n*; *méd* Erkennung *f*; ~ ***précoce*** Früherkennung *f*; ~ ***du cancer*** Krebsvorsorge *f*; ***test*** *m* ***de*** ~ ***du sida*** Aidstest *m*
dépit [depi] *m* Ärger *m*, Verdruss *m*; ***en*** ~ ***de*** trotz
déplac|é, ~ée [deplase] unpassend, unangebracht; *pol* ***personne*** *f* ***déplacée*** Vertriebene(r) *m*, *f*; **~ement** [-mɑ̃] *m* Versetzung *f*; Umstellung *f*; Reise *f*, Fahrt *f*; **~er** (1k) versetzen; verschieben; verlagern; ***se*** ~ sich (fort)bewegen; verreisen
déplaire [deplɛr] (4aa) missfallen (***à qn*** j-m)
déplais|ant, ~ante [deplɛzɑ̃, -ɑ̃t] unangenehm, missliebig; **~ir** *m* Missfallen *n*
dépl|iant [deplijɑ̃] *m* Faltprospekt *m*; **~ier** [-ije] (1a) auseinander falten
déploiement [deplwamɑ̃] *m fig* Entfaltung *f*; *mil* Aufmarsch *m*
déplor|able [deplɔrablə] beklagenswert; **~er** (1a) bedauern, beklagen
déployer [deplwaje] (1h) entfalten (*Segel*, *Flügel*, *fig*)
déplu [deply] *p*/*p von* ***déplaire***
dépolluer [depɔlɥe] (1n) säubern; sanieren
déport|ation [depɔrtasjɔ̃] *pol* Verschleppung *f*, Deportation *f*; **~er** (1a) aus der Fahrtrichtung drängen; *pol* deportieren, verschleppen
dépos|er [depoze] (1a) niederlegen; absetzen; deponieren; *Geld*: einzahlen; *Gesetz*: einbringen; *Schlamm*: ablagern; *jur* aussagen; **~ition** *f jur* Aussage *f*
déposséder [depɔsede] (1f) enteignen

D

D

dépôt [depo] m Niederlegung *f*; (Bank-)Einlage *f*; Depot *n*, Lager *n*; Aufbewahrungsort *m*; *jur* Verwahrung *f*; *géol* Ablagerung *f*; ~ ***de bilan*** Konkursanmeldung *f*

dépotoir [depɔtwar] *m* Müllkippe *f*

dépouiller [depuje] (1a) **1.** das Fell abziehen (***un animal*** e-m Tier); ~ ***qn de qc*** j-n e-r Sache berauben; **2.** nachprüfen; auswerten; ~ ***un scrutin*** die Stimmen auszählen

dépourvu, ~e [depurvy] ~ ***de*** ohne, ...los; ***au dépourvu*** unvorbereitet

dépoussiérer [depusjere] (1f) ab-, entstauben

dépravation [depravasjɔ̃] *f* Verderbtheit *f*

dépréc|iatif, ~iative [depresjatif, -jativ] *ling* abwertend; **~ier** [-je] (1a) ab-, entwerten; herabsetzen

dépress|if, ~ive [depresif, -iv] *psych* depressiv; **~ion** *f géogr* Senkung *f*, Senke *f*; *Wetter*: Tief *n*; *psych* Depression *f*; *écon* Rezession *f*

déprimer [deprime] (1a) bedrücken, deprimieren

depuis [dəpɥi] **1.** *prép* seit; von ... an (*a Ort*); **2.** *adv* seitdem; **3.** *conj* ~ ***que*** (+ *ind*) seit(dem)

dépuratif [depyratif] *m* Abführmittel *n*

députation [depytasjɔ̃] *f* Abordnung *f*

déput|é [depyte] *m pol* Abgeordnete(r) *m*, *f*; **~er** (1a) abordnen

déraciner [derasine] (1a) entwurzeln; *fig* ausrotten

déraill|er [deraje] (1a) entgleisen; F *fig* spinnen, Unsinn reden; ⚠ *il **a** déraillé*; **~eur** *m Fahrrad*: Kettenschaltung *f*

déraisonnable [derɛzɔnablə] unvernünftig

dérang|ement [derɑ̃ʒmɑ̃] *m* Störung *f*; Unordnung *f*; **~er** (1l) stören; durcheinander bringen; **se** ~ sich bemühen

dérap|age [derapaʒ] *m auto* Schleudern *n*; Rutschen *n*; **~er** (1a) *auto* ins Schleudern kommen, schleudern; rutschen; *fig* außer Kontrolle geraten; ⚠ *il **a** dérapé*

dérégler [deregle] (1f) in Unordnung bringen

dérisoire [derizwar] lächerlich

dériv|atif [derivatif] *m* Ablenkung *f*; **~ation** *f* Ableitung *f*; *tech* Nebenschluss *m*

dermat|ologue [dɛrmatɔlɔg] *m* Hautarzt *m*; **~ose** [-oz] *f* Hautkrankheit *f*

dern|ier, ~ière [dɛrnje, -jɛr] letzte; äußerste; *nach dem subst*: vergangen, vorig; **~ièrement** [-jɛrmɑ̃] kürzlich, neulich

déroger [derɔʒe] (1l) zuwiderhandeln, verstoßen (***à qc*** gegen etw)

dérouler [derule] (1a) abrollen; **se** ~ verlaufen, sich abspielen

dérout|ant, ~ante [derutɑ̃, -ɑ̃t] verwirrend

dérout|e [derut] *f mil* wilde Flucht; *fig* Zusammenbruch *m*; **~er** (1a) ~ ***qn*** j-n verwirren, verunsichern

derrière [dɛrjɛr] **1.** *adv* hinten; **2.** *prép* hinter; **3.** *m* Hinter-, Rückseite *f*; Hinterteil *n*, Hintern *m*

des [de] *zusammengezogen aus* ***de les***

dès [dɛ] **1.** *prép* schon seit, von ... an, schon in; ~ ***lors*** von da an, schon damals; ~ ***demain*** gleich morgen; **2.** *conj* ~ ***que*** sobald, sowie

désabus|é, ~ée [dezabyze] enttäuscht; ernüchtert; **~er** (1a) ~ ***qn*** j-m die Augen öffnen

désaccord [dezakɔr] *m* Missklang *m*; Unstimmigkeit *f*; Uneinigkeit *f*

désaccoutumer [dezakutyme] (1a) abgewöhnen; **se** ~ ***de*** (+ *inf*) sich etw abgewöhnen

désaffecté, ~e [dezafɛkte] stillgelegt, nicht mehr benutzt

désagréable [dezagreablə] unangenehm

désagréger [dezagreʒe] (1g) **se** ~ sich zersetzen, sich auflösen

désagrément [dezagremɑ̃] *m* Unannehmlichkeit *f*

désaltér|ant, ~ante [dezalterɑ̃, -ɑ̃t] durststillend

désamorcer [dezamɔrse] (1k) entschärfen (*a fig*)

désappoint|ement [dezapwɛ̃tmɑ̃] *m* Enttäuschung *f*; **~er** (1a) enttäuschen

désapprendre [dezaprɑ̃drə] (4q) verlernen

désapprouver [dezapruve] (1a) missbilligen

désarm|ement [dezarməmɑ̃] *m mil* Abrüstung *f*; **~er** (1a) entwaffnen (*a fig*); *mil* abrüsten

désarroi [dezarwa] *m* Verwirrung *f*

désarticuler [dezartikyle] (1a) **se ~** sich verrenken
désastr|e [dezastrə] *m* schweres Unglück *n*, Katastrophe *f*; **~eux, ~euse** [-ø, -øz] katastrophal, unheilvoll, verheerend
désavantag|e [dezavɑ̃taʒ] *m* Nachteil *m*; **~er** (1l) benachteiligen; **~eux, ~euse** [-ø, -øz] nachteilig
désavouer [dezavwe] (1a) widerrufen; (ver)leugnen; missbilligen
descend|ance [desɑ̃dɑ̃s] *f* Nachkommenschaft *f*; **~ant, ~ante** [-ɑ̃, -ɑ̃t] *m, f* Abkömmling *m*, Nachkomme *m*
descendre [desɑ̃drə] (4a) **1.** (*mit* **être**) hinunter-, herunter-, hinab-, herabsteigen, -gehen, -fahren, -kommen; aussteigen; fallen; **~ chez qn** bei j-m absteigen; **~ de qn** von j-m abstammen; **~ de cheval** vom Pferd steigen; **~ d'une voiture** aus e-m Wagen steigen; **2.** (*mit* **avoir**) herunternehmen; heruntertragen; F *Person*: abknallen
descente [desɑ̃t] *f* Abstieg *m*; Abfahrt *f*; Gefällstrecke *f*; *Ski*: Abfahrtslauf *m*; **~ de lit** Bettvorleger *m*
description [dɛskripsjɔ̃] *f* Beschreibung *f*
désemparé, ~e [dezɑ̃pare] hilf-, ratlos
désenchanté, ~e [dezɑ̃ʃɑ̃te] ernüchtert; enttäuscht
désennuyer [dezɑ̃nɥije] (1h) **~ qn** j-m die Langeweile vertreiben
déséquilibr|e [dezekilibrə] *m* Ungleichgewicht *n*; *psych* Unausgeglichenheit *f*; **~é, ~ée** unausgeglichen; seelisch gestört; **~er** (1a) aus dem Gleichgewicht bringen (*a fig*)
dés|ert, ~erte [dezɛr, -ɛrt] **1.** *adj* wüst, öde; **2.** *m* Wüste *f*
désert|er [dezɛrte] (1a) verlassen; *fig* abfallen von; *mil* fahnenflüchtig werden, desertieren; ⚠ *il* **a** *déserté*; **~eur** *m mil* Fahnenflüchtige(r) *m*; *fig* Abtrünnige(r) *m*
désespér|é, ~e [dezɛspere] verzweifelt; **~ément** [-emɑ̃] *adv* hoffnungslos; verzweifelt; **~er** (1f) verzweifeln; **~ de qc** die Hoffnung auf etw aufgeben; **~ qn** j-n zur Verzweiflung bringen
désespoir [dezɛspwar] *m* Verzweiflung *f*
déshabill|é [dezabije] *m* Negligee *n*; **~er** (1a) **~ qn** j-n ausziehen, entkleiden; **se ~** sich ausziehen
déshabituer [dezabitɥe] (1a) **~ qn** (**se ~**) **de qc** j-m (sich) etw abgewöhnen
désherbant [dezɛrbɑ̃] *m* Unkrautvernichtungsmittel *n*
déshériter [dezerite] (1a) enterben
déshonorer [dezɔnɔre] (1a) entehren; **~ qn** *a* j-m Schande machen
désigner [deziɲe] (1a) bezeichnen, bestimmen
désillusionner [dezilyzjɔne] (1a) enttäuschen
désinence [dezinɑ̃s] *f gr* Endung *f*
désinfecter [dezɛ̃fɛkte] (1a) desinfizieren
désintégration [dezɛ̃tegrasjɔ̃] *f* Auflösung *f*, Zerfall *m*; *phys* Atomspaltung *f*
désintéress|é, ~ée [dezɛ̃terɛse] uneigennützig; unparteiisch; **~ement** [-mɑ̃] *m* Uneigennützigkeit *f*; Unparteilichkeit *f*; **~er** (1b) **se ~ de** das Interesse verlieren an
désintoxication [dezɛ̃tɔksikasjɔ̃] *f* **cure de ~** Entziehungskur *f*
désinvolt|e [dezɛ̃vɔlt] ungezwungen; *péj* ungeniert; **~ure** [-yr] *f péj* Ungeniertheit *f*
désir [dezir] *m* Wunsch *m*; **~able** wünschenswert; **~er** (1a) wünschen; **~** (+ *inf*) wünschen *od* begehren zu (+ *inf*); **~ que** (+ *subj*) (sich) wünschen, dass ...
désobéissance [dezɔbeisɑ̃s] *f* Ungehorsam *m*
désodorisant [dezɔdɔrizɑ̃] *m* Deodorant *n*
désœuvr|é, ~ée [dezœvre] untätig, müßig; **~ement** [-əmɑ̃] *m* Untätigkeit *f*, Nichtstun *n*, Müßiggang *m*
désol|é, ~ée [dezɔle] untröstlich (**de** über); **je suis ~** es tut mir Leid; **~er** (1a) aufs Tiefste betrüben
désordonné, ~e [dezɔrdɔne] unordentlich; ungezügelt
désordre [dezɔrdrə] *m* Unordnung *f*
désorienter [dezɔrjɑ̃te] (1a) verwirren
désormais [dezɔrmɛ] von jetzt ab, künftig
désosser [dezɔse] (1a) *cuis* entbeinen; entgräten
despotisme [dɛspɔtismə] *m* Despotismus *m*, Gewaltherrschaft *f*
dessaler [desale] (1a) entsalzen
dessécher [deseʃe] (1f) austrocknen
dessein [desɛ̃] *m* Absicht *f*; **à ~** absichtlich

D

desserrer [desɛre] (1b) lockern, lösen
dessert [desɛr] *m* Nachtisch *m*
desservir [desɛrvir] (2b) *Verkehrsmittel*: (regelmäßig) fahren nach *od* zu, anlaufen; *Tisch*: abräumen; ~ ***qn*** j-m schaden
dessin [desɛ̃] *m* Zeichnung *f*; Zeichnen *n*; Zeichenkunst *f*; Muster *n*; ~ ***animé*** Zeichentrickfilm *m*; ⚠ *nicht verwechseln mit* ***le dessein***
dessin|ateur, ~atrice [desinatœr, -atris] *m, f* Zeichner(in) *m(f)*; **~er** (1a) zeichnen; ***bande(s) dessinée(s)*** *f(pl)* Comics *pl*
dessous [d(ə)su] **1.** *adv* darunter; ***en*** ~ unten; *fig* versteckt, heimlich; **2.** *m* Unterseite *f*; *fig* ***les*** ~ *pl* die Hintergründe; ***avoir le*** ~ den Kürzeren ziehen
dessus [d(ə)sy] **1.** *adv* darüber, d(a)rauf; ***en*** ~ oben drauf; ***de*** ~ ***la table*** vom Tisch hoch; **2.** *m* Oberseite *f*; *fig* ***avoir le*** ~ die Oberhand behalten
destin [dɛstɛ̃] *m* Schicksal *n*
destin|ataire [dɛstinatɛr] *m* Empfänger *m*; **~ation** *f* Bestimmung *f*, -sort *m*; **~ée** [-e] *f* Schicksal *n*; **~er** (1a) bestimmen, ausersehen (***à*** zu *od* für)
destituer [dɛstitɥe] (1a) absetzen
destruction [dɛstryksjɔ̃] *f* Zerstörung *f*
désu|et, ~ète [dezɥɛ *od* desɥɛ, -ɛt] überholt, altmodisch; **~étude** [-etyd] *f* ***tomber en*** ~ außer Gebrauch kommen
détacher [detaʃe] (1a) **1.** losmachen, -reißen, abtrennen, lösen; *mil* abkommandieren; ***se*** ~ ***sur*** sich abheben gegen; **2.** von Flecken reinigen
détail [detaj] *m* Einzelheit *f*; Kleinigkeit *f*; *comm* Einzelverkauf *m*, -handel *m*; ***au*** ~ stückweise, einzeln; ***en*** ~ ausführlich
détaillant [detajɑ̃] *m* Einzel-, Kleinhändler *m*
détartrer [detartre] (1a) entkalken
détecter [detɛkte] (1a) entdecken, aufspüren
détecteur [detɛktœr] *m* Sensor *m*; ~ ***de mensonge*** Lügendetektor *m*
déteindre [detɛ̃drə] (4b) verblassen; ~ ***sur*** abfärben auf (*a fig*)
détendre [detɑ̃drə] (4a) entspannen; ***se*** ~ die Spannung verlieren; *fig* sich entspannen
détenir [detnir] (2h) behalten; besitzen, innehaben; *jur* gefangen halten
détent|e [detɑ̃t] *f* **1.** *Waffe*: Abzug *m*; **2.** *fig a pol* Entspannung *f*; **~eur** *m* Besitzer *m*; Inhaber *m*
détention [detɑ̃sjɔ̃] *f* Besitz *m*; *jur* Haft *f*
détenu, ~e [detny] *m, f* Häftling *m*
détergent [detɛrʒɑ̃] *m* Reinigungsmittel *n*
détériorer [deterjɔre] (1a) verschlechtern; beschädigen
détermin|ant, ~ante [detɛrminɑ̃, -ɑ̃t] bestimmend; **~ation** *f* Bestimmung *f*; Entschluss *m*; Entschlossenheit *f*; **~er** (1a) bestimmen; beschließen; veranlassen (***à*** *inf* zu)
déterrer [detɛre] (1b) ausgraben
détest|able [detɛstablə] abscheulich; **~er** (1a) verabscheuen
détonation [detɔnasjɔ̃] *f* Knall *m*
détonner [detɔne] (1a) falsch singen; *fig* nicht dazu passen
détour [detur] *m* Krümmung *f*; Umweg *m*; *fig* ***sans ~s*** ohne Umschweife
détourn|ement [deturnəmɑ̃] *m* Umleitung *f*; ~ ***d'avion*** Flugzeugentführung *f*; **~er** (1a) umleiten; *Flugzeug*: entführen; *Kopf*: abwenden; *Geld*: unterschlagen; ***se*** ~ sich abwenden
détraquer [detrake] (1m) verderben; F kaputtmachen
détresse [detrɛs] *f* (höchste) Not *f*; Verzweiflung *f*
détriment [detrimɑ̃] *m* ***au*** ~ ***de*** zum Nachteil von
détritus [detritys] *m* Abfall *m*
détroit [detrwa] *m* Meerenge *f*
détromper [detrɔ̃pe] (1a) e-s Besseren belehren
détruire [detrɥir] (4c) zerstören
dette [dɛt] *f comm, fig* Schuld *f*
deuil [dœj] *m* Trauer *f*; Trauerkleidung *f*; Trauerzeit *f*, -zug *m*
deux [dø] **1.** *adj* zwei; ***les*** ~ (die) beide(n); ***tous*** (***les***) ~ alle beide; ***à*** ~ zu zweit; ***en*** ~ in zwei Teile(n); ~ ***à*** *od* ***par*** ~ paarweise; ***tous les*** ~ ***jours*** alle zwei Tage; ***nous*** ~ wir beide; ***le*** ~ ***mai*** der zweite *od* am zweiten Mai; **2.** *m* Zwei *f*; ⚠ ***le*** ~
deuxième [døzjɛm] zweite; **~ment** *adv* zweitens
deux-pièces [døpjɛs] *m* (⚠ *pl unv*) **1.** Bikini *m*; **2.** Zweiteiler *m*; **3.** Zweizimmerwohnung *f*
dévaliser [devalize] (1a) ausplündern

dévaloris|ation [devalɔrizasjɔ̃] *f* Ent-, Abwertung *f*, Wertverlust *m*; **~er** (1a) ent-, abwerten, wertlos machen
dévalu|ation [devalɥasjɔ̃] *f Währung*: Abwertung *f*; **~er** (1a) abwerten
devancer [d(ə)vɑ̃se] (1k) **~ qn, qc** j-m, e-r Sache vorangehen, zuvorkommen; j-m überlegen sein
devant [d(ə)vɑ̃] **1.** *adv* vorn; voran; **2.** *prép* vor; *fig* angesichts; **3.** *m* Vorderseite *f*; **de ~** Vorder...
devanture [d(ə)vɑ̃tyr] *f* Schaufenster *n*
dévaster [devaste] (1a) verwüsten
déveine [devɛn] *f* F Pech(strähne) *n(f)*
développ|ement [devlɔpmɑ̃] *m* Entwicklung *f*; **~er** (1a) entwickeln
devenir [dəvnir] (2h) werden
dévergondé, ~e [devɛrgɔ̃de] zügellos; schamlos
déverser [devɛrse] (1a) entleeren; ausschütten
dévêtir [devɛtir] (2g) entkleiden
déviation [devjasjɔ̃] *f* Umleitung *f*; Abweichung *f*
dévier [devje] (1a) umleiten; abweichen (**de** von)
devin, devineresse [dəvɛ̃, dəvinrɛs] *m, f* Wahrsager(in) *m(f)*; (Hell-)Seher(in) *m(f)*
devin|er [d(ə)vine] (1a) (er)raten; **~ette** [-ɛt] *f* Rätsel *n*
devis [d(ə)vi] *m* Kostenvoranschlag *m*
dévisager [devisaʒe] (1l) anstarren
devise [d(ə)viz] *f* Wahlspruch *m*; Devise *f* (*a comm*)
devoir [dəvwar] **1.** (3a) müssen; sollen; schulden; verdanken; **2.** *m* Pflicht *f*; (Schul-)Aufgabe *f*
dévorer [devɔre] (1a) verschlingen (*a fig Buch*); fressen; *fig* verzehren
dév|ot, ~ote [devo, -ɔt] fromm; *péj* frömmelnd; **~otion** [-osjɔ̃] *f* Frömmigkeit *f*, Andacht *f*; *péj* Frömmelei *f*
dévou|é, ~ée [devwe] ergeben; **~ement** [devumɑ̃] *m* Ergebenheit *f*; Aufopferung *f*; **~er** [devwe] (1a) **se ~** sich (auf)opfern; sich hingeben
dextérité [dɛksterite] *f* Geschicklichkeit *f*
diabète [djabɛt] *m* Zuckerkrankheit *f*, Diabetes *m od* F *f*; ⚠ **le ~**
diable [djablə] *m* Teufel *m*
diabolique [djabɔlik] teuflisch
diagnost|ic [djagnɔstik] *m méd* Diagnose *f*; ⚠ **le ~**; **~iquer** [-ike] (1m) *méd* diagnostizieren
diagramme [djagram] *m* Diagramm *n*
dialecte [djalɛkt] *m* Mundart *f*, Dialekt *m*
dialogue [djalɔg] *m* (Zwie-)Gespräch *n*, Dialog *m* (*a EDV*)
dialyse [djaliz] *f méd* Dialyse *f*
diamètre [djamɛtrə] *m math* Durchmesser *m*
diapason [djapazɔ̃] *m mus* Kammerton *m*; Stimmgabel *f*; *fig* **se mettre au ~ de qn** sich auf j-n einstellen
diaphane [djafan] durchsichtig
diaphragme [djafragmə] *m* Zwerchfell *n*; *Foto*: Blende *f*; *Radio*: Membran *f*; *Verhütung*: Diaphragma *n*
diapositive [djapɔzitiv] *f* Dia(positiv) *n*; ⚠ **la ~**
diarrhée [djare] *f méd* Durchfall *m*
dico [diko] *m* F Wörterbuch *n*
dictat|eur [diktatœr] *m* Diktator *m*; **~ure** [-yr] *f* Diktatur *f*
dict|ée [dikte] *f* Diktat *n*; ⚠ **la ~**; **~er** (1a) diktieren; vorschreiben
diction [diksjɔ̃] *f* Sprech-, Redeweise *f*
dictionnaire [diksjɔnɛr] *m* Wörterbuch *n*
dicton [diktɔ̃] *m* sprichwörtliche Redensart *f*
didacticiel [didaktisjɛl] *m* Lernprogramm *n*
dièse [djɛz] *m mus* Kreuz *n*
diète [djɛt] *f* **1.** *méd* Diät *f*; Fasten *n*; **2.** *hist* Reichstag *m*
Dieu [djø] *m* Gott *m*; ⚠ *Mythologie*: **le dieu**, *pl* **les dieux**
diffamer [difame] (1a) verleumden
différé [difere] *m TV* Aufzeichnung *f*
différ|ence [diferɑ̃s] *f* Unterschied *m*; *math* Differenz *f*; **à la ~ de** im Unterschied zu; **~encier** [-ɑ̃sje] (1a) unterscheiden, differenzieren; **~end** [-ɑ̃] *m* Meinungsverschiedenheit *f*, Differenz *f*; **~ent, ~ente** [-ɑ̃, -ɑ̃t] verschieden; **différentes personnes** mehrere Leute; ⚠ **différant** = *participe présent von* **différer**; **~entiel** [-ɑ̃sjɛl] *m auto* Ausgleichsgetriebe *n*, Differenzial *n*
différer [difere] (1f) **1.** aufschieben; **2. ~ de qc** von etw abweichen, verschieden sein
difficile [difisil] schwierig; **il est ~ de** (+ *inf*) es ist schwer zu (+ *inf*)

D

difficulté [difikylte] *f* Schwierigkeit *f*
diff|us, ~use [dify, -yz] zerstreut; diffus (*a fig*)
diffus|er [difyze] (1a) zerstreuen; verbreiten; *Radio*: ausstrahlen, senden; **~ion** *f* Ausstrahlung *f*, Übertragung *f*; Verbreitung *f*
digérer [diʒere] (1f) verdauen
digeste [diʒɛst] *od* **digestible** [diʒɛstiblə] leicht verdaulich
digest|if, ~ive [diʒɛstif, -iv] **1.** *adj* Verdauungs...; **2.** *m* Verdauungsschnaps *m*
digestion [diʒɛstjɔ̃] *f* Verdauung *f*
digital, ~e [diʒital] (⚠ *m/pl* **-aux**) Finger...; *EDV* digital; ***empreinte f digitale*** Fingerabdruck *m*; **~iser** (1a) digitalisieren
dign|e [diɲ] würdig, wert (***de qc*** e-r Sache); **~itaire** [-itɛr] *m* Würdenträger *m*; **~ité** *f* Würde *f*; Amt *n*
digression [digrɛsjɔ̃] *f* Abschweifung *f*
digue [dig] *f* Damm *m*, Deich *m*; ⚠ ***la ~***
dilapider [dilapide] (1a) vergeuden
dilater [dilate] (1a) ausdehnen
dilemme [dilɛm] *m* Dilemma *n*
dilig|ence [diliʒɑ̃s] *f st/s* Eifer *m*; *hist* Postkutsche *f*; **~ent, ~ente** [-ɑ̃, -ɑ̃t] eifrig
diluer [dilɥe] (1n) verdünnen
dimanche [dimɑ̃ʃ] *m* Sonntag *m*; ***le ~, tous les ~s*** sonntags
dimension [dimɑ̃sjɔ̃] *f* Ausdehnung *f*; Dimension *f*; Ausmaß *n*
diminuer [diminɥe] (1n) vermindern, verringern; abnehmen, sich vermindern, sich verringern
diminu|tif [diminytif] *m* Verkleinerungsform *f*; **~tion** *f* Verminderung *f*, Verringerung *f*; Abnahme *f*, Rückgang *m*; Senkung *f*, Herabsetzung *f*
dind|e [dɛ̃d] *f* Truthenne *f*, Pute *f*; **~on** *m* Truthahn *m*, Puter *m*; *prov* ***être le ~ de la farce*** der Dumme sein
dîner [dine] **1.** (1a) zu Abend essen; **2.** *m* Abendessen *n*
dingo [dɛ̃go] F bekloppt
dingue [dɛ̃g] F übergeschnappt
dinosaure [dinɔzɔr] *m* Dinosaurier *m*
diocèse [djɔsɛz] *m* Diözese *f*; ⚠ ***le ~***
diode [djɔd] *f* Diode *f*
dioxine [diɔksin] *f* Dioxin *n*; ⚠ ***la ~***
diphtérie [difteri] *f* Diphtherie *f*
diphtongue [diftɔ̃g] *f* Diphthong *m*, Doppellaut *m*; ⚠***la ~***
diploma|te [diplɔmat] **1.** *adj* diplomatisch (*Person*); **2.** *m* Diplomat *m*; **~tie** [-si] *f* Diplomatie *f*; ⚠ *Aussprache*; **~tique** [-tik] diplomatisch
diplôm|e [diplom] *m* Diplom *n*, Zeugnis *n*; **~é, ~ée** staatlich geprüft
dire [dir] (4m) **1.** sagen; nennen; aufsagen; ***vouloir ~*** bedeuten; ***à vrai ~*** offen gestanden; ***c'est ~*** *satzeinleitend*: das besagt; ***c'est tout ~*** das besagt alles; ***et ~ que*** ... wenn man bedenkt, dass ...; ***cela va sans ~*** das versteht sich von selbst; **2.** *m* ***au(x) ~(s) de qn*** nach j-s Aussage
direct, ~e [dirɛkt] direkt; gerade; unmittelbar; ***train m direct*** Eilzug *m*; *TV* ***en direct*** live
direc|teur, ~trice [dirɛktœr, -tris] **1.** *adj* leitend, Leit...; **2.** *m, f* Direktor(in) *m(f)*, Leiter(in) *m(f)*
direction [dirɛksjɔ̃] *f* **1.** Richtung *f*; **2.** Leitung *f*, Lenkung *f*; ***~ assistée*** Servolenkung *f*; ***toutes ~s*** alle Richtungen
directive [dirɛktiv] *f* Richtlinie *f*
dirig|eable [diriʒablə] **1.** *adj* lenkbar; **2.** *m* Luftschiff *n*; **~eant** [-ɑ̃] *m bes pol* Führer *m*, Machthaber *m* (*a péj*); **~er** (1l) führen, leiten, lenken; richten (***sur*** *od* ***vers*** auf); ***se ~ vers*** zugehen *od* zusteuern auf
discipl|e [disiplə] *m* Jünger *m*, Anhänger *m*, Schüler *m*; **~ine** *f* Disziplin *f*; **~iner** [-ine] (1a) an Zucht gewöhnen; disziplinieren
disco [disko] *m* Diskomusik *f*; ⚠***le ~***
discontinu, ~e [diskɔ̃tiny] unterbrochen; unzusammenhängend
discord|ance [diskɔrdɑ̃s] *f* Nichtübereinstimmung *f*; **~ant, ~ante** [-ɑ̃, -ɑ̃t] nicht übereinstimmend; *mus* verstimmt
discorde [diskɔrd] *f* Zwietracht *f*
discothèque [diskɔtɛk] *f* Diskothek *f*
discours [diskur] *m* Rede *f*; ***faire*** *od* ***prononcer un ~*** e-e Rede halten
discréditer [diskredite] (1a) in Misskredit *od* Verruf bringen
discr|et, ~ète [diskrɛ, -ɛt] taktvoll; diskret; verschwiegen; dezent, unaufdringlich
discrétion [diskresjɔ̃] *f* Diskretion *f*; Takt *m*; Verschwiegenheit *f*; ***à ~*** nach Belieben
discrimination [diskriminasjɔ̃] *f* Diskriminierung *f*; Unterscheidung *f*

disculper [diskylpe] (1a) **~ *qn*** j-n entlasten; ***se* ~** seine Unschuld beweisen
discussion [diskysjɔ̃] *f* Diskussion *f*, Aussprache *f*, Erörterung *f*
discuter [diskyte] (1a) diskutieren, erörtern
disette [dizɛt] *f* Hungersnot *f*; Mangel *m*
diseuse [dizøz] *f* **~ *de bonne aventure*** Wahrsagerin *f*
disgrâce [dizgrɑs] *f* Ungnade *f*
disgracier [dizgrasje] (1a) **~ *qn*** j-m seine Gunst entziehen
disjoindre [dizʒwɛ̃drə] (4b) trennen
disjoncteur [dizʒɔ̃ktœr] *m* (Sicherungs-)Schutzschalter *m*
disloquer [dislɔke] (1m) auseinander reißen; *méd* ausrenken
disparaître [disparɛtrə] (4z) verschwinden; ⚠ *mit* ***avoir***, *selten* ***être***
disparité [disparite] *f* Ungleichheit *f*; **~ *économique*** wirtschaftliches Gefälle *n*
disparition [disparisjɔ̃] *f* Verschwinden *n*
disperser [dispɛrse] (1a) zer-, verstreuen
dispon|ibilité [dispɔnibilite] *f* Verfügbarkeit *f*; **~*ible*** verfügbar
dispos|er [dispoze] (1a) disponieren; anordnen; **~ *de qn*, *qc*** über j-n, etw verfügen; ***se* ~ *à faire qc*** sich anschicken, etw zu tun; **~*itif*** [-itif] *m* Vorrichtung *f*; **~ *antivol*** Diebstahlsicherungsanlage *f*
disposition [dispozisjɔ̃] *f* Anordnung *f*; Verfügung *f*; *meist* **~*s*** *pl* Anlagen *f/pl*; Stimmung *f*
disproportion [disprɔpɔrsjɔ̃] *f* Missverhältnis *n*
disput|e [dispyt] *f* Streit *m*, Wortwechsel *m*, Disput *m*; ⚠ ***la* ~**; **~*er*** (1a) *Wettkampf*: austragen; **~ *qc à qn*** j-m etw streitig machen; ***se* ~** sich streiten
disqualifier [diskalifje] (1a) disqualifizieren
disque [disk] *m* Scheibe *f*; Diskus *m*; (Schall-)Platte *f*; *EDV* Platte *f*; **~ *dur*** Festplatte *f*; **~ *compact*** CD *f*; **~ *compact interactif*** CDI *f*; **~ *optique compact*** CD-ROM *f*; **~ *de stationnement*** Parkscheibe *f*
disquette [diskɛt] *f* Diskette *f*; **~ *double densité*** DD-Diskette *f*; **~ *haute densité*** HD-Diskette *f*
dissemblable [disɑ̃blablə] unähnlich
disséminer [disemine] (1a) aus-, zerstreuen; verbreiten
dissension [disɑ̃sjɔ̃] *f meist* **~*s*** *pl* Zwistigkeiten *f/pl*
disséquer [diseke] (1f *u* 1m) sezieren; genau untersuchen
dissertation [disɛrtasjɔ̃] *f Schule*: Aufsatz *m*; ⚠ *nicht* Dissertation
dissident [disidɑ̃] *m* Regimekritiker *m*, Dissident *m*
dissimuler [disimyle] (1a) verhehlen, verbergen
dissipation [disipasjɔ̃] *f* Verschwendung *f*, Vergeudung *f*; Unaufmerksamkeit *f*
dissiper [disipe] (1a) zerstreuen, vertreiben; verschwenden, vergeuden; ablenken
dissociation [disɔsjasjɔ̃] *f fig* Trennung *f*
dissolu, ~e [disɔly] ausschweifend, liederlich
dissolution [disɔlysjɔ̃] *f allg* Auflösung *f*
dissolvant [disɔlvɑ̃] *m chim* Lösungsmittel *n*; Nagellackentferner *m*
dissoudre [disudrə] (4bb) auflösen
dissuader [disɥade] (1a) **~ *qn de* (*faire*) *qc*** j-n von etw abbringen; j-m ausreden, etw zu tun
dissuasion [disɥazjɔ̃] *f pol* Abschreckung *f*; ***force f de* ~** Abschreckungsstreitmacht *f*
distanc|e [distɑ̃s] *f* Abstand *m*, Entfernung *f*; Distanz *f* (*a fig*); ***à* ~** aus der Entfernung; **~*er*** (1k) hinter sich lassen; ***se* ~ *de*** sich distanzieren von
dist|ant, ~ante [distɑ̃, -ɑ̃t] entfernt; *fig* reserviert
distiller [distile] (1a) destillieren; *Schnaps*: brennen; ⚠ *Aussprache*
dist|inct, ~incte [distɛ̃, -ɛ̃kt] deutlich; **~ *de*** verschieden von
distinction [distɛ̃ksjɔ̃] *f* Unterscheidung *f*, Unterschied *m*; Auszeichnung *f*; Vornehmheit *f*
distingu|é, ~ée [distɛ̃ge] vornehm; **~*er*** (1m) wahrnehmen; unterscheiden (***qc de qc*** etw von etw); auszeichnen
distraction [distraksjɔ̃] *f* Zerstreuung *f*, Abwechslung *f*, Unterhaltung *f*; Zerstreutheit *f*
distraire [distrɛr] (4s) ablenken, zerstreuen, unterhalten

D

D

distr|ait, ~aite [distrɛ, -ɛt] zerstreut
distray|ant, ~ante [distrɛjɑ̃, -ɑ̃t] unterhaltsam
distribuer [distribɥe] (1n) aus-, verteilen
distribu|teur [distribytœr] *m* Verteiler *m*; ~ (***automatique***) Automat *m*; ~ ***de billets*** Geldautomat *m*; ~ ***d'essence*** Tanksäule *f*; ~ ***de tickets*** Fahrscheinautomat *m*; **~tion** *f* Aus-, Verteilung *f*; *Waren*: Vertrieb *m*; *Post*: Zustellung *f*
district [distrikt] *m* Bezirk *m*
dit, dite [di, dit] *p/p von* ***dire*** *u adj* gesagt; genannt; festgesetzt
diurne [djyrn] Tages..., Tag...
divaguer [divage] (1m) dummes Zeug reden
diverg|ence [divɛrʒɑ̃s] *f* Meinungsverschiedenheit *f*; Divergenz *f*; **~er** (1l) auseinander gehen; voneinander abweichen
div|ers, ~erse [divɛr, -ɛrs] verschieden
divers|ion [divɛrsjɔ̃] *f* Ablenkung *f*; **~ité** *f* Mannigfaltigkeit *f*; Verschiedenheit *f*
divert|ir [divɛrtir] (2a) unterhalten; **~issement** [-ismɑ̃] *m* Vergnügen *n*
div|in, ~ine [divɛ̃, -in] göttlich
divin|ation [divinasjɔ̃] *f* Weis-, Wahrsagen *n*; **~ité** *f* Göttlichkeit *f*; Gottheit *f*
divis|er [divize] (1a) (ein)teilen (***en*** in); *fig* spalten, trennen; *math* dividieren; **~ion** *f* Teilung *f*; Gliederung *f*; *math*, *mil* Division *f*
divorc|e [divɔrs] *m* (Ehe-)Scheidung *f*; **~er** (1k) sich scheiden lassen (***d'avec*** von)
divulguer [divylge] (1m) unter die Leute bringen, verbreiten
dix [dis, *vor Konsonant* di, *vor Vokal* diz] zehn; ***à*** ~ zu zehnt; ***le*** ~ ***mars*** der zehnte *od* am zehnten März; **~-huit** [dizɥit] achtzehn; **~ième** [dizjɛm] **1.** zehnte; **2.** *m* Zehntel *n*; **~-neuf** [diznœf] neunzehn; **~-sept** [dissɛt] siebzehn
dizaine [dizɛn] *f* Anzahl *f* von zehn; ***une*** ~ ***de*** ... ungefähr zehn ...
do [do] *m mus* c *od* C *n*
doc [dɔk] *f* F Doku *f*
docile [dɔsil] gelehrig; folgsam, willig
doct|e [dɔkt] *péj* hochgelehrt; **~eur** *m* Doktor *m*; Arzt *m*; **~orat** [-ɔra] *m* Doktorwürde *f*; **~oresse** [-ɔrɛs] F *f* Ärztin *f*; **~rine** [-rin] *f* Lehre *f*
document [dɔkymɑ̃] *m* Dokument *n*, Schriftstück *n*, Urkunde *f*
document|aire [dɔkymɑ̃tɛr] **1.** *adj* dokumentarisch; **2.** *m Kino*: Kulturfilm *m*; **~er** (1a) dokumentieren; ***se*** ~ sich informieren
dodo [dodo] *enf m* Schlaf *m*; ***faire*** ~ schlafen
dodu, ~e [dɔdy] gut genährt
dogme [dɔgmə] *m* Dogma *n*
doigt [dwa] *m* Finger *m*; Zehe *f*; ***savoir qc sur le bout des ~s*** etw aus dem Effeff können
doigté [dwate] *m mus* Fingersatz *m*; *fig* Fingerspitzengefühl *n*
dois, doit [dwa] *cf* ***devoir***
D.O.M. [dɔm] *m* (*abr* ***département d'outre-mer***) überseeisches Departement *n*
domaine [dɔmɛn] *m* Land-, Staatsgut *n*; *fig* Bereich *m*, Gebiet *n*; ⚠ ***le*** ~
dôme [dom] *m* Kuppel *f*; ⚠ *nicht* Dom
domestiqu|e [dɔmɛstik] **1.** *adj* häuslich; Haus...; **2.** *m* Hausangestellte(r) *m*; *péj* Diener *m*; **~er** (1m) zähmen
domicile [dɔmisil] *m* Wohnort *m*, -sitz *m*; ***livrer à*** ~ ins Haus liefern; ***sans*** ~ ***fixe*** ohne festen Wohnsitz
domicilié, ~e [dɔmisilje] wohnhaft
domin|ant, ~ante [dɔminɑ̃, -ɑ̃t] beherrschend; **~ation** *f* Herrschaft *f*; **~er** (1a) beherrschen (*a fig*); übertreffen
dominical, ~e [dɔminikal] (⚠ *m/pl* **-*aux***) sonntäglich
dommage [dɔmaʒ] *m* Schaden *m*; ***c'est*** ~ das ist schade; ***il est*** ~ ***que*** (+ *subj*) es ist schade, dass ...; *jur* ***~s et intérêts*** *m/pl* Schaden(s)ersatz *m*, Entschädigung *f*
dompt|er [dɔ̃te] (1a) bezwingen, bändigen; **~eur** *m* Dompteur *m*, (Tier-)Bändiger *m*
D.O.M.-T.O.M. [dɔmtɔm] *m/pl* (*abr* ***départements et territoires d'outre-mer***) überseeische Departements und Gebiete
don [dɔ̃] *m* Schenkung *f*; Spende *f*; Gabe *f*
donation [dɔnasjɔ̃] *f* Schenkung *f*
donc [dɔ̃k] also, folglich; denn, doch
donn|é, ~ée [dɔne] gegeben; bestimmt; ***étant donné qc*** in Anbetracht e-r Sache, mit Rücksicht auf etw; **~ée** *f math* bekannte Größe *f*; **~s** *pl* Daten *n/pl* (*a*

EDV); **~er** (1a) geben; schenken; angeben; ~ ***sur*** hinausgehen nach *od* auf; **~eur** *m méd* Spender *m*
dont [dõ] wovon; dessen, deren
dop|age [dɔpaʒ] *m* Doping *n*; **~ant** *m* Dopingmittel *n*; **~er** (1a) dopen
doré, ~e [dɔre] vergoldet; goldgelb
dorénavant [dɔrenavɑ̃] von nun an; künftig
dorer [dɔre] (1a) vergolden
dorloter [dɔrlɔte] (1a) verzärteln
dorm|eur, ~euse [dɔrmœr, -øz] *m, f* Schläfer(in) *m(f)*; **~ir** (2b) schlafen; ruhen
dorsal, ~e [dɔrsal] (⚠ *m/pl* ***-aux***) Rücken...
dortoir [dɔrtwar] *m* Schlafsaal *m*
dorure [dɔryr] *f* Vergoldung *f*
doryphore [dɔrifɔr] *m* Kartoffelkäfer *m*
dos [do] *m* Rücken *m*; Rückseite *f*; (Stuhl-)Lehne *f*
dosage [dozaʒ] *m* Dosierung *f*
dos|e [doz] *f* Dosis *f*; Menge *f*; **~er** (1a) dosieren (*a fig*)
dosimètre [dozimɛtrə] *m* Dosimeter *n*, Strahlenmessgerät *n*
dossier [dosje] *m* **1.** Rückenlehne *f*; **2.** Akten *f/pl*; Unterlagen *f/pl*
dot [dɔt] *f* Mitgift *f*; **~er** (1a) ausstatten (***de*** mit)
douane [dwan] *f* Zoll *m*
douan|ier, ~ière [dwanje, -jɛr] **1.** *adj* Zoll...; **2.** *m* Zollbeamte(r) *m*
doublage [dublaʒ] *m Kleidung*: Füttern *n*; *Film*: Synchronisation *f*
doubl|e [dublə] **1.** *adj* doppelt, zweifach; **2.** *m* Duplikat *n*; *Tennis*: Doppel *n*; ***le*** ~ doppelt so viel *od* groß; **~er** (1a) (sich) verdoppeln; *auto* überholen; *Film*: synchronisieren; *Kleider*: füttern; **~ure** [-yr] *f Kleidung*: Futter *n*
douceâtre [dusɑtrə] süßlich
doucement [dusmɑ̃] *adv* sanft, sachte, behutsam; leise
doucette [dusɛt] *f* Feldsalat *m*
douceur [dusœr] *f* **1.** Süßigkeit *f*; *pl* **~s** Leckereien *f/pl*; **2.** Sanftheit *f*, Zartheit *f*; *fig* **~s** *pl* Annehmlichkeiten *f/pl*
douche [duʃ] *f* Dusche *f*
doué, ~e [dwe] (1a) begabt; ~ ***de qc*** ausgestattet mit etw
douille [duj] *f tech* Fassung *f*; Hülse *f*
douill|et, ~ette [dujɛ, -ɛt] mollig; wohlig; zimperlich
douleur [dulœr] *f* Schmerz *m* (*a fig*)
doulour|eux, ~euse [dulurø, -øz] schmerzhaft; schmerzlich
dout|e [dut] *m* Zweifel *m*; Bedenken *n*; **~er** (1a) zweifeln (***de*** an); ***se ~ de qc*** etw ahnen, vermuten; **~eux, ~euse** [-ø, -øz] zweifelhaft
doux, douce [du, dus] süß; mild; sanft; weich, zart
douzaine [duzɛn] *f* Dutzend *n*
douze [duz] zwölf
douzième [duzjɛm] **1.** zwölfte; **2.** *m* Zwölftel *n*
dragon [dragõ] *m* Drache *m*
dragu|e [drag] *f* (Schwimm-)Bagger *m*; **~er** (1m) (aus)baggern; *Minen*: räumen; F *fig* anhauen; aufreißen
drainage [drɛnaʒ] *m* Entwässerung *f*; *fig Kapital*: Zusammenziehung *f*
dramatique [dramatik] dramatisch (*a fig*)
dramaturge [dramatyrʒ] *m* Dramatiker *m*, Bühnenautor *m*
drame [dram] *m* Drama *n* (*a fig*)
drap [dra] *m* Tuch *n*; ~ ***de lit*** Bettlaken *n*
drap|eau [drapo] *m* (⚠ *pl* **~x**) Fahne *f*; **~er** (1a) mit Tuch ausschlagen *od* behängen; drapieren
Dresde [drɛsd] Dresden
dressage [drɛsaʒ] *m* Dressur *f*, Abrichten *n*; Drill *m*
dresser [drɛse] (1b) **1.** aufstellen; errichten; *Zelt*: aufschlagen; *Vertrag*: aufsetzen; **se** ~ sich aufrichten; **2.** *Speisen*: anrichten; **3.** dressieren, abrichten; ~ ***qn contre qn*** j-n gegen j-n aufbringen
drille [drij] *m* ***joyeux*** ~ lustiger *od* fideler Kerl *m*
drogu|e [drɔg] *f* Droge *f*, Rauschgift *n*; **~é, ~ée** *m, f* Drogensüchtige(r) *m, f*; **~er** (1a) mit Arzneien voll stopfen; ***se*** ~ Rauschgift nehmen; **~erie** *f* Drogerie *f*; **~iste** *m, f* Drogist(in) *m(f)*; ⚠ *Schreibung*
droit, droite [drwa, drwat] **1.** *adj* rechte; gerade; aufrecht; rechtschaffen; **2.** *adv* ***tout droit*** gerade(aus); **3.** *m* Recht *n*; Rechtswissenschaft *f*; Gebühr *f*; ***de*** ~ von Rechts wegen; ***à qui de*** ~ an die zuständige Stelle; ***faire son*** ~ Jura studieren
droite [drwat] *f* Rechte *f* (*a pol*), rechte Hand *od* Seite; ***à*** ~ rechts

droit|ier, ~ière [drwatje, -jɛr] ***être ~*** Rechtshänder(in) sein; **~ure** [-yr] *f* Aufrichtigkeit *f*
drôle [drol] **1.** *adj* lustig, drollig; komisch; seltsam, sonderbar; ***une ~ d'idée*** e-e komische Idee; F ***~ de*** ... enorm, ungeheuer ...; **2.** *m* ***un ~*** F e-e komische Nummer; **~ment** *adv* F enorm; **~rie** [-ri] *f* Komik *f*
dromadaire [drɔmadɛr] *m zo* Dromedar *n*
dru, ~e [dry] dicht
druide [drɥid] *m* Druide *m*, keltischer Priester *m*
D.S.T. (*abr* ***direction*** *f* ***de la surveillance du territoire***) Geheimdienst *m*
du [dy] *zusammengezogen aus* ***de*** *u* ***le***
dû, due [dy] *p/p von* ***devoir***
dubitat|if, ~ive [dybitatif, -iv] zweifelnd
duc [dyk] *m* Herzog *m*
duch|é [dyʃe] *m* Herzogtum *n*; **~esse** [-ɛs] *f* Herzogin *f*
duel [dɥɛl] *m* Duell *n*; ***se battre en ~*** sich duellieren
dûment [dymɑ̃] *adv* vorschriftsmäßig; gebührend
dune [dyn] *f* Düne *f*
Dunkerque [dɛ̃kɛrk] Dünkirchen
duo [dyo] *m mus* Duett *n*; Duo *n*
duodénum [dɥɔdenɔm] *m* Zwölffingerdarm *m*
dup|e [dyp] *f* ***être la ~ de qn*** von j-m betrogen werden; ***être ~ de qc*** auf etw hereinfallen; **~er** (1a) prellen, betrügen; **~erie** *f* Betrügerei *f*
duplex [dyplɛks] *m* zweigeschossiges Appartement *n*
duplicat|a [dyplikata] *m* Zweitschrift *f*; **~eur** *m* Vervielfältiger *m*
duplicité [dyplisite] *f* Doppelzüngigkeit *f*
dur, ~e [dyr] **1.** *adj* hart; *fig* schwierig; streng; **2.** *adv* ***travailler dur*** hart arbeiten; ***frapper dur*** kräftig (zu)schlagen; **~able** dauerhaft; **~ant** [-ɑ̃] *prép* während
durc|ir [dyrsir] (2a) (ver-, ab)härten; (***se***) ~ hart werden; **~issement** [-ismɑ̃] *m* Hartwerden *n*; *fig* Verhärtung *f*
dur|ée [dyre] *f* Dauer *f*; ***à ~ déterminée*** befristet; ***à ~ indéterminée*** unbefristet; **~er** (1a) dauern; halten
dur|eté [dyrte] *f* Härte *f*; *fig* Strenge *f*; **~illon** [-ijɔ̃] *m* Schwiele *f*
duvet [dyvɛ] *m* Flaum *m*; Daunen *f/pl*; Daunenschlafsack *m*
dynam|ique [dinamik] **1.** *adj* dynamisch; *fig* tatkräftig; **2.** *f* Dynamik *f* (*a fig*); **~isme** *m fig* Dynamik *f*, Energie *f*; **~ite** [-it] *f* Dynamit *n*; ⚠ ***la ~***
dynamo [dinamo] *f tech* Dynamo *m*; Lichtmaschine *f*; ⚠ ***la ~***
dynastie [dinasti] *f* Dynastie *f*, Herrscherhaus *n*
dys|enterie [disɑ̃tri] *f méd* Ruhr *f*; **~lexie** [-lɛksi] *f psych* Legasthenie *f*

E

eau [o] *f* (⚠ *pl* **~x**) Wasser *n*; **~x** *pl* Gewässer *n/pl*; Heilquellen *f/pl*; ***~ de Cologne*** Kölnischwasser *n*; ***~ gazeuse*** kohlensäurehaltiges Mineralwasser *n*; ***~ de Javel*** Javel-Wasser *n*, Chlorbleiche *f*; ***~ minérale*** Mineralwasser *n*; ***~ plate*** stilles Wasser *n*; ***nager entre deux ~x*** *fig* es mit keinem verderben wollen; ***tomber à l'~*** ins Wasser fallen (*a fig*)
eau-de-vie [odvi] *f* (⚠ *pl* ***eaux-de-vie***) Branntwein *m*; Schnaps *m*
eau-forte [ofɔrt] *f* (⚠ *pl* ***eaux-fortes***) Radierung *f*
ébahi, ~ie [ebai] verblüfft, sprachlos, verdutzt
ébattre [ebatrə] (4a) ***s'~*** sich tummeln
ébauch|e [eboʃ] *f* Skizze *f*; Entwurf *m*; schwacher Versuch *m*; **~er** (1a) entwerfen; ***~ un sourire*** ein Lächeln andeuten
ébène [ebɛn] *f* Ebenholz *n*
ébéniste [ebenist] *m* Kunsttischler *m*
éberlué, ~e [ebɛrlɥe] F verdutzt

éblou|ir [ebluir] (2a) blenden; *fig* verblüffen
éboueur [ebwœr] *m* Müllmann *m*
éboul|ement [ebulmɑ̃] *m* Erd-, Bergrutsch *m*; Einsturz *m*; **~er** (1a) **s'~** einstürzen; **~is** [-i] *m* Geröll *n*; Schutt *m*
ébouriffer [eburife] (1a) *Haar*: zerzausen; F *fig* verblüffen
ébranler [ebrɑ̃le] (1a) erschüttern; **s'~** sich in Bewegung setzen
ébriété [ebrijete] *f* Trunkenheit *f*
ébruiter [ebrɥite] (1a) *Nachricht*: verbreiten
ébullition [ebylisjɔ̃] *f* Aufkochen *n*, Sieden *n*
écaill|e [ekaj] *f zo, bot* Schuppe *f*; Schildpatt *n*; **~er** (1a) abschuppen; *Austern*: aufmachen; **s'~** abbröckeln, abblättern
écale [ekal] *f* (grüne Nuss-)Schale *f*
écarlate [ekarlat] **1.** *f* Scharlachfarbe *f*; **2.** *adj* scharlachrot
écarquiller [ekarkije] (1a) *Augen*: aufsperren
écart [ekar] *m* Abstand *m*, Spanne *f*, Spielraum *m*; Abweichung *f*, Verstoß *m*; Sprung *m* zur Seite; ***grand ~*** Spagat *m od n*; ***à l'~*** abseits, beiseite; ***à l'~ de*** weit weg von
écarteler [ekartəle] (1d) vierteilen; *fig* hin- und herreißen
écart|ement [ekartəmɑ̃] *m* Abstand *m*, Entfernung *f*; *tech* Spurweite *f*; **~er** (1a) wegschieben, entfernen; *Beine*: spreizen; *fig Gedanken*: verwerfen, ablehnen; ***s'~ de*** sich entfernen von, abweichen von
ecclésiastique [eklezjastik] kirchlich, geistlich
écervelé, ~e [esɛrvəle] leichtsinnig, gedankenlos
échafaud [eʃafo] *m hist* Schafott *n*
échafaud|age [eʃafodaʒ] *m* Baugerüst *n*; **~er** (1a) aufstapeln; *fig Plan*: entwerfen
échalote [eʃalɔt] *f bot* Schalotte *f*; ⚠ *Schreibung*
échang|e [eʃɑ̃ʒ] *m* Austausch *m*; ***~s extérieurs*** Außenhandel *m*; **~er** (1l) um-, austauschen (***contre qc*** gegen *od* für etw); (aus)wechseln; **~eur** *m* Verkehrsknoten *m*, -kreuz *n*; ***~ de chaleur*** Wärmetauscher *m*
échantillon [eʃɑ̃tijɔ̃] *m* Probe(stück) *f(n)*, Muster *n*
échapp|atoire [eʃapatwar] *f* Ausflucht *f*; **~ée** *f* schmaler Durchblick *m*; *Radsport*: Ausreißversuch *m*; **~ement** [-mɑ̃] *m auto* Auspuff *m*
échapper [eʃape] (1a) entkommen, entgehen, entwischen (***à qn***, ***qc*** j-m, e-r Sache); entfahren; entfallen; ***l'~ belle*** mit e-m blauen Auge davonkommen
écharde [eʃard] *f* Splitter *m*
écharpe [eʃarp] *f* Schärpe *f*; Schal *m*; *méd* (Arm-)Binde *f*, Schlinge *f*
échasse [eʃas] *f* Stelze *f*
échaud|é [eʃode] *m Gebäck*: Windbeutel *m*; **~er** (1a) (ab-, ver)brühen
échauff|é, ~ée [eʃofe] erhitzt; **~ement** [-mɑ̃] *m* Erhitzung *f*; **~er** (1a) erwärmen; erhitzen (*a fig*); **s'~** warm werden, sich ereifern
échéance [eʃeɑ̃s] *f comm, jur* Fälligkeit *f*; Verfalltag *m*; ***à brève***, ***longue ~*** kurz-, langfristig
échéant [eʃeɑ̃] ***le cas ~*** gegebenenfalls
échec [eʃɛk] *m* Misserfolg *m*; Scheitern *n*; Schlappe *f*; ***essuyer od subir un ~*** e-e Niederlage erleiden; ***~ scolaire*** schulisches Versagen *n*
échecs [eʃɛk] *m/pl* Schach(spiel) *n*; ***jouer aux ~*** Schach spielen
échelle [eʃɛl] *f* Leiter *f*; Skala *f*; *fig* Rangordnung *f*, Stufenleiter *f*; Maßstab *m*; ***~ de Richter*** Richterskala *f*; ***~ double*** Stehleiter *f*; ***grande ~*** Feuerwehrleiter *f*; ***sur une grande ~*** in großem Maßstab *od* Stil; *fig* ***faire monter qn à l'~*** j-n hochnehmen, verulken
échelon [eʃlɔ̃] *m* Leitersprosse *f*; *fig* Stufe *f*, Ebene *f*; Rangstufe *f*; Dienstgrad *m*; *mil* Staffel *f*
échelonner [eʃlɔne] (1a) staffeln; abstufen; verteilen
échevelé, ~e [eʃəvle] zerzaust
échin|e [eʃin] *f* Rückgrat *n* (*a fig*); **~er** (1a) F **s'~** sich abrackern
échiquier [eʃikje] *m* Schachbrett *n*
écho [eko] *m* Echo *n*; **~graphie** [-grafi] *f* Ultraschalluntersuchung *f*
échoir [eʃwar] (3m) *comm* fällig werden, verfallen; ***~ à qn*** j-m anheim fallen, zufallen
échouer [eʃwe] (1a) *Schiff*: stranden; *fig* scheitern; durchfallen
échu, ~e [eʃy] *p/p von* ***échoir***

E

éclabousser [eklabuse] (1a) bespritzen, voll spritzen
éclair [eklɛr] *m* Blitz *m*; *fig* Aufblitzen *n*; *Gebäck*: Liebesknochen *m*; **~age** *m* Beleuchtung *f*, Licht *n* (*a fig*)
éclairc|ie [eklɛrsi] *f Wetter*: Aufheiterung *f*; **~ir** (2a) aufhellen; lichten; *fig* aufklären; **s'~** sich aufklären, heller werden
éclair|er [eklɛre] (1b) (be-, er)leuchten; **~ *qn*** j-m leuchten; *fig* **~ *qc*, *qn*** etw, j-n aufklären (***sur*** über); **~eur, ~euse** *m, f* Pfadfinder(in) *m(f)*
éclat [ekla] *m* Splitter *m*; Aufsehen *n*; Glanz *m*, Pracht *f*; **~ *de rire*** schallendes Gelächter *n*
éclat|ant, ~ante [eklatɑ̃, -ɑ̃t] glänzend (*a fig*); schallend; offenkundig; **~er** (1a) platzen, bersten; knallen, krachen, erschallen; glänzen; *Streit*: ausbrechen; *fig* sich auflösen; zersplittern; **~ *de rire*** laut auflachen
éclips|e [eklips] *f* (*Mond-, Sonnen-*) Finsternis *f*; **~er** (1a) *Himmelskörper*: verfinstern; *fig* **~ *qn*** j-n in den Schatten stellen; F **s'~** verschwinden
éclopé, ~e [eklɔpe] F *plais* lahm, gehunfähig
éclus|e [eklyz] *f* Schleuse *f*; **~er** (1a) durchschleusen; P saufen
écœur|ant, ~ante [ekœrɑ̃, -ɑ̃t] widerlich, ekelhaft; **~ement** [-mɑ̃] *m* Ekel *m* (*a fig*); **~er** (1a) anwidern, anekeln
écol|e [ekɔl] *f* Schule *f*; **~ *maternelle*** Kindergarten *m*; **~ *primaire*** Grundschule *f*; **~ *secondaire*** höhere Schule; *in Frankreich*: ***grande* ~** (elitäre) Hochschule *f*; **~ *de danse*** Ballettschule *f*; **~ *de ski*** Skischule *f*; **~ier, ~ière** [-je, -jɛr] *m, f* Schüler(in) *m(f)*
écolo [ekɔlo] F **1.** *adj* umweltbewusst, grün; **2.** *m, f* Umweltschützer(in) *m(f)*
écolog|ie [ekɔlɔʒi] *f* Ökologie *f*; **~ique** ökologisch; umweltfreundlich; umweltbewusst; ***catastrophe f* ~** Umweltkatastrophe *f*; **~iste** *m, f* Umweltschützer(in) *m(f)*
économe [ekɔnɔm] **1.** *adj* sparsam; ⚠ *auf Personen bezogen*; **2.** *m, f* Verwalter(in) *m(f)*
économ|ie [ekɔnɔmi] *f* Wirtschaft (-lichkeit) *f*; Sparsamkeit *f*; **~ *d'entreprise*** Betriebswirtschaft *f*; **~ *nationale*** Volkswirtschaft *f*; **~ *libérale*** freie Marktwirtschaft *f*; **~ *politique*** Nationalökonomie *f*; **~s** *pl* Ersparnisse *f/pl*; ***faire des* ~s** sparen; **~ique** wirtschaftlich; Wirtschafts...; ⚠ *auf Sachen bezogen*; **~iser** (1a) **~ *qc*** etw (ein)sparen; **~ *sur qc*** an etw sparen; **~iseur** *m* **~ *d'écran*** Bildschirmschoner *m*; **~iste** *m, f* Volkswirtschaftler(in) *m(f)*
écoper [ekɔpe] (1a) *Schiff*: ausschöpfen; F *fig* bestraft werden
écorce [ekɔrs] *f* Rinde *f*; Schale *f*
écorcher [ekɔrʃe] (1a) das Fell abziehen, enthäuten; aufschürfen; radebrechen
écorecharge [ekorəʃarʒ] *f* Nachfüllpackung *f*
écoss|ais, ~aise [ekɔsɛ, -ɛz] **1.** *adj* schottisch; **2.** **♀** *m, f* Schotte *m*, Schottin *f*
Écosse [ekɔs] *f* ***l'~*** Schottland *n*
écosser [ekɔse] (1a) enthülsen
écosystème [ekosistɛm] *m* Ökosystem *n*
écoulement [ekulmɑ̃] *m* Abfluss *m*; *Zeit*: Ablauf *m*; *comm* Absatz *m*
écouler [ekule] (1a) *comm* absetzen; **s'~** abfließen; sich verlaufen; *Zeit*: vergehen; *comm* Absatz finden
écourter [ekurte] (1a) (ab-, ver)kürzen
écoute [ekut] *f* Hören *n* (*bes Radio*); *tél* Abhören *n*; ***être à l'~*** *Radio*: hören; ***aux* ~s** auf der Lauer, in Erwartung
écout|er [ekute] (1a) (an)hören, horchen, lauschen; **~ *qn*** j-m zuhören; j-n anhören; auf j-n hören; **~eur** *m* (Telefon-)Hörer *m*; Kopfhörer *m*
écran [ekrɑ̃] *m* Wandschirm *m*; Bildschirm *m*; *Kino*: Leinwand *f*; **~ *antibruit*** Lärmschutzwall *m*; **~ *graphique*** Grafikbildschirm *m*; ***le petit* ~** das Fernsehen; **~ *radar*** Radarschirm *m*; **~ *à haute définition*** *od* ***résolution*** hoch auflösender Bildschirm *m*
écraser [ekrɑze] (1a) zermalmen (*a fig*), zerdrücken, zerquetschen; *auto* überfahren; *fig* zerschlagen, vernichten; *Flugzeug*: ***s'~ au sol*** am Boden zerschellen, abstürzen
écrémer [ekreme] (1f) entrahmen
écrevisse [ekrəvis] *f zo* Krebs *m*
écrier [ekrije] (1a) **s'~** ausrufen
écrire [ekrir] (4f) schreiben; **s'~** sich schreiben; geschrieben werden
écrit [ekrit] *m* Schrift(stück) *f(n)*; *Prü-*

fung: ***l'~*** das Schriftliche; ***par ~*** schriftlich

écrit|eau [ekrito] *m* (⚠ *pl* ***~x***) (Hinweis-)Schild *n*; **~ure** [-yr] *f* Schrift *f*; *comm* Buchung *f*; ***les*** (***Saintes***) ***2s*** die (Heilige) Schrift

écrivain [ekrivɛ̃] *m* Schriftsteller(in) *m(f)*

écrou [ekru] *m* (⚠ *pl* ***~s***) **1.** (Schrauben-)Mutter *f*; **2.** *jur* Inhaftierung *f*

écrouler [ekrule] (1a) ***s'~*** einstürzen; zusammenbrechen (*a fig*)

écru, ~e [ekry] ungebleicht

ecstasy [ɛkstasi] *f* Ecstasy *n*; ⚠ ***une ~***

écu [eky] *m* **1.** *Währung*: Ecu *m od f*; **2.** *hist* (Wappen-)Schild *m od n*; Taler *m*

écueil [ekœj] *m* Riff *n*; Klippe *f* (*a fig*)

écuelle [ekɥɛl] *f* Napf *m*

éculé, ~e [ekyle] *Schuhe*: abgelaufen; *fig* abgedroschen

écum|e [ekym] *f* Schaum *m*; **~er** (1a) (ab)schäumen; *fig* ausplündern

écureuil [ekyrœj] *m zo* Eichhörnchen *n*

écurie [ekyri] *f* Pferdestall *m*; *Sport*: Rennstall *m*

eczéma [egzema] *m méd* Hautausschlag *m*, Ekzem *n*

édente [edɑ̃te] zahnlos

E.D.F. [edeɛf] *f* (*abr* ***Électricité de France***) Frz. Elektrizitätsgesellschaft

édicter [edikte] (1a) verordnen

édifi|ant, ~ante [edifjɑ̃, -ɑ̃t] erbaulich

édification [edifikasjɔ̃] *f* Erbauung *f* (*a fig*)

édifice [edifis] *m* Gebäude *n*

édifier [edifje] (1a) erbauen (*a fig*)

édit [edi] *m* Edikt *n*

édi|ter [edite] (1a) herausgeben; *EDV* editieren, bearbeiten; **~teur, ~trice** *m, f* Verleger(in) *m(f)*; **~tion** *f* Ausgabe *f*; Auflage *f*; ***~s*** *pl* Verlag *m*; **~torial** [-tɔrjal] *m* (⚠ *pl* ***-iaux***) Leitartikel *m*

édredon [edrədɔ̃] *m* Daunenbett *n*; Federbett *n*

éduca|teur, ~trice [edykatœr, -tris] *m, f* Erzieher(in) *m(f)*; **~tif, ~tive** [-tif, -tiv] erzieherisch; belehrend; **~tion** Erziehung *f*; Bildung *f*

éduquer [edyke] (1m) erziehen

effacé, ~e [efase] *Farbe*: verblasst; *Person*: zurückhaltend; *Kinn*: fliehend; *Brust*: flach

effacer [efase] (1k) auslöschen; ausradieren; (weg)streichen; aus-, verwischen; *EDV* löschen; ***s'~*** verblassen, verschwinden; *Person*: zurücktreten

effar|ement [efarmɑ̃] *m* Bestürzung *f*; **~er** (1a) verwirren

effaroucher [efaruʃe] (1a) auf-, verscheuchen; *fig* ab-, erschrecken

effect|if, ~ive [efɛktif, -iv] **1.** *adj* wirklich, tatsächlich; **2.** *m* (Personal-)Bestand *m*

effectuer [efɛktɥe] (1a) aus-, durchführen, unternehmen; ***s'~*** erfolgen, vor sich gehen

efféminé, ~e [efemine] *péj* weibisch

effervesc|ence [efɛrvesɑ̃s] *f* Aufwallung *f*; *fig* Aufregung *f*; Gärung *f*; **~ent, ~ente** [-ɑ̃, -ɑ̃t] aufwallend; *fig* brodelnd

effet [efɛ] *m* **1.** Wirkung *f*; Ergebnis *n*; ***à cet ~*** zu diesem Zweck; ***en ~*** denn, nämlich; in der Tat; ***faire de l'~*** wirken; ***faire l'~ de*** den Eindruck machen von ...; ***~ de serre*** Treibhauseffekt *m*; **2.** ***~s*** *pl* Habseligkeiten *f/pl*, Sachen *f/pl*; Kleider *n/pl*; **3.** *comm* ***~s*** *pl* Effekten *f/pl*

efficac|e [efikas] wirksam; **~ité** *f* Wirksamkeit *f*, Effektivität *f*

effic|ient, ~iente [efisjɑ̃, -jɑ̃t] effizient

effigie [efiʒi] *f* Bildnis *n*

effilé, ~e [efile] dünn; zugespitzt

effleurer [eflœre] (1a) streifen (*a fig*); leicht berühren

effondrer [efɔ̃dre] (1a) ***s'~*** einstürzen; zusammenbrechen (*a fig*)

efforcer [efɔrse] (1k) ***s'~ de*** (+ *inf*) sich anstrengen, sich bemühen zu (+ *inf*)

effort [efɔr] *m* Anstrengung *f*; Mühe *f*; ***faire un ~*** sich anstrengen

effraction [efraksjɔ̃] *f jur* Einbruch *m*

effray|ant, ~ante [efrɛjɑ̃, -ɑ̃] schrecklich; **~er** (1i) ***~ qn*** j-n erschrecken; ***s'~*** (sich) erschrecken (***de*** über)

effréne, ~e [efrene] zügellos, wild

effriter [efrite] (1a) ***s'~*** verwittern; zerbröckeln; abbröckeln (*a fig*)

effront|é, ~ée [efrɔ̃te] frech; unverschämt; **~erie** *f* Frechheit *f*

effroyable [efrwajablə] entsetzlich

effusion [efyzjɔ̃] *f* ***~ de sang*** Blutvergießen *n*

égal, ~e [egal] (⚠ *m/pl* ***-aux***) gleich; gleichmäßig; eben; gleichgültig; ***d'~ à ~*** wie seinesgleichen; ***sans ~*** unvergleichlich; ***ça lui est ~*** das ist ihm gleich;

E

~ement [-mɑ̃] *adv* gleichermaßen; gleichfalls, auch
égal|er [egale] (1a) ~ ***qn*** (*od* ***qc***) j-m (*od* e-r Sache) gleichkommen; **~iser** (1a) aus-, angleichen; gleichmäßig verteilen; ebnen; **~ité** *f* Gleichheit *f*; Gleichförmigkeit *f*; Ebenheit *f*; ***à ~ de*** bei Gleichheit (+ *gén*)

E

égard [egar] *m* ***à cet ~*** in dieser Beziehung; ***à l'~ de*** hinsichtlich; ***eu ~ à*** in Anbetracht (+ *gén*); ***par ~ à*** mit Rücksicht auf; **~s** *pl* Achtung *f*, Aufmerksamkeit *f*; ***manque m d'~s*** Rücksichtslosigkeit *f*
égarer [egare] (1a) irreleiten; *Gegenstände*: verlegen; ***s'~*** sich verirren; *vom Thema*: abschweifen
égayer [egɛje] (1i) erheitern; auflockern
églantine [eglɑ̃tin] *f* wilde Rose *f*, Heckenrose *f*
église [egliz] *f* Kirche *f*
égo|ïsme [egɔismə] *m* Egoismus *m*; **~ïste 1.** *adj* egoistisch; **2.** *m*, *f* Egoist(in) *m(f)*
égorger [egɔrʒe] (1l) die Kehle durchschneiden (***qn*** j-m); *fig* schröpfen
égosiller [egozije] (1a) ***s'~*** sich heiser schreien
égout [egu] *m* (Abwasser-)Kanal *m*
égoutter [egute] (1a) abtropfen lassen
égratign|er [egratiɲe] (1a) zerkratzen, (auf)ritzen; **~ure** [-yr] *f* Kratzwunde *f*, Schramme *f*
égrener [egrəne] (1d) auskörnen; abbeeren
Égypte [eʒipt] *f* ***l'~*** Ägypten *n*
égypt|ien, ~ienne [eʒipsjɛ̃, -jɛn] **1.** *adj* ägyptisch; **2.** ♀ *m*, *f* Ägypter(in) *m(f)*
eh [e] he!, hallo!; ach!; ***~ bien!*** nun!; na!; na schön!
éhonté, ~e [eɔ̃te] schamlos
éjecter [eʒɛkte] (1a) (hin)auswerfen, hinausschleudern
éjection [eʒɛksjɔ̃] *f* Auswerfen *n*
élaborer [elabɔre] (1a) ausarbeiten
élan [elɑ̃] *m* **1.** Anlauf *m*; Schwung *m*; *fig* Eifer *m*; Anwandlung *f*; Begeisterung *f*; **2.** *zo* Elch *m*
élancer [elɑ̃se] (1k) **1.** *méd* heftig stechen; **2. s'~** hervor-, losstürzen; *fig* sich emporschwingen; *Turm*: emporragen.
élargir [elarʒir] (2a) erweitern; verbreitern
élasticité [elastisite] *f* Dehnbarkeit *f*; Elastizität *f*; Spannkraft *f*
élastique [elastik] **1.** *adj* elastisch; **2.** *m* Gummiband *n*
Elbe [ɛlb] *f* ***l'~*** die Elbe; ***l'île f d'~*** Elba *n*
élec|teur, ~trice [elɛktœr, -tris] **1.** *m*, *f* Wähler(in) *m(f)*; **2.** *m hist* Kurfürst *m*
élection [elɛksjɔ̃] *f* Wahl *f*
elector|al, ~ale [elɛktɔral] (⚠ *m/pl* ***-aux***) Wahl...; *hist* kurfürstlich; **~at** [-a] *m* **1.** Wahlrecht *n*; Wählerschaft *f*; **2.** *hist* Kurfürstentum *n*
électri|cien [elɛktrisjɛ̃] *m* Elektriker *m*; **~cité** [-site] *f* Elektrizität *f*; **~fication** [-fikɑsjɔ̃] *f* Elektrifizierung *f*; **~fier** [-fje] (1a) elektrifizieren
électr|ique [elɛktrik] elektrisch; **~iser** (1a) elektrisieren; *fig* begeistern
électro|-aimant [elɛktrɔɛmɑ̃] *m* (⚠ *pl* ***électro-aimants***) Elektromagnet *m*; **~cardiogramme** [-kardjɔgram] *m méd* Elektrokardiogramm *n* (*abr* EKG); **~choc** [-ʃɔk] *m* Elektroschock *m*; **~cuter** [-kyte] (1a) durch e-n elektrischen Schlag töten; **~cution** [-kysjɔ̃] *f* tödlicher elektrischer Schlag *m*; Hinrichtung *f* durch Elektrizität
électrode [elɛktrɔd] *f* Elektrode *f*
électro|-encéphalogramme [elɛktrɔɑ̃sefalɔgram] *m* (⚠ *pl* ***électro-encéphalogrammes***) Elektroenzephalogramm *n* (*abr* EEG); **~ménager** [-menaʒe] ***appareils m/pl ~s*** elektrische Haushaltsgeräte *n/pl*
électron [elɛktrɔ̃] *m* Elektron *n*
électronic|ien, ~ienne [elɛktrɔnisjɛ̃, -jɛn] *m*, *f* Elektroniker(in) *m(f)*
électronique [elɛktrɔnik] **1.** *adj* elektronisch; **2.** *f* Elektronik *f*
élégance [elegɑ̃s] *f* Eleganz *f*
élég|ant, ~ante [elegɑ̃, -ɑ̃t] elegant; ⚠ *adv* ***élégamment*** [-amɑ̃]
élément [elemɑ̃] *m* Element *n*; Bestandteil *m*; Komponente *f*; Bauteil *n*; **~s** *pl* Grundbegriffe *m/pl*; ***~ combustible*** Brennelement *n*
élémentaire [elemɑ̃tɛr] Grund..., elementar
éléphant [elefɑ̃] *m zo* Elefant *m*
élevage [elvaʒ] *m* Züchtung *f*; Viehzucht *f*
éléva|teur [elevatœr] *m* Hebevorrichtung *f*; Lastenaufzug *m*; **~tion** *f* Erhebung *f*, Erhöhung *f* (*a fig*); Anstieg *m*; Anhöhe *f*

élève [elɛv] *m, f* Schüler(in) *m(f)*
élev|é, ~ée [elve] hochgelegen; *Preis etc*: hoch; *fig* erhaben; ***bien*** ~ wohlerzogen; ***mal*** ~ ungezogen; **~er** (1d) erheben; erhöhen; errichten; *Kinder*: aufziehen; *Tiere*: züchten; **s'~** sich erheben; ansteigen; ***s'~ contre qn*** gegen j-n auftreten; **s'~ *à*** sich belaufen auf; **~eur, ~euse** *m, f* Viehzüchter(in) *m(f)*
éligible [eliʒiblə] wählbar
élimination [eliminasjɔ̃] *f* Beseitigung *f*; *Art*: Ausrottung *f*; ~ ***des déchets*** Abfallentsorgung *f*
élimin|atoire [eliminatwar] *f* Ausscheidungswettkampf *m*; **~er** (1a) beseitigen, entfernen, eliminieren
élire [elir] (4x) (er)wählen
élite [elit] *f* Auslese *f*, Elite *f*
élitisme [elitismə] *m* Elitedenken *n*
elle(s) [ɛl] *f*/(*pl*) sie
élocution [elɔkysjɔ̃] *f* Sprech-, Redeweise *f*
éloge [elɔʒ] *m* Lob(rede) *n(f)*; ~ ***funèbre*** Nachruf *m*
éloigné, ~e [elwaɲe] fern, entfernt
éloign|ement [elwaɲmɑ̃] *m* Entfernung *f*; Abstand *m*; *fig* Fernsein *n*; **~er** (1a) wegnehmen; entfernen; *fig* entfremden; ***s'~ de*** sich entfernen von
élongation [elɔ̃gasjɔ̃] *f méd* Zerrung *f*
éloquence [elɔkɑ̃s] *f* Beredsamkeit *f*
éloqu|ent, ~ente [ɛlɔkɑ̃, -ɑ̃t] beredt; ⚠ *adv* ***éloquemment*** [-amɑ̃]
élu, ~e 1. *p/p von* ***élire*** *u adj* gewählt; auserwählt; **2.** *m, f fig* Auserwählte(r) *f(m)*; *pol* ***les élus*** die Abgeordneten *m/pl*
élucider [elyside] (1a) (auf)klären
élucubrations [elykybrasjɔ̃] *f/pl* Hirngespinste *n/pl*
éluder [elyde] (1a) *fig* umgehen
émacié, ~e [emasje] abgezehrt
émail [emaj] *m* (⚠ *pl* ***émaux***) Email *n*; Zahnschmelz *m*
émanation [emanasjɔ̃] *f* Ausdünstung *f*; *fig* Ausstrahlung *f*
émancipation [emɑ̃sipasjɔ̃] *f* Befreiung *f*; Gleichberechtigung *f*, Gleichstellung *f*; Emanzipation *f*
émaner [emane] (1a) ausgehen, herrühren (***de*** von)
emball|age [ɑ̃balaʒ] *m* Verpackung *f*; ~ ***sous vide*** Vakuumverpackung *f*; ~ ***consigné*** Mehrwegverpackung *f*; **~er** (1a) ein-, verpacken; F *fig* begeistern; F *Verbrecher*: schnappen; **s'~** *Motor*: aufheulen; F *fig* sich begeistern; aufbrausen
embarca|dère [ɑ̃barkadɛr] *m mar* Landeplatz *m*; Landungsbrücke *f*; **~tion** *f* (kleines) Boot *n*
embargo [ɑ̃bargo] *m* Embargo *n*, Handelssperre *f*
embarqu|ement [ɑ̃barkəmɑ̃] *m* Verschiffung *f*, Verladung *f*; Anbordgehen *n*, Einsteigen *n*; **~er** (1m) an Bord bringen *od* (*a* **s'~**) gehen; verschiffen; F ***s'~ dans*** sich einlassen auf
embarras [ɑ̃bara] *m* schwierige Lage, Notlage *f*; Verlegenheit *f*, Verwirrung *f*
embarrass|ant, ~ante [ɑ̃barasɑ̃, -ɑ̃t] hinderlich; lästig; peinlich; **~é, ~ée** verlegen, betreten; wirr, verworren; **~er** (1a) (be)hindern, stören; in Verlegenheit bringen
embauch|age [ɑ̃boʃaʒ] *m* An-, Einstellung *f*; **~er** (1a) an-, einstellen
embaumer [ɑ̃bome] (1a) einbalsamieren; mit Duft erfüllen; duften
embellie [ɑ̃bɛli] *f Wetter*: Aufheiterung *f*
embellir [ɑ̃bɛlir] (1a) verschönern; schöner werden
embêt|ant, ~ante [ɑ̃bɛtɑ̃, -ɑ̃t] F langweilig; ärgerlich; **~ement** [-mɑ̃] F *m* Ärger *m*; **~er** F (1a) langweilen; ärgern; belästigen
emblée [ɑ̃ble] ***d'~*** sofort, ohne weiteres
embonpoint [ɑ̃bɔ̃pwɛ̃] *m* Körperfülle *f*
embouchure [ɑ̃buʃyr] *f* Mündung *f*; *mus* Mundstück *n*
embourber [ɑ̃burbe] (1a) in den Morast fahren; **s'~** im Dreck stecken bleiben
embouteill|age [ɑ̃butɛjaʒ] *m* Verkehrsstauung *f*; **~er** (1b) *Straße*: verstopfen
emboutir [ɑ̃butir] (2a) eindrücken; zerbeulen
embranchement [ɑ̃brɑ̃ʃmɑ̃] *m* Ab-, Verzweigung *f*
embrasser [ɑ̃brase] (1a) küssen; umarmen; *fig Zeitraum*: umfassen; *st/s Beruf*: ergreifen; ~ ***du regard*** überblicken
embrasure [ɑ̃brazyr] *f* Tür-, Fensteröffnung *f*
embrayage [ɑ̃brɛjaʒ] *m auto* Kupplung *f*
embrocher [ɑ̃brɔʃe] (1a) aufspießen

embrouiller [ɑ̃bruje] (1a) durcheinander bringen, verwirren; **s'~** in Verwirrung geraten
embroussaillé, ~e [ɑ̃brusaje] voller Gestrüpp; struppig
embruns [ɑ̃brɛ̃, -œ̃] *m/pl mar* Gischt *m od f*
embûches [ɑ̃byʃ] *f/pl fig* Fallen *f/pl*, Fallstricke *m/pl*
embuer [ɑ̃bɥe] (1a) *Glas, Fenster*: beschlagen
embuscade [ɑ̃buskad] *f mil* Hinterhalt *m*
éméché, ~e [emeʃe] F beschwipst
émeraude [ɛmrod] **1.** *f* Smaragd *m*; **2.** *adj* smaragden
émerger [emɛrʒe] (1l) auftauchen
émeri [emri] *m* Schmirgel *m*; ***papier*** (***d'***)**~** Schmirgel-, Schleifpapier *n*
émérite [emerit] bedeutend; verdient
émerveiller [emɛrvɛje] (1a) in Verwunderung setzen; **s'~** staunen (**de** über)
émetteur [emɛtœr] *m Radio*: Sender *m*
émettre [emɛtrə] (4p) (aus)senden; *Meinung*: äußern; *comm Aktien etc*: ausgeben
émeute [emøt] *f* Aufruhr *m*
émietter [emjɛte] (1b) zerkrümeln
émigration [emigrasjõ] *f* Auswanderung *f*
émigr|é, ~ée [emigre] *m, f pol* Emigrant(in) *m(f)*; **~er** (1a) auswandern
émin|ence [eminɑ̃s] *f* **1.** Anhöhe *f*; **2.** ♀ Eminenz *f* (*Titel*); **~ent, ~ente** [-ɑ̃, -ɑ̃t] hervorragend, außerordentlich
émiss|aire [emisɛr] *m* Geheimbote *m*; **~ion** *f Radio*: Sendung *f*; *comm* Ausgabe *f*
emmagasiner [ɑ̃magazine] (1a) speichern, lagern
emmancher [ɑ̃mɑ̃ʃe] (1a) *fig* einfädeln, einleiten
emmêler [ɑ̃mɛle] (1a) verwirren; *fig* durcheinander bringen, komplizieren
emménager [ɑ̃menaʒe] (1l) *Wohnung*: einziehen; ⚠ *il* ***a*** *emménagé*
emmener [ɑ̃mne] (1d) wegbringen; mitnehmen; ⚠ *im allg auf Personen bezogen*
emmerder [ɑ̃mɛrde] (1a) P **~ *qn*** j-n nerven, j-m auf den Geist *od* auf den Wecker gehen; P **s'~** sich zu Tode langweilen
emmitoufler [ɑ̃mitufle] (1a) (**s'~** sich) einmumme(l)n
émoi [emwa] *m* Aufregung *f*
émoluments [emɔlymɑ̃] *m/pl* Dienstbezüge *m/pl*, Gehalt *n*
émot|if, ~ive [emɔtif, -iv] Gefühls...; überempfindlich
émotion [emosjõ] *f* Auf-, Erregung *f*; Ergriffenheit *f*, Rührung *f*
émoulu, ~e [emuly] ***frais émoulu, fraîche émoulue*** frisch gebacken (*fig*)
émouvoir [emuvwar] (3d) ergreifen (*fig*), rühren; **s'~** sich erregen
empailler [ɑ̃paje] (1a) *Tiere*: ausstopfen
empaqueter [ɑ̃pakte] (1c) einpacken
emparer [ɑ̃pare] (1a) ***s'~ de*** sich bemächtigen (+ *gén*); ergreifen
empâter [ɑ̃pɑte] (1a) **s'~** dicker werden
empêchement [ɑ̃pɛʃmɑ̃] *m* Hindernis *n*; Hinderungsgrund *m*
empêcher [ɑ̃pɛʃe] (1b) hindern; **~ *qc*** etw verhindern; **~ *qn de faire qc*** j-n an etw hindern; **~ *que*** (+ *subj*) verhindern, dass ...; (***il***) ***n'empêche que*** ... trotzdem, und doch; ***ne*** (***pas***) ***pouvoir s'~ de faire qc*** nicht umhinkönnen, etw zu tun; etw unbedingt tun müssen
empereur [ɑ̃prœr] *m* Kaiser *m*
empester [ɑ̃pɛste] (1a) verpesten; stinken
empêtrer [ɑ̃pɛtre] (1b) ***s'~ dans*** sich verwickeln in (*a fig*)
empha|se [ɑ̃fɑz] *f* Pathos *n*, Emphase *f*; **~tique** [-tik] emphatisch
empiéter [ɑ̃pjete] (1f) **~ *sur*** übergreifen auf; vordringen in
empiffrer [ɑ̃pifre] (1a) F ***s'~*** sich voll stopfen, sich den Bauch voll schlagen
empiler [ɑ̃pile] (1a) aufstapeln
empire [ɑ̃pir] *m* Kaiserreich *n*; Reich *n*; *fig* Einfluss *m*
empirer [ɑ̃pire] (1a) (sich) verschlimmern, schlimmer machen *od* werden
empirique [ɑ̃pirik] empirisch, auf Erfahrung beruhend
emplacement [ɑ̃plasmɑ̃] *m* Platz *m*, Stelle *f*, Ort *m*
emplette [ɑ̃plɛt] *f* Einkauf *m*
emploi [ɑ̃plwa] *m* **1.** Gebrauch *m*, An-, Verwendung *f*; **~ *du temps*** Zeit-, Stundenplan *m*; **2.** Arbeitsplatz *m*, Anstellung *f*; *écon* ***plein* ~** Vollbeschäftigung *f*
employ|é, ~ée [ɑ̃plwaje] *m, f* Angestellte(r) *m, f*; **~er** (1h) an-, verwenden, gebrauchen; beschäftigen; **s'~ à** (***faire***)

qc sich für etw einsetzen; **~eur** *m* Arbeitgeber *m*
empocher [ɑ̃pɔʃe] (1a) in die Tasche stecken
empoisonner [ɑ̃pwazɔne] (1a) vergiften
emporter [ɑ̃pɔrte] (1a) wegtragen, -bringen; mitnehmen; fortreißen; hinwegraffen; ***l'~*** den Sieg davontragen; sich durchsetzen; ***l'~ sur qn*** j-n übertreffen; die Oberhand gewinnen über j-n; ***s'~*** sich erregen
empreinte [ɑ̃prɛ̃t] *f* Abdruck *m*; Spur *f*; *fig* Gepräge *n*; ***~ digitale*** Fingerabdruck *m*; ***~ génétique*** genetischer Fingerabdruck *m*
empress|ement [ɑ̃prɛsmɑ̃] *m* Eifer *m*; **~er** (1b) ***s'~ de faire qc*** sich beeilen, etw zu tun
emprisonn|ement [ɑ̃prizɔnmɑ̃] *m* Gefängnisstrafe *f*; Haft *f*; **~er** (1a) einsperren; *fig* einschließen
emprunt [ɑ̃prɛ̃, -œ̃] *m* Entlehnung *f*; Anleihe *f*
emprunt|é, ~ée [ɑ̃prɛ̃te, -prœ̃-] unbeholfen; **~er** (1a) **1.** ***~ qc à qn*** sich etw von j-m leihen, borgen; ***~ de l'argent*** Geld aufnehmen; **2.** *Weg, Treppe*: benutzen
ému, ~e [emy] *p/p von* ***émouvoir*** *u adj* gerührt, ergriffen
émulation [emylasjɔ̃] *f* Nacheiferung *f*; Wetteifer *m*
émuler [emyle] (1a) *EDV* emulieren
en¹ [ɑ̃] *prép* **1.** *Ort*: in, nach; ***~ France*** in, nach Frankreich; ***~ ville*** in der (die) Stadt; ***de ville ~ ville*** von Stadt zu Stadt; **2.** *Zeit*: ***~ 1789*** (***~ l'an 1789***) im Jahre 1789; ***~ été*** im Sommer; ***~ 15 jours*** binnen, innerhalb von (*zum Unterschied von* **dans** = nach) 14 Tagen; *Gleichzeitigkeit beim gérondif* (*oft durch* **tout** *verstärkt*): ***~ mangeant*** beim Essen; **3.** *Art u Weise*: ***agir ~ ami*** als Freund handeln; ***~ cercle*** im Kreis; ***~ (qualité de)*** wie, als; ***~ vente*** zum Verkauf; ***~ français*** auf Französisch; *beim gérondif* ***~ forgeant*** durch das Schmieden; indem ...; **4.** *Stoff*: aus; ***~ or*** aus Gold; **5.** *nach Verben, adj u subst*: ***croire ~ Dieu*** an Gott glauben; ***riche ~ qc*** reich an etw; ***avoir confiance ~ qn*** Vertrauen zu j-m haben
en² [ɑ̃] *adv u pron* (*vertritt Konstruktionen mit* **de**) **1.** *örtlich*: ***j'~ viens*** ich komme von dort; **2.** *fig*: ***qu'~ pensez-vous?*** was halten Sie davon?; ***c'~ est fait*** es ist geschehen; es ist aus damit; ***qu'~ dites-vous?*** was sagen Sie dazu?; **3.** *als partitiver Genitiv*: welche (-s, -n), davon; ***il y ~ a deux*** es sind (*ihrer*) zwei; ***il n'y ~ a plus*** es sind keine mehr da; ***~ connaître qui*** Leute kennen, die; ***j'~ ai*** ich habe welche; ***j'~ ai cinq*** ich habe fünf (davon); **4.** *possessiv*: ***qui ~ est le propriétaire?*** wer ist sein (*od* der) Besitzer?; **5.** *kausal*: ***je n'~ suis pas plus heureux*** ich bin darum nicht glücklicher
E.N.A. [ena] *f* (*abr* ***École nationale d'administration***) Nationale Verwaltungshochschule
encadrer [ɑ̃kadre] (1a) einrahmen; einfügen; *Besucher*: betreuen
encaisser [ɑ̃kɛse] (1b) *comm* einkassieren; *fig* einstecken, hinnehmen (müssen); F ***je ne peux pas l'~*** ich kann ihn nicht leiden
encanailler [ɑ̃kanaje] (1a) ***s'~*** vulgär werden
encapuchonné, ~e [ɑ̃kapyʃɔne] eingemummt
en-cas [ɑ̃kɑ] *m* (⚠ *pl unv*) *cuis* kalter Imbiss *m*
encastrer [ɑ̃kastre] (1a) *tech* einbauen, einlassen
encaustique [ɑ̃kostik] *f* Bohnerwachs *n*
enceinte¹ [ɑ̃sɛ̃t] schwanger
enceinte² [ɑ̃sɛ̃t] *f* Ringmauer *f*; Umwallung *f*; abgeschlossener Bereich *m*; ***~ (acoustique)*** Lautsprecherbox *f*; ***~ de confinement*** Sicherheitsbehälter *m*
encens [ɑ̃sɑ̃] *m* Weihrauch *m*; ***bâtonnet d'~*** Räucherstäbchen *n*
encenser [ɑ̃sɑ̃se] (1a) beweihräuchern
encéphalogramme [ɑ̃sefalɔgram] *m* Enzephalogramm *n*; ***~ plat*** Hirnstillstand *m*
encercl|ement [ɑ̃sɛrkləmɑ̃] *m* Einkreisung *f*; **~er** (1a) einkreisen, umzingeln
enchaîn|ement [ɑ̃ʃɛnmɑ̃] *m* Verkettung *f*; Zusammenhang *m*; **~er** (1b) anketten; fesseln; *fig* verketten, verknüpfen, verbinden
enchant|é, ~ée [ɑ̃ʃɑ̃te] verzaubert; entzückt; *Floskel* **~!** sehr erfreut!; **~ement** [-mɑ̃] *m* Zauber *m*; Entzücken *n*; **~er** (1a) be-, verzaubern; entzücken

E

enchère [ɑ̃ʃɛr] *f* höheres Angebot *n*; ***vente f aux ~s*** Versteigerung *f*, Auktion *f*; ***mettre (vendre) aux ~s*** versteigern
enchérir [ɑ̃ʃerir] (2a) ~ ***sur qn*** mehr bieten als j
enchevêtrer [ɑ̃ʃ(ə)vɛtre] (1b) durcheinander bringen, verwickeln
enclencher [ɑ̃klɑ̃ʃe] (1a) einklinken, -schalten; in Gang setzen
encl|in, ~ine [ɑ̃klɛ̃, -in] ~ ***à*** neigend zu; ***être ~ à*** neigen zu
enclos [ɑ̃klo] *m* Einfriedung *f*; umzäunter Platz *m*
enclume [ɑ̃klym] *f* Amboss *m*
encoche [ɑ̃kɔʃ] *f* Kerbe *f*; Nut *f*
encoder [ɑ̃kɔde] (1a) enkodieren, verschlüsseln
encoignure [ɑ̃kɔɲyr] *f* Ecke *f*; Eckschrank *m*
encoller [ɑ̃kɔle] (1a) leimen, gummieren
encolure [ɑ̃kɔlyr] *f* Hals *m* (*bei Tieren*); Kragenweite *f*
encombr|ant, ~ante [ɑ̃kɔ̃brɑ̃, -ɑ̃t] sperrig; *fig* lästig; **~ement** [-əmɑ̃] *m* Verkehrsstau(ung) *m(f)*; Gedränge *n*; **~er** (1a) versperren; verstopfen; überfüllen; ***s'~ de*** sich belasten mit
encontre [ɑ̃kɔ̃trə] ***à l'~ de*** im Gegensatz zu, entgegen
encore [ɑ̃kɔr] **1.** *adv* (immer) noch; nochmals; *einschränkend mit Inversion*: allerdings, freilich; **2.** *conj litt* ***~ que*** (+ *subj*) obgleich
encourager [ɑ̃kuraʒe] (1l) ermutigen, aufmuntern
encourir [ɑ̃kurir] (2i) *litt* ~ ***qc*** etw zu gewärtigen haben; sich etw zuziehen
encrasser [ɑ̃krase] (1a) verschmutzen
encr|e [ɑ̃krə] *f* Tinte *f*; ***par une nuit d'~*** in e-r stockfinsteren Nacht; **~ier** [-ije] *m* Tintenfass *n*
encroûter [ɑ̃krute] (1a) mit e-r Kruste überziehen; ***s'~*** *fig* abstumpfen
enculeur [ɑ̃kylœr] *m* F ***~ de mouches*** Korinthenkacker *m*
encyclopédie [ɑ̃siklɔpedi] *f* Konversationslexikon *n*, Enzyklopädie *f*
endetter [ɑ̃dɛte] (1b) ***s'~*** Schulden machen
endiablé, ~e [ɑ̃djable] *fig* wild; leidenschaftlich
endimanché, ~e [ɑ̃dimɑ̃ʃe] sonntäglich gekleidet
endive [ɑ̃div] *f bot, cuis* Schikoree *f*; ⚠ *nicht* Endivie
endoctriner [ɑ̃dɔktrine] (1a) indoktrinieren
endommager [ɑ̃dɔmaʒe] (1l) beschädigen
endorm|i, ~ie [ɑ̃dɔrmi] schlafend; *fig* verschlafen, F schlafmützig; **~ir** (2b) einschläfern; betäuben; ***s'~*** einschlafen
endosser [ɑ̃dose] (1a) *Kleid*: anziehen; *fig* ~ ***qc*** etw auf sich nehmen
endroit [ɑ̃drwa] *m* **1.** Stelle *f*; Ort *m*; **2.** Ober-, Vorderseite *f*
enduire [ɑ̃dɥir] (4c) be-, überstreichen (***de*** mit)
enduit [ɑ̃dɥi] *m* Überzug *m*; (Ver-)Putz *m*
endurance [ɑ̃dyrɑ̃s] *f* Ausdauer *f*
endurc|ir [ɑ̃dyrsir] (2a) abhärten; *fig* abstumpfen; **~issement** [-ismɑ̃] *m* Abhärtung *f*
endurer [ɑ̃dyre] (1a) ertragen, aushalten, erdulden
énerg|ie [enɛrʒi] *f* Energie *f*; Tatkraft *f*; ***~ atomique*** Atomkraft *f*; ***~ éolienne*** Windenergie *f*; ***~ solaire*** Sonnenenergie *f*; ***~ thermique*** Wärmeenergie *f*; **~ique** energisch, tatkräftig
énerv|ant, ~ante [enɛrvɑ̃, -ɑ̃t] nervenaufreibend; **~é, ~ée** erregt; nervös; **~er** (1a) nervös machen; ***s'~*** sich aufregen
enfance [ɑ̃fɑ̃s] *f* Kindheit *f*
enfant [ɑ̃fɑ̃] *m od f* Kind *n* (*Junge od Mädchen*); ***~ de chœur*** Chorknabe *m*; *fig* Unschuldslamm *n*
enfant|er [ɑ̃fɑ̃te] (1a) *litt* gebären; **~illage** [-ijaʒ] *m* Kinderei *f*; **~in, ~ine** kindlich, Kinder...; ⚠ *aber* ***les maladies infantiles*** die Kinderkrankheiten
enfer [ɑ̃fɛr] *m* Hölle *f* (*a fig*)
enfermer [ɑ̃fɛrme] (1a) einschließen, einsperren
enfiévrer [ɑ̃fjevre] (1f) ~ ***qn*** *fig* j-n (leidenschaftlich) erregen
enfiler [ɑ̃file] (1a) einfädeln; auf e-n Faden ziehen; *Kleidung*: überziehen
enfin [ɑ̃fɛ̃] endlich, schließlich; kurz gesagt; nun (ja)
enflammer [ɑ̃flame] (1a) anzünden; *fig* entflammen, begeistern; ***s'~*** sich entzünden (*a méd*), Feuer fangen (*a fig*)
enfl|er [ɑ̃fle] (1a) (an-, auf)schwellen, dick werden; **~ure** [-yr] *f* Schwellung *f*

enfoncer [ãfɔ̃se] (1k) **1.** einrammen, (tief) einschlagen; eindrücken; **2.** ver-, einsinken; ***s'~*** untergehen; vordringen

enfuir [ãfɥir] (2d) ***s'~*** (ent)fliehen

enfumer [ãfyme] (1a) ein-, verräuchern

engagé, ~e [ãgaʒe] **1.** *adj* engagiert; **2.** *m mil* Freiwillige(r) *m*

engagement [ãgaʒmã] *m* Verpflichtung *f*; Einstellung *f*; *fig* Einsatz *m* (*a mil*); Verpfändung *f*

engager [ãgaʒe] (1l) verpfänden (*a fig*); verpflichten (***qn à qc*** j-n zu etw); *Arbeitskräfte*: einstellen; *Gespräch*: beginnen; ***~ qn dans*** j-n hineinziehen in; ***s'~*** *Kampf etc*: beginnen; *mil* sich freiwillig melden; ***s'~ à*** (***faire***) ***qc*** sich zu etw verpflichten; *fig* ***s'~ dans qc*** sich auf etw einlassen; ***s'~ dans une rue*** in e-e Straße einbiegen

engelure [ãʒlyr] *f* Frostbeule *f*

engendrer [ãʒãdre] (1a) (er)zeugen; *fig* verursachen

engin [ãʒɛ̃] *m* Gerät *n*; Maschine *f*; Rakete *f*; F *péj* Ding *n*

englober [ãglɔbe] (1a) umfassen

engloutir [ãglutir] (2a) verschlingen

engorger [ãgɔrʒe] (1l) verstopfen

engouement [ãgumã] *m* Begeisterung *f*, Schwärmerei *f*

engouffrer [ãgufre] (1a) verschlingen; ***s'~*** strömen, sich ergießen

engourdir [ãgurdir] (2a) gefühllos machen; *fig* träge machen, abstumpfen; ***s'~*** gefühllos werden, erstarren

engrais [ãgrɛ] *m* Dünger *m*, Dung *m*

engraisser [ãgrɛse] (1b) mästen; düngen; fett werden

engrenage [ãgrənaʒ] *m* Verzahnung *f*; Getriebe *n*; *fig* Räderwerk *n*; Verkettung *f*

engueuler [ãgœle] P (1a) anbrüllen, anschnauzen

enhardir [ãardir] (2a) kühn machen, ermutigen

énigmatique [enigmatik] rätselhaft

énigme [enigmə] *f* Rätsel *n*

enivr|ement [ãnivrəmã] *m fig* Rausch *m*; **~er** (1a) berauschen; *fig a* betören; *fig* ***s'~ de qc*** in etw schwelgen

enjamb|ée [ãʒãbe] *f* (großer, langer) Schritt *m*; **~ement** [-mã] *m Metrik*: Übergreifen *n* des Satzes in den nächsten Vers, Zeilensprung *m*; **~er** (1a) überschreiten, -springen; *Tal*: überspannen

enjeu [ãʒø] *m* (⚠ *pl* **~x**) Einsatz *m* (*im Spiel*); *fig* Problem *n*; Thema *n*

enjoindre [ãʒwɛ̃drə] (4b) ***~ qc à qn*** j-m etw einschärfen, ausdrücklich befehlen

enjoliv|er [ãʒɔlive] (1a) verzieren; **~eur** *m* Radkappe *f*

enjoué, ~e [ãʒwe] munter, heiter, lustig

enlacer [ãlase] (1k) umranken, umschlingen; umarmen

enlaidir [ãledir] (2a) verunstalten, verschandeln

enlèvement [ãlɛvmã] *m* Wegnahme *f*, Abtransport *m*, Beseitigung *f*; *jur* Entführung *f*, Raub *m*

enlever [ãlve] (1d) wegnehmen, -schaffen, abtransportieren; entfernen, beseitigen; *j-n* entführen; *fig* mit sich fortreißen; hinwegraffen; *mil* erstürmen

enliser [ãlize] (1a) ***s'~*** versinken; stecken bleiben

enneig|ement [ãnɛʒmã] *m* Schneeverhältnisse *n/pl*; **~é, ~ée** verschneit

ennemi, ~e [ɛnmi] **1.** *m, f* Feind(in) *m(f)*; **2.** *adj* feindlich

ennoblir [ãnɔblir] (2a) *fig* adeln, auszeichnen; ⚠ *nicht verwechseln mit* ***anoblir***

ennui [ãnɥi] *m* **1.** Langeweile *f*; **2.** *meist pl* **~s** Ärger *m*, Unannehmlichkeiten *f/pl*, Verdruss *m*

ennuyer [ãnɥije] (1h) ärgern, auf die Nerven fallen (***qn*** j-m); langweilen, ermüden; beunruhigen; ***s'~*** sich langweilen; ***s'~ de qn*** sich nach j-m sehnen, j-n vermissen

ennuy|eux, ~euse [ãnɥijø, -øz] lästig, unangenehm; langweilig

énonc|é [enɔ̃se] *m* Äußerung *f*; Wortlaut *m*; **~er** (1k) ausdrücken; darlegen

énorm|e [enɔrm] enorm, gewaltig, ungeheuer; **~ément** [-emã] *adv* enorm, gewaltig; F ***~ de*** ungeheuer viel(e)

enquête [ãkɛt] *f* Untersuchung *f*; Erhebung *f*, Umfrage *f*, Befragung *f*; *jur* Ermittlungen *f/pl*

enquiquiner [ãkikine] F (1a) auf die Nerven gehen (***qn*** j-m), ärgern

enraciner [ãrasine] (1a) einpflanzen; ***s'~*** *fig* Wurzel fassen; sich einbürgern

enragé, ~e [ãraʒe] tollwütig; *fig* fanatisch

enregistr|ement [ãrəʒistrəmã] *m* Eintragung *f*; Registrierung *f*; (*Schallplatten-, Tonband-, Film-*) Aufnahme *f*; *EDV* Speichern *n*; Datensatz *m*; *Flug*: Einchecken *n*; **guichet** *m* **d'~** Abfertigungsschalter *m*; **~ des bagages** Gepäckaufgabe *f*, -annahme *f*; **~er** (1a) eintragen, einschreiben, registrieren; *Film, Schallplatten etc*: aufnehmen; *EDV* (ab)speichern; *Flug*: einchecken; **faire ~** *Gepäck*: aufgeben; **~eur** *m* Schreibgerät *n*; **~ de cassettes** Kassettenrekorder *m*; **~ de vol** Flugschreiber *m*

enrhum|é, ~ée [ãryme] verschnupft; erkältet; **~er** (1a) **s'~** sich e-n Schnupfen holen; sich erkälten

enrichir [ãriʃir] (2a) reich machen; bereichern; **s'~** reich werden; *péj* sich bereichern

enrôler [ãrole] (1a) anwerben; aufnehmen

enrou|é, ~ée [ãrwe] heiser; **~er** (1a) **s'~** heiser werden

enrouler [ãrule] (1a) auf-, zusammenrollen; aufwickeln

ensanglanter [ãsãglãte] (1a) mit Blut beflecken

enseign|ant, ~ante [ãsɛɲã, -ãt] *m, f* Lehrkraft *f*, Lehrer(in) *m(f)*

enseigne [ãsɛɲ] *f* Schild *n*; **être logés à la même ~** im gleichen Boot sitzen

enseign|ement [ãsɛɲmã] *m* Unterricht *m*; Unterrichts-, Schulwesen *n*; Schuldienst *m*; Lehre *f*; **~ primaire** Grundschulwesen *n*; **~ secondaire** höheres Schulwesen *n*; **~ supérieur** Hochschulwesen *n*; **~er** (1a) lehren; unterrichten; **~ qc à qn** j-m etw beibringen

ensemble [ãsãblə] **1.** *adv* zusammen, miteinander; gleichzeitig; **aller ~** zueinander passen; **2.** *m* Ganze(s) *n*, Gesamtheit *f*; Gruppe *f*; *math* Menge *f*; **dans l'~** insgesamt, im Allgemeinen

enserrer [ãsɛre] (1b) umschließen

ensevelir [ãsəvlir] (2a) begraben

ensoleillé, ~e [ãsɔlɛje] sonnig

ensommeillé, ~e [ãsɔmɛje] verschlafen

ensorceler [ãsɔrsəle] (1c) behexen; *fig* bezaubern, betören

ensuite [ãsɥit] darauf, dann; *fig* außerdem

ensuivre [ãsɥivrə] (4h) **s'~** sich ergeben (**de** aus)

entamer [ãtame] (1a) anschneiden; anbrechen; anzapfen; *allg* anfangen; in Angriff nehmen; *fig* beeinträchtigen

entasser [ãtɑse] (1a) auf-, anhäufen

entendre [ãtãdrə] (4a) hören; verstehen; *st/s* beabsichtigen; **s'~** sich verstehen; **s'~ à qc** sich auf etw verstehen

entendu, ~e [ãtãdy] abgemacht; **bien ~** natürlich, selbstverständlich

entente [ãtãt] *f* Verständigung *f*; Einvernehmen *n*; Übereinkunft *f*, Abkommen *n*; *pol* Bündnis *n*

enterr|ement [ãtɛrmã] *m* Beerdigung *f*; **~er** (1b) begraben (*a fig*); beerdigen

en-tête [ãtɛt] *m* (⚠ *pl* **en-têtes**) *Zeitung etc*: Titel *m*, Kopf *m*; Briefkopf *m*

entêt|é, ~ée [ãtɛte] eigensinnig, dickschädelig; **~ement** [-mã] *m* Eigensinn *m*; **~er** (1b) **s'~** eigensinnig werden; **s'~ dans** sich versteifen auf

enthousias|mer [ãtuzjasme] (1a) begeistern; **s'~ pour** sich begeistern für; **~te** [-t] begeistert, enthusiastisch

enticher [ãtiʃe] (1a) **s'~ de** sich vernarren in

ent|ier, ~ière [ãtje, -jɛr] ganz; vollständig; *Charakter*: geradlinig; **en entier** ganz

entonner [ãtɔne] (1a) *Lied*: anstimmen

entonnoir [ãtɔnwar] *m* Trichter *m*

entorse [ãtɔrs] *f méd* Verstauchung *f*; *fig* **faire une ~ à** verstoßen gegen

entour|age [ãturaʒ] *m* Umgebung *f*; Einfassung *f*; **~er** (1a) **~ de** umgeben, umringen mit

entracte [ãtrakt] *m* Pause *f*; *fig* Atempause *f*

entraid|e [ãtrɛd] *f* gegenseitige Hilfe *f*; **~er** (1b) **s'~** einander beistehen

entrailles [ãtrɑj] *f/pl* Eingeweide *pl*

entrain [ãtrɛ̃] *m* Schwung *m*, Begeisterung *f*

entraîn|ement [ãtrɛnmã] *m* **1.** Training *n*; Übung *f*; **2.** *tech* Antrieb *m*; **3.** *fig* Hang *m*, Neigung *f*; **~er** (1b) **1.** mit sich fortreißen; *fig* nach sich ziehen; verführen, verleiten; **~ qn à faire qc** j-n dazu veranlassen, etw zu tun; **2.** trainieren; **s'~** *Sport*: trainieren; *allg* sich üben; **~eur** *m* Trainer *m*

entrav|e [ãtrav] *f* Fessel *f*; Hindernis *n*; **~er** (1a) hemmen, hindern

entre [ãtrə] **1.** *örtlich u zeitlich*: zwischen; **~ les mains de qn** in j-s Händen, in j-s Gewalt; **2.** *fig* unter; ***le meilleur d'~ nous*** der Beste von uns; ~ ***autres*** unter anderem; ~ ***nous*** unter uns

entre|bâiller [ɑ̃trəbɑje] (1a) halb öffnen; *Tür*: anlehnen; **~choquer** [-ʃɔke] (1m) aneinander stoßen; **~côte** [-kot] *f* Rippenstück *n*; **~couper** [-kupe] (1a) unterbrechen; **~croiser** [-krwaze] (1a) (***s'~*** sich) kreuzen

entre-deux-guerres [ɑ̃trədøgɛr] *m* Zeit *f* zwischen den zwei Weltkriegen

entrée [ɑ̃tre] *f* Eingang *m*; Einfahrt *f*; Eintritt *m*; Einreise *f*; Eintrittsgeld *n*; *Wohnung*: Vorraum *m*; *cuis* Vorspeise *f*; *EDV* Eingabe *f*; *Wörterbuch*: Eintrag *m*; ~ ***en vigueur*** Inkrafttreten *n*; ***d'~*** von Anfang an

entre|faite [ɑ̃trəfɛt] *f* ***sur ces ~s*** unterdessen; in diesem Augenblick; **~filet** [-filɛ] *m* Pressenotiz *f*

entre|lacer [ɑ̃trəlase] (1k) ineinander schlingen; **~larder** [-larde] (1a) spicken

entre|mets [ɑ̃trəmɛ] *m cuis* Süßspeise *f*; Nachtisch *m*; ⚠ *Singular*; **~mettre** [-mɛtrə] (4p) *st/s* ***s'~*** vermitteln; **~mise** [-miz] *f* Vermittlung *f*; Fürsprache *f*

entreposer [ɑ̃trəpoze] (1a) einlagern

entrepôt [ɑ̃trəpo] *m* Lager(haus) *n*

entrepren|ant, ~ante [ɑ̃trəprənɑ̃, -ɑ̃t] unternehmungslustig

entre|prendre [ɑ̃trəprɑ̃drə] (4q) unternehmen; **~preneur** [-prənœr] *m* Unternehmer *m*; **~prise** [-priz] *f* Unternehmen *n*, Unternehmung *f*

entrer [ɑ̃tre] (1a) **1.** (***être***) eintreten; hineingehen, -fahren, -passen; einströmen; ein Bestandteil sein (***dans*** von); ***faire ~*** hineinbringen; hereinbitten; ~ ***dans un métier*** sich e-m Beruf zuwenden; **2.** (***avoir***) hineinbringen; *EDV* eingeben

entresol [ɑ̃trəsɔl] *m* Zwischenstock *m*, -geschoss *n*

entre-temps [ɑ̃trətɑ̃] inzwischen

entretenir [ɑ̃trətnir] (2h) unterhalten; erhalten; aufrechterhalten; ***s'~ de qc*** sich über etw unterhalten

entretien [ɑ̃trətjɛ̃] *m* Unterhalt *m*; Unterhaltung *f*; Instandhaltung *f*; Unterredung *f*, Gespräch *n*; Vorstellungsgespräch *n*

entre|voir [ɑ̃trəvwar] (3b) undeutlich *od* flüchtig sehen; *fig* ahnen; **~vue** [-vy] *f* Zusammenkunft *f*; Unterredung *f*

énumér|ation [enymerasjɔ̃] *f* Aufzählung *f*; **~er** (1f) aufzählen

envah|ir [ɑ̃vair] (2a) überfallen; einfallen, -dringen (***qc*** in etw); *Gefühl*: überkommen; **~issant, ~issante** [-isɑ̃, -isɑ̃t] aufdringlich; **~isseur** [-isœr] *m* Angreifer *m*; Eindringling *m*

envelopp|e [ɑ̃vlɔp] *f* (Brief-)Umschlag *m*; Hülle *f*; **~er** (1a) einwickeln, -hüllen; umfassen (*a mil*)

envenimer [ɑ̃vnime] (1a) vergiften (*a fig*)

envergure [ɑ̃vɛrgyr] *f* Spannweite *f*; *fig* Ausmaß *n*, Umfang *m*; Bedeutung *f*

enverrai [ɑ̃vɛre] *futur von* ***envoyer***

envers [ɑ̃vɛr] **1.** *prép* gegen; **2.** *m* Rück-, Kehrseite *f*; ***à l'~*** umgekehrt, verkehrt herum

enviable [ɑ̃vjablə] beneidenswert

envie [ɑ̃vi] *f* Neid *m*; Lust *f* (***de*** auf); Bedürfnis *n*

envi|er [ɑ̃vje] (1a) beneiden (***qc à qn*** j-n um etw); **~eux, ~euse** [-ø, -øz] neidisch, missgünstig

environ [ɑ̃virɔ̃] *adv* ungefähr, etwa, zirka; **~s** *m/pl* Umgebung *f*; Nähe *f*; ***aux ~ de*** in der Nähe von

environn|ement [ɑ̃virɔnmɑ̃] *m* Umwelt *f*; **~er** (1a) umgeben

envisager [ɑ̃vizaʒe] (1l) ins Auge fassen; erwägen; ~ ***de faire qc*** beabsichtigen, etw zu tun

envoi [ɑ̃vwa] *m* Sendung *f*

envoler [ɑ̃vɔle] (1a) ***s'~*** davonfliegen; *Flugzeug*: starten (***pour*** nach); *fig* entschwinden

envoûter [ɑ̃vute] (1a) behexen; verzaubern (*a fig*)

envoy|é [ɑ̃vwaje] *m* (Ab-)Gesandte(r) *m*; ~ ***spécial*** Sonderberichterstatter *m*; **~er** (1p) schicken; ~ ***chercher*** holen lassen

épagneul [epaɲœl] *m zo* Spaniel *m*

épais, épaisse [epɛ, epɛs] dick; dicht

épaisseur [epɛsœr] *f* Dicke *f*; Dichte *f*

épanou|ir [epanwir] (2a) ***s'~*** sich entfalten (*a fig*); **~issement** [-ismɑ̃] *m* Aufblühen *n*; *fig* Entfaltung *f*

épargne [eparɲ] *f* Sparen *n*; Ersparnis *f*; **~-logement** *f* Bausparen *n*

épargner [eparɲe] (1a) (er)sparen; schonen(d behandeln)

éparpiller [eparpije] (1a) zerstreuen

épars, éparse [epar, epars] zerstreut
épat|ant, ~ante [epatɑ̃, -ɑ̃t] F toll, prima; **~er** (1a) verblüffen; imponieren (**qn** j-m)
épaul|e [epol] *f* Schulter *f*
épave [epav] *f* Wrack *n* (*a fig*); Strandgut *n*
épée [epe] *f* Schwert *n*
épeler [eple] (1c) buchstabieren
éperdu, ~e [epɛrdy] außer sich; leidenschaftlich; verzweifelt
éperon [eprɔ̃] *m* Sporn *m*
éperonner [eprɔne] (1a) die Sporen geben (***un cheval*** e-m Pferd); *fig* anspornen
éphémère [efemɛr] kurzlebig, vergänglich
épi [epi] *m* Ähre *f*; Haarbüschel *n*; *auto* ***stationnement*** *m* ***en ~*** Schrägparken *n*
épice [epis] *f* Gewürz *n*
épicéa [episea] *m bot* Fichte *f*
épic|er [epise] (1k) würzen; **~erie** *f* Lebensmittelgeschäft *n*; **~ier, ~ière** [-je, -jɛr] *m, f* Lebensmittelhändler(in) *m(f)*
épidémie [epidemi] *f* Seuche *f*
épier [epje] (1a) belauschen, -lauern; abpassen
épilatoire [epilatwar] Enthaarungs...
épilepsie [epilɛpsi] *f* Epilepsie *f*
épiler [epile] (1a) enthaaren
épilogu|e [epilɔg] *m* Epilog *m*, Nachwort *n*; **~er** (1m) ~ ***sur*** sich auslassen über, kommentieren
épinard [epinar] *m meist pl* **~s** Spinat *m*
épine [epin] *f* Dorn *m*; Stachel *m*; ~ ***dorsale*** Rückgrat *n*
épingl|e [epɛ̃glə] *f* Nadel *f*; *fig* ***tiré à quatre ~s*** wie aus dem Ei gepellt; **~er** (1a) anstecken; F *fig* schnappen, erwischen
épique [epik] episch
épiscopal, ~e [episkɔpal] (⚠ *m/pl* ***-aux***) bischöflich
épisode [epizɔd] *m* Episode *f*; ⚠ ***un ~***
épistolaire [epistɔlɛr] Brief..., brieflich
épitaphe [epitaf] *f* Grabinschrift *f*
épithète [epitɛt] *f* schmückendes Beiwort *n*, Epitheton *n*; *gr* ***adjectif*** *m* ~ attributives Adjektiv *n*
épître [epitrə] *f rel* Epistel *f*; *iron* Brief *m*
éploré, ~e [eplɔre] verweint
épluch|er [eplyʃe] (1a) *Kartoffeln etc*: schälen; *Gemüse*: putzen; *fig* genau prüfen; **~ures** [-yr] *f/pl* Schalen *f/pl*; Abfälle *m/pl*

épong|e [epɔ̃ʒ] *f* Schwamm *m*; ***jeter l'~*** das Handtuch werfen; **~er** (1l) auf-, abwischen
épopée [epɔpe] *f* Epos *n*
époque [epɔk] *f* Zeit *f*; Epoche *f*; ***à l'~*** damals; ***meuble*** *m* ***d'~*** Stilmöbel *n*
époumoner [epumɔne] (1a) ***s'~*** F sich den Mund fusselig reden
épous|e [epuz] *f* Gattin *f*, Ehefrau *f*; **~er** (1a) heiraten (**qn** j-n); *fig* sich einsetzen für; sich anpassen
épousseter [epuste] (1c) abstauben
époustoufl|ant, ~ante [epustuflɑ̃, -ɑ̃t] F verblüffend, erstaunlich
épouvant|able [epuvɑ̃tablə] entsetzlich, grauenhaft, furchtbar; **~ail** [-aj] *m* (⚠ *pl* **~s**) Vogelscheuche *f*; Schreckgespenst *n*
épouvant|e [epuvɑ̃t] *f* Entsetzen *n*, Grauen *n*; ***film*** *m* ***d'~*** Horrorfilm *m*; **~er** (1a) entsetzen, erschrecken
époux [epu] *m* Gatte *m*, Ehemann *m*; ***les*** ~ *pl* die Eheleute *pl*
épreuve [eprœv] *f* Probe *f*; Prüfung *f*; Probedruck *m*, -abzug *m*; *Foto*: Abzug *m*; ***à toute ~*** unbedingt; bewährt, erprobt; ***à l'~ de*** widerstandsfähig gegen; ***mettre à l'~*** erproben
éprouv|er [epruve] (1a) erproben; *fig* empfinden, verspüren; **~ette** [-ɛt] *f* *chim* Reagenzglas *n*
épuis|é, ~ée [epɥize] erschöpft; *Auflage*: vergriffen; **~ement** [-mɑ̃] *m* Erschöpfung *f*; **~er** (1a) aus-, erschöpfen; ***s'~*** zu Ende gehen; ***s'~ à faire qc*** sich mit etw abmühen
épur|ation [epyrasjɔ̃] *f* Reinigung *f*; ***station*** *f* ***d'~*** Kläranlage *f*; **~er** (1a) reinigen
équateur [ekwatœr] *m* **1.** Äquator *m*; **2. *l'*♀** Ecuador *n*
équation [ekwasjɔ̃] *f math* Gleichung *f*
équerre [ekɛr] *f* Winkel(dreieck) *m(n)*
équestre [ekɛstrə] ***statue*** *f* ~ Reiterstatue *f*
équilibr|e [ekilibrə] *m* Gleichgewicht *n* (*a fig*); **~é, ~ée** ausgeglichen; **~er** (1a) ausbalancieren, -gleichen; *tech* auswuchten
équinoxe [ekinɔks] *m* Tagundnachtgleiche *f*
équipage [ekipaʒ] *m* Mannschaft *f*
équip|e [ekip] *f* Mannschaft *f*; *Arbeiter*: Schicht *f*; *Forscher*: Team *n*; **~ement**

[-mɑ̃] *m* Ausrüstung *f*, -stattung *f*; **~er** (1a) ausstatten, -rüsten, *allg* versehen (***de*** mit)
équitable [ekitablə] gerecht
équitation [ekitasjɔ̃] *f* Reiten *n*
équité [ekite] *f* Gerechtigkeit *f*
équival|ence [ekivalɑ̃s] *f* Gleichwertigkeit *f*; **~ent, ~ente** [-ɑ̃, -ɑ̃t] **1.** *adj* gleichwertig (**à** mit); **2.** *m* Äquivalent *n*, Entsprechung *f*; **~oir** (3h) **~ à** entsprechen, gleichwertig sein mit
équivoque [ekivɔk] **1.** *adj* zweideutig; **2.** *f* Zweideutigkeit *f*
érable [erablə] *m bot* Ahorn *m*
érafler [erafle] (1a) ritzen, schrammen
ère [ɛr] *f* Ära *f*, Epoche *f*
érection [erɛksjɔ̃] *f* Errichtung *f*; *Penis*: Erektion *f*
éreinter [erɛ̃te] (1a) ermüden, erschöpfen; **s'~** sich abmühen, sich abrackern
érémiste [eremist] *m*, *f* Sozialhilfeempfänger(in) *m*(*f*)
ergonom|ie [ɛrgɔnɔmie] *f* Ergonomie *f*; **~ique** ergonomisch
ergoter [ɛrgɔte] (1a) nörgeln, mäkeln
ergothérap|eute [ɛrgɔterapøt] *m* Beschäftigungstherapeut *m*, Ergotherapeut *m*; **~ie** *f* Beschäftigungstherapie *f*, Ergotherapie *f*
ériger [eriʒe] (1l) auf-, errichten; ***s'~ en*** sich aufspielen als
ermitage [ɛrmitaʒ] *m* Einsiedelei *f*
ermite [ɛrmit] *m* Einsiedler *m*
érogène [erɔʒɛn] erogen
érosion [erɔzjɔ̃] *f géol* Erosion *f*; *fig* Zerfall *m*
érot|ique [erɔtik] erotisch, Liebes...; **~isme** *m* Erotik *f*
err|ant, ~ante [ɛrɑ̃, -ɑ̃t] wandernd; unstet; **~ata** [-ata] *m* Druckfehlerverzeichnis *n*; **~er** (1b) umherirren, -schweifen; **~eur** *f* Irrtum *m*; ***par ~*** irrtümlich; ⚠ ***une ~***; **~oné, ~onée** [-ɔne] fehlerhaft; irrtümlich
éructer [erykte] (1a) aufstoßen
érud|it, ~ite [erydi, -it] gelehrt; **~ition** *f* Gelehrsamkeit *f*
éruption [erypsjɔ̃] *f* Ausbruch *m*; *méd* Ausschlag *m*
es [ɛ] *cf* ***être***
ès [ɛs] *prép* ***docteur** m **~ lettres*** Dr.phil
E.S.B. [øɛsbe] *f* (*abr* ***encéphalopathie** f **spongiforme bovine***) BSE *f*
escabeau [ɛskabo] *m* (⚠ *pl* **~x**) Schemel *m*; Hocker *m*; Tritthocker *m*
escalad|e [ɛskalad] *f* Ersteigen *n*, -ung *f*; Klettern *n*; *mil u fig* Eskalation *f*; Verschärfung *f*; **~er** (1a) ersteigen
escalator [ɛskalatɔr] *m* Rolltreppe *f*
escale [ɛskal] *f* Anlegeplatz *m*; Zwischenstation *f*; ***faire ~ à*** anlaufen; *aviat* zwischenlanden in
escalier [ɛskalje] *m* Treppe *f*; ***dans l'~*** auf der Treppe; ***~ roulant*** Rolltreppe *f*
escalope [ɛskalɔp] *f* Schnitzel *n*
escamot|able [ɛskamɔtablə] versenkbar; **~er** (1a) verschwinden lassen; wegzaubern; *fig* umgehen; **~eur** *m* Taschenspieler *m*
escapade [ɛskapad] *f* Eskapade *f*; *fig* Seitensprung *m*
escargot [ɛskargo] *m* Schnecke *f*
escarmouche [ɛskarmuʃ] *f mil* Scharmützel *n*; *fig* Geplänkel *n*
escarp|é, ~ée [ɛskarpe] schroff, steil; **~ement** [-əmɑ̃] *m* Steilhang *m*
escarpin [ɛskarpɛ̃] *m* Pumps *m*
Escaut [ɛsko] *m* ***l'~*** die Schelde
esclandre [ɛsklɑ̃drə] *m* Szene *f*; Skandal *m*
esclavage [ɛsklavaʒ] *m* Sklaverei *f*; Knechtschaft *f*
esclave [ɛsklav] *m*, *f* Sklave *m*, Sklavin *f*
escompt|e [ɛskɔ̃t] *m écon* Diskont *m*; *comm* Skonto *m od n*; **~er** (1a) diskontieren; *fig* ***~ qc*** etw erwarten, erhoffen
escort|e [ɛskɔrt] *f* Geleit *n*; **~er** (1a) geleiten, eskortieren
escrim|e [ɛskrim] *f* Fechten *n*; **~er** (1a) **s'~** sich abplagen
escroc [ɛskro] *m* Schwindler *m*, Betrüger *m*, Gauner *m*
escroqu|er [ɛskrɔke] (1m) ***~ qc*** etw erschwindeln, ergaunern; ***~ qc à qn*** j-n um etw betrügen, prellen; ***~ qn*** j-n betrügen; **~erie** *f* Betrug *m*, Schwindel *m*, Gaunerei *f*
ésotérisme [ezɔterismə] *m* Esoterik *f*
espac|e [ɛspas] *m* Raum *m*; Weltraum *m*; Zwischenraum *m*; ***~s verts*** Grünflächen *f*/*pl*; **~ement** *m* Verteilung *f*, Aufteilung *f*; zeitlicher Abstand *m*; ***~ proportionnel*** Proportionalschrift *f*; **~er** (1k) Abstand lassen zwischen; **s'~** immer weiter auseinander liegen
espadrille [ɛspadrij] *f* Segeltuchsandale *f*

E

E

Espagne [ɛspaɲ] *f* ***l'~*** Spanien *n*
espagnol, ~e [ɛspaɲɔl] **1.** *adj* spanisch; **2.** ♀ *m, f* Spanier(in) *m(f)*
espèce [ɛspɛs] *f* Art *f*; Gattung *f*; Sorte *f*; ***une ~ de*** ... etwas wie ...; ***~ d'abruti!*** *péj* blöder Kerl!; ***en l'~*** im vorliegenden Fall; ***en ~s*** *comm* (in) bar
espérance [ɛsperɑ̃s] *f* Hoffnung *f*
espérer [ɛspere] (1f) hoffen; ***~ qc*** etw erhoffen; *st/s* ***~ en qn*** auf j-n vertrauen; ***~ que*** (+ *futur*) hoffen, dass ...; ***~ faire qc*** hoffen, etw zu tun
espiègle [ɛspjɛglə] schelmisch
espi|on, ~onne [ɛspjɔ̃, -ɔn] *m, f* Spion(in) *m(f)*
espionn|age [ɛspjɔnaʒ] *m* Spionage *f*; ⚠ ***un ~***; **~er** (1a) aus-, nachspionieren
espoir [ɛspwar] *m* Hoffnung *f*
esprit [ɛspri] *m* Geist *m*; Verstand *m*; Witz *m*; ***faire de l'~*** witzig tun; ***perdre l'~*** den Verstand verlieren; ***reprendre ses ~s*** wieder zu sich kommen
Esquim|au, ~aude [ɛskimo, -od] (⚠ *m/pl* ***~x***) **1.** *m, f* Eskimo *m*, Eskimofrau *f*; **2.** ***esquimau*** *m* Eis *n* am Stiel mit Schokoladenüberzug
esquinter [ɛskɛ̃te] (1a) F kaputtmachen, ramponieren
esquiss|e [ɛskis] *f* Skizze *f*, Entwurf *m*; **~er** (1a) entwerfen, skizzieren
esquiver [ɛskive] (1a) (geschickt) ausweichen (***qc*** e-r Sache; *a fig*); ***s'~*** sich heimlich davonmachen
essai [esɛ] *m* Versuch *m*; Probe *f*; Erprobung *f*; *Literatur*: Essay *m*; ***~ nucléaire*** Atomversuch *m*; ***à l'~, à titre d'~*** versuchsweise
essaim [esɛ̃] *m* (Bienen-)Schwarm *m*
essayer [esɛje] (1i) versuchen; (an)probieren; ***~ de faire qc*** versuchen, etw zu tun; ***s'~ à (faire) qc*** sich in etw versuchen
essence [esɑ̃s] *f* Benzin *n*; *chim* Essenz *f*; *phil* Wesen *n*; Sosein *n*; *bot* Baumart *f*; ***~ sans plomb*** bleifreies Benzin *n*; ***~ ordinaire*** Normalbenzin *n*; ***~ verte*** Biokraftstoff *m*
essentiel, ~le [esɑ̃sjɛl] **1.** *adj* wesentlich; **2.** *m* Wesentliche(s) *n*, Hauptsache *f*
essieu [esjø] *m* (⚠ *pl* ***~x***) (Wagen-)Achse *f*
essor [esɔr] *m bes écon* Aufschwung *m*; ***prendre un ~*** e-n Aufschwung nehmen, aufblühen
essor|er [esɔre] (1a) *Wäsche*: schleudern; **~euse** *f* (Wäsche-)Schleuder *f*; Salatschleuder *f*
essoufflé, ~e [esufle] außer Atem
essuie|-glace [esɥiglas] *m* (⚠ *pl unv od* ***essuie-glaces***) *auto* Scheibenwischer *m*; **~-mains** [-mɛ̃] *m* (⚠ *pl unv*) Handtuch *n*; **~-tout** [-tu] *m* (⚠ *pl unv*) Küchentuch *n*
essuyer [esɥije] (1h) abwischen, abtrocknen; *fig* hinnehmen müssen
est¹ [ɛ] *cf* ***être***
est² [ɛst] **1.** *m* Ost(en) *m*; ***à l'~ de*** östlich von; **2.** *adj* östlich, Ost...
estampe [ɛstɑ̃p] *f* (Kupfer-)Stich *m*; Holzschnitt *m*; Grafik *f*
esthéticienne [ɛstetisjɛn] *f* Kosmetikerin *f*
esthétique [ɛstetik] **1.** *adj* ästhetisch; **2.** *f* Ästhetik *f*
estima|ble [ɛstimablə] schätzenswert, achtbar; **~tif, ~tive** [-tif, -tiv] auf Schätzung beruhend; ***devis*** *m* ***~*** Kostenvoranschlag *m*; **~tion** *f* Schätzung *f*, Bewertung *f*, Veranschlagung *f*; Hochrechnung *f*
estime [ɛstim] *f* (Hoch-)Achtung *f*, Ansehen *n*, Wertschätzung *f*
estimer [ɛstime] (1a) (ab)schätzen, veranschlagen; (hoch) achten; ***~ que*** ... der Ansicht sein, dass ...; ***~ qc convenable*** etw für angemessen halten; ***s'~ heureux de*** (+ *inf*) sich glücklich schätzen zu (+ *inf*)
estiv|al, ~ale [ɛstival] (⚠ *m/pl* ***-aux***) sommerlich, Sommer...; **~ant, ~ante** [-ɑ̃, -ɑ̃t] *m, f* Sommergast *m*
estomac [ɛstɔma] *m* Magen *m*
Estonie [ɛstɔni] *f* ***l'~*** Estland *n*
estrade [ɛstrad] *f* Podium *n*
estragon [ɛstragɔ̃] *m* Estragon *m*
estropier [ɛstrɔpje] (1a) zum Krüppel machen; verstümmeln
estuaire [ɛstɥɛr] *m* Trichtermündung *f*
estudiant|in, ~ine [ɛstydjɑ̃tɛ̃, -in] studentisch, Studenten...
et [e] und; *st/s* ***~*** ... ***~*** ... sowohl ... als auch ...
étable [etablə] *f* (Vieh-)Stall *m*
établi [etabli] *m* Hobelbank *f*; Werktisch *m*
établ|ir [etablir] (2a) einrichten, errich-

ten, anlegen, (be)gründen, schaffen; feststellen; auf-, ausstellen, abfassen; ~ ***le contact*** einschalten; ***s'~*** sich niederlassen; **~issement** [-ismɑ̃] *m* Einrichtung *f*, Gründung *f*; Niederlassung *f*; (Fabrik- *etc*) Anlage *f*; Anstalt *f*, Institut *n*; Feststellung *f*; Auf-, Ausstellung *f*, Abfassung *f*; ~ ***industriel*** Industriebetrieb *m*; ~ ***thermal*** Kuranstalt *f*

étage [etaʒ] *m* Stock(werk) *m*(*n*); *fig* Stufe *f*; ⚠ ***un ~***

étagère [etaʒər] *f* Gestell *n*; Regal *n*; Bücherbrett *n*

étai [etɛ] *m* Stütze *f*

étain [etɛ̃] *m* Zinn *n*

étal|age [etalaʒ] *m* Auslage *f*, Schaufenster *n*; **~er** (1a) auslegen; ausbreiten; ver-, aufteilen; zur Schau stellen

étalon [etalɔ̃] *m* **1.** *zo* Hengst *m*; **2.** Eich-, Normalmaß *n*; Standard *m*

étamer [etame] (1a) verzinnen

étanch|e [etɑ̃ʃ] (wasser)dicht; **~er** (1a) *tech* abdichten; *litt Durst*: löschen

étang [etɑ̃] *m* Teich *m*

étape [etap] *f* Etappe *f*, (Teil-)Strecke *f*; Aufenthalt *m*; *fig* Abschnitt *m*; ⚠ *Schreibung*

état [eta] *m* **1.** Zustand *m*, Stand *m*, Lage *f*; ~ ***civil*** Standesamt *n*; Familienstand *m*; ~ ***d'alerte*** Alarmzustand *m*; ~ ***d'âme*** Gemütsverfassung *f*; ***en ~ de*** im Zustand (+ *gén*); ***être en ~ de faire qc*** im Stande sein, etw zu tun; ***hors d'~*** außer Stande; **2.** ♀ Staat *m*; ♀ ***membre*** Mitgliedsstaat *m*; ♀ ***tampon*** Pufferstaat *m*; **3.** Aufstellung *f*; **4.** *hist* Stand *m*; ***~s généraux*** Generalstände *m*/*pl*; **~-major** [-maʒɔr] *m* (⚠ *pl* ***états-majors***) *mil* Stab *m*; **♀-providence** [-prɔvidɑ̃s] *m* Wohlfahrtsstaat *m*

États-Unis [etazyni] *m*/*pl* ***les ~*** die Vereinigten Staaten *m*/*pl*

étau [eto] *m* (⚠ *pl* ***~x***) Schraubstock *m*

étayer [etɛje] (1i) (ab)stützen

etc. [ɛtsetera] (*abr* ***et cetera***) usw. (und so weiter)

été[1] [ete] *m* Sommer *m*; ***en ~*** im Sommer; ~ ***de la Saint-Martin*** Altweibersommer *m*

été[2] [ete] *p*/*p von* ***être***

éteindre [etɛ̃drə] (4b) (aus)löschen, ausmachen, abdrehen

étendard [etɑ̃dar] *m mil* Standarte *f*

étendre [etɑ̃drə] (4a) ausbreiten, ausspannen; *Wäsche*: aufhängen; *Wein etc*: strecken; *Macht*: erweitern

étendue [etɑ̃dy] *f* Ausdehnung *f*, Weite *f*, Umfang *m* (*a fig*)

étern|el, ~elle [etɛrnɛl] ewig; **~iser** (1a) ausdehnen, in die Länge ziehen; **~ité** *f* Ewigkeit *f*

éternuer [etɛrnɥe] (1n) niesen

êtes [ɛt] *cf* ***être***

éther [etɛr] *m* Äther *m*

Ethiopie [etjɔpi] *f* ***l'~*** Äthiopien *n*

éthique [etik] **1.** *adj* ethisch; **2.** *f* Ethik *f*

ethnique [ɛtnik] ethnisch, Volks...

éthologie [etɔlɔʒi] *f* Verhaltensforschung *f*

éthylisme [etilismə] *m* Alkoholismus *m*

éthylomètre [etilɔmɛtrə] *m* Alkoholtestgerät *n*

étinceler [etɛ̃sle] (1c) funkeln, glänzen

étincelle [etɛ̃sɛl] *f* Funke *m*

étioler [etjɔle] (1a) ***s'~*** verkümmern; schwächer werden

étiqueter [etikte] (1c) beschriften; *fig* einordnen

étiquette [etikɛt] *f* Aufschrift *f*; Etikett *n*, Zettel *m*; *Umgangsformen*: Etikette *f*; ⚠ ***une ~***

étirer [etire] (1a) recken, strecken; ***s'~*** sich dehnen

étoff|e [etɔf] *f* Stoff *m*; *fig* ***avoir l'~ de qc*** das Zeug zu etw haben; ⚠ ***une ~***; **~er** (1a) erweitern, ausschmücken

étoile [etwal] *f* Stern *m*; *fig* ~ ***de cinéma*** Filmstar *m*; ~ ***filante*** Sternschnuppe *f*; ***à la belle ~*** unter freiem Himmel

étonn|ant, ~ante [etɔnɑ̃, -ɑ̃t] erstaunlich; **~é, ~ée** erstaunt, verwundert (***de*** über); **~ement** [-mɑ̃] *m* Erstaunen *n*, Verwunderung *f*; **~er** (1a) in Erstaunen setzen; ***s'~ de*** sich wundern *od* staunen über; ***s'~ que*** (+ *subj*) sich wundern, dass ...

étouff|ant, ~ante [etufɑ̃, -ɑ̃t] schwül; bedrückend; **~ée** *cuis* ***à l'~*** gedämpft, gedünstet; **~er** (1a) ersticken (*a fig*); *fig* dämpfen, unterdrücken; *Skandal*: vertuschen

étourderie [eturdəri] *f* Unbesonnenheit *f*, Leichtsinn *m*; Schussligkeit *f*

étourd|i, ~ie [eturdi] gedankenlos, unbesonnen, leichtsinnig; schusslig; **~ir** (2a) betäuben; verwirren; **~issement** [-ismɑ̃] *m* Betäubung *f*; Schwindel(gefühl) *m*(*n*)

étrange [etrɑ̃ʒ] seltsam, sonderbar
étrang|er, ~ère [etrɑ̃ʒe, -ɛr] **1.** *adj* fremd; ausländisch; **2.** *m, f* Fremde(r) *m, f*; Ausländer(in) *m(f)*; **3.** *m* Ausland *n*; ***à l'étranger*** im *od* ins Ausland
étrangl|ement [etrɑ̃gləmɑ̃] *m* Erwürgen *n*, Erdrosseln *n*; **~er** (1a) erwürgen, erdrosseln; *tech* drosseln; *fig* abwürgen
E
être [ɛtrə] (1) **1.** sein; *Passiv*: werden; ***je suis mieux*** es geht mir besser; ***~ à qn*** j-m gehören *od* zukommen; ***il est de Paris*** er ist aus Paris; ***en ~*** mitmachen; ***~ après qn*** hinter j-m her sein; ***nous sommes lundi*** wir haben Montag; ***je n'y suis pas*** ich bin noch nicht so weit; ***je n'y suis pour rien*** ich habe damit nichts zu tun; *st/s* ***il est des gens qui ...*** es gibt Leute, die ...; **2.** *m* Wesen *n*; Mensch *m*; *phil* Sein *n*
étreindre [etrɛ̃drə] (4b) in die Arme schließen; umklammern; beklemmen
étrennes [etrɛn] *f/pl* Neujahrsgeschenk(e) *n(pl)*
étrier [etrije] *m* Steigbügel *m*
étriller [etrije] (1a) striegeln; F *fig* runtermachen; neppen
étriqué, ~e [etrike] eng; *fig* kümmerlich
étroit, étroite [etrwa, etrwat] schmal; eng; engherzig, -stirnig
étroitesse [etrwatɛs] *f* Enge *f*; Beschränktheit *f*
étude [etyd] *f* Studium *n*; Studie *f*, Untersuchung *f*; *mus* Übung *f*; *Schüler*: Arbeitsraum *m*; Selbstbeschäftigung *f*; **~s** *pl* Studienzeit *f*; Ausbildung *f*; ***faire ses ~s*** studieren
étudi|ant *m*, **~ante** *f* [etydjɑ̃, -ɑ̃t] Student(in) *m(f)*; **~é, ~ée** durchdacht; *Stil*: gesucht; **~er** (1a) studieren; einüben; lernen; untersuchen
étui [etɥi] *m* Futteral *n*, Etui *n*
étuv|e [etyv] *f* Schwitzbad *n*; **~ée** [-e] *cuis* ***à l'~*** gedünstet
étymologie [etimɔlɔʒi] *f ling* Etymologie *f*
eu, eue [y] *p/p von* ***avoir***
euphémique [øfemik] beschönigend, euphemistisch
euphorie [øfɔri] *f* Euphorie *f*, Hochstimmung *f*
euro [øro] *m Währung*: Euro *m*; **~banque** [-bɑ̃k] *f* Eurobank *f*; **~chèque** [-ʃɛk] *m* Eurocheque *m*; **~crate** [-krat] *m* Eurokrat *m*; **~dollar** [-dɔlar] *m* Eurodollar *m*; **~missile** [-misil] *m* Mittelstreckenrakete *f*
Europe [ørɔp] *f* ***l'~*** Europa *n*
europé|en, ~enne [ørɔpeɛ̃, -ɛn] **1.** *adj* europäisch; **2.** ♀ *m, f* Europäer(in) *m(f)*
eus [y] *p/s von* ***avoir***
euthanasie [øtanazi] *f* Euthanasie *f*; Sterbehilfe *f*
eux [ø] *m/pl* sie (*allein stehend od mit prép*)
évacuer [evakɥe] (1n) ausscheiden; entleeren; *mil* räumen, evakuieren
évad|é [evade] *m* entwichener Häftling *m*, Ausbrecher *m*; **~er** (1a) ***s'~*** ausbrechen; flüchten
évaluer [evalɥe] (1n) abschätzen, veranschlagen
Évangile [evɑ̃ʒil] *m* Evangelium *n*
évanou|ir [evanwir] (2a) ***s'~*** ohnmächtig werden; *fig* vergehen; **~issement** [-ismɑ̃] *m* Ohnmacht *f*; *fig* Verschwinden *n*
évapor|ation [evapɔrasjɔ̃] *f* Verdunstung *f*, Verdampfung *f*; **~er** (1a) ***s'~*** verdunsten, verdampfen
évas|er [evaze] (1a) ausweiten; **~if, ~ive** [-if, -iv] ausweichend; **~ion** *f* Flucht *f*; Ausbrechen *n*; ***~ fiscale*** Steuerflucht *f*
Ève [ɛv] *f* Eva *f*; ***ne pas connaître ni d'~ ni d'Adam*** überhaupt nicht kennen
évêché [eveʃe] *m* Bistum *n*
éveil [evɛj] *m* Erwachen *n*; ***en ~*** wachsam
éveiller [evɛje] (1b) (er)wecken; ***s'~*** erwachen
événement [evɛnmɑ̃] *m* Ereignis *n*
éventail [evɑ̃taj] *m* (⚠ *pl* **~s**) Fächer *m*; *fig* Umfang *m*; Spektrum *n*; ***en ~*** fächerförmig
évent|é, ~ée [evɑ̃te] windig; *Getränk*: schal; *Geheimnis*: aufgedeckt; **~er** (1a) fächeln; *fig* aufdecken, lüften; ***s'~*** schal werden; seinen Duft verlieren
éventrer [evɑ̃tre] (1a) den Bauch aufschlitzen (***qn*** j-m); *Gegenstände*: aufreißen, -schlitzen
éventualité [evɑ̃tɥalite] *f* Eventualität *f*, Möglichkeit *f*
éventuel, ~le [evɑ̃tɥɛl] eventuell, möglich
évêque [evɛk] *m* Bischof *m*
évertuer [evɛrtɥe] (1n) ***s'~*** sich bemühen (***à faire qc*** mit etw)

évidence [evidɑ̃s] *f* Augenscheinlichkeit *f*, Evidenz *f*; ***en ~*** deutlich sichtbar; ***mettre en ~*** hervorheben
évid|ent, ~ente [evidɑ̃, -ɑ̃t] augenscheinlich, offenbar; ⚠ *adv* ***évidemment*** [-amɑ̃]
évider [evide] (1a) aushöhlen
évier [evje] *m* Ausguss *m*, Spülbecken *n*
évincer [evɛ̃se] (1k) ausschalten, verdrängen
éviter [evite] (1a) (ver)meiden; umgehen; ***~ de faire qc*** es vermeiden *od* sich hüten, etw zu tun; ***~ que*** ... (***ne***) (+ *subj*) vermeiden, dass ...
évocation [evɔkasjɔ̃] *f* Heraufbeschwören *n*
évoluer [evɔlɥe] (1n) sich entwickeln; sich verändern; Bewegungen ausführen
évolution [evɔlysjɔ̃] *f* Entwicklung *f*
évoquer [evɔke] (1m) *Geister*: beschwören; *fig* in Erinnerung rufen, wachrufen, sich vergegenwärtigen; ***~ un problème*** e-e Frage aufwerfen
ex. (*abr* ***exemple***) z.B. (zum Beispiel)
ex-... [ɛks] *in Zssgn* Ex...; ehemalig
exact, exacte [ɛgza(kt), ɛgzakt] genau, exakt; pünktlich
exactitude [ɛgzaktityd] *f* Genauigkeit *f*, Sorgfalt *f*; Pünktlichkeit *f*
exagér|ation [ɛgzaʒerasjɔ̃] *f* Übertreibung *f*; **~er** (1f) übertreiben
exalt|é, ~ée [ɛgzalte] überspannt; **~er** (1a) begeistern; preisen; steigern
examen [ɛgzamɛ̃] *m* Prüfung *f*; Untersuchung *f*; ***passer un ~*** e-e Prüfung machen; ***être reçu*** *od* ***réussir à un ~*** e-e Prüfung bestehen; ***~ d'entrée*** Aufnahmeprüfung *f*; ⚠ *Aussprache*
examiner [ɛgzamine] (1a) prüfen; untersuchen
exaspér|ation [ɛgzasperasjɔ̃] *f* Erbitterung *f*; **~er** (1f) erbittern, in Wut bringen; *méd* verschlimmern
exaucer [ɛgzose] (1k) erhören; erfüllen
excavateur [ɛkskavatœr] *m* Bagger *m*
excéd|ent [ɛksedɑ̃] *m* Überschuss *m*, -maß *n*; ***en ~*** überschüssig; **~er** (1f) *ein Maß*: überschreiten, -steigen
excellence [ɛksɛlɑ̃s] *f* Vortrefflichkeit *f*; ♀ Exzellenz *f* (*Titel*); ***par ~*** ganz besonders, schlechthin
excell|ent, ~ente [ɛksɛlɑ̃, -ɑ̃t] ausgezeichnet, vortrefflich; **~er** (1b) sich auszeichnen (***dans***, ***en*** in)
excentrique [ɛksɑ̃trik] exzentrisch (*a fig*); abgelegen; *fig* überspannt
excepté, ~e [ɛksɛpte] **1.** *adj* ausgenommen (⚠ *Nachstellung*); **2.** *prép* (*unv*) außer; ***excepté que*** ... abgesehen davon, dass ...
excepter [ɛksɛpte] (1a) ausnehmen
exception [ɛksɛpsjɔ̃] *f* Ausnahme *f*; ***à l'~ de*** mit Ausnahme von
exceptionnel, ~le [ɛksɛpsjɔnɛl] außergewöhnlich
excès [ɛksɛ] *m* Übermaß *n*; ***à l'~*** unmäßig; ***~ de vitesse*** Geschwindigkeitsüberschreitung *f*
excess|if, ~ive [ɛksesif, -iv] übermäßig, übertrieben
excit|ation [ɛksitasjɔ̃] *f* Auf-, An-, Erregung *f*; **~é, ~ée** aufgeregt, erregt; **~er** (1a) erregen; anregen; reizen
exclam|ation [ɛksklamasjɔ̃] *f* Ausruf *m*; **~er** (1a) ***s'~*** (aus)rufen
exclure [ɛksklyr] (4l) ausschließen
exclus|if, ~ive [ɛksklyzif, -iv] ausschließlich; exklusiv; **~ion** *f* Ausschluss *m*; ***à l'~ de*** mit Ausnahme von; **~ivité** [-ivite] *f* Alleinvertrieb *m*, -aufführungsrecht *n*
excommunier [ɛkskɔmynje] (1a) exkommunizieren
excrément [ɛkskremɑ̃] *m* Exkrement *n*; Kot *m*
excursion [ɛkskyrsjɔ̃] *f* Ausflug *m*
excus|e [ɛkskyz] *f* Entschuldigung *f*; Ausrede *f*; **~er** (1a) entschuldigen
exécr|able [ɛgzekrablə] abscheulich; **~ation** *f* Abscheu *m*; **~er** (1f) verabscheuen
exécut|er [ɛgzekyte] (1a) ausführen; *mus* vortragen; *jur* vollstrecken; hinrichten; **~if, ~ive** [-if, -iv] vollziehend, Exekutiv...
exécution [ɛgzekysjɔ̃] *f* Ausführung *f*; *jur* Vollstreckung *f*; Hinrichtung *f*; *mus* Aufführung *f*, Vortrag *m*
exemplaire [ɛgzɑ̃plɛr] **1.** *adj* mustergültig, exemplarisch; **2.** *m* Exemplar *n*
exemple [ɛgzɑ̃plə] *m* Beispiel *n*; ***par ~*** zum Beispiel; ⚠ *Schreibung*
exempt, exempte [ɛgzɑ̃, ɛgzɑ̃t] frei, befreit (***de*** von)
exempter [ɛgzɑ̃te] (1a) befreien, freistellen (***de*** von)
exemption [ɛgzɑ̃psjɔ̃] *f* Befreiung *f*; ***~ d'impôt(s)*** Steuerfreiheit *f*

E

E

exercer [ɛgzɛrse] (1k) ausüben, betreiben; *Arzt*: praktizieren; *Gedächtnis etc*: ausbilden, schulen; **s'~** üben
exercice [ɛgzɛrsis] *m* Übung *f*; Ausübung *f*; *mil* Exerzieren *n*; *comm* Geschäfts-, Rechnungsjahr *n*; ⚠ *Schreibung*
exhaler [ɛgzale] (1a) ausströmen, ausdünsten
exhaust|if, ~ive [ɛgzostif, -iv] *Studie etc*: erschöpfend
exhiber [ɛgzibe] (1a) vorzeigen; zur Schau stellen
exhorter [ɛgzɔrte] (1a) ermahnen
exhumer [ɛgzyme] (1a) exhumieren; ausgraben
exig|eant, ~eante [ɛgziʒɑ̃, -ɑ̃t] anspruchsvoll; **~ence** [-ɑ̃s] *f* anspruchsvolles Wesen *n*; Anspruch *m*; Forderung *f*; **~er** (1l) (er)fordern, verlangen
exigu, exigüe [ɛgzigy] sehr klein; eng
exigüité [ɛgzigɥite] *f* Kleinheit *f*; Enge *f*
exil [ɛgzil] *m* Exil *n*, Verbannung *f*; **~er** (1a) verbannen; **s'~** ins Exil gehen
exist|ence [ɛgzistɑ̃s] *f* Vorhandensein *n*; Existenz *f*; Dasein *n*; **~er** (1a) bestehen, existieren; ***il existe*** es gibt
exode [ɛgzɔd] *m* Auszug *m*; Abwanderung *f*; **~ *rural*** Landflucht *f*; **~ *urbain*** Stadtflucht *f*
exonérer [ɛgzɔnere] (1f) (von Steuern *od* Gebühren) befreien
exorbit|ant, ~ante [ɛgzɔrbitɑ̃, -ɑ̃t] übermäßig, maßlos; *Preis*: horrend
exotique [ɛgzɔtik] exotisch, fremd(artig)
exp. (*abr* ***expéditeur***) Abs. (Absender)
expans|if, ~ive [ɛkspɑ̃sif, -iv] *phys* Ausdehnungs...; *Person*: mitteilsam; **~ion** *f* Ausdehnung *f*, Ausweitung *f*, Expansion *f*
expatrier [ɛkspatrije] (1a) *Geld*: im Ausland anlegen; **s'~** emigrieren
expectative [ɛkspɛktativ] *f* ***être dans l'~*** abwarten
expectorer [ɛkspɛktɔre] (1a) ausspucken
expédient [ɛkspedjɑ̃] *m* Notbehelf *m*; Ausweg *m*
expédier [ɛkspedje] (1a) absenden, verschicken; (zügig) erledigen
expédi|teur, ~trice [ɛkspeditœr, -tris] *m, f* Absender(in) *m(f)*; **~tif, ~tive** [-tif, -tiv] flink, zügig; **~tion** *f* Absendung *f*, Versand *m*; Expedition *f* (*a mil*)
expérience [ɛksperjɑ̃s] *f* Erfahrung *f*; Experiment *n*
expériment|é, ~ée [ɛksperimɑ̃te] erfahren; **~er** (1a) ausprobieren, erproben
exp|ert, ~erte [ɛkspɛr, -ɛrt] **1.** *adj* sachkundig (***en la matière*** auf dem Gebiet); **2.** *m, f* Sachverständige(r) *m, f*, Fachmann *m*
expertise [ɛkspɛrtiz] *f* Gutachten *n*, Expertise *f*
expi|ation [ɛkspjasjɔ̃] *f* Sühne *f*; Buße *f*; **~er** (1a) (ab)büßen; sühnen
expir|ation [ɛkspirasjɔ̃] *f* Ausatmung *f*; *fig* Ablauf *m*; **~er** (1a) ausatmen; verscheiden, sterben; *Frist, Vertrag etc*: erlöschen, ablaufen
explicable [ɛksplikablə] erklärbar
explication [ɛksplikasjɔ̃] *f* Erklärung *f*, Erläuterung *f*; Auseinandersetzung *f*; **~ *de texte*** Textinterpretation *f*
explicite [ɛksplisit] eindeutig; explizit; ausdrücklich
expliquer [ɛksplike] (1m) erklären, erläutern; **s'~** sich äußern; sich aussprechen
exploit [ɛksplwa] *m* (Helden-)Tat *f*, Großtat *f*; Leistung *f*
exploit|ation [ɛksplwatasjɔ̃] *f* Nutzung *f*; Ausbeutung *f*; Betrieb *m*; **~er** (1a) ausnutzen, ausbeuten (*a fig*); *Kohle etc*: abbauen; *Geschäft*: betreiben
explor|ation [ɛksplɔrasjɔ̃] *f* Erforschung *f*; Untersuchung *f*; **~er** (1a) erforschen
explos|er [ɛksploze] (1a) explodieren; *fig* ausbrechen; **~if, ~ive** [-if, -iv] **1.** *adj* explosiv (*a fig*); **2.** *m* Sprengstoff *m*; **~ion** *f* Explosion *f*; Knall *m*
export|ateur, ~atrice [ɛkspɔrtatœr, -atris] **1.** *adj* Ausfuhr...; **2.** *m* Exporteur *m*; **~ation** *f* Export *m*, Ausfuhr *f*; **~er** (1a) exportieren, ausführen
expos|é [ɛkspoze] *m* Referat *n*; Darlegung *f*; **~er** (1a) ausstellen; darlegen, auseinander setzen; *der Luft etc*: aussetzen; *Foto*: belichten; **~ition** *f* Ausstellung *f*; Darlegung *f*; Aussetzung *f*; *Foto*: Belichtung *f*
exprès[1] [ɛksprɛ] *adv* absichtlich; extra
exprès[2]**, expresse** [ɛksprɛs] **1.** *adj* ausdrücklich; ***défense f expresse*** ausdrückliches Verbot; **2.** *adj* (⚠ *unv*) ***lettre f exprès*** [ɛksprɛs] Eilbrief *m*

express [ɛksprɛs] **1.** *adj* (⚠ *unv*) Schnell...; ***voie*** *f* ~ Schnellstraße *f*; **2.** *m* Schnellzug *m*; Espresso *m*
expressément [ɛksprɛsemɑ̃] *adv* ausdrücklich
express|if, ~ive [ɛksprɛsif, -iv] ausdrucksvoll; **~ion** *f* Ausdruck *m*
exprimer [ɛksprime] (1a) ausdrücken
exproprier [ɛksprɔprije] (1a) enteignen
expulser [ɛkspylse] (1a) aus-, vertreiben
exqu|is, ~ise [ɛkski, -iz] auserlesen; köstlich
extase [ɛkstaz] *f* Verzückung *f*, Ekstase *f*; ⚠ *Schreibung*
extens|eur [ɛkstɑ̃sœr] *Sport*: Expander *m*; **~ible** dehnbar; **~if, ~ive** [-if, -iv] *agr* extensiv; **~ion** *f* Ausdehnung *f* (*a fig*); ~ ***de mémoire*** Speichererweiterung *f*
exténuer [ɛkstenɥe] (1n) entkräften
extérieur, ~e [ɛksterjœr] **1.** *adj* äußere, äußerlich, Außen...; auswärtig; **2.** *m* Äußere(s) *n*; Außenseite *f*; ***à l'extérieur*** außen; ***à l'extérieur de*** außerhalb von; **~ement** [-mɑ̃] *adv* äußerlich
extérioriser [ɛksterjɔrize] (1a) äußern; ***s'~*** sich äußern; aus sich herausgehen
exterminer [ɛkstɛrmine] (1a) ausrotten, vernichten, vertilgen
externe [ɛkstɛrn] äußerlich; außerhalb wohnend
extincteur [ɛkstɛ̃ktœr] *m* Feuerlöscher *m*
extinction [ɛkstɛ̃ksjɔ̃] *f* Löschen *n*; *fig* Erlöschen *n*
extirper [ɛkstirpe] (1a) (her)ausreißen; *fig* ausrotten
extorquer [ɛkstɔrke] (1m) erpressen, erzwingen
extorsion [ɛkstɔrsjɔ̃] *f* Erpressung *f*, Erzwingung *f*
extra [ɛkstra] (⚠ *unv*) **1.** *adj* vorzüglich, ausgezeichnet; **2.** *m* Aushilfskellner *m*; ***un*** ~ etwas Besonderes
extraconjugal, ~e [ɛkstrakɔ̃ʒygal] (⚠ *m/pl* ***-aux***) außerehelich
extraction [ɛkstraksjɔ̃] *f* *Bodenschätze*: Förderung *f*, Gewinnung *f*; *Zahn, Wurzel* (*math*): Ziehen *n*
extradition [ɛkstradisjɔ̃] *f* *jur* Auslieferung *f*
extraire [ɛkstrɛr] (4s) *Zahn, Wurzel* (*math*): ziehen; *Bodenschätze*: fördern; *Buch*: exzerpieren
extrait [ɛkstrɛ] *m* Auszug *m*; Extrakt *m*
extraordinaire [ɛkstraɔrdinɛr] außerordentlich, außergewöhnlich; merkwürdig
extrascolaire [ɛkstraskɔlɛr] außerschulisch
extraterrestre [ɛkstraterɛstrə] *m, f* Außerirdische(r) *m(f)*
extravag|ance [ɛkstravagɑ̃s] *f* Überspanntheit *f*, Übertriebenheit *f*, Extravaganz *f*; **~ant, ~ante** [-ɑ̃, -ɑ̃t] überspannt, übertrieben, extravagant
extrême [ɛkstrɛm] **1.** *adj* äußerste; **2.** *m* Extrem *n*; ***à l'~*** bis zum Äußersten; **~-onction** [-ɔ̃ksjɔ̃] *f* *égl* Letzte Ölung *f*; **≈-Orient** [-ɔrjɑ̃] *m* ***l'~*** der Ferne Osten, Ostasien *n*
extrémiste [ɛkstremist] *m, f* *pol* Radikale(r) *m, f*
extrémité [ɛkstremite] *f* äußerstes Ende *n*; äußerste Not *f*; **~s** *pl* Gliedmaßen *f/pl*
exubér|ance [ɛgzyberɑ̃s] *f* Überfülle *f*; Überschwänglichkeit *f*; **~ant, ~ante** [-ɑ̃, -ɑ̃t] üppig; überschwänglich
exultation [ɛgzyltasjɔ̃] *f* Jubel *m*, Frohlocken *n*
eye-liner [ajlajnœr] *m* (⚠ *pl* ***eye-liners***) Eyeliner *m*

F

F (*abr* ***franc[s]***) Franc(s) *bzw* Franken
fa [fa] *m mus* f *od* F *n*
fable [fablə] *f* Fabel *f*
fabric|ant, ~ante [fabrikɑ̃, -ɑ̃t] *m, f* Fabrikant(in) *m(f)*, Hersteller(in) *m(f)*; **~ation** *f* Herstellung *f*, Fertigung *f*

fabriqu|e [fabrik] *f* Fabrik *f*; **~er** (1m) herstellen; *péj* fabrizieren; F machen, treiben; ⚠ *participe présent* ***fabriquant***, *aber* ***le fabricant***

fabul|eux, ~euse [fabylø, -øz] märchenhaft

fabuliste [fabylist] *m* Fabeldichter *m*

fac [fak] *f* F (*Kurzwort für* ***faculté***) Uni *f*

façade [fasad] *f* Fassade *f* (*a fig*)

face [fas] *f* Gesicht *n*; *Münze*: Vorderseite *f*; ***de ~*** von vorn; ***en ~ de*** gegenüber von; ***~ à ~*** Auge in Auge; ***en ~*** ins Gesicht; ***faire ~ à*** die Stirn bieten; **~-à-face** *m* (⚠ *pl unv*) Interview *n*; ⚠ ***le ~***

fâch|é, ~ée [fɑʃe] verärgert; **~er** (1a) ärgern; ***se ~*** böse werden; **~eux, ~euse** [-ø, -øz] ärgerlich, misslich, unerfreulich

facho [faʃo] F **1.** *adj* faschistisch; **2.** *m, f* Faschist(in) *m(f)*

facial, ~e [fasjal] (⚠ *m/pl* ***-aux*** *od* ***-als***) Gesichts...

facile [fasil] leicht, einfach; ***~ à faire*** leicht zu tun; ⚠ ***il est ~ de faire qc***

facilit|é [fasilite] *f* Leichtigkeit *f*; **~s** *pl* Erleichterungen *f/pl*; **~er** (1a) erleichtern

façon [fasõ] *f* **1.** Art *f*, Weise *f*; ***de ~ que*** (*od* ***à ce que***) so ... dass; ***de toute ~*** auf jeden Fall; ***de cette ~*** auf diese Weise, so; ***à la ~ de*** auf die Art von; **2. ~s** *pl* Benehmen *n*; Gehabe *n*; ***sans ~*** ohne Umstände, ohne weiteres; **3.** *Kleidung*: Verarbeitung *f*, Schnitt *m*

façonner [fasɔne] (1a) gestalten, formen; bearbeiten; *fig* prägen

facteur [faktœr] *m* **1.** Briefträger *m*; **2.** *math u allg* Faktor *m*

factice [faktis] künstlich, nachgemacht

factrice [faktris] *f* Briefträgerin *f*

factur|e [faktyr] *f comm* Rechnung *f*; *Literatur*: Komposition *f*; **~er** (1a) in Rechnung stellen, berechnen

facultat|if, ~ive [fakyltatif, -iv] unverbindlich; wahlfrei; freiwillig; ***arrêt*** *m* ***facultatif*** Bedarfshaltestelle *f*

faculté [fakylte] *f* Fähigkeit *f*, Vermögen *n*; *Universität*: Fakultät *f*

fada [fada] F übergeschnappt, durchgeknallt

fadaises [fadɛz] *f/pl* Albernheiten *f/pl*

fade [fad] fad(e), geschmacklos, schal; *fig a* abgeschmackt

faibl|e [fɛblə] **1.** *adj* schwach; **2.** *m* schwache Seite *f*; Vorliebe *f*; **~esse** [-ɛs] *f* Schwäche(anfall) *f(m)*; **~ir** (2a) schwach werden

faïence [fajɑ̃s] *f* Steingut *n*; Fayence *f*; ⚠ *Schreibung*

faille[1] [faj] *f géol* Spalte *f*, Verwerfung *f*; *fig* Bruch *m*

faille[2] [faj] *subj von* ***falloir***

faillir [fajir] (2n) **1.** ***j'ai failli tomber***, *etc* ich wäre beinahe gefallen *etc*; **2.** *litt* ***~ à son devoir*** seine Pflicht versäumen

faillite [fajit] *f comm* Bankrott *m*, Konkurs *m*

faim [fɛ̃] *f* Hunger *m*; ***avoir ~*** Hunger haben; ***manger à sa ~*** sich satt essen

fainé|ant, ~ante [fɛneɑ̃, -ɑ̃t] **1.** *adj* müßig, faul; **2.** *m, f* Faulenzer(in) *m(f)*; **~anter** [-ɑ̃te] (1a) faulenzen

faire [fɛr] (4n) **1.** machen; tun; ***~ la cuisine*** kochen; ***~ jeune*** jung aussehen; ***ne ~ que ~ qc*** bloß etw tun; ***avoir à ~ à*** zu schaffen haben mit; ***~ que*** zur Folge haben, dass; ***~ dans son lit*** ins Bett machen; ***~ du tennis*** Tennis spielen; ***~ son droit*** Jura studieren; ***~ le malade*** sich krank stellen; **2.** *mit inf*: lassen, veranlassen; ***~ rire qn*** j-n zum Lachen bringen; **3.** *unpersönlich*: sein; ***il fait chaud*** es ist warm; **4. *se ~*** zu Stande kommen; gemacht werden; ***ça ne se fait pas*** so was tut man nicht; ***se ~ rare*** selten werden; ***se ~ vieux*** altern; ***se ~ à qc*** sich an etw gewöhnen; ***ne pas s'en ~*** die Dinge leicht nehmen, sich nichts daraus machen

faire-part [fɛrpar] *m* (⚠ *pl unv*) (Familien-)Anzeige *f*

fair-play [fɛrplɛ] *m* (⚠ *pl unv*) Fairness *f*

faisable [fəzablə] machbar

faisan [fəzɑ̃] *m* Fasan *m*

faisceau [fɛso] *m* (⚠ *pl* **~x**) Bündel *n*; Strahl *m*

fait[1] [fɛ] *m* Tatsache *f*, Faktum *n*; Tat *f*, Handlung *f*; Ereignis *n*; ***au ~*** [ofɛt] übrigens; ***de ~*** [dəfɛt] in der Tat; ***de ce ~*** deshalb; ***en ~*** [ɑ̃fɛt] in Wirklichkeit; ***du ~ de*** infolge; ***en ~ de*** was ... betrifft; ***tout à ~*** völlig

fait[2], **faite** [fɛ, fɛt] *p/p von* ***faire*** *u adj* gemacht; erledigt; beschaffen; *Käse*: reif; *Arbeit*: ***tout ~*** ganz fertig; *Person*: ***bien ~*** gut gewachsen; ***être ~*** F geliefert sein

faîte [fɛt] *m* First *m*; Gipfel *m*
faitout [fɛtu] *m* Kochtopf *m*
falaise [falɛz] *f* Steilküste *f*; Klippe *f*
fallac|ieux, ~ieuse [falasjø, -øz] trügerisch
falloir [falwar] (3c) ***il faut*** es ist nötig, man muss; ***il faut faire qc*** man muss etw tun; ***il me faut qc*** ich habe etw nötig, brauche etw; ***il me faut sortir***, ***il faut que je sorte*** ich muss ausgehen; ***comme il faut*** wie sich's gehört; ***il s'en faut de beaucoup*** es fehlt viel daran
fallu [faly] *p/p von* ***falloir***
falsifier [falsifje] (1a) (ver)fälschen
famé, ~e [fame] ***mal ~*** verrufen
famélique [famelik] ausgehungert
fam|eux, ~euse [famø, -øz] berühmt; gewaltig; hervorragend
familial, ~e [familjal] (⚠ *m/pl* ***-aux***) Familien...
familiar|iser [familjarize] (1a) vertraut machen; **~ité** *f* Vertraulichkeit *f*; Vertrautheit *f* (***avec*** mit)
famil|ier, ~ière [familje, -jɛr] vertraut, vertraulich, ungezwungen; ***langage*** *m* ***familier*** Umgangssprache *f*
famille [famij] *f* Familie *f*; ***~ monoparentale*** Einelternteilfamilie *f*
famine [famin] *f* Hungersnot *f*
fana [fana] F (*Kurzwort für* ***fanatique***) **1.** *adj* ***être ~ de qn, qc*** total weg von j-m, etw sein; ***elle est ~ de techno*** sie ist ein Technofreak; **2.** *m, f* Fan *m*; ***un ~ de l'ordinateur*** ein Computerfreak *m*
fanat|ique [fanatik] **1.** *adj* fanatisch; **2.** *m, f* Fanatiker(in) *m(f)*; begeisterter Anhänger *m*, begeisterte Anhängerin *f*; **~isme** *m* Fanatismus *m*
faner [fane] (1a) ***se ~*** verwelken; verblühen
fanfar|e [fɑ̃far] *f* Blaskapelle *f*; Blechmusik *f*; **~on, ~onne 1.** *adj* prahlerisch; **2.** *m* Großsprecher *m*, Aufschneider *m*; **~onnade** [-ɔnad] *f* Prahlerei *f*, Aufschneiderei *f*
fange [fɑ̃ʒ] *f* Schlamm *m*; Schmutz *m*
fantais|ie [fɑ̃tɛzi] *f* Laune *f*, Lust *f*; Gutdünken *n*; Einfallsreichtum *m*; ⚠ *nicht* Fantasie; **~iste 1.** *adj Person*: unkonventionell; *péj* unseriös; **2.** *m* eigenwilliger Mensch *m*
fantasme [fɑ̃tasmə] *m* Fantasiegebilde *n*
fantasque [fɑ̃task] *Person*: schrullig, wunderlich
fantastique [fɑ̃tastik] fantastisch
fantoche [fɑ̃tɔʃ] *m fig* Marionette *f*
fantôme [fɑ̃tom] *m* Phantom *n*, Gespenst *n*
faon [fɑ̃] *m* Kitz *n*, Hirsch-, Rehkalb *n*
faramin|eux, ~euse [faraminø, -øz] F wahnsinnig, toll
farandole [farɑ̃dɔl] *f provenzalischer Tanz*
farce [fars] *f* Posse *f*, Schwank *m*; Streich *m*; *cuis* Füllung *f*
farc|eur, ~euse [farsœr, -øz] *m, f* Spaßmacher(in) *m(f)*, Witzbold *m*
farcir [farsir] (2a) *cuis* füllen; *fig* voll stopfen; ***se ~ un bon repas*** sich ein gutes Essen einverleiben
fard [far] *m* Schminke *f* (*a fig*)
fardeau [fardo] *m* (⚠ *pl* ***~x***) Last *f*, Bürde *f*
farder [farde] (1a) schminken; *fig* beschönigen
farfelu, ~e [farfəly] sonderbar, seltsam, F spinnig
farfouiller [farfuje] (1a) F herumstöbern
fariboles [faribɔl] *f/pl* F nichtiges Geschwätz *n*
farine [farin] *f* Mehl *n*; F ***rouler qn dans la ~*** j-n übers Ohr hauen
farouche [faruʃ] scheu; wild, heftig, stark
fart [fart] *m* (Schi-)Wachs *n*
fascin|ant, ~ante [fasinɑ̃, -ɑ̃t] faszinierend, bezaubernd; **~ation** *f* Faszination *f*, Zauber *m*; **~er** (1a) faszinieren, bezaubern
fascisme [faʃismə] *m* Faschismus *m*
fasciste [faʃist] **1.** *m, f* Faschist(in) *m(f)*; **2.** *adj* faschistisch
faste[1] [fast] *m* Gepränge *n*, Prunk *m*
faste[2] [fast] *adj* ***jour*** *m* ***~*** Glückstag *m*
fast-food [fastfud] *m* (⚠ *pl* ***fast-foods***) Fast-Food-Restaurant *n*
fastidi|eux, ~euse [fastidjø, -øz] langweilig
fastu|eux, ~euse [fastɥø, -øz] prunk-, prachtvoll
fat [fa(t)] **1.** *adj/m* geckenhaft, eingebildet; **2.** *m* Geck *m*, Laffe *m*
fatal, ~e [fatal] (⚠ *m/pl* ***~s***) verhängnisvoll; tödlich; zwangsläufig
fatal|isme [fatalismə] *m* Fatalismus *m*; **~iste 1.** *adj* fatalistisch; **2.** *m, f* Fatalist(in) *m(f)*; **~ité** *f* Verhängnis *n*; Schicksal *n*

fatidique [fatidik] schicksalhaft
fatig|ant, ~ante [fatigɑ̃, -ɑ̃t] ermüdend; lästig
fatigu|e [fatig] *f* Ermüdung *f*; Strapaze *f*; **~er** (1m) ermüden; **~ *qn*** j-m lästig fallen; ***se* ~** müde werden; ⚠ ***fatiguant*** *participe présent, aber* ***fatigant*** *adj*
fatras [fatra] *m péj* Wust *m*, Durcheinander *n*
fatuité [fatɥite] *f* Überheblichkeit *f*, Dünkel *m*

F

faubourg [fobur] *m* Vorstadt *f*
faubour|ien, ~ienne [foburjɛ̃, -jɛn] vorstädtisch
fauch|é, ~ée [foʃe] F blank, abgebrannt; **~er** (1a) *agr* mähen; *fig* dahinraffen; F stehlen, F klauen; **~euse** *f* Mähmaschine *f*
faucille [fosij] *f* Sichel *f*
faucon [fokɔ̃] *m zo* Falke *m*
faudra [fodra] ***il* ~** *futur von* ***falloir***
faufiler [fofile] (1a) heften; ***se* ~** sich durchwinden; sich einschleichen
faune [fon] **1.** *f* Fauna *f*; Tierwelt *f*; **2.** *m Mythologie*: Faun *m*
faussaire [fosɛr] *m* Fälscher *m*
faussement [fosmɑ̃] *adv* fälschlich; auf falsche Weise
fausser [fose] (1a) fälschen; verdrehen; verderben
fausseté [foste] *f* Falschheit *f*; Unaufrichtigkeit *f*
faut [fo] ***il* ~** *cf* ***falloir***
faute [fot] *f* Fehler *m*; Verfehlung *f*; Schuld *f*; ***par sa* ~** durch seine Schuld; ***être en* ~** im Unrecht sein; **~ *de*** aus Mangel an, mangels; ***sans* ~** ganz gewiss
fauteuil [fotœj] *m* Sessel *m*; **~ *roulant*** Rollstuhl *m*; ***accessible aux* ~*s roulants*** rollstuhlgerecht
fauteur [fotœr] *m* Anstifter *m*
faut|if, ~ive [fotif, -iv] schuldig; fehlerhaft
fauve [fov] **1.** *adj* falb, fahlrot; ***bêtes*** *f/pl* **~*s*** wilde Tiere *n/pl*, Raubtiere *n/pl*; **2.** *m zo* Raubtier *n*; große Raubkatze *f*; *m/pl Malerei*: ***les* ~*s*** die Fauves *m/pl*
faux[1] [fo] *f* Sense *f*
faux[2]**, fausse** [fo, fos] **1.** *adj* falsch; unaufrichtig; künstlich; Schein...; ***faux col*** *m* abknöpfbarer Kragen; ***faux pas*** *m* Fehltritt *m*; ***fausse clef*** *f* Nachschlüssel *m*; ***fausse couche*** *f méd* Fehlgeburt *f*; ***fausse monnaie*** *f* Falschgeld *n*; **2.** *adv* ***chanter faux*** falsch singen; **3.** *m* Fälschung *f*
faux|-filet [fofilɛ] *m* (⚠ *pl* ***faux-filets***) *cuis* Lendenstück *n*; **~-fuyant** [-fɥijɑ̃] *m* (⚠ *pl* ***faux-fuyants***) Ausrede *f*, Ausflucht *f*
faveur [favœr] *f* Gunst *f*; Gefallen *m*; Vorrecht *n*; ***à la* ~ *de*** begünstigt von; ***en* ~ *de*** zu Gunsten von
favorable [favɔrablə] geneigt, wohlgesinnt (***à qn*** j-m); günstig
favor|i, ~ite [favɔri, -it] **1.** *adj* Lieblings...; **2.** *m, f* Günstling *m*, Liebling *m*; *Sport*: Favorit(in) *m(f)*; **3.** ***favoris*** *m/pl* Backenbart *m*; **~iser** (1a) begünstigen; fördern; **~itisme** [-itismə] *m* Günstlingswirtschaft *f*
fax [faks] *m* Fax *n*; **~er** (1a) faxen
fébrile [febril] fieberhaft
féc|ond, ~onde [fekɔ̃, -ɔ̃d] fruchtbar (*a fig*); **~ondation** [-ɔ̃dasjɔ̃] *f* Befruchtung *f*; **~ *artificielle*** künstliche Befruchtung *f*; **~ *in vitro*** In-vitro-Fertilisation *f*; **~ondité** [-ɔ̃dite] *f* Fruchtbarkeit *f*
fécule [fekyl] *f in Lebensmitteln*: Stärke *f*
fédéral, ~e [federal] (⚠ *m/pl* ***-aux***) Bundes...; eidgenössisch; **~isme** *m* Föderalismus *m*
fédéra|tif, ~tive [federatif, -tiv] föderativ; **~tion** *f* Bündnis *n*, Bund *m*; Verband *m*
fée [fe] *f* Fee *f*; *fig* guter Geist *m*
feeling [filiŋ] *m* Gespür *n*
féer|ie [fe(e)ri] *f* Märchenspiel *n*; **~ique** zauberhaft
feindre [fɛ̃drə] (4b) heucheln, vortäuschen; **~ *de*** (+ *inf*) so tun (*od* sich stellen), als ob ...
feinte [fɛ̃t] *f* Täuschung *f*, Finte *f*
fêler [fɛle] (1b) ***se* ~** *Glas*: springen, rissig werden; F ***avoir la tête fêlée*** nicht ganz richtig im Kopf sein
félicit|ations [felisitasjɔ̃] *f/pl* Glückwunsch *m*, -wünsche *m/pl*; **~er** (1a) **~ *qn de*** *od* ***pour*** j-n beglückwünschen, j-m gratulieren zu
fél|in, ~ine [felɛ̃, -in] katzenartig
fêlure [felyr] *f* Sprung *m*, Riss *m*
femelle [fəmɛl] **1.** *f* Weibchen *n* (*von Tieren*); F *péj* Weibsbild *n*; **2.** *adj zo, bot* weiblich

fémin|in, ~ine [feminɛ̃, -in] **1.** *adj* weiblich; **2.** *m gr* Femininum *n*; **~isme** *m* Frauenbewegung *f*; **~iste 1.** *adj* feministisch; **2.** *m, f* Frauenrechtlerin *f*, Feminist(in) *m(f)*
femme [fam] *f* Frau *f*, Weib *n*; Ehefrau *f*; **~ *peintre*** Malerin *f*; **~ *au foyer*** Hausfrau *f*; **~ *de chambre*** Zimmermädchen *n*; **~ *de ménage*** Putzfrau *f*; **~-objet** [-ɔbʒɛ] *f* (⚠ *pl* **femmes-objets**) Frau *f* als Lustobjekt
fémur [femyr] *m* Oberschenkelknochen *m*
fendre [fɑ̃drə] (4a) spalten; aufschlitzen; *fig* zerreißen; **se ~** bersten, (zer)platzen
fenêtre [f(ə)nɛtrə] *f* Fenster *n* (*a EDV*); ⚠ ***la*** **~**
fenouil [fənuj] *m* Fenchel *m*
fente [fɑ̃t] *f* Spalte *f*; Riss *m*; Schlitz *m*
féod|al, ~e [feɔdal] (⚠ *m/pl* **-aux**) feudal; Lehns...; **~alité** [-alite] *f* Lehnswesen *n*; Feudalismus *m*
fer [fɛr] *m* Eisen *n*; *fig* **de ~** eisern, stählern; **~ *à cheval*** Hufeisen *n*; **~ *à repasser*** Bügeleisen *n*; **~ *à vapeur*** Dampfbügeleisen *n*; **~ *électrique*** elektrisches Bügeleisen *n*
ferai [f(ə)re] *futur von* ***faire***
fer-blanc [fɛrblɑ̃] *m* (Weiß-)Blech *n*
férié [ferje] ***jour*** *m* **~** Feiertag *m*
ferme¹ [fɛrm] *adj u adv* fest; hart; sicher; standhaft
ferme² [fɛrm] *f* Bauernhof *m*, Gehöft *n*
ferment [fɛrmɑ̃] *m* Gärungsstoff *m*, Ferment *n*
ferment|ation [fɛrmɑ̃tasjɔ̃] *f* Gärung *f*; **~er** (1a) gären
fermer [fɛrme] (1a) zumachen; (ver)schließen
fermet|é [fɛrməte] *f* Festigkeit *f* (*a fig*); Entschlossenheit *f*; **~ure** [-yr] *f* Verschluss *m*; Schließung *f*; **~ *éclair*** Reißverschluss *m*; **~ *velcro*** Klettverschluss *m*
ferm|ier, ~ière [fɛrmje, -jɛr] *m, f* Bauer *m*, Bäuerin *f*; Landwirt *m*; *jur* Pächter(in) *m(f)*
fermoir [fɛrmwar] *m* Verschluss *m*
féroc|e [ferɔs] wild, reißend; blutdürstig; grausam; **~ité** *f* Wildheit *f*; *fig* Grausamkeit *f*
ferraille [fɛraj] *f* Alteisen *n*, Schrott *m*
ferr|é, ~ée [fɛre] beschlagen (*a fig*); ***voie f ferrée*** Gleis *n*, Schienenstrang *m*; **~er** (1b) *mit Eisen* beschlagen
ferroviaire [fɛrɔvjɛr] Eisenbahn...
ferrure [feryr] *f* Eisen-, Hufbeschlag *m*
ferry-boat [feribot] *m* (⚠ *pl* ***ferry-boats***) Fährschiff *n*; Eisenbahnfähre *f*
fertil|e [fɛrtil] fruchtbar, ergiebig; **~iser** (1a) fruchtbar machen; **~ité** *f* Fruchtbarkeit *f*
férule [feryl] *f* Rute *f*; *fig* **sous la ~ de qn** unter j-s Fuchtel
ferv|ent, ~ente [fɛrvɑ̃, -ɑ̃t] glühend, inbrünstig; **~eur** *f* Inbrunst *f*; Eifer *m*
fess|e [fɛs] *f* Hinterbacke *f*; **~s** *pl* Hintern *m*, Gesäß *n*; **~ée** *f* (*Tracht f*) Prügel *m/pl*
festin [fɛstɛ̃] *m* Festmahl *n*, Schmaus *m*
festival [fɛstival] *m* (⚠ *pl* **~s**) Festspiele *n/pl*, Festival *n*
festivités [fɛstivite] *f/pl* Festlichkeiten *f/pl*
festoyer [fɛstwaje] (1h) schmausen
fêtard [fɛtar] F *m* Lebemann *m*
fête [fɛt] *f* Fest *n*; Feiertag *m*; Namenstag *m*; **~ *des Mères*** Muttertag *m*; **~ *des Pères*** Vatertag *m*; ***faire la*** **~** ordentlich feiern; **&-Dieu** [-djø] *f* Fronleichnam(sfest) *m(n)*
fêter [fɛte] (1b) feiern
fétide [fetid] stinkend
fétu [fety] *m* **~** (***de paille***) Strohhalm *m*
feu¹ [fø] *m* (⚠ *pl* **~x**) Feuer *n* (*a mil, fig*); Hitze *f*, Glut *f*; Licht *n*; *fig* Begeisterung *f*; **~x** *pl* Leuchtfeuer *n*; ***au coin du*** **~** am Herd, am Kamin; ***coup de*** **~** *mil* Schuss *m*; **~ *d'artifice*** Feuerwerk *n*; **~** (***de circulation***) Ampel *f*; **~ *arrière*** *auto* Schlusslicht *n*, Rücklicht *n*; **~ *arrière de brouillard*** Nebelschlussleuchte *f*; **~ *stop*** Bremslicht *n*; **~x *de détresse*** Warnlichtanlage *f*; **~x *de position*** Standlicht *n*; **~x *de croisement*** Abblendlicht *n*; **~x *de route*** Fernlicht *n*; *fig* **~ *vert*** grünes Licht *n*
feu² [fø] *adj* (*unv*) *litt* **~ *son père*** sein seliger Vater
feuillage [fœjaʒ] *m* Laub(werk) *n*
feuille [fœj] *f* Blatt *n* (*a Zeitung*); Folie *f*; **~s** *pl a* Laub *n*; **~s *mortes*** dürres Laub *n*; **~ *d'impôt*** Steuerbescheid *m*; **~ *de paie*** Lohn-, Gehaltszettel *m*
feuillet [fœjɛ] *m* (einzelnes) Blatt *n* (*im Heft od Buch*)
feuillet|er [fœjte] (1c) (durch- *od*

um)blättern; *cuis* **pâte** *f* **feuilletée** Blätterteig *m*; **~on** *m* Fortsetzungsroman *m*; *TV* Sendereihe *f*, Serie *f*
feutre [føtrə] *m* Filz *m*; Filzhut *m*; Filzschreiber *m*
fève [fɛv] *f bot* (Dicke) Bohne *f*
février [fevrije] *m* Februar *m*; **en ~** im Februar; **le 21 ~** am 21. Februar; **le 21 ~ 1998** der 21. Februar 1998
FF (*abr* **franc**[**s**] **français**) französischer (französische) Franc(s)
F
fiable [fjablə] zuverlässig
fiacre [fjakrə] *m* Droschke *f*
fiançailles [f(i)jɑ̃saj] *f/pl* Verlobung *f*
fianc|é, ~ée [f(i)jɑ̃se] *m, f* Verlobte(r) *m, f*; **~er** (1k) **se ~ avec** sich verloben mit
fibre [fibrə] *f* Faser *f*; *fig* Kern *m*; Ader *f*; **~ optique** Glasfaser *f*; **~ de verre** Glaswolle *f*
fibr|eux, ~euse [fibrø, -øz] faserig
ficeler [fisle] (1c) ver-, zu-, festschnüren
ficelle [fisɛl] *f* Bindfaden *m*, Schnur *f*; langes Weißbrot *n*; *fig* Kniff *m*, Trick *m*
fichage [fiʃaʒ] *m* Erfassung *f*, Registrierung *f*; **~ systématique des séropositifs** Registrierung *f* aller HIV-Positiven
fiche [fiʃ] *f* **1.** Zettel *m*, Schein *m*, (Kartei-)Karte *f*; **~ de paie** Lohn-, Gehaltszettel *m*; **2.** (*elektrischer*) Stecker *m*; **~-horaire** [-ɔrɛr] *f* (⚠ *pl* **fiches-horaires**) Fahrplanauszug *m*
ficher [fiʃe] (1a) F machen, tun; geben; werfen, schmeißen; **fiche-moi la paix** (**le camp**)**!** lass mich in Ruhe! (mach, dass du fortkommst!); **se ~ de qc, qn** auf etw, j-n pfeifen
fichier [fiʃje] *m* Kartei(kasten) *f*(*m*); *EDV* Datei *f*
fichtre! [fiʃtrə] F Donnerwetter!
fichu, ~e [fiʃy] F kaputt, futsch; erledigt; verdammt, verflixt; **être mal ~** sich schlecht fühlen; schlecht gemacht sein
fict|if, ~ive [fiktif, -iv] erdacht, fiktiv
fidèle [fidɛl] **1.** *adj* treu, zuverlässig; ⚠ *nicht* fidel; **2.** *m, f rel* Gläubige(r) *m, f*
fidélité [fidelite] *f* Treue *f*; Genauigkeit *f*, Zuverlässigkeit *f*; *tech* **haute ~** High-fidelity *f*
fief [fjɛf] *m hist* Lehen *n*; *pol* Hochburg *f*; *fig* Domäne *f*
fier¹ [fje] (1a) **se ~ à qn, qc** j-m (ver)trauen, sich auf etw verlassen
fier², fière [fjɛr] stolz (**de** auf)
fierté [fjɛrte] *f* Stolz *m*
fiesta [fjɛsta] *f* F tolles Fest *n*; **faire la ~** eine Sause machen
fièvre [fjɛvrə] *f* Fieber *n*; *fig* Aufregung *f*
fiévr|eux, ~euse [fjevrø, -øz] fiebrig; *fig* fieberhaft
figer [fiʒe] (1l) fest werden lassen; *fig* lähmen; **se ~** fest werden, erstarren (*a fig*)
figu|e [fig] *f* Feige *f*; **~ier** [-je] *m* Feigenbaum *m*
figur|ant, ~ante [figyrɑ̃, -ɑ̃t] *m, f Bühne*: Statist(in) *m*(*f*)
figurat|if, ~ive [figyratif, -iv] bildlich; *Kunst*: gegenständlich
figure [figyr] *f* Gesicht *n*; Figur *f*; Gestalt *f*; F **se casser la ~** hinfallen
figur|é, ~ée [figyre] (*a* **au figuré**) bildlich, übertragen; **~er** (1a) abbilden; darstellen; vorkommen, erscheinen; als Statist auftreten; **se ~ qc** sich etw vorstellen
fil [fil] *m* Faden *m* (*a fig*); Garn *n*; Draht *m*, Leitung *f*; **~ dentaire** Zahnseide *f*; **~ de fer barbelé** Stacheldraht *m*; *tél* **coup** *m* **de ~** Anruf *m*
filage [filaʒ] *m* Spinnen *n*
filament [filamɑ̃] *m* Faser *f*; Heizdraht *m*, Glühfaden *m*
filandr|eux, ~euse [filɑ̃drø, -øz] fas(e)rig, sehnig (*Fleisch*)
fil|ant, ~ante [filɑ̃, -ɑ̃t] dickflüssig; **étoile** *f* **filante** Sternschnuppe *f*
filasse [filas] *f* Hanf-, Flachsfasern *f/pl*
filature [filatyr] *f* Spinnerei *f*; *fig* Beschattung *f* (*durch die Polizei*)
file [fil] *f* Reihe *f*; (*Auto-*)Schlange *f*; *Verkehr*: Spur *f*; **à la ~** hintereinander; **à la ~ indienne** im Gänsemarsch
filer [file] (1a) spinnen; F geben, *Tritt*: versetzen; *Person*: beschatten; *Käse etc*: Fäden ziehen; F weglaufen; flitzen, sausen; *fig Zeit*: vergehen; **~ à l'anglaise** sich verdrücken
filet [filɛ] *m* dünner (Wasser-)Strahl *m*; Netz *n*; *cuis* Filet *n*
filial, ~e [filjal] (⚠ *m/pl* **-aux**) **1.** *adj* kindlich, Kindes...; **2.** *f comm* Tochtergesellschaft *f*
filiation [filjasjɔ̃] *f* Abstammung *f*; *fig* Zusammenhang *m*
filière [filjɛr] *f* Stufenleiter *f*, Linie *f*, Kette *f*; **par la ~** von der Pike auf

filigrane [filigran] *m* Wasserzeichen *n*; *fig* **en ~** im Hintergrund
fill|e [fij] *f* Tochter *f*; Mädchen *n*; **vieille ~** alte Jungfer *f*; **~ette** [-ɛt] *f* kleines Mädchen *n*
filleul, ~e [fijœl] *m, f* Patenkind *n*
film [film] *m* Film *m*; dünne Schicht *f*; **~ alimentaire** Frischhaltefolie *f*; **~ documentaire** Dokumentar-, Kulturfilm *m*; **~ en couleurs** Farbfilm *m*; **~ muet** Stummfilm *m*; **~ parlant, sonore** Tonfilm *m*; **~ policier** Kriminalfilm *m*; **~er** (1a) filmen
filon [filɔ̃] *m Bergbau*: (Erz-)Gang *m*, Ader *f*; F *fig* einträglicher Posten *m*
filou [filu] *m* Gauner *m*; F Schlingel *m*
fils [fis] *m* Sohn *m*
filtre [filtrə] *m* Filter *m*
filtrer [filtre] (1a) filtern; streng kontrollieren; durchsickern (*a fig*)
fin¹ [fɛ̃] *f* Schluss *m*, Ende *n*; Ziel *n*, Zweck *m*; **à la ~** schließlich; **en ~ de compte** letztlich; **à cette ~** zu diesem Zweck; **aux ~s de** (+ *inf*) zwecks
fin², fine [fɛ̃, fin] fein; dünn; auserlesen; zart; feinsinnig; F **fine gueule** *f* Feinschmecker *m*; **fines herbes** *f/pl* Küchenkräuter *n/pl*; **au fin fond de** ganz weit hinten in; **le fin du fin** das Allerfeinste
final, ~e [final] (⚠ *m/pl* **~s**) End..., Schluss...; *gr* final
final(e) [final] *m mus* Finale *n*
finale [final] *f Sport*: Finale *n*, Endspiel *n*; *gr* Endsilbe *f*; ⚠ **la ~**
finalement [finalmɑ̃] *adv* schließlich
financ|e [finɑ̃s] *f* Finanzwelt *f*; **~s** *pl* Finanzen *f/pl*, Geldmittel *n/pl*; Finanz-, Geldwesen *n*; **~er** (1k) finanzieren; **~ier, ~ière** [-je, -jɛr] **1.** *adj* finanziell; Finanz...; **2.** *m* Finanzmann *m*
finasserie [finasri] *f* Raffiniertheit *f*
fin|aud, ~aude [fino, -od] pfiffig, listig
fine [fin] *f* feinster Kognak *m*
finesse [finɛs] *f* Feinheit *f*; Erlesenheit *f*
fini, ~e [fini] fertig; vergangen; *math, phil* endlich; **bien ~** gut gearbeitet; **il est fini** er ist erledigt; **ivrogne** *m* **fini** Erzsäufer *m*
finir [finir] (2a) enden, schließen; beend(ig)en, fertig stellen, abschließen, vollenden; **~ de faire qc** mit etw aufhören; **en ~ avec qc** e-r Sache ein Ende machen; **~ par faire qc** schließlich etw tun
finish [finiʃ] *m* (⚠ *pl unv*) Endspurt *m*; **au ~** letzten Endes
finition [finisjɔ̃] *f* Fertigstellung *f*; Verarbeitung *f*
Finlande [fɛ̃lɑ̃d] **la ~** Finnland *n*
firme [firm] *f* Firma *f*
fis [fi] *p/s von* **faire**
fisc [fisk] *m* Staatskasse *f*, Fiskus *m*; Steuerbehörde *f*
fiscal, ~e [fiskal] (⚠ *m/pl* **-aux**) steuerlich, fiskalisch; **~ité** *f* Steuerwesen *n*; Steuerlast *f*
fissile [fisil] *phys* spaltbar
fissure [fisyr] *f* Spalte *f*; Riss *m*
fix|age [fiksaʒ] *m Foto*: Fixieren *n*; **~ateur** [-atœr] *m* Fixiermittel *n*; Haarfestiger *m*; **~ation** *f* Festmachen *n*; Festsetzung *f*; Fixierung *f* (*a psych*); *Schi*: Bindung *f*
fix|e [fiks] **1.** *adj* fest; unbeweglich; beständig; **à prix ~** zum Festpreis; **2.** *m* festes Gehalt *n*; **~er** (1a) befestigen; bestimmen, festsetzen; fixieren; anstarren; **se ~** sich niederlassen; *Sachen*: sich stabilisieren
flacon [flakɔ̃] *m* Fläschchen *n*
flagada [flagada] F fix und fertig
flageller [flaʒɛle] (1b) geißeln
flageoler [flaʒɔle] (1a) schlottern
flagr|ant, ~ante [flagrɑ̃, -ɑ̃t] offenkundig; *jur* **en flagrant délit** in flagranti, auf frischer Tat
flair [flɛr] *m Tier*: Witterung *f*; *fig* Gespür *n*; ⚠ *nicht* Flair; **~er** (1b) wittern, schnuppern; riechen
flam|and, ~ande [flamɑ̃, -ɑ̃d] flämisch
flamant [flamɑ̃] *m zo* **~ (rose)** Flamingo *m*
flamb|ant [flɑ̃bɑ̃] **~ neuf** (⚠ *f unv od* **flambant neuve**) funkelnagelneu; **~eau** [-o] *m* (⚠ *pl* **~x**) Fackel *f* (*a fig*); **~ée** *f* hell aufloderndes Feuer *n*; *fig* Auflodern *n*; **~ des prix** Preisauftrieb *m*; **~er** (1a) auflodern; (ab)sengen; *cuis* flambieren
flamboy|ant, ~ante [flɑ̃bwajɑ̃, -ɑ̃t] flammend; funkelnd; *arch* spätgotisch; **~er** (1h) (auf)lodern, (auf)leuchten
flamme [flam] *f* Flamme *f* (*a fig*)
flan [flɑ̃] *m* Pudding *m*; F *fig* Quatsch *m*
flanc [flɑ̃] *m* Seite *f*; Flanke *f*; Abhang *m*; ⚠ **le ~**
flancher [flɑ̃ʃe] (1a) F schwach werden
Flandre [flɑ̃drə] **la ~** Flandern *n*

F

flân|er [flane] (1a) (umher)schlendern, (umher)bummeln; **~eur, ~euse** *m, f* Spaziergänger(in) *m(f)*
flanquer [flɑ̃ke] (1m) flankieren; *mil* Flankenschutz geben (***qn*** j-m); F schleudern, werfen, schmeißen; *Schlag*: versetzen; F ***~ la frousse à qn*** j-m einen Schrecken einjagen
flapi, ~e [flapi] F kaputt, todmüde
flaque [flak] *f* Pfütze *f*, Lache *f*
flash [flaʃ] *m Foto*: Blitzlicht(gerät) *n*; *Presse*: kurze (wichtige) Meldung *f*; ***~ électronique*** Elektronenblitzgerät *n*; ***~ publicitaire*** Werbespot *m*; ***~ info*** Kurznachrichten *f/pl*; **~-back** [-bak] *m* (⚠ *pl unv*) *Film*: Rückblende *f*; **~-cube** [-kyb] *m* (⚠ *pl* ***flash-cubes***) Blitzlichtwürfel *m*; **~er** (1a) F ***~ sur qn, qc*** sich in j-n, etw verlieben; ***j'ai flashé*** bei mir hat's gefunkt
flasque [flask] schlaff
flatt|er [flate] (1a) ***~ qn*** j-m schmeicheln; ***se ~ de*** (+ *inf*) sich einbilden zu; **~erie** *f* Schmeichelei *f*; **~eur, ~euse 1.** *adj* schmeichlerisch; schmeichelhaft; **2.** *m, f* Schmeichler(in) *m(f)*
flatulence [flatylɑ̃s] *f méd* Blähung *f*
fléau [fleo] *m* (⚠ *pl* ***~x***) Dreschflegel *m*; *fig* Geißel *f*
flèche [flɛʃ] *f* Pfeil *m*; (Turm-)Spitze *f*
fléchir [fleʃir] (2a) beugen; sich biegen; *fig* rühren, erweichen; sich beugen
flemme [flɛm] F *f* Faulheit *f*; ***avoir la ~ de faire qc*** keinen Bock haben, etw zu tun
flétrir [fletrir] (2a) **1.** verdorren lassen, verwelken lassen; ***se ~*** verwelken; dahinschwinden; **2.** brandmarken
fleur [flœr] *f* Blume *f*; Blüte *f* (*a fig*); ***à ~ de*** auf gleicher Höhe mit
fleur|i, ~ie [flœri] blühend; geblümt; *fig* blumig; **~ir** (2a) blühen; mit Blumen schmücken; **~iste** *m, f* Blumenhändler(in) *m(f)*, -züchter(in) *m(f)*
fleuve [flœv] *m* Fluss *m*, Strom *m*
flex|ible [flɛksiblə] biegsam; *fig* anpassungsfähig; **~ion** *f* Biegung *f*; Beuge *f*; *gr* Flexion *f*, Beugung *f*
flic [flik] F *m* Polizist *m*; *péj* Bulle *m*
flinguer [flɛ̃ge] (1m) F abknallen; kritisieren, niedermachen
flipper[1] [flipœr] *m* Flipper *m*; ***jouer au ~*** flippern
flipper[2] [flipe] (1a) F durchhängen; ausflippen
flirter [flœrte] (1a) flirten
flocon [flɔkɔ̃] *m* Flocke *f*
flop [flɔp] *m* Flop *m*; ***faire ~*** nicht ankommen
floraison [flɔrɛzɔ̃] *f* Blühen *n*; Blüte(zeit) *f* (*a fig*)
floral, ~e [flɔral] (⚠ *m/pl* ***-aux***) Blumen...
Florence [flɔrɑ̃s] Florenz
floriss|ant, ~ante [flɔrisɑ̃, -ɑ̃t] blühend (*fig*)
flot [flo] *m* Flut *f* (*a fig*); *fig* Strom *m*; **~s** *pl* Wogen *f/pl*, Wellen *f/pl*; ***à ~s*** in Strömen; ***à ~*** *mar* flott; ***remettre à ~*** flottmachen
flott|ant, ~ante [flɔtɑ̃, -ɑ̃t] schwimmend; schwebend, wehend, fließend; schwankend
flott|e [flɔt] *f* Flotte *f*; F Wasser *n*; **~er** (1a) schwimmen, auf dem Wasser treiben; *fig* flattern; schwanken; **~eur** *m* (Holz-)Flößer *m*; *tech* Schwimmer *m*
flou, ~e [flu] unscharf; weich; *fig* verschwommen
fluctuation [flyktɥasjɔ̃] *f* Schwankung *f*
fluctuer [flyktɥe] (1n) *bes comm* schwanken
fluide [flɥid] **1.** *adj* flüssig; **2.** *m phys* Flüssigkeit *f*; *fig* Fluidum *n*
flût|e [flyt] *f* Flöte *f*; Sektglas *n*; langes, dünnes Brot *n*; **~iste** *m, f* Flötist(in) *m(f)*
fluvial, ~e [flyvjal] (⚠ *m/pl* ***-aux***) Fluss...
flux [fly] *m mar* Flut *f*; *méd* Ausfluss *m*; ***le ~ et le reflux*** Ebbe *f* und Flut *f*
F.M. [ɛfɛm] (*abr* ***fréquence*** *f* ***modulée***) UKW (Ultrakurzwelle)
fœtus [fetys] *m biol* Fötus *m*
foi [fwa] *f* Glaube(n) *m*; ***bonne ~*** Aufrichtigkeit *f*; ***de bonne ~*** gutgläubig; ***ma ~!*** aber gewiss!; ***sur la ~ de*** im Vertrauen auf; ⚠ *nicht verwechseln mit* ***le foie*** *u* ***la fois***
foie [fwa] *m* Leber *f*; ⚠ ***le ~***
foin [fwɛ̃] *m* Heu *n*
foire [fwar] *f* Jahrmarkt *m*, Volksfest *n*; *comm* Messe *f*
fois [fwa] *f* Mal *n*; ***une ~*** einmal; ***une ~ pour toutes*** ein für alle Mal; ***pour la première*** (***dernière***) ***~*** zum ersten (letzten) Mal; ***à la ~*** zugleich; F ***des ~*** manchmal; ***chaque ~ que*** jedes Mal wenn; ⚠ *nicht verwechseln mit* ***la foi*** *u* ***le foie***

foison [fwazɔ̃] *f* **à ~** in Hülle und Fülle
foisonner [fwazɔne] (1a) reichlich vorhanden sein; sich stark vermehren; **~ en, de** Überfluss haben an
folâtre [fɔlɑtrə] fröhlich, ausgelassen
folie [fɔli] *f* Verrücktheit *f*, Narrheit *f*, Wahnsinn *m*, Torheit *f*
folklo [fɔlklo] F (*Kurzwort für* **folklorique**) urig; spinnig
folklor|e [fɔlklɔr] *m* Volkskunde *f*; Folklore *f*; F *péj* Theater *n*; ⚠ **le ~**; **~ique** volkskundlich, folkloristisch; *Person*: spinnig
folle [fɔl] *cf* **fou**
follement [fɔlmɑ̃] *adv* sehr; F wahnsinnig
fomenter [fɔmɑ̃te] (1a) anstiften
fonc|é, ~ée [fɔ̃se] dunkel(farbig); **~er** (1k) *Brunnen*: graben; *Farben*: dunkler machen (werden); *auto* rasen; **~ sur** sich stürzen auf
fonc|ier, ~ière [fɔ̃sje, -jɛr] Grund...; *fig* grundlegend
fonction [fɔ̃ksjɔ̃] *f* Amt(sgeschäft) *n*; Tätigkeit *f*; Funktion *f* (*a EDV*); **~ publique** öffentlicher Dienst *m*; **faire ~ de** tätig sein als; *Sache*: dienen als; **être en ~** im Amt sein; **en ~ de** entsprechend, je nach; **être ~ de qc** von etw abhängen
fonctionn|aire [fɔ̃ksjɔnɛr] *m*, *f* Beamte(r) *m*, Beamtin *f*; **~el, ~elle** funktionell; zweckmäßig; **~er** (1a) arbeiten, funktionieren, in Betrieb sein, laufen
fond [fɔ̃] *m* Grund *m*; Boden *m*; Unter-, Hintergrund *m*; Grundlage *f*; Gehalt *m*; **article** *m* **de ~** Leitartikel *m*; **au ~ du couloir** am Ende des Ganges; **de ~ en comble** von oben bis unten; **à ~** gründlich; **au ~, dans le ~** im Grunde; *Sport*: **ski de ~** Skilanglauf *m*; ⚠ *nicht verwechseln mit* **fonds**
fondamental, ~e [fɔ̃damɑ̃tal] (⚠ *m/pl* **-aux**) grundlegend, wesentlich; **~isme** *m* Fundamentalismus *m*
fond|ant, ~ante [fɔ̃dɑ̃, -ɑ̃t] schmelzend; saftig; im Munde zergehend; **~ateur, ~atrice** [-atœr, -atris] *m*, *f* Gründer(in) *m*(*f*); **~ation** *f* Gründung *f*; Stiftung *f*; **~s** *pl* Fundament *n*, Grundmauern *f/pl*
fond|é, ~ée [fɔ̃de] **1.** *adj* berechtigt; begründet; **2.** *m* **~ de pouvoir** Bevollmächtigte(r) *m*; **~ement** [-mɑ̃] *m fig* Grundlage *f*, Fundament *n*; ⚠ *nicht verwechseln mit* **fondation**; **~er** (1a) (be)gründen; den Grund legen zu; stiften; **se ~ sur** sich stützen auf; **~erie** *f* Gießerei *f*
fondre [fɔ̃drə] (4a) (ver)schmelzen (*a fig*); (weg)tauen; *tech* gießen; *fig* **~ en larmes** in Tränen zerfließen; **~ sur** losstürzen auf
fonds [fɔ̃] *m* **1.** *sg* Grund und Boden *m*; Grundstück *n*; *fig* Schatz *m*; Bestand *m*; **~ de commerce** Geschäft *n*; **2.** *pl* Gelder *n/pl*; Kapital *n*
fondu, ~e [fɔ̃dy] *p/p von* **fondre** *u adj* geschmolzen; *Farben*: verschwommen
fondue [fɔ̃dy] *f cuis* Fondue *n od f*
font [fɔ̃] *cf* **faire**
fontaine [fɔ̃tɛn] *f* Springbrunnen *m*; ⚠ *nicht* Fontäne
fonte [fɔ̃t] *f* Gusseisen *n*; Guss *m*; **~ des neiges** Schneeschmelze *f*
fonts [fɔ̃] *m/pl* **~ baptismaux** Taufbecken *n*
foot [fut] *m* F (*Kurzwort für* **football**) Fußball *m*
football [futbol] *m* Fußball *m*; **jouer au ~** Fußball spielen; **~eur, ~euse** *m*, *f* Fußballspieler(in) *m*(*f*)
footing [futiŋ] *m* Jogging *n*
for|ain, ~aine [fɔrɛ̃, -ɛn] **1.** *adj* Jahrmarkts...; **2.** *m* Schausteller *m*
forçat [fɔrsa] *m hist* Galeerensträfling *m*; Zuchthäusler *m*
force [fɔrs] *f* Kraft *f*; Gewalt *f*; Macht *f*; Stärke *f*; **~ majeure** höhere Gewalt *f*; **~s vives** schöpferische Kräfte; **faire qc de ~ vive** etw mit aller Gewalt tun; **à ~ de travail(ler)** durch vieles Arbeiten; **à toute ~** mit aller Gewalt; mit allen Mitteln; **de, par ~** zwangsweise; **de toutes ses ~s** aus Leibeskräften; **~ de frappe** französische Atomstreitmacht *f*
forc|é, ~ée [fɔrse] er-, gezwungen; Zwangs...; **atterrissage** *m* **forcé** Notlandung *f*; *mil* **marche** *f* **forcée** Eilmarsch *m*; **~ément** [-emɑ̃] *adv* zwangsläufig; **pas ~** nicht unbedingt; **~ené, ~enée** [-əne] **1.** *adj* leidenschaftlich; **2.** *m* Wahnsinnige(r) *m*; **~er** (1k) zwingen (**qn à [faire] qc** j-n zu etw); *Tür*: aufbrechen; *Sport u allg*: sich verausgaben; *fig* **~ la note** übertreiben
forer [fɔre] (1a) (an-, aus)bohren
forest|ier, ~ière [fɔrɛstje, -jɛr] **1.** *adj* Forst..., Wald...; **2.** *m* Förster *m*
foret [fɔrɛ] *m tech* Bohrer *m*
forêt [fɔrɛ] *f* Wald *m* (*a fig*); **~ vierge**

F

Urwald *m*; **~-noire** [-nwar] *f* (⚠ *pl* ***forêts-noires***) Schwarzwälder Kirschtorte *f*; **Ձ-noire** *f* Schwarzwald *m*
foreuse [fɔrøz] *f* Bohrmaschine *f*
forfait [fɔrfɛ] *m* **1.** *litt* Freveltat *f*; **2.** *comm* Pauschalpreis *m*, Pauschale *f*; **3.** Reugeld *n* (*beim Rennen*); ***déclarer ~*** zurücktreten, aufgeben
forfaitaire [fɔrfɛtɛr] Pauschal...
forfanterie [fɔrfɑ̃tri] *f* Prahlerei *f*
forg|e [fɔrʒ] *f* Schmiede *f*; **~er** (1l) schmieden; *fig* prägen; F aushecken; **~eron** [-ərɔ̃] *m* Schmied *m*
formal|iser [fɔrmalize] (1a) ***se ~ de qc*** sich an etw stoßen, etw übel nehmen; **~iste** formalistisch, förmlich; **~ité** *f* Formalität *f*
format [fɔrma] *m* Format *n*
format|age [fɔrmataʒ] *m EDV* Formatieren *n*; **~er** (1a) *EDV* formatieren
formation [fɔrmasjɔ̃] *f* (Aus-)Bildung *f*; Werden *n*, Entstehen *n*; Schulung *f*; *mil*, *géol* Formation *f*
forme [fɔrm] *f* Form *f*, Gestalt *f*; ***dans les ~s*** in aller Form; ***en ~ de*** in Form von; ***pour la ~*** zum Schein; ***être en ~*** in (Hoch-)Form sein
form|el, ~elle [fɔrmɛl] formell, ausdrücklich; formal; **~er** (1a) formen, bilden; ausbilden, entwickeln; *Plan*: fassen
formidable [fɔrmidablə] gewaltig, kolossal; F prima, Klasse
formulaire [fɔrmylɛr] *m* Formular *n*
formul|e [fɔrmyl] *f* Formel *f*; Methode *f*, Typ *m*; Formular *n*, Vordruck *m*; **~er** (1a) formulieren; abfassen; äußern
fort, forte [fɔr, fɔrt] **1.** *adj* stark, kräftig; fest; dick, beleibt; gewaltig, heftig; beträchtlich; *Soße*: scharf; *Schule*: bewandert, tüchtig; ***à plus forte raison*** umso mehr; ***être ~ de qc*** sich verlassen können auf etw; ***être ~ en anglais*** in Englisch gut sein; **2.** *adv* stark, sehr; **3.** *m* Stärke *f*; starke Seite *f*; *mil* Fort *n*
forteresse [fɔrtərɛs] *f* Festung *f*
fortifi|ant, ~ante [fɔrtifjɑ̃, -ɑ̃t] **1.** *adj* stärkend; **2.** *m* Stärkungsmittel *n*
fortif|ication *f* [fɔrtifikasjɔ̃] Befestigung *f*; **~s** *pl* Befestigungsanlagen *f/pl*; **~ier** [-je] (1a) (ver)stärken; *mil* befestigen
fort|uit, ~uite [fɔrtɥi, -ɥit] zufällig; unerwartet
fortune [fɔrtyn] *f* Schicksal *n*; Glück *n*; Vermögen *n* (*Geld*); ***faire ~*** sein Glück machen; ***de ~*** behelfsmäßig; ***sans ~*** unbemittelt
fortuné, ~e [fɔrtyne] vermögend, begütert
fosse [fos] *f* Grube *f*; Schacht *m*; Grab *n*; ***~ commune*** Massengrab *n*
fossé [fose] *m* Graben *m* (*a fig*)
fossil [fɔsil] fossil; *péj* verstaubt
fossoyeur [foswajœr] *m* Totengräber *m*
fou, folle [fu, fɔl] **1.** *adj* (⚠ *m vor Vokal* ***fol***; *m/pl* ***fous***) verrückt, irr, wahnsinnig; ***être ~ de qn*** (***de qc***) nach j-m (auf etw) verrückt sein; **2.** *m*, *f* Verrückte(r) *m*, *f*
foudre [fudrə] *f* Blitz(schlag) *m*; *fig* ***coup*** *m* ***de ~*** Liebe *f* auf den ersten Blick; ⚠ *aber* ***le ~ de Jupiter*** Jupiters Blitzstrahl *m*
foudroy|ant, ~ante [fudrwajɑ̃, -ɑ̃t] überwältigend; tödlich; **~er** (1h) (tödlich) treffen; ***~ qn du regard*** j-m vernichtende Blicke zuwerfen
fouet [fwɛ] *m* Peitsche *f*; ***de plein ~*** mit voller Wucht
fouetter [fwɛte] (1b) peitschen; schlagen (*a cuis*)
fougère [fuʒɛr] *f* Farnkraut *n*
fouill|e [fuj] *f* Durchsuchung *f*; **~s** *pl Archäologie*: Ausgrabungen *f/pl*; **~er** (1a) Ausgrabungen machen; durchsuchen; wühlen; herumkramen
fouillis [fuji] *m* F Durcheinander *n*, Wust *m*
fouin|e [fwin] *f* Stein-, Hausmarder *m*; **~er** (1a) F herumschnüffeln
foulard [fular] *m* seidenes Halstuch *n*, Seidenschal *m*
foule [ful] *f* Menge *f*, Gedränge *n*; Volk *n*, Leute *pl*; Masse *f*; ***une ~ de*** e-e Menge von; ***en ~*** in Scharen
foul|er [fule] (1a) niedertreten; *Trauben*: keltern; *fig* ***~ aux pieds*** mit Füßen treten; ***se ~ le pied*** sich den Fuß verstauchen; F *fig* ***ne pas se ~*** sich kein Bein ausreißen; **~ure** [-yr] *f* Verstauchung *f*
four [fur] *m* Backofen *m*, Bratröhre *f*; *tech* Ofen *m*; ***petits ~s*** *pl* kleine verzierte Kuchen *m/pl*; ***~ à micro-ondes*** Mikrowellenherd *m*
fourb|e [furb] **1.** *adj* schurkisch; **2.** *m* Schurke *m*; **~erie** [-əri] *f* Schurkerei *f*, Betrügerei *f*
fourbu, ~e [furby] erschöpft, zerschlagen

fourch|e [furʃ] *f* (Fahrrad-, Heu-, Mist-)Gabel *f*; Gabelung *f*; **~er** (1a) *fig* ***la langue lui a fourché*** er hat sich versprochen; **~ette** [-ɛt] *f* (Ess-)Gabel *f*; *comm* Spanne *f*; **~on** *m* Zinke *f*; **~u, ~ue** [-y] gabelförmig, gespalten
fourgon [furgɔ̃] *m* Kastenwagen *m*; Gepäckwagen *m*; **~ *funèbre*** Leichenwagen *m*
fourgonnette [furgɔnɛt] *f* Lieferwagen *m*
fourguer [furge] (1m) F verkaufen, verkloppen P
fourmi [furmi] *f zo* Ameise *f*
fourmilière [furmiljɛr] *f* Ameisenhaufen *m*; *fig* Gewimmel *n*
fourmiller [furmije] (1a) wimmeln
fourn|aise [furnɛz] *f fig* Backofen *m* (*heißer Raum*); **~eau** [-o] *m* (⚠ *pl* **~x**) Ofen *m*; Herd *m*; (Pfeifen-)Kopf *m*; ***haut* ~** Hochofen *m*
fourn|i, ~ie [furni] *Haar*: dicht; ***bien* ~** gut ausgestattet; **~ir** (2a) (be)liefern; besorgen; **~ *un effort*** e-e Anstrengung machen
fourni|sseur [furnisœr] *m* Lieferant *m*; Kaufmann *m*; **~ture** [-tyr] *f* Lieferung *f*; *pl* **~s** Bedarf *m*; Zubehör n
fourrag|e [furaʒ] *m* (Vieh-)Futter *n*; **~er**[1] (1l) F herumstöbern, -wühlen; **~er**[2], **~ère** *agr* Futter...
fourré, ~e [fure] gefüllt; gefüttert
fourrer [fure] (1a) hineinstecken, -stopfen; füllen; füttern; **~ *son nez partout*** seine Nase in alles stecken; ***se* ~** sich verkriechen
fourr|e-tout [furtu] *m* (⚠ *pl unv*) große Reisetasche *f*; **~ière** [-jɛr] *f* Tierasyl *n*; Platz *m* für abgeschleppte Autos; **~ure** [-yr] *f* Pelz *m*
foutre [futrə] P (4a) machen, tun; schmeißen; *Schlag*: versetzen, verpassen ; ***se* ~ *de qn*** sich über j-n lustig machen; **~ *la paix à qn*** j-n in Ruhe lassen; **~ *le camp*** verschwinden, verduften; ***je m'en fous!*** das ist mir piepegal!
foutu, ~e [futy] P *adj u p/p von* ***foutre*** *cf* ***fichu***
foyer [fwaje] *m* Feuer(stelle) *n(f)*, Herd *m* (*a fig*); Hausstand *m*, Heim *n*; Wohnheim *n*; *Theater*: Foyer *n*, Wandelgang *m*; *phys* Brennpunkt *m*; ***femme f au* ~** Hausfrau *f*
fr. (*abr* ***franc[s]***) Franc(s) *m(pl)*, Franken *m(pl)*
fracas [fraka] *m* Getöse *n*, Krach *m*
fracasser [frakase] (1a) zerschmettern
fraction [fraksjɔ̃] *f* Bruchstück *n*, -teil *m*; *math* Bruch *m*; *pol Partei*: Gruppierung *f*; ⚠ *nicht* Fraktion
fractionner [fraksjɔne] (1a) zerteilen (***en*** in)
fractur|e [fraktyr] *f méd* Bruch *m*; **~er** (1a) (auf)brechen
fragil|e [fraʒil] zerbrechlich; anfällig, empfindlich; unsicher, vergänglich; **~ité** *f* Zerbrechlichkeit *f*; Anfälligkeit *f*; Unbeständigkeit *f*
fragment [fragmɑ̃] *m* Bruchstück *n*; Auszug *m*
fragmentaire [fragmɑ̃tɛr] bruchstückhaft
fraîch|eur [frɛʃœr] *f* Frische *f*; **~ir** (2a) *mar* auffrischen; kühler werden
frais[1], **fraîche** [frɛ, frɛʃ] frisch, kühl (*a fig*); unverbraucht; ***de fraîche date*** neu; ***servir frais*** kalt servieren; ***mettre au frais*** kühl lagern; ***il fait frais dehors*** es ist frisch draußen
frais[2] [frɛ] *m/pl* Kosten *pl*; Unkosten *pl*; Ausgaben *f/pl*
frais|e [frɛz] *f* **1.** *bot* Erdbeere *f*; **2.** *tech* Fräse *f*; **~er** (1b) *tech* (aus)fräsen
framboise [frɑ̃bwaz] *f* Himbeere *f*
franc[1], **franche** [frɑ̃, frɑ̃ʃ] frei; freimütig, offen(herzig)
franc[2], **franque** [frɑ̃, frɑ̃k] *hist* **1.** *adj* fränkisch; **2.** ♀ *m, f* Franke *m*, Fränkin *f*
franc[3] [frɑ̃] *m* Franc *m*, Franken *m* (*Währung*)
franç|ais, ~aise [frɑ̃sɛ, -ɛz] **1.** *adj* französisch; **2.** ♀ *m, f* Franzose *m*, Französin *f*; **3.** *m* Französisch *n*; ***apprendre le* ~** Französisch lernen; ***parler* ~** französisch sprechen; ***traduire en* ~** ins Französische übersetzen
France [frɑ̃s] ***la* ~** Frankreich *n*; ***en* ~** in Frankreich; nach Frankreich
franch|ement [frɑ̃ʃmɑ̃] *adv* offen, freimütig; **~ir** (2a) übersteigen, -schreiten, -springen; **~ise** [-iz] *f* Freiheit *f* (*von Abgaben*); Freimütigkeit *f*
franciser [frɑ̃size] (1a) französisieren
franc|-maçon [frɑ̃masɔ̃] *m* (⚠ *pl* ***francs-maçons***) Freimaurer *m*; **~-maçonnerie** [-masɔnri] *f* Freimaurerei *f*

franco [frɑ̃ko] **1.** portofrei, franko; **2.** *in Zssgn* französisch; **~phone** [-fɔn] französischsprachig
franc|-parler [frɑ̃parle] *m* Freimut *m*; **~-tireur** [-tirœr] *m* (⚠ *pl* ***francs--tireurs***) Freischärler *m*, Heckenschütze *m*
frange [frɑ̃ʒ] *f* Franse *f*
franglais [frɑ̃glɛ] *m* mit Anglizismen durchsetztes Französisch *n*
franquette [frɑ̃kɛt] F ***à la bonne ~*** ohne Umstände
frappe [frap] *f* Maschineschreiben *n*; Anschlag *m*
frapper [frape] (1a) schlagen; (be)treffen; heimsuchen; kalt stellen, mit Eis kühlen; *Münzen*: prägen; *fig* überraschen, verblüffen; ***~ dans les mains*** in die Hände klatschen; ***~ à la porte*** an die Tür klopfen
frasque [frask] *f* Eskapade *f*
fratern|el, ~elle [fratɛrnɛl] brüderlich, Bruder...; **~iser** (1a) sich verbrüdern; **~ité** *f* Brüderschaft *f*; Brüderlichkeit *f*
fratricide [fratrisid] **1.** *m* Bruder- (*od* Geschwister)mord *m*; **2.** *m, f* Bruder-, Schwestermörder(in) *m(f)*
fraud|e [frod] *f* Betrug *m*; Fälschung *f*; **~er** (1a) betrügen; fälschen
fraudul|eux, ~euse [frodylø, -øz] betrügerisch
frayer [frɛje] (1i) *Weg*: bahnen; *Fische*: laichen; *fig* ***~ avec qn*** mit j-m verkehren
frayeur [frɛjœr] *f* Schreck(en) *m*
fredaine [frədɛn] *f* Streich *m*, Eskapade *f*
fredonner [frədɔne] (1a) trällern
free-lance [frilɑ̃s] *m* (⚠ *pl* ***free-lances***) Freiberufler *m*, freier Mitarbeiter *m*
freezer [frizœr] *m* Gefrierfach *n*
frein [frɛ̃] *m* Bremse *f*; *fig* Zügel *m*; ***~ à disque*** Scheibenbremse *f*; ***~ à main*** Handbremse *f*
frein|age [frɛnaʒ] *m* Bremsen *n*; **~er** (1b) bremsen
frêle [frɛl] zart; schwächlich
frelon [frəlɔ̃] *m zo* Hornisse *f*
frém|ir [fremir] (2a) *Blätter*: rauschen; *Wasser vor dem Kochen*: sieden; *fig* schaudern; **~issement** [-ismɑ̃] *m* Rauschen *n*, Summen *n*; Schauder *m*
frêne [frɛn] *m bot* Esche *f*
fréné|sie [frenezi] *f* Raserei *f*, Wahnsinn *m*; **~tique** [-tik] rasend, frenetisch
fréqu|ence [frekɑ̃s] *f* Häufigkeit *f*; Frequenz *f*; **~ent, ~ente** [-ɑ̃, -ɑ̃t] häufig; ⚠ *adv* ***fréquemment*** [-amɑ̃]
fréquent|ation [frekɑ̃tasjɔ̃] *f* häufiger Besuch *m*; Umgang *m*; **~er** (1a) oft (*od* regelmäßig) besuchen; ***~ qn*** mit j-m verkehren
frère [frɛr] *m* Bruder *m*
frérot [frero] F *m* Brüderchen *n*
fresque [frɛsk] *f* Fresko(malerei) *n(f)*; ⚠ ***la ~***
fret [frɛ] *m* Fracht(geld) *f(n)*
fretin [frətɛ̃] *m* ***menu ~*** *fig* kleine Fische *m/pl*
friable [frijablə] brüchig, bröckelig; zerreibbar
fri|and, ~ande [frijɑ̃, -ɑ̃d] ***être ~ de qc*** nach etw gierig sein; **~andise** [-ɑ̃diz] *f* *meist pl* **~s** Leckereien *f/pl*
fric [frik] *m* F Kohle *f*, Knete *f*
fricandeau [frikɑ̃do] *m* (⚠ *pl* **~x**) *cuis* gespickte Kalbsnuss *f*
fricassée [frikase] *f cuis* Frikassee *n*; ⚠ ***la ~***
fricoter [frikɔte] (1a) F aushecken; krumme Geschäfte machen
friction [friksjɔ̃] *f* Reibung *f*; Einreibung *f*, (Kopf-)Massage *f*
frictionner [friksjɔne] (1a) ein-, abreiben, frottieren
frigidaire [friʒidɛr] *m* (*Markenname*) Kühlschrank *m*
frigo [frigo] *m* F *abr* Kühlschrank *m*
frigorif|ier [frigɔrifje] (1a) einfrieren; **~ique** Kühl...; Kälte...
fril|eux, ~euse [frilø, -øz] kälteempfindlich, leicht fröstelnd
frime [frim] *f* F Theater *n*; Angeberei *f*; ***c'est pour la ~*** das ist alles nur Schau; **~r** (1a) F eine Schau abziehen
frimousse [frimus] F *f* Gesicht *n*
fringale [frɛ̃gal] F *f* Heißhunger *m*
fring|ant, ~ante [frɛ̃gɑ̃, -ɑ̃t] lebhaft, munter
fringues [frɛ̃g] *f/pl* F Klamotten *pl*
friper [fripe] (1a) zerknittern
frip|ier, ~ière [fripje, -jɛr] *m, f* Trödler(in) *m(f)*
frip|on, ~onne [fripɔ̃, -ɔn] **1.** *adj* schalkhaft, schelmisch; **2.** *m, f* Schlingel *m*
fripouille [fripuj] F *f* Schuft *m*; Gesindel *n*
frire [frir] (4m) braten, backen

frisbee [frizbi] *m* Frisbee *n*; Frisbeescheibe *f*
frise [friz] *f arch* Fries *m*; ⚠ ***la ~***
friser [frize] (1a) (sich) kräuseln, wellen; streifen, grenzen an; ⚠ *nicht* frisieren
frisson [frisɔ̃] *m* Schau(d)er *m*, Frösteln *n*
frissonner [frisɔne] (1a) frösteln, schaudern; zittern
frit, frite [fri, frit] *p/p von* ***frire*** *u adj* gebacken, gebraten; (***pommes de terre***) ***frites*** *f/pl* Pommes frites *pl*
friture [frityr] *f* Backen *n*, Braten *n*; Backfett *n*; kleine gebratene Fische *m/pl*; *Radio, tél* Störgeräusch *n*
frivole [frivɔl] leichtfertig; oberflächlich
froc [frɔk] *m* Mönchskutte *f*
froid, froide [frwa, frwad] **1.** *adj* kalt (*a fig*); ***j'ai froid*** ich friere, mir ist kalt; ***il fait froid*** es ist kalt; *fig* ***être en froid*** (***avec***) auf gespanntem Fuße stehen (mit); ***prendre froid*** sich erkälten; **2.** *m* Kälte *f*
froid|ement [frwadmɑ̃] *adv fig* kühl, gleichgültig; kaltblütig; **~eur** *f* (Gefühls-)Kälte *f*; ⚠ *nur fig*
froisser [frwase] (1a) zerknittern; *fig* kränken
frôler [frole] (1a) streifen; leicht berühren; *fig* mit knapper Not entkommen (***qc*** e-r Sache)
fromag|e [frɔmaʒ] *m* Käse *m*; ***~ blanc*** Quark *m*; **~er, ~ère 1.** *adj* Käse...; **2.** *m* Käsehändler *m*, -hersteller *m*
froment [frɔmɑ̃] *m* Weizen *m*
fronc|e [frɔ̃s] *f* Kräuselfalte *f*; **~er** (1k) fälteln, kräuseln; ***~ les sourcils*** die Stirn runzeln
front [frɔ̃] *m* Stirn *f*; Vorderseite *f*; *mil* Front *f*; ***avoir le ~ de faire qc*** die Stirn haben, etw zu tun; ***de ~*** von vorn, frontal; *fig* offen; ***faire ~ à*** die Stirn bieten; ⚠ ***le ~***
frontal|ier, ~ière [frɔ̃talje, -jɛr] **1.** *adj* Grenz...; **2.** *m* Grenzgänger *m*, -bewohner *m*
frontière [frɔ̃tjɛr] *f* Grenze *f*
frontispice [frɔ̃tispis] *m* Titelblatt *n*, -bild *n*
frott|ement [frɔtmɑ̃] *m* Reiben *n*, Reibung *f*; **~er** (1a) (ab)reiben; frottieren; *Fußboden*: scheuern, bohnern; *Streichholz*: anzünden
frottis [frɔti] *m méd* Abstrich *m*
frou-frou [frufru] *m* Rascheln *n*, Knistern *n*
frousse [frus] *f* F Heidenangst *f*
fruct|ifier [fryktifje] (1a) Früchte tragen; *Geld*: Zinsen bringen; **~ueux, ~ueuse** [-ɥø, -ɥøz] einträglich; vorteilhaft
frugal, ~e [frygal] (⚠ *m/pl* ***-aux***) genügsam; kärglich; **~ité** *f* Einfachheit *f*; Genügsamkeit *f*
fruit [frɥi] *m* Frucht *f*; *fig* Folge *f*; Gewinn *m*; ***~s*** *pl* Obst *n*; ***~s de mer*** Meeresfrüchte *f/pl*; ⚠ ***le ~***
fruit|é, ~ée [frɥite] fruchtig; **~ier, ~ière** [-je, -jɛr] Frucht..., Obst...
fruste [fryst] rau; verwittert; *fig* roh, ungeschliffen
frustration [frystrasjɔ̃] *f* Enttäuschung *f*, F Frust *m*
frustrer [frystre] (1a) frustrieren, enttäuschen; ***~ qn de qc*** j-n um etw bringen, prellen
fuel [fjul] *m* Heizöl *n*
fugace [fygas] flüchtig, vergänglich
fugit|if, ~ive [fyʒitif, -iv] **1.** *adj* flüchtig; rasch vorübergehend; **2.** *m, f* Flüchtling *m*
fugue [fyg] *f* Ausreißen *n* (*bes von Kindern*); *mus* Fuge *f*
fuir [fɥir] (2d) fliehen; meiden; *fig* dahinschwinden; *Fass*: lecken; *Hahn*: tropfen; *Flüssigkeit*: auslaufen; ⚠ *il* ***a*** *fui*
fuite [fɥit] *f* **1.** Flucht *f*; ***mettre en ~*** in die Flucht schlagen; ***prendre la ~*** die Flucht ergreifen; **2.** undichte Stelle *f*, Leck *n*; Ausfließen *n*, -strömen *n*
fulgur|ant, ~ante [fylgyrɑ̃, -ɑ̃t] funkelnd; blitzschnell; gewaltig
fulmin|ant, ~ante [fylminɑ̃, -ɑ̃t] wütend; **~er** (1a) wettern, toben
fumé, ~e [fyme] geräuchert
fume-cigare(tte) [fymsigar, (-sigarɛt)] *m* (⚠ *pl unv*) Zigarren- (Zigaretten)spitze *f*
fum|ée [fyme] *f* Rauch *m*; Dampf *m*, Dunst *m*; **~er** (1a) rauchen; räuchern; düngen; **~et** [-ɛ] *m* Aroma *n*, Geruch *m*; **~eur, ~euse** *m, f* Raucher(in) *m(f)*
fum|eux, ~euse [fymø, -øz] verschwommen; dunstig
fum|ier [fymje] *m* Mist *m*, Dung *m*; P Miststück *n*; **~iste** *m fig* Bluffer *m*; **~isterie** [-istəri] *f* Schwindel *m*; **~oir** *m* Raucherzimmer *n*; Räucherkammer *f*

funambule [fynɑ̃byl] *m, f* Seiltänzer(in) *m(f)*
funèbre [fynɛbrə] Begräbnis..., Leichen...; *fig* düster, traurig
funér|ailles [fynerɑj] *f/pl* Beerdigung *f*; **~aire** [-ɛr] Grab..., Begräbnis...
funeste [fynɛst] unheilvoll, verhängnisvoll (**à** für)
funiculaire [fynikylɛr] *m* (Stand-)Seilbahn *f*
fur [fyr] ***au ~ et à mesure*** nach und nach; ***au ~ et à mesure que*** (***de***) in dem Maße wie (je nach)
furet [fyrɛ] *m zo* Frettchen *n*
fureter [fyrte] (1e) herumschnüffeln
fureur [fyrœr] *f* Wut *f*, Raserei *f*; ***faire ~*** großen Erfolg haben, Furore machen
furib|ond, ~onde [fyribɔ̃, -ɔ̃d] rasend, wütend
furi|eux, ~euse [fyrjø, -øz] wütend
furt|if, ~ive [fyrtif, -iv] verstohlen, heimlich; flüchtig
fus [fy] *p/s von* ***être***
fusain [fyzɛ̃] *m* Kohle *f* (*zum Zeichnen*); Kohlezeichnung *f*
fus|eau [fyzo] *m* (⚠ *pl* ***~x***) Spindel *f*; (Spitzen-)Klöppel *m*; ***~ horaire*** Zeitzone *f*; ***~ée*** *f* Rakete *f*; Zünder *m*
fuselage [fyzlaʒ] *m aviat* Rumpf *m*
fusible [fyziblə] *m* (*elektrische*) Sicherung *f*
fusil [fyzi] *m* Gewehr *n*
fusill|ade [fyzijad] *f* Schießerei *f*; **~er** (1a) erschießen
fusion [fyzjɔ̃] *f* (Ver-)Schmelzen *n*; Verschmelzung *f*, Fusion *f*; ***~ du cœur*** Kernschmelze *f*
fusionner [fyzjɔne] (1a) *bes comm* fusionieren; ⚠ *Schreibung*
fut [fy] *p/s von* ***être***
fût [fy] Schaft *m*; Stamm *m*; Fass *n*
futé, ~e [fyte] pfiffig, gerissen
futil|e [fytil] nichts sagend, belanglos, nichtig; oberflächlich; **~ité** *f* Bedeutungslosigkeit *f*, Nichtigkeit *f*
futur, ~e [fytyr] **1.** *adj* zukünftig; **2.** *m, f* F Zukünftige(r) *m, f*; **3.** *m gr* Zukunft *f*
futurologue [fytyrɔlɔg] *m, f* Zukunftsforscher(in) *m(f)*
fuy|ant, ~ante [fɥijɑ̃, -ɑ̃t] fliehend; *Blick*: ausweichend

G

gabarit [gabari] *m tech* Schablone *f*; Größe *f*; *fig* Art *f*, Schlag *m*
gabegie [gabʒi] *f* Misswirtschaft *f*
Gabon [gabɔ̃] ***le ~*** Gabun *n*
gâch|er [gɑʃe] (1a) *Mörtel*: anrühren; *fig* verpfuschen; verschwenden, vergeuden; **~ette** [-ɛt] *f mil* Abzug(shebel) *m*; **~is** [-i] *m* Mörtel *m*; *fig* Durcheinander *n*; Verschwendung *f*; ***être dans le ~*** in der Patsche sitzen
gadget [gadʒɛt] *m* technische Spielerei *f*
gaffe [gaf] *f mar* Bootshaken *m*; F Dummheit *f*, Schnitzer *m*; F ***faire ~*** aufpassen
gaga [gaga] F vertrottelt
gag|e [gaʒ] *m* Pfand *n*; *fig* Unterpfand *n*; Beweis *m*; ***~s pl*** Lohn *m* (*für Hauspersonal*); ***mettre en ~*** verpfänden; ⚠ ***le ~***; *nicht* Gage
gagn|ant, ~ante [gaɲɑ̃, -ɑ̃t] **1.** *adj* Gewinn...; siegreich; **2.** *m, f* Gewinner(in) *m(f)*
gagne|-pain [gaɲpɛ̃] *m* (⚠ *pl unv*) Broterwerb *m*; **~-petit** [-pəti] *m* (⚠ *pl unv*) Kleinverdiener *m*
gagner [gaɲe] (1a) gewinnen; verdienen; einsparen; sich ausdehnen auf, erfassen; *Ort*: erreichen; ***~ au change*** e-n guten Tausch machen
gai, ~e [ge, gɛ] fröhlich, lustig; angeheitert; ⚠ *adv* ***gaiement*** *od* ***gaîment***
gaieté [gete] *f* Fröhlichkeit *f*, Heiterkeit *f*, Lustigkeit *f*; ***de ~ de cœur*** gern; ⚠ *Schreibung a* ***gaîté***
gaill|ard, ~arde [gajar, -ard] **1.** *adj* munter; frisch; *Reden*: locker; **2.** *m* Kerl *m*; kräftiger Bursche *m*; **~ardise** [-ardiz] *f* schlüpfrige Äußerung *f*

gain [gɛ̃] *m* Gewinn *m*; Vorteil *m*; Verdienst *m*; ***avoir ~ de cause*** sich durchsetzen, gewinnen
gaine [gɛn] *f* **1.** *bot* Blattscheide *f*; *Dolch*: Scheide *f*; *tech* Hülle *f*; **2.** Hüfthalter *m*
gala [gala] *m* Fest-, Galaveranstaltung *f*
gal|ant, ~ante [galɑ̃, -ɑ̃t] galant
galanterie [galɑ̃tri] *f* Höflichkeit *f*
galbé, ~e [galbe] geschweift, gerundet
gale [gal] *f* Krätze *f*; Räude *f*
galère [galɛr] *f hist* Galeere *f*; ***~s pl*** Galeerenstrafe *f*; F ***c'est la ~*** das ist echt ätzend
galerie [galri] *f* Galerie *f*, Empore *f*; Publikum *n*; *auto* Dachgepäckträger *m*; *tech* Stollen *m*
galet [galɛ] *m* Kiesel(stein) *m*; *tech* (Lauf-)Rolle *f*
galette [galɛt] *f* (flacher) Blätterteigkuchen *m*; (Buchweizen-)Pfannkuchen *m*; F *fig* Moneten *pl*
gal|eux, ~euse [galø, -øz] räudig; ***brebis f galeuse*** *fig* schwarzes Schaf *n*
galimatias [galimatja] *m* verworrenes Gerede n
galipette [galipɛt] F *f* Purzelbaum *m*
Galles [gal] ***le pays de ~*** Wales *n*
gallicisme [galisismə] *m* französische Spracheigentümlichkeit *f*
gall|ois, ~oise [galwa, -waz] walisisch
galoche [galɔʃ] *f* Holzpantoffel *m*
galop [galo] *m* Galopp *m*; ⚠ *Schreibung*
galoper [galɔpe] (1a) galoppieren; rennen; ⚠ *Schreibung*; ***il a galopé***
galopin [galɔpɛ̃] *m* Bengel *m*
gambad|e [gɑ̃bad] *f* Luftsprung *m*; **~er** (1a) hüpfen
gamberger [gɑ̃bɛrʒe] (1l) grübeln
gamelle [gamɛl] *f* Kochgeschirr *n*
gam|in, ~ine [gamɛ̃, -in] **1.** *m*, *f* kleiner Junge; kleines Mädchen; **2.** *adj* jungenhaft; schelmisch; **~inerie** [-inri] *f* Dummerjungenstreich *m*
gamme [gam] *f* Tonleiter *f*; *fig* Skala *f*, Palette *f*
gammée [game] *adj* (*nur f*) ***croix f ~*** Hakenkreuz *n*
Gand [gɑ̃] Gent
gangrène [gɑ̃grɛn] *f méd* Brand *m*; *fig* Krebsschaden *m*
gant [gɑ̃] *m* Handschuh *m*; ***~ de toilette*** Waschlappen *m*
ganté, ~e [gɑ̃te] mit Handschuhen
garag|e [garaʒ] *m* **1.** Garage *f*; **2.** (Autoreparatur-)Werkstatt *f*; ⚠ ***le ~***; **~iste** *m* (*selbstständiger*) Automechaniker *m*
gar|ant, ~ante [garɑ̃, -ɑ̃t] *m*, *f* Bürge *m*, Bürgin *f*; ***se porter ~*** bürgen (**de** für)
garant|ie [garɑ̃ti] *f* Garantie *f*; **~ir** (2a) bürgen für; garantieren; schützen (***de, contre*** vor, gegen)
garçon [garsɔ̃] *m* **1.** Junge *m*; junger Mann *m*; (***vieux***) **~** Junggeselle *m*; **2.** Gehilfe *m*; Geselle *m*; **~** (***de café***) Kellner *m*
garçonn|e [garsɔn] *f* Junggesellin *f*; **~ière** [-jɛr] *f* Junggesellenwohnung *f*
garde[1] [gard] *f* **1.** Bewachung *f*, Aufsicht *f* (**de** über); ***chien m de ~*** Wachhund *m*; **2.** Aufbewahrung *f*; ***~ à vue*** Polizeigewahrsam *m*; **3.** Obhut *f*; *jur* ***droit m de ~*** Sorgerecht *n*; **4.** (Ob-)Acht *f*; ***prendre ~*** Acht geben; **5.** *bes mil* Wache *f*; ***être de ~*** Wachdienst, Bereitschaftsdienst haben; ***monter la ~*** Wache halten; **6.** *mil* Garde *f*
garde[2] [gard] *m* Wächter *m*, Wärter *m*; *mil* Gardist *m*
garde|-barrière [gardəbarjɛr] *m* (⚠ *pl* ***gardes-barrière***[**s**]) Schrankenwärter *m*; **~-boue** [-bu] *m* (⚠ *pl unv*) Schutzblech *n*; *auto* Kotflügel *m*; **~-chasse** [-ʃas] *m* (⚠ *pl* ***gardes-chasse***[**s**]) Jagdaufseher *m*; **~-fou** [-fu] *m* (⚠ *pl* ***garde-fous***) Geländer *n*; **~-manger** [-mɑ̃ʒe] *m* (⚠ *pl unv*) Fliegenschrank *m*
gard|er [garde] (1a) bewachen, behüten; pflegen; aufbewahren; bewahren; halten; zurückbehalten; ***se ~ de*** sich hüten vor; **~erie** [-əri] *f* Kinderhort *m*
garde-robe [gardərɔb] *f* (⚠ *pl* ***garde-robes***) Kleiderschrank *m*; Garderobe *f* (*Kleidung*); ⚠ *nicht* Kleiderablage
gard|ien *m*, **~ienne** *f* [gardjɛ̃, -jɛn] Aufseher(in) *m*(*f*), Wächter(in) *m*(*f*), Wärter(in) *m*(*f*); Hausmeister(in) *m* (*f*); ***gardien*** (***de but***) Torhüter *m*, -wart *m*; ***gardien de la paix*** Polizeibeamte(r) *m*
gare[1] [gar] *f* Bahnhof *m*; ***~ routière*** Omnibusbahnhof *m*
gare[2] [gar] ***~ à*** ...! pass auf ...!; ***~ à toi!*** nimm dich in acht!
garer [gare] (1a) abstellen, parken; ***se ~*** ausweichen; parken

G

gargariser [gargarize] (1a) ***se** ~* gurgeln; *fig* F ***se** ~ **de*** sich berauschen an
gargote [gargɔt] *f péj* mieses Esslokal *n*
gargouille [garguj] *f arch* Wasserspeier *m*
garnement [garnəmɑ̃] *m* Schlingel *m*, Bengel *m*
garn|ir [garnir] (2a) ausstatten, versehen (***de*** mit); ausschmücken, verzieren; garnieren; **~ison** [-izɔ̃] *f mil* Garnison *f*; **~iture** [-ityr] *f* Ausrüstung *f*, Ausstattung *f*, Zubehör *n*; Verzierung *f*; *cuis* Beilage *f*; *auto* ***~ de frein*** Bremsbelag *m*
Garonne [garɔn] ***la** ~* die Garonne
garrotter [garɔte] (1a) fesseln
gars [gɑ] F *m* Bursche *m*, Kerl *m*
Gascogne [gaskɔɲ] ***la** ~* die Gascogne; ***le golfe de** ~* der Golf von Biskaya
gas-oil [gazwal, gazɔjl] *m* Dieselkraftstoff *m*
gaspiller [gaspije] (1a) verschwenden, vergeuden
gastrique [gastrik] Magen...
gastronomique [gastrɔnɔmik] gastronomisch, Feinschmecker...
gâteau [gɑto] *m* (⚠ *pl* ***~x***) Kuchen *m*; ***~x secs*** Teegebäck *n*
gâter [gɑte] (1a) verderben; verwöhnen, verziehen
gât|eux, ~euse [gɑtø, -øz] kindisch, verkalkt, vertrottelt
gauch|e [goʃ] **1.** *adj* linke; linkisch; ***à** ~* links; ***à** ~ **de*** links von; **2.** *f* Linke *f* (*a pol*), linke Seite *od* Hand; ***de la** ~* von links; ***~er, ~ère être** ~* Linkshänder(in) sein; **~erie** *f* linkisches Wesen *n*; **~ir** (2a) (***se***) *~* sich verziehen, sich verbiegen; **~iste** *m*, *f pol* Linksextreme(r) *m*, *f*
gaudriole [godrijɔl] *f* F loser Scherz *m*
gaufre [gofrə] *f* Waffel *f*; (Bienen-)Wabe *f*
Gaule [gol] ***la** ~* (*a* ***les ~s***) Gallien *n*
gaul|ois, ~oise [golwa, -waz] **1.** *adj* gallisch; *fig* deftig, derb, lose; **2.** ♀ *m*, *f* Gallier(in) *m(f)*
gauloiserie [golwazri] *f* derber Witz *m*, Zote *f*
gaver [gave] (1a) mästen; (voll) stopfen
gavroche [gavrɔʃ] *m* Pariser Straßenjunge *m*
gay [gɛ] schwul
gaz [gɑz] *m* Gas *n*; ***~ irritant*** Reizgas *n*; ***~ naturel*** Erdgas *n*; ***~ d'échappement*** Abgas *n*; ***~ de pétrole liquéfié*** Autogas *n*; F ***à pleins** ~* mit Vollgas; ***mettre les** ~* Vollgas geben
gaze [gɑz] *f* Gaze *f*; *phm* (Verband-)Mull *m*
gazer [gaze] (1a) **1.** durch Giftgas töten, vergasen; **2.** F *auto* rasen; F ***ça gaze*** das klappt ja!
gazette [gazɛt] *f* Zeitung *f*
gaz|eux, ~euse [gazø, -øz] gasförmig; mit Kohlensäure versetzt; ***eau** f **gazeuse*** Sprudel *m*
gazoduc [gazɔdyk] *m* Ferngasleitung *f*
gazole [gazɔl] *m* Dieselkraftstoff *m*
gazomètre [gazɔmɛtrə] *m* Gaskessel *m*
gazon [gazɔ̃] *m* Rasen *m*
gazouiller [gazuje] (1a) zwitschern; *Wasser*: plätschern
G.D.F. (*abr* ***Gaz de France***) Frz. Gasgesellschaft
geai [ʒɛ] *m zo* Eichelhäher *m*
gé|ant, ~ante [ʒeɑ̃, -ɑ̃t] **1.** *m*, *f* Riese *m*, Riesin *f*; **2.** *adj* riesig; F geil
geindre [ʒɛ̃drə] (4b) stöhnen; jammern
gel [ʒɛl] *m* Frost *m*; *fig* Einfrieren *n*; *chim* Gel *n*
gel|ée [ʒ(ə)le] *f* **1.** Frost *m*; ***~ blanche*** Reif *m*; **2.** *cuis* Aspik *m*, Sülze *f*, Gelee *n*; **~er** (1d) zum Gefrieren bringen; ge-, ein-, erfrieren; ***il gèle*** es friert
gélule [ʒelyl] *f méd* Kapsel *f*
Gémeaux [ʒemo] *m/pl astr* Zwillinge *m/pl*
gém|ir [ʒemir] (2a) stöhnen, ächzen; **~issement** [-ismɑ̃] *m* Stöhnen *n*
gemme [ʒɛm] *f* Edelstein *m*
gên|ant, ~ante [ʒɛnɑ̃, -ɑ̃t] hinderlich, störend; lästig, beschwerlich; peinlich
gencive [ʒɑ̃siv] *f* Zahnfleisch *n*
gendarm|e [ʒɑ̃darm] *m* Gendarm *m*; **~erie** [-əri] *f* Gendarmerie *f*
gendre [ʒɑ̃drə] *m* Schwiegersohn *m*
gène [ʒɛn] *m biol* Gen *n*
gên|e [ʒɛn] *f* Beklemmung *f*; *fig* Zwang *m*; (Geld-)Verlegenheit *f*; ***sans** ~* ungeniert; frech, rücksichtslos; **~é, ~ée** verlegen, betreten; **~er** (1b) beengen, behindern; stören; in Verlegenheit bringen; *fig* ***se** ~* sich Zwang antun, sich genieren (***avec qn*** vor j-m)
général, ~e [ʒeneral] (⚠ *m/pl* ***-aux***) **1.** *adj* allgemein, generell; ***en général*** im Allgemeinen; **2.** *m* General *m*; **~ement**

[-mɑ̃] *adv* meistens; allgemein; **~iser** (1a) verallgemeinern; **~iste** *m* praktischer Arzt *m*, Allgemeinmediziner *m*; **~ité** *f* Allgemeingültigkeit *f*; **~s** *pl* Allgemeine(s) *n*
généra|teur, ~trice [ʒeneratœr, -tris] **1.** *adj* erzeugend; bewirkend; **2.** *m tech* Generator *m*
génération [ʒenerasjɔ̃] *f* (Er-)Zeugung *f*; Generation *f* (*a EDV*)
génér|eux, ~euse [ʒenerø, -øz] edelmütig; großzügig; freigebig; *Boden*: ertragreich
générique [ʒenerik] **1.** *adj* Gattungs...; **2.** *m Kino*: Vorspann *m*
générosité [ʒenerozite] *f* Edelmut *m*; Großzügigkeit *f*; Freigebigkeit *f*
genèse [ʒənɛz] *f* Entstehung *f*, Genese *f*
genêt [ʒ(ə)nɛ] *m bot* Ginster *m*
génétique [ʒenetik] **1.** *adj* genetisch; **2.** *f* Genetik *f*
Genève [ʒ(ə)nɛv] Genf
genévrier [ʒənevrije] *m bot* Wacholder(strauch) *m*
génial, ~e [ʒenjal] (⚠ *m/pl* **-iaux**) genial; F super; ***c'est pas*** ~ das ist nicht besonders toll
génie [ʒeni] *m* Geist *m*; Genie *n*; *mil* Pioniertruppe *f*; Pionierwesen *n*; ~ ***civil*** Bauingenieurwesen *n*; Hoch- und Tiefbau *m*; ~ ***génétique*** Gentechnologie *f*
genièvre [ʒənjɛvrə] *m* Wacholder(beere *f*, -strauch *m*, -schnaps *m*) *m*
génital, ~e [ʒenital] (⚠ *m/pl* **-aux**) Geschlechts..., genital
génocide [ʒenɔsid] *m* Völkermord *m*
génothèque [ʒenotɛk] *f* Genbank *f*
genou [ʒ(ə)nu] *m* (⚠ *pl* **~x**) Knie *n*; **à ~x** auf den Knien
genre [ʒɑ̃r] *m* Art *f*, Gattung *f*; *gr* Genus *n*, Geschlecht *n*
gens [ʒɑ̃] *m/pl* Leute *pl*; ⚠ *vorangehendes adj steht im f/pl*
gentiane [ʒɑ̃sjan] *f bot* Enzian *m*
gent|il, ~ille [ʒɑ̃ti, -ij] nett, freundlich, liebenswürdig; *Kind*: lieb, artig
gentilhomme [ʒɑ̃tijɔm] *m* (⚠ *pl* ***gentilshommes*** [ʒɑ̃tizɔm]) *hist* Edelmann *m*
gentillesse [ʒɑ̃tijɛs] *f* Freundlichkeit *f*, Liebenswürdigkeit *f*
gentiment [ʒɑ̃timɑ̃] *adv* nett, liebenswürdig; brav
géograph|ie [ʒeɔgrafi] *f* Erdkunde *f*, Geografie *f*; **~ique** geografisch
géologie [ʒeɔlɔʒi] *f* Geologie *f*, Erdgeschichte *f*
géométrie [ʒeɔmetri] *f* Geometrie *f*, Raumlehre *f*
gérance [ʒerɑ̃s] *f* Geschäftsführung *f*
géranium [ʒeranjɔm] *m bot* Geranie *f*
gér|ant, ~ante [ʒerɑ̃, -ɑ̃t] *m*, *f* Geschäftsführer(in) *m(f)*
gerbe [ʒɛrb] *f* Garbe *f*; (Blumen-)Strauß *m*
gerber [ʒɛrbe] (1a) F kotzen
gercer [ʒɛrse] (1k) *Haut*: rissig machen; (**se**) ~ rissig werden, aufspringen
gerçure [ʒɛrsyr] *f* Riss *m*, Schrunde *f*
gérer [ʒere] (1f) verwalten; *Geschäft*: führen
germ|ain¹, ~aine [ʒɛrmɛ̃, -ɛn] ***cousin germain***, ***cousine germaine*** Vetter *m*, Kusine *f* (ersten Grades)
germ|ain², ~aine [ʒɛrmɛ̃, -ɛn] *hist* germanisch
Germanie [ʒɛrmani] *hist* ***la*** ~ Germanien *n*
german|ique [ʒɛrmanik] germanisch; deutsch; **~isme** *m* deutsche Spracheigentümlichkeit *f*
germano-... [ʒɛrmano] *in Zssgn* deutsch...
germ|e [ʒɛrm] *m* Keim *m* (*a fig*); **~er** (1a) keimen
gérontologie [ʒerɔ̃tɔlɔʒi] *f* Altersforschung *f*
gestation [ʒɛstasjɔ̃] *f zo*, *méd* Trächtigkeit *f*; Schwangerschaft *f*
geste [ʒɛst] *m* Geste *f*, Gebärde *f*; ~ ***de la main*** Handbewegung *f*; ⚠ ***le*** ~
gesticuler [ʒɛstikyle] (1a) gestikulieren
gestion [ʒɛstjɔ̃] *f* Geschäftsführung *f*; Verwaltung *f*
gibecière [ʒipsjɛr] *f* Umhänge-, Jagdtasche *f*
gibet [ʒibɛ] *m* Galgen *m*
gibier [ʒibje] *m* Wild(bret) *n*
giboulée [ʒibule] *f* Regen-, Graupelschauer *m*
Gibraltar [ʒibraltar] ***le*** ~ Gibraltar *n*; ***le détroit de*** ~ die Straße von Gibraltar
gicl|er [ʒikle] (1a) heraus-, hervorspritzen; **~eur** *m auto* Vergaserdüse *f*
gifl|e [ʒiflə] *f* Ohrfeige *f*, Backpfeife *f*; **~er** (1a) ohrfeigen
gigantesque [ʒigɑ̃tɛsk] riesenhaft
giga-octet [gigaɔktɛ] *m* (⚠ *pl* ***giga-octets***) Gigabyte *n*

G

gigot [ʒigo] *m* Hammelkeule *f*
gigoter [ʒigɔte] (1a) F zappeln, strampeln
gilet [ʒilɛ] *m* Weste *f*; Unterhemd *n*; **~ de sauvetage** Schwimmweste *f*; ⚠ *nicht verwechseln mit* **la veste**
gingembre [ʒɛ̃ʒɑ̃brə] *m bot* Ingwer *m*
girafe [ʒiraf] *f* Giraffe *f*; ⚠ *Schreibung*
giratoire [ʒiratwar] Kreis..., kreisend
girofl|e [ʒirɔflə] *m* **clou** *m* **de ~** Gewürznelke *f*; **~ée** *f bot* Levkoje *f*; Goldlack *m*
girolle [ʒirɔl] *f bot* Pfifferling *m*
girouette [ʒirwɛt] *f* Wetterfahne *f*
gisement [ʒizmɑ̃] *m géol* Lagerstätte *f*, Vorkommen *n*; **~ pétrolier** (*od* **de pétrole**) Erdöllagerstätte *f*

G

gît [ʒi] (*von* **gésir** liegen, ruhen *von Toten*) **ci-gît** ... hier ruht ...
git|an, ~ane [ʒitɑ̃, -an] **1.** *adj* Zigeuner...; **2.** ♀ *m, f* Zigeuner(in) *m(f)*
gîte [ʒit] *m* Unterkunft *f*; Lager *n*
givr|e [ʒivrə] *m* Raureif *m*; **~er** (1a) vereisen; zufrieren; mit Raureif bedecken
glace [glas] *f* Eis *n* (*a fig*); Speiseeis *n*; Spiegel *m*; Spiegelglas *n*; (Glas-)Scheibe *f*; (Wagen-)Fenster *n*; *cuis* Zuckerguss *m*
glac|é, ~ée [glase] vereist; eisig; frostig; *cuis* **marrons** *m/pl* **glacés** kandierte Kastanien *f/pl*; **~er** (1k) gefrieren, erstarren lassen; glänzend machen; glasieren, lasieren; mit Zuckerguss überziehen; **se ~** zu Eis werden; *fig* erstarren
glac|iaire [glasjɛr] Eis..., Gletscher...; **~ial, ~iale** [-jal] (⚠ *m/pl* **-iaux** *od* **-ials**) eiskalt; eisig; **~ier** [-je] *m* Gletscher *m*; Eiskonditor *m*; **~ière** [-jɛr] *f* Eisschrank *m*; Kühlbox *f*
glaçon [glasɔ̃] *m* Eisscholle *f*; Eiszapfen *m*; Eiswürfel *m*
glaïeul [glajœl] *m bot* Gladiole *f*
glaise [glɛz] *f* (*a* **terre** *f* **~**) Ton(erde) *m(f)*, Lehm *m*
glaive [glɛv] *m hist u fig* Schwert *n*
gland [glɑ̃] *m* Eichel *f*; Quaste *f*
glande [glɑ̃d] *f* Drüse *f*
glander [glɑ̃de] (1a) F herumgammeln
glaner [glane] (1a) Ähren lesen; *fig* sammeln
glapir [glapir] (2a) kläffen
glas [glɑ] *m* Totenglocke *f*, Totengeläute *n*
glauque [glok] meergrün
gliss|ade [glisad] *f* Ausgleiten *n*, Schlittern *n*; Rutschpartie *f*; **~ant, ~ante** [-ɑ̃, -ɑ̃t] glatt, schlüpfrig, rutschig
gliss|ement [glismɑ̃] *m* Gleiten *n*; *fig* Verschiebung *f*; **~ de terrain** Erdrutsch *m*; **~er** (1a) schieben, stecken (**dans** in); ab-, aus-, entgleiten; rutschen; schlittern; **se ~** (sich ein)schleichen; **~ière** [-jɛr] *f tech* Führungsschiene *f*; **~ de sécurité** Leitplanke *f*
global, ~e [glɔbal] (⚠ *m/pl* **-aux**) gesamt, Global...; Pauschal...
globe [glɔb] *m* Kugel *f*; Globus *m*; Erdkugel *f*
globul|e [glɔbyl] *m* Kügelchen *n*; *méd* Blutkörperchen *n*; **~eux, ~euse** [-ø, -øz] *Augen*: vorstehend
gloire [glwar] *f* Ruhm *m*; Glanz *m*
glori|eux, ~euse [glɔrjø, -øz] ruhmreich, glorreich
glorifier [glɔrifje] (1a) verherrlichen
gloriole [glɔrjɔl] *f péj* Selbstgefälligkeit *f*; ⚠ *nicht* Gloriole
gloser [gloze] (1a) glossieren; ⚠ *Schreibung*
glotte [glɔt] *f* Stimmritze *f*; **coup** *m* **de ~** Knacklaut *m*
glouglou [gluglu] *m* Kollern *n* (*des Puters*); Gluckern *n* (*Flüssigkeiten*)
glousser [gluse] (1a) glucken; glucksen
glout|on, ~onne [glutɔ̃, -ɔn] gefräßig; **~onnerie** [-ɔnri] *f* Gefräßigkeit *f*
glu [gly] *f* Vogelleim *m*; Klebstoff *m*
glu|ant, ~ante [glyɑ̃, -ɑ̃t] klebrig
glucide [glysid] *m chim meist pl* **~s** Kohlehydrate *n/pl*
glucose [glykoz] *m* Traubenzucker *m*, Glukose *f*; ⚠ **le ~**
gluten [glytɛn] *m chim* Kleber *m*
gnangnan [ɲɑ̃ɲɑ̃] F schlafmützig
gnome [gnom] *m* Gnom *m*; hässlicher Zwerg *m*
go [go] **tout de ~** geradeheraus; ohne weiteres
G.O. (*abr* **grandes ondes**) LW (Langwelle)
gobelet [gɔblɛ] *m* Becher *m*
gober [gɔbe] (1a) ausschlürfen; F leichtfertig glauben
goberger [gɔbɛrʒe] (1l) F **se ~** sich gute Tage machen
godasse [gɔdas] F *f* Schuh *m*, Latschen F *m*
godet [gɔdɛ] *m* Farbnäpfchen *n*; (För-

der-)Becher *m*, Bagger-, Schöpfeimer *m*
godiche [gɔdiʃ] F linkisch, ungeschickt; doof F
godiller [gɔdije] (1a) *Ski*: wedeln
goéland [gɔelɑ̃] *m* Seemöwe *f*
goémon [gɔemɔ̃] *m bot* Tang *m*
gogo [gogo] F **à ~** in Hülle und Fülle
goguen|ard, ~arde [gɔgnar, -ard] spöttisch
goguette [gɔgɛt] *f* F **être en ~** e-n Schwips haben
goinfr|e [gwɛ̃frə] **1.** *m* Vielfraß *m*; **2.** *adj* gefräßig; **~er** (1a) **se ~** *péj* sich voll fressen
goitre [gwatrə] *m* Kropf *m*
golf [gɔlf] *m Sport*: Golf *n*
golfe [gɔlf] *m géogr* Golf *m*; ⚠ *nicht verwechseln mit* **golf** (*Sport*); **les États du** ♀ die Golfstaaten *pl*
gomm|e [gɔm] *f* Gummi *m*; Radiergummi *m*; ⚠ **la ~**; **~er** (1a) (aus)radieren; gummieren; *fig* beseitigen
gond [gɔ̃] *m* Türangel *f*
gondol|e [gɔ̃dɔl] *f* Gondel *f*; **~er** (1a) *Papier*: sich wellen; F **se ~** sich biegen vor Lachen
gonfler [gɔ̃fle] (1a) anschwellen; aufblähen, -blasen, -pumpen; *fig* aufbauschen; F *fig* **être gonflé** draufgängerisch, frech sein
gonzesse [gɔ̃zɛs] *f* F *péj* Tussi *f*; *Mann*: Memme *f*
gorge [gɔrʒ] *f* Hals *m*, Kehle *f*, Gurgel *f*; Rachen *m*; *st/s* Busen *m*; *géogr* Schlucht *f*; **avoir mal à la ~** Halsschmerzen haben; **avoir la ~ serrée** einen Kloß im Hals haben
gorgée [gɔrʒe] *f* Schluck *m*
gorille [gɔrij] *m zo* Gorilla *m*; F *fig* Leibwächter *m*
gosier [gozje] *m* Schlund *m*, Kehle *f*
gosse [gɔs] F *m*, *f* Kind *n*; Junge *m*, Bengel F *m*; Mädchen *n*, Gör F *n*
gothique [gɔtik] **1.** *adj* gotisch; **2.** *m* Gotik *f*; ⚠ *Schreibung*; **le ~**
gouache [gwaʃ] *f* Guaschfarbe *f*, -malerei *f*
gouape [gwap] *f* F Lump *m*
goudron [gudrɔ̃] *m* Teer *m*
goudronn|er [gudrɔne] (1a) teeren; **~euse** *f* Straßenteermaschine *f*
gouffre [gufrə] *m* Abgrund *m* (*a fig*)
goujat [guʒa] *m* Grobian *m*, Flegel *m*
goujon [guʒɔ̃] *m zo* Gründling *m*
goul|et [gulɛ] *m* enge Hafenzufahrt *f*; Engpass *m*; **~ot** [-o] *m* Flaschenhals *m*; **boire au ~** aus der Flasche trinken; **~u, ~ue** [-y] gefräßig, gierig
goupill|e [gupij] *f tech* Stift *m*; **~on** *m* Weih(wasser)wedel *m*; Flaschenbürste *f*
gourd, gourde [gur, gurd] starr, steif (vor Kälte)
gourde [gurd] *f* Flaschenkürbis *m*; Feldflasche *f*; F *fig* Dummkopf *m*, Dussel F *m*
gourdin [gurdɛ̃] *m* Knüppel *m*
gourer [gure] (1a) F **se ~** sich täuschen
gourm|and, ~ande [gurmɑ̃, -ɑ̃d] **1.** *adj* schlemmerhaft, esslustig, naschhaft; **2.** *m*, *f* Vielfraß *m*, Schlemmer *m*; **~andise** [-ɑ̃diz] *f* Schlemmerei *f*, Naschhaftigkeit *f*; **~s** *pl* Leckerbissen *m/pl*; Leckereien *f/pl*
gourmet [gurmɛ] *m* Feinschmecker *m*
gourou [guru] *m* Guru *m*
gousse [gus] *f* Hülse *f*, Schote *f*; **~ d'ail** Knoblauchzehe *f*
gousset [gusɛ] *m* Westentasche *f*
goût [gu] *m* Geschmack(ssinn) *m* (*a fig*); Lust *f*, Gefallen *n*; **~s** *pl* Neigungen *f/pl*; **de bon ~** geschmackvoll; **à mon ~** meiner Meinung nach; **chacun son ~** jeder nach seinem Geschmack; **prendre ~ à qc** Gefallen an etw finden
goûter [gute] **1.** (1a) kosten, probieren (**qc**, *st/s* **à** *od* **de qc** etw); *fig* genießen; Geschmack finden an; *am Nachmittag*: e-n Imbiss einnehmen, vespern; **2.** *m* Nachmittagskaffee *m*, -imbiss *m*, *östr* Jause *f*
goutt|e [gut] *f* **1.** Tropfen *m*; **~ à ~** tropfenweise; **2.** *méd* Gicht *f*; **3.** *litt* **ne** ... **~** überhaupt nichts; **~er** (1a) tropfen
goutt|eux, ~euse [gutø, -øz] gichtkrank; Gicht...
gouttière [gutjɛr] *f* Dachrinne *f*
gouvernail [guvɛrnaj] *m* (⚠ *pl* **~s**) Steuerruder *n*
gouvernante [guvɛrnɑ̃t] *f* Kinderfräulein *n*, Erzieherin *f*; Haushälterin *f*
gouverne [guvɛrn] *f mar*, *aviat* Steuerung *f*; *fig* Richtschnur *f*
gouvernement [guvɛrnəmɑ̃] *m* Regierung *f*
gouvernemental, ~e [guvɛrnəmɑ̃tal] (⚠ *m/pl* **-aux**) Regierungs...

gouvern|er [guvɛrne] (1a) regieren; (be)herrschen; *mar* steuern; **~eur** *m* Gouverneur *m*; Statthalter *m*

G.R. [ʒeɛr] *m* (*abr* ***grande randonnée***) Wanderweg *m*; ⚠ ***le*** **~**

grâce [grɑs] *f* Gnade *f*; Gunst *f*; *jur* Begnadigung *f*; Grazie *f*, Anmut *f*; Dank *m*; ***de bonne*** (***mauvaise***) **~** gern (ungern); ***coup*** *m* ***de*** **~** Todesstoß *m*, Gnadenstoß *m*, -schuss *m*; ***faire*** **~** ***à qn de qc*** j-m etw erlassen; ***par la*** **~** ***de Dieu*** von Gottes Gnaden; **~** ***à Dieu!*** Gott sei Dank!; **~** ***à*** dank, auf Grund; ⚠ *accent circonflexe*

gracier [grasje] (1a) begnadigen

graci|eux, ~euse [grasjø, -øz] anmutig; freundlich; unentgeltlich

gracile [grasil] schlank, zierlich

gradation [gradasjɔ̃] *f* Abstufung *f*

grade [grad] *m* Dienstgrad *m*, Rang *m*

gradin [gradɛ̃] *m* Stufe *f*; **~*s*** *pl* (ansteigende) Sitzreihen *f*/*pl*

graduer [gradɥe] (1n) abstufen; allmählich steigern

graffiti [grafiti] *m* (⚠ *pl* **~[s]**) Graffiti *pl*

grain [grɛ̃] *m* Korn *n*; Körnchen *n*; Kaffeebohne *f*; Beere *f*

graine [grɛn] *f* Samenkorn *n*; Samen *m*, Saat *f*

graissage [grɛsaʒ] *m* Schmieren *n*; *auto* ***faire un*** **~** abschmieren

graiss|e [grɛs] *f* Fett *n*; **~er** (1b) einfetten, abschmieren; fettig machen; **~eux, ~euse** [-ø, -øz] fettig

graminées [gramine] *f*/*pl bot* Gräser *n*/*pl*

grammair|e [gramɛr] *f* Grammatik *f*; **~ien** *m* Grammatiker *m*

grammatical, ~e [gramatikal] (⚠ *m*/*pl* ***-aux***) grammatisch, grammatikalisch

gramme [gram] *m* Gramm *n*

grand, grande [grɑ̃, grɑ̃d] **1.** *adj* groß; ***les grandes personnes*** die Erwachsenen; ***au grand air*** im Freien; ***grand cri*** *m* lauter Schrei *m*; ***grand malade*** *m* Schwerkranker *m*; ***grande randonnée*** Wanderweg *m*; ***grande surface*** Einkaufszentrum *n*; ***il est grand temps*** es ist höchste Zeit; *Schule*: ***les grandes classes*** die oberen Klassen; **2.** *adv* ***voir grand*** hoch hinauswollen; ***grand ouvert*** weit offen

grand-chose [grɑ̃ʃoz] ***pas*** **~** nicht viel

Grande-Bretagne [grɑ̃dbrətaɲ] ***la*** **~** Großbritannien *n*

grandement [grɑ̃dmɑ̃] *adv* in hohem Maße, sehr

grandeur [grɑ̃dœr] *f* Größe *f*, Erhabenheit *f*

grandiloquence [grɑ̃dilɔkɑ̃s] *f* hochtrabende Ausdrucksweise *f*

grandir [grɑ̃dir] (2a) größer werden, wachsen, zunehmen; ⚠ *il* ***a*** *grandi*

grand-mère [grɑ̃mɛr] *f* (⚠ *pl* ***grand*[s]*-mères***) Großmutter *f*; **~-messe** [-mɛs] *f* (⚠ *pl* ***grand*[s]*-messes***) *égl* Hochamt *n*; **~-peine** [-pɛn] ***à*** **~** mit großer Mühe; **~-père** [-pɛr] *m* (⚠ *pl* ***grands-pères***) Großvater *m*; **~-peur** [-pœr] *f* ***avoir*** **~** große Angst haben; **~-route** [-rut] *f* (⚠ *pl* ***grand*[s]*-routes***) Landstraße *f*; **~-rue** [-ry] *f* (⚠ *pl* ***grand*[s]*-rues***) Hauptstraße *f*; **~s-parents** [-parɑ̃] *m*/*pl* Großeltern *pl*

grange [grɑ̃ʒ] *f* Scheune *f*

granivore [granivɔr] *zo* Körner fressend

granul|eux, ~euse [granylø, -øz] körnig

grapheur [grafœr] *m EDV* Grafikprogramm *n*

graph|ie [grafi] *f ling* Schreibung *f*; **~ique 1.** *adj* grafisch; **2.** *m* Schaubild *n*, Grafik *f*; *EDV* Computergrafik *f*; ⚠ ***le*** **~**

grappe [grap] *f* Traube *f*; **~** ***de raisin*** Weintraube *f*

grappiller [grapije] (1a) *in Weinbergen*: Nachlese halten; *fig* kleine Vorteile herausschlagen

grappin [grapɛ̃] *m Kran*: Greifer *m*; F *fig* ***mettre le*** **~** ***sur qn*** j-n mit Beschlag belegen

gras, grasse [grɑ, grɑs] **1.** *adj* fett(ig); dick; *Schrift*: fett; *agr* fruchtbar; ***mardi*** *m* ***gras*** Fastnachtsdienstag *m*; **2.** *m* fettes Fleisch *n*

grassouill|et, ~ette [grasujɛ, -ɛt] F dicklich, mollig

gratification [gratifikasjɔ̃] *f* Sondervergütung *f*, Gratifikation *f*

gratifier [gratifje] (1a) **~** ***qn de qc*** j-m etw zukommen lassen

gratin [gratɛ̃] *m cuis* Kruste *f* (*beim Überbacken*); überbackenes Käsegericht *n*; F ***le*** **~** die besseren Kreise *pl*; ***au*** **~** überbacken

gratiné, ~e [gratine] *cuis* überbacken, gratiniert; *fig* F unglaublich

gratis [gratis] unentgeltlich
gratitude [gratityd] *f* Dankbarkeit *f*
gratte-ciel [gratsjɛl] *m* (⚠ *pl unv*) Wolkenkratzer *m*
gratte-papier [gratpapje] *m* (⚠ *pl unv*) Schreiberling *m*
gratter [grate] (1a) ab-, auskratzen; kratzen; scharren; ausradieren
grat|uit, ~uite [gratɥi, -ɥit] unentgeltlich, kostenlos; grundlos, unbegründet; **~uité** [-ɥite] *f* Unentgeltlichkeit *f*; Grundlosigkeit *f*
gravats [grava] *m/pl* Bauschutt *m*
grave [grav] ernst, schwer(wiegend), schlimm; würdevoll; tief (*Ton*); **~ment** *adv* ernst(lich)
graver [grave] (1a) (ein)gravieren, (ein)schneiden; **~ *qc dans sa mémoire*** etw ins Gedächtnis (ein)graben
gravier [gravje] *m* Kies *m*
gravillon [gravijɔ̃] *m für Straßen*: Splitt *m*
grav|ir [gravir] (2a) erklimmen; **~itation** [-itasjɔ̃] *f phys* Schwerkraft *f*
gravit|é [gravite] *f* Ernst *m*, Schwere *f*, Gewicht *n* (*fig*); Würde *f*; **~er** (1a) **~ *autour de*** ... umkreisen
gravure [gravyr] *f* Gravierkunst *f*; (Kupfer-)Stich *m*; Grafik *f*
gré [gre] *m* ***bon ~, mal ~*** wohl oder übel; ***contre le ~ de qn*** gegen den Willen j-s; ***de bon ~*** gern; ***savoir ~ de qc à qn*** j-m für etw dankbar sein
grec, grecque [grɛk] **1.** *adj* griechisch; **2.** ♀ *m*, *f* Grieche *m*, Griechin *f*
Grèce [grɛs] ***la ~*** Griechenland *n*
greff|e [grɛf] **1.** *m jur* Geschäftsstelle *f* des Gerichts; **2.** *f agr* Pfropfreis *n*; Pfropfen *n*; *méd* **~ *du cœur*** Herzverpflanzung *f*; **~er** (1b) pfropfen; *méd* verpflanzen; **~ier** [-je] *m* Gerichtsschreiber *m*
grégaire [gregɛr] Herden...; ***instinct*** *m* **~** Herdentrieb *m*
grêle[1] [grɛl] dünn, schmal, mager
grêl|e[2] [grɛl] *f* Hagel *m*; **~er** (1a) hageln; ***il grêle*** es hagelt; **~on** *m* Hagelkorn *n*
grelot [grəlo] *m* Schelle f
grelotter [grəlɔte] (1a) vor Kälte zittern
greluche [grəlyʃ] *f* F *péj* Tussi *f*
grenad|e [grənad] *f bot* Granatapfel *m*; *mil* Granate *f*; **~ine** *f* Granatapfelsirup *m*
grenat [grəna] **1.** *m* Granat(stein) *m*; **2.** *adj* (⚠ *unv*) granatfarben
grenier [grənje] *m* Speicher *m*, Dachboden *m*
grenouille [grənuj] *f zo* Frosch *m*
grès [grɛ] *m* Sandstein *m*; Steinzeug *n*
grésil [grezil] *m* Graupeln *f/pl*
grésiller [grezije] (1a) brutzeln; knistern
grève [grɛv] *f* **1.** Streik *m*; ***faire ~, se mettre en ~*** streiken; **~ *de la faim*** Hungerstreik *m*; **~ *du zèle*** Dienst *m* nach Vorschrift; **2.** (Sand-, Kies-)Strand *m*
grever [grəve] (1d) belasten
gréviste [grevist] *m*, *f* Streikende(r) *m*, *f*
gribouiller [gribuje] (1a) kritzeln, (hin)schmieren
grief [griɛf] *m* Beschwerde *f*
grièvement [grijɛvmɑ̃] *adv* **~ *blessé*** schwer verletzt, schwer verwundet
griff|e [grif] *f* Kralle *f*, Klaue *f*; *comm* Namensstempel *m*; *fig* Stempel *m*; **~er** (1a) kratzen; **~on** *m Fabeltier*: Greif *m*
griffonn|age [grifɔnaʒ] *m* Gekritzel *n*; **~er** (1a) (hin)kritzeln
grignoter [griɲɔte] (1a) (ab-, an)knabbern
grigou [grigu] *m* F Geizhals *m*
gril [gril] *m* (Brat-)Rost *m*
grill|ade [grijad] *f* gegrilltes Fleisch *n*; **~age** *m* Drahtgitter *n*; Drahtzaun *m*
grille [grij] *f* Gitter *n*; (Feuer-)Rost *m*; *fig* Tabelle *f*, Schema *n*; **~-pain** [-pɛ̃] *m* (⚠ *pl unv*) Toaster *m*
griller [grije] (1a) braten, grillen, toasten, rösten; durchbrennen lassen; **~ *un feu rouge*** ein Rotlicht überfahren
grillon [grijɔ̃] *m zo* Grille *f*
grimac|e [grimas] *f* Grimasse *f*; **~er** (1k) Gesichter schneiden
grimper [grɛ̃pe] (1a) klettern, (an)steigen (*a fig*); ⚠ *il **a** grimpé*
grinc|ement [grɛ̃smɑ̃] *m* Knarren *n*, Quietschen *n*; Knirschen *n*; **~er** (1k) *Tür*: knarren; *Reifen* quietschen; **~ *des dents*** mit den Zähnen knirschen
grinch|eux, ~euse [grɛ̃ʃø, -øz] mürrisch, brummig
gringalet [grɛ̃galɛ] *m* F schmächtiges Männchen *n*
griotte [grijɔt] *f bot* Weichselkirsche *f*
gripp|e [grip] *f* **1.** *méd* Grippe *f*; **2.** ***prendre qn en ~*** gegen j-n eingenommen sein; **~é, ~ée** *méd* grippekrank;

G

~er (1a) (**se**) ~ *tech* sich festfressen
grippe-sou [gripsu] *m* (⚠ *pl* ***grippe--sou*[s]**) F Pfennigfuchser *m*
gris, grise [gri, griz] grau; düster, trübe; *fig* angetrunken, benebelt
grisaille [grizaj] *f* Eintönigkeit *f*
grisâtre [grizɑtrə] grau, gräulich
gris|er [grize] (1a) berauschen, benebeln; **~erie** *f fig* Rausch *m*
grisonner [grizɔne] (1a) grau werden
Grisons [grizɔ̃] *m/pl* ***les*** ~ Graubünden *n*
grisou [grizu] *m* Grubengas *n*; ***coup** m* ***de*** ~ Schlagwetterexplosion *f*
grive [griv] *f zo* Drossel *f*
griv|ois, ~oise [grivwa, -waz] *Witz*: schlüpfrig
grogner [grɔɲe] (1a) grunzen; brummen; knurren
grommeler [grɔmle] (1c) vor sich hin brummen
grond|ement [grɔ̃dmɑ̃] *m* Brummen *n*; Knurren *n*; *Donner*: Grollen *n*, Rollen *n*; **~er** (1a) brummen, murren; knurren; (aus)schelten; *Donner*: grollen, rollen
gros, grosse [gro, gros] **1.** *adj* dick, stark; groß, mächtig, massig; grob, derb; schwanger (*a fig*); *mar* ***grosse mer*** *f* schwere See *f*; ***avoir le cœur gros*** Kummer haben; **2.** *adv* ***gagner gros*** viel, gut verdienen; *comm* ***en gros*** im großen; **3.** *m comm* Großhandel *m*; ***le gros de*** ... der größte Teil ...
gros-cul [groky] *m* (⚠ *pl* ***gros-culs***) F Brummi *m*
groseille [grozɛj] *f bot* Johannisbeere *f*; ~ ***à maquereau*** Stachelbeere *f*
gross|esse [grosɛs] *f* Schwangerschaft *f*; **~eur** *f* Dicke *f*; Größe *f*; Schwellung *f*
gross|ier, ~ière [grosje, -jɛr] grob, plump; flegelhaft; *Worte*: derb, unanständig; **~ièrement** [-jɛrmɑ̃] *adv* grob; in großen Zügen; **~ièreté** [-jɛrte] *f* Grobheit *f*; Flegelei *f*; unanständiger Ausdruck *m*; **~ir** (2a) dicker machen (werden); vergrößern; *fig* übertreiben
grossiste [grosist] *m, f comm* Großhändler(in) *m(f)*
grotesque [grɔtɛsk] grotesk, F komisch
grotte [grɔt] *f* Höhle *f*; Grotte *f*
grouiller [gruje] (1a) wimmeln (***de*** von); F ***se*** ~ sich beeilen
group|e [grup] *m* Gruppe *f*; ~ ***rock*** Rockband *f*; ~ ***sanguin*** Blutgruppe *f*; ~ ***à risques*** Risikogruppe *f*; ~ ***de pression*** Interessenverband *m*; ⚠ ***le*** ~; **~ement** [-mɑ̃] *m* Gruppierung *f*; Verband *m*; **~er** (1a) zusammenfassen, vereinigen; gruppieren
gruau [gryo] *m* Grütze *f*
grue [gry] *f zo* Kranich *m*; *tech* Kran *m*; F Dirne *f*; *fig* ***faire le pied de*** ~ lange warten müssen
grumeau [grymo] *m* (⚠ *pl* **~x**) Klumpen *m*
grumeler [grymle] (1c) ***se*** ~ klumpig werden
gruyère [gryjɛr] *m* Schweizer Käse *m*
gué [ge] *m* Furt *f*
guenilles [gənij] *f/pl* Lumpen *m/pl*
guêpe [gɛp] *f zo* Wespe *f*
guère [gɛr] ***ne*** ... ~ nicht viel, nicht sehr, nicht gerade; fast nicht, kaum
guér|ir [gerir] (2a) heilen; gesund werden; **~ison** [-izɔ̃] *f* Heilung *f*, Genesung *f*
guerre [gɛr] *f* Krieg *m*; *fig* Kampf *m*; ***Grande*** ♀ *od* ***Première*** ♀ ***mondiale*** Erster Weltkrieg *m*; ***Seconde*** ♀ ***mondiale*** Zweiter Weltkrieg *m*; ~ ***des étoiles*** Krieg der Sterne; *fig* ***à la*** ~ ***comme à la*** ~ das geht nun mal nicht anders; *fig* ***de*** ~ ***lasse*** um des lieben Friedens willen; ***en*** ~ im Kriegszustand; *fig* ***c'est de bonne*** ~ das ist durchaus rechtens; ***faire la*** ~ Krieg führen (***à*** mit, gegen)
guerr|ier, ~ière [gɛrje, -jɛr] **1.** *adj* kriegerisch; **2.** *m* Krieger *m*
guet [gɛ] *m* ***faire le*** ~ auf der Lauer sein, liegen
guet-apens [gɛtapɑ̃] *m* (⚠ *pl* ***guets-apens*** [gɛtapɑ̃]) Hinterhalt *m*
guetter [gɛte] (1b) (be)lauern, auflauern (***qn*** j-m)
gueul|e [gœl] *f* Maul *n*; F Gesicht *n*; F Aussehen *n*; P ***ta*** **~!** halt die Schnauze, halt's Maul!; **~e-de-loup** [-dəlu] *f* (⚠ *pl* ***gueules-de-loup***) *bot* Löwenmaul *n*; **~er** (1a) F brüllen, schreien; **~eton** [-tɔ̃] F *m* Festessen *n*
gui [gi] *m bot* Mistel *f*
guichet [giʃɛ] *m Bank*, *Post*: Schalter *m*; ~ ***automatique*** Geldautomat *m*
guid|e [gid] **1.** *m* (Reise-)Führer *m* (*Person u Buch*); **2.** *f* Pfadfinderin *f*; **3. ~s** *f/pl* Zügel *m/pl*; **~er** (1a) führen, lenken, leiten

guidon [gidɔ̃] *m Fahrrad*: Lenkstange *f*; *Schusswaffe*: Korn *n*
guignol [giɲɔl] *m* Kasperle(theater) *m(n)*; *fig* Hanswurst *m*
guillemets [gijmɛ] *m/pl* Anführungszeichen *n/pl*
guillotiner [gijɔtine] (1a) durch das Fallbeil hinrichten
guimbarde [gɛ̃bard] *f* F alte Karre *f*
guindé, ~e [gɛ̃de] *Person*: steif; *Stil*: geschraubt
guinder [gɛ̃de] (1a) *tech* hieven, hochwinden
Guinée [gine] ***la ~*** Guinea *n*
guinguette [gɛ̃gɛt] *f* Lokal *n* im Grünen
guirlande [girlɑ̃d] *f* Girlande *f*; ⚠ *Schreibung*
guise [giz] *f* ***à sa ~*** nach seiner Weise; ***en ~ de*** als; (an)statt
guitare [gitar] *f* Gitarre *f*; ⚠ *Schreibung*
guttural, ~e [gytyral] (⚠ *m/pl* ***-aux***) kehlig, Kehl..., guttural
Guyane [gɥijan] ***la ~*** Guyana *n*
gymnase [ʒimnɑz] *m* Turnhalle *f*; *nur Schweiz*: Gymnasium *n*
gymnast|e [ʒimnast] *m, f* Turner(in) *m(f)*; **~ique 1.** *adj* gymnastisch; ***pas m ~*** Laufschritt *m*; **2.** *f* Gymnastik *f*, Turnen *n*; ***faire de la ~*** turnen
gynécologue [ʒinekɔlɔg] *m, f méd* Frauenarzt *m*, -ärztin *f*
gypse [ʒips] *m* Gips *m*; ⚠ *Schreibung*
gyrophare [ʒirofar] *m* Blaulicht *n*

H

habil|e [abil] geschickt, gewandt; **~eté** [-te] *f* Geschicklichkeit *f*
habill|ement [abijmɑ̃] *m* Kleidung *f*; **~er** (1a) (an-, be)kleiden, anziehen; ***s'~*** sich anziehen
habit [abi] *m* ***~ noir*** Frack *m*; ***~s*** *pl* Kleider *n/pl*
habit|able [abitablə] bewohnbar; **~acle** [-aklə] *m aviat* Pilotenkanzel *f*; *auto* Fahrgastraum *m*
habit|ant, ~ante [abitɑ̃, -ɑ̃t] Ein-, Bewohner(in) *m(f)*; **~at** [-a] *m* Siedlung(sgebiet *n*, -raum *m*) *f*; Wohnverhältnisse *n/pl*; *bot*, *zo* Standort *m*, Heimat *f*; **~ation** *f* Wohnung *f*; ***~ à loyer modéré*** Sozialwohnung *f*; **~er** (1a) (be)wohnen
habitude [abityd] *f* Gewohnheit *f*; ***d'~*** normalerweise, gewöhnlich; ***par ~*** aus Gewohnheit
habitu|é, ~ée [abitɥe] *m, f* Stammgast *m*; **~el, ~elle** [-ɛl] üblich, gewöhnlich; **~er** (1a) gewöhnen (***qn à*** j-n an); ***s'~ à qc, qn*** sich an etw, j-n gewöhnen; ***s'~ à*** (+ *inf*) sich daran gewöhnen zu (+ *inf*)
'hâblerie [ɑbləri] *f* Prahlerei *f*
'hache [aʃ] *f* Axt *f*, Beil *n*
'hach|er [aʃe] (1a) zerhacken; **~ette** [-ɛt] *f* Handbeil *n*; **~is** [-i] *m cuis* Gehackte(s) *n*; **~oir** *m* Fleischwolf *m*; Hackbrett *n*
'hachurer [aʃyre] (1a) schraffieren
'hag|ard, ~arde [agar, -ard] verstört
'haie [ɛ] *f* Hecke *f*; *Sport*: Hürde *f*; ***course f de ~s*** Hürdenlauf *m*; *fig* ***faire la ~*** Spalier bilden
'haillon [ajɔ̃] *m meist pl* ***~s*** Lumpen *m/pl*, Fetzen *m/pl*
'haine [ɛn] *f* Hass *m*
'haïr [air] (2m) hassen
'haïssable [aisablə] hassenswert
'hâl|e [ɑl] *m* Sonnen-, Wetterbräune *f*; **~é, ~ée** sonnen-, wettergebräunt
haleine [alɛn] *f* Atem *m*; ***hors d'~*** atemlos; *fig* ***de longue ~*** langwierig
'hâler [ale] (1a) *Haut*: bräunen
'haleter [alte] (1e) keuchen
'hall [ol] *m Hotel*, *Bahnhof*: Halle *f*
'halle [al] *f* Markthalle *f*
hallucination [alysinasjɔ̃] *f* Sinnestäuschung *f*
'halo [alo] *m* Hof *m* (*um Sonne*, *Mond*)
halogène [alɔʒɛn] *m* Halogen *n*; ***lampe f ~*** Halogenlampe *f*
'halte [alt] *f* **1.** Halt *m*, Rast *f*; ***faire ~*** Halt machen; **2.** *mil* halt!; ⚠ ***la ~***

haltère [altɛr] *m Sport*: Hantel *f*; ***poids** m/pl* ***et ~s*** Gewichtheben *n*
'hamac [amak] *m* Hängematte *f*
'hamburger [ɑ̃burgœr] *m cuis* Hamburger *m*
'hameau [amo] *m* (⚠ *pl* ***~x***) Weiler *m*
hameçon [amsɔ̃] *m* Angelhaken *m*
'hampe [ɑ̃p] *f* Fahnenstange *f*
'hamster [amstɛr] *m zo* Hamster *m*
'hanche [ɑ̃ʃ] *f* Hüfte *f*
'handicapé, ~e [ɑ̃dikape] behindert (*körperlich od geistig*)
'hangar [ɑ̃gar] *m* Halle *f*, Schuppen *m*
'hanneton [antɔ̃] *m zo* Maikäfer *m*
'hant|er [ɑ̃te] (1a) spuken; heimsuchen, verfolgen; **~ise** [-iz] *f* Angst *f*; Zwangsvorstellung *f*
'happer [ape] (1a) schnappen; *fig* erfassen, erwischen
'happy end [apiɛnd] *m* (⚠ *pl* ***happy ends***) Happy End *n*
'harangu|e [arɑ̃g] *f* Ansprache *f*; **~er** (1a) e-e Ansprache halten (***qn*** an j-n)
'haras [arɑ] *m* Gestüt *n*
'harassé, ~e [arase] erschöpft
'harcèlement [arsɛlmɑ̃] *m* Störmanöver *n*; Belästigung *f*; ***~ sexuel*** sexuelle Belästigung *f*
'harceler [arsəle] (1d) belästigen, quälen; *mil* beunruhigen
'hardi, ~e [ardi] kühn; dreist; ⚠ *adv* ***hardiment***
'hardiesse [ardjɛs] *f* Kühnheit *f*
'hareng [arɑ̃] *m* Hering *m*
'hargn|eux, ~euse [arɲø, -øz] zänkisch; bissig
'haricot [ariko] *m* Bohne *f*; ***~s verts*** grüne Bohnen; F ***c'est la fin des ~s*** jetzt ist alles aus
harmonie [armɔni] *f* Harmonie *f*; Harmonielehre *f*; Übereinstimmung *f*
harmoni|eux, ~euse [armɔnjø, -øz] harmonisch
harmoniser [armɔnize] (1a) harmonisieren, abstimmen; ***s'~*** harmonieren (***avec*** mit)
'harnacher [arnaʃe] (1a) *Pferde*: (an)schirren
'harnais [arnɛ] *m* Pferdegeschirr *n*; *fig* Gurtzeug *n*, Gurte *m/pl*
harpagon [arpagɔ̃] *m* Geizhals *m*
'harpe [arp] *f mus* Harfe *f*
'harpon [arpɔ̃] *m* Harpune *f*
'hasard [azar] *m* Zufall *m*; ***au ~*** auf gut Glück, aufs Geratewohl; ***par ~*** zufällig
'hasarder [azarde] (1a) wagen, riskieren; ***se ~ à faire qc*** es wagen, etw zu tun
'haschich *m*, **'haschisch** [aʃiʃ] *m* Haschisch *m od n*
'hât|e [ɑt] *f* Hast *f*, Eile *f*; ***à la ~*** hastig; ***en ~*** in Eile; ***avoir ~ de faire qc*** es kaum erwarten können, etw zu tun; **~er** (1a) beschleunigen; ***se ~*** sich beeilen (***de faire qc*** etw zu tun)
'hât|if, ~ive [ɑtif, -iv] hastig, übereilt; flüchtig; *agr* Früh...
'hauss|e [os] *f écon* Preiserhöhung *f*; Steigen *n* der Kurse; *allg* Anstieg *m*, Steigen *n*; *mil* Visier *n*; **~er** (1a) heben (*Ton, Stimme*); ***~ les épaules*** die Achseln zucken
'haut, 'haute [o, ot] **1.** *adj* hoch; laut; ***le haut Moyen Âge*** das frühe Mittelalter; ***la haute Seine*** die obere Seine; ***à haute résolution** od* ***définition*** hoch auflösend; ***à voix haute*** laut; **2.** *adv* ***haut*** hoch; oben; ***là-haut*** da oben; ***de haut*** von oben; ***de haut en bas*** von oben nach *od* bis unten; ***en haut*** oben; ***en haut de*** ... oben auf ...; **3.** *m* oberer Teil; ***du haut de qc*** von etw herunter
'haut|ain, ~aine [otɛ̃, -ɛn] hochmütig, stolz
'hautbois [obwa] *m mus* Oboe *f*; ⚠ ***le ~***
'haute-fidélité [otfidelite] *f* Highfidelity *f*; ***chaîne f ~*** Hi-Fi-Anlage *f*
'hautement [otmɑ̃] *adv* freiheraus; überaus
'hauteur [otœr] *f* Höhe *f*; *fig* Hochmut *m*
'haut|-fond [ofɔ̃] *m* (⚠ *pl* ***hauts-fonds***) Untiefe *f*; **~-le-cœur** [olkœr] *m* (⚠ *pl unv*) Übelkeit *f*; *fig* Ekel *m*; **~-parleur** [oparlœr] *m* (⚠ *pl* ***haut-parleurs***) *tech* Lautsprecher *m*
'hayon [ɛjɔ̃] *m* Heckklappe *f*
hebdomadaire [ɛbdɔmadɛr] **1.** *adj* wöchentlich; **2.** *m* Wochenblatt *n*
héberger [ebɛrʒe] (1l) beherbergen
hébété, ~e [ebete] stumpfsinnig
hébraïque [ebraik] hebräisch
hébreu [ebrø] *adj* (⚠ *nur m, pl* ***~x***) hebräisch; ***l'~*** *m* das Hebräische
hécatombe [ekatɔ̃b] *f* Blutbad *n*
hectare [ɛktar] *m* (*abr* ha) Hektar *n od m*
hectolitre [ɛktɔlitrə] *m* (*abr* hl) Hektoliter *m od n*

'hein [ɛ̃] F was?, na?, ja?, wie?
'hélas [elɑs] ach!, leider!
hélianthe [eljɑ̃t] *m bot* Sonnenblume *f*
hélice [elis] *f mar* Schraube *f*; *aviat* Propeller *m*; ***escalier** m **en** ~* Wendeltreppe *f*
hélicoptère [elikɔptɛr] *m* Hubschrauber *m*
héliport [elipɔr] *m* Hubschrauberlandeplatz *m*
Helvétie [ɛlvesi] *hist **la** ~* Helvetien *n*; ⚠ *Aussprache*
helvétique [ɛlvetik] schweizerisch, helvetisch
hématome [ematom] *m méd* Bluterguss *m*
hémi|cycle [emisiklə] *m* Halbrund *n* (*e-s Saals*); **~sphère** [-sfɛr] *m* (Erd-, Himmels-)Halbkugel *f*, Hemisphäre *f*; ⚠ ***un** ~*
hémoglobine [emɔglɔbin] *f* Hämoglobin *n*; ⚠ ***une** ~*
hémophilie [emɔfili] *f méd* Bluterkrankheit *f*
hémorragie [emɔraʒi] *f* Blutung *f*; *~ **nasale*** Nasenbluten *n*
hémorroïdes [emɔrɔid] *f/pl méd* Hämorriden *pl*
'henn|ir [ɛnir] (2a) wiehern; **~issement** [-ismɑ̃] *m* Gewieher *n*
hépatique [epatik] Leber...
héraldique [eraldik] **1.** *adj* Wappen...; **2.** *f* Wappenkunde *f*
herb|e [ɛrb] *f* Gras *n*; Kraut *n*; ***mauvaise** ~* Unkraut *n*; **~eux, ~euse** [-ø, -øz] grasbewachsen; **~icide** [-isid] *m* Unkrautvertilgungsmittel *n*; **~ier** [-je] *m* Herbarium *n*
herboriste [ɛrbɔrist] *m, f* (Heil-)Kräuterhändler(in) *m(f)*
héréditaire [ereditɛr] erblich
hérédité [eredite] *f* Vererbung *f*; Erbanlagen *f/pl*
héré|sie [erezi] *f* Ketzerei *f*; **~tique** [-tik] **1.** *adj* ketzerisch; **2.** *m, f* Ketzer(in) *m(f)*
'hérissé, ~e [erise] gesträubt, hoch stehend (*Haare*); *fig ~ **de*** voll von
'herisson [erisɔ̃] *m zo* Igel *m*
hérit|age [eritaʒ] *m* Erbe *n*, Erbschaft *f*; **~er** (1a) erben; *~ **qc de qn*** etw von j-m erben; *~ **de qc*** etw erben; *~ **de qn*** j-n beerben; **~ier** *m*, **~ière** *f* [-je, -jɛr] Erbe *m*, Erbin *f*
hermétique [ɛrmetik] hermetisch, luftdicht
hermine [ɛrmin] *f zo* Hermelin *n*; Hermelinpelz *m*
'hernie [ɛrni] *f méd* (Eingeweide-)Bruch *m*
héroïne¹ [erɔin] *f Rauschgift*: Heroin *n*; ⚠ ***une** ~*
héro|ïne² [erɔin] *f* Heldin *f*; **~ïque** heroisch; **~ïsme** *m* Heldenmut *m*, Heldentum *n*
'héron [erɔ̃] *m zo* Reiher *m*
'héros [ero] *m* Held *m*; ⚠ ***le héros**, aber **l'héroïne***
herpès [ɛrpəs] *m méd* Herpes *m*
'hers|e [ɛrs] *f agr* Egge *f*; **~er** (1a) eggen
hésit|ation [ezitasjɔ̃] *f* Zögern *n*, Zaudern *n*, Unschlüssigkeit *f*; **~er** (1a) zögern, zaudern (**à** *inf* zu), (sich) unschlüssig sein (***sur*** über)
hétérogène [eterɔʒɛn] anders-, fremdartig, heterogen
hétérosexuel, ~le [eterosɛksɥɛl] heterosexuell
'hêtre [ɛtrə] *m bot* Buche *f*
heure [œr] *f* Stunde *f*; Uhr(zeit) *f*; Zeit *f*; ***à l'~*** rechtzeitig; stundenweise; ***de bonne ~*** früh; ***tout à l'~*** gleich, sofort; soeben, vorhin; ***à tout à l'~!*** bis nachher!; ***à la bonne ~*** so lass ich mir's gefallen!, recht so!; ***à l'~ actuelle*** gegenwärtig; ***à toute ~*** jederzeit; ***sur l'~*** auf der Stelle; ***quelle ~ est-il?*** wie spät ist es?; ***il est six ~s*** es ist 6 (Uhr); ***il est l'~ de partir*** es ist Zeit abzufahren
heur|eux, ~euse [ørø, -øz] glücklich; **~eusement** [-øzmɑ̃] *adv* glücklicherweise
'heurt [œr] *m* Zusammenstoß *m*
'heurter [œrte] (1a) (an)stoßen; *fig* verletzen; ***se ~*** zusammenstoßen (*a fig*); ***se ~ à*** stoßen auf
'heurtoir [œrtwar] *m* Türklopfer *m*
hexagone [ɛgzagɔn] *m* **1.** Sechseck *n*; **2.** ***l'*** ~ *Bezeichnung für Frankreich*
hiberner [ibɛrne] (1a) Winterschlaf halten
'hibou [ibu] *m* (⚠ *pl* **~x**) *zo* Eule *f*.
'hic [ik] F *m* Hauptschwierigkeit *f*
'hid|eux, ~euse [idø, -øz] scheußlich
hier [jɛr] gestern
'hiérarchie [jerarʃi] *f* Hierarchie *f*
'hieroglyphe [jɛrɔglif] *m* Hieroglyphe *f*; ⚠ ***le** ~*

H

'hi-fi [ifi] Hi-Fi
hilarité [ilarite] *f* Heiterkeit *f*
hipp|ique [ipik] Pferde..., Reit...; **~isme** *m* Reitsport *m*
hippo|drome [ipɔdrom] *m* Pferderennbahn *f*; **~potame** [-pɔtam] *m zo* Nilpferd *n*
hirondelle [irɔ̃dɛl] *f zo* Schwalbe *f*
hirsute [irsyt] struppig
'hisser [ise] (1a) hissen; hinaufziehen; **se ~** sich emporziehen
histoire [istwar] *f* Geschichte *f*; **~s** *pl* Scherereien *f/pl*; F **~ de** (+ *inf*) (bloß) um zu (+ *inf*); ***faire des ~s*** sich zieren
histor|ien, ~ienne [istɔrjɛ̃, -jɛn] *m, f* Historiker(in) *m(f)*; Geschichtsschreiber *m*; **~ier** [-je] (1a) ausschmücken, verzieren; **~ique 1.** *adj* geschichtlich, historisch; **2.** *m* geschichtlicher Überblick *m*

H

'hit-parade [itparad] *m* (⚠ *pl* ***hit-parades***) Hitparade *f*; ⚠ ***le ~***
hiver [ivɛr] *m* Winter *m*; ***en ~*** im Winter
hivern|al, ~ale [ivɛrnal] (⚠ *m/pl* ***-aux***) winterlich; **~ant, ~ante** [-ɑ̃, -ɑ̃t] *m, f* Winterkurgast *m*
H.L.M. [aʃɛlɛm] *m od f* (*abr* ***habitation à loyer modéré***) Sozialwohnung *f*
'hobby [ɔbi] *m* (⚠ *pl* ***hobbies***) Hobby *n*
'hochement [ɔʃmɑ̃] *m* ***~ de tête*** Kopfschütteln *n*
'hocher [ɔʃe] (1a) *Kopf*: schütteln, wiegen
'hochet [ɔʃɛ] *m* Kinderklapper *f*
'hockey [ɔkɛ] *m* Hockey *n*; ***~ sur gazon*** Hockey *n*; ***~ sur glace*** Eishockey *n*
'holà [ɔla] holla!, he!; oho!
'holding [ɔldiŋ] *m* Holdinggesellschaft *f*; ⚠ ***le ~***
'hold-up [ɔldœp] *m* (⚠ *pl unv*) Raubüberfall *m*
'holland|ais, ~aise [ɔlɑ̃dɛ, -ɛz] **1.** *adj* holländisch; **2.** ♀ *m, f* Holländer(in) *m(f)*
'Hollande [ɔlɑ̃d] ***la ~*** Holland *n*
holocauste [ɔlɔkost] *m rel* Brandopfer *n*; *fig* Opfer *n*, Holocaust *m*
'homard [ɔmar] *m* Hummer *m*
homicide [ɔmisid] **1.** *st/s adj* mörderisch; Mord...; **2.** *m, f* Mörder(in) *m(f)*; **3.** *m jur* Tötung *f*; Totschlag *m*
hommage [ɔmaʒ] *m* Ehrerbietung *f*, Huldigung *f*
homme [ɔm] *m* Mensch *m*; Mann *m*; ***~ au foyer*** Hausmann *m*; ***~ de lettres*** Literat *m*; ***~ d'affaires*** Geschäftsmann *m*; ***~ de main*** Helfershelfer *m*; *fig* ***~ de paille*** Strohmann *m*; ***~ de la rue*** Mann auf der Straße; **~-grenouille** [-grɛnuj] *m* (⚠ *pl* ***hommes-grenouilles***) Froschmann *m*; **~-sandwich** [-sɑ̃dwitʃ] *m* (⚠ *pl* ***hommes-sandwich[e]s***) Plakatträger *m*
homo|gène [ɔmɔʒɛn] gleichartig, homogen; **~logue** [-lɔg] **1.** *adj* entsprechend; **2.** *m* (Amts-)Kollege *m*; **~loguer** [-lɔge] (1m) anerkennen, bestätigen; genehmigen; **~nyme** [-nim] **1.** *adj* gleich lautend; **2.** *m* Namensvetter *m*; *ling* Homonym *n*; **~sexuel, ~sexuelle** [-sɛksɥɛl] **1.** *adj* homosexuell; **2.** *m, f* Homosexuelle(r) *m(f)*
'Hongrie [ɔ̃gri] ***la ~*** Ungarn *n*
'hongr|ois, ~oise [ɔ̃grwa, -waz] **1.** *adj* ungarisch; **2.** ♀ *m, f* Ungar(in) *m(f)*
honnête [ɔnɛt] ehrlich; anständig (*a fig*); angemessen; **~ment** *adv* anständigerweise; ganz gut; **~té** [-te] Ehrlichkeit *f*, Anständigkeit *f*, Redlichkeit *f*
honneur [ɔnœr] *m* Ehre *f*; ***en l'~ de*** zu Ehren von; ***faire ~ à*** Ehre machen; ⚠ ***un ~***
honor|abilité [ɔnɔrabilite] *f* Ehrbarkeit *f*, Ehrenhaftigkeit *f*; **~able** ehrenvoll, -haft; anerkennenswert
honor|aire [ɔnɔrɛr] **1.** *adj* Ehren...; **2.** **~s** *m/pl* Honorar *n*, Gebühren *f/pl*; **~er** (1a) ehren; ***s'~ de qc*** auf etw stolz sein
'hont|e [ɔ̃t] *f* Scham *f*; Schande *f*; ***avoir ~ de*** sich schämen für; ***faire ~ à qn*** j-m Schande machen; j-m ins Gewissen reden; **~eux, ~euse** [-ø, -øz] schändlich; verschämt, schamhaft
hôpital [ɔpital] *m* (⚠ *pl* ***-aux***) Krankenhaus *n*
'hoquet [ɔkɛ] *m* Schluckauf *m*
horaire [ɔrɛr] **1.** *adj* Stunden...; **2.** *m* Fahr-, Stunden-, Zeitplan *m*; ***~ souple od flexible od à la carte*** gleitende Arbeitszeit *f*; ***~ des trains*** Fahrplan *m*; Fahrplanauszug *m*
'horde [ɔrd] *f* Horde *f*
horizon [ɔrizɔ̃] *m* Horizont *m*
horizontal, ~e [ɔrizɔ̃tal] (⚠ *m/pl* ***-aux***) waagerecht, horizontal
horlog|e [ɔrlɔʒ] *f* (öffentliche) Uhr *f*, Turmuhr *f*; **~er, ~ère** *m, f* Uhrmacher(in) *m(f)*; **~erie** *f* Uhrenindustrie *f*; Uhrengeschäft *n*

hormone [ɔrmɔn] *f biol* Hormon *n*; ⚠ ***une ~***
horodateur [ɔrɔdatœr] *m* Parkscheinautomat *m*
horoscope [ɔrɔskɔp] *m* Horoskop *n*
horr|eur [ɔrrœr] *f* Entsetzen *n*; Abscheu *m*; Entsetzlichkeit *f*; ***avoir ~ de*** verabscheuen; (***quelle***) **~!** wie entsetzlich!; **~ible** entsetzlich, abscheulich, grauenhaft; fürchterlich; **~ifié, ~ifiée** [-ifje] entsetzt (***de*** *od* ***par*** über)
horripil|ant, ~ante [ɔripilɑ̃, -ɑ̃t] nervenaufreibend
'hors [ɔr] *prép* **~** (***de***) außerhalb; außer; ***~ de prix*** unerschwinglich; ***~ du sujet*** nicht zum Thema gehörig; *Fußball*: ***~ jeu*** abseits; ***être ~ de soi*** außer sich sein; **~-bord** [-bɔr] *m* (⚠ *pl unv*) Boot *n* mit Außenbordmotor; **~-d'œuvre** [-dœvrə] *m* (⚠ *pl unv*) *cuis* Vorspeise *f*; **~-la-loi** *m* (⚠ *pl unv*) Gesetzlose(r) *m*, Bandit *m*
horticulture [ɔrtikyltyr] *f* Gartenbau *m*
hospice [ɔspis] *m* Hospiz *n*; Heim *n*
hospital|ier, ~ière [ɔspitalje, -jɛr] gastfreundlich, gastlich; Krankenhaus...; **~iser** (1a) in ein Krankenhaus bringen; **~ité** *f* Gastfreundschaft *f*, Gastlichkeit *f*
hostil|e [ɔstil] feindlich; **~ité** *f* Feindseligkeit *f*, Feindschaft *f*
'hot-dog [ɔtdɔg] *m* (⚠ *pl* ***hot-dogs***) Hot Dog *m*
hôte [ot] *m* Gastgeber *m*; Gast *m*; ***table f d'~*** Stammtisch *m*
hôtel [otɛl] *m* Hotel *n*; Gasthof *m*; **~** (***particulier***) herrschaftliches Stadthaus *n*; ***~ de ville*** Rathaus *n*; **~-Dieu** [-djø] *m* (⚠ *pl* ***hôtels-Dieu***) städtisches Krankenhaus *n*
hôtel|ier, ~ière [otəlje, -jɛr] **1.** *adj* Hotel...; **2.** *m*, *f* Hotelbesitzer(in) *m(f)*; Gastwirt(in) *m(f)*
hôtellerie [otɛlri] *f* Hotelgewerbe *n*
hôtesse [otɛs] *f* Gastgeberin *f*; Hostess *f*; ***~ de l'air*** Stewardess *f*
'hotte [ɔt] *f* **1.** Kiepe *f*, Tragekorb *m*; **2.** Rauchfang *m*; Dunstabzugshaube *f*
'houblon [ublɔ̃] *m bot* Hopfen *m*
'houille [uj] *f* (Stein-)Kohle *f*
'houppe [up] *f* Quaste *f*; Schopf *m*, Haarbüschel *n*
'houspiller [uspije] (1a) ausschimpfen, -schelten
'housse [us] *f* Hülle *f*, Überzug *m*; *auto etc* Schonbezug *m*; *Pferd*: Satteldecke *f*
'houx [u] *m bot* Stechpalme *f*
H.T. [aʃte] (*abr* ***hors taxes***) ohne MWSt.
'hublot [yblo] *m* Bullauge *n*; Sichtfenster *n*
'hue [y] hü!
'hu|ée [ɥe] *f meist pl* **~s** Buhrufe *m/pl*, Missfallenskundgebungen *f/pl*; **~er** (1a) auszischen, auspfeifen; *Eule*: schreien
'huguen|ot, ~ote [ygno, -ɔt] **1.** *adj* hugenottisch; **2.** *m*, *f* Hugenotte , -in *m*, *f*
huilage [ɥilaʒ] *m* Ölen *n*
huil|e [ɥil] *f* Öl *n*; ***~ multigrade*** Mehrbereichsöl *n*; ⚠ *nicht* Erdöl *u nicht* Heizöl; **~er** (1a) (ein)ölen, schmieren; **~eux, ~euse** [-ø, -øz] ölig, fettig; **~ier** [-je] *m* Ständer *m* für Öl und Essig
'huis [ɥi] *m* ***à ~ clos*** bei verschlossenen Türen; *jur* unter Ausschluss der Öffentlichkeit
huissier [ɥisje] *m* Amtsdiener *m*; Gerichtsvollzieher *m*
'huit [ɥit; *vor Konsonant* ɥi] acht; ***~ jours*** acht Tage, eine Woche; ***demain en ~*** morgen in acht Tagen; ***le ~ mai*** der achte *od* am achten Mai
'huit|aine [ɥitɛn] *f* ***une ~ de*** ungefähr acht; ***une ~*** (***de jours***) etwa eine Woche; **~ante** [-ɑ̃t] *in Belgien u in der frz Schweiz*: achtzig; **~ième** [-jɛm] achte
huître [ɥitrə] *f* Auster *f*
hum|ain, ~aine [ymɛ̃, -ɛn] menschlich; human
human|iser [ymanize] (1a) vermenschlichen; humaner machen; **~itaire** [-itɛr] menschenfreundlich, humanitär, wohltätig; **~ité** *f* Menschheit *f*; Menschlichkeit *f*; menschliche Natur *f*
humble [ɛ̃blə, œ̃-] demütig; bescheiden; niedrig
humecter [ymɛkte] (1a) anfeuchten
humeur [ymœr] *f* Stimmung *f*, Laune *f*; Gemüt(sart) *n(f)*; ***être de bonne, mauvaise ~*** guter, schlechter Laune sein; ⚠ *nicht verwechseln mit* ***humour***
humid|e [ymid] feucht; **~ificateur** [-ifikatœr] *m tech* Luftbefeuchter *m*; **~ité** *f* Nässe *f*, Feuchtigkeit *f*
humili|ation [ymiljasjɔ̃] *f* Demütigung *f*; **~er** (1a) demütigen
humilité [ymilite] *f* Demut *f*
humor|iste [ymɔrist] **1.** *adj* humoris-

H

tisch; **2.** *m, f* Humorist(in) *m(f)*; **~istique** [-istik] humoristisch
humour [ymur] *m* Humor *m*; ⚠ *nicht verwechseln mit* ***humeur***
'hurl|ement [yrləmɑ̃] *m* Heulen *n*; **~s** *pl* Geschrei *n*, Gebrüll *n*; **~er** (1a) brüllen, schreien; heulen
hurluberlu [yrlybɛrly] *m* Wirrkopf *m*
'hutte [yt] *f* Hütte *f*
hydrat|ant, ~ante [idratɑ̃, -ɑ̃t] *Kosmetik*: Feuchtigkeits...
hydraulique [idrolik] **1.** *adj* hydraulisch; **2.** *f* Hydraulik *f*
hydravion [idravjɔ̃] *m* Wasserflugzeug *n*
hydro|carbure [idrɔkarbyr] *m chim* Kohlenwasserstoff *m*; **~gène** [-ʒɛn] *m chim* Wasserstoff *m*; **~glisseur** [-glisœr] *m* Gleitboot *n*; **~mel** [-mɛl] *m* Met *m*; **~ptère** [-ptɛr] *m* Tragflächenboot *n*; **~pulseur** [-pylsœr] *m* Munddusche *f*; **~thérapie** [-terapi] *f* Wasserheilkunde *f*
hyène [jɛn] *f zo* Hyäne *f*
hygiène [iʒjɛn] *f* Hygiene *f*, Gesundheitspflege *f*
hygiénique [iʒjenik] hygienisch
hymne [imnə] **1.** *m* Hymne *f*; **2.** *f rel* (geistlicher) Lobgesang *m*, Hymnus *m*
hyper... [ipɛr] *in Zssgn* Hyper..., hyper...; über...
hyper|bole [ipɛrbɔl] *f* Hyperbel *f* (*a math*); **~marché** [-marʃe] *m* großer Supermarkt *m*; **~sensible** [-sɑ̃siblə] überempfindlich; **~tension** [-tɑ̃sjɔ̃] *f méd* erhöhter Blutdruck *m*; **~trophie** [-trɔfi] *f méd* krankhafte Vergrößerung *f*
hypnotiser [ipnɔtize] (1a) hypnotisieren
hypo|crisie [ipɔkrizi] *f* Heuchelei *f*, Scheinheiligkeit *f*; **~crite** [-krit] **1.** *adj* heuchlerisch; **2.** *m, f* Heuchler(in) *m(f)*; **~thèque** [-tɛk] *f comm* Hypothek *f*; **~thèse** [-tɛz] *f* Hypothese *f*, Annahme *f*; Möglichkeit *f*

I

I

iceberg [ajsbɛrg] *m géogr* Eisberg *m*
ici [isi] hier; hierher; ***jusqu'~*** bis hierher; bis jetzt; ***par ~*** hier entlang; ***d'~ peu*** binnen kurzem; ***d'~ (à) huit jours*** in acht Tagen; ***d'~ (à ce) que*** (+ *subj*) bis
icône [ikon] *f* Ikone *f*
id. (*abr* ***idem***) desgl. (desgleichen)
idéal, ~e [ideal] (⚠ *m/pl* ***-als*** *od* ***-aux***) **1.** *adj* ideal, vollkommen; **2.** *m* Ideal *n*
idée [ide] *f* Idee *f*; Begriff *m*, Vorstellung *f*; Gedanke *m*, Einfall *m*; Meinung *f*; ***à mon ~*** für meine Begriffe; ***à l'~ de*** beim Gedanken an; ***avoir l'~ de*** (+ *inf*) daran denken zu (+ *inf*); ***avoir dans l'~ que*** ... sich vorstellen können, dass ...; ***se faire une ~ de*** sich e-e Vorstellung machen von; ***se faire des ~s*** sich Gedanken machen; sich etw vormachen
ident|ifier [idɑ̃tifje] (1a) identifizieren, gleichsetzen (***qc avec*** *od* ***à qc*** etw mit etw); ***s'~ avec*** *od* ***à qn, qc*** sich mit j-m, etw identifizieren; **~ique** identisch; gleichbedeutend; **~ité** *f* Identität *f*; Übereinstimmung *f*; Personalien *pl*; ***~ bancaire*** Bankverbindung *f*; ***carte f d'~*** Personalausweis *m*
idéolog|ie [ideɔlɔʒi] *f* Ideologie *f*; **~ique** ideologisch
idiome [idjom] *m* Idiom *n*; Spracheigentümlichkeit *f*
idiot, idiote [idjo, idjɔt] **1.** *adj* blödsinnig, idiotisch; **2.** *m, f* Idiot(in) *m(f)*, Dummkopf *m*, Trottel *m*
idiotie [idjɔsi] *f* Idiotie *f*, Dummheit *f*, Blödsinn *m*; ⚠ *Aussprache*
idiotisme [idjɔtismə] *m ling* Spracheigenheit *f*
idolâtr|e [idɔlɑtrə] *m, f* Götzendiener(in) *m(f)*; **~er** (1a) abgöttisch lieben *od* verehren; **~ie** [-i] *f* Götzendienst *m*; *fig* abgöttische Verehrung *f*
idole [idɔl] *f* Idol *n*, Abgott *m*; ⚠ ***une ~***
idylle [idil] *f* romantische Liebe *f*; Idylle *f*

if [if] *m bot* Eibe *f*
ignare [iɲar] *péj* **1.** *adj* ungebildet; **2.** *m, f* Ignorant(in) *m(f)*
ignifuge [iɲifyʒ, igni-] ***produit*** *m* **~** Feuerschutzmittel *n*
ignoble [iɲɔblə] schändlich, gemein
ignor|ance [iɲɔrɑ̃s] *f* Unwissenheit *f*; **~ant, ~ante** [iɲɔrɑ̃, -ɑ̃t] unwissend; **~er** (1a) nicht wissen; ***ne pas* ~** sehr wohl wissen
il [il] er, es (*mit Verb*)
île [il] *f* Insel *f*; ***les ~s Anglo-Normandes*** die Kanalinseln *pl*; ***l'~ de Cuba*** Kuba *n*; ***l'~ d'Elbe*** Elba *n*; **~ *Maurice*** Mauritius *n*
illégal, ~e [ilegal] (⚠ *m/pl* ***-aux***) illegal, ungesetzlich
illégitime [ileʒitim] unrechtmäßig; *jur* unehelich; *fig* unberechtigt
illettré, ~e [iletre] **1.** *adj* des Lesens und Schreibens unkundig; **2.** *m, f* Analphabet(in) *m(f)*
illicite [ilisit] unerlaubt
illimité, ~e [ilimite] unbegrenzt
illisible [ilizibla] unleserlich; unlesbar
illuminer [ilymine] (1a) be-, erleuchten; erhellen
illus|ion [ilyzjɔ̃] *f* Illusion *f*, Täuschung *f*; **~ionner** [-jɔne] (1a) ***s'~ sur*** sich etw vormachen über; **~ionniste** [-jɔnist] *m* Zauberkünstler *m*
illustration [ilystrasjɔ̃] *f* Illustration *f*, Abbildung *f*; Veranschaulichung *f*
illustr|e [ilystrə] berühmt; **~er** (1a) illustrieren (*a fig*), bebildern; veranschaulichen; ***s'~ par, dans qc*** sich durch etw auszeichnen
îlot [ilo] *m* Inselchen *n*; Verkehrsinsel *f*; Häuserblock *m*
ils [il] *m/pl* sie (*mit Verb*)
image [imaʒ] *f* Bild *n*; Ab-, Eben-, Sinnbild *n*; Vorstellung *f*; **~ *de marque*** Image *n*; ⚠ ***une* ~**
imagin|able [imaʒinablə] denkbar, vorstellbar; **~aire** [-ɛr] eingebildet, imaginär; **~atif, ~ative** [-atif, -ativ] fantasievoll, erfinderisch
imagin|ation [imaʒinasjɔ̃] *f* Einbildung(skraft) *f*, Fantasie *f*; ⚠ *nicht verwechseln mit* ***la fantaisie***; **~er** (1a) **(s')~** sich denken, sich vorstellen; sich ausdenken; sich einbilden; **~ *que*** (+ *ind od subj*) sich vorstellen (können), dass ...
imbattable [ɛ̃batablə] unschlagbar
imbécile [ɛ̃besil] **1.** *adj* dumm, blöd; *méd* schwachsinnig; **2.** *m, f* Dummkopf *m*
imbécillité [ɛ̃besilite] *f* Dummheit *f*; ⚠ *Schreibung*
imberbe [ɛ̃bɛrb] bartlos
imbiber [ɛ̃bibe] (1a) (durch)tränken (***de qc*** mit etw)
imbu, ~e [ɛ̃by] **~ *de*** *fig* durchdrungen von
imbuvable [ɛ̃byvablə] nicht trinkbar; F ungenießbar
imit|ateur, ~atrice [imitatœr, -atris] *m, f* Nachahmer(in) *m(f)*; **~ation** *f* Nachahmung *f*; **~er** (1a) nachahmen
immaculé, ~e [imakyle] unbefleckt, rein
immangeable [imɑ̃ʒablə] ungenießbar; ⚠ *Aussprache*
immatricul|ation [imatrikylasjɔ̃] *f* Registrierung *f*, Eintragung *f*; *auto* ***plaque*** *f* ***d'~*** Nummernschild *n*; **~er** (1a) eintragen, -schreiben
immédi|at, ~ate [imedja, -at] unmittelbar; unverzüglich, sofortig; ***dans l'immédiat*** für den Augenblick; **~atement** [-atmɑ̃] *adv* sofort; unmittelbar
immémorial, ~e [imemɔrjal] (⚠ *m/pl* ***-aux***) uralt
immense [imɑ̃s] unermesslich, ungeheuer
immerger [imɛrʒe] (1l) versenken, eintauchen
immersion [imɛrsjɔ̃] *f* Versenken *n*, Untertauchen *n*
immeuble [imœblə] *m* Gebäude *n*, Haus *n*
immigr|ant, ~ante [imigrɑ̃, -ɑ̃t] *m, f* Einwanderer *m*, Einwanderin *f*; **~ation** *f* Einwanderung *f*; **~er** (1a) einwandern
immin|ent, ~ente [iminɑ̃, -ɑ̃t] unmittelbar bevorstehend, drohend
immiscer [imise] (1k) ***s'~ dans qc*** sich in etw einmischen
immobil|e [imɔbil] unbeweglich; **~ier, ~ière** [-je, -jɛr] **1.** *adj* Immobilien...; **2.** *m* Grundstückshandel *m*; **~isation** [-izasjɔ̃] *f* Stilllegung *f*, Blockierung *f*; **~iser** (1a) stilllegen, blockieren; ruhig stellen; *fig* lähmen; ***s'~*** stehen bleiben, liegen bleiben
immond|e [imɔ̃d] schmutzig; **~ices** [-is] *f/pl* Unrat *m*

I

immoral, ~e [imɔral] (⚠ *m/pl* ***-aux***) unmoralisch
immort|aliser [imɔrtalize] (1a) unsterblich machen; **~alité** [-alite] *f* Unsterblichkeit *f*; **~el, ~elle** unsterblich
immunité [imynite] *f* Straffreiheit *f*, Immunität *f*
immunodéficience [imynodefisjɑ̃s] *f méd* Immunschwäche *f*
impact [ɛ̃pakt] *m* Wirkung *f*, Einfluss *m*
impair, ~e [ɛ̃pɛr] ungerade
impardonnable [ɛ̃pardɔnablə] unverzeihlich
impar|fait, ~faite [ɛ̃parfɛ, -fɛt] unvollkommen
impartial, ~e [ɛ̃parsjal] (⚠ *m/pl* ***-aux***) unparteiisch
impass|e [ɛ̃pas] *f* Sackgasse *f* (*a fig*); **~ible** unbewegt, gefasst
impatience [ɛ̃pasjɑ̃s] *f* Ungeduld *f*
impati|ent, ~ente [ɛ̃pasjɑ̃, -ɑ̃t] ungeduldig; **~enter** [-ɑ̃te] (1a) ***s'~*** die Geduld verlieren
impeccable [ɛ̃pɛkablə] tadellos, einwandfrei
impénétrable [ɛ̃penetrablə] undurchdringlich; *fig* unerforschlich
impérat|if, ~ive [ɛ̃peratif, -iv] **1.** *adj* zwingend; vordringlich; **2.** *m gr* Imperativ *m*; *pl* **~s** Erfordernisse *n/pl*
impératrice [ɛ̃peratris] *f* Kaiserin *f*
imperceptible [ɛ̃pɛrsɛptiblə] unmerklich
imperfection [ɛ̃pɛrfɛksjɔ̃] *f* Unvollkommenheit *f*
impérial, ~e [ɛ̃perjal] (⚠ *m/pl* ***-aux***) kaiserlich; *fig* majestätisch; **~isme** *m* Imperialismus *m*
impéri|eux, ~euse [ɛ̃perjø, -øz] gebieterisch; vordringlich
impérissable [ɛ̃perisablə] unvergänglich
imperméable [ɛ̃pɛrmeablə] **1.** *adj* undurchdringlich; **2.** *m* Regenmantel *m*
impersonnel, ~le [ɛ̃pɛrsɔnɛl] unpersönlich
impertin|ence [ɛ̃pɛrtinɑ̃s] *f* Unverschämtheit *f*; **~ent, ~ente** [-ɑ̃, -ɑ̃t] unverschämt
imperturbable [ɛ̃pɛrtyrbablə] unerschütterlich
impétuosité [ɛ̃petɥozite] *f* Ungestüm *n*, Heftigkeit *f*
impie [ɛ̃pi] gottlos
impitoyable [ɛ̃pitwajablə] mitleids-, schonungslos
implacable [ɛ̃plakablə] unversöhnlich; unerbittlich
implanter [ɛ̃plɑ̃te] (1a) einführen; ansiedeln; ***s'~*** sich festsetzen, sich ansiedeln
implicite [ɛ̃plisit] implizit, mitenthalten
impliquer [ɛ̃plike] (1m) mit hineinziehen, verwickeln; mit einbegreifen, voraussetzen
implorer [ɛ̃plɔre] (1a) anflehen
impoli, ~e [ɛ̃pɔli] unhöflich; ⚠ *adv* ***impoliment***; **~tesse** [-tɛs] *f* Unhöflichkeit *f*
impopulaire [ɛ̃pɔpylɛr] unbeliebt, unpopulär
import|ance [ɛ̃pɔrtɑ̃s] *f* Wichtigkeit *f*, Bedeutung *f*; **~ant, ~ante** [-ɑ̃, -ɑ̃t] **1.** *adj* wichtig, bedeutend; beträchtlich; **2.** *m* Hauptsache *f*
import|ateur, ~atrice [ɛ̃pɔrtatœr, -atris] **1.** *adj* Einfuhr..., Import...; **2.** *m* Importeur *m*; **~ation** *f* Einfuhr *f*, Import *m*
importer [ɛ̃pɔrte] (1a) **1.** importieren, einführen; **2.** wichtig sein (**à** für); ***il importe de*** (+ *inf*) *od* **que** (+ *subj*) es kommt darauf an, zu ... *od* dass ...; ***peu importe*** das ist nicht so wichtig; ***n'importe où*** irgendwo(hin), ganz gleich wo(hin); ***n'importe qui*** irgendwer, jeder (Beliebige)
import|un, ~une [ɛ̃pɔrtɛ̃ *od* ɛ̃pɔrtœ̃, -yn] lästig, aufdringlich; **~uner** [-yne] (1a) belästigen
impos|able [ɛ̃pozablə] steuerpflichtig; **~ant, ~ante** [-ɑ̃, -ɑ̃t] imponierend; **~er** (1a) auferlegen, aufzwingen; besteuern; ***en ~ à qn*** j-m imponieren, j-n beeindrucken; ***s'~*** geboten sein; sich durchsetzen; **~ition** *f* Besteuerung *f*
imposs|ibilité [ɛ̃pɔsibilite] *f* Unmöglichkeit *f*; **~ible** unmöglich
imposteur [ɛ̃pɔstœr] *m* Betrüger *m*
impôt [ɛ̃po] *m* Steuer *f*; ***~ sur le revenu*** Einkommen(s)steuer *f*
impot|ent, ~ente [ɛ̃pɔtɑ̃, -ɑ̃t] gebrechlich; ⚠ *nicht* impotent
impraticable [ɛ̃pratikablə] nicht machbar; *Weg*: unbefahrbar
impréc|is, ~ise [ɛ̃presi, -iz] ungenau
imprégner [ɛ̃preɲe] (1f) (durch)tränken, sättigen (***de*** mit)

impression [ɛ̃prɛsjɔ̃] *f* Eindruck *m*; Druck *m* (*Buch*)
impressionner [ɛ̃prɛsjɔne] (1a) Eindruck machen, beeindrucken
imprévisible [ɛ̃previziblə] unvorhersehbar
imprévu, ~e [ɛ̃prevy] **1.** *adj* unvorhergesehen; **2.** *m* ***sauf ~*** wenn nichts dazwischenkommt
imprimante [ɛ̃primɑ̃t] *f EDV* Drucker *m*; ***~ laser*** Laserdrucker *m*; ***~ à jet d'encre*** Tintenstrahldrucker *m*
imprim|é [ɛ̃prime] *m* Drucksache *f*; Vordruck *m*; **~er** (1a) (ab-, be)drucken; **~erie** *f* Buchdruckerkunst *f*; Druckerei *f*; **~eur** *m* Drucker *m*
improbable [ɛ̃prɔbablə] unwahrscheinlich
improduct|if, ~ive [ɛ̃prɔdyktif, -iv] unergiebig, unrentabel
impromptu, ~e [ɛ̃prɔ̃pty] überraschend, improvisiert
impropre [ɛ̃prɔprə] unpassend (**à** für)
improv|iser [ɛ̃prɔvize] (1a) improvisieren; *Rede*: aus dem Stegreif halten; ***~iste à l'~*** unvermutet
imprud|ence [ɛ̃prydɑ̃s] *f* Unvorsichtigkeit *f*; *jur* Fahrlässigkeit *f*; **~ent, ~ente** [-ɑ̃, -ɑ̃t] unvorsichtig; ⚠ *adv* ***imprudemment*** [-amɑ̃]
impudence [ɛ̃pydɑ̃s] *f* Unverschämtheit *f*
impuiss|ance [ɛ̃pɥisɑ̃s] *f* Unvermögen *n*; Machtlosigkeit *f*, Ohnmacht *f*; **~ant, ~ante** [-ɑ̃, -ɑ̃t] machtlos; *méd* impotent
impulsion [ɛ̃pylsjɔ̃] *f* Anstoß *m*; *fig* Antrieb *m*, Impuls *m*
impunément [ɛ̃pynemɑ̃] *adv* straflos
impuni, ~e [ɛ̃pyni] ungestraft; straflos
impur, ~e [ɛpyr] unrein, unsauber; unzüchtig
imputer [ɛ̃pyte] (1a) ***~ qc à qn*** j-m etw zur Last legen; ***~ qc à qc*** etw e-r Sache zuschreiben
inabordable [inabɔrdablə] *Preis*: unerschwinglich
inacceptable [inaksɛptablə] unannehmbar
inaccessible [inaksesiblə] unerreichbar, unzugänglich
inaccoutumé, ~e [inakutyme] ungewohnt; ungewöhnlich
inachevé, ~e [inaʃve] unvollendet
inact|if, ~ive [inaktif, -iv] untätig; nicht berufstätig
inadaptation [inadaptasjɔ̃] *f* mangelnde Anpassung(sfähigkeit) *f*
inadmissible [inadmisiblə] unzulässig
inadvertance [inadvɛrtɑ̃s] *f* ***par ~*** aus Versehen
inaliénable [inaljenablə] unveräußerlich
inaltérable [inalterablə] unveränderlich; haltbar
inanimé, ~e [inanime] leblos
inanition [inanisjɔ̃] *f* Entkräftung *f*
inaperçu, ~e [inapɛrsy] ***passer ~*** unbemerkt bleiben
inapte [inapt] untauglich (**à** für)
inattendu, ~e [inatɑ̃dy] unerwartet, unverhofft, unvermutet
inattent|if, ~ive [inatɑ̃tif, -iv] unaufmerksam
inaugural, ~e [inogyral] (⚠ *m/pl* **-aux**) Eröffnungs..., Einweihungs...
inaugurer [inogyre] (1a) feierlich einweihen, eröffnen; einführen
incalculable [ɛ̃kalkylablə] unberechenbar
incap|able [ɛ̃kapablə] unfähig (***de*** [***faire***] ***qc*** zu etw, etw zu tun); **~acité** [-asite] *f* Unfähigkeit *f* (**de** zu)
incarcérer [ɛ̃karsere] (1f) einkerkern
incarner [ɛ̃karne] (1a) verkörpern, darstellen
incassable [ɛ̃kasablə] unzerbrechlich
incendiaire [ɛ̃sɑ̃djɛr] **1.** *adj* Brand...; *fig* aufrührerisch, Hetz...; **2.** *m, f* Brandstifter(in) *m(f)*
incend|ie [ɛ̃sɑ̃di] *m* Brand *m*; ⚠ ***un ~***; **~ier** [-je] (1a) in Brand stecken
incert|ain, ~aine [ɛ̃sɛrtɛ̃, -ɛn] ungewiss, unsicher, unbestimmt; **~itude** [-ityd] *f* Ungewissheit *f*
incess|amment [ɛ̃sesamɑ̃] *adv* unverzüglich; **~ant, ~ante** [-ɑ̃, -ɑ̃t] unaufhörlich
inceste [ɛ̃sɛst] *m* Blutschande *f*
incident [ɛ̃sidɑ̃] *m* Zwischenfall *m*; ***~ de parcours*** Missgeschick *n*
incinérer [ɛ̃sinere] (1f) einäschern
incis|if, ~ive [ɛ̃sizif, -iv] bissig, schneidend
inciter [ɛ̃site] (1a) ***~ qn à*** j-n anregen, reizen, verleiten zu
inclin|aison [ɛ̃klinɛzɔ̃] *f* Gefälle *n*, Neigung *f*; Schräge *f*; **~ation** *f* Neigung *f*,

Hang *m* (***pour qc*** zu etw); ~ ***de tête*** Kopfnicken *n*; **~er** (1a) neigen; *fig* ~ ***à*** neigen zu; ***s'~*** sich (ver)beugen
inclure [ɛ̃klyr] (4l) beilegen; einbeziehen, enthalten
incl|us, ~use [ɛ̃kly, -yz] einschließlich
incohér|ent, ~ente [ɛ̃kɔerɑ̃, -ɑ̃t] unzusammenhängend (*a fig*)
incollable [ɛ̃kɔlablə] F unschlagbar
incolore [ɛ̃kɔlɔr] farblos
incomber [ɛ̃kɔ̃be] (1a) obliegen (***à qn*** j-m)
incombustible [ɛ̃kɔ̃bystiblə] feuerfest, unverbrennbar
incommod|e [ɛ̃kɔmɔd] unpraktisch; **~er** (1a) belästigen
incom|parable [ɛ̃kɔ̃parablə] unvergleichlich; **~patible** [-patiblə] unvereinbar (***avec*** mit); **~préhensible** [-preɑ̃siblə] unbegreiflich, unverständlich
incon|cevable [ɛ̃kɔ̃svablə] unbegreiflich, unfassbar; **~ciliable** [-siljablə] unvereinbar (***avec*** mit)
inconnu, ~e [ɛ̃kɔny] unbekannt
inconsci|ent, ~ente [ɛ̃kɔ̃sjɑ̃, -ɑ̃t] **1.** *adj* unüberlegt; bewusstlos; unbewusst; ⚠ *adv* ***inconsciemment*** [-amɑ̃]; **2.** *m psych* ***l'~*** das Unbewusste
inconsidéré, ~e [ɛ̃kɔ̃sidere] unbedacht, unbesonnen
inconsolable [ɛ̃kɔ̃sɔlablə] untröstlich
inconst|ant, ~ante [ɛ̃kɔ̃stɑ̃, -ɑ̃t] unbeständig
incontestable [ɛ̃kɔ̃tɛstablə] unbestreitbar, unstrittig
inconven|ant, ~ante [ɛ̃kɔ̃vnɑ̃, -ɑ̃t] unschicklich
inconvénient [ɛ̃kɔ̃venjɑ̃] *m* Nachteil *m*
incorrect, ~e [ɛ̃kɔrɛkt] unrichtig; un-, inkorrekt
incorrigible [ɛ̃kɔriʒiblə] unverbesserlich
incorruptible [ɛ̃kɔryptiblə] unveränderlich; unbestechlich
incrédule [ɛ̃kredyl] skeptisch, ungläubig
incriminer [ɛ̃krimine] (1a) beschuldigen; beanstanden
incroyable [ɛ̃krwajablə] unglaublich
incubation [ɛ̃kybasjɔ̃] *f* Brüten *n*; *méd* Inkubationszeit *f*
inculper [ɛ̃kylpe] (1a) anklagen, beschuldigen
inculquer [ɛ̃kylke] (1m) ~ ***qc à qn*** j-m etw einschärfen
inculte [ɛ̃kylt] unbebaut; ungepflegt (*Bart*); ungebildet
incurable [ɛ̃kyrablə] unheilbar
incurie [ɛ̃kyri] *f* Nachlässigkeit *f*, Schlamperei *f* F
Inde [ɛ̃d] *f* ***l'~*** Indien *n*
indéc|ent, ~ente [ɛ̃desɑ̃, -ɑ̃t] unanständig
indéchiffrable [ɛ̃deʃifrablə] unentzifferbar; rätselhaft
indéc|is, ~ise [ɛ̃desi, -iz] unentschieden; unentschlossen; ungenau
indéfin|i, ~ie [ɛ̃defini] unbestimmt; **~iment** [-imɑ̃] *adv* unbegrenzt; **~issable** [-isablə] unbestimmbar
indélébile [ɛ̃delebil] unauslöschlich
indemne [ɛ̃dɛmnə] unverletzt
indemn|iser [ɛ̃dɛmnize] (1a) entschädigen (***de qc*** für etw); **~ité** *f* Entschädigung *f*; Schaden(s)ersatz *m*; Vergütung *f*, Zulage *f*
indéniable [ɛ̃denjablə] unleugbar
indépend|ance [ɛ̃depɑ̃dɑ̃s] *f* Unabhängigkeit *f*; **~ant, ~ante** [-ɑ̃, -ɑ̃t] unabhängig (***de*** von); ⚠ *adv* ***indépendamment*** [-amɑ̃]
indescriptible [ɛ̃dɛskriptiblə] unbeschreiblich
indésirable [ɛ̃dezirablə] unerwünscht
index [ɛ̃dɛks] *m* **1.** Index *m*, Register *n*; **2.** Zeigefinger *m*
indica|teur, ~trice [ɛ̃dikatœr, -tris] **1.** *adj* Hinweis...; **2.** *m* Anzeiger *m*; Indikator *m*; Kursbuch *n*; **~tif, ~tive** [-tif, -tiv] **1.** *adj* anzeigend, informatorisch; **2.** *m gr* Indikativ *m*; *Radio*: Erkennungsmelodie *f*; *tél* Vorwählnummer *f*; **~tion** Angabe *f*, Hinweis *m*, Auskunft *f*; Merkmal *n*, Anzeichen *n*
indice [ɛ̃dis] *m* Anzeichen *n*, Hinweis *m*; (*Lebenshaltungs- etc*) Index *m*; ~ ***de protection*** Lichtschutzfaktor *m*
indicible [ɛ̃disiblə] unaussprechlich, unsagbar
ind|ien, ~ienne [ɛ̃djɛ̃, -jɛn] **1.** *adj* indisch; indianisch; **2.** ♀ *m, f* Inder(in) *m(f)*; Indianer(in) *m(f)*
indiffér|emment [ɛ̃diferamɑ̃] *adv* unterschiedslos; **~ence** [-ɑ̃s] *f* Gleichgültigkeit *f*; **~ent, ~ente** [-ɑ̃, -ɑ̃t] gleichgültig
indigène [ɛ̃diʒɛn] *m, f* Eingeborene(r) *m, f*

indig|ent, ~ente [ɛ̃diʒɑ̃, -ɑ̃t] bedürftig
indigeste [ɛ̃diʒɛst] schwer verdaulich, unverdaulich
indigestion [ɛ̃diʒɛstjɔ̃] *f méd* Magenverstimmung *f*
indignation [ɛ̃diɲasjɔ̃] *f* Entrüstung *f*, Empörung *f*
indign|e [ɛ̃diɲ] unwürdig (***de qn, de qc*** j-s, e-r Sache); **~er** (1a) empören; ***s'~ de qc, contre qn*** sich über etw, über j-n entrüsten, empören
indiquer [ɛ̃dike] (1m) (an)zeigen, hinweisen auf, angeben
indiscr|et, ~ète [ɛ̃diskrɛ, -ɛt] indiskret
indiscutable [ɛ̃diskytablə] unbestreitbar; ⚠ *nicht* indiskutabel
indispensable [ɛ̃dispɑ̃sablə] unentbehrlich, unerlässlich
indisponible [ɛ̃dispɔniblə] nicht verfügbar; unabkömmlich
indispos|é, ~ée [ɛ̃dispoze] unpässlich; **~er** (1a) verstimmen, verärgern
indissoluble [ɛ̃disɔlyblə] un(auf)löslich
indist|inct, ~incte [ɛ̃distɛ̃(kt), -ɛ̃kt] undeutlich, ungenau
individu [ɛ̃dividy] *m* Individuum *n* (*a péj*)
individu|el, ~elle [ɛ̃dividɥɛl] individuell, persönlich; einzeln
Indochin|e [ɛ̃dɔʃin] *f hist* ***l'~*** Indochina *n*; **2ois, 2oise** indochinesisch
indocile [ɛ̃dɔsil] unfolgsam
indol|ent, ~ente [ɛ̃dɔlɑ̃, -ɑ̃t] träge; lässig
indolore [ɛ̃dɔlɔr] schmerzlos
Indonésie [ɛ̃dɔnezi] *f* ***l'~*** Indonesien *n*
indu, ~e [ɛ̃dy] ***à une heure ~e*** zu unpassender Zeit
indubitable [ɛ̃dybitablə] unzweifelhaft
induire [ɛ̃dɥir] (4c) **1.** ***~ qn en erreur*** j-n irreführen; **2.** folgern
indulg|ence [ɛ̃dylʒɑ̃s] *f* Nachsicht *f*; **~ent, ~ente** [-ɑ̃, -ɑ̃t] nachsichtig
industrialiser [ɛ̃dystrijalize] (1a) industrialisieren
industr|ie [ɛ̃dystri] *f* Industrie *f*; ***~ lourde*** Schwerindustrie *f*; ***~ automobile*** Autoindustrie *f*; **~iel, ~ielle** [-ijɛl] **1.** *adj* industriell, Industrie...; **2.** *m* Industrielle(r) *m*
inébranlable [inebrɑ̃lablə] unerschütterlich
inefficace [inefikas] unwirksam
inégal, ~e [inegal] (⚠ *m/pl* ***-aux***) ungleich(mäßig); uneben; **~ité** *f* Ungleichheit *f*; Unebenheit *f*
inéluctable [inelyktablə] unabwendbar, unvermeidlich
inepte [inɛpt] dumm, albern
ineptie [inɛpsi] *f* Dummheit *f*; **~s** *pl* dummes Zeug *n*, Unsinn *m*; ⚠ *Aussprache*
inerte [inɛrt] regungslos; träge
inertie [inɛrsi] *f* Trägheit *f* (*a phys*), Untätigkeit *f*; ⚠ *Aussprache*
inespéré, ~e [inɛspere] unverhofft
inestimable [inɛstimablə] unschätzbar
inévitable [inevitablə] unvermeidlich
inex|act, ~acte [inɛgza(kt), -akt] ungenau; unpünktlich
inexcusable [inɛkskyzablə] unentschuldbar
inexorable [inɛgzɔrablə] unerbittlich
inexpérience [inɛksperjɑ̃s] *f* Unerfahrenheit *f*
inexpérimenté, ~e [inɛksperimɑ̃te] unerfahren
inexplicable [inɛksplikablə] unerklärlich
inexprimable [inɛksprimablə] unaussprechlich
inextricable [inɛkstrikablə] unentwirrbar (*a fig*)
infaillible [ɛ̃fajiblə] unfehlbar
infalsifiable [ɛ̃falsifjablə] fälschungssicher
infâme [ɛ̃fɑm] ehrlos, niederträchtig, infam; ⚠ *aber* ***infamie***
infamie [ɛ̃fami] *f* Ehrlosigkeit *f*, Schande *f*; Schändlichkeit *f*
infantile [ɛ̃fɑ̃til] Kinder...; *péj* kindisch, infantil
infarctus [ɛ̃farktys] *m méd* ***~ du myocarde*** Herzinfarkt *m*
infatigable [ɛ̃fatigablə] unermüdlich
infatué, ~e [ɛ̃fatɥe] ***être ~ de sa personne*** sehr von sich eingenommen sein
infect, ~e [ɛ̃fɛkt] ekelhaft; scheußlich; **~er** (1a) anstecken, infizieren; verpesten
infection [ɛ̃fɛksjɔ̃] *f méd* Ansteckung *f*, Infektion *f*; *fig* scheußlicher Gestank *m*
inférieur, ~e [ɛ̃ferjœr] **1.** *adj* untere, Unter...; geringer, niedriger (**à** als); **2.** *m, f* Untergebene(r) *m, f*
infériorité [ɛ̃ferjɔrite] *f* Unterlegenheit *f*; Minderwertigkeit *f*
infernal, ~e [ɛ̃fɛrnal] (⚠ *m/pl* ***-aux***) höllisch

I

infester [ɛ̃fɛste] (1a) heimsuchen; befallen
infidèle [ɛ̃fidɛl] untreu; *rel* ungläubig
infiltrer [ɛ̃filtre] (1a) **s'~** eindringen; *fig* sich einschleichen
infime [ɛ̃fim] winzig (klein)
infini, ~e [ɛ̃fini] unendlich; ⚠ *adv* ***infiniment***
infinité [ɛ̃finite] *f* Unendlichkeit *f*; Unmenge *f*
infirm|e [ɛ̃firm] behindert; gebrechlich; **~er** (1a) *fig* entkräften; **~erie** [-əri] *f* Krankenabteilung *f*; *mil* Krankenrevier *n*; **~ier, ~ière** *m,f* [-je, -jɛr] Krankenpfleger *m*, -schwester *f*; **~ité** *f* Gebrechen *n*
inflamma|ble [ɛ̃flamablə] entzündbar; **~tion** *f méd* Entzündung *f*
inflation [ɛ̃flasjɔ̃] *f* Inflation *f*
inflexion [ɛ̃flɛksjɔ̃] *f* Biegung *f*
infliger [ɛ̃fliʒe] (1l) *Strafe*: auferlegen, verhängen; *Beleidigung*: zufügen
influ|ence [ɛ̃flyɑ̃s] *f* Einfluss *m*; **~encer** [-ɑ̃se] (1k) beeinflussen; **~ent, ~ente** [-ɑ̃, -ɑ̃t] einflussreich; **~er** (1n) Einfluss haben (***sur*** auf)
informatic|ien, ~ienne [ɛ̃fɔrmatisjɛ̃, -jɛn] *m,f* Informatiker(in) *m(f)*
information [ɛ̃fɔrmasjɔ̃] *f* Information *f*; Nachricht *f*; Auskunft *f*; *jur* Ermittlungen *f/pl*
informatique [ɛ̃fɔrmatik] *f* Datenverarbeitung *f*; Informatik *f*
informatiser [ɛ̃fɔrmatize] (1a) computerisieren; auf EDV umstellen
informe [ɛ̃fɔrm] formlos
informer [ɛ̃fɔrme] (1a) **~ *qn de qc*** j-n von etw benachrichtigen, in Kenntnis setzen, j-n über etw informieren, unterrichten; *jur* **~ *contre qn*** gegen j-n Ermittlungen durchführen; ***s'~ de qc auprès de qn*** sich nach etw bei j-m erkundigen
infortuné, ~e [ɛ̃fɔrtyne] unglücklich, glücklos
infraction [ɛ̃fraksjɔ̃] *f* Verstoß *m*; **~ *au code de la route*** Verkehrsdelikt *n*
infrastructure [ɛ̃frastryktyr] *f écon* Infrastruktur *f*; *Straße*: Unterbau *m*
infroissable [ɛ̃frwasablə] knitterfrei
infructu|eux, ~euse [ɛ̃fryktɥø, -øz] erfolglos, vergeblich
infuser [ɛ̃fyze] (1a) **1.** *in e-r Flüssigkeit*: ***faire*** **~** ziehen lassen; **2.** *fig* einflößen
infusion [ɛ̃fyzjɔ̃] *f* (Kräuter-)Tee *m*; Aufguss *m*; ⚠ *nicht* Infusion
ingénierie [ɛ̃ʒenjeri] *f* Technik *f*; **~ *génétique*** Gentechnik *f*
ingéni|eur [ɛ̃ʒenjœr] *m* Ingenieur *m*; **~eux, ~euse** [-ø, -øz] erfinderisch, einfallsreich; sinnreich, geschickt; **~osité** [-ozite] *f* Erfindungsgabe *f*, Einfallsreichtum *m*
ingénu, ~e [ɛ̃ʒeny] unbefangen, naiv
ingér|ence [ɛ̃ʒerɑ̃s] *f* Einmischung *f*; **~er** (1f) *Nahrung*: aufnehmen; **s'~** sich einmischen (***dans*** in)
ingr|at, ~ate [ɛ̃gra, -at] undankbar
ingrédient [ɛ̃gredjɑ̃] *m* Zutat *f*; Bestandteil *m*
inguérissable [ɛ̃gerisablə] unheilbar
ingurgiter [ɛ̃gyrʒite] (1a) gierig verschlingen
inhabitable [inabitablə] unbewohnbar
inhabituel, ~le [inabitɥɛl] ungewohnt; ungewöhnlich
inhaler [inale] (1a) einatmen, inhalieren
inhér|ent, ~ente [inerɑ̃, -ɑ̃t] innewohnend, anhaftend (***à qc*** e-r Sache)
inhibition [inibisjɔ̃] *f psych* Hemmung *f*
inhum|ain, ~aine [inymɛ̃, -ɛn] unmenschlich
inhumer [inyme] (1a) bestatten
inimitable [inimitablə] unnachahmlich
inimitié [inimitje] *f* Feindschaft *f*
ininflammable [inɛ̃flamablə] unentzündbar
inintelligible [inɛ̃teliʒiblə] unverständlich
iniquité [inikite] *f* Ungerechtigkeit *f*
initial, ~e [inisjal] (⚠ *m/pl* ***-aux***) Anfangs...
initia|teur, ~trice [inisjatœr, -tris] *m,f* Initiator(in) *m(f)*; **~tive** [-tiv] *f* Initiative *f*; ***syndicat*** *m* **d'~** Fremdenverkehrsamt *n*
initier [inisje] (1a) einweihen; ***s'~ à qc*** sich mit etw vertraut machen
injecter [ɛ̃ʒɛkte] (1a) einspritzen; ***injecté de sang*** *Auge*: blutunterlaufen
injection [ɛ̃ʒɛksjɔ̃] *f* Einspritzung *f*, Injektion *f*
injur|e [ɛ̃ʒyr] *f* Beleidigung *f*; Schimpfwort *n*; **~ier** [-je] (1a) beschimpfen; **~ieux, ~ieuse** [-jø, -jøz] beleidigend
injust|e [ɛ̃ʒyst] ungerecht; **~ice** [-is] *f* Ungerechtigkeit *f*, Unrecht *n*
inlassable [ɛ̃lasablə] unermüdlich

inné, ~e [in(n)e] angeboren
innoc|ence [inɔsɑ̃s] *f* Unschuld *f*; **~ent, ~ente** [-ɑ̃, -ɑ̃t] unschuldig; naiv; harmlos
innombrable [inɔ̃brablə] unzählig
innova|teur, ~trice [inɔvatœr, -tris] innovativ; **~tion** *f* Neuerung *f*
inoccupé, ~e [inɔkype] untätig; unbewohnt, leer
inodore [inɔdɔr] geruchlos
inoffens|if, ~ive [inɔfɑ̃sif, -iv] harmlos
inond|ation [inɔ̃dasjɔ̃] *f* Überschwemmung *f*; **~er** (1a) überschwemmen
inopiné, ~e [inɔpine] unerwartet, unvermutet; ⚠ *adv* ***inopinément***
inoubliable [inublijablə] unvergesslich
inouï, ~e [inwi] unglaublich, unerhört
inoxydable [inɔksidablə] rostfrei
inqui|et, ~ète [ɛ̃kjɛ, -ɛt] unruhig
inquiét|er [ɛ̃kjete] (1f) beunruhigen; **s'~** sich sorgen; **~ude** [-yd] *f* Unruhe *f*, Besorgnis *f*
insalubre [ɛ̃salybrə] ungesund
insatiable [ɛ̃sasjablə] unersättlich
inscription [ɛ̃skripsjɔ̃] *f* Einschreibung *f*; In-, Aufschrift *f*; *Universität*: Immatrikulation *f*
inscrire [ɛ̃skrir] (4f) eintragen; anmelden; **s'~** sich einschreiben; sich anmelden; *fig* ***s'~ dans*** in Verbindung stehen mit
insect|e [ɛ̃sɛkt] *m* Insekt *n*; **~icide** [-isid] *m* Insektenvertilgungsmittel *n*; **~ifuge** [-ifyʒ] *m* Insektenschutzmittel *n*
INSEE [inse] *m* (*abr* ***Institut national de la statistique et des études économiques***) statistisches Amt Frankreichs
insensé, ~e [ɛ̃sɑ̃se] unsinnig, sinnlos
insens|ibiliser [ɛ̃sɑ̃sibilize] (1a) *méd* betäuben; **~ible** unempfindlich; unmerklich
inséparable [ɛ̃separablə] untrennbar (***de qc*** mit etw verbunden); unzertrennlich
insérer [ɛ̃sere] (1f) einfügen, -setzen; ***s'~ dans*** in Zusammenhang stehen mit; sich einordnen in
insertion [ɛ̃sɛrsjɔ̃] *f* Einfügung *f*, -setzung *f*
insidi|eux, ~euse [ɛ̃sidjø, -øz] hinterhältig, heimtückisch
insigne [ɛ̃siɲ] *m* Abzeichen n
insignifi|ant, ~ante [ɛ̃siɲifjɑ̃, -ɑ̃t] unbedeutend
insinuer [ɛ̃sinɥe] (1n) zu verstehen geben; **s'~** (unbemerkt) eindringen; sich einschmeicheln
insipide [ɛ̃sipid] geschmacklos, fade
insister [ɛ̃siste] (1a) darauf bestehen, nicht lockerlassen; ***~ pour*** (+ *inf*) darauf bestehen *od* beharren zu (+ *inf*); ***~ sur qc*** Nachdruck *m* auf etw legen
insolation [ɛ̃sɔlasjɔ̃] *f* Sonnenstich *m*
insol|ence [ɛ̃sɔlɑ̃s] *f* Frechheit *f*, Unverschämtheit *f*; **~ent, ~ente** [-ɑ̃, -ɑ̃t] frech, unverschämt; ⚠ *adv* ***insolemment*** [-amɑ̃]
insolite [ɛ̃sɔlit] ungewöhnlich
insoluble [ɛ̃sɔlyblə] unlöslich; unlösbar
insolvable [ɛ̃sɔlvablə] zahlungsunfähig, insolvent
insomnie [ɛ̃sɔmni] *f* Schlaflosigkeit *f*
insonoriser [ɛ̃sɔnɔrize] (1a) schalldicht machen
insouci|ant, ~ante [ɛ̃susjɑ̃, -ɑ̃t] sorglos, unbekümmert
inspec|ter [ɛ̃spɛkte] (1a) beaufsichtigen, inspizieren, mustern; **~teur, ~trice** *m, f* Aufsichtsbeamte(r) *m*, -beamtin *f*; Inspektor(in) *m(f)*; **~ (*de l'enseignement primaire*)** Schulrat *m*, -rätin *f*
inspection [ɛ̃spɛksjɔ̃] *f* Inspektion *f*, Aufsicht *f*
inspir|ation [ɛ̃spirasjɔ̃] *f* Einatmen *n*; *fig* Eingebung *f*, Inspiration *f*; **~er** (1a) einatmen; inspirieren, begeistern, anregen
instable [ɛ̃stablə] labil; unbeständig
install|ation [ɛ̃stalasjɔ̃] *f* Installation *f*, Anlage *f*, Einrichtung *f*; Amtseinführung *f*; **~er** (1a) installieren, einbauen; unterbringen; einführen; **s'~** sich niederlassen; sich festsetzen
instamment [ɛ̃stamɑ̃] *adv* inständig
instance [ɛ̃stɑ̃s] *f* dringende Bitte *f*; *jur* Klage *f*, Verfahren *n*, Instanz *f*; ***sur les ~s de qn*** auf j-s Drängen
instant [ɛ̃stɑ̃] *m* Augenblick *m*; ***à l'~*** soeben; ***en un ~*** im Nu; ***par ~s*** zeitweise; ***à l'~ où*** in dem Moment, als
instantané, ~e [ɛ̃stɑ̃tane] **1.** *adj* augenblicklich; **2.** *m Foto*: Momentaufnahme *f*; **~ment** *adv* sofort
instiga|teur, ~trice [ɛ̃stigatœr, -tris] *m, f* Anstifter(in) *m(f)*; **~tion** *f* ***à l'~ de*** auf Betreiben von
instinct [ɛ̃stɛ̃] *m* Instinkt *m*, Trieb *m*
instinct|if, ~ive [ɛ̃stɛ̃ktif, -iv] instinktiv

instituer [ɛ̃stitɥe] (1n) einsetzen, einführen
institut [ɛ̃stity] *m* (Forschungs-)Institut *n*; **~ *de beauté*** Schönheitssalon *m*; **~ *de la consommation*** Verbraucherzentrale *f*
institu|teur, ~trice [ɛ̃stitytœr, -tris] *m, f* (Volksschul-)Lehrer(in) *m(f)*
institution [ɛ̃stitysjɔ̃] *f* **1.** Einrichtung *f*, Institution *f*; Einsetzung *f*, Einführung *f*; **2.** (private) Erziehungs- *od* Lehranstalt *f*
instruct|eur [ɛ̃stryktœr] *m mil* Ausbilder *m*; **~if, ~ive** [-if, -iv] lehrreich
instruction [ɛ̃stryksjɔ̃] *f* Ausbildung *f*, Unterricht *m*; Wissen *n*, Kenntnisse *f/pl*; Vorschrift *f*; *jur* Untersuchung *f*; *EDV* Befehl *m*; **~ *civique*** Staatsbürgerkunde *f*
instruire [ɛ̃strɥir] (4c) unterrichten; *jur* ermitteln

I

instrument [ɛ̃strymɑ̃] *m* Instrument *n*, Werkzeug *n*; *jur* Urkunde *f*
insu [ɛ̃sy] ***à l'~ de*** ohne Wissen (+ *gén*); ***à mon ~*** ohne mein Wissen
insubmersible [ɛ̃sybmɛrsiblə] unsinkbar
insubordination [ɛ̃sybɔrdinasjɔ̃] *f* Ungehorsam *m* (*a mil*)
insuccès [ɛ̃syksɛ] *m* Misserfolg *m*
insuffis|ant, ~ante [ɛ̃syfizɑ̃, -ɑ̃t] ungenügend, unzulänglich; ⚠ *adv* ***insuffisamment*** [-amɑ̃]
insulaire [ɛ̃sylɛr] **1.** *adj* Insel...; **2.** *m, f* Inselbewohner(in) *m(f)*
insuline [ɛ̃sylin] *f* Insulin *n*; ⚠ ***une ~***
insult|e [ɛ̃sylt] *f* Beleidigung *f*; **~er** (1a) beleidigen, beschimpfen
insupportable [ɛ̃sypɔrtablə] unerträglich; unausstehlich
insurmontable [ɛ̃syrmɔ̃tablə] unüberwindlich
insurrection [ɛ̃syrɛksjɔ̃] *f* Aufstand *m*
intact, ~e [ɛ̃takt] unberührt, intakt, unversehrt
intarissable [ɛ̃tarisablə] nie versiegend, unerschöpflich
intégral, ~e [ɛ̃tegral] (⚠ *m/pl* ***-aux***) vollständig
intégr|ant, ~ante [ɛ̃tegrɑ̃, -ɑ̃t] ***partie f intégrante*** wesentlicher Bestandteil *m*
intègre [ɛ̃tɛgrə] unbescholten, rechtschaffen
intégri|sme [ɛ̃tegrismə] *m* Fundamentalismus *m*; **~ste 1.** *adj* fundamentalistisch; **2.** *m, f* Fundamentalist(in) *m(f)*
intégrité [ɛ̃tegrite] *f* Vollständigkeit *f*; Rechtschaffenheit *f*
intellig|ence [ɛ̃teliʒɑ̃s] *f* Intelligenz *f*, Klugheit *f*, Einsicht *f*; Einvernehmen *n*; **~ *artificielle*** künstliche Intelligenz *f*; **~ent, ~ente** [-ɑ̃, -ɑ̃t] intelligent, klug; **~ible** verständlich
intempér|ance [ɛ̃tɑ̃perɑ̃s] *f* Unmäßigkeit *f*; **~ies** [-i] *f/pl* Witterungsunbilden *pl*
intempest|if, ~ive [ɛ̃tɑ̃pɛstif, -iv] unangebracht
intenable [ɛ̃t(ə)nablə] unhaltbar; unerträglich
intend|ance [ɛ̃tɑ̃dɑ̃s] *f* Verwaltung *f*; **~ant, ~ante** [-ɑ̃, -ɑ̃t] *m, f* Verwalter(in) *m(f)*; *Schule*: Verwaltungsdirektor(in) *m(f)*
intense [ɛ̃tɑ̃s] intensiv, stark; ⚠ *adv* ***intensément***
intens|if, ~ive [ɛ̃tɑ̃sif, -iv] intensiv
intensité [ɛ̃tɑ̃site] *f* Intensität *f*, Stärke *f*
intention [ɛ̃tɑ̃sjɔ̃] *f* Absicht *f*
intentionnel, ~le [ɛ̃tɑ̃sjɔnɛl] absichtlich
inter [ɛ̃tɛr] *m* **1.** (*abr* ***intérieur***) *Sport*: Halbstürmer *m*; **2.** (*abr* ***interurbain***) *tél* Fernamt *n*
interact|if, ~ive [ɛ̃tɛraktif, -iv] interaktiv
intercaler [ɛ̃tɛrkale] (1a) einschieben
intercéder [ɛ̃tɛrsede] (1f) **~ *pour qn*** sich für j-n verwenden
intercepter [ɛ̃tɛrsɛpte] (1a) abfangen; *Brief*: unterschlagen
interchangeable [ɛ̃tɛrʃɑ̃ʒablə] austauschbar, auswechselbar
intercité [ɛ̃tɛrsite] *m* Intercity *m*
interclasse [ɛ̃tɛrklas] *m* kurze Pause *f* (zwischen 2 Unterrichtsstunden)
interconnecter [ɛ̃tɛrkɔnɛkte] (1a) vernetzen
interdépendance [ɛ̃tɛrdepɑ̃dɑ̃s] *f* gegenseitige Abhängigkeit *f*
inter|diction [ɛ̃tɛrdiksjɔ̃] *f* Verbot *n*; **~dire** [-dir] (4m) untersagen, verbieten (***à qn de faire qc*** j-m, etw zu tun); *jur* entmündigen; ⚠ ***vous interdisez***; **~dit, ~dite** [-di, -dit] verboten; bestürzt, verblüfft, sprachlos; *jur* entmündigt
intéress|ant, ~ante [ɛ̃terɛsɑ̃, -ɑ̃t] inte-

ressant; **~é, ~ée** betroffen; interessiert; eigennützig; **~er** (1b) interessieren; betreffen; *comm* beteiligen; **s'~ à** sich interessieren für
intérêt [ɛ̃terɛ] *m* Interesse *n*; Eigennutz *m*; **~s** *pl* Zinsen *m/pl*
interface [ɛ̃tɛrfas] *f EDV* Schnittstelle *f*; **~ *utilisateur*** Benutzeroberfläche *f*
interférence [ɛ̃tɛrferɑ̃s] *f phys* Interferenz *f*, Überlagerung *f* (*a fig*)
intérieur, ~e [ɛ̃terjœr] **1.** *adj* innere, innerlich; **2.** *m* Innere(s) *n*; Inland *n*; Zuhause *n*; ***à l'~ de*** in, innerhalb (+ *gén*)
intérim [ɛ̃terim] *m* Zwischenzeit *f*; Vertretung *f*
intérioriser [ɛ̃terjɔrize] (1a) verinnerlichen
interlocu|teur, ~trice [ɛ̃tɛrlɔkytœr, -tris] *m, f* Gesprächspartner(in) *m(f)*
interlude [ɛ̃tɛrlyd] *m TV, Radio*: Pausenfüller *m*
intermède [ɛ̃tɛrmɛd] *m* Zwischenspiel *n*
intermédiaire [ɛ̃tɛrmedjɛr] **1.** *adj* dazwischenliegend, Zwischen...; **2.** *m* Vermittler(in) *m(f)*, Mittelsmann *m*; Vermittlung *f*; ***par l'~ de qn*** durch j-s Vermittlung
interminable [ɛ̃tɛrminablə] endlos
intermitt|ence [ɛ̃tɛrmitɑ̃s] *f* ***par ~*** in Abständen; unregelmäßig; **~ent, ~ente** [-ɑ̃, -ɑ̃t] unregelmäßig
internat [ɛ̃tɛrna] *m* **1.** Internat *n*; **2.** Assistenzarztzeit *f*
international, ~e [ɛ̃tɛrnasjɔnal] (⚠ *m/pl* ***-aux***) international
intern|e [ɛ̃tɛrn] **1.** *adj* innerlich; **2.** *m, f* Internatsschüler(in) *m(f)*; Assistenzarzt *m*, -ärztin *f*; **~er** (1a) internieren
Internet [ɛ̃tɛrnɛt] *m EDV* Internet *n*
interpeller [ɛ̃tɛrpəle] (1a *für die Schreibung*, 1c *für die Aussprache*) **~ *qn*** j-m e-e Frage stellen; *péj* j-n anfahren; *Polizei*: j-s Personalien überprüfen
interphone [ɛ̃tɛrfɔn] *m* Sprechanlage *f*
interpoler [ɛ̃tɛrpɔle] (1a) einschieben (*in e-n Text*)
interposer [ɛ̃tɛrpoze] (1a) dazwischenstellen; *jur* ***par personne interposée*** durch e-n Mittelsmann
interprétation [ɛ̃tɛrpretasjɔ̃] *f* **1.** Interpretation *f*, Deutung *f*, Auslegung *f*; **2.** *Theater*: Darstellung *f*; **3.** Dolmetschen *n*
inter|prète [ɛ̃tɛrprɛt] *m, f* Dolmetscher(in) *m(f)*; Interpret(in) *m(f)*, Ausleger(in) *m(f)*; **~préter** [-prete] (1f) interpretieren, auslegen, deuten; *Rolle*: darstellen
interroga|tion [ɛ̃tɛrɔgasjɔ̃] *f* Frage(form) *f*; ***point m d'~*** Fragezeichen *n*; **~toire** [-twar] *m* Verhör *n*
interroger [ɛ̃tɛrɔʒe] (1l) ab-, be-, ausfragen; *jur* verhören
interrompre [ɛ̃tɛrɔ̃prə] (4a) unterbrechen
interrup|teur [ɛ̃teryptœr] *m* Unterbrecher *m*, Schalter *m*; ***~ à bascule*** Kippschalter *m*; **~tion** *f* Unterbrechung *f*
intersection [ɛ̃tɛrsɛksjɔ̃] *f* Schnittpunkt *m*; Kreuzung *f*
interurb|ain, ~aine [ɛ̃tɛryrbɛ̃, -ɛn] Fern...; ***communication f interurbaine*** Ferngespräch *n*
intervalle [ɛ̃tɛrval] *m* Zwischenraum *m*, -zeit *f*
intervenir [ɛ̃tɛrvənir] (2h) einschreiten, -greifen; vermitteln; sich ereignen
intervention [ɛ̃tɛrvɑ̃sjɔ̃] *f* Eingreifen *n*; *méd* Eingriff *m*
interview [ɛ̃tɛrvju] *f* Interview *n*; ⚠ ***une ~***
intest|in, ~ine [ɛ̃tɛstɛ̃, -in] **1.** *adj* innere, intern; **2.** *m* Darm *m*; **~inal, ~inale** [-inal] (⚠ *m/pl* ***-aux***) Darm...
intime [ɛ̃tim] intim; vertraut; gemütlich
intimider [ɛ̃timide] (1a) einschüchtern
intimité [ɛ̃timite] *f* Vertrautheit *f*; Gemütlichkeit *f*; Privatleben *n*
intituler [ɛ̃tityle] (1a) betiteln
intolér|able [ɛ̃tɔlerablə] unerträglich; **~ance** *f* Unduldsamkeit *f*; **~ant, ~ante** [-ɑ̃, -ɑ̃t] unduldsam
intoxication [ɛ̃tɔksikasjɔ̃] *f* Vergiftung *f*
intoxiquer [ɛ̃tɔksike] (1m) vergiften (*a fig*)
intransige|ant, ~ante [ɛ̃trɑ̃ziʒɑ̃, -ɑ̃t] unnachgiebig
intransit|if, ~ive [ɛ̃trɑ̃zitif, -iv] *gr* intransitiv
intrépide [ɛ̃trepid] unerschrocken
intrig|ant, ~ante [ɛ̃trigɑ̃, -ɑ̃t] **1.** *adj* intrigant; **2.** *m, f* Intrigant(in) *m(f)*
intrigu|e [ɛ̃trig] *f* Intrige *f*, Machenschaft *f*, Ränkespiel *n*; **~s** *pl a* Umtriebe *m/pl*; **~er** (1m) intrigieren, Ränke schmieden; **~ *qn*** j-n stutzig machen
introduction [ɛ̃trɔdyksjɔ̃] *f* Einführung *f*; Einleitung *f*

I

introduire [ɛ̃trɔdɥir] (4c) einführen; **s'~** *dans* eindringen in
introuvable [ɛ̃truvablə] unauffindbar
intr|us, ~use [ɛ̃try, -yz] *m, f* Eindringling *m*; **~usion** [-yzjɔ̃] *f* Eindringen *n*
intuition [ɛ̃zɥisjɔ̃] *f* Intuition *f*, (Vor-)Ahnung *f*
inusable [inyzablə] unverwüstlich
inusité, ~e [inyzite] ungebräuchlich
inutil|e [inytil] unnütz, nutzlos; unnötig, zwecklos; **~isable** [-izablə] unbrauchbar
invalid|e [ɛ̃valid] erwerbs-, arbeits-, dienstunfähig; **~er** (1a) *jur, pol* annullieren
invariable [ɛ̃varjablə] unveränderlich
invasion [ɛ̃vazjɔ̃] *f* Invasion *f*
invective [ɛ̃vɛktiv] *f* Beschimpfung *f*
inventaire [ɛ̃vɑ̃tɛr] *m* Inventar *n*; *comm* Inventur *f*
inven|ter [ɛ̃vɑ̃te] (1a) erfinden; **~teur, ~trice** *m, f* Erfinder(in) *m(f)*; **~tif, ~tive** [-tif, -tiv] erfinderisch
invention [ɛ̃vɑ̃sjɔ̃] *f* Erfindung *f*
invers|e [ɛ̃vɛrs] **1.** *adj* umgekehrt; **2.** *m* Gegenteil *n*; **~er** (1a) umkehren, umpolen
investigation [ɛ̃vɛstigasjɔ̃] *f* Nachforschung *f*
invest|ir [ɛ̃vɛstir] (2a) (in ein Amt) einsetzen; *comm* anlegen, investieren; *mil* einschließen; **s'~** sich voll einbringen; **~issement** [-ismɑ̃] *m comm* Anlage *f*, Investition *f*; ⚠ *frz* ***investition*** *gibt es nicht*
invétéré, ~e [ɛ̃vetere] eingefleischt, eingewurzelt
invincible [ɛ̃vɛ̃siblə] unbesiegbar; unüberwindlich
inviolable [ɛ̃vjɔlablə] unverletzlich
invisible [ɛ̃viziblə] unsichtbar
invit|ation [ɛ̃vitasjɔ̃] *f* Einladung *f*; Aufforderung *f*; **~é, ~ée** *m, f* Gast *m*; **~er** (1a) einladen (***qn à qc*** j-n zu etw); auffordern (**à** *inf* zu)
invocation [ɛ̃vɔkasjɔ̃] *f rel* Anrufung *f*
involontaire [ɛ̃vɔlɔ̃tɛr] unfreiwillig, unabsichtlich, unwillkürlich
invoquer [ɛ̃vɔke] (1m) anrufen; sich berufen auf
invraisemblable [ɛ̃vrɛsɑ̃blablə] unwahrscheinlich
invulnérable [ɛ̃vylnerablə] unverwundbar
iode [jɔd] *m chim* Jod *n*
irai [ire] *futur von* ***aller***
Iran [irɑ̃] *m* ***l'~*** (der) Iran
Iraq [irak] *m* ***l'~*** (der) Irak
irascible [irasiblə] jähzornig
iris [iris] *m méd* Regenbogenhaut *f*; *bot* Schwertlilie *f*
irland|ais, ~aise [irlɑ̃dɛ, -ɛz] **1.** *adj* irisch; **2.** ℒ *m, f* Ire *m*, Irin *f*
Irlande [irlɑ̃d] *f* ***l'~*** Irland *n*; ***l'~ du Nord*** Nordirland *n*
iron|ie [irɔni] *f* Ironie *f*; **~ique** ironisch; **~iser** (1a) ironische Bemerkungen machen
irradiation [iradjasjɔ̃] *f* Bestrahlung *f*; (Aus-)Strahlung *f*
irraisonné, ~e [irɛzɔne] unbewusst; unsinnig
irréalisable [irealizablə] unausführbar
irréconciliable [irekɔ̃siljablə] unversöhnlich
irrécupérable [irekyperablə] nicht mehr brauchbar
irréductible [iredyktiblə] nicht reduzierbar; *fig* unbeugsam
irréel, ~le [ireɛl] irreal, unwirklich
irréfléchi, ~e [ireflеʃi] unüberlegt, gedankenlos
irréfutable [irefytablə] unwiderlegbar
irrégul|ier, ~ière [iregylje, -jɛr] unregelmäßig
irré|médiable [iremedjablə] unheilbar; unabänderlich; **~parable** [-parablə] nicht wiederherstellbar; nicht wieder gutzumachen; unersetzlich; **~préhensible** [-preɑ̃siblə] *st/s* untadelig; **~prochable** [-prɔʃablə] tadellos, einwandfrei; **~sistible** [-zistiblə] unwiderstehlich
irrésolu, ~e [irezɔly] unentschlossen
irresponsable [irɛspɔ̃sablə] nicht verantwortlich; verantwortungslos
irré|versible [irevɛrsiblə] nicht umkehrbar; nicht mehr rückgängig zu machen; **~vocable** [-vɔkablə] unwiderruflich
irri|gation [irigasjɔ̃] *f agr* Bewässerung *f*; **~guer** [-ge] (1m) bewässern, berieseln
irrit|able [iritablə] reizbar; **~er** (1a) reizen
islam [islam] *m rel* Islam *m*
Islande [islɑ̃d] *f* ***l'~*** Island *n*
isol|ant, ~ante [izɔlɑ̃, -ɑ̃t] **1.** *adj* isolie-

rend; **2.** *m* Isolierstoff *m*; **~ation** *f tech* Isolierung *f*; Dämmung *f*; **~é, ~ée** einzeln; isoliert; abgelegen; einsam
isol|ement [izɔlmɑ̃] *m* Einsamkeit *f*; Abgelegenheit *f*; *pol* Isolation *f*; ⚠ *nicht verwechseln mit* ***isolation***; **~er** (1a) isolieren; **~oir** *m* Wahlzelle *f*
Israël [israɛl] *m* (⚠ *wird artikellos gebraucht*) Israel *n*
israél|ien, ~ienne [israeljɛ̃, -jɛn] **1.** *adj* israelisch; **2.** ♀ *m, f* Israeli *m, f*
issu, ~e [isy] ~ ***de*** abstammend von, entstanden aus
issue [isy] *f* Ausgang *m*; *fig* Ausweg *m*; Ende *n*
isthme [ismə] *m* Landenge *f*
Italie [itali] *f* ***l'~*** Italien *n*
ital|ien, ~ienne [italjɛ̃, -jɛn] **1.** *adj* italienisch; **2.** ♀ *m, f* Italiener(in) *m(f)*; **~ique** *m* Schräg-, Kursivschrift *f*
itinéraire [itinerɛr] *m* Route *f*, Strecke *f*
I.V.G. [iveʒe] *f* (*abr* ***interruption volontaire de grossesse***) Schwangerschaftsabbruch *m*
ivoire [ivwar] *m* Elfenbein *n*
ivr|e [ivrə] betrunken; *fig* trunken (***de*** vor); **~esse** [-ɛs] *f* Trunkenheit *f*, Rausch *m*
ivrogn|e [ivrɔɲ] **1.** *adj* trunksüchtig; **2.** *m, f* Säufer(in) *m(f)*; **~erie** [-əri] *f* Trunksucht *f*

J

jacasser [ʒakase] (1a) schreien (*Elster*); plappern
jacinthe [ʒasɛ̃t] *f bot* Hyazinthe *f*
jacter [ʒakte] (1a) F quasseln
jadis [ʒadis] früher, einstmals
jaillir [ʒajir] (2a) hervorsprudeln, -brechen; entspringen; *fig* emporragen
jalousie [ʒaluzi] *f* **1.** Eifersucht *f*; Neid *m*; **2.** Jalousie *f*
jal|oux, ~ouse [ʒalu, -uz] eifersüchtig; neidisch
jamais [ʒamɛ] **1.** *positiv*: je(mals); ***à ~*** für immer; **2.** *negativ*: ***ne ... ~*** nie(mals); ***ne ... ~ que*** immer nur; ***~ au grand ~*** nie und nimmer
jambe [ʒɑ̃b] *f* Bein *n*; *fig* ***par-dessus la ~*** nachlässig, oberflächlich
jambon [ʒɑ̃bɔ̃] *m* Schinken *m*
jante [ʒɑ̃t] *f* (Rad-)Felge *f*
janvier [ʒɑ̃vje] *m* Januar *m*; ***en ~*** im Januar; ***le 7 ~*** am 7. Januar; ***le 7 ~ 1998*** der 7. Januar 1998
Japon [ʒapɔ̃] ***le ~*** Japan *n*
japon|ais, ~aise [ʒapɔnɛ, -ɛz] **1.** *adj* japanisch; **2.** ♀ *m, f* Japaner(in) *m(f)*
japper [ʒape] (1a) kläffen
jaquette [ʒakɛt] *f* Cut *m*; Kostümjacke *f*; Schutzumschlag *m* (*e-s Buches*)
jardin [ʒardɛ̃] *m* Garten *m*; ***~ d'enfants*** Kindergarten *m*; ***~ de rocaille*** Steingarten *m*
jardin|age [ʒardinaʒ] *m* Gartenbau *m*, -arbeit *f*; **~et** [-ɛ] *m* Gärtchen *n*; **~ier, ~ière** [-je, -jɛr] *m, f* Gärtner(in) *m(f)*
jargon [ʒargɔ̃] *m* Fach-, Berufssprache *f*, Jargon *m*; *péj* Kauderwelsch *n*
jarret [ʒarɛ] *m* Kniekehle *f*; *cuis* Haxe *f*
jas|er [ʒɑze] (1a) schwatzen, klatschen; **~eur, ~euse 1.** *adj* schwatzhaft; **2.** *m, f* Schwätzer(in) *m(f)*
jatte [ʒat] *f* Napf *m*
jaug|e [ʒoʒ] *f* Eichmaß *n*; *tech* Lehre *f*; Messstab *m*; **~er** (1l) eichen; messen; *fig* abschätzen
jaunâtre [ʒonɑtrə] gelblich
jaun|e [ʒon] gelb; **~ir** (2a) gelb färben; gelb werden; **~isse** [-is] *f méd* Gelbsucht *f*
Javel [ʒavɛl] ***eau*** *f* ***de ~*** Chlorwasser *n* (*zum Desinfizieren*)
javelot [ʒavlo] *m hist* Wurfspieß *m*; *Sport*: Speer *m*
J.-C. (*abr* ***Jésus-Christ***) Chr. (Christus)
je [ʒ(ə)] ich
jean [dʒin] *m* Jeans *f*; ⚠ ***le ~***
jean-foutre [ʒɑ̃futrə] P *m* (⚠ *pl unv*) Taugenichts *m*
je-m'en-fichisme [ʒmɑ̃fiʃismə] F *m*,

je-m'en-foutisme [ʒmɑ̃futismə] F *m* Gleichgültigkeit *f*
je-ne-sais-quoi [ʒənəsɛkwa] *m* (⚠ *pl unv*) ***un ~*** ein gewisses Etwas
Jésus-Christ [ʒezykri] *rel* Jesus Christus
jet [ʒɛ] *m* Wurf *m*; Strahl *m*; *bot* Trieb *m*; ***~ d'eau*** Wasserstrahl *m*; Springbrunnen *m*, Fontäne *f*
jetable [ʒətablə] Wegwerf...
jetée [ʒ(ə)te] *f mar* Mole *f*, Hafendamm *m*
jeter [ʒ(ə)te] (1c) werfen; wegwerfen; *bot* treiben; ***~ un pont*** e-e Brücke schlagen
jeton [ʒ(ə)tõ] *m* Spielmarke *f*; Fernsprechmünze *f*
jeu [ʒø] *m* (⚠ *pl* **~x**) Spiel *n*; Spielfeld *n*; Scherz *m*; *tech* Spiel *n*; *von Gegenständen*: Garnitur *f*, Satz *m*; ***~ informatique*** Computerspiel *n*; ***~ télévisé*** Gameshow *f*; ***~ vidéo*** Videospiel *f*
J
jeudi [ʒødi] *m* Donnerstag *m*; ***le ~, tous les ~s*** donnerstags
jeun [ʒɛ̃, ʒœ̃] ***à ~*** nüchtern
jeune [ʒœn] jung; jugendlich
jeûn|e [ʒøn] *m* Fasten *n*; **~er** (1a) fasten
jeunesse [ʒœnɛs] *f* Jugend *f*; Jugendzeit *f*; Jugendlichkeit *f*
joaillerie [ʒɔajri] *f* Juweliergeschäft *n*; Juwelen *pl*, Schmuck *m*
joaill|ier, ~ière [ʒɔaje, -jɛr] *m, f* Juwelier *m*, Juwelenhändler(in) *m(f)*
Joconde [ʒɔkõd] *f* ***la ~*** die Mona Lisa
jogging [ʒɔgiŋ] *m* Jogging *n*; Jogginganzug *m*; ***faire du ~*** joggen
joie [ʒwa] *f* Freude *f*
joindre [ʒwɛ̃drə] (4b) aneinander fügen, legen; hinzufügen; *Personen*: erreichen, treffen; *Hände*: falten; ***se ~ à qn*** sich j-m anschließen
joint[1], jointe [ʒwɛ̃, ʒwɛ̃t] verbunden; beigefügt
joint[2] [ʒwɛ̃] *m* Gelenk *n* (*a tech*); (Mauer-)Fuge *f*; Dichtung *f*
joli, ~e [ʒɔli] hübsch, nett; ⚠ *adv* ***joliment***
jonc [ʒõ] *m bot* Binse *f*
joncher [ʒõʃe] (1a) bestreuen, bedecken
jonction [ʒõksjõ] *f* Verbindung *f*, Vereinigung *f*
jongl|er [ʒõgle] (1a) jonglieren; **~erie** [-əri] *f* Gaukelei *f*; **~eur** *m* Jongleur *m*; Gaukler *m*
jonquille [ʒõkij] *f bot* Narzisse *f*, Osterglocke *f*
Jordanie [ʒɔrdani] ***la ~*** Jordanien *n*
joue [ʒu] *f* Backe *f*
jouer [ʒwe] (1a) spielen; spielen um, setzen; *fig* aufs Spiel setzen; *tech* Spiel haben; *Holz*: sich werfen; *Regelung*: gelten; ***~ aux cartes*** Karten spielen; ***~ d'un instrument*** ein *od* auf e-m Instrument spielen; ***se ~*** gespielt werden; sich abspielen; sich entscheiden; ***se ~ de qn*** j-n täuschen
jou|et [ʒwɛ] *m* Spielzeug *n*; **~eur, ~euse** *m, f* Spieler(in) *m(f)*
joufflu, ~e [ʒufly] pausbäckig
joug [ʒu] *m* Joch *n*
jou|ir [ʒwir] (2a) ***~ de*** genießen; haben, besitzen; **~issance** [-isɑ̃s] *f* Genuss *m*; *jur* Nutzung *f*
joujou [ʒuʒu] F *m* (⚠ *pl* **~x**) Spielzeug *n*
joule [ʒul] *m* Joule *n*
jour [ʒur] *m* Tag *m*; (Tages-)Licht *n*; Fenster *n*, Öffnung *f*; ***~ de l'an*** Neujahrstag *m*; ***le ~*** *od* ***de ~*** am Tage, tagsüber; ***un ~*** e-s Tages; ***vivre au ~ le ~*** von der Hand in den Mund leben; ***au grand ~*** am hellen Tage; ***de nos ~s*** heutzutage; ***du ~ au lendemain*** von heute auf morgen, im Handumdrehen; ***l'autre ~*** neulich; ***être à ~*** auf dem Laufenden sein; ***mettre à ~*** auf den neuesten Stand bringen; ***mettre au ~*** ans Licht, zur Welt bringen; *fig* ***se faire ~*** zum Durchbruch kommen; ***par ~*** täglich; ***un ~ ou l'autre*** über kurz oder lang; ***d'un ~ à l'autre*** *od* ***de ~ en ~*** von Tag zu Tag; ***~ pour ~*** auf den Tag genau; ***il fait ~*** es ist hell
journal [ʒurnal] *m* (⚠ *pl* ***-aux***) Zeitung *f*; Tagebuch *n*; *TV*, *Radio*: Nachrichten *f/pl*
journal|ier, ~ière [ʒurnalje, -jɛr] **1.** *adj* täglich; **2.** *m, f* Tagelöhner(in) *m(f)*; **~iste** *m, f* Journalist(in) *m(f)*
journée [ʒurne] *f* Tag *m*; Tagewerk *n*; Arbeitstag *m*
jovial, ~e [ʒɔvjal] (⚠ *m/pl* ***-aux*** *od* ***-als***) fröhlich, heiter; **~ité** *f* Frohsinn *m*, Heiterkeit *f*
joyau [ʒwajo] *m* (⚠ *pl* **~x**) Kleinod *n*, Juwel *n*
joy|eux, ~euse [ʒwajø, -øz] lustig, fröhlich
jubiler [ʒybile] (1a) sich unbändig freuen
judici|aire [ʒydisjɛr] gerichtlich; ***police***

f ~ Kriminalpolizei *f*; **~eux, ~euse** [-ø, -øz] gescheit, vernünftig
judo [ʒydo] *m* Judo *n*; ***prise f de ~*** Judogriff *m*
juge [ʒyʒ] *m* Richter(in) *m(f)*; Schiedsrichter *m*
jugement [ʒyʒmɑ̃] *m* Urteil(sspruch) *n(m)*; Urteilsvermögen *n*; ***porter un ~ sur qc*** sich über etw äußern; *rel* ***le* 2 *dernier*** das Jüngste Gericht *n*
jugeote [ʒyʒɔt] *f* F Grips *m*
juger [ʒyʒe] (1l) richten, (ab)urteilen; beurteilen; halten für; ***~ de*** entscheiden über, ermessen
juguler [ʒygyle] (1a) im Keim ersticken; unter Kontrolle bringen
juif, juive [ʒɥif, ʒɥiv] **1.** *adj* jüdisch; **2.** 2 *m, f* Jude *m*, Jüdin *f*
juillet [ʒɥijɛ] *m* Juli *m*; ***en ~*** im Juli; ***le 16 ~*** am 16. Juli; ***le 16 ~ 1999*** der 16. Juli 1999
juin [ʒɥɛ̃] *m* Juni *m*; ***en ~*** im Juni; ***le 5 ~*** am 5. Juni; ***le 5 ~ 1998*** der 5. Juni 1998
jum|eau, ~elle [ʒymo, -ɛl] (⚠ *m/pl* ***~x***) **1.** *adj* Zwillings...; Doppel...; **2.** *m, f* Zwilling(sbruder *m*, -schwester *f*) *m*; ***jumeaux*** *m/pl od* ***jumelles*** *f/pl* Zwillinge *m/pl*
jumel|age [ʒymlaʒ] *m* Koppeln *n*; *fig Städte*: Partnerschaft *f*; **~er** (1c) koppeln; *fig Städte*: durch e-e Partnerschaft verbinden
jumelles [ʒymɛl] *f/pl* Fernglas *n*
jument [ʒymɑ̃] *f zo* Stute *f*
jungle [ʒɛ̃glə, ʒœ̃-] *f* Dschungel *m*; ⚠ ***la ~***
jupe [ʒyp] *f* (Frauen-)Rock *m*; **~-culotte** [-kylɔt] *f* (⚠ *pl* ***jupes-culottes***) Hosenrock *m*
jupon [ʒypɔ̃] *m* Unterrock *m*; *fig* ***courir le ~*** ein Schürzenjäger sein
Jura [ʒyra] ***le ~*** der Jura; ***le ~ suisse*** der Kanton Jura
jur|é [ʒyre] *m jur* Geschworene(r) *m*; **~er** (1a) schwören; versichern; fluchen; ***~ avec qc*** sich nicht vertragen mit etw
jurid|iction [ʒyridiksjɔ̃] *f* Rechtsprechung *f*, Gerichtsbarkeit *f*; **~ique** rechtlich, juristisch; gerichtlich
jurisprudence [ʒyrisprydɑ̃s] *f* Rechtsprechung *f*
juron [ʒyrɔ̃] *m* Fluch *m*
jury [ʒyri] *m jur* Geschworenen *pl*; *allg* Jury *f*; Prüfungskommission *f*; ⚠ ***le ~***
jus [ʒy] *m* Saft *m*; *cuis* Bratensaft *m*; F Kaffee m
jusque [ʒysk(ə)] (*vor Vokal* ***jusqu'***) **1.** *prép meist mit* ***à***: ***jusqu'à*** bis; ***jusqu'alors*** bis jetzt; **2.** *adv* sogar; **3.** *conj* ***jusqu'à ce que*** (+ *subj*) bis
justaucorps [ʒystokɔr] *m* Gymnastikanzug *m*, Trikot *n*
juste [ʒyst] **1.** *adj* gerecht, berechtigt; richtig, genau, passend; (zu) eng; **2.** *adv* genau; gerade noch
justement [ʒystəmɑ̃] *adv* gerade, eben; zu Recht
justesse [ʒystɛs] *f* Richtigkeit *f*, Genauigkeit *f*; ***de ~*** mit knapper Not; ⚠ *nicht verwechseln mit* ***justice***
justice [ʒystis] *f* Gerechtigkeit *f*, Recht *n*; Rechtspflege *f*, Justiz *f*; Gericht(shof *m*) *n*
justifiable [ʒystifjablə] vertretbar
justification [ʒystifikasjɔ̃] *f* Rechtfertigung *f*; Nachweis *m*
justifier [ʒystifje] (1a) rechtfertigen; begründen; ***~ de qc*** etw nachweisen; ***se ~ de qc*** (***devant qn***) sich für etw (vor j-m) verantworten
jut|eux, ~euse [ʒytø, -øz] saftig
juvénile [ʒyvenil] jugendlich
juxtaposer [ʒykstapoze] (1a) nebeneinander stellen, legen; aneinander reihen

K

K [ka] (*abr* ***kilo-octet***) KB
kaki [kaki] kakifarben
kangourou [kɑ̃guru] *m zo* Känguru *n*
karaté [karate] *m* Karate *n*
karting [kartiŋ] *m* Gokart-Fahren *n*
Kenya [kenja] ***le ~*** Kenia *n*
képi [kepi] *m* Schirmmütze *f*; Käppi *n*
kermesse [kɛrmɛs] *f* Kirmes *f*

ketchup [kɛtʃœp] *m* Ketschup *n*
kif-kif [kifkif] F **c'est ~** das ist ganz egal
kilo|(gramme) [kilo, kilɔgram] *m* (*abr* kg) Kilo(gramm) *n*; **~métrage** [-metraʒ] *m* Kilometerzahl *f*; **~mètre** [-mɛtrə] *m* (*abr* km) Kilometer *m*; **~métrique** [-metrik] Kilometer...; **~-octet** [-ɔktɛ] (⚠ *pl* ***kilo-octets***) Kilobyte *n*
kiné [kine] *f* F Krankengymnastin *f*; **~sithérapeute** [-ziterapøt] *m*, *f* Krankengymnast(in) *m*(*f*); **~sithérapie** [-ziterapi] *f* Krankengymnastik *f*
kiosque [kjɔsk] *m* Kiosk *m*, Blumen-, Zeitungsstand *m*; (Garten-)Pavillon *m*
kit [kit] *m* Bastelsatz *m*; Set *n*
kiwi [kiwi] *m bot* Kiwi *f*; ⚠ ***le ~***
klaxon [klaksɔn] *m auto* Hupe *f*
klaxonner [klaksɔne] (1a) hupen
Ko [kao] *m* (*abr* ***kilo-octet***) Kbyte *n*
Koweït [kɔweit] ***le ~*** Kuwait *n*
krach [krak] *m écon* Börsenkrach *m*
Kremlin [krɛmlɛ̃] ***le ~*** der Kreml
kyste [kist] *m méd* Zyste *f*; ⚠ ***le ~***

L

la¹ [la] *cf* ***le***
la² [la] *m mus* a *od* A *n*
là [la] da, dahin, dort, dorthin; ***de ~*** von dorther; *kausal*: daher; ***par ~*** da, dort (entlang, hindurch); **~-bas** [-ba] da drüben, dahinten, dort
label [labɛl] *m comm* Warenkennzeichen *n*
labile [labil] *chim* instabil; ⚠ *nicht psych* labil
labor|atoire [labɔratwar] *m* Labor(atorium) *n*; ***~ spatial*** Raumlabor *n*; ***~ de langues*** Sprachlabor *n*; **~ieux, ~ieuse** [-jø, -jøz] arbeitsam; mühselig
labour [labur] *m* Feldarbeit *f*, Feldbestellung *f*; Pflügen *n*, Ackern *n*; **~er** (1a) pflügen, ackern
lac [lak] *m* See *m*; ***le ~ de Constance*** der Bodensee; ***le ~ Léman*** der Genfer See
lacer [lase] (1k) (zu)schnüren
lacérer [lasere] (1f) zerreißen
lacet [lasɛ] *m* Schnürsenkel *m*, -band *n*; *pl* **~s** Serpentinen *f*/*pl*
lâch|e [lɑʃ] locker, schlaff; *fig* feige; gemein; kraftlos; **~er** (1a) loslassen, fahren lassen; fallen lassen; *Bremsen*: nachgeben, versagen; *Seil*: reißen; **~eté** [-te] *f* Feigheit *f*
lacrymogène [lakrimɔʒɛn] ***gaz*** *m* **~** Tränengas *n*
lacté, ~e [lakte] Milch...; ***la voie lactée*** die Milchstraße
lacune [lakyn] *f* Lücke *f*
là-dedans [lad(ə)dɑ̃] drin(nen)
là-dessous [latsu] d(a)runter
là-dessus [latsy] d(a)rüber, d(a)rauf
là-haut [lao] da (dr)oben
laïc [laik] *cf* ***laïque***
laid, laide [lɛ, lɛd] hässlich
laideur [lɛdœr] *f* Hässlichkeit *f*
lainage [lɛnaʒ] *m* Wollstoff *m*, -jacke *f*
lain|e [lɛn] *f* Wolle *f*; ***~ de verre*** Glaswolle *f*; **~eux, ~euse** [-ø, -øz] wollig
laïque [laik] (⚠ *m a* ***laïc***) **1.** *égl* Laien..., weltlich; **2.** bekenntnisneutral, nicht kirchlich, laizistisch
laisse [lɛs] *f* Leine *f*
laisser [lɛse] (1b) lassen; unterlassen, sein lassen, übrig lassen, zurücklassen, liegen lassen; zulassen; hinterlassen; vermachen; ***~ faire qc à qn*** j-n etw tun lassen; ***se ~ aller*** sich gehenlassen; ***se ~ faire*** sich alles gefallen lassen
laisser|-aller [lɛseale] *m* Sichgehenlassen *n*, Nachlässigkeit *f*, Schlendrian *m* F; **~-faire** [-fɛr] *m* Gewährenlassen *n*
laissez-passer [lɛsepase] *m* (⚠ *pl unv*) Passierschein *m*
lait [lɛ] *m* Milch *f*; ***~ hydratant*** Feuchtigkeitslotion *f*; ***petit ~*** Molke *f*; ***~ U.H.T.*** H-Milch *f*
lait|age [lɛtaʒ] *m meist pl* **~s** Milchprodukte *n*/*pl*; **~erie** *f* Molkerei *f*; Milchgeschäft *n*; **~ier, ~ière** [-je, -jɛr] **1.** *adj* Milch..., Molkerei...; **2.** *m*, *f* Milchhändler(in) *m*(*f*)

laiton [lɛtɔ̃] *m* Messing *n*
laitue [lety] *f bot* Kopfsalat *m*
laïus [lajys] *m* F (endlose) Rede *f*
lambeau [lãbo] *m* (⚠ *pl* **~x**) Lumpen *m*, Fetzen *m*
lambiner [lãbine] (1a) F trödeln
lambris [lãbri] *m* Täfelung *f*
lame [lam] *f* **1.** dünne Platte *f*; (Rasier- *etc*) Klinge *f*; **2.** Woge *f*, Welle *f*
lament|able [lamãtablə] kläglich, jämmerlich, jammervoll; **~ation** *f* Jammern *n*, Klagen *n*; **~er** (1a) **se ~** jammern
lampadaire [lãpadɛr] *m* Stehlampe *f*; Laternenpfahl *m*, Straßenlaterne *f*
lampe [lãp] *f* Lampe *f*; Glühlampe *f*; *Radio*: Röhre *f*; **~ *fluorescente*** Neonröhre *f*; **~ *halogène*** Halogenlampe *f*; **~ *à bronzer*** Höhensonne *f*; **~ *de poche*** Taschenlampe *f*; **~ *témoin*** Kontrollleuchte *f*
lampée [lãpe] *f* tüchtiger Schluck *m*
lamproie [lãprwa] *f zo* Neunauge *n*
lance [lãs] *f* Lanze *f*; *Feuerwehr*: Spritzdüse *f*; Spritze *f*
lancé, ~e [lãse] in Schwung, in Fahrt
lance-flammes [lãsflam] *m* (⚠ *pl unv*) *mil* Flammenwerfer *m*
lancement [lãsmã] *m Sport*: Werfen *n*; *Schiff*: Stapellauf *m*; *Rakete*: Abschuss *m*; *fig* Einführung *f*, Lancierung *f*
lance-missiles [lãsmisil] *m* (⚠ *pl unv*) Raketenabschussrampe *f*
lancer [lãse] (1k) schleudern, werfen; ausstoßen; *Rakete*: abschießen; *Motor*: anwerfen; *Schiff*: vom Stapel lassen; *Unternehmen*: in Gang bringen; fördern; **se ~ *sur*** sich stürzen auf
lancin|ant, ~ante [lãsinã, -ãt] *Schmerz*: stechend
landau [lãdo] *m* Kinderwagen *m*
lande [lãd] *f* Heide(land) *f(n)*
langage [lãgaʒ] *m* Fachsprache *f*; Rede-, Ausdrucksweise *f*; **~ *de programmation*** Programmiersprache *f*; ⚠ *Unterschied zu* ***la langue***
lange [lãʒ] *m* Windel *f*, Wickeltuch *n*
langour|eux, ~euse [lãgurø, -øz] schmachtend
langouste [lãgust] *f* Languste *f*
langu|e [lãg] *f* **1.** Zunge *f*; ***mauvaise* ~** Lästermaul *n*; **2.** Sprache *f*; **~ *étrangère*** Fremdsprache *f*; **~ *maternelle*** Muttersprache *f*; **~ *véhiculaire*** Verkehrssprache *f*; **~ette** [-ɛt] *f Schuh etc*: Zunge *f*
langu|eur [lãgœr] *f* Mattigkeit *f*; Schmachten *n*; **~ir** (2a) stocken; schmachten; **~issant, ~issante** [-isã, -isãt] stockend, flau (*Börse*); schmachtend
lanière [lanjɛr] *f* (langer, schmaler) Riemen *m*
lanterne [lãtɛrn] *f* Laterne *f*
lapalissade [lapalisad] *f* Binsenwahrheit *f*
laper [lape] (1a) (auf)lecken
lapid|aire [lapidɛr] lapidar; **~er** (1a) steinigen; mit Steinen bewerfen
lapin [lapɛ̃] *m* Kaninchen *n*; *fig* ***poser un ~ à qn*** j-n versetzen (*vergeblich warten lassen*)
Laponie [lapɔni] ***la* ~** Lappland *n*
laps [laps] *m* **~ *de temps*** Zeitraum *m*
laque [lak] *f* Lack *m*; Haarspray *n*; ⚠ ***la* ~**
laquelle [lakɛl] *cf* ***lequel***
larcin [larsɛ̃] *m kleiner* Diebstahl *m*; Diebesgut *n*
lard [lar] *m* Speck m
lard|er [larde] (1a) *cuis u fig* spicken; **~on** *m* Speckstreifen *m*; F *Kind*: Balg *m*
larg|e [larʒ] **1.** *adj* breit; weit; *fig* freigebig; **2.** *adv* weit; **3.** *m* Breite *f*; *fig* Platz *m*, Bewegungsfreiheit *f*; *mar* hohe, offene See *f*; *fig* ***prendre le* ~** das Weite suchen; **~esse** [-ɛs] *f* Freigebigkeit *f*; **~eur** *f* Breite *f*; *fig* **~ *d'esprit*** liberale Gesinnung
larme [larm] *f* Träne *f*
larmoyer [larmwaje] (1h) *péj* jammern, flennen
larron [larɔ̃] *m* Dieb *m*
larve [larv] *f* (Insekten-)Larve *f*
laryngite [larɛ̃ʒit] *f méd* Kehlkopfentzündung *f*
larynx [larɛ̃ks] *m* Kehlkopf *m*
las, lasse [lɑ, lɑs] müde; überdrüssig
laser [lazɛr] *m* Laser *m*; ***rayonnement m* ~** Laserstrahlung *f*; ***lecteur m* ~** CD-Spieler *m*
lasser [lɑse] (1a) langweilen; ***se* ~ *de qc*** e-r Sache müde *od* überdrüssig werden
lassitude [lɑsityd] *f* Müdigkeit *f*; Überdruss *m*
lat|ent, ~ente [latã, -ãt] latent; verborgen
latéral, ~e [lateral] (⚠ *m/pl* ***-aux***) seitlich, Neben...
lat|in, ~ine [latɛ̃, -in] lateinisch

L

latitude [latityd] *f* geografische Breite *f*; *fig* (Handlungs-)Freiheit *f*
latrines [latrin] *f/pl* Latrine *f*
latte [lat] *f* Latte *f*
lauré|at, ~ate [lɔrea, -at] **1.** *adj* preisgekrönt; **2.** *m, f* Preisträger(in) *m(f)*
laurier [lɔrje] *m* Lorbeer *m*
lavable [lavablə] waschbar, -echt
lav|abo [lavabo] *m* Waschbecken *n*; **~s** *pl* Toilette *f*; **~age** *m* Waschen *n*, Wäsche *f*; *pol* **~ de cerveau** Gehirnwäsche *f*
lavande [lavɑ̃d] *f bot* Lavendel *m*
lave [lav] *f* Lava *f*
lave-glace [lavglas] *m* (⚠ *pl* **lave-glaces**) Scheibenwaschanlage *f*
lav|ement [lavmɑ̃] *m méd* Einlauf *m*; (Aus-)Spülung *f*; **~er** (1a) (ab)waschen; *Zähne*: putzen
lav|erie *f* Wäscherei *f*; **~ette** [-ɛt] *f* Spüllappen *m*; *fig u péj* Waschlappen *m*
lave-vaisselle [lavvɛsɛl] *m* (⚠ *pl unv*) Geschirrspülmaschine *f*
lavoir [lavwar] *m* Waschhaus *n*, -platz *m*
laxat|if, ~ive [laksatif, -iv] **1.** *adj* abführend; **2.** *m* Abführmittel *n*
lax|isme [laksismə] *m* Laxheit *f*; **~iste** lax
layette [lɛjɛt] *f* Babywäsche *f*
le, la, les [lə, la, le] *m, f, pl* **1.** *bestimmter Artikel*: der, die, das; die; **2.** *Personalpronomen* (*direktes Objekt*): ihn, sie, es; sie
leader [lidœr] *m* (Partei-)Führer *m*; Erste(r) *m*; *comm* Marktführer *m*; **~ du classement** Tabellenführer *m*
leasing [liziŋ] *m* Leasing *n*; **avoir** *od* **acheter en ~** leasen
lécher [leʃe] (1f) (ab-, be)lecken; *fig* F **~ les vitrines** e-n Schaufensterbummel machen
leçon [l(ə)sɔ̃] *f* Lehrstunde *f*, Lektion *f*; Lehre *f*
lec|teur, ~trice [lɛktœr, -tris] *m, f* Leser(in) *m(f)*; Lektor(in) *m(f)*; *nur m* Abspielgerät *n*; *EDV* Laufwerk *n*; **lecteur de cassettes** Kassettenrekorder *m*; **lecteur laser** *od* **de C.D.** CD-Spieler *m*; **lecteur de CD-ROM** CD-ROM-Laufwerk *n*; **lecteur de disque dur** Festplattenlaufwerk *n*; **lecteur de disquettes** Diskettenlaufwerk *n*; **lecteur optique** Scanner *m*; **lecteur de son** Tonabnehmer *m*; **~ture** [-tyr] *f* (Vor-)Lesen *n*; Lesestoff *m*, Lektüre *f*; *Parlament*: Lesung *f*
ledit, ladite [lədi, ladit] (*pl* **lesdits**, **lesdites**) besagte(r, -s), obige(r, -s)
légal, ~e [legal] (⚠ *m/pl* **-aux**) gesetzlich, legal; **~iser** (1a) amtlich beglaubigen; legalisieren; **~ité** *f* Gesetzlichkeit *f*, Legalität *f*
légataire [legatɛr] *m, f* Vermächtnisnehmer(in) *m(f)*
légendaire [leʒɑ̃dɛr] sagenhaft, legendär
légende [leʒɑ̃d] *f* Legende *f*, Sage *f*; Beschriftung *f*, Zeichenerklärung *f*
lég|er, ~ère [leʒe, -ɛr] leicht, locker; leichtsinnig, -fertig; **à la légère** leichthin; **~èrement** [-ɛrmɑ̃] *adv* leicht; ein wenig; leichtsinnig; **~èreté** [-ɛrte] *f* Leichtigkeit *f*, Leichtheit *f*; Leichtfertigkeit *f*, Leichtsinn *m*
légion [leʒjɔ̃] *f* Legion *f*
légionnaire [leʒjɔnɛr] *m mil* (Fremden-)Legionär *m*; ⚠ *Schreibung*
législa|teur, ~trice *m, f* [leʒislatœr, -tris] Gesetzgeber(in) *m(f)*; **~tif, ~tive** [-tif, -tiv] gesetzgebend; (**élections** *f/pl*) **législatives** *f/pl* Parlamentswahlen *f/pl*; **~tion** *f* Gesetzgebung *f*; **~ture** [-tyr] *f* Legislaturperiode *f*
légitimation [leʒitimasjɔ̃] *f* Legitimierung *f*, Anerkennung *f*
légitime [leʒitim] rechtmäßig, legitim; gerecht(fertigt)
legs [lɛ(g)] *m* Vermächtnis *n*
léguer [lege] (1f *u* 1m) *testamentarisch* vermachen; hinterlassen
légume [legym] *m* Gemüse *n*; ⚠ **le ~**
Léman [lemɑ̃] **le lac ~** der Genfer See
lendemain [lɑ̃dmɛ̃] *m* **le ~** der folgende Tag; am Tag danach; **sans ~** ohne Dauer
lent, lente [lɑ̃, lɑ̃t] langsam; träge
lenteur [lɑ̃tœr] *f* Langsamkeit *f*; Schwerfälligkeit *f*
lentille [lɑ̃tij] *f bot u tech* Linse *f*
lèpre [lɛprə] *f* Aussatz *m*, Lepra *f*
lépr|eux, ~euse [leprø, -øz] *m, f* Aussätzige(r) *m, f*
lequel, laquelle [ləkɛl, lakɛl] (*pl* **lesquels**, **lesquelles**) *Frage- u Relativpronomen*: welche(r, -s); der, die, das, die
les [le] *cf* **le**
lèse-majesté [lɛzmaʒɛste] *f* **crime** *m* **de ~** Majestätsverbrechen *n*, -beleidigung *f*

léser [leze] (1f) beeinträchtigen, verletzen
lésiner [lezine] (1a) knausern
lésion [lezjõ] *f méd* Verletzung *f*
lesquels, lesquelles [lekɛl] *cf* ***lequel***
lessiv|e [lɛsiv] *f* Waschmittel *n*; Lauge *f*; Wäsche *f*; **~euse** *f* Waschkessel *m*
lest [lɛst] *m* Ballast *m*
leste [lɛst] flink; *fig* respektlos; schlüpfrig
léthargie [letarʒi] *f* Lethargie *f*, Teilnahmslosigkeit *f*
Lettonie [lɛtɔni] ***la*** ~ Lettland *n*
lettre [lɛtrə] *f* **1.** Buchstabe *m*; ***à la*** ~, ***au pied de la*** ~ (wort)wörtlich; ***en toutes ~s*** ausgeschrieben; **2.** Brief *m*; ~ ***piégée*** Briefbombe *f*; ~ ***recommandée*** eingeschriebener Brief *m*; **3.** **~s** *pl* Literatur *f*; Sprach- und Literaturwissenschaft *f*; Geisteswissenschaften *f/pl*
lettré, ~e [lɛtre] gebildet
leu [lø] ***à la queue*** ~ ~ im Gänsemarsch; e-r hinter dem andern
leucémie [løsemi] *f méd* Leukämie *f*
leur [lœr] **1.** *Possessivpronomen* (*pl* **~s**) ihr(e); ***le***, ***la*** ~, ***les ~s*** der, die, das ihr(ig)e, die ihr(ig)en; ihre(r, -s); **2.** *Personalpronomen* (*mit Verb*) ihnen; ⚠ *unverändert*
leurr|e [lœr] *m* Köder *m*; *fig* Lockmittel *n*; **~er** (1a) ködern; *fig* täuschen
levain [ləvɛ̃] *m* Sauerteig *m*
levant [ləvɑ̃] ***soleil*** ~ aufgehende Sonne *f*
lev|é, ~ée [l(ə)ve] auf(gestanden); erhoben; **~ée** *f* Aufhebung *f* (*e-r Sitzung, Belagerung*); *mil* Aushebung *f*; Leerung *f* (*e-s Briefkastens*); Damm *m*; Stich *m* (*Kartenspiel*)
lève-glace [lɛvglas] *m* (⚠ *pl* ***lève-glaces***) Fensterheber *m*
lever [l(ə)ve] (1d) **1.** hoch-, erheben, heben; *Verbot etc*: aufheben; *mil* ausheben; *Saat*: aufgehen; *Teig*: gehen; ***se*** ~ aufstehen; sich erheben (*a fig*); *Gestirn*: aufgehen; *Tag*: anbrechen; **2.** *m* Aufstehen *n*; ~ ***du jour*** Tagesanbruch *m*; ~ ***du soleil*** Sonnenaufgang *m*; ~ ***du rideau*** *Theater*: Vorstellungsbeginn *m*
lève|-tard [lɛvtar] *m, f* (⚠ *pl unv*) Langschläfer(in) *m(f)*; **~-tôt** [-to] *m, f* (⚠ *pl unv*) Frühaufsteher(in) *m(f)*; **~-vitre** [-vitrə] *m* (⚠ *pl* ***lève-vitres***) Fensterheber *m*
levier [l(ə)vje] *m* Hebel *m*
levraut [ləvro] *m* Häschen *n*
lèvre [lɛvrə] *f* Lippe *f*
lévrier [levrije] *m* Windhund *m*
levure [l(ə)vyr] *f* Hefe *f*; ~ ***chimique*** Backpulver *n*
lexique [lɛksik] *m* Wortschatz *m*; Lexikon *n*
lézard [lezar] *m zo* Eidechse *f*
lézarde [lezard] *f* Riss *m*
liaison [ljɛzõ] *f* Liebschaft *f*; Verbindung *f*; Bindung *f*
li|ant, ~ante [ljɑ̃, -ɑ̃t] zugänglich, gesellig, kontaktfreudig
liasse [ljas] *f* (Akten-)Stoß *m*, Bündel *n*
Liban [libɑ̃] ***le*** ~ (der) Libanon
libations [libasjõ] *f/pl* Zechgelage *n*
libell|é [libɛle] *m* Wortlaut *m*; **~er** (1b) abfassen, ausfertigen
libellule [libɛlyl] *f zo* Libelle *f*
libéral, ~e [liberal] (⚠ *m/pl* ***-aux***) liberal; frei(heitlich gesinnt); ***arts libéraux*** *m/pl* freie Künste *f/pl*; ***profession*** *f* ***libérale*** freier Beruf *m*; **~isme** *m* Liberalismus *m*; **~ité** *f* Freigebigkeit *f*
libér|ateur, ~atrice
libériste [liberist] *m, f* Drachenflieger(in) *m(f)*
libéro [libero] *m* Libero *m*
liberté [libɛrte] *f* Freiheit *f*
libert|in, ~ine [libɛrtɛ̃, -in] **1.** *adj* liederlich, ausschweifend; **2.** *m* Lebemann *m*
libraire [librɛr] *m, f* Buchhändler(in) *m(f)*
librairie [librɛri] *f* Buchhandlung *f*
libre [librə] frei (***de*** von); **~-échange** [libreʃɑ̃ʒ] *m* Freihandel *m*; **~-service** [-sɛrvis] *m* (⚠ *pl* ***libres-services***) Selbstbedienung *f*; Selbstbedienungsladen *m*
librettiste [librɛtist] *m* Operntextdichter *m*
licenc|e [lisɑ̃s] *f* **1.** Erlaubnis *f*, Lizenz *f*; **2.** Licence *f* (*akademischer Grad in Frankreich*); **3.** *fig* Freiheit *f*; *péj* Zügellosigkeit *f*; **~ié, ~iée** [-je] *m, f* Inhaber(in) *m(f)* e-r Licence
licenc|iement [lisɑ̃simɑ̃] *m* Entlassung *f*; **~ier** [-je] (1a) entlassen; **~ieux, ~ieuse** [-jø, -jøz] anstößig; zügellos
lichen [likɛn] *m bot* Flechte *f*
lie [li] *f* Boden-, Weinhefe *f*; *fig* Hefe *f*, Abschaum *m* (*des Volkes*)
liège [ljɛʒ] *m bot* Kork *m*
Liège [ljɛʒ] Lüttich

lien [ljɛ̃] *m* Band *n*; (Ver-)Bindung *f*
lier [lje] (1a) (zusammen)binden; verbinden, vereinigen; **~ *amitié avec qn*** Freundschaft schließen mit j-m
lierre [ljɛr] *m bot* Efeu *m*
lieu [ljø] *m* (⚠ *pl* **~x**) Ort *m*, Stätte *f*; **~x** *pl* Örtlichkeit *f*; Räume *m/pl*; *jur* Tatort *m*; ***au ~ de*** (an)statt; ***avoir ~*** stattfinden; ***donner ~ à*** Anlass geben zu; ***en premier ~*** zuerst; ***en dernier ~*** schließlich; ***~ de destination*** Bestimmungsort; ***il y a ~ de*** (+ *inf*) es ist Grund vorhanden, zu ...; ***s'il y a ~*** gegebenenfalls; ***tenir ~ de qc*** etw ersetzen
lieue [ljø] *f* Meile *f*
lieutenant [ljøtnɑ̃] *m* Oberleutnant *m*
lièvre [ljɛvrə] *m* Hase *m*
ligament [ligamɑ̃] *m* (Gelenk-)Band *n*
ligature [ligatyr] *f méd* Unterbindung *f*
lign|e [liɲ] *f* Linie *f*, Strich *m*; (Verkehrs-)Linie *f*, Strecke; Zeile *f*; *tél*, *tech* Leitung *f*; *mil* Stellung *f*; *mar* Leine *f*; *Angeln*: Angelschnur *f*; *mil* ***en ~*** im Einsatz; ***à la ~!*** neue Zeile!; ***hors ~*** außergewöhnlich; ***pêcher à la ~*** angeln; **~ée** *f* Nachkommenschaft *f*; **~er** (1a) lin(i)ieren

L

lign|eux, ~euse [liɲø, -øz] holzig
lignite [liɲit] *m* Braunkohle *f*
ligu|e [lig] *f* Liga *f*; **~er** (1m) ***se ~*** sich verbünden
lilas [lila] **1.** *m* Flieder *m*; **2.** *adj* (⚠ *unv*) lila
limace [limas] *f zo* Nacktschnecke *f*
limaçon [limasɔ̃] *m zo* Schnecke *f mit Haus*
lim|e [lim] *f* Feile *f*; ***~ à ongles*** Nagelfeile *f*; **~er** (1a) feilen
limier [limje] *m* Spürhund *m*
limitation [limitasjɔ̃] *f* Be-, Einschränkung *f*, Begrenzung *f*; ***~ de vitesse*** Geschwindigkeitsbegrenzung *f*; Tempolimit *n*
limit|e [limit] *f* Grenze *f*; Grenzwert *m*; ***à la ~*** äußerstenfalls; ***dans les ~s de*** im Rahmen (+ *gén*); ***date f ~*** äußerster Termin; **~er** (1a) begrenzen, beschränken (**à** auf)
limitrophe [limitrɔf] angrenzend (**de** an)
limoger [limɔʒe] (1l) kaltstellen, F abhalftern
limon [limɔ̃] *m* Schlamm *m*
limonade [limɔnad] *f* Limonade *f*
limpide [lɛ̃pid] klar, rein
lin [lɛ̃] *m* Flachs *m*; Leinen *n*
linceul [lɛ̃sœl] *m* Leichentuch *n*
ling|e [lɛ̃ʒ] *m* Tuch *n*; Wäsche *f*; ***~ fin*** Feinwäsche *f*; **~ (*de corps*)** Unterwäsche *f*; ⚠ ***le ~***; **~erie** *f* Damen(unter)wäsche *f*
lingot [lɛ̃go] *m Metall*: Barren *m*
linguist|e [lɛ̃gɥist] *m* Sprachwissenschaftler *m*; **~ique 1.** *f* Sprachwissenschaft *f*, Linguistik *f*; **2.** *adj* sprachwissenschaftlich
lion, lionne [ljɔ̃, ljɔn] *m*, *f zo* Löwe *m*, Löwin *f*; *astr* **Lion** Löwe *m*
lippe [lip] *f* ***faire la ~*** schmollen
liquéfier [likefje] (1a) verflüssigen
liqueur [likœr] *f* Likör *m*; ⚠ ***la ~***
liquidation [likidasjɔ̃] *f* Auflösung *f*; Tilgung *f*; *comm* Ausverkauf *m*; *fig* Liquidierung *f*, Beseitigung *f*
liquid|e [likid] **1.** *adj* flüssig; **2.** *m* Flüssigkeit *f*; **~er** (1a) auflösen; tilgen; ausverkaufen; *fig* erledigen, regeln; *j-n* liquidieren, beseitigen
lire[1] [lir] (4x) lesen; vorlesen
lire[2] [lir] *f* Lira *f* (*italienische Währung*)
lis[1] [lis] *m bot* Lilie *f*; ⚠ ***le ~***
lis[2] [li] *cf* ***lire***
liseron [lizrɔ̃] *m bot* Winde *f*
lis|eur, ~euse [lizœr, -øz] *m*, *f* (Viel-)Leser(in) *m(f)*, Leseratte *f* F; *f* Buchhülle *f*; Bettjäckchen *n*
lis|ibilité [lizibilite] *f* Lesbarkeit *f*; **~ible** leserlich
lisière [lizjɛr] *f* (Wald-)Saum *m*
lisse [lis] glatt
lisser [lise] (1a) glätten
listage [listaʒ] *m EDV* Auflistung *f*; Ausdruck *m*
liste [list] *f* Liste *f*, Verzeichnis *n*
listing [listiŋ] *m* Liste *f*; Ausdruck *m*
lit[1] [li] *m* Bett *n* (*a Flussbett*); Lager *n*; *géol* Schicht *f*; ***du premier ~*** aus erster Ehe
lit[2] [li] *cf* ***lire***
litanie [litani] *f* Litanei *f* (*a fig*); *fig* ***c'est toujours la même ~*** das ist immer die alte Leier
literie [litri] *f* Bettzeug *n*
lithographie [litɔgrafi] *f* Steindruck *m*, Lithografie *f*
litig|e [litiʒ] *m* (Rechts-)Streit *m*; **~ieux, ~ieuse** [-jø, -jøz] strittig
litre [litrə] *m* Liter *n od m*
littér|aire [literɛr] literarisch; **~al, ~ale**

(⚠ *m/pl* ***-aux***) wörtlich, buchstäblich; **~ature** [-atyr] *f* Literatur *f*, Schrifttum *n*; Schriftstellerei *f*; ⚠ *Schreibung*
littoral, ~e [litɔral] (⚠ *m/pl* ***-aux***) **1.** *adj* Küsten...; **2.** *m* Küstenstrich *m*, -streifen *m*
Lituanie [litɥani] ***la*** ~ Litauen *n*
livide [livid] fahl, blass
livr|able [livrablə] lieferbar; **~aison** *f* Lieferung *f*
livre¹ [livrə] *m* Buch *n*; ***à ~ ouvert*** *übersetzen*: fließend
livre² [livrə] *f* Pfund *n*
livrée [livre] *f* Livree *f*
livrer [livre] (1a) (ab-, aus)liefern; *fig* preisgeben
livret [livrɛ] *m* kleines Heft *n*, Büchlein *n*; *Oper*: Libretto *n*; ***~ scolaire*** Zeugnis(heft) *n*
livreur [livrœr] *m* Aus-, Anlieferer *m*
lobe [lɔb] *m méd* Lappen *m*; ***~ de l'oreille*** Ohrläppchen *n*
local, ~e [lɔkal] (⚠ *m/pl* ***-aux***) **1.** *adj* örtlich, Orts...; **2.** *m* Raum *m*; ***locaux*** *pl* Räumlichkeiten *f/pl*; **~iser** (1a) lokalisieren; **~ité** *f* Ort(schaft) *m(f)*
loca|taire [lɔkatɛr] *m, f* Mieter(in) *m(f)*; **~tif, ~tive** [-tif, -tiv] Miet...; **~tion** *f* Vermietung *f*; Mieten *n*; Miete *f*; Verleih *m*; Ferienwohnung *f*; *Theater*: Vorverkauf *m*
lock-out [lɔkawt] *m* (⚠ *pl unv*) Aussperrung *f*; **~er** (1a) *Arbeiter*: aussperren
locomo|tion [lɔkɔmɔsjõ] *f* Fortbewegung *f*; **~tive** [-tiv] *f* Lokomotive *f*; *fig* treibende Kraft *f*
locution [lɔkysjõ] *f* Redensart *f*, Wendung *f*
loge [lɔʒ] *f* Pförtnerwohnung *f*; *Theater*, *Freimaurer*: Loge *f*
logement [lɔʒmɑ̃] *m* Wohnung *f*; Unterkunft *f*, Quartier *n*
log|er [lɔʒe] (1l) beherbergen, unterbringen; wohnen; **~eur, ~euse** *m, f* Zimmervermieter(in) *m(f)*, Wirt(in) *m(f)*
logiciel [lɔʒisjɛl] *m EDV* Software *f*
logique [lɔʒik] **1.** *adj* logisch; **2.** *f* Logik *f*
logistique [lɔʒistik] *f mil* Logistik *f*, Versorgung *f*
logithèque [lɔʒitɛk] *f* Softwaresammlung *f*
logotype [lɔgɔtip] *m* Firmenlogo *n*
loi [lwa] *f* Gesetz *n*; **~-cadre** [-kadrə] *f* (⚠ *pl* ***lois-cadres***) Rahmengesetz *n*
loin [lwɛ̃] *adv* weit (weg), fern; ***au ~*** in der Ferne, weit weg; ***de ~*** aus der Ferne, von weitem; *fig* bei weitem; ***revenir de ~*** noch einmal davongekommen sein; ***~ de*** weit (weg) von; *conj* ***d'aussi ~ que*** (+ *ind od subj*) sobald
loint|ain, ~aine [lwɛ̃tɛ̃, -ɛn] **1.** *adj* fern, entfernt; **2.** *m* Ferne *f*; Hintergrund *m*
loir [lwar] *m zo* Siebenschläfer *m*
loisible [lwaziblə] gestattet
loisir *m* Muße *f*, Freizeit *f*; **~s** *pl* Freizeitbeschäftigungen *f/pl*
lombes [lõb] *m/pl méd* Lenden *f/pl*
london|ien, ~ienne [lõdɔnjɛ̃, -jɛn] **1.** *adj* Londoner; **2.** ♀ *m, f* Londoner(in) *m(f)*
Londres [lõdrə] London
long, longue [lõ, lõg] **1.** *adj* lang; ***chaise f longue*** Liegestuhl *m*; ***à long terme*** langfristig; ***à la longue*** auf die Dauer; ***être ~*** lange dauern; ***être ~ à faire qc*** lange brauchen, um etw zu tun; ***de longue main*** seit langer Zeit; **2.** *adv* ***en dire long*** viel sagend sein; **3.** *m* Länge *f*; ***de deux mètres de long*** von 2 Meter Länge; ***le long de*** längs (+ *gén*), entlang; ***tomber de son long*** der Länge nach hin schlagen; ***de long en large*** auf und ab, hin und her; ***tout au long*** *od* ***tout le long de l'année*** das ganze Jahr über
longe [lõʒ] *f Pferde*: Leine *f*; *cuis* Lendenstück *n*, -braten *m*
longer [lõʒe] (1l) entlanggehen, -fahren *etc* an; sich erstrecken längs
longévité [lõʒevite] *f* (lange) Lebensdauer *f*
longitude [lõʒityd] *f* geografische Länge *f*
longtemps [lõtɑ̃] *adv* lange (*zeitlich*); ***il y a ~*** vor langer Zeit
longuement [lõgmɑ̃] *adv* lange; lang und breit (*reden*)
longueur [lõgœr] *f* Länge *f*
longue-vue [lõgvy] *f* (⚠ *pl* ***longues-vues***) Fernrohr *n*
lopin [lɔpɛ̃] *m* Stück(chen) *n*
loquace [lɔkas] gesprächig
loque [lɔk] *f* Lumpen *m*, Fetzen *m*; *Mensch*: Wrack *n*
loquet [lɔkɛ] *m* Klinke *f*, Drücker *m*
loquet|eux, ~euse [lɔktø, -øz] zerlumpt

L

lorgn|er [lɔrɲe] (1a) verstohlen betrachten; *fig* schielen nach; **~on** *m* Kneifer *m*
loriot [lɔrjo] *m zo* Goldamsel *f*
lorr|ain, ~aine [lɔrɛ̃, -ɛn] lothringisch
Lorraine [lɔrɛn] ***la*** ~ Lothringen *n*
lors [lɔr] ***dès*** *od* ***depuis*** ~ seitdem; demzufolge; ~ ***de*** zur Zeit (+ *gén*), bei
lorsque [lɔrsk(ə)] als, wenn (*zeitlich*)
lot [lo] *m* Anteil *m*; Los *n*; Gewinn *m*; *fig* Schicksal *n*; ***gagner le gros*** ~ das große Los ziehen
loterie [lɔtri] *f* Lotterie *f*; ⚠ *Schreibung*
lotion [losjɔ̃] *f* Gesichts-, Haarwasser *n*; ~ ***pour le visage*** Gesichtswasser *n*
lotissement [lɔtismɑ̃] *m* Aufteilung *f*, Parzellierung *f*; (Grundstücks-)Parzelle *f*
loto [lɔto] *m* Lotto *n*; ~ ***sportif*** Fußballtoto *n*
louable [lwablə] **1.** lobenswert; **2.** vermietbar
louage [lwaʒ] *m* Vermietung *f*
louange [lwɑ̃ʒ] *f* Lob *n*
loubar(d) [lubar] *m* F Rowdy *m*
louche[1] [luʃ] *adj* undurchsichtig, verdächtig, anrüchig, fragwürdig
louche[2] [luʃ] *f* Schöpflöffel *m*
loucher [luʃe] (1a) schielen
louer [lwe] (1a) **1.** (ver)mieten; **2.** loben (***de*** *od* ***pour*** für); ***se*** ~ ***de*** zufrieden sein mit
louf(oque) [luf(ɔk)] F verrückt
loulou [lulu] *m zo* Spitz *m*
loup [lu] *m zo* Wolf *m*
loupe [lup] *f* Lupe *f*
louper [lupe] (1a) F verpfuschen, vermasseln, verpatzen; verpassen (*Zug*, *Person*)
loup-garou [lugaru] *m* (⚠ *pl* ***loups--garous***) Werwolf *m*
lourd, lourde [lur, lurd] schwer; schwerfällig; schwül, drückend; ***j'ai la tête lourde*** ich habe e-n schweren Kopf
lourd|aud, ~aude [lurdo, -od] **1.** *adj* plump, schwerfällig; **2.** *m*, *f* Tölpel *m*, Tollpatsch *m*; **~ement** [-əmɑ̃] *adv* schwerfällig; **~eur** *f fig* Schwere *f*; Schwerfälligkeit *f*
loustic [lustik] *m* F Witzbold *m*
loutre [lutrə] *f zo* Fischotter *m*
louve [luv] *f zo* Wölfin *f*
louvoyer [luvwaje] (1h) *mar* kreuzen; *fig* lavieren
loyal, ~e [lwajal] (⚠ *m/pl* ***-aux***) anständig, fair, loyal; redlich, rechtschaffen, treu
loyauté [lwajote] *f* Anständigkeit *f*, Loyalität *f*; Redlichkeit *f*, (Pflicht-)Treue *f*
loyer [lwaje] *m* Miete *f*
lu [ly] *p/p von* ***lire***
lubie [lybi] *f* Marotte *f*, Schrulle *f*
lubricité [lybrisite] *f* Lüsternheit *f*
lubrifier [lybrifje] (1a) *tech* schmieren
lubrique [lybrik] lüstern, geil
lucarne [lykarn] *f* Dachfenster *n*, -luke *f*
Lucerne [lysɛrn] Luzern
lucid|e [lysid] *Geist*: klar, scharf, hellsichtig; **~ité** *f* Klarheit *f*, Scharfblick *m*
lucrat|if, ~ive [lykratif, -iv] Gewinn bringend, einträglich, lohnend
ludothèque [lydɔtɛk] *f* Spieleverleih *m*
lueur [lɥœr] *f* Lichtschein *m*
luge [lyʒ] *f* Rodelschlitten *m*; ***faire de la*** ~ rodeln, Schlitten fahren
lugubre [lygybrə] düster, trostlos
lui [lɥi] *Personalpronomen* **1.** *verbunden m u f* ihm; ihr; **2.** *unverbunden, betont m* er; ihn; ihm; sich
luire [lɥir] (4c) leuchten, glänzen; ⚠ *p/p* ***lui***
lumbago [lɛ̃bago, lœ̃-] *m méd* Hexenschuss *m*
lumière [lymjɛr] *f* Licht *n* (*a fig*); ***siècle m des ~s*** Zeitalter *n* der Aufklärung; *iron* ***ce n'est pas une*** ~ er (sie) ist keine Leuchte; ***à la*** ~ ***de*** aufgrund (+ *gén*)
lumin|aire [lyminɛr] *m* Beleuchtung(sgerät) *f*(*n*); **~eux, ~euse** [-ø, -øz] leuchtend, Licht...; ***affiche f lumineuse*** Leuchtreklame *f*
lun|aire [lynɛr] Mond...; **~atique** [-atik] launisch
lundi [lɛ̃di, lœ̃-] *m* Montag *m*; ***le ~, tous les ~s*** montags
lune [lyn] *f* Mond *m*
lunette [lynɛt] *f* Fernglas *n*; **~s** *pl* Brille *f*; ***~s de ski*** Skibrille *f*; ***~s de soleil*** Sonnenbrille *f*; *auto* ~ ***arrière*** Heckscheibe *f*
lurette [lyrɛt] *f* F ***il y a belle*** ~ es ist schon lange her
luron [lyrɔ̃] ***gai*** ~ fideler Kerl *m*
lus [ly] *p/s von* ***lire***
lustr|e [lystrə] *m* Kronleuchter *m*, Lüster *m*; Glanz *m*; **~er** (1a) glänzend machen, polieren

lut[1] [lyt] *m tech* Kitt *m*
lut[2] [ly] *p/s von* ***lire***
luth [lyt] *m mus* Laute *f*
lutin [lytɛ̃] *m* Kobold *m*
lutrin [lytrɛ̃] *m* Noten-, Chorpult *n*
lutt|e [lyt] *f* Kampf *m*, Ringen *n* (*a Sport*), Ringkampf *m*; **~er** (1a) kämpfen; ringen; **~eur, ~euse** *m,f* Kämpfer(in) *m(f)*; *nur m* Ringer *m*
luxation [lyksasjɔ̃] *f méd* Verrenkung *f*
luxe [lyks] *m* Luxus *m*
Luxembourg [lyksɑ̃bur] ***le ~*** Luxemburg *n*
luxer [lykse] (1a) ***se ~ le bras***, *etc* sich den Arm *etc* verrenken
luxu|eux, ~euse [lyksɥø, -øz] luxuriös
luxur|e [lyksyr] *f* Wollust *f*, Sinnenlust *f*; **~iant, ~iante** [-jɑ̃, -jɑ̃t] üppig wuchernd; **~ieux, ~ieuse** [-jø, -jøz] lüstern, wollüstig; ⚠ *nicht* luxuriös
lycée [lise] *m* höhere Schule *f*, Gymnasium *n*
lycé|en, ~enne [liseɛ̃, -ɛn] *m,f* Gymnasiast(in) *m(f)*
lynx [lɛ̃ks] *m zo* Luchs *m*
lyophiliser [ljɔfilize] (1a) gefriertrocknen
lyre [lir] *f mus* Leier *f*
lyrique [lirik] lyrisch
lyrisme [lirismə] *m* Lyrik *f*; *fig* Begeisterung *f*
lys [lis] *m cf* ***lis***[1]

M

M. (*abr* ***monsieur***) Herr
ma [ma] *cf* ***mon***
macabre [makabrə] schauerlich, makaber
macaron [makarɔ̃] *m* **1.** *cuis* Makrone *f*; **2.** Aufkleber *m*; Plakette *f*
macaroni [makarɔni] *m* Makkaroni *pl*
macédoine [masedwan] *f cuis* ***~ de légumes*** Mischgemüse *n*; ***~ de fruits*** Obstsalat *m*
macérer [masere] (1f) *cuis* ***faire ~*** ziehen lassen
mâche [mɑʃ] *f bot* Feldsalat *m*, Rapunzel *f*
mâcher [mɑʃe] (1a) kauen; *fig* ***ne pas ~ ses mots*** kein Blatt vor den Mund nehmen
machin [maʃɛ̃] *m* F Ding(sda) *n*
machin|al, ~ale [maʃinal] (⚠ *m/pl* ***-aux***) mechanisch, automatisch; **~ation** *f* Komplott *n*; *pl* **~s** Machenschaften *f/pl*, Umtriebe *m/pl*
machine [maʃin] *f* Maschine *f* (*a für Motorrad*); Lokomotive *f*; (Schreib-) Maschine *f*; *fig* Maschinerie *f*; ***~ à écrire, à coudre, à laver*** Schreib-, Näh-, Waschmaschine *f*; **~-outil** [-uti] *f* (⚠ *pl* ***machines-outils***) Werkzeugmaschine *f*; **~rie** [-ri] *f* Maschinenpark *m*, -raum *m*
machiniste [maʃinist] *m* Busfahrer *m*, U-Bahn-Fahrer *m*, Lokomotivführer *m*; *Theater*: Bühnenarbeiter *m*
macho [matʃo] *m* F Macho *m*
mâchoire [mɑʃwɑr] *f* Kiefer *m*; **~s** *pl a* Kinnbacken *pl*
mâchonner [mɑʃɔne] (1a) langsam *od* mit Mühe kauen; *fig* murmeln
maçon [masɔ̃] *m* Maurer *m*
maçonn|er [masɔne] (1a) mauern; **~erie** *f* Mauerwerk *n*
macro [makro] *m EDV* Makro *n*
Madagascar [madagaskar] Madagaskar *n*
madame [madam] *f* (*abr* ***Mme***), (⚠ *pl* ***mesdames*** [medam], *abr* ***Mmes***) Frau (+ *Name*)
mademoiselle [madmwazɛl] *f* (*abr* ***Mlle***), (⚠ *pl* ***mesdemoiselles*** [medmwazɛl], *abr* ***Mlles***) Fräulein (+ *Name*)
madère [madɛr] *m* Madeirawein *m*
madone [madɔn] *f* Marienbild *n*; Madonna *f*; ⚠ *Schreibung*
maffia [mafja] *f* Mafia *f*
maffioso [mafjozo] *m* Mafioso *m*
magasin [magazɛ̃] *m* Laden *m*, Ge-

M

schäft *n*; Speicher *m*, Lagerhaus *n*; ***grand ~*** Kauf-, Warenhaus *n*
magazine [magazin] *m* Magazin *n*, illustrierte Zeitschrift *f*; ⚠ *nicht verwechseln mit* ***magasin***
mag|e [maʒ] *m* Magier *m*; ***les Rois ~s*** die Heiligen Drei Könige; **~icien, ~icienne** [-isjɛ̃, -isjɛn] *m*, *f* Zauberer *m*, Zauberin *f*
mag|ie [maʒi] *f* Magie *f*; *fig* Zauber *m*; **~ique** magisch, Zauber...
magistral, ~e [maʒistral] (⚠ *m/pl* ***-aux***) meisterhaft; F ordentlich; ***cours m magistral*** Vorlesung *f*
magistrat [maʒistra] *m* hoher Beamter *m*; Richter *m*
magistrature [maʒistratyr] *f* Richteramt *n*, -stand *m*; Amtsdauer *f*; ***~ assise*** Richterstand *m*; ***~ debout*** Staatsanwaltschaft *f*
magnétique [maɲetik] magnetisch
magnéto [maɲeto] *f* **1.** *auto* (Magnet-)Zündung *f*; **2.** *abr* ***magnétophone***
magnéto|phone [maɲetɔfɔn] *m* Tonbandgerät *n*; Kassettenrekorder *m*; **~scope** [-skɔp] *m* Videorekorder *m*
magnif|icence [maɲifisɑ̃s] *f* Pracht *f*; **~ique** herrlich, prächtig
magot [mago] *m* **1.** *zo* Magot *m*, Berberaffe *m*; **2.** *fig* F verborgener Schatz *m*, verstecktes Geld *n*
Maghreb [magrɛb] ***le ~*** der Maghreb
mai [mɛ] *m* Mai *m*; ***en ~*** im Mai; ***le 6 ~*** am 6. Mai; ***le 6 ~ 1996*** der 6. Mai 1996
maigr|e [mɛgrə] mager; *fig* dünn, dürr, dürftig; **~eur** *f* Magerkeit *f*; **~ir** (2a) mager werden, abnehmen; ⚠ *il* ***a*** *maigri*
mailing [mɛliŋ] *m* Mailing *n*
maille [maj] *f* Masche *f*; *Kette*: Glied *n*
maillet [majɛ] *m* Holzhammer *m*
maillot [majo] *m* Trikot *n* (*der Sportler, Tänzerinnen etc*); ***~ de bain*** Badeanzug *m*, -hose *f*; ***~ de corps*** Unterhemd *n*
main [mɛ̃] *f* Hand *f*; *mil* ***coup m de ~*** Handstreich *m*; ***donner un coup de ~ à qn*** j-m helfen; ***à la ~*** in *od* mit der Hand; ***à ~ armée*** bewaffnet; ***à ~ levée*** freihändig; ***bas les ~s!*** Finger weg!; ***la ~ dans la ~*** Hand in Hand; ***de la ~*** mit der Hand; *fig* ***prendre qc en ~*** etw in die Hand nehmen; ***en ~s propres*** eigenhändig; ***en un tour de ~*** im Handumdrehen; ***haut les ~s!*** Hände hoch!; ***mener par la ~*** an der Hand führen; ***sous la ~*** griffbereit
main|-d'œuvre [mɛ̃dœvrə] *f* (⚠ *pl* ***mains-d'œuvre***) Arbeitskräfte *f/pl*; Arbeit *f*
maint, mainte [mɛ̃, mɛ̃t] *st/s* manche; ***à maintes reprises*** wiederholt
maintenance [mɛ̃tnɑ̃s] *f* Wartung *f*
maintenant [mɛ̃tnɑ̃] jetzt, nun
maintenir [mɛ̃t(ə)nir] (2h) aufrechterhalten, erhalten, beibehalten; ***~ son opinion*** bei seiner Meinung bleiben; ***se ~*** sich (er)halten
maintien [mɛ̃tjɛ̃] *m* Aufrechterhaltung *f*; Fortbestand *m*
mair|e [mɛr] *m* Bürgermeister *m*; **~ie** [-i] *f* Rathaus *n*, Gemeindeamt *n*
mais [mɛ] aber; sondern; ***~ non!*** aber nein!; *litt* ***je n'en puis ~*** ich kann nichts dafür
maïs [mais] *m bot* Mais *m*
maison [mɛzɔ̃] *f* Haus *n*; *comm* Firma *f*; ***à la ~*** zu *od* nach Hause; ***~ close*** Bordell *n*; ***~ de retraite*** Altersheim *n*; ***~ mère*** Stammhaus *n*; ***pâté m ~*** hausgemachte Pastete *f*
maîtr|e [mɛtrə] *m* Herr *m*; Lehrer *m*; Meister *m*; ***~ nageur*** Bademeister *m*; ***~ chanteur*** Erpresser *m*; *Universität*: ***~ de conférences*** Dozent(in) *m(f)*; **~esse** [-ɛs] **1.** *f* Herrin *f*; Lehrerin *f*; Mätresse *f*, Geliebte *f*; ***~ de maison*** Hausherrin *f*, Dame *f* des Hauses; **2.** *adj* ***qualité f ~*** Haupteigenschaft *f*; ***idée f ~*** Leitgedanke *m*
maîtris|e [mɛtriz] *f* Beherrschung *f*, Herrschaft *f*; Magisterprüfung *f*; ***~ de conférences*** Dozentur *f*; **~er** (1a) bändigen; beherrschen
majest|é [maʒɛste] *f* Majestät *f*; **~ueux, ~ueuse** [-ɥø, -ɥøz] majestätisch
majeur, ~e [maʒœr] **1.** wichtig(ste), Haupt...; **2.** *mus* Dur; **3.** *jur* volljährig; ***le lac Majeur*** der Lago Maggiore; **4.** *m* Mittelfinger *m*
major [maʒɔr] *m* Erste(r) *m*; *mil* Standortoffizier *m*; Stabsarzt *m*; ⚠ *nicht* Major; **~er** (1a) *Preis*: erhöhen; **~ette** [-ɛt] *f* Majorette *f*; *etwa*: Funkenmariechen *n*; **~itaire** [-itɛr] Mehrheits...; **~ité** *f* **1.** Mehrheit *f* (*bes pol*), Mehrzahl *f*; **2.** *jur* Volljährigkeit *f*

M

Majorque [maʒɔrk] Mallorca *n*
majuscule [maʒyskyl] *adj u subst f* (***lettre f***) ~ großer Buchstabe *m*
mal [mal] **1.** *m* (⚠ *pl* ***maux*** [mo]) Böse(s) *n*, Schlimme(s) *n*; Übel *n*; Krankheit *f*, Leiden *n*; Mühe *f*; ***faire*** ~ wehtun; ***avoir*** ~ ***aux dents*** Zahnschmerzen haben; ~ ***de cœur*** Übelkeit *f*; ~ ***de mer*** Seekrankheit *f*; ~ ***du pays*** Heimweh *n*; ***se donner du*** ~ sich Mühe geben; ***j'ai du*** ~ ***à faire qc*** es fällt mir schwer, etw zu tun; ***dire du*** ~ ***de qn*** j-m Schlechtes nachsagen; **2.** *adv* schlecht, schlimm, übel; ~ ***à l'aise*** unbehaglich; ~ ***fait*** missgestaltet; ***de*** ~ ***en pis*** immer schlechter; ***pas*** ~ ganz gut; ***pas*** ~ ***de*** ziemlich viel(e); ***s'y prendre*** ~ es falsch anpacken; **3.** *adj* ***être*** ~ sich nicht wohl fühlen
malad|e [malad] krank; ***tomber*** ~ krank werden; **~ie** [-i] *f* Krankheit *f*; ~ ***sexuellement transmissible*** Geschlechtskrankheit *f*; ~ ***d'Alzheimer*** Alzheimerkrankheit *f*; ~ ***de Parkinson*** Parkinsonkrankheit *f*; ~ ***de la vache folle*** Rinderwahn(sinn) *m*
maladr|esse [maladrɛs] *f* Ungeschick(lichkeit) *n(f)*; **~oit, ~oite** [-wa, -wat] ungeschickt
malais|e [malɛz] *m* Unwohlsein *n*; *fig* Unbehagen *n*; *pol* Malaise *f*; ⚠ ***le*** ~
Malaisie [malɛzi] ***la*** ~ Malaysia *n*
malaria [malarja] *f méd* Malaria *f*
malaxer [malakse] (1a) (durch)kneten
malchance [malʃɑ̃s] *f* Pech *n*
mâle [mɑl] **1.** *adj* männlich; **2.** *m zo* Männchen *n*; F Mann *m*
malé|diction [malediksjɔ̃] *f* Verwünschung *f*, Fluch *m*; **~fique** [-fik] unheilvoll
malencontr|eux, ~euse [malɑ̃kɔ̃trø, -øz] leidig, unangenehm
malentend|ant, ~ante [malɑ̃tɑ̃dɑ̃, -ɑ̃t] schwerhörig
malentendu [malɑ̃tɑ̃dy] *m* Missverständnis *n*
mal|faisant, ~faisante [malfəzɑ̃, -fəzɑ̃t] bösartig; schädlich; **~faiteur** [-fɛtœr] *m* Übeltäter *m*; **~famé, ~famée** [-fame] verrufen
malgache [malgaʃ] **1.** *adj* madagassisch; **2.** ♀ *m, f* Madagasse *m*, -in *f*
malgré [malgre] *prép* trotz; *conj* ~ ***que*** (+ *subj*) obwohl; ~ ***moi*** gegen meinen Willen
malhabile [malabil] ungeschickt
malheur [malœr] *m* Unglück *n*; Missgeschick *n*; ***par*** ~ unglücklicherweise; ***porter*** ~ Unglück bringen; **~eusement** [-øzmɑ̃] *adv* unglücklicherweise, leider; **~eux, ~euse** [-ø, -øz] unglücklich; *vorangestellt*: unbedeutend
malhonnêt|e [malɔnɛt] unehrlich, unredlich; **~eté** [-te] *f* Unehrlichkeit *f*, Unredlichkeit *f*
Mali [mali] ***le*** ~ Mali *n*
malic|e [malis] *f* Bosheit *f*; Schalkhaftigkeit *f*; **~ieux, ~ieuse** [-jø, -jøz] boshaft; schelmisch, schalkhaft
malin, maligne [malɛ̃, maliɲ] schlau, pfiffig, gewitzt; boshaft; *méd* bösartig; F ***ce n'est pas malin!*** das ist doch ganz einfach!
malingre [malɛ̃grə] schwächlich
malle [mal] *f* Überseekoffer *m*; *auto* Kofferraum *m*
malléable [maleablə] schmiedbar; *fig* bildsam
malmener [malməne] (1d) übel behandeln; hart mitnehmen
malnutrition [malnytrisjɔ̃] *f* Unterernährung *f*
malodor|ant, ~ante [malɔdɔrɑ̃, -ɑ̃t] übel riechend
malotru, ~e [malɔtry] ungehobelt, flegelhaft
malpoli, ~e [malpɔli] unhöflich
malpropre [malprɔprə] unsauber
mal|sain, ~saine [malsɛ̃, -sɛn] ungesund
malt [malt] *m* Malz *n*
Malte [malt] ***l'île f de*** ~ Malta *n*
maltraiter [maltrɛte] (1b) misshandeln
malveill|ance [malvɛjɑ̃s] *f* Böswilligkeit *f*; Boshaftigkeit *f*; **~ant, ~ante** [-ɑ̃, -ɑ̃t] böswillig; boshaft, gehässig
malvoy|ant, ~ante [malvwajɑ̃, -ɑ̃t] sehbehindert
maman [mamɑ̃] *f* Mama *f*
mamelle [mamɛl] *f* Brust(drüse) *f*
mamelon [mamlɔ̃] *m* Brustwarze *f*; Kuppe *f*, Hügel *m*
mamie [mami] *f* Oma *f*
mammifère [mamifɛr] *m* Säugetier n
manche[1] [mɑ̃ʃ] *m* Griff *m*, Stiel *m*, Heft *n*; Hals *m* (*Geige*); *aviat* ~ ***à balai*** Steuerknüppel *m*
manche[2] [mɑ̃ʃ] *f* Ärmel *m*; ***la*** ♀ der Ärmelkanal

manch|ette [mãʃɛt] *f* Manschette *f*; *Zeitung*: Schlagzeile *f*; **~on** *m* Muff *m*; *tech* Muffe *f*
manch|ot, ~ote [mãʃo, -ɔt] **1.** *adj* einarmig, -händig; **2.** *m,f* Einarmige(r) *m,f*; **3.** *m zo* Pinguin *m*
mandarine [mãdarin] *f bot u cuis* Mandarine *f*
mandat [mãda] *m* **1.** Mandat *n*; Auftrag *m*, Vollmacht *f*; **2.** Postanweisung *f*
mandataire [mãdatɛr] *m, f* Bevollmächtigte(r) *m, f*
manège [manɛʒ] *m* Reitbahn *f*; Karussell *n*; *fig* Schliche *m/pl.*; ***faire un tour de ~*** Karussell fahren; ⚠ ***le ~***
manette [manɛt] *f tech* Hebel *m*; *EDV* ***~ de jeu*** Joystick *m*
mange|able [mãʒablə] essbar; **~oire** [-war] *f* Futtertrog *m*
manger [mãʒe] **1.** (1l) essen; *Tier*: fressen; *fig* F verschlingen; *Silben*: verschlucken; **2.** *m* Essen *n*
mange-tout [mãʒtu] *m/pl* (***pois*** *m/pl*) ~ Zuckererbsen *f/pl*
mangue [mãg] *f bot u cuis* Mango *f*
mani|abilité [manjabilite] *f* Handlichkeit *f*; *auto* Wendigkeit *f*; **~able** handlich; *Fahrzeug*: wendig; *fig* fügsam
maniaque [manjak] manisch; wunderlich, schrullig
manie [mani] *f* Manie *f*; Schrulle *f*; ***avoir ses petites ~s*** e-n Tick haben F
maniement [manimã] *m* Handhabung *f*, Umgang *m* (***de*** mit)
manier [manje] (1a) handhaben; umgehen (***qc***, ***qn*** mit etw, j-m); *Gerät*: bedienen; *Fahrzeug*: lenken
manière [manjɛr] *f* Art *f*, Weise *f*; Manier *f*; **~s** *pl* Manieren *f/pl*, Betragen *n*; ***à la ~ de*** nach Art (+ *gén*); ***de cette ~*** auf diese Art, so; ***de toute ~*** jedenfalls; ***de ~ à*** (+ *inf*) um ... zu (+ *inf*); ***de telle ~ que*** derart ..., dass ...; *st/s* ***de ~ à ce que*** (+ *subj*) so dass
manif [manif] *f* F (*Kurzwort für* ***manifestation***) Demo *f*
manifest|ant, ~ante [manifɛstã, -ãt] *m, f* Demonstrant(in) *m(f)*; **~ation** *f* Äußerung *f*, Bekundung *f*; *pol* Demonstration *f*, Kundgebung *f*; *allg* Veranstaltung *f*
manifest|e [manifɛst] **1.** *adj* offenbar, offenkundig; **2.** *m* Manifest *n*; **~er** (1a) äußern, kundtun; *pol* demonstrieren; ***se ~*** sich offenbaren, sichtbar werden
manipul|ation [manipylasjõ] *f* Handhabung *f*; *fig* Manipulation *f*; ***~s génétiques*** Genmanipulation *f*; **~er** (1a) handhaben, hantieren (***qc*** mit etw); *fig* manipulieren
manivelle [manivɛl] *f* Kurbel *f*
mannequin [mankɛ̃] *m* Schaufensterpuppe *f*; Mannequin *n*
manœuvr|e [manœvrə] **1.** *f* Handhabung *f*; Steuerung *f*; *Bahn*: Rangieren *n*; *mil, mar, fig* Manöver *n*; ⚠ ***la ~***; **2.** *m* Hilfsarbeiter *m*; **~er** (1a) handhaben; steuern; *fig* manipulieren; *allg u mar* manövrieren
manoir [manwar] *m* Herrensitz *m*
manqu|e [mãk] *m* Fehlen *n*; Mangel *m* (***de*** an); ***par ~ de*** aus Mangel an; *pl fig* **~s** Unzulänglichkeiten *f/pl*; **~é, ~ée** verpfuscht, verfehlt
manquer [mãke] (1m) **1.** ***~ qc***, ***qn*** etw, j-n verfehlen, verpassen, versäumen; ***ne pas ~ de faire qc*** nicht vergessen, etw zu tun; ***elle a manqué*** (***de***) ***se faire écraser*** sie wäre fast überfahren worden; **2.** ***~ à qc*** gegen etw verstoßen; **3.** ***~ de qc*** Mangel an etw haben; **4.** fehlen; *Versuch*: scheitern
manteau [mãto] *m* (⚠ *pl* **~x**) Mantel *m* (*a fig*); ***sous le ~*** heimlich
manucure [manykyr] *f* Handpflegerin *f*; Maniküre *f*; ⚠ *Schreibung*
manuel, ~le [manɥɛl] **1.** *adj* Hand..., manuell; **2.** *m* Lehr-, Handbuch *n*
manufactur|e [manyfaktyr] *f* Manufaktur *f*, Fabrik *f*; **~é, ~ée** ***produits*** *m/pl* ***manufacturés*** gewerbliche und industrielle Erzeugnisse
manuscr|it, ~ite [manyskri, -it] **1.** *adj* handschriftlich; **2.** *m* Manuskript *n*
manutention [manytãsjõ] *f* Verladen *n*, Transport *m*, Beförderung *f*
mappemonde [mapmõd] *f* Welt-, Erdkarte *f*; Globus *m*
maquereau [makro] *m* (⚠ *pl* **~x**) **1.** *zo* Makrele *f*; **2.** P Zuhälter *m*
maquette [makɛt] *f* Entwurf *m*; Modell *n*
maquill|age [makijaʒ] *m* Schminke(n) *f(n)*, Make-up *n*; **~er** (1a) schminken; *fig* fälschen; *Bilanz*: frisieren
maqu|is [maki] *m* Dickicht *n*, Unterholz *n*; *fig pol* Widerstandsbewegung *f*

(*2. Weltkrieg*); **~isard** [-izar] *m im 2. Weltkrieg*: Widerstandskämpfer *m*
maraîch|er, ~ère [marɛʃe, -ɛr] **1.** *adj* Gemüse...; **2.** *m, f* Gemüsegärtner(in) *m(f)*
marais [marɛ] *m* Sumpf *m*, Moor *n*
marasme [marasmə] *m écon* Flaute *f*, Stagnation *f*
marâtre [marɑtrə] *f péj* Rabenmutter *f*
marbr|e [marbrə] *m* Marmor *m*; **~é ~ée** marmoriert
marc [mar] *m* Trester *m/pl*; Tresterbranntwein *m*; **~ *de café*** Kaffeesatz *m*
marcassin [markasɛ̃] *m ch* Frischling *m*
march|and, ~ande [marʃɑ̃, -ɑ̃d] **1.** *adj* Handels...; **2.** *m, f* Händler(in) *m(f)*; **~ *des quatre-saisons*** Obst- und Gemüsehändler(in) *m(f)*
marchand|age [marʃɑ̃daʒ] *m* Feilschen *n*; **~er** (1a) handeln, feilschen (***qc*** um etw)
marchandise [marʃɑ̃diz] *f* Ware *f*
marche [marʃ] *f* **1.** Gehen *n*; Marsch *m* (*a mus*); Lauf *m*; Gang *m*; Fahrt *f*; *fig* Verlauf *m*; *auto* **~ *arrière*** Rückwärtsgang *m*; ***mettre en*** **~** in Gang setzen; **2.** Stufe *f*; ⚠ ***la*** **~**
marché [marʃe] *m* Markt(platz) *m*; Geschäft *n*; **(*à*) *bon*** **~** billig; **(*à*) *meilleur*** **~** billiger; ***le meilleur*** **~** am billigsten; ***par-dessus le*** **~** obendrein, noch dazu; **~ *aux puces*** Flohmarkt *m*; **~ *noir*** Schwarzmarkt *m*; *pol* **~ *unique*** (Europäischer) Binnenmarkt *m*
marchepied [marʃəpje] *m* Trittbrett *n*; Trittleiter *f*
marcher [marʃe] (1a) gehen, marschieren, wandern, laufen; funktionieren, in Gang sein; F klappen; ***faire*** **~** anstellen, in Gang setzen; F **~ (*dans qc*)** (auf etw) hereinfallen; ***faire*** **~ *qn*** j-n reinlegen; ⚠ *il* ***a*** *marché*
mardi [mardi] *m* Dienstag *m*; **~ *gras*** Fastnacht *f*; ***le*** **~, *tous les*** **~*s*** dienstags
mare [mar] *f* Tümpel *m*; **~ *de sang*** Blutlache *f*
marécag|e [marekaʒ] *m* Sumpf *m*, Moor *n*; **~eux, ~euse** [-ø, -øz] morastig, sumpfig
marée [mare] *f* Ebbe und Flut; **~*s*** *pl* Gezeiten *pl*; **~ *basse*** Ebbe *f*; **~ *haute*** Flut *f*; **~ *noire*** Ölpest *f*
marémo|teur, ~trice [maremɔtœr, -tris] Gezeiten...; ***usine*** *f* ***marémotrice*** Gezeitenkraftwerk *n*
margarine [margarin] *f* Margarine *f*
marge [marʒ] *f* (Blatt-)Rand *m*; *fig* Spielraum *m*; **~ *bénéficiaire*** *od* **~ *de profit*** Gewinnspanne *f*; **~ *des salaires*** Bandbreite *f* der Gehälter; ***notes*** *f/pl* ***en*** **~** Randbemerkungen *f/pl*; ***en*** **~ *de*** am Rand (+ *gén*)
marginal, ~e [marʒinal] (⚠ *m/pl* ***-aux***) **1.** *adj* Rand...; **2.** *m* gesellschaftlicher Außenseiter *m*; Aussteiger *m*
marguerite [margərit] *f bot* Margerite *f*; *tech* Typenrad *n*; ⚠ *Schreibung*
mari [mari] *m* (Ehe-)Mann *m*
mariage [marjaʒ] *m* Heirat *f*; Ehe *f*; Trauung *f*; Hochzeit *f*
marié, ~e [marje] **1.** *adj* verheiratet; **2.** *m, f* Bräutigam *m*, Braut *f*
marier [marje] (1a) trauen; verheiraten (***qn avec*** *od* ***à qn*** j-n mit j-m); ***se*** **~** heiraten; ***se*** **~ *avec qn*** j-n heiraten; ⚠ ***marier qn*** *heißt nicht* j-n heiraten
marijuana [marirwana] *f* Marihuana *n*; ⚠ ***la*** **~**
mar|in, ~ine [marɛ̃, -in] **1.** *adj* See..., Meer...; **2.** *m* Seemann *m*, Matrose *m*; **3.** *f* Marine *f*, Flotte *f*
mariner [marine] (1a) *cuis* marinieren, einlegen
marionnette [marjɔnɛt] *f* Marionette *f* (*a fig*), Puppe *f*; ⚠ *Schreibung*
maritime [maritim] See..., maritim
marjolaine [marʒɔlɛn] *f bot* Majoran *m*
mark [mark] *m* (deutsche) Mark *f*; ⚠ ***le*** **~**
marketing [markɛtiŋ] *m* Marketing *n*
marmaille [marmaj] *f* F Kinderschwarm *m*
marmelade [marməlad] *f* Marmelade *f*, Mus *n*
marmite [marmit] *f* Kochtopf *m*
marmonner [marmɔne] (1a) murmeln
marmot [marmo] *m* F Knirps *m*
marmotte [marmɔt] *f zo* Murmeltier *n*
Maroc [marɔk] ***le*** **~** Marokko *n*
maroc|ain, ~aine [marɔkɛ̃, -ɛn] **1.** *adj* marokkanisch; **2.** ♀ *m, f* Marokkaner(in) *m(f)*
maro|quin [marɔkɛ̃] *m* Saffian(leder) *m(n)*; **~quinerie** [-kinri] *f* Lederwarenindustrie *f*, -geschäft *n*
marotte [marɔt] *f* Marotte *f*, Grille *f*
marque [mark] *f* (Kenn-, Ab-)Zeichen *n*, Merkmal *n*; Warenzeichen *n*, Marke

f; Spur *f*; *fig* Gepräge *n*; *Sport*: ***à vos ~s! prêts! partez!*** auf die Plätze fertig los!

marquer [marke] (1m) kenn-, bezeichnen, markieren; notieren, aufschreiben; prägen; hindeuten auf; *Ereignis*: feiern; *e-n Spieler*: decken; ***~ un but*** ein Tor erzielen *od* schießen

marqueur [markœr] *m* Filzschreiber *m*

marqu|is, ~ise [marki, -iz] *m*, *f* **1.** *Adelstitel*: Marquis *m*, Marquise *f*; **2.** *f* gläsernes Vor-, Schutzdach *n*

marraine [marɛn] *f* Patin *f*

marr|ant, ~ante [marɑ̃, -ɑ̃t] F komisch, lustig, ulkig F

marr|e [mar] F ***en avoir ~*** davon genug haben, es satt haben; **~er** (1a) F ***se ~*** sich krummlachen

marron [marɔ̃] **1.** *m* Esskastanie *f*; **2.** *adj* (⚠ *unv*) braun

marronnier [marɔnje] *m* Kastanienbaum *m*

mars [mars] *m* März *m*; ***en ~*** im März; ***le 5 ~*** am 5. März; ***le 5 ~ 1996*** der 5. März 1996

marteau [marto] (⚠ *pl* **~x**) **1.** *m* Hammer *m*; ***~ piqueur*** Presslufthammer *m*; **2.** *adj* F behämmert, bekloppt

marteler [martəle] (1d) hämmern

martial, ~e [marsjal] (⚠ *m/pl* **-aux**) kriegerisch; martialisch; ***cour f martiale*** Standgericht *n*

marti|en, ~enne [marsjɛ̃, -ɛn] *astr* Mars...

Martinique [martinik] ***la ~*** (die Insel) Martinique

martyr, ~e[1] [martir] *m*, *f* Märtyrer(in) *m(f)*

martyr|e[2] [martir] *m* Martyrium *n*, Märtyrertod *m*, -tum *n*; **~iser** (1a) quälen, martern

marx|isme [marksismə] *m* Marxismus *m*; **~iste 1.** *adj* marxistisch; **2.** *m*, *f* Marxist(in) *m(f)*

mascara [maskara] *m* Wimperntusche *f*; ⚠ ***le ~***

mascarade [maskarad] *f* Maskerade *f*; *fig* Betrug *m*; ⚠ *Schreibung*

mascotte [maskɔt] *f* Maskottchen *n*

mascul|in, ~ine [maskylɛ̃,-in] **1.** *adj* männlich, Männer...; **2.** *m gr* Maskulinum *n*

masochisme [mazɔʃismə] *m* Masochismus *m*

masqu|e [mask] *m* Maske *f* (*a fig*); ⚠ ***le ~***; **~er** (1m) maskieren, verbergen, verdecken; ***bal m masqué*** Maskenball *m*

massacr|e [masakrə] *m* Blutbad *n*, Massaker *n*, Gemetzel *n*; *fig* Verschandelung *f*; **~er** (1a) niedermetzeln, massakrieren; *fig* verschandeln, verpfuschen

massage [masaʒ] *m* Massage *f*, Massieren *n*; ⚠ ***le ~***

masse [mas] *f* Masse *f*, Menge *f*; Block *m*; ***en ~*** scharenweise, in Massen

mass|er [mase] (1a) **1.** versammeln, zusammenziehen; **2.** massieren; **~eur, ~euse** *m*, *f* Masseur(in) *m(f)*

mass|if, ~ive [masif, -iv] **1.** *adj* massiv; massig; **2.** *m* (Gebirgs-)Massiv *n*; ***♀ Central*** Zentralmassiv *n*; ***~ de fleurs*** Blumenbeet *n*

massue [masy] *f* Keule *f*

mastic [mastik] *m* (Glaser-)Kitt *m*

mastiquer [mastike] (1m) **1.** (ver)kitten; **2.** kauen

masturber [mastyrbe] (1a) ***se ~*** masturbieren

mat[1]**, mate** [mat] glanzlos, matt; dumpf

mat[2] [mat] (*unv*) *Schach*: matt

mât [mɑ] *m* Mast *m*

match [matʃ] *m Sport*: (Wett-)Kampf *m*, Spiel *n*; ***~ aller, retour*** Hin-, Rückspiel *n*; ***faire ~ nul*** unentschieden spielen

matelas [matla] *m* Matratze *f*

matel|ot [matlo] *m* Matrose *m*

matérial|iser [materjalize] (1a) verwirklichen

matérial|isme [materjalismə] *m* Materialismus *m*; **~iste 1.** *adj* materialistisch; **2.** *m*, *f* Materialist(in) *m(f)*

matéri|au [materjo] *m* (⚠ *pl* **~x**) Material *n*, Bau-, Werkstoff *m*; **~aux** *m/pl* Material(ien) *n(pl)*; **~el, ~elle 1.** *adj* materiell, körperlich; **2.** *m* Material *n*, Gerät *n*, Ausrüstung *f*; *EDV* Hardware *f*

matern|el, ~elle [maternɛl] **1.** *adj* mütterlich, Mutter...; **2.** *f* Vorschule *f*; Kindergarten *m*; **~ité** *f* Mutterschaft *f*; Entbindungsheim *n*

mathémat|icien, ~icienne [matematisjɛ̃, -isjɛn] *m*, *f* Mathematiker(in) *m(f)*; **~ique 1.** *adj* mathematisch; **2. ~s** *f/pl* Mathematik *f*

M

maths [mat] F *f/pl* Mathe *f*
matière [matjɛr] *f* Materie *f*, Stoff *m*; (Sach-)Gebiet *n*, Fach *n*; Gegenstand *m*, Thema *n*; *fig* Anlass *m*; **~ *première*** Rohstoff *m*; **~ *grise*** graue Substanz *f*; F Grips *m*; ***entrer en ~*** zur Sache kommen; ***en la ~*** einschlägig; ***en ~ de*** in Sachen ...
matin [matɛ̃] *m* Morgen *m*, Vormittag *m*; ***le ~*** morgens; ***ce ~*** heute früh; ***du ~ au soir*** von morgens bis abends; ***~ et soir*** morgens und abends
matin|al, ~ale [matinal] (⚠ *m/pl* **-*aux***) morgendlich; ***être ~*** früh aufstehen
matinée [matine] *f* Morgen(zeit) *m(f)*, Vormittag *m*; *Theater*: Nachmittagsvorstellung *f*; ***faire la grasse ~*** bis in den Tag hinein schlafen
matraqu|e [matrak] *f* (Gummi-)Knüppel *m*; **~er** (1m) niederknüppeln; F neppen; *fig* einhämmern
matrice [matris] *f méd* Gebärmutter *f*; *tech* Matrize *f*; *math* Matrix *f*
matrimonial, ~e [matrimɔnjal] (⚠ *m/pl* **-*aux***) ehelich, Ehe...
maturité [matyrite] *f* Reife *f* (*a fig*)
mau|dire [modir] (2a *u* 4m) verfluchen, verwünschen; **~dit, ~dite** [-di, -dit] verflucht, verwünscht, verdammt
maugréer [mogree] (1a) (vor sich hin) schimpfen
mauresque [mɔrɛsk] maurisch
Maurice [mɔris] ***l'île*** *f* **~** Mauritius *n*
Mauritanie [mɔritani] ***la ~*** Mauretanien *n*
mausolée [mozɔle] *m* Mausoleum *n*
maussade [mosad] verdrießlich; unfreundlich, trist
mauv|ais, ~aise [mɔvɛ, -ɛz] **1.** *adj* schlecht, übel; böse, schlimm; falsch; **2.** *adv* schlecht; ***il fait mauvais*** es ist schlechtes Wetter; ***sentir mauvais*** schlecht riechen
mauve [mov] *f bot* Malve *f*
maux [mo] *pl von* ***mal***
maxillaire [maksilɛr] Kiefer...
maxim|al, ~ale [maksimal] (⚠ *m/pl* **-*aux***) maximal, Höchst...
maxime [maksim] *f* Grundsatz *m*; Lebensregel *f*
maximum [maksimɔm] **1.** *adj* (⚠ *f/sg sowie m/pl u f/pl a* ***maxima***) maximal, Höchst...; **2.** *m* Maximum *n*, Höchstmaß *n*; ***au ~*** höchstens

Mayence [majɑ̃s] Mainz
mayonnaise [majɔnɛz] *f cuis* Majonäse *f*
mazout [mazut] *m* Heizöl *n*
me [m(ə)] mich; mir
mec [mɛk] *m* F Typ *m*, Kerl *m*
mécan|icien [mekanisjɛ̃] *m* Mechaniker *m*; Auto-, Maschinenschlosser *m*; Lokomotivführer *m*; **~ique 1.** *adj* mechanisch; Maschinen...; **2.** *f* Mechanik *f*; Maschinenbau *m*; **~isme** *m* Mechanismus *m* (*a fig*)
méch|anceté [meʃɑ̃ste] *f* Bosheit *f*; Boshaftigkeit *f*; **~ant, ~ante** [-ɑ̃, -ɑ̃t] **1.** *adj* böse, boshaft; unartig, ungezogen; *vorangestellt*: übel, schlimm; schäbig; ⚠ *adv* ***méchamment*** [-amɑ̃]; **2.** *m, f* Bösewicht *m*
mèche [mɛʃ] *f* Docht *m*; Zündschnur *f*; Bohrer *m*; Haarsträhne *f*
méconnaître [mekɔnɛtrə] (4z) verkennen
mécont|ent, ~ente [mekɔ̃tɑ̃, -ɑ̃t] unzufrieden (**de** mit)
mécontent|ement [mekɔ̃tɑ̃tmɑ̃] *m* Unzufriedenheit *f*; **~er** (1a) verdrießen, verärgern
mécré|ant, ~ante [mekreɑ̃, -ɑ̃t] *litt* ungläubig
médaill|e [medaj] *f* Gedenkmünze *f*, Medaille *f*; **~on** *m* Medaillon *n*
médecin [mɛdsɛ̃] *m* Arzt *m*
médecine [mɛdsin] *f* Medizin *f*, Heilkunde *f*; ⚠ *Schreibung*; ⚠ *nicht* Medikament
média [medja] *m* (⚠ *pl* ***média*** *od* ***médias***) Medium *n*
média|teur, ~trice [medjatœr, -tris] *m, f* Vermittler(in) *m(f)*; **~tion** *f* Vermittlung *f*
médiatique [medjatik] Medien..., der Medien; medienwirksam
médical, ~e [medikal] (⚠ *m/pl* **-*aux***) ärztlich, medizinisch
médicament [medikamɑ̃] *m* Arznei *f*, Heilmittel *n*, Medikament *n*
médicinal, ~e [medisinal] (⚠ *m/pl* **-*aux***) Heil..., Arznei...
médiéval, ~e [medjeval] (⚠ *m/pl* **-*aux***) mittelalterlich
médiocr|e [medjɔkrə] mittelmäßig; **~ité** *f* Mittelmäßigkeit *f*
médi|re [medir] (4m) **~ *de qn*** j-m Übles nachreden; ⚠ ***vous médisez***; **~sance** [-zɑ̃s] *f* üble Nachrede *f*

M

médita|tif, ~tive [meditatif, -tiv] nachdenklich; **~tion** *f* Nachdenken *n*, Grübeln *n*; Betrachtung *f*, Meditation *f*; *rel* Andacht *f*
méditer [medite] (1a) **~ *qc*** über etw nachsinnen; etw ausdenken; **~ *sur qc*** über etw nachdenken; **~ *de faire qc*** beabsichtigen, etw zu tun
Méditerranée [mediterane] ***la* ~** das Mittelmeer
médius [medjys] *m* Mittelfinger *m*
méduse [medyz] *f zo* Qualle *f*
meeting [mitiŋ] *m pol* Versammlung *f*; *allg* Veranstaltung *f*
méfait [mefɛ] *m* Missetat *f*; *pl* **~s** schädliche Auswirkungen *f/pl*
méfi|ance [mefjɑ̃s] *f* Misstrauen *n*; **~ant, ~ante** [-ɑ̃, -ɑ̃t] misstrauisch
méfier [mefje] (1a) ***se* ~ *de qn* (*qc*)** j-m (e-r Sache) misstrauen; sich vor j-m (etw) in Acht nehmen
méga|hertz [megaɛrts] *m* Megahertz *n*; **~lomanie** [-lɔmani] *f* Größenwahn *m*; **~-octet** [-ɔktɛ] *m* (⚠ *pl* ***méga-octets***) *EDV* Megabyte *n*; **~phone** [-fɔn] *m* Sprachrohr *n*, Megafon *n*
mégarde [megard] *f* ***par* ~** aus Versehen
mégot [mego] *m* Zigarettenstummel *m*, F Kippe *f*
meilleur, ~e [mɛjœr] besser; ***le meilleur*** der Beste
mélancol|ie [melɑ̃kɔli] *f* Melancholie *f*, Schwermut *f*; **~ique** melancholisch, schwermütig
mélang|e [melɑ̃ʒ] *m* Mischung *f*, Gemisch *n*; **~er** (1l) (ver)mischen; durcheinander bringen
mêlée [mɛle] *f* Handgemenge *n*; *Rugby*: Gedränge *n*
mêler [mɛle] (1b) (ver)mischen; verbinden; *fig* **~ *qn à qc*** j-n in etw verwickeln; ***se* ~ *à*** sich (ver)mischen mit; sich verbinden mit; ***se* ~ *de qc*** sich um etw kümmern; sich in etw mischen
mélèze [melɛz] *m bot* Lärche *f*
mélo [melo] F (*Kurzwort für* ***mélodramatique***) rührselig
mélod|ie [melɔdi] *f* Melodie *f*; **~ieux, ~ieuse** [-jø, -jøz] *u* **~ique** wohlklingend, melodisch
melon [m(ə)lõ] *m bot* Melone *f*; (***chapeau** m*) **~** Melone *f* (*Hut*); ⚠ ***le* ~**
membre [mɑ̃brə] *m* Glied *n*; *fig* Mitglied *n*; *gr* **~ *de phrase*** Satzteil *m*
même [mɛm] **1.** *adj u Pronomen* ***le, la* ~, *les* ~*s*** der, die, das Gleiche, die Gleichen; der-, die-, dasselbe, dieselben; ***moi-*~** ich selbst; ***la bonté* ~** die Güte selbst; ***ce jour* ~** heute noch; ***cela revient au* ~** das kommt auf dasselbe hinaus; **2.** *adv* selbst, sogar; **~ *pas*** nicht einmal; **~ *si*** selbst wenn; ***ici* ~** genau hier; ***de* ~** ebenso; ***de* ~!** gleichfalls!; ***de* ~ *que*** ebenso wie; ***boire à* ~ *la bouteille*** direkt aus der Flasche trinken; ***être*** (***mettre***) ***à* ~ *de*** (+ *inf*) im Stande sein (in den Stand setzen) zu (+ *inf*); ***tout de* ~** trotzdem; ***quand* ~** trotzdem, immerhin
mémé [meme] *f* F Oma *f*
mémoire [memwar] **1.** *f* Gedächtnis *n*; Erinnerung *f*; Andenken *n*; *EDV* Speicher *m*; **~ *centrale*** Hauptspeicher *m*; **~ *morte*** ROM-Speicher *m*; **~ *vive*** RAM-Speicher *m*, Arbeitsspeicher *m*; ***de* ~** aus dem Gedächtnis; ***à la* ~ *de*** zum Gedenken an; ***de* ~ *d'homme*** seit Menschengedenken; **2.** *m* Memorandum *n*, Denkschrift *f*; Abhandlung *f*; **~*s*** *pl* Memoiren *pl*, (Lebens-)Erinnerungen *f/pl*
mémorable [memɔrablə] denkwürdig
mémorial [memɔrjal] *m* (⚠ *pl* ***-aux***) Denkmal *n*
mémoriser [memorize] (1a) sich einprägen; *EDV* speichern
menac|e [mənas] *f* Drohung *f*; Bedrohung *f*; **~er** (1k) drohen (***qn*** j-m), bedrohen (***de*** mit)
ménage [menaʒ] *m* Haushalt *m*; Hausrat *m*; Ehepaar *n*, Ehe *f*; Familie *f*; ***faire le* ~** aufräumen, putzen; **~ *à trois*** Dreiecksverhältnis *n*; ***faire bon* ~ *avec qn*** sich mit j-m gut vertragen
ménag|ement [menaʒmɑ̃] *m* Schonung *f*; **~er**[1] (1l) schonen; sparen
ménag|er[2], **~ère** [menaʒe, -ɛr] **1.** *adj* Haushalt(ung)s...; **2.** *f* Hausfrau *f*; Besteckkasten *m*
ménagerie [menaʒri] *f* Tierschau *f*
mendi|ant, ~ante [mɑ̃djɑ̃, -ɑ̃t] *m, f* Bettler(in) *m(f)*; **~er** (1a) betteln (***qc*** um etw)
menées [məne] *f/pl* Umtriebe *m/pl*, Machenschaften *f/pl*
men|er [məne] (1d) führen (*a fig*); bringen, geleiten; anführen (*Zug*); betreiben (*Angelegenheit*); **~eur** *m* Anführer

m, Rädelsführer *m*; **~ *de jeu*** Spielleiter *m*
méningite [menɛ̃ʒit] *f méd* (Ge-)Hirnhautentzündung *f*
ménopause [menɔpoz] *f* Wechseljahre *n/pl*
menotte [mənɔt] *f* **~*s*** *pl* Handschellen *f/pl*
mensonge [mɑ̃sɔ̃ʒ] *m* Lüge *f*; ⚠ ***le*** ~
mensu|alité [mɑ̃sɥalite] *f* monatliche Zahlung *f*; Monatsrate *f*; **~el, ~elle** monatlich
mental, ~e [mɑ̃tal] (⚠ *m/pl* ***-aux***) geistig, Geistes...; gedanklich; ***calcul*** *m* ***mental*** Kopfrechnen *n*; **~ement** [-mɑ̃] *adv* geistig; in Gedanken; **~ité** *f* Mentalität *f*; Einstellung *f*
ment|eur, ~euse [mɑ̃tœr, -øz] *m, f* Lügner(in) *m(f)*
menthe [mɑ̃t] *f bot* Minze *f*; Pfefferminztee *m*, -sirup *m*
mention [mɑ̃sjɔ̃] *f* Erwähnung *f*; *Prüfung*: Note *f*; ***avec*** ~ mit Auszeichnung; ***faire*** ~ ***de*** erwähnen
mentionner [mɑ̃sjɔne] (1a) erwähnen
mentir [mɑ̃tir] (2b) lügen; **~ *à qn*** j-n an-, belügen
menton [mɑ̃tɔ̃] *m* Kinn *n*
menu, ~e [məny] **1.** *adj* klein, dünn, fein; ***par le menu*** haarklein; ***menue monnaie*** *f* Kleingeld *n*; **2.** *adv* ***couper menu*** klein schneiden; **3.** *m* Speisekarte *f*, -folge *f*, Menü *n*; *EDV* Menü *n*
menuis|erie [mənɥizri] *f* Tischlerei *f*, Schreinerei *f*; **~ier** [-je] *m* Tischler *m*, Schreiner *m*
méprendre [meprɑ̃drə] (4q) ***se*** ~ sich irren (***sur*** in)
mépris [mepri] *m* Verachtung *f*; ***au*** ~ ***de*** ohne Rücksicht auf
méprisable [meprizablə] verächtlich
mépris|e [mepriz] *f* Versehen *n*; **~er** (1a) verachten; missachten
mer [mɛr] *f* Meer *n* (*a fig*), See *f*; ***en*** ~ auf See; ***par*** ~ zur See; auf dem Seeweg; ***prendre la*** ~ in See stechen; ⚠ ***la*** ~; ⚠ *nicht verwechseln mit* **la mère**, **le maire**
mercenaire [mɛrsənɛr] *m* Söldner *m*
mercerie [mɛrsəri] *f* Kurzwaren(handel) *f/pl* (*m*)
merci [mɛrsi] **1.** danke; ~ ***beaucoup***, ~ ***bien*** vielen, schönen Dank; ***Dieu ~!*** Gott sei Dank!; ~ ***de*** *od* ***pour*** ... danke für ...; **2.** *f* ***demander*** ~ um Gnade flehen; ***être à la ~ de qn, qc*** j-m, e-r Sache ausgeliefert sein; ***sans*** ~ erbarmungslos, ohne Gnade
mercredi [mɛrkrədi] *m* Mittwoch *m*; ***le ~, tous les ~s*** mittwochs
mercure [mɛrkyr] *m chim* Quecksilber *n*
merde [mɛrd] *f* P Scheiße *f*
merder [mɛrde] (1a) F Mist machen; in die Hose gehen
mère [mɛr] *f* Mutter *f*; ~ ***célibataire*** unverheiratete Mutter; ~ ***porteuse*** Leihmutter *f*; ***maison*** *f* ~ *comm* Stammhaus *n*
mérid|ien, ~ienne [meridjɛ̃, -jɛn] *astr* **1.** *adj* Mittags...; **2.** *m* Meridian *m*
méridional, ~e [meridjɔnal] (⚠ *m/pl* ***-aux***) südlich; südfranzösisch
meringue [mərɛ̃g] *f cuis* Baiser *n*
mérit|e [merit] *m* Verdienst *n*; **~er** (1a) verdienen, wert sein; bedürfen
merle [mɛrl] *m zo* Amsel *f*; ⚠ ***le*** ~
merveill|e [mɛrvɛj] *f* Wunder *n*; ***à*** ~ vortrefflich; **~eux, ~euse** [-ø, -øz] wunderbar
mes [me] *cf* ***mon***
mésange [mezɑ̃ʒ] *f zo* Meise *f*
mésaventure [mezavɑ̃tyr] *f* Missgeschick *n*
mes|dames [medam] *pl von* ***madame***; **~demoiselles** [medmwazɛl] *pl von* ***mademoiselle***
mésentente [mezɑ̃tɑ̃t] *f* Zerwürfnis *n*
mesqu|in, ~ine [mɛskɛ̃, -in] kleinlich; schäbig; knaus(e)rig
mess [mɛs] *m* Offizierskasino *n*; ⚠ ***le*** ~
messag|e [mɛsaʒ] *m* Botschaft *f*; Meldung *f*, Nachricht *f*, Durchsage *f*; *EDV* Meldung *f*; ~ ***d'erreur*** Fehlermeldung *f*; ~ ***électronique*** E-Mail *f*; ~ ***publicitaire*** Werbespot *m*; **~er, ~ère** *m, f* Bote *m*, Botin *f*; **~erie** *f* ~ ***électronique*** E-Mail *f*; **~eries** *f/pl* Güterschnellverkehr *m*; Vertriebsgesellschaft *f*
messe [mɛs] *f égl* Messe *f*
Messie [mesi] *m rel* Messias *m*
messieurs [mesjø] *pl von* ***monsieur***
mesure [m(ə)zyr] *f* Messung *f*; Maß *n*; Maßstab *m* (*a fig*); Maßnahme *f*; *mus* Takt(maß) *m(n)*; ***à la ~ de*** entsprechend; ***à ~ que*** *od* ***dans la ~ où*** in dem Maße, wie; ***dans une large*** ~ in hohem Maße; ***être en ~ de*** (+ *inf*) in der Lage sein zu (+ *inf*); ***outre*** ~ maßlos; ***sur*** ~ nach Maß; ***en*** ~ im Takt

M

mesurer [m(ə)zyre] (1a) (ab-, aus-, ver-, er)messen; *fig* abwägen
métabolisme [metabɔlismə] *m* Stoffwechsel *m*
métal [metal] *m* (⚠ *pl* **-aux**) Metall *n*; ⚠ *Schreibung*
métallique [metalik] metallisch, Metall...
métallurgie [metalyrʒi] *f* Hüttenwesen *n*; Metallindustrie *f*
métaphore [metafɔr] *f* Metapher *f*, bildlicher Ausdruck *m*
métastase [metastɑz] *f* Metastase *f*
météo [meteo] *f abr cf* ***météorologie***
météorologie [meteɔrɔlɔʒi] *f* Wetterkunde *f*; Wetterdienst *m*
méthod|e [metɔd] *f* Methode *f*; Lehrbuch *n*; **~ique** methodisch
méticul|eux, ~euse [metikylø, -øz] gewissenhaft, peinlich genau
métier [metje] *m* **1.** Beruf *m*; Gewerbe *n*; Handwerk *n*; Berufserfahrung *f*; **2.** Webstuhl *m*
mét|is, ~isse [metis] **1.** *adj* Mischlings...; **2.** *m, f* Mischling *m*
métrage [metraʒ] *m* Länge *f* (*Film*); ***court*** ~ Kurzfilm *m*; ***long*** ~ abendfüllender Film
mètre [mɛtrə] *m* Meter *n od m*; Maßstab *m*; Metermaß *n*
métro [metro] *m* U-Bahn *f*; ⚠ ***le*** ~
métropol|e [metrɔpɔl] *f* **1.** Metropole *f*, Zentrum *n*; **2.** Mutterland *n*; **~itain, ~itaine** [-itɛ̃, -itɛn] des Mutterlandes
mets [mɛ] *m* Gericht *n*, Speise *f*
metteur [mɛtœr] *m* ~ ***en scène*** Regisseur *m*
mettre [mɛtrə] (4p) stellen, setzen, legen; bringen; hineintun; *Kleider*: anziehen; *Krawatte*: umbinden; *Hut*: aufsetzen; *Geld*: anlegen, (ein)setzen; *Heizung etc*: anstellen; ~ ***deux heures à*** (***faire***) ***qc*** zwei Stunden brauchen zu etw; ~ ***au net*** ins Reine schreiben; ~ ***en bouteilles*** in Flaschen füllen; ~ ***sous clé*** einschließen; ***mettons que*** (+ *subj*) angenommen, dass ...; ***se*** ~ sich setzen; ***se*** ~ ***à l'aise*** es sich bequem machen; ***se*** ~ ***à qc*** sich an etw machen; ***se*** ~ ***à faire qc*** anfangen, etw zu tun
meubl|e [mœblə] **1.** *adj* beweglich (*jur*); locker (*Boden*); **2.** *m* Möbelstück *n*; **~s** *pl* Möbel *n/pl*; **~er** (1a) möblieren; ausstatten; *fig Freizeit*: ausfüllen
meugler [møgle] (1a) muhen
meul|e [møl] *f* Mühl-, Schleifstein *m*; Käselaib *m*; *agr* Schober *m*; **~er** (1a) schleifen
meun|ier, ~ière [mønje, -jɛr] **1.** *m, f* Müller(in) *m(f)*; **2.** *f cuis* (***à la***) ~ nach Müllerinart
meurs [mœr] *présent von* ***mourir***
meurtr|e [mœrtrə] *m* Mord *m*; *jur* Totschlag *m*; **~ier, ~ière** [-ije, -ijɛr] **1.** *adj* mörderisch; **2.** *m, f* Mörder(in) *m(f)*; **3.** *f* Schießscharte *f*
Meuse [møz] ***la*** ~ die Maas
meute [møt] *f* Meute *f* (*a fig*)
Mexique [mɛksik] ***le*** ~ Mexiko *n* (*Staat*); ⚠ *Stadt* ***Mexico***
MHz *m* (*abr* ***mégahertz***) MHz *n*
mi [mi] *m mus* e *od* E *n*
mi-... [mi] halb; ***à mi-chemin*** auf halbem Wege; (***à la***) ***mi-janvier*** Mitte Januar
miauler [mjole] (1a) miauen
mi|-clos, ~close [miklo, -kloz] halb geschlossen
micro [mikro] *m* (*Kurzwort für* ***microphone***) Mikrofon *n*; *EDV* (*Kurzwort für* ***micro-ordinateur***) Mikrocomputer *m*; ***au od devant le*** ~ am, vor dem Mikrofon
microbe [mikrɔb] *m* Mikrobe *f*, Bakterie *f*; ⚠ ***le*** ~
micro-onde [mikrɔɔ̃d] *f* (⚠ *pl* ***micro-ondes***) Mikrowelle *f*
micro-ordinateur [mikrɔɔrdinatœr] *m* (⚠ *pl* ***micro-ordinateurs***) Mikrocomputer *m*
microphone [micrɔfɔn] *m* Mikrofon *n*
microprocesseur [mikrɔprɔsɛsœr] *m* Mikroprozessor *m*
microscope [mikrɔskɔp] *m* Mikroskop *n*
midi [midi] *m* **1.** Mittag *m*, zwölf Uhr; ~ ***et demi*** halb eins; **2.** Süden *m*; ***le*** ♀ Südfrankreich *n*
mie [mi] *f Brot*: Krume *f*
miel [mjɛl] *m* Honig *m*
mien, mienne [mjɛ̃, mjɛn] ***le mien***, ***la mienne*** der, die, das mein(ig)e; meine(r, -s)
miette [mjɛt] *f* Krümel *m*
mieux [mjø] **1.** *adv* (*Komparativ von* ***bien***) besser; mehr; ***le*** ~ am besten; am meisten; ***le*** ~ ***possible*** so gut wie *od* als

möglich; ***à qui ~ ~*** um die Wette; ***de ~ en ~*** immer besser; ***tant ~*** umso besser; ***aimer ~*** lieber mögen, vorziehen; ***aimer ~ faire qc*** etw lieber tun; ***valoir ~*** besser sein; ***faire ~ de*** (+ *inf*) besser daran tun, zu (+ *inf*); **2.** *m* Bessere(s) *n*, Beste(s) *n*; *Befinden*: Besserung *f*; ***au ~*** *od* ***pour le ~*** aufs Beste; sehr gut

mièvre [mjɛvrə] abgeschmackt; süßlich

mign|on, ~onne [miɲõ, -ɔn] **1.** *adj* allerliebst, niedlich; F lieb, nett; **2.** *m, f* Liebling *m*

migraine [migrɛn] *f* Migräne *f*

migration [migrasjõ] *f* Wanderung *f*

mijoter [miʒɔte] (1a) *cuis* bei schwacher Hitze kochen, schmoren; *fig Plan*: aushecken

mil [mil] **1.** *Kurzform von* ***mille*** tausend; **2.** *m bot* Hirse *f*

milan¹ [milɑ̃] *m zo* Milan *m*

Milan² [milɑ̃] Mailand

milieu [miljø] *m* (⚠ *pl* **~x**) Mitte *f*; Umgebung *f*, Umwelt *f*, Milieu *n*; ***au ~ de, en plein ~ de*** mitten in; ***le juste ~*** der goldene Mittelweg; ***le ~*** die Unterwelt; ***~x*** *pl* ***diplomatiques***, *etc* diplomatische *etc* Kreise *m/pl*

milit|aire [militɛr] **1.** *adj* militärisch, Militär..., Kriegs..., Wehr...; **2.** *m* Soldat *m*; **~ant, ~ante** [-ɑ̃, -ɑ̃t] kämpfend, politisch aktiv; **~ariser** [-arize] (1a) militarisieren; **~er** (1a) politisch aktiv sein; *fig* ***~ pour, contre*** für, gegen ... sprechen

mille [mil] **1.** tausend; ⚠ *niemals mit Plural -s*; **2.** *m* Meile *f*

millénaire [milenɛr] **1.** *adj* tausendjährig; **2.** *m* Jahrtausend *n*

mille-pattes [milpat] *m* (⚠ *pl unv*) *zo* Tausendfüßler *m*

millésime [milezim] *m* Jahreszahl *f*; Jahrgang *m*

millet [mijɛ] *m bot* Hirse *f*

milliard [miljar] *m* Milliarde *f*; ⚠ ***le ~***

millième [miljɛm] **1.** tausendste; **2.** *m* Tausendstel *n*

millier [milje] *m* Tausend *n*

milli|on [miljõ] *m* Million *f*; ⚠ ***le ~***; **~onnaire** [-ɔnɛr] *m, f* Millionär(in) *m(f)*; ⚠ *Schreibung*

mim|e [mim] *m* Pantomime *m*; **~er** (1a) nachahmen; **~ique** *f* Mimik *f*

mimosa [mimoza] *m bot* Mimose *f*; ⚠ ***le ~***

minable [minablə] kümmerlich, ärmlich, schäbig

minauder [minode] (1a) sich zieren

mince [mɛ̃s] dünn; schmal; schlank; *fig* unbedeutend, gering; F ***~ (alors)!*** Mist!; Donnerwetter! (*Staunen*)

mine¹ [min] *f* Miene *f*; Aussehen *n*; ***faire ~ de*** (+ *inf*) so tun, als ob; ***avoir bonne (mauvaise) ~*** gut (schlecht) aussehen; ⚠ *Schreibung*

mine² [min] *f* Bergwerk *n*, Zeche *f*; Mine *f* (*a Bleistift, mil*)

minerai [minrɛ] *m* Erz *n*

minéral, ~e [mineral] (⚠ *m/pl* ***-aux***) **1.** *adj* mineralisch; ***eau f minérale*** Mineralwasser *n*; ***chimie f minérale*** anorganische Chemie; **2.** *m* Mineral *n*

minéralogique [mineralɔʒik] *auto* ***plaque f ~*** Nummernschild *n*

min|et, ~ette [minɛ, -ɛt] *m, f* F Kätzchen *n*, Mieze *f*; *fig* Schätzchen *n*, Herzchen *n*; Modenarr *m*, -puppe *f*

mineur¹, ~e [minœr] *adj u subst* **1.** zweitrangig, unbedeutend; **2.** *mus* Moll; **3.** *jur* minderjährig; *m, f* Minderjährige(r) *m, f*

mineur² [minœr] *m* Bergmann *m*

minibus [minibys] *m* Kleinbus *m*

mini|er, ~ère [minje, -jɛr] Bergwerks..., Gruben...

mini-jupe [miniʒyp] *f* (⚠ *pl* ***mini-jupes***) Minirock m

minim|e [minim] sehr klein; **~iser** (1a) bagatellisieren

minimum [minimɔm] **1.** *adj* (⚠ *f/sg sowie m/pl u f/pl a* ***minima***) Mindest...; **2.** *m* Minimum *n*; ***au ~*** wenigstens

ministère [ministɛr] *m* Ministerium *n*; Ministeramt *n*; Regierung *f*, Kabinett *n*; *rel* Priesteramt *n*

ministre [ministrə] *m* Minister *m*

minitel [minitɛl] *m* Bildschirmtext *m*; Btx-Gerät *n*

minorité [minɔrite] *f jur* Minderjährigkeit *f*; *pol* Minderheit *f*

Minorque [minɔrk] Menorca *n*

minuit [minɥi] *m* Mitternacht *f*, zwölf Uhr nachts; ⚠ ***minuit*** *ist Maskulinum, aber* ***la nuit***

minuscule [minyskyl] **1.** *adj* klein (geschrieben); *fig* winzig; **2.** *f* Kleinbuchstabe *m*

minute [minyt] *f* **1.** Minute *f*; *fig* Moment *m*; ***à la ~*** auf die Minute;

M

2. Urschrift *f*, Original *n*
minuterie [minytri] *f* Schaltuhr *f*
minu|tie [minysi] *f* peinliche Genauigkeit *f*; ⚠ *Aussprache*; **~tieux, ~tieuse** [-sjø, -sjøz] peinlich genau
mioche [mjɔʃ] *m* F Knirps *m*
miracle [miraklə] *m* Wunder *n*; **~ *économique*** Wirtschaftswunder *n*
miracul|eux, ~euse [mirakylø, -øz] wunderbar; *fig* erstaunlich
mirage [miraʒ] *m* Luftspiegelung *f*, Fata Morgana *f*; *fig* Trugbild *n*
mire [mir] *f* Visier *n*; Messlatte *f*; *TV* Testbild *n*; ***point m de ~*** Zielpunkt *m*; *fig* Zielscheibe *f*
miroir [mirwar] *m* Spiegel *m*
miroiter [mirwate] (1a) spiegeln, glänzen
mis [mi] *p/s von* ***mettre***
mis, mise [mi, miz] (*p/p von* ***mettre*** *u adj*) *Tisch*: gedeckt; ***bien ~*** gut angezogen
misanthrope [mizɑ̃trɔp] *m* Menschenfeind *m*
mise [miz] *f* Kleidung *f*; *Spiel*: Einsatz *m*; **~ *en marche*** (***route***, ***service***) Inbetriebnahme *f*; **~ *en scène*** Inszenierung *f*; **~ *en vente*** Verkauf *m*; ***de ~*** angebracht, passend
miser [mize] (1a) *Spiel u fig* setzen (***sur*** auf)
misérable [mizerablə] ärmlich, kümmerlich; erbärmlich; beklagenswert
misère [mizɛr] *f* Elend *n*
miséricorde [mizerikɔrd] *f* Barmherzigkeit *f*
misogyne [mizɔʒin] **1.** *adj* frauenfeindlich; **2.** *m* Weiberfeind *m*
missile [misil] *m mil* Rakete *f*, Flugkörper *m*
miss|ion [misjɔ̃] *f* Auftrag *m*, Aufgabe *f*; Sendung *f*; *pol* Delegation *f*; Mission *f* (*a rel*); **~ionnaire** [-jɔnɛr] *m* Missionar *m*; ⚠ *Schreibung*
missive [misiv] *f oft iron* Brief *m*
mistral [mistral] *m* kalter Nordwind *m* (*in der Provence*)
mite [mit] *f zo* Motte *f*; Milbe *f*
mi-temps [mitɑ̃] *f* (⚠ *pl unv*) Halbzeit *f*; ***à ~*** halbtags (*arbeiten*); ⚠ ***la ~***, *aber* ***le temps***
mit|eux, ~euse [mitø, -øz] schäbig
mitigé, ~e [mitiʒe] abgeschwächt
mitonner [mitɔne] (1a) langsam kochen; *fig* sorgfältig vorbereiten
mitraill|e [mitraj] *f mil* Beschuss *m*; **~er** (1a) *mil* beschießen; *fig* bombardieren; von allen Seiten fotografieren; **~ette** [-ɛt] *f* Maschinenpistole *f*; **~eur** *m* Maschinengewehrschütze *m*; ***fusil m ~*** leichtes Maschinengewehr *n*; **~euse** *f* Maschinengewehr *n*
mi-voix [mivwa] ***à ~*** halblaut
mix|age [miksaʒ] *m* (Ton-)Mischung *f*; **~er** [-ɛr] *od* **~eur** [-œr] *m cuis* Mixer *m*
mixte [mikst] gemischt
mixture [mikstyr] *f péj* Gebräu *n*, Gemisch *n*
Mlle (*abr* ***Mademoiselle***) Frl.
Mme (*abr* ***Madame***) Fr.
Mo [ɛmo] (*abr* ***méga-octet***) MB *n*
mobil|e [mɔbil] **1.** *adj* beweglich; **2.** *m* Motiv *n*; Triebfeder *f*; *Kunst*: Mobile *n*; **~ier, ~ière** [-je, -jɛr] **1.** *adj jur* beweglich; **2.** *m* Mobiliar *n*; **~isation** [-izasjɔ̃] *f mil* Mobilmachung *f*; *fig* Mobilisierung *f*; **~iser** (1a) *mil* mobil machen; *fig* mobilisieren; **~ité** *f* Beweglichkeit *f*
mobylette [mɔbilɛt] *f* Moped *n*
moche [mɔʃ] F hässlich; mies
modalité [mɔdalite] *f* Art und Weise *f*, Modalität *f*
mode¹ [mɔd] *m* Art *f*, Weise *f*; *EDV* Modus *m*; *mus* Tonart *f*; *gr* Modus *m*; **~ *d'emploi*** Gebrauchsanweisung *f*, Bedienungsanleitung *f*
mode² [mɔd] *f* Mode *f*; ***à la ~*** modisch
modèle [mɔdɛl] *m* Muster *n*, Vorbild *n*; Modell *n*
modem [mɔdɛm] *m EDV* Modem *n*
modér|ation [mɔderasjɔ̃] *f* Mäßigung *f*; **~é, ~ée** mäßig; gemäßigt; ⚠ *adv* ***modérément***; **~er** (1f) (***se ~*** sich) mäßigen
modern|e [mɔdɛrn] modern; **~iser** (1a) modernisieren
modest|e [mɔdɛst] bescheiden; **~ie** [-i] *f* Bescheidenheit *f*
modification [mɔdifikasjɔ̃] *f* (Ab-, Ver-)Änderung *f*, Modifizierung *f*
modifier [mɔdifje] (1a) (ab-, ver)ändern, modifizieren
modique [mɔdik] *Einkommen etc*: bescheiden, niedrig, gering
modulation [mɔdylasjɔ̃] *f* Modulation *f*; **~ *de fréquence*** Ultrakurzwelle *f*
modul|e [mɔdyl] *m tech* Modul *m od n*; *Raumfahrt* **~ *lunaire*** Mondfähre *f*; **~er** (1a) modulieren
moell|e [mwal] *f* (Knochen-)Mark *n*; ⚠

M

Aussprache; **~eux, ~euse** [-ø, -øz] weich
mœurs [mœr(s)] *f/pl* Sitten *f/pl*; Bräuche *m/pl*
moi [mwa] ich; mich; mir
moignon [mwaɲɔ̃] *m* Stumpf *m*
moindre [mwɛ̃drə] minder, geringer; ***le, la*** **~** der, die, das Geringste
moine [mwan] *m* Mönch *m*
moineau [mwano] *m* (⚠ *pl* **~x**) *zo* Sperling *m*, Spatz *m*
moins [mwɛ̃] *adv* weniger; *math* minus; ***le*** **~** das wenigste, Mindeste; ***au od du*** **~** wenigstens, mindestens; ***à*** **~** für weniger; ***à*** **~** ***de*** (+ *inf*), ***à*** **~** ***que*** ... ***ne*** (+ *subj*) sofern nicht, außer wenn ...; ***ne*** ... ***pas*** **~** dennoch, trotzdem; ***de*** **~** ***en*** **~** immer weniger
mois [mwa] *m* Monat *m*; Monatslohn *m*; ***par*** **~** monatlich
Moïse [mɔiz] Moses
mois|i, ~ie [mwazi] **1.** *adj* schimm(e)lig; **2.** *m bot* Schimmel *m*; **~ir** (2a) verschimmeln (lassen); **~issure** [-isyr] *f bot* Schimmel *m*; Verschimmeln *n*
moisson [mwasɔ̃] *f* (Getreide-)Ernte *f*
moissonn|er [mwasɔne] (1a) ernten; **~euse-batteuse** [-øzbatøz] *f* (⚠ *pl* ***moissonneuses-batteuses***) Mähdrescher *m*
moite [mwat] feucht
moitié [mwatje] *f* Hälfte *f*; ***à*** **~** zur Hälfte, halb; **~** ... **~** ... halb ... halb ...; ***à*** **~** ***chemin*** auf halbem Wege; ***à*** **~** ***prix*** zum halben Preis
mol [mɔl] *cf* ***mou***
molaire [mɔlɛr] *f* Backenzahn *m*
molécule [mɔlekyl] *f* Molekül *n*; ⚠ ***la*** **~**
molester [mɔlɛste] (1a) misshandeln
moll|ement [mɔlmɑ̃] *adv* lässig, träge; **~esse** [-ɛs] *f* Weichheit *f*; Schlaffheit *f*, Laschheit *f*; **~et¹**, **~ette** [-ɛ, -ɛt] weich, zart; ***œuf m mollet*** weiches Ei *n*
mollet² [mɔlɛ] *m* Wade *f*
mollir [mɔlir] (2a) weich werden; abflauen; nachlassen
môme [mom] *m, f* F Kind *n*
moment [mɔmɑ̃] *m* Augenblick *m*, Moment *m*; ***à ce*** **~** in diesem Augenblick; ***en ce*** **~** zur Zeit, jetzt; ***dans un*** **~** gleich; ***du*** **~** momentan; ***d'un*** **~** ***à l'autre*** sogleich; ***en un*** **~** im Nu; ***par*** **~*s*** gelegentlich; ***pour le*** **~** einstweilen; ***du*** **~** ***que*** *od* ***où*** da ja
momentané, ~e [mɔmɑ̃tane] vorübergehend; augenblicklich; ⚠ *adv* ***momentanément***
momie [mɔmi] *f* Mumie *f*
mon *m*, **ma** *f*, **mes** *pl* [mɔ̃, ma, me] mein(e) *m*, *n* (*f*; *pl*); ⚠ ***mon*** *a im sg f*, *wenn das folgende Wort mit Vokal od stummem* ***h*** *beginnt*: ***mon idée***
Monaco [mɔnako] (***la principauté de***) **~** (das Fürstentum) Monaco
monarchie [mɔnarʃi] *f* Monarchie *f*
monastère [mɔnastɛr] *m* Kloster *n*
monceau [mɔ̃so] *m* (⚠ *pl* **~x**) Haufen *m*
mond|ain, ~aine [mɔ̃dɛ̃, -ɛn] Gesellschafts...; mondän; *rel* weltlich
monde [mɔ̃d] *m* Welt *f*; Menschen *m/pl*, Leute *pl*; ***tout le*** **~** jedermann; ***dans le*** **~** ***entier*** auf der ganzen Welt; ***le beau*** **~** die vornehme Gesellschaft; ***connaître son*** **~** F seine Pappenheimer kennen
mondial, ~e [mɔ̃djal] (⚠ *m/pl* ***-aux***) Welt...; **~ement** [-mɑ̃] *adv* weltweit; **~isation** *f* weltweite Verbreitung *f*, Globalisierung *f*
monégasque [mɔnegask] monegassisch
monétaire [mɔnetɛr] Münz..., Währungs..., Geld...
Mongolie [mɔ̃gɔli] ***la*** **~** die Mongolei
moni|teur, ~trice [mɔnitœr, -tris] *m, f* Fahr-, Flug-, Ski-, Sportlehrer(in) *m(f)*; Betreuer(in) *m(f)*; *m tech* Monitor *m*, Bildschirm *m*
monn|aie [mɔnɛ] *f* Münze *f*, Geldstück *n*; Klein-, Wechselgeld *n*; Währung *f*; **~ayer** [-ɛje] (1i) prägen; zu Geld machen
monolingue [mɔnɔlɛ̃g] einsprachig
monologue [mɔnɔlɔg] *m* Selbstgespräch *n*, Monolog *m*
mono|parental, ~parentale [mɔnɔparɑ̃tal] (⚠ *m/pl* ***-aux***) Eineltern...; **~place** [-plas] **1.** *adj* einsitzig; **2.** *m aviat* Einsitzer *m*; **~plan** [-plɑ̃] *m aviat* Eindecker *m*; **~pole** [-pɔl] *m* Monopol *n*; *fig* Vorrecht *n*; **~syllabe** [-silab] *adj* (*u subst m*) einsilbig(es Wort *n*)
monoton|e [mɔnɔtɔn] monoton, eintönig; **~ie** [-i] *f* Eintönigkeit *f*
monsieur [məsjø] *m* (*abr* ***M.***), (⚠ *pl* ***messieurs*** [mesjø], *abr* ***MM.***) (mein) Herr *m*; *im Brief* sehr geehrter Herr ...
monstr|e [mɔ̃strə] **1.** *m* Monstrum *n*, Ungeheuer *n*; Scheusal *n*; **2.** *adj* Riesen...; **~ueux, ~ueuse** [-yø, -yøz] rie-

sig, ungeheuer; entsetzlich, scheußlich; **~uosité** [-yosite] *f* Ungeheuerlichkeit *f*
mont [mɔ̃] *m* Berg *m* (*fast nur noch in Eigennamen*); ***par ~s et par vaux*** über Berg und Tal
montage [mɔ̃taʒ] *m* Montieren *n*, Aufstellen *n*; Einbau *m*; Montage *f*; Schaltung *f*; ⚠ ***le ~***
montagn|ard, ~arde [mɔ̃taɲar, -ard] **1.** *adj* Gebirgs...; **2.** *m, f* Bergbewohner(in) *m(f)*
montagn|e [mɔ̃taɲ] *f* Berg *m*, Gebirge *n*; ***à la ~*** ins, im Gebirge; ***~s** pl **russes*** Berg- und Talbahn *f*
mont|ant, ~ante [mɔ̃tɑ̃, -ɑ̃t] **1.** *adj* an-, aufsteigend; *Kleid*: hochgeschlossen; **2.** *m* Betrag *m*; Pfosten *m*
mont-de-piété [mɔ̃dpjete] *m* (⚠ *pl* ***monts-de-piété***) Pfandhaus *n*
montecharge [mɔ̃tʃarʒ] *m* (⚠ *pl unv*) Lastenaufzug *m*
montée [mɔ̃te] *f* Steigen *n*; Steigung *f*; Anstieg *m* (*a fig*); Auffahrt *f*
monter [mɔ̃te] (1a) **1.** (*mit* ***avoir***) hinaufsteigen, besteigen (*e-n Berg etc*); hinaufschaffen, -bringen; reiten; *Maschine*: montieren, aufstellen; einbauen; *Theaterstück*: herausbringen; **2.** (*mit* ***être***, *wenn Subjekt Person*) steigen; hinauf-, hochsteigen, -kommen, -fahren; an-, auf-, einsteigen; **3.** ***se ~ à*** sich belaufen auf
mont|eur, ~euse [mɔ̃tœr, -øz] **1.** *m* Monteur *m*; **2.** *m, f* Cutter(in) *m(f)*
montre [mɔ̃trə] *f* (Armband-, Taschen-)Uhr *f*
montre-bracelet [mɔ̃trəbraslɛ] *f* (⚠ *pl* ***montres-bracelets***) Armbanduhr *f*
montrer [mɔ̃tre] (1a) zeigen; ***~ qn, qc du doigt*** auf j-n, etw mit dem Finger zeigen; ***se ~*** sich sehen lassen; sich zeigen
monture [mɔ̃tyr] *f* Reittier *n*; Gestell *n*; Fassung *f*
monument [mɔnymɑ̃] *m* Denkmal *n*; (bedeutendes) Bauwerk *n*
moqu|er [mɔke] (1m) ***se ~ de*** sich lustig machen über; sich nicht kümmern um; **~erie** *f* Spott *m*
moquette [mɔkɛt] *f* Teppichboden *m*
moqu|eur, ~euse [mɔkœr, -øz] **1.** *adj* spöttisch; **2.** *m, f* Spötter(in) *m(f)*
moral, ~e [mɔral] **1.** *adj* (⚠ *m/pl* ***-aux***) sittlich, moralisch; geistig, seelisch; *jur* ***personne** f **morale*** juristische Person *f*; **2.** *m* innerer Halt *m*, Verfassung *f*, Moral *f*; ***je n'ai pas le ~*** ich bin nicht gut drauf; ***remonter le ~ à qn*** j-n aufmuntern; ⚠ ***le ~***
moral|e [mɔral] *f* Sittenlehre *f*, Moral *f* (*a e-r Geschichte*), Ethik *f*; ***faire la ~ à qn*** j-m e-e Strafpredigt halten; **~ité** *f* Sittlichkeit *f*, Moral *f* (*a e-r Geschichte*)
moratoire [mɔratwar] *m comm* Zahlungsaufschub *m*
morbide [mɔrbid] krankhaft
morceau [mɔrso] *m* (⚠ *pl* ***~x***) Stück *n* (*a mus*); *Buch*: Text *m*, Abschnitt *m*
morceler [mɔrsəle] (1c) zerstückeln
mord|ant, ~ante [mɔrdɑ̃, -ɑ̃t] **1.** *adj* scharf, schneidend, bissig; **2.** *m* Schärfe *f*, Bissigkeit *f*
mordiller [mɔrdije] (1a) knabbern
mordoré, ~e [mɔrdɔre] goldbraun
mordre [mɔrdrə] (4a) beißen; *Insekt*: stechen; *Fisch*: anbeißen; *tech* ätzen; an-, eingreifen; *fig* ***~ à*** Geschmack finden an
morfond|re [mɔrfɔ̃drə] (4a) ***se ~*** sich zu Tode langweilen; **~u, ~ue** [-y] traurig, bedrückt
morgue [mɔrg] *f* **1.** Dünkel *m*; **2.** Leichenschauhaus *n*
morib|ond, ~onde [mɔribɔ̃, -ɔ̃d] sterbend
morille [mɔrij] *f bot* Morchel *f*
morne [mɔrn] trüb(sinnig), düster
morose [mɔroz] mürrisch, verdrossen
morphine [mɔrfin] *f* Morphium *n*
morpion [mɔrpjɔ̃] *m* F Filzlaus *f*; P *fig* Lausbub *m*
mors [mɔr] *m am Zaum*: Gebiss *n*; ***prendre le ~ aux dents*** *Pferd*: durchgehen; *fig* sich ereifern
morse [mɔrs] *m zo* Walross *n*
morsure [mɔrsyr] *f* Bisswunde *f*; Stich *m*
mort¹ [mɔr] *f* Tod *m*; *fig* Ruin *m*; ***à ~*** tödlich
mort², morte [mɔr, mɔrt] **1.** *adj* tot; abgestorben; *Wasser*: stehend; *Blatt*: dürr, welk; ***ivre ~*** stockbesoffen; ***nature** f **morte*** Stillleben *n*; **2.** *m, f* Tote(r) *m, f*
mortalité [mɔrtalite] *f* Sterblichkeit *f*
mortel, ~le [mɔrtɛl] sterblich; tödlich, Tod...
morte-saison [mɔrtəsɛzɔ̃] *f* (⚠ *pl* ***mortes-saisons***) stille Zeit *f*, F Sauregurkenzeit *f*

mortier [mɔrtje] *m mil* Mörser *m*; *tech* Mörtel *m*
mortifier [mɔrtifje] (1a) *rel* kasteien; *fig* demütigen, schwer kränken
mort-né, ~e [mɔrne] (⚠ *pl* ***mort-né***[***e***]***s***) tot geboren
mortuaire [mɔrtɥɛr] Sterbe..., Toten...
morue [mɔry] *f zo* Kabeljau *m*; Dorsch *m*
morve [mɔrv] *f* Nasenschleim *m*, F Rotz *m*
mosaïque [mɔzaik] *f* Mosaik *n*; ⚠ ***la ~***
Moscou [mɔsku] Moskau
Moselle [mɔzɛl] ***la ~*** die Mosel
mosquée [mɔske] *f* Moschee *f*
mot [mo] *m* Wort *n*; Vokabel *f*; Ausspruch *m*; *EDV* ***~ de passe*** Passwort *n*; ***bon ~*** geistreiche Bemerkung *f*; ***~s croisés*** *pl* Kreuzworträtsel *n*; ***gros ~*** Schimpfwort *n*; ***~ à ~***, ***~ pour ~*** wörtlich; ***à ~s couverts*** durch die Blume; ***au bas ~*** mindestens; ***sans ~ dire*** wortlos; ***en un ~*** mit einem Wort, kurz
motard [mɔtar] *m* Motorradfahrer *m* (der Polizei)
mot-clé [mokle] *m* (⚠ *pl* ***mots-clés***) Schlüsselwort *n*; Stichwort *n* (*im Wörterbuch*)
motel [mɔtɛl] *m* Motel *n*
mo|teur, ~trice [mɔtœr, -tris] **1.** *adj* Bewegungs...; Antriebs...; **2.** *m tech u fig* Motor *m*; ***~ à deux temps*** Zweitaktmotor *m*; ***~ à injection*** Einspritzmotor *m*
motif [mɔtif] *m* Motiv *n* (*a mus u Malerei*), Beweggrund *m*
motion [mosjɔ̃] *f pol* Antrag *m*; ***~ de censure*** Misstrauensantrag *m*
motiver [mɔtive] (1a) motivieren, begründen
moto [mɔto] *f* (*Kurzform*) Motorrad *n*; ***faire de la ~*** Motorrad fahren; **~cyclette** [-siklɛt] *f cf* ***moto***; **~cycliste** [-siklist] *m, f* Motorradfahrer(in) *m*(*f*)
motoriser [mɔtɔrize] (1a) motorisieren; F ***être motorisé*** motorisiert sein
mou, molle [mu, mɔl] **1.** *adj* (⚠ *m vor Vokal* ***mol***; *m/pl* ***mous***) weich; schwach; matt, schlaff; träge, lässig; **2.** *m cuis* Lunge *f*
mouch|ard, ~arde [muʃar, -ard] *m, f* F (Polizei-)Spitzel *m*; *Schule*: Petze *f*; **~arder** [-arde] (1a) F bespitzeln, ausspionieren; petzen
mouche [muʃ] *f* Fliege *f*; ***bateau m ~*** Ausflugsdampfer *m* (auf der Seine); ***faire ~*** ins Schwarze treffen (*a fig*); ***prendre la ~*** beleidigt sein
moucher [muʃe] (1a) ***se ~*** sich die Nase putzen
moucheron [muʃrɔ̃] *m zo* (kleine) Mücke *f*
moucheter [muʃte] (1c) sprenkeln, tüpfeln
mouchoir [muʃwar] *m* Taschentuch *n*
moudre [mudrə] (4y) mahlen
moue [mu] *f* schiefes Gesicht *n*; ***faire la ~*** schmollen
mouette [mwɛt] *f zo* Möwe *f*
moufle [muflə] *f* Fausthandschuh *m*
mouill|é, ~ée [muje] nass, feucht; **~er** (1a) nass machen, anfeuchten; verdünnen; *mar* ***~*** (***l'ancre***) Anker werfen
moul|e [mul] **1.** *m* (Gieß-)Form *f*; Back-, Kuchenform *f*; **2.** *f zo* Miesmuschel *f*; **~er** (1a) (ab)formen; gießen; *fig* ***~ sur qc*** nach etw bilden
moul|in [mulɛ̃] *m* Mühle *f*; ***~ à vent***, ***à café*** Wind-, Kaffeemühle *f*; **~inet** [-inɛ] *m tech* Rolle *f*
moul|u, ~ue [muly] *p/p von* ***moudre*** *u adj* gemahlen; *fig* wie zerschlagen
mour|ant, ~ante [murɑ̃, -ɑ̃t] sterbend; ***être ~*** im Sterben liegen
mourir [murir] (2k) sterben (***de*** an)
mourrai [mure] *futur von* ***mourir***
mourus [mury] *p/s von* ***mourir***
mousquetaire [muskətɛr] *m hist* Musketier *m*
mousse [mus] **1.** *m* Schiffsjunge *m*; **2.** *f bot* Moos *n*; **3.** *f* Schaum *m*; *cuis* Cremespeise *f*; ***~ à raser*** Rasierschaum *m*; ***~ de coiffage*** Schaumfestiger *m*
mouss|er [muse] (1a) schäumen; **~eux, ~euse** [-ø, -øz] **1.** *adj* schäumend; **2.** *m* Schaumwein *m*
mousson [musɔ̃] *f* Monsun *m*; ⚠ ***la ~***
moustache [mustaʃ] *f* Schnurrbart *m*
moustiquaire [mustikɛr] *f* Moskitonetz *n*
moustique [mustik] *m* Stechmücke *f*
moutarde [mutard] *f bot u cuis* Senf *m*
mouton [mutɔ̃] *m zo* Schaf *n*; Hammelfleisch *n*; **~s** *pl* (Staub-)Flocken *f/pl*; Schaumkronen *f/pl*; Schäfchen(wolken) *n/pl* (*f/pl*); *fig* ***revenons à nos ~s*** kommen wir wieder zur Sache!
mouture [mutyr] *f* Mahlen *n*

M

mouv|ant, ~ante [muvɑ̃, -ɑ̃t] sich dauernd bewegend; *fig* unbeständig; ***sables*** *m/pl* ***mouvants*** Treibsand *m*; ***terrain*** *m* ***mouvant*** schwankender Boden *m* (*a fig*)
mouvement [muvmɑ̃] *m* Bewegung *f* (*a pol etc*); *fig* (reges) Leben *n*; Wandel *m*; *Seele*: Regung *f*; *Uhr*: Räderwerk *n*; *mus* Tempo *n*, Satz *m*
mouvementé, ~e [muvmɑ̃te] bewegt, abwechslungsreich; lebhaft, stürmisch
mouvoir [muvwar] (3d) bewegen (*a fig*)
moy|en, ~enne [mwajɛ̃, -ɛn] **1.** *adj* mittlere; *fig* durchschnittlich; mittelmäßig; ***Moyen Âge*** *m* Mittelalter *n*; **2.** *m* Mittel *n*, Weg *m*; ***~s*** *pl* (Geld-)Mittel *n/pl*; *fig* Anlagen *f/pl*, Fähigkeiten *f/pl*; ***au ~ de*** *od* ***par le ~ de*** mit (Hilfe von), mittels; **3.** *f* Durchschnitt *m*; Mittelwert *m*; ***en moyenne*** im Durchschnitt
moyenâg|eux, ~euse [mwajɛnɑʒø, -øz] mittelalterlich
moyennant [mwajɛnɑ̃] mittels, mit, durch, für
Mozambique [mozɑ̃bik] ***le ~*** Mosambik *n*
M.S.T. [ɛmɛste] *f* (*abr* ***maladie sexuellement transmissible***) Geschlechtskrankheit *f*
mû, mue [my] *p/p von* ***mouvoir***
mue [my] *f* Mauser(zeit) *f* (*Vögel*); Häuten *n* (*Schlangen etc*); Stimmbruch *m*
muer [mɥe] (1a) sich mausern; sich häuten, haaren; im Stimmbruch sein
mu|et, ~ette [mɥɛ, -ɛt] **1.** *adj* stumm; *fig* sprachlos; **2.** *m* Stummfilm *m*
mufle [myflə] *m* Schnauze *f*, Maul *n*; F *fig* Lümmel *m*
mugir [myʒir] (2a) brüllen; brausen, tosen
muguet [mygɛ] *m bot* Maiglöckchen *n*
mul|e [myl] *f zo* Mauleselin *f*; ***~et*** [-ɛ] *m* Maulesel *m*, Maultier *n*
multicolore [myltikɔlɔr] bunt
multiculturel, ~le [myltikyltyrɛl] multikulturell
multifenêtrage [myltifənɛtraʒ] *m EDV* Fenstertechnik *f*
multifonctionnel, ~le [myltifɔ̃ksjɔnɛl] Multifunktions...
multimédia [myltimedja] Multimedia...
multipl|e [myltiplə] mehrfach; vielfältig; ***~ication*** [-ikasjɔ̃] *f* Multiplikation *f*; Vermehrung *f*; *tech* Übersetzung *f*; ***~ier*** [-ije] (1a) vervielfachen, vermehren; multiplizieren; ***se ~*** sich (ver)mehren, sich häufen
multiposte [myltipɔst] *EDV* mehrplatzfähig
multiprogrammation [myltiprɔgramasjɔ̃] *f* Multitasking *n*
multitraitement [myltitrɛtmɑ̃] *m* Parallelverarbeitung *f*
multitude [myltityd] *f* Menge *f*
Munich [mynik] München
municipal, ~e [mynisipal] (⚠ *m/pl* ***-aux***) Stadt..., Gemeinde...; ***~ité*** *f* Magistrat *m*, Stadtbehörden *f/pl*
munir [mynir] (2a) ***~ de*** ausstatten, versehen mit
munitions [mynisjɔ̃] *f/pl* Munition *f*
muqu|eux, ~euse [mykø, -øz] **1.** *adj* schleimig; **2.** *f* Schleimhaut *f*
mur [myr] *m* Mauer *f*, Wand *f*; ***~ du son*** Schallmauer *f*; ***mettre qn au pied du ~*** j-n in die Enge treiben
mûr, ~e [myr] reif
mûre [myr] *f bot* Brombeere *f*; Maulbeere *f*
murer [myre] (1a) um-, zumauern
mûrier [myrje] *m* Maulbeerbaum *m*
mûrir [myrir] (2a) reif werden lassen; reif werden, reifen
murmur|e [myrmyr] *m* Gemurmel *n*; Plätschern *n*; ***~er*** (1a) murmeln; plätschern; murren
musarder [myzarde] (1a) die Zeit vertrödeln
muscad|e [myskad] *f* Muskatnuss *f*; ***~et*** [-ɛ] *m* trockener Weißwein
muscat [myska] *m* Muskateller(wein) *m*
muscl|e [mysklə] *m* Muskel *m*; ***~é, ~ée*** muskulös; energisch
muscul|aire [myskylɛr] Muskel...; ***~ation*** *f* Bodybuilding *n*; ***~eux, ~euse*** [-ø, -øz] muskulös
museau [myzo] *m* (⚠ *pl* ***~x***) Schnauze *f*
musée [myze] *m* Museum *n*; ⚠ ***le ~***
museler [myzle] (1c) e-n Maulkorb anlegen (***qn*** j-m; *a fig*)
muselière [myzəljɛr] *f* Maulkorb *m*
musette [myzɛt] *f* **1.** Brotbeutel *m*; **2.** ***bal*** *m* ***~*** Tanz *m* mit Akkordeonmusik
musical, ~e [myzikal] (⚠ *m/pl* ***-aux***) musikalisch
musici|en, ~enne [myzisjɛ̃, -ɛn] **1.** *adj*

musikalisch (*nur Personen*); **2.** *m, f* Musiker(in) *m(f)*
musique [myzik] *f* Musik *f*; Noten *f/pl*; *mil* Militärkapelle *f*
must [mœst] *m* Muss *n*
musulm|an, ~ane [myzylmɑ̃, -an] **1.** *adj* mohammedanisch, moslemisch; **2.** *m, f* Mohammedaner(in) *m(f)*, Moslem *m*
mut|ation [mytasjɔ̃] *f* Veränderung *f*, Wandel *m*; *biol* Mutation *f*; *Beamte*: Versetzung *f*; **~er** (1a) *Beamte*: versetzen
mutilation [mytilasjɔ̃] *f* Verstümmelung *f*
mutil|é [mytile] *m* Körperverletzte(r) *m*, Schwerbeschädigte(r) *m*; **~er** (1a) verstümmeln
mut|in, ~ine [mytɛ̃, -in] **1.** *adj* schelmisch, verschmitzt; **2.** *m* Aufrührer *m*; **~inerie** [-inri] *f* Meuterei *f*
mutisme [mytismə] *m* Stummheit *f*; *fig* Schweigen *n*
mutu|alité [mytɥalite] *f* Versicherung *f* auf Gegenseitigkeit; **~el, ~elle** wechsel-, gegenseitig; (***assurance** f*) ***mutuelle** f cf **mutualité***
mycose [mikoz] *f* Pilzkrankheit *f*
myop|e [mjɔp] kurzsichtig; **~ie** [-i] *f* Kurzsichtigkeit *f*
myosotis [mjɔzɔtis] *m bot* Vergissmeinnicht *n*
myrtille [mirtij] *f* Heidelbeere *f*
mystère [mistɛr] *m* Geheimnis *n*; Rätsel *n*; Mysterium *n*
mystéri|eux, ~euse [misterjø, -øz] geheimnisvoll
mystifier [mistifje] (1a) verulken, zum Besten haben; irreführen
mystifique [mistik] **1.** *adj* mystisch; **2.** *m, f* Mystiker(in) *m(f)*; **3.** *f* Mystik *f*
myth|e [mit] *m* (Götter-, Helden-)Sage *f*; Mythos *m*; **~ique** sagenhaft, mythisch
mythologie [mitɔlɔʒi] *f* Mythologie *f*; *fig* Legenden *f/pl*

N

nabab [nabab] *m* Krösus *m*
nabot [nabo] *m péj* Zwerg *m*, Knirps *m*
nacelle [nasɛl] *f* Korb *m*; Gondel *f*
nacre [nakrə] *f* Perlmutt *n*
nage [naʒ] *f* Schwimmen *n*; Schwimmstil *m*; **~ *sur le dos*** Rückenschwimmen *n*; **~ *libre*** Freistilschwimmen *n*; ***à la* ~** schwimmend; *fig* ***être en* ~** in Schweiß gebadet sein
nageoire [naʒwar] *f zo* Flosse *f*
nag|er [naʒe] (1l) schwimmen (*a fig*); **~ *la brasse*** brustschwimmen; *fig* **~ *contre le courant*** gegen den Strom schwimmen; ***savoir* ~** schwimmen können; *fig* sich zu helfen wissen; ⚠ ***il a nagé***; **~eur, ~euse** *m, f* Schwimmer(in) *m(f)*
naguère [nagɛr] kürzlich, vor kurzem; früher
naïf, naïve [naif, naiv] naiv; töricht
nain, naine [nɛ̃, nɛn] *m, f* Zwerg(in) *m(f)*
naissance [nɛsɑ̃s] *f* Geburt *f*; *fig* Entstehung *f*; Anfang *m*; ***date f de* ~** Geburtsdatum *n*; ***prendre* ~** entstehen
naître [nɛtrə] (4g) geboren werden; entstehen; *fig* ***je ne suis pas né(e) d'hier*** ich bin doch nicht von gestern; ***faire* ~** hervorrufen; erzeugen
naïveté [naivte] *f* Natürlichkeit *f*, Unbefangenheit *f*; *péj* Naivität *f*; ⚠ *Schreibung*
Namibie [namibi] ***la* ~** Namibia *n*
nana [nana] F *f* Tussi *f*
nanti, ~e [nɑ̃ti] wohlhabend; **~ *de*** versehen mit
Naples [naplə] Neapel
napolit|ain, ~aine [napɔlitɛ̃, -ɛn] neapolitanisch
nappe [nap] *f* Tischtuch *n*; Fläche *f*; **~ *phréatique*** Grundwasser *n*; **~ *d'eau*** glatte Wasserfläche *f*; **~ *de brouillard*** Nebelbank *f*
naquis [naki] *p/s von* ***naître***

N

narcotique [narkɔtik] *adj u subst m* betäubend(es Mittel *n*)
narcotrafiquant [narkotrafikɑ̃] *m* Drogenhändler *m*
narguer [narge] (1m) verhöhnen
narine [narin] *f* Nasenloch *n*, -flügel *m*; *Pferd*: Nüster *f*
narqu|ois, ~oise [narkwa, -waz] schalkhaft; spöttisch, ironisch
narra|teur, ~trice [naratœr, -tris] *m, f* Erzähler(in) *m(f)*; **~tion** *f* Erzählung *f*; Aufsatz *m*
nasal, ~e [nazal] (⚠ *m/pl* ***-aux***) **1.** *adj* Nasen...; nasal; **2.** *f* Nasallaut *m*; **~iser** (1a) nasalieren
nase [nas] *arg* verrückt
naseau [nazo] *m* (⚠ *pl* ***~x***) *Pferd*: Nüster *f*
nasill|ard, ~arde [nazijar, -ard] näselnd; **~er** (1a) näseln
natal, ~e [natal] (⚠ *m/pl* ***-als***) Geburts...; heimatlich; **~ité** *f* (***taux*** *m* ***de***) ~ Geburtenziffer *f*
natation [natasjɔ̃] *f* Schwimmen *n*, Schwimmsport *m*; ***faire de la*** ~ schwimmen
nat|if, ~ive [natif, -iv] ~ ***de*** gebürtig aus
nation [nasjɔ̃] *f* Nation *f*; Volk *n*
national, ~e [nasjɔnal] (⚠ *m/pl* ***-aux***) national; Volks...; ***sentiment*** *m* ***national*** Nationalgefühl *n*; **~isation** [-izasjɔ̃] *f* Verstaatlichung *f*; **~iser** (1a) verstaatlichen; **~isme** *m* Nationalismus *m*; **~iste 1.** *adj* nationalistisch; **2.** *m, f* Nationalist(in) *m(f)*; **~ité** *f* Staatsangehörigkeit *f*; Volksgruppe *f*; **~-socialisme** [-sɔsjalismə] *m* Nationalsozialismus *m*
natte [nat] *f* (Stroh-)Matte *f*; Zopf *m*
natural|iser [natyralize] (1a) naturalisieren, einbürgern; *Tiere*: ausstopfen; **~isme** *m* Naturalismus *m*; **~iste** *m* *Kunst, Literatur*: Naturalist *m*; (*Tier-*) Ausstopfer *m*
natur|e [natyr] *f* Natur *f*; Beschaffenheit *f*; Wesen *n*; Veranlagung *f*; *Malerei*: ~ ***morte*** Stillleben *n*; ***café*** *m* ~ schwarzer Kaffee *m*; F ***il est très*** ~ er ist sehr natürlich; **~el, ~elle 1.** *adj* natürlich; Natur...; **2.** *m* Naturell *n*, Wesen *n*; Natürlichkeit *f*; *cuis* ***au*** ~ ohne Zutaten; **~isme** *m* Freikörperkultur *f*, Nudismus *m*; **~iste** *cf* ***nudiste***

N

naturopathe [natyrɔpat] *m* Heilpraktiker *m*
naufrag|e [nofraʒ] *m* Schiffbruch *m*; **~é, ~ée** schiffbrüchig
nauséab|ond, ~onde [nozeabɔ̃, -ɔ̃d] ekelhaft, Ekel erregend
nausée [noze] *f* Übelkeit *f*, Brechreiz *m*; *fig* Ekel *m*
naut|ique [notik] nautisch; See...; ***ski*** *m* ~ Wasserski *m*; **~isme** *m* Wassersport *m*
naval, ~e [naval] (⚠ *m/pl* ***-als***) Schiffs..., See...; ***chantier*** *m* ***naval*** Schiffswerft *f*
navarin [navarɛ̃] *m cuis* Hammelragout *n*
navet [navɛ] *m* weiße Rübe *f*; F Kitschfilm *m*; Quatsch *m*
navette [navɛt] *f* **1.** Weber-, Nähmaschinenschiffchen *n*; **2.** Pendelverkehr *m*; ***faire la*** ~ hin und her gehen, fahren, pendeln; ~ ***spatiale*** Raumfähre *f*, -transporter *m*
navig|able [navigablə] schiffbar; **~ant** [-ɑ̃] ***le personnel*** ~ das zur See fahrende (*od* Flug-)Personal; **~ateur** [-atœr] *m* **1.** Navigator *m*; **2.** Seefahrer *m*; **~ation** *f* **1.** Schifffahrt *f*; ~ ***aérienne*** Luftfahrt *f*; ~ ***spatiale*** Raumfahrt *f*; **2.** Navigation *f*
naviguer [navige] (1m) (zur See) fahren; fliegen; navigieren
navire [navir] *m* (See-)Schiff *n*; ~ ***de guerre*** Kriegsschiff *n*; **~-citerne** [-sitɛrn] *m* (⚠ *pl* ***navires-citernes***) Tankschiff *n*; **~-école** [-ekɔl] *m* (⚠ *pl* ***navires-écoles***) Schulschiff *n*
navr|ant, ~ante [navrɑ̃, -ɑ̃t] bedauerlich; **~é, ~ée je suis** ~ es tut mir sehr Leid
naz|i, ~ie [nazi] *péj* **1.** *adj* Nazi..., nazistisch; **2.** *m, f* Nazi *m*; **~isme** *m* Nazismus *m*
N.B. (*abr* ***nota bene***) NB, Anm. (Anmerkung)
ne [n(ə)] ~ ... ***pas*** nicht; ~ ... ***guère*** kaum; ~ ... ***jamais*** nie; ~ ... ***plus*** nicht mehr; ~ ... ***plus jamais*** nie mehr; ~ ... ***que*** nur; erst; ~ ... ***rien*** nichts; ~ ... ***personne*** niemand
né, ~e [ne] geboren; *cf a* ***naître***
néanmoins [neɑ̃mwɛ̃] dennoch, trotzdem, nichtsdestoweniger
néant [neɑ̃] *m* Nichts *n*

nébul|eux, ~euse [nebylø, -øz] bewölkt, neb(e)lig; *fig* unklar, verschwommen; **~osité** [-ozite] *f* Bewölkung *f*; *fig* Unklarheit *f*
nécessaire [nesesɛr] **1.** *adj* notwendig, nötig; **2.** *m* Notwendige(s) *n*; **~ *de toilette*, *de voyage*** Reisenecessär *n*, Kulturbeutel *m*
nécessit|é [nesesite] *f* Notwendigkeit *f*; **~*s pl*** Erfordernisse *n/pl*; **~er** (1a) erfordern; **~eux, ~euse** [-ø, -øz] Not leidend, bedürftig
nécrologie [nekrɔlɔʒi] *f* Nekrolog *m*, Nachruf *m*
nectarine [nɛktarin] *f* Nektarine *f*
néerland|ais, ~aise [neɛrlɑ̃dɛ, -ɛz] niederländisch
nef [nɛf] *f* Kirchenschiff *n*
néfaste [nefast] unheilvoll
néga|tif, ~tive [negatif, -tiv] verneinend; negativ; abschlägig; ***dans la négative*** im Falle e-r Ablehnung; **~tion** *f* Verneinung *f*
néglig|é [negliʒe] *m* Morgenrock *m*; Negligee *n*; **~eable** [-ablə] belanglos, unerheblich; **~ence** [-ɑ̃s] *f* Nachlässigkeit *f*; Fahrlässigkeit *f*; **~ent, ~ente** [-ɑ̃, -ɑ̃t] nachlässig; ⚠ *adv* ***négligemment*** [-amɑ̃]; **~er** (1l) vernachlässigen; versäumen; **~ *de faire qc*** es unterlassen, etw zu tun; ***se*** **~** sich vernachlässigen
négociant [negɔsjɑ̃] *m* Großhändler *m*
négocia|teur, ~trice [negɔsjatœr, -tris] *m*, *f* Unterhändler(in) *m(f)*; **~tion** *f* Verhandlung *f*
négocier [negɔsje] (1a) verhandeln; **~ *un traité*** über den Abschluss e-s Vertrags verhandeln
nègre, négresse [nɛgrə, negrɛs] *m*, *f* *péj* Neger(in) *m(f)*; ***petit nègre*** Kauderwelsch *n*
neig|e [nɛʒ] *f* Schnee *m*; ***sports m/pl de*** **~** Wintersport *m*; **~er** (1l) schneien; ***il neige*** es schneit; **~eux, ~euse** [-ø, -øz] verschneit, Schnee...
nénette [nenɛt] *f* F Tussi *f*
nénuphar [nenyfar] *m bot* Seerose *f*
néo-... [neɔ] *in Zssgn* neo..., neu...
néo|-latin, ~-latine [neɔlatɛ̃, -latin] neulateinisch; **~logisme** [-lɔʒismə] *m* neues Wort *n*, Neologismus *m*
néphrite [nefrit] *f méd* Nierenentzündung *f*
népotisme [nepɔtismə] *m* Vetternwirtschaft *f*
nerf [nɛr] *m* Nerv *m*; *fig* Kraft *f*; F ***avoir ses*** **~*s*** gereizt sein; *fig* ***avoir du*** **~** kräftig sein, Energie haben; ***manquer de*** **~** ohne Saft und Kraft sein
nerv|eux, ~euse [nɛrvø, -øz] **1.** nervös, nervenschwach; **2.** nervig, sehnig; *fig Stil*: kraftvoll; *auto* spritzig; **~osité** [-ozite] *f* Nervosität *f*; Nervenschwäche *f*
n'est-ce pas [nɛspa] nicht wahr?
net, nette [nɛt] **1.** *adj* sauber; klar, deutlich; eindeutig; *Foto*: scharf; *comm* Netto...; ***produit*** *m* ***net*** Nettogewinn *m*; ***prix*** *m* ***net*** Nettopreis *m*; **2.** *adv* ***net*** (*a* ***nettement***) geradeheraus; ***refuser net*** rundweg ablehnen; **3.** *m* ***mettre au net*** ins Reine schreiben
netteté [nɛtte] *f* Sauberkeit *f*; *fig* Klarheit *f*
nettoiement [nɛtwamɑ̃] *m* Reinigung *f*, Säuberung *f*
nettoy|age [nɛtwajaʒ] *m cf* ***nettoiement***; **~er** (1h) reinigen, säubern
neuf[1] [nœf, *in Bindung* nœv] neun
neuf[2]**, neuve** [nœf, nœv] neu; ungebraucht; ***refaire à neuf*** ganz neu einrichten, gestalten
neuro|logie [nørɔlɔʒi] *f* Nervenheilkunde *f*; **~végétatif** [-veʒetatif] ***système*** *m* **~** vegetatives Nervensystem *n*
neutral|iser [nøtralize] (1a) *pol* neutralisieren; *fig* unschädlich *od* unwirksam machen; **~isme** *m* Neutralitätspolitik *f*; **~ité** *f* Neutralität *f*
neutre [nøtrə] **1.** *adj* neutral; *gr* sächlich; *bot* geschlechtslos; **2.** *m gr* Neutrum *n*; *pol* ***les*** **~*s*** *pl* die neutralen Staaten *m/pl*
neutron [nøtrɔ̃] *m phys* Neutron *n*
neuvième [nœvjɛm] neunte
neveu [n(ə)vø] (⚠ *pl* **~*x***) *m* Neffe *m*
névr|algie [nevralʒi] *f méd* Nervenschmerz *m*; **~algique** [-alʒik] *méd u fig* neuralgisch; **~ose** [-oz] *f psych* Neurose *f*; **~osé** [-oze] *m* Neurotiker *m*
nez [ne] *m* Nase *f*; *mar* Bug *m*; ***avoir du*** **~** e-e feine (Spür-)Nase haben; F ***avoir qn dans le*** **~** j-n nicht riechen können; ***ne pas mettre le*** **~** ***dehors*** keinen Fuß vor die Tür setzen
ni [ni] und nicht; ***ni ... ni*** (*mit ne beim Verb*) weder ... noch; ***je n'ai*** **~** ***pommes*** **~** ***poires*** ich habe weder Äpfel noch

N

Birnen; ~ ***moi non plus*** ich auch nicht; ***sans sucre ~ lait*** ohne Zucker und Milch
niais, niaise [njɛ, njɛz] albern, dumm
niaiserie [njɛzri] *f* Albernheit *f*; ***débiter des ~s*** dummes Zeug reden
Nice [nis] Nizza
nich|e [niʃ] *f* **1.** Nische *f*; Hundehütte *f*; **2.** Schabernack *m*; **~er** (1a) nisten; F *fig* hausen
nicotine [nikɔtin] *f* Nikotin *n*; ⚠ ***la ~***
nid [ni] *m* Nest *n*; *fig* ***~ de poule*** Schlagloch *n*; *fig* ***~ d'amoureux*** Liebesnest *n*
nièce [njɛs] *f* Nichte *f*
nier [nje] (1a) leugnen; abstreiten; ***~ avoir fait qc*** bestreiten, etw getan zu haben; ***~ que*** (+ *ind od subj*) leugnen, dass ...
nig|aud, ~aude [nigo, -od] **1.** *adj* albern; **2.** *m* Dummkopf *m*
nimbe [nɛ̃b] *m* Heiligenschein *m*, Nimbus *m*
n'importe [nɛ̃pɔrt] irgend; ***~ où*** irgendwo(hin), ganz gleich wo(hin); ***~ qui*** jeder (Beliebige), irgendwer
nipper [nipe] (1a) F einkleiden; ***être mal nippé*** F alte Klamotten anhaben
nippes [nip] F *f/pl* abgetragene Kleider *n/pl*; Klamotten *f/pl* F; ⚠ *nicht* Nippes
nipp|on, ~on(n)e [nipɔ̃, -ɔn] japanisch
nique [nik] *f* ***faire la ~ à qn*** j-n auslachen; ätsch machen F
nitouche [nituʃ] *f* F ***sainte ~*** Scheinheilige *f*; ***elle a un air de sainte ~*** sie sieht so aus, als könnte sie kein Wässerchen trüben
nitroglycérine [nitrɔgliserin] *f chim* Nitroglyzerin *n*; ⚠ ***la ~***
niveau [nivo] *m* (⚠ *pl* ***~x***) Niveau *n*; Höhe *f*, Stand *m*; *tech* Wasserwaage *f*; ***~ d'eau*** Wasserspiegel *m*; *auto* ***~ d'essence***, ***d'huile*** Benzin-, Ölstand *m*; ***~ de langue*** Sprachebene *f*; ***~ de vie*** Lebensstandard *m*; ***au ~ de*** auf gleicher Höhe mit; auf ...ebene; hinsichtlich, in Bezug auf
niveler [nivle] (1c) (ein)ebnen; *fig* aus-, angleichen
nivellement [nivɛlmɑ̃] *m* (Ein-)Ebnen *n*; *fig* Ausgleichen *n*; Angleichung *f*
n° od N° (*abr* ***numéro***) Nr
noble [nɔblə] ad(e)lig; edel
noblesse [nɔblɛs] *f* Adel *m*; *prov* ***~ oblige*** Adel verpflichtet
noce [nɔs] *f* ***~s*** *pl* Hochzeit *f*; ***en premières***, ***secondes ~s*** in erster, zweiter Ehe; F ***faire la ~*** in Saus und Braus leben
noc|if, ~ive [nɔsif, -iv] schädlich; **~ivité** [-ivite] *f* Schädlichkeit *f*
noctambule [nɔktɑ̃byl] *m, f* Nachtbummler *m*, -schwärmer *m*
nocturne [nɔktyrn] nächtlich, Nacht...
Noël [nɔɛl] *m* **1.** Weihnachten *n*; ***joyeux ~!*** fröhliche Weihnachten!; ***arbre*** *m* ***de ~*** Christbaum *m*; ***père*** *m* ***~*** Weihnachtsmann *m*; ***à ~*** (zu *od* an) Weihnachten; **2.** ♀ Weihnachtslied *n*; **3.** F (***petit***) ♀ Weihnachtsgeschenk *n*
nœud [nø] *m* Knoten *m*; *fig* Schwierigkeit *f*; *Theater*: Verwicklung *f*
noir, ~e [nwar] **1.** schwarz; *fig* dunkel, finster; ***travail*** *m* (***au***) ***noir*** Schwarzarbeit *f*; *fig* ***voir tout en noir*** alles grau in grau sehen; ***il fait noir*** es ist stockdunkel; **2.** F blau, besoffen; **~âtre** [-ɑtrə] schwärzlich
noirc|eur [nwarsœr] *f* Schwärze *f*; *fig* Abscheulichkeit *f*; **~ir** (2a) schwärzen; schwarz werden; *fig* in schwarzen Farben schildern
noise [nwaz] *f* ***chercher ~ à qn*** mit j-m Streit suchen
noisette [nwazɛt] *f* Haselnuss *f*
noix [nwa] *f* Nuss *f*; F *fig* ***quelle ~!*** so e-e doofe Nuss!
noliser [nɔlize] (1a) chartern, mieten
nom [nɔ̃] *m* **1.** Name *m*; ***~ de guerre*** Deckname *m*; ***au ~ de*** im Namen (+ *gén*); ***de ~*** dem Namen nach; ***du ~ de*** namens; F ***petit ~*** Vorname *m*; *Fluch*: ***~ d'un chien!*** zum Donnerwetter!, verdammt noch mal!; **2.** *gr* Substantiv *n*, Hauptwort *n*; Nomen *n*; ***~ propre*** Eigenname *m*; ***~ commun*** Gattungsname *m*
nombr|e [nɔ̃brə] *m* Zahl *f*; Anzahl *f*; ***~ cardinal*** (***ordinal***) Grundzahl (Ordnungs-) *f*; ***~ pair*** (***impair***) gerade (ungerade) Zahl *f*; ***~ de*** (+ *pl*) viele; ***au ~ de trois*** zu dritt; **~eux, ~euse** [-ø, -øz] zahlreich; ***famille*** *f* ***nombreuse*** kinderreiche Familie *f*
nombril [nɔ̃bri(l)] *m* Nabel *m*
nomenclature [nɔmɑ̃klatyr] *f* Verzeichnis *n*; Wortmaterial *n* (*e-s Wörterbuchs*); Nomenklatur *f*
nomin|al, ~ale [nɔminal] (⚠ *m/pl* ***-aux***) namentlich; (nur) dem Namen nach; **~ation** *f* Ernennung *f*

N

nomm|ément [nɔmemɑ̃] namentlich; **~er** (1a) (be)nennen; ernennen; ***se ~*** sich nennen, heißen

non [nɔ̃] nein; ***dire que ~*** nein sagen; ***j'espère que ~*** ich hoffe nicht; ***~ plus*** auch nicht; ***~ que*** ... (+ *subj*) nicht etwa, dass

nonagénaire [nɔnaʒenɛr] **1.** *adj* neunzigjährig; **2.** *m,f* Neunzigjährige(r) *m,f*

non-agression [nɔnagrɛsjɔ̃] *f pol* ***pacte m de ~*** Nichtangriffspakt *m*

non-alignement [nɔnaliɲmɑ̃] *m pol* Blockfreiheit *f*

nonante [nɔnɑ̃t] *Belgien, frz Schweiz*: neunzig

non-belligérence [nɔ̃bɛliʒerɑ̃s] *f* Gewaltfreiheit *f*, Gewaltverzicht *m*

nonchal|ant, ~ante [nɔ̃ʃalɑ̃, -ɑ̃t] lässig, unbekümmert; ⚠ *adv* ***nonchalamment*** [-amɑ̃]

non-conformiste [nɔ̃kɔ̃fɔrmist] **1.** *adj* nonkonformistisch; **2.** *m* (⚠ *pl* ***non-conformistes***) Nonkonformist *m*

non-fumeur [nɔ̃fymœr] *m* (⚠ *pl* ***non--fumeurs***) Nichtraucher *m*

non-intervention [nɔnɛ̃tɛrvɑ̃sjɔ̃] *f pol* Nichteinmischung *f*

nonobstant [nɔnɔpstɑ̃] *prép* ungeachtet, trotz

non-prolifération [nɔ̃prɔliferasjɔ̃] *f* (⚠ *pl* ***non-proliférations***) Nichtweitergabe *f*; ***traité m de ~ nucléaire*** Atomsperrvertrag *m*

non-sens [nɔ̃sɑ̃s] *m* (⚠ *pl unv*) Unsinn *m*; unverständliche (Text-)Stelle *f*

non-violence [nɔ̃vjɔlɑ̃s] *f pol* Gewaltlosigkeit *f*

non-voy|ant, ~ante [nɔ̃vwajɑ̃, -ɑ̃t] (⚠ *m/pl* ***non-voyants***) sehbehindert

nord [nɔr] **1.** *m* Norden *m*; ***la mer du ℒ*** die Nordsee; ***vent m du ~*** Nordwind *m*; ***au ~ de*** nördlich von; F *fig* ***perdre le ~*** den Kopf verlieren; **2.** *adj* nördlich; ***côte f ~*** Nordküste *f*

nord-est [nɔrɛst] *m* Nordosten *m*

nordique [nɔrdik] nordisch

nord-ouest [nɔrwɛst] *m* Nordwesten *m*

normal, ~e [nɔrmal] (⚠ *m/pl* ***-aux***) normal; üblich; ***école f normale*** *etwa* Pädagogische Hochschule *f*; ***École f normale supérieure*** Hochschule *f* zur Ausbildung von Lehrern an höheren Schulen; **~ien, ~ienne** *m,f* ehemalige(r) Schüler(in) e-r „école normale“ *od* der „École normale supérieure“; **~isation** [-izasjɔ̃] *f* Normalisierung *f* *tech* Normung *f*

norm|and, ~ande [nɔrmɑ̃, -ɑ̃d] **1.** *adj* normannisch; der Normandie; **2.** ℒ *m,f* Bewohner(in) *m(f)* der Normandie; *hist* ***Normands*** *m/pl* Normannen *m/pl*; **ℒandie** [-ɑ̃di] ***la ~*** die Normandie

norme [nɔrm] *f* Norm *f* (*a tech*); Regel *f*

Norvège [nɔrvɛʒ] ***la ~*** Norwegen *n*

nos [no] *cf* ***notre***

nostalgie [nɔstalʒi] *f* Heimweh *n*

not|abilité [nɔtabilite] *f* hervorragende, prominente Persönlichkeit *f*; **~able 1.** *adj* beträchtlich; bemerkenswert; **2.** *m* angesehener Bürger *m*; ***~s*** *pl* Honoratioren *m/pl*, Prominente(n) *m/pl*

notaire [nɔtɛr] *m* Notar *m*

notamment [nɔtamɑ̃] vor allem, besonders

notarié, ~e [nɔtarje] notariell (beglaubigt)

notation [nɔtasjɔ̃] *f* Bezeichnung *f*; *Schule*: Benotung *f*, Zensierung *f*

not|e [nɔt] *f* Note *f* (*a mus*); Ton *m*; Notiz *f*; Anmerkung *f*; *Schule*: Note *f*, Zensur *f*; *comm* Rechnung *f*; ***prendre ~ de qc*** sich etw merken; ***prendre des ~s*** sich Notizen machen; **~er** (1a) (an-, ver-, vor)merken, notieren; benoten, zensieren; **~ice** [-is] *f* kurze Darstellung *f*; Abriss *m*; ⚠ *nicht* Notiz

notifier [nɔtifje] (1a) ***~ qc à qn*** j-m etw *offiziell* bekannt geben

notion [nosjɔ̃] *f* Begriff *m*

notoire [nɔtwar] offenkundig

notoriété [nɔtɔrjete] *f* Offenkundigkeit *f*

notre [nɔtrə] (*pl* ***nos***) unser(e)

nôtre [notrə] ***le, la ~*** der, die, das unsrige *od* unsere; unsere(r, -s)

nouba [nuba] *f* F Sause *f*, Fete *f*

nou|er [nwe] (1a) (an)knüpfen (*a fig*), knoten, binden; **~eux, ~euse** [-ø, -øz] knotig, knorrig

nouille [nuj] *f* **1.** ***~s*** *pl* Nudeln *f/pl*; **2.** F Schlappschwanz *m*, Flasche *f*

nounours [nunurs] *m* Teddybär *m*

nourr|ice [nuris] *f* Amme *f*; Tagesmutter *f*; *tech* Reservetank *m*, -kanister *m*; **~ir** (2a) (er)nähren; verpflegen, füttern; säugen, stillen; *fig* hegen

nourr|isson [nurisɔ̃] *m* Säugling *m*; **~iture** [-ityr] *f* Ernährung *f*; Nahrung *f*, Kost *f*, Futter *n*

N

nous [nu] wir; uns
nouv|eau, ~elle (⚠ *m vor Vokal u stummem h* **~el;** *m/pl* **~eaux**) [nuvo, -ɛl] **1.** *adj* neu; andere; jung, frisch; ***rien de nouveau*** nichts Neues; ***de*** *od* ***à nouveau*** von neuem; **2.** *m* ***voilà du nouveau*** das ist etwas Neues
nouveau-né, ~e [nuvone] **1.** *adj* neugeboren; **2.** *m* (⚠ *pl* ***nouveau-nés***) ***le ~*** das Neugeborene
nouveauté [nuvote] *f* Neuheit *f*; Neuerung *f*
nouvell|e [nuvɛl] *f* Neuigkeit *f*, Nachricht *f*; Novelle *f*
Nouvelle-Calédonie [nuvɛlkaledɔni] ***la ~*** Neukaledonien *n*
nouvellement [nuvɛlmɑ̃] *adv* vor kurzem
Nouvelle-Zélande [nuvɛlzelɑ̃d] ***la ~*** Neuseeland *n*
nova|teur, ~trice [nɔvatœr, -tris] **1.** *adj* ***esprit*** *m* ***novateur*** auf Neuerungen sinnender Geist *m*, Mensch *m*; **2.** *m, f* Neuerer *m*
novembre [nɔvɑ̃brə] *m* November *m*; ***en ~*** im November; ***le 9 ~*** am 9. November; ***le 9 ~ 1969*** der 9. November 1969
novice [nɔvis] **1.** *m, f* Neuling *m*, Anfänger(in) *m(f)*; *rel* Novize *m, f*; **2.** *adj* unerfahren
noyade [nwajad] *f* Ertrinken *n*
noyau [nwajo] *m* (⚠ *pl* **~x**) Kern *m*; **~ter** [-te] (1a) *pol* unterwandern
noyer[1] [nwaje] (1h) ertränken; ***se ~*** ertrinken
noyer[2] [nwaje] *m* Nussbaum *m*
nu, ~e [ny] **1.** *adj* nackt; kahl; **2.** *m Kunst*: Akt *m*
nuag|e [nɥaʒ] *m* Wolke *f*; *pl* **~s** *a* Bewölkung *f*; ***~ radioactif*** radioaktive Wolke *f*; ***~ toxique*** Giftwolke *f*; *fig* ***être dans les ~s*** zerstreut sein; **~eux, ~euse** [-ø, -øz] wolkig, bewölkt, bedeckt
nuanc|e [nɥɑ̃s] *f* Nuance *f* (*a fig*), Schattierung *f*; **~er** (1k) nuancieren, abstufen
nucléaire [nykleɛr] Kern..., Atom..., nuklear; ***énergie*** *f* ***~*** Kernenergie *f*; ***centrale*** *f* ***~*** Atomkraftwerk *n*
nud|isme [nydismə] *m* Freikörper-, Nacktkultur *f*, FKK; **~iste 1.** *adj* FKK-...; **2.** *m, f* FKK-Anhänger(in) *m(f)*
nudité [nydite] *f* Nacktheit *f*, Blöße *f*
nue [ny] *f litt* Wolke *f*; *fig* ***porter aux ~s*** in den Himmel heben; ***tomber des ~s*** (wie) aus allen Wolken fallen
nuire [nɥir] (4c) ***~ à qn, à qc*** j-m, e-r Sache schaden
nuis|ance [nɥizɑ̃s] *f* (Umwelt-)Belästigung *f*; Immission *f*; **~ible** schädlich
nuit [nɥi] *f* Nacht *f*; ***la ~*** *od* ***de ~*** nachts; ***~ blanche*** schlaflose Nacht *f*; ***ne pas dormir de la ~*** die ganze Nacht nicht schlafen; ***être de ~*** Nachtschicht haben; ***il fait ~*** es ist dunkel
nul, ~le [nyl] **1.** *adj* ungültig; wertlos, gleich Null; *Sport*: unentschieden; F ***qn, qc est ~*** j, etw ist ein Schuss in den Ofen; **2.** *Pronomen* kein; ***nul*** (*allein stehend*) keiner, niemand; ***nulle part*** nirgends; ⚠ *mit* ***ne*** *vor dem Verb*
null|ement [nylmɑ̃] keineswegs; **~ité** *f jur* Nichtigkeit *f*; *fig* Wertlosigkeit *f*; Unfähigkeit *f*; *Person*: Versager *m*
numér|aire [nymerɛr] *m* bares Geld *n*; **~al, ~ale** (⚠ *m/pl* ***-aux***) **1.** *adj* Zahl(en)...; **2.** *m* Zahlwort *n*; **~ation** *f* Zählen *n*; **~ique** numerisch, zahlenmäßig; *EDV* digital; ***calcul*** *m* ***~*** Zahlenrechnen *n*
numéro [nymero] *m* Nummer *f*; F ***un drôle de ~*** ein komischer Kerl; ⚠ ***le ~***; ⚠ *Schreibung*
numérot|age [nymerɔtaʒ] *m* Nummerierung *f*; **~er** (1a) nummerieren
numismatique [nymismatik] *f* Münzkunde *f*
nu-pieds [nypje] (⚠ *unv*) barfuß
nuptial, ~e [nypsjal] (⚠ *m/pl* ***-aux***) Hochzeits...
nuque [nyk] *f* Genick *n*, Nacken *m*
nu-tête [nytɛt] (⚠ *unv*) barhäuptig
nutri|tif, ~tive [nytritif, -iv] Nähr..., nährend; nahrhaft; **~tion** *f* Ernährung *f*
nylon [nilɔ̃] *m* Nylon *n*
nymphe [nɛ̃f] *f* Nymphe *f*
nymphéa [nɛ̃fea] *m bot* Weiße Seerose *f*
nymphomane [nɛ̃fɔman] **1.** *adj* nymphoman; **2.** *f* Nymphomanin *f*

N

O

oasis [ɔazis] *f* Oase *f*
obéir [ɔbeir] (2a) gehorchen (***à qn*** j-m); ***je suis obéi*** *od* ***on m'obéit*** man gehorcht mir
obéiss|ance [ɔbeisɑ̃s] *f* Gehorsam *m*; **~ant, ~ante** [-ɑ̃, -ɑ̃t] gehorsam, folgsam, brav
obèse [ɔbɛz] fett(leibig), feist
obésité [ɔbezite] *f* Fettleibigkeit *f*
object|er [ɔbʒɛkte] (1a) einwenden, entgegenhalten (***qc à qn*** j-m etw); vorgeben, vorschützen; **~eur** *m* ***~ de conscience*** Wehrdienstverweigerer *m*; **~if, ~ive** [-if, -iv] **1.** *adj* objektiv, sachlich; **2.** *m tech* Objektiv *n*; *mil u allg* Ziel *n*
objection [ɔbʒɛksjɔ̃] *f* Einwand *m*
objectivité [ɔbʒɛktivite] *f* Sachlichkeit *f*, Objektivität *f*
objet [ɔbʒɛ] *m* Gegenstand *m* (*a fig*); Sache *f*; Zweck *m*, Ziel *n*; *gr* Objekt *n*
obliga|tion [ɔbligasjɔ̃] *f* Verpflichtung *f*, Pflicht *f*; Notwendigkeit *f*; *comm* Obligation *f*; ***être dans l'~ de faire qc*** genötigt sein, etw zu tun; **~toire** [-twar] obligatorisch, verbindlich
oblig|é, ~ée [ɔbliʒe] verpflichtet
oblige|ance [ɔbliʒɑ̃s] *f* Gefälligkeit *f*; **~ant, ~ante** [-ɑ̃, -ɑ̃t] gefällig, verbindlich
obliger [ɔbliʒe] (1l) verpflichten, zwingen (***qn à qc*** j-n zu etw, ***qn à faire qc*** j-n dazu, etw zu tun); ***être obligé de faire qc*** gezwungen sein, etw zu tun; etw tun müssen
obliqu|e [ɔblik] schief, schräg; **~er** (1m) (seitwärts) abbiegen
oblitérer [ɔblitere] (1f) entwerten, abstempeln
obl|ong, ~ongue [ɔblɔ̃, -ɔ̃g] länglich
obsc|ène [ɔpsɛn] unanständig, obszön; **~énité** [-enite] *f* Unanständigkeit *f*, Obszönität *f*; Zote *f*
obscur, ~e [ɔpskyr] dunkel, finster; obskur; unscheinbar; undeutlich; ⚠ *adv* ***obscurément***; **~cir** [-sir] (2a) (***s'~*** sich) verdunkeln; **~cissement** [-sismɑ̃] *m* Verdunkelung *f*; **~ité** *f* Dunkelheit *f*; *fig* Unklarheit *f*; Obskurität *f*
obséd|é, ~ée [ɔpsede] *m*, *f* Besessene(r) *m*, *f*; **~er** (1f) plagen, verfolgen
obsèques [ɔpsɛk] *f/pl* Begräbnis *n*, Trauerfeier *f*
obséqui|eux, ~euse [ɔpsekjø, -øz] kriecherisch
observa|teur, ~trice [ɔpsɛrvatœr, -tris] *m*, *f* Beobachter(in) *m(f)*; **~tion** *f* Beobachtung *f*; Be-, Anmerkung *f*; Beachtung *f*, Einhaltung *f* (*e-r Regel*); *Schule*: Ermahnung *f*; **~toire** [-twar] *m* Sternwarte *f*, Observatorium *n*
observer [ɔpsɛrve] (1a) beobachten; beachten, einhalten, befolgen; bemerken; ***faire ~ qc à qn*** j-n auf etw aufmerksam machen
obsession [ɔpsɛsjɔ̃] *f* fixe Idee *f*, Zwangsvorstellung *f*; Besessenheit *f*
obstacle [ɔpstaklə] *m* Hindernis *n*; ***faire ~ à qc*** etw verhindern
obstétricien [ɔpstetrisjɛ̃] *m* Geburtshelfer *m*
obstin|ation [ɔpstinasjɔ̃] *f* Starrsinn *m*, Halsstarrigkeit *f*, Eigensinn *m*; **~é, ~ée** starrsinnig, halsstarrig, eigensinnig, stur; ⚠ *adv* ***obstinément***; **~er** (1a) ***s'~ à*** (***faire***) ***qc*** hartnäckig auf etw bestehen
obstruction [ɔpstryksjɔ̃] *f pol* Obstruktion *f*
obstruer [ɔpstrye] (1n) verstopfen; versperren
obtenir [ɔptənir] (2h) erlangen, erreichen, bekommen
obtention [ɔptɑ̃sjɔ̃] *f* Erlangung *f*
obtur|ateur [ɔptyratœr] *m Foto*: Verschluss *m*; **~ation** *f* Verschließung *f*; Zahnfüllung *f*; **~er** (1a) zustopfen; *méd* plombieren
obt|us, ~use [ɔpty, -yz] *math u fig* stumpf
obus [ɔby] *m mil* Granate *f*
oc [ɔk] ***la langue d'~*** die südfranzösischen Dialekte, das Okzitanische
occasion [ɔkazjɔ̃] *f* Gelegenheit *f*; Anlass *m*; Gelegenheitskauf *m*; ***d'~*** gebraucht; antiquarisch; ***à l'~*** bei Gelegenheit, gelegentlich; ***à l'~ de*** aus Anlass (+ *gén*); ***être l'~ de qc*** Anlass zu etw geben; ***en toute ~*** unter allen Umständen
occasionn|el, ~elle [ɔkazjɔnɛl] Gele-

genheits..., gelegentlich; zufällig; **~er** (1a) bewirken, verursachen
Occident [ɔksidɑ̃] *m* **l'~** das Abendland; *pol* der Westen
occidental, ~e [ɔksidɑ̃tal] (⚠ *m/pl* **-aux**) abendländisch; westlich
occiput [ɔksipyt] *m* Hinterkopf *m*
occit|an, ~ane [ɔksitɑ̃, -an] *ling* südfranzösisch, (alt)provenzalisch
occlusion [ɔklyzjɔ̃] *f méd* Verschluss *m*
occulte [ɔkylt] verborgen
occup|ant, ~ante [ɔkypɑ̃, -ɑ̃t] **1.** *adj* Besatzungs...; **2.** *m* Bewohner *m*; *auto* Insasse *m*; **~ation** *f* Besetzung *f*, Besatzung *f*; Beschäftigung *f*; **~é, ~ée** beschäftigt; besetzt; bewohnt; **~er** (1a) besetzen; besetzt halten; bewohnen; in Anspruch nehmen; beschäftigen; *Amt*: bekleiden; **s'~ de** sich beschäftigen mit, sich befassen mit, sich kümmern um
occurrence [ɔkyrɑ̃s] *f* **en l'~** im vorliegenden Fall
océan [ɔseɑ̃] *m* Ozean *m*
océanaute [ɔseanot] *m* Tiefseeforscher *m*
océanologue [ɔseanɔlɔg] *m* Meeresforscher *m*
octet [ɔktɛ] *m* Byte *n*
octobre [ɔktɔbrə] *m* Oktober *m*; **en ~** im Oktober; **le 5 ~** am 5. Oktober; **le 5 ~ 1998** der 5. Oktober 1998
octogénaire [ɔktɔʒenɛr] **1.** *adj* achtzigjährig; **2.** *m, f* Achtzigjährige(r) *m, f*
ocul|aire [ɔkylɛr] Augen...; **~iste** *m, f* Augenarzt *m*, -ärztin *f*
odeur [odœr] *f* Geruch *m*; Duft *m*
odi|eux, ~euse [ɔdjø, -øz] scheußlich; widerwärtig
odor|ant, ~ante [ɔdɔrɑ̃, -ɑ̃t] wohlriechend; **~at** [-a] *m* Geruchssinn *m*
œil [œj] *m* (⚠ *pl* **yeux** [jø]) **1.** Auge *n* (*a bot*); **à mes yeux** meiner Ansicht nach; **à vue d'~** zusehends; **tirer l'~** ins Auge fallen; **avoir l'~ à** aufpassen auf; **coup** *m* **d'~** Blick *m*; **avoir les yeux bleus** blaue Augen haben; **fermer les yeux sur qc** bei etw ein Auge zudrücken; **2.** *tech* Loch *n*, Auge *n*, Öse *f*; **~-de-bœuf** [-dəbœf] *m* (⚠ *pl* **œils-de-bœuf**) rundes (Dach-)Fenster *n*; **~-de-perdrix** [-dəpɛrdri] *m* (⚠ *pl* **œils-de-perdrix**) Hühnerauge *n*
œillade [œjad] *f* verliebter Blick *m*
œillère [œjɛr] *f meist pl* **~s** Scheuklappen *f/pl* (*a fig*)
œillet [œjɛ] *m bot* Nelke *f*; *tech* Öse *f*
œsophage [ezɔfaʒ] *m* Speiseröhre *f*
œuf [œf] *m* (⚠ *pl* **~s** [ø]) Ei *n*; **~s brouillés** Rührei *n*; **~ à la coque** weich gekochtes *od* weiches Ei *n*; **~ sur le plat** Spiegelei *n*; *fig* **dans l'~** im Keim
œuvre [œvrə] **1.** *f* Werk *n*, Arbeit *f*, Lebenswerk *n*; **~s** *pl* **sociales** Sozialeinrichtungen *f/pl*; **~ d'art** Kunstwerk *n*; **se mettre à l'~** sich an die Arbeit machen; **mettre en ~** anwenden; ausführen; **2.** *m tech* **gros ~** Rohbau *m*; *litt*, *Künstler*: (Gesamt-)Werk *n*
offens|e [ɔfɑ̃s] *f* Beleidigung *f*; *rel* Sünde *f*; **~er** (1a) beleidigen, kränken, verletzen; **s'~ de qc** Anstoß nehmen an etw; **~if, ~ive** [-if, -iv] **1.** *adj* Angriffs..., offensiv; **2.** *f* Offensive *f*, Angriff *m*
offic|e [ɔfis] *m* Amt *n*, Dienststelle *f*; *rel* Gottesdienst *m*; **bons ~s** *pl* gute Dienste *m/pl*; **d'~** von Amts wegen; zwangsweise; **faire ~ de** tätig sein als; **~iel, ~ielle** [-jɛl] amtlich, offiziell
officier [ɔfisje] *m* Offizier *m*; *jur* Beamte(r) *m*
offici|eux, ~euse [ɔfisjø, -øz] *pol* halbamtlich, offiziös
officinal, ~e [ɔfisinal] (⚠ *m/pl* **-aux**) Heil..., Arznei...
offrande [ɔfrɑ̃d] *f rel* Opfergabe *f*
offr|e [ɔfrə] *f* Angebot *n*, Offerte *f*; ⚠ **une ~**; **~ir** (2f) (an-, dar)bieten; geben; schenken; **s'~ qc** sich etw leisten
offusquer [ɔfyske] (1m) ärgern
ogive [ɔʒiv] *f arch* Rippe *f* (*e-s Gewölbes*); Spitzbogen *m*; *mil* Sprengkopf *m*
ogr|e, ~esse [ɔgrə, -ɛs] *m, f* Menschenfresser(in) *m(f)* (*im Märchen*)
oh! [o] oh!; **~ là là!** ach je!
oie [wa] *f* Gans *f*
oignon [ɔɲɔ̃] *m* Zwiebel *f*; ⚠ *Aussprache*
oiseau [wazo] *m* (⚠ *pl* **~x**) Vogel *m*; **à vol d'~** aus der Vogelperspektive; (in der) Luftlinie
ois|eux, ~euse [wazø, -øz] unnütz, überflüssig; **~if, ~ive** [-if, -iv] müßig, untätig
oisiveté [wazivte] *f* Müßiggang *m*
oléoduc [ɔleɔdyk] *m* Ölleitung *f*, Pipeline *f*
olfact|if, ~ive [ɔlfaktif, -iv] Geruchs...
oliv|e [ɔliv] *f* Olive *f*; **~ier** [-je] *m* Ölbaum *m*, Olive(nbaum) *f(m)*; Olivenholz *n*

O.L.P. [ɔɛlpe] *f* (*abr* ***Organisation de libération palestinienne***) PLO *f* (Palästinensische Befreiungsfront)
olympique [ɔlɛ̃pik] ***jeux*** *m/pl* **℘s** Olympische Spiele *n/pl*
ombrag|e [ɔ̃braʒ] *m* schattiges Laubwerk *n*; Schatten *m*; **~é, ~ée** schattig; **~eux, ~euse** [-ø, -øz] *Pferd*: scheu; *Person*: leicht verletzbar
ombr|e [ɔ̃brə] *f* Schatten *m* (*a fig*); *fig* Hauch *m*, Andeutung *f*; **~ *à paupières*** Lidschatten *m*; ***à l'~*** im Schatten; F ***être à l'~*** im Kittchen sitzen; ***dans l'~*** im Dunkeln; im Ungewissen; **~elle** *f* Sonnenschirm *m*
omelette [ɔmlɛt] *f* Omelett *n* (*nur aus Eiern*); ⚠ ***une ~***
omettre [ɔmɛtrə] (4p) aus-, unter-, weglassen; **~ *de faire qc*** versäumen, etw zu tun
omission [ɔmisjɔ̃] *f* Aus-, Unterlassung *f*; Lücke *f*
omnibus [ɔmnibys] *m* (***train*** *m*) **~** Personen-, Nahverkehrszug *m*; ⚠ *nicht* Omnibus
on [ɔ̃] (*nach* ***que***, ***et***, ***ou***, ***qui***, ***si*** *meist* ***l'on***) man; F wir
oncle [ɔ̃klə] *m* Onkel *m*
onction [ɔ̃ksjɔ̃] *f rel* Salbung *f*
onctu|eux, ~euse [ɔ̃ktɥø, -øz] ölig, cremig; *fig* salbungsvoll
onde [ɔ̃d] *f* Welle *f*; ***sur les ~s*** über den Rundfunk
ondée [ɔ̃de] *f* Regenguss *m*
on-dit [ɔ̃di] *m* (⚠ *pl unv*) Gerücht *n*, Gerede *n*
ondoyer [ɔ̃dwaje] (1h) wogen
ondul|ation [ɔ̃dylasjɔ̃] *f* Ondulieren *n*; Wellen *f/pl*, Wellung *f*; **~é, ~ée** wellenförmig, wellig; *Haar*: gewellt; ***tôle f ondulée*** Wellblech *n*; **~er** (1a) wogen, sich wellen; ondulieren; **~eux, ~euse** [-ø, -øz] wellig
onér|eux, ~euse [ɔnerø, -øz] kostspielig; ***à titre onéreux*** gegen Entgelt
ongle [ɔ̃glə] *m* (*Finger-, Zehen-*) Nagel *m*; *zo* Kralle *f*, Klaue *f*
onguent [ɔ̃gɑ̃] *m* Salbe *f*
onirique [ɔnirik] traumhaft, Traum...
ont [ɔ̃] *cf* ***avoir***
O.N.U. [ɔny] *f pol* (*abr* ***Organisation des Nations Unies***) UNO *f* (United Nations Organization)
onze [ɔ̃z] elf; ***le ~ mai*** der elfte *od* am elften Mai; *subst* ***le ~*** die Elf (*a Sport*)
onzième [ɔ̃zjɛm] **1.** *adj* elfte; **2.** *m* Elftel *n*
opale [ɔpal] *f* Opal *m*; ⚠ ***une ~***
opaque [ɔpak] undurchsichtig
opéra [ɔpera] *m* Oper(nhaus) *f* (*n*); ⚠ ***un ~***
opér|able [ɔperablə] *méd* operierbar; **~ateur, ~atrice** [-atœr, -atris] *m, f* Bedienungsmann *m*, -person *f*; Kameramann *m*; *EDV* Operator *m*; ***opérateur de saisie*** Datentypist *m*; **~ation** *f* Operation *f*; Vorgang *m*; Aktion *f*; *comm* Geschäft *n*; **~ *en ligne*** Online-Betrieb *m*; **~ *hors ligne*** Offline-Betrieb *m*
opérationnel, ~le [ɔperasjɔnɛl] *mil*, *tech* operativ, einsatzfähig
opératoire [ɔperatwar] *méd* Operations...
opérer [ɔpere] (1f) (be)wirken; durchführen; operieren; verfahren; ***se faire ~*** sich operieren lassen
ophtalmie [ɔftalmi] *f méd* Augenentzündung *f*
opiner [ɔpine] (1a) **~ *de la tête*** *od* ***du bonnet*** zustimmend nicken
opiniâtre [ɔpinjɑtrə] hartnäckig, unbeugsam; **~té** [-te] *f* Hartnäckigkeit *f*
opinion [ɔpinjɔ̃] *f* Meinung *f*, Ansicht *f*; ***à mon ~*** meiner Ansicht nach
opium [ɔpjɔm] *m* Opium n
opport|un, ~une [ɔpɔrtɛ̃ *od* ɔpɔrtœ̃, -yn] günstig, passend, angebracht; **~unisme** [-ynismə] *m* Opportunismus *m*; **~unité** [-ynite] *f* Zweckmäßigkeit *f*
oppos|ant, ~ante [ɔpozɑ̃, -ɑ̃t] **1.** *adj* gegnerisch; **2.** *m, f* Gegner(in) *m*(*f*); ***les opposants*** *pl* die Opposition
oppos|é, ~ée [ɔpoze] **1.** *adj* gegenüberliegend; entgegengesetzt; ***être ~ à qc*** gegen etw sein; **2.** *m* Gegensatz *m*; Gegenteil *n*; ***à l'opposé*** auf der entgegengesetzten Seite; ***à l'opposé de*** im Gegensatz zu; **~er** (1a) gegenübersetzen, -stellen; *fig* entgegenhalten, -setzen; ***s'~ à qn, à qc*** sich j-m, e-r Sache widersetzen; **~ition** *f* Gegensatz *m*; Opposition *f* (*a pol*), Widerstand *m*; *jur* Einspruch *m*
oppress|er [ɔprɛse] (1b) beklemmen, bedrücken; **~eur** *m* Unter-, Bedrücker *m*; **~if, ~ive** [-if, -iv] Unterdrückungs...; **~ion** *f* Unterdrückung *f*; Beklemmung *f*

O

opprimer [ɔprime] (1a) unterdrücken
opter [ɔpte] (1a) optieren, sich entscheiden (***pour*** für)
optic|ien, ~ienne [ɔptisjɛ̃, -jɛn] *m, f* Optiker(in) *m(f)*
optim|al, ~ale [ɔptimal] (⚠ *m/pl* ***-aux***) optimal, bestmöglich; **~isme** *m* Optimismus *m*; **~iste 1.** *adj* optimistisch; **2.** *m, f* Optimist(in) *m(f)*; **~um** [-ɔm] *m* Optimum *n*
option [ɔpsjõ] *f* Wahl *f*; Option *f*
optionnel, ~le [ɔpsjɔnɛl] wahlweise, auf Wunsch; *Schule*: Wahl...
optique [ɔptik] **1.** *adj* optisch, Seh...; **2.** *f* Optik *f*
opul|ent, ~ente [ɔpylɑ̃, -ɑ̃t] sehr reich; üppig
or¹ [ɔr] *m* Gold *n*; ***d'~, en ~*** golden
or² [ɔr] *conj* nun (aber)
oracle [ɔraklə] *m* Orakel *n*
orag|e [ɔraʒ] *m* Gewitter *n*; *fig* Sturm *m*; **~eux, ~euse** [-ø, -øz] gewitt(e)rig; *fig* stürmisch
oraison [ɔrɛzõ] *f rel* Gebet *n*; ***~ funèbre*** Grabrede *f*
oral, ~e [ɔral] (⚠ *m/pl* ***-aux***) **1.** *adj* mündlich; **2.** *m* mündliche Prüfung *f*
orang|e [ɔrɑ̃ʒ] **1.** *f* Apfelsine *f*, Orange *f*; **2.** *adj* (⚠ *unv*) orangefarben; **~er** *m* Apfelsinen-, Orangenbaum *m*
ora|teur, ~trice [ɔratœr, -tris] *m, f* Redner(in) *m(f)*; **~toire** [-twar] rednerisch
orbital, ~e [ɔrbital] (⚠ *m/pl* ***-aux***) *Raumfahrt*: Bahn..., Orbital...
orbite [ɔrbit] *f* **1.** Augenhöhle *f*; **2.** Umlaufbahn *f*; *fig* Einflussbereich *m*; ***~ terrestre*** Erdumlaufbahn *f*
orchestre [ɔrkɛstrə] *m* Orchester *n*, Kapelle *f*; *Theater*: vorderes Parkett *n*
ordinaire [ɔrdinɛr] **1.** *adj* gewöhnlich, üblich; mittelmäßig; ordinär; **2.** *m* Alltagskost *f*; *auto* Normalbenzin *n*; ***comme à l'~*** wie gewöhnlich; ***d'~*** meistens
ordinateur [ɔrdinatœr] *m* Computer *m*; ***~ analogique*** Analogrechner *m*; ***assisté par ~*** computergestützt
ordonn|ance [ɔrdɔnɑ̃s] *f* Ver-, Anordnung *f*; *méd* Rezept *n*; *jur* Beschluss *m*, Verfügung *f*; **~é, ~ée** ordentlich; geordnet; **~er** (1a) (an)ordnen; befehlen (***que*** *subj* dass); *méd* verschreiben
ordre [ɔrdrə] *m* Ordnung *f*; Reihenfolge *f*; Art *f*, Natur *f*; Befehl *m* (*bes mil*); *comm* Auftrag *m*, Order *f*; *hist* Stand *m*; *rel* Orden *m*; ***~ du jour*** Tagesordnung *f*; ***~ établi*** herrschende Ordnung; ***par ~ alphabétique*** alphabetisch geordnet; ***de l'~ de*** in der Größenordnung von; ***de premier ~*** erstklassig; ***en ~*** (wohl)geordnet, in Ordnung; ***jusqu'à nouvel ~*** bis auf weiteres; ⚠ ***un ~***
ordure [ɔrdyr] *f* Abfall *m*; Unrat *m*; P *Schimpfwort*: Mistvieh *n*; *fig* **~s** *pl* Schweinereien *f/pl*
ordur|ier, ~ière [ɔrdyrje, -jɛr] schmutzig, unanständig
oreill|e [ɔrɛj] *f* Ohr *n*; ***dur d'~*** schwerhörig; **~er** *m* Kopfkissen *n*; **~ons** *m/pl* *méd* Mumps *m*, Ziegenpeter *m*
orfèvre [ɔrfɛvrə] *m* Goldschmied *m*
organ|e [ɔrgan] *m* Organ *n*; Werkzeug *n*; **~igramme** [-igram] *m* Organisationsschema *n*; **~ique** organisch
organ|isation [ɔrganizasjõ] *f* Organisierung *f*; Organisation *f*; **~iser** (1a) organisieren; veranstalten; ***s'~*** sich seine Zeit *etc* richtig einteilen; **~isme** *m* Organismus *m*; Einrichtung *f*, Organisation *f*; **~iste** *m, f* Organist(in) *m(f)*
orge [ɔrʒ] *f bot* Gerste *f*
orgelet [ɔrʒəlɛ] *m méd* Gerstenkorn *n*
orgie [ɔrʒi] *f* Orgie *f*
orgue [ɔrg] *m* (⚠ *im pl f*) Orgel *f*; ***~ de Barbarie*** Leierkasten *m*, Drehorgel *f*
orgueil [ɔrgœj] *m* Hochmut *m*, Stolz *m*
orgueill|eux, ~euse [ɔrgœjø, -øz] hochmütig, stolz
Orient [ɔrjɑ̃] *m* ***l'~*** der Orient, der Osten
oriental, ~e [ɔrjɑ̃tal] (⚠ *m/pl* ***-aux***) östlich; orientalisch
orientation [ɔrjɑ̃tasjõ] *f* Orientierung *f*; (Aus-)Richtung *f*
orient|é, ~ée [ɔrjɑ̃te] **1.** ***être ~ à l'est*** nach Osten liegen; **2.** *fig* tendenziös; **~er** (1a) orientieren; ausrichten; *Schüler*: beraten; ***s'~*** sich orientieren; sich zurechtfinden
orifice [ɔrifis] *m tech* Öffnung *f*
origan [ɔrigɑ̃] *m* Oregano *m*
originaire [ɔriʒinɛr] ursprünglich; ***être ~ de*** stammen aus; **~ment** *adv* anfangs, ursprünglich
original, ~e [ɔriʒinal] (⚠ *m/pl* ***-aux***) **1.** *adj* original; originell; eigentümlich; **2.** *m* Original *n*; Sonderling *m*; **~ité** *f* Ursprünglichkeit *f*, Originalität *f*; Sonderbarkeit *f*
origin|e [ɔriʒin] *f* Ursprung *m*; Her-

O

kunft f, Abstammung *f*; Anfang *m*; Entstehung *f*; ***à l'~*** anfangs, ursprünglich; ***d'~française*** von Geburt Franzose; ***avoir son ~ dans qc*** seine Ursache in etw haben; **~el, ~elle** ursprünglich; *rel* ***péché*** *m* ***originel*** Erbsünde *f*
oripeaux [ɔripo] *m/pl* zerschlissene Kleidung *f*, Lumpen *m/pl*
orme [ɔrm] *m bot* Ulme *f*; ⚠ ***un ~***
ornement [ɔrnəmɑ̃] *m* Verzierung *f*, Schmuck *m*, Ornament *n*; ⚠ *Schreibung*
ornement|al, ~ale [ɔrnəmɑ̃tal] (⚠ *m/pl* ***-aux***) Zier..., Schmuck..., ornamental; ⚠ *Schreibung*; **~er** (1a) verzieren
orner [ɔrne] (1a) schmücken, verzieren (***de*** mit), zieren
ornithologie [ɔrnitɔlɔʒi] *f* Vogelkunde *f*
orphel|in, ~ine [ɔrfəlɛ̃, -in] *m, f* Waise *f*, Waisenkind *n*; **~inat** [-ina] *m* Waisenhaus *n*
orteil [ɔrtɛj] *m* Zehe *f*
ortho|doxe [ɔrtɔdɔks] orthodox; **~graphe** [-graf] *f* Orthografie *f*; **~pédique** [-pedik] orthopädisch
ortie [ɔrti] *f bot* Brennnessel *f*
orvet [ɔrvɛ] *m zo* Blindschleiche *f*
os [ɔs; *pl* o] *m* Knochen *m*; F ***jusqu'à l'~*** durch und durch
O.S. [oɛs] *m* (*abr* ***ouvrier spécialisé***) angelernter Arbeiter *m*
oscill|ation [ɔsilasjɔ̃] *f phys* Schwingung *f*; *fig* Schwankung *f*; **~er** (1a) schwingen, schwanken (*a fig*)
osé, ~e [oze] gewagt; dreist
oseille [ozɛj] *f bot* Sauerampfer *m*; *arg* Moneten *pl*
oser [oze] (1a) wagen; ***~ faire qc*** wagen *od* sich getrauen, etw zu tun
osier [ozje] *m bot* Korbweide *f*; ***en ~*** Korb...
ossature [ɔsatyr] *f* Knochengerüst *n*
oss|ements [ɔsmɑ̃] *m/pl* Gebeine *n/pl*; **~eux, ~euse** [-ø, -øz] knöchern; knochig
ostens|ible [ɔstɑ̃siblə] offensichtlich, ostentativ; **~oir** *m égl* Monstranz *f*
ostentation [ɔstɑ̃tasjɔ̃] *f* Prahlerei *f*
ostréiculture [ɔstreikyltyr] *f* Austernzucht *f*
Ostrogot(h) [ɔstrɔgo] *m* **1.** *hist* Ostgote *m*; **2.** ♀ F Grobian *m*; komischer Kauz *m*
otage [ɔtaʒ] *m* Geisel *f*
O.T.A.N. [ɔtɑ̃] *f* (*abr* ***Organisation du traité de l'Atlantique Nord***) NATO *f*
ôter [ote] (1a) wegnehmen; *vom Platz*: entfernen; *Kleider*: ausziehen; *Hut*: abnehmen; *math* subtrahieren
oto-rhino(-laryngologiste) [ɔtorino (larɛ̃gɔlɔʒist)] *m* Hals-Nasen-Ohren-Arzt *m*
ou [u] *conj* oder; ***~ bien*** oder aber; **~ ... ~ ...** entweder ... oder
où [u] *adv* wo, wohin; worin; ***d'~*** woher; ***par ~*** auf welchem Wege; ***~ que*** (+ *subj*) wo(hin) auch (immer)
ouais! [wɛ] F nun sieh mal einer an!
ouat|e [wat] *f* (⚠ *meist* ***la ~***) Watte *f*; **~er** (1a) wattieren
oubli [ubli] *m* Vergessen(heit) *n(f)*
oublier [ublije] (1a) vergessen; versäumen; ***~ de faire qc*** vergessen, etw zu tun
oubliettes [ublijɛt] *f/pl* (Burg-)Verlies *n*
ouest [wɛst] **1.** *m* Westen *m*; ***vent m d'~*** Westwind *m*; ***à l'~ de*** westlich von; **2.** *adj* westlich
ouf! [uf] uff!, gottlob!
Ouganda [ugɑ̃da] *m* ***l'~*** Uganda *n*
oui [wi] ja; ***je crois que ~*** ich glaube ja; ***mais ~*** [mɛwi] allerdings
ouï-dire [widir] ***par ~*** vom Hörensagen
ouïe [wi] *f* Gehör(sinn) *n(m)*; *zo* **~s** *pl* Kiemen *f/pl*
ouragan [uragɑ̃] *m* Orkan *m*
ourdir [urdir] (2a) anzetteln
ourl|er [urle] (1a) (um)säumen; **~et** [-ɛ] *m* Saum *m*
ours [urs] *m* Bär *m*
ours|e [urs] *f* Bärin *f*; *astr* ***la Grande ♀*** der Große Bär; **~in** *m zo* Seeigel *m*
oust(e)! [ust] F raus!; schnell!
outil [uti] *m* Werkzeug *n*; **~s** *pl* Handwerkszeug *n*
outill|age [utijaʒ] *m* Handwerkszeug *n*, Ausrüstung *f*; technische Anlagen *f/pl*; **~é, ~ée** mit Werkzeugen ausgerüstet
outrag|e [utraʒ] *m* Beleidigung *f*, Schmähung *f*; *jur* ***~ public à la pudeur*** Erregung *f* öffentlichen Ärgernisses; **~er** (1l) beschimpfen, beleidigen; **~eusement** [-øzmɑ̃] *adv* äußerst
outrance [utrɑ̃s] *f* Übertreibung *f*; ***à ~*** bis aufs Äußerste
outre[1] [utrə] außer; ***en ~*** außerdem
outre[2] [utrə] *f* Schlauch *m* (*für Flüssigkeiten*)

O

outré, ~e [utre] ***être ~ de*** *od* ***par qc*** empört, entrüstet sein über etw
outre-mer [utrəmɛr] ***d'~*** überseeisch, Übersee...
outrepasser [utrəpase] (1a) überschreiten
outre-Rhin [utrərɛ̃] jenseits des Rheins (*von Frankreich aus*)
ouv|ert, ~erte [uvɛr, -ɛrt] offen, geöffnet; *fig* aufgeschlossen (***à*** *für*); ***à bras ouverts*** mit offenen Armen; **~ertement** [-ɛrtəmɑ̃] *adv* offen, freiheraus
ouverture [uvɛrtyr] *f* (Er-)Öffnung *f*; *mus* Ouvertüre *f*
ouvr|able [uvrablə] ***jour*** *m* **~** Werktag *m*; **~age** *m* Arbeit *f*, Werk *n*; Befestigungsanlage *f*; *arch* ***gros ~*** Rohbau *m*; ***~ de dames*** Handarbeit *f*
ouvragé, ~e [uvraʒe] kunstvoll gearbeitet
ouvrant [uvrɑ̃] *auto* ***toit*** *m* **~** Schiebedach *n*
ouvre-boîtes [uvrəbwat] *m* (⚠ *pl unv*) Büchsenöffner *m*
ouvreuse *f* [uvrøz] *Kino, Theater*: Platzanweiserin *f*
ouvri|er, ~ère [uvrije, -ɛr] **1.** *adj* Arbeiter...; **2.** *m, f* Arbeiter(in) *m(f)*
ouvrir [uvrir] (2f) öffnen, aufmachen; eröffnen; *Radio etc*: anstellen, anmachen; ***s'~*** sich öffnen, aufgehen
ovaire [ɔvɛr] *m biol* Eierstock *m*
ovale [ɔval] **1.** *adj* oval; **2.** *m* Oval *n*
ovation [ɔvasjɔ̃] *f* Ovation *f*
overdose [ɔvɛrdoz] *f* Überdosis *f*
ov|in, ~ine [ɔvɛ̃, -in] Schaf...
ovni [ɔvni] *m* (*abr* ***objet volant non identifié***) Ufo *n* (*abr* unbekanntes Flugobjekt)
ovule [ɔvyl] *m biol* Ei(zelle) *n(f)*
oxyder [ɔkside] (1a) (***s'***)**~** oxidieren
oxygène [ɔksiʒɛn] *m chim* Sauerstoff *m*
ozone [ozon] *m chim* Ozon *n*; ***trou*** *m* ***d'~*** Ozonloch *n*

P

p. (*abr* ***page[s]***) S. (Seite[n])
pachyderme [paʃidɛrm *od* paki-] *m zo* Dickhäuter *m*
pacifica|teur, ~trice [pasifikatœr, -tris] *m, f* Frieden(s)stifter(in) *m(f)*; **~tion** *f* Befriedung *f*
pacifier [pasifje] (1a) befrieden; *fig* beruhigen
pacif|ique [pasifik] friedliebend; friedlich; ***le*** ♀ *od* ***l'océan*** ♀ der Pazifik, der Pazifische *od* Stille Ozean; **~isme** *m* Pazifismus *m*
pacotille [pakɔtij] *f péj* Schund *m*
pact|e [pakt] *m* Pakt *m*, Vertrag *m*; **~iser** (1a) paktieren (***avec*** mit)
pagaïe *od* **pagaille** [pagaj] *f* F Durcheinander *n*
paganisme [paganismə] *m* Heidentum *n*
pagayer [pagɛje] (1i) paddeln
page¹ [paʒ] *m hist* Page *m*
page² [paʒ] *f* (Schrift-, Druck-)Seite *f*; ***les ~s jaunes*** die gelben Seiten *f/pl*; *fig* ***être à la ~*** auf dem Laufenden sein
pagination [paʒinasjɔ̃] *f* Paginierung *f*
paie [pɛ] *f* Lohn(zahlung) *m(f)*
paiement [pɛmɑ̃] *m* (Be-)Zahlung *f*
pa|ïen, ~ïenne [pajɛ̃, -jɛn] **1.** *adj* heidnisch; **2.** *m, f* Heide *m*, Heidin *f*
paill|ard, ~arde [pajar, -ard] geil; schlüpfrig
paillass|e [pajas] *f* Strohsack *m*; **~on** *m* Strohmatte *f*; Abtreter *m*
paille [paj] *f* Stroh *n*; Strohhalm *m*; F *fig* Kleinigkeit *f*
paillette [pajɛt] *f* Plättchen *n*; ***savon*** *m* ***en ~s*** Seifenflocken *f/pl*
pain [pɛ̃] *m* Brot *n*; ***~ de savon*** Riegel *m* Seife; ***~ de sucre*** Zuckerhut *m*; ***~ bis*** Schwarzbrot *n*; ***~ complet*** Vollkornbrot *n*; ***~ de viande*** *cuis* falscher Hase *m*; ***~ d'épice*** Pfeffer-, Lebkuchen *m*; ***petit ~*** Brötchen *n*; ***~ de mie*** Toastbrot *n*
pair, ~e [pɛr] **1.** *adj math Zahl*: gerade; **2.** *m* ***hors*** (***de***) ***pair*** unübertrefflich;

aller de pair Hand in Hand gehen; ***être au pair*** gegen Kost und Logis arbeiten; **3.** *m hist* Pair *m*; *England*: Peer *m*
paire [pɛr] *f* Paar *n*; ***une ~ de gants*** ein Paar Handschuhe; ***une ~ de ciseaux*** e-e Schere; ***une ~ de lunettes*** e-e Brille; ⚠ ***la ~***
paisible [peziblə] friedlich; friedliebend
paître [pɛtrə] (4z) weiden; ***mener ~*** auf die Weide führen; ⚠ *kein p/p u kein p/s*
paix [pɛ] *f* Frieden *m*; Stille *f*, Ruhe *f*; ***faire la ~*** Frieden schließen; F ***fiche-moi la ~!*** lass mich in Ruhe!
Pakistan [pakistɑ̃] ***le ~*** Pakistan *n*
pakistan|ais, ~aise [pakistanɛ, -ɛz] pakistanisch
pal [pal] *m* Pfahl *m*
palabrer [palabre] (1a) palavern, quatschen
palais [palɛ] *m* **1.** Palast *m*; ***~ de justice*** Gerichtsgebäude *n*; **2.** Gaumen *m*
palan [palɑ̃] *m* Flaschenzug *m*
palatal, ~e [palatal] (⚠ *m/pl* ***-aux***) *ling* palatal, Gaumen...
Palatinat [palatina] ***le ~*** die Pfalz
pâle [pɑl] blass, bleich; *fig* farblos
Palestine [palɛstin] ***la ~*** Palästina *n*
paletot [palto] *m* kurzer Mantel *m*
palette [palɛt] *f* Palette *f*; Radschaufel *f*; Schulterblatt *n*
pâleur [pɑlœr] *f* Blässe *f*
palier [palje] *m* Treppenabsatz *m*; *tech* Lager *n*; *fig* Stufe *f*; ***par ~s*** schrittweise
pâlir [pɑlir] (2a) blass *od* bleich werden, erblassen; *fig* verblassen
palissade [palisad] *f* Lattenzaun *m*; Palisade *f*; ⚠ *Schreibung*
palli|atif [paljatif] *m* Notbehelf *m*; **~er** (1a) ~ (**à**) abhelfen, ausgleichen
palmarès [palmarɛs] *m* Siegerliste *f*
palm|e [palm] *f bot* Palmzweig *m*; *fig* Siegespalme *f*; *Sport*: Schwimmflosse *f*; ⚠ *nicht* Palme; **~eraie** [-ərɛ] *f* Palmenhain *m*; **~ier** [-je] *m bot* Palme *f*
palmipèdes [palmipɛd] *m/pl zo* Schwimmvögel *m/pl*
palombe [palɔ̃b] *f zo* Ringeltaube *f*
pâl|ot, ~otte [pɑlo, -ɔt] blässlich
palp|able [palpablə] greifbar; **~er** (1a) betasten; F *Geld*: einstreichen
palpit|ant, ~ante [palpitɑ̃, -ɑ̃t] zuckend; *fig* spannend; **~ation** *f* Zucken *n*; *meist pl* **~s** Herzklopfen *n*; **~er** (1a) zucken; *Herz*: klopfen, pochen; *Busen*: wogen
palud|éen, ~éenne [palydeɛ̃, -eɛn] Sumpf...; **~isme** *m méd* Sumpffieber *n*, Malaria *f*
pâmer [pɑme] (1a) ***se ~ de*** außer sich sein vor
pâmoison [pɑmwazɔ̃] *f iron* Ohnmacht *f*
pamphlet [pɑ̃flɛ] *m* Pamphlet *n*, Schmähschrift *f*
pamplemousse [pɑ̃pləmus] *m* Pampelmuse *f*, Grapefruit *f*; ⚠ ***le ~***
pan¹ [pɑ̃] *m* Rockschoß *m*; (Mauer-)Stück *n*; Seite *f*; Fachwerk *n*
pan² [pɑ̃] peng!
panacée [panase] *f* Allheilmittel *n*
panach|e [panaʃ] *m* Helm-, Federbusch *m*; ***avoir du ~*** ein schneidiges Auftreten haben; **~é, ~ée 1.** *adj* gesprenkelt; gemischt; ***glace panachée*** gemischtes Eis *n*; **2.** *m* Alsterwasser *n*, Radlermaß *f*
pancarte [pɑ̃kart] *f* Anschlag(zettel) *m*, Schild *n*; Spruchband *n*
pancréas [pɑ̃kreas] *m* Bauchspeicheldrüse *f*
panégyrique [paneʒirik] *m* feierliche Lobrede *f*
paner [pane] (1a) *cuis* panieren
panier [panje] *m* Korb *m*; *fig* F ***~ à salade*** grüne Minna *f*
panique [panik] **1.** *adj* panisch; **2.** *f* Panik *f*
panne [pan] *f* Panne *f*; Defekt *m*; ***être*** *od* ***rester en ~*** e-e Panne haben; ***tomber en ~ sèche*** kein Benzin mehr haben; ***en ~*** defekt, kaputt
panneau [pano] *m* (⚠ *pl* ***~x***) (Verkehrs-)Schild *n*, Tafel *f*; *tech* Platte *f*; Türfüllung *f*
panonceau [panɔ̃so] *m* (⚠ *pl* ***~x***) (kleines) Schild *n*
panoplie [panɔpli] *f* Waffensammlung *f*; Ausrüstung *f*; *fig* Arsenal *n*
panoram|a [panɔrama] *m* Panorama *n*; **~ique** Rundblick...
panse [pɑ̃s] *f* F Wanst *m*
pansement [pɑ̃smɑ̃] *m méd* Verband *m*; Verbinden *n*; **~er** (1a) *méd* verbinden; *Pferde*: striegeln
pantagruélique [pɑ̃tagryelik] ***repas*** *m* ~ Schlemmermahl *n*
pantalon [pɑ̃talɔ̃] *m* lange Hose *f*
pantel|ant, ~ante [pɑ̃tlɑ̃, -ɑ̃t] keuchend

P

panthère [pɑ̃tɛr] *f zo* Panter *m*; ⚠ ***la** ~*
pantin [pɑ̃tɛ̃] *m* Hampelmann *m*
pantois [pɑ̃twa] (⚠ *unv*) ***rester** ~* verblüfft sein
pantouflard [pɑ̃tuflar] *m* F Stubenhocker *m*
pantoufle [pɑ̃tuflə] *f* Pantoffel *m*; Hausschuh *m*; ⚠ ***la** ~*
P.A.O. [peɑo] *f* (*abr* ***publication assistée par ordinateur***) DTP *n*
paon [pɑ̃] *m* Pfau *m*
papa [papa] *m* Papa *m*; *fig* ***à la** ~* gemütlich
pap|al, ~ale [papal] (⚠ *m/pl* ***-aux***) päpstlich; **~auté** [-ote] *f* Papsttum *n*
pape [pap] *m* Papst *m*
paperasse [papras] *f* alte Papiere *n/pl*; *péj* Papierkram *m*, Schreibkram *m*
paperboard [papɛrbɔrd] *m* Flipchart *f*
papet|erie [papɛtri] *f* Schreibwarenhandlung *f*; Papierfabrik *f*; **~ier, ~ière** [-je, -jɛr] *m, f* Schreibwarenhändler(in) *m(f)*
papi [papi] *m* Opa *m*
papier [papje] *m* Papier *n*; *~* ***hygiénique*** Toilettenpapier *n*; *~* ***à musique*** Notenpapier *n*; *~* ***d'alu*** Alufolie *f*; *~* ***en continu*** Endlospapier *n*; *~* ***peint*** Tapete *f*; *~* ***à lettres*** Briefpapier *n*; **~-filtre** [-filtrə] *m* (⚠ *pl* ***papiers-filtres***) Filterpapier *n*; **~-monnaie** [-mɔnɛ] *m* (⚠ *pl* ***papiers-monnaies***) Papiergeld *n*
papillon [papijɔ̃] *m* **1.** *zo* Schmetterling *m*; *tech* Flügelmutter *f*; ***nœud** m ~* Fliege *f* (*Krawatte*); **2.** Klebezettel *m*; Strafzettel *m*; *~* ***adhésif*** Haftnotiz *f*
papoter [papɔte] (1a) schwatzen, plappern
paquebot [pakbo] *m* Passagierschiff *n*, Ozeandampfer *m*
pâquerette [pɑkrɛt] *f bot* Gänseblümchen *n*
Pâques [pɑk] *m/sg* (*ohne Artikel*) *od f/pl* Ostern *n od pl*; ***à** ~* an, zu Ostern; ***joyeuses** ~!* frohe Ostern!; ***faire ses** ♀* zur österlichen Kommunion gehen
paquet [pakɛ] *m* Paket *n*; Bündel *n*; Päckchen *n*
par [par] *prép* **1.** *Ort*: *~* ***la porte***, *~* ***la fenêtre*** zur Tür, zum Fenster hinaus (*od* herein); ***tomber** ~* ***terre*** zu Boden fallen; *~* ***le haut*** von oben (her); *~* ***en bas*** von unten (her), unten herum *od* entlang; ***passer** ~* ***Berlin*** über Berlin reisen; ***être assis** ~* ***terre*** auf dem Boden sitzen; ***prendre** ~* ***la main*** bei der Hand fassen; **2.** *Zeit*: *~* ***beau temps*** bei schönem Wetter; *~* ***un beau soir*** an e-m schönen Abend; **3.** *Grund*: *~* ***conséquent*** folglich; *~* ***curiosité*** aus Neugierde; *~* ***hasard*** zufällig; *~* ***malheur*** unglücklicherweise; **4.** *Handlung e-r Person im Passiv*: ***vaincu** ~* ***César*** von Cäsar besiegt; ***Le Cid** ~* ***Corneille*** „Der Cid" von Corneille; **5.** *Mittel*: *~* ***le bateau*** mit dem Schiff; ***partir** ~* ***le train*** mit dem Zug abfahren; *~* ***la poste*** mit der Post; **6.** *Art u Weise*: *~* ***centaines*** zu hunderten; *~* ***voie aérienne*** auf dem Luftweg; *math* ***diviser** ~* ***quatre*** durch vier teilen; *~* ***trop*** wirklich zu sehr; *~* ***écrit*** schriftlich; **7.** *distributiv*: *~* ***an*** jährlich; *~* ***jour*** täglich; *~* ***tête*** pro Kopf; **8.** ***commencer** (**finir**) ~* ***faire qc*** anfangs (schließlich *od* zuletzt) etw tun; **9.** ***de** ~* ***le monde*** überall auf der Welt; ***de** ~* ***sa nature*** von Natur aus; *hist* ***de** ~* ***le roi*** im Namen des Königs
para [para] *m mil Kurzwort für* ***parachutiste***
parabol|e [parabɔl] *f* Gleichnis *n*; *math* Parabel *f*; **~ique** parabolisch; Parabol...; ***antenne** f ~* Parabolantenne *f*
parachut|e [paraʃyt] *m* Fallschirm *m*; **~iste** *m,f* Fallschirmspringer(in) *m(f)*; *mil* Fallschirmjäger *m*
parade [parad] *f* **1.** ***de** ~* Parade..., Prunk...; **2.** Abwehr *f*; *fig* Entgegnung *f*
parad|is [paradi] *m* Paradies *n*; *Theater*: oberste Galerie *f*; **~isiaque** [-izjak] paradiesisch
paradoxal, ~e [paradɔksal] (⚠ *m/pl* ***-aux***) paradox
paradoxe [paradɔks] *m* Paradox *n*, Widersinn *m*
paraf|e [paraf] *m* Namenszug *m*, -zeichen *n*; **~er** (1a) mit dem Namenszug versehen, abzeichnen, paraphieren
paragraphe [paragraf] *m* Abschnitt *m*, Absatz *m*; ⚠ *nicht* Gesetzesparagraf
paraître [parɛtrə] (4z) erscheinen; scheinen, aussehen; *~* (+ *inf*) scheinen zu (+ *inf*); ***il paraît que*** ... man sagt, dass ...; ***à ce qu'il paraît*** wie es scheint
parallèle [paralɛl] **1.** *adj* parallel (**à** zu); **2.** *f math* Parallele *f*; **3.** *m géogr* Breitenkreis *m*; *fig* Gegenüberstellung *f*,

P

Parallele *f*, Vergleich *m*; ⚠ *unterscheide* **le/la** ~
paralys|er [paralize] (1a) lähmen (*a fig*); **~ie** [-i] *f* Lähmung *f*
paramètre [paramɛtrə] *m* Parameter *m*
parapente [parapɑ̃t] *m* Gleitschirm *m*; Gleitschirmfliegen *n*
parapet [parapɛ] *m* Brüstung *f*, Geländer *n*
paraphe(r) *cf* ***parafe(r)***
paraphras|e [parafrɑz] *f* Umschreibung *f*; **~er** (1a) umschreiben
parapluie [paraplɥi] *m* Regenschirm *m*
parascolaire [paraskɔlɛr] außerschulisch
parasite [parazit] **1.** *adj* schmarotzend; **2.** *m* Schmarotzer *m*, Parasit *m* (*beide a fig*); **~s** *pl Radio*: Störgeräusche *n/pl*
para|sol [parasɔl] *m* Garten-, Sonnenschirm *m*; **~tonnerre** [-tɔnɛr] *m* Blitzableiter *m*
paravent [paravɑ̃] *m* Wandschirm *m*, spanische Wand *f*
parc [park] *m* Park *m*; *Schafe*: Pferch *m*; ~ ***à huitres*** Austernbank *f*; ~ ***de stationnement*** Parkplatz *m*; **~age** *m* Parken *n*; Parkplatz *m*
parcelle [parsɛl] *f* Parzelle *f*
parce que [parskə] weil
parchemin [parʃəmɛ̃] *m* Pergament *n*
par-ci [parsi] ~, ***par-là*** hier und da; hin und wieder
parcimonie [parsimɔni] *f* ***avec*** ~ sehr sparsam
parcmètre [parkmɛtrə] *m* Parkuhr *f*
parcotrain [parkɔtrɛ̃] ***système*** *m* ***de*** ~ Park-and-ride-System *n*
parcourir [parkurir] (2i) durchlaufen, -fahren, -ziehen; *Text*: überfliegen
parcours [parkur] *m* (Renn-)Strecke *f*; ***accident*** *m* ***de*** ~ Missgeschick *n*
par-derrière [pardɛrjɛr] *adv* von hinten, hinterrücks; *fig* hintenherum
par-dessous [pardəsu] **1.** *prép* unter; **2.** *adv* darunter
pardessus [pardəsy] *m* Überzieher *m*
par-dessus [pardəsy] **1.** *prép* über; **2.** *adv* darüber (hinweg) ~ ***le marché*** obendrein
par-devant [pardəvɑ̃] *adv* vorn (herum)
pardon [pardɔ̃] *m* Verzeihung *f*; **~!** Entschuldigung!; **~?** wie bitte?; ***demander*** ~ ***à qn*** j-n um Verzeihung bitten
pardonner [pardɔne] (1a) ~ ***qc à qn*** j-m etw verzeihen; ***se*** ~ entschuldbar sein
pare|-brise [parbriz] *m* (⚠ *pl unv*) *auto* Windschutzscheibe *f*; **~-chocs** [-ʃɔk] *m* (⚠ *pl unv*) *auto* Stoßstange *f*
pareil, ~le [parɛj] gleich, ähnlich (**à**); derartig, solch; ***sans*** ~ unvergleichlich; ***habillés pareil*** gleich angezogen; F ***c'est du pareil au même*** das ist Jacke wie Hose
pareillement [parɛjmɑ̃] *adv* gleichfalls
par|ent, ~ente [parɑ̃, -ɑ̃t] **1.** *adj* verwandt; **2.** *m*, *f* Verwandte(r) *m*, *f*; ***parents*** *m/pl* Eltern *pl*; ~ ***unique*** allein Erziehende(r) *m*, *f*; **~enté** [-ɑ̃te] *f* Verwandtschaft *f*
parenthèse [parɑ̃tɛz] *f* (runde) Klammer *f*; *gr* eingeschalteter Satz *m*; ***entre ~s*** in Klammern; *fig* beiläufig gesagt; ***mettre entre ~s*** einklammern
parer [pare] (1a) **1.** her-, zurichten; *litt* schmücken; **2.** *Angriff*: parieren, abwehren; *mar Kap*: umfahren; ~ ***à qc*** e-r Sache vorbeugen
paress|e [parɛs] *f* Faulheit *f*; **~eux, ~euse** [-ø, -øz] faul
par|fait, ~faite [parfɛ, -fɛt] **1.** *adj* vollkommen, vollendet; völlig; **2.** *m gr* Perfekt *n*; *Eis*: Parfait *n*; **~faitement** [-fɛtmɑ̃] *adv* völlig, ganz; *als Antwort*: gewiss
parfois [parfwa] manchmal
parfum [parfɛ̃, -œ̃] *m* Parfüm *n*; Duft *m*; *beim Eis*: Geschmack *m*
parfum|é, ~ée [parfyme] duftend; parfümiert; **~er** (1a) parfümieren
pari [pari] *m* Wette *f*
parier [parje] (1a) wetten
paris|ien, ~ienne [parizjɛ̃, -jɛn] **1.** *adj* Pariser, pariserisch; **2.** ♀ *m*, *f* Pariser(in) *m(f)*
par|itaire [paritɛr] paritätisch; **~ité** *f* *écon u EDV* Parität *f*
parjure [parʒyr] *litt* **1.** *m* Meineid *m*; Eidbruch *m*; **2.** *m*, *f* Meineidige(r) *m*, *f*; Eidbrüchige(r) *m*, *f*
parking [parkiŋ] *m* Parkplatz *m*; ~ ***souterrain*** Tiefgarage *f*
Parkinson [parkinsɔn] ***maladie*** *f* ***de*** ~ parkinsonsche Krankheit *f*
parkinson|ien, ~ienne [parkinsɔnjɛ̃, -jɛn] *m*, *f* Parkinson-Patient(in) *m(f)*
parl|ant, ~ante [parlɑ̃, -ɑ̃t] *Vergleich*: anschaulich; ***film*** *m* ***parlant*** Tonfilm *m*; ***généralement parlant*** allgemein

gesprochen; **~é, ~ée** gesprochen
Parlement [parləmɑ̃] *m* Parlament *n*; ⚠ *Schreibung*
parlement|aire [parləmɑ̃tɛr] **1.** *adj* parlamentarisch; **2.** *m, f* Parlamentarier(in) *m(f)*; *m im Krieg*: Parlamentär *m*; ⚠ *Schreibung*; **~er** (1a) verhandeln (***avec qn sur qc*** mit j-m über etw)
parl|er [parle] **1.** (1a) sprechen (***à qn*** *od* ***avec qn*** j-n, mit j-m); ***~ de qc*** über etw sprechen *od* reden; ***~ affaires*** von Geschäften sprechen; ***~ boutique*** fachsimpeln; ***~ petit nègre*** kauderwelschen; ***sans ~ de*** abgesehen von; **2.** *m* Sprache *f*, Sprechweise *f*; ***~ régional*** Mundart *f*; **~oir** *m* Sprechzimmer *n*
parmi [parmi] unter; ***~ tant d'autres*** unter *od* von vielen
parod|ie [parɔdi] *f* Parodie *f*; **~ier** [-je] (1a) parodieren
paroi [parwa] *f* Wand *f*
paroiss|e [parwas] *f* Pfarrei *f*, (Pfarr-)Gemeinde *f*; **~ien** *m*, **~ienne** *f* *rel* Gemeindemitglied *n*
parole [parɔl] *f* Wort *n*; Ausspruch *m*; Sprache *f*; ***~ (d'honneur)*** Ehrenwort *n*; ***donner la ~ à qn*** j-m das Wort erteilen; ***donner sa ~*** sein (Ehren-)Wort geben; ***~s*** *pl* Text *m* (*Lied*); ⚠ *nicht* Parole
parquer [parke] (1m) einpferchen; parken
parquet [parkɛ] *m* Parkett *n*; *jur* Staatsanwaltschaft *f*; ⚠ *nicht*: Parkett *im Theater*
parrain [parɛ̃] *m* Pate *m*; *fig* Bürge *m*; *comm* Sponsor *m*
parrainer [parene] (1b) sponsern
parricide [parisid] **1.** *m* Vater-, Mutter-, Verwandtenmord *m*; **2.** *m, f* Vater-, Muttermörder(in) *m(f)*
parsemer [parsəme] (1d) übersäen, bestreuen (***de*** mit)
part [par] *f* Anteil *m*, Teil *m od n*; ***à ~ entière*** vollwertig; ***pour ma ~*** was mich betrifft; ***avoir ~ à qc*** an etw teilhaben; ***faire ~ de qc à qn*** j-m etw mitteilen; ***faire la ~ de qc*** etw berücksichtigen; ***prendre ~ à qc*** an etw teilnehmen; ***de la ~ de qn*** von Seiten (*od* im Auftrage) j-s; ***de ma ~*** von mir, meinerseits; ***d'une ~ ... d'autre ~*** einerseits ... andererseits; ***autre ~*** anderswo(hin); ***nulle ~*** nirgends; ***quelque ~*** irgendwo(hin); ***à ~*** beiseite; für sich; ***à ~ cela*** abgesehen davon; ***en bonne ~*** im guten Sinn; ⚠ *nicht verwechseln mit* ***la partie***
partag|e [partaʒ] *m* (Auf-)Teilung *f*; *jur* Erbteil *n*; ***~ des voix*** Stimmengleichheit *f*; **~er** (1l) (auf-, ver)teilen
partance [partɑ̃s] *f* ***en ~*** abfahr-, abflugbereit (***pour*** nach)
partant [partɑ̃] *m* Abreisende(r) *m*; *Sport*: Teilnehmer *m*
partenaire [partənɛr] *m, f* Partner(in) *m(f)*; ***les ~s sociaux*** die Sozial-, Tarifpartner *pl*
parterre [partɛr] *m* Blumenbeet *n*; *Theater*: Parkett *n*; ⚠ *nicht* Parterre *n* (*Erdgeschoss*); ⚠ *nicht verwechseln mit* ***par terre*** (auf dem Boden)
parti¹ [parti] *m* Partei *f*; ***prendre ~ pour, contre*** Partei ergreifen für, gegen; ***prendre un ~*** e-n Entschluss fassen; ***tirer ~ de qc*** etw (aus)nutzen; ***~ pris*** Voreingenommenheit *f*; ⚠ ***le ~***; ⚠ *nicht verwechseln mit* ***la partie***
parti², ~e [parti] *p/p von* ***partir*** *u adj* weg, fort; F ***un peu ~*** beschwipst
partial, ~e [parsjal] (⚠ *m/pl* ***-aux***) parteiisch; **~ité** *f* Parteilichkeit *f*
particip|ation [partisipasjɔ̃] *f* Teilnahme *f*; Beteiligung *f*; Mitsprache *f*; **~er** (1a) ***~ à*** teilnehmen, sich beteiligen an; teilhaben an
particularité [partikylarite] *f* Eigentümlichkeit *f*
particule [partikyl] *f* Teilchen *n*, Partikel *f*
particul|ier, ~ière [partikylje, -jɛr] **1.** *adj* besonders, eigen(tümlich); privat; ***~ à*** typisch für; ***en particulier*** gesondert; insbesondere; **2.** *m* Privatperson *f*; **~ièrement** [-jɛrmɑ̃] *adv* besonders, vor allem
partie [parti] *f* (Bestand-)Teil *m*; Ausflug *m*; *Spiel*: Partie *f*; *jur* Partei *f*; *fig* Angelegenheit *f*, Kampf *m*; *mus* Part *m*; ***en ~*** teilweise; ***faire ~ de*** gehören zu; ⚠ *nicht verwechseln mit* ***le parti***
partiel, ~le [parsjɛl] parziell, Teil...
partir [partir] (2b) weggehen, abreisen, abfahren (***à, pour*** nach); *Sport*: starten; *Schuss*: fallen; ***~ de qc*** von etw ausgehen; ***en partant de*** ausgehend von; ***à ~ de*** ab, von ... an; ⚠ ***il est*** *parti*
partis|an, ~ane [partizɑ̃, -an] *m, f* (*f selten*) Anhänger(in) *m(f)*; *mil m* Partisan *m*; ***être ~ de qc*** etw befürworten

P

partit|if, ~ive [partitif, -iv] *gr* partitiv; ***article*** *m* ***partitif*** Teilungsartikel *m*
partition [partisjõ] *f mus* Partitur *f*; *pol* Teilung *f*
partout [partu] überall
paru, ~e [pary] *p/p von* ***paraître***
parure [paryr] *f* Schmuck *m*
parution [parysjõ] *f Buch*: Erscheinen *n*
parvenir [parvənir] (2h) gelangen (**à** zu), erreichen; ***faire ~ qc à qn*** j-m etw zugehen lassen; ***~ à faire qc*** es schaffen, etw zu tun
parvenu, ~e [parvəny] *m, f* Emporkömmling *m*
pas[1] [pɑ] *m* Schritt *m*; ***faux ~*** Fehltritt *m*; ***~ à ~*** schrittweise; ***à ~ de loup*** auf leisen Sohlen; ***d'un ~*** (um) e-n Schritt; ***sur le ~ de la porte*** vor dem Haus; ***le* ♀ *de Calais*** die Straße von Dover
pas[2] [pɑ] *adv* nicht; *beim Verb*: ***ne*** ... **~** (F *ohne* **ne**) nicht; ***ne*** ... ***~ du tout*** überhaupt nicht; ***ne*** ... ***~ de*** kein; ***ne*** ... ***~ non plus*** auch nicht
passable [pasablə] leidlich; *Schule*: ausreichend
passag|e [pasaʒ] *m* Durchgang *m*, -fahrt *f*; Vorbeigehen *n*; Passieren *n*; Passage *f*; Überfahrt *f*; Übergang *m* (*a fig*); *Buch*: Stelle *f*; ***~ à niveau*** Bahnübergang *m*; ***de ~*** auf der Durchreise; ***~ clouté*** Fußgängerüberweg *m*; ***~ protégé*** Vorfahrtsstraße *f*; ⚠ ***le ~***; **~er, ~ère 1.** *adj* vorübergehend; *fig* flüchtig; **2.** *m, f* Passagier *m*, Fahrgast *m*
pass|ant, ~ante [pasɑ̃, -ɑ̃t] **1.** *m, f* Passant(in) *m(f)*; **2.** *adj Straße*: belebt; **3.** *adv* ***en passant*** beiläufig
passe [pɑs] *f Sport*: Ballabgabe *f*, Zuspiel *n*, Pass *m*; *mil* ***mot*** *m* ***de ~*** Losungswort *n*; ***hôtel*** *m* ***de ~*** Absteige *f*; ⚠ *nicht* (Reise-, Gebirgs-)Pass
passé, ~e [pase] **1.** *adj* vergangen; **2.** *prép* ***passé dix heures*** nach 10 Uhr; **3.** *m* Vergangenheit *f*; *gr* ***~ composé*** Perfekt *n*
passe-droit [pasdrwa] *m* (⚠ *pl* ***passe-droits***) ungerechte Bevorzugung *f*; **~-partout** [-partu] *m* (⚠ *pl unv*) Hauptschlüssel *m*; Dietrich *m*; **~-passe** [-pas] *m* ***tour*** *m* ***de ~*** Taschenspielertrick *m*; **~port** [-pɔr] *m* (Reise-) Pass *m*; ⚠ *nicht* Gebirgspass
passer [pase] (1a) **1.** (*mit* ***avoir***, *häufiger* ***être***) vorübergehen, -fahren; durchgehen, -reisen, -laufen; übergehen (**à** zu); *Gesetz*: durchkommen; ***~ avant*** den Vorrang haben vor; ***~ chez qn*** bei j-m vorsprechen; ***~ dans une classe supérieure*** versetzt werden; ***~ en seconde*** in den zweiten Gang schalten; ***~ pour qc*** für etw gelten; ***~ sur qc*** etw übergehen; ***faire ~*** durchlassen; weitergeben; ***laisser ~*** hingehen lassen; versäumen; ***~ maître*** Meister werden; ***passe*** (***encore***) ***de*** (+ *inf*) es mag noch hingehen, dass ...; **2.** (*mit* ***avoir***) überqueren; passieren; überschreiten; auslassen; verbringen; *Prüfung*: ablegen; *Hemd etc*: anziehen; *Soße*: passieren; *Film*: vorführen; ***~ qc à qn*** j-m etw reichen; ***~ qc à***, ***sur*** etw an *e-e Stelle* bringen; ***~ qc sur qc*** etw auf etw auftragen; ***~ l'aspirateur*** staubsaugen; ***~ qc sous silence*** etw übergehen; **3.** ***se ~*** sich ereignen, passieren; *Zeit*: vergehen, verrinnen; ***se ~ de qc*** auf etw verzichten, ohne etw auskommen
passereau [pasro] *m* (⚠ *pl* **~x**) *zo* Sperling(svogel) *m*
passerelle [pasrɛl] *f* Steg *m*, Fußgängerbrücke *f*; *mar*, *aviat* Gangway *f*; (Kommando-)Brücke *f*
passe-temps [pastɑ̃] *m* (⚠ *pl unv*) Zeitvertreib *m*
pass|if, ~ive [pasif, -iv] **1.** *adj* passiv; **2.** *m gr* Passiv *n*
passion [pasjõ] *f* Passion *f*; Leidenschaft *f*
passionn|ant, ~ante [pasjɔnɑ̃, -ɑ̃t] spannend, fesselnd; **~é, ~ée** leidenschaftlich, begeistert; **~er** (1a) begeistern
passivité [pasivite] *f* Passivität *f*
passoire [paswar] *f* Sieb *n*
pastel [pastɛl] *m* Pastell *n*; ⚠ *Schreibung*
pastèque [pastɛk] *f* Wassermelone *f*
pasteur [pastœr] *m rel* Pfarrer *m*, Pastor *m*; **~iser** (1a) pasteurisieren
pastiche [pastiʃ] m Literatur: Nachahmung *f*
pastille [pastij] *f* Plätzchen *n*; *phm* Pastille *f*, Tablette *f*
pastoral, ~e [pastɔral] (⚠ *m/pl* ***-aux***) Hirten...; seelsorgerisch
patate [patat] F *f* Kartoffel *f*
patauger [patoʒe] (1l) herumwaten, (herum)patschen

P

pâte [pɑt] *f* Teig *m*; Masse *f*; Paste *f*; ~ ***dentifrice*** Zahnpasta *f*; ~ ***d'amandes*** Marzipan *n*; F *fig* ***une bonne*** ~ ein gutmütiger Mensch
pâté [pɑte] *m* Pastete *f*; ~ ***de maisons*** Häuserblock *m*
patelin [patlɛ̃] *m* F Kaff *n*
patère [patɛr] *f* Kleiderhaken *m*; *Antike*: Opferschale *f*
paternalisme [patɛrnalismə] *m pol* Politik *f* der Bevormundung
paternel, ~le [patɛrnɛl] väterlich
pât|eux, ~euse [pɑtø, -øz] teigig; *Stimme*: belegt
pathétique [patetik] ergreifend; leidenschaftlich
pathogène [patɔʒɛn] *m* Krankheitserreger *m*
patience [pasjɑ̃s] *f* Geduld *f*
pati|ent, ~ente [pasjɑ̃, -ɑ̃t] **1.** *adj* geduldig; ⚠ *adv* ***patiemment*** [-amɑ̃]; **2.** *m, f* Patient(in) *m(f)* (*nur aus der Sicht des Arztes*); **~enter** [-ɑ̃te] (1a) sich gedulden
patin [patɛ̃] *m* ~ (***à glace***) Schlittschuh *m*; ~ ***à roulettes*** Rollschuh *m*; **~s *en ligne*** Inliner *pl*, Inline Skates *pl*; ***faire du*** ~ Schlittschuh laufen; Eis laufen
patin|age [patinaʒ] *m* Schlittschuhlaufen *n*; ~ ***artistique*** Eiskunstlauf *m*; **~er** (1a) Schlittschuh laufen; rutschen; *Räder*: durchdrehen; **~ette** [-ɛt] *f Kinderspielzeug*: Roller *m*; **~eur, ~euse** *m, f* Schlittschuhläufer(in) *m(f)*; **~oire** [-war] *f* Eisbahn *f*
pâtiss|erie [pɑtisri] *f* Konditorei *f*; feines Gebäck *n*; **~ier, ~ière** [-je, -jɛr] *m, f* Konditor(in) *m(f)*
patois [patwa] *m* Mundart *f*
patraque [patrak] F ***être*** ~ sich nicht wohl fühlen
patriarcal, ~e [patrijarkal] (⚠ *m/pl* ***-aux***) patriarchalisch
patrie [patri] *f* Vaterland *n*; Geburtsort *m*; Heimat *f*
patrimoine [patrimwan] *m elterliches* Erbteil *n od* -gut *n*; *fig* ~ ***culturel*** Kulturerbe *n*, -gut *n*; ~ ***héréditaire*** Erbgut *n*
patriot|e [patrijɔt] **1.** *adj* vaterlandsliebend, patriotisch (*Person*); **2.** *m, f* Patriot(in) *m(f)*; **~ique** patriotisch (*Lied, Rede etc*); **~isme** *m* Vaterlandsliebe *f*, Patriotismus *m*
patr|on, ~onne [patrɔ̃, -ɔn] **1.** *m, f* Chef(in) *m(f)*; Arbeitgeber(in) *m(f)*; Hausherr(in) *m(f)*; Wirt(in) *m(f)*; Meister(in) *m, f*; *rel* Schutzheilige(r) *m, f*; **2.** *m tech* Modell *n*, Muster *n*; Schnittmuster *n*; Schablone *f*
patron|age [patrɔnaʒ] *m* Schirmherrschaft *f*; **~at** [-a] *m pol* Arbeitgeberschaft *f*
patronner [patrɔne] (1a) protegieren, fördern
patrouill|e [patruj] *f mil, Polizei*: Patrouille *f*; Streife(ngang) *f(m)*; **~er** (1a) patrouillieren
patte [pat] *f* Pfote *f*, Tatze *f*, Bein *n*, Fuß *m*; F Hand *f*; *fig* ***graisser la*** ~ ***à qn*** j-n schmieren *od* bestechen; ~ ***d'oie*** Krähenfüße *m/pl* (*in den Augenwinkeln*)
pâturage [pɑtyraʒ] *m* Weide *f*
paume [pom] *f* flache Hand *f*, Handfläche *f*; (***jeu*** *m* ***de***) ~ (Schlag-)Ballspiel *n*
paum|é, ~ée [pome] F rat-, hilflos, aufgeschmissen F; **~er** (1a) F verlieren, verlegen
paupérisme [poperismə] *m écon* Massenverarmung *f*
paupière [popjɛr] *f* Augenlid *n*
paupiette [popjɛt] *f cuis* Roulade *f*
pause [poz] *f* Pause *f* (*bei der Arbeit*); ⚠ *nicht Theater u Schule*; **~-café** [-kafe] *f* (⚠ *pl* ***pauses-café***) Kaffeepause *f*
pauvre [povrə] **1.** *adj* arm (***en*** an); ärmlich, armselig; jämmerlich; dürftig; bedauernswert; **2.** *m, f* Arme(r) *m, f*; **~té** [-te] *f* Armut *f*; Armseligkeit *f*
pavage [pavaʒ] *m* Pflaster(n) *n*
pavaner [pavane] (1a) ***se*** ~ umherstolzieren
pav|é [pave] *m* Pflaster(stein) *n(m)*; ~ ***numérique*** Nummernblock *m*; *fig* ***tenir le haut du*** ~ zur Oberschicht gehören; **~er** (1a) pflastern
pavillon [pavijɔ̃] *m* Pavillon *m*; Einfamilienhaus *n*; *auto* Decke *f*, Himmel *m*; *mar* Flagge *f*
pavoiser [pavwaze] (1a) (be)flaggen
pavot [pavo] *m bot* Mohn *m*
payable [pɛjablə] zahlbar
pay|ant, ~ante [pɛjɑ̃, -ɑ̃t] zahlend; kostenpflichtig; *fig* lohnend
pay|e [pɛj] *f cf* ***paie***; **~ement** [pɛjmɑ̃] *m cf* ***paiement***
payer [pɛje] (1i) **1.** (be)zahlen (*a fig*); leisten; ~ ***qc dix francs*** zehn Franc für

P

etw bezahlen; *fig* ~ ***qn de qc*** j-n für etw belohnen; **2.** einträglich sein, sich lohnen; **3.** ***se*** ~ ***qc*** sich etw leisten

pays [pei] *m* Land *n*; Vaterland *n*; Heimat *f*; ~ ***basque*** Baskenland *n*; ~ ***de Galles*** Wales *n*; ~ ***en voie d'industrialisation*** Schwellenland *n*; ***mal*** *m* ***du*** ~ Heimweh *n*

paysage [peizaʒ] *m* Landschaft *f*

paysagiste [peizaʒist] *m* Landschaftsmaler *m*; (***architecte*** *m*) ~ Gartenarchitekt *m*

pays|an, ~anne [peizɑ̃, -an] **1.** *m, f* Bauer *m*, Bäuerin *f*; **2.** *adj* bäuerlich, Bauern...; bäurisch

Pays-Bas [peibɑ] *m/pl* ***les*** ~ die Niederlande *n/pl*

P.C. [pese] *m* (*abr* ***Parti communiste***) KP *f* (Kommunistische Partei)

P.D.G. [pedeʒe] *m* (*abr* ***président-directeur général***) Generaldirektor *m*

péage [peaʒ] *m* Autobahngebühr *f*; Brückengebühr *f*; Maut *f*

peau [po] *f* (⚠ *pl* ~***x***) Haut *f*; Fell *n*; Leder *n*; ~ ***de chamois*** Fensterleder *n*; **&-Rouge** [-ruʒ] *m* (⚠ *pl* ***Peaux-Rouges***) Rothaut *f*, Indianer *m*

pêche¹ [pɛʃ] *f bot* Pfirsich *m*; F ***avoir la*** ~ topfit sein

pêche² [pɛʃ] *f* Fischfang *m*

péch|é [peʃe] *m* Sünde *f*; ~ ***mignon*** kleine Schwäche *f*; ~**er** (1f) sündigen; ~ ***contre qc*** gegen etw verstoßen; ~ ***par*** kranken an

pêcher¹ [pɛʃe] (1b) fischen; ~ ***à la ligne*** angeln

pêcher² [pɛʃe] *m bot* Pfirsichbaum *m*

péch|eur, ~eresse [peʃœr, -rɛs] *m, f* Sünder(in) *m(f)*

pêch|eur, ~euse [pɛʃœr, -øz] *m, f* Fischer(in) *m(f)*; ~ ***à la ligne*** Angler(in) *m(f)*

pécule [pekyl] *m* Ersparnisse *f/pl*

pécuniaire [pekynjɛr] Geld...

pédagog|ie [pedagɔʒi] *f* Pädagogik *f*; ~**ique** pädagogisch, Erziehungs...

pédagogue [pedagɔg] *m, f* Pädagoge *m*, Pädagogin *f*

pédal|e [pedal] *f* Pedal *n*; ⚠ ***la*** ~; ~**er** (1a) *beim Radfahren*: treten; radeln

pédalo [pedalo] *m* Tretboot *n*

péd|ant, ~ante [pedɑ̃, -ɑ̃t] schulmeisterlich; ~**antisme** [-ɑ̃tismə] *m* schulmeisterliches Gehabe *n*

pédé [pede] *m* (*abr* ***pédéraste***) F Schwule(r) *m*

pédéraste [pederast] *m* Homosexuelle(r) *m*, Päderast *m*

pédestre [pedɛstrə] ***randonnée*** *f* ~ (Fuß-)Wanderung *f*

pédiatre [pedjatrə] *m, f méd* Kinderarzt *m*, -ärztin *f*

pédicure [pedikyr] *f* Fußpflegerin *f*

pègre [pɛgrə] *f* Unterwelt *f*

peign|e [pɛɲ] *m* Kamm *m*; ~**er** (1b) kämmen; ~**oir** *m* Bademantel *m*; Morgenrock *m*

peindre [pɛ̃drə] (4b) malen; anstreichen; *fig* schildern

peine [pɛn] *f* **1.** Strafe *f*; ~ ***capitale*** Todesstrafe *f*; **2.** Mühe *f*, Anstrengung *f*; ***ce n'est pas la*** ~ das ist nicht nötig; ***valoir la*** ~ der Mühe wert sein (***de*** *inf* zu); ***avoir*** (***de la***) ~ ***à faire qc*** Mühe haben, etw zu tun; ***prendre la*** ~ ***de*** (+ *inf*) sich die Mühe machen zu ...; **3.** Kummer *m*; ***faire de la*** ~ ***à qn*** j-m wehtun; **4.** *adv* ***à*** ~ kaum

peiner [pɛne] (1b) **1.** ~ ***qn*** j-n betrüben; **2.** sich abmühen, Mühe haben

peintre [pɛ̃trə] *m* Maler(in) *m(f)*; ~ (***en bâtiment***) Anstreicher *m*

peinture [pɛ̃tyr] *f* Anstrich *m*; Farbe *f*; Anmalen *n*; Malerei *f*; Gemälde *n*; *fig* Schilderung *f*; ~ ***fraîche!*** frisch gestrichen!

péjorat|if, ~ive [peʒɔratif, -iv] abfällig, abschätzig

Pékin [pekɛ̃] Peking

pelage [pəlaʒ] *m* Fell *n*

pêle-mêle [pɛlmɛl] *adv* bunt durcheinander

peler [pəle] (1d) (ab)schälen; enthaaren; *Haut*: sich schälen

pèlerin [pɛlrɛ̃] *m* Pilger(in) *m(f)*

pèlerinage [pɛlrinaʒ] *m* Pilgerfahrt *f*; Wallfahrtsort *m*

pèlerine [pɛlrin] *f* Umhang *m*

pélican [pelikɑ̃] *m zo* Pelikan m

pelle [pɛl] *f* Schaufel *f*; F *fig* ***ramasser une*** ~ hinfallen; ~ ***à gâteau*** Tortenheber *m*; *tech* ~ ***mécanique*** Löffelbagger *m*; ~**ter** [-te] (1c) schaufeln

pellicule [pelikyl] *f* Film *m*; *biol* Häutchen *n*; *pl* ~**s** (Kopf-)Schuppen *f/pl*

pelot|e [p(ə)lɔt] *f* Knäuel *n od m*; (*ein*) Ballspiel *n*; ~**er** (1a) P befummeln

pelot|on [plɔtɔ̃] *m* Knäuel *n od m*; *mil*

Zug *m*; *Sport*: Gruppe *f*, Feld *n*; **~onner** [-ɔne] (1a) auf ein(en) Knäuel wickeln; **se ~** sich zusammenrollen; ***se ~ contre qn*** sich an j-n anschmiegen
pelouse [p(ə)luz] *f* Rasen *m*
peluche [plyʃ] *f* Plüsch *m*; ⚠ ***la ~***
pelure [p(ə)lyr] *f* Haut *f*, Schale *f* (*von Früchten*)
pénal, ~e [penal] (⚠ *m/pl* ***-aux***) *jur* Straf...; **~isation** [-izasjɔ̃] *f Sport*: Strafpunkte *m/pl*; **~ité** *f* Strafe *f*
penalty [penalti] *m Sport*: Elfmeter *m*, Strafstoß *m*; ⚠ *Schreibung*
pen|aud, ~aude [pəno, -od] beschämt, betreten
penchant [pɑ̃ʃɑ̃] *m fig* Hang *m*, Neigung *f*
pencher [pɑ̃ʃe] (1a) neigen; sich neigen; *fig* ***~ pour qc*** zu etw tendieren; ***se ~ au dehors*** sich hinauslehnen; *fig* ***se ~ sur un problème*** sich in ein Problem vertiefen
pendaison [pɑ̃dɛzɔ̃] *f* (Er-)Hängen *n*
pendant[1] [pɑ̃dɑ̃] *prép* während; *conj* ***~ que*** während (*zeitlich, a gegensätzlich*)
pend|ant[2], **~ante** [pɑ̃dɑ̃, -ɑ̃t] **1.** *adj* hängend; *jur* schwebend; **2.** *m* Pendant *n*, Gegenstück *n*
pend|entif [pɑ̃dɑ̃tif] *m* Anhänger *m*; Ohrgehänge *n*; **~erie** *f* Kleiderschrank *m*; **~iller** [-ije] (1a) baumeln
pendre [pɑ̃drə] (4a) (auf)hängen; (herab)hängen; **se ~** sich erhängen
pendule [pɑ̃dyl] **1.** *m phys* Pendel *n*; ⚠ *nicht* Uhrenpendel; **2.** *f* Pendel-, Zimmer-, Wanduhr *f*
pêne [pɛn] *m* Riegel *m* (*am Schloss*)
pénétr|ation [penetrasjɔ̃] *f* Eindringen *n*; *fig* Scharfblick *m*; **~er** (1f) durchdringen (***qc*** etw); ganz erfüllen; durchschauen; ***~ dans qc*** in etw eindringen
pénible [peniblə] mühsam, beschwerlich; betrüblich; *Charakter*: schwierig; **~ment** *adv* mit Mühe; kaum; schmerzlich
péniche [peniʃ] *f* Lastkahn *m*
pénicilline [penisilin] *f phm* Penizillin *n*; ⚠ ***la ~***
péninsule [penɛ̃syl] *f* Halbinsel *f*
pénitenc|e [penitɑ̃s] *f* Strafe *f*; *rel* Buße *f*; **~ier** [-je] *m* Strafanstalt *f*
pénit|ent, ~ente [penitɑ̃, -ɑ̃t] *rel* **1.** *adj* bußfertig; **2.** *m, f* Büßer(in) *m(f)*

pénombre [penɔ̃brə] *f* Halbschatten *m*, -dunkel *n*
pense-bête [pɑ̃sbɛt] *m* (⚠ *pl* ***pense-bêtes***) Gedächtnisstütze *f*; Notizzettel *m*; ⚠ ***le ~***
pensée [pɑ̃se] *f* **1.** Denken *n*; Gedanke *m*; Meinung *f*, Ansicht *f*; **2.** *bot* Stiefmütterchen *n*
pens|er [pɑ̃se] (1a) denken; meinen; sich denken; **~** (+ *inf*) glauben zu (+ *inf*); beabsichtigen zu (+ *inf*); **~eur** *m* Denker *m*; **~if, ~ive** [-if, -iv] nachdenklich
pension [pɑ̃sjɔ̃] *f* **1.** Rente *f*, Pension *f*, Ruhegehalt *n*; **2.** Fremdenheim *n*, Pension(skosten) *f(pl)*; **3.** Pensionat *n*, Internat *n*
pensi|onnaire [pɑ̃sjɔnɛr] *m, f* Pensionsgast *m*; Internatsschüler(in) *m(f)*; **~onnat** [-ɔna] *m* Pensionat *n*; ⚠ *Schreibung*
pensum [pɛ̃sɔm] *m Schule*: Strafarbeit *f*; ⚠ *nicht* Pensum
pente [pɑ̃t] *f* Abhang *m*, Gefälle *n*, Neigung *f*; ***en ~*** abfallend; *fig* ***sur la mauvaise ~*** auf der schiefen Bahn
Pentecôte [pɑ̃tkot] ***la ~*** Pfingsten *n*; ***à la ~*** an, zu Pfingsten
pénurie [penyri] *f* Mangel *m* (***de*** an)
pépé [pepe] *m* F Opa *m*
pépier [pepje] (1a) piepen
pépin [pepɛ̃] *m Früchte*: Kern *m*; F Schirm *m*; F ***avoir un ~*** Ärger, Pech haben
pépinière [pepinjɛr] *f* Baumschule *f*
pépite [pepit] *f* (Gold-)Klumpen *m*
perçage [pɛrsaʒ] *m* (Durch-)Bohren *n*
perç|ant, ~ante [pɛrsɑ̃, -ɑ̃t] *Blick*: durchdringend; *Kälte*: schneidend; **~ée** *f* Durchbruch *m*, -stoß *m*
perce-neige [pɛrsənɛʒ] *m* (⚠ *pl unv*) Schneeglöckchen *n*
perce-oreille [pɛrsɔrɛj] *m* (⚠ *pl* ***perce-oreilles***) *zo* Ohrwurm *m*
percept|eur [pɛrsɛptœr] *m* Steuereinnehmer *m*; Finanzamt *m*; **~ible** wahrnehmbar; spürbar
perception [pɛrsɛpsjɔ̃] *f* **1.** Wahrnehmung *f*; **2.** *Steuern*: Erhebung *f*; Finanzamt *n*
percer [pɛrse] (1k) **1.** durchbohren, -stechen, -dringen; *Tür*: durchbrechen; ***~ le silence*** die Stille zerreißen; **2.** durchkommen; zum Vorschein kommen

P

perceuse [pɛrsøz] *f* Bohrmaschine *f*; ~ ***à percussion*** Schlagbohrmaschine *f*
percevoir [pɛrsəvwar] (3a) wahrnehmen; *Geld*: einnehmen; *Steuern*: erheben
perch|e [pɛrʃ] *f* **1.** *zo* Barsch *m*; **2.** Stange *f*, Stab *m*; **~er** (1a) (**se**) ~ *Vögel*: sich setzen; F wohnen, hausen; **~iste** *m* Stabhochspringer *m*; **~oir** *m* Hühnerstange *f*
percolateur [pɛrkɔlatœr] *m* Kaffeemaschine *f* (*für Restaurants*)
perçu [pɛrsy] *p/p von* ***percevoir***
percu|ssion [pɛrkysjɔ̃] *f* Schlag *m*; Stoß *m*; *mus* Schlaginstrumente *n/pl*; **~ter** [-te] (1a) stoßen, schlagen auf; *auto* ~ (***contre***) ***un arbre*** gegen e-n Baum prallen
perd|ant, ~ante [pɛrdɑ̃, -ɑ̃t] **1.** *adj* verlierend; ***numéro*** *m*, ***billet*** *m* ***perdant*** Niete *f*; **2.** *m*, *f* Verlierer(in) *m*(*f*)
perdre [pɛrdrə] (4a) verlieren; einbüßen; ~ ***courage***, ***espoir*** den Mut, die Hoffnung verlieren; ~ ***une occasion*** e-e Gelegenheit versäumen; ~ ***au change*** e-n schlechten Tausch machen; ***se*** ~ verloren gehen; schwinden; sich verirren
perdreau [pɛrdro] *m* (⚠ *pl* **~x**) *zo* junges Rebhuhn *n*
perdrix [pɛrdri] *f zo* Rebhuhn *n*
perdu, ~e [pɛrdy] *p/p von* ***perdre*** *u adj* verloren; verpasst; verirrt; *Ort*: abgelegen; ***verre*** *m* ***perdu*** Einwegglas *n*
père [pɛr] *m* Vater *m*; *rel* Pater *m*
perfecti|on [pɛrfɛksjɔ̃] *f* Vollendung *f*; Vollkommenheit *f*; **~onner** [-ɔne] (1a) vervollkommnen; **~onniste** [-ɔnist] perfektionistisch; ⚠ *Schreibung*
perfid|e [pɛrfid] heimtückisch; **~ie** [-i] *f* Heimtücke *f*, Hinterlist *f*; *st/s* Treulosigkeit *f*
perfor|ateur [pɛrfɔratœr] *m* Locher *m*; **~ation** *f* Durchbohren *n*; Lochen *n*, -ung *f*; **~atrice** [-atris] *f* Schreiblocher *m*; Locherin *f*; **~er** (1a) durchbohren; lochen; ***carte*** *f* ***perforée*** Lochkarte *f*
perform|ance [pɛrfɔrmɑ̃s] *f* Leistung *f*; **~ant, ~ante** [-ɑ̃, -ɑ̃t] leistungsfähig
péril [peril] *m* Gefahr *f*
périll|eux, ~euse [perijø, -øz] gefährlich
périmé, ~e [perime] veraltet; *Ausweis*: abgelaufen
périmètre [perimɛtrə] *m* Umfang *m*; Umkreis *m*
périod|e [perjɔd] *f* Periode *f*, Zeitabschnitt *m*, Zeitraum *m*; *phys* Halbwertszeit *f*; ***en*** ~ ***de*** in Zeiten (+ *gén*); **~ique** **1.** *adj* periodisch; **2.** *m* Zeitschrift *f*
péripétie [peripesi] *f meist pl* **~s** unvorhergesehene Zwischenfälle *m/pl*, Wendungen *f/pl*; Schicksalsschläge *m/pl*
périphér|ie [periferi] *f* Peripherie *f*; Stadtrand(gebiet) *m*(*n*); **~ique** **1.** *adj* Stadtrand...; ***boulevard*** *m* ~ *od subst* ~ *m* Ringautobahn *f* (*um Paris*); **2.** *m* *EDV* Peripherie-, Endgerät *n*
périphrase [perifrɑz] *f* Umschreibung *f*
périr [perir] (2a) ver-, untergehen; umkommen; ⚠ *il* ***a*** *péri*
périscope [periskɔp] *m* Periskop *n*, Sehrohr *n*
périssable [perisablə] vergänglich; *Nahrungsmittel*: leicht verderblich
péristyle [peristil] *m arch* Säulenumgang *m*
perl|e [pɛrl] *f* Perle *f* (*a fig*); *fig* Stilblüte *f*; **~er** (1a) perlen
perman|ence [pɛrmanɑ̃s] *f* Fortdauer *f*, Beständigkeit *f*; Bereitschaftsdienst *m*; ***en*** ~ ständig, dauernd; **~ent, ~ente** [-ɑ̃, -ɑ̃t] **1.** *adj* (be)ständig; **2.** *f Frisur*: Dauerwelle *f*
perméable [pɛrmeablə] durchlässig
permettre [pɛrmɛtrə] (4p) erlauben, gestatten (***qc à qn*** j-m etw; ***que*** *subj* dass ...); ***se*** ~ ***qc*** sich etw herausnehmen; sich etw gönnen
permis [pɛrmi] *m* Erlaubnisschein *m*; ~ ***de séjour*** Aufenthaltserlaubnis *f*; ~ ***de conduire*** Führerschein *m*; ***passer son*** ~ den Führerschein machen
permission [pɛrmisjɔ̃] *f* Erlaubnis *f*, Genehmigung *f*; *mil* Urlaub *m*
permuter [pɛrmyte] (1a) umstellen, auswechseln; ~ ***avec qn*** mit j-m den Posten, Dienststunden *etc* tauschen
pernici|eux, ~euse [pɛrnisjø, -øz] schädlich; *méd* bösartig
péroraison [perɔrɛzɔ̃] *f* Schlusswort *n*
Pérou [peru] ***le*** ~ Peru *n*
perpendiculaire [pɛrpɑ̃dikylɛr] senkrecht, rechtwinklig (**à** zu *od* auf)
perpétrer [pɛrpetre] (1f) *jur* begehen, verüben
perpétu|el, ~elle [pɛrpetɥɛl] fortwäh-

P

rend, ständig, (an)dauernd; **~ellement** [-ɛlmɑ̃] *adv* ständig, immer wieder; **~ité** *f* **à ~** *jur* lebenslänglich; auf Lebenszeit

perplexe [pɛrplɛks] ratlos, verlegen

perquisitionner [pɛrkizisjɔne] (1a) *jur* e-e Haussuchung vornehmen

perron [pɛrɔ̃] *m* Freitreppe *f*

perroquet [pɛrɔkɛ] *m zo* Papagei *m*

perruche [pɛryʃ] *f zo* (Wellen-)Sittich *m*

perruque [pɛryk] *f* Perücke *f*; ⚠ *Schreibung*

pers|an, ~ane [pɛrsɑ̃, -an] **1.** *adj* persisch; **2.** *m, f* Perser(in) *m(f)*

Perse [pɛrs] ***la ~*** Persien *n*

perséc|uter [pɛrsekyte] (1a) verfolgen; **~ution** [-ysjɔ̃] *f* Verfolgung *f*

persévér|ance [pɛrseverɑ̃s] *f* Beharrlichkeit *f*, Ausdauer *f*; **~ant, ~ante** [-ɑ̃, -ɑ̃t] beharrlich, ausdauernd; **~er** (1f) beharren (***dans qc*** in, auf, bei etw)

persienne [pɛrsjɛn] *f* Fenterladen *m*

persifler [pɛrsifle] (1a) verspotten, lächerlich machen

persil [pɛrsi] *m bot* Petersilie *f*; ⚠ ***le ~***

persist|ance [pɛrsistɑ̃s] *f* Verharren *n*; Fortdauer *f*; **~er** (1a) (an)dauern; ***~ dans qc*** auf etw beharren; ***~ à faire qc*** etw beharrlich tun

personn|age [pɛrsɔnaʒ] *m* Persönlichkeit *f*; Person *f*; *fig u Theater*: Rolle *f*; **~aliser** [-alize] e-e persönliche Note geben (***qc*** e-r Sache); **~alité** [-alite] Persönlichkeit *f*; ⚠ *Schreibung*

personne[1] [pɛrsɔn] *f* Person *f*; ***jeune ~*** junges Mädchen *n*; ***~ âgée*** älterer Mensch *m*; ***grande ~*** Erwachsene(r) *m*; ***en ~*** persönlich; ***par ~*** pro Kopf; ⚠ *Schreibung*

personne[2] [pɛrsɔn] *Pronomen* **1.** niemand (*mit **ne** vor e-m dazutretenden Verb*); **2.** *in Sätzen negativen Inhalts u nach Komparativen*: (irgend) jemand

personn|el, ~elle [pɛrsɔnɛl] **1.** *adj* persönlich; **2.** *m* Personal *n*; **~ellement** [-ɛlmɑ̃] *adv* persönlich; **~ifier** [-ifje] (1a) verkörpern, personifizieren; ⚠ *Schreibung*

perspective [pɛrspɛktiv] *f* Perspektive *f*; Aussicht *f*; Blickwinkel *m*; ***avoir qc en ~*** etw in Aussicht haben

perspicac|e [pɛrspikas] scharfsinnig; **~ité** *f* Scharfblick *m*

persuader [pɛrsɥade] (1a) ***~ qn*** (*od selten **à qn***) ***de faire qc*** j-n überreden, etw zu tun; ***~ qn de qc*** j-n von etw überzeugen; ***se ~ de qc*** sich von etw überzeugen; ***se ~ que*** ... sich einreden, dass ...

persuasion [pɛrsɥazjɔ̃] *f* Überzeugung *f* (*Handlung*); Überredungsgabe *f*

perte [pɛrt] *f* Verlust *m*; *fig* Untergang *m*, Verderben *n*; ***à ~*** mit Verlust; ***à ~ de vue*** so weit das Auge reicht, unabsehbar

pertin|ent, ~ente [pɛrtinɑ̃, -ɑ̃t] zutreffend, passend

perturb|ation [pɛrtyrbasjɔ̃] *f* Störung *f*; **~er** (1a) stören

perv|ers, ~erse [pɛrvɛr, -ɛrs] pervers, widernatürlich; böse, gemein; **~ertir** [-ɛrtir] (2a) verderben

pes|amment [pəzamɑ̃] *adv* schwerfällig; **~ant, ~ante** [-ɑ̃, -ɑ̃t] **1.** *adj* schwer (*a fig*); **2.** *m* ***valoir son pesant d'or*** Gold wert sein, unbezahlbar sein; **~anteur** [-ɑ̃tœr] *f* Schwerkraft *f*; Schwere *f*; *fig* Schwerfälligkeit *f*

pèse-bébé [pɛzbebe] *m* (⚠ *pl* ***pèse-bébé***[**s**]) Babywaage *f*

pesée [pəze] *f* Wiegen *n*

pèse|-lettre [pɛzlɛtrə] *m* (⚠ *pl* ***pèse-lettre***[**s**]) Briefwaage *f*; ***~-personne*** [-pɛrsɔn] *m* (⚠ *pl* ***pèse-personne***[**s**]) Personenwaage *f*

peser [pəze] (1d) (ab)wiegen; *fig* abwägen; lasten (***sur*** auf); ins Gewicht fallen; ***~ à qn*** j-n bedrücken

pessim|isme [pesimismə] *m* Pessimismus *m*; **~iste** **1.** *adj* pessimistisch; **2.** *m, f* Pessimist(in) *m(f)*

pest|e [pɛst] *f méd* Pest *f*; *fig* böses Weib *n*; **~er** (1a) schimpfen (***contre*** auf)

pesticide [pɛstisid] *m* Schädlingsbekämpfungsmittel *n*

pestilentiel, ~le [pɛstilɑ̃sjɛl] übel riechend

pet [pɛ] *m* P Furz *m*

pétale [petal] *f* Blütenblatt *n*

pétanque [petɑ̃k] *f* Kugelspiel *n* (*in Südfrankreich*)

pétarad|e [petarad] *f* Geknalle *n*; *auto* Geknatter *n*; **~er** (1a) knattern

pétard [petar] *m* Knallkörper *m*, -frosch *m*; F Krach *m*, Radau *m*

péter [pete] (1f) F furzen; *fig* knallen; platzen

pétiller [petije] (1a) prasseln, knistern;

sprudeln, perlen; *Augen*: blitzen

pet|it, ~ite [p(ə)ti, -it] **1.** *adj* klein; gering, unbedeutend; ***en petit*** im Kleinen; ***petit à petit*** allmählich; F ***petit nom*** *m* Vorname *m*; ***au petit jour*** bei Tagesanbruch; **2.** *m, f der, die, das* Kleine; Junge(s) *n* (*von Tieren*)

petit-bourgeois, petite-bourgeoise [p(ə)tiburʒwa, p(ə)titburʒwaz] klein-, spießbürgerlich

petit-déjeuner [p(ə)tideʒœne] **1.** *m* (⚠ *pl* ***petits-déjeuners***) Frühstück *n*; **2.** *Verb* (1a) frühstücken

petite-fille [p(ə)titfij] *f* (⚠ *pl* ***petites-filles***) Enkelin *f*

petitesse [p(ə)titɛs] *f* Kleinheit *f*; *fig* Engstirnigkeit *f*

petit-fils [p(ə)tifis] *m* (⚠ *pl* ***petits-fils***) Enkel *m*

pétition [petisjõ] *f* Gesuch *n*, Bittschrift *f*

petits-enfants [p(ə)tizɑ̃fɑ̃] *m/pl* Enkel *m/pl*

pétrifier [petrifje] (1a) (***se*** ~ sich) versteinern; *fig* erstarren lassen

pétr|in [petrɛ̃] *m* Backtrog *m*; F *fig* Klemme *f*; **~ir** (2a) kneten

pétrochimie [petrɔʃimi] *f* Erdöl-, Petrochemie *f*

pétrol|e [petrɔl] *m* Erdöl *n*; ~ ***brut*** Rohöl *n*; **~ier, ~ière** [-je, -jɛr] **1.** *adj* (Erd-)Öl...; **2.** *m* Tankschiff *n*, Tanker *m*

peu [pø] wenig; ~ ***de pain*** wenig Brot; ~ ***après*** kurz danach; ***de*** ~ um weniges; ~ ***à*** ~ nach und nach; ***à*** ~ ***près*** ungefähr, etwa; fast, beinahe; ***depuis*** ~ seit kurzem; ***quelque*** ~ einigermaßen; ***pour*** ~ ***que*** (+ *subj*) sofern

peuple [pœplə] *m* Volk *n*

peupler [pøple, pœ-] (1a) bevölkern; bewohnen

peuplier [pøplije, pœ-] *m bot* Pappel *f*

peur [pœr] *f* Angst *f*, Furcht *f* (***de*** vor); ***une*** ~ ***bleue*** eine Heidenangst; ***de*** ~ ***que*** ... (***ne*** *subj*) aus Angst, dass ...; ***avoir*** ~ Angst haben; ***prendre*** ~ Angst bekommen

peur|eux, ~euse [pørø, -øz *od* pœ-] ängstlich, furchtsam

peut-être [pøtɛtrə] vielleicht; ~ ***bien*** vielleicht sogar; ⚠ *nach* ~ *am Satzanfang entweder* ***que*** *od* ***Inversion***

peux [pø] *présent von* ***pouvoir***

p. ex. (*abr* ***par exemple***) z.B. (zum Beispiel)

pH [peaʃ] *m* pH-Wert *m*

phalange [falɑ̃ʒ] *f* Finger-, Zehenglied *n*; *hist mil* Phalanx *f*

phallocrate [falɔkrat] **1.** *adj* chauvinistisch; **2.** *m* Chauvi *m*

phallocratie [falɔkrasi] *f* männlicher Chauvinismus *m*

phare [far] *m mar* Leuchtturm *m*, Leuchtfeuer *n*; *auto* Scheinwerfer *m*; ***se mettre en*** **~*s*** das Fernlicht einschalten; ⚠ ***le*** ~

pharmac|eutique [farmasøtik] pharmazeutisch; **~ie** [-i] *f* Apotheke *f*; Pharmazie *f*; Arzneimittel *n/pl*; **~ien, ~ienne** *m, f* Apotheker(in) *m(f)*

phase [fɑz] *f* Phase *f*, Stadium *n*

phénomène [fenɔmɛn] *m* Phänomen *n*, Erscheinung *f*

philanthrope [filɑ̃trɔp] *m* Menschenfreund *m*

philatéliste [filatelist] *m* Briefmarkensammler *m*

Philippines [filipin] *f/pl* ***les*** ~ die Philippinen *pl*

philistin [filistɛ̃] *m* Spießbürger *m*, Philister *m*

philosoph|e [filɔzɔf] *m* Philosoph *m*; ***rester*** ~ Gleichmut bewahren; **~ie** [-i] *f* Philosophie *f*; Gelassenheit *f*; **~ique** philosophisch

phobie [fɔbi] *f psych* Phobie *f*; Abneigung *f*

phonétique [fɔnetik] **1.** *adj* Laut..., phonetisch; **2.** *f* Phonetik *f*, Lautlehre *f*

phoque [fɔk] *m zo* Robbe *f*, Seehund *m*

phosphate [fɔsfat] *m* Phosphat *n*; Phosphatdünger *m*

phosphore [fɔsfɔr] *m* Phosphor *m*

phosphorer [fɔsfɔre] (1a) F brüten, hirnen

photo [fɔto] *f* Foto *n*, (Licht-)Bild *n*; ***faire de la*** ~ fotografieren; ***prendre qn en*** ~ e-e Aufnahme von j-m machen; ⚠ ***la*** ~

photocomposition [fɔtɔkõpozisjõ] *f* Fotosatz *m*

photo|copie [fɔtɔkɔpi] *f* Fotokopie *f*; **~copieur** [-kɔpjœr] *m*, **~copieuse** [-kɔpjøz] *f* Fotokopierer *m*; **~génique** [-ʒenik] *Person*: fotogen

photograph|e [fɔtɔgraf] *m, f* Fotograf(in) *m(f)*; **~ie** [-i] *f* Fotografie *f*; **~ier** [-je] (1a) fotografieren; **~ique** [-ik] fotografisch

P

phrase [frɑz] *f gr* Satz *m*; **~s** *pl* Phrasen *f/pl*, leere Redensarten *f/pl*
phtisie [ftizi] *f méd* Schwindsucht *f*
phylloxéra [filɔksera] *m zo* Reblaus *f*
physic|ien, ~ienne [fizisjɛ̃, -jɛn] *m, f* Physiker(in) *m(f)*
physionomie [fizjɔnɔmi] *f* Physiognomie *f*, Gesichtsausdruck *m*; ⚠ *Schreibung*
physique [fizik] **1.** *adj* physisch, körperlich; physikalisch; ***plaisir** m* **~** Sinnengenuss *m*; **2.** *m* Körperbeschaffenheit *f*; Äußere(s) *n*; **3.** *f* Physik *f*
piailler [pjaje] (1a) *Vogel*: piepsen; F *Kind*: schreien
pianiste [pjanist] *m, f* Pianist(in) *m(f)*
pian|o [pjano] *m* Klavier *n*; **~ à queue** Flügel *m*; **~oter** [-ɔte] (1a) F *auf dem Klavier*: klimpern; *auf Tisch, Fenster*: trommeln
piaul|e [pjol] *f* F Bude *f* (*Zimmer*); **~er** (1a) *Kinder*: plärren; *Vögel*: piepsen
P.I.B. [peibe] *m* (*abr* ***produit intérieur brut***) Bruttoinlandsprodukt *n* (*abr* B.I.P.)
pic [pik] *m* **1.** Spitzhacke *f*; **2.** Bergspitze *f*; **à ~** senkrecht, steil; F *fig* ***arriver à*** **~** gerade zur rechten Zeit kommen; **3.** *zo* Specht *m*
pichet [piʃɛ] *m* Kanne *f*, Krug *m*
pickpocket [pikpɔkɛt] *m* Taschendieb *m*
picoler [pikɔle] (1a) F picheln, bechern
picorer [pikɔre] (1a) aufpicken
picoter [pikɔte] (1a) prickeln, kribbeln
pictogramme [piktɔgram] *m* Piktogramm *n*
pie [pi] **1.** *f zo* Elster *f*; **2.** *adj Pferd, Rind*: gescheckt
pièce [pjɛs] *f* **1.** Stück *n*; Theater-, Geld-, Schriftstück *n*; *Kleidung*: ***deux*** **~s** zweiteilig; ***à la*** **~** einzeln; ***cinq francs*** (***la***) **~** 5 Franc pro Stück; **~ *de rechange*** Ersatzteil *n*; ***mettre en*** **~s** zerreißen; **2.** Raum *m*, Zimmer *n*
pied [pje] *m* Fuß *m*; *Möbel*: Bein *n*; *Pilz*: Stiel *m*; ***au*** **~ *de*** am Fuß von; **~ *de vigne*** Rebstock *m*; **à ~** zu Fuß; **~s *nus*** barfuß; ***au*** **~ *de la lettre*** buchstabengetreu; ***de*** **~ *en cap*** von Kopf bis Fuß
pied-à-terre [pjetatɛr] *m* (⚠ *pl unv*) Absteigequartier *n*
piédestal [pjedɛstal] *m* (⚠ *pl* **-aux**) Sockel *m*
pied-noir [pjenwar] F *m* (⚠ *pl* ***pieds-noirs***) Algerienfranzose *m*
piège [pjɛʒ] *m* Falle *f*; ⚠ ***le*** **~**
piégé, ~e [pjeʒe] ***voiture*** *f* ***piégée*** Autobombe *f*
pierraille [pjɛrɑj] *f* grober Kies *m*
pierre [pjɛr] *f* Stein *m*
pierr|eries [pjɛrri] *f/pl* Edelsteine *m/pl*, Juwelen *n/pl*; **~eux, ~euse** [-ø, -øz] steinig
pierrot [pjɛro] *m* **1.** *zo* Sperling *m*; **2.** ♀ Hanswurst *m* (*Gestalt aus der frz Pantomime*)
piété [pjete] *f* Frömmigkeit *f*; Pietät *f*; **~ *filiale*** kindliche Liebe *f*
piétiner [pjetine] (1a) (zer)stampfen, (zer)trampeln; *fig* auf der Stelle treten; *fig* **~ *qn*, *qc*** j-n, etw mit Füßen treten
piét|on, ~onne [pjetɔ̃, -ɔn] **1.** *m, f* Fußgänger(in) *m(f)*; **2.** *adj* ***zone*** *f* ***piétonne*** Fußgängerzone *f*; **~onnier, ~onnière** [-ɔnje, -ɔnjɛr] Fußgänger...
pieu [pjø] *m* (⚠ *pl* **~x**) Pfahl *m*; F Bett *n*, Falle *f*
pieux, pieuse [pjø, pjøz] fromm; ehrfurchtsvoll; *fig* ***pieux mensonge*** *m* Notlüge *f*
pif [pif] F *m* Nase *f*, Zinken *m* F
pif(f)er [pife] (1a) F ***ne pas pouvoir*** **~ *qn*** j-n nicht riechen können
pig|eon [piʒɔ̃] *m* Taube *f*; **~eonnier** [-ɔnje] *m* Taubenschlag *m*
piger [piʒe] (1l) F kapieren, begreifen
pigiste [piʒist] *m* freier Journalist *m*
pigne [piɲ] *f bot* Kiefernzapfen *m*
pignon [piɲɔ̃] *m arch* Giebel *m*; *tech* Zahnrad *n*
pignouf [piɲuf] *m* F Flegel *m*
pilastre [pilastrə] *m arch* Pilaster *m*, Wandpfeiler *m*
pile¹ [pil] *f* **1.** Stapel *m*, Stoß *m*; **2.** (*elektrische*) Batterie *f*; **~ *atomique*** Atomreaktor *m*; **~ *solaire*** Solarzelle *f*; **3.** *Münze*: Rück-, Schriftseite *f*; **4.** F Tracht *f* Prügel
pile² [pil] *adv* ***s'arrêter*** **~** plötzlich anhalten; ***à deux heures*** **~** Punkt zwei Uhr
piler [pile] (1a) zerstampfen, zerstoßen
pilier [pilje] *m arch* Pfeiler *m*; *fig* Stütze *f*
pill|age [pijaʒ] *m* Plünderung *f*; **~er** (1a) (aus)plündern
pil|on [pilɔ̃] *m tech* Stampfer *m*; **~onner** [-ɔne] (1a) (zer)stampfen

P

pilori [pilɔri] *m* Pranger *m*; *fig* **mettre qn au ~** j-n an den Pranger stellen
pilotage [pilɔtaʒ] *m* Steuerung *f*; Lotsen(dienst) *n*(*m*)
pilot|e [pilɔt] **1.** *m mar* Lotse *m*; *aviat* Pilot *m*; *auto* (Renn-)Fahrer *m*; **~ automatique** Autopilot *m*; **2.** *adj* **ferme** *f* **~** Musterhof *m*; **~er** (1a) *aviat*, *auto* steuern, lenken; *mar* lotsen
pilule [pilyl] *f* Pille *f*; **~ (contraceptive)** Antibabypille *f*
piment [pimɑ̃] *m* Paprika *m*, Spanischer Pfeffer *m*; *fig* Würze *f*
pimenter [pimɑ̃te] (1a) scharf würzen
pimp|ant, ~ante [pɛ̃pɑ̃, -ɑ̃t] adrett, schmuck, fesch
pin [pɛ̃] *m bot* Kiefer *f*; Pinie *f*; ⚠ **le ~**
pinaill|eur, ~euse [pinajœr, -øz] F pingelig
pinard [pinar] F *m* Wein *m*
pince [pɛ̃s] *f* Zange *f*, Klemme *f*, Klammer *f*; *Krebse*: Schere *f*; **~ à épiler** Pinzette *f*; **~ à linge** Wäscheklammer *f*
pincé, ~e [pɛ̃se] verkniffen, gezwungen
pinceau [pɛ̃so] *m* (⚠ *pl* **~x**) Pinsel *m*
pincée [pɛ̃se] *f cuis* **une ~ de sel** e-e Prise Salz
pince-monseigneur [pɛ̃smɔ̃sɛɲœr] *f* (⚠ *pl* **pinces-monseigneur**) Brecheisen *n*
pincer [pɛ̃se] (1k) kneifen, zwicken, klemmen; *Saiten*: zupfen
pincette [pɛ̃sɛt] *f* Pinzette *f*; *pl* **~s** (Feuer-)Zange *f*
pinède [pinɛd] *f* Kiefern-, Pinienwald *m*
pingouin [pɛ̃gwɛ̃] *m zo* Pinguin *m*
pingre [pɛ̃grə] geizig, knickerig
pin's [pins] *m* Pin *m*, Anstecker *m*
pinson [pɛ̃sɔ̃] m zo Buchfink *m*
pintade [pɛ̃tad] *f zo* Perlhuhn *n*
pioch|e [pjɔʃ] *f* Hacke *f*; **~er** (1a) (um-, auf)hacken; F *Schüler*: pauken, büffeln
piolet [pjɔlɛ] *m* Eispickel *m*
pion, pionne [pjɔ̃, pjɔn] **1.** *m, f Schülersprache*: Aufsicht Führende(r) *m, f*; **2.** *m* Bauer *m* (*Schachspiel*); Stein *m* (*Brettspiel*)
pioncer [pjɔ̃se] (1k) F pennen
pionnier [pjɔnje] *m* Pionier *m*, Bahnbrecher *m*; ⚠ Pionier *nur übertragen*
pip|e [pip] *f* (Tabaks-)Pfeife *f*; **fumer la ~** Pfeife rauchen; *fig* **casser sa ~** F abkratzen (*sterben*); **~eau** [-o] *m* (⚠ *pl* **~x**) (Hirten-)Flöte *f*; **~er** (1a) *Würfel*, *Karten*: fälschen; **ne pas ~ (mot)** keinen Ton sagen
pipi [pipi] *m enf* Pipi *n*; **dame** *f* **~** Klofrau *f*; **faire ~** Pipi machen
piqu|ant, ~ante [pikɑ̃, -ɑ̃t] **1.** *adj* stachlig; *Bemerkung*: bissig, spitz; *cuis* pikant; **2.** *m* Dorn *m*; *fig* Reiz *m*
piqu|e [pik] **1.** *f* Pike *f*, Spieß *m*; **2.** *m Spielkarte*: Pik *n*; **~é, ~ée** gesteppt; fleckig; *Wein*: sauer; *Person*: **être un peu ~** F e-n kleinen Stich haben
pique|-assiette [pikasjɛt] *m* (⚠ *pl* **pique-assiette[s]**) *péj* Nassauer *m*, Schmarotzer *m*; **~-nique** [-nik] *m* (⚠ *pl* **pique-niques**) Picknick *n*; **~-niquer** [-nike] (1m) picknicken
piquer [pike] (1m) stechen; beißen (*auf der Zunge*); *Bart*: kratzen; *méd* e-e Spritze geben (**qn** j-m); *fig* reizen; F *fig* klauen; *aviat* im Sturzflug niedergehen; **se ~** sich stechen; sich spritzen; fixen; *fig* **se ~ de qc** sich etwas auf etw einbilden
piquet [pikɛ] *m* Pflock *m*; (Zelt-)Hering *m*; **~ de grève** Streikposten *m*; **mettre au ~** *Schüler*: in die Ecke stellen
piqûre [pikyr] *f* Stich *m*; *méd* Spritze *f*
piratage [pirataʒ] *m* Piraterie *f*; **~ industriel** Produktpiraterie *f*; **~ informatique** Hacken *n*; Softwarepiraterie *f*
pirat|e [pirat] *m* Pirat *m*, Seeräuber *m*; **~ de l'air** Luftpirat *m*; **~ de l'informatique** Hacker *m*; **~erie** *f* Seeräuberei *f*
pire [pir] schlimmer; **le, la ~** der, die, das Schlimmste
pis¹ [pi] *adv* schlimmer
pis² [pi] *m* Euter *n*
pis-aller [pizale] *m* (⚠ *pl unv*) Notbehelf *m*
pisciculture [pisikyltyr] *f* Fischzucht *f*
piscine [pisin] *f* Schwimmbad *n*; **~ couverte** Hallenbad *n*; **~ en plein air** Freibad *n*
pisse [pis] *f* P Pisse *f*
pissenlit [pisɑ̃li] *m bot* Löwenzahn *m*
piss|er [pise] (1a) F pissen, pinkeln; **~otière** [-ɔtjɛr] *f* F Pissoir *n*
pistache [pistaʃ] *f bot* Pistazie *f*
piste [pist] *f* Fährte *f*; Spur *f*; Piste *f*; Rennbahn *f*; **~ magnétique** Magnetstreifen *m*; **~ sonore** Tonspur *f*; **~ d'atterrissage** Landebahn *f*; **~ de ski de fond** Loipe *f*
pistolet [pistɔlɛ] *m* Pistole *f*; ⚠ **le ~**

P

piston [pistɔ̃] *m tech* Kolben *m*; F *fig* Protektion *f*
pistonner [pistɔne] (1a) ~ ***qn*** j-n protegieren
pitance [pitɑ̃s] *f péj* Essen *n*, Fraß *m*
pit|eux, ~euse [pitø, -øz] jämmerlich; kümmerlich
pitié [pitje] *f* Mitleid *n*; ***avoir ~ de qn*** mit j-m Mitleid haben; F ***quelle ~!*** wie erbärmlich!
pitoyable [pitwajablə] bedauernswert; *péj* erbärmlich
pitre [pitrə] *m* Hanswurst *m*
pittoresque [pitɔrɛsk] malerisch
pivert [pivɛr] *m zo* Grünspecht *m*
pivoine [pivwan] *f bot* Pfingstrose *f*
piv|ot [pivo] *m tech* Zapfen *m*; *fig* Angelpunkt *m*; **~oter** [-ɔte] (1a) sich (*um etw*) drehen
pixel [piksɛl] *m* Pixel *n*
placage [plakaʒ] *m Möbel*: Furnier(ung) *n(f)*
plac|ard [plakar] *m* **1.** Wandschrank *m*; **2.** Aushang *m*, Anschlag *m*; große Anzeige *f* (*Zeitung*); **~arder** [-arde] (1a) öffentlich anschlagen
place [plas] *f* Platz *m*, Ort *m*, Stelle *f*; Posten *m*; ~ ***forte*** Festung *f*; ***sur ~*** an Ort und Stelle; ***à la ~ de*** anstelle von; ***par ~s*** stellenweise; ***être en ~*** bereitstehen; ~ ***assise*** Sitzplatz *m*; ~ ***debout*** Stehplatz *m*; ⚠ ***la ~***
plac|é, ~ée [plase] ***être bien ~*** e-n guten Standort haben; **~ement** [-mɑ̃] *m* Unterbringung *f*; *comm* Absatz *m*, Verkauf *m*; *Geld*: Anlage *f*
placer [plase] (1k) setzen, stellen, legen; an-, unterbringen; *fig* einordnen; *Geld*: anlegen, *Waren*: absetzen; ***se ~*** Platz nehmen; sich platzieren
placeur [plasœr] *m* Platzanweiser *m*
placide [plasid] sanft(mütig)
plafond [plafɔ̃] *m* (Zimmer-)Decke *f*; *aviat* Maximal(steig)höhe *f*; *auto* Höchstgeschwindigkeit *f*; *écon* Höchstsatz *m*, Obergrenze *f*
plafonn|er [plafɔne] (1a) *arch* e-e Decke einziehen; *aviat* die Gipfelhöhe erreichen; *auto* die Spitzengeschwindigkeit erreichen; *fig* die Höchstgrenze erreichen; **~ier** [-je] *m* Deckenlampe *f*
plage [plaʒ] *f* Strand *m*; Seebad *n*, Badeort *m*; ~ ***fixe*** Kernzeit *f*; ~ ***variable*** Gleitzeit *f*; ⚠ ***la ~***
plagiaire [plaʒjɛr] *m* Plagiator *m*
plagiat [plaʒja] *m* Plagiat *n*
plaid [plɛd] *m* Reisedecke *f*
plaid|er [plɛde] (1b) ~ ***pour*** sich einsetzen für, plädieren für; ~ ***contre*** prozessieren gegen; ~ ***la cause de qn*** j-n vor Gericht vertreten; *fig* für j-n eintreten; **~oirie** [-wari] *f jur* Plädoyer *n*; **~oyer** [-waje] *m jur u fig* Plädoyer *n*, Verteidigungsrede *f*, -schrift *f*
plaie [plɛ] *f* Wunde *f*; *fig* Plage *f*
plaign|ant, ~ante [plɛɲɑ̃, -ɑ̃t] *m, f jur* Kläger(in) *m(f)*
plaindre [plɛ̃drə] (4b) beklagen, bedauern; ***se ~*** klagen, sich beklagen (***de*** über); sich beschweren (***de*** über); ***se ~*** (***de ce***) ***que*** (+ *ind od subj*) sich darüber beklagen, dass ...
plaine [plɛn] *f* Ebene *f*
plain-pied [plɛ̃pje] ***de ~*** auf gleicher Ebene; *fig* direkt, ohne Umschweife
plaint|e [plɛ̃t] *f* (Weh-)Klage *f*; Beschwerde *f*; *jur* Strafantrag *m*; ***porter ~*** Anzeige erstatten (***contre*** gegen); **~if, ~ive** [-if, -iv] klagend; kläglich
plaire [plɛr] (4aa) gefallen (***à qn*** j-m); ***s'il vous*** (*od* ***te***) ***plaît*** bitte (*anbietend*); ***plaît-il?*** wie bitte?; ***il lui plaît de*** (+ *inf*) es beliebt ihm zu (+ *inf*); ***se ~*** sich (selbst) gefallen; *st/s* ***se ~ à*** Gefallen finden an; ***je me plais à Paris*** es gefällt mir in Paris, ich fühle mich in Paris wohl
plais|ance [plɛzɑ̃s] *f* ... ***de ~*** Vergnügungs...; ***navigation f de ~*** Schifffahrt *f* mit Motor- und Segeljachten; ***port m de ~*** Jacht-, Segelhafen *m*; **~ant, ~ante** [-ɑ̃, -ɑ̃t] angenehm, gefällig, hübsch; lustig, amüsant; **~anter** [-ɑ̃te] (1a) scherzen, spaßen; ~ ***qn*** sich über j-n lustig machen; **~anterie** [-ɑ̃tri] *f* Scherz *m*, Spaß *m*; **~antin** [-ɑ̃tɛ̃] *m* Witzbold *m*
plaisir [plezir] *m* Vergnügen *n*, Freude *f*; Lust *f*; ***à ~*** grundlos; ***avec ~*** gern; ***par ~*** zum Spaß; ***faire ~ à qn*** j-m Freude machen; ***prendre ~ à*** Vergnügen finden an; ***les ~s de la table*** die Tafelfreuden *f/pl*
plan, plane [plɑ̃, plan] **1.** *adj* eben; **2.** *m* Fläche *f*; Plan *m*; ***premier ~*** Vordergrund *m*; ***de premier ~*** erstrangig; ***sur ce ~*** in dieser Hinsicht; ***sur le ~ économique*** auf wirtschaftlichem Gebiet; ~ ***d'eau*** Wasserspiegel *m*, -fläche *f*

P

planche [plɑ̃ʃ] *f* Brett *n*; (Kupfer-)Stich *m*; *Buch*: (Bild-)Tafel *f*; *Garten*: Beet *n*; ~ ***à roulettes*** Skateboard *n*; ~ ***à voile*** Surfbrett *n*; ***faire de la*** ~ surfen
plancher [plɑ̃ʃe] *m* Fußboden *m*
planchiste [plɑ̃ʃist] *m* Windsurfer *m*
planer [plane] (1a) schweben; *fig* ~ ***au-dessus de*** erhaben sein über; ⚠ *nicht* planen
planétaire [planetɛr] planetarisch; weltweit
planète [planɛt] *f* Planet *m*; ⚠ ***la*** ~
planeur [planœr] *m* Segelflugzeug *n*
planification [planifikasjɔ̃] *f* Planung *f*
planifier [planifje] (1a) planen
planning [planiŋ] *m* ~ ***familial*** Familienplanung *f*
planquer [plɑ̃ke] (1m) F (***se*** ~ sich) verstecken
plantation [plɑ̃tasjɔ̃] *f* Anpflanzung *f*, Plantage *f*
plante[1] [plɑ̃t] *f* Pflanze *f*, Gewächs *n*
plante[2] [plɑ̃t] *f* ~ ***du pied*** Fußsohle *f*
plant|er [plɑ̃te] (1a) (an-, ein)pflanzen, setzen; bepflanzen; *Pfahl*: einschlagen; *Fahne*: aufpflanzen; *Zelt*: aufschlagen; ~ ***là qn*** j-n im Stich lassen; ***se*** ~ F sich täuschen; ***se*** ~ ***devant qn*** F sich vor j-m aufpflanzen; **~eur** *m* Pflanzer *m*
plantur|eux, ~euse [plɑ̃tyrø, -øz] reichlich; üppig (*a fig Frau*)
plaque [plak] *f* Platte *f*; Schild *n*; Plakette *f*; Deckel *m*; Tafel *f* (*Schokolade*); ~ ***d'identité*** Erkennungsmarke *f*; *auto* ~ ***minéralogique*** *od* ~ ***d'immatriculation*** Nummernschild *n*; ~ ***tournante*** Drehscheibe *f* (*a fig*)
plaqu|é [plake] *m tech* Plattierung *f*; Dublee *n*; **~er** (1m) *tech* plattieren; mit Silber, Gold dublieren; *Möbel*: furnieren; *fig* drücken (***contre***, ***sur*** gegen, an); *fig* F ~ ***qn*** j-n im Stich lassen; **~ette** [-ɛt] *f* Plakette *f*; Plättchen *n*
plastic [plastik] *m* Plastiksprengstoff *m*; ⚠ *nicht* Plastik
plastique [plastik] **1.** *adj* bildsam, plastisch; ***arts*** *m/pl* **~s** bildende Kunst *f*; ***matière*** *f* ~ Kunststoff *m*; **2.** *f* Plastik *f*, Bildhauerkunst *f*; **3.** *m* Kunststoff *m*, Plastik *n*
plat, plate [pla, plat] **1.** *adj* flach, platt, eben; *fig* fade, schal; **2.** *m* Platte *f*, Schüssel *f*; *cuis* Gericht *n*, Speise *f*, Gang *m*; ~ ***cuisiné*** warmes Gericht *n*
platane [platan] *m bot* Platane *f*; ⚠ ***le*** ~
plateau [plato] *m* (⚠ *pl* **~x**) Platte *f*; Tablett *n*; *Theater*: Bühne *f*, Szenenaufbau *m*; *géogr* Plateau *n*, Hochebene *f*
plate-bande [platbɑ̃d] *f* (⚠ *pl* ***plates-bandes***) Gartenbeet *n*
plate-forme [platfɔrm] *f* (⚠ *pl* ***plates-formes***) Plattform *f*; *pol* ~ ***électorale*** Wahlplattform *f*; ~ ***de forage*** Bohrinsel *f*; ⚠ *Schreibung*
platine [platin] **1.** *m chim* Platin *n*; **2.** *f Plattenspieler*: Chassis *n*; Plattenspieler *m*; Kassettendeck *n*; ~ ***laser*** CD-Spieler *m*
platitude [platityd] *f fig* Plattheit *f*, Seichtheit *f*; Gemeinplatz *m*
plâtras [plɑtra] *m* Bauschutt *m*
plâtr|e [plɑtrə] *m* Gips *m*; Gipsfigur *f*; Gipsverband *m*; **~er** (1a) (ver-, ein)gipsen
plausible [plozibləә] einleuchtend, glaubwürdig, plausibel
play-back [plɛbak] *m* (⚠ *pl unv*) Play-back *n*
play-boy [plɛbɔj] *m* (⚠ *pl* **play-boys**) Playboy *m*
plèbe [plɛb] *f litt u péj* Pöbel *m*
plébl|éien, ~éienne [plebejɛ̃, -ejɛn] *litt u péj* plebejisch; **~iscite** [-isit] *m* Volksabstimmung *f*, -entscheid *m*
plein, pleine [plɛ̃, plɛn] **1.** *adj* voll; gefüllt (***de*** mit); *Material*: massiv; *weibliches Tier*: ***pleine*** trächtig; ***à plein temps*** ganztags (*arbeiten*); ***de plein droit*** von Rechts wegen; ***de plein gré*** aus freiem Antrieb; ***en plein air*** unter freiem Himmel, im Freien; ***en plein été*** im Hochsommer; ***en plein Paris*** mitten in Paris; ***en pleine rue*** auf offener Straße; **2.** *adv* ***sonner plein*** voll klingen; ***en plein dans*** genau in; F ***plein de*** viel(e); F *fig* ***en avoir plein le dos*** die Nase voll haben; **3.** *m* ***battre son plein*** in vollem Gange sein (*Fest etc*); ***faire le plein*** (***de qc***) voll machen; *auto* voll tanken
pleinement [plɛnmɑ̃] *adv* völlig
plein|-emploi [plɛnɑ̃plwa] *m écon* Vollbeschäftigung *f*; **~-temps** [-tɑ̃] *m* (⚠ *pl* ***pleins-temps***) Vollzeitbeschäftigung *f*
plénitude [plenityd] *f fig* Fülle *f*
pleurer [plœre] (1a) (be)weinen; ~ ***sur qc*** etw beklagen; ~ ***de rire*** Tränen lachen

P

pleurésie [plœrezi, plø-] *f méd* Rippenfell-, Brustfellentzündung *f*
pleureur [plœrœr] *bot* ***saule*** *m* ~ Trauerweide *f*
pleurnicher [plœrniʃe] (1a) *bes Kinder* F flennen
pleuvoir [pløvwar] (3e) regnen; ***il pleut*** es regnet; *fig* ***les coups pleuvaient*** es hagelte Schläge
pli [pli] *m* Falte *f*, Knick *m*; Briefumschlag *m*, Brief *m*; *Kartenspiel*: Stich *m*; *fig* Gewohnheit *f*; ***sous ce*** ~ beiliegend; *Frisur*: ***mise*** *f* ***en*** ~***s*** Wasserwelle *f*
pli|ant, ~ante [plijɑ̃, -ɑ̃t] zusammenklappbar; ***canot*** *m* ***pliant*** Faltboot *n*; ***siège*** *m* ***pliant*** Klappstuhl *m*
plier [plije] (1a) (zusammen)falten, zusammenklappen; knicken; biegen, beugen; sich biegen; *fig* nachgeben; ***se*** ~ ***à*** sich fügen; sich anpassen
plisser [plise] (1a) falten, fälteln; *Stirn*: runzeln
plomb [plɔ̃] *m* Blei *n*; Plombe *f* (*Bleisiegel*); (Blei-)Lot *n*; (*elektrische*) Sicherung *f*; ***à*** ~ senkrecht; *Benzin*: ***sans*** ~ bleifrei
plomb|age [plɔ̃baʒ] *m Zähne*: Plombieren *n*; Plombe *f*, Füllung *f*; *Wag(g)on*: Verplomben *n*; **~er** (1a) plombieren; verplomben; **~erie** *f* Klempnerei *f*, Spenglerei *f*; **~ier** [-je] *m* Klempner *m*, Spengler *m*; **~ifère** [-ifɛr] bleihaltig
plong|eant, ~eante [plɔ̃ʒɑ̃, -ɑ̃t] von oben nach unten gerichtet; **~ée** *f* Tauchen *n*; *mil* Tauchmanöver *n*; *Film*: Aufnahme *f* von oben; **~eoir** [-war] *m* Sprungbrett *n*, -turm *m*; **~eon** [-ɔ̃] *m* *Sport*: Kopfsprung *m*; **~er** (1l) (ein-, unter)tauchen; ~ ***dans la vallée*** *Blick*: ins Tal hinabschweifen; ***se*** ~ ***dans*** sich versenken in; **~eur, ~euse** *m*, *f* Taucher(in) *m*(*f*); Tellerwäscher(in) *m*(*f*); *Schwimmsport*: Springer(in) *m*(*f*)
plu [ply] *p/p von* ***plaire u pleuvoir***
pluie [plɥi] *f* Regen *m*; *fig* Hagel *m*, Flut *f*; **~*s acides*** saurer Regen *m*
plumage [plymaʒ] *m* Gefieder *n*
plum|e [plym] *f* Feder *f* (*Vogelfeder u Schreibfeder*); ***homme*** *m* ***de*** ~ Schriftsteller *m*; **~eau** [-o] *m* (⚠ *pl* **~x**) Staubwedel *m*; **~er** (1a) rupfen (*a fig*); *fig* ausnehmen; **~et** [-ɛ] *m* Federbusch *m*; **~ier** [-je] *m* Federkasten *m*
plupart [plypar] ***la*** ~ ***des élèves*** die meisten Schüler; ***la*** ~ ***d'entre nous*** die meisten von uns; ***pour la*** ~ größtenteils; ***la*** ~ ***du temps*** meistens; ⚠ *la* ~ ***sont*** *venus*
plural|iste [plyralist] pluralistisch; **~ité** *f* Vielzahl *f*, Pluralität *f*
pluriel [plyrjɛl] *m gr* Plural *m*
plurilingue [plyrilɛ̃g] mehrsprachig
plus[1] **1.** [ply; *allein stehend* plys] *adv* mehr (***que***, ***de*** als); *math* plus; ***le*** ~ am meisten; ***de*** ~ mehr; ferner, außerdem; ***de*** ~ ***en*** ~ immer mehr; ***en*** ~ noch dazu; ***rien de*** ~ weiter nichts; ***sans*** ~ ohne etw hinzuzufügen; (***tout***) ***au*** ~ höchstens; ~ ... ~ ... je mehr ... desto mehr; ~ ***grand*** größer (***que*** als); ***le*** ~ ***grand*** der Größte; ***au*** ~ ***tard*** spätestens; **2.** [ply] *adv der Verneinung*: ***ne*** ... ~ nicht mehr; ***non*** ~ auch nicht; ~ ***d'argent*** kein Geld mehr
plus[2] [ply] *p/s von* ***plaire***
plusieurs [plyzjœr] mehrere; ⚠ ***plusieurs voitures*** (*kein* ***de***)
plus-que-parfait [plyskəparfɛ] *m gr* Plusquamperfekt *n*
plutonium [plytɔnjɔm] *m* Plutonium *n*
plutôt [plyto] eher, lieber; vielmehr; ~ ***que de*** (+ *inf*) anstatt zu (+ *inf*); ⚠ *nicht verwechseln mit* ***plus tôt***
pluvi|eux, ~euse [plyvjø, -øz] regnerisch
P.M.U. [peɛmy] *m* (*abr* ***Pari mutuel urbain***) *etwa* Pferdetoto *n*; Wettannahme *f*
pneu [pnø] *m* (⚠ *pl* **~s**) **1.** *Kfz etc* Reifen *m*; **2.** Rohrpostbrief *m*; **~matique** [-matik] **1.** *adj* Luft...; ***matelas*** *m* ~ Luftmatratze *f*; **2.** *m cf* ***pneu***
pneumonie [pnømɔni] *f méd* Lungenentzündung *f*
poche [pɔʃ] *f* Tasche *f*; *zo* Beutel *m*; *in Kleidung*: ausgebeulte Stelle *f*; ***livre*** *m* ***de*** ~ Taschenbuch *n*; ~ ***revolver*** Gesäßtasche *f*
pocher [pɔʃe] (1a) *cuis Eier*: pochieren; *Auge*: blau schlagen
pochette [pɔʃɛt] *f* Täschchen *n*; Tüte *f*, Hülle *f*; Ziertaschentuch *n*
poêle [pwal] **1.** *m* (Zimmer-)Ofen *m*; **2.** *f* Pfanne *f*; ⚠ *Aussprache*
poêlon [pwalɔ̃] *m* Stieltopf *m*
poème [pɔɛm] *m* Gedicht *n*
poésie [pɔezi] *f* Dichtkunst *f*, Dichtung *f*, Poesie *f*; Lyrik *f*; *kleines* Gedicht *n*

P

poète [pɔɛt] *m* Dichter *m*, Poet *m*; ***femme*** *f* ~ Dichterin *f*
poétique [pɔetik] dichterisch, poetisch; lyrisch; *fig* romantisch
pognon [pɔɲɔ̃] *m* F Zaster *m*
poids [pwa] *m* Gewicht *n* (*a fig*); Schwere *f*; Last *f*; ~ ***lourd*** Lastwagen *m*, Lkw *m*, Laster *m*; ***perdre***, ***prendre du*** ~ ab-, zunehmen; ***lancer*** *m* ***du*** ~ Kugelstoßen *n*; ***de*** ~ gewichtig, einflussreich
poign|ant, ~ante [pwaɲɑ̃, -ɑ̃t] stechend; quälend; herzergreifend; **~ard** [-ar] *m* Dolch *m*; **~arder** [-arde] (1a) erdolchen
poigne [pwaɲ] *f* Kraft *f*; Durchsetzungsvermögen *n*
poign|ée [pwaɲe] *f* Handvoll *f*; Griff *m*, Heft *n*; ~ ***de main*** Händedruck *m*; **~et** [-ɛ] *m* Handgelenk *n*
poil [pwal] *m* Haar *n* (*Tiere*, *Körperhaare beim Menschen*); ***à*** ~ nackt
poilu, ~e [pwaly] behaart, haarig
poing [pwɛ̃] *m* Faust *f*
point[1] [pwɛ̃] *m* Punkt *m*, Stelle *f*; *Nähen*: Stich *m*; ***deux ~s*** *pl* Doppelpunkt *m*; ~ ***d'exclamation*** Ausrufungszeichen *n*; ~ ***d'interrogation*** Fragezeichen *n*; ~ ***de vue*** Stand-, Gesichtspunkt *m*; *méd* ~ ***de côté*** Seitenstechen *n*; ~ ***d'arrêt*** Haltestelle *f*; *Schule*: ***mauvais*** ~ Minuspunkt *m*; ~ ***du jour*** Tagesanbruch *m*; ***être sur le*** ~ ***de*** (+ *inf*) im Begriff sein zu (+ *inf*); ***mettre au*** ~ einstellen; ausarbeiten; *tech* entwickeln; *fig* auf den Punkt bringen; ***mise*** *f* ***au*** ~ Richtigstellung *f*; Einstellung *f*; Entwicklung *f*; *cuis* ***à*** ~ *Steak*: medium; ***au*** ~ ***de*** (+ *inf*), ***au*** ~ ***que*** ... in e-m solchen Maße, dass ...; ***à ce*** ~ ***que*** ... so sehr, dass ...; ***sur ce*** ~ in diesem Punkt; *fig* ***faire le*** ~ e-e Bestandsaufnahme machen, die Lage überprüfen
point[2] [pwɛ̃] *adv litt* ***ne*** ... ~ (gar) nicht; ~ ***de*** ... gar kein ...
point|e [pwɛ̃t] *f* Spitze *f* (*a fig*); Stachel *m*, Stift *m*; Zipfel *m*; Pointe *f*; ***en*** ~ spitz; ... ***de*** ~ Spitzen..., modernste; ***une*** ~ ***de*** ... e-e Spur von ...; **~er** (1a) abhaken; *Arbeiter*: kontrollieren; *an der Stechuhr*: stempeln; ~ ***les oreilles*** die Ohren spitzen
pointill|é [pwɛ̃tije] *m* punktierte Linie *f*; **~eux, ~euse** [-ø, -øz] kleinlich, pedantisch, penibel
point|u, ~ue [pwɛ̃ty] spitz; *Stimme*: schrill
pointure [pwɛ̃tyr] *f* *Schuh etc*: Nummer *f*, Größe *f*
point-virgule [pwɛ̃virgyl] *m* (⚠ *pl* ***points-virgules***) *gr* Strichpunkt *m*, Semikolon *n*
poire [pwar] *f* *bot* Birne *f*; F Visage *f*; F gutmütiger Trottel *m*
poireau [pwaro] *m* (⚠ *pl* ***~x***) *bot* Porree *m*, Lauch *m*
poirier [pwarje] *m* Birnbaum *m*
pois [pwa] *m* Erbse *f*; ***petits*** ~ *pl* grüne Erbsen; ***à*** ~ gepunktet, getüpfelt
poison [pwazɔ̃] *m* Gift *n*; F *fig* (*a f*) Giftnudel *f*, unausstehliche Person *f*; ⚠ *nicht verwechseln mit* ***le poisson***
poisse [pwas] *f* F Pech *n* (*fig*)
poiss|on [pwasɔ̃] *m* Fisch *m*; *astr* **ᘓs** *m/pl* Fische *pl*; ~ ***d'avril*** Aprilscherz *m*; **~onnerie** [-ɔnri] *f* Fischgeschäft *n*
poitrine [pwatrin] *f* Brust *f*
poivr|e [pwavrə] *m* Pfeffer *m*; *Haare*: ~ ***et sel*** grau meliert; **~er** (1a) pfeffern; **~ier** [-ije] *m* Pfefferstreuer *m*; *bot* Pfefferstrauch *m*; **~ière** [-ijɛr] *f* Pfefferstreuer *m*
poivron [pwavrɔ̃] *m* Paprika(schote) *m*(*f*)
poix [pwa] *f* Pech *n*
polaire [pɔlɛr] Polar...
polar [pɔlar] *m* F Krimi *m*
polariser [pɔlarize] (1a) polarisieren
pôle [pol] *m* Pol *m* (*a fig*); ~ ***d'attraction*** Anziehungspunkt *m*
polémiqu|e [pɔlemik] **1.** *adj* polemisch; **2.** *f* Polemik *f*; **~er** (1m) polemisieren
poli, ~e [pɔli] **1.** höflich; **2.** glänzend; poliert
police[1] [pɔlis] *f* Polizei *f*; ***agent*** *m* ***de*** ~ Polizist *m*; ~ ***secours*** Überfallkommando *n*
police[2] [pɔlis] *f* (Versicherungs-)Police *f*
polichinelle [pɔliʃinɛl] *m* *fig* Hampelmann *m*; ***c'est le secret de*** **ᘓ** das ist ein offenes Geheimnis
polic|ier, ~ière [pɔlisje, -jɛr] **1.** *adj* Polizei...; Kriminal...; ***roman*** *m* ***policier*** Kriminalroman *m*; **2.** *m* Polizeibeamte(r) *m*
poliomyélite [pɔljɔmjelit] *f* Kinderlähmung *f*
polir [pɔlir] (2a) schleifen, glätten, polieren; *fig* *Stil*: ausfeilen

poliss|on, ~onne [pɔlisɔ̃, -ɔn] **1.** *adj* zweideutig, schlüpfrig; **2.** *m, f* Bengel *m*, Range *f*
politesse [pɔlitɛs] *f* Höflichkeit *f*
politicard [pɔlitikar] *m* skrupelloser Politiker *m*
politic|ien, ~ienne [pɔlitisjɛ̃, -jɛn] *m, f* Politiker(in) *m(f)*
politique [pɔlitik] **1.** *adj* politisch, Staats...; *fig* diplomatisch; ***économie*** *f* ~ Volkswirtschaft *f*, Nationalökonomie *f*; **2.** *f* Politik *f*; *fig* Taktik *f*; **3.** *m* Politiker *m*
pollu|er [pɔlɥe] (1n) *Umwelt*: verschmutzen; **~eur** *m* Umweltverschmutzer *m*
pollution [pɔlysjɔ̃] *f* (Umwelt-)Verschmutzung *f*; ~ ***atmosphérique*** Luftverschmutzung *f*; ~ ***sonore*** Lärmbelästigung *f*
Pologne [pɔlɔɲ] ***la*** ~ Polen *n*
polon|ais, ~aise [pɔlɔnɛ, -ɛz] **1.** *adj* polnisch; **2.** ♀ *m, f* Pole *m*, Polin *f*
poltr|on, ~onne [pɔltrɔ̃, -ɔn] *m, f* Feigling *m*, Memme *f*; **~onnerie** [-ɔnri] *f* Feigheit *f*
polycopier [pɔlikɔpje] (1a) vervielfältigen
poly|gamie [pɔligami] *f* Polygamie *f*, Vielweiberei *f*; **~glotte** [-glɔt] vielsprachig
Polynésie [pɔlinezi] ***la*** ~ Polinesien *n*
polynés|ien, ~ienne [pɔlinezjɛ̃, -jɛn] polynesisch
polystyrène [pɔlistirɛn] *m* Styropor *n*
polytechnicien [pɔlitɛknisjɛ̃] *m* (ehemaliger) Schüler *m* der École polytechnique in Paris
polyval|ent, ~ente [pɔlivalɑ̃, -ɑ̃t] vielseitig; Mehrzweck...; *méd* Breitband...; *chim* mehrwertig; *EDV* multifunktional
pommade [pɔmad] *f* Salbe *f*
pomme [pɔm] *f* Apfel *m*; Brause *f* (*an der Gießkanne*); ~ ***de pin*** Tannenzapfen *m*; ~ ***de terre*** Kartoffel *f*; ~ ***d'Adam*** Adamsapfel *m*; F ***tomber dans les ~s*** in Ohnmacht fallen
pommeau [pɔmo] *m* (⚠ *pl* **~x**) Knauf *m*; Sattelknopf *m*
pomm|elé [pɔmle] ***cheval*** *m* ~ Apfelschimmel *m*; **~ette** [-ɛt] *f* Backenknochen *m*; **~ier** [-je] *m* Apfelbaum *m*
pompe¹ [pɔ̃p] *f* Pomp *m*, Prunk *m*; ***~s funèbres*** Bestattungsinstitut *n*; ⚠ ***la*** ~
pomp|e² [pɔ̃p] *f tech* Pumpe *f*; F Schuh *m*; Liegestütz *m*; ~ ***à eau*** Wasserpumpe *f*; ~ ***à chaleur*** Wärmepumpe *f*; F ***avoir le coup de*** ~ wie ausgepumpt sein; **~er** (1a) (ab)pumpen; *fig* aufsaugen; *Schülersprache*: abschreiben
pompette [pɔ̃pɛt] F angeheitert
pomp|eux, ~euse [pɔ̃pø, -øz] bombastisch; *Stil*: schwülstig
pompier [pɔ̃pje] *m* Feuerwehrmann *m*; **~s** *pl* Feuerwehr *f*
pompiste [pɔ̃pist] *m* Tankwart *m*
pomp|on [pɔ̃pɔ̃] *m* Quaste *f*; **~onner** [-ɔne] (1a) herausstaffieren, -putzen
ponce [pɔ̃s] ***pierre*** *f* ~ Bimsstein *m*
poncho [pɔ̃ʃo] *m* **1.** Poncho *m*; **2.** Hüttenschuh *m*
poncif [pɔ̃sif] *m* Gemeinplatz *m*, Plattheit *f*
ponctionner [pɔ̃ksjɔne] (1a) *méd* punktieren
ponctua|lité [pɔ̃ktɥalite] *f* Pünktlichkeit *f*; **~tion** *f gr* Interpunktion *f*, Zeichensetzung *f*
ponctu|el, ~elle [pɔ̃ktɥɛl] pünktlich; punktuell; **~er** (1n) *gr* interpunktieren; *fig* hervorheben
pondération [pɔ̃derasjɔ̃] *f* Besonnenheit *f*; Ausgewogenheit *f*
pondéré, ~e [pɔ̃dere] besonnen
pondre [pɔ̃drə] (4a) *Eier*: legen; *fig* F verfassen, fabrizieren
poney [pɔnɛ] *m zo* Pony *n*
pont [pɔ̃] *m* Brücke *f*; (Schiffs-)Deck *n*; *auto* ~ ***arrière*** Hinterachse *f*; ~ ***aérien*** Luftbrücke *f*; ***faire le*** ~ an e-m Werktag zwischen zwei Feiertagen nicht arbeiten
pont-levis [pɔ̃ləvi] *m* (⚠ *pl* ***ponts-levis***) Zugbrücke *f*
ponton [pɔ̃tɔ̃] *m* (Anlege-)Ponton *m*
pop-corn [pɔpkɔrn] *m* (⚠ *pl unv*) Popcorn *n*
popote [pɔpɔt] *f* F ***faire la*** ~ kochen
populace [pɔpylas] *f* Pöbel *m*
popul|aire [pɔpylɛr] Volks...; volkstümlich; populär, beliebt; **~ariser** [-arize] (1a) volkstümlich machen; popularisieren; **~arité** [-arite] *f* Beliebtheit *f*, Popularität *f*; **~ation** *f* Bevölkerung *f*; **~eux, ~euse** [-ø, -øz] dicht bevölkert
porc [pɔr] *m* Schwein *n* (*a fig*); Schweinefleisch *n*; Schweinsleder *n*

P

porcelaine [pɔrsəlɛn] *f* Porzellan *n*; ⚠ ***la ~***
porcelet [pɔrsəlɛ] *m zo* Ferkel *n*
porc-épic [pɔrkepik] *m* (⚠ *pl* ***porcs-épics***) *zo* Stachelschwein *n*
porche [pɔrʃ] *m* Portalvorhalle *f*
porcherie [pɔrʃəri] *f* Schweinestall *m*
pore [pɔr] *m* Pore *f*; ⚠ ***le ~***
por|eux, ~euse [pɔrø, -øz] porös
porno(graphique) [pɔrno(grafik)] pornografisch, Porno...
port¹ [pɔr] *m* Hafen *m*; Hafenstadt *f*
port² [pɔr] *m* **1.** Tragen *n* (*von Waffen, Abzeichen etc*); **2.** *Post*: Porto *n*; ***en ~ dû*** unfrankiert
portable [pɔrtablə] **1.** *adj* tragbar; **2.** *m* Notebook *m*, Laptop *m*
portail [pɔrtaj] *m* (⚠ *pl* ***~s***) *arch* Portal *n*; Tor *n*
port|ant, ~ante [pɔrtɑ̃, -ɑ̃t] **1.** tragend; ***à bout portant*** aus nächster Nähe (*schießen*); **2.** ***bien portant*** gesund; ***mal portant*** nicht gesund
portat|if, ~ive [pɔrtatif, -iv] **1.** *adj* tragbar; Koffer...; **2.** *m* Handy *n*; *EDV* Notebook *m*
porte [pɔrt] *f* Tür *f*; Tor *n* (*a fig*); ***~ à ~*** Tür an Tür; ***entre deux ~s*** zwischen Tür und Angel
porte|-à-porte [pɔrtapɔrt] *m* ***faire du ~*** hausieren; **~-avions** [-avjɔ̃] *m* (⚠ *pl unv*) Flugzeugträger *m*; **~-bagages** [-bagaʒ] *m* (⚠ *pl unv*) *auto etc* Gepäckträger *m*, -netz *n*; **~-bonheur** [-bɔnœr] *m* (⚠ *pl unv*) Glücksbringer *m*; **~-cigarettes** [-sigarɛt] *m* (⚠ *pl unv*) Zigarettenetui *n*; **~-clefs** [pɔrtəkle] *m* (⚠ *pl unv*) Schlüsselring *m*, -etui *n*, -brett *n*; **~-documents** [-dɔkymɑ̃] *m* (⚠ *pl unv*) Kollegmappe *f*
portée [pɔrte] *f* **1.** *zo* Wurf *m*; **2.** Reich-, Tragweite *f* (*a fig*); ***à ~ de la main*** griffbereit; **3.** *fig* Fassungskraft *f*; ***être à la ~ de qn*** für j-n verständlich sein; ***à la ~ de tous*** allgemein verständlich
porte|-fenêtre [pɔrtfənɛtrə] *f* (⚠ *pl* ***portes-fenêtres***) Verandatür *f*; **~feuille** [-fœj] *m* Brieftasche *f*; Geschäftsbereich *m* (*e-s Ministers*); **~manteau** [-mɑ̃to] *m* (⚠ *pl* ***~x***) Kleiderständer *m*, -haken *m*, Garderobe *f*; **~mine** [-min] *m* Drehbleistift *m*; **~-monnaie** [-mɔnɛ] *m* (⚠ *pl unv*) Geldbörse *f*, -beutel *m*; **~-parole** [-parɔl] *m* (⚠ *pl unv*) Wortführer *m*, Sprecher *m*
porter [pɔrte] (1a) **1.** tragen (*a zo*); bringen, hinschaffen (*zB zur Post*); *Augen*: richten (***sur*** auf); *Urteil*: abgeben; *in e-e Liste*: einschreiben; *Toast*: ausbringen; *Gefühle*: entgegenbringen; ***~ qn à qc*** j-n zu etw veranlassen, bringen; ***~ au compte de qn*** auf j-s Konto verbuchen (*a fig*); ***~ son effort sur qc*** seine Anstrengungen auf etw konzentrieren; **2.** reichen (*Schall, Rakete*); ***~ juste*** *Schlag*: treffen; ***~ sur*** liegen *od* ruhen auf; zielen auf, betreffen; F ***~ sur les nerfs à qn*** j-m auf die Nerven fallen; ***~ à la tête*** zu Kopf steigen (*Wein*); ***~ à faux*** schief, vorspringend sein; **3.** ***se ~*** sich (*gut, schlecht*) befinden; ***il se porte bien*** (***mal***) es geht ihm gut (schlecht), sein Befinden ist gut (schlecht); ***se ~ candidat*** sich zur Wahl stellen, kandidieren; ***se ~ garant pour qn*** für j-n bürgen
porte|-savon [pɔrtsavɔ̃] m (⚠ *pl* ***porte-savon***[***s***]) Seifenschale *f*; **~-skis** [-ski] *m* (⚠ *pl unv*) Skiträger *m*; **~-tout** [-tu] *m* (⚠ *pl unv*) Dachträger *m*
porteur [pɔrtœr] *m* Träger *m*; *Person*: Gepäckträger *m*; Überbringer *m*
porte-voix [pɔrtvwa] *m* (⚠ *pl unv*) Sprachrohr *n*, Megafon *n*
port|ier [pɔrtje] *m* Pförtner *m*; **~ière** [-jɛr] *f* Türvorhang *m*; *auto* Tür *f*
portion [pɔrsjɔ̃] *f* (An-)Teil *m*; Portion *f*
portique [pɔrtik] *m* Säulenhalle *f*; Turngerüst *n*
porto [pɔrto] *m* Portwein *m*
portrait [pɔrtrɛ] *m* Porträt *n*, Bildnis *n*; ***faire le ~ de qn*** j-n porträtieren; **~-robot** [-rɔbo] *m* (⚠ *pl* ***portraits-robots***) Phantombild *n*
portuaire [pɔrtɥɛr] Hafen...
portug|ais, ~aise [pɔrtygɛ, -ɛz] **1.** *adj* portugiesisch; **2.** ♀ *m, f* Portugiese *m*, Portugiesin *f*
Portugal [pɔrtygal] ***le ~*** Portugal *n*
pose [poz] *f* **1.** Anbringen *n*, Installieren *f*; **2.** (Körper-)Haltung *f*, Pose *f*; *Foto*: ***temps m de ~*** Belichtungszeit *f*
posé, ~e [poze] gesetzt, bedächtig; **~ment** *adv* ruhig
posemètre [pozmɛtrə] *m Foto*: Belichtungsmesser *m*
poser [poze] (1a) **1.** (hin)setzen, (-)stellen, (-)legen; ab-, niederlegen; anbrin-

P

gen; verlegen; *Problem*: darstellen; ~ ***qn*** j-m Ansehen geben; ***se*** ~ *aviat* aufsetzen, landen; *Frage*: sich stellen; ***se*** ~ ***en*** auftreten als; **2.** Modell stehen; *fig* posieren, schauspielern
pos|eur, ~euse [pozœr, -øz] *m*, *f* **1.** Wichtigtuer(in) *m(f)*; **2.** *m* ***poseur de bombes*** Bombenleger *m*
posit|if, ~ive [pozitif, -iv] **1.** *adj* positiv; bejahend; sicher, tatsächlich; realistisch; **2.** *m Foto*: Positiv *n*
position [pozisjõ] *f* Lage *f*, Stellung *f*, Haltung *f*, Position *f*; *fig* Standpunkt *m*; ***prendre*** ~ Stellung nehmen
positionner [pozisjɔne] (1a) positionieren; lokalisieren
posologie [pozɔlɔʒi] *f* Dosierung *f*
possédé, ~e [pɔsede] besessen (***de*** von)
posséder [pɔsede] (1f) besitzen; beherrschen (*Sprache*)
possess|eur [pɔsɛsœr] *m bes jur* Besitzer *m*; **~if, ~ive** [-if, -iv] *gr* possessiv, besitzanzeigend; **~ion** *f* Besitz *m*; ***être en ~ de qc*** im Besitz von etw sein
possibilité [pɔsibilite] *f* Möglichkeit *f*
possible [pɔsiblə] **1.** *adj* möglich; ***le plus souvent*** ~ möglichst oft; ***autant que*** ~, ***le plus*** ~ so viel wie möglich; **2.** *m* ***faire tout son*** ~ sein Möglichstes tun
postal, ~e [pɔstal] (⚠ *m/pl* ***-aux***) Post...
postdater [pɔstdate] (1a) vor-, vorausdatieren
poste[1] [pɔst] *f* (***bureau*** *m* ***de***) ~ Post (-amt) *f(n)*; ***mettre à la*** ~ *Brief etc*: zur Post geben, aufgeben; ~ ***restante*** postlagernd
poste[2] [pɔst] *m* Posten *m* (*a mil u comm*), Stelle *f*, Amt *n*; (Arbeits-)Schicht *f*; *Radio, TV* Apparat *m* (*a tel*), Gerät *n*; ~ ***de nuit*** Nachtschicht *f*; ~ ***de travail*** Computerarbeitsplatz *m*; *tel* ~ ***supplémentaire*** Nebenanschluss *m*; ~ ***de radio*** Radioapparat *m*; (Rundfunk-)Sender *m*; ~ ***d'essence*** Tankstelle *f*; ~ ***d'appel de secours*** Notrufsäule *f*; ~ ***de secours*** Unfallstation *f*; *aviat* ~ ***de pilotage*** Cockpit *n*
poster [pɔste] (1a) aufstellen; zur Post geben
postérieur, ~e [pɔsterjœr] **1.** *adj* hintere; spätere; **2.** *m* F Hintern *m*
postérité [pɔsterite] *st/s f* Nachkommenschaft *f*; Nachwelt *f*
posthume [pɔstym] nachgeboren; post(h)um, nachgelassen
postiche [pɔstiʃ] **1.** *adj* unecht, falsch (*Haare*); **2.** *m* Haarteil *n*; Toupet *n*
post-it [pɔstit] *m* (⚠ *pl* ***post-its***) Haftnotiz *f*
postmoderne [pɔstmɔdɛrn] postmodern
postposé, ~e [pɔstpoze] *gr* nachgestellt
postscolaire [pɔstskɔlɛr] Fortbildungs...
post-scriptum [pɔstskriptɔm] *m* (*abr* ***P.-S.***; ⚠ *pl unv*) Nachschrift *f*
postul|ant, ~ante [pɔstylɑ̃, -ɑ̃t] *m*, *f* Bewerber(in) *m(f)*; **~er** (1a) sich bewerben (***un emploi*** um e-e Stelle); *phil* postulieren
posture [pɔstyr] *f* Haltung *f*, Stellung *f*, Positur *f*; *fig* Lage *f*
pot [po] *m* Topf *m*; Kanne *f*; Glas *n*; ~ ***à eau*** (⚠ [pɔtao]) Wasserkrug *m*; ~ ***de fleurs*** Blumentopf *m*; ~ ***de chambre*** Nachttopf *m*; ~ ***catalytique*** Katalysator *m*; ~ ***d'échappement*** Auspuff *m*; *fig* ***tourner autour du*** ~ wie die Katze um den heißen Brei gehen; F ***prendre un*** ~ etw trinken gehen; ***avoir du*** ~ F Schwein haben
potable [pɔtablə] trinkbar; F passabel
potache [pɔtaʃ] *m* F Pennäler *m*
potag|e [pɔtaʒ] *m* Suppe *f*; **~er, ~ère** Gemüse...
potasse [pɔtas] *f chim* Kali *n*
potasser [pɔtase] (1a) F ochsen, büffeln
potassium [pɔtasjɔm] *m chim* Kalium *n*
pot-au-feu [pɔtofø] *m* (⚠ *pl unv*) Eintopf *m*; Suppenfleisch *n*
pot-de-vin [podvɛ̃] *m* (⚠ *pl* ***pots-de-vin***) Schmiergeld *n*
pote [pɔt] *m* F Kumpel *m*
poteau [pɔto] *m* (⚠ *pl* ***~x***) Pfosten *m*; Pfahl *m*, Mast *m*; ~ ***indicateur*** Wegweiser *m*
potelé, ~e [pɔtle] rundlich, drall
potence [pɔtɑ̃s] *f* Galgen *m*
potentat [pɔtɑ̃ta] *m* Machthaber *m*, Potentat *m*
potentiel, ~le [pɔtɑ̃sjɛl] **1.** *adj* potenziell; **2.** *m* Potenzial *n*; ~ ***économique*** Wirtschaftskraft *f*
poterie [pɔtri] *f* Töpferei *f*; Töpferware *f*
potier [pɔtje] *m* Töpfer *m*
potion [posjõ] *f* Arzneitrank *m*; ~ ***magique*** Zaubertrank *m*

P

potiron [pɔtirɔ̃] *m bot* Riesenkürbis *m*
pot-pourri [popuri] *m* (⚠ *pl* **pots-pourris**) *mus* Potpourri *n*; ⚠ *Aussprache*
pou [pu] *m* (⚠ *pl* **~x**) *m zo* Laus *f*
poubelle [pubɛl] *f* Mülleimer *m*, -tonne *f*
pouce [pus] *m* Daumen *m*; ***manger sur le*** ~ schnell e-n Bissen essen; ***mettre les ~s*** endlich nachgeben; ***donner un coup de ~ à qn*** *fig* j-m in den Sattel helfen
poudre [pudrə] *f* Pulver *n*; Puder *m*; ***~ à canon*** Schießpulver *n*; ***café m en ~*** Pulverkaffee *m*; ***sucre m en ~*** Streuzucker *m* (⚠ *nicht* Puderzucker); ⚠ ***la ~***
poudr|er [pudre] (1a) pudern; **~ier** [-ije] *m* Puderdose *f*; **~ière** [-ijɛr] *f* Pulverfass *n* (*a fig*)
pouf [puf] *m* Puff *m* (*Sitz*)
pouffer [pufe] (1a) ***~ de rire*** laut auflachen
pouill|eux, ~euse [pujø, -øz] verlaust; heruntergekommen
poulailler [pulaje] *m* Hühnerstall *m*; *Theater*: Galerie *f*
poulain [pulɛ̃] *m zo* Fohlen *n*
poularde [pulard] *f cuis* Masthühnchen *n*, Poularde *f*
poul|e [pul] *f* Huhn *n*, Henne *f*; F *fig* Dirne *f*; *fig* ***chair f de ~*** Gänsehaut *f*; **~et** [-ɛ] *m* Hühnchen *n*, Hähnchen *n*; ***mon ~*** mein Schatz
poulie [puli] *f tech* Rolle *f*
poulpe [pulp] *m zo* Krake *m*
pouls [pu] *m* Puls *m*; ***prendre le ~*** den Puls messen
poumon [pumɔ̃] *m* Lunge *f*
poupe [pup] *f mar* Heck *n*
poupée [pupe] *f* Puppe *f* (*a fig*)
poup|in, ~ine [pupɛ̃, -in] pausbäckig
pouponnière [pupɔnjɛr] *f* Kinderkrippe *f*
pour [pur] **I.** *prép* **1.** für; ***~ moi*** für mich; ***être ~ qc*** zu etw dienen; **2.** *räumlich*: nach; ***avoir une correspondance ~*** Anschluss haben nach; ***partir ~*** abreisen nach; **3.** wegen; ***~ cette raison*** aus diesem Grund; ***~ autant*** deswegen; **4.** in bezug auf, was ... betrifft; ***~ cela, ~ ce qui est de cela*** was das betrifft; ***~ moi, ~ ma part*** ich für mein(en) Teil; ***aversion ~*** Abneigung *f* gegen; ***sévère ~*** streng gegen; **5.** zu, als; ***avoir ~ ami*** zum Freund *od* als Freund haben; ***prendre qn ~ qc*** j-n für etw halten; **6.** ~ (+ *inf*) um zu (+ *inf*); weil; obgleich; ***être ~ faire qc*** gerade dabei sein, etw zu tun; **II.** *conj* ***~ que*** (+ *subj*) damit ...; ***~ peu que*** (+ *subj*) sofern (nur); **III.** *m* ***le ~ et le contre*** das Für und Wider
pourboire [purbwar] *m* Trinkgeld *n*
pourcentage [pursɑ̃taʒ] *m* Prozentsatz *m*
pourchasser [purʃase] (1a) jagen, verfolgen
pourlécher [purleʃe] (1f) ***s'en ~*** sich (vor Genuss) den Mund lecken
pourparlers [purparle] *m/pl* Besprechungen *f/pl*, Verhandlungen *f/pl*
pourpre [purprə] **1.** *m* Purpur *m*, Purpurfarbe *f*, -rot *n*; **2.** *f* Purpur *m* (*Farbstoff*); *rel* Kardinalswürde *f*; **3.** *adj* purpurrot
pourquoi [purkwa] warum, weshalb; ***c'est ~, voilà ~*** deshalb; ***le ~*** das Warum
pourrai [pure] *futur von* ***pouvoir***
pourr|i, ~ie [puri] faul, verfault; *fig* verdorben; *Sommer*: verregnet; **~ir** (2a) (**se**) ~ (ver)faulen; *fig* sich verschlimmern; verkommen; ***~ qc*** etw faulen lassen; *fig* ***~ qn*** j-n verderben; **~iture** [-ityr] *f* Fäulnis *f*; *fig* Verkommenheit *f*
pour|suite [pursɥit] *f* Verfolgung *f*; *fig* Streben *n* (**de** nach); *jur* Strafverfolgung *f*; **~suivant, ~suivante** [-sɥivɑ̃, -sɥivɑ̃t] *m, f* Verfolger(in) *m(f)*; **~suivre** [-sɥivrə] (4h) verfolgen; *fig* quälen, plagen; *Studien*: treiben; *jur* gerichtlich belangen; *Arbeit*: fortsetzen; *fig* ***~ qc*** nach etw streben
pourtant [purtɑ̃] dennoch, doch
pourtour [purtur] *m* Umfang *m*
pourvoi [purvwa] *m jur* Berufung *f*
pourvoir [purvwar] (3b) ***~ qn de qc*** j-n mit etw ausstatten, versehen, versorgen; ***se ~ de qc*** sich mit etw versorgen; *st/s* ***~ à qc*** für etw sorgen; *jur* ***se ~ en cassation*** Revision einlegen
pourvoyeur [purvwajœr] *m* Lieferant *m*; ***~ de drogue*** Dealer *m*
pourvu [purvy] ***~ que*** (+ *subj*) vorausgesetzt dass; sofern; wenn nur
pousse [pus] *f agr* Schössling *m*, Trieb *m*; **~-café** [-kafe] *m* (⚠ *pl unv*) Gläschen *n* Likör nach dem Kaffee
poussée [puse] *f* Stoß *m*, Stoßen *n*; Druck *m*; *phys* Schub *m*; *fig* plötzlicher

P

Anstieg *m*; ~ ***démographique*** Bevölkerungsexplosion *f*

pousser [puse] (1a) **1.** stoßen, drängen, schieben, drücken, treiben; *Schrei*: ausstoßen; *fig* vorantreiben, fördern; ~ ***qn à qc*** j-n zu etw treiben, drängen, verleiten; ***se*** ~ sich drängeln; zur Seite rücken; **2.** *Pflanzen, Haare etc*: wachsen

poussette [pusɛt] *f* Sportwagen *m* (*für Kinder*); Einkaufswagen *m*

pouss|ière [pusjɛr] *f* Staub *m*; Staubkorn *n*; **~iéreux, ~iéreuse** [-jerø, -jerøz] staubig

poussin [pusɛ̃] *m* Küken *n*

poussoir [puswar] *m tech* Drücker *m*

poutre [putrə] *f* Balken *m*, Träger *m*

pouvoir [puvwar] **1.** (3f) können; dürfen; ***je n'en peux plus*** ich halte es nicht mehr aus; ***on ne peut mieux*** vortrefflich; *st/s* ***puis-je vous aider?*** darf ich Ihnen helfen?; ***si l'on peut dire*** wenn man so sagen darf; ***il peut arriver que*** (+ *subj*) es kann vorkommen, dass ...; ***il se peut que*** (+ *subj*) es kann sein *od* es ist möglich, dass ...; **2.** *m* Macht *f*, Gewalt *f*; Befugnis *f*, Vollmacht *f*; Vermögen *n*, Fähigkeit *f*; ***pleins ~s*** *pl* unbeschränkte Vollmacht; ~ ***d'achat*** Kaufkraft *f*

pragmatique [pragmatik] pragmatisch

Prague [prag] Prag

prairie [prɛri] *f* Wiese *f*; Prärie *f*

praline [pralin] *f* gebrannte Mandel; ⚠ *nicht* Praline

praticable [pratikablə] ausführbar; brauchbar; *Straße*: befahrbar

praticien [pratisjɛ̃] *m* Praktiker *m*; (praktizierender) Arzt *m*

pratiqu|ant, ~ante [pratikɑ̃, -ɑ̃t] *rel* praktizierend

pratiqu|e [pratik] **1.** *adj* praktisch; zweckmäßig; **2.** *f* Praxis *f*; Erfahrung *f*; Ausübung *f*; Brauch *m*; **~s** *pl* Praktiken *f/pl*; ⚠ *Schreibung*; **~ement** [-mɑ̃] praktisch; in der Praxis; **~er** (1m) ausüben; *Methode*: praktizieren, (praktisch) anwenden; ***se*** ~ üblich sein

pré [pre] *m* Wiese *f*

préalable [prealablə] **1.** *adj* vorherig, vorhergehend; **2.** *m* Vorbedingung *f*; ***au*** ~ zuvor

Préalpes [prealp] *f/pl* Voralpen *pl*

préambule [preɑ̃byl] *m* Präambel *f*; Einleitung *f*; ⚠ ***le*** ~

préavis [preavi] *m* Vorankündigung *f*; Kündigung *f*; ***sans*** ~ fristlos

précaire [prekɛr] prekär, heikel, unsicher

précaution [prekosjɔ̃] *f* Vorsicht *f*, Behutsamkeit *f*; Vorsichtsmaßnahme *f*; ***par*** ~ vorsorglich

précéd|ent, ~ente [presedɑ̃, -ɑ̃t] **1.** *adj* vorhergehend, vorig; **2.** *m* Präzedenzfall *m*; ***sans*** ~ beispiellos; **~er** (1f) ~ ***qc, qn*** e-r Sache (*zeitlich*) vorangehen, vor j-m hergehen, -fahren; vor etw stehen, kommen

précep|te [presɛpt] *m* Vorschrift *f*; **~teur, ~trice** *m, f* Hauslehrer(in) *m(f)*, Erzieher(in) *m(f)*

prêch|e [prɛʃ] *m* Predigt *f*; *fig* Moralpredigt *f*; ⚠ ***le*** ~; **~er** (1b) predigen; *fig* ~ ***d'exemple*** mit gutem Beispiel vorangehen

préci|eusement [presjøzmɑ̃] *adv* sorgfältig; **~eux, ~euse** [-ø, -øz] wertvoll, kostbar; *Stil*: geziert, preziös; ***pierre*** *f* ***précieuse*** Edelstein *m*

précipice [presipis] *m* Abgrund *m*

précipit|amment [presipitamɑ̃] überstürzt; **~ation** *f* **1.** Hast *f*, Übereilung *f*; **2.** *Wetter*: Niederschlag *m*

précipiter [presipite] (1a) (hinab)stürzen; schleudern; überstürzen; beschleunigen; ***se*** ~ sich (hinunter)stürzen; sich beeilen

préc|is, ~ise [presi, -iz] **1.** *adj* präzis(e), genau; deutlich; ***à dix heures précises*** Punkt zehn Uhr; **2.** *m* Übersicht *f*, Abriss *m*; **~isément** [-izemɑ̃] *adv* genau; gerade; **~iser** (1a) genauer angeben, präzisieren; klarstellen; **~ision** [-izjɔ̃] *f* Genauigkeit *f*, Präzision *f*; **~s** *pl* nähere Angaben *f/pl*

précoc|e [prekɔs] frühreif; vorzeitig; **~ité** *f* Frühreife *f*; vorzeitiger Beginn *m*

préconçu, ~e [prekɔ̃sy] vorgefasst (*Meinung*)

préconiser [prekɔnize] (1a) befürworten, empfehlen

précurseur [prekyrsœr] **1.** *m* Vorläufer *m*; **2.** *adj* ***signe*** *m* ~ Vor-, Anzeichen *n*

prédécesseur [predesesœr] *m* Vorgänger *m*

prédestiner [predɛstine] (1a) *fig u rel* vorherbestimmen (***à qc*** zu etw)

prédic|ateur [predikatœr] *m* Prediger *m*; **~ation** *f* Predigen *n*; Predigt *f*

prédiction [prediksjɔ̃] *f* Voraussage *f*

prédilection [predilɛksjõ] *f* Vorliebe *f* (***pour*** für); ... ***de*** ~ Lieblings...
prédire [predir] (4m) voraus-, wahr-, weissagen; ⚠ ***vous prédisez***
prédispos|er [predispoze] (1a) empfänglich, anfällig machen (***à*** für); **~ition** *f* Empfänglichkeit *f*, Anfälligkeit (***à*** für); Anlage *f* (***à*** zu)
prédomin|ance [predɔminɑ̃s] *f* Vorherrschen *n*; Übergewicht *n*; **~ant, ~ante** [-ɑ̃, -ɑ̃t] vorherrschend; **~er** (1a) vorherrschen, überwiegen
préfabriqué, ~e [prefabrike] vorgefertigt; ***maison*** *f* ***préfabriquée*** Fertighaus *n*
préface [prefas] *f* Vorwort *n*; *fig* Auftakt *m*
préfecture [prefɛktyr] *f* Präfektur *f*
préfér|able [preferablə] vorzuziehen (***à qc*** e-r Sache); ratsamer, besser; **~é, ~ée** Lieblings...
préfér|ence [preferɑ̃s] *f* Vorzug *m*; Vorliebe *f* (***pour*** für); ***de*** ~ lieber, vorzugsweise; ***de*** ~ ***à*** lieber als; ***donner la*** ~ ***à qn***, ***à qc*** j-m, e-r Sache den Vorzug geben, j-n, etw bevorzugen; **~entiel, ~entielle** [-ɑ̃sjɛl] Vorzugs...
préférer [prefere] (1f) vorziehen (***à***); ~ ***faire qc*** lieber etw tun; ~ ***que*** (+ *subj*) lieber mögen, dass ...
préfet [prefɛ] *m* Präfekt *m*; ~ ***de police*** Polizeipräsident *m*
préfixe [prefiks] *m* Vorsilbe *f*
préhistoire [preistwar] *f* Vor-, Urgeschichte *f*
préjudic|e [preʒydis] *m* Nachteil *m*, Schaden *m*; ***porter*** ~ ***à qn*** j-m Nachteile bringen, j-m schaden; **~iable** [-jablə] nachteilig (***à*** für)
préjugé [preʒyʒe] *m* Vorurteil *n*
prélasser [prelase] (1a) ***se*** ~ sich's bequem machen
prélèvement [prelɛvmɑ̃] *m* Entnahme *f*; Abzug *m* (*vom Gehalt*); *méd* Abstrich *m*; ~ ***de sang*** Blutabnahme *f*, -probe *f*
prélever [prelve] (1d) entnehmen; *Betrag*: abziehen (***sur*** von)
préliminaire [preliminɛr] **1.** *adj* vorbereitend, Vor...; **2.** *m/pl* **~s** Einleitung *f*, Präliminarien *n/pl*
prélud|e [prelyd] *m* Vorspiel *n*; *fig* Auftakt *m*; **~er** (1a) *mus* präludieren; ~ ***à qc*** etw einleiten, den Auftakt zu etw bilden
prématuré, ~e [prematyre] verfrüht; vorzeitig; ***enfant*** *m* ***prématuré*** Frühgeburt *f*
préméditation [premeditasjõ] *f jur* Vorsatz *m*; **~er** (1a) vorher überlegen, planen; ~ ***de faire qc*** beabsichtigen, etw zu tun
prem|ier, ~ière [prəmje, -jɛr] *adj u subst m, f* erste; (*der, die, das*) Erste; *fig* ursprünglich; ***les premiers temps*** in der ersten Zeit; ***du premier coup*** auf Anhieb; ***premier rôle*** *m* Hauptrolle *f*; ***de premier ordre*** (⚠ [prəmjɛrɔrdrə]) erstklassig, -rangig; ***partir le premier*** zuerst fortgehen; ***le premier venu*** der erste Beste; *math* ***nombre*** *m* ***premier*** Primzahl *f*; *tech* ***matière*** *f* ***première*** Rohstoff *m*; ***en premier*** zuerst; ⚠ ***Napoléon Ier*** (***premier***), *aber* ***Napoléon III*** (***trois***); ***le premier août***, *aber* ***le deux août***
première [prəmjɛr] *f Theater*: Premiere *f*, Ur-, Erstaufführung *f*; *auto* erster Gang *m*; *Schule etwa*: Unterprima *f*, elfte Klasse *f*; *Bahn*: erste Klasse *f*
premièrement [prəmjɛrmɑ̃] *adv* erstens, zuerst
premier-né, première-née [prəmjene, prəmjɛrne] (⚠ *pl* ***premiers-nés***, ***premières-nées***) erstgeboren
prémisse [premis] *f* Prämisse *f*, Voraussetzung *f*
pren|ant, ~ante [prənɑ̃, -ɑ̃t] *Buch*: fesselnd; *Beschäftigung*: zeitraubend
prendre [prɑ̃drə] (4q) **1.** (weg-, ab-, an-, mit sich) nehmen; (er)fassen, ergreifen; gefangen nehmen; erwischen; *Stadt*: einnehmen; *Fische etc*: fangen; *Nahrung*: zu sich nehmen; *Erkältung*: bekommen; *Weg*: einschlagen; *Zeit*: benötigen; ~ ***mal*** übel nehmen; ~ ***qn*** j-n abholen; ~ ***de l'âge*** alt werden; ~ ***courage*** Mut fassen; ~ ***l'eau*** wasserdurchlässig sein; ~ ***pour*** halten für; ~ ***au sérieux*** ernst nehmen; ***à tout*** ~ alles in allem; **2.** Wurzel fassen; *Feuer*: ausbrechen; *beim Publikum*: Anklang finden, sich durchsetzen; ***ne pas*** ~ nicht wirken; ~ ***à droite*** rechts abbiegen; **3.** ***se*** ~ sich verfangen; ***s'y*** ~ ***bien*** (***mal***) sich geschickt (dumm) dabei anstellen; ***se*** ~ ***d'amitié pour qn*** sich mit j-m anfreunden; ***s'en*** ~ ***à qn*** j-n dafür verantwortlich machen; ***se*** ~ ***à faire qc*** anfangen etw zu tun

P

preneur [prənœr] *m comm*, *jur* Käufer *m*, Abnehmer *m*
prénom [prenɔ̃] *m* Vorname *m*
préoccup|ation [preɔkypasjɔ̃] *f* Sorge *f*, Besorgnis *f*; **~er** (1a) stark beschäftigen; beunruhigen; ***se ~ de*** sich Gedanken machen um
prépara|tifs [preparatif] *m/pl* Vorbereitungen *f/pl*; **~tion** *f* Vor-, Zubereitung *f*; *phm*, *chim* Herstellung *f*; Präparat *n*; **~toire** [-twar] vorbereitend; ***cours*** *m* **~** erstes Grundschuljahr
préparer [prepare] (1a) vor-, zu-bereiten; herrichten; *chim* herstellen; ***~ un examen*** sich auf e-e Prüfung vorbereiten; ***se ~ à*** sich vorbereiten auf; ***se ~*** sich anbahnen, bevorstehen; ***il se prépare qc*** es ist etw im Anzug
prépondér|ance [prepɔ̃derɑ̃s] *f* Vorherrschaft *f*, Vormacht *f*; **~ant, ~ante** [-ɑ̃, -ɑ̃t] maßgeblich, entscheidend
préposé, ~e [prepoze] *m*, *f* Briefträger(in) *m(f)*; *niedere(r)* Beamte(r) *m*, Beamtin *f*; ***préposée f au vestiaire*** Garderobenfrau *f*
prépos|er [prepoze] (1a) ***~ qn à qc*** j-n mit etw betrauen; **~ition** *f gr* Präposition *f*
préretraite [prerətrɛt] *f* Vorruhestand *m*
prérogative [prerɔgativ] *f* Vorrecht *n*
près [prɛ] **1.** *adv* nah(e); ***tout ~*** ganz in der Nähe; ***à peu (de chose) ~*** beinahe; ungefähr; ***à cela ~*** davon abgesehen; ***de ~*** in *od* aus der Nähe; *fig* genau; ***être rasé de ~*** glatt rasiert sein; **2.** *prép* ***~ de*** nahe bei, in der Nähe von; fast (+ *Zahl*); ***être ~ de*** (+ *inf*) nahe daran sein zu (+ *inf*); ***~ de deux heures*** beinahe zwei Stunden; fast 2 Uhr; ⚠ *nicht verwechseln mit* ***prêt***
présage [prezaʒ] *m* Vorbedeutung *f*; Vorzeichen n
presbyte [prɛzbit] *méd* weitsichtig
presbytère [prɛzbitɛr] *m* Pfarrhaus *n*
préscolaire [preskɔlɛr] vorschulisch, Vorschul...
prescription [prɛskripsjɔ̃] *f* Vorschrift *f*; *méd* Rezept *n*; *jur* Verjährung *f*
prescrire [prɛskrir] (4f) vorschreiben; *méd* verschreiben
préséance [preseɑ̃s] *f* Vorrang *m*
présence [prezɑ̃s] *f* Anwesenheit *f*; ***~ d'esprit*** Geistesgegenwart *f*; ***en ~ de*** im Beisein von; ***en ~*** gegenüberstehend
prés|ent, ~ente [prezɑ̃, -ɑ̃t] **1.** *adj* gegenwärtig; anwesend; vorliegend; **2.** *m* Gegenwart *f*; *gr* Präsens *n*; ***les présents*** *pl* die Anwesenden; ***à présent*** (***que***) jetzt (wo); ***jusqu'à présent*** bisher; ***dans le présent***, *gr* ***au présent*** in der Gegenwart
présent|able [prezɑ̃tablə] gut aussehend, präsentabel; **~ateur, ~atrice** [-atœr, -atris] *m*, *f comm* Vorführer *m*, Vorführdame *f*; *TV* Moderator(in) *m(f)*; **~ation** *f* Vorführung *f*; Dar-, Vorstellung *f*; Einführung *f*; Vorzeigen *n*, Vorlage *f*; Aufmachung *f*, Ausstattung *f*; Präsentation *f*; äußere Erscheinung *f*
présenter [prezɑ̃te] (1a) überreichen, dar-, anbieten; vorstellen, ein-, vorführen; (vor)zeigen, vorlegen; *Ideen*: darstellen, -legen; *Mängel*: aufweisen; mit sich bringen; ***se ~*** sich vorstellen; kandidieren; *Schwierigkeit*: auftauchen
préservatif [prezɛrvatif] *m* Kondom *n*, Präservativ *n*
préserver [prezɛrve] (1a) bewahren, schützen (***de*** vor)
présid|ence [prezidɑ̃s] *f* Vorsitz *m*; *pol* Präsidentschaft *f*; Präsidentenpalais *n*; **~ent, ~ente** [-ɑ̃, -ɑ̃t] *m*, *f* Vorsitzende(r) *m*, *f*, Präsident(in) *m(f)*; **~entiel, ~entielle** [-ɑ̃sjɛl] präsidial, Präsidenten...
présider [prezide] (1a) ***~ un comité*** den Vorsitz in e-m Komitee führen; ***~ une assemblée*** e-r Versammlung präsidieren; ***~ à qc*** etw leiten
présomption [prezɔ̃psjɔ̃] *f* Vermutung *f*; Überheblichkeit *f*
présomptu|eux, ~euse [prezɔ̃ptɥø, -øz] überheblich
presque [prɛskə] beinahe, fast
presqu'île [prɛskil] *f* Halbinsel *f*
press|ant, ~ante [prɛsɑ̃, -ɑ̃t] dringend, eilig; ***se faire ~*** drängen
presse [prɛs] *f* Presse *f* (*tech u Zeitungen*); *comm* ***moments*** *m/pl* ***de ~*** Zeiten *f/pl* des Hochbetriebs
pressé, ~e [prɛse] **1.** eilig, in Eile; ***je suis ~*** ich hab's eilig; **2.** *Frucht*: ausgepresst
pressent|iment [prɛsɑ̃timɑ̃] *m* Vorgefühl *n*, Ahnung *f*; **~ir** (2b) ahnen; ***~ qn*** bei j-m sondieren, vorfühlen
presse-papiers [prɛspapje] *m* (⚠ *pl unv*) Briefbeschwerer *m*

P

press|er [prɛse] (1b) **1.** drücken, (aus)pressen; *fig* bedrängen; dringen (***qn*** in j-n); beschleunigen; ***se ~*** sich drängen; **2.** eilen, eilig *od* dringlich sein, drängen; ***rien ne presse*** es hat keine Eile; ***se ~*** sich beeilen; **~ing** [-iŋ] *m* Reinigung *f*

press|ion [prɛsjɔ̃] *f* Druck *m*; *fig* Zwang *m*; (*a m*) Druckknopf *m*; ***bière f ~*** Bier *n* vom Fass; ***être sous ~*** unter Druck stehen (*a fig*); ***~ artérielle*** Blutdruck *m*; ***~ démographique*** Bevölkerungsdruck *m*; **~oir** *m* Kelter(ei) *f*

pressurer [prɛsyre] (1a) auspressen; *fig* aussaugen

prest|ance [prɛstɑ̃s] *f* stattliches Aussehen *n*; **~ation** *f* Leistung *f*; ***~s familiales*** *pl* Sozialleistungen *f/pl* für die Familie

prestidigita|teur, ~trice [prɛstidiʒitatœr, -tris] *m, f* Zauberkünstler(in) *m(f)*

prestig|e [prɛstiʒ] *m* Prestige *n*, Ansehen *n*; **~ieux, ~ieuse** [-jø, -jøz] glänzend, hervorragend, wunderbar

présumer [prezyme] (1a) vermuten, annehmen; ***~ de qn, de qc*** j-n, etw überschätzen

prêt¹, prête [prɛ, prɛt] bereit (**à** zu), fertig; ⚠ *nicht verwechseln mit* **près** (**de**)

prêt² [prɛ] *m* Darlehen *n*; Ausleihen *n*

prêt-à-porter [prɛtapɔrte] *m* Konfektion(skleidung) *f*

prétendant [pretɑ̃dɑ̃] *m* Freier *m*; Thronprätendent *m*

prétendre [pretɑ̃drə] (4a) behaupten, vorgeben; ~ (+ *inf*) die Absicht haben zu (+ *inf*); *st/s* **~ à** streben nach; Anspruch erheben auf

prétendu, ~e [pretɑ̃dy] angeblich, so genannt

prête-nom [prɛtnɔ̃] *m* (⚠ *pl* ***prête-noms***) Strohmann *m*

prétenti|eux, ~euse [pretɑ̃sjø, -øz] anmaßend, eingebildet; *Ton, Stil*: geziert, geschraubt

prétention [pretɑ̃sjɔ̃] *f* Anspruch *m*; Ehrgeiz *m*; Dünkel *m*, Selbstgefälligkeit *f*

prêter [prɛte] (1b) (aus)leihen; *Hilfe*: leisten; *Absicht*: unterstellen; *Stoff*: sich dehnen; **~ à** Anlass geben zu; **se ~ à** sich eignen zu (*Sache*); sich hergeben zu (*Person*)

prétext|e [pretɛkst] *m* Vorwand *m*; ***sous ~ de*** (+ *inf*) *od* ***que*** ... unter dem Vorwand zu (+ *inf*) *od* dass ...; ***sous aucun ~*** auf keinen Fall; **~er** (1a) ***~ qc*** etw vorschützen; ***~ que*** ... vorgeben, dass ...

prêtre [prɛtrə] *m* Priester *m*

preuve [prœv] *f* Beweis *m*; *fig* Zeichen *n*; *math* Probe *f*; ***faire ~ de courage*** Mut beweisen; ***comme ~ de*** zum Zeichen für

prévaloir [prevalwar] (3h) *st/s* ***~ sur*** *od* ***contre*** die Oberhand gewinnen über, überwinden; ***se ~ de qc*** etw für sich geltend machen; auf etw pochen

préven|ance [prevnɑ̃s] *f* Zuvorkommenheit *f*; **~ant, ~ante** [-ɑ̃, -ɑ̃t] zuvorkommend

prévenir [prevnir] (2h) ***~ qc*** e-r Sache vorbeugen, etw verhüten; ***~ qn de qc*** j-n von etw in Kenntnis setzen; j-n vor etw warnen

prévent|if, ~ive [prevɑ̃tif, -iv] vorbeugend, präventiv; *jur* ***détention f préventive*** Untersuchungshaft *f*

prévention [prevɑ̃sjɔ̃] *f* **1.** Voreingenommenheit *f*, Vorurteil *n*; **2.** *jur* Untersuchungshaft *f*; **3.** Verhütung *f*; ***~ routière*** Verkehrsunfallverhütung *f*

prévis|ible [previziblə] vorhersehbar; **~ion** *f* Vorhersehen *n*; Voraussage *f*; Aussicht *f*; ***en ~ de*** im Hinblick auf

prévoir [prevwar] (3b) voraus-, vorhersehen; in Aussicht nehmen, planen

prévoy|ance [prevwajɑ̃s] *f* Vor-, Fürsorge *f*; **~ant, ~ante** [-ɑ̃, -ɑ̃t] vorausschauend; fürsorglich

prier [prije] (1a) **1.** *rel* beten; ***~ Dieu*** zu Gott beten; **2.** bitten; ***~ qn de faire qc*** j-n bitten, etw zu tun; ***~ qn à déjeuner*** j-n zum Mittagessen einladen; ***je vous en prie*** bitte (sehr)!, gern geschehen!; *ärgerlich*: das bitte ich mir aus!

prière [prijɛr] *f* Gebet *n*; Bitte *f*; ***faire sa ~*** beten; ***à la ~ de*** auf Bitten von; ***~ de ne pas toucher*** bitte nicht berühren!

primaire [primɛr] Ur..., Primär...; *péj* beschränkt; ***école f ~*** Volks-, Grundschule *f*

primauté [primote] *f* Vorrang *m*, Primat *m od n* (***sur*** vor)

prime¹ [prim] *adj* ***de ~ abord*** auf den ersten Blick

prime² [prim] *f* Prämie *f*, Zulage *f*; *comm* Werbegeschenk *n*

P

primer [prime] (1a) **1.** den Vorrang haben (***qc*** vor etw); **2.** prämi(i)eren
primeur [primœr] *f* **1.** ***avoir la ~ de qc*** etw als Erster haben, erfahren; **2.** ***~s*** *pl* Frühgemüse *n*, Frühobst *n*
primevère [primvɛr] *f bot* Schlüsselblume *f*, Primel *f*
primit|if, ~ive [primitif, -iv] ursprünglich, Ur...; primitiv
primo [primo] erstens
primordial, ~e [primɔrdjal] (⚠ *m/pl* ***-aux***) wesentlich, maß-, ausschlaggebend
princ|e, ~esse [prɛ̃s, -ɛs] *m, f* Fürst(in) *m(f)*; Prinz *m*, Prinzessin *f*; **~ier, ~ière** [-je, -jɛr] fürstlich (*a fig*)
principal, ~e [prɛ̃sipal] (⚠ *m/pl* ***-aux***) **1.** *adj* hauptsächlich, Haupt...; **2.** *m Schule*: Direktor *m*; ***le ~*** die Hauptsache *f*; **3.** *f gr* Hauptsatz *m*; **~ement** hauptsächlich, vor allem
principauté [prɛ̃sipote] *f* Fürstentum *n*
principe [prɛ̃sip] *m* Prinzip *n*, Grundsatz *m*; *phil* Ursprung *m*; *chim* Stoff *m*; ***de ~*** grundsätzlich; ***par ~*** aus Prinzip; ***en ~*** prinzipiell, im Prinzip
printan|ier, ~ière [prɛ̃tanje, -jɛr] Frühlings...
printemps [prɛ̃tɑ̃] *m* Frühling *m*, Frühjahr *n*; ⚠ ***au ~***, *aber* ***en hiver***, ***été***, ***automne***
priorité [prijɔrite] *f* Priorität *f*, Vorrang *m*; *Verkehr*: Vorfahrt *f* (***sur*** vor)
pris, prise [pri, priz] *p/p von* ***prendre*** *u adj* besetzt, ausgefüllt, beschäftigt
prise [priz] *f* Nehmen *n*; *mil* Einnahme *f*, Eroberung *f*; *mar u cuis* Prise *f*; *ch* Fang *m*; *tech* Steckdose *f*, Anschluss *m*; *Ringen*: Griff *m*; ***~ de contact*** Kontaktaufnahme *f*; ***~ de conscience*** Bewusstwerden *n*; ***~ d'otage(s)*** Geiselnahme *f*; ***~ de position*** Stellungnahme *f*; ***~ de vue*** *Foto*: Aufnahme *f*; ***donner ~ à*** Anlass geben zu; ***être aux ~s avec qn***, ***qc*** sich mit j-m, etw auseinander setzen; ***lâcher ~*** loslassen; *fig* aufgeben
prison [prizɔ̃] *f* Gefängnis *n*
prisonn|ier, ~ière [prizɔnje, -jɛr] *m, f* Gefangene(r) *m, f*
privation [privasjɔ̃] *f* Entbehrung *f*
privatisation [privatizasjɔ̃] *f* Privatisierung *f*
priv|é, ~ée [prive] privat, Privat...; ***en privé***, ***à titre privé*** privat; ***dans le privé*** im Privatleben; **~er** (1a) ***~ qn de qc*** j-m etw entziehen; ***se ~ de qc*** auf etw verzichten
privil|ège [privilɛʒ] *m* Privileg *n*, Vorrecht *n*; **~égier** [-eʒje] (1a) privilegieren, begünstigen
prix [pri] *m* Preis *m*, Wert *m* (*a fig*); ***~ de revient*** Selbstkostenpreis *m*; ***~ brut*** Bruttopreis *m*; ***de ~*** wertvoll; ***à tout ~*** um jeden Preis; ***à aucun ~*** um keinen Preis; ***au ~ fort*** zum vollen Preis; ***hors de ~*** unerschwinglich; ***au ~ de*** zum Preis von, gegen; ***~ Nobel*** Nobelpreis(träger) *m*
prob|abilité [prɔbabilite] *f* Wahrscheinlichkeit *f*; **~able** wahrscheinlich
prob|ant, ~ante [prɔbɑ̃, -ɑ̃t] überzeugend; **~ité** *f* Rechtschaffenheit *f*
problématique [prɔblematik] problematisch, fraglich
problème [prɔblɛm] *m* Problem *n*; *math* Aufgabe *f*
procédé [prɔsede] *m* Verfahren *n*, Methode *f*; ***~s*** *pl* Verhalten *n*
procéd|er [prɔsede] (1f) verfahren, vorgehen; ***~ à qc*** etw vornehmen *od* durchführen; zu etw schreiten; sich daranmachen, etw zu tun; *litt* ***~ de*** herrühren von; **~ure** [-yr] *f jur* Verfahren *n*; Prozessführung *f*, -ordnung *f*
procès [prɔsɛ] *m jur* Prozess *m*; *fig* ***faire le ~ de qn*** j-n scharf kritisieren; ⚠ *nicht verwechseln mit* ***procédé*** *u* ***processus***
processeur [prɔsesœr] *m EDV* Prozessor *m*
procession [prɔsesjɔ̃] *f* Prozession *f*
processus [prɔsesys] *m* Vorgang *m*, Ablauf *m*, Prozess *m* (⚠ *nicht jur*)
procès-verbal [prɔsɛvɛrbal] *m* (⚠ *pl* ***procès-verbaux***) Protokoll *n*; Strafmandat *n*; ***dresser un ~*** ein Protokoll aufnehmen
proch|ain, ~aine [prɔʃɛ̃, -ɛn] **1.** *adj* nächste, kommende; **2.** ***le prochain*** der Nächste; **~ainement** [-ɛnmɑ̃] *adv* demnächst
proche [prɔʃ] **1.** *adj* nah(e); *fig* ***~ de*** verwandt mit; **2.** *adv* ***de ~ en ~*** nach und nach; **3.** *m/pl* ***~s*** Angehörige *m/pl*, nahe Verwandte *m/pl*
Proche-Orient [prɔʃɔrjɑ̃] ***le ~*** der Nahe Osten
proclam|ation [prɔklamasjɔ̃] *f* Bekanntgabe *f*; Ausrufung *f*, Proklamation *f*; **~er** (1a) verkünden; ausrufen

P

procur|ation [prɔkyrasjɔ̃] *f* Vollmacht *f*; **~er** (1a) verschaffen, besorgen; **~eur** *m* **~** (***de la République***) Staatsanwalt *m*
prodigalité [prɔdigalite] *f* Verschwendung(ssucht) *f*
prodig|e [prɔdiʒ] *m* Wunder *n*; ***enfant*** *m* **~** Wunderkind *n*; ⚠ *nicht verwechseln mit* ***enfant prodigue***; **~ieux, ~ieuse** [-jø, -jøz] außergewöhnlich, erstaunlich
prodigu|e [prɔdiɡ] verschwenderisch; *Bibel*: ***l'Enfant*** *m* **~** der verlorene Sohn; **~er** (1m) reichlich geben, zuteil werden lassen
produc|teur, ~trice [prɔdyktœr, -tris] **1.** *adj* Erzeuger..., Hersteller...; **2.** *m*, *f* Produzent(in) *m(f)*; **~tif, ~tive** [-tif, -tiv] produktiv; einträglich
production [prɔdyksjɔ̃] *f* Produktion *f*, Erzeugung *f*, Herstellung *f*, Gewinnung *f*; Erzeugnisse *n/pl*
productivité [prɔdyktivite] *f* Produktivität *f*
produire [prɔdɥir] (4c) produzieren, erzeugen, herstellen; schaffen; *fig* bewirken, hervorrufen; *Urkunde*: vorlegen; ***se*** **~** sich ereignen
produit [prɔdɥi] *m* Erzeugnis *n*, Produkt *n*; Ertrag *m*; *écon* **~** ***intérieur brut*** Bruttoinlandsprodukt *n*; *écon* **~** ***national brut*** Bruttosozialprodukt *n*; **~** ***pour la vaisselle*** Spülmittel *n*
proémin|ent, ~ente [prɔeminɑ̃, -ɑ̃t] vorspringend
prof [prɔf] *m*, *f* (*abr* ***professeur***) *Schülersprache*: Lehrer(in) *m(f)*
profan|e [prɔfan] **1.** *adj* profan, weltlich; **2.** *m*, *f* Laie *m* (***en*** auf dem Gebiet von); **~er** (1a) entweihen
proférer [prɔfere] (1f) Drohungen: ausstoßen
profess|eur [prɔfesœr] *m* Gymnasiallehrer(in) *m(f)*; Professor(in) *m(f)*; **~ion** *f* Beruf *m*, Berufstätigkeit *f*; Berufsstand *m*; **~** ***de foi*** Glaubensbekenntnis *n*; **~ionnel, ~ionnelle** [-jɔnɛl] **1.** *adj* beruflich; professionell, berufsmäßig; **2.** *m* Fachmann *m*; F Profi *m*; **~orat** [-ɔra] *m* höheres Lehramt *n*; Hochschullehramt *n*
profil [prɔfil] *m* Profil *n*; *fig* charakteristisches Erscheinungsbild *n*; **~s** *pl* Konturen *f/pl*
profit [prɔfi] *m* Profit *m*, Gewinn *m*; Nutzen *m*; ***au*** **~** ***de*** zu Gunsten (+ *gén*); ***tirer*** **~** ***de qc*** von etw profitieren
profitable [prɔfitablə] nützlich; einträglich
profiter [prɔfite] (1a) **~** ***de qc*** von etw profitieren, etw ausnützen, aus etw Vorteil ziehen; **~** ***à qn*** j-m nützlich sein, Vorteil(e) bringen; F ***bien*** **~** gut gedeihen
prof|ond, ~onde [prɔfɔ̃, -ɔ̃d] tief; tiefsinnig; *Einfluss*: stark; **~ondément** [-ɔ̃demɑ̃] *adv* tief, zutiefst
profondeur [prɔfɔ̃dœr] *f* Tiefe *f*; *fig* Stärke *f*
profusion [prɔfyzjɔ̃] *f* Fülle *f*; ***à*** **~** in reichem Maße
progéniture [prɔʒenityr] *f* *litt* Nachkommenschaft *f*; *plais* Nachwuchs *m*, Sprösslinge *m/pl*
progiciel [prɔʒisjɛl] *m* Softwarepaket *n*
programm|e [prɔgram] *m* Programm *n*; *Schule*: Lehrplan *m*, -stoff *m*; **~** ***d'application*** *od* ***utilisateur*** Anwenderprogramm *n*; **~er** (1a) *TV* in das Programm aufnehmen; *EDV* programmieren; **~eur, ~euse** *m*, *f* Programmierer(in) *m(f)*
progrès [prɔgrɛ] *m* Fortschritt *m*; Ausbreitung *f*, Zunahme *f*
progress|er [prɔgrɛse] (1b) Fortschritte machen; um sich greifen; *mil* vorrücken; **~if, ~ive** [-if, -iv] progressiv, fortschreitend; ⚠ *nicht politisch*; **~ion** *f* Fortschreiten *n*; *fig* Zunahme *f*; **~iste** progressiv, fortschrittlich (*a pol*)
prohib|er [prɔibe] (1a) (gesetzlich) verbieten; **~ition** *f* Verbot *n*
proie [prwa] *f* Raub *m*; Beute *f*; *fig* Opfer *n*; ***en*** **~** ***à qc*** von etw heimgesucht, e-r Sache ausgeliefert
project|eur [prɔʒɛktœr] *m* Scheinwerfer *m*; Projektor *m*; **~ile** [-il] *m* Geschoss *n*
projet [prɔʒɛ] *m* Projekt *n*, Plan *m*; Entwurf *m*; **~** ***pilote*** Pilotprojekt *n*
projeter [prɔʒ(ə)te, prɔʃte] (1c) schleudern, auswerfen; projizieren; vorhaben, planen
prolétaire [prɔletɛr] *m*, *f* Proletarier(in) *m(f)*
prolifération [prɔliferasjɔ̃] *f* (rasche, starke) Vermehrung *f*, Zunahme *f*; **~** ***des armes atomiques*** Verbreitung *f* *od* Weitergabe *f* von Atomwaffen
prolifique [prɔlifik] fruchtbar
prolixe [prɔliks] weitschweifig
prologue [prɔlɔg] *m* Prolog *m*

prolongation [prɔlɔ̃gasjɔ̃] *f* (*zeitliche*) Verlängerung *f*
prolong|ement [prɔlɔ̃ʒmɑ̃] *m* (*räumliche*) Verlängerung *f*; **~er** (1l) *zeitlich od räumlich*: verlängern; **se ~** sich in die Länge ziehen
promenade [prɔmnad] *f* Spaziergang *m*, -fahrt *f*, Ausflug *m*
promen|er [prɔmne] (1d) spazieren führen, herumführen; *fig* umherschweifen lassen; **se ~** spazieren gehen, fahren; F herumlaufen; F *fig* **envoyer ~** davonjagen, abblitzen lassen; *Sache*: hinschmeißen; **~eur, ~euse** *m, f* Spaziergänger(in) *m(f)*
promesse [prɔmɛs] *f* Versprechen *n*
promett|eur, ~euse [prɔmɛtœr, -øz] vielversprechend
promettre [prɔmɛtrə] (4p) versprechen (**qc à qn** j-m etw, **de** *inf* zu + *inf*); versichern; **se ~ de faire qc** sich vornehmen, etw zu tun
promiscuité [prɔmiskɥite] *f* enges Zusammenleben *n*
promo [prɔmo] *m* F *Schule*: Jahrgang *m*
promontoire [prɔmɔ̃twar] *m* Vorgebirge *n*
promo|teur, ~trice [prɔmɔtœr, -tris] **1.** *m, f st/s* Initiator(in) *m(f)*; **2.** *m* Bauträger *m*, Bauherr *m*; **~tion** *f* Beförderung *f*; Aufstieg *m*; *Schule*: Jahrgang *m*; *comm* **~ des ventes** Absatzförderung *f*
promouvoir [prɔmuvwar] (3d) befördern, ernennen; fördern
prompt, prompte [prɔ̃, prɔ̃t] rasch; plötzlich
promulguer [prɔmylge] (1m) *Gesetz*: verkünden
pronom [prɔnɔ̃] *m gr* Pronomen *n*, Fürwort *n*
pronominal, ~e [prɔnɔminal] (⚠ *m/pl* **-aux**) pronominal; **verbe** *m* **pronominal** reflexives Verb *n*
prononcé, ~e [prɔnɔ̃se] stark ausgeprägt, markant
prononc|er [prɔnɔ̃se] (1k) aussprechen; *Rede*: halten; *jur Urteil*: fällen *od* verkünden; **se ~** ausgesprochen werden; sich äußern; **se ~ pour, contre** sich aussprechen für, gegen; **~iation** [-jasjɔ̃] *f* Aussprache *f*; *jur* Urteilsverkündung *f*
pronost|ic [prɔnɔstik] *m* Prognose *f*, Voraussage *f*; **~iquer** [-ike] (1m) vorhersagen

P

propagande [prɔpagɑ̃d] *f* Propaganda *f*
propager [prɔpaʒe] (1l) aus-, verbreiten; propagieren; *biol* fortpflanzen; **se ~** sich verbreiten; sich fortpflanzen
propension [prɔpɑ̃sjɔ̃] *f* Neigung *f* (**à qc** zu etw)
proph|ète, ~étesse [prɔfɛt, -etɛs] *m, f* Prophet(in) *m(f)*; **~étie** [-esi] *f* Prophezeiung *f*; ⚠ *Aussprache*
prophét|ique [prɔfetik] prophetisch; **~iser** (1a) prophezeien
prophylaxie [prɔfilaksi] *f méd* Prophylaxe *f*, Vorbeugung *f*
propice [prɔpis] günstig (**à** für); gnädig
proportion [prɔpɔrsjɔ̃] *f* Proportion *f*, Verhältnis *n*; **~s** *pl* Ausmaß(e) *n(pl)*; **toutes ~s gardées** im Verhältnis; **en ~** entsprechend; **en ~ de** im Vergleich zu
proportionn|el, ~elle [prɔpɔrsjɔnɛl] proportional (**à** zu); entsprechend; anteilig; **~ellement** [-ɛlmɑ̃] im Verhältnis (**à** zu); **~er** (1a) in das richtige Verhältnis setzen (**à** zu); **bien proportionné(e)** wohlgestaltet
propos [prɔpo] *m* **1.** *pl* Äußerungen *f/pl*, Worte *n/pl*; **2.** *st/s* Absicht *f*; **à ~** zur richtigen Zeit, gelegen; **à tout ~** bei jeder Gelegenheit; **mal à ~, hors de ~** ungelegen, zur Unzeit; **à ~!** übrigens!; **à ~ de** was ... betrifft, wegen
proposer [prɔpoze] (1a) vorschlagen (**qc à qn** j-m etw; **à qn de** *inf* j-m zu + *inf*); vorlegen; *Preis*: aussetzen; **se ~ de faire qc** sich vornehmen, etw zu tun; **se ~** sich anbieten
proposition [prɔpozisjɔ̃] *f* Vorschlag *m*; Angebot *n*; *gr* Satz *m*; **~ principale, subordonnée** Haupt-, Nebensatz *m*; **~ de loi** Gesetzentwurf *m*
propre [prɔprə] **1.** *adj* **a)** eigen; eigentlich; eigentümlich; *st/s* geeignet (**à** zu); **b)** sauber; ordentlich, anständig; **2.** *m* **a)** Eigenart *f*; **b) mettre au ~** ins Reine schreiben; **~ment** *adv* ordentlich; **à ~ parler** genau genommen; **~ dit** eigentlich
propreté [prɔprəte] *f* Sauberkeit *f*
proprié|taire [prɔprijetɛr] *m, f* Eigentümer(in) *m(f)*, Besitzer(in) *m(f)*; Hausbesitzer(in) *m(f)*; **~té** [-te] *f* Eigentum *n*, Besitz *m*; Eigenschaft *f*; *Wort*: Angemessenheit *f*
propuls|er [prɔpylse] (1a) antreiben; **~ion** *f* Antrieb *m*

prorata [prɔrata] ***au ~ de*** im Verhältnis zu
prorogation [prɔrɔgasjõ] *f* Verlängerung *f*; *pol* Vertagung *f*
proroger [prɔrɔʒe] (1l) verlängern; *pol* vertagen
prosa|ïque [prɔzaik] prosaisch, nüchtern; **~teur** *m* Prosaschriftsteller *m*
proscription [prɔskripsjõ] *f* Verbot *n*; *hist* Ächtung *f*
proscrire [prɔskrir] (4f) verbieten; verpönen; *hist* ächten
prose [proz] *f* Prosa *f*
prosélyte [prɔzelit] *m, f* Neubekehrte(r) *m, f*; *allg* neue(r) Anhänger(in) *m(f)*
prospect|er [prɔspɛkte] (1a) *tech* nach Lagerstätten schürfen; *allg* erkunden; **~us** [-ys] *m* (Werbe-)Prospekt *m*
prosp|ère [prɔspɛr] blühend, florierend; **~érer** [-ere] (1f) gut gehen, blühen, florieren, gedeihen; **~érité** [-erite] *f* Wohlstand *m*
prosterner [prɔstɛrne] (1a) ***se ~*** sich niederwerfen
prostituée [prɔstitɥe] *f* Prostituierte *f*
prostration [prɔstrasjõ] *f* Entkräftung *f*; Niedergeschlagenheit *f*
protagoniste [prɔtagɔnist] *m* Protagonist *m*
protec|teur, ~trice [prɔtɛktœr, -tris] **1.** *adj* schützend, Schutz...; gönnerhaft; **2.** *m, f* Beschützer(in) *m(f)*; Gönner(in) *m(f)*
protection [prɔtɛksjõ] *f* Schutz *m*; Protektion *f*, Gönnerschaft *f*; *EDV* ***~ d'écriture*** Schreibschutz *m*; ***~ contre le bruit*** Lärmschutz *m*; ***~ des données*** Datenschutz *m*
protectionnisme [prɔtɛksjɔnismə] *m* *écon* Protektionismus *m*, Schutzzollsystem *n*; ⚠ *Schreibung*
protectorat [prɔtɛktɔra] *m* Protektorat *n*
protég|é, ~ée [prɔteʒe] *m, f* Schützling *m*; Günstling *m*; **~er** (1g) (be)schützen (***contre*** *od* ***de*** vor); begünstigen; fördern
protège-slip [prɔtɛʒslip] *m* (⚠ *pl* ***protège-slips***) Slipeinlage *f*
protéine [prɔtein] *f* Eiweiß *n*, Protein *n*; ⚠ ***la ~***
protest|ant, ~ante [prɔtɛstɑ̃, -ɑ̃t] *rel* **1.** *adj* protestantisch, evangelisch; **2.** *m, f* Protestant(in) *m(f)*
protest|ation [prɔtɛstasjõ] *f* Protest *m*, Einspruch *m*; Beteuerung *f*; **~er** (1a) protestieren (***contre*** gegen); ***~ de qc*** etw beteuern
prothèse [prɔtɛz] *f* Prothese *f*
protocole [prɔtɔkɔl] *m* (diplomatisches) Protokoll *n*; ⚠ *Schreibung*
prototype [prɔtɔtip] *m* Ur-, Vorbild *n*; *tech* Prototyp *m*
protubérance [prɔtyberɑ̃s] *f* Beule *f*, Höcker *m*
proue [pru] *f mar* Bug *m*
prouesse [pruɛs] *f* Heldentat *f*
prouv|able [pruvablə] beweisbar; **~er** (1a) beweisen
provenance [prɔvnɑ̃s] *f* Herkunft *f*; ***en ~ de*** *Flugzeug, Zug*: aus
provençal, ~e [prɔvɑ̃sal] (⚠ *m/pl* ***-aux***) provenzalisch; ⚠ *nicht verwechseln mit* ***provincial***
Provence [prɔvɑ̃s] ***la ~*** die Provence
provenir [prɔvnir] (2h) herkommen, stammen, herrühren (***de*** von)
proverb|e [prɔvɛrb] *m* Sprichwort *n*; **~ial, ~iale** [-jal] (⚠ *m/pl* ***-iaux***) sprichwörtlich
provid|ence [prɔvidɑ̃s] *f* Vorsehung *f*; **~entiel, ~entielle** [-ɑ̃sjɛl] unverhofft, unerwartet
provinc|e [prɔvɛ̃s] *f* Provinz *f*; **~ial, ~iale** [-jal] (⚠ *m/pl* ***-iaux***) **1.** *adj* provinziell; Provinz...; **2.** *m, f* Provinzbewohner(in) *m(f)*; Kleinstädter(in) *m(f)*; *péj* Provinzler(in) *m(f)*
proviseur [prɔvizœr] *m* Schulleiter *m* (*Gymnasium*)
provision [prɔvizjõ] *f* **1.** Vorrat *m* (***de*** an); **~s** *pl* (Lebensmittel-)Vorräte *m/pl*; Einkäufe *m/pl*; **2.** *Scheck*: Deckung *f*; ⚠ *nicht* Provision
provisoire [prɔvizwar] vorläufig, provisorisch
provoc|ant, ~ante [prɔvɔkɑ̃, -ɑ̃t], **~ateur, ~atrice** [-atœr, -atris] herausfordernd, provozierend; ***agent*** *m* ***provocateur*** Lockspitzel *m*; **~ation** *f* Provokation *f*, Herausforderung *f*
provoquer [prɔvɔke] (1m) herausfordern, provozieren; hervorrufen
proxénète [prɔksenɛt] *m* Kuppler *m*; Zuhälter *m*
proximité [prɔksimite] *f* Nähe *f*; ***à ~ de*** nahe bei, in der Nähe von
prude [pryd] prüde, zimperlich
prud|ence [prydɑ̃s] *f* Vorsicht *f*; Umsicht *f*; **~ent, ~ente** [-ɑ̃, -ɑ̃t] vorsichtig;

P

umsichtig, klug; ⚠ *adv* ***prudemment*** [-amɑ̃]
pruderie [prydri] *f* Prüderie *f*
prud'homme [prydɔm] *m* Arbeitsrichter *m*
prun|e [pryn] *f* Pflaume *f*; **~eau** [-o] *m* (⚠ *pl* **~x**) Backpflaume *f*; **~elle** *f* Pupille *f*; *bot* Schlehe *f*; **~ier** [-je] *m* Pflaumenbaum *m*
Prusse [prys] ***la ~*** Preußen *n*
pruss|ien, ~ienne [prysjɛ̃, -jɛn] **1.** *adj* preußisch; **2.** ♀ *m, f* Preuße, -in *m, f*
P.S. [peɛs] *m* (*abr* ***Parti socialiste***) Sozialistische Partei *f*
psaume [psom] *m* Psalm *m*
pseudo... [psødɔ] *in Zssgn* pseudo..., Pseudo...
pseudonyme [psødɔnim] *m* Pseudonym *n*, Deckname *m*
psychanal|yse [psikanaliz] *f* Psychoanalyse *f*; **~yste** [-ist] *m, f* Psychoanalytiker(in) *m(f)*
psychiatr|e [psikjatrə] *m, f* Psychiater(in) *m(f)*; **~ie** [-i] *f* Psychiatrie *f*
psychique [psiʃik] psychisch, seelisch
psycho|logie [psikɔlɔʒi] *f* Psychologie *f*; Menschenkenntnis *f*; **~logique** [-lɔʒik] psychologisch; seelisch; **~logue** [-lɔg] *m, f* Psychologe *m*, -in *f*
psychosomatique [psikosɔmatik] psychosomatisch
psychothérapie [psikoterapi] *f* Psychotherapie *f*
psychotique [psikotik] geisteskrank
psychotropes [psikotrɔp] *m/pl* Psychopharmaka *pl*
P.T.T. [petete] *m/pl hist u Schweiz* (*abr* ***Postes, télégraphes et téléphones***) Post- und Fernmeldewesen *n*
pu [py] *p/p von* ***pouvoir***
pu|ant, ~ante [pɥɑ̃, -ɑ̃t] stinkend; *fig* eingebildet; **~anteur** [-ɑ̃tœr] *f* Gestank *m*
pub [pyb] *f* F Werbung *f*
puber|taire [pybɛrtɛr] Pubertäts...; **~té** [-te] *f* Pubertät(szeit) *f*, Geschlechtsreife *f*
publ|ic, ~ique [pyblik] **1.** *adj* öffentlich; staatlich; **2.** *m* Öffentlichkeit *f*; Publikum *n*; ***en public*** öffentlich
publication [pyblikasjɔ̃] *f* Veröffentlichung *f*; Bekanntgabe *f*; ***~ assistée par ordinateur*** Desktop-Publishing *n*
public|itaire [pyblisitɛr] Werbe..., Reklame...; **~ité** *f* **1.** Werbung *f*, Reklame *f*; Werbeplakat *n*; **2.** Öffentlichkeit *f*, Publizität *f*
publier [pyblije] (1a) veröffentlichen
puce [pys] *f* Floh *m*; *EDV* Chip *m*; ***mettre la ~ à l'oreille*** misstrauisch machen; ***marché*** *m* ***aux ~s*** Flohmarkt m
pud|eur [pydœr] *f* Scham(gefühl) *f(n)*; **~ique** schamhaft, züchtig; diskret
puer [pɥe] (1a) stinken (***qc*** nach etw)
puériculture [pɥerikyltyr] *f* Säuglingspflege *f*
puéril, ~e [pɥeril] kindisch; **~ité** *f* kindisches Wesen *n*
pugilat [pyʒila] *m* Rauferei *f*; *hist* Faustkampf *m*
puis [pɥi] dann, darauf
puiser [pɥize] (1a) schöpfen (***dans*** aus); entnehmen
puisque [pɥiskə] da ja, da doch
puissamment [pɥisamɑ̃] *adv* stark, heftig
puiss|ance [pɥisɑ̃s] *f* Macht *f*; Stärke *f*; Leistungsfähigkeit *f*; *math* Potenz *f*; **~ant, ~ante** [-ɑ̃, -ɑ̃t] mächtig; kräftig; stark
puits [pɥi] *m* Brunnen *m*; Schacht *m*
pull(-over) [pyl(ɔvɛr)] *m* (⚠ *pl* ***pulls, pull-overs***) F Pulli *m*, Pullover *m*
pulluler [pylyle] (1a) wimmeln
pulmonaire [pylmɔnɛr] *méd* Lungen...
pulpe [pylp] *f* Fruchtfleisch *n*
pulsation [pylsasjɔ̃] *f méd* Pulsschlag *m*
pulvéris|ateur [pylverizatœr] *m* Zerstäuber *m*, Sprühgerät *n*; **~er** (1a) pulverisieren; zerstäuben; *fig* vernichten
punaise [pynɛz] *f* Wanze *f*; Reißnagel *m*, -zwecke *f*
punch¹ [pɔ̃ʃ] *m* Punsch *m*
punch² [pœnʃ] *m Boxen*: Schlag *m*; *fig* Schwung *m*
punir [pynir] (2a) (be)strafen
punition [pynisjɔ̃] *f* Strafe *f*
punk [pœnk] *m* Punker *m*; ***la musique ~*** der Punk
pupille [pypij] **1.** *m, f jur* Mündel *m od n*; Waisenkind *n*; **2.** *f Auge*: Pupille *f*
pupitre [pypitrə] *m* Pult *n*
pur, ~e [pyr] rein, pur; klar; sauber; bloß; ***pur et simple*** ganz einfach, glatt
purée [pyre] *f* Brei *m*, Püree *n*; F ***être dans la ~*** in Not sein
pureté [pyrte] *f* Reinheit *f*
purgat|if, ~ive [pyrgatif, -iv] *phm* **1.** *adj* abführend; **2.** *m* Abführmittel *n*; **~oire**

P

[-war] *m rel* Fegefeuer *n*
purg|e [pyrʒ] *f méd* Abführmittel *n*; *pol* Säuberung *f*; **~er** (1l) *tech* entlüften; *pol* säubern; *jur Strafe*: verbüßen
purifier [pyrifje] (1a) reinigen
purin [pyrɛ̃] *m agr* Jauche *f*
puriste [pyrist] *m* Purist *m*, Sprachreiniger *m*
pur-sang [pyrsɑ̃] *m* (⚠ *pl unv*) Vollblutpferd *n*
purul|ent, ~ente [pyrylɑ̃, -ɑ̃t] eitrig
pus¹ [py] *m* Eiter *m*
pus² [py] *p/s von* ***pouvoir***
pustule [pystyl] *f méd* Pustel *f*
putain [pytɛ̃] P *f* Hure *f*
putré|faction [pytrefaksjɔ̃] *f* Fäulnis *f*, Verwesung *f*; **~fier** [-fje] (1a) faulen lassen; **se ~** (ver)faulen, verwesen, vermodern
putride [pytrid] faulig
P.-V. [peve] *m* (*abr* ***procès-verbal***) gebührenpflichtige Verwarnung *f*
pygmée [pigme] *m* Pygmäe *m*
pyjama [piʒama] *m* Schlafanzug *m*
pylône [pilon] *m* Mast *m*; Stütze *f*, Pfeiler *m*; *arch* Pylon *m*
pyramide [piramid] *f* Pyramide *f*
Pyrénées [pirene] *f/pl* Pyrenäen *pl*
pyrex [pirɛks] *m* feuerfestes Glas *n*, Pyrex *n* (*Warenzeichen*)
pyrotechnicien [pirɔtɛknisjɛ̃] *m* Feuerwerker *m*

Q

quadragénaire [kwadraʒenɛr] **1.** *adj* vierzigjährig; **2.** *m, f* Vierzigjährige(r) *m, f*
quadrangulaire [kwadrɑ̃gylɛr] viereckig
quadrilatère [kwadrilatɛr, ka-] *m* Viereck *n*
quadriller [kadrije] (1a) karieren; *fig* kontrollieren
quadri|moteur [kwadrimɔtœr, ka-] *m aviat* viermotorige Maschine *f*; **~partite** [-partit] *adj pol* Viermächte...; **~réacteur** [-reaktœr] *m aviat* vierstrahlige Maschine *f*
quadrupl|e [kwadryplə, ka-] vierfach; **~er** (1a) (sich) vervierfachen; **~és, ~ées** *m/pl, f/pl* Vierlinge *m/pl*
quai [ke] *m* Kai *m*; Bahnsteig *m*
qualifica|tif, ~tive [kalifikatif, -tiv] **1.** *adj gr* ***adjectif m qualificatif*** Eigenschaftswort *n*; **2.** *m* Bezeichnung *f*; **~tion** *f* Bezeichnung *f*, Benennung *f*; Qualifizierung *f*, Qualifikation *f*, Befähigung *f*
qualifi|é, ~ée [kalifje] qualifiziert, befähigt, geeignet; ***ouvrier m qualifié*** Facharbeiter *m*; **~er** (1a) benennen, charakterisieren; qualifizieren (*a Sport*); ***~ qn de*** ... j-n bezeichnen als ...
qualité [kalite] *f* Qualität *f*; Eigenschaft *f*; Beschaffenheit *f*; ... ***de ~*** Qualitäts...; ***en ~ de*** als
quand [kɑ̃] **1.** wann?; ***depuis ~?*** seit wann?, wie lange (schon)?; ***jusqu'à ~?*** bis wann?, wie lange noch?; **2.** *conj* als; (jedesmal) wenn; selbst wenn; **3.** ***~ même*** trotzdem; immerhin; doch
quant à [kɑ̃ta] was ... betrifft
quantité [kɑ̃tite] *f* Menge *f*, Quantität *f*; *math* Größe *f*; ***~ de*** viele
quarantaine [karɑ̃tɛn] *f* etwa vierzig; *Alter*: Vierzig *f*; *méd* Quarantäne *f*
quarante [karɑ̃t] vierzig
quart [kar] *m* Viertel *n*; Viertelliter *m*, -pfund *n*; ***~ d'heure*** Viertelstunde *f*; ***les trois ~s*** drei Viertel; ***il est le ~*** es ist Viertel (nach)
quartier [kartje] *m* Viertel *n*, Stück *n*; Stadtviertel *n*, -teil *m*, Bezirk *m*; *mil* Quartier *n*
quartier-maître [kartjemɛtrə] *m* (⚠ *pl* ***quartiers-maîtres***) *mar* Gefreite(r) *m*, Maat *m*
quasi|-... [kazi] *in Zssgn* fast; gewissermaßen; **~ment** sozusagen, quasi
quatorze [katɔrz] vierzehn
quatrain [katrɛ̃] *m* Vierzeiler *m*
quatre [katrə] **1.** *adj* vier; ***à ~*** zu viert; ***le***

~ mai der vierte *od* am vierten Mai; **2.** *m* Vier *f*; ⚠ **le ~**
quatre-saisons [kat(rə)sɛzɔ̃] ***marchand*** *m* **des ~** (herumziehender) Obst- und Gemüsehändler *m*
quatre|-vingt(s) [katrəvɛ̃] achtzig; ⚠ *ohne* **s** *bei folgender Zahl*; **~-vingt-dix** [-vɛ̃dis] neunzig
quatrième [katrijɛm] vierte; **~ment** *adv* viertens
quatuor [kwatɥɔr] *m mus* Quartett *n*
que [kə] (*vor Vokal u stummem h* **qu'**) **1.** *Relativpronomen* welchen *od* den, welche *od* die, welches *od* das; ***imbécile ~ tu es!*** du Dummkopf!; ***le jour ~*** der Tag, an dem; **ce ~** (das) was; ***je sais ce qu'il veut*** ich weiß, was er will; ***~ je sache*** soviel ich weiß; ***je ne sais ~ dire*** ich weiß nicht, was ich sagen soll; ***coûte ~ coûte*** koste es, was es wolle!; **2.** *Fragepronomen* was?; ***qu'y a-t-il*** was gibt es?; ***qu'est-ce que?*** was?; ***qu'est-ce que c'est?*** was ist das?; **3.** *adv in Ausrufen* wie; ***~ c'est beau!*** wie schön!; ***~ de fois!*** wie oft!; **4.** *conj* dass; damit; *nach Komparativ* als: ***plus grand ~ moi*** größer als ich; *im Vergleich* wie: ***tel ~ je suis*** so wie ich bin; ***ne ... ~*** nur; erst; *stellvertretend als Wiederholung e-r anderen conj*: ***puisque vous le dites et ~ nous le croyons*** da Sie es sagen und wir es glauben; *am Satzanfang mit subj*: ***qu'il ait raison, j'en suis certain*** dass er Recht hat, weiß ich genau; *konzessiv* ob: ***qu'il pleuve ou non*** ob es regnet oder nicht; *Wunsch*: ***qu'il entre*** er soll hereinkommen
québéc|ois, ~oise [kebekwa, -waz] aus Quebec
quel, ~le [kɛl] welche(r, -s); was für ein(e); ***quelle heure est-il?*** wie viel Uhr ist es?; **~ que** (+ *subj*) welche(r, -s) auch immer; ***quelles que soient vos raisons*** welches auch (immer) Ihre Gründe sein mögen
quelconque [kɛlkɔ̃k] **1.** irgendein(e), beliebig; ***un travail ~*** irgendeine Arbeit; **2.** mittelmäßig, gewöhnlich
quelque [kɛlkə, *vor Vokal* kɛlk] **1.** einige, ein(e) gewisse(r, -s); **~s** *pl* einige, ein paar; ***à ~ distance*** in einiger Entfernung; ***~s jours*** ein paar *od* einige Tage; ***~ chose*** etwas; **2.** *vor Zahlen* (⚠ *unv*) ungefähr, etwa; **3.** **~ ... que** (+ *subj*) wie ... auch immer; ***~ grands qu'ils soient*** wie groß sie auch (immer) sein mögen
quelquefois [kɛlkəfwa] manchmal
quelqu'un [kɛlkɛ̃ *od* kɛlkœ̃] jemand, (irgend)einer; ***quelques-uns*** [kɛlkəzɛ̃, -œ̃] *m/pl*, ***quelques-unes*** *f/pl* einige; ***~ d'autre*** jemand anders
quémander [kemɑ̃de] (1a) aufdringlich bitten, betteln
quenelle [kənɛl] *f* Klößchen *n*
querell|e [kərɛl] *f* Streit *m*; **~er** (1b) ***se ~*** (sich) streiten, (sich) zanken; **~eur, ~euse 1.** *adj* zänkisch; **2.** *m*, *f* Zänker(in) *m(f)*, Streithammel *m* F
question [kɛstjɔ̃] *f* Frage *f*; Problem *n*; *hist* Folter *f*; F ***~ travail*** was die Arbeit angeht; ***en ~*** fraglich, betreffend; ***c'est hors de ~*** das kommt nicht in Frage; ***il est ~ de*** es handelt sich um
questionn|aire [kɛstjɔnɛr] *m* Fragebogen *m*; **~er** (1a) aus-, befragen
question-piège [kɛstjɔ̃pjɛʒ] *f* (⚠ *pl* ***questions-pièges***) Fangfrage *f*
quêt|e [kɛt] *f* Suche *f*; Geldsammlung *f*, Kollekte *f*; ***en ~ de*** auf der Suche nach; **~er** (1b) sammeln; *fig* erbitten; *ch* auf-, nachspüren
queue [kø] *f* Schwanz *m*, Schweif *m*; Stiel *m* (*e-r Pfanne etc*); Billardstock *m*; Ende *n*; *fig* Schlange *f*; ***faire la ~*** Schlange stehen; *auto* ***faire une ~ de poisson à qn*** j-n schneiden; ***à la ~, en ~*** am Ende; *mus* ***piano*** *m* ***à ~*** Flügel *m*
qui [ki] **1.** *Fragepronomen* wer?; wen?; ***de ~*** von wem?; wessen?; ***à ~*** wem?; ***~ est-ce ~?*** wer?; ***~ est-ce que?*** wen?; ***qu'est-ce ~?*** was?; **2.** *Relativpronomen* welcher *od* der, welche *od* die, welches *od* das; *pl* welche *od* die; **ce ~** (das) was; ***rien ~*** nichts was; ***~ pis est*** was noch schlimmer ist; ***sauve ~ peut*** rette sich, wer kann; ***je ne sais ~*** ein x-Beliebiger; ***à ~ mieux mieux*** um die Wette; ***aimez ~ vous aime*** liebt den, der euch liebt!; ***ni ~ ni quoi*** überhaupt nichts; *st/s* **~ ... ~ ...** der eine ..., der andere ...; die einen ..., die
quiche [kiʃ] *f cuis* ***~ lorraine*** *etwa* Speckkuchen *m*
quiconque [kikɔ̃k] jeder, der ...; jeder (beliebige)
quille¹ [kij] *f* Kegel *m* (*Spiel*); *arg mil* Ende *m* des Militärdienstes
quille² [kij] *f* (Schiffs-)Kiel *m*

Q

quincaillerie [kɛ̃kɑjri] *f* Eisenwaren *f/pl* und Küchengeräte *n/pl*; Haushaltwarengeschäft *n*
quinine [kinin] *f* Chinin *n*; ⚠ ***la*** ~
quinquagénaire [kɛkaʒenɛr] **1.** *adj* fünfzigjährig; **2.** *m, f* Fünfzigjährige(r) *m, f*
quintal [kɛ̃tal] *m* (⚠ *pl* ***-aux***) Doppelzentner *m*
quinte [kɛ̃t] *f* ~ (***de toux***) Hustenanfall *m*
quintessence [kɛ̃tesɑ̃s] *f* Quintessenz *f*, Hauptinhalt *m*
quintuple [kɛ̃typlə] fünffach
quinzaine [kɛ̃zɛn] *f* vierzehn Tage *m/pl*, zwei Wochen *f/pl*; ***une ~ de*** ... etwa fünfzehn ...
quinze [kɛ̃z] fünfzehn; ~ ***jours*** vierzehn Tage; ***le ~*** (***du mois***) der Fünfzehnte (des Monats)
quittance [kitɑ̃s] *f* Quittung *f*; ***donner ~ de qc*** etw quittieren
quitte [kit] quitt, nichts schuldig; frei, befreit (***de qc*** von etw); ~ ***à*** (+ *inf*) auf die Gefahr hin, dass ...
quitter [kite] (1a) verlassen; aufgeben; *Kleidung*: ablegen; ***se ~*** sich trennen, auseinander gehen; *tél* ***ne quittez pas!*** bitte bleiben Sie am Apparat!
qui-vive? [kiviv] **1.** *mil* wer da?; **2.** *m* ***être*** *od* ***se tenir sur le ~*** aufpassen, auf der Hut sein
quoi [kwa] **1.** *allein stehend* was?; **2.** ***à ~*** wozu, woran; ***après ~*** worauf(hin); ***de ~*** wovon; ***sans ~*** sonst, andernfalls; ***à ~ bon?*** wozu?; ***avoir de ~ vivre*** genug zum Leben haben; ***il a de ~*** er hat Geld; (***il n'y a***) ***pas de ~!*** keine Ursache!, bitte!; **3.** ~ ***que*** (+ *subj*) was auch (immer); ~ ***qu'il en soit*** wie dem auch sei
quoique [kwakə] *conj* (+ *subj*) obgleich, obwohl; ⚠ *nicht verwechseln mit* ***quoi que***
quolibet [kɔlibɛ] *m* Stichelei *f*, Anzüglichkeit *f*
quote-part [kɔtpar] *f* (⚠ *pl* ***quotes-parts***) Anteil *m*
quotidi|en, ~enne [kɔtidjɛ̃, -ɛn] **1.** *adj* täglich; **2.** *m* Tageszeitung *f*
quotient [kɔsjɑ̃] *m* Quotient *m*; ~ ***intellectuel*** Intelligenzquotient *m*

R

rab [rab] *m* F Extraportion *f*; Nachschlag *m*; ***faire du ~*** Überstunden machen
rabâch|age [rabaʃaʒ] *m* F Wiederkäuen *n*; **~er** (1a) immer dasselbe sagen, F wiederkäuen
rabais [rabɛ] *m* Rabatt *m*, Ermäßigung *f*
rabaisser [rabɛse] (1b) herabsetzen, schmälern
rabat-joie [rabaʒwa] *m* (⚠ *pl unv*) Spielverderber *m*
rabattre [rabatrə] (4a) herunterklappen, umschlagen, umlegen; *Falte*: legen; *Preis*: nachlassen; *Wild*: treiben; ***en ~*** Abstriche machen, zurückstecken; *auto* ***se ~*** plötzlich abschwenken (***sur*** nach), wieder einscheren; *fig* ***se ~ sur*** zurückgreifen auf, vorliebnehmen mit
rabin [rabɛ̃] *m* Rabbiner *m*
rabot [rabo] *m* Hobel *m*
raboter [rabɔte] (1a) (be-, ab)hobeln
rabot|eux, ~euse [rabɔtø, -øz] rau, uneben; holp(e)rig (*a fig*)
rabougri, ~e [rabugri] verkümmert, verkrüppelt
rabrouer [rabrue] (1a) ~ ***qn*** j-n anfahren, anherrschen
racaille [rakaj] *f* Pack *n*, Gesindel *n*
raccommod|age [rakɔmɔdaʒ] *m* Ausbesserung *f*, Flicken *n*; **~er** (1a) flicken, ausbessern, stopfen
raccompagner [rakɔ̃paɲe] (1a) zurückbegleiten, -bringen
raccord [rakɔr] *m* Verbindung(sstück) *f*(*n*); Übergang *m*; *tech* Nippel *m*
raccord|ement [rakɔrdəmɑ̃] *m* Verbindung *f*; Anschluss *m*; Übergang *m*; **~er** (1a) verbinden, aneinander passen; anschließen

R

raccourc|i, ~ie [rakursi] **1.** *adj* ge-, verkürzt; ***en raccourci*** in Kurzform; **2.** *m* Ab-, Verkürzung *f*; **~ir** (2a) ab-, verkürzen; kürzer werden
raccrocher [rakrɔʃe] (1a) wieder an-, aufhängen; *Telefonhörer*: auflegen; **se ~ à** sich (an)klammern an
race [ras] *f* Rasse *f*; Geschlecht *n*; *péj* Sippschaft *f*
rachat [raʃa] *m* Rück-, Loskauf *m*
racheter [raʃte] (1e) zurückkaufen; los-, freikaufen; *fig* wieder gutmachen; *rel* erlösen
racial, ~e [rasjal] (⚠ *m/pl* ***-aux***) rassisch, Rassen...
racine [rasin] *f* Wurzel *f* (*a fig u math*); ***prendre ~*** Wurzeln schlagen
racisme [rasismə] *m* Rassenideologie *f*, Rassismus *m*
racket [rakɛt] *m* Schutzgelderpressung *f*
racl|ée [rɑkle] F *f* Tracht *f* Prügel; **~er** (1a) schaben, abkratzen; streifen; ***se ~ la gorge*** sich räuspern; **~ette** [-ɛt] *f tech* Kratz-, Schabeisen *n*; *cuis* Raclette *f od n* (*Art Fondue*)
racoler [rakɔle] (1a) *péj* anwerben, fangen, F anhauen
raconter [rakɔ̃te] (1a) erzählen (***qc*** [von] etw), berichten
radar [radar] *m* Radar(anlage *f*, -gerät *n*) *n*
radeau [rado] *m* (⚠ *pl* ***~x***) Floß *n*
radial, ~e [radjal] (⚠ *m/pl* ***-aux***) radial, strahlenförmig; ***pneu m à carcasse radiale*** Gürtelreifen *m*
radia|teur [radjatœr] *m* Heizkörper *m*, Radiator *m*; *auto* Kühler *m*; **~tion** *f* Strahlung *f*; Streichung *f*
radical, ~e [radikal] (⚠ *m/pl* ***-aux***) **1.** *adj* Wurzel...; gründlich, radikal; **2.** *m gr* Stamm *m*; *math* Wurzelzeichen *n*; *pol* Radikalsozialist *m*
radier [radje] (1a) (aus)streichen
radi|eux, ~euse [radjø, -øz] strahlend (*a fig*)
radin (*f a* **radine**) [radɛ̃, radin] F knauserig
radio [radjo] **1.** *f* Rundfunk *m*, Radio *n*, Hörfunk *m*; Funk *m*; ***~ libre*** Privatsender *m*; ***~ pirate*** Piratensender *m*; ⚠ ***la ~***; **2.** *f* Röntgenaufnahme *f*; **3.** *m* Funker *m*; Funkspruch *m*
radio|actif, ~active [radjɔaktif, -aktiv] radioaktiv; **~activité** [-aktivite] *f* Radioaktivität *f*; **~amateur** [-amatœr] *m* Funkamateur *m*; **~cassette** [-kasɛt] *f* Radiorekorder *m*; **~diffuser** [-difyze] (1a) (im Rundfunk) übertragen, senden; **~diffusion** [-difyzjɔ̃] *f* Rundfunkübertragung *f*; Rundfunk *m*; **~graphie** [-grafi] *f* Röntgenaufnahme *f*, -bild *n*; **~graphier** [-grafje] (1a) röntgen; **~logie** [-lɔʒi] *f* Röntgenkunde *f*, Radiologie *f*; **~phonique** [-fɔnik] Radio..., (Rund-)Funk...; **~reportage** [-rəpɔrtaʒ] *m* Funkreportage *f*; **~réveil** [-revɛj] *m* Radiowecker *m*; **~scopie** [-skɔpi] *f* Durchleuchtung *f*; **~-taxi** [-taksi] *m* (⚠ *pl* ***radio-taxis***) Funktaxi *n*; **~téléphone** [-telefɔn] *m* Funktelefon *n*; **~télévisé(e)** [-televise] Funk- und Fernseh...; **~thérapie** [-terapi] *f* Röntgentherapie *f*, Strahlenbehandlung *f*
radis [radi] *m bot* Radieschen *n*, Rettich *m*
radoter [radɔte] (1a) faseln; schwatzen
radoucir [radusir] (2a) mildern; **se ~** milder werden; sich beruhigen
rafale [rafal] *f* Windstoß *m*, Bö *f*; *mil* Feuerstoß *m*
raffermir [rafɛrmir] (2a) (wieder) festigen, straffen; *fig* stärken
raffinage [rafinaʒ] *m tech* Raffinieren *n*, Verfeinerung *f*
raffin|é, ~ée [rafine] ver-, überfeinert; erlesen; gepflegt; ausgeklügelt; *tech* raffiniert; **~ement** [-mɑ̃] *m* Verfeinerung *f*; Raffinesse *f*; **~er** (1a) *tech* raffinieren; *fig* verfeinern; **~erie** *f tech* Raffinerie *f*
raffoler [rafɔle] (1a) vernarrt sein (**de** in)
rafistoler [rafistɔle] (1a) F flicken, ausbessern
rafle [raflə] *f* Plünderung *f*; Razzia *f*
rafler [rafle] (1a) F an sich raffen
rafraîch|ir [rafrɛʃir] (2a) erfrischen; kühlen; auffrischen (*a fig*); kühler werden; **se ~** kühler werden; sich erfrischen (*durch ein Getränk*); **~issant, ~issante** [-isɑ̃, -isɑ̃t] erfrischend (*a fig*); **~issement** [-ismɑ̃] *m* Abkühlung *f*; Erfrischung *f*
rafting [raftiŋ] *m* Rafting *n*
rage [raʒ] *f* Wut *f*, Raserei *f*; *méd* Tollwut *f*; ⚠ ***la ~***
ragot [rago] *m* F Tratsch *m*
ragoût [ragu] *m cuis* Ragout *n*

raid [rɛd] *m mil* Einfall *m*; Luftangriff *m*
raid|e [rɛd] steif (*a fig*); steil; *fig* hartnäckig, starr; P stockbesoffen; ~ ***mort*** auf der Stelle tot; **~eur** *f* Steifheit *f* (*a fig*); Steilheit *f*; **~ir** (2a) versteifen, anspannen; **se** ~ steif werden; *fig* trotzen
raie [rɛ] *f* **1.** Strich *m*, Streifen *m*; *Haar*: Scheitel *m*; **2.** *zo* Rochen *m*
raifort [rɛfɔr] *m bot* Meerrettich *m*
rail [rɑj] *m Bahn*: Schiene *f*
raill|er [rɑjɛ] (1a) verspotten, spotten (***qn*** über j-n); **~erie** *f* Spott *m*; **~eur, ~euse** spöttisch
rainette [rɛnɛt] *f zo* Laubfrosch *m*
rainure [renyr] *f tech* Nut *f*, Rille *f*
raisin [rɛzɛ̃] *m* (Wein-)Traube(n) *f(pl)*; ~ ***sec*** Rosine *f*
raison [rɛzɔ̃] *f* Vernunft *f*, Verstand *m*; Recht *n*; Grund *m*, Ursache *f*; Argument *n*; ***avoir*** ~ Recht haben; ***avoir*** ~ ***de qn*** j-n überwältigen; ***avoir*** ~ ***de qc*** etw meistern; ***à*** ~ ***de*** zum Preis von; pro; ***à plus forte*** ~ umso mehr; ***en*** ~ ***de*** auf Grund von; ~ ***d'être*** Existenzberechtigung *f*; ~ ***d'État*** Staatsräson *f*; ***pour cette*** ~ aus diesem Grund, deshalb
raisonnable [rɛzɔnablə] vernünftig; angemessen
raisonné, ~e [rɛzɔne] durchdacht, überlegt
raisonn|ement [rɛzɔnmɑ̃] *m* Beweisführung *f*, Überlegung *f*, Gedankengang *m*; Urteilskraft *f*; **~er** (1a) urteilen, schließen, argumentieren; nachdenken; widersprechen; ~ ***qn*** j-m gut zureden
rajeunir [rajœnir] (2a) verjüngen; neu beleben; jünger werden, aussehen
rajouter [raʒute] (1a) hinzufügen
rajust|ement [raʒystəmɑ̃] *m* Angleichung *f*; **~er** (1a) zurechtrücken, wieder in Ordnung bringen; angleichen
ralent|i [ralɑ̃ti] *m auto* Leerlauf *m*; *Film*: Zeitlupe *f*; *fig* ***au*** ~ mit verminderter Kraft; **~ir** (2a) verlangsamen; langsamer werden, fahren; **~issement** [-ismɑ̃] *m* Langsamerwerden *n*; *fig* Nachlassen *n*; ~ ***conjoncturel*** Konjunkturrückgang *m*
râler [rɑle] (1a) röcheln; F nörgeln
rallier [ralje] (1a) sammeln; *fig* vereinen; sich anschließen (***qn*** j-m); ***se*** ~ ***à*** sich anschließen an
rallong|e [ralɔ̃ʒ] *f* Verlängerungsstück *n*; **~er** (1l) verlängern
rallye [rali] *m* Rallye *f*, Sternfahrt *f*; ⚠ ***le*** ~
ramass|age [ramasaʒ] *m* Sammeln *n*; ***car*** *m* ***de*** ~ ***scolaire*** Schulbus *m*; **~er** (1a) (*von der Erde*) aufheben; (ein)sammeln; F *Prügel*: erwischen; **~is** [-i] *m péj* Haufen *m*
rame [ram] *f* Ruder *n*; Stange *f*; *U-Bahn*: Zug *m*
rameau [ramo] *m* (⚠ *pl* **~x**) Zweig *m* (*a fig*); *rel* ***les*** **℞x** Palmsonntag *m*
ramener [ramne] (1d) zurück-, wiederbringen; mitbringen; *Ordnung*: wiederherstellen; ~ ***à*** bringen, zurückführen auf; ***se*** ~ ***à qc*** auf etw hinauslaufen
ram|er [rame] (1a) rudern; **~eur, ~euse** *m, f* Ruderer, -in *m, f*
rami|fication [ramifikasjɔ̃] *f* Ab-, Verzweigung *f*; **~fier** [-fje] (1a) ***se*** ~ sich verzweigen (*a fig*)
ramollir [ramɔlir] (2a) weich machen, aufweichen; ***se*** ~ weich werden; *fig* nachlassen
ramon|er [ramɔne] (1a) *Schornstein*: fegen; **~eur** *m* Schornsteinfeger *m*
ramp|ant, ~ante [rɑ̃pɑ̃, -ɑ̃t] kriechend; *fig* kriecherisch
ramp|e [rɑ̃p] *f* Treppengeländer *n*; Auffahrt *f*; Rampe *f*; ~ ***de lancement*** Abschussrampe *f*; **~er** (1a) kriechen (*a fig*)
rancard [rɑ̃kar] F *m* Verabredung *f*; Auskunft *f*
rancart [rɑ̃kar] *m* ***mettre au*** ~ ausrangieren
rance [rɑ̃s] ranzig
rancœur [rɑ̃kœr] *f* Groll *m*, Verbitterung *f*
rançon [rɑ̃sɔ̃] *f* Lösegeld *n*; *fig* Preis *m*; ⚠ ***la*** ~
rancun|e [rɑ̃kyn] *f* Groll *m*, Rachsucht *f*; **~ier, ~ière** [-je, -jɛr] nachtragend
randonn|ée [rɑ̃dɔne] *f* Ausflug *m*, Tour *f*, Wanderung *f*; ***grande*** ~ Wanderweg *m*; **~eur** *m* Wanderer *m*
rang [rɑ̃] *m* Reihe *f*; Rang *m*, Stand *m*; *mil* Glied *n*; *fig* ***se mettre sur les*** **~s** sich bewerben; ***rentrer dans le*** ~ wieder in den Hintergrund treten; ***être au premier*** ~ an erster Stelle stehen; ⚠ *nicht* Rang *im Theater*
rang|é, ~ée [rɑ̃ʒe] anständig; geordnet; **~ée** *f* Reihe *f*
ranger [rɑ̃ʒe] (1l) in Ordnung bringen,

R

aufstellen, ordnen; *Zimmer*: aufräumen; ***se*** ~ sich einreihen; beiseite treten, fahren; Platz machen; *fig* solide werden; ***se*** ~ ***à une opinion*** e-r Ansicht beipflichten; ⚠ *nicht* rangieren (*Eisenbahn*)

ranimer [ranime] (1a) wieder beleben; *fig* erneuern

rap [rap] *m* Rap *m*

rapace [rapas] **1.** *adj* raubgierig; habsüchtig; **2.** *m* Raubvogel *m*

rapatrié, ~e [rapatrije] *m*, *f* Rückwanderer(in) *m(f)*, Umsiedler(in) *m(f)*, Heimkehrer(in) *m(f)*

rapatrier [rapatrije] (1a) rückführen, repatriieren

râp|e [rɑp] *f* Reibe *f*; *tech* Raspel *f*; **~er** (1a) reiben; raspeln; ***manteau m râpé*** abgetragener Mantel *m*

rapetasser [raptase] (1a) F flicken

rapetisser [raptise] (1a) verkleinern (*a fig*), verkürzen; kleiner werden; eingehen

rapide [rapid] **1.** *adj* schnell, rasch; reißend (*Fluss*); steil (*Steigung*); lebhaft (*Stil*); ⚠ *adv* ***~ment*** = ***vite***; **2.** *m* Stromschnelle *f*; D-Zug *m*

rapidité [rapidite] *f* Schnelligkeit *f*; *fig* Lebhaftigkeit *f*

rapiécer [rapjese] (1f *u* 1k) flicken

rappel [rapɛl] *m* Zurückrufen *n*; Abberufung *f*; Mahnung *f*, Erinnerung *f* (***de*** an); Wiederaufnahme *f*, Wiederholung *f*; Nachzahlung *f*; *Bergsteiger*: ***descendre en*** ~ sich abseilen

rappeler [raple] (1c) zurückrufen; abberufen; noch einmal (an)rufen; *tech* zurückholen; ~ ***qc à qn*** j-m etw ins Gedächtnis zurückrufen, j-n an etw erinnern; ***se*** ~ ***qn*** *od* ***qc*** sich an j-n *od* etw erinnern; ***se*** ~ ***avoir fait qc*** sich erinnern, dass man etw getan hat; ⚠ ***se*** ~ ***qc***, *aber* ***se souvenir de qc***

rapport [rapɔr] *m* **1.** Bericht *m*; *mil* Meldung *f*; Appell *m*; **2.** Zusammenhang *m*; Verhältnis *n*; Beziehung *f*; *fig* Hinsicht *f*; *pl* **~s** Beziehungen *f/pl*, Verkehr *m*; ***par*** ~ ***à*** im Verhältnis zu, im Vergleich zu; ***sous le*** ~ ***de*** was ... betrifft; ***sous tous les ~s*** in jeder Hinsicht; ***en*** ~ ***avec*** entsprechend; ***être en*** ~ ***avec qn*** mit j-m in Verbindung stehen; **3.** *comm* Ertrag *m*

rapport|er [rapɔrte] (1a) wieder-, zurückbringen; einbringen; berichten; (***se***) ~ ***à*** (sich) beziehen auf; ***s'en*** ~ ***à qn*** sich auf j-n verlassen; **~eur, ~euse** *m*, *f* Berichterstatter(in) *m(f)*; *Schule*: Petze *f* F

rapproch|ement [raprɔʃmɑ̃] *m* Annäherung *f* (*a fig*); Gegenüberstellung *f*, Vergleich *m*; **~er** (1a) heranrücken (***de*** an); *fig* näher bringen; gegenüberstellen, vergleichen (***de*** mit); ***se*** ~ ***de*** sich (an)nähern, näher kommen; ⚠ *se* ~ ***de***

rapt [rapt] *m* Entführung *f*

raquette [rakɛt] *f* Tennisschläger *m*

rare [rɑr] selten, knapp, rar; außergewöhnlich; *Haar*: dünn; ***il est*** ~ ***que*** (+ *subj*) *od* ***de*** (+ *inf*) es ist selten, dass ...

raréfier [rarefje] (1a) *phys* verdünnen

rareté [rarte] *f* Seltenheit *f*, Knappheit *f*; Rarität *f*; ⚠ *Schreibung*

R.A.S. [ɛrɑɛs] (*abr* ***rien à signaler***) alles in Ordnung; *méd* ohne Befund

ras, rase [rɑ, rɑz] kurz geschnitten; gestrichen voll; ***à ras bord*** bis an den Rand; ***en rase campagne*** auf dem flachen Land; ***au ras de*** dicht über; ***faire table rase*** Tabula rasa, reinen Tisch machen

rase-mottes [rɑzmɔt] *m aviat* Tiefflug *m*

raser [rɑze] (1a) rasieren; abreißen, dem Erdboden gleichmachen; ~ ***qc*** an etw dicht entlangfahren; F ~ ***qn*** j-n anöden

ras-le-bol [rɑlbɔl] *m* F Unzufriedenheit *f*; ***en avoir*** ~ die Nase voll haben

rasoir [rɑzwar] *m* Rasierapparat *m*

rassasier [rasazje] (1a) sättigen

rassembler [rasɑ̃ble] (1a) (ver)sammeln, zusammentragen, -stellen

rasseoir [raswar] (3l) wieder hinsetzen, -stellen; ***se*** ~ sich wieder hinsetzen

rass|is, ~ise [rasi, -iz] altbacken; *fig* gesetzt, besonnen

rassurer [rasyre] (1a) beruhigen

rat [ra] *m* Ratte *f*; ⚠ ***le*** ~

ratatiner [ratatine] (1a) ***se*** ~ zusammenschrumpfen

rate [rat] *f méd* Milz *f*

raté, ~e [rate] **1.** *adj* misslungen, verfehlt; **2.** *m* Versager *m* (*a fig*); Rückschlag *m*; Fehlzündung *f*

rât|eau [rɑto] *m* (⚠ *pl* **~x**) *agr* Rechen *m*, Harke *f*; **~elier** [-əlje] *m* (Futter-)Raufe *f*

rater [rate] (1a) verfehlen, verpassen; versagen; misslingen; ~ ***un examen*** durchfallen
ratiboiser [ratibwaze] (1a) F klauen
ratière [ratjɛr] *f* Rattenfalle *f*
ratification [ratifikasjɔ̃] *f* Bestätigung(surkunde) *f*; *pol* Ratifizierung *f*
ration [rasjɔ̃] *f* Ration *f*; Anteil *m*
rationalisme [rasjɔnalismə] *m phil* Rationalismus *m*
rationnel, ~le [rasjɔnɛl] vernunftgemäß, rational; zweckmäßig, rationell; ⚠ *Schreibung*
rationnement [rasjɔnmɑ̃] *m* Rationierung *f*
ratisser [ratise] (1a) harken, rechen; durchkämmen
R.A.T.P. *f* (*abr* ***Régie autonome des transports parisiens***) Pariser Verkehrsbetriebe *m/pl*
rattrap|age [ratrapaʒ] *m Schule*: ***cours m de*** ~ Nachholunterricht *m*; **~er** (1a) wieder fangen, erwischen; (wieder) ein-, aufholen, nachholen
raturer [ratyre] (1a) aus-, durchstreichen
rauque [rok] heiser, rau
ravag|e [ravaʒ] *m meist pl* **~s** Verwüstungen *f/pl*, Verheerungen *f/pl*; **~er** (1l) verwüsten, verheeren
ravaler [ravale] (1a) (neu) verputzen, reinigen (*Fassade*); (wieder) hinunterschlucken (*a fig*); *fig* herabwürdigen
rave [rav] *f* Rübe *f*
ravi, ~e [ravi] entzückt (**de** über)
ravin [ravɛ̃] *m* Schlucht *f*
ravir [ravir] (2a) **1.** begeistern, entzücken; **2.** *litt* rauben, entführen
raviser [ravize] (1a) **se** ~ sich anders besinnen
raviss|ant, ~ante [ravisɑ̃, -ɑ̃t] entzückend; **~eur, ~euse** *m, f* Entführer(in) *m(f)*
ravitaill|ement [ravitajmɑ̃] *m* Verproviantierung *f*, Lebensmittelversorgung *f*; *mil* Nachschub *m*; **~er** (1a) mit Nachschub, mit Lebensmitteln versorgen
raviver [ravive] (1a) neu beleben
ravoir [ravwar] (⚠ *nur inf*) wiederhaben, -bekommen; F wieder sauber kriegen
ray|é, ~ée [rɛje] gestreift; liniert; verschrammt; **~er** (1i) zerkratzen; aus-, durchstreichen; *fig* ausschließen, -löschen
rayon [rɛjɔ̃] *m* Strahl *m* (*a phys*); *math* Radius *m*; *tech* (Rad-)Speiche *f*; Fachbrett *n* (*in Schränken*); Abteilung *f* (*im Warenhaus*); *fig* Bezirk *m*, Bereich *m*, Umkreis *m*; **~s X** Röntgenstrahlen *m/pl*; ~ ***de braquage*** *auto* Wendekreis *m*
rayonn|ant, ~ante [rɛjɔnɑ̃, -ɑ̃t] strahlend; **~ement** [-mɑ̃] *m phys* Strahlung *f*; Strahlenbelastung *f*; *fig* Ausstrahlung *f*; ***dose f de*** ~ Strahlendosis *f*; **~er** (1a) (aus)strahlen (*a fig*); wirken; Ausflüge in die Umgebung machen
rayure [rejyr] *f* Streifen *m*; Kratzer *m*
raz [rɑ] *m* ~ ***de marée*** Flutwelle *f*; *fig* Flut *f*; *pol* Erdrutsch *m*
R.D.A. *f* (*abr* ***République démocratique allemande***) *hist* DDR *f*
re... [r(ə)] *in Zssgn* wieder, noch einmal
ré [re] *m mus* d *od* D *n*
réacteur [reaktœr] *m phys* Reaktor *m*; *aviat* Düse(ntriebwerk) *f(n)*; ~ ***nucléaire*** Kernreaktor *m*
réaction [reaksjɔ̃] *f* Reaktion *f* (*a pol*); ***avion m à*** ~ Düsenflugzeug *n*
réactionnaire [reaksjɔnɛr] **1.** *adj* rückschrittlich, reaktionär; **2.** *m, f* Reaktionär(in) *m(f)*
réagir [reaʒir] (2a) reagieren
réajuster [reaʒyste] (1a) *cf* ***rajuster***
réalis|able [realizablə] ausführbar; **~ateur, ~atrice** [-atœr, -atris] *m, f* Filmregisseur(in) *m(f)*, Spielleiter(in) *m(f)*; **~ation** *f* Verwirklichung *f*, Realisierung *f*; Erfüllung *f*; Errungenschaft *f*; *Film*: Regie *f*
réaliser [realize] (1a) **1.** realisieren, verwirklichen; *Wunsch*: erfüllen; *Kauf*: tätigen; *Film*: herstellen, inszenieren; *comm* zu Geld machen; **2.** begreifen, erfassen
réal|isme [realismə] *m* Realismus *m*; **~iste 1.** *adj* realistisch; **2.** *m* Realist *m*; **~ité** *f* Wirklichkeit *f*; Tatsache *f*; ***en*** ~ in Wirklichkeit, tatsächlich
réanim|ation [reanimasjɔ̃] *f méd* Wiederbelebung *f*; ***service m de*** ~ Intensivstation *f*; **~er** (1a) wieder beleben
réapparaître [reaparɛtrə] (4z) wieder erscheinen
réarmement [rearməmɑ̃] *m* (Wieder-)Aufrüstung *f*
rébarbat|if, ~ive [rebarbatif, -iv] ab-

R

weisend, mürrisch; *Thema*: trocken
rebattu, ~e [r(ə)baty] abgedroschen
rebell|e [rəbɛl] **1.** *adj* aufrührerisch, aufsässig; **être ~ à** sich widersetzen; **2.** *m, f* Rebell(in) *m(f)*; **~er** (1a) **se ~** sich auflehnen (**contre** gegen)
rébellion [rebɛljõ] *f* Aufstand *m*; ⚠ *Schreibung*
reboisement [rəbwazmɑ̃] *m* Wiederaufforstung *f*
rebond|i, ~e [r(ə)bɔ̃di] prall, rund; **~ir** (2a) hochspringen, zurück-, abprallen; *fig* wieder in Gang kommen; **~issement** [-ismɑ̃] *m fig* Wiederaufleben *n*
rebord [r(ə)bɔr] *m* Rand *m*, Kante *f*
rebours [r(ə)bur] *m* **à ~** gegen den Strich, rückwärts; *fig* verkehrt; **à ~ de** im Gegensatz zu; **compte** *m* **à ~** Count-down *m*
rébus [rebys] *m* Bilderrätsel *n*
rebut [r(ə)by] *m* Ausschuss *m*, Abfall *m*; *fig* Abschaum *m*; **mettre au ~** zum alten Eisen werfen
rebuter [r(ə)byte] (1a) abstoßen, abschrecken
récalcitr|ant, ~ante [rekalsitrɑ̃, -ɑ̃t] störrisch, widerspenstig
recalé, ~e [r(ə)kale] F durchgefallen (*in e-r Prüfung*)
récapituler [rekapityle] (1a) kurz wiederholen, zusammenfassen
recel [rəsɛl] *m jur* Hehlerei *f*
recel|eur, ~euse [rəslœr, -øz] *m, f jur* Hehler(in) *m(f)*
récemment [resamɑ̃] *adv* kürzlich, neulich
recens|ement [r(ə)sɑ̃smɑ̃] *m* (Volks-)Zählung *f*; **~er** (1a) *Bevölkerung etc*: zählen
réc|ent, ~ente [resɑ̃, -ɑ̃t] neu, frisch; kürzlich
récépissé [resepise] *m* Empfangsschein *m*, -bestätigung *f*, Quittung *f*
récepteur [resɛptœr] *m tech* Empfänger *m*, Empfangsgerät *n*; *tél* Hörer *m*
réception [resɛpsjõ] *f* Aufnahme *f*, Empfang *m*; Empfangsbüro *n*; **heures** *f/pl* **de ~** Sprechstunde *f*
réceptivité [resɛptivite] *f* Aufnahmefähigkeit *f*, Empfänglichkeit *f*
recette [r(ə)sɛt] *f* **1.** Einnahme *f*, Ertrag *m*; **~ des finances** Steueramt *n*; **2.** *cuis u fig* Rezept *n*; *fig* Mittel *n*; ⚠ *nicht* Arztrezept
recev|eur, ~euse [rəsvœr, -øz] *m, f* Schaffner(in) *m(f)*; *nur m* Finanzbeamte(r) *m*; *Post*: Vorsteher *m*; *méd* Empfänger *m* (*e-s Organs etc*)
recevoir [rəsvwar, rsəvwar] (3a) empfangen, bekommen, erhalten; aufnehmen; **être reçu** *Schule*: aufgenommen werden; *Prüfung*: bestehen
rechang|e [r(ə)ʃɑ̃ʒ] *m* ... **de ~** Ersatz..., Reserve...; **~er** (1l) auswechseln
réchapper [reʃape] (1a) **~ à qc** etw glücklich überstehen
recharger [r(ə)ʃarʒe] (1l) wieder auf-, beladen
réchaud [reʃo] *m* Kocher *m*
réchauffer [reʃofe] (1a) auf-, erwärmen
recherch|e [r(ə)ʃɛrʃ] *f* (Er-, Nach-)Forschung *f*; Streben *n* (**de** nach); feiner Geschmack *m*; *péj* Geziertheit *f*; **~é, ~ée** selten; begehrt; *péj* geziert, affektiert; **~er** (1a) suchen; fahnden (**qn** nach j-m); erforschen; streben nach
rechigner [r(ə)ʃiɲe] (1a) mürrisch sein
rechute [r(ə)ʃyt] *f méd u fig* Rückfall *m*
récidive [residiv] *f jur u fig* Rückfall *m*
récif [resif] *m géogr* Riff *n*
récipient [resipjɑ̃] *m* Behälter *m*
réciprocité [resiprɔsite] *f* Gegenseitigkeit *f*, Wechselbeziehung *f*
réciproque [resiprɔk] gegen-, wechselseitig
récit [resi] *m* Erzählung *f*; Bericht *m*; *mus* Solopartie *f*
récit|al [resital] *m* (⚠ *pl* **-als**) Konzert *n*; **~ation** *f* Hersagen *n*, Vortragen *n*; *Schule*: (auswendig zu lernendes) Gedicht *n*; **~er** (1a) hersagen, vortragen
réclamation [reklamasjõ] *f* Reklamation *f*, Beschwerde *f*
réclam|e [reklam] *f* Werbung *f*, Reklame *f*; **~er** (1a) dringend bitten (**qc de qn** j-n um etw); (zurück)verlangen; erfordern; Einspruch erheben; **se ~ de** sich berufen auf
recl|us, ~use [rəkly, -yz] zurückgezogen
recoin [rəkwɛ̃] *m* verborgener Winkel *m*, Schlupfwinkel *m*
reçois [r(ə)swa] *présent von* **recevoir**
récolt|e [rekɔlt] *f* Ernte *f* (*a fig*); ⚠ *aber* **moisson** *f* Getreideernte; **~er** (1a) ernten
recommand|able [r(ə)kɔmɑ̃dablə] empfehlenswert; **~ation** *f* Empfehlung

f; Ermahnung *f*; **~é, ~ée** *Post*: Einschreiben *n*; **~er** (1a) empfehlen (***qc à qn*** j-m etw); *Post*: einschreiben lassen; ***se ~ par*** sich auszeichnen durch; ***se ~ de qn*** sich auf j-n berufen
recommencer [r(ə)kɔmɑ̃se] (1k) wieder (*od* von vorn) anfangen (***qc*** etw; ***à** inf* zu + *inf*)
récompens|e [rekɔ̃pɑ̃s] *f* Belohnung *f*; **~er** (1a) belohnen (***de*** für)
réconcili|ation [rekɔ̃siljasjɔ̃] *f* Ver-, Aussöhnung *f*; **~er** (1a) versöhnen; *fig* (wieder) in Einklang bringen
reconduire [r(ə)kɔ̃dɥir] (4c) zurückbringen, -begleiten; *jur* verlängern, erneuern
réconfort [rekɔ̃fɔr] *m* Trost *m*
réconforter [rekɔ̃fɔrte] (1a) stärken; trösten
reconnaissable [r(ə)kɔnɛsablə] kenntlich, wieder zu erkennen
reconnaiss|ance [r(ə)kɔnɛsɑ̃s] *f* Anerkennung *f*; (Wieder-)Erkennung *f*; Dankbarkeit *f*; Erkundung *f*; *mil* Aufklärung *f*; **~ant, ~ante** [-ɑ̃, -ɑ̃t] dankbar (***de*** für)
reconnaître [r(ə)kɔnɛtrə] (4z) (wieder) erkennen (***à*** an); anerkennen; eingestehen, einsehen; erkunden; ***se ~*** sich zurechtfinden
reconnu, ~e [r(ə)kɔny] *p/p von* ***reconnaître*** *u adj* anerkannt
reconquérir [r(ə)kɔ̃kerir] (2l) zurück-, wiedererobern; *fig* wiedererlangen
reconstituer [r(ə)kɔ̃stitɥe] (1a) wiederherstellen; rekonstruieren
reconstr|uction [r(ə)kɔ̃stryksjɔ̃] *f* Wiederaufbau *m*; **~uire** [-ɥir] (4c) wieder aufbauen
record [r(ə)kɔr] *m* Rekord *m*
recourbé, ~e [r(ə)kurbe] gebogen, krumm
recourir [r(ə)kurir] (2i) **~ *à qn*** sich an j-n wenden; **~ *à qc*** zu etw greifen
recours [r(ə)kur] *m* Ausweg *m*, Zuflucht *f*; *jur* Berufung *f*; **~ *à la violence*** Gewaltanwendung *f*; ***avoir ~ à qc*** zu etw greifen; ***en dernier ~*** als letztes Mittel
récréation [rekreasjɔ̃] *f* Erholung *f*, Entspannung *f*; *Schule*: Pause *f*
récrier [rekrije] (1a) ***se ~*** lauthals protestieren (***contre*** gegen)
récrimination [rekriminasjɔ̃] *f* (*meist pl* **~s**) Vorwurf *m*
recroqueviller [r(ə)krɔkvije] (1a) ***se ~*** zusammenschrumpfen; sich krümmen
recrudescence [r(ə)krydesɑ̃s] *f* Wiederausbruch *m*, erneutes Ansteigen *n* (*z. B. der Kriminalität*)
recrue [r(ə)kry] *f mil* Rekrut *m*; ⚠ ***la ~***
recruter [r(ə)kryte] (1a) *mil* ausheben; *allg* rekrutieren, einstellen
rectangle [rɛktɑ̃glə] *m* Rechteck *n*
rectangulaire [rɛktɑ̃gylɛr] rechteckig
recteur [rɛktœr] *m* (Hochschul-)Rektor *m*
rectification [rɛktifikasjɔ̃] *f* Begradigung *f*; *fig* Berichtigung *f*; **~fier** [-fje] (1a) begradigen; *fig* berichtigen; **~ligne** [-liɲ] geradlinig; **~tude** [-tyd] *f* Geradheit *f* (*a fig*)
recto [rɛkto] *m Blatt*: Vorderseite *f*
rectum [rɛktɔm] *m* Mastdarm *m*
reçu [r(ə)sy] **1.** *p/p von* ***recevoir***; **2.** *m* Quittung *f*
recueil [r(ə)kœj] *m* Sammlung *f*
recueill|ement [r(ə)kœjmɑ̃] *m* Andacht *f*; **~ir** (2c) (ein)sammeln; *Wasser*: auffangen; *j-n* (bei sich) aufnehmen; ***se ~*** sich (innerlich) sammeln
recul [r(ə)kyl] *m* Zurückweichen *n*; Rückgang *m*; *fig* Abstand *m*
recul|é, ~ée [r(ə)kyle] abgelegen; lang zurückliegend; **~er** (1a) zurücksetzen, -schieben; aufschieben; zurückweichen, -gehen, -fahren; *fig* zurückschrecken (***devant*** vor); **~ons** [-ɔ̃] ***à ~*** rückwärts
récupérer [rekypere] (1f) wiedererlangen; wieder verwerten; sich erholen
reçus [r(ə)sy] *p/s von* ***recevoir***
récuser [rekyze] (1a) *jur* ablehnen; *allg* zurückweisen
recycl|able [r(ə)siklablə] wieder verwertbar; **~age** [-aʒ] *m* Weiterbildung *f*; Umschulung *f*; *tech* Wiederverwertung *f*, Recycling *n*; **~er** (1a) umschulen; weiterbilden; *tech* wieder verwenden, verwerten
rédac|teur [redaktœr] *m* Redakteur *m*; **~tion** *f* Redaktion *f*; Abfassung *f*; *Schule*: Aufsatz *m*
redémarrage [rədemaraʒ] *m* Wiederbelebung *f*; Wiederaufnahme *f* der Produktion; Wiederbeginn *m*; *EDV* **~ *à chaud*** Warmstart *m*
Rédempteur [redɑ̃ptœr] *m rel* Erlöser *m*

R

redescendre [r(ə)desɑ̃drə] (4a) **1.** (***être***) wieder herunterkommen, -steigen, -fahren; (wieder) fallen (*Barometer*); **2.** (***avoir***) wieder herunterholen; *Berg*: wieder hinabsteigen
redev|able [rədvablə] ***être ~ de qc à qn*** j-m etw schuldig sein; *fig* j-m für etw zu Dank verpflichtet sein; **~ance** *f* Abgabe *f*; Gebühr *f*
rédiger [rediʒe] (1l) ver-, abfassen
redire [r(ə)dir] (4m) noch einmal sagen; weitersagen; ***trouver à ~ à tout*** an allem etw auszusetzen haben
redondance [r(ə)dɔ̃dɑ̃s] *f* Wortschwall *m*; Redundanz *f*
redonner [r(ə)dɔne] (1a) (wieder) zurückgeben; fig **~ *dans*** erneut verfallen in
redoubl|ant, ~ante [r(ə)dublɑ̃, -ɑ̃t] *m,f* *Schule*: Sitzenbleiber(in) *m(f)*; **~er** (1a) verdoppeln; *fig* (sich) verstärken; *Schule*: **~** (***une classe***) sitzen bleiben; **~ *d'efforts*** seine Anstrengungen verdoppeln
redout|able [r(ə)dutablə] furchtbar; **~er** (1a) fürchten; sich fürchten vor (***que*** *subj* davor, dass ...; ***de*** *inf* davor, zu ...)
redresser [r(ə)drɛse] (1b) gerade richten; wieder aufrichten; *fig* wieder beleben; wieder in Ordnung bringen; ***se ~*** wieder hochkommen (*Land*)
réduction [redyksjɔ̃] *f* Reduzierung *f*, Herabsetzung *f*; Ermäßigung *f*; *chim* Reduktion *f*; **~ *des émissions nocives*** Schadstoffreduzierung *f*; **~ *du personnel*** Personalabbau *m*; **~ *du temps de travail*** Arbeitszeitverkürzung *f*
réduire [redɥir] (4c) reduzieren, einschränken, herabsetzen; **~ *qn à qc*** j-n zu etw zwingen; **~ *qc à qc*** etw auf etw beschränken; **~ *en morceaux*** in Stücke schlagen; ***se ~ à*** sich beschränken (lassen) auf; ***se ~ en*** sich verwandeln in
rédu|it, ~ite [redɥi, -it] **1.** *adj* beschränkt; ermäßigt; verkleinert; **2.** *m* kleiner Raum *m*, Verschlag *m*
rééditer [reedite] (1a) neu herausgeben
rééducation [reedykasjɔ̃] *f méd* Rehabilitation *f*, Heilgymnastik *f*
réel, ~le [reɛl] wirklich, real; ⚠ *nicht* reell (*Preis*)
réélection [reelɛksjɔ̃] *f* Wiederwahl *f*
réévaluer [reevalɥe] (1n) *écon* aufwerten
réexpédier [reɛkspedje] (1a) weiterbefördern; *Post*: nachsenden
refaire [r(ə)fɛr] (4n) noch einmal machen; umarbeiten; ausbessern; ***se ~*** sich erholen; ***se ~ à qc*** sich wieder an etw gewöhnen
réfectoire [refɛktwar] *m* Speisesaal *m* (*Klöster*, *Schulen etc*)
référence [referɑ̃s] *f* **1.** Bezugnahme *f*; Belegstelle *f*; ***ouvrage*** *m* ***de ~*** Nachschlagewerk *n*; ***par ~ à*** gemäß; ***votre ~*** Ihr Zeichen; **2. ~s** *pl* Referenzen *f/pl*, Empfehlungen *f/pl*
référendum [referɛ̃dɔm] *m* Volksentscheid *m*, -abstimmung *f*
référer [refere] (1f) ***en ~ à qn*** j-m den Fall unterbreiten; ***se ~ à*** sich beziehen, berufen auf
refiler [r(ə)file] (1a) F **~ *qc à qn*** j-m etw andrehen
réfléch|i, ~ie [refleʃi] überlegt; *gr* reflexiv; **~ir** (2a) **1.** reflektieren, zurückwerfen; **2. ~ *à, sur qc*** etw überlegen, über etw nachdenken
réflecteur [reflɛktœr] *m* Rückstrahler *m*, Reflektor *m*
reflet [r(ə)flɛ] *m* Widerschein *m*, Reflex *m*; Spiegelbild *n*; *fig* Abglanz *m*
refléter [r(ə)flete] (1f) widerspiegeln (*a fig*)
reflex [reflɛks] *m* Spiegelreflexkamera *f*
réflexe [reflɛks] *m* Reflex *m*; Reaktion(svermögen) *f(n)*
réflexion [reflɛksjɔ̃] *f* **1.** *phys* Spiegelung *f*, Reflexion *f*; **2.** Überlegung *f*, Nachdenken *n*; Äußerung *f*
reflux [r(ə)fly] *m* Ebbe *f*
réforma|teur, ~trice [refɔrmatœr, -tris] **1.** *adj* reformerisch, reformatorisch; **2.** *m, f* Reformer(in) *m(f)*; *m rel* Reformator *m*
réforme [refɔrm] *f* Reform *f*; *mil* Entlassung *f* (wegen Dienstunfähigkeit); *hist* ***la*** ♀ die Reformation
refoul|é, ~ée [r(ə)fule] *psych* verdrängt; verklemmt; **~ement** [-mɑ̃] *m* Zurückdrängen *n*; *psych* Verdrängung *f*; **~er** (1a) zurückdrängen; *psych* verdrängen
réfractaire [refraktɛr] widerspenstig (***à*** gegenüber); *tech* feuerfest
refrain [r(ə)frɛ̃] *m* Kehrreim *m*, Refrain *m*; *fig* ständige Redensart *f*
refréner [refrene, rə-] (1f) zügeln

R

réfrigérateur [refriʒeratœr] *m* Kühlschrank *m*
refroidir [r(ə)frwadir] (1a) abkühlen (*a fig*); **se ~** kälter werden, sich abkühlen; *fig* erkalten; *méd* sich erkälten
refroidissement [r(ə)frwadismɑ̃] *m* Abkühlung *f* (*a fig*); *auto* Kühlung *f*; *méd* Erkältung *f*
refuge [r(ə)fyʒ] *m* Zuflucht(sort) *f*(*m*); Verkehrsinsel *f*; (Schutz-)Hütte *f* (*im Gebirge*)
réfugi|é, ~ée [refyʒje] *m*, *f* Flüchtling *m*; **~er** (1a) **se ~** (sich) flüchten
refus [r(ə)fy] *m* Weigerung *f*; Ablehnung *f*
refuser [r(ə)fyze] (1a) ablehnen, zurückweisen; **~ de** (+ *inf*) *u* **se ~ à** (+ *inf*) sich weigern zu ...
réfuter [refyte] (1a) widerlegen
regagner [r(ə)gaɲe] (1a) wiedergewinnen; zurückkehren an *od* in
régal [regal] *m* (⚠ *pl* **~s**) Leckerbissen *m* (*a fig*); **~er** (1a) bewirten (**de** mit); **se ~ de qc** etw mit Genuss essen
regard [r(ə)gar] *m* Blick *m*; **au ~ de** im Hinblick auf
regarder [r(ə)garde] (1a) (an-, hin)sehen, (-)schauen, (-)blicken, betrachten; **~ comme** betrachten als, halten für; **~ qn** j-n (etw) angehen; **~ à qc** auf etw achten; **~ par la fenêtre** aus dem Fenster sehen
régate [regat] *f meist pl* **~s** Regatta *f*; ⚠ *Schreibung*
régence [reʒɑ̃s] *f* Regentschaft *f*
régénérer [reʒenere] (1f) regenerieren; *fig* wieder beleben
régie [reʒi] *f* **1.** staatlicher Betrieb *m*; Verwaltung *f*; **2.** Regieassistenz *f*; Regieraum *m* (*TV*); ⚠ *nicht* Regie (*Film od Theater*)
regimber [r(ə)ʒɛ̃be] (1a) sich sträuben
régime [reʒim] *m pol* Regierungsform *f*, -system *n*, *péj* Regime *n*; *jur* Rechtsvorschriften *f*/*pl*; *méd* Diät *f*; *tech* Drehzahl *f*; **suivre un ~** eine Diät befolgen; eine Schlankheitskur machen
régiment [reʒimɑ̃] *m* Regiment *n*; F Militär(dienst) *n*(*m*)
région [reʒjɔ̃] *f* Gegend *f*, Gebiet *n*, Region *f* (*a fig*)
régional, ~e [reʒjɔnal] (⚠ *m*/*pl* **-aux**) regional; **~isation** [-izasjɔ̃] *f pol* Regionalisierung *f*, Dezentralisation *f*; **~iser** (1a) *pol* dezentralisieren; **~isme** *m* Regionalismus *m*; Heimatpflege *f*
régir [reʒir] (2a) regeln; *gr* regieren
régisseur [reʒisœr] *m* Verwalter *m*; *TV* Aufnahmeleiter *m*; ⚠ *nicht* Regisseur
registre [r(ə)ʒistrə] *m* Register *n* (*a mus*)
régl|able [reglablə] regulierbar, verstellbar; **~age** *m* Regulierung *f*, Einstellung *f*; **~ de contraste** Kontrastregler *m*
règle [rɛglə] *f* **1.** Lineal *n*; **2.** Regel *f*, Vorschrift *f*; **de ~** üblich; **en ~** in Ordnung; **en ~ générale** in der Regel; **3. ~s** *pl* Periode *f* (*der Frau*)
réglé, ~e [regle] geregelt; erledigt; *tech* eingestellt; *Papier*: liniert
règlement [rɛgləmɑ̃] *m* Regelung *f*; Vorschrift *f*; *comm* Begleichung *f*; *jur* Verordnung *f*
réglement|aire [regləmɑ̃tɛr] vorschriftsmäßig; **~ation** *f* gesetzliche Regelung *f*; **~er** (1a) gesetzlich regeln; *péj* reglementieren
régler [regle] (1f) regeln; erledigen; *tech* regulieren, einstellen; *comm* bezahlen, begleichen; *Papier*: linieren; **se ~ sur** sich richten nach
réglisse [reglis] *f* Lakritze *f*
règne [rɛɲ] *m* Regierung(szeit) *f*; Herrschaft *f*; **~ animal** Tierreich *n*
régner [reɲe] (1f) regieren; herrschen (*a fig*)
regorger [r(ə)gɔrʒe] (1l) **~ de** voll sein von
régression [regrɛsjɔ̃] *f* Rückgang *m*, -schritt *m*; Regression *f*
regret [r(ə)grɛ] *m* Bedauern *n*, Reue *f* (**de** über); Schmerz *m*; Sehnsucht *f* (**de** nach); **à ~** ungern
regrett|able [r(ə)grɛtablə] bedauerlich; **~er** (1b) bedauern, bereuen (**qc** etw; **que** *subj* dass; **de** *inf* zu ...); **~ qn**, **qc** j-m, e-r Sache nachtrauern, j-n, etw (schmerzlich) vermissen
regrouper [r(ə)grupe] (1a) umgruppieren; zusammenfassen
régular|iser [regylarize] (1a) regulieren; in Ordnung bringen; **~ité** *f* Regelmäßigkeit *f*; Korrektheit *f*
régul|ier, ~ière [regylje, -jɛr] regelmäßig; vorschriftsmäßig; ordentlich, korrekt
réhabilitation [reabilitasjɔ̃] *f* Rehabilitierung *f*

R

rehausser [rəose] (1a) höher machen, erhöhen; *fig* hervorheben
réimprimer [reɛ̃prime] (1a) nachdrucken
rein [rɛ̃] *m* Niere *f*; **~s** *pl* Kreuz *n*
reine [rɛn] *f* Königin *f*
réinsertion [reɛ̃sɛrsjõ] *f* Wiedereingliederung *f*; Resozialisierung *f*; Rehabilitation *f*
réintégrer [reɛ̃tegre] (1f) wieder eingliedern; wieder zurückkehren in
réitérer [reitere] (1f) wiederholen
rejet [r(ə)ʒɛ] *m* Ablehnung *f*; *méd* Abstoßung *f*; *bot* Schössling *m*; *gr* Endstellung *f*
rejet|er [rəʒ(ə)te] (1c) zurück-, auswerfen; ablehnen, verwerfen; verstoßen; *méd* abstoßen; *bot* treiben; **~ sur qn** auf j-n abwälzen; **~on** *m bot* Schössling *m*; F Sprössling *m*
rejoindre [r(ə)ʒwɛ̃drə] (4b) (wieder) einholen, treffen; wieder gelangen zu; **se ~** sich (wieder) treffen; (wieder) zusammenlaufen
réjou|ir [reʒwir] (2a) erfreuen, erheitern; **se ~** sich freuen (**de** über; **que** + *subj* dass); **~issance** [-isɑ̃s] *f* Freude *f*, Fröhlichkeit *f*; *pl* **~s publiques** Volksfest *n*
relâch|e [r(ə)lɑʃ] *f* **1.** *Theater*: keine Vorstellung; **2. sans ~** unablässig; **~er** (1a) entspannen, lockern; freilassen; **se ~** sich lockern (*a fig*), erschlaffen; nachlassen
relais [r(ə)lɛ] *m Sport*: Staffel(lauf) *f(m)*; *tech* Relais *n*; **~ routier** Raststätte *f*; *hist* **~ de poste** Postrelais *n*
relancer [r(ə)lɑ̃se] (1k) zurückwerfen; *fig* wieder ankurbeln, wieder beleben
relater [r(ə)late] (1a) (genau) erzählen
relat|if, ~ive [r(ə)latif, -iv] relativ (*a gr*), verhältnismäßig; **~ à qc** auf etw bezüglich
relation [r(ə)lasjõ] *f* Beziehung *f*, Verhältnis *n*; Bekannte(r) *m, f*; **~s publiques** Öffentlichkeitsarbeit *f*, PR *f*
relativement [r(ə)lativmɑ̃] *adv* verhältnismäßig, vergleichsweise; **~ à** im Verhältnis zu
relax *od* **relaxe** [r(ə)laks] (⚠ **relax** *unv*) F ungezwungen
relaxer [r(ə)lakse] (1a) *Gefangene*: freilassen; **se ~** sich entspannen
relayer [r(ə)lɛje] (1i) **~ qn** j-n ablösen; *TV*, *Radio*: übertragen
reléguer [r(ə)lege] (1f) verbannen, abschieben; **~ qn au second plan** j-n in den Hintergrund drängen
relève [r(ə)lɛv] *f* Ablösung *f*; **prendre la ~** (j-n) ablösen, die Nachfolge antreten
relevé, ~e [rəlve] **1.** *adj* hochgezogen; überhöht; *Stil*: gehoben, gewählt; *cuis* pikant; **2.** *m* Verzeichnis *n*, Aufstellung *f*; **~ de compte** Kontoauszug *m*; **~ d'identité bancaire** Nachweis *m* der Bankverbindung
relèvement [r(ə)lɛvmɑ̃] *m* Wiederaufrichtung *f*; Erhöhung *f*; *fig* Wiederaufschwung *m*; **~ des salaires** Gehaltsaufbesserung *f*
relever [rəlve] (1d) **1.** wieder aufheben *od* -richten; erhöhen; hochstellen, -stecken, -streifen, -klappen, -kurbeln; **se ~** wieder aufstehen; sich wieder erholen; **2.** feststellen, aufdecken, notieren, ablesen; **3.** ablösen (*j-n*); **4. ~ de** abhängig sein von; in die Zuständigkeit von ... fallen
relief [rəljɛf] *m* Profil *n*; Relief *n*; **en ~** plastisch; *fig* **avoir du ~** anschaulich sein; **mettre en ~** hervorheben
relier [rəlje] (1a) wieder (zusammen)binden; *allg* verbinden, verknüpfen (**à** mit); *Buch*: binden
reli|eur, ~euse [rəljœr, -øz] *m, f* Buchbinder(in) *m(f)*
religi|eux, ~euse [r(ə)liʒjø, -jøz] **1.** *adj* religiös; *fig* andächtig; gewissenhaft; **2.** *m, f* Mönch *m*, Nonne *f*
religion [r(ə)liʒjõ] *f* Religion *f*
relique [r(ə)lik] *f* Reliquie *f*
relire [r(ə)lir] (4x) wieder, noch einmal lesen
reliure [rəljyr] *f* (Buch-)Einband *m*; Binden *n*
relooker [rəluke] (1a) F neu stylen
reluire [rəlɥir] (4c) glänzen, schimmern
remaniement [r(ə)manimɑ̃] *m* Neubearbeitung *f*; Umarbeitung *f*; *pol* Umbildung *f* (*der Regierung*)
remanier [r(ə)manje] (1a) neu bearbeiten; umarbeiten; *pol* umbilden (*Regierung*)
remarier [r(ə)marje] (1a) **se ~** sich wieder verheiraten
remarquable [r(ə)markablə] bemerkenswert; bedeutend
remarqu|e [r(ə)mark] *f* An-, Bemerkung *f*; **~é, ~ée** auffällig; **~er** (1m)

R

bemerken (*a mit Worten*), beachten; ***faire ~ qc à qn*** j-n auf etw hinweisen; **se ~** auffallen (*Dinge*)
remballer [rɑ̃bale] (1a) wieder einpacken
remblayer [rɑ̃blɛje] (1i) aufschütten
rembourrer [rɑ̃bure] (1a) polstern
rembours|able [rɑ̃bursablə] (zu)rückzahlbar; **~ement** [-əmɑ̃] *m* Rückzahlung *f*; *Post*: Nachnahme *f*; **~er** (1a) zurückzahlen
remède [r(ə)mɛd] *m* Heilmittel *n*; *fig* Mittel *n*
remédier [r(ə)medje] (1a) **~ *à qc*** *e-m Übel*: abhelfen, etw abstellen
remémorer [r(ə)memɔre] (1a) ***se ~ qc*** sich etw ins Gedächtnis zurückrufen
remerciement [r(ə)mɛrsimɑ̃] *m* Dank *m*
remercier [r(ə)mɛrsje] (1a) **~ *qn de*** *od* ***pour qc*** j-m für etw danken; **~ *qn*** j-n entlassen
remettre [r(ə)mɛtrə] (4p) wieder hinstellen, -setzen, -bringen; *Kleidungsstücke*: wieder anziehen; *Hut*: wieder aufsetzen; *Strafe*: erlassen; *Vorhaben*: verschieben; *gesundheitlich* wiederherstellen; **~ *à neuf*** in Stand setzen; **~ *qc à qn*** j-m etw aushändigen, übergeben; **se ~ (*au beau*)** *Wetter*: wieder besser *od* schöner werden; ***se ~ à qc*** sich wieder mit etw beschäftigen; ***se ~ à faire qc*** wieder etw tun; ***se ~ de qc*** sich von etw erholen; ***s'en ~ à qn*** sich auf j-n verlassen
réminiscence [reminisɑ̃s] *f* Reminiszenz *f*, Erinnerung *f*
remise [r(ə)miz] *f* **1.** (Geräte-)Schuppen *m*; **2.** Aushändigung *f*, Überbringung *f*, Übergabe *f*; Erlass *m* (*Strafe*); *comm* Rabatt *m*; *jur* Vertagung *f*; **~ *à neuf*** Wiederherrichtung *f*; **~ *en question*** Infragestellung *f*
rémission [remisjɔ̃] *f* ***sans ~*** unerbittlich; unweigerlich
remmener [rɑ̃mne] (1d) zurückbringen, -begleiten
remontant [r(ə)mɔ̃tɑ̃] *m* Stärkungsmittel *n*
remonte-pente [r(ə)mɔ̃tpɑ̃t] *m* (⚠ *pl* ***remonte-pentes***) *Ski*: Schlepplift *m*
remonter [r(ə)mɔ̃te] (1a) **1.** (***être***) wieder hinaufgehen, -steigen, -fahren; wieder (an)steigen; **~ *à*** *zeitlich*: stammen aus, zurückreichen bis; zurückgehen, -greifen auf; **2.** (***avoir***) wieder herauftragen; *Straße*: hinaufgehen, -fahren; *Treppe*: noch einmal hinaufgehen; *fig* **~ *qn*** j-n stärken; *Uhr*: aufziehen; *tech* wieder zusammensetzen, montieren; *Theater*: neu inszenieren
remontrance [r(ə)mɔ̃trɑ̃s] *f* Verweis *m*, Zurechtweisung *f*
remontrer [r(ə)mɔ̃tre] (1a) wieder zeigen; ***en ~ à qn*** j-m seine Überlegenheit beweisen
remords [r(ə)mɔr] *m* (*meist pl*) Gewissensbiss *m*
remorqu|e [r(ə)mɔrk] *f mar* Schleppen *n*; Anhänger *m*; **~er** (1m) (ab)schleppen
rémoulade [remulad] *f cuis* Remoulade(nsoße) *f*
remous [r(ə)mu] *m* Strudel *m*; *mar* Kielwasser *n*; *fig pl* Wirbel *m*, Aufruhr *m*
rempart [rɑ̃par] *m* Wall *m*, Bollwerk *n*
remplaç|ant, ~ante [rɑ̃plasɑ̃, -ɑ̃t] *m,f* (Stell-)Vertreter(in) *m(f)*
remplac|ement [rɑ̃plasmɑ̃] *m* Stellvertretung *f*; Ersatz *m*; **~er** (1k) ersetzen; vertreten
remplir [rɑ̃plir] (2a) füllen (**de** mit); *Formular*: ausfüllen; *fig* erfüllen; *Tätigkeit*: ausüben
remplissage [rɑ̃plisaʒ] *m* (Auf-)Füllen *n*; *péj* Füllwerk *n*
remporter [rɑ̃pɔrte] (1a) wieder mitnehmen; *Sieg*, *Preis etc*: erringen, gewinnen; *Sieg a*: davontragen
remue|-ménage [r(ə)mymenaʒ] *m* (⚠ *pl unv*) Hinundherschieben *n* (*Möbel etc*); Krach *m*, Radau *m*; **~-méninges** [-menɛ̃ʒ] *m* (⚠ *pl unv*) Brainstorming *n*
remuer [rəmɥe] (1a) (sich) bewegen; umrühren; (weg)rücken; *Erde*: umgraben; *fig* rühren, aufrütteln; *Zahn*: wackeln; *fig* unruhig werden; **se ~** sich bewegen; *fig* sich einsetzen, sich Mühe geben
rémunéra|teur, ~trice [remyneratœr, -tris] lohnend; **~tion** *f* Vergütung *f*, Lohn *m*
rémunérer [remynere] (1f) entlohnen, vergüten
renaissance [r(ə)nɛsɑ̃s] *f* Wiedergeburt *f*; Wiederaufleben *n*; **♀** Renaissance *f*
renaître [r(ə)nɛtrə] (4g) *rel* wieder geboren werden; *fig* wieder aufleben, aufblühen
renard [r(ə)nar] *m zo* Fuchs *m* (*a fig*)
renchér|ir [rɑ̃ʃerir] (2a) teurer werden;

~ ***sur qn**, **qc*** j-n, etw überbieten, übertreffen; **~issement** [-ismɑ̃] *m* Verteuerung *f*
rencontre [rɑ̃kɔ̃trə] *f* Begegnung *f*, Zusammentreffen *n*; ... ***de*** ~ zufällig; ***faire la*** ~ ***de qn*** j-s Bekanntschaft machen; ***aller à la*** ~ ***de qn*** j-m entgegengehen
rencontrer [rɑ̃kɔ̃tre] (1a) ~ ***qn*** j-n treffen, j-m begegnen; ~ ***qc*** auf etw stoßen; ***se*** ~ zusammentreffen, sich begegnen
rendement [rɑ̃dmɑ̃] *m* Ertrag *m*; Leistung *f*
rendez-vous [rɑ̃devu] *m* (⚠ *pl unv*) Verabredung *f*; Rendezvous *n*; Treffpunkt *m*; *beim Arzt*: Termin *m*; ***prendre*** ~ sich anmelden; ***donner*** ~ ***à qn*** sich mit j-m verabreden; ***avoir*** ~ ***avec qn*** mit j-m verabredet sein
rendormir [rɑ̃dɔrmir] (2b) ***se*** ~ wieder einschlafen
rendre [rɑ̃drə] (4a) **1.** zurückgeben, wiedergeben; vergelten; von sich geben, erbrechen; *mil* übergeben; ~ ***un jugement*** ein Urteil fällen; ~ ***compte de qc*** von etw berichten; ~ ***visite à qn*** j-n besuchen; **2.** einbringen, abwerfen; **3.** *mit adj* machen; **4.** ***se*** ~ sich begeben (***chez qn*** zu j-m); **5.** ***se*** ~ *mil* sich ergeben; ***se*** ~ ***à l'avis de qn*** sich j-s Ansicht anschließen
rêne [rɛn] *f* Zügel *m*
renferm|é, ~ée [rɑ̃fɛrme] **1.** *adj* verschlossen (*Person*); **2.** *m* ***sentir le*** ~ muffig riechen; **~er** (1a) enthalten (*a fig*); ***se*** ~ ***dans le silence*** sich in Schweigen hüllen
renfoncement [rɑ̃fɔ̃smɑ̃] *m* Vertiefung *f*
renforc|ement [rɑ̃fɔrsəmɑ̃] *m* Verstärkung *f*; **~er** (1k) ver-, bestärken
renfort [rɑ̃fɔr] *m* Verstärkung *f*; ***à grand*** ~ ***de*** ... mit Hilfe von viel ...
renfrogné, ~e [rɑ̃frɔɲe] mürrisch, griesgrämig
rengaine [rɑ̃gɛn] *f* Schlager *m*; *fig* ***la même*** ~ die alte Leier
renier [rənje] (1a) verleugnen
renifler [r(ə)nifle] (1a) schnüffeln
renne [rɛn] *m zo* Ren(tier) *n*
renom [r(ə)nɔ̃] *m* (guter) Ruf *m*, Ansehen *n*
renommé, ~e [r(ə)nɔme] berühmt (***pour*** wegen)
renommée [r(ə)nɔme] *f* (guter) Ruf *m*, Renommee *n*; ⚠ ***la*** ~
renonc|ement [r(ə)nɔ̃smɑ̃] *m* Verzicht *m* (***à*** auf); **~er** (1k) ~ ***à*** (***faire***) ***qc*** auf etw verzichten (darauf verzichten, etw zu tun)
renouer [rənwe] (1a) *fig* wieder anknüpfen, erneuern; ~ ***avec qn*** die Beziehungen zu j-m wieder aufnehmen
renouveler [r(ə)nuvle] (1c) erneuern; *Ausweis*: verlängern; ***se*** ~ sich wiederholen
renouvellement [r(ə)nuvɛlmɑ̃] *m* Erneuerung *f*, Verlängerung *f*; Wiederholung *f*
rénov|ation [renɔvasjɔ̃] *f* Renovierung *f*; *fig* Erneuerung *f*; **~er** (1a) renovieren; *Stadtteil*: sanieren; *fig* erneuern
renseign|ement [rɑ̃sɛɲmɑ̃] *m* **1.** Auskunft *f*, Information *f*; ***donner des ~s sur*** Auskunft erteilen über; ***prendre des ~s*** Erkundigungen einziehen; **2.** *mil* (geheime) Nachricht *f*; ***service*** *m* ***de ~s*** Nachrichtendienst *m*; **~er** (1a) ~ ***qn sur qc*** j-m über etw Auskunft geben, j-n über etw informieren *od* unterrichten; ***se*** ~ sich erkundigen (***auprès de qn sur qn**, **qc*** bei j-m über j-n, etw)
rente [rɑ̃t] *f* (Kapital-)Rente *f*; Staatsanleihe *f*; ⚠ *nicht* (Sozial-)Rente
rent|ier, ~ière [rɑ̃tje, -jɛr] *m*, *f* Rentier *m*, Privatier *m*; ⚠ *nicht* Rentner
rentrée [rɑ̃tre] *f* **1.** Rückkehr *f*; **2.** *nach den Ferien*: Wiederbeginn *m*; ~ ***des classes*** Schulbeginn *m*; **3.** *comm* Eingang *m*; **~s** *pl* Einnahmen *f/pl*; **4.** *agr* Einbringen *n* (*der Ernte*)
rentrer [rɑ̃tre] (1a) **1.** (***être***) zurückkehren; nach Hause gehen; hineingehen; hineinpassen; *Gelder*: eingehen; ~ ***dans*** gehören zu; ~ ***dans qc*** etw wiedererlangen; **2.** (***avoir***) hineinbringen; (hin)einfahren; *Bauch*: einziehen
renvers|e [rɑ̃vɛrs] *f* ***tomber à la*** ~ auf den Rücken fallen; **~é, ~ée** umgekehrt; umgefallen; *fig* fassungslos; **~ement** [-əmɑ̃] *m* Umkehrung *f*; *fig* Sturz *m*; **~er** (1a) umkehren; umstoßen, umwerfen, umfahren; verschütten; *fig* stürzen, zu Fall bringen; ***se*** ~ umfallen, umkippen, umstürzen
renvoi [rɑ̃vwa] *m* Entlassung *f*; Rücksendung *f*; *im Text*: Verweis *m* (***à*** auf)
renvoyer [rɑ̃vwaje] (1p) zurückschicken; zurückwerfen; entlassen, fortschicken; *von der Schule*: verwei-

sen; *zeitlich*: verschieben; **~ à qn, à qc** an j-n, auf etw verweisen
réorientation [reɔrjɑ̃tasjɔ̃] *f* Neuorientierung *f*
réouverture [reuvɛrtyr] *f* Wiedereröffnung *f*
repaire [r(ə)pɛr] *m* Höhle *f*; *fig* Schlupfwinkel *m*
répandre [repɑ̃drə] (4a) vergießen, verschütten; *fig* verbreiten; **se ~** sich verbreiten; *fig* **se ~ en** sich ergehen in
répandu, ~e [repɑ̃dy] verbreitet, üblich
reparaître [r(ə)parɛtrə] (4z) wieder erscheinen
répar|ation [reparasjɔ̃] *f* Reparatur *f*, Instandsetzung *f*; Wiedergutmachung *f*; *pol* **~s** *pl* Reparationen *f|pl*; *Fußball*: **surface** *f* **de ~** Strafraum *m*; **~er** (1a) reparieren, in Stand setzen; *fig* wieder gutmachen, ersetzen
repartie [reparti] *f* lebhafte Erwiderung *f*; **avoir la ~ facile** schlagfertig sein; ⚠ *Aussprache*
repartir [r(ə)partir] (2b) wieder abfahren, zurückfahren; **~ à zéro** wieder von vorn anfangen; ⚠ *il* **est** *reparti*
répart|ir [repartir] (2a) ver-, auf-, einteilen; ⚠ *nicht verwechseln mit* **repartir**; **~ition** *f* Ver-, Auf-, Zu-, Einteilung *f*; **~ des rôles** Rollenverteilung *f*
repas [r(ə)pɑ] *m* Mahlzeit *f*, Essen *n*
repasser [r(ə)pase] (1a) **1.** (**être**) wieder vorbeigehen, -kommen; **2.** (**avoir**) wieder überqueren; wieder hinreichen; F überlassen, -geben; *Lehrstoff*: noch einmal durchgehen; *Messer*: schleifen; *Wäsche*: bügeln
repêch|age [r(ə)pɛʃaʒ] *m* Wiederholungsprüfung *f*; **~er** (1b) aus dem Wasser ziehen; F *fig* heraushelfen (**qn** j-m)
repenser [r(ə)pɑ̃se] (1a) (noch einmal) überdenken; **~ à qc** wieder an etw denken
repenti [rəpɑ̃ti] *m* Aussteiger *m aus der Terrorismusszene*
repentir [r(ə)pɑ̃tir] **1.** (2b) **se ~ de qc** etw bereuen; **2.** *m* Reue *f*
repérage [r(ə)peraʒ] *m* Ermittlung *f*, Ausfindigmachen *n*, Ortung *f*; Markieren *n*
répercu|ssion [repɛrkysjɔ̃] *f* Auswirkung *f*; **~ter** [-te] (1a) **se ~** widerhallen; *fig* sich auswirken (**sur** auf)
repère [r(ə)pɛr] *m* Zeichen *n*, Markierung *f*; **point** *m* **de ~** Anhaltspunkt *m*
repérer [r(ə)pere] (1f) ausfindig machen, ausmachen, auffinden, orten; markieren
répertoire [repɛrtwar] *m* Sachregister *n*; *Theater*: Repertoire *n*; *EDV* Dateienverzeichnis *n*; **~ racine** Wurzelverzeichnis *n*
répéter [repete] (1f) wiederholen; *Rolle*: proben, einstudieren
répétition [repetisjɔ̃] *f* Wiederholung *f*; *Theater*: Probe *f*
répit [repi] *m* Atempause *f*, Ruhe *f*; **sans ~** unaufhörlich
repli [r(ə)pli] *m* Falte *f*, Umschlag *m*; Windung *f*; *mil* Rückzug *m*; *fig* geheimer Winkel *m* (*der Seele*)
replier [r(ə)plije] (1a) wieder zusammenfalten; *Beine*: anziehen; **se ~** sich schlängeln; *mil* sich zurückziehen; **se ~ sur soi-même** sich abkapseln
répliqu|e [replik] *f* Erwiderung *f*; *Kunst*: Replik *f*; **~er** (1m) erwidern
répondeur [repɔ̃dœr] *m* Anrufbeantworter *m*
répondre [repɔ̃drə] (4a) antworten (**qc à qn** j-m etw; **à qc** auf etw); entsprechen (**à qc** e-r Sache); *Mechanismus*: ansprechen; **~ de** bürgen, haften für
réponse [repɔ̃s] *f* Antwort *f*
reportage [r(ə)pɔrtaʒ] *m* Berichterstattung *f*, Reportage *f*, Bild-, Hörbericht *m*; ⚠ **le ~**
reporter[1] [r(ə)pɔrte] (1a) zurückbringen; aufschieben; übertragen
reporter[2] [r(ə)pɔrtɛr] *m* Reporter *m*
repos [r(ə)po] *m* Ruhe *f*
repos|ant, ~ante [rəpozɑ̃, -ɑ̃t] erholsam, gemütlich
reposer [r(ə)poze] (1a) **1.** zurückstellen, -setzen, -legen; wieder hinstellen; *Frage*: wieder stellen; **2.** ausruhen; ruhen; **~ sur** ruhen *od* stehen auf; *fig* beruhen auf; **se ~** (sich) ausruhen, sich erholen; *fig* **se ~ sur** sich verlassen auf
repouss|ant, ~ante [r(ə)pusɑ̃, -ɑ̃t] abstoßend; **~er** (1a) zurückstoßen, -schieben; abweisen; ablehnen; abstoßen; *Zeitpunkt*: hinausschieben; *biol* wieder wachsen
reprendre [r(ə)prɑ̃drə] (4q) wieder (auf-, weg)nehmen; zurückerobern; zurücknehmen (*a comm*); fortführen; wiederholen; überarbeiten; *Schüler*: ta-

R

deln; *Arbeit etc*: wieder anfangen; *Pflanze*: wieder Wurzeln schlagen; *méd* sich wieder erholen; ***se ~*** sich verbessern; sich fassen

représailles [r(ə)prezaj] *f/pl* Vergeltungsmaßnahmen *f/pl*, Repressalien *f/pl*; ⚠ *Schreibung*

représent|ant, ~ante [r(ə)prezɑ̃tɑ̃, -ɑ̃t] *m, f* Vertreter(in) *m(f)* (*a comm*); Stellvertreter(in) *m(f)*; **~atif, ~ative** [-atif, -ativ] repräsentativ, stellvertretend; *fig* typisch, charakteristisch (***de*** für)

représent|ation [r(ə)prezɑ̃tasjõ] *f* Darstellung *f*; Abbildung *f*; *pol, jur, comm* Vertretung *f*; *Theater*: Vorstellung *f*, Aufführung *f*; **~er** (1a) darstellen; vertreten; bedeuten; repräsentieren; *Theater*: aufführen; ***se ~ qc*** sich etw vorstellen; *pol* ***se ~*** sich zur Wiederwahl stellen

répression [represjõ] *f* Unterdrückung *f*; *jur* Ahndung *f*

réprimand|e [reprimɑ̃d] *f* Tadel *m*; **~er** (1a) tadeln

réprimer [reprime] (1a) unterdrücken

reprise [r(ə)priz] *f* Wiedereinnahme *f*; Zurücknahme *f*; Wiederaufnahme *f*, Wiederbeginn *m*; Ausbessern *n*, Stopfen *n*; *Motor*: Anzugsvermögen *n*; ***à plusieurs ~s*** wiederholt; ***~ économique*** Wiederbelebung *f* der Wirtschaft

repriser [r(ə)prize] (1a) stopfen

réprobation [reprɔbasjõ] *f* Missbilligung *f*

reproch|e [r(ə)prɔʃ] *m* Vorwurf *m*, Tadel *m*; ⚠ ***le ~***; **~er** (1a) vorwerfen (***qc à qn*** j-m etw)

reproduction [r(ə)prɔdyksjõ] *f* Wiedergabe *f*, Nachbildung *f*, Reproduktion *f*; Abdruck *m*, Vervielfältigung *f*; *biol* Fortpflanzung *f*

reproduire [r(ə)prɔdɥir] (4c) wiedergeben, nachbilden, reproduzieren; abdrucken, vervielfältigen; ***se ~*** wieder vorkommen, sich wiederholen; *biol* sich fortpflanzen

réprouver [repruve] (1a) missbilligen, verurteilen; *rel* verdammen

reptile [rɛptil] *m zo* Reptil *n*

républic|ain, ~aine [repyblikɛ̃, -ɛn] **1.** *adj* republikanisch; **2.** *m, f* Republikaner(in) *m(f)*

république [repyblik] *f* Republik *f*; ***~ bananière*** *péj* Bananenrepublik *f*; ***♀ slovaque*** Slowakische Republik *f*, Slowakei *f*; ***♀ tchèque*** Tschechische Republik *f*, Tschechien *n*

répudier [repydje] (1a) verstoßen; von sich weisen

répugn|ance [repyɲɑ̃s] *f* Widerwille *m* (***pour*** gegen); **~ant, ~ante** [-ɑ̃, -ɑ̃t] widerlich, ekelhaft

répulsion [repylsjõ] *f* Widerwille *m* (***pour*** gegen)

réput|ation [repytasjõ] *f* (guter) Ruf *m*; **~é, ~ée** berühmt (***pour*** wegen, für); ***être ~*** ... gelten als ...

requérir [rəkerir] (2l) (er-, an)fordern

requête [rəkɛt] *f* Gesuch *n*; Ersuchen *n*

requin [r(ə)kɛ̃] *m zo* Hai(fisch) *m*

requ|is, ~ise [rəki, -iz] erforderlich

réquisi|tion [rekizisjõ] *f* Beschlagnahme *f*; *jur* Antrag *m*; **~tionner** [-sjɔne] (1a) requirieren, beschlagnahmen

R.E.R. [ɛrøɛr] *m* (*abr* ***réseau express régional***) S-Bahn-Netz *n in Paris*

rescapé, ~e [rɛskape] überlebend

réseau [rezo] *m* (⚠ *pl* **~x**) Netz *n*; Geflecht *n*

réservation [rezɛrvasjõ] *f* Reservierung *f*; Buchung *f*

réserv|e [rezɛrv] *f* Vorrat *m*; Reserve *f* (*a mil*); Reservat *n*, Naturschutzgebiet *n*; Zurückhaltung *f*; Vorbehalt *m*; ***en ~*** vorrätig; ***sous ~ de*** vorbehaltlich; **~é, ~ée** reserviert (*a fig*); **~er** (1a) zurückbehalten; aufsparen; reservieren, vorbestellen, buchen; ***~ qc à qn*** j-m etw vorbehalten; *Überraschung*: j-m bereiten

réservoir [rezɛrvwar] *m* Behälter *m*, Tank *m*; Reservoir *n* (*a fig*)

résid|ence [rezidɑ̃s] *f* Wohnsitz *m*; Wohnanlage *f*; Residenz *f*; **~entiel, ~entielle** [-ɑ̃sjɛl] ***quartier résidentiel*** (vornehmes) Wohnviertel *n*; **~er** (1a) wohnhaft sein; ***~ dans qc*** in etw bestehen; auf etw beruhen

résidu [rezidy] *m* Rest *m*; *tech* Rückstand *m*

résign|ation [reziɲasjõ] *f* Resignation *f*; **~er** (1a) *Amt*: niederlegen; ***se ~*** resignieren; sich abfinden (***à*** mit)

résilier [rezilje] (1a) *Vertrag*: kündigen, auflösen

résine [rezin] *f* Harz *n*

R

résist|ance [rezistɑ̃s] *f* Widerstand *m*; Widerstandskraft *f*; *hist* ***la*** ♀ die *frz* Widerstandsbewegung (*1940 bis 1944*); **~ant, ~ante** [-ɑ̃, -ɑ̃t] **1.** *adj* widerstandsfähig; haltbar; **2.** *m, f hist frz* Widerstandskämpfer(in) *m(f)*; **~er** (1a) widerstehen, Widerstand leisten; ***~ à qc*** etw aushalten; e-r Sache standhalten
résolu, ~e [rezɔly] entschlossen (***à*** zu); ⚠ *adv* ***résolument***
résolution [rezɔlysjɔ̃] *f* Be-, Entschluss *m*; Entschließung *f*, Resolution *f*; Entschlossenheit *f*; *math* Lösung *f*
résonance [rezɔnɑ̃s] *f* Resonanz *f*
résonner [rezɔne] (1a) widerhallen
résorber [rezɔrbe] (1a) aufsaugen; *fig* beseitigen
résoudre [rezudrə] (4bb) (auf)lösen; ***~ de*** (+ *inf*) beschließen zu (+ *inf*); ***se ~ à faire qc*** sich entschließen, etw zu tun
respect [rɛspɛ] *m* Respekt *m*, Ehrerbietung *f*, Achtung *f*; ***tenir qn en ~*** j-n in Schach halten; ***par ~ pour*** aus Achtung vor; ***sauf votre ~*** mit Verlaub zu sagen
respect|able [rɛspɛktablə] achtbar; beachtlich; **~er** (1a) achten, respektieren; *Vorfahrt*: beachten; ***se ~*** Selbstachtung haben; ***se faire ~*** sich Respekt verschaffen; **~if, ~ive** [-if, -iv] jeweilig; **~ivement** [-ivmɑ̃] *adv* beziehungsweise
respectu|eux, ~euse [rɛspɛktɥø, -øz] respektvoll, ehrerbietig
respiration [rɛspirasjɔ̃] *f* Atmen *n*, Atmung *f*
respirer [rɛspire] (1a) (ein)atmen; *fig* aufatmen; ***~ la joie*** Freude ausstrahlen
resplendir [rɛsplɑ̃dir] (2a) funkeln, glänzen
respons|abilité [rɛspɔ̃sabilite] *f* Verantwortlichkeit *f*, Verantwortung *f* (***de*** für); *jur* Haftung *f*; **~able** verantwortlich (***de*** für)
resquiller [rɛskije] (1a) F schummeln
ressac [rəsak] *m* Brandung *f*
ressembl|ance [r(ə)sɑ̃blɑ̃s] *f* Ähnlichkeit *f*; **~er** (1a) ähnlich sein *od* sehen, gleichen (***à***); ***ne ~ à rien*** *péj* nichts taugen
ressentiment [r(ə)sɑ̃timɑ̃] *m* Ressentiment *n*, Verbitterung *f*
ressentir [r(ə)sɑ̃tir] (2b) (ver)spüren, empfinden, fühlen; ***se ~ de qc*** die Nachwirkungen von etw verspüren
resserrer [r(ə)sɛre] (1b) *Knoten*: fester ziehen; *Schraube*: fester anziehen; *Gürtel*: enger schnallen; *fig* festigen
ressort [r(ə)sɔr] *m* **1.** *tech* Feder *f*; *fig* Triebfeder *f*; Spannkraft *f*; **2.** Zuständigkeitsbereich *m*, Ressort *n*; *jur* Instanz *f*; ***ce n'est pas de mon ~*** dafür bin ich nicht zuständig; ***en dernier ~*** in letzter Instanz; *fig* schließlich
ressort|ir [r(ə)sɔrtir] (2b) **1.** (***être***) wieder (hin)ausgehen; hervortreten; ***faire ~*** hervorheben, zur Geltung bringen; ***il ressort de cela que*** ... es geht daraus hervor, dass ...; **2.** (***avoir***) *jur* ***~ à*** zur Zuständigkeit (+ *gén*) gehören; **~issant, ~issante** [-isɑ̃, -isɑ̃t] Staatsangehörige(r) *m, f*
ressource [r(ə)surs] *f* Hilfsmittel *n*; **~s** *pl* Mittel *n/pl*, Reserven *f/pl*, Ressourcen *f/pl*; Geldmittel *n/pl*; ***les ~s humaines*** die Personalabteilung; ***~s minières*** Bodenschätze *m/pl*
ressusciter [resysite] (1a) **1.** (***avoir***) *Tote*: auferwecken; *fig* wieder beleben; **2.** (***être***) (wieder) auferstehen
rest|ant, ~ante [rɛstɑ̃, -ɑ̃t] restlich, übrig(geblieben)
restaur|ant [rɛstɔrɑ̃] *m* Restaurant *n*; ***~ universitaire*** Mensa *f*; ***~ à service rapide*** Schnellrestaurant *n*; **~ateur, ~atrice** [-atœr, -atris] *m, f* **1.** Gastwirt(in) *m(f)*; **2.** Restaurator(in) *m(f)*; **~ation** *f* **1.** Gaststättengewerbe *n*; **2.** Wiederherstellung *f*; Restaurierung *f*; *pol* Restauration *f*
restaurer [rɛstɔre] (1a) wiederherstellen; restaurieren
reste [rɛst] *m* Rest *m*, Überbleibsel *n*; ***du ~ od au ~*** übrigens; ***être en ~ avec qn*** j-m etw schuldig bleiben
rester [rɛste] (1a) (übrig-, zurück)bleiben; sich aufhalten; ***en ~ à qc*** bei etw stehen bleiben; ***~ à*** (+ *inf*) müssen (+ *inf*); (***il***) ***reste que*** ... immerhin ...
restituer [rɛstitɥe] (1n) zurückgeben, wiedererstatten; wiederherstellen
restitution [rɛstitysjɔ̃] *f* Rückgabe *f*; Wiederherstellung *f*
resto [rɛsto] *m* F (*Kurzwort für* ***restaurant***) Restaurant *n*; ***~ U*** Mensa *f*; **~route** [-rut] *m* Raststätte *f* (*Autobahn*)
restreindre [rɛstrɛ̃drə] (4b) be-, einschränken
restriction [rɛstriksjɔ̃] *f* Be-, Einschränkung *f*; Vorbehalt *m*

R

résult|at [rezylta] *m* Ergebnis *n*, Resultat *n*; **~er** (1a) sich ergeben, folgen (**de** aus)
résum|é [rezyme] *m* Zusammenfassung *f*, Überblick *m*; **~er** (1a) zusammenfassen, kurz wiedergeben
résurrection [rezyrɛksjɔ̃] *f rel* Auferstehung *f*; *fig* plötzliche Genesung *f*; Wiederaufleben *n*
rétabl|ir [retablir] (2a) wiederherstellen; **se ~** wieder gesund werden; **~issement** [-ismɑ̃] *m* Wiederherstellung *f*; Genesung *f*
retaper [r(ə)tape] (1a) noch einmal abtippen; F *altes Haus*: herrichten
retard [r(ə)tar] *m* Verspätung *f*; Rückstand *m*; Verzögerung *f*; **être en ~** zu spät kommen, sich verspäten; Verspätung haben (*Zug*); nachgehen (*Uhr*); *fig* zurückgeblieben sein; **avec ~** verspätet; **sans ~** sofort
retardataire [r(ə)tardatɛr] **1.** *adj* verspätet; rückständig; **2.** *m*, *f* Nachzügler(in) *m(f)*
retard|é, ~ée [r(ə)tarde] verspätet; *Kind*: zurückgeblieben; **~er** (1a) aufhalten, verzögern; *Uhr*: zurückstellen; nachgehen (**de** um); *fig* **~ sur son temps** hinter seiner Zeit zurück sein
retenir [rətnir] (2h) zurück-, aufhalten; (im Gedächtnis) behalten; in Betracht ziehen, berücksichtigen; *Zimmer etc*: vorbestellen, reservieren; **se ~** sich zurückhalten, sich beherrschen
retent|ir [r(ə)tɑ̃tir] (2a) ertönen, widerhallen; **~ sur** sich auswirken auf; **~issant, ~issante** [-isɑ̃, -isɑ̃t] geräuschvoll, dröhnend; *fig* Aufsehen erregend; **~issement** [-ismɑ̃] *m* (Aus-, Nach-)Wirkung *f*
retenu, ~e [rətny] vorbestellt; *Stimme*: verhalten
retenue [rətny] *f* Abzug *m* (*vom Gehalt*); *Schule*: Arrest *m*; *fig* Mäßigung *f*; **~ à la source** Quellensteuer *f*
réticence [retisɑ̃s] *f* Verschweigen *n*; Zögern *n*
rét|if, ~ive [retif, -iv] störrisch
rétine [retin] f Netzhaut *f*
retirer [r(ə)tire] (1a) zurück-, herausziehen; wegnehmen; entziehen; *Geld*: abheben; *Kleider*: ausziehen; *Mütze*: abnehmen; *Vorteile*: herausholen; **se ~** sich zurückziehen; sich zur Ruhe setzen; *Stoff*: einlaufen
retombées [r(ə)tɔ̃be] *f/pl fig* Auswirkungen *f/pl*; *phys* **~ radioactives** radioaktiver Niederschlag *m*
retomber [r(ə)tɔ̃be] (1a) wieder (hinunter)fallen; *Haare*: herabhängen; *fig* **~ sur qc** auf etw zurückkommen; **~ sur qn** *Verantwortung*: auf j-n zurückfallen; **~ dans qc** wieder in etw verfallen
rétorsion [retɔrsjɔ̃] *f pol* Vergeltung *f*
retouch|e [r(ə)tuʃ] *f* Überarbeitung *f*; Retusche *f*; **~er** (1a) überarbeiten; retuschieren, nachbessern
retour [r(ə)tur] *m* Rück-, Heimkehr *f*; Rückfahrt *f*, -reise *f*; Rücksendung *f*; Wiederkehr *f*; Wechsel *m*; Gegenleistung *f*; *Sport*: **match** *m* **~** Rückspiel *n*; **bon ~!** gute Heimreise!; **être de ~** zurück(gekehrt) sein; **en ~** dafür; **par ~ du courrier** postwendend
retourner [r(ə)turne] (1a) **1.** (**être**) zurückkehren, -gehen, -fahren; wieder fahren; **2.** (**avoir**) umdrehen, wenden; zurücksenden; *fig* **~ qn** j-n aufwühlen; *fig* **tourner et ~** *Idee*: hin und her überlegen; **3. se ~** sich umwenden; *auto* sich überschlagen; **se ~ contre qn** sich gegen j-n wenden
retracer [r(ə)trase] (1k) nochmals zeichnen; *fig* vor Augen führen
rétracter [retrakte] (1a) zurück-, einziehen; *fig* widerrufen
retrait [r(ə)trɛ] *m* Entzug *m*; *Geld*: Abheben *n*; *Truppen*: Abzug *m*; *tech* Schwund *m*; **en ~** zurückgesetzt
retraite [r(ə)trɛt] *f* Pensionierung *f*, Ruhestand *m*; Rente *f*; Zurückgezogenheit *f*; *mil* Rückzug *m*; **prendre sa ~** in den Ruhestand gehen
retraité, ~e [r(ə)trɛte] *m*, *f* Rentner(in) *m(f)*
retraitement [r(ə)trɛtmɑ̃] *m phys* Wiederaufbereitung *f*
retrancher [r(ə)trɑ̃ʃe] (1a) wegstreichen; ausschließen; **se ~** sich verschanzen (*a fig*)
retransmission [r(ə)trɑ̃smisjɔ̃] *f TV* Übertragung *f*
rétrécir [retresir] (2a) enger machen; *fig* einengen; *Stoff*: einlaufen; **se ~** enger werden
rétrib|uer [retribɥe] (1n) entlohnen, bezahlen; **~ution** [-ysjɔ̃] *f* Entlohnung *f*, Bezahlung *f*

rétro|actif, ~active [retrɔaktif, -aktiv] rückwirkend; **~grade** [-grad] rückständig; **~grader** [-grade] (1a) zurückweichen, -fallen; *auto* zurückschalten; **~projecteur** [-prɔʒɛtœr] *m* Tageslichtprojektor *m*; **~spectif, ~spective** [-spɛktif, -spɛktiv] **1.** *adj* rückblickend; **2.** *f* Rückblick *m*, -schau *f*

retrousser [r(ə)truse] (1a) aufkrempeln, hochstreifen

retrouvailles [r(ə)truvaj] F *f/pl* Wiedersehen *n*

retrouver [r(ə)truve] (1a) wieder finden; wieder treffen; **se ~** sich wieder treffen; *Gelegenheit*: sich wieder ergeben; ***s'y*** **~** sich zurechtfinden

rétrovirus [retrovirys] *m méd* Retrovirus *n*

rétroviseur [retrɔvizœr] *m auto* Rückspiegel *m*

réuni|fication [reynifikasjõ] *f* Wiedervereinigung *f*; **~fier** [-fje] (1a) wieder vereinigen

réun|ion [reynjõ] *f* Zusammenkunft *f*, Versammlung *f*; Zusammenschluss *m*; Zusammenstellung *f*; *pol* Anschluss *m*; **~ir** (2a) vereinigen; verbinden; zusammenstellen; versammeln; **se ~** zusammenkommen, -treffen

réuss|i, ~ie [reysi] gelungen

réuss|ir [reysir] (2a) Erfolg haben; gelingen, glücken (***à qn*** j-m); ***je réussis à*** (+ *inf*) es gelingt mir zu (+ *inf*); **~ *qc*** etw zu Stande bringen; **~ite** [-it] *f* Gelingen *n*, Erfolg *m*

revaloriser [r(ə)valɔrize] (1a) aufwerten (*a fig*)

revanche [r(ə)vɑ̃ʃ] *f* Vergeltung *f*, Revanche *f*; ***en*** **~** dafür, dagegen; ***prendre sa*** **~** die Niederlage wettmachen

rêvasser [rɛvase] (1a) (vor sich hin) dösen

rêve [rɛv] *m* Traum *m*; ⚠ ***le*** **~**

revêche [rəvɛʃ] barsch, unwirsch

réveil [revɛj] *m* Erwachen *n*; Wecker *m*

réveiller [revɛje] (1b) (auf)wecken; **se ~** aufwachen

réveill|on [revɛjõ] *m* Weihnachts-, Silvesterfestessen *n*; **~onner** [-ɔne] (1a) Heiligabend *od* Silvester feiern

révél|ateur, ~atrice [revelatœr, -atris] aufschlussreich (***de*** für); **~ation** *f* Enthüllung *f*, Aufdeckung *f*; *rel* Offenbarung *f*; **~er** (1f) enthüllen, aufdecken; *rel* offenbaren; **se ~** sich erweisen, sich herausstellen (***qc*** als etw)

revenant [rəvnɑ̃] *m* Gespenst *n*

revend|eur, ~euse [r(ə)vɑ̃dœr, -øz] *m*, *f* Wiederverkäufer(in) *m(f)*

revendi|cation [r(ə)vɑ̃dikasjõ] *f* Forderung *f*; **~quer** [-ke] (1m) fordern, beanspruchen; *Verantwortung*: übernehmen; *Attentat*: sich bekennen zu

revendre [r(ə)vɑ̃drə] (4a) weiterverkaufen; wieder verkaufen

revenir [rəvnir] (2h) wiederkommen; zurückkehren; *Wort*: wieder einfallen; **~ *à*** *od* **~ *sur*** zurückkommen auf; **~ *sur qc*** etw zurücknehmen, rückgängig machen; **~ *à qn*** j-m zustehen; **~ *de qc*** sich von etw erholen; sich von etw befreien; **~ *cher*** teuer sein, teuer zu stehen kommen; ***cela revient au même*** das kommt auf das Gleiche heraus; *cuis* ***faire*** **~** anbraten, in Fett dünsten

revente [r(ə)vɑ̃t] *f* Wiederverkauf *m*

revenu [rəvny] *m* Einkommen *n*; **~ *minimum d'insertion*** staatliche Beihilfe *f* zur beruflichen Eingliederung

rêver [rɛve] (1a) träumen (***de*** von); **~ *à qc*** über etw nachsinnen

réverbère [revɛrbɛr] *m* Straßenlaterne *f*

révér|ence [reverɑ̃s] *f* Ehrfurcht *f*; Knicks *m*, Verbeugung *f*; **~er** (1f) verehren

rêverie [rɛvri] *f* Träumerei *f*

revers [r(ə)vɛr] *m* Rückseite *f*; Auf-, Umschlag *m* (*an Kleidern*); *fig* Schicksalsschlag *m*; **~ *de la médaille*** Kehrseite *f* der Medaille

revêtement [r(ə)vɛtmɑ̃] *m tech* Verkleidung *f*, Überzug *m*; Straßendecke *f*

revêtir [r(ə)vetir] (2g) *Kleider*: anziehen, anlegen; **~ *qn de qc*** j-m etw verleihen; *tech* **~ *qc de qc*** etw mit etw verkleiden, versehen; *fig* **~ *une importance particulière*** e-e besondere Bedeutung haben

rêv|eur, ~euse [rɛvœr, -øz] **1.** *adj* verträumt; nachdenklich; **2.** *m*, *f* Träumer(in) *m(f)*

revient [rəvjɛ̃] *m comm* ***prix*** *m* ***de*** **~** Selbstkostenpreis *m*

revigorer [r(ə)vigɔre] (1a) wieder kräftigen; neu beleben

revirement [r(ə)virmɑ̃] *m* **~ *d'opinion*** Meinungsumschwung *m*

révis|er [revize] (1a) überprüfen, revidieren; *Lehrstoff*: durchsehen, wiederholen; *tech* überholen; **~ion** *f* Überprüfung *f*, Revision *f*; *Lehrstoff*: Durchsicht *f*, Wiederholung *f*; *tech* Überholung *f*; *auto* Inspektion *f*; *jur* Wiederaufnahme *f*; *mil* **conseil** *m* **de ~** Musterungsausschuss *m*
revivre [r(ə)vivrə] (4e) wieder aufleben; weiterleben; wieder erleben
revoir [r(ə)vwar] **1.** (3b) wieder sehen, noch einmal sehen; überprüfen; **2.** *m* **au ~!** auf Wiedersehen!
révolt|e [revɔlt] *f* Aufstand *m*, Empörung *f*; **~er** (1a) empören; **se ~** sich empören (**contre** über); sich auflehnen (**contre** gegen)
révolu, ~e [revɔly] vergangen
révoluti|on [revɔlysjɔ̃] *f* Umsturz *m*, Revolution *f*; Umdrehung *f*; *astr* Umlauf *m*; **~onnaire** [-ɔnɛr] **1.** *adj* revolutionär; **2.** *m, f* Revolutionär(in) *m(f)*; ⚠ *Schreibung*; **~onner** [-ɔne] (1a) revolutionieren
revolver [revɔlvɛr] *m* Revolver *m*; ⚠ *Schreibung*
révoquer [revɔke] (1m) absetzen; widerrufen
revue [r(ə)vy] *f* Revue *f*; Zeitschrift *f*; Übersicht *f*; *mil* Appell *m*; Parade *f*; **passer en ~** die Parade abnehmen, die Front abschreiten; *fig* durchgehen
rez-de-chaussée [redʃose] *m* (⚠ *pl unv*) Erdgeschoss *n*
R.F. (*abr* **République française**) Französische Republik
R.F.A. *f* (*abr* **République fédérale d'Allemagne**) Bundesrepublik *f* Deutschland
R
rhabiller [rabije] (1a) (**se ~** sich) wieder anziehen
rhén|an, ~ane [renɑ̃, -an] rheinländisch
rhétorique [retɔrik] **1.** *adj* rhetorisch; **2.** *f* Redekunst *f*, Rhetorik *f*
Rhin [rɛ̃] **le ~** der Rhein
Rhône [ron] **le ~** die Rhone; ⚠ **le ~**
rhubarbe [rybarb] *f* Rhabarber *m*; ⚠ **la ~**
rhum [rɔm] *m* Rum *m*; ⚠ *Schreibung*
rhumat|isant, ~isante [rymatizɑ̃, -izɑ̃t] an Rheuma leidend; **~isme** *m* Rheumatismus *m*
rhume [rym] *m* Schnupfen *m*; Erkältung *f*; **~ des foins** Heuschnupfen *m*
ri [ri] *p/p von* **rire**
ri|ant, ~ante [rijɑ̃, -ɑ̃t] lachend; heiter, lieblich
ricaner [rikane] (1a) (höhnisch) grinsen; kichern
rich|ard, ~arde [riʃar, -ard] *m, f* F *péj* reicher Kerl *m*, reiche Frau *f*
rich|e [riʃ] reich (**en** an); fruchtbar; kostbar; **~esse** [-ɛs] *f* Reichtum *m*; Fruchtbarkeit *f*; Kostbarkeit *f*
ricin [risɛ̃] *m bot* Rizinus *m*
ricocher [rikɔʃe] (1a) abprallen
rictus [riktys] *m* verzerrter Mund *m*; Grinsen n
rid|e [rid] *f* Falte *f*, Runzel *f*; **~é, ~ée** faltig, runzlig
rideau [rido] *m* (⚠ *pl* **~x**) Vorhang *m*, Gardine *f*; *pol* **~ de fer** Eiserner Vorhang
rider [ride] (1a) zerfurchen; kräuseln; **se ~** faltig werden
ridicul|e [ridikyl] **1.** *adj* lächerlich; **il est ~ de** (+ *inf*), **que** (+ *subj*) es ist lächerlich, zu (+ *inf*), dass ...; **2.** *m* Lächerlichkeit *f*; **tourner qc en ~** etw ins Lächerliche ziehen; **~iser** (1a) lächerlich machen; blamieren
rien[1] [rjɛ̃] *m* Kleinigkeit *f*, Lappalie *f*
rien[2] [rjɛ̃] **1.** nichts (*mit* **ne** *vor e-m dazutretenden Verb*); **~ de ~** überhaupt nichts; **il ne sait ~** er weiß nichts; **que sait-il? rien** was weiß er? nichts; **~ du tout** gar nichts; **il n'en est ~** dem ist nicht so; **2.** *nach negativen Ausdrücken*: (irgend) etwas; **sans ~ dire** ohne etwas zu sagen; **3. de ~** unbedeutend; *als Antwort*: keine Ursache; **en ~** in keiner Weise; **pour ~** umsonst; **~ que** ... nur ...
ri|eur, ~euse [rijœr, -øz] **1.** *adj* lustig; **2.** *m* Lacher *m*
rigid|e [riʒid] starr (*a fig*), steif; streng; **~ité** *f* Starrheit *f*, Steifheit *f*; Strenge *f*
rigolade [rigɔlad] F *f* Spaß *m*, Scherz *m*
rigole [rigɔl] *f* Rinne *f*; Graben *m*
rigoler [rigɔle] (1a) F Spaß machen; lachen
rigol|o, ~ote [rigɔlo, -ɔt] F lustig, drollig; komisch
rigorisme [rigɔrismə] *m* Unerbittlichkeit *f*, Strenge *f*
rigour|eux, ~euse [rigurø, -øz] unerbittlich, streng; peinlich genau
rigueur [rigœr] *f* Strenge *f*, Härte *f*; Ge-

nauigkeit *f*; ***à la*** ~ notfalls, zur Not; ***de*** ~ unerlässlich
rim|e [rim] *f* Reim *m*; ~***s alternées*** Kreuzreim *m*; ⚠ ***la*** ~; ~**er** (1a) in Verse bringen; sich reimen; *fig* ***ne*** ~ ***à rien*** keinen Sinn haben
rimmel [rimɛl] *m* Wimperntusche *f*
rincer [rɛ̃se] (1k) (aus-, ab)spülen
ring|ard, ~arde [rɛ̃gar, -ard] altmodisch
ripaille [ripaj] F *f* Schlemmerei *f*
ripost|e [ripɔst] *f* schlagfertige Antwort *f*; ***prompt à la*** ~ schlagfertig; ~**er** (1a) schnell, schlagfertig antworten; *mil u fig* e-n Gegenschlag führen
rire [rir] **1.** (4r) lachen (***de*** über); spaßen; ~ ***aux éclats*** schallend lachen; ***pour*** ~ zum Spaß; ~ ***de qn*** j-n auslachen, verspotten; *st/s* ***se*** ~ ***de*** spielend überwinden; **2.** *m* Lachen *n*, Gelächter *n*
ris [ri] *m cuis* ~ ***de veau*** Kalbsbries *n*
risée [rize] *f* Gespött *n*
risible [riziblə] lächerlich
risqu|e [risk] *m* Gefahr *f*, Risiko *n*; ***à mes*** (***tes***, ***ses***, *etc*) ~***s et périls*** auf eigene Gefahr; ***au*** ~ ***de*** (+ *inf*) auf die Gefahr hin zu (+ *inf*); ***courir le*** ~ ***de*** (+ *inf*) Gefahr laufen zu (+ *inf*); ~**é, ~ée** gewagt, riskant; ~**er** (1m) wagen, riskieren; ~ ***que*** (+ *subj*), ***de*** (+ *inf*) Gefahr laufen, dass ..., zu (+ *inf*); ***se*** ~ ***dans*** sich einlassen auf
rissoler [risɔle] (1a) *cuis* goldbraun braten
rit|e [rit] *m rel* Ritus *m*; *fig* Brauch *m*; ~**uel, ~uelle** [-ɥɛl] **1.** *adj* rituell; **2.** *m* Ritual *n*
rivage [rivaʒ] *m* Küstenstrich *m*, Ufer *n*
rival, ~e [rival] (⚠ *m/pl* ***-aux***) **1.** *adj* rivalisierend; **2.** *m, f* Nebenbuhler(in) *m(f)*; Rivale, -in *m, f*; ~**iser** (1a) rivalisieren, wetteifern (***avec qn de qc*** mit j-m in etw); ~**ité** *f* Rivalität *f*
rive [riv] *f* Ufer *n*
river [rive] (1a) vernieten
river|ain, ~aine [rivrɛ̃, -ɛn] *m, f* Anlieger(in) *m(f)*, Anwohner(in) *m(f)*
rivet [rivɛ] *m tech* Niete *f*
rivière [rivjɛr] *f* (*nicht in das Meer mündender*) Fluss *m*
rixe [riks] *f* Schlägerei *f*
riz [ri] *m* Reis *m*
R.M.I. [ɛrɛmi] *m* (*abr* ***revenu minimum d'insertion***) staatliche Beihilfe *f* zur beruflichen Eingliederung
robe [rɔb] *f* (Damen-)Kleid *n*; Robe *f*; *Tier*: Fell *n*
robinet [rɔbinɛ] *m tech* Hahn *m*
robot [rɔbo] *m* Roboter *m*; ~ ***ménager*** Küchenmaschine *f*
robuste [rɔbyst] kräftig, stämmig; robust, widerstandsfähig
roc [rɔk] *m* Fels *m*
rocaill|e [rɔkaj] *f* steiniger Boden *m*; Grotten-, Muschelwerk *n*; ***style m*** ~ Rokokostil *m*; ~**eux, ~euse** [-ø, -øz] steinig; holprig
roch|e [rɔʃ] *f* Felsen *m*; *géol* Gestein *n*; ~**er** *m* Felsen *m*, Felsblock *m*; ~**eux, ~euse** [-ø, -øz] felsig
rock [rɔk] *m* Rock *m*; ***musique f*** ~ Rockmusik *f*
rococo [rɔkɔko] *m* Rokoko *n*
rod|age [rɔdaʒ] *m auto* Einfahren *n*; *allg* Anlaufzeit *f*; ~**er** (1a) *tech* einfahren; *fig* ***se*** ~ sich einarbeiten
rôder [rode] (1a) umherstreifen
rodomontade [rɔdɔmɔ̃tad] *f* Großsprecherei *f*, Prahlerei *f*
rogne [rɔɲ] *f* F ***être en*** ~ gereizt sein
rogner [rɔɲe] (1a) beschneiden, stutzen; ~ ***sur qc*** an etw sparen
rognon [rɔɲɔ̃] *m cuis* Niere *f*
rogue [rɔg] hochmütig
roi [rwa] *m* König *m*
roitelet [rwatlɛ] *m zo* Zaunkönig *m*
rôle [rol] *m* Rolle *f* (*Theater u fig*); Liste *f*, Register *n*; ***à tour de*** ~ der Reihe nach; ⚠ ***le*** ~
rom|ain, ~aine [rɔmɛ̃, -ɛn] **1.** *adj* römisch; *rel* römisch-katholisch; **2.** ♀ *m, f* Römer(in) *m(f)*
rom|an, ~ane [rɔmɑ̃, -an] **1.** *adj* romanisch; **2.** *m* Roman *m*; Romanik *f*; ~ ***à clefs*** Schlüsselroman *m*
romanc|e [rɔmɑ̃s] *f* sentimentales Lied *n*; ~**er** (1k) zu e-m Roman gestalten; ~**ier, ~ière** [-je, -jɛr] *m, f* Romanschriftsteller(in) *m(f)*
rom|and, ~ande [rɔmɑ̃, -ɑ̃d] ***la Suisse romande*** die französische Schweiz
romanesque [rɔmanɛsk] romanhaft; romantisch
roman-feuilleton [rɔmɑ̃fœjtɔ̃] (⚠ *pl* ***romans-feuilletons***) *m* Fortsetzungsroman *m*
romaniste [rɔmanist] *m* Romanist *m*

romant|ique [rɔmɑ̃tik] **1.** *adj* romantisch; **2.** *m, f* Romantiker(in) *m(f)*; **~isme** *m* Romantik *f*
romarin [rɔmarɛ̃] *m bot* Rosmarin *m*
rompre [rɔ̃prə] (4a) (ab-, durch)brechen (*a fig*); **~ avec qn** mit j-m brechen, F mit j-m Schluss machen; **se ~** brechen, reißen
rompu, ~e [rɔ̃py] völlig erschöpft; **~ à** bewandert in
ronce [rɔ̃s] *f bot* Brombeerstrauch *m*
rond, ronde [rɔ̃, rɔ̃d] **1.** *adj* rund; dick; F besoffen; **2.** *adv* **tourner rond** *Motor u fig* gut laufen; **3.** *m* Kreis *m*, Ring *m*; **4.** *f* Runde *f*, Rundgang *m*; Rundtanz *m*, Reigen *m*; **à la ronde** im Umkreis
rondel|et, ~ette [rɔ̃dlɛ, -ɛt] rundlich
rond|elle [rɔ̃dɛl] *f* Scheibe *f*; *tech* Unterlegscheibe *f*; ⚠ *nicht* Rondell; **~ement** [-mɑ̃] *adv* prompt; geradeheraus; **~eur** *f* Rundung *f*; *fig* Offenheit *f*; **~in** *m* Rundholz *n*; **cabane** *f* **en ~s** Blockhütte *f*
rond-point [rɔ̃pwɛ̃] *m* (⚠ *pl* **ronds-points**) runder Platz *m* mit Kreisverkehr
ronéo [rɔneo] *f* Vervielfältigungsapparat *m*; **~typer** [-tipe] (1a) vervielfältigen
ronfler [rɔ̃fle] (1a) schnarchen; brummen
rong|er [rɔ̃ʒe] (1l) nagen; zerfressen; *fig* quälen; **se ~ les ongles** an den Nägeln kauen; **~eur** *m zo* Nagetier *n*
ronronner [rɔ̃rɔne] (1a) *Katze, Motor*: schnurren
rosace [rozas] *f arch* Rosette *f*
rosaire [rozɛr] *m rel* Rosenkranz *m*
rosbif [rɔzbif] *m cuis* Roastbeef *n*
rose [roz] **1.** *f* Rose *f*; **2.** *m* Rosa *n* (*Farbe*); **3.** *adj* rosa; *fig* rosig
rosé, ~e [roze] zartrosa
roseau [rozo] *m* (⚠ *pl* **~x**) *bot* Schilf (-rohr) *n*
rosée [roze] *f* Tau *m* (*Nässe*)
rosette [rozɛt] *f* Rosette *f*; Ordensschleife *f*
ross|e [rɔs] **1.** *f* Schindmähre *f*; F Leuteschinder *m*; **2.** *adj* gemein, hart; **~er** (1a) durchprügeln
rossignol [rɔsiɲɔl] *m zo* Nachtigall *f*
rot [ro] *m* F Rülpser *m*
rotation [rɔtasjɔ̃] *f* (Um-)Drehung *f*, Rotation *f*; *comm* Umschlag *m*; **~ du personnel** Personalwechsel *m*
roter [rɔte] (1a) F rülpsen
rôti [rɔti, ro-] *m* Braten *m*
rôtie [rɔti, ro-] *f* geröstete Brotschnitte *f*
rotin [rɔtɛ̃] *m* Rattan *n*; **fauteuil** *m* **en ~** Korbsessel *m*
rôtir [rɔtir, ro-] (2a) braten
rôtiss|erie [rɔtisri, ro-] *f* Grillrestaurant *n*; **~eur** *m* Grillkoch *m*; **~oire** [-war] *f* Grill *m*
rotule [rɔtyl] *f* Kniescheibe *f*
rouage [rwaʒ] *m* Rädchen *n*; **~s** *pl* Getriebe *n*, Räderwerk *n* (*a fig*)
roubl|ard, ~arde [rublar, -ard] gerissen, durchtrieben
roucouler [rukule] (1a) *Tauben*: gurren; *fig* turteln
roue [ru] *f* Rad *n*; **~ libre** Freilauf *m*; *auto* **~ de rechange** Reserve-, Ersatzrad *n*; **deux ~s** *m* Zweirad *n*
rou|é, ~ée [rwe] gerissen, durchtrieben; **~er** (1a) **~ qn de coups** F j-n windelweich schlagen; **~et** [-ɛ] *m* Spinnrad *n*
rouge [ruʒ] **1.** *adj* rot (*a pol*); **2.** *adv fig* **voir ~** rot sehen; **3.** *m* Rot *n*; Rotwein *m*; **~ à lèvres** Lippenstift *m*; **mettre du ~** Rouge auflegen; **être sur la liste ~** eine Geheimnummer haben
rougeâtre [ruʒɑtrə] rötlich
rouge-gorge [ruʒgɔrʒ] *m* (⚠ *pl* **rouges-gorges**) *zo* Rotkehlchen *n*
rougeole [ruʒɔl] *f méd* Masern *pl*
rouge-queue [ruʒkø] *m* (⚠ *pl* **rouges-queues**) *zo* Rotschwänzchen *n*
rouget [ruʒɛ] *m zo* Seebarbe *f*
roug|eur [ruʒœr] *f* Rötung *f*; *fig* Erröten *n*; **~ir** (2a) rot färben; rot werden; erröten (**de colère** vor Zorn)
rouill|e [ruj] *f* Rost *m*; **~é, ~ée** verrostet; *fig* eingerostet; **~er** (1a) rosten lassen; (**se**) **~** (ver)rosten; *fig* **se ~** einrosten
roul|ant, ~ante [rulɑ̃, -ɑ̃t] fahrbar; rollend, Roll...; **escalier** *m* **roulant** Rolltreppe *f*; **personnel** *m* **roulant** Fahrpersonal *n*; **tapis** *m* **roulant** Förderband *n*
roul|eau [rulo] *m* (⚠ *pl* **~x**) Rolle *f*; *tech* Walze *f*; **~ compresseur** Straßenwalze *f*; **~ement** [-mɑ̃] *m* Rollen *n*; *tech* Wälzlager *n*; **~ à billes** Kugellager *n*; *comm* **fonds** *m/pl* **de ~** Betriebskapital *n*; **par ~** im Turnus

R

rouler [rule] (1a) rollen, fahren; *Schiff*: schlingern; F ~ ***qn*** j-n reinlegen; P ***ça roule*** es klappt; ~ ***sur qc*** *Gespräch*: sich um etw drehen; ***se*** ~ sich wälzen; sich zusammenrollen

roul|ette [rulɛt] *f* Rolle *f*; Rädchen *n*; Roulett *n*; ***passer la*** ~ *Zahnarzt*: bohren; **~otte** [-ɔt] *f* Wohnwagen *m*

roum|ain, ~aine [rumɛ̃, -ɛn] **1.** *adj* rumänisch; **2.** ♀ *m, f* Rumäne *m*, Rumänin *f*

Roumanie [rumani] ***la*** ~ Rumänien *n*

roupiller [rupije] (1a) F pennen

rouqu|in, ~ine [rukɛ̃, -in] F rothaarig

rouspéter [ruspete] (1f) F schimpfen

rousseur [rusœr] *f* ***taches*** *f/pl* ***de*** ~ Sommersprossen *f/pl*

rouss|i [rusi] *m* Brandgeruch *m*; ***sentir le*** ~ angesengt riechen; *fig* brenzlig werden; **~ir** (2a) versengen; rot werden; *cuis* ***faire*** ~ bräunen

route [rut] *f* (Land-)Straße *f*; Weg *m*; Strecke *f*; Fahrt *f*; Kurs *m*; ***en*** ~ unterwegs; ***mettre en*** ~ in Gang setzen (*a fig*); ***se mettre en*** ~ sich auf den Weg machen; ***faire fausse*** ~ vom Weg abkommen; *fig* sich irren; ***faire*** ~ ***vers*** auf dem Weg sein nach

rout|ier, ~ière [rutje, -tjɛr] **1.** *adj* Straßen...; ***réseau*** *m* ***routier*** Straßennetz *n*; ***carte*** *f* ***routière*** Straßenkarte *f*; **2.** *m* Fernfahrer *m*; *fig* ***vieux routier*** alter Routinier

routin|e [rutin] *f* Routine *f*, Gewohnheit *f*; ***de*** ~ üblich; **~ier, ~ière** [-je, -jɛr] gewohnheitsmäßig

rouvrir [ruvrir] (2f) wieder (er)öffnen; wieder offen sein

roux, rousse [ru, rus] **1.** *adj* rotgelb, fuchsrot; rothaarig; *Haare*: rot; **2.** *m cuis* Einbrenne *f*

royal, ~e [rwajal] (⚠ *m/pl* ***-aux***) königlich; *fig* fürstlich; F völlig; **~iste 1.** *adj* königstreu; **2.** *m, f* Royalist(in) *m(f)*

royau|me [rwajom] *m* Königreich *n*; **~té** [-te] *f* Königtum *n*

RSVP [ɛrɛsvepe] (*abr* ***répondez s'il vous plaît***) U.A.w.g.

Ruanda [rwɑ̃da] ***le*** ~ Ruanda *n*

ruban [rybɑ̃] *m* Band *n*; Ordensband *n*; ~ ***adhésif*** Klebestreifen *m*; ~ ***correcteur*** Korrekturband *n*; ~ ***encreur*** Farbband *n*; ~ ***isolant*** Isolierband *n*; ~ ***magnétique*** Magnetband *n*; Tonband *n*

rubéole [rybeɔl] *f méd* Röteln *pl*

rubis [rybi] *m* Rubin *m*

rubrique [rybrik] *f* Rubrik *f*, Spalte *f*, Teil *m* (*Zeitung*)

ruche [ryʃ] *f* Bienenkorb *m*, -stock *m*

rude [ryd] rau, roh, grob, derb, hart; F ***un*** ~ ***gaillard*** ein toller Bursche; **~ment** *adv* rücksichtslos; F mächtig

rudesse [rydɛs] *f* Rauheit *f*, Rohheit *f*, Derbheit *f*

rudi|mentaire [rydimɑ̃tɛr] notdürftig; rudimentär; **~ments** *m/pl* Anfangsgründe *m/pl*

rudoyer [rydwaje] (1h) ~ ***qn*** j-n grob anfahren

rue [ry] *f* Straße *f*; ***dans la*** ~ auf der Straße; ***en pleine*** ~ auf offener Straße; ~ ***à sens unique*** Einbahnstraße *f*; ~ ***piétonne*** Fußgängerstraße *f*

ruée [rɥe] *f* Ansturm *m*; ~ ***vers l'or*** Goldrausch *m*

ruelle [rɥɛl] *f* Gässchen *n*, (enge) Gasse *f*

rug|ir [ryʒir] (2a) brüllen; heulen (*Wind*); **~issement** [-ismɑ̃] *m* Gebrüll *n*

rugu|eux, ~euse [rygø, -øz] uneben; rau; runz(e)lig

ruine [rɥin] *f* Zusammenbruch *m*, Verfall *m*, Untergang *m*, Ruin *m*; *fig Person*: Wrack *n*, Ruine *f*; **~s** *pl* Ruine(n) *f(pl)*, Trümmer *m/pl*

ruin|er [rɥine] (1a) ruinieren, zu Grunde richten, vernichten; **~eux, ~euse** [-ø, -øz] ruinös; kostspielig

ruisseau [rɥiso] *m* (⚠ *pl* **~x**) Bach *m*; Gosse *f* (*a fig*); *fig* Strom *m* (*Blut*)

ruisseler [rɥisle] (1c) rinnen, rieseln; triefen (***de*** von)

rumeur [rymœr] *f* **1.** allgemeine Unruhe *f*; (dumpfer) Lärm *m*; **2.** Gerücht *n*

ruminer [rymine] (1a) wiederkäuen; *fig* nachgrübeln (***qc*** über etw)

rupture [ryptyr] *f* Bruch *m* (*a fig*); Riss *m*; *fig* Abbruch *m*

rural, ~e [ryral] (⚠ *m/pl* ***-aux***) ländlich

ruse [ryz] *f* List *f*; Schlauheit *f*, Schläue *f*

rusé, ~e [ryze] listig, schlau

russe [rys] **1.** *adj* russisch; **2.** ♀ *m, f* Russe *m*, Russin *f*

Russie [rysi] ***la*** ~ Russland *n*

rust|aud, ~aude [rysto, -od] ungehobelt, bäuerisch

rustique [rystik] Bauern..., rustikal

rustre [rystrə] **1.** *adj* grob, ungehobelt; **2.** *m péj* Bauernlümmel *m*, Flegel *m*
rut [ryt] *m zo* Brunst *f*
rutil|ant, ~ante [rytilɑ̃, -ɑ̃t] leuchtend rot; glänzend
rythm|e [ritmə] *m* Rhythmus *m*; *allg* Tempo *n*; **~ique 1.** *adj* rhythmisch; **2.** *f* Rhythmik *f*; ⚠ *Schreibung*

S

S. (*abr* ***saint***) hl. (heiliger) *od* St. (Sankt)
sa [sa] *cf* ***son***[1]
S.A. [ɛsɑ] *f* (*abr* ***société anonyme***) AG *f* (Aktiengesellschaft)
sable [sablə] *m* Sand *m*
sabl|é [sable] *m cuis* Sandplätzchen *n*; **~er** (1a) mit Sand bestreuen; sandstrahlen; ***~ le champagne*** Champagner trinken
sabl|ier [sablije] *m* Sanduhr *f*; **~ière** [-ijɛr] *f* Sandgrube *f*
sablonn|eux, ~euse [sablɔnø, -øz] sandig
sabot [sabo] *m* Holzschuh *m*; *zo* Huf *m*; *tech* Hemmschuh *m*; ***~ de Denver*** Parkkralle *f*
sabot|age [sabɔtaʒ] *m* Sabotage *f*; ⚠ ***le ~***; **~er** (1a) sabotieren; *fig* hinpfuschen
sabr|e [sabrə] *m* Säbel *m*; **~er** (1a) niedersäbeln; F *Manuskript*: zusammenstreichen
sac [sak] *m* **1.** Sack *m*; Tasche *f*, Handtasche *f*; Tüte *f*; ***~ à dos*** Rucksack *m*; ***~ à main*** Handtasche *f*; ***~ à provisions*** Einkaufstasche *f*; ***~ de couchage*** Schlafsack *m*; ***~ en plastique*** Plastiktüte *f*; **2.** ***mise*** *f* ***à ~*** Plünderung *f*
saccad|e [sakad] *f* Ruck *m*, Stoß *m*; ***par ~s*** ruck-, stoßweise; **~é, ~ée** ruckartig; abgehackt
saccager [sakaʒe] (1l) plündern; verwüsten
sache [saʃ] *subj von* ***savoir***
sachet [saʃɛ] *m* Beutel(chen) *m*(*n*), Tütchen *n*; Säckchen *n*
sacoche [sakɔʃ] *f* (Leder-)Tasche *f* (*mit Schulterriemen*); Packtasche *f*; Schulmappe *f*
sacré, ~e [sakre] heilig; (*vorangestellt*) F verdammt, verflucht
sacrebleu! [sakrəblø] zum Teufel!
sacr|ement [sakrəmɑ̃] *m rel* Sakrament *n*; ⚠ *Schreibung*; **~er** (1a) salben, weihen
sacri|fice [sakrifis] *m* Opfer *n* (*a fig*); Opferung *f*; **~fier** [-fje] (1a) opfern (*a fig*); *fig* ***~ à la mode*** der Mode huldigen; ***se ~*** sich (auf)opfern
sacrilège [sakrilɛʒ] **1.** *adj* gottlos, frevelhaft; **2.** *m* Freveltat *f*, Frevel *m*, Sakrileg *n*
sacrist|ain [sakristɛ̃] *m égl* Küster *m*; **~ie** [-i] *f* Sakristei f
sad|ique [sadik] **1.** *adj* sadistisch; **2.** *m, f* Sadist(in) *m*(*f*); **~isme** *m* Sadismus *m*
safran [safrɑ̃] *m bot* Krokus *m*; *cuis* Safran *m*
sagac|e [sagas] scharfsinnig; **~ité** *f* Scharfsinn *m*
sage [saʒ] **1.** *adj* weise, vernünftig; artig (*Kinder*); **2.** *m* Weise(r) *m*; **~-femme** [-fam] *f* (⚠ *pl* ***sages-femmes***) Hebamme *f*
sagesse [saʒɛs] *f* Weisheit *f*, Klugheit *f*; Artigkeit *f*
Sagittaire [saʒitɛr] *m astr* Schütze *m*
Sahara [saara] ***le ~*** die Sahara; ⚠ ***le ~***
Sahel [saɛl] ***le ~*** die Sahelzone
saign|ant, ~ante [sɛɲɑ̃, -ɑ̃t] blutend; *cuis* nicht durchgebraten, englisch
saignée [sɛɲe] *f* Aderlass *m*
saigner [sɛɲe] (1b) bluten; ***~ qn*** j-n zur Ader lassen; *fig* j-n schröpfen
saill|ant, ~ante [sajɑ̃, -ɑ̃t] vorspringend; *fig* hervorstechend
saillie [saji] *f arch* Vorsprung *m*; *fig* Geistesblitz *m*
saillir [sajir] **1.** (2a) *zo* bespringen, decken; **2.** (2c) *arch* hervorragen, vorspringen
sain, saine [sɛ̃, sɛn] gesund (*a fig*); kräftig; ***sain et sauf*** unversehrt, wohl behalten, heil

S

saindoux [sɛ̃du] *m* Schweineschmalz *n*
saint, sainte [sɛ̃, sɛ̃t] **1.** *adj* heilig; fromm; ***vendredi** m **saint*** Karfreitag *m*; **2.** *m, f* Heilige(r) *m, f*
saint-bernard [sɛ̃bɛrnar] *m* (⚠ *pl unv*) *zo* Bernhardiner *m*
sainteté [sɛ̃tte] *f* Heiligkeit *f*
Saint-Sylvestre [sɛ̃silvɛstrə] ***la*** ~ Silvester *m od n*
sais [sɛ] *présent von* ***savoir***
saisie [sezi] *f jur* Beschlagnahme *f*; Pfändung *f*; *EDV* (Daten-)Erfassung *f*
saisir [sezir] (2a) ergreifen (*a fig*), fassen, packen; *EDV* erfassen; befallen (*Krankheit*); *jur* pfänden; beschlagnahmen; *fig* begreifen, verstehen; *jur* ~ ***un tribunal d'une affaire*** ein Gericht mit e-r Sache befassen; ***se** ~ **de qn, de qc*** sich j-s, e-r Sache bemächtigen
saisiss|ant, ~ante [sezisɑ̃, -ɑ̃t] ergreifend; durchdringend (*Kälte*)
saison [sɛzɔ̃] *f* Jahreszeit *f*; Saison *f*
saisonn|ier , ~ière [sɛzɔnje, -jɛr] **1.** *adj* jahreszeitlich; *comm* saisonbedingt; **2.** *m* Saisonarbeiter *m*
salade [salad] *f* Salat *m*; ⚠ ***la*** ~
saladier [saladje] *m* (Salat-)Schüssel *f*
salaire [salɛr] *m* (Arbeits-)Lohn *m*, Gehalt *n*
salamandre [salamɑ̃drə] *f* Salamander *m*; ⚠ ***la*** ~
salami [salami] *m* Salami *f*; ⚠ ***le*** ~
salari|al, ~ale [salarjal] (⚠ *m/pl* **-aux**) Lohn..., gehaltlich; **~é, ~ée** *m, f* Arbeitnehmer *m*, Lohnempfänger *m*
salaud [salo] *m* P Dreckskerl *m*
sale [sal] **1.** (*nachgestellt*) schmutzig, dreckig, unsauber; unanständig; **2.** (*vorangestellt*) übel; gemein
salé, ~e [sale] **1.** *adj* salzig; gesalzen (*a fig*); *fig* gewagt; **2.** *m* Pökelfleisch *n*; ***petit salé*** frisch eingesalzenes Schweinefleisch *n*
saler [sale] (1a) (ein)salzen
saleté [salte] *f* Schmutz *m*, Dreck *m*; Unsauberkeit *f*; *fig* Unanständigkeit *f*; Gemeinheit *f*; F Schund *m*
salière [saljɛr] *f* Salzstreuer *m*
sal|ir [salir] (2a) beschmutzen (*a fig*), verschmutzen, schmutzig machen; **~issant, ~issante** [-isɑ̃, -isɑ̃t] schmutzig; leicht schmutzend
salive [saliv] *f* Speichel *m*
salle [sal] *f* Saal *m*, Zimmer *n*, Raum *m*; ~ ***à manger*** Esszimmer *n*; ~ ***d'attente*** Wartezimmer *n*; ~ ***de bains*** Badezimmer *n*; ~ ***de classe*** Klassenraum *m*; ~ ***de jeux électroniques*** Spielhalle *f*; ~ ***des professeurs*** Lehrerzimmer *n*; ~ ***de séjour*** Wohnzimmer *n*; ~ ***d'eau*** Waschraum *m*; ⚠ ***la*** ~
salon [salɔ̃] *m* Salon *m* (*a comm*); Empfangszimmer *n*; Ausstellung *f*, Messe *f*; ~ ***de thé*** Café *n*; ~ ***d'essayage*** Umkleidekabine *f*
salopard [salɔpar] P *m cf* ***salaud***
salop|e [salɔp] *f* P Miststück *n* (*Frau*); F Schlampe *f*; **~erie** P *f* Dreck *m*, Schund *m*, Gelump(e) *n* F; Schweinerei *f*, Sauerei *f* P; Gemeinheit *f*; **~ette** [-ɛt] *f* Latzhose *f*
salpêtre [salpɛtrə] *m chim* Salpeter *m*
salsifis [salsifi] *m cuis* Schwarzwurzel *f*
salubr|e [salybrə] gesund, heilsam; **~ité** *f* heilsame Wirkung *f*
saluer [salɥe] (1n) (be)grüßen
salut [saly] *m* **1.** Gruß *m*, Begrüßung *f*; **2.** F grüß dich!, Servus!; tschüss!; **3.** Wohl *n*, Wohlfahrt *f*; Heil *n*, Rettung *f*
salut|aire [salytɛr] heilsam; **~ation** *f* Begrüßung *f*; *Briefschlussformel*: ***recevez mes ~s distinguées*** mit besten Grüßen
samedi [samdi] *m* Sonnabend *m*, Samstag *m*; ***le ~, tous les ~s*** samstags
S.A.M.U. [samy] *m* (*abr* ***Service d'aide médicale d'urgence***) Notarzt *m*; ***voiture** f **du*** ~ Notarztwagen *m*
sanction [sɑ̃ksjɔ̃] *f* Sanktion *f*; Billigung *f*; *jur* Bestrafung *f*
sanctionner [sɑ̃ksjɔne] (1a) sanktionieren, billigen; bestrafen; *jur* Gesetzeskraft erteilen
sanctuaire [sɑ̃ktɥɛr] *m* Heiligtum *n*
sandale [sɑ̃dal] *f* Sandale *f*
sandwich [sɑ̃dwitʃ] *m* (⚠ *pl* **~[e]s**) belegtes Brot *n od* Brötchen *n*
sang [sɑ̃] *m* Blut *n* (*a fig*); ***bon ~!*** F verflixt!; F ***se faire du mauvais*** ~ sich Sorgen machen; **~-froid** [-frwa] *m* Kaltblütigkeit *f*; Gelassenheit *f*
sangl|ant, ~ante [sɑ̃glɑ̃, -ɑ̃t] blutig; *fig* beleidigend
sanglier [sɑ̃glije] *m zo* Wildschwein *n*
sangl|ot [sɑ̃glo] *m* Schluchzen *n*; **~oter** [-ɔte] (1a) schluchzen
sangsue [sɑ̃sy] *f zo* Blutegel *m*

S

sangu|in, ~ine [sɑ̃gɛ̃, -in] Blut...; sanguinisch
sanguine [sɑ̃gin] *f* **1.** Rötel *m*; Rötelzeichnung *f*; **2.** Blutapfelsine *f*, -orange *f*
sanitaire [sanitɛr] sanitär; Gesundheits...
sans [sɑ̃] ohne; ...los; ~ ***doute*** wahrscheinlich; ~ ***aucun doute*** zweifellos; ~ ***quoi*** sonst; ~ (+ *inf*) ohne zu (+ *inf*); ~ ***que*** (+ *subj*) ohne dass ...
sans|-abri [sɑ̃zabri] *m*, *f* (⚠ *pl unv*) Obdachlose(r) *m*, *f*; **~-emploi** [-ɑ̃plwa] *m* (⚠ *pl unv*) Arbeitslose(r) *m*, *f*
sans|-façon [sɑ̃fasɔ̃] *m* Ungezwungenheit *f*; **~-fil** [-fil] *m* (⚠ *pl unv*) Funktelefon *n*; **~-gêne** [-ʒɛn] **1.** *m*, *f* (⚠ *pl unv*) freche Person *f*; **2.** *m* Unverfrorenheit *f*, Ungeniertheit *f*; **~-souci** [-susi] (⚠ *unv*) sorglos; **~-travail** [-travaj] *m*, *f* (⚠ *pl unv*) Arbeitslose(r) *m*, *f*
santé [sɑ̃te] *f* Gesundheit *f*; ***être en bonne*** ~ gesund sein; ***à votre*** **~!** auf Ihr Wohl!
santon [sɑ̃tɔ̃] *m* (*provenzalische*) Krippenfigur *f*
saoud|ien, ~ienne [saudjɛ̃, -jɛn] saudi-arabisch
saoul [su] *cf* ***soûl***
saper [sape] (1a) untergraben (*a fig*)
sapeur [sapœr] *m mil* Pionier *m*; **~-pompier** [-pɔ̃pje] *m* (⚠ *pl* ***sapeurs-pompiers***) Feuerwehrmann *m*
sapin [sapɛ̃] *m bot* Tanne *f*; ~ ***de Noël*** Weihnachtsbaum *m*
sarcas|me [sarkasmə] *m* beißender Spott *m*, Sarkasmus *m*; **~tique** [-tik] sarkastisch, höhnisch
sarcome [sarkɔm] *m* Sarkom *n*, bösartige Geschwulst *f*
sarcophage [sarkɔfaʒ] *m* Sarkophag *m*
Sardaigne [sardɛɲ] ***la*** ~ Sardinien *n*
sarde [sard] sardisch
sardine [sardin] *f* Sardine *f*
sardonique [sardɔnik] hämisch
sari [sari] *m* Sari *m*
S.A.R.L. [ɛsaɛrɛl] *f* (*abr* ***société à responsabilité limitée***) *comm* GmbH *f*
sarment [sarmɑ̃] *m* (Wein-)Rebe *f*
sarrasin [sarazɛ̃] *m* Buchweizen *m*
Sarre [sar] *f* Saar *f*; Saarland *n*
sarriette [sarjɛt] *f bot* Bohnen-, Pfefferkraut *n*
satanique [satanik] teuflisch
satellite [satelit] *m* Satellit *m* (*a fig*); ~ ***d'observation*** Forschungssatellit *m*; ~ ***de télévision*** Fernsehsatellit *m*; ***ville f*** ~ Trabantenstadt *f*
satiété [sasjete] *f* Übersättigung *f*; ***à*** ~ bis zum Überdruss
satin [satɛ̃] *m* Satin *m*, Atlas *m*
satir|e [satir] *f* Satire *f*; **~ique** satirisch
satis|faction [satisfaksjɔ̃] *f* Befriedigung *f*, Zufriedenheit *f*, Genugtuung *f*; **~faire** [-fɛr] (4n) ~ ***à qc*** e-r Sache genügen, gerecht werden, Genüge tun, etw erfüllen; ~ ***qn*** j-n befriedigen, zufrieden stellen; **~faisant, ~faisante** [-fəzɑ̃, -fəzɑ̃t] befriedigend; **~fait, ~faite** [-fɛ, -fɛt] zufrieden (***de*** mit)
satur|ation [satyrasjɔ̃] *f* Sättigung *f*; **~er** (1a) (über)sättigen
satyre [satir] *m* Satyr *m*; *fig* Lüstling *m*; Sittenstrolch *m*; ⚠ *nicht verwechseln mit* ***satire***
sauce [sos] *f* Soße *f*; ~ ***tomate*** Tomatensoße *f*; *fig* ***allonger la*** ~ e-e Erzählung in die Länge ziehen
saucière [sosjɛr] *f* Soßenschüssel *f*
saucisse [sosis] *f* Bratwurst *f*; Würstchen *n*
saucisson [sosisɔ̃] *m* Wurst *f*; ~ ***sec*** Hartwurst *f*
saucissonner [sosisɔne] (1a) picknicken; ~ ***qc*** etw unterbrechen
sauf¹ [sof] *prép* außer, abgesehen von, bis auf; ~ ***que*** außer dass; ~ ***si*** außer wenn; ~ ***avis contraire*** bis auf Widerruf
sauf², sauve [sof, sov] adj unversehrt; *cf a* ***sain***
sauf-conduit [sofkɔ̃dɥi] *m* (⚠ *pl* ***sauf-conduits***) Passierschein *m*
sauge [soʒ] *f bot* Salbei *f od m*
saugrenu, ~e [sogrəny] ausgefallen, ungereimt, unsinnig
saule [sol] *m bot* Weide *f*; ~ ***pleureur*** Trauerweide *f*
saumon [somɔ̃] *m zo* Lachs *m*
saumure [somyr] *f* (Salz-)Lake *f*
sauna [sona] *m* Sauna *f*; ***faire du*** ~ saunieren; ⚠ ***le*** ~
saupoudrer [sopudre] (1a) bestreuen (***de*** mit)
saur [sɔr] ***hareng*** *m* ~ Bückling *m*
saurai [sɔre] *futur von* ***savoir***
saut [so] *m* Sprung *m*, Satz *m*; ~ ***en hauteur***, ***en longueur*** Hoch-, Weit-

sprung *m*; ~ ***à la perche*** Stabhochspringen *n*; ~ ***périlleux*** Salto *m*; *fig* ***faire un ~ chez qn*** auf e-n Sprung bei j-m vorbeikommen; ***au ~ du lit*** beim Aufstehen

saute [sot] *f* plötzlicher Wechsel *m*; ~ ***de vent*** Umschlagen *n* des Windes

sauté, ~e [sote] *cuis* gebraten

saute-mouton [sotmutɔ̃] *m* Bockspringen *n*

sauter [sote] (1a) **1.** springen, hüpfen; in die Luft fliegen, explodieren; *Sicherung*: durchbrennen; *Knopf*: abspringen; F ***et que ça saute!*** ein bisschen dalli!; ~ ***sur*** sich stürzen auf; ***faire ~*** sprengen; *cuis* braten; ⚠ *il **a** sauté*; **2.** überspringen (*a fig*); auslassen; *zo* bespringen

sauterelle [sotrɛl] *f zo* Heuschrecke *f*

sauvag|e [sovaʒ] **1.** *adj* wild; *fig* scheu; ungesellig; **2.** *m, f* Einzelgänger *m*; Wilde(r) *m, f*; **~ement** [-mɑ̃] *adv* auf grausame Weise; **~erie** *f* Menschenscheu *f*; Grausamkeit *f*

sauvegard|e [sovgard] *f* Schutz *m*; *EDV* Sicherung *f*; **~er** (1a) schützen; *EDV* sichern

sauve-qui-peut [sovkipø] *m* (⚠ *pl unv*) allgemeine Verwirrung *f*; wilde Flucht *f*

sauver [sove] (1a) retten; (be)wahren; *rel* erlösen; ***se ~*** sich retten; weglaufen; F sich davonmachen, sich verziehen

sauve|tage [sovtaʒ] *m* Rettung *f*, Bergung *f*; **~teur** *m* Retter *m* (*z. B. von Ertrinkenden*)

sauveur [sovœr] *m* (Er-)Retter *m*; *rel* ***le*** ♀ der Erlöser *od* Heiland

S.A.V. [ɛsave] *m* (*abr* ***service après vente***) Kundendienst *m*

savamment [savamɑ̃] *adv* mit Sachkenntnis; geschickt

sav|ant, ~ante [savɑ̃, -ɑ̃t] **1.** *adj* gelehrt, bewandert; wissenschaftlich; geschickt, kunstvoll; *Tier*: dressiert; **2.** *m* Gelehrte(r) *m*, Wissenschaftler *m*

savate [savat] *f* abgetragener Schuh *m od* Pantoffel *m*; F Tollpatsch *m*

saveur [savœr] *f* Geschmack *m*; *fig* Reiz *m*

Savoie [savwa] ***la ~*** Savoyen *n*

savoir [savwar] **1.** (3g) wissen; können; erfahren; ~ ***nager*** schwimmen können; ***quand il a su que*** ... als er erfuhr, dass ...; ***je ne saurais vous le dire*** ich kann es Ihnen leider nicht sagen; ***il s'agit de ~ si*** ... es handelt sich darum, ob ...; ***reste à ~*** es ist noch die Frage (***si*** ob); ***à ~*** und zwar; ***faire ~ qc à qn*** j-m etw mitteilen; ***à ce que je sais*** *od* (***autant***) ***que je sache*** soviel ich weiß; **2.** *m* Wissen *n*, Gelehrsamkeit *f*

savoir|-faire [savwarfɛr] *m* Können *n*, Know-how *n*; **~-vivre** [-vivrə] *m* Lebensart *f*

savon [savɔ̃] *m* Seife *f*; F ***passer un ~ à qn*** j-m e-n Rüffel verpassen

savonn|er [savɔne] (1a) mit Seife waschen; einseifen; **~ette** [-ɛt] *f* Toilettenseife *f*; **~eux, ~euse** [-ø, -øz] seifig

savour|er [savure] (1a) genießen, auskosten; **~eux, ~euse** [-ø, -øz] schmackhaft; köstlich

sax|on, ~onne [saksɔ̃, -ɔn] sächsisch

saxophone [saksɔfɔn] *m* Saxofon *n*

scabr|eux, ~euse [skabrø, -øz] heikel; bedenklich; *Witz*: anstößig

scalp [skalp] *m* Skalp *m*

scandal|e [skɑ̃dal] *m* Skandal *m*, Ärgernis *n*; Entrüstung *f*; Krach *m*; **~eux, ~euse** [-ø, -øz] skandalös, schändlich; **~iser** (1a) ~ ***qn*** Anstoß erregen bei j-m; ***se ~ de*** sich entrüsten über

Scandinavie [skɑ̃dinavi] ***la ~*** Skandinavien *n*

scanner[1] [skane] (1a) einscannen

scanner[2] [skanɛr] *m*, **scanneur** [skanœr] *m* Scanner *m*; *méd* Computertomograph *m*; ***image*** *f* ~ Computertomogramm *n*

scanographie [skanɔgrafi] *f* Computertomographie *f*

scaphandr|e [skafɑ̃drə] *m* Taucher-, Raumanzug *m*; **~ier** [-ije] *m* Taucher *m*

scarabée [skarabe] *m* Skarabäus *m*; *zo a* Pillendreher *m*

scarlatine [skarlatin] *f méd* Scharlach *m*

sceau [so] *m* (⚠ *pl* **~x**) Siegel *n*; *fig* Zeichen *n*

scell|é [sele] *m* gerichtliches Siegel *n*; **~er** (1b) (ver)siegeln; *fig* besiegeln; *tech* einzementieren

scénario [senarjo] *m* Drehbuch *n*; *allg* Handlungsablauf *m*

scène [sɛn] *f* Szene *f*; Bühne *f* (*a fig*); Bühnenbild *n*; Schauplatz *m*; Auftritt *m*; ***faire une ~ à qn*** j-m e-e Szene machen; ***mettre en ~*** inszenieren, auf die

Bühne bringen; ***mise** f **en** ~* Inszenierung *f*
scénique [senik] Bühnen...
sceptique [sɛptik] **1.** *adj* skeptisch; **2.** *m* Skeptiker *m*
sceptre [sɛptrə] *m* Zepter *n*
schéma [ʃema] *m* Schema *n*, Plan *m*; **~tique** [-tik] schematisch
schiste [ʃist] *m* Schiefer *m*
schizophrène [skizɔfrɛn] schizophren
schnock [ʃnɔk] *m* F ***vieux*** ~ alter Knacker *m*
sciatique [sjatik] *f méd* Ischias *m od n*
scie [si] *f* Säge *f*; *zo* Sägefisch *m*; F *fig* Nervensäge *f*; *fig* abgedroschener Schlager *m*
sciemment [sjamɑ̃] *adv* wissentlich
science [sjɑ̃s] *f* Wissenschaft *f*; Wissen *n*, Erkenntnis *f*; ***les ~s*** *pl* die Naturwissenschaften *f/pl*; **~-fiction** [-fiksjɔ̃] *f* Sciencefiction *f*
scientifique [sjɑ̃tifik] **1.** *adj* wissenschaftlich; **2.** *m, f* Wissenschaftler(in) *m(f)*
scientisme [sjɑ̃tismə] *m* Wissenschaftsgläubigkeit *f*
scintiller [sɛ̃tije] (1a) funkeln, glitzern
scission [sisjɔ̃] *f* Spaltung *f*
sciure [sjyr] *f* Sägemehl *n*
sclérose [skleroz] *f méd* Sklerose *f*; *fig* Verknöcherung *f*
scol|aire [skɔlɛr] Schul...; ***année** f* ~ Schuljahr *n*; **~ariser** [-arize] (1a) ein-, beschulen; **~arité** [-arite] *f* Schulzeit *f*, -besuch *m*
scooter [skutœr, -tɛr] *m* Motorroller *m*; ~ ***de mer*** Wasserbob *m*; ~ ***des neiges*** Schneebob *m*
score [skɔr] *m Sport*: Spielstand *m*; Punktzahl *f*
scorie [skɔri] *f tech u géol* Schlacke *f*
scorpion [skɔrpjɔ̃] *m* Skorpion *m*; *astr* ♏ Skorpion *m*
scotch [skɔtʃ] *m* Tesafilm *m*; **~er** (1a) kleben
scout [skut] *m* Pfadfinder *m*; **~isme** *m* Pfadfinderbewegung *f*
script [skript] *m* Blockschrift *f*; Drehbuch *n*
scrupul|e [skrypyl] *m* Skrupel *m*; ***~s** pl a* Bedenken *n/pl*; ⚠ ***le*** ~; **~eux, ~euse** [-ø, -øz] gewissenhaft; peinlich genau
scruta|teur, ~trice [skrytatœr, -tris] forschend
scruter [skryte] (1a) aus-, erforschen, (gründlich) untersuchen
scrutin [skrytɛ̃] *m* Abstimmung *f*, Wahl *f*; ~ ***de ballottage*** Stichwahl *f*; ~ ***majoritaire*** Mehrheitswahl *f*; ~ ***proportionnel*** Verhältniswahl *f*
sculpt|er [skylte] (1a) in Stein hauen, meißeln; behauen; ~ ***sur bois*** schnitzen; **~eur** *m* Bildhauer *m*; **~ure** [-yr] *f* Bildhauerei *f*; Skulptur *f*; Plastik *f*; ~ ***sur bois*** Holzschnitzerei *f*
S.D.F. [ɛsdeɛf] *m* (*abr* ***sans domicile fixe***) Nichtsesshafte(r) *m, f*
se [s(ə)] sich; ⚠ *nicht verwechseln mit* **ce**
séance [seɑ̃s] *f* Sitzung *f*; Vorstellung *f*, Darbietung *f*; *fig* ~ ***tenante*** sofort
seau [so] *m* (⚠ *pl* **~x**) Eimer *m*
sec, sèche [sɛk, sɛʃ] **1.** *adj* trocken; dürr, hager; herb (*Wein*); schroff; kurz (und heftig) (*Geräusch*); F *fig* ***être à sec*** auf dem Trocknen sitzen, blank sein; ***au sec*** im Trock(e)nen; **2.** *adv* **sec** heftig; ***frapper sec*** kräftig zuschlagen
sécateur [sekatœr] *m* Gartenschere *f*
sécession [sesesjɔ̃] *f pol* Spaltung *f*, Abfall *m*
sèche [sɛʃ] *f* F Glimmstängel *m*
sèche|-cheveux [sɛʃʃəvø] *m* (⚠ *pl unv*) Föhn *m*, Haartrockner *m*; **~-linge** [-lɛ̃ʒ] *m* (⚠ *pl unv*) Wäschetrockner *m*; **~-main** [-mɛ̃] *m* (⚠ *pl unv*) Händetrockner *m*
sécher [seʃe] (1f) (aus)trocknen; verdorren; dörren; *Schülersprache*: die Antwort nicht wissen, nichts wissen; ~ ***un cours*** e-e Stunde schwänzen
sécheresse [seʃrɛs] *f* Trockenheit *f*, Dürre *f*; *fig* Schroffheit f
séchoir [seʃwar] *m* Wäschetrockner *m*; Trockenraum *m*; Föhn *m*
sec|ond, ~onde [s(ə)gɔ̃, -ɔ̃d] **1.** *adj* zweite; **2.** *m* zweiter Stock *m*; Stellvertreter *m*; **3.** *f* Sekunde *f*; *Schule*: zehnte Klasse *f*, Sekunda *f*; *Bahn*: zweite Klasse *f*
secondaire [s(ə)gɔ̃dɛr] sekundär, nebensächlich; ***enseignement** m* ~ höheres Schulwesen *n*
seconder [s(ə)gɔ̃de] (1a) unterstützen, helfen (***qn*** j-m)
secouer [s(ə)kwe] (1a) (ab)schütteln rütteln
secourir [s(ə)kurir] (2i) zu Hilfe kommen (***qn*** j-m), unterstützen
secour|isme [s(ə)kurismə] *m* erste Hil-

fe *f*; **~iste** *m, f* Rotkreuzhelfer(in) *m(f)*
secours [s(ə)kur] *m* Hilfe *f*, Beistand *m*, Unterstützung *f*; ***au ~!*** Hilfe!; ***appeler au ~*** um Hilfe rufen; ***poste*** *m* ***de ~*** Rettungsstelle *f*; ***sortie*** *f* ***de ~*** Notausgang *m*
secousse [s(ə)kus] *f* Stoß *m*; *fig* Schlag *m*
secr|et, ~ète [səkrɛ, -ɛt] **1.** *adj* geheim, verborgen; **2.** *m* Geheimnis *n*; ***en secret*** heimlich
secrétaire [s(ə)kretɛr] **1.** *m, f* Sekretär(in) *m(f)*; **2.** *m* Schreibschrank *m*
secrétariat [s(ə)kretarja] *m* Sekretariat *n*, Geschäftsstelle *f*; Beruf *m* e-r Sekretärin
sécré|ter [sekrete] (1f) *méd* absondern; **~tion** *f méd* Sekretion *f*, Absonderung *f*; Sekret *n*
sectaire [sɛktɛr] **1.** *m* Sektierer *m*, engstirniger Fanatiker *m*; **2.** *adj* sektiererisch, fanatisch
secte [sɛkt] *f rel* Sekte *f*
secteur [sɛktœr] *m* Sektor *m*; Bezirk *m*; *fig* Bereich *m*; *mil* Abschnitt *m*; *tech* (Strom-)Netz *n*; *écon* ***~ tertiaire*** Dienstleistungssektor *m*
section [sɛksjõ] *f* Schnitt *m*; Abschnitt *m*; Teilstrecke *f*; Abteilung *f*, Sektion *f*; *Schule*: Zug *m*
sectionner [sɛksjɔne] (1a) durchtrennen; *fig* unterteilen
sécu [seky] *f* (*Kurzwort für* ***Sécurité sociale***) Stütze *f*
séculaire [sekylɛr] hundertjährig; jahrhundertealt
séculariser [sekylarize] (1a) säkularisieren
secundo [səgõdo] zweitens
sécurité [sekyrite] *f* Sicherheit *f*; Sicherung *f*; ***~ routière*** Verkehrssicherheit *f*; ***Ꙩ sociale*** Sozialversicherung *f*; Krankenkasse *f*
sédatif [sedatif] *m phm* Beruhigungsmittel *n*, schmerzstillendes Mittel *n*
sédentaire [sedɑ̃tɛr] viel sitzend; häuslich; sesshaft
sédiment [sedimɑ̃] *m* Bodensatz *m*, Niederschlag *m*; *géol* Sediment *n*
sédit|ieux, ~ieuse [sedisjø, -jøz] aufrührerisch; **~ion** *f* Aufruhr *m*, Aufstand *m*
séduc|teur, ~trice [sedyktœr, -tris] **1.** *adj* verführerisch; **2.** *m, f* Verführer(in) *m(f)*; **~tion** *f* Verführung; *fig* Verlockung *f*, Reiz *m*
séduire [sedɥir] (4c) verführen, verlocken, verleiten; bezaubern
séduis|ant, ~ante [sedɥizɑ̃, -ɑ̃t] verführerisch; verlockend
segment [sɛgmɑ̃] *m* Abschnitt *m*, Segment *n*; *auto* ***~ de piston*** Kolbenring *m*
ségrégation [segregasjõ] *f* ***~ raciale*** Rassentrennung *f*
seiche [sɛʃ] *f zo* Tintenfisch *m*
seigle [sɛglə] *m agr* Roggen *m*
seigneur [sɛɲœr] *m* Herr *m*; *hist* (Lehns-, Grund-)Herr *m*; *rel* ***le Ꙩ*** der Herr
sein [sɛ̃] *m* Busen *m*, Brust *f*; *fig* Schoß *m*; *st/s* ***au ~ de*** innerhalb, mitten in
séisme [seismə] *m* Erdbeben *n*
seize [sɛz] sechzehn
séjour [seʒur] *m* Aufenthalt *m*; (***salle*** *f* ***de***) **~** Wohnzimmer *n*; **~ner** [-ne] (1a) sich aufhalten, verweilen
sel [sɛl] *m* Salz *n*; *fig* Witz *m*
sélect, ~e [selɛkt] auserlesen, vornehm
sélect|ion [selɛksjõ] *f* Auswahl *f*; *biol* Auslese *f*, Zuchtwahl *f*; **~ionner** [-jɔne] (1a) auswählen
self-service [sɛlfsɛrvis] *m* (⚠ *pl* ***self-services***) Selbstbedienungsladen *m*, -restaurant *n*
selle [sɛl] *f* Sattel *m*; *méd* Stuhlgang *m*; *cuis* Rücken *m*; ***aller à la ~*** Stuhlgang haben; *fig* ***être bien en ~*** fest im Sattel sitzen
seller [sɛle] (1b) satteln
sellier [sɛlje] *m* Sattler *m*
selon [s(ə)lõ] *prép* gemäß, nach; *conj* ***~ que*** ... je nachdem ...; ***~ moi*** meiner Meinung nach; ***c'est ~*** das kommt darauf an
semailles [s(ə)mɑj] *f/pl agr* Saat *f*
semaine [s(ə)mɛn] *f* Woche *f*; ***à la ~*** wöchentlich; ***en ~*** unter der Woche; ***~ sainte*** Karwoche *f*; ***être de ~*** Dienst haben
sémantique [semɑ̃tik] *ling* **1.** *adj* semantisch; **2.** *f* Semantik *f*, Bedeutungslehre *f*
sémaphore [semafɔr] *m* Signalmast *m*
semblable [sɑ̃blablə] **1.** *adj* ähnlich (**à**); derartig, solch; **2.** *m* ***mon ~*** meinesgleichen; ***nos ~s*** unsere Mitmenschen *m/pl*
semblant [sɑ̃blɑ̃] *m* (An-)Schein *m*; ***faire ~ de*** (+ *inf*) so tun, als ob ...; ***il fait ~*** er tut nur so; F ***ne faire ~ de rien*** sich nichts anmerken lassen

S

sembler [sɑ̃ble] (1a) scheinen; ~ (+ *inf*) scheinen zu (+ *inf*); ***il*** (***me***) ***semble que*** (+ *ind od subj*) mir scheint, (dass) ...; ***il me semble inutile de*** (+ *inf*) es scheint mir unnötig zu (+ *inf*)
semelle [s(ə)mɛl] *f* (Schuh-)Sohle *f*
semence [s(ə)mɑ̃s] *f* Samen *m*
semer [s(ə)me] (1d) (aus-, an)säen; *fig* ausstreuen; *Schrecken*: verbreiten; F ~ ***qn*** j-n abhängen
semestr|e [s(ə)mɛstrə] *m* Semester *n*, Halbjahr *n*; **~iel, ~ielle** [-ijɛl] halbjährlich
semi-... [səmi...] halb...
semi|-circulaire [səmisirkylɛr] halbkreisförmig, halbrund; **~-conducteur** [-kɔ̃dyktœr] *m* (⚠ *pl* ***semi-conducteurs***) *tech* Halbleiter *m*
séminaire [seminɛr] *m* Seminar *n*
semi-remorque [səmirmɔrk] *m* (⚠ *pl* ***semi-remorques***) Sattelschlepper *m*
semis [s(ə)mi] *m agr* Aussaat *f*
semi-voyelle [səmivwajɛl] *f* (⚠ *pl* ***semi-voyelles***) *ling* Halbvokal *m*
semonce [səmɔ̃s] *f* Verweis *m*, Tadel *m*
semoule [s(ə)mul] *f* Grieß *m*; F ***pédaler dans la*** ~ nicht durchblicken
sempiternel, ~le [sɑ̃pitɛrnɛl] fortwährend, dauernd
Sénat [sena] *m pol* Senat *m*
sénat|eur [senatœr] *m* Senator *m*; **~orial, ~oriale** [-ɔrjal] (⚠ *m/pl* ***-aux***) Senats...
Sénégal [senegal] ***le*** ~ der Senegal
sénil|e [senil] greisenhaft, altersschwach, senil; **~ité** *f* Senilität *f*; Altersschwäche *f*
sens [sɑ̃s] *m* Sinn *m*; Richtung *f*; ~ ***artistique*** Kunstsinn *m*; ***le bon*** ~ *od* ***le*** ~ ***commun*** der gesunde Menschenverstand; ~ ***giratoire*** Kreisverkehr *m*; (***rue*** *f* ***à***) ~ ***unique*** Einbahnstraße *f*; ~ ***interdit*** Einfahrt verboten!; ~ ***dessus dessous*** [sɑ̃dsydsu] durcheinander; ***dans tous les*** ~ kreuz und quer; ***en un*** ~ in gewissem Sinn; ***à mon*** ~ meines Erachtens
sensass [sɑ̃sas] F toll, Spitze
sensation [sɑ̃sasjɔ̃] *f* **1.** Empfindung *f*, Gefühl *n*; **2.** Sensation *f*; ***faire*** ~ Aufsehen erregen; ... ***à*** ~ Sensations...
sensationnel, ~le [sɑ̃sasjɔnɛl] sensationell, Aufsehen erregend; F toll
sensé, ~e [sɑ̃se] vernünftig

sensibil|iser [sɑ̃sibilize] (1a) sensibilisieren, empfänglich machen (***à qc*** für etw); **~ité** *f* Empfindungsvermögen *n*; Empfindlichkeit *f*; Empfindsamkeit *f*
sensible [sɑ̃siblə] wahrnehmbar; empfindlich; empfindsam; empfänglich (***à qc*** für etw)
sensibl|ement [sɑ̃sibləmɑ̃] *adv* spürbar, deutlich; ungefähr; **~erie** [-əri] *f* Rührseligkeit *f*, Gefühlsduselei *f*
sensit|if, ~ive [sɑ̃sitif, -iv] **1.** *adj* Empfindungs...; **2.** *f bot* Mimose *f* (*a fig*)
sensualité [sɑ̃sɥalite] *f* Sinnlichkeit *f*
sensuel, ~le [sɑ̃sɥɛl] sinnlich
sentenc|e [sɑ̃tɑ̃s] *f* Sentenz *f*, Sinnspruch *m*; *jur* Urteil *n*; **~ieux, ~ieuse** [-jø, -jøz] belehrend
sentier [sɑ̃tje] *m* Pfad *m*, Fußweg *m*; ~ ***pédestre*** Wanderweg *m*
sentiment [sɑ̃timɑ̃] *m* Gefühl *n*, Empfindung *f*; *st/s* Meinung *f*
sentimental, ~e [sɑ̃timɑ̃tal] (⚠ *m/pl* ***-aux***) Gefühls...; Liebes...; *péj* sentimental; **~ité** *f* Sentimentalität *f*, Gefühlsbetontheit *f*
sentinelle [sɑ̃tinɛl] *f mil* Posten *m*, Schildwache *f*
sentir [sɑ̃tir] (2b) **1.** fühlen; empfinden; wahrnehmen, merken; ***se*** ~ ***bien*** sich wohl fühlen; **2.** riechen; ~ ***qc*** nach etw riechen, schmecken; *fig* auf etw schließen lassen; ~ ***bon*** (***mauvais***, ***fort***) gut (schlecht, stark) riechen
sépara|ble [separablə] trennbar; **~tion** *f* Trennung *f*, Teilung *f*; Trennwand *f*; **~tiste** [-tist] *m, f pol* Separatist(in) *m(f)*
séparé, ~e [separe] getrennt; **~ment** *adv* getrennt, einzeln
séparer [separe] (1a) (ab)trennen, (unter)scheiden; ***se*** ~ sich trennen, auseinander gehen
sept [sɛt] sieben
septante [sɛptɑ̃t] *Belgien, frz Schweiz*: siebzig
septembre [sɛptɑ̃brə] *m* September *m*; ***en*** ~ im September; ***le 11*** ~ am 11. September; ***le 11*** ~ ***1948*** der 11. September 1948
septennal, ~e [sɛptɛnal] (⚠ *m/pl* ***-aux***) siebenjährig
septennat [sɛptɛna] *m* siebenjährige Amtszeit *f* (*des frz Präsidenten*)
septentrional, ~e [sɛptɑ̃trijɔnal] (⚠ *m/pl* ***-aux***) nördlich, Nord...

septicémie [sɛptisemi] f méd Blutvergiftung *f*
septième [sɛtjɛm] **1.** sieb(en)te; **2.** *m* Sieb(en)tel *n*
septuagénaire [sɛptɥaʒenɛr] **1.** *adj* siebzigjährig; **2.** *m, f* Siebzigjährige(r) *m, f*
septuple [sɛptyplə] siebenfach
sépul|cral, ~crale [sepylkral] (⚠ *m/pl* **-aux**) ***voix f sépulcrale*** Grabesstimme *f*
séquence [sekɑ̃s] *f* Sequenz *f*, (Bild-)Folge *f*
séquentiel, ~le [sekɑ̃sjɛl] *EDV* sequenziell
séquestr|e [sekɛstrə] *m jur* Beschlagnahme *f*; Zwangsverwaltung *f*; **~er** (1a) einsperren, der Freiheit berauben; *jur* unter Zwangsverwaltung stellen
serai [s(ə)re] *futur von* ***être***
Serbie [sɛrbi] ***la ~*** Serbien *n*
ser|ein, ~eine [sərɛ̃, -ɛn] ruhig, gelassen; heiter
sérénade [serenad] *f* Serenade *f*
sérénité [serenite] *f* Ruhe *f*, Ausgeglichenheit *f*
serf, serve [sɛrf, sɛrv] *m, f hist* Leibeigene(r) *m, f*
sergent [sɛrʒɑ̃] *m* Unteroffizier *m*
série [seri] *f* Serie *f*, Reihe *f*; ***hors ~*** außergewöhnlich; ***en ~*** serienmäßig
sériel, ~le [serjɛl] *EDV* seriell
sérieusement [serjøzmɑ̃] *adv* ernstlich; im Ernst
séri|eux, ~euse [serjø, -øz] **1.** *adj* ernst(haft); *Person*: zuverlässig, besonnen, solid(e); (*vorangestellt*) bedeutend; **2.** *m* Ernst *m*; ***prendre au sérieux*** ernst nehmen
serin [s(ə)rɛ̃] *m zo* Girlitz *m*; *bes* Kanarienvogel *m*
seriner [s(ə)rine] (1a) F eintrichtern
seringue [s(ə)rɛ̃g] *f méd* Spritze *f*
serment [sɛrmɑ̃] *m* Schwur *m*, Eid *m*; ***prêter ~*** e-n Eid leisten
sermon [sɛrmɔ̃] *m* Predigt *f* (*a fig*)
séro|négatif, ~négative [seronegatif, -negativ] HIV-negativ; **~positif, ~positive** [-pozitif, -positiv] HIV-positiv
serpe [sɛrp] *f* Gartenmesser *n*
serpent [sɛrpɑ̃] *m* Schlange *f*
serpent|er [sɛrpɑ̃te] (1a) sich schlängeln, sich winden; **~in** *m* Papierschlange *f*
serpillière [sɛrpijɛr] *f* Scheuerlappen *m*
serre [sɛr] *f* Gewächs-, Treibhaus *n*; **~s** *pl* Klauen *f/pl*; ***effet*** *m* ***de ~*** Treibhauseffekt *m*
serré, ~e [sɛre] eng, dicht; gedrängt, straff; ***avoir le cœur serré*** bedrückt sein
serre-livres [sɛrlivrə] *m* (⚠ *pl unv*) Bücherstütze *f*
serrer [sɛre] (1b) (zusammen)drücken, (-)pressen; straff(er) anziehen, spannen; bedrängen; ***~ un problème*** ein Problem genau erfassen; ***~ les dents*** die Zähne zusammenbeißen; ***~ la main à qn*** j-m die Hand schütteln; ***~ les rangs*** *fig* zusammenhalten; ***~ à droite*** sich rechts halten; ***se ~ contre qn*** sich an j-n anschmiegen; ***~ la terre*** *mar* dicht am Land fahren
serrur|e [seryr] *f* (Tür- *etc*) Schloss *n*; **~erie** *f* Schlosserei *f*; **~ier** [-je] *m* Schlosser *m*
servante [sɛrvɑ̃t] *f* Dienstmädchen *n*
serv|eur, ~euse [sɛrvœr, -øz] **1.** *m, f* Kellner(in) *m(f)*; **2.** *m EDV* Server *m*
servi|abilité [sɛrvjabilite] *f* Hilfsbereitschaft *f*, Gefälligkeit *f*; **~able** hilfsbereit, gefällig
service [sɛrvis] *m* Dienst(leistung *f*, -stelle *f*) *m*; Gefälligkeit *f*; Wehrdienst *m*; Gottesdienst *m*; Verkehrsverbindung *f*; Bedienung(sgeld) *f*(*n*); Abteilung *f*; *Krankenhaus*: Station *f*; *Tennis*: Aufschlag *m*; *Tischgeschirr*: Service *n*; ***~ après vente*** Kundendienst *m*; ***~ du personnel*** Personalabteilung *f*; ***~ de réanimation*** Intensivstation *f*; ***être de ~*** Dienst haben; ***~ compris*** einschließlich Bedienung; ***mettre en ~*** in Betrieb nehmen; ***à votre ~!*** bitte sehr!; ***hors ~*** außer Betrieb; ***rendre ~ à qn*** j-m e-n Gefallen tun
serviette [sɛrvjɛt] *f* Serviette *f*; Handtuch *n*; Aktentasche *f*, Mappe *f*
servil|e [sɛrvil] sklavisch, unterwürfig, servil; **~ité** *f* Unterwürfigkeit *f*
servir [sɛrvir] (2b) **1.** ***~ qc, qn*** e-r Sache, j-m dienen, j-n bedienen; **2.** servieren, auftragen (***qc à qn*** j-m etw); **3.** ***~ à qn*** j-m nützen; ***~ à qc*** zu etw dienen; ***~ de qc*** als etw dienen; ***~ d'interprète*** dolmetschen; ***se ~*** sich bedienen; ***se ~ de qc*** etw benutzen
servo|direction [sɛrvɔdirɛksjɔ̃] *f* Ser-

S

volenkung *f*, Lenkhilfe *f*; **~frein** [-frɛ̃] *m* Servobremse *f*, Bremskraftverstärker *m*
ses [se] *cf* ***son***[1]
session [sɛsjɔ̃] *f* Sitzungsperiode *f*; Tagung *f*
set [sɛt] *m Tennis*: Satz *m*
seuil [sœj] *m* (Tür-)Schwelle *f*
seul, ~e [sœl] allein (stehend), einsam; einzig, bloß; nur; ***un seul, une seule*** ein einziger ..., e-e einzige ..., ein einziges ...; ***parler tout seul*** Selbstgespräche führen; ***d'un seul coup*** mit einem Schlag; **~ement** [-mɑ̃] *adv* nur, bloß; erst; *am Satzanfang*: aber; ***ne ... pas ~*** nicht einmal; ***non ~ ... mais encore*** (*od* ***mais aussi***) nicht nur ... sondern auch; ***~ hier*** erst gestern
sève [sɛv] *f bot* Saft *m*
sévère [sevɛr] streng, hart; *Verluste*: schwer; **~ment** *adv* streng; schwer
sévérité [severite] *f* Strenge *f*
sévices [sevis] *m/pl* Misshandlungen *f/pl*
sévir [sevir] (2a) *Epidemie etc*: wüten; ***~ contre qn*** streng gegen j-n vorgehen
sexagénaire [sɛksaʒenɛr] **1.** *adj* sechzigjährig; **2.** *m, f* Sechzigjährige(r) *m, f*
sexe [sɛks] *m* Geschlecht *n*; Geschlechtsteile *n/pl*; Sex *m*
sex|isme [sɛksismə] *m* Sexismus *m*; **~iste 1.** *adj* sexistisch; **2.** *m, f* Sexist(in) *m(f)*
sextuple [sɛkstyplə] sechsfach
sexu|alité [sɛksɥalite] *f* Sexualität *f*; **~el, ~elle** sexuell, geschlechtlich, Geschlechts...
sexy [sɛksi] (⚠ *unv*) F sexy
sey|ant, ~ante [sɛjɑ̃, -ɑ̃t] passend, gutsitzend
shampooing [ʃɑ̃pwɛ̃] *m* Haarwäsche *f*; Shampoo *n*
short [ʃɔrt] *m* Shorts *pl*
si[1] [si] **1.** *conj* (⚠ ***s'il*** *u* ***s'ils***) wenn, falls; ob; ***~ ...!*** (+ *imparfait*) wenn doch!; ***~ ce n'est que*** außer dass; ***comme ~*** als ob; ***même ~*** selbst wenn; **2.** *adv* so; doch (*nach Negation*); *st/s* ***~ riche qu'il soit*** so reich er auch sein mag; **3.** *conj* ***~ bien que*** (+ *ind*) so dass ...
si[2] [si] *m mus* h *od* H *n*
Sibérie [siberi] ***la ~*** Sibirien *n*
SICAV [sikav] *f* (*abr* ***Société d'Investissement à Capital Variable***) Investmentfonds *m*
Sicile [sisil] ***la ~*** Sizilien *n*
sida [sida] *m méd* Aids *n*; **~tique** [-tik] **1.** *adj* aidskrank; **2.** *m, f* Aidskranke(r) *m, f*; **~torium** [-tɔrjɔm] *m* Aidsklinik *f*
side-car [sid-, sajdkar] *m* (⚠ *pl* ***side-cars***) Seiten-, Beiwagen *m*; Motorrad *n* mit Seitenwagen
sidér|al, ~ale [sideral] (⚠ *m/pl* ***-aux***) Stern...; **~é, ~ée** F sprachlos, verblüfft
sidérurgie [sideryrʒi] *f* Eisen- und Stahlindustrie *f*
sido|logie [sidɔlɔʒi] *f* Aidsforschung *f*; **~logue** [-lɔg] *m* Aidsspezialist *m*
siècle [sjɛklə] *m* Jahrhundert *n*; *fig* Zeitalter *n*; *rel* Welt *f*
siège [sjɛʒ] *m* Sitz *m* (*a fig*); Sitzgelegenheit *f*; *mil* Belagerung *f*; *égl* ***~ apostolique*** Apostolischer Stuhl *m*; ***état m de ~*** Belagerungszustand *m*
siéger [sjeʒe] (1g) seinen (ihren) Sitz haben; tagen
sien, sienne [sjɛ̃, sjɛn] ***le sien, la sienne*** der, die, das sein(ig)e, ihr(ig)e; seine(r, -s); ihre(r, -s); ***y mettre du sien*** seinen Teil dazu beitragen
sieste [sjɛst] *f* Mittagsschlaf *m*, -schläfchen *n*
siffl|ement [sifləmɑ̃] *m* Pfeifen *n*; Zischen *n*; **~er** (1a) pfeifen; zischen; auspfeifen; **~et** [-ɛ] *m* Pfeife *f*; **~s** *pl* Pfiffe *m/pl*, Pfeifkonzert *n*; ***coup m de ~*** Pfiff *m*
siffloter [siflɔte] (1a) vor sich hin pfeifen
sigle [siglə] *m* Abkürzung *f*
signal [siɲal] *m* (⚠ *pl* ***-aux***) Signal *n*, Zeichen *n*; ***~ d'alarme*** Alarmsignal *n*; Notbremse *f*; **~ement** [-mɑ̃] *m* Personenbeschreibung *f*; **~er** (1a) signalisieren, kennzeichnen; melden, anzeigen; ***~ qc à qn*** j-n auf etw hinweisen; ***se ~*** sich auszeichnen; ***rien à ~*** alles in Ordnung; *méd* ohne Befund
signalis|ation [siɲalizasjɔ̃] *f* Signalisierung *f*; Signalsystem *n*; Beschilderung *f*; ***feux m/pl de ~*** Verkehrsampel *f*; **~er** (1a) beschildern
signat|aire [siɲatɛr] *m* Unterzeichner *m*; **~ure** [-yr] *f* Unterschrift *f*
sign|e [siɲ] *m* Zeichen *n*; *fig* Merkmal *n*; Wink *m*; ***en ~ de reconnaissance*** als Zeichen der Dankbarkeit; ***faire ~ à qn*** j-m winken; ***sous le ~ de*** im Zeichen (+ *gén*); ***c'est ~ que*** ... das ist ein Zeichen dafür, dass ...; **~er** (1a) unter-

S

schreiben, -zeichnen; signieren; *rel* **se** ~ sich bekreuzigen; **~et** [-ɛ] *m* Lese-, Buchzeichen *n*

significa|tif, ~tive [siɲifikatif, -tiv] bedeutsam; bezeichnend (***de qc*** für etw); **~tion** *f* Bedeutung *f*, Sinn *m*

signifier [siɲifje] (1a) bedeuten; ausdrücklich zu verstehen geben

silenc|e [silɑ̃s] *m* Schweigen *n*; Stille *f*, Ruhe *f*; ***en*** ~ schweigend; **~ieux, ~ieuse** [-jø, -jøz] **1.** *adj* schweigsam; still; **2.** *m* Schalldämpfer *m*

Silésie [silezi] ***la*** ~ Schlesien *n*

silex [silɛks] *m géol* Feuerstein *m*

silhouette [silwɛt] *f* Silhouette *f*, Schattenbild *n*, Umrisse *m/pl*; Gestalt *f*

silicium [silisjɔm] *m* Silizium *n*; ***plaquette*** *f* ***de*** ~ Siliziumplättchen *n*

silicone [silikon] *f* Silikon *n*; ⚠ ***la*** ~

sillage [sijaʒ] *m* Kielwasser *n* (*a fig*)

sill|on [sijɔ̃] *m* Furche *f*; Rille *f*; *fig* Strahl *m*; **~onner** [-ɔne] (1a) durchfurchen, -ziehen

silo [silo] *m* Silo *m od n*, Speicher *m*

simagrée [simagre] *f meist pl* **~s** Gehabe *n*, Getue *n*, Mätzchen *n/pl* F; ***faire des*** **~s** sich zieren, sich anstellen

simil|aire [similɛr] gleichartig; **~arité** [-arite] *f* Gleichartigkeit *f*

simili [simili] F *m* Imitation *f*; ***en*** ~ unecht; **~cuir** [-kɥir] *m* Kunstleder *n*; **~tude** [-tyd] *f* Ähnlichkeit *f*

simpl|e [sɛ̃plə] **1.** *adj* einfach, schlicht; einfältig; (*vorangestellt*) einfach, bloß; **2.** *m Tennis*: Einzel *n*; **~ement** [-əmɑ̃] *adv* einfach; **~et, ~ette** [-ɛ, -ɛt] etwas einfältig, simpel, naiv

simplicité [sɛ̃plisite] *f* Einfachheit *f*; Natürlichkeit *f*; Einfalt *f*

simplif|ication [sɛ̃plifikasjɔ̃] *f* Vereinfachung *f*; **~ier** [-je] (1a) vereinfachen

simpliste [sɛ̃plist] zu einfach, einseitig

simulacre [simylakrə] *m* Scheinhandlung *f*; ... ***de*** ~ Schein...

simula|teur, ~trice [simylatœr, -tris] **1.** *m, f* Simulant(in) *m(f)*; **2.** *m tech* Simulator *m*; **~tion** *f* Verstellung *f*; Simulieren *n* (*a tech*)

simuler [simyle] (1a) simulieren; vortäuschen

simultané, ~e [simyltane] gleichzeitig

simultané|ité (simyltaneite) *f* Gleichzeitigkeit *f*; **~ment** *adv* gleichzeitig

sincère [sɛ̃sɛr] aufrichtig, ehrlich

sincérité [sɛ̃serite] *f* Aufrichtigkeit *f*, Ehrlichkeit *f*

sinécure [sinekyr] *f* Pfründe *f*, F gemütlicher Job *m*

sine qua non [sinekwanɔn] ***condition*** *f* ~ unerlässliche Bedingung *f*

sing|e [sɛ̃ʒ] *m zo* Affe *m*; P Chef *m*, der Alte; **~er** (1l) nachäffen; **~erie** *f* Grimasse *f*; **~s** *pl* F Faxen *f/pl*

singular|iser [sɛ̃gylarize] (1a) auffällig machen, (aus der Masse) herausheben; **~ité** *f* Sonderbarkeit *f*; Eigenheit *f*

singul|ier, ~ière [sɛ̃gylje, -jɛr] **1.** *adj* sonderbar, eigentümlich; **2.** *m gr* Singular *m*

sinistre [sinistrə] **1.** *adj* Unheil verkündend; unheimlich; **2.** *m* Katastrophe *f*; *jur* Schadensfall *m*

sinistré, ~e [sinistre] *m* **1.** *adj* von e-r Katastrophe betroffen; geschädigt; **2.** *m* Opfer *n* (*e-r Katastrophe*)

sinistrose [sinistroz] *f* F Pessimismus *m*

sinon [sinɔ̃] wenn nicht; sonst; außer

sinu|eux, ~euse [sinɥø, -øz] kurvenreich; gewunden (*a fig*); **~osité** [-ozite] *f* Krümmung *f*, Windung *f*; Gewundenheit *f* (*a fig*)

sionisme [sjɔnismə] *m* Zionismus *m*

siphon [sifɔ̃] *m* (Saug-)Heber *m*; Siphon *m*

siphonné, ~e [sifɔne] F bescheuert, plemplem

sirène [sirɛn] *f* Sirene *f*

sirop [siro] *m* Sirup *m*

siroter [sirɔte] (1a) langsam und mit Genuss schlürfen

sismique [sismik] Erdbeben...

site [sit] *m* Lage *f*; Landschaft *f*, Stätte *f*; ~ ***archéologique*** Ausgrabungsstätte *f*; ~ ***classé*** Landschaftsschutzgebiet *n*; ~ ***industriel*** Industriestandort *m*; ~ ***touristique*** Sehenswürdigkeit *f*; ⚠ ***le*** ~

sitôt [sito] **1.** *adv* sogleich; ~ ***dit***, ~ ***fait*** gesagt, getan; **2.** *conj* ~ ***que*** sobald (als)

situation [sitɥasjɔ̃] *f* Lage *f*; (*berufliche*) Stellung *f*

situ|é, ~ée [sitɥe] gelegen; ***être*** ~ liegen; **~er** (1n) einordnen; **se** ~ sich befinden, seinen Platz haben

six [sis; *vor Konsonant* si; *Bindung* siz] sechs

sixième [sizjɛm] **1.** sechste; **2.** *m* Sechstel *n*; **~ment** *adv* sechstens

skate-board [skɛtbɔrd] *m* (⚠ *pl*

S

skate-boards) Skateboard *n*; ***faire du ~*** Skateboard fahren
ski [ski] *m* Ski *m*; Skilaufen *n*, -sport *m*; ***faire du ~*** Ski fahren; ***~ nautique*** Wasserski *m*; ***~ de fond*** Langlauf *m*; **~-bob** [-bɔb] *m* (⚠ *pl* ***ski-bobs***) Skibob *m*
ski|er [skje] (1a) Ski *od* Schi laufen; **~eur, ~euse** *m, f* Skiläufer(in) *m(f)*
skinhead [skinɛd] *m* Skinhead *m*
slalom [slalɔm] *m* Slalom *m*; **~er** (1a) Slalom fahren
slave [slav] **1.** *adj* slawisch; **2.** ♀ *m, f* Slawe *m*, Slawin *f*
slip [slip] *m* kurze Unterhose *f*, Slip *m*; ***~ de bain*** Badehose *f*
slogan [slɔgɑ̃] *m* Schlagwort *n*, Parole *f*, Slogan *m*
slovaque [slɔvak] slowakisch
Slovaquie [slɔvaki] ***la ~*** die Slowakei
slovène [slɔvɛn] slowenisch
Slovénie [slɔveni] ***la ~*** Slowenien *n*
smash [smaʃ] *m* Schmetterball *m*
S.M.E. [ɛsɛmø] *m* (*abr* ***Système monétaire européen***) EWS *n*
S.M.I.C. [smik] *m* (*abr* ***salaire minimum interprofessionnel de croissance***) garantierter Mindestlohn *m*
smic|ard, ~ard [smikar, -ard] *m, f* Mindestlohnempfänger(in) *m(f)*
snack [snak] *m* Imbissstube *f*
S.N.C.F. [ɛsɛnseɛf] *f* (*abr* ***Societé nationale des chemins de fer français***) frz Staatsbahn *f*
sniffer [snife] (1a) P *Droge*: schnupfen; *Klebstoff*: schnüffeln
snob [snɔb] **1.** *adj* snobistisch; **2.** *m, f* Snob *m*; **~isme** *m* Snobismus *m*
sobre [sɔbrə] mäßig; nüchtern; zurückhaltend
sobriété [sɔbrijete] *f* Mäßigkeit *f*; Nüchternheit *f*
sobriquet [sɔbrikɛ] *m* Spitzname *m*
soci|abilité [sɔsjabilite] *f* Geselligkeit *f*; **~able** gesellig; gemeinschaftsfähig
social, ~e [sɔsjal] (⚠ *m/pl* ***-aux***) gesellschaftlich; sozial; Gesellschafts...; *comm* Firmen...; **~-démocrate** [-demɔkrat] *m* (⚠ *pl* ***sociaux-démocrates***) Sozialdemokrat *m*
social|isation [sɔsjalizasjɔ̃] *f* Sozialisierung *f*; **~iser** (1a) sozialisieren; **~isme** *m* Sozialismus *m*; **~iste 1.** *adj* sozialistisch; **2.** *m, f* Sozialist(in) *m(f)*
sociétaire [sɔsjetɛr] *m* Mitglied *n*, Genosse *m*
société [sɔsjete] *f* Gesellschaft *f*; Verein *m*; Firma *f*; ***~ à responsabilité limitée*** Gesellschaft *f* mit beschränkter Haftung; ***~ d'abondance*** Überflussgesellschaft *f*; ***~ de consommation*** Konsumgesellschaft *f*; ***~ de gaspillage*** Wegwerfgesellschaft *f*; ***~ de vente par correspondance*** Versandhaus *n*; ***~ par actions*** *od* ***~ anonyme*** (*abr* ***S.A.***) Aktiengesellschaft *f*
socio|logie [sɔsjɔlɔʒi] *f* Soziologie *f*; **~logue** [-lɔg] *m, f* Soziologe *m*, Soziologin *f*
socle [sɔklə] *m* Sockel *m*
socquette [sɔkɛt] *f* Söckchen *n*, Socke *f*
soda [sɔda] *m* Sodawasser *n* (mit Fruchtsirup)
sodium [sɔdjɔm] *m chim* Natrium *n*
sœur [sœr] *f* Schwester *f* (*a rel*)
sofa [sɔfa] *m* Sofa *n*
soi [swa] sich; ⚠ *auf unbestimmtes Subjekt bezogen*
soi-disant [swadizɑ̃] (⚠ *unv*) so genannt, angeblich
soie [swa] *f* Seide *f*
soif [swaf] *f* Durst *m* (*a fig* ***de*** nach); ***avoir ~*** Durst haben, durstig sein; ⚠ ***la ~***
soign|é, ~ée [swaɲe] gepflegt, sorgfältig; F *iron* anständig; **~er** (1a) pflegen; behandeln; ***se ~*** sich pflegen
soign|eux, ~euse [swaɲø, -øz] sorgfältig; pfleglich; ***~ de*** besorgt um
soi-même [swamɛm] (sich) selbst
soin [swɛ̃] *m* Sorge *f*; Sorgfalt *f*; **~s** *pl* Pflege *f*; Behandlung *f*; ***avoir***, ***prendre ~ de*** Sorge tragen für, achten auf, sich kümmern um; ***être sans ~*** unordentlich sein; ***donner des ~s à qn*** j-n pflegen, ärztlich behandeln; ***~s à domicile*** Hauspflege *f*; ***~s dentaires*** zahnärztliche Behandlung *f*
soir [swar] *m* Abend *m*; ***ce ~*** heute Abend; ***un ~*** e-s Abends; ***le ~*** abends; ***sur le ~*** gegen Abend; **~ée** *f* Abend (-stunden) *m(f/pl)*; Abendgesellschaft *f*; ***~ dansante*** Tanzabend *m*
sois [swa] *subj von* ***être***
soit[1] [swat] meinetwegen!
soit[2] [swa] **1.** *conj* ***~*** ..., ***~*** ... entweder ... oder ...; ***~ que*** ... (+ *subj*), ***~ que*** ... (+ *subj*) sei es dass ... oder dass ...; **2.** ange-

S

nommen, gesetzt; das heißt
soixantaine [swasɑ̃tɛn] *f* etwa sechzig; *Alter*: Sechzig *f*
soixante [swasɑ̃t] sechzig; ~ ***et onze*** einundsiebzig; **~-dix** [-dis] siebzig; **~-huitard** [-ɥitar] *m* Achtundsechziger *m*
soja [sɔʒa] *m bot* Sojabohne *f*
sol[1] [sɔl] *m* Boden *m*, Erde *f*
sol[2] [sɔl] *m mus* g *od* G *n*
solaire [sɔlɛr] Sonnen..., Solar...
solarium [sɔlarjɔm] *m* Solarium *n*; Sonnenbank *f*
soldat [sɔlda] *m* Soldat *m*
solde[1] [sɔld] *f mil* Sold *m*; ⚠ ***la*** ~
solde[2] [sɔld] *m comm* Saldo *m*; Restbetrag *m*; **~*s*** *pl* Restposten *m/pl*; Ausverkauf *m*
solder [sɔlde] (1a) *comm* saldieren; *Ware*: herabsetzen; ***se*** ~ ***par*** abschließen mit
sole [sɔl] *f zo* Seezunge *f*
solécisme [sɔlesismə] *m* syntaktischer *od* sprachlicher Fehler *m*
soleil [sɔlɛj] *m* Sonne *f*; ***il fait du*** ~ die Sonne scheint; ***en plein*** ~ in der prallen Sonne; ***coup*** *m* ***de*** ~ Sonnenbrand *m*
solenn|el, ~elle [sɔlanɛl] feierlich; ⚠ *Aussprache*; **~ité** *f* Feierlichkeit *f*
Soleure [sɔlœr] Solothurn
solid|aire [sɔlidɛr] solidarisch (***de qn*** mit j-m); **~ariser** [-arize] (1a) ***se*** ~ sich solidarisch erklären (***avec*** mit); **~arité** [-arite] *f* Solidarität *f*
solide [sɔlid] **1.** *adj* fest, solide, haltbar, dauerhaft; gediegen; *Kenntnisse*: gründlich; *Person*: kräftig, robust; **2.** *m phys* fester Körper *m*
solidité [sɔlidite] *f* Festigkeit *f*, Haltbarkeit *f*; Gründlichkeit *f*; Solidität *f*; Stichhaltigkeit *f*
soliloque [sɔlilɔk] *m* Selbstgespräch *n*
soliste [sɔlist] *m*, *f* Solist(in) *m(f)*
solitaire [sɔlitɛr] **1.** *adj* einsam; abgelegen; ***ver*** *m* ~ Bandwurm *m*; **2.** *m* Einsiedler *m*, Einzelgänger *m*
solitude [sɔlityd] *f* Einsamkeit *f*
sollicit|ation [sɔlisitasjɔ̃] *f* Ersuchen *n*, dringende Bitte *f*; **~er** (1a) *Aufmerksamkeit*: erregen; ~ ***qc*** um etw ersuchen; ~ ***qn de faire qc*** j-n ersuchen, etw zu tun; **~ude** [-yd] *f* Fürsorge *f*
solo [sɔlo] *m mus* Solo *n*
solstice [sɔlstis] *m astr* Sonnenwende *f*
solu|ble [sɔlyblə] lösbar; löslich; **~tion** *f* (Auf-)Lösung *f*
solv|abilité [sɔlvabilite] *f comm* Zahlungsfähigkeit *f*; **~able** zahlungsfähig, solvent, kreditwürdig; **~ant** [-ɑ̃] *m chim* Lösungsmittel *n*
Somalie [sɔmali] ***la*** ~ Somalia *n*
sombr|e [sɔ̃brə] dunkel, düster; trübe; finster (*a fig*); **~er** (1a) (ver)sinken; *fig* ~ ***dans la folie*** dem Wahnsinn verfallen
sommaire [sɔmɛr] **1.** *adj* kurzgefasst, summarisch; **2.** *m* Inhaltsangabe *f*; Übersicht *f*
somme[1] [sɔm] *f* **1.** Summe *f*; Menge *f*; ***en*** ~, ~ ***toute*** im Ganzen genommen; **2.** ***bête*** *f* ***de*** ~ Lasttier *n*; *fig* Arbeitstier *n*
somme[2] [sɔm] *m* Schläfchen *n*; ***faire un*** ~ ein Nickerchen machen
sommeil [sɔmɛj] *m* Schlaf *m*; Schläfrigkeit *f*; ***avoir*** ~ schläfrig sein
sommeiller [sɔmɛje] (1b) schlummern
sommelier [sɔməlje] *m* Kellermeister *m*; Weinkellner *m*
sommer [sɔme] (1a) auffordern (***qn de faire qc*** j-n, etw zu tun)
sommes [sɔm] *cf* ***être***
sommet [sɔmɛ] *m* Gipfel *m*; Wipfel *m*; Spitze *f*; First *m*; *fig* Höhepunkt *m*; *pol* Gipfelkonferenz *f*
somnambule [sɔmnɑ̃byl] **1.** *adj* nachtwandelnd, mondsüchtig; **2.** *m*, *f* Schlafwandler(in) *m(f)*
somnifère [sɔmnifɛr] *m* Schlafmittel *n*
somnol|ence [sɔmnɔlɑ̃s] *f* Schläfrigkeit *f*; **~er** (1a) dösen
somptu|eux, ~euse [sɔ̃ptɥø, -øz] prächtig, pracht-, prunkvoll; **~osité** [-ozite] *f* Pracht *f*
son[1] *m*, **sa** *f*, **ses** *pl* [sɔ̃, sa, se] sein(e), ihr(e); ⚠ *nicht verwechseln*: ***ses*** *u* ***ces***; ⚠ *im sg f*: *vor Vokal u stummem h* ***son***
son[2] [sɔ̃] *m* Laut *m*, Klang *m*; Schall *m*; Ton *m*; ~ ***et lumière*** *Beleuchtung historischer Bauten verbunden mit e-r Erklärung ihrer Geschichte u mit musikalischer Untermalung*
son[3] [sɔ̃] *m* Kleie *f*
sondage [sɔ̃daʒ] *m mar* Lotung *f*; *tech* Bohrung *f*; *allg* Sondierung *f*; ~ ***d'opinion*** Meinungsumfrage *f*
sond|e [sɔ̃d] *f* Lot *n*, Senkblei *n*; Sonde *f*; ~ ***spatiale*** Raumsonde *f*; **~er** (1a) loten; sondieren; untersuchen; *j-n* ausforschen

S

song|er [sõʒe] (1l) ~ **à** denken an, nachsinnen über; ~ **à faire qc** daran denken, etw zu tun; **~eur, ~euse** nachdenklich

sonné, ~e [sɔne] **1.** ***il est midi sonné*** es hat gerade zwölf Uhr geschlagen; **2.** *fig* F bescheuert, bekloppt

sonner [sɔne] (1a) läuten, klingeln; klingen, tönen; schlagen (*Uhr*); ***dix heures sonnent*** es schlägt 10 Uhr; ***midi a sonné*** es hat 12 Uhr geschlagen; ~ ***du cor*** (auf dem) Horn blasen; ~ ***creux, faux*** hohl, falsch klingen; *mil* ~ ***l'alarme*** Alarm blasen

sonnerie [sɔnri] *f* Geläut *n*; Läutwerk *n*; Klingel *f*

sonnet [sɔnɛ] *m* Sonett *n*; ⚠ *Schreibung*

sonnette [sɔnɛt] *f* Klingel *f*; ***serpent*** *m* ***à ~s*** Klapperschlange *f*

sonor|e [sɔnɔr] tönend; klangvoll; Lärm..., Schall..., Ton...; *ling* stimmhaft; ***film*** *m* ~ Tonfilm *m*; **~isation** [-izasjõ] *f* Beschallung *f*; Lautsprecheranlage *f*; Vertonung *f*; **~iser** (1a) beschallen; vertonen

sont [sõ] *cf* **être**

sophisme [sɔfismə] *m* Trugschluss *m*; Spitzfindigkeit *f*

sophistication [sɔfistikasjõ] *f* Geziertheit *f*; *tech* Perfektion *f*

sophistiqué, ~e [sɔfistike] gekünstelt; erlesen; *Technik*: hochentwickelt; ausgeklügelt

soporifique [sɔpɔrifik] einschläfernd (*a fig*)

sorbet [sɔrbɛ] *m* Halbgefrorene(s) *n*, Fruchteis *n*

sorbier [sɔrbje] *m bot* Eberesche *f*

sorcellerie [sɔrsɛlri] *f* Hexerei *f*

sorc|ier, ~ière [sɔrsje, -jɛr] *m, f* Zauberer *m*, Hexe *f*

sordide [sɔrdid] schmutzig; *fig* gemein

sornettes [sɔrnɛt] *f/pl* albernes Gerede *n*

sort [sɔr] *m* Schicksal *n*; Los *n*, Geschick *n*; ***tirer au*** ~ aus-, verlosen; *fig* ***jeter un*** ~ ***à qn*** j-n behexen; *fig* ***le*** ~ ***en est jeté*** die Würfel sind gefallen

sort|ant, ~ante [sɔrtɑ̃, -ɑ̃t] ausscheidend, bisherig; *Lotterie*: ***numéros sortants*** Gewinnzahlen *f/pl*

sorte [sɔrt] *f* Art *f*, Weise *f*; Sorte *f*; ***toutes ~s de*** allerlei, allerhand; ***de la*** ~ auf die(se) Weise *od* so; ***en quelque*** ~ gewissermaßen; *conj* **en** ~ *od* **de** (***telle***) ~ ***que*** so ... dass

sortie [sɔrti] *f* Ausgang *m*, Ausfahrt *f*; Hinausgehen *n*; Ausreise *f*; Abgang *m* (*von der Bühne*); Spaziergang *m*, Ausflug *m*; *mil* Einsatz *m*; *EDV* Ausgabe *f*; Ausdruck *m*; ***examen*** *m* ***de*** ~ Abgangsprüfung *f*; ~ ***de secours*** Notausgang *m*

sortilège [sɔrtilɛʒ] *m* Zauber *m*

sortir [sɔrtir] **1.** (2b) **a)** (*mit* **être**) hinausgehen, -treten; herauskommen, -fahren; ausgehen; herausragen; stammen (**de** von); abweichen (**de** von); ***s'en*** ~ damit fertig werden; **b)** (*mit* ***avoir***) herausnehmen, -ziehen, -holen; spazieren führen, *j-n* ausführen; *comm* auf den Markt bringen; *EDV* ausgeben; ausdrucken; F *dumme Bemerkungen*: von sich geben; F ~ ***qn*** j-n rausschmeißen; **2.** *m litt* ***au*** ~ ***de l'hiver*** gegen Ende des Winters

sosie [sɔzi] *m* Doppelgänger *m*

sot, sotte [so, sɔt] **1.** *adj* töricht, dumm; **2.** *m, f* Dummkopf *m*, Närrin *f*

sottise [sɔtiz] *f* Dummheit *f*

sou [su] *m fig* Pfennig *m*; ***être sans le*** ~ nicht e-n Pfennig besitzen; ***être près de ses ~s*** auf den Pfennig achten

soubresaut [subrəso] *m* heftiges Zusammenzucken *n*; Ruck *m*, Satz *m*

souche [suʃ] *f* **1.** (Baum-)Stumpf *m*; **2.** *fig* Ursprung *m*; ***de vieille*** ~ aus e-r alten Familie; **3.** Abschnitt *m*; ***carnet*** *m* ***à ~s*** Scheckheft *n* mit Kontrollabschnitten

souci [susi] *m* **1.** Sorge *f*; Bemühen *n* (**de** um); **2.** *bot* Ringelblume *f*

soucier [susje] (1a) ***se*** ~ ***de*** sich kümmern um

souci|eux, ~euse [susjø, -øz] besorgt; bedacht (**de** auf)

soucoupe [sukup] *f* Untertasse *f*

soud|ain, ~aine [sudɛ̃, -ɛn] **1.** *adj* plötzlich, jäh; **2.** *adv* ***soudain*** = **~ainement** [-ɛnmɑ̃] plötzlich

Soudan [sudɑ̃] ***le*** ~ der Sudan

soude [sud] *f chim* Soda *f od n*; *phm* Natron *n*

souder [sude] (1a) *tech* löten, schweißen; *fig* fest verbinden

soudure [sudyr] *f tech* Löten *n*, Schweißen *n*; Schweiß-, Lötstelle *f*, -naht *f*; *écon* ***faire la*** ~ überbrücken

souffle [suflə] *m* Hauch *m*; Atemzug *m*,

S

Atem *m*; Wehen *n*; *fig poét* Funke *m*; *fig* ***second** ~* neuer Aufschwung *m*; ***être à bout de** ~* außer Atem sein
soufflé, ~e [sufle] **1.** *adj* aufgedunsen; *fig* ***être** ~* F baff sein; **2.** *m cuis* Auflauf *m*
souffler [sufle] (1a) blasen; aus-, wegblasen; wehen; hauchen; schnaufen, atmen; verschnaufen; *Schule*: vorsagen; *Theater*: soufflieren; *fig* einflüstern; ***ne pas ~ mot*** kein Wort sagen; F *~* ***qc à qn*** j-m etw wegschnappen
soufflet [suflɛ] *m* Blasebalg *m*; Faltenbalg *m*; *st/s* Ohrfeige *f*
souffl|eur, ~euse [suflœr, -øz] *m, f* Glasbläser(in) *m(f)*; *Theater*: Souffleur *m*, Souffleuse *f*
souffr|ance [sufrɑ̃s] *f* Leiden *n*; ***en** ~* unerledigt; **~ant, ~ante** [-ɑ̃, -ɑ̃t] erkrankt; leidend
souffrir [sufrir] (2f) leiden (***de*** an); erdulden; aushalten; *st/s ~* ***que*** (+ *subj*) dulden, dass ...; ***ne pas pouvoir** ~ **qn*** j-n nicht leiden können
soufre [sufrə] *m* Schwefel *m*
souhait [swɛ] *m* Wunsch *m*; ***à** ~* nach Wunsch
souhait|able [swɛtablə] wünschenswert; **~er** (1b) wünschen (***qc à qn*** j-m etw); *~* ***que*** (+ *subj*) wünschen, dass ...
souiller [suje] (1a) beschmutzen
soûl, soûle [su, sul] betrunken; ***manger tout son soûl*** sich ordentlich satt essen
soulag|ement [sulaʒmɑ̃] *m* Erleichterung *f*, Linderung *f*; **~er** (1l) erleichtern, lindern; entlasten
soûler [sule] (1a) F betrunken machen; *fig* benommen machen, berauschen; ***se** ~* sich betrinken, F sich besaufen
soulèvement [sulɛvmɑ̃] *m* Aufstand *m*
soulever [sulve] (1d) hoch heben; *fig* hervorrufen, auslösen; *Problem*: aufwerfen; *Schwierigkeiten*: verursachen; ***se** ~* sich aufrichten; sich empören
soulier [sulje] *m* Schuh *m*; F *fig* ***être dans ses petits** ~**s*** verlegen sein
souligner [suliɲe] (1a) unterstreichen (*a fig*)
soumettre [sumɛtrə] (4p) unterwerfen; unterziehen; unterbreiten; ***se** ~ **à*** sich fügen; sich unterziehen
soum|is, ~ise [sumi, -iz] gefügig; unterworfen
soumission [sumisjɔ̃] *f* Unterwerfung *f*; Gefügigkeit *f*, Gehorsam *m*; *jur* Angebot *n*
soupape [supap] *f tech* Ventil *n*
soupçon [supsɔ̃] *m* Argwohn *m*, Verdacht *m*; ***un** ~ **de*** e-e Spur von
soupçonn|er [supsɔne] (1a) verdächtigen; vermuten; **~eux, ~euse** [-ø, -øz] argwöhnisch, misstrauisch
soupe [sup] *f* Suppe *f*
souper [supe] **1.** (1a) *nach e-m Theaterbesuch*: zu Abend essen; **2.** *m* Nacht-, Abendessen *n*
soupeser [supəze] (1d) mit der Hand abwiegen; *fig* abwägen
soupière [supjɛr] *f* Suppenschüssel *f*
soupir [supir] *m* Seufzer *m*
soupirant [supirɑ̃] *m plais* Verehrer *m*
soupirer [supire] (1a) seufzen; *litt* schmachten
soupl|e [suplə] biegsam, geschmeidig; *fig* anpassungsfähig; F entgegenkommend; **~esse** [-ɛs] *f* Biegsamkeit *f*, Geschmeidigkeit *f*; *fig* Flexibilität *f*
source [surs] *f* Quelle *f*; *fig* Ursprung *m*; ***prendre sa** ~ **dans*** F entspringen in
sourc|il [sursi] *m* Augenbraue *f*; **~iller** [-ije] (1a) ***sans** ~* ohne mit der Wimper zu zucken
sourcill|eux, ~euse [sursijø, -øz] kleinlich
sourd, sourde [sur, surd] schwerhörig, taub; dumpf; versteckt; *ling* stimmlos
sourd-muet, sourde-muette [surmɥɛ, surdmɥɛt] taubstumm
souri|ant, ~ante [surjɑ̃, -ɑ̃t] freundlich, heiter
souricière [surisjɛr] *f* Mausefalle *f*; *fig* Falle *f*
sourire [surir] **1.** (4r) lächeln; **2.** *m* Lächeln *n*
souris [suri] *f* Maus *f* (*a EDV*)
sourn|ois, ~oise [surnwa, -waz] **1.** *adj* hinterhältig, heimtückisch; **2.** *m, f* Duckmäuser(in) *m(f)*; **~oiserie** [-wazri] *f* Hinterhältigkeit *f*
sous [su] unter, unterhalb; *~* ***la main*** bei der Hand; *~* ***terre*** unter der Erde; *~* ***peine d'amende*** bei Geldstrafe; *~* ***peu*** binnen kurzem; *~* ***prétexte de*** (+ *inf*) unter dem Vorwand zu (+ *inf*); *~* ***forme de*** in Gestalt von; *~* ***ce rapport*** in dieser Hinsicht; *~* ***mes yeux*** vor meinen Augen; ***mettre** ~ **enveloppe*** in e-n Umschlag stecken

sous... [su...] *in Zssgn* unter..., Unter...
sous-alimenté, ~e [suzalimɑ̃te] unterernährt
sous-bois [subwa] *m* Unterholz *n*
souscription [suskripsjɔ̃] *f* Subskription *f*; *comm* Zeichnung *f*
souscrire [suskrir] (4f) unterschreiben
sous-développ|é, ~ée [sudevlɔpe] unterentwickelt; ***pays m/pl sous-développés*** Entwicklungsländer *n/pl*; **~ement** [-mɑ̃] *m* Unterentwicklung *f*
sous-emploi [suzɑ̃plwa] *m* Unterbeschäftigung *f*
sous-enten|dre [suzɑ̃tɑ̃drə] (4a) mit darunter verstehen; stillschweigend annehmen; **~du, ~due** [-dy] **1.** *adj* unausgesprochen; **2.** *m* Andeutung *f*
sous-estimer [suzɛstime] (1a) unterschätzen
sous-loca|taire [sulɔkatɛr] *m, f* Untermieter(in) *m(f)*; **~tion** *f* Untermiete *f*
sous|-louer [sulwe] (1a) untervermieten; **~-main** [-mɛ̃] *m* (⚠ *pl unv*) Schreibunterlage *f*; ***en ~*** unter der Hand, heimlich; **~-marin, ~-marine** [-marɛ̃, -marin] **1.** *adj* unterseeisch, Unterwasser...; **2.** *m* U-Boot *n*, Unterseeboot *n*; **~-menu** [-məny] *m* (⚠ *pl **sous-menus***) *EDV* Untermenü *n*
sous-officier [suzɔfisje] *m* Unteroffizier *m*
sous|-préfecture [suprefɛktyr] *f* Unterpräfektur *f*; **~-produit** [-prɔdɥi] *m* Nebenprodukt *n*; **~-secrétaire** [-skretɛr] *m* ***~ d'État*** Unterstaatssekretär *m*
soussigné, ~e [susiɲe] *m, f* Unterzeichnete(r) *m, f*
sous|-sol [susɔl] *m* Untergrund *m*; Untergeschoss *n*; **~-titre** [-titrə] *m* Untertitel *m*; **~-titré, ~-titrée** [-titre] mit Untertiteln
sous|traction [sustraksjɔ̃] *f jur* Unterschlagung *f*; *math* Subtraktion *f*; **~traire** [-trɛr] (4s) unterschlagen; *fig* entziehen; bewahren (**à** vor); *math* subtrahieren, abziehen (**de** von)
sous|-traitant [sutrɛtɑ̃] *m* (⚠ *pl **sous-traitants***) Zulieferbetrieb *m*, Subunternehmer *m*; **~-vêtement** [suvɛtmɑ̃] *m meist* **~s** *pl* Unterwäsche *f*
souten|able [sutnablə] haltbar, vertretbar; **~ance** *f Universität etwa*: Rigorosum *n*; **~eur** *m* Zuhälter *m*
soutenir [sutnir] (2h) (ab)stützen; *fig* unterstützen; ***~ qn*** j-n stärken; j-m beistehen; ***~ qc*** etw aushalten, aufrechterhalten, behaupten; ***se ~*** einander beistehen
soutenu, ~e [sutny] anhaltend, beständig; intensiv; *Stil*: gehoben
souterr|ain, ~aine [sutɛrɛ̃, -ɛn] **1.** *adj* unterirdisch; **2.** *m* unterirdischer Gang *m*, Stollen *m*
soutien [sutjɛ̃] *m* Stütze *f* (*a fig*); Beistand *m*; ***~ de famille*** Ernährer *m*; **~-gorge** [-gɔrʒ] *m* (⚠ *pl **soutiens-gorge***) Büstenhalter *m*
soutirer [sutire] (1a) *Wein*: abziehen; ***~ qc à qn*** etw von j-m erschwindeln
souvenir [suvnir] **1.** (2h) ***se ~*** sich erinnern (**de** an, **que** dass); denken an; *litt **il me souvient de** od **que** ...* ich entsinne mich ...; **2.** *m* Erinnerung *f*; Andenken *n*; Gruß *m*
souvent [suvɑ̃] oft(mals); ***assez ~*** öfters; ***moins ~*** seltener; ***le plus ~*** meistens
souver|ain, ~aine [suvrɛ̃, -ɛn] **1.** *adj* höchste; völlig; *pol* souverän; **2.** *m, f* Herrscher(in) *m(f)*, Souverän *m*; **~ainement** [-ɛnmɑ̃] *adv* äußerst; **~aineté** [-ɛnte] *f* Souveränität *f*; Herrschaft(sgewalt) *f*
soviétique [sɔvjetik] sowjetisch
soya [soja] *m* Soja *f*; ***sauce f de ~*** Sojasoße *f*; ⚠ ***le ~***
soyez, soyons [swaje, swajɔ̃] *subj von **être***
spaci|eux, ~euse [spasjø, -øz] geräumig
sparadrap [sparadra] *m* Heftpflaster *n*
spasm|e [spasmə] *m méd* Krampf *m*; **~odique** [-ɔdik] krampfartig, spastisch
spatial, ~e [spasjal] (⚠ *m/pl **-iaux***) (Welt-)Raum...
spatule [spatyl] *f* Spachtel *m*; *cuis* Teigschaber *m*; ⚠ ***la ~***
speaker, speakerine [spikœr, spikrin] *m, f Radio, TV* Ansager(in) *m(f)*; Sprecher(in) *m(f)*
spécial, ~e [spesjal] (⚠ *m/pl **-aux***) besondere, speziell; Fach...; Sonder...; **~ement** [-mɑ̃] *adv* besonders, eigens; **~iser** (1a) ***se ~*** sich spezialisieren; **~iste** *m, f* Spezialist(in) *m(f)*, Fachmann *m*; Facharzt *m*, -ärztin *f*; **~ité** *f*

Spezialität *f*; Fachgebiet *n*; Besonderheit *f*
spéci|eux, ~euse [spesjø, -øz] trügerisch, Schein...
spécif|ier [spesifje] (1a) spezifizieren, genau angeben; **~ique** spezifisch, arteigen
spécimen [spesimɛn] *m* (Probe-)Exemplar *n*; Muster *n*; ⚠ *Aussprache*
spectacle [spɛktaklə] *m* Anblick *m*, Schauspiel *n*; Vorstellung *f*
spectaculaire [spɛktakylɛr] Aufsehen erregend, spektakulär
specta|teur, ~trice [spɛktatœr, -tris] *m, f* Zuschauer(in) *m(f)*
spectre [spɛktrə] *m* Gespenst *n*; *phys* Spektrum *n*
spécula|teur, ~trice [spekylatœr, -tris] *m, f* Spekulant(in) *m(f)*; **~tif, ~tive** [-tif, -tiv] spekulativ; **~tion** *f* Spekulation *f*
spéculer [spekyle] (1a) spekulieren (***sur*** auf)
speech [spitʃ] F *m* kurze Rede *f*
spéléologie [speleɔlɔʒi] *f* Höhlenforschung *f*
sperme [spɛrm] *m biol* Sperma *n*
sphère [sfɛr] *f math* Kugel *f*; *fig* Bereich *m*, Sphäre *f*
sphérique [sferik] sphärisch, kugelförmig
sphinx [sfɛ̃ks] *m* Sphinx *f*; ⚠ ***le ~***
spirale [spiral] *f* Spirale *f*
spiritualité [spiritɥalite] *f* Geistigkeit *f*; *rel* Verinnerlichung *f*
spirituel, ~le [spiritɥɛl] geistig; geistlich; geistreich
spiritueux [spiritɥø] *m/pl* Spirituosen *pl*
spleen [splin] *m* Schwermut *f*
splend|eur [splɑ̃dœr] *f* Glanz *m*, Pracht *f*; **~ide** [-id] glänzend, prächtig
spolier [spɔlje] (1a) berauben
spongi|eux, ~euse [spɔ̃ʒjø, -øz] schwammig
sponsor [spɔ̃sɔr] *m* Sponsor *m*; **~iser** (1a) sponsern
spontané, ~e [spɔ̃tane] spontan, freiwillig; unbefangen; ⚠ *adv* ***spontanément***; **~ité** *f* Spontaneität *f*; Ursprünglichkeit *f*, Unbefangenheit *f*
sporadique [spɔradik] vereinzelt auftretend, sporadisch
sport [spɔr] **1.** *m* Sport *m*; ***faire du ~*** Sport treiben; **2.** *adj* sportlich; *Person*: fair
sport|if, ~ive [spɔrtif, -iv] **1.** *adj* sportlich; Sport...; **2.** *m, f* Sportler(in) *m(f)*
spot [spɔt] *m* Scheinwerfer *m*; Leselampe *f*; Werbespot *m*
sprint [sprint] *m* Sport: (End-)Spurt *m*; Sprint *m*
spum|eux, ~euse [spymø, -øz] schaumig
square [skwar] *m* kleine Grünanlage *f*
squash [skwaʃ] *m* Squash *n*
squatter[1] [skwatœr] *m* Hausbesetzer *m*
squatter[2] [skwate] (1a), **squattériser** [skwaterize] (1a) besetzen
squelette [skəlɛt] *m* Skelett *n*; ⚠ ***le ~***
S[t] (*abr* ***saint***) hl. (heiliger) *od* St. (Sankt)
stabilisa|teur, ~trice [stabilizatœr, -tris] **1.** *adj* stabilisierend; **2.** *m* Stabilisator *m*; **~tion** *f* Stabilisierung *f*, (Be-)Festigung *f*
stabil|iser [stabilize] (1a) stabilisieren, (be)festigen; **~ité** *f* Festigkeit *f*, Stabilität *f*; Beständigkeit *f* (*a fig*)
stable [stablə] fest, stabil, standfest
stade [stad] *m* **1.** *Sport*: Stadion *n*, Sportplatz *m*; **2.** Stadium *n*, Phase *f*, Abschnitt *m*
stage [staʒ] *m* Praktikum *n*; Referendarzeit *f*; Lehrgang *m*
stagiaire [staʒjɛr] **1.** *m, f* Praktikant(in) *m(f)*; Referendar(in) *m(f)*; **2.** *adj* als Praktikant(in) tätig
stagn|ant, ~ante [stagnɑ̃, -ɑ̃t] *Gewässer*: stehend; *fig* stagnierend; **~ation** *f* Stagnieren *n*; Stockung *f*
stalle [stal] *f égl* Chorstuhl *m*; (Pferde-)Box *f*; ⚠ ***la ~***; ⚠ *nicht* der Stall
stand [stɑ̃d] *m* Ausstellungs-, Messe-, Schießstand *m*
standard [stɑ̃dar] *m* **1.** Standard *m*; ***modèle*** *m* **~** Standardmodell *n*; **2.** Telefonzentrale *f*
standard|isation [stɑ̃dardizasjɔ̃] *f* Standardisierung *f*, Vereinheitlichung *f*; **~iser** (1a) standardisieren, vereinheitlichen, normen; **~iste** *m, f* Telefonist(in) *m(f)*
standing [stɑ̃diŋ] *m* (*soziale u wirtschaftliche*) Stellung *f*; Status *m*; ... ***de grand ~*** Luxus...
star [star] *f* Filmstar *m*; ⚠ ***la ~***
starter [startɛr] *m auto* Starterklappe *f*, Choke *m*
station [stasjɔ̃] *f* Station *f* (*a allg u tech*); Haltestelle *f*; Kur-, Ferienort *m*; (Auf-

S

ent-)Halt *m*; ~ ***debout*** Stehen *n*; ~ ***d'essence*** Tankstelle *f*; ~ ***de sports d'hiver*** Wintersportort *m*; ~ ***de travail*** Workstation *f*
stationn|aire [stasjɔnɛr] stationär, gleich bleibend, stillstehend; **~ement** [-mɑ̃] *m auto* Parken *n*; *mil* Stationierung *f*; **~er** (1a) parken
station-service [stasjɔ̃sɛrvis] *f* (⚠ *pl* ***stations-service***) Tankstelle *f*
statique [statik] statisch; unbewegt
statistique [statistik] **1.** *adj* statistisch; **2.** *f* Statistik *f*
statue [staty] *f* Statue *f*, Standbild *n*
statut [staty] m Statut *n*; Status *m*; **~s** *pl* Satzung *f*; ~ ***social*** sozialer Status *m*
S[te] (*abr* ***sainte***) hl. (heilige) *od* St. (Sankt)
stencil [stɛnsil] *m* Matrize *f*
sténodactylo [stenɔdaktilo] *f* Stenotypistin *f*
sténograph|e [stenɔgraf] *m*, *f* Stenograf(in) *m(f)*; **~ie** [-i] *f* Stenografie *f*, Kurzschrift *f*; **~ier** [-je] (1a) (mit)stenografieren
steppe [stɛp] *f* Steppe *f*
stéréo(phonie) [stereo(fɔni)] *f* Stereo *n*; ***en stéréo*** in Stereo
stéréo(phonique) [stereo(fɔnik)] *adj* Stereo...
stéréotypé, ~e [stereɔtipe] stereotyp
stéril|e [steril] steril, unfruchtbar (*a fig*); **~iser** (1a) sterilisieren, unfruchtbar machen; keimfrei machen; **~ité** *f* Sterilität *f*, Unfruchtbarkeit *f* (*a fig*)
sternum [stɛrnɔm] *m* Brustbein *n*
stéthoscope [stetɔskɔp] *m méd* Hörrohr *n*, Stethoskop *n*
steward [stiwart] *m* Steward *m*
stigmat|e [stigmat] *m rel u fig* Stigma *n*; **~iser** (1a) brandmarken
stimul|ant, ~ante [stimylɑ̃, -ɑ̃t] **1.** *adj* stimulierend, anregend; **2.** *m* Anreiz *m*, Ansporn *m*; Anregungsmittel *n*; **~ateur** [-atœr] *m méd* ~ ***cardiaque*** Herzschrittmacher *m*; **~er** (1a) (an)treiben, anspornen; anregen; **~us** [-ys] *m* (⚠ *pl meist* ***stimuli***) *psych* Reiz *m*
stipul|ation [stipylasjɔ̃] *f jur* Vereinbarung *f*, Bestimmung *f*, Klausel *f*; **~er** (1a) *jur* vereinbaren, festlegen
stock [stɔk] *m comm* Lagerbestand *m*; *allg* Vorrat *m*; **~age** *m* Lagerung *f*; **~er** (1a) lagern, aufstapeln
stoïcisme [stɔisismə] *m phil* Stoizismus *m*; *fig* Gleichmut *m*
stoïque [stɔik] standhaft, unerschütterlich
stomacal, ~e [stɔmakal] (⚠ *m/pl* ***-aux***) *méd* Magen...
stop [stɔp] **1.** stopp!, halt!; **2.** *m* Stoppschild *n*; *auto* (***feu*** *m*) ~ Bremslicht *n*; F ***faire du*** ~ per Anhalter fahren
stopper [stɔpe] (1a) **1.** kunststopfen; **2.** anhalten, (ab)stoppen
store [stɔr] *m* Rollo *n*; Markise *f*; Store *m*
strabisme [strabismə] *m méd* Schielen *n*
strapontin [strapɔ̃tɛ̃] *m* Klappsitz *m*
stratagème [strataʒɛm] *m* (Kriegs-) List *f*
stratég|ie [strateʒi] *f* Strategie *f* (*a fig*); **~ique** strategisch (wichtig)
stratifié, ~e [stratifje] *géol*, *tech* geschichtet
stratus [stratys] *m* Schichtwolke *f*
streamer [strimœr] *m EDV* Streamer *m*
stresser [strese] (1a) stressen
strict, ~e [strikt] streng, strikt, genau; ***au sens strict*** im engeren Sinn; ***le strict nécessaire*** das (Aller-)Nötigste
strid|ent, ~ente [stridɑ̃, -ɑ̃t] schrill, gellend, kreischend
strie [stri] *f* Streifen *m*, Rille *f*
strip|-tease [striptiz] *m* (⚠ *pl* ***strip-teases***) Striptease *m*; ***faire du*** ~ strippen; **~-teaseuse** [-tizøz] *f* (⚠ *pl* ***strip-teaseuses***) Stripperin *f*, Stripteasetänzerin *f*
strophe [strɔf] *f* Strophe *f*
structuration [stryktyrasjɔ̃] *f* Strukturierung *f*
structure [stryktyr] *f* Struktur *f*, Aufbau *m*
stuc [styk] *m* Stuck *m*
studi|eux, ~euse [stydjø, -øz] fleißig, eifrig
studio [stydjo] *m* **1.** Studio *n*; (Künstler-)Atelier *n*; **2.** Einzimmerwohnung *f*, Appartement *n*
stupé|faction [stypefaksjɔ̃] *f* höchstes Erstaunen *n*, Verblüffung *f*; **~fait, ~faite** [-fɛ, -fɛt] verblüfft; **~fiant, ~fiante** [-fjɑ̃, -fjɑ̃t] **1.** *adj* verblüffend; **2.** *m* Rauschgift *n*; **~fier** [-fje] (1a) verblüffen
stupeur [stypœr] *f* Betroffenheit *f*, Bestürzung *f*

S

stupid|e [stypid] dumm; sinnlos; **~ité** *f* Dummheit *f*
style [stil] *m* Stil *m*; Schreibart *f*
styl|isé, ~isée [stilize] stilisiert; **~iste** *m* guter Stilist *m*; Designer *m*; **~istique** [-istik] **1.** *adj* stilistisch; **2.** *f* Stilistik *f*
stylo [stilo] *m* Füller *m*, Füllfederhalter *m*; **~ à bille** *od* **~-bille** (⚠ *pl* **stylos à bille** *od* **stylos-billes**) Kugelschreiber *m*; **~-feutre** [-føtrə] *m* (⚠ *pl* **stylos--feutres**) Filzschreiber *m*; **~-plume** [-plym] *m* (⚠ *pl* **stylos-plume**) Füllfederhalter *m*
su, ~e [sy] *p/p von* **savoir**; **au su de tous** mit aller Wissen
suave [sɥav] lieblich, einschmeichelnd
subalterne [sybaltɛrn] **1.** *adj* subaltern, untergeordnet; **2.** *m, f* Untergebene(r) *m, f*
subconscient [sybkɔ̃sjɑ̃] *m* Unterbewusstsein *n*
subdivision [sybdivizjɔ̃] *f* Unter(ab)teilung *f*
subir [sybir] (2a) erleiden, ertragen; **~ un examen médical** (**une opération**) sich e-r ärztlichen Untersuchung (e-r Operation) unterziehen
sub|it, ~ite [sybi, -it] plötzlich, jäh; **~itement** [-itmɑ̃] *adv* plötzlich
subject|if, ~ive [sybʒɛktif, -iv] subjektiv
subjonctif [sybʒɔ̃ktif] *m gr* Konjunktiv *m*
sublime [syblim] erhaben
submerger [sybmɛrʒe] (1l) unter Wasser setzen; *fig* überwältigen
subordination [sybɔrdinasjɔ̃] *f* Unterordnung *f* (*a gr*)
subordonn|é, ~ée [sybɔrdɔne] **1.** *adj* untergeordnet; **2.** *m, f* Untergebene(r) *m, f*; **3.** *f gr* Nebensatz *m*; **~er** (1a) unterordnen, unterstellen
subrepticement [sybrɛptismɑ̃] *adv* heimlich
subsid|e [sybzid, sypsid] *m* Zuschuss *m*; *meist* **~s** *pl* Subsidien *n/pl*, Hilfsgelder *n/pl*; **~iaire** [-jɛr] zusätzlich, Hilfs...
subsist|ance [sybzistɑ̃s] *f* (Lebens-)Unterhalt *m*; **~er** (1a) fortbestehen; *Person*: existieren
substance [sypstɑ̃s] *f* Substanz *f*; Stoff *m*; *fig* Gehalt *m*; **~ nocive** Schadstoff *m*; **en ~** im Wesentlichen
substantiel, ~le [sypstɑ̃sjɛl] *Nahrung*: kräftig, nahrhaft; *fig* wesentlich, substanziell
substantif [sypstɑ̃tif] *m gr* Substantiv *n*, Hauptwort *n*
substit|uer [sypstitɥe] (1n) an die Stelle setzen (**à** von), ersetzen; **~ution** [-ysjɔ̃] *f* Ersatz *m*, Ersetzung *f*
subterfuge [syptɛrfyʒ] *m* List *f*; Ausflucht *f*
subtil, ~e [syptil] fein, subtil; scharfsinnig; *péj* spitzfindig; **~iser** (1a) F stibitzen (**qc à qn** j-m etw); **~ité** *f* Scharfsinn *m*; *péj* Spitzfindigkeit *f*; **~s** *pl* Feinheiten *f/pl*
suburb|ain, ~aine [sybyrbɛ̃, -ɛn] vorstädtisch, Vorstadt..., Vorort...
subvenir [sybvənir] (2h) **~ à qc** für etw aufkommen, sorgen
subventi|on [sybvɑ̃sjɔ̃] *f* Subvention *f*, Zuschuss *m*; **~onner** [-ɔne] (1a) subventionieren; ⚠ *Schreibung*
subvers|if, ~ive [sybvɛrsif, -iv] zersetzend, umstürzlerisch; **~ion** *f* Zersetzung *f*, Umsturz *m*
succédané [syksedane] *m* Ersatz(mittel) *m(n)*
succéder [syksede] (1f) **~ à** auf *j-n od etw* folgen; nachfolgen; **se ~** aufeinander folgen
succès [syksɛ] *m* Erfolg *m*; **avec ~** erfolgreich; **sans ~** erfolglos
success|eur [syksesœr] *m* Nachfolger *m*; **~if, ~ive** [-if, -iv] aufeinander folgend; wiederholt; **~ion** *f* (Aufeinander-)Folge *f*; *jur* Erbfolge *f*; Erbschaft *f*; **~ivement** [-ivmɑ̃] *adv* nacheinander
succ|inct, ~incte [syksɛ̃, -ɛ̃t] knapp, kurzgefasst
succomber [sykɔ̃be] (1a) sterben; *fig* **~ à qc** e-r Sache erliegen
succul|ent, ~ente [sykylɑ̃, -ɑ̃t] köstlich, schmackhaft
succursale [sykyrsal] *f comm* Filiale *f*
sucer [syse] (1k) saugen; lutschen
sucette [sysɛt] *f* (Dauer-)Lutscher *m*; Schnuller *m*
sucr|e [sykrə] *m* Zucker *m*; **~ en poudre** Streuzucker *m*; ⚠ *nicht* Puderzucker; **~é, ~ée** süß; gezuckert; *péj* süßlich; **~er** (1a) zuckern; süßen; F **se ~** Zucker nehmen; **~eries** [-əri] *f/pl* Süßigkeiten *f/pl*; **~ier** [-ije] *m* Zuckerdose *f*
sud [syd] **1.** *m* Süden *m*; **au ~ de** südlich von; **2.** *adj* südlich; **côte** *f* **~** Südküste *f*

sud-est [sydɛst] *m* Südosten *m*
sud-ouest [sydwɛst] *m* Südwesten *m*
Suède [sɥɛd] ***la*** ~ Schweden *n*
suéd|ois, ~oise [sɥedwa, -waz] **1.** *adj* schwedisch; **2.** ☊ *m, f* Schwede *m*, Schwedin *f*
suée [sɥe] *f* F Schweißausbruch *m*
suer [sɥe] (1n) (aus)schwitzen; *fig* ~ ***sang et eau*** sich ins Zeug legen; F ***en*** ~ ***une*** 'ne kesse Sohle hinlegen; F ***faire*** ~ ***qn*** j-m auf die Nerven fallen
sueur [sɥœr] *f* Schweiß *m*
Suez [sɥez] Suez; ***le canal de*** ~ der Suezkanal
suffire [syfir] (4o) genügen, ausreichen (***à qn*** j-m, ***pour qc*** für etw); ***il suffit de*** (+ *inf*) *od* ***que*** (+ *subj*) es genügt zu (+ *inf*) *od* dass ...
suffis|amment [syfizamɑ̃] *adv* genügend, genug (***de*** ...); **~ance** *f* Selbstgefälligkeit *f*, Dünkel *m*; **~ant, ~ante** [-ɑ̃, -ɑ̃t] genügend, ausreichend; selbstgefällig
suffixe [syfiks] *m ling* Suffix *n*, Nachsilbe *f*
suffo|cant, ~cante [syfɔkɑ̃, -kɑ̃t] stickig, erdrückend; *fig* verblüffend; **~cation** [-kasjɔ̃] *f* Atemnot *f*; Ersticken *n*; **~quer** [-ke] (1m) fast ersticken; *fig* den Atem verschlagen (***qn*** j-m)
suffrage [syfraʒ] *m* (Wahl-)Stimme *f*; Wahl *f*; *fig* **~s** *pl* Beifall *m*; ~ ***universel*** allgemeines Wahlrecht *n*
suggérer [sygʒere] (1f) ~ ***qc à qn*** j-m etw nahe legen, einsuggerieren; ~ ***qc*** etw anregen
suggestion [sygʒɛstjɔ̃] *f* Anregung *f*; Suggestion *f*
suicid|e [sɥisid] *m* Selbstmord *m*; **~é, ~ée** *m, f* Selbstmörder(in) *m(f)*; **~er** (1a) ***se*** ~ Selbstmord begehen, sich das Leben nehmen
suie [sɥi] *f* Ruß *m*
suif [sɥif] *m* Talg *m*
suis [sɥi] *cf* ***être*** *u* ***suivre***
suiss|e [sɥis] **1.** *adj* schweizerisch; **2.** ☊ *m, f* Schweizer(in) *m(f)*; **3.** ***la*** ☊ die Schweiz; **4.** *m* Kirchendiener *m*; **☊esse** [-ɛs] *f* Schweizerin *f*
suite [sɥit] *f* Folge *f*; Reihe *f*; Fortsetzung *f*; ***faire*** ~ ***à qc*** auf etw folgen; ***prendre la*** ~ ***de qn*** j-s Nachfolge antreten; ***donner*** ~ ***à*** stattgeben; ***de*** ~ gleich; hintereinander; ***et ainsi de*** ~ und so fort; ***par*** ~ ***de*** infolge (+ *gén*); ***tout de*** ~ sogleich; ***par la*** ~ später; ***à la*** ~ ***de*** nach
suiv|ant, ~ante [sɥivɑ̃, -ɑ̃t] **1.** *adj* folgende; ***au suivant!*** der Nächste, bitte!; **2.** *prép* ***suivant*** (je) nach, gemäß; **3.** *conj* ***suivant que*** ... je nachdem, ob ...
suivi, ~e [sɥivi] fortgesetzt; regelmäßig; folgerichtig
suivre [sɥivrə] (4h) folgen (***qn*** j-m); be-, verfolgen; fortsetzen; begleiten; *geistig*: mitkommen; *Kurs*: besuchen; ***faire*** **~!** bitte nachsenden!; ***à*** ~ Fortsetzung folgt; ~ ***un traitement*** sich e-r Behandlung unterziehen; ⚠ ~ ***qn***; ⚠ ***il a*** *suivi*
suj|et, ~ette [syʒɛ, -ɛt] **1.** *adj* ~ ***à qc*** anfällig gegen etw, zu etw neigend; **2.** *m* Subjekt *n* (*a gr*); Untertan *m*; Thema *n*, Gegenstand *m*, Stoff *m*; Grund *m*; ***à ce sujet*** darüber; ***au sujet de*** hinsichtlich; ***avoir sujet de*** (+ *inf*) Anlass haben zu (+ *inf*)
sulfur|eux, ~euse [sylfyrø, -øz] Schwefel...; **~ique** *chim* ***acide m*** ~ Schwefelsäure *f*
summum [sɔmɔm] *m* Höhepunkt *m*, Gipfel *m*
super [sypɛr] **1.** *adj* F super, Spitze; **2.** *m* *Kraftstoff*: Super *n*
super... [sypɛr] *in Zssgn* super..., Super...
superbe [sypɛrb] prächtig, wundervoll, herrlich
supercherie [sypɛrʃəri] *f* Betrug *m*, Täuschung *f*
superfic|ie [sypɛrfisi] *f* Oberfläche *f*; Flächeninhalt *m*; **~iel, ~ielle** [-jɛl] oberflächlich
superflu, ~e [sypɛrfly] **1.** *adj* überflüssig; **2.** *m* Überflüssige(s) *n*
supérieur, ~e [syperjœr] **1.** *adj* höher (gelegen), obere, Ober...; *fig* überlegen (***à qn, à qc*** j-m, e-r Sache), höher (als); **2.** *m, f* Vorgesetzte(r) *m, f*
supériorité [syperjɔrite] *f* Überlegenheit *f*
superlatif [sypɛrlatif] *m gr u fig* Superlativ *m*
supermarché [sypɛrmarʃe] *m* Supermarkt *m*
super|poser [sypɛrpoze] (1a) übereinander legen; ***se*** ~ sich überlagern; **~puissance** [-pɥisɑ̃s] *f* Supermacht *f*; **~sonique** [-sɔnik] Überschall...

superstit|ieux, ~ieuse [sypɛrstisjø, -jøz] abergläubisch; **~ion** *f* Aberglaube *m*
superstructure [sypɛrstryktyr] *f* Überbau *m* (*a fig*)
superviser [sypɛrvize] (1a) beaufsichtigen, überwachen
supplanter [syplɑ̃te] (1a) verdrängen
supplé|ant, ~ante [sypleɑ̃, -ɑ̃t] **1.** *adj* stellvertretend; **2.** *m,f* Stellvertreter(in) *m(f)*; **~er** (1a) ~ **à qc** etw ersetzen, e-r Sache abhelfen; **~ment** *m* Zusatz *m*, Ergänzung *f*; Nachtrag *m*; Beilage *f*; Zulage *f*; Zuschlag *m*, Aufpreis *m*; **~mentaire** [-mɑ̃tɛr] zusätzlich, ergänzend; ***heure*** *f* ~ Überstunde *f*
supplice [syplis] *m* Folter *f*; *fig* Marter *f*, Qual *f*
supplier [syplije] (1a) ~ ***qn de*** (+ *inf*) j-n anflehen zu (+ *inf*)
support [sypɔr] *m* Stütze *f*, Ständer *m*, Halterung *f*; *fig* Träger *m*; ~ ***de données*** Datenträger *m*
support|able [sypɔrtablə] erträglich; **~er**[1] (1a) tragen, stützen; er-, vertragen, aushalten
supporter[2] [sypɔrtɛr] *m Sport*: Anhänger *m*, Schlachtenbummler *m*
suppos|é, ~ée [sypoze] mutmaßlich; **~er** (1a) annehmen, vermuten; voraussetzen; ***à ~ que***, ***en supposant que*** (+ *subj*) angenommen ..., gesetzt den Fall ...; **~ition** *f* Annahme *f*, Vermutung *f*
suppositoire [sypozitwar] *m phm* Zäpfchen *n*
suppression [sypresjɔ̃] *f* Beseitigung *f*, Aufhebung *f*
supprimer [syprime] (1a) beseitigen, beheben; aufheben, abschaffen; *EDV* löschen; ~ ***qn*** j-n umbringen
suppurer [sypyre] (1a) eitern
supputer [sypyte] (1a) *st/s* berechnen, abschätzen
supranational, ~e [sypranasjɔnal] (⚠ *m/pl* ***-aux***) übernational
suprématie [sypremasi] *f* Ober-, Vorherrschaft *f*; ⚠ *Aussprache*
suprême [syprɛm] höchste, oberste; äußerste
sur[1] [syr] *prép* auf, über; ***une fenêtre ~ la rue*** ein Fenster zur Straße hin; ***tirer ~ qn*** auf j-n schießen; ***~ une rivière*** an e-m Fluss (gelegen); ***la clé est ~ la porte*** der Schlüssel steckt; ***avoir de l'argent ~ soi*** Geld bei sich haben; ***~ le soir*** gegen Abend; ***~ ce*** und nun; ***être ~ le point de*** (+ *inf*) gerade dabei sein zu (+ *inf*); ***coup ~ coup*** Schlag auf Schlag; ***~ mesure*** nach Maß; ***croire qn ~ parole*** j-m aufs Wort glauben; ***si vous le prenez ~ ce ton*** wenn Sie in diesem Ton reden; ***~ mon honneur!*** bei meiner Ehre!; ***impôt ~*** ... Steuer auf ...; ***un ~ dix*** einer unter zehn; ⚠ ***~ la place***, *aber* ***dans la rue***; ⚠ *nicht verwechseln mit* ***sûr***
sur[2], **~e** [syr] *adj* sauer
sûr, ~e [syr] sicher, gewiss; zuverlässig; ***~ de soi*** selbstsicher; ***être ~ de son fait*** seiner Sache sicher sein; ***bien sûr!*** natürlich!; ***à coup sûr*** ganz gewiss
sur... [syr] *in Zssgn* über..., Über...
surabond|ance [syrabɔ̃dɑ̃s] *f* Überfülle *f*, Überfluss *m* (***de*** an); **~er** (1a) im Überfluss vorhanden sein
suranné, ~e [syrane] überlebt, veraltet
surbooking [syrbukiŋ] *m* Überbuchung *f*
surcharg|e [syrʃarʒ] *f* Über(be)lastung *f*; Übergewicht *n*; **~er** (1l) überladen; über(be)lasten; überdrucken
surchauffer [syrʃofe] (1a) überhitzen, -heizen
surclasser [syrklase] (1a) deklassieren, weit übertreffen
surcroît [syrkrwa] *m* Zuwachs *m*; ***un ~ de travail*** zusätzliche Arbeit *f*; ***de***, ***par ~*** überdies
surdité [syrdite] *f* Taubheit *f*, Schwerhörigkeit *f*
surdoué, ~e [syrdwe] hoch begabt
sureau [syro] *m* (⚠ *pl* **~x**) Holunder *m*
surélever [syrelve] (1d) *tech* erhöhen
sûrement [syrmɑ̃] *adv* sicher(lich)
surench|ère [syrɑ̃ʃɛr] *f* Mehrgebot *n* (*bei Versteigerungen*); gegenseitige Überbietung *f*; **~érir** [-erir] (2a) überbieten, höher bieten; *fig* noch e-n Schritt weitergehen
surestimer [syrɛstime] (1a) überschätzen
sûreté [syrte] *f* Sicherheit *f*; *mil* Sicherung *f*; ♀ Sicherheitspolizei *f*
surexciter [syrɛksite] (1a) überreizen
surexposer [syrɛkspoze] (1a) *Foto*: überbelichten
surf [sœrf] *m Sport*: Surfen *n*; Snowboarden *n*; Surfbrett *n*; Snowboard *n*;

S

faire du ~ surfen; Snowboard fahren
surface [syrfas] *f* (Ober-)Fläche *f*; *comm* ***grande*** ~ Verbrauchermarkt *m*; ***remonter à la*** ~ wieder auftauchen (*a fig*)
surfeur [sœrfœr] *m* Surfer *m*; Snowboardfahrer *m*
surgelé, ~e [syrʒəle] tiefgekühlt, -gefroren
surgénérateur [syrʒeneratœr] *m* schneller Brüter *m*
surgir [syrʒir] (2a) plötzlich auftauchen; *Problem*: entstehen
surhomme [syrɔm] *m* Übermensch *m*
surhum|ain, ~aine [syrymɛ̃, -ɛn] übermenschlich
sur-le-champ [syrləʃɑ̃] auf der Stelle, sofort
surlendemain [syrlɑ̃dmɛ̃] *m* übernächster Tag *m*
surligneur [syrliɲœr] *m* Leuchtstift *m*
surmen|age [syrmənaʒ] *m* Überarbeitung *f*, -anstrengung *f*; **~er** (1d) überanstrengen; **se ~** sich überarbeiten
surmont|able [syrmɔ̃tablə] überwindbar; **~er** (1a) überragen; *fig* überwinden, bezwingen
surnager [syrnaʒe] (1l) obenauf schwimmen; *fig* bestehen bleiben
surnaturel, ~le [syrnatyrɛl] übernatürlich
surnom [syrnɔ̃] *m* Beiname *m*, Spitzname *m*
surnombre [syrnɔ̃brə] *m* ***en*** ~ überzählig
surnommer [syrnɔme] (1a) ~ ***qn*** j-m e-n Beinamen geben
surpasser [syrpase] (1a) ~ ***qn*** j-n übertreffen
surpeupl|é, ~ée [syrpœple] über(be)völkert; **~ement** [-əmɑ̃] *m* Übervölkerung *f*
surplomb [syrplɔ̃] ***en*** ~ vorspringend, überhängend
surplomber [syrplɔ̃be] (1a) überhängen; ~ ***qc*** in etw hineinragen, etw überragen
surplus [syrply] *m* Überschuss *m*; ***au*** ~ im übrigen
surpren|ant, ~ante [syrprənɑ̃, -ɑ̃t] überraschend, erstaunlich
surprendre [syrprɑ̃drə] (4q) überraschen; überrumpeln; erwischen; ***se*** ~ ***à*** (+ *inf*) sich dabei ertappen, dass ...
sur|pris, ~prise [syrpri, -priz] *p/p von* ***surprendre*** *u adj* überrascht; ***être*** ~ ***que*** (+ *subj*) sich wundern, dass ...
surprise [syrpriz] *f* Überraschung *f*; Verwunderung *f*; **~-partie** [-parti] *f* (⚠ *pl* ***surprises-parties***) Party *f*
surréalisme [syrealismə] *m* Surrealismus *m*
surrégénérateur [syrreʒeneratœr] *m* schneller Brüter *m*
sursaut [syrso] *m* Auffahren *n*, Zusammenzucken *n*; *Zorn*: Ausbruch *m*
sursauter [syrsote] (1a) zusammenfahren, -zucken
surseoir [syrswar] (3l) ~ ***à*** *jur* aufschieben
sursis [syrsi] *m jur* Aufschub *m* (*a fig*), Aussetzung *f*; *mil* Zurückstellung *f*; *jur* ***avec*** ~ mit Bewährung
surtaxe [syrtaks] *f* Strafporto *n*; Zuschlagsgebühr *f*
surtout [syrtu] *adv* besonders, vor allem; ~ ***pas*** ja nicht; *conj* F ~ ***que*** zumal
surveill|ance [syrvɛjɑ̃s] *f* Aufsicht *f*; Überwachung *f*; **~ant, ~ante** [-ɑ̃, -ɑ̃t] *m, f* Aufseher(in) *m(f)*; *Schule*: Verantwortliche(r) *m, f* für Ordnung und Disziplin; **~er** (1b) überwachen; beaufsichtigen; **se ~** auf sich Acht geben
survenir [syrvənir] (2h) (unerwartet) erscheinen; sich plötzlich ereignen
survêtement [syrvɛtmɑ̃] *m* Trainingsanzug *m*
surviv|ant, ~ante [syrvivɑ̃, -ɑ̃t] **1.** *adj* überlebend; **2.** *m, f* Überlebende(r) *m, f*; Hinterbliebene(r) *m, f*
survivre [syrvivrə] (4e) ~ ***à qn***, ***à qc*** j-n, etw überleben
survol [syrvɔl] *m* Überfliegen *n*; **~er** (1a) überfliegen (*a fig*)
sus¹ [sy] *p/s von* ***savoir***
sus² [sy(s)] ***en*** ~ ***de*** außer; *litt* ***en*** ~ obendrein
suscept|ibilité [sysɛptibilite] *f* Empfindlichkeit *f*; **~ible** empfindlich; ***être*** ~ ***de*** (+ *inf*) fähig *od* geeignet sein zu (+ *inf*)
susciter [sysite] (1a) hervorrufen, erregen
susd|it, ~ite [sysdi, -it] oben genannt
susnommé, ~e [sysnɔme] oben genannt
susp|ect, ~ecte [syspɛ(kt), -ɛkt] verdächtig (***de qc*** e-r Sache); **~ecter** [-ɛkte] (1a) verdächtigen

S

suspendre [syspɑ̃drə] (4a) aufhängen; unterbrechen, aussetzen; suspendieren, vorläufig verbieten
suspendu, ~e [syspɑ̃dy] aufgehängt, hängend; *Fahrzeug*: gefedert
suspens [syspɑ̃] ***en ~*** in der Schwebe; unentschieden
suspense [syspɛns] *m im Film etc*: Spannung *f*; ⚠ ***le ~***; *Aussprache*
suspension [syspɑ̃sjɔ̃] *f* Unterbrechung *f*; Suspendierung *f*; *tech* Aufhängung *f*; *auto* Federung *f*; ***points*** *m/pl* ***de ~*** Auslassungspunkte *m/pl*
sustenter [systɑ̃te] (1a) *plais* ***se ~*** sich nähren
susurrer [sysyre] (1a) flüstern, säuseln
sut [sy] *p/s von* ***savoir***
suture [sytyr] *f méd* Naht *f*
suzer|ain, ~aine [syzrɛ̃, -ɛn] *m, f hist* Lehnsherr(in) *m(f)*
svelte [svɛlt] schlank
S.V.P. (*abr* ***s'il vous plaît***) bitte
sweater [switœr] *m* Pullover *m*; dicke Strickjacke *f*
sweat-shirt [switʃœrt] *m* (⚠ *pl* ***sweat-shirts***) Sweatshirt *n*
syllabe [silab] *f* Silbe *f*
sylvestre [silvɛstrə] Wald...
sylviculture [silvikyltyr] *f* Forstwirtschaft *f*
symbiose [sɛ̃bjoz] *f* Symbiose *f*
symbol|e [sɛ̃bɔl] *m* Symbol *n*, Sinnbild *n*; **~ique** symbolisch, sinnbildlich; **~iser** (1a) symbolisieren, sinnbildlich darstellen; **~isme** *m* Symbolismus *m*; **~iste** *Literatur*: symbolistisch
symétr|ie [simetri] *f* Symmetrie *f*; **~ique** symmetrisch; ⚠ *Schreibung*
sympa [sɛ̃pa] F *abr cf* ***sympathique***
sympath|ie [sɛ̃pati] *f* Sympathie *f*; Anteilnahme *f*; **~ique** sympathisch; **~iser** (1a) sympathisieren (***avec qn*** mit j-m)
symphon|ie [sɛ̃fɔni] *f mus u fig* Sinfonie *f*; **~ique** sinfonisch
symptôme [sɛ̃ptom] *m* Symptom *n*; *fig* Anzeichen *n*
synagogue [sinagɔg] *f* Synagoge *f*; ⚠ *Schreibung*
synchronis|ation [sɛ̃krɔnizasjɔ̃] *f* Synchronisierung *f*; **~er** (1a) synchronisieren
syncope [sɛ̃kɔp] *f mus* Synkope *f*; *méd* Ohnmacht *f*
syndic [sɛ̃dik] *m* Verwalter *m*; **~al, ~ale** (⚠ *m/pl* ***-aux***) gewerkschaftlich, Gewerkschafts...; **~aliser** [-alize] (1a) gewerkschaftlich organisieren; **~aliste** [-alist] **1.** *adj* Gewerkschafts...; **2.** *m, f* Gewerkschaftler(in) *m(f)*
syndicat [sɛ̃dika] *m* Gewerkschaft *f*; Verband *m*; ***~ d'initiative*** Fremdenverkehrsamt *n*
syndiqué, ~e [sɛ̃dike] gewerkschaftlich organisiert
syndrome [sɛ̃drom] *m* Syndrom *n*; ***~ immuno-déficitaire*** Immunschwächekrankheit *f*
synode [sinɔd] *m* Synode *f*; ⚠ ***le ~***
synonyme [sinɔnim] **1.** *adj* sinnverwandt, synonym; *fig* gleichbedeutend (***de*** mit); **2.** *m* Synonym *n*
syntaxe [sɛ̃taks] *f gr* Syntax *f*, Satzlehre *f*
synthèse [sɛ̃tɛz] *f* Synthese *f*
synthétique [sɛ̃tetik] synthetisch
synthétiseur [sɛ̃tetizœr] *m* Synthesizer *m*
syntoniseur [sɛ̃tɔnizœr] *m* Tuner *m*
Syrie [siri] ***la ~*** Syrien *n*
syri|en, ~enne [sirjɛ̃, -ɛn] syrisch
systémat|ique [sistematik] systematisch; **~iser** (1a) systematisieren
système [sistɛm] *m* System *n*; ***~ A.B.S.*** Antiblockiersystem *n*; ***~ monétaire européen*** Europäisches Währungssystem *n*; *EDV* ***~ d'exploitation*** Betriebssystem *n*; F ***je connais le ~*** ich weiß Bescheid; F ***le ~ D*** (= *débrouillard*) die nötigen Tricks (um sich aus der Affäre zu ziehen); F ***taper sur le ~*** auf den Keks gehen

S

T

ta [ta] *cf* ***ton²***
tabac [taba] *m* Tabak *m*; ***bureau*** *m od* ***débit*** *m* ***de ~*** Tabakladen *m*; F ***passage*** *m* ***à ~*** Prügel *pl* (*durch die Polizei*); ***faire un ~*** ein Riesenerfolg sein
tabagisme [tabaʒismə] *m* Nikotinsucht *f*; ***~ passif*** Passivrauchen *n*
tabatière [tabatjɛr] *f* Tabaksdose *f*
table [tablə] *f* Tisch *m*; Tafel *f*, Platte *f*; (Speise-)Tisch *m*; Tafelrunde *f*; Essen *n*; Tabelle *f*; ***~ pliante*** Klapptisch *m*; ***~ des matières*** Inhaltsverzeichnis *n*; ***à ~!*** zu Tisch!; ***~ ronde*** Gesprächsrunde *f*; ***se mettre à ~*** sich zu Tisch setzen; F auspacken
tableau [tablo] *m* (⚠ *pl* ***~x***) (Wand-)Tafel *f*; Brett *n*; Gemälde *n* (*a fig*); Bild *n*; *fig* Schilderung *f*; Liste *f*; Tabelle *f*; ***~ d'affichage*** Anschlag-, Anzeigetafel *f*; ***~ de bord*** Armaturenbrett *n*; ***~ noir*** Schultafel *f*
tablette [tablɛt] *f* (Wand-, Fach-)Brett *n*, Ablageplatte *f*; ***~ de chocolat*** Tafel *f* Schokolade; ⚠ *nicht* die Tablette; *nicht* das Tablett
tableur [tablœr] *m* *EDV* Tabellenkalkulation *f*
tablier [tablije] *m* Schürze *f*; *tech* Brückendecke *f*; *fig* ***rendre son ~*** seine Stelle aufgeben
tabou [tabu] **1.** *m* Tabu *n*; **2.** *adj* (⚠ *unv od f* ***~e***, *pl* ***~[e]s***) tabu
tabouret [taburɛ] *m* Schemel *m*; Hocker *m*
tac [tak] *m* ***répondre du ~ au ~*** schlagfertig sein
tache [taʃ] *f* Fleck *m*; Fehler *m*, Makel *m*; ***~s*** *pl* ***de rousseur*** Sommersprossen *f/pl*
tâche [tɑʃ] *f* Aufgabe *f*; ***à la ~*** im Akkord *od* Stücklohn
tacher [taʃe] (1a) beflecken, fleckig machen
tâcher [tɑʃe] (1a) ***~ de*** (+ *inf*) versuchen, sich bemühen zu (+ *inf*); ***~ que*** (+ *subj*) zusehen, dass ...
tacheté, ~e [taʃte] gefleckt, gesprenkelt
tachymètre [takimɛtrə] *m* *tech* Tachometer *m*
tacite [tasit] stillschweigend
taciturne [tasityrn] schweigsam

tacot [tako] *m* *auto* F alter Klapperkasten *m*
tact [takt] *m* Tastsinn *m*; *fig* Takt *m*; ⚠ *nicht in der Musik*
tact|icien [taktisjɛ̃] *m* *mil* Taktiker *m*; ***~ile*** [-il] Tast...; ***~ique*** **1.** *adj* taktisch; **2.** *f* Taktik *f*
tagueur [tagœr] *m* Sprayer *m*
taie [tɛ] *f* ***~ (d'oreiller)*** Kopfkissenbezug *m*
taillant [tajɑ̃] *m* Schneide *f* (*e-s Werkzeugs*)
taille [taj] *f* **1.** Beschneiden *n*, Schnitt *m*; Schneide *f*; Behauen *n*; **2.** (Körper-)Größe *f*, Wuchs *m*, Figur *f*, Statur *f*; Taille *f*; *fig* Größe *f*, Bedeutung *f*; ***être de ~ à*** (+ *inf*) fähig sein zu (+ *inf*); F ***de ~*** gewaltig
taille-crayon(s) [tajkrɛjɔ̃] *m* (⚠ *pl unv*) Bleistiftspitzer *m*
taill|er [taje] (1a) (be-, zu)schneiden; *Bleistift*: spitzen; *Edelstein*: schleifen; *Stein*: behauen; ***~eur*** *m* Schneider *m*; Kostüm *n*; ***~ de pierres*** Steinmetz *m*; ***~ de diamants*** Diamantschleifer *m*
taire [tɛr] (4aa) verschweigen; ***se ~*** schweigen (***sur qc*** über etw); verstummen; ***taisez-vous!*** halten Sie den Mund!; ***faire ~ qn*** j-n zum Schweigen bringen; j-m Ruhe gebieten
talc [talk] *m* Körperpuder *m*; Talkum *n*
talent [talɑ̃] *m* Talent *n*, Anlage *f*, Begabung *f*
talentu|eux, ~euse [talɑ̃tɥø, -øz] talentiert, begabt
talkie-walkie [tokiwolki] *m* (⚠ *pl* ***talkies-walkies***) Walkie-Talkie *n*
taloche [talɔʃ] F *f* Ohrfeige *f*
talon [talɔ̃] *m* Ferse *f*; *Schuh*: Absatz *m*; *Scheckbuch*: Stammabschnitt *m*
talonner [talɔne] (1a) hart verfolgen, bedrängen
talus [taly] *m* Abhang *m*, Böschung *f*
tambour [tɑ̃bur] *m* **1.** *mus*, *tech* Trommel *f*; **2.** Trommler *m*; ***~iner*** [-ine] (1a) trommeln
tamis [tami] *m* Sieb *n*
Tamise [tamiz] ***la ~*** die Themse
tamiser [tamize] (1a) sieben; *Licht*: dämpfen

tampon [tɑ̃pɔ̃] *m* Wattebausch *m*; Puffer *m*; Stempel *m*; *méd* Tampon *m*; **~ *dateur*** Datumsstempel *m*; **~ *encreur*** Stempelkissen *n*; **~ *buvard*** Löscher *m*; ***mémoire*** *f* **~** Puffer *m*
tamponn|ement [tɑ̃pɔnmɑ̃] *m* Zusammenstoß *m*; **~er** (1a) zustopfen; abtupfen (*Wunde*); abstempeln; *auto* prallen auf; **~euse *auto*** *f* **~** (Auto-)Skooter *m*
tandem [tɑ̃dɛm] *m* Tandem *n*; *fig* Gespann *n*
tandis que [tɑ̃di(s)kə] während (*zeitlich u gegensätzlich*)
tang|ent, ~ente [tɑ̃ʒɑ̃, -ɑ̃t] **1.** *adj math* berührend; F knapp; **2.** *f math* Tangente *f*; F ***prendre la tangente*** verduften
tangible [tɑ̃ʒiblə] fühlbar; greifbar
tanière [tanjɛr] *f* Höhle *f* (*der wilden Tiere*); *fig* Schlupfwinkel *m*
tank [tɑ̃k] *m* Tank *m*; *mil* Panzer *m*; **~er** [-ɛr] *m mar* Tanker *m*
tann|é, ~ée [tane] gegerbt (*a fig*); **~er** (1a) gerben; *fig* F belästigen, nerven; **~erie** *f* Gerberei *f*; **~eur** *m* Gerber *m*
tant [tɑ̃] **1.** *adv* so viel, so sehr; soundso viel; **~ *il est vrai que*** das bestätigt, dass; **~ *bien que mal*** so einigermaßen; mittelmäßig; **~ *mieux*** umso besser; **~ *pis*** schade; da kann man nichts machen; ***le*** **~** am Soundsovielten; **2.** *conj* **~ *que*** solange; **~ *qu'à faire!*** wennschon, dennschon!; **~ *et si bien que*** so weit, dass; ***si*** **~ *est que*** (+ *subj*) sofern; ***en*** **~ *que Français*** als Franzose; **~ ... *que*** sowohl ... als auch
tante [tɑ̃t] *f* Tante *f*
tantième [tɑ̃tjɛm] *m comm* Gewinnanteil *m*; ⚠ ***le*** **~**
tantôt [tɑ̃to] **1. *à*** **~** bis heute Nachmittag; **2.** **~** ... **~** ... bald ..., bald ...
Tanzanie [tɑ̃zani] ***la*** **~** Tansania *n*
taon [tɑ̃] *m zo* Bremse *f*.
tapag|e [tapaʒ] *m* Lärm *m*; *fig* Wirbel *m*; *jur* **~ *nocturne*** nächtliche Ruhestörung *f*; **~eur, ~euse** auffallend; lärmend
tape [tap] *f* Klaps *m*
tape-à-l'œil [tapalœj] (⚠ *unv*) protzig
tapecul [tapky] *m* Wippe *f*; *auto* F Rumpelkasten *m*
tapée [tape] *f* F Menge *f*, Haufen *m*
taper [tape] (1a) schlagen; klopfen; F anpumpen; F **~ (*à la machine*)** tippen; F **~ *sur les nerfs à qn*** j-m auf die Nerven gehen; *Sonne*: **~ (*dur*)** heiß brennen; F ***se*** **~ *qc*** sich etw gönnen; F ***se*** **~ *un travail*** eine Arbeit aufgebrummt bekommen; F ***se*** **~ *une femme*** eine Frau aufreißen
tapette [tapɛt] *f* Teppichklopfer *m*; Fliegenklatsche *f*; F gutes Mundwerk
tapis [tapi] *m* Teppich *m*; Decke *f*, Matte *f*; **~ *roulant*** Förderband *n*; Fahrsteig *m*; *fig* ***mettre sur le*** **~** zur Sprache bringen
tapiss|er [tapise] (1a) tapezieren; schmücken; **~erie** *f* Wandteppich *m*; **~ier, ~ière** [-je, -jɛr] *m, f* **1.** Teppichweber(in) *m(f)*; **2.** *nur m* Polsterer *m*; Tapezierer *m*
tapoter [tapɔte] (1a) leicht klopfen; tätscheln; *mus* klimpern
taquet [takɛ] *m* Pflock *m*; Keil *m*
taqu|in, ~ine [takɛ̃, -in] schalkhaft, schelmisch; **~iner** [-ine] (1a) hänseln, necken; **~inerie** [-inri] *f* Neckerei *f*, Hänselei *f*
tarabiscoté, ~e [tarabiskɔte] überladen; schwülstig (*Stil*)
tarabuster [tarabyste] (1a) **~ *qn*** j-n drängen, beunruhigen
tard [tar] *adv* spät; ***au plus*** **~** spätestens; ***pas plus*** **~ *que*** erst; ***sur le*** **~** in vorgerücktem Alter; **~ *dans la nuit*** spät in der Nacht; ***il se fait*** **~** es wird spät
tard|er [tarde] (1a) zögern; auf sich warten lassen; spät kommen; ***ne pas*** **~ *à faire qc*** bald etw tun; ***il me tarde de*** (+ *inf*) ich sehne mich danach, zu (+ *inf*); ***il me tarde que*** (+ *subj*) ich warte ungeduldig darauf, dass ...; **~if, ~ive** [-if, -iv] spät (eintretend, reifend)
tare [tar] *f* **1.** *comm* Verpackungsgewicht *n*; **2.** Fehler *m*, Mangel *m*; *fig* Makel *m*; **~ *héréditaire*** erbliche Belastung *f*
tarif [tarif] *m* Tarif *m*, Gebühr *f*
tarin [tarɛ̃] *m zo* Zeisig *m*; *arg* Nase *f*, Zinken *m* F
tarir [tarir] (2a) austrocknen; versiegen; *fig* erschöpfen; stocken; ***se*** **~** versiegen; sich erschöpfen
tarte [tart] **1.** *f* Torte *f*; Obstkuchen *m*; **2.** *adj* F hässlich; blöd
tartelette [tartəlɛt] *f* Törtchen *n*
tartin|e [tartin] *f* bestrichene Brotschnitte *f*; **~ *de beurre*** Butterbrot *n*; **~er** (1a) *Brotschnitte*: bestreichen; ***fromage*** *m* ***à*** **~** Streichkäse *m*

T

tartre [tartrə] *m* Weinstein *m*; Zahnstein *m*; Kesselstein *m*
tartuf(f)|e [tartyf] *m* Scheinheilige(r) *m*; **~erie** *f* Heuchelei *f*
tas [tɑ] *m* Haufen *m*; Menge *f*; ***sur le ~*** bei der Arbeit
tasse [tɑs] *f* Tasse *f*; ⚠ *unterscheide* ***une ~ de café*** e-e Tasse Kaffee; ***une ~ à café*** e-e Kaffeetasse
tasser [tɑse] (1a) feststampfen; zusammenpferchen; ***se ~*** sich senken; F *fig* sich geben, wieder in Ordnung kommen
tâter [tɑte] (1a) befühlen, betasten; *fig* sondieren; F ***~ de qc*** etw probieren
tatill|on, ~onne [tatijɔ̃, -ɔn] pedantisch; ⚠ *ohne* ***accent circonflexe***; ⚠ *f a* ***tatillon***
tâtonner [tɑtɔne] (1a) (herum)tappen; *fig* tastende Versuche machen
tâtons [tɑtɔ̃] *adv* ***à ~*** tastend, tappend
tatou|age [tatwaʒ] *m* Tätowieren *n*, -ung *f*; **~er** (1a) tätowieren
taudis [todi] *m* Elendswohnung *f*, Loch *n*
taule [tol] *f arg* Kittchen *n*, Knast *m*
taupe [top] *f zo* Maulwurf *m*
taureau [tɔro] *m* (⚠ *pl* ***~x***) *zo* Stier *m*, Bulle *m*; *astr* ♉ Stier *m*
tauromachie [tɔrɔmaʃi] *f* Stierkampf *m*
taux [to] *m* Kurs *m*, Quote *f*, Rate *f*, Satz *m*; ***~ (de l'intérêt)*** Zinsfuß *m*, -satz *m*; ***~ d'accroissement*** Zuwachsrate *f*; ***~ de mortalité*** Sterblichkeitsziffer *f*
taverne [tavɛrn] *f* Taverne *f*, Schänke *f*
tax|e [taks] *f* Gebühr *f*; festgesetzter Preis *m*; Steuer *f*, Abgabe *f*; ***~ sur*** *od* ***à la valeur ajoutée*** (*abr* ***T.V.A.***) Mehrwertsteuer *f*; ***~ de séjour*** Kurtaxe *f*; ***hors ~s*** ohne Mehrwertsteuer; **~er** (1a) besteuern; *Preis*: festsetzen; *fig* ***~ qn de qc*** j-n e-r Sache beschuldigen; ***~ qn de*** j-n bezeichnen als
taxi [taksi] *m* Taxi *n*; **~mètre** [-mɛtrə] *m* Taxameter *m*; **~phone** [-fɔn] *m* Münzfernsprecher *m*
Tchad [tʃad] ***le ~*** der Tschad
tchador [tʃadɔr] *m* Schador *m*, Tschador *m*
tchao! [tʃao] tschüss!
tchécoslova|que [tʃekɔslɔvak] *hist* tschechoslowakisch; **♀quie** [-ki] *hist* ***la ~*** die Tschechoslowakei
tchèque [tʃɛk] **1.** *adj* tschechisch; ***la République ~*** die Tschechische Republik, Tschechien *n*; **2.** ♀ *m, f* Tscheche *m*, Tschechin *f*
te [t(ə)] dich; dir
technic|ien, ~ienne [tɛknisjɛ̃, -jɛn] *m, f* Techniker(in) *m(f)*
technique [tɛknik] **1.** *adj* technisch; Fach...; ***terme*** *m* **~** Fachausdruck *m*; **2.** *f* Technik *f*
techno [tɛkno] *f* Techno *m*; ⚠***la ~***
techno|crate [tɛknɔkrat] *m* Technokrat *m*; **~cratie** [-krasi] *f* Technokratie *f*; **~logie** [-lɔʒi] *f* Technologie *f*, Technik *f*; **~logique** [-lɔʒik] technologisch
teck [tɛk] *m* Teakbaum *m*, -holz *n*
teckel [tekɛl] *m zo* Dackel *m*
T.E.D. [teøde] *m* (*abr* ***traitement électronique des données***) EDV *f*
tee-shirt [teʃœrt] *m* (⚠ *pl* ***tee-shirts***) T-Shirt *n*
tégument [tegymɑ̃] *m zo, bot* Haut *f*, Hülle *f*
teigne [tɛɲ] *f zo* Motte *f*; *méd* Grind *m*; *fig* Giftnudel *f* F
teindre [tɛ̃drə] (4b) färben
teint, teinte [tɛ̃, tɛ̃t] **1.** *adj* gefärbt; ***bon*** *od* ***grand teint*** (⚠ *unv*) farbecht; **2.** *m* Teint *m*, Gesichtsfarbe *f*; **3.** *f* Farbton *m*; Färbung *f* (*a fig.*)
teinter [tɛ̃te] (1a) tönen; *Holz*: beizen
teintur|e [tɛ̃tyr] *f* Farbe *f*; Färbung *f*; Tinktur *f*; **~erie** *f* Färberei *f*; chemische Reinigung *f*; **~ier, ~ière** [-je, -jɛr] *m, f* Färber(in) *m(f)*; ***donner un vêtement chez le teinturier*** ein Kleidungsstück zur chemischen Reinigung geben
tel, telle [tɛl] **1.** *adj* solche, solch ein(e), so ein(e), derartig; ***tel(s)*** *od* ***telle(s) que*** wie zum Beispiel (*vor e-r Aufzählung*); ***tel quel*** unverändert, im alten Zustand; ***prendre la chose telle quelle*** die Sache nehmen, wie sie ist; ***rien de tel que*** es gibt nichts Besseres als; ***à tel point que*** so sehr, dass; ***tel jour*** an dem und dem Tag; **2.** ***Monsieur Un tel*** Herr Soundso; ***Madame Une telle*** Frau Sowieso
télé [tele] *f* F *abr cf* ***télévision***
télé... [tele] *in Zssgn* fern..., Fern...; Fernseh...
télé|achat [teleaʃa] *m* Teleshopping *n*; **~benne** [-bɛn] *f* Kabinenseilbahn *f*; **~carte** [-kart] *f* Telefonkarte *f*; **~chargement** [-ʃarʒmɑ̃] *m EDV* Downloa-

ding *n*; Uploading *n*; **~commande** [-kɔmɑ̃d] *f* Fernsteuerung *f*; **~commander** [-kɔmɑ̃de] (1a) fernsteuern; **~communication** [-kɔmynikasjɔ̃] *f meist pl* **~s** Fernmeldetechnik *f*, -wesen *n*; **~conférence** [-kɔ̃ferɑ̃s] *f* Konferenzschaltung *f*; **~copie** [-kɔpi] *f* Telekopie *f*, Telefax *n*; **~copieur** [-kɔpjœr] *m* Faxgerät *n*, Fernkopierer *m*; **~distribution** [-distribysjɔ̃] *f* Kabelfernsehen *n*; **~fax** [-faks] *m* Telefax *n*; **~férique** [-ferik] *cf* ***téléphérique***; **~génique** [-ʒenik] telegen

télé|gramme [-gram] *m* Telegramm *n*; ***par*** **~** telegraphisch; **~graphe** [-graf] *m* Telegraf *m*; **~graphie** [-grafi] *f* Telegrafie *f*; **~** ***sans fil*** (*abr* ***T.S.F.***) drahtlose Telegrafie; **~graphier** [-grafje] (1a) telegrafieren; **~graphique** [-grafik] telegrafisch

télé|guidage [telegidaʒ] *m* Fernlenkung *f*; **~guider** [-gide] (1a) fernlenken; **~imprimeur** [-ɛ̃primœr] *m* Fernschreiber *m*; **~informatique** [-ɛ̃fɔrmatik] *f* Datenfernverarbeitung *f*; **~journal** [-ʒurnal] *m* (⚠ *pl* ***-aux***) Fernsehnachrichten *pl*; **~objectif** [-ɔbʒɛktif] *m* Teleobjektiv *n*; **~pathie** [-pati] *f* Telepathie *f*; **~phérique** [-ferik] *m* (Draht-)Seilbahn *f*

téléphon|e [telefɔn] *m* Telefon *n*; **~** ***sans fil*** schnurloses Telefon *n*; **~** ***mobil*** Mobiltelefon *n*; **~** ***portable*** Funktelefon *n*, Handy *n*; **~** ***à cartes*** Kartentelefon *n*; **~** ***à touches*** Tastentelefon *n*; **~** ***de voiture*** Autotelefon *n*; ***abonné*** *m* ***au*** **~** Fernsprechteilnehmer *m*; ***coup*** *m* ***de*** **~** Anruf *m*; ***par*** **~** telefonisch; ***avoir le*** **~** Telefon haben; **~er** (1a) **~** ***à qn*** mit j-m telefonieren, j-n anrufen; **~** ***qc*** etw telefonisch durchsagen; **~ique** telefonisch, Fernsprech..., fernmündlich; ***cabine*** *f* **~** Fernsprechzelle *f*; ***appel*** *m* **~** Anruf *m*; **~iste** *m*, *f* Telefonist(in) *m*(*f*)

télescopage [teleskɔpaʒ] *m* Zusammenstoß *m*, Auffahren *n*

télescop|e [teleskɔp] *m* Teleskop *n*, Fernrohr *n*; ⚠ *Schreibung*; **~er** (1a) zusammenstoßen mit, auffahren auf; ***se*** **~** zusammenstoßen; **~ique** ausziehbar

téléscripteur [teleskriptœr] *m* Fernschreiber *m*

télé|siège [telesjɛʒ] *m* Sessellift *m*; **~ski** *m* Schlepplift m

téléspecta|teur, ~trice [telespɛktatœr, -tris] *m*, *f* Fernsehzuschauer(in) *m*(*f*)

télé|traitement [teletrɛtmɑ̃] *m* Datenfernverarbeitung *f*; **~travail** [-travaj] *m* Telearbeit *f*

télévis|é, ~ée [televize] im Fernsehen übertragen, Fernseh...; **~eur** *m* Fernsehgerät *n*, Fernseher *m*; **~ion** *f* Fernsehen *n*; Fernsehgerät *n*, Fernseher *m*; **~** ***par cable, satellite*** Kabel-, Satellitenfernsehen *n*

télex [telɛks] *m* Fernschreiben *n*; Telex *n*

tellement [tɛlmɑ̃] *adv* so, derartig, so sehr, so viel

témér|aire [temerɛr] waghalsig, verwegen, (toll)kühn; **~ité** *f* (Toll-)Kühnheit *f*

témoign|age [temwaɲaʒ] *m* Zeugenaussage *f*; Zeugnis *n*; Beweis *m*, Zeichen *n*; **~er** (1a) bekunden; als Zeuge aussagen; **~** ***de qc*** etw bezeugen, von etw zeugen, etw beweisen

témoin [temwɛ̃] *m* Zeuge *m*, Zeugin *f*; Beweis *m*; ***appartement*** *m* **~** Musterwohnung *f*

tempe [tɑ̃p] *f* Schläfe *f*

tempérament [tɑ̃peramɑ̃] *m* Temperament *n*, Veranlagung *f*, Gemütsart *f*; Konstitution *f*; ***à*** **~** auf Abzahlung, in Raten; ***avoir du*** **~** sinnlich *od* heißblütig sein; ⚠ *nicht* Temperament haben

tempérance [tɑ̃perɑ̃s] *f* Mäßigkeit *f*, Enthaltsamkeit *f*

tempér|ature [tɑ̃peratyr] *f* Temperatur *f*; ***avoir de la*** **~** Fieber haben; **~é, ~ée** gemäßigt; **~er** (1f) mildern, mäßigen

tempête [tɑ̃pɛt] *f* Sturm *m* (*a fig*)

temple [tɑ̃plə] *m* Tempel *m*; *protestantische* Kirche *f*

tempor|aire [tɑ̃pɔrɛr] zeitweilig, vorübergehend; **~el, ~elle** *rel* zeitlich, irdisch; weltlich; *gr* Temporal...

temporiser [tɑ̃pɔrize] (1a) abwarten

temps [tɑ̃] *m* **1.** Zeit *f*; *mus* Taktzeit *f*; *tech* Takt *m*; *EDV* **~** ***d'accès*** Zugriffszeit *f*; ***mesure*** *f* ***à trois*** **~** Dreivierteltakt *m*; ***moteur*** *m* ***à deux*** **~** Zweitaktmotor *m*; ***à*** **~** rechtzeitig, beizeiten; ***de*** **~** ***à autre***, ***de*** **~** ***en*** **~** von Zeit zu Zeit; (***ne pas***) ***avoir le*** **~** (keine) Zeit haben; ***tout le*** **~** ständig; ***dans le*** **~** ehemals; ***de***

T

mon ~ zu meiner Zeit; ***en tout*** ~ zu jeder Zeit; ***du*** ~ ***que*** als; ***il est*** ~ ***de*** (+ *inf*) es ist Zeit zu (+ *inf*); ***il est*** ~ ***que*** (+ *subj*) es ist Zeit, dass ...; ***il est grand*** ~ es ist höchste Zeit; ***de tout*** ~ von jeher; ***en même*** ~ gleichzeitig, zugleich; ***au bon vieux*** ~ in der guten, alten Zeit; **2.** Wetter *n*; ***par beau*** ~ bei schönem Wetter; ***quel*** ~ ***fait-il?*** wie ist das Wetter?

tenace [tənas] zäh, hartnäckig, ausdauernd

ténacité [tenasite] *f* Zähigkeit *f* (*a fig*), Hartnäckigkeit *f*; ⚠ *Schreibung*

tenaille [t(ə)naj] *f meist pl* **~s** (Kneif-)Zange *f*

tenanc|ier, ~ière [tənɑ̃sje, -jɛr] *m, f* Inhaber(in) *m(f)*

tendanc|e [tɑ̃dɑ̃s] *f* Tendenz *f*, Streben *n*, Richtung *f*, Trend *m*, Neigung *f*, Hang *m*; **~ieux, ~ieuse** [-jø, -jøz] tendenziös; ⚠ *Schreibung*

tendon [tɑ̃dɔ̃] *m* Sehne *f*

tendre[1] [tɑ̃drə] (4a) spannen; *Kräfte, Geist*: anspannen, anstrengen; *Falle*: stellen; *Arm*: ausstrecken; ~ ***la main*** die Hand reichen (*a fig*); ~ ***à qc*** nach etw streben; auf etw abzielen

tendre[2] [tɑ̃drə] *adj* zart; weich; zärtlich, liebevoll; lieblich; *fig* ***âge*** *m* ~ Kindheit *f*

tendresse [tɑ̃drɛs] *f* Zärtlichkeit *f*

tendu, ~e [tɑ̃dy] (an)gespannt (*a fig*), straff

ténèbres [tenɛbrə] *f/pl* Finsternis *f*

ténébr|eux, ~euse [tenebrø, -øz] finster, dunkel; düster, undurchsichtig

teneur [tənœr] *f* Wortlaut *m*; Inhalt *m*; Gehalt *m* (***en*** an); ~ ***en alcool*** Alkoholgehalt *m*

ténia [tenja] *m zo* Bandwurm *m*

tenir [t(ə)nir] (2h) halten; festhalten; haben, besitzen; führen; *Platz*: einnehmen, haben; ~ ***pour*** halten für; ~ ***compte de qc*** etw berücksichtigen; *auto* ~ (***bien***) ***la route*** gut auf der Straße liegen; ~ ***qc de qn*** etw von j-m haben; ~ ***parole*** sein Wort halten; ***tiens!*** *od* ***tenez!*** da, nimm! *od* nehmt!; da schau her!; sehen Sie!; ~ ***à qc***, ***qn*** an etw, j-m hängen; Wert auf etw, j-n legen; ~ ***à*** liegen an, kommen von; ~ ***de qn*** j-m ähnlich sein, j-m nachschlagen; ~ ***bon*** standhalten; ***se*** ~ stattfinden; sich (fest)halten (***à*** an); ***se*** ~ ***pour*** sich halten für; ***se*** ~ ***mal*** sich schlecht benehmen; ***s'en*** ~ ***à qc*** sich an etw halten; es bei etw bewenden lassen

tennis [tenis] *m* Tennis *n*

ténor [tenɔr] *m mus* Tenor *m*

tension [tɑ̃sjɔ̃] *f* Spannung *f*; Anspannung *f*; *méd* Blutdruck *m*; ***faire de la*** ~ hohen Blutdruck haben; ***chute*** *f* ***de*** ~ Spannungsabfall *m*; Blutdruckabfall *m*

tentacule [tɑ̃takyl] *m zo* Fangarm *m*

tent|ant, ~ante [tɑ̃tɑ̃, -ɑ̃t] verlockend, reizvoll

tentation [tɑ̃tasjɔ̃] *f* Versuchung *f*, Verlockung *f*

tentative [tɑ̃tativ] *f* Versuch *m*

tente [tɑ̃t] *f* Zelt *n*; ***dresser***, ***monter***, ***planter*** (***démonter***) ***une*** ~ ein Zelt aufschlagen (abbrechen); ***vivre sous la*** ~ im Zelt leben

tenter [tɑ̃te] (1a) versuchen, verlocken, reizen; wagen; ***être tenté***(***e***) ***de*** (+ *inf*) in Versuchung kommen *od* versucht sein zu (+ *inf*); ~ ***de*** (+ *inf*) versuchen zu (+ *inf*)

tenture [tɑ̃tyr] *f* Wandbehang *m*, (Stoff-)Tapete *f*

tenu, ~e [t(ə)ny] *p/p von* ***tenir*** *u adj* ~ ***à qc*** zu etw verpflichtet; ***être*** ~ ***de faire qc*** gehalten sein, etw zu tun; ***bien*** ~ gepflegt; ***mal*** ~ verwahrlost

ténu, ~e [teny] dünn, fein

tenue [t(ə)ny] *f* Haltung *f*, Führung *f*; Betragen *n*, Benehmen *n*; Anzug *m*, Kleidung *f*, *mil* Uniform *f*; ***en grande*** ~ in Paradeuniform; *auto* ~ ***de route*** Straßenlage *f*

ter [tɛr] *bei Hausnummern*: b

térébenthine [terebɑ̃tin] *f* Terpentin *n*; ⚠ ***la*** ~

tergiverser [tɛrʒivɛrse] (1a) Ausflüchte, Winkelzüge machen

terme [tɛrm] *m* **1.** Ende *n*, Termin *m*; Frist *f*; Zeit(punkt) *f*(*m*); ***à long*** ~ langfristig; **2.** Ausdruck *m*, Wort *n*; ~ ***technique*** Fachausdruck *m*; ***être en bons*** **~*s*** ***avec qn*** mit j-m auf gutem Fuß stehen

termin|aison [tɛrminɛzɔ̃] *f gr* Endung *f*; **~al, ~ale** (⚠ *m/pl* ***-aux***) **1.** *adj* End..., Schluss...; **2.** *m* Terminal *m od n* (*a EDV*); **3.** *f* Abiturklasse *f*; **~er** (1a) abschließen, beenden; ***se*** ~ enden (***par*** mit), zu Ende gehen; ***se*** ~ ***en pointe*** spitz auslaufen

T

terminologie [tɛrminɔlɔʒi] *f* Fachsprache *f*, Terminologie *f*
terminus [tɛrminys] *m* Endstation *f*
tern|e [tɛrn] matt, trüb, glanzlos; *fig* eintönig; **~ir** (2a) matt, glanzlos machen; *fig* trüben; **se ~** trüb werden
terrain [tɛrɛ̃] *m* Gelände *n*, Terrain *n* (*a fig*); Grundstück *n*; Boden *m*; *géol* Formation *f*; **~ à bâtir** Bauplatz *m*; **~ de jeu** Spielplatz *m*; **~ de camping** Camping-, Zeltplatz *m*; **~ d'aviation** Flugplatz *m*; **véhicule** *m* **tout ~** Geländefahrzeug *n*
terrass|e [tɛras] *f* Terrasse *f*; **~ement** [-mɑ̃] *m* (**travaux** *m/pl* **de**) **~** Erdarbeiten *f/pl*; **~er** (1a) niederwerfen, -strecken, -schlagen (*a fig*)
terre [tɛr] *f* Erde *f*, Erdboden *m*; Land *n*; Grundbesitz *m*; Welt *f*; **~ cuite** Terrakotta *f*; **~ ferme** Festland *n*; **~ à ~** prosaisch, nüchtern; **à** *od* **par ~** auf dem (den) Boden; **pomme** *f* **de ~** Kartoffel *f*; **sur** (**la**) **~** auf der Erde *od* Welt; **la** ♀ **sainte** das Heilige Land; **la** ♀ **promise** das Gelobte Land; **de**, **en ~** tönern, aus Ton
terreau [tɛro] *m* (⚠ *pl* **~x**) Gartenerde *f*, Humus *m*
Terre-Neuve [tɛrnœv] **1.** *f* (⚠ *wird artikellos gebraucht*) Neufundland *n*; **2.** ♀ *m* (⚠ *pl unv*) *zo* Neufundländer *m*
terre-plein [tɛrplɛ̃] *m* (⚠ *pl* **terre-pleins**) Erdaufschüttung *f*; **~ central** Mittelstreifen *m* (*Autobahn*)
terrestre [tɛrɛstrə] Land..., Erd...; irdisch, weltlich
terreur [tɛrœr] *f* Schrecken *m*; Terror *m*; ⚠ **la ~**
terrible [tɛriblə] schrecklich, furchtbar; F gewaltig, außerordentlich; **~ment** *adv* furchtbar
terr|ien, ~ienne [tɛrjɛ̃, -jɛn] **1.** *adj* Grund und Boden besitzend; **propriétaire** *m* **~** Grundbesitzer; **2.** *m, f* Erdbewohner(in) *m(f)*
terrier [tɛrje] *m* Bau *m* (*e-s Tiers*); *zo* Terrier *m*
terrifier [tɛrifje] (1a) in Schrecken versetzen
terril [tɛril] *m* Abraumhalde *f*
terrine [tɛrin] *f* tiefe Tonschüssel *f*; Pastete *f*
territoire [tɛritwar] *m* Territorium *n*, (Hoheits-)Gebiet *n*
territorial, ~e [tɛritɔrjal] (⚠ *m/pl* **-aux**) territorial, Gebiets...; **eaux** *f/pl* **territoriales** Hoheitsgewässer *n/pl*
terroir [tɛrwar] *m* Boden *m*; Gegend *f*, Region *f*; **sentir son ~** seine Herkunft erkennen lassen
terror|iser [tɛrɔrize] (1a) terrorisieren; **~isme** *m* Terrorismus *m*; **~iste 1.** *adj* terroristisch; **2.** *m, f* Terrorist(in) *m(f)*
tertiaire [tɛrsjɛr] tertiär; *écon* **secteur** *m* **~** Dienstleistungssektor *m*
tertio [tɛrsjo] drittens
tertre [tɛrtrə] *m* Anhöhe *f*.
tes [te] *cf* **ton²**
tessiture [tesityr] *f mus* Stimmlage *f*
tesson [tesɔ̃] *m* Scherbe *f*
test [tɛst] *m* Test *m*; Probe *f*; **~ de grossesse** Schwangerschaftstest *m*; **~ d'intelligence** Intelligenztest *m*; **passer des ~s** getestet werden
testament [tɛstamɑ̃] *m* Testament *n*
tester [tɛste] (1a) testen
testicule [tɛstikyl] *m* Hoden *m*
tétanos [tetanos] *m méd* Wundstarrkrampf *m*, Tetanus *m*
têtard [tɛtar] *m zo* Kaulquappe *f*
tête [tɛt] *f* Kopf *m*; *fig* Verstand *m*; Aussehen *n*; oberer *od* vorderer Teil *m*; **coup** *m* **de ~** unüberlegte Handlung *f*; **~ baissée** blindlings; **la ~ basse** kleinlaut; **la ~ haute** erhobenen Hauptes; **de ~** im Kopf; **avoir la ~ dure** ein Dickkopf sein; *fig* **se casser la ~** sich den Kopf zerbrechen; **n'en faire qu'à sa ~** seinen eigenen Kopf haben; **tenir ~** die Stirn bieten; **piquer une ~** e-n Kopfsprung *ins Wasser* machen; **par ~** pro Kopf; **faire une sale ~** ein saures Gesicht machen; **faire la ~** schmollen; *fig* **il se paie ta ~** er hält dich zum Narren; **~ nucléaire** Atomsprengkopf *m*; **en ~** an der Spitze, vorne; **à la ~ de** an der Spitze von
tête-à-tête [tɛtatɛt] *m* (⚠ *pl unv*) Gespräch *n* unter vier Augen
téter [tete] (1f) saugen
tétine [tetin] *f* Sauger *m*, Schnuller *m*
téton [tetɔ̃] F *m* Brust *f*
têtu, ~e [tety] starrköpfig, eigensinnig
texte [tɛkst] *m* Text *m*; **lire un auteur dans le ~** e-n Autor im Original lesen
textile [tɛkstil] **1.** *adj* Faser..., Textil...; **2.** *m* Faserstoff *m*; Textilerzeugnis *n*; Textilindustrie *f*; **~s** *pl* Textilien *f/pl*
textuel, ~le [tɛkstɥɛl] wörtlich

texture [tɛkstyr] *f* Struktur *f*
T.G.V. [teʒeve] *m* (*abr* ***train à grande vitesse***) Hochgeschwindigkeitszug *m*
Thaïlande [tailɑ̃d] ***la ~*** Thailand *n*
thalidomide [talidɔmid] *f* Contergan *n*
thé [te] *m* Tee *m*; ***~ au lait*** Tee mit Milch; ***~ dansant*** Tanztee *m*
théâtral, ~e [teɑtral] (⚠ *m/pl* ***-aux***) Theater..., Bühnen...; pathetisch, theatralisch
théâtre [teɑtrə] *m* Theater *n*; Bühne *f*; Drama *n*; *fig* Schauplatz *m*; ***pièce*** *f* ***de ~*** Theaterstück *n*; ***coup*** *m* ***de ~*** Knalleffekt *m*; ***~ en plein air*** Freilichtbühne *f*
théière [tejɛr] *f* Teekanne *f*
thème [tɛm] *m* Thema *n*; Gegenstand *m*; *Schule*: Übersetzung *f* in die Fremdsprache, Hinübersetzung *f*
théolog|ie [teɔlɔʒi] *f* Theologie *f*; **~ien** *m* Theologe *m*
théorème [teɔrɛm] *m* Lehrsatz *m*
théoric|ien, ~ienne [teɔrisjɛ̃, -jɛn] *m, f* Theoretiker(in) *m(f)*
théorie [teɔri] *f* Theorie *f*, Lehre *f*
théorique [teɔrik] theoretisch
thérapeutique [terapøtik] **1.** *f* Therapeutik *f*; Therapie *f*; **2.** *adj* therapeutisch
thérapie [terapi] *f* Heilkunde *f*; Therapie *f*; ***~ de groupe*** Gruppentherapie *f*; ***~ occupationnelle*** Beschäftigungstherapie *f*
thermal, ~e [tɛrmal] (⚠ *m/pl* ***-aux***) Thermal...; ***station*** *f* ***thermale*** Kurort *m*
therm|es [tɛrm] *m/pl* Thermen *f/pl*; Kuranstalt *f*; **~ique** *phys* thermisch, Wärme...
thermo|mètre [tɛrmɔmɛtrə] *m* Thermometer *n*; **~plongeur** [-plɔ̃ʒœr] *m* Tauchsieder *m*; **~pompe** [-pɔ̃p] *f* Wärmepumpe *f*
thermos [tɛrmos] *f od m* Thermosflasche *f*
thermostat [tɛrmɔsta] *m* Thermostat *m*
thésauriser [tezɔrize] (1a) horten
thèse [tɛz] *f* These *f*, Behauptung *f*; *Universität*: Dissertation *f*, Doktorarbeit *f*; *Theater*: ***pièce*** *f* ***à ~*** Tendenzstück *n*
thon [tɔ̃] *m zo* Tunfisch *m*
thorax [tɔraks] *m* Brustkorb *m*
Thurgovie [tyrgɔvi] ***la ~*** der Thurgau
thym [tɛ̃] *m bot* Thymian *m*
thyroïde [tirɔid] *f méd* Schilddrüse *f*

T

tiare [tjar] *f* Tiara *f* (*des Papstes*)
tibia [tibja] *m* Schienbein *n*
tic [tik] *m* Zucken *n*; Tick *m* (*a fig*)
ticket [tikɛ] *m* Eintrittskarte *f*; Fahrschein *m*, -karte *f*; (Essens-)Marke *f*
tiède [tjɛd] lauwarm; lau (*a fig*)
tiéd|eur [tjedœr] *f* laue Wärme *f*; Lauheit *f* (*a fig*); **~ir** (2a) lau(warm) werden
tien, tienne [tjɛ̃, tjɛn] ***le tien***, ***la tienne*** der, die, das dein(ig)e; deine(r, -s); F ***à la tienne!*** prost!
tiens [tjɛ̃] *cf* ***tenir***
tierce [tjɛrs] *f mus* Terz *f*
tiercé [tjɛrse] *m Pferdewette*: Dreierwette *f*
tiers, tierce [tjɛr, tjɛrs] **1.** *adj* dritte; *pol* ***le tiers monde*** die Dritte Welt; *hist* ***le Tiers État*** der dritte Stand; **2.** *m math* Drittel *n*; *jur* ***un ~*** ein Dritter
tige [tiʒ] *f* Stängel *m*, Stiel *m*, Halm *m*; Schaft *m*, Stange *f*; ***~s*** *pl* ***de forage*** Bohrgestänge *n*
tignasse [tiɲas] *f* Haarschopf *m*, Mähne *f*
tigr|e, ~esse [tigrə, -ɛs] *m, f* Tiger(in) *m(f)*; **~é, ~ée** getigert, gefleckt
tilleul [tijœl] *m* Linde *f*; Lindenblütentee *m*
timbale [tɛ̃bal] *f* (Trink-)Becher *m*; *mus* (Kessel-)Pauke *f*; *cuis* (*Art*) Auflauf *m*
timbre [tɛ̃brə] *m* **1.** Klingel *f*; Hammerglocke *f*; **2.** Klangfarbe *f*; **3.** Briefmarke *f*; Stempel *m*; Gebührenmarke *f*
timbré, ~e [tɛ̃bre] **1.** gestempelt; frankiert; **2.** F übergeschnappt
timbre-poste [tɛ̃brəpɔst] *m* (⚠ *pl* ***timbres-poste***) Briefmarke *f*
timid|e [timid] schüchtern; **~ité** *f* Schüchternheit *f*
tins [tɛ̃] *p/s von* ***tenir***
tintamarre [tɛ̃tamar] *m* Spektakel *m*, Getöse *n*
tint|ement [tɛ̃tmɑ̃] *m* Klingen *n*; Gebimmel *n*; **~er** (1a) klingen, klirren; läuten, bimmeln
tique [tik] *f zo* Zecke *f*
tir [tir] *m* Schießen *n*, Beschuss *m*; Schuss *m*
tirade [tirad] *f* Tirade *f*, Wortschwall *m*
tirage [tiraʒ] *m* **1.** Ziehen *n*, Ziehung *f*; Zug *m* (*e-s Kamins*); Abziehen *n*, Kopieren *n*; **2.** Druck *m*, Abdruck *m*; Ausgabe *f*, Auflage *f*; **3.** F Schwierigkeiten *f/pl*, Reibereien *f/pl*

tirailler [tiraje] (1a) hin- und herziehen; F herumknallen
tire|-au-flanc [tiroflɑ̃] *m* (⚠ *pl unv*) F Drückeberger *m*; **~-bouchon** [-buʃɔ̃] *m* (⚠ *pl* ***tire-bouchons***) Korkenzieher *m*; **~-fesses** [-fɛs] F *m* (⚠ *pl unv*) *cf* ***téléski***
tirelire [tirlir] *f* Sparbüchse *f*
tirer [tire] (1a) **1.** ziehen; heraus-, hervorziehen; abziehen; drucken; *fig* herleiten (**de** von); *Gewinn*: herausholen; *Plan*: zeichnen; *Scheck*: ausstellen; **~ *les cartes*** die Karten legen; **~ *à sa fin*** zu Ende gehen; **~ *au sort*** (aus)losen; **~ *sur le bleu*** ins Blaue (hinüber)spielen; ***se ~ d'affaire*** sich aus der Affäre ziehen; F ***se ~*** abhauen; **2.** schießen, abfeuern
tir|et [tirɛ] *m* Gedankenstrich *m*; **~eur** *m* Schütze *m*; *Scheck*: Aussteller *m*; **~ *d'élite*** Scharfschütze *m*; **~euse** *f* **~ *de cartes*** Kartenlegerin *f*
tiroir [tirwar] *m* Schublade *f*; ***roman m à ~s*** Roman *m* mit zahlreichen Einschüben; **~-caisse** [-kɛs] *m* (⚠ *pl* ***tiroirs-caisses***) Registrierkasse *f*
tisane [tizan] *f* Kräutertee *m*
tis|on [tizɔ̃] *m* glimmendes Holzstück *n*; **~onnier** [-ɔnje] *m* Schürhaken *m*
tiss|age [tisaʒ] *m* Weben *n*; Weberei *f*; **~er** (1a) weben; *fig* anzetteln
tisserand [tisrɑ̃] *m* Weber *m*
tissu [tisy] *m* Stoff *m*; Gewebe *n* (*a fig u biol*); **~-éponge** [-epɔ̃ʒ] *m* (*pl* ***tissus-éponges***) Frottee(stoff *m*) *m od n*
titi [titi] *m* F **~ *parisien*** Pariser Straßenjunge *m*
titre [titrə] *m* **1.** (Buch-, Ehren-)Titel *m*; Überschrift *f*; Amtsbezeichnung *f*; **2.** Rechtstitel *m*, -anspruch *m*; Urkunde *f*; *comm* Wertpapier *n*; ***à ce ~*** aus diesem Grund; als solche(r); ***à juste ~*** mit vollem Recht; ***à ~ de*** (in der Eigenschaft) als; ***à ~ d'essai*** versuchsweise; ***à ~ officiel*** von Amts wegen; ***au même ~*** mit dem gleichen Recht; ***en ~*** beamtet; ***au ~ de*** gemäß
titrer [titre] (1a) *Zeitung*: als Überschrift *od* Schlagzeile bringen
tituber [titybe] (1a) taumeln, schwanken
titulaire [titylɛr] **1.** *adj* verbeamtet, fest angestellt; **2.** *m, f* Inhaber(in) *m(f)* (*e-s Amtes, e-s Rechts*); **~ *du compte*** Kontoinhaber *m*
titulariser [titylarize] (1a) fest anstellen, verbeamten
toast [tost] *m* Toast *m* (*a Brot*); Trinkspruch *m*
toboggan [tɔbɔgɑ̃] *m* Rutschbahn *f*; (Straßen-)Überführung *f*; *aviat* Notrutsche *f*
toc [tɔk] **1.** tapp (*Klopfgeräusch*); **2.** *adj* F ***il est ~*** er ist bekloppt; **3.** *m* ***du ~*** Kitsch *m*; Imitation *f*
tocsin [tɔksɛ̃] *m* Sturm-, Alarmglocke *f*
toge [tɔʒ] *f* Robe *f*; *hist* Toga *f*
tohu-bohu [tɔybɔy] *m* Tumult *m*, lärmendes Durcheinander *n*
toi [twa] du; dich; dir
toile [twal] *f* Leinen *n*, Leinwand *f*, (Lein-)Tuch *n*; (Öl-)Gemälde *n*; ***de od en ~*** aus Leinen, Leinen..., leinen; **~ *d'araignée*** Spinnwebe *f*
toilette [twalɛt] *f* Waschen *n*; Kleidung *f*; Toilette *f*; **~s** *pl* WC *n*; ***faire sa ~*** sich waschen
toi-même [twamɛm] du, dich selbst
tois|e [twaz] *f* Messstab *m*; *hist* Klafter *m od n*; **~er** (1a) (j-s Körpergröße) messen; *fig* mustern
toison [twazɔ̃] *f* Wolle *f*; Vlies *n* (*a hist*); *fig* dichtes Haar *n*
toit [twa] *m* Dach *n*; *fig* Haus *n*; *auto* **~ *ouvrant*** Schiebedach *n*
toiture [twatyr] *f* Bedachung *f*
tôle [tol] *f* Blech *n*
tolér|able [tɔlerablə] erträglich; **~ance** *f* Toleranz *f*; Duldung *f*; Duldsamkeit *f*; *tech* Spielraum *m*; **~ant, ~ante** [-ɑ̃, -ɑ̃t] tolerant; **~er** (1f) dulden, (v)ertragen
tomate [tɔmat] *f* Tomate *f*
tomb|e [tɔ̃b] *f* Grab(stätte) *n(f)*; **~eau** [-o] *m* (⚠ *pl* **~x**) Grabstätte *f*, Grabmal *n*; Grab *n* (*a fig*)
tombée [tɔ̃be] *f* ***à la ~ de la nuit*** bei Einbruch der Nacht
tomber [tɔ̃be] (1a) **1.** (*mit* ***être***) fallen; (ab)stürzen; hinab-, herunterfallen; ausfallen, -gehen (*Haar*); herabhängen; umfallen; *in e-n Zustand*: geraten, kommen; werden; ***faire ~*** umwerfen; ***laisser ~*** fallen lassen, aufgeben; **~ *sur qn*** sich auf j-n stürzen; j-n zufällig treffen; **~ *juste*** es erraten; ***je suis bien tombé*** ich hab's gut getroffen; **~ *malade*** krank werden; **~ *d'accord*** sich einig werden, sich verständigen; ***ça tombe***

mal das trifft sich schlecht; **2.** (*mit* ***avoir***) F *Jacke*: ausziehen; *Frau*: verführen
tome [tɔm] *m* Band *m*, Buch *n*
ton¹ [tõ] *m* Ton *m* (*a fig*); *mus* Tonart *f*, Tonschritt *m*; *fig* Farbton *m*; *fig* Umgangston *m*, Redeweise *f*; ***il est de bon ~ de*** (+ *inf*) es gehört sich zu (+ *inf*)
ton² *m*, **ta** *f*, **tes** *pl* [tõ, ta, te] dein(e) *m*, *n* (*f*; *pl*); ⚠ *im sg f*: *vor Vokal u stummem h* ***ton***
tonalité [tɔnalite] *f* Tonart *f*; Klang *m*; *tél* Wählton *m*
tondeuse [tõdøz] *f* Rasenmäher *m*
tondre [tõdrə] (4a) (ab)scheren; *Hecken*: beschneiden; *Rasen*: mähen
tonifier [tɔnifje] (1a) stärken; beleben
tonique [tɔnik] **1.** *m* Stärkungsmittel *n*, Tonikum *n*; **2.** *f mus* Grundton *m*, Tonika *f*; **3.** *adj* kräftigend; belebend; *gr* betont
tonnage [tɔnaʒ] *m* Tonnage *f*; ⚠ ***le ~***
tonn|e [tɔn] *f* Tonne *f* (*Gewicht*); **~eau** [-o] *m* (⚠ *pl* **~x**) Fass *n*; *mar* Registertonne *f*; ⚠ *nicht verwechseln mit* ***la tonne***; **~elet** [-lɛ] *m* Fässchen *n*, Tönnchen *n*; **~elier** [-əlje] *m* Böttcher *m*, Küfer *m*; **~elle** *f* Gartenlaube *f*
tonner [tɔne] (1a) donnern (*a fig*)
tonnerre [tɔnɛr] *m* Donner *m*; F ... ***du ~*** fantastisch, großartig; ⚠ ***le ~***
tonte [tõt] *f* (Schaf-)Schur *f*, Scheren *n*; Schurwolle *f*; *Rasen*: Mähen *n*
tonton [tõtõ] *enf m* Onkel *m*
top [tɔp] *m* Zeitzeichen *n*, (Signal-)Ton *m*
topaze [tɔpaz] *f* Topas *m*; ⚠ ***la ~***
tope! [tɔp] topp!, es gilt!
topographie [tɔpɔgrafi] f Ortsbeschreibung *f*, -kunde *f*, Topografie *f*
toquade [tɔkad] F *f* Marotte *f*; Vernarrtheit *f*
toqu|e [tɔk] *f* Mütze *f*; **~é, ~ée** F verdreht, bekloppt; ***~ de*** verknallt in; **~er** (1m) F ***se ~ de*** sich verknallen in
torche [tɔrʃ] *f* Fackel *f*; Taschenlampe *f*
torchon [tɔrʃõ] *m* Geschirrtuch *n*; *fig* ***le ~ brûle*** der Haussegen hängt schief
tordre [tɔrdrə] (4a) drehen, winden; verdrehen, verzerren; *Wäsche*: auswringen; ***se ~*** sich krümmen, sich winden; ***se ~ (de rire)*** sich schieflachen; ***se ~ le pied*** mit dem Fuß umknicken
tordu, ~e [tɔrdy] verbogen, -dreht, -zerrt
torgnole [tɔrɲɔl] F *f* kräftige Ohrfeige *f*
tornade [tɔrnad] *f* Wirbelsturm *m*, Tornado *m*; ⚠ ***la ~***
torpeur [tɔrpœr] *f* Erstarrung *f*, Betäubung *f*
torpill|e [tɔrpij] *f mil* Torpedo *m*; **~er** (1a) torpedieren (*a fig*); **~eur** *m mil* Torpedoboot *n*
torré|facteur [tɔrefaktœr] *m* Kaffeeröstmaschine *f*; **~faction** [-faksjõ] *f* Rösten *n*; **~fier** [-fje] (1a) rösten
torr|ent [tɔrɑ̃] *m* Wild-, Sturzbach *m*; *fig* Flut *f*, Strom *m*; **~entiel, ~entielle** [-ɑ̃sjɛl] Wildwasser...; ***pluie f torrentielle*** Wolkenbruch *m*
torride [tɔrid] *Klima*: glühend heiß
torse [tɔrs] *m* Oberkörper *m*; *Skulptur*: Torso *m*
torsion [tɔrsjõ] *f* (Ver-)Drehung *f*; (Ver-)Zerrung *f*
tort [tɔr] *m* **1.** Unrecht *n*; ***à ~*** zu Unrecht; ***à ~ et à travers*** unbesonnen, ohne Überlegung; ***dans son*** *od* ***en ~*** im Unrecht; ***avoir ~*** Unrecht haben; ***il a le ~ de*** (+ *inf*) sein Fehler ist, dass ...; ***donner ~ à qn*** j-m Unrecht geben; **2.** Schaden *m*; ***faire du ~ à qn*** j-m schaden
torticolis [tɔrtikɔli] *m méd* steifer Hals *m*
tortill|ard [tɔrtijar] *m* Bummelzug *m*; **~er** (1a) zusammendrehen, zwirbeln; ***se ~*** sich winden, sich ringeln
tortionnaire [tɔrsjɔnɛr] *m* Folterknecht *m*
tortue [tɔrty] *f zo* Schildkröte *f*
tortu|eux, ~euse [tɔrtɥø, -øz] gewunden (*a fig*); krumm; *fig* verborgen (*Machenschaften*)
tortur|e [tɔrtyr] *f* Folter *f*; *fig* Qual *f*; **~er** (1a) foltern; *fig* quälen, martern
tôt [to] *adv* früh, zeitig; ***plus ~*** früher; ***le plus ~ possible*** so bald wie möglich; ***au plus ~*** so bald wie möglich; frühestens; ***pas de si ~*** nicht so bald; ***~ ou tard*** früher oder später; ⚠ *nicht verwechseln*: ***plus ~*** *u* ***plutôt***
total, ~e [tɔtal] (⚠ *m/pl* ***-aux***) **1.** *adj* völlig, total; Gesamt...; **2.** *m* Gesamtbetrag *m*, Summe *f*; ***au total*** insgesamt; ***faire le total*** zusammenrechnen; **~ement** [-mɑ̃] *adv* völlig, vollständig, total; **~iser** (1a) (insgesamt) erreichen; **~ité** *f* Gesamtheit *f*
toubib [tubib] F *m* Arzt *m*

touch|ant, ~ante [tuʃɑ̃, -ɑ̃t] rührend
touche [tuʃ] *f* Taste *f*; Treffer *m*; Pinselstrich *m*; *Angeln*: Anbeißen *n*; F *fig Person*: Aufmachung *f*; *Fußball*: ***ligne f de ~*** Seitenlinie *f*; ***~ Alt*** Alt-Taste *f*; ***~ Control*** Steuerungstaste *f*; ***~ de correction*** Korrekturtaste *f*; ***~ échappe*** Escape-Taste *f*; ***~ entrée*** Enter-Taste *f*; ***~ de fonction*** Funktionstaste *f*; ***~ d'insertion*** Einfügetaste *f*; ***~ de rappel arrière*** Rücktaste *f*; ***~ de retour arrière*** Backspacetaste *f*; ***~ Shift*** Shift-Taste *f*, Hochstelltaste *f*; ***~ de suppression*** Löschtaste *f*, Entfernungstaste *f*, Delete-Taste *f*; ***~ de tabulation*** Tabulatortaste *f*; F *fig* ***mettre qn sur la ~*** j-n kaltstellen; ***faire une ~*** e-e Eroberung machen; **~-à-tout** [tuʃatu] *m* (⚠ *pl unv*) j, der tausend Dinge tut (und alle nur halb)
toucher [tuʃe] **1.** (1a) berühren, anrühren, befühlen; treffen, erreichen; *fig* bewegen, ergreifen; betreffen, angehen; *Geld*: einnehmen, bekommen, kassieren; *Problem*: anschneiden; ***~ à qc*** etw anfassen; an etw stoßen *od* grenzen; *Vorrat*: angreifen, rühren an; ***~ au but*** kurz vor dem Ziel sein; ***se ~*** sich berühren; aneinander grenzen; **2.** *m* Tastsinn *m*; *mus* Anschlag *m*
touff|e [tuf] *f* Büschel *n*; **~u, ~ue** [-y] buschig; dicht; *fig* überladen (*Buch*)
touiller [tuje] (1a) F umrühren
toujours [tuʒur] immer, stets; immer noch; wenigstens, immerhin; ***pour ~*** auf immer; ***~ est-il que*** ... fest steht (jedoch), dass ...; immerhin ...
toupet [tupɛ] *m* **1.** (Haar-)Büschel *n*, Schopf *m*; **2.** F Frechheit *f*; ***avoir le ~ de*** (+ *inf*) die Frechheit besitzen zu (+ *inf*)
toupie [tupi] *f* Kreisel *m*
tour¹ [tur] *f* Turm *m* (*a im Schach*); ⚠ ***la ~***; ⚠ *nicht* die Tour
tour² [tur] *m* Umdrehung *f*; Umfang *m*; (Rund-, Spazier-)Gang *m*, Ausflug *m*, Reise *f*, Tour *f*; Wendung *f* (*a fig*); Streich *m*; Kunststück *n*; Reihe *f*; *tech* Drehbank *f*; Töpferscheibe *f*; ***à mon ~*** meinerseits; ***c'est mon ~*** ich bin dran *od* an der Reihe; ***à ~ de rôle*** der Reihe nach; ***en un ~ de main*** im Handumdrehen; ***~ de main*** Geschicklichkeit *f*; ***faire le ~ de qc*** um etw herumgehen, -fahren; ***fermer à double ~*** den Schlüssel zweimal herumdrehen; ***jouer un ~ à qn*** j-m e-n Streich spielen; ***~ d'horizon*** Überblick *m*, Bestandsaufnahme *f*; ***~ de scrutin*** Wahlgang *m*; ⚠ *unterscheide*: ***le ~*** *u* ***la ~***; ⚠ ***le*** ♀ ***de France*** die Tour de France
tourb|e [turb] *f* Torf *m*; **~ière** [-jɛr] *f* Torfmoor *n*
tourbill|on [turbijɔ̃] *m* Wirbel(wind) *m*; Strudel *m*; ***~ de neige*** Schneegestöber *n*; **~onner** [-ɔne] (1a) wirbeln, strudeln
tourelle [turɛl] *f* Türmchen *n*; *mil* Geschütz-, Panzerturm *m*
tour|isme [turismə] *m* Tourismus *m*, Fremdenverkehr *m*; **~iste** *m*, *f* Tourist(in) *m(f)*, Urlaubsreisende(r) *m*, *f*; **~istique** [-istik] Reise..., Touristen..., Fremdenverkehrs...
tourmenter [turmɑ̃te] (1a) peinigen, quälen, plagen; ***~ qn*** j-m Sorgen machen; ***se ~*** sich Sorgen machen
tourn|age [turnaʒ] *m Film*: Dreharbeiten *f/pl*; **~ant, ~ante** [-ɑ̃, -ɑ̃t] **1.** *adj* drehbar, Dreh...; ***escalier m tournant*** Wendeltreppe *f*; ***plaque f tournante*** Drehscheibe (*a fig*); **2.** *m* Kurve *f*, Krümmung *f*; *fig* Wendepunkt *m*
tourne-disque [turnədisk] *m* (⚠ *pl* ***tourne-disques***) Plattenspieler *m*
tournée [turne] *f* Rund-, Dienst-, Geschäftsreise *f*; Tournee *f*, Gastspielreise *f*; F Runde *f*, Lage *f* (*Wein, Bier*)
tourner [turne] (1a) **1.** drehen; umwenden; richten, wenden; herumgehen (***qc*** um etw), umgehen; drechseln; *Verse*: verfassen; ***bien tourné(e)*** gut formuliert; ***~ un film*** e-n Film drehen; ***~ la tête*** sich umsehen; ***~ en ridicule*** ins Lächerliche ziehen; **2.** sich drehen; rotieren, kreisen; abbiegen; ablaufen, ausgehen; *Milch*: zusammenlaufen, gerinnen; ***~ à droite*** rechts abbiegen; ***le temps tourne au beau*** das Wetter wird schön; F *fig* ***~ de l'œil*** in Ohnmacht fallen; ***~ en rond*** sich im Kreis drehen (*a fig*); *fig* ***faire ~*** in Gang halten; *fig* ***~ autour de*** sich drehen um; **3.** ***se ~*** sich umwenden, sich umdrehen; sich abwenden
tourne|sol [turnəsɔl] *m bot* Sonnenblume *f*; **~vis** [-vis] *m* Schraubenzieher *m*; ***~ cruciforme*** Kreuzschlitzschraubenzieher *m*; ***~ testeur*** Spannungsprüfer *m*

tourniquet [turnikɛ] *m* Drehkreuz *n*; Drehtür *f*; Drehständer *m*
tournoi [turnwa] *m* Turnier *n*
tournoyer [turnwaje] (1h) kreisen; wirbeln
tournure [turnyr] *f* (Rede-)Wendung *f*; *fig* Wendung *f*; Aussehen *n*, Gestalt *f*; **~ *d'esprit*** Geisteshaltung *f*
tourte [turt] *f* Pastete *f*; F *péj* ***grosse* ~** Trampel *m od n*
tourterelle [turtərɛl] *f zo* Turteltaube *f*
tous [tus *od* tu] *cf* ***tout***
Toussaint [tusɛ̃] ***la* ~** Allerheiligen *n*
touss|er [tuse] (1a) husten; **~oter** [-ɔte] (1a) hüsteln
tout [tu; *vor Vokal u stummem h* tut] *m*, **toute** [tut] *f*, **tous** [tu; *allein stehend* tus] *m/pl*, **toutes** [tut] *f/pl* **1.** *adj* ganz; all(e, -es); jede(r, -s); ***toute la ville*** die ganze Stadt; ***toutes les villes*** alle Städte; ***tout Français*** jeder Franzose; ***tous les deux jours*** jeden zweiten Tag; ***tous les ans*** jedes Jahr; ***somme toute*** alles in allem; ***tout Paris*** ganz Paris; ***tout le monde*** jedermann, alle; ***de tous côtés*** von allen Seiten, von überall; ***toutes sortes de*** allerlei; ***faire tout son possible*** sein Möglichstes tun; **2.** *Pronomen*: *sg* ***tout*** alles; *pl* ***tous***, ***toutes*** alle; ***après tout***, ***à tout prendre*** im Grunde; schließlich; ***avant tout*** vor allem; F ***comme tout*** überaus; ***voilà tout*** das ist alles; ***nous tous*** wir alle; **3.** *adv* ***tout*** (⚠ *vor f adj, das mit Konsonant od h aspiré beginnt*, ***toute*** *bzw.* ***toutes***) ganz, völlig; ***tout à coup*** plötzlich; ***tout d'un coup*** auf einmal; ***tout à fait*** ganz und gar; ***tout autant*** ebenso viel; ***tout de suite*** sofort; ***tout de même*** trotzdem; ***tout d'abord*** zuerst, anfangs; ***tout à l'heure*** sogleich, soeben; ***tout au plus*** höchstens; ***c'est tout un*** das ist genau dasselbe; *mit gérondif*: ***tout en riant*** obgleich *od* wobei ich (du, er, wir *etc*) lach(t)e(n); ***tout** ... **que** ...* (+ *ind od st/s subj*) sosehr auch, obgleich; ***tout pauvres qu'ils sont*** (*od* ***soient***) so arm sie auch sind; **4.** *m* ***tout*** Ganze(s) *n*, Gesamtheit *f*; Hauptsache *f*; ***pas du* ~** keineswegs; ***plus du* ~** überhaupt nicht mehr; ***du* ~ *au* ~** völlig; ***en* ~** ganz
tout-à-l'égout [tutalegu] *m* (Abwasser-)Kanalisation *f*
toutefois [tutfwa] jedoch, indessen
toute-puissance [tutpɥisɑ̃s] *f* Allmacht *f*
toux [tu] *f* Husten *m*; ⚠ ***la* ~**
toxicologique [tɔksikɔlɔʒik] toxikologisch
toxicomane [tɔksikɔman] *m, f* (Rauschgift-)Süchtige(r) *m, f*
toxique [tɔksik] **1.** *adj* giftig, Gift...; **2.** *m* Gift *n*, Giftstoff *m*
trac [trak] *m* Lampenfieber *n*
tracas [traka] *m meist pl* Ärger *m*, Sorgen *f/pl*
tracass|er [trakase] (1a) beunruhigen; schikanieren; **~erie** *f meist pl* **~s** Schikanen *f/pl*
trace [tras] *f* Spur *f*; *fig* Hinweis *m*
trac|é [trase] *m* Verlauf *m*; Umrisse *m/pl*; *Tiefbau*: Trasse *f*, Trassierung *f*; ⚠ ***le* ~**; **~er** (1k) aufzeichnen, entwerfen; *Linie*: ziehen; abstecken (*a fig*); **~eur** *m EDV* Plotter *m*
trachée [traʃe] *f* Luftröhre *f*
trackball [trakbal] *m EDV* Trackball *m*
tract [trakt] *m* Flugblatt *n*
tractation [traktasjɔ̃] *f péj meist pl* **~s** Machenschaften *f/pl*
tracteur [traktœr] *m* Schlepper *m*, Traktor *m*; **~ *à chenilles*** Raupenschlepper *m*
traction [traksjɔ̃] *f tech* Ziehen *n*, Zug *m*; Antrieb *m*; *Sport*: Klimmzug *m*; Liegestütz *m*; *Bahn*: **~ *électrique*** elektrischer Betrieb *m*; *auto* **~ *avant*** (Wagen *m* mit) Vorderradantrieb *m*
tradition [tradisjɔ̃] *f* Tradition *f*, Überlieferung *f*, Brauch *m*
tradition|aliste [tradisjɔnalist] **1.** *adj* traditionsbewusst; **2.** *m, f* Traditionalist(in) *m(f)*; **~nel, ~nelle** [-nɛl] traditionell, herkömmlich; ⚠ *Schreibung*
traduc|teur, ~trice [tradyktœr, -tris] *m, f* Übersetzer(in) *m(f)*; ***traducteur de poche*** Sprachcomputer *m*; **~tion** *f* Übersetzung *f*
tradui|re [tradɥir] (4c) übersetzen; *fig* ausdrücken; *jur* **~ *qn en justice*** j-n vor Gericht stellen; ***se* ~ *par*** sich äußern in; **~sible** [-ziblə] übersetzbar
trafic [trafik] *m* **1.** (illegaler) Handel *m*, Schmuggel *m*; **2.** Verkehr *m*
trafiqu|ant [trafikɑ̃] *m* Schieber *m*, Schwarzhändler *m*; **~ *de drogue*(*s*)** Rauschgifthändler *m*; **~er** (1m) Schwarzhandel treiben (***qc*** mit etw),

T

schieben; (ver)fälschen, panschen; F tun; *~ de qc* Gewinn aus etw schlagen
tragédie [traʒedi] *f* Tragödie *f* (*a fig*)
tragique [traʒik] **1.** *adj* tragisch; **2.** *m* Tragik *f*; ⚠ *le ~*
trahir [trair] (2a) verraten
trahison [traizõ] *f* Verrat *m*
train [trɛ̃] *m* Zug *m*, Eisenbahn *f*; Gang *m*, Tempo *n*; *fig* Reihe *f*; *mil* Nachschubtruppe *f*; *~ à grande vitesse* Hochgeschwindigkeitszug *m*; *~ d'atterrissage* Fahrwerk *n*; *~ de vie* Lebensstil *m*; *auto ~ avant* Vorderachse *f*; *~ de mesures* Reihe *f* von Maßnahmen; *être en ~ de faire qc* gerade etw tun; *mettre en ~* in Schwung bringen; aufheitern; *le ~ de Paris* der Zug von *od* nach Paris; *aller son petit ~* seinen alten Gang gehen
traînard [trɛnar] *m* Nachzügler *m*; Bummelant *m*
traîn|e [trɛn] *f* Schleppe *f*; *être à la ~* zurückbleiben; herumliegen; **~eau** [-o] *m* (⚠ *pl ~x*) Schlitten *m*; Schleppnetz *n*
traînée [trɛne] *f* Streifen *m*, Spur *f*; P Nutte *f*
traîner [trɛne] (1b) (nach-, mit sich herum)schleppen; auf der Erde nachschleifen; herumliegen; sich in die Länge ziehen; trödeln, bummeln; *se ~* sich fort-, hinschleppen; *laisser ~ ses affaires* seine Sachen herumliegen lassen
train-train [trɛ̃trɛ̃] *m* F Trott *m*; *le ~ quotidien* das tägliche Einerlei *n*
traire [trɛr] (4s) melken
trait [trɛ] *m* Strich *m*; Merkmal *n*; (Gesichts-, Charakter-)Zug *m*; *beim Trinken*: Zug *m*; *hist* Pfeil *m*; *~ d'union* Bindestrich *m*; *avoir ~ à* sich beziehen auf; *boire d'un seul ~* in einem Zuge trinken; *~ d'esprit* geistreiche Bemerkung *f*
traite [trɛt] *f* Melken *n*; *comm* Rate *f*; *hist ~ des noirs* Sklavenhandel *m*; *d'une seule ~* in einem Zuge, ohne Unterbrechung
traité [trɛte] *m* Abhandlung *f*; Vertrag *m*
traitement [trɛtmɑ̃] *m* Behandlung *f* (*a méd u tech*); Gehalt *n*, Besoldung *f*; *tech* Aufbereitung *f*, Ver-, Bearbeitung *f*; *st/s* Bewirtung *f*; *~ électronique des données* elektronische Datenverarbeitung *f*; *~ des ordures* Abfallbeseitigung *f*; *~ de texte* Textverarbeitung *f*
traiter [trɛte] (1b) behandeln; verhandeln über; *st/s* bewirten; *tech* verarbeiten, aufbereiten; *EDV* bearbeiten, verarbeiten; *~ qn de menteur* j-n e-n Lügner nennen; *~ de qc* von etw handeln; etw behandeln (*Autor*)
traiteur [trɛtœr] *m* Hersteller *m* und Lieferant *m* von Fertigmenüs
traîtr|e, ~esse [trɛtrə, -ɛs] **1.** *m, f* Verräter(in) *m(f)*; **2.** *adj* verräterisch; heimtückisch; **~ise** [-iz] *f* Hinterhältigkeit *f*; Verrat m
trajectoire [traʒɛktwar] *f* *Geschoss*: Flugbahn *f*
trajet [traʒɛ] *m* Strecke *f*, Weg *m*, Fahrt *f*
tram [tram] *m abr cf* **tramway**
trampoline [trɑ̃pɔlin] *m* Trampolin *n*
tramway [tramwɛ] *m* Straßenbahn *f*
tranch|ant, ~ante [trɑ̃ʃɑ̃, -ɑ̃t] **1.** *adj* scharf, schneidend; *fig* entschieden; **2.** *m* Schneide *f*; Schärfe *f*
tranche [trɑ̃ʃ] *f* Schnitte *f*, Scheibe *f*; Abschnitt *m*, Stück *n*, Teil *m*; (Brett-)Kante *f*; (Münz-)Rand *m*; (Buch-)Schnitt *m*
tranché, ~e [trɑ̃ʃe] scharf unterschieden; *fig* fest, bestimmt
tranchée [trɑ̃ʃe] *f* Graben *m*; *mil* Schützengraben *m*
trancher [trɑ̃ʃe] (1a) (durch-, zer-)schneiden; *fig* (sich) entscheiden; *~ sur* sich abheben von
tranquill|e [trɑ̃kil] ruhig, still; friedlich; *avoir la conscience ~* ein gutes Gewissen haben; *se tenir ~* sich ruhig verhalten; *laisse-moi ~!* lass mich in Ruhe!; *soyez ~* seien Sie unbesorgt; **~ement** [-mɑ̃] *adv* ruhig, ungestört; **~isant** [-izɑ̃] *m phm* Beruhigungsmittel *n*; **~iser** (1a) beruhigen; **~ité** *f* Ruhe *f*, Stille *f*
transaction [trɑ̃zaksjõ] *f jur* Vergleich *m*; *comm* Geschäft *n*, Abschluss *m*
transatlantique [trɑ̃zatlɑ̃tik] **1.** *adj* Übersee...; **2.** *m* Ozeandampfer *m*; Liegestuhl *m*
transborder [trɑ̃zbɔrde] (1a) umladen
trans|cription [trɑ̃skripsjõ] *f* Abschrift *f*; Ein-, Übertragung *f*; *ling* Transkription *f*, Umschrift *f*; *mus* Bearbeitung *f*; **~crire** [-krir] (4f) ein-, übertragen; umschreiben; transkribieren
transept [trɑ̃sɛpt] *m arch* Querschiff *n*
trans|férer [trɑ̃sfere] (1f) überführen,

-tragen, -weisen; transferieren; umbuchen; **~fert** [-fɛr] *m* Überführung *f*; Übertragung *f* (**à** auf); Überweisung *f*; Transfer *m*; Umbuchung *f*; **~ *technologique*** Technologietransfer *m*; ⚠ *Schreibung*
transfigurer [trɑ̃sfigyre] (1a) *rel u fig* verklären
transforma|teur [trɑ̃sfɔrmatœr] *m tech* Transformator *m*; **~tion** *f* Umformung *f*; Wandel *m*, Umwandlung *f*; Transformation *f*
transform|er [trɑ̃sfɔrme] (1a) umbilden, umgestalten; ver-, umwandeln (***en*** in); ändern; transformieren; **~isme** *m biol* Abstammungslehre *f*
transfuge [trɑ̃sfyʒ] *m* Überläufer *m*
transfusion [trɑ̃sfyzjɔ̃] *f* **~ (*sanguine*)** Blutübertragung *f*
transgresser [trɑ̃zgrɛse] (1b) *Gesetz*: übertreten
transi, ~e [trɑ̃zi] starr, steif (***de*** vor)
transiger [trɑ̃ziʒe] (1l) e-n Kompromiss schließen (***avec*** mit)
transistor [trɑ̃zistɔr] *m* Transistor *m*; Transistor-, Kofferradio *n*
transit [trɑ̃zit] *m* Transit(verkehr) *m*
transit|if, ~ive [trɑ̃zitif, -iv] *gr* transitiv
transition [trɑ̃zisjɔ̃] *f* Übergang *m*; Überleitung *f*
transitoire [trɑ̃zitwar] Übergangs..., vorläufig
translucide [trɑ̃slysid] durchscheinend
transmettre [trɑ̃smɛtrə] (4p) weitergeben, -leiten; übertragen; überliefern; vererben; **~ *qc à qn*** j-m etw übermitteln
transmiss|ible [trɑ̃smisiblə] übertragbar; *biol* vererblich; **~ion** *f* Übertragung *f*; Übermittlung *f*, Weitergabe *f*; *biol* Vererbung *f*; *tech* Transmission *f*
transmuter [trɑ̃smyte] (1a) umwandeln (***en*** in)
transpar|aître [trɑ̃sparɛtrə] (4z) durchscheinen; **~ence** [-ɑ̃, -ɑ̃t] durchsichtig, transparent; *fig* leicht zu durchschauen
transpercer [trɑ̃pɛrse] (1k) durchbohren, -stechen, -dringen
transpir|ation [trɑ̃spirasjɔ̃] *f* Schwitzen *n*; Schweiß *m*; **~er** (1a) schwitzen; *fig* durchsickern, ruchbar werden
transplant|ation [trɑ̃splɑ̃tasjɔ̃] *f* Verpflanzung *f*; *méd* Transplantation *f*; **~er** (1a) verpflanzen
transport [trɑ̃spɔr] *m* Transport *m*, Beförderung *f*; *st/s* **~s** *pl* Anfall *m*, Ausbruch *m*; *pl* **~s *publics*** öffentliche Verkehrsmittel *n/pl*
transport|able [trɑ̃spɔrtablə] transportfähig; **~é, ~ée ~ *de joie*** außer sich vor Freude; **~er** (1a) transportieren, befördern; *an e-n anderen Ort*: verlegen; *fig* hinreißen; **se ~** sich begeben; **~eur** *m* Spediteur *m*
transpos|er [trɑ̃spoze] (1a) umstellen, umsetzen; *mus* transponieren; **~ition** *f* Umstellung *f*, -setzung *f*; *mus* Transposition *f*
transvaser [trɑ̃svɑze] (1a) umfüllen
transversal, ~e [trɑ̃svɛrsal] (⚠ *m/pl* ***-aux***) quer liegend, Quer..., Seiten...
trapèze [trapɛz] *m* Trapez *n*
trapp|e [trap] *f* Falltür *f*, Klappe *f*; *ch* Fallgrube *f*; **~eur** *m* Trapper *m*
trapu, ~e [trapy] untersetzt, stämmig
traquenard [traknar] *m* Falle *f*
traquer [trake] (1m) hetzen, jagen, verfolgen
traumat|iser [tromatize] (1a) *psych* schocken; **~isme** *m méd u psych* Trauma *n*; **~ *crânien*** Schädelverletzung *f*
travail [travaj] *m* (⚠ *pl* ***travaux***) Arbeit *f*; Werk *n*; Mühe *f*; Leistung *f*; **~ *à la tâche*** Akkordarbeit *f*; **~ *à la chaîne*** Fließbandarbeit *f*; ***travaux forcés*** Zwangsarbeit *f*; **~ *intérimaire*** Zeitarbeit *f*; ***sans ~*** arbeitslos; ***travaux pratiques*** praktische Übungen *f/pl*; ***travaux*** Bauarbeiten *f/pl*
travailler [travaje] (1a) (be-, ver-, durch-, aus)arbeiten; *Holz*: sich werfen; *Musikstück*: (ein)üben; *Sport*: trainieren; **~ *à qc*** an etw arbeiten; auf etw hinarbeiten; **~ *qn*** j-n bearbeiten; j-n plagen *od* quälen; *Schüler*: **~ *bien*** gut lernen
travaill|eur, ~euse [travajœr, -øz] **1.** *adj* arbeitsam, fleißig; **2.** *m*, *f* Arbeiter(in) *m(f)*
travers [travɛr] **1.** *adv* ***de ~*** schief, schräg; verkehrt; ***en ~*** quer; *fig* ***prendre qc de ~*** etw krumm nehmen; **2.** *prép* ***à ~ qc*** *od* ***au ~ de qc*** durch etw (hindurch); ***à ~ champs*** querfeldein; **3.** *m* kleiner Fehler *m*, Schwäche *f*
traverse [travɛrs] *f tech* Querbalken *m*; (Schienen-)Schwelle *f*; ***chemin*** *m* ***de ~*** Abkürzung *f*
traversée [travɛrse] *f* Überfahrt *f* (***de***

T

über); Reise *f* (**de** durch); Durchquerung *f*
traverser [travɛrse] (1a) durch-, überqueren; durchdringen; *Krise*: durchmachen
traversin [travɛrsɛ̃] *m* Nackenrolle *f*
travesti, ~e [travɛsti] **1.** *adj* verkleidet; **2.** *m* Kostümierung *f*; Transvestit *m*
travestir [travɛstir] (2a) verkleiden (**en femme** als Frau); *fig* entstellen
trébucher [trebyʃe] (1a) stolpern, straucheln
trèfle [trɛflə] *m bot* Klee *m*
treillage [trɛjaʒ] *m* Gitterwerk *n*; **~ métallique** Drahtzaun *m*
treille [trɛj] *f* Weinlaube *f*
treillis [trɛji] *m* Gitter *n*; Drahtnetz *n*; *Textil*: Drillich *m*
treiz|e [trɛz] dreizehn; **~ième** [-jɛm] dreizehnte
trembl|ant, ~ante [trɑ̃blɑ̃, -ɑ̃t] zitternd
tremble [trɑ̃blə] *m bot* Espe *f*
tremblement [trɑ̃bləmɑ̃] *m* Zittern *n*; **~ de terre** Erdbeben *n*
trembler [trɑ̃ble] (1a) zittern, beben (**de** vor); *fig* **~ que ... ne** (+ *subj*) bangen, dass ...
tremp|e [trɑ̃p] *f Stahl*: Härten *n*; *fig* Art *f*, Schlag *m*; **~é, ~ée** durchnässt; *Boden*: aufgeweicht; *Stahl*: gehärtet; **~er** (1a) durchnässen; eintauchen, -weichen, -tunken; *Stahl*: härten; *fig* **~ dans un crime** in ein Verbrechen verwickelt sein
tremplin [trɑ̃plɛ̃] *m* Sprungbrett *n* (*a fig*); Sprungschanze *f*
trentaine [trɑ̃tɛn] **une ~** etwa dreißig
trent|e [trɑ̃t] dreißig; **~ième** [-jɛm] **1.** dreißigste; **2.** *m* Dreißigstel *n*
trépan [trepɑ̃] *m tech* Bohrmeißel *m*; *méd* Schädelbohrer *m*
trépid|ant, ~ante [trepidɑ̃, -ɑ̃t] lebhaft; *fig* fieberhaft, hektisch; **~ation** *f* Erschütterung *f*; Vibrieren *n*
trépied [trepje] *m* Dreifuß *m*; Stativ *n*
trépigner [trepiɲe] (1a) stampfen, trampeln
très [trɛ; *vor Vokal u stummem h* trɛz] sehr (*vor adj u adv*); **avoir ~ envie** große Lust haben
trésor [trezɔr] *m* Schatz *m*; *fig* Reichtum *m*; ♀ Staatskasse *f*, Fiskus *m*; ⚠ *nicht* Tresor; **~erie** *f* Finanzverwaltung *f*, -behörde *f*; **~ier, ~ière** [-je, -jɛr] *m, f* Schatzmeister *m*, Kassenwart *m*, Kassierer(in) *m(f)*
tressaill|ement [tresajmɑ̃] *m* Zusammenfahren *n*, Schauder *m*; **~ir** (2c, *futur* 2a) zusammenzucken, (er)zittern, erschauern
tressauter [tresote] (1a) zusammenzucken, auffahren; hin und her geschüttelt werden
tress|e [trɛs] *f* Zopf *m*; Litze *f*; **~er** (1b) flechten
tréteau [treto] *m* (⚠ *pl* **~x**) *tech* Bock *m*; Arbeitsbühne *f*
treuil [trœj] *m tech* (Seil-)Winde *f*
trêve [trɛv] *f* Waffenruhe *f*, -stillstand *m*; *fig* Rast *f*; **~ de** ... Schluss mit ...; **sans ~** ununterbrochen
Trèves [trɛv] Trier
trévise [treviz] *f* Radicchio *m*
tri [tri] *m* Sortieren *n*; **faire un ~** auswählen, sieben
triage [trijaʒ] *m* Auslesen *n*; Sortieren *n*; **gare** *f* **de ~** Rangierbahnhof *m*
triang|le [trijɑ̃glə] *m* Dreieck *n*; *mus* Triangel *m*; **~ de présignalisation** Warndreieck *n*; **~ulaire** [-ylɛr] dreieckig
tribal, ~e [tribal] (⚠ *m/pl* **-aux**) Stammes...
tribord [tribɔr] *m mar* Steuerbord *n*
tribu [triby] *f* (Volks-)Stamm *m*; *péj, iron* Sippschaft *f*
tribulation [tribylasjõ] *f meist pl* **~s** Drangsal *f*, Leiden *n/pl*
tribun [tribɛ̃, -œ̃] *m hist u fig* Volkstribun *m*
tribunal [tribynal] *m* (⚠ *pl* **-aux**) Gericht *n*, Gerichtshof *m*, -gebäude *n*; **~ d'instance** *etwa* Amtsgericht *n*; **~ de grande instance** *etwa* Landgericht *n*
tribune [tribyn] *f* Tribüne *f*; *fig* Podiumsgespräch *n*
tribut [triby] *m* Tribut *m* (*a fig*), Abgabe *f*
tributaire [tribytɛr] tributpflichtig; **~ de** angewiesen auf; **cours** *m* **d'eau ~** Nebenfluss *m*
trich|er [triʃe] (1a) betrügen, F mogeln; **~erie** *f* Betrug *m*, F Schummelei *f*; **~eur, ~euse** *m, f* Betrüger(in) *m(f)*
tricolore [trikɔlɔr] dreifarbig; blauweißrot; **drapeau** *m* **~** Trikolore *f*
tricot [triko] *m* Stricken *n*; Strickjacke *f*; Strickzeug *n*, -arbeit *f*; **de** *od* **en ~** Strick...; ⚠ *nicht* Trikot

tricot|age [trikɔtaʒ] *m* Stricken *n*; **~er** (1a) stricken; F **~** (***des jambes***) flitzen; türmen
tricycle [trisiklə] *m* Dreirad *n*
trident [tridɑ̃] *m* Dreizack *m*
triennal, ~e [trijɛnal] (⚠ *m/pl* ***-aux***) dreijährlich, -jährig
trier [trije] (1a) auslesen; sortieren
trifouiller [trifuje] (1a) F kramen; stöbern
trilingue [trilɛ̃g] dreisprachig
trille [trij] *m mus* Triller *m*
trillion [triljɔ̃] *m* Trillion *f*; ⚠ ***le*** **~**
trimbal(l)er [trɛ̃bale] (1a) F mitschleppen, mit sich herumschleppen
trimer [trime] (1a) F schuften, sich abrackern
trimestr|e [trimɛstrə] *m* Vierteljahr *n*, Quartal *n*; **~iel, ~ielle** [-ijɛl] vierteljährlich, dreimonatlich
Trinité [trinite] *f rel* Dreifaltigkeit *f*
trinquer [trɛ̃ke] (1m) *beim Trinken*: anstoßen (***avec qn*** mit j-m; ***à qc*** auf etw); F *fig* es ausbaden müssen
triomph|e [trijɔ̃f] *m* Triumph *m*; Sieg *m*; **~er** (1a) triumphieren, siegen (***de*** über)
tripartite [tripartit] dreiteilig; *pol* Dreimächte..., Dreiparteien..., Dreier...
tripatouiller [tripatuje] (1a) F **~** qc an etw herumfummeln, -pfuschen
tripes [trip] *f/pl* Eingeweide *n/pl*; *cuis* Kutteln *f/pl*, Kaldaunen *f/pl*
tripl|e [triplə] dreifach; **~er** (1a) (sich) verdreifachen; **~és, ~ées** *m/pl*, *f/pl* Drillinge *m/pl*
tripot [tripo] *m péj* Spielhölle *f*
tripoter [tripɔte] (1a) F herumspielen (***qc*** mit etw), herumfummeln (***qc*** an etw), befummeln; herumkramen, -wühlen (***dans*** in); unsaubere Geschäfte machen
trique [trik] *f* Knüppel *m*
trist|e [trist] traurig; trist, trübselig; (*vorangestellt*) *péj* erbärmlich; **~esse** [-ɛs] *f* Traurigkeit *f*; Trübsinn *m*; Trostlosigkeit *f*
triturer [trityre] (1a) zerreiben
trivial, ~e [trivjal] (⚠ *m/pl* ***-aux***) vulgär, ordinär; *litt* gewöhnlich; ⚠ *im allg nicht* trivial; **~ité** Vulgarität *f*; Zote *f*
troc [trɔk] *m* Tausch(handel) *m*
troglodyte [trɔglɔdit] *m* Höhlenbewohner *m*
trognon [trɔɲɔ̃] *m Obst*: Kerngehäuse *n*, Butzen *m*
trois [trwa] **1.** *adj* drei; ***à*** **~** zu dritt; ***le*** **~** ***mai*** der dritte *od* am dritten Mai; **2.** *m* Drei *f*; ⚠ ***le*** **~**
troisième [trwazjɛm] dritte; ***le*** **~** ***âge*** das Seniorenalter; die Senioren *pl*
trois|-mâts [trwamɑ] *m* (⚠ *pl unv*) *mar* Dreimaster *m*; **~-quatre** [-katrə] *m* (⚠ *pl unv*) *mus* Dreivierteltakt *m*
trolleybus [trɔlɛbys] *m* Obus *m*
trombe [trɔ̃b] *f* Windhose *f*; *fig* ***en*** **~** wie der Blitz
trombone [trɔ̃bɔn] *m* **1.** *mus* Posaune *f*; Posaunist *m*; **2.** Büroklammer *f*
trompe [trɔ̃p] *f mus* Horn *n*; *zo* Rüssel *m*
trompe-l'œil [trɔ̃plœj] *m* (⚠ *pl unv*) perspektivische Illusionsmalerei *f*; *fig* trügerischer Schein *m*
tromper [trɔ̃pe] (1a) täuschen; betrügen; irreführen; ***se*** **~** sich irren, sich täuschen (***de*** in)
tromperie [trɔ̃pri] *f* Betrug *m*, Täuschung *f*
trompette [trɔ̃pɛt] **1.** *f* Trompete *f*; **2.** *m* Trompeter *m*
tromp|eur, ~euse [trɔ̃pœr, -øz] trügerisch
tronc [trɔ̃] *m* (Baum-)Stamm *m*; Rumpf *m*; Opferstock *m*; *fig* **~** ***commun*** gemeinsame Grundlage *f*; *Schule*: Pflichtfächer *n/pl*
tronçon [trɔ̃sɔ̃] *m* Abschnitt *m*, Teilstück *n*; *arch* (Säulen-)Trommel *f*
tronçonner [trɔ̃sɔne] (1a) zerschneiden, zersägen
trôn|e [tron] *m* Thron *m*; ⚠ *Schreibung*; **~er** (1a) thronen
tronquer [trɔ̃ke] (1m) stutzen; *fig* verstümmeln
trop [tro, *in der Bindung* trop *od* trɔp] zuviel, zu (sehr); **~** ***de*** (+ *subst*) zu viel, zu viele; ***je ne sais pas*** **~** ich weiß nicht recht; ***c'en est*** **~** das geht zu weit; ***être de*** **~** überflüssig sein; *litt* ***par*** **~** gar zu
trophée [trɔfe] *m* Trophäe *f*; ⚠ ***le*** **~**
tropical, ~e [trɔpikal] (⚠ *m/pl* ***-aux***) tropisch, Tropen...
tropique [trɔpik] *m géogr* **1.** *pl* **~s** Tropen *pl*; **2.** Wendekreis *m*
trop-plein [troplɛ̃] *m* (⚠ *pl* ***trop-pleins***) Überfluss *m*; *tech* Überlauf *m*
troquer [trɔke] (1m) (ein)tauschen (***contre*** gegen)

trot [tro] *m* Trab *m*; ***aller au ~*** Trab reiten
trott|er [trɔte] (1a) traben; herumlaufen; ⚠ *il **a** trotté*; **~euse** *f* Sekundenzeiger *m*; **~iner** [-ine] (1a) trippeln; **~inette** [-inɛt] *f* Roller *m* (*für Kinder*) **~oir** *m* Bürgersteig *m*, Gehweg *m*
trou [tru] *m* (⚠ *pl* **~s**) Loch *n*; ***~ d'air*** Luftloch *n*; ***~ (dans la couche) d'ozone*** Ozonloch *n*; ***~ de mémoire*** Black-out *m*
troubadour [trubadur] *m* provenzalischer Minnesänger *m*, Troubadour *m*
trouble [trublə] **1.** *adj* trüb(e); *fig* unklar, dunkel; **2.** *m* Verwirrung *f*; Aufregung *f*; *méd* Störung *f*; **~s** *pl* Unruhen *f/pl*; ***~s respiratoires*** Atembeschwerden *f/pl*
trouble-fête [trubləfɛt] *m* (⚠ *pl unv*) Störenfried *m*, Spielverderber *m*
troubler [truble] (1a) trüben; stören; verwirren, beunruhigen; bestürzen; betören; **se ~** trüb werden; in Verwirrung geraten
troué, ~e [true] durchlöchert
trouée [true] *f* Schneise *f*; Lücke *f*; *mil* Durchbruch *m*; ***la ~ de Belfort*** die Burgundische Pforte
trouer [true] (1a) durchlöchern
trouille [truj] *f* F ***avoir la ~*** Angst *od* P Schiss haben
troupe [trup] *f* Trupp *m*, Schar *f*; Truppe *f* (*a mil*); ⚠ ***la ~***, *aber **le groupe***
troupeau [trupo] *m* (⚠ *pl* **~x**) Herde *f* (*a fig*)
trousse [trus] *f* Etui *n*; Täschchen *n*; ***~ de toilette*** (Reise-)Nessessär *n*, Kulturbeutel *m*; *fig **être aux ~s de qn*** j-m auf den Fersen sein
trousseau [truso] *m* (⚠ *pl* **~x**) **1.** ***~ de clés*** Schlüsselbund *m od n*; **2.** Aussteuer *f*
trouvaille [truvaj] *f* glücklicher Fund *m*; Geistesblitz *m*
trouver [truve] (1a) (auf-, vor-, heraus)finden; ausdenken; antreffen; bekommen; ***aller ~ qn*** j-n auf-, besuchen; ***~ que*** ... finden *od* der Ansicht sein, dass ...; **~** (+ *adj*) halten für, finden (+ *adj*); **se ~** sich befinden; vorkommen; sich ergeben; ***il se trouve que*** ... es erweist sich, dass ...
truand [tryɑ̃] *m* Gauner *m*, Ganove *m*
truander [tryɑ̃de] (1a) F reinlegen
trublion [tryblijɔ̃] *m* Störer *m*; Unruhestifter *m*
truc [tryk] *m* F Ding(sda) *n*; Trick *m*, Kniff *m*
trucage *cf **truquage***
truchement [tryʃmɑ̃] *m **par le ~ de*** durch (Vermittlung von)
trucul|ent, ~ente [trykylɑ̃, -ɑ̃t] urwüchsig, derb
truelle [tryɛl] *f* (Maurer-)Kelle *f*
truff|e [tryf] *f bot* Trüffel *f*; *Hund*: Nase *f*; **~é, ~ée** getrüffelt; *fig* gespickt (**de** mit)
truie [trɥi] *f* Sau *f*, Mutterschwein *n*
truisme [tryismə] *m* Binsenwahrheit *f*
truite [trɥit] *f zo* Forelle *f*
truqu|age [trykaʒ] *m* Fälschung *f*, Schwindel *m*; *Film*: Trickaufnahme *f*; **~er** (1m) fälschen, F frisieren
tsar [dzar, tsar] *m* Zar *m*; **~ine** *f* Zarin *f*
t-shirt [tiʃœrt] *m* (⚠ *pl **t-shirts***) T-Shirt *n*
tsigane [tsigan] *m*, *f* Zigeuner(in) *m(f)*
t.s.v.p. [teɛsvepe] (*abr **tournez s'il vous plaît***) b.w.
T.T.C. [tetese] (*abr **toutes taxes comprises***) inkl. MWSt.
tu¹ [ty] du
tu², ~e [ty] *p/p von **taire***
tu|ant, ~ante [tɥɑ̃, -ɑ̃t] F ermüdend, anstrengend
tube [tyb] *m* Rohr *n*; Röhre *f* (*a phys*); Röhrchen *n*; Tube *f*; ***~ digestif*** Verdauungskanal *m*, -trakt *m*; ***~ de rouge*** Lippenstift *m*; ⚠ ***le ~***
tubercul|eux, ~euse [tybɛrkylø, -øz] *méd* tuberkulös; *bot* Knollen...; **~ose** [-oz] *f méd* Tuberkulose *f*
tubulaire [tybylɛr] röhrenförmig
T.U.C. [tyk] *m* (*abr **travail d'utilité collective***) ABM-Stelle *f*
tue-mouche [tymuʃ] **1.** *adj **papier** m* **~(s)** Fliegenfänger *m*; **2.** *m* (⚠ *pl unv*) *bot* Fliegenpilz *m*
tuer [tɥe] (1n) töten; umbringen; *Tier*: schlachten; *fig* zerstören; ruinieren; **se ~** umkommen
tuerie [tyri] *f* Gemetzel *n*, Blutbad *n*
tue-tête [tytɛt] **à ~** aus vollem Halse; aus Leibeskräften
tueur [tɥœr] *m* Mörder *m*; ***~ à gages*** Killer *m*
tuil|e [tɥil] *f* (Dach-)Ziegel *m*; F *fig* Pech *n*, Schlag *m* ins Kontor; **~erie** *f* Ziegelei *f*

tulipe [tylip] *f bot* Tulpe *f*
tulle [tyl] *m* Tüll *m*
tuméfié, ~e [tymefje] ver-, geschwollen
tumeur [tymœr] *f* Geschwulst *f*, Tumor *m*; ⚠ ***la*** ~
tumult|e [tymylt] *m* Tumult *m*; Aufruhr *m*; *fig* Hektik *f*; **~ueux, ~ueuse** [-ɥø, -ɥøz] lärmend, tobend; stürmisch
tuner [tynœr] *m* Tuner *m*
tungstène [tɛ̃kstɛn, tœ̃-] *m chim* Wolfram *n*
tunique [tynik] *f* Tunika *f*; Kasack (-bluse) *m(f)*; *mil* Waffenrock *m*
Tunisie [tynizi] ***la*** ~ Tunesien *n*
tunis|ien, ~ienne [tynizjɛ̃, -jɛn] **1.** *adj* tunesisch; **2.** ♀ *m, f* Tunesier(in) *m(f)*
tunnel [tynɛl] *m* Tunnel *m*
turbin|e [tyrbin] *f* Turbine *f*; **~er** (1a) *arg* schuften
turbo|compresseur [tyrbokɔ̃prɛsœr] *m* Turbolader *m*; **~-propulseur** [-prɔpylsœr] *m aviat* Turboproptriebwerk *n*; **~-réacteur** [-reaktœr] *m aviat* Turboluftstrahltriebwerk *n*
turbot [tyrbo] *m zo* Steinbutt *m*
turbul|ence [tyrbylɑ̃s] *f* Wildheit *f*; *phys* Turbulenz *f*; **~ent, ~ente** [-ɑ̃, -ɑ̃t] wild, ausgelassen
turc, turque [tyrk] **1.** *adj* türkisch; **2.** ♀ *m, f* Türke *m*, Türkin *f*
turf [tœrf, tyrf] *m* Pferderennsport *m*; (Pferde-)Rennbahn *f*
turlupiner [tyrlypine] (1a) F keine Ruhe lassen, verfolgen
Turquie [tyrki] ***la*** ~ die Türkei
turquoise [tyrkwaz] *f* Türkis *m*; ⚠ ***la*** ~
tus [ty] *p/s von* ***taire***
tutelle [tytɛl] *f jur* Vormundschaft *f*; Treuhandschaft *f*; *fig* Bevormundung *f*; *st/s* Schutz *m*
tu|teur, ~trice [tytœr, -tris] **1.** *m, f jur* Vormund *m*; **2.** *m* (Baum-)Stütze *f*
tutoyer [tytwaje] (1h) duzen
tutu [tyty] m Ballettröckchen *n*; *enf* Popo *m*
tuyau [tɥijo] *m* (⚠ *pl* **~x**) **1.** Rohr *n*, Röhre *f*; Schlauch *m*; ~ ***d'arrosage*** Gartenschlauch *m*; **2.** F Tipp *m*; **~ter** [-te] (1a) F Tipps geben (***qn*** j-m)
tuyère [tɥijɛr] *f tech* Düse *f*
T.V.A. [teveɑ] *f* (*abr* ***taxe sur*** *od* ***à la valeur ajoutée***) Mehrwertsteuer *f*
tympan [tɛ̃pɑ̃] *m* Trommelfell *n*; *arch* Giebel-, Bogenfeld *n*, Tympanon *n*
type [tip] *m* Typ(us) *m*; Urbild *n*; Modell *n*; F Kerl *m*, Typ *m*; ***un chic*** ~ ein prima Kerl; ***contrat*** *m* ~ Mustervertrag *m*
typhoïde [tifɔid] *f méd* (***fièvre*** *f*) ~ Typhus *m*
typhon [tifɔ̃] *m* Taifun *m*
typhus [tifys] *m méd* Fleckfieber *n*
typique [tipik] typisch (***de*** für)
typograph|e [tipɔgraf] *m, f* Schriftsetzer(in) *m(f)*; **~ie** [-i] *f* Buchdruckerkunst *f*, Druck *m*; Typografie *f*
tyran [tirɑ̃] *m* Tyrann *m* (*a fig*); ⚠ *Schreibung*
tyrann|ie [tirani] *f* Tyrannei *f* (*a fig*), Gewaltherrschaft *f*; **~ique** tyrannisch; **~iser** (1a) tyrannisieren
Tyrol [tirɔl] ***le*** ~ Tirol *n*
tyroli|en, ~enne [tirɔljɛ̃, -ɛn] **1.** *adj* aus Tirol; **2.** *m, f* ♀ Tiroler(in) *m(f)*; *f mus* Jodler *m*
tzar *cf* ***tsar***
tzigane *cf* ***tsigane***

U

U.E. [yø] *f* (*abr* ***Union européenne***) EU *f*
Ukraine [ykrɛn] *f* ***l'***~ die Ukraine
ulcère [ylsɛr] *m* Geschwür *n*; ~ ***de l'estomac*** *od* ***à l'estomac*** Magengeschwür *n*
ulcérer [ylsere] (1f) ein Geschwür hervorrufen; *fig* tief kränken
ultérieur, ~e [ylterjœr] spätere, künftig; **~ement** [-mɑ̃] *adv* später
ultimatum [yltimatɔm] *m* Ultimatum *n*
ultime [yltim] (aller)letzte
ultra... [yltra] *in Zssgn* sehr, extrem, hoch ..., ultra...

ultra-conserva|teur, ~trice [yltrakõsɛrvatœr, -tris] erzkonservativ
ultrason [yltrasõ] *m phys* Ultraschall *m*
U.M.E. [yɛmø] *f* (*abr* ***Union monétaire européenne***) EWU *f*
un, une [ɛ̃ *od* œ̃, yn] ein(er), eine, ein(es); *allein stehend*: ***un*** eins; ***le un*** die Eins; ***un à un*** einer nach dem andern; ***un sur trois*** einer von dreien; *Zeitung*: ***à la une*** auf der ersten Seite; ***c'est tout un*** das ist ein und dasselbe; ***l'un, l'une*** der (die, das) eine; ***les uns, les unes*** die einen; ***l'un(e) l'autre*** *od* ***les uns (unes) les autres*** einander, sich gegenseitig
unanim|e [ynanim] einstimmig, einmütig; **~ité** *f* Einstimmigkeit *f*, Einmütigkeit *f*; ***à l'~*** einstimmig
uni, ~e [yni] **1.** vereint; **2.** glatt; eben; einfarbig; *litt* schmucklos, schlicht
uni|colore [ynikɔlɔr] einfarbig; **~fication** [-fikasjõ] *f* Einigung *f*; Vereinheitlichung *f*; **~fier** [-fje] (1a) einigen; vereinheitlichen
uniform|e [ynifɔrm] **1.** *adj* gleichförmig, -mäßig, -artig; einförmig; ⚠ *adv* ***uniformément***; **2.** *m* Uniform *f*; ⚠ ***un ~***; **~iser** (1a) vereinheitlichen; **~ité** *f* Gleich-, Einförmigkeit *f*
unilatéral, ~e [ynilateral] (⚠ *m/pl* ***-aux***) einseitig
union [ynjõ] *f* Verbindung *f*, Vereinigung *f*; Bund *m*; Union *f*; Einigkeit *f*; ***♀ européenne*** Europäische Union *f*; ***♀ monétaire européenne*** Europäische Währungsunion *f*
unique [ynik] einzig; einzigartig, einmalig; **~ment** *adv* einzig und allein; bloß
unir [ynir] (2a) verein(ig)en, verbinden; *Paar*: trauen
unisson [ynisõ] *m mus* Gleichklang *m*; ***à l'~*** einstimmig
unitaire [ynitɛr] einheitlich
unité [ynite] *f* Einheit *f* (*a mil*); Einheitlichkeit *f*; *math* Einer *m*; *comm* Stück *n*; *EDV* ***~ centrale*** Zentraleinheit *f*; ***~ de commande*** Steuerwerk *n*; ***~ de contrôle*** Steuergerät *n*; ***~ de valeur*** Schein *m*, Studiennachweis *m*; ***~ de visualisation*** Bildschirmgerät *n*
univers [ynivɛr] *m* Universum *n*, Weltall *n*; *fig* Welt *f*
universal|iser [ynivɛrsalize] (1a) allgemein verbreiten; verallgemeinern; **~ité** *f* Vielseitigkeit *f*; Allgemeingültigkeit *f*
universel, ~le [ynivɛrsɛl] allgemein, universal; weltweit
univers|itaire [ynivɛrsitɛr] **1.** *adj* Universitäts..., akademisch; **2.** *m, f* Hochschullehrer(in) *m(f)*; **~ité** *f* Universität *f*, Hochschule *f*
Untel [ɛ̃tɛl, œ̃-] ***monsieur ~*** Herr Soundso
uranium [yranjɔm] *m* Uran *n*
urb|ain, ~aine [yrbɛ̃, -ɛn] städtisch; Stadt...
urban|iser [yrbanize] (1a) e-n städtischen Charakter geben; **~isme** *m* Städteplanung *f*, Städtebau *m*
urgence [yrʒɑ̃s] *f* Dringlichkeit *f*; ***d'~*** dringend; ***état*** *m* ***d'~*** Notstand *m*
urg|ent, ~ente [yrʒɑ̃, -ɑ̃t] dringend
urin|e [yrin] *f* Urin *m*; ⚠ ***une ~***; **~er** (1a) urinieren
urne [yrn] *f* Urne *f*
U.R.S.S. [yɛrɛsɛs *od* yrs] *f hist* (*abr* ***Union des républiques socialistes soviétiques***) UdSSR *f*, Sowjetunion *f*
urticaire [yrtikɛr] *f méd* Nesselsucht *f*
us [ys] *m/pl* ***~ et coutumes*** *f/pl* Sitten *f/pl* und Gebräuche *m/pl*
usage [yzaʒ] *m* Benutzung *f*, Gebrauch *m*; Brauch *m*, Sitte *f*, Gewohnheit *f*; Sprachgebrauch *m*; ***hors d'~*** außer Gebrauch; ***à l'~*** bei der Anwendung; ***à l'~ de qn*** für j-n; ***faire ~ de*** verwenden, gebrauchen; ***d'~*** üblich
usag|é, ~ée [yzaʒe] *Kleider*: getragen, gebraucht; **~er** *m* Benutzer *m*; Teilnehmer *m*
usé, ~e [yze] ge-, verbraucht (*a fig*), abgenutzt; abgetragen; abgedroschen
user [yze] (1a) **1.** ***~ qc*** etw abnutzen; etw verbrauchen; ***~ qn*** j-n aufreiben; ***s'~*** sich abnutzen; sich verbrauchen; **2.** ***~ de qc*** etw gebrauchen, anwenden
usine [yzin] *f* Fabrik *f*; ***~ d'automobiles*** Autofabrik *f*, -werk *n*; ***~ de retraitement*** Wiederaufbereitungsanlage *f*; ***~ sidérurgique*** Hüttenwerk *n*
usité, ~e [yzite] *Wort*: gebräuchlich
ustensile [ystɑ̃sil] *m* Gerät *n*; **~s** *pl* Utensilien *pl*; ⚠ *Schreibung*
usuel, ~le [yzɥɛl] gebräuchlich, üblich
usur|e [yzyr] *f* **1.** Wucher *m*; **2.** Abnutzung *f*, Verschleiß *m*; **~ier** *m* Wucherer *m*
usurpa|teur [yzyrpatœr] *m pol* Usurpator *m*; **~tion** *f* Usurpation *f*; *jur* Anmaßung *f*

U

usurper [yzyrpe] (1a) usurpieren; sich widerrechtlich aneignen
ut [yt] *m mus* c *od* C *n*
utile [ytil] nützlich; *tech* Nutz...; ***en temps*** ~ zu gegebener Zeit
utilisa|ble [ytilizablə] (be)nutzbar, verwendbar; **~teur, ~trice** *m*, *f* Benutzer(in) *m(f)*; Anwender(in) *m(f)*; **~tion** *f* Ver-, Anwendung *f*, Gebrauch *m*, Nutzung *f*
utiliser [ytilize] (1a) ver-, anwenden, (be)nutzen
utilit|aire [ytilitɛr] Nutz..., Gebrauchs...; Nützlichkeits...; **~arisme** [-arismə] *m* Utilitarismus *m*; Zweckdenken *n*
utilité [ytilite] *f* Nützlichkeit *f*, Nutzen *m*; ~ ***publique*** Gemeinnützigkeit *f*; **~s** *pl Theater*: Nebenrollen *f/pl*
utop|ie [ytɔpi] *f* Utopie *f*; **~ique** utopisch; **~iste** *m*, *f* Utopist(in) *m(f)*

V

v. (*abr* ***voir***) s. (siehe)
va [va] *cf* aller
vacance [vakɑ̃s] *f* **1.** **~s** *pl* Ferien *pl*; **2.** freie Stelle *f*
vacanc|ier, ~ière [vakɑ̃sje, -jɛr] *m*, *f* Urlauber(in) *m(f)*; Feriengast *m*
vac|ant, ~ante [vakɑ̃, -ɑ̃t] *Wohnung*: leer stehend; *Stelle*: offen, unbesetzt
vacarme [vakarm] *m* (Heiden-)Lärm *m*, Krach *m*, Spektakel *m*
vacataire [vakatɛr] *m* Aushilfe *f*
vaccin [vaksɛ̃] *m méd* Impfstoff *m*
vaccin|ation [vaksinasjɔ̃] *f méd* Impfung *f*; **~er** (1a) impfen
vache [vaʃ] **1.** *f* Kuh *f*; Rinds-, Kuhleder *n*; ***maladie*** *f* ***de la*** ~ ***folle*** Rinderwahn(sinn) *m*; *fig* ~ ***à lait*** Melkkuh *f*; F ***la*** **~!** Donnerwetter!, Mensch!; **2.** *adj* F gemein; *vorangestellt* F toll; **~ment** *adv* F kolossal, wahnsinnig
vach|er, ~ère [vaʃe, -ɛr] *m*, *f* Kuhhirt(in) *m(f)*; **~erie** *f* Kuhstall *m*; F Gemeinheit *f*
vaciller [vasije] (1a) (sch)wanken; flackern
vadrouiller [vadruje] (1a) F herumbummeln
va-et-vient [vaevjɛ̃] *m* (⚠ *pl unv*) Hin- und Herbewegung *f*; Kommen und Gehen *n*
vagab|ond, ~onde [vagabɔ̃, -ɔ̃d] **1.** *adj* umherstreifend, unstet; **2.** *m*, *f* Vagabund *m*, Landstreicher(in) *m(f)*
vagabond|age [vagabɔ̃daʒ] *m* Umherziehen *n*; Landstreicherei *f*; **~er** (1a) umherziehen, herumstrolchen, -streichen; *fig* umherschweifen
vagin [vaʒɛ̃] *m* Scheide *f*, Vagina *f*
vague[1] [vag] *f* Welle *f*, Woge *f*
vague[2] [vag] **1.** *adj* vage, verschwommen, unbestimmt, undeutlich; ***terrain*** *m* ~ unbebautes Gelände *n*; **2.** *m* Undeutlichkeit *f*; ***avoir du*** ~ ***à l'âme*** an Weltschmerz leiden; **~ment** *adv* vage, verschwommen
vaguer [vage] (1m) *litt* schweifen
vaill|ant, ~ante [vajɑ̃, -ɑ̃t] tapfer; tüchtig
vaille [vaj] *subj von* ***valoir***; ~ ***que*** ~ komme, was da wolle
vain, vaine [vɛ̃, vɛn] vergeblich; *litt* eitel; ***en vain*** vergeblich, umsonst
vaincre [vɛ̃krə] (4i) (be)siegen; überwinden
vaincu, ~e [vɛ̃ky] **1.** *p/p von* ***vaincre*** besiegt; **2.** *m* Besiegte(r) *m*, Verlierer *m*
vainement [vɛnmɑ̃] *adv* umsonst, vergeblich
vainqueur [vɛ̃kœr] *m* Sieger(in) *m(f)*
vais [vɛ] *cf* ***aller***
vaisseau [vɛso] *m* (⚠ *pl* **~x**) **1.** Gefäß *n*; ~ ***sanguin*** Blutgefäß *n*; **2.** *litt* Schiff *n*; ~ ***spatial*** Raumschiff *n*
vaisselle [vɛsɛl] *f* Geschirr *n*; ***laver*** *od* ***faire la*** ~ (das) Geschirr spülen, abwaschen
val [val] *m* (⚠ *pl* ***vaux*** [vo] *od* ***vals***) *litt* Tal *n*; ***par monts et par vaux*** über Berg und Tal
valable [valablə] gültig; annehmbar, brauchbar; tüchtig

Valais [valɛ] ***le*** ~ das Wallis
valériane [valerjan] *f bot* Baldrian *m*
valet [valɛ] *m* Diener *m*; *Kartenspiel*: Bube *m*
valeur [valœr] *f* Wert *m*; Bedeutung *f*; *comm* **~s** *pl* Wertpapiere *n/pl*; ***sans*** ~ wertlos; ***la*** ~ ***de*** etwa; ***mettre en*** ~ zur Geltung bringen, hervorheben
validation [validasjõ] *f* Gültigkeitserklärung *f*; Anerkennung *f*; *Fahrschein*: Entwertung *f*
valid|e [valid] **1.** gesund, kräftig; **2.** gültig; **~er** (1a) für gültig erklären; anerkennen; *Fahrschein*: entwerten; **~ité** *f* (Rechts-)Gültigkeit *f*
valise [valiz] *f* Koffer *m*; ***faire sa*** ~ seinen Koffer packen
vallée [vale] *f* Tal *n*
vallon [valõ] *m* kleines Tal *n*
vallonné, ~e [valɔne] hügelig
valoir [valwar] (3h) **1.** wert sein; gelten (***pour*** für); kosten; ~ ***mieux*** besser sein (***que*** als); ***il vaut mieux*** (+ *inf*) (***que de*** *inf*) es ist besser zu (+ *inf*) (als zu + *inf*); ***il vaut mieux que*** (+ *subj*) es ist besser, dass ...; F ***ça vaut le coup*** das lohnt sich; ***faire*** ~ nutzbar machen; geltend machen; herausstreichen; **2.** ~ ***qc à qn*** j-m etw eintragen
valoris|ation [valɔrizasjõ] *f* Aufwertung *f*; **~er** (1a) aufwerten
vals|e [vals] *f* Walzer *m*; ⚠ ***la*** ~; **~er** (1a) Walzer tanzen; F ***faire*** ~ ***l'argent*** mit Geld um sich schmeißen
valve [valv] *f tech* Ventil *n*
vampire [vɑ̃pir] *m* Vampir *m*; *fig* Blutsauger *m*
vandalisme [vɑ̃dalismə] *m* Vandalismus *m*, Zerstörungswut *f*
vanille [vanij] *f* Vanille *f*
vanit|é [vanite] *f* Eitelkeit *f*; *litt* Nichtigkeit *f*; **~eux, ~euse** [-ø, -øz] eitel, eingebildet
vanity-case [vanitikɛz] *m* (⚠ *pl* ***vanity-cases***) Kosmetikkoffer *m*
vanne [van] *f* Schleusentor *n*; F Stichelei *f*
vanneau [vano] *m* (⚠ *pl* **~x**) *zo* Kiebitz *m*
vannerie [vanri] *f* Korbflechterei *f*; Korbwaren *f/pl*
vantail [vɑ̃taj] *m* (⚠ *pl* ***vantaux***) (Tür-, Fenster-)Flügel *m*
vant|ard, ~arde [vɑ̃tar, -ard] **1.** *adj* großsprecherisch; **2.** *m, f* Prahlhans *m*, Angeber(in) *m(f)*; **~ardise** [-ardiz] *f* Prahlerei *f*
vanter [vɑ̃te] (1a) rühmen, (an)preisen; ***se*** ~ prahlen, angeben, sich brüsten (***de qc*** mit etw)
va-nu-pieds [vanypje] *m, f* (⚠ *pl unv*) Bettler(in) *m(f)*
vapes [vap] *f/pl* F ***être dans les*** ~ Mattscheibe haben
vapeur [vapœr] **1.** *f* Dampf *m*; Dunst *m*; **2.** *m* Dampfer *m*
vapor|eux, ~euse [vapɔrø, -øz] duftig, leicht
vaporis|ateur [vapɔrizatœr] *m* Zerstäuber *m*, Spray *m od n*; **~er** (1a) verdampfen; zerstäuben
varappe [varap] *f* Klettern *n*; **~r** (1a) klettern
varech [varɛk] *m bot* Tang *m*
vareuse [varøz] *f* Matrosenbluse *f*; (Uniform-)Jacke *f*
vari|abilité [varjabilite] *f* Veränderlichkeit *f*; **~able** veränderlich
variante [varjɑ̃t] *f* Variante *f*, Abwandlung *f*
variation [varjasjõ] *f* Veränderung *f*, Wechsel *m*; Schwankung *f*
varice [varis] *f* Krampfader *f*
varicelle [varisɛl] *f méd* Windpocken *pl*
varié, ~e [varje] verschiedenartig, mannigfaltig, abwechslungsreich
varier [varje] (1a) Abwechslung bringen in, variieren; sich ändern, wechseln; schwanken
variété [varjete] *f* Vielfalt *f*; Abwechslung *f*; *biol* Ab-, Spielart *f*
variole [varjɔl] *f méd* Pocken *pl*
Varsovie [varsɔvi] Warschau
vas [va] *cf* ***aller***
vase[1] [vɑz] *m* Gefäß *n*, Vase *f*; ~ ***de nuit*** Nachtgeschirr *n*; *fig* ***vivre en*** ~ ***clos*** sich abkapseln; ⚠ ***le*** ~
vase[2] [vɑz] *f* Schlamm *m*
vas|eux, ~euse [vɑzø, -øz] schlammig; F unwohl; F verschwommen
vasouiller [vazuje] (1a) F schwimmen, unsicher sein
vassal [vasal] *m* (⚠ *pl* ***-aux***) Vasall *m*; *hist* Lehnsmann *m*; ⚠ *Schreibung*
vaste [vast] weit, ausgedehnt; geräumig; umfangreich
Vatican [vatikɑ̃] ***le*** ~ der Vatikan
va-tout [vatu] *m* ***jouer son*** ~ alles auf e-e Karte setzen

V

Vaud [vo] ***canton*** *m* ***de ~*** Kanton *m* Waadt
vaudeville [vodvil] *m* Schwank *m*
vaudrai [vodre] *futur von* ***valoir***
vauri|en, ~enne [vorjɛ̃, -ɛn] *m, f* Taugenichts *m*; Göre *f*
vaut [vo] *cf* ***valoir***
vautour [votur] *m zo* Geier *m*; *fig* Wucherer *m*
vautrer [votre] (1a) ***se ~*** sich wälzen; sich hinlümmeln
vaux [vo] *cf* ***valoir*** *u* ***val***
veau [vo] *m* (⚠ *pl* ***~x***) Kalb *n*; Kalbfleisch *n*; Kalbsleder *n*
vécu, ~e [veky] *p/p von* ***vivre***
vedette [vədɛt] *f* **1.** *Theater, Film etc*: Star *m*, Hauptdarsteller(in) *m(f)*; ***en ~*** vorn, im Vordergrund; ***mettre en ~*** herausstellen, -streichen; ***match*** *m* ***~*** Spitzen-, Schlagerspiel *n*; **2.** *mil* Schnellboot *n*
végétal, ~e [veʒetal] (⚠ *m/pl* ***-aux***) **1.** *adj* pflanzlich, Pflanzen...; **2.** *m* Pflanze *f*, Gewächs *n*
végétari|en, ~enne [veʒetarjɛ̃, -ɛn] **1.** *adj* vegetarisch; **2.** *m, f* Vegetarier(in) *m(f)*
végét|ation [veʒetasjõ] *f* Vegetation *f*; Pflanzenwelt *f*; ***~er*** (1f) (dahin)vegetieren
véhém|ence [veemɑ̃s] *f* Heftigkeit *f*; ***~ent, ~ente*** [-ɑ̃, -ɑ̃t] heftig, leidenschaftlich
véhicule [veikyl] *m* Fahrzeug *n*; *fig* Träger *m*
veille [vɛj] *f* **1.** Vorabend *m*, Tag *m* vorher; ***la ~ de Noël*** der Heilige Abend; ***à la ~ de*** ... kurz vor ...; **2.** Wachen *n*; *mil* (Nacht-)Wache *f*; ⚠ *nicht verwechseln mit* ***vieille*** (*von* ***vieux***)
veillée [vɛje] *f* Kranken-, Nacht-, Totenwache *f*; abendliches Beisammensein *n*
veiller [vɛje] (1b) **1.** wachen; aufbleiben; **2.** ***~ à qc*** für etw sorgen, auf etw bedacht sein; ***~ à ce que*** (+ *subj*) dafür sorgen *od* darauf achten, dass ...; ***~ à*** (+ *inf*) darauf achten zu (+ *inf*); ***~ sur qn*** auf j-n Acht geben
veill|eur [vɛjœr] *m* Wächter *m*; ***~euse*** *f* Nachtlicht *n*; Sparflamme *f*; *auto* Standlicht *n*; ***mettre en ~*** *Flamme*: klein stellen; *fig Angelegenheit*: ruhen lassen

V

vein|ard, ~arde [vɛnar, -ard] *m, f* F Glückspilz *m*, -kind *n*
veine [vɛn] *f* **1.** Ader (*a in Stein etc*); Vene *f*; *fig* Anlage *f*; **2.** F Glück *n*; ***avoir de la ~*** Schwein haben
velcro [vɛlkro] ***fermeture*** *f* ***~*** Klettverschluss *m*
véliplanchiste [veliplɑ̃ʃist] *m, f* (Wind-)Surfer(in) *m(f)*
vélo [velo] *m* Fahrrad *n*; ***~ d'appartement*** Heimtrainer *m*; ***~ tout terrain*** Mountainbike *n*; ***faire du ~*** Rad fahren
vélo|cité [velɔsite] *f* Schnelligkeit *f*; ***~drome*** [-drom] *m* Radrennbahn *f*; ***~moteur*** [-mɔtœr] *m* Moped *n*
velours [v(ə)lur] *m* Samt *m*
velouté, ~e [vəlute] samtig, samtweich; *Suppe*: legiert, sämig
velu, ~e [vəly] haarig, behaart
vélum [velɔm] m Zeltdach *n*; Sonnensegel *n*
venaison [vənɛzõ] *f* Wildbret *n*
vénal, ~e [venal] (⚠ *m/pl* ***-aux***) *péj* käuflich, bestechlich
vendable [vɑ̃dablə] verkäuflich
vendang|e [vɑ̃dɑ̃ʒ] *f* Weinlese *f*; ***~er*** (1l) Weinlese halten
vend|eur, ~euse [vɑ̃dœr, -øz] *m, f* Verkäufer(in) *m(f)*
vendre [vɑ̃drə] (4a) verkaufen; *fig* verraten; ***se ~*** sich verkaufen (lassen)
vendredi [vɑ̃drədi] *m* Freitag *m*; ***♀ saint*** Karfreitag *m*; ***le ~, tous les ~s*** freitags
vendu, ~e [vɑ̃dy] *p/p von* ***vendre*** *u adj* verkauft; *péj* gekauft
vénén|eux, ~euse [venenø, -øz] *Pflanzen*: giftig
vénér|able [venerablə] ehrwürdig; ***~ation*** *f* Verehrung *f*; Ehrfurcht *f*; ***~er*** (1f) verehren
vénér|ien, ~ienne [venerjɛ̃, -jɛn] *méd* ***maladie*** *f* ***vénérienne*** Geschlechtskrankheit *f*
vengeance [vɑ̃ʒɑ̃s] *f* Rache *f*
venger [vɑ̃ʒe] (1l) rächen (***qn de qc*** j-n für etw); ***se ~ de qn*** sich an j-m rächen; ***se ~ de qc sur qn*** sich für etw an j-m rächen
veng|eur, ~eresse [vɑ̃ʒœr, -rɛs] **1.** *adj* rächend; **2.** *m, f* Rächer(in) *m(f)*
venim|eux, ~euse [vənimø, -øz] *Tiere*: giftig; *fig* boshaft; ⚠ *nicht verwechseln mit* ***vénéneux***

venin [v(ə)nɛ̃] *m* Gift *n* (*von Tieren*); *fig* Bosheit *f*
venir [v(ə)nir] (2h) kommen; herkommen; stammen (**de** von, aus); reichen (**jusqu'à** bis); ~ **bien** gut gedeihen (*Pflanze*); **à** ~ (zu)künftig; **y** ~ darauf zu sprechen kommen; **en** ~ **à qc** zu etw kommen; **en** ~ **à croire que** ... zu der Überzeugung kommen, dass ...; **en** ~ **aux mains** handgemein werden; **en** ~ **là** so weit kommen; **où veut-il en** ~**?** worauf will er hinaus?; ~ **de faire qc** soeben etw getan haben; ~ **à dire** zufällig sagen; ~ **dire** kommen, (um) zu sagen; ~ **voir qn** j-n besuchen; ~ **chercher**, ~ **prendre** (ab)holen
Venise [vəniz] Venedig
vénit|ien, ~ienne [venisjɛ̃, -jɛn] venezianisch
vent [vɑ̃] *m* Wind *m*; *fig* Tendenz *f*; *mus* **instrument** *m* **à** ~ Blasinstrument *n*; *fig* **être dans le** ~ auf dem Laufenden, modern sein; *fig* **c'est du** ~ das ist leeres Gerede; **coup** *m* **de** ~ Windstoß *m*; **en plein** ~ *Haus*: völlig frei stehend; **il fait du** ~ es ist windig; *fig* **avoir** ~ **de qc** von etw hören, Wind bekommen
vente [vɑ̃t] *f* Verkauf *m*; Absatz *m*, Vertrieb *m*; ~ **de charité** Wohltätigkeitsbasar *m*; ~ **par correspondance** Versandhandel *m*; ~ **publique** (öffentliche) Versteigerung *f*
vent|eux, ~euse [vɑ̃tø, -øz] windig
ventilateur [vɑ̃tilatœr] *m* Ventilator *m*, Gebläse *n*
ventiler [vɑ̃tile] (1a) belüften; *jur* aufteilen
ventre [vɑ̃trə] *m* Bauch *m*, (Unter-)Leib *m*; Ausbauchung *f*; **à plat** ~ auf den *od* dem Bauch; **aller** ~ **à terre** in gestrecktem Galopp reiten
ventriloque [vɑ̃trilɔk] *m* Bauchredner *m*
ventru, ~e [vɑ̃try] dickbäuchig
venu, ~e [v(ə)ny] **1.** *adj* **bien** ~ gelungen; **2.** *m*, *f* **le premier venu**, **la première venue** der, die erste Beste; **nouveau venu**, **nouvelle venue** Neuankömmling *m*
venue [v(ə)ny] *f* Ankunft *f*
ver [vɛr] *m* Wurm *m*; Made *f*; ~ **de terre** Regenwurm *m*; ~ **à soie** Seidenraupe *f*; ⚠ *nicht verwechseln mit* **le vers** *u* **le verre**
véracité [verasite] *f* Wahrheitsgehalt *m*
véranda [verɑ̃da] *f* Veranda *f*
verbal, ~e [vɛrbal] (⚠ *m/pl* **-aux**) mündlich; verbal, Verb...
verbal|iser [vɛrbalize] (1a) **1.** *jur* ein Protokoll aufnehmen; *Polizei*: gebührenpflichtig verwarnen (**contre qn** j-n); **2.** sprachlich ausdrücken; **~isme** *m péj* Wortgeklingel *n*
verbe [vɛrb] *m ling* Verb *n*, Zeit-, Tätigkeitswort *n*; *litt* Wort *n*; Sprache *f*
verbiage [vɛrbjaʒ] *m* Geschwätz n
verbosité [vɛrbozite] *f* Geschwätzigkeit *f*; Weitschweifigkeit *f*
verdâtre [vɛrdɑtrə] grünlich
verdeur [vɛrdœr] *f* Unreife *f*; *Wein*: Herbheit *f*; *Rede*: Deftigkeit *f*; *Alter*: Rüstigkeit *f*
verdict [vɛrdikt] *m* (Urteils-)Spruch *m*; Urteil *n*, Verdikt *n*
verdir [vɛrdir] (2a) grün färben; grünen
verdoy|ant, ~ante [vɛrdwajɑ̃, -ɑ̃t] sattgrün; **~er** (1h) grünen
verdure [vɛrdyr] *f* Grün *n*; grünes Laub *n*; *Salat*: Grünzeug *n* F
vér|eux, ~euse [verø, -øz] wurmstichig, wurmig; *fig* anrüchig
verge [vɛrʒ] *f* Penis *m*; Rute *f*
verger [vɛrʒe] *m* Obstgarten *m*
verglacé, ~e [vɛrglase] vereist
verglas [vɛrgla] *m* Glatteis *n*
vergogne [vɛrgɔɲ] *f* **sans** ~ schamlos
véri|dique [veridik] wahrheitsgetreu; **~fiable** [-fjablə] nachprüfbar
vérification [verifikasjɔ̃] *f* (Nach-, Über-)Prüfung *f*, Untersuchung *f*; Feststellung *f*
vérifier [verifje] (1a) (nach-, über)prüfen, nachsehen, verifizieren; bestätigen; **se** ~ sich bestätigen
vérin [verɛ̃] *m tech* Winde *f*
véritable [veritablə] wahr, echt, wirklich; **~ment** *adv* wirklich, tatsächlich
vérité [verite] *f* Wahrheit *f*, Richtigkeit *f*; *Porträt*: Ähnlichkeit *f*; **à la** ~ allerdings; **en** ~ in der Tat, wahrlich
vermeil, ~le [vɛrmɛj] (hoch)rot
vermicelle(s) [vɛrmisɛl] *m*(*pl*) Suppen-, Fadennudeln *f/pl*; ⚠ **le** ~
vermillon [vɛrmijɔ̃] *m* Zinnober(rot) *m*(*n*)
vermine [vɛrmin] *f* Ungeziefer *n*; *st/s* Gesindel *n*
vermoulu, ~e [vɛrmuly] wurmstichig

V

vermout(h) [vɛrmut] *m* Wermut (-wein) *m*
vernaculaire [vɛrnakylɛr] *ling* ***langue*** *f* ~ Regional-, Eingeborenensprache *f*
verni, ~e [vɛrni] **1.** *adj* lackiert; glasiert; **2.** *m* F Glückspilz *m*
vernir [vɛrnir] (2a) firnissen, lackieren
vernis [vɛrni] *m* Lack *m*; Firnis *m* (*a fig*); Glasur *f*
vernissage [vɛrnisaʒ] *m* **1.** Lackieren *n*; Glasieren *n*; **2.** *Ausstellung*: Eröffnung *f*, Vernissage *f*
vérole [verɔl] *f méd* F Syphilis *f*; ***petite*** ~ Pocken *pl*
verrai [vɛre] *futur von* ***voir***
verrat [vɛra] *m zo* Eber *m*
verr|e [vɛr] *m* Glas *n*; ***~s de contact*** Kontaktlinsen *f/pl*, Haftschalen *f/pl*; ~ ***à eau*** Wasserglas *n*; ⚠ *unterscheide* ***~ à vin*** Weinglas *u* ***un ~ de vin*** ein Glas Wein; **~erie** *f* Glasfabrik *f*; Glaswaren *f/pl*; **~ière** [-jɛr] *f* Kirchenfenster *n*; Glasdach *n*
verrou [vɛru] *m* (⚠ *pl* **~s**) Riegel *m*
verrouillage [vɛrujaʒ] *m* Versperren *n*, Verriegelung *f*; Sperrvorrichtung *f*; *auto* ***~ central*** Zentralverriegelung *f*
verrouiller [vɛruje] (1a) ver-, zuriegeln
verrue [vɛry] *f* Warze *f*
vers[1] [vɛr] *m* Vers *m*
vers[2] [vɛr] *prép* gegen; ***~ l'est*** gegen, nach Osten (hin); ***~ la fin*** gegen Ende; ***~ midi*** gegen, um Mittag
versant [vɛrsɑ̃] *m* (Berg-)Abhang *m*
versatil|e [vɛrsatil] wankelmütig, unbeständig; **~ité** *f* Wankelmut *m*
verse [vɛrs] ***il pleut à ~*** es gießt in Strömen
versé, ~e [vɛrse] ***~ dans*** bewandert in
Verseau [vɛrso] *m astr* Wassermann *m*
versement [vɛrsəmɑ̃] *m* (Ein-, Aus-)Zahlung *f*
verser [vɛrse] *v/t* (ein-, ver)gießen; verschütten; ~ (***à boire***) einschenken; *Geld*: einzahlen, (aus)zahlen; *Wagen*: umstürzen; *fig* ***~ dans qc*** in etw verfallen
verset [vɛrsɛ] *m* (Bibel-)Vers *m*
versi|fication [vɛrsifikasjɔ̃] *f* Versbau *m*; **~fier** [-fje] (1a) in Verse bringen; Verse machen
version [vɛrsjɔ̃] *f* Version *f* (*a EDV*); Fassung *f*, Darstellung *f*; *Modell*: Ausführung *f*; *Schule*: Herübersetzung *f*, Übersetzung *f* aus der Fremdsprache
verso [vɛrso] *m Blatt*: Rückseite *f*; ***au ~*** umseitig, auf der Rückseite
vert, verte [vɛr, vɛrt] **1.** *adj* grün; *Obst*: unreif; *Wein*: herb; *fig* frisch; rüstig; *Ausdrucksweise*: deftig, derb; ***langue*** *f* ***verte*** Gaunersprache *f*; **2.** *m* Grün *n*; *pol* ***les verts*** *m/pl* die Grünen *m/pl*
vert-de-gris [vɛrdəgri] *m* Grünspan *m*
vertébral, ~e [vɛrtebral] (⚠ *m/pl* **-aux**) Wirbel...; ***colonne*** *f* ***vertébrale*** Wirbelsäule *f*
vertèbre [vɛrtɛbrə] *f* (Rücken-)Wirbel *m*; ⚠ ***la*** ~
vertébrés [vɛrtebre] *m/pl zo* Wirbeltiere *n/pl*
vertement [vɛrtəmɑ̃] *adv* scharf, heftig
vertical, ~e [vɛrtikal] (⚠ *m/pl* **-aux**) **1.** *adj* senkrecht, vertikal; **2.** *f* Senkrechte *f*
vertige [vɛrtiʒ] *m* Schwindel(gefühl) *m*(*n*); *fig* Taumel *m*; ***j'ai le ~*** mir ist schwindlig
vertigin|eux, ~euse [vɛrtiʒinø, -øz] schwindelnd, Schwindel erregend
vertu [vɛrty] *f* Tugend *f*; Kraft *f*; ***en ~ de*** kraft, auf Grund von
vertu|eux, ~euse [vɛrtɥø, -øz] tugendhaft, sittsam
verve [vɛrv] *f* Schwung *m*; ***plein de ~*** schwungvoll, mitreißend
verveine [vɛrvɛn] *f bot* Eisenkraut *n*
vésicule [vezikyl] *f* (Gallen-)Blase *f*
vespasienne [vɛspazjɛn] *f* Pissoir *n*
vessie [vesi] *f* (Harn-)Blase *f*
veste [vɛst] *f* (Herren-)Jacke *f*, Jackett *n*; F ***ramasser une ~*** e-n Reinfall erleben; F ***retourner sa ~*** umschwenken, seine Meinung ändern; ⚠ *nicht* Weste
vestiaire [vɛstjɛr] *m* Garderobe *f*; Umkleideraum *m*
vestibule [vɛstibyl] *m* Diele *f*, Flur *m*
vestige [vɛstiʒ] *m meist* **~s** *pl* Überreste *m/pl*, Spuren *f/pl*
veston [vɛstɔ̃] *m* (Herren-)Jackett *n*, Jacke *f*
vêtement [vɛtmɑ̃] *m* Kleidungsstück *n*; **~s** *pl* (Be-)Kleidung *f*
vétéran [veterɑ̃] *m* Veteran *m*
vétérinaire [veterinɛr] **1.** *adj* tierärztlich; **2.** *m, f* Tierarzt, -ärztin *m, f*, Veterinär *m*
vétille [vetij] *f* (*oft pl* **~s**) Lappalie *f*, Belanglosigkeit *f*

veto [veto] *m* Veto *n*, Einspruch *m*; ***opposer son ~ à*** sein Veto einlegen gegen; ⚠ *Schreibung*
vêtu, ~e [vety] angezogen, bekleidet
vétuste [vetyst] veraltet; baufällig
veuf, veuve [vœf, vœv] **1.** *adj* verwitwet; **2.** *m*, *f* Witwe(r) *f(m)*
veuille [vœj] *subj von* ***vouloir***
veulent [vœl] *cf* ***vouloir***
veut, veux [vø] *cf* ***vouloir***
vex|ant, ~ante [vɛksɑ̃, -ɑ̃t] kränkend; ärgerlich
vexation [vɛksasjɔ̃] *f* Kränkung *f*
vexer [vɛkse] (1a) kränken, beleidigen
via [vja] über, via
viabil|iser [vjabilize] (1a) *Grundstück*: erschließen; **~ité** *f* Erschließung *f*; Lebensfähigkeit *f*; *Straße*: Befahrbarkeit *f*
viable [vjablə] lebensfähig; *Vorhaben*: durchführbar; *Straße*: befahrbar
viaduc [vjadyk] *m* Viadukt *m od n*
viag|er, ~ère [vjaʒe, -ɛr] **1.** *adj* auf Lebenszeit, lebenslänglich; **2.** *m* Leibrente *f*
viande [vjɑ̃d] *f* Fleisch *n* (*als Nahrung*); ***~ froide*** kalter Braten *m*; F ***sac*** *m* ***à ~*** Schlafsack *m*
vibr|ant, ~ante [vibrɑ̃, -ɑ̃t] vibrierend; *fig* mitreißend; **~ation** *f* Schwingung *f*, Vibration *f*; **~er** (1a) schwingen, zittern, vibrieren; *fig* ***faire ~*** mitreißen, packen
vice [vis] *m* Fehler *m*, Mangel *m*; Laster *n*; ⚠ ***le ~***
vice-... [vis] *in Zssgn* Vize...
vice versa [vis(e)vɛrsa] umgekehrt
vici|é, ~ée [visje] ***air*** *m* ***vicié*** schlechte *od* verbrauchte Luft *f*; **~eux, ~euse** [-ø, -øz] fehlerhaft; lasterhaft, lüstern; ***cercle*** *m* ***vicieux*** Teufelskreis *m*
vicinal, ~e [visinal] (⚠ *m/pl* ***-aux***) ***chemin*** *m* ***vicinal*** Gemeindeweg *m*
vicissitudes [visisityd] *f/pl* Wechselfälle *m/pl*, Auf und Ab *n*
victime [viktim] *f* Opfer *n* (*das man wird od ist*); ***~ de guerre*** Kriegsopfer *n*
victoire [viktwar] *f* Sieg *m*; ***remporter la ~*** den Sieg erringen
victori|eux, ~euse [viktɔrjø, -øz] siegreich
victuailles [viktɥaj] *f/pl* Lebensmittel *n/pl*
vidage [vidaʒ] *m* Entleerung *f*
vidang|e [vidɑ̃ʒ] *f* (Gruben-)Entleerung *f*; *auto* Ölwechsel *m*; ***faire une ~*** das Öl wechseln; ⚠ ***la ~***; **~er** (1l) (ent)leeren; *auto Öl*: wechseln
vide [vid] **1.** *adj* leer; *fig* inhalts-, sinnlos; ***~ de*** ohne; **2.** *m* Leere *f*; Vakuum *n*; Tiefe *f*; ***à ~*** leer; *tech* ***marche*** *f* ***à ~*** Leerlauf *m*
vidéo [video] **1.** *f* Video *n*; ⚠ ***la ~***; **2.** *adj* (⚠ *unv*) Video...; ***bande*** *f* ***~*** Videoband *n*; ***caméra*** *f* ***~*** Videokamera *f*; ***jeu*** *m* ***~*** Videospiel *n*; **~cassette** [-kasɛt] *f* Videokassette *f*; **~clip** [-klip] *m* Videoclip *m*; **~club** [-klyb] *m* Videothek *f*; **~conférence** [-kɔ̃ferɑ̃s] *f* Videokonferenz *f*; **~disque** [-disk] *m* Bildplatte *f*; **~-phone** [-fɔn] *m* Bildtelefon *n*
vide-ordures [vidɔrdyr] *m* (⚠ *pl unv*) Müllschlucker *m*
vidéothèque [videotɛk] *f* Videothek *f*
vide-poche [vidpɔʃ] *m* (⚠ *pl* ***vide-poches***) *auto* Ablage *f*; Kartentasche *f*
vid|er [vide] (1a) (aus)leeren; *cuis* ausnehmen; *Saal*: räumen; *Streit*: erledigen, beilegen; F ***~ qn*** j-n rausschmeißen; j-n erschöpfen, fertig machen; **~eur** *m* F Rausschmeißer *m*
vie [vi] *f* Leben *n*; Lebensgeschichte *f*, -kraft *f*, -unterhalt *m*, -weise *f*, -zeit *f*; Lebendigkeit *f*; ***à ~*** lebenslänglich; ***de ma ~*** zeit meines Lebens; ***sans ~*** leblos; ***être en ~*** am Leben sein
vieil [vjɛj] *cf* ***vieux***
vieillard [vjɛjar] *m* Greis *m*, alter Mann *m*; ***les ~s*** die alten Leute
vieille [vjɛj] *cf* ***vieux***
vieill|erie [vjɛjri] *f meist pl* **~s** alter Kram *m*; **~esse** [-ɛs] *f* (hohes *od* Greisen-)Alter *n*; **~ir** (2a) altern; veralten; alt machen; ⚠ *il* ***a*** *vieilli*
vieillissement [vjɛjismɑ̃] *m* Altern *n*; Veralten *n*
vieill|ot, ~otte [vjɛjo, -ɔt] ältlich; altmodisch
Vienne [vjɛn] Wien
vierge [vjɛrʒ] **1.** *f* Jungfrau *f*; *rel* ***la*** ♍ (die Jungfrau) Maria; *astr* ♍ Jungfrau *f*; **2.** *adj* jungfräulich, rein; leer; unbenutzt; ***forêt*** *f* ***~*** Urwald *m*; ***laine*** *f* ***~*** Schurwolle *f*
Viêt-nam [vjɛtnam] ***le ~*** Vietnam *n*
vietnam|ien, ~ienne [vjɛtnamjɛ̃, -jɛn] **1.** *adj* vietnamesich; **2.** ♍ *m*, *f* Vietnamese *m*, -in *f*
vieux, vieil (*m vor Vokal u h muet*), **vieille** [vjø, vjɛj] **1.** *adj* alt; langjährig;

früher; ***vieux jeu*** altmodisch; **2.** *m*, *f der*, *die*, *das* Alte
vif, vive [vif, viv] **1.** *adj* lebendig; lebhaft; heftig; stark; ***de vive voix*** mündlich; **2.** *m* ***à vif*** offen (*Wunde*); ***touché au vif*** zutiefst getroffen; ***entrer dans le vif du sujet*** zum Kern der Sache kommen; ***prendre sur le vif*** aus dem Leben greifen
vigilance [viʒilɑ̃s] *f* Wachsamkeit *f*
vigil|ant, ~ante [viʒilɑ̃, -ɑ̃t] wachsam, umsichtig
vigile [viʒil] *m* Wachmann *m*
vigne [viɲ] *f* Weinrebe *f*; Weinberg *m*
vigner|on, ~onne [viɲrɔ̃, -ɔn] *m*, *f* Winzer(in) *m(f)*
vignette [viɲɛt] *f* Zierbildchen *n*, Randverzierung *f* (*in Büchern*); Aufkleber *m*; Gebührenmarke *f*; *auto* Steuerplakette *f*
vignoble [viɲɔblə] *m* Weinberg *m*; Weinbaugebiet *n*
vigour|eux, ~euse [vigurø, -øz] kräftig, stark
vigueur [vigœr] *f* Lebenskraft *f*, Stärke *f*; Heftigkeit *f*, Schärfe *f*; ***plein de ~*** kraftstrotzend; ***en ~*** *jur* in Kraft, gültig; *fig* üblich; ***entrer en ~*** in Kraft treten
vil, ~e [vil] *st/s* niedrig, gemein; ***à vil prix*** spottbillig
vil|ain, ~aine [vilɛ̃, -ɛn] unartig, böse; schlimm; hässlich, F scheußlich
vilebrequin [vilbrəkɛ̃] *m tech* Handbohrer *m*; Kreuzschlüssel *m*; *auto* Kurbelwelle *f*
villa [vila] *f* Villa *f*
village [vilaʒ] *m* Dorf *n*
village|ois, ~oise [vilaʒwa, -waz] **1.** *adj* dörflich, ländlich, Dorf...; **2.** *m*, *f* Dorfbewohner(in) *m(f)*
ville [vil] *f* Stadt *f*; ***~ d'eau*** Kurort *m*; ***~ jumelée*** Partnerstadt *f*; ***~ universitaire*** Universitätsstadt *f*; ***à** od **dans la ~*** in der Stadt; ***aller en ~*** in die Stadt gehen; ***hôtel** m **de ~*** Rathaus *n*; **~-dortoir** [-dɔrtwar] *f* (⚠ *pl* ***villes-dortoirs***) Schlafstadt *f*
villégiature [vileʒjatyr] *f* Sommerfrische *f*
ville-satellite [vilsatelit] *f* (⚠ *pl* ***villes-satellites***) Satellitenstadt *f*
vin [vɛ̃] *m* Wein *m*; *fig* ***cuver son ~*** seinen Rausch ausschlafen
vinaigre [vinɛgrə] *m* Essig *m*
vinasse [vinas] F *f* schlechter Wein *m*
vindicat|if, ~ive [vɛ̃dikatif, -iv] rachsüchtig
vin|eux, ~euse [vinø, -øz] weinrot; nach Wein riechend
vingt [vɛ̃] zwanzig
vingtaine [vɛ̃tɛn] ***une ~*** etwa zwanzig
vingtième [vɛ̃tjɛm] **1.** zwanzigste; **2.** *m* Zwanzigstel *n*
vinicole [vinikɔl] Wein(bau)...
vinification [vinifikasjɔ̃] *f* Weinbereitung *f*
vins [vɛ̃] *p/s von* ***venir***
vinyle [vinil] *m* Vinyl *n*; Schallplatte *f*
viol [vjɔl] *m* Vergewaltigung *f*
violacé, ~e [vjɔlase] blaurot
violation [vjɔlasjɔ̃] *f* Verletzung *f*; Schändung *f*; *jur* ***~ de domicile*** Hausfriedensbruch *m*
viole [vjɔl] *f mus* Viola *f*
viol|ence [vjɔlɑ̃s] *f* Gewalt *f*, Gewaltanwendung *f*, -tätigkeit *f*; Heftigkeit *f*; **~ent, ~ente** [-ɑ̃, -ɑ̃t] heftig; gewaltsam; ⚠ *adv* ***violemment*** [-amɑ̃]
violer [vjɔle] (1a) verletzen; brechen (*Eid*); vergewaltigen; schänden
viol|et, ~ette [vjɔlɛ, -ɛt] violett
violette [vjɔlɛt] *f bot* Veilchen *n*
violon [vjɔlɔ̃] *m* **1.** Geige *f*, Violine *f*; Geiger(in) *m(f)*; *fig* ***~ d'Ingres*** Steckenpferd *n*; **2.** F Kittchen *n*
violoncell|e [vjɔlɔ̃sɛl] *m* Cello *n*; **~iste** *m*, *f* Cellist(in) *m(f)*
violoniste [vjɔlɔnist] *m*, *f* Geiger(in) *m(f)*
vipère [vipɛr] *f zo* Viper *f*, Otter *f*
virage [viraʒ] *m* Kurve *f*; Drehen *n*, Wenden *n*; *fig* Wende *f*; *Foto*: Tonung *f*; ***prendre le ~*** die Kurve nehmen
virago [virago] *f* Mannweib *n*
virée [vire] *f* F Spritztour *f*
virement [virmɑ̃] *m comm* Überweisung *f*
virer [vire] (1a) sich drehen; e-e Kurve fahren *od* fliegen; umschlagen (**à** in); *Geld*: überweisen; *Foto*: tonen; ***~ de bord*** *mar* wenden; *fig* umschwenken; F ***~ qn*** j-n hinauswerfen
virevolte [virvɔlt] *f* Wendung *f*, Drehung *f*
virginal, ~e [virʒinal] (⚠ *m/pl* ***-aux***) jungfräulich; rein
virginité [virʒinite] *f* Jungfräulichkeit *f*; Reinheit *f*

virgule [virgyl] *f* Komma *n*; **~ *fixe, flottante*** Fest-, Fließkomma *n*
viril, ~e [viril] männlich, mannhaft; **~ité** *f* Männlichkeit *f*; Mannesalter *n*; Manneskraft *f*
virologie [virɔlɔʒi] *f* Virologie *f*, Virusforschung *f*
virtuel, ~le [virtɥɛl] virtuell, potenziell; ***la réalité virtuelle*** die virtuelle Wirklichkeit
virtuos|e [virtɥoz] *m, f* Virtuose *m*, Virtuosin *f*; **~ité** *f* Virtuosität *f*, Kunstfertigkeit *f*
virul|ent, ~ente [virylɑ̃, -ɑ̃t] heftig, scharf; *méd* virulent
virus [virys] *m* Virus *n od m* (*a fig*); **~ *informatique*** Computervirus *m*
vis¹ [vis] *f* Schraube *f*; ***escalier*** *m* ***à* ~** Wendeltreppe *f*; *fig* ***serrer la* ~ *à qn*** j-n kurz halten; ⚠ ***la* ~**
vis² [vi] *cf* ***vivre*** *u* ***voir***
visa [viza] *m* Visum *n*, Sichtvermerk *m*
visage [vizaʒ] *m* Gesicht *n*
visagiste [vizaʒist] *m, f* Visagist(in) *m(f)*, Kosmetiker(in) *m(f)*
vis-à-vis [vizavi] **1.** *adv* (einander) gegenüber; **2.** *prép* **~ *de*** gegenüber; **3.** *m* Gegenüber *n*
viscéral, ~e [viseral] (⚠ *m/pl* ***-aux***) Eingeweide...; *fig* tief gehend, abgründig
viscères [visɛr] *m/pl* Eingeweide *n/pl*
visée [vize] *f* Zielen *n*; *fig* **~*s*** *pl* Absichten *f/pl*
viser [vize] (1a) zielen (***qc, qn*** auf etw, auf j-n); anstreben, anvisieren; abzielen auf, betreffen; F ansehen, angucken; *fig* **~ *haut*** hoch hinauswollen; **~ *à*** trachten nach, hinzielen auf
viseur [vizœr] *m Waffe*: Visier *n*; *Foto*: Sucher *m*
vis|ibilité [vizibilite] *f* Sicht(barkeit) *f*; **~ible** sichtbar; (offen)sichtlich
visière [vizjɛr] *f* (Helm-)Visier *n*; (Mützen-)Schirm *m*
vision [vizjɔ̃] *f* Sehen *n*; Vorstellung *f*; Vision *f*, Erscheinung *f*
visionnaire [vizjɔnɛr] **1.** *adj* seherisch; **2.** *m, f* Fantast(in) *m(f)*
visionneuse [vizjɔnøz] *f Foto*: Bildbetrachter *m*
visit|e [vizit] *f* Besuch *m*; Besichtigung *f*; Visite *f*; **~ *guidée*** Führung *f*; **~ *médicale*** ärztliche Untersuchung *f*; **~er** (1a) besichtigen, be-, aufsuchen; durchsuchen; **~eur, ~euse** *m, f* Besucher(in) *m(f)*
vison [vizɔ̃] *m* Nerz *m*
visqu|eux, ~euse [viskø, -øz] zäh (-flüssig); *péj* schmierig
visser [vise] (1a) (an-, fest-, zu)schrauben
visualisation [vizɥalizasjɔ̃] *f* bildliche Darstellung *f*; *EDV* Bildschirmdarstellung *f*; **~ *de la page*** Seitenansicht *f*
visuel, ~le [vizɥɛl] **1.** *adj* Gesichts..., Seh..., visuell; **2.** *m EDV* Monitor *m*
vital, ~e [vital] (⚠ *m/pl* ***-aux***) Lebens...; lebenswichtig, vital; **~ité** *f* Vitalität *f*, Lebenskraft *f*
vitamine [vitamin] *f* Vitamin *n*; ⚠ ***la* ~**
vite [vit] *adv* schnell
vitesse [vitɛs] *f* Geschwindigkeit *f*, Schnelligkeit *f*; *auto* Gang *m*; ***changer de* ~** schalten; ***à toute* ~** möglichst schnell; F ***en* ~** schnellstens
viticole [vitikɔl] Wein(bau)...
viticult|eur [vitikyltœr] *m* Weinbauer *m*; **~ure** [-yr] *f* Weinbau m
vitrage [vitraʒ] *m* Glaswand *f*; Verglasung *f*; Verglasen *n*
vitrail [vitraj] *m* (⚠ *pl* ***-aux***) Kirchenfenster *n*
vitr|e [vitrə] *f* Glasscheibe *f*, Fenster(scheibe) *n(f)*; **~er** (1a) verglasen
vitrerie [vitrəri] *f* Glaserei *f*; Glaserwaren *f/pl*
vitrier [vitrije] *m* Glaser *m*
vitrine [vitrin] *f* Auslage *f*, Schaufenster *n*; Vitrine *f*
vivac|e [vivas] lebenskräftig; zäh; hartnäckig; **~ité** *f* Lebhaftigkeit *f*; Heftigkeit *f*
viv|ant, ~ante [vivɑ̃, -ɑ̃t] **1.** *adj* lebend, lebendig; *fig* lebhaft, belebt; **2.** *m* Lebende(r) *m*; ***bon vivant*** Genießer *m*; ***de son vivant*** zu seinen Lebzeiten
vivats [viva] *m/pl* Hochrufe *m/pl*
vive [viv] *cf* ***vif*** *u* ***vivre***
vivement [vivmɑ̃] *adv* lebhaft; schnell; heftig; **~ *...!*** wäre es nur schon ...!
viveur [vivœr] *m* Lebemann *m*
vivier [vivje] *m* Fischteich *m*, -behälter *m*
vivifier [vivifje] (1a) stärken, beleben
vivoter [vivɔte] (1a) kümmerlich leben
vivre [vivrə] **1.** (4e) leben; erleben; ***vive ...!*** es lebe ...!; *mil* ***qui vive?*** wer da?; **2.**

m/pl **~s** Lebensmittel *n/pl*, Verpflegung *f*
vlan! [vlɑ̃] peng!
vocabulaire [vɔkabylɛr] *m* Wortschatz *m*; Wörterverzeichnis *n*
vocal, ~e [vɔkal] (⚠ *m/pl* **-aux**) Stimm..., Vokal...; ⚠ *nicht* der Vokal
vocalique [vɔkalik] *ling* vokalisch
vocation [vɔkasjɔ̃] *f* Berufung *f*; Aufgabe *f*, Bestimmung *f*
vociférer [vɔsifere] (1f) wütend schreien, toben
vodka [vɔdka] *m* Wodka *m*
vœu [vø] *m* (⚠ *pl* **~x**) Gelübde *n*; Gelöbnis *n*; Wunsch *m*; ***faire ~ de*** (+ *inf*) geloben zu (+ *inf*); ***tous mes ~x!*** meine besten Wünsche!
vogue [vɔg] *f* Beliebtheit *f*; ***être en ~*** modern, in Mode sein
voici [vwasi] hier ist *od* sind, da ist *od* sind; ***me ~!*** hier bin ich; ***le livre que ~*** dieses Buch da
voie [vwa] *f* Weg *m* (*a fig*); Straße *f*; Gleis *n*; Fahrbahn *f*, -spur *f*; Wagenspur *f*; *auto* Spurweite *f*; ***~ express*** Schnellstraße *f*; ***être en ~ de formation*** im Entstehen sein; ***en ~ de développement*** in der Entwicklung; ***par (la) ~ de*** über, durch; ***par ~ aérienne*** auf dem Luftweg
voilà [vwala] da ist *od* sind; ***(et) ~!*** das wär's!; ***en ~ assez!*** jetzt reicht's aber!; ***~ tout*** das ist alles; ***~ pourquoi*** darum, deshalb; ***me ~*** da bin ich
voile [vwal] **1.** *m* Schleier *m*; *fig* Hülle *f*; ***~ du palais*** Gaumensegel *n*; **2.** *f mar* Segel *n*; Segeln *n*, Segelsport *m*; ***vol m à ~*** Segelfliegen *n*, -flug *m*; F ***mettre les ~s*** abhauen
voiler [vwale] (1a) verschleiern (*a fig*); verhüllen, bemänteln; ***se ~*** sich verbiegen; *Rad*: e-n Achter bekommen
voilier [vwalje] *m* Segelschiff *n*
voir [vwar] (3b) sehen; erblicken, bemerken; erleben, durchmachen; einsehen, verstehen; ansehen, besuchen; nach-, durchsehen; ***faire ~*** zeigen; ***être bien vu*** gut angeschrieben sein; ***aller*** *od* ***venir ~*** besuchen; ***cela n'a rien à ~ (avec)*** das hat nichts zu tun (da)mit; ***~ à qc*** auf etw Acht geben; ***se ~*** sich sehen; zusammenkommen; ***se ~ décerner un prix*** e-n Preis verliehen bekommen; ***cela se voit*** das sieht man; ***voyons!*** also!; aber, aber!

V

voire [vwar] *adv* (ja) sogar
voirie [vwari] *f* Straßen- und Wegenetz *n*; Straßenbauamt *n*; (städtische) Müllabfuhr *f*
vois|in, ine [vwazɛ̃, -zin] **1.** *adj* benachbart; **2.** *m, f* Nachbar(in) *m(f)*; **~inage** [-inaʒ] *m* Nachbarschaft *f*; **~iner** [-ine] (1a) ***~ avec*** stehen, liegen bei, neben
voiture [vwatyr] *f* Wagen *m*; Auto *n*; (Eisenbahn-)Wagen *m* (*für Personen*); Kutsche *f*; ***~ de location*** Mietwagen *m*; ***~ d'occasion*** Gebrauchtwagen *m*; ***~ de tourisme*** Personenwagen *m*; ***en ~*** mit dem Auto; ***lettre f de ~*** Frachtbrief *m*
voiturer [vwatyre] (1a) befördern
voiture-restaurant [vwatyrrɛstɔrɑ̃] *f* (⚠ *pl* ***voitures-restaurants***) Speisewagen *m*
voix [vwa] *f* Stimme *f*; *gr* ***~ active (passive)*** Aktiv *n* (Passiv *n*); *fig* ***avoir ~ au chapitre*** etw zu sagen haben; ***à haute ~ (à ~ basse)*** mit lauter (leiser) Stimme; ⚠ *nicht verwechseln mit* ***la voie***
vol [vɔl] *m* **1.** Diebstahl *m*; **2.** Flug *m*, Fliegen *n*; *Vögel*: Schwarm *m*; ***~ charter*** Charterflug *m*; ***~ libre*** Drachenfliegen *n*; ***à ~ d'oiseau*** (in der) Luftlinie *f*; aus der Vogelschau *f*; ***au ~*** im Fluge; ***saisir au ~*** beim Schopf packen (*Gelegenheit*)
vol. (*abr* ***volume***) Bd. (Band)
volage [vɔlaʒ] flatterhaft, unbeständig
volaille [vɔlaj] *f* Geflügel *n*
vol|ant, ~ante [vɔlɑ̃, -ɑ̃t] **1.** *adj* fliegend, Flug...; beweglich; **2.** *m auto* Steuer *n*, Lenkrad *n*; *Sport*: Federball(spiel) *m(n)*; *Frauenkleid*: Volant *m*, Besatz *m*; *tech* Schwungrad *n*
volatil, ~e [vɔlatil] *chim* flüchtig
vol-au-vent [vɔlovɑ̃] *m* (⚠ *pl unv*) Blätterteigpastete *f*
volc|an [vɔlkɑ̃] *m* Vulkan *m*; **~anique** [-anik] vulkanisch
volée [vɔle] *f Vögel*: Fliegen *n*, Flug *m*, Schwarm *m*; *Geschosse*: Hagel *m*; *Sport*: Volley *m*; ***~ (de coups)*** Tracht *f* Prügel; ***à la ~*** im Flug
voler [vɔle] (1a) **1.** fliegen; *fig* eilen; ⚠ *il a volé*; **2.** stehlen (***qc à qn*** j-m etw); ***~ qn*** j-n bestehlen, betrügen
volet [vɔlɛ] *m* Fensterladen *m*; *tech* Klappe *f*; *Altar*: Flügel *m*; *fig* Teil *m*; *fig* ***trier sur le ~*** sorgfältig auswählen
voleter [vɔlte] (1c) flattern

vol|eur, ~euse [vɔlœr, -øz] **1.** *adj* diebisch; **2.** *m, f* Dieb(in) *m(f)*
Volga [vɔlga] ***la*** ~ die Wolga
volley-ball [vɔlɛbol] *m* Volleyball *m*
volontaire [vɔlɔ̃tɛr] **1.** *adj* freiwillig; absichtlich; eigensinnig; **2.** *m, f* Freiwillige(r) *m, f*
volonté [vɔlɔ̃te] *f* Wille *m*; Wunsch *m*; Willenskraft *f*; ***à*** ~ nach Belieben; ***faire acte de bonne*** ~ seinen guten Willen zeigen
volontiers [vɔlɔ̃tje] *adv* gern, bereitwillig; *fig* leicht, häufig
volt [vɔlt] *m phys* Volt *n*; **~age** *m* Spannung *f*
volte-face [vɔltəfas] *f* (⚠ *pl unv*) Kehrtwendung *f* (*a fig*)
voltig|e [vɔltiʒ] *f* Akrobatik *f* auf dem Trapez *od* auf dem Seil; Kunstreiten *n*; Kunstfliegen *n*; **~er** (1l) (herum)flattern; **~eur** *m* Trapezkünstler *m*; Kunstreiter *m*
voltmètre [vɔltmɛtrə] *m tech* Voltmeter *n*
volubilité [vɔlybilite] *f* Redegewandtheit *f*
volume [vɔlym] *m* Band *m* (*Buch*); Volumen *n*; *fig* Umfang *m*
volumin|eux, ~euse [vɔlyminø, -øz] umfangreich
volupté [vɔlypte] *f* Wollust *f*; Hochgenuss *m*, Wonne(gefühl) *f(n)*
voluptu|eux, ~euse [vɔlyptɥø, -øz] sinnlich, wollüstig
vom|ir [vɔmir] (2a) (sich er)brechen, sich übergeben; erbrechen; *fig* ausspeien; **~issement** [-ismɑ̃] *m* (Er-)Brechen *n*
vont [vɔ̃] *cf* ***aller***
vorace [vɔras] *adj* gefräßig; gierig
vos [vo] *pl von* ***votre***
Vosges [voʒ] *f/pl* Vogesen *pl*
vot|ant, ~ante [vɔtɑ̃, -ɑ̃t] *m, f* Wähler(in) *m(f)*, Stimmberechtigte(r) *m, f*
vot|e [vɔt] *m* Wahl *f*, Abstimmung *f*; Stimme *f*; **~er** (1a) abstimmen, wählen; *Gesetz*: verabschieden
votre [vɔtrə] (*pl* ***vos***) euer, eu(e)re; Ihr(e)
vôtre [votrə] ***le, la*** ~ der, die, das eur(ig)e, Ihr(ig)e; eure(r, -s); Ihre(r, -s)
voudrai [vudre] *futur von* ***vouloir***
vouer [vwe] (1a) widmen, weihen (***à***); geloben; *fig* ~ ***à qc*** zu etw bestimmen; *fig* ***se*** ~ ***à qc*** sich e-r Sache widmen
vouloir [vulwar] **1.** (3i) wollen, mögen, wünschen (***que*** + *subj* dass); ***je voudrais*** ich möchte; ***je veux bien*** ich habe nichts dagegen; ***veuillez*** (+ *inf*) wollen Sie bitte (+ *inf*); ~ ***dire*** bedeuten; ***en*** ~ ***à qn*** auf j-n böse sein; ***on ne veut pas de moi*** man will nichts von mir wissen; **2.** *m litt* Wollen *n*, Wille *m*
voulu, ~e [vuly] *p/p von* ***vouloir*** *u adj* gewünscht; vorgeschrieben; beabsichtigt
vous [vu] **1.** ihr; euch; **2.** Sie; Ihnen; **3.** einem; einen
voût|e [vut] *f* Gewölbe *n*; **~é, ~ée** gebeugt; gewölbt; **~er** (1a) (über)wölben; ***se*** ~ krumm werden
vouvoyer [vuvwaje] (1h) siezen
voyage [vwajaʒ] *m* Reise *f*; Fahrt *f*; ~ ***organisé*** Gesellschaftsreise *f*; ~ ***d'affaires*** Geschäftsreise *f*; ***en*** ~ auf Reisen
voyag|er [vwajaʒe] (1l) reisen; **~eur, ~euse** *m, f* Reisende(r) *m, f*, Fahrgast *m*; ***voyageur de commerce*** Handelsvertreter *m*; ***pigeon m voyageur*** Brieftaube *f*; **~iste** *m* Reiseveranstalter *m*
voy|ant, ~ante [vwajɑ̃, -ɑ̃t] **1.** *adj* auffällig; grell; **2.** *m* Kontrolllampe *f*; **3.** *m, f* Hellseher(in) *m(f)*
voyelle [vwajɛl] *f* Vokal *m*, Selbstlaut *m*; ⚠ ***la*** ~
voyou [vwaju] *m* (⚠ *pl* **~s**) jugendlicher Rowdy *m*, Strolch *m*; Ganove *m*
vrac [vrak] *m* ***en*** ~ lose, offen, unverpackt; *fig* durcheinander
vrai, ~e [vrɛ] **1.** *adj* (*nachgestellt*) wahr, wahrheitsgemäß; (*vorangestellt*) echt, wirklich; typisch; ***il est*** ~ ***que*** zwar, allerdings; **2.** *m das* Wahre; Wahrheit *f*; ***à vrai dire***, ***à dire vrai*** offen gestanden
vraiment [vrɛmɑ̃] *adv* wirklich, wahrhaftig; *iron* was Sie nicht sagen!
vraisembl|able [vrɛsɑ̃blablə] wahrscheinlich; **~ance** *f* Wahrscheinlichkeit *f*
vrille [vrij] *f bot* Ranke *f*; *tech* Vorbohrer *m*; *aviat* ***descendre en*** ~ abtrudeln
vriller [vrije] (1a) durchbohren; *aviat* trudeln
vrombir [vrɔ̃bir] (2a) surren; dröhnen
V.T.T. [vetete] *m* (*abr* ***vélo tout terrain***) Mountainbike *n*
vu[1] [vy] *prép* angesichts, in Anbetracht (+ *gén*); ~ ***que*** in Anbetracht dessen *od*

mit Rücksicht darauf, dass; ***au ~ et au su de tout le monde*** vor aller Augen
vu², ~e [vy] *p/p von* ***voir*** gesehen; ***bien, mal ~*** beliebt, unbeliebt (***de qn*** bei j-m)
vue [vy] *f* Sehen *n*; Sehvermögen *n*; Blick *m*; Sicht *f*; Anblick *m*; Aussicht *f*, -blick *m*; Ansicht *f*; *Foto* Aufnahme *f*; *fig* Ansicht *f*, Meinung *f*; ***à ~ d'œil*** zusehends; ***à première ~*** auf den ersten Blick; ***à perte de ~*** so weit das Auge reicht; ***avoir la ~ basse*** kurzsichtig sein; ***point*** *m* ***de ~*** Standpunkt *m*; ***garde*** *f* ***à ~*** Polizeigewahrsam *m*; ***en ~*** in Sicht, sichtbar; ***en ~ de*** im Hinblick auf, angesichts (+ *gén*); ***en ~ de*** (+ *inf*) um zu (+ *inf*)
vulcaniser [vylkanize] (1a) *tech* vulkanisieren
vulgaire [vylgɛr] **1.** *adj* einfach, gewöhnlich; vulgär, ordinär; *litt* niedrig; ***langue*** *f* **~** Volkssprache *f*; **2.** ***le ~*** *litt* das gemeine Volk; das Vulgäre
vulgar|iser [vylgarize] (1a) allgemein verständlich darstellen; **~ité** *f péj* Gewöhnlichkeit *f*, Vulgarität *f*
vulnér|abilité [vylnerabilite] *f* Verwundbarkeit *f*; **~able** verwundbar; verletzbar
vulve [vylv] *f* Scham *f*, Vulva *f*

W

wagon [vagɔ̃] *m* Eisenbahnwagen *m*, Wag(g)on *m*; **~-citerne** [-sitɛrn] *m* (⚠ *pl* ***wagons-citernes***) Tank-, Kesselwagen *m*; **~-lit** [-li] *m* (⚠ *pl* ***wagons-lits***) Schlafwagen *m*
wagonnet [vagɔnɛ] *m* Kipplore *f*
wagon-restaurant [vagɔ̃rɛstɔrɑ̃] *m* (⚠ *pl* ***wagons-restaurants***) Speisewagen *m*
wall|on, ~onne [walɔ̃, -ɔn] **1.** *adj* wallonisch; **2.** ♀ *m*, *f* Wallone *m*, -in *f*
Wallonie [walɔni] ***la ~*** Wallonien *n*
waters [watɛr] *m/pl* Klo *n*, Abort *m*
W.-C. [vese] *m/pl* WC *n*
week-end [wikɛnd] *m* (⚠ *pl* ***week-ends***) Wochenende *n*
western [wɛstɛrn] *m* Wildwestfilm *m*, Western *m*
whisky [wiski] *m* Whisky *m*
white-spirit [wajtspirit] *m* (⚠ *pl unv*) Terpentinersatz *m*
Wisigoths [vizigo] *m/pl* Westgoten *m/pl*

X, Y

xéno|phile [gzenɔfil, ks-] fremdenfreundlich; **~phobe** [-fɔb] fremdenfeindlich
xérès [kserɛs, gze-] *m* Sherry *m*
xylophone [gzilɔfɔn, ks-] *m mus* Xylophon *n*
y [i] da, (da)hin, dort(hin); *ersetzt eine Ergänzung mit* **à**: daran; darauf; dazu; dabei; darin; ***je ne m'y fie pas*** ich habe kein Vertrauen dazu (*manchmal auf Personen bezogen*: zu ihm, zu ihr, zu ihnen); ***on y va!*** gehen wir!; ***ça ~ est!*** es ist so weit!; ***j'~ suis*** jetzt habe ich's, ich bin im Bilde; ***je n'~ suis pour rien*** ich kann nichts dafür; ***s'~ connaître*** sich darauf verstehen; ***~ compris*** inbegriffen
yacht [jɔt] *m* Jacht *f*; ⚠ ***le ~***; **~ing** [-iŋ] *m* Jacht-, Segelsport *m*
yaourt [jaurt] *m* Jogurt *n od m*

yaourtière [jaurtjɛr] *f* Jogurtbereiter *m*
Yémen [jemɛn] ***le*** ~ der Jemen
yéti [jeti] *m* **1.** Yeti *m*; **2.** Wassereis *n*
yeux [jø] *pl von* ***œil***
yoga [jɔga] *m* Yoga *n*
yougoslave [jugɔslav] *hist* **1.** *adj* jugoslawisch; **2.** ♀ *m,f* Jugoslawe *m*, -slawin *f*
Yougoslavie [jugɔslavi] *hist* ***la*** ~ Jugoslawien *n*
yuppie [jupi] *m* Yuppie *m*

Z

Zaïre [zair] ***le*** ~ Zaire *n*
Zambie [zɑ̃bi] ***la*** ~ Sambia *n*
zapper [zape] (1a) zappen
zèbre [zɛbrə] *m zo* Zebra *n*
zèle [zɛl] *m* Eifer *m*, Fleiß *m*; Beflissenheit *f*; ***faire du*** ~ zu viel Eifer zeigen
zélé, ~e [zele] eifrig
zénith [zenit] *m astr* Scheitelpunkt *m*, Zenit *m*; *fig* Gipfel *m*, Höhepunkt *m*; ⚠ *Schreibung*
zeppelin [zɛplɛ̃] *m* Zeppelin *m*
zéro [zero] **1.** *m* Null *f* (*a fig*); *Schule*: Sechs *f*; **2.** *adj* null; ~ ***faute*** null Fehler
zeste [zɛst] *m* (Stück *n*) Zitronen-, Orangenschale *f*
zézayer [zezɛje] (1i) lispeln
zig [zig] *m* F Kerl *m*, Type *f*; ***bon*** ~ feiner Kerl; ***un drôle de*** ~ ein komischer Kauz
zigouiller [ziguje] (1a) F umlegen
zigzag [zigzag] *m* Zickzack *m*
zigzaguer [zigzage] (1m) im Zickzack gehen *od* fahren; hin und her taumeln
zinc [zɛ̃g] *m* Zink *n*; F Theke *f*; ⚠ *Aussprache*
zinguer [zɛ̃ge] (1m) verzinken
zizanie [zizani] *f* Zwietracht *f*
zodiaque [zɔdjak] *m astr* Tierkreis *m*
zombie [zɔ̃bi] *m* Zombie *m*
zone [zon] *f* Zone *f*, Bezirk *m*, Bereich *m*, Gebiet *n*; *péj* arme Außenviertel *n/pl*, Slums *m/pl*; ~ ***bleue*** Kurzparkzone *f*; ~ ***dénucléarisée*** atomwaffenfreie Zone *f*; ~ ***industrielle*** Industriegebiet *n*; ~ ***interdite*** Sperrgebiet *n*; ~ ***non-fumeurs*** Nichtraucherzone *f*; ~ ***d'aménagement concerté*** städtebauliches Erschließungsgebiet *n*; ~ ***piétonne*** Fußgängerzone *f*; ~ ***d'aménagement différé*** Bauerwartungsland *n*; *auto* ~ ***de déformation*** Knautschzone *f*; ~ ***de dépression*** *Wetter*: Tiefdruckgebiet *n*; *EDV* ~ ***de dialogue*** Dialogbox *f*; ~ ***d'influence*** Einflussbereich *m*; ~ ***de libre-échange*** Freihandelszone *f*
zoo [zo] *m* Zoo *m*
zoologie [zɔɔlɔʒi] *f* Zoologie *f*
zoom [zum] *m* Zoom(objektiv) *m*(*n*)
zouave [zwav] *m* F ***faire le*** ~ den Hanswurst spielen
Zurich [zyrik] Zürich; ***le lac de*** ~ der Zürichsee
zut! [zyt] F verdammt!, verflixt!; ***je lui dis*** ~ ich pfeif' ihm was

Deutsch-Französisches Wörterverzeichnis

A

A[1] ***von A bis Z*** de A jusqu'à Z, d'un bout à l'autre
A[2] *mus n* la *m*; ***A-Dur*** la majeur; ***a-Moll*** la mineur
Aachen Aix-la-Chapelle
Aal *zo m* anguille *f*; **2en** ***sich in der Sonne ~*** faire le lézard; **2glatt** glissant comme une anguille
Aargau ***der ~*** l'Argovie *f*
Aas *n* charogne *f* (*a fig*); F ***ein kleines ~ sein*** être une petite crapule
ab ***München ~ 13.55*** Munich départ 13 heures 55; ***~ morgen*** à partir de demain; ***ein Film ~ 18*** un film interdit aux moins de 18 ans; ***~ und zu*** de temps à autre; ***ein Knopf ist ~*** il manque un bouton
abändern modifier, changer
Abart *f* variété *f*; **2ig** anormal
Abbau *m Bergbau* exploitation *f*; *Verminderung* réduction *f*; *Zerlegung* démontage *m*; **2en** *Bergbau* exploiter; *Personal*, *Preise* diminuer, réduire; *zerlegen* démonter; *chim* décomposer
ab|beißen arracher avec les dents; **~beizen** décaper; **~bekommen** *erhalten* avoir sa part de, recevoir
abbestell|en décommander; **2ung** *f* résiliation *f* d'une commande
abbiege|n tourner; **2rspur** *f* voie *f* de présélection
Abbild *n* image *f*, portrait *m*; **2en** représenter; **~ung** *f* illustration *f*
ab|binden *méd* ligaturer; **~blasen** F *Veranstaltung* décommander, annuler; **~blättern** *Farbe* s'écailler
abblend|en *auto* se mettre en code; **2licht** *n* phares *m/pl* code, feux *m/pl* de croisement
abbrechen casser; *Haus* démolir; *Beziehungen* rompre; *Unterhaltung* couper court à; *Zelt* démonter
ab|bremsen freiner, ralentir; **~brennen** brûler; *Feuerwerk* tirer; **~bringen** ***j-n von etw ~*** dissuader *od* détourner qn de qc; ***das bringt uns vom Thema ab*** cela nous éloigne du sujet; **~bröckeln** s'effriter, s'émietter
Abbruch *m* démolition *f*; *Beziehungen* rupture *f*; **2reif** bon pour la démolition
ab|buchen ***e-e Summe von e-m Konto ~*** débiter un compte d'une somme; **~bürsten** brosser
Abc *m* abc *m*, alphabet *m*; **~-Schütze** *m* commençant *m*, *-e f* à l'école
ABC-Waffen *mil f/pl* armes *f/pl* atomiques, biologiques et chimiques
abdank|en abdiquer
ab|decken découvrir; *Tisch* desservir; *zudecken* recouvrir; **~dichten** boucher, colmater, calfeutrer; **~drängen** repousser, refouler, écarter; **~drehen** *Gas*, *Wasser*, *Licht* fermer; *aviat*, *mar* changer de route *od* de cap
Abdruck *m* reproduction *f*; *Finger2* empreinte *f*
Abend *m* soir *m*; *Abendstunden* soirée *f*; ***am ~*** le soir; ***heute ~*** ce soir; ***morgen ~*** demain soir; ***im Laufe des ~s*** dans la soirée; ***zu ~ essen*** dîner; **~brot** *n* repas *m* du soir; **~dämmerung** *f* crépuscule *m*; **~essen** *n* dîner *m*; souper *m*; **~kasse** *f* ***die Karten an der ~ kaufen*** prendre les billets juste avant la représentation; **~kleid** *n* robe *f* de soirée; **~kurs** *m* cours *m* du soir; **~land** *n* Occident *m*; **2ländisch** occidental; **~mahl** *n* communion *f*; *Kunst* Cène *f*; **~rot** *n* rougeoiement *m* du soleil couchant
abends le soir
Abendschule *f* cours *m/pl* du soir
Abenteuer *n* aventure *f*; ⚠ ***une*** aventure; **2lich** aventureux
Abenteurer(in *f*) *m* aventurier *m*, -ière *f*
aber mais; ***nun ~*** or; ***nun ist ~ Schluss!*** ça suffit!
Aber|glaube *m* superstition *f*; **2gläubisch** superstitieux
aberkennen ***j-m etw ~*** contester *od* refuser qc à qn; ***j-m ein Recht ~*** déclarer qn déchu d'un droit
aber|malig nouveau; *wiederholt* répété, réitéré; **~mals** de nouveau

abertausend ***tausende und ~e*** des milliers
abfackeln brûler
abfahren partir (***nach*** pour *od* à); *Schutt* enlever; *Strecke* parcourir; *Reifen* user
Abfahrt *f* départ *m*; *Schi* descente *f*
abfahrts|bereit prêt à partir, en partance; **2lauf** *m Schi* descente *f*; **2zeit** *f* heure *f* de départ
Abfall *m ~ od pl* ***Abfälle*** déchets *m/pl*; *Müll* ordures *f/pl*; *Küchenabfälle* épluchures *f/pl*; *Parteiwechsel* défection *f*; **~beseitigung** *f* traitement *m* des déchets; **~eimer** *m* poubelle *f*
abfallen *Blätter etc* tomber; *sich neigen* aller en pente; *von Verbündeten* faire défection; ***vom Glauben ~*** renier sa foi; ***~ gegen*** contraster défavorablement avec
abfällig défavorable; ***~e Bemerkung*** remarque *f* désobligeante
Abfallprodukt *n* produit *m* résiduaire
abfälschen *Ball* détourner
abfang|en attraper; *Brief* intercepter; *Flugzeug* redresser; **2jäger** *aviat m* chasseur *m* d'interception
abfärben (se) déteindre (***auf*** sur)
abfertig|en *Ware* expédier; *Gepäck* enregistrer; *zollamtlich* dédouaner; *am Schalter* ***j-n ~*** servir qn; ***j-n kurz ~*** se débarrasser rapidement de qn; **2ung** *f* expédition *f*; enregistrement *m*; dédouanement *m*; **2ungsschalter** *m* guichet *m* d'enregistrement
abfeuern tirer
abfind|en ***j-n ~*** indemniser, dédommager qn; ***sich ~ mit*** se résigner à, prendre son parti de; **2ung(ssumme)** *f* indemnité *f*
ab|flauen *Wind* faiblir, mollir; **~fliegen** *aviat* partir (***nach*** pour *od* à), décoller, s'envoler; **~fließen** s'écouler; **2flug** *aviat m* départ *m*, décollage *m*, envol *m*
Abfluss *m* écoulement *m*; **~rohr** *n* tuyau *m* d'écoulement
abfragen questionner, interroger
Abfuhr *f Müll etc* enlèvement *m*; *fig* rebuffade *f*; ***j-m e-e ~ erteilen*** éconduire qn
abführ|en *j-n* emmener; *Gelder* verser; *méd* purger; **2mittel** *méd n* laxatif *m*, purgatif *m*
abfüllen *in Flaschen* mettre en bouteilles; *in Tüten* ensacher
Abgabe *f Aushändigung* remise *f*; *Verkauf* vente *f*; *Steuer* droit *m*, taxe *f*; *Ball2* passe *f*; **2nfrei** non imposable; **2npflichtig** imposable
Abgang *m* départ *m*; *Theater* sortie *f* de scène; *Post* expédition *f*
Abgangszeugnis *n* certificat *m* de fin d'études
abgas|arm à gaz d'échappement réduits; **2e** *n/pl* gaz *m/pl* d'échappement; **2entgiftung** *f* traitement *m od* désintoxication *f* des gaz brûlés; **2sonderuntersuchung** *f* contrôle *m* antipollution
abgearbeitet épuisé *od* usé par le travail
abgeben *aushändigen* remettre, donner, déposer; *verkaufen* vendre; *Ball* passer; faire une passe; *Schuss* tirer; *Erklärung* faire; *Wärme* dégager; ***sich ~ mit*** s'occuper de
ab|gebrannt F *fig ohne Geld* à sec F, fauché F; **~gedroschen** rebattu; **~gegriffen** *Buch* usé; **~gehackt** ***~ sprechen*** parler par saccades *od* par à-coups; **~gehangen** ***gut ~es Fleisch*** viande reposée; **~gehärtet** endurci (***gegen*** contre)
abgehen *Zug, Post, Knopf, sich entfernen* s'en aller; ***von der Schule ~*** quitter l'école, sortir de l'école; ***von seiner Meinung ~*** changer d'opinion; ***diese Eigenschaft geht ihm ab*** cette qualité lui fait défaut; ***gut ~*** bien se terminer
ab|gehetzt, ~gekämpft harassé, exténué; **~gekartet** ***e-e ~e Sache*** un coup monté
abgeklärt mûr, sage; **2heit** *f* sagesse *f*
ab|gelegen isolé; **~gemacht!** c'est entendu *od* convenu; **~gemagert** émacié, décharné; **~geneigt** ***e-r Sache ~*** défavorable *od* hostile à qc; **~genutzt** usé, râpé
Abgeordnete|(r) *m, f* député *m*, femme *f* député; **~nhaus** *n* chambre *f* des députés
Abgesandte(r) *m, f* envoyé *m*, -e *f*
abgeschieden isolé, retiré, solitaire
abgesehen ***~ von*** à part ..., abstraction faite de; ***~ davon*** à part cela
ab|gespannt surmené; **~gestanden** éventé; **~gestumpft** insensible, indifférent (***gegen*** à); **~getragen** usé
abgewöhnen ***j-m etw ~*** désaccoutu-

mer *od* déshabituer qn de qc; ***sich das Rauchen*** ~ s'arrêter de fumer
abgöttisch ***j-n*** ~ ***lieben*** idolâtrer qn
Abgrund *m* abîme *m*, gouffre *m*
ab|haben F ***etw*** ~ ***wollen*** vouloir en avoir un petit peu; **~hacken** couper; **~haken** cocher; **~halten** *hindern* empêcher; *Sitzung* tenir; *Gottesdienst* célébrer; ***j-n von der Arbeit*** ~ empêcher qn de travailler
abhand|eln *erörtern* traiter; *Ware* marchander; **~en** ~ ***kommen*** s'égarer, se perdre; **2lung** *f* traité *m*, dissertation *f*
Abhang *m* pente *f*, versant *m*
abhäng|en *Bild*, *Wagen* décrocher; *fig* ~ ***von*** dépendre de; **~ig** dépendant (***von*** de); ~ ***sein von*** dépendre de; **2igkeit** *f* dépendance *f*; ***gegenseitige*** ~ interdépendance *f*
abhärten (***sich*** ~ s')endurcir (***gegen*** à), (s')aguerrir
ab|hauen F ficher *od* foutre le camp, déguerpir, filer; **~heben** *tél* décrocher; *Geld* retirer; *Karten* couper; *aviat* décoller; ***sich*** ~ ***von*** se détacher sur; **~heften** ranger dans un classeur; **~heilen** guérir; **~helfen** ***e-r Sache*** ~ remédier à qc; **~hetzen** ***sich*** ~ s'éreinter
Abhilfe *f* remède *m*; ~ ***schaffen*** y porter remède
Abhol|dienst *m* service *m* de ramassage; **2en** aller *od* venir chercher, (aller *od* venir) prendre; ~ ***lassen*** envoyer chercher; **~markt** *m* grande surface *f* cash and carry
abhorchen *méd* ausculter
abhören écouter; *tél* intercepter; *Schüler* faire réciter
Abitur *n* baccalauréat *m*; bachot *m* F, bac *m* F; **~ient(in** *f*) *m* bachelier *m*, -ière *f*
ab|jagen ***j-m etw*** ~ faire lâcher prise de qc à qn; **~kanzeln** ***j-n*** ~ réprimander, sermonner qn; **~kapseln** ***sich*** ~ se renfermer sur soi-même; **~kaufen** ***j-m etw*** ~ acheter qc à qn; **~kehren** ***sich*** ~ ***von*** se détourner de
Abklatsch *m* copie *f*, imitation *f*
ab|klingen *Schmerz* s'atténuer, diminuer, décroître; **~klopfen** *méd* percuter; **~knabbern** grignoter; **~knallen** F ***j-n*** ~ descendre qn; **~knicken** casser; **~kochen** *Milch* faire bouillir
abkommen ***vom Kurs*** ~ *aviat*, *mar* s'écarter de sa route; ***von e-m Thema*** ~ s'écarter d'un sujet; ***vom Wege*** ~ perdre son chemin
Abkommen *n* accord *m*; ***ein*** ~ ***schließen*** conclure un accord
abkömm|lich disponible; **2ling** *m* descendant *m*, -e *f*
abkratzen gratter; F *fig sterben* crever, claquer
abkühl|en (***sich*** ~ se) rafraîchir; **2ung** *f* rafraîchissement *m*
abkupfern F pomper
abkürz|en *Weg* raccourcir; *Wort* abréger; **2ung** *f Wort* abréviation *f*; sigle *m*; *Weg* raccourci *m*
abladen décharger
Ablage *f Akten* classement *m*; *Bord* rayon *m*; *Kleider* vestiaire *m*
ablager|n ***sich*** ~ se déposer; **2ung** *f* dépôt *m*; *géol* sédiment *m*
ablassen *Flüssigkeit* faire écouler; ***die Luft aus dem Reifen*** ~ dégonfler le pneu; ***etw vom Preis*** ~ rabattre qc du prix; ***von etw nicht*** ~ ***können*** ne pas pouvoir renoncer à qc
Ablauf *m Abfluss* écoulement *m*; *von Ereignissen* déroulement *m*; *e-r Frist* expiration *f*; **2en** *abfließen* s'écouler; *verlaufen* se dérouler; *Frist* expirer; *Schuhe* user; ***gut*** (***schlecht***) ~ se terminer bien (mal)
ablecken lécher
ableg|en déposer; *Kleider* ôter; *Akten* classer; *Gewohnheit* se défaire de; *Prüfung* passer; *Eid* prêter; *Schiff* appareiller; ***Rechenschaft*** (***Zeugnis***) ~ ***für*** rendre compte (témoignage) de; **2er** *agr m* marcotte *f*
ablehn|en refuser; *Vorschlag* rejeter; *Verantwortung* décliner; **~end** négatif, de refus; **2ung** *f* refus *m*
ableit|en dériver (*a math*); **2ung** *f gr* dérivation *f*; *math* dérivée *f*
ablenk|en détourner; *zerstreuen* distraire; ***sich zu leicht*** ~ ***lassen*** se laisser trop facilement distraire; **2ung** *f* distraction *f*; **2ungsmanöver** *n* manœuvre *f* de diversion
ab|lesen lire; *Messwert* relever; **~leugnen** (dé)nier, désavouer
abliefer|n livrer; *abgeben* remettre
ablös|en *entfernen* détacher, décoller (***von*** de); *j-n bei der Arbeit* relayer,

prendre la relève de; *Wache* relever; **sich** ~ se détacher, se décoller (**von** de); *Personen* se relayer; **2ung** *f* relève *f*

ABM *f* mesure *f* pour la création d'emplois

abmach|en détacher, défaire, enlever; *vereinbaren* convenir (**etw** de qc); **abgemacht!** entendu!; **2ung** *f* arrangement *m*, convention *f*

abmager|n maigrir; **2ung** *f* amaigrissement *m*; **2ungskur** *f* cure *f* d'amaigrissement

Abmarsch *m* départ *m*

abmeld|en faire rayer; **sich von der Schule** ~ déclarer son départ de l'école; **2ung** *f* déclaration *f* de départ *od* de changement d'adresse

abmess|en mesurer; **2ung** *f* mesurage *m*; **~en** *pl* dimensions *f/pl*

ab|montieren démonter; **~mühen sich** ~ se donner du mal *od* de la peine; **~nagen** *Knochen* ronger

abnabeln sich ~ se détacher

Abnahme *f Rückgang* diminution *f*; *Verlust* perte *f*; *Kauf* achat *m*

abnehm|bar amovible, démontable; **~en** *wegnehmen* enlever; *Hut* ôter; *tél* décrocher; *kaufen* acheter; *amputieren* amputer; *Führerschein* retirer; F *glauben* croire (**j-m etw** qc à qn); *an Gewicht* maigrir; *Mond* décroître; *Tage, Kräfte* diminuer; **j-m e-e Arbeit** ~ faire un travail pour qn; **2er** *écon m* acheteur *m*, client *m*, preneur *m*

Abneigung *f* aversion *f*, antipathie *f*, répulsion *f* (**gegen** pour)

abnorm anormal; **2ität** *f* anomalie *f*

abnutz|en user; **2ung** *f* usure *f*

Abonn|ement *n* abonnement *m*; **~ent(in** *f*) *m* abonné *m*, -e *f*; **2ieren etw** ~ s'abonner à qc

abordn|en déléguer; **2ung** *f* délégation *f*

Abort *m* cabinets *m/pl*

ab|passen *Gelegenheit* guetter; **~pfeifen** *Sport* siffler l'arrêt *od* la fin du match; **~plagen sich** ~ se fatiguer, s'éreinter; **~prallen** rebondir; *Geschoss* ricocher; **~putzen** nettoyer; **~rackern sich** ~ se mettre en quatre; **~raten j-m von etw** ~ déconseiller qc à qn; **~räumen** *Tisch* débarrasser; *nach dem Essen* desservir (la table); *Schutt* déblayer; **~reagieren** *Ärger etc* décharger (**an** sur); **sich** ~ se défouler (**an** sur)

abrechn|en faire les comptes; *abziehen* déduire; *fig* **mit j-m** ~ régler ses comptes avec qn; **2ung** *f* règlement *m* de comptes (*a fig*)

abreiben frotter

Abreise *f* départ *m*; **2n** partir (**nach** pour *od* à)

abreiß|en arracher; *Haus* démolir; *abgehen* se déchirer; *aufhören* cesser, s'arrêter; **2kalender** *m* bloc *m* calendrier

abriegel|n *Tür* verrouiller; *Straße* bloquer; *durch Polizei* barrer; **2ung** *f* barrage *m*

Abriss *m Buch* précis *m*, abrégé *m*; *kurzer Überblick* esquisse *f*; *e-s Hauses* démolition *f*

ab|rücken s'écarter, s'éloigner (**von** de); *mil* partir; *fig* prendre ses distances (**von etw** de qc); **~rufen** *Waren* faire livrer; *EDV* **Daten** ~ visualiser des données; **~runden** arrondir

abrupt brusque(ment)

abrüst|en *mil* désarmer; **2ung** *f* désarmement *m*

ABS *n* système *m* A.B.S.

Absage *f* refus *m*, réponse *f* négative; annulation *f*; **2n** se décommander; *Einladung* s'excuser; **j-m** ~ décommander qn; **etw** ~ annuler qc

absägen scier; *fig j-n* débarquer F, limoger F

Absatz *m Schuh* talon *m*; *Text* alinéa *m*; *comm* vente *f*; **~markt** *m* débouché *m*

abschaben gratter

abschaff|en abolir, supprimer; **2ung** *f* abolition *f*, suppression *f*

abschalten *Strom* couper; *Maschine* arrêter; *Radio, TV* éteindre; *fig* se relaxer; ne plus écouter

abschätz|en estimer, évaluer; **~ig** méprisant, péjoratif; **2ung** *f* estimation *f*, évaluation *f*

Abschaum *m péj* rebut *m*

Abscheu *m* horreur *f* (**vor** de), répulsion *f* (**gegen** pour), exécration *f*; **2erregend** révoltant, repoussant; **2lich** horrible, exécrable, abominable, détestable; **~lichkeit** *f* horreur *f*; *Untat* atrocité *f*

ab|schicken expédier, envoyer; **~schieben** *Schuld* rejeter (**auf** sur); *Ausländer* expulser, refouler

Abschied *m* adieux *m/pl*; ~ ***nehmen*** prendre congé (***von*** de), faire ses adieux (à qn); **~sfeier** *f* fête *f* d'adieux; **~skuss** *m* baiser *m* d'adieux
abschießen *Flugzeug, Wild* abattre; *Gewehr* décharger; *Rakete* lancer
abschirm|en protéger (***gegen*** contre); **²ung** *f* protection *f*
abschlachten massacrer
Abschlag *m comm* réduction *f*, rabais *m*; *Fußball* dégagement *m* du gardien de but; **²en** abattre; *Bitte* repousser, refuser; *Kopf* couper
abschlägig négatif
Abschlagszahlung *f* acompte *m*
Abschlepp|dienst *m* service *m* de dépannage; **²en** *auto* remorquer; *polizeilich* mettre en fourrière; **~seil** *n* câble *m* de remorquage
abschließen fermer à clé; *beenden* terminer, conclure, achever; ***e-n Handel*** ~ conclure un marché; **~d** final; *adv* en conclusion; ~ ***sagte er*** il conclut par ces mots
Abschluss *m* conclusion *f*; clôture *f*; **~prüfung** *f* examen *m* de fin d'études; **~zeugnis** *n* diplôme *m od* certificat *m* de fin d'études
abschmecken *cuis* assaisonner
ab|schmieren *auto* graisser; faire un graissage; **~schminken** (***sich*** se) démaquiller; F***das kannst du dir*** ~***!*** tu peux faire une croix dessus!; **~schneiden** couper; ***j-m das Wort*** ~ couper la parole à qn; ***gut*** (***schlecht***) ~ s'en tirer bien (mal), bien (mal) réussir
Abschnitt *m Teilstück* section *f*, tronçon *m*; *Text²* passage *m*, paragraphe *m*; *Kontroll²* talon *m*, souche *f*; *Zeit²* période *f*; *Kreis²* segment *m*; *Front²* secteur *m*; **²weise** ~ ***lesen*** lire paragraphe par paragraphe
abschreck|en décourager; *pol* dissuader; *cuis* passer à l'eau froide; **~end** repoussant; intimidant; **~*es Beispiel*** exemple *m* à ne pas suivre; **²ung** *pol f* dissuasion *f*
abschreib|en copier (***von*** sur); *comm* amortir; **²ung** *f comm* amortissement *m*
Abschrift *f* copie *f*, duplicata *m*
abschürf|en *Haut* érafler; **²ung** *f* éraflure *f*
Abschuss *m Rakete* lancement *m*
abschüssig escarpé; ~ ***sein*** aller en pente
Abschuss|liste *f fig* ***auf der*** ~ ***stehen*** être menacé; **~rampe** *f* rampe *f* de lancement
ab|schütteln secouer (*a fig*); **~schwächen** atténuer, affaiblir
abschweif|en s'écarter, digresser (***von*** de); **²ung** *f* digression *f*
ab|schwellen *méd* désenfler; *Sturm* se calmer; *Lärm* s'affaiblir, décroître; **~schwören** ***e-r Sache*** ~ abjurer qc
abseh|bar prévisible; ***in*** **~*er Zeit*** dans un proche avenir; **~en** *Folgen* prévoir; ***das Ende von etw*** ~ voir la fin de qc; *fig* ***von etw*** ~ *verzichten* renoncer à qc; *nicht beachten* faire abstraction de qc; ***es ab*(*ge*)*sehen*** (***haben***) ***auf*** viser à; ***davon abgesehen*** à part cela
ab|seifen savonner; **~seilen** ***sich*** ~ descendre en rappel
abseits à l'écart, à part; *Sport* hors-jeu
absend|en envoyer, expédier; **²er**(**in** *f*) *m* expéditeur *m*, -trice *f*; **²ung** *f* envoi *m*, expédition *f*
absetz|en *Last, Fahrgast* déposer; *Glas* poser; *Hut, Brille* ôter; *entlassen* destituer, révoquer; *verkaufen* vendre, écouler, placer; *Film* retirer de l'écran; *von der Steuer* déduire (des impôts); ***sich*** ~ filer; *géol* se déposer; ***ohne abzusetzen*** sans faire de pause; **²ung** *f Entlassung* destitution *f*, révocation *f*; *vom Spielplan* retrait *m*; *von der Steuer* déduction *f*
Absicht *f* intention *f*; **²lich** intentionnel; *adv* à dessein, exprès, de propos délibéré
absitzen descendre de cheval; *Strafe* purger
absolut absolu; **²ismus** *hist m* absolutisme *m*
Absolv|ent(**in** *f*) *m* (ancien) élève *m*, (ancienne) élève *f*; **²ieren** ***sein Studium*** ~ faire ses études
absonder|n isoler, séparer; *méd* sécréter; **²ung** *f* isolement *m*; *méd* sécrétion *f*
ab|sorbieren absorber; **~sparen** ***sich etw*** ~ économiser qc; **~speichern** *EDV* mémoriser, enregistrer; **~speisen** *fig* ***j-n mit leeren Worten*** ~ payer qn de belles paroles; **~spenstig** ***j-m die Freundin*** ~ ***machen*** prendre l'amie à qn

absperr|en fermer, barrer; **2ung** *f* barrage *m*
ab|spielen *Platte, Band* passer; *Sport* faire une passe; ***sich*** ~ se passer, se dérouler; **2sprache** *f* accord *m*; ***in*** ~ ***mit*** en accord avec; **~sprechen** ***etw*** ~ convenir de qc; ***sich*** ~ s'arranger, se mettre d'accord; ***j-m die Fähigkeit*** ~ ***zu*** ... dénier à qn la faculté de ...; **~springen** sauter; ***mit dem Fallschirm*** ~ sauter en parachute; **2sprung** *m* saut *m*; **~spülen** rincer
abstamm|en descendre (***von*** de); **2ung** *f* origine *f*, descendance *f*, souche *f*; **2ungslehre** *biol f* théorie *f* de l'évolution
Abstand *m* distance *f*, intervalle *m* (*a zeitlich*); *auto* ~ ***halten*** garder ses distances; ***in regelmäßigen Abständen*** à intervalles réguliers; *fig* ***mit*** ~ de loin
ab|statten ***j-m e-n Besuch*** ~ rendre visite à qn; **~stauben** épousseter; F *fig* chiper, chaparder
abstech|en contraster (***gegen***, ***von*** avec); **2er** *m* crochet *m* (***nach*** jusqu'à)
abstehend ***~e Ohren*** oreilles *f/pl* décollées
absteig|en descendre; ***in e-m Hotel*** ~ descendre dans un hôtel; **2er** *m Sport* club *m* descendant d'une division
abstell|en *auto* garer; *Gepäck* déposer; *Maschinen* arrêter; *Gas, Wasser, Strom* couper; *Heizung, Radio* fermer; *Missstände* supprimer; **2gleis** *n* voie *f* de garage (*a fig*); **2platz** *m* aire *f* de stationnement; **2raum** *m* débarras *m*
abstempeln *Briefmarke* oblitérer; *fig j-n* étiqueter (***zu*** comme)
absterben dépérir; *Baum* se dessécher; *Bein* s'engourdir; *Motor* caler
Abstieg *m* descente *f*; *fig* déclin *m*
abstimm|en accorder, harmoniser; *wählen* voter (***über etw*** qc); **2ung** *f* vote *m*, scrutin *m*
Abstinenz *f* abstinence *f*
abstoppen arrêter, stopper; *bremsen* freiner
Abstoß *m Fußball* coup *m* de pied de but; **2en** pousser; *anwidern* dégoûter, repousser; *verkaufen* vendre; **2end** répugnant, repoussant, dégoûtant
abstrakt abstrait
abstreiten contester, nier
Abstrich *m Abzug* réduction *f*; *méd* prélèvement *m*, frottis *m*; ***~e machen*** en rabattre
abstuf|en graduer, nuancer; **2ung** *f* gradation *f*
abstumpfen *Gefühle* s'émousser; *Mensch* s'abrutir
Absturz *m* chute *f* (*a aviat*)
ab|stürzen faire une chute, tomber à pic; *aviat* s'abattre; **~suchen** ***etw*** ~ fouiller qc
absurd absurde
Abszess *méd m* abcès *m*
Abt *m* abbé *m*
ab|tasten tâter; *méd* palper; **~tauen** *Kühlschrank* dégivrer
Abtei *f* abbaye *f*
Abteil *n Bahn* compartiment *m*; **2en** diviser; *abtrennen* séparer; **~ung** *f* division *f*, section *f*; *Firma* service *m*, département *m*; *Kaufhaus* rayon *m*; *mil* détachement *m*; **~ungsleiter** *m Kaufhaus* chef *m* de rayon; *Büro* chef *m* de service
Äbtissin *f* abbesse *f*
abtöten *Bakterien* tuer; *Gefühl* étouffer
Abtransport *m* transport *m*; *Verletzte* évacuation *f*
abtreib|en *Frau* se faire avorter; *aviat, mar* dériver; **2ung** *f* avortement *m*; ***e-e*** ~ ***vornehmen*** provoquer un avortement
abtrennen détacher, séparer
abtret|en *vom Amt* se retirer; *überlassen* céder (***j-m etw*** qc à qn); ***die Füße*** ~ décrotter ses chaussures; **2er** *m* paillasson *m*; **2ung** *f* cession *f*
abtrocknen essuyer
abtrünnig infidèle; **2e(r)** *m, f* renégat *m*, -e *f*
ab|tun *Vorschlag etc* passer sur; **~tupfen** tamponner; **~urteilen** juger; **~wägen** peser, considérer; **~wählen** ***j-n*** ~ destituer qn par un vote; ***ein Fach*** ~ renoncer à une matière; **~wälzen** *Schuld* rejeter (***auf*** sur); **~wandeln** changer, modifier; **~wandern** émigrer (***nach*** vers), partir (pour)
Abwärme *tech f* chaleur *f* perdue
Abwart *m Schweiz* concierge *m*
abwarten attendre; ***warten wir ab!*** attendons!; ***wart nur ab!*** attends voir!; ***~d sich*** ~ ***verhalten*** rester dans l'expectative
abwärts vers le bas, en bas; ~ ***führen*** aller en descendant, descendre

Abwasch *m* vaisselle *f*; **²bar** lavable; **²en** laver; *Geschirr* faire la vaisselle
Abwasser *n* eaux *f/pl* usées; **~aufbereitung** *f* traitement *m* des eaux usées
abwechs|eln alterner (**mit** avec); *Personen* **sich ~** se relayer; **~elnd** alternativement, à tour de rôle; **²lung** *f* changement *m*, diversion *f*, variété *f*; **zur ~** pour changer; **~lungsreich** varié; *Leben* mouvementé
Abweg *m fig* **auf ~e geraten** s'écarter du bon *od* droit chemin *od* de la bonne voie; **²ig ~e Ansicht** opinion *f* erronée
Abwehr *f* défense *f*; **²en** *Angriff* repousser; *Stoß* parer; **~fehler** *m* erreur *f* de défense; **~kräfte** *méd f/pl* pouvoir *m* défensif (de l'organisme); **~spieler** *m Sport* joueur *m* de la défense, arrière *m*; **~stoffe** *méd m/pl* anticorps *m/pl*
abweich|en *vom Thema, Kurs* s'écarter, dévier (**von** de); *sich unterscheiden* différer (**von** de); *Meinungen* **voneinander ~** diverger; **von der Wahrheit ~** s'écarter de la vérité; **~end** différent, divergent; **²ung** *f* écart *m*; divergence *f*; déviation *f*
abweis|en repousser, refuser; *Besucher* renvoyer; **~end** *Miene* de refus; **sich ~ verhalten** adopter une attitude de refus; **²ung** *f* refus *m*
ab|wenden détourner; **sich ~ von** se détourner de; **Unheil ~** conjurer le malheur; **~werfen** *Flugblätter, Bomben* lancer, jeter; *Laub etc* perdre, se dépouiller de; *Reiter* désarçonner; *Gewinn* rapporter
abwert|en *Währung* dévaluer; *geringschätzen* déprécier; **²ung** *f* dévaluation *f*
abwesen|d absent; **²de(r)** *m, f* absent *m*, -e *f*; **²heit** *f* absence *f*; **durch ~ glänzen** briller par son absence
ab|wickeln dérouler; *durchführen* exécuter; *Geschäft* liquider; **~wiegen** peser; **~wischen** essuyer
Abwurf *m* lancement *m*; *Fußball* dégagement *m* du gardien de but
abwürgen F *Motor* caler; *fig Diskussion* étouffer
abzahlen payer à tempérament *od* par versements échelonnés
abzählen compter
Abzahlung *f* **auf ~ kaufen** acheter à tempérament
Abzeichen *n* insigne *m*
abzeichnen dessiner, copier; *Schriftstück* parapher; **sich ~** se dessiner, se profiler, s'annoncer
abziehen *entfernen* retirer; *math* soustraire; *Betrag* déduire; *kopieren* tirer; *Rauch* sortir, s'échapper; *Gewitter* s'éloigner; *Truppen* se retirer; F *Person* s'en aller, partir; **das Bett ~** retirer les draps
Abzug *m Truppen* retrait *m*; *comm* déduction *f*, décompte *m*; *Foto* épreuve *f*; *Gewehr* détente *f*, gâchette *f*
abzüglich déduction faite de, moins
abzweig|en *Weg* bifurquer; *Geld* prélever (**von** sur); **²ung** *f* bifurcation *f*, embranchement *m*
ach! ah!; *klagend* hélas!; **~ so!** ah bon!; **~ was!** *überrascht* vraiment?; *gleichgültig* bof!; **mit ² und Krach** tant bien que mal; à grand-peine
Achat *m* agate *f*
Achse *f auto* essieu *m*; *math* axe *m*; **immer auf ~ sein** F être toujours en vadrouille; ⚠ **un** axe
Achsel *f* aisselle *f*; **die ~n zucken** hausser les épaules
acht *Zahl* huit; **in ~ Tagen** dans une semaine
Acht *f Aufmerksamkeit* **~ geben** faire attention (**auf** à); **außer ~ lassen** négliger; **sich in ~ nehmen** prendre garde, faire attention (**vor** à)
achte huitième
Achtel *n* huitième *m*
achten estimer, respecter; **~ auf** faire attention à; **darauf ~, dass** ... faire attention à ce que (+ *subj*)
Achter *m Sport* canot *m* à huit rameurs; **~bahn** *f* grand huit *m*; montagnes *f/pl* russes
achtlos négligent, inattentif; **²igkeit** *f* négligence *f*, inattention *f*
Achtung *f Hoch²* estime *f*, respect *m*; *Vorsicht* attention *f*; **~! Fertig! Los!** à vos marques! prêts! partez!; **~ Stufe!** attention à la marche!
acht|zehn dix-huit; **~zehnte** dix-huitième; **~zig** quatre-vingts; **²ziger(in** *f*) *m* octogénaire *m, f*; **~zigste** quatre-vingtième
ächzen gémir
Acker *m* champ *m*; **~bau** *m* agriculture *f*; **~ und Viehzucht** agriculture et élevage; **~land** *n* terres *f/pl* cultivées; **²n** labourer; *fig* F travailler d'arrache-pied

Acryl *n* acrylique *m*, fibre *f* acrylique
ADAC *m* Automobile-Club *m* d'Allemagne fédérale
Adapter *m* adaptateur *m*
addieren additionner
ade! F salut!, au revoir!
Adel *m* noblesse *f*
ad(e)lig noble; **≈e(r)** *m*, *f* noble *m*, *f*
adeln anoblir; *fig* ennoblir
Ader *f* veine *f*; *Schlag≈* artère *f*; *Kabel* fil *m*
Adjektiv *n* adjectif *m*
Adjutant *mil m* aide *m* de camp, officier *m* d'ordonnance; ⚠ *nicht* adjudant
Adler *zo m* aigle *m*
Admiral *mar m* amiral *m*
adoptieren adopter
Adoptiv|eltern *pl* parents *m/pl* adoptifs; **~kind** *n* enfant *m* adoptif
Adrenalin *n* adrénaline *f*; ⚠ ***une*** adrénaline
Adressat *m* destinataire *m*
Adressbuch *n* bottin *m*
Adresse *f* adresse *f*
adressieren *Brief* mettre l'adresse sur; *richten an* adresser (à)
Adria ***die*** ~ l'Adriatique *f*
Advent *rel m* Avent *m*
Adverb *n* adverbe *m*
Aerobic *n* aérobic *f*; ⚠ ***une*** aérobic
aerodynamisch aérodynamique
Affäre *f* affaire *f*
Affe *zo m* singe *m*
Affekt *m* émotion *f*, passion *f*; **~handlung** *f* acte *m* passionnel; **≈iert** affecté, maniéré
affig maniéré; ridicule
Afghanistan *n* l'Afghanistan *m*
Afrika *n* l'Afrique *f*; **~ner(in** *f*) *m* Africain *m*, -e *f*; **≈nisch** africain
After *m* anus *m*
AG *comm f* société *f* anonyme
Agent *m* agent *m*; **~ur** *f* agence *f*
Aggress|ion *f* agression *f*; **≈iv** agressif; **~ivität** *f* agressivité *f*; ⚠ *Schreibung*
Agitator *pol m* agitateur *m*
Agrarstaat *m* pays *m* agricole
Ägypt|en *n* l'Égypte *f*; **~er(in** *f*) *m* Égyptien *m*, -ne *f*; **≈isch** égyptien
ah ah!
aha ah!; **≈erlebnis** *n* déclic *m*; ***ein ~ sein*** faire tilt
ähneln ***j-m*** **(*e-r Sache*)** ~ ressembler à qn (à qc)
ahnen se douter de, pressentir
Ahnen *pl* aïeux *m/pl*, ancêtres *m/pl*
ähnlich ressemblant; semblable, pareil; ***j-m ~ sehen*** *od* ***sein*** ressembler à qn; *fig* ***das sieht ihm ~*** ça lui ressemble tout à fait; **≈keit** *f* ressemblance *f*
Ahnung *f Vorgefühl* pressentiment *m*; *Vorstellung* idée *f*; ***keine ~!*** aucune idée!; ***er hat nicht die geringste ~*** il n'en a pas la moindre idée; **≈slos** sans se douter de rien; **~slosigkeit** *f* ignorance *f*
Ahorn *bot m* érable *m*
Ähre *bot f* épi *m*; ***~n lesen*** glaner
Aids *méd n* sida *m*; **~hilfe** *f* association *f* antisida; **≈infiziert** séropositif; **≈krank** atteint du sida; **~test** *m* test *m* de dépistage du sida
Airbag *m* airbag *m*, coussin *m* gonflable
Airbus *m* airbus *m*
Akademie *f* académie *f*; **~mitglied** *n* académicien *m*, -ne *f*
Akadem|iker(in *f*) *m* personne *f* ayant un grade universitaire, personne qui a fait ses études universitaires; ⚠ *nicht* ***académicien***; **≈isch** universitaire; *lebensfern* académique
Akazie *bot f* acacia *m*; ⚠ ***un*** acacia
akklimatisier|en ***sich*** ~ s'acclimater; **≈ung** *f* acclimatation *f*
Akkord *m mus* accord *m*; ***im ~ arbeiten*** travailler à la tâche, aux pièces; **~arbeit** *f* travail *m* à la tâche, aux pièces; **~arbeiter(in** *f*) *m* ouvrier *m*, -ière *f* aux pièces
Akkordeon *n* accordéon *m*
Akku(mulator) *m* accu(mulateur) *m*
Akkusativ *gr m* accusatif *m*
Akne *méd f* acné *f*
Akrobat *m* acrobate *m*
Akt *m* acte *m*; *Kunst* nu *m*
Akte *f* dossier *m*, pièce *f*, document *m*; *fig* ***zu den ~n legen*** classer; considérer comme réglé
Akten|deckel *m* chemise *f*; **~koffer** *m* attaché-case *m*; **~ordner** *m* classeur *m*; **~tasche** *f* serviette *f*, porte-documents *m*; **~zeichen** *n* référence *f od* numéro *m* du dossier
Aktie *écon f* action *f*; **~ngesellschaft** *f* société *f* anonyme *od* par actions
Aktion *f pol* action *f*; *Werbe≈*, *Spenden≈* campagne *f*; *mil*, *Rettungs≈* opération *f*
Aktionär(in *f*) *m* actionnaire *m*, *f*

aktiv actif; *Handelsbilanz* excédentaire; *Offizier* d'active; **~ieren** activer; **2ität** *f* activité *f*
aktu|alisieren mettre à jour (*a EDV*); **2alität** *f* actualité *f*; **~ell** actuel, d'actualité
Akupunktur *f* acuponcture *f*
Akust|ik *f* acoustique *f*; **2isch** acoustique; *Gedächtnis* auditif
akut *méd* aigu; *Problem* urgent; *Gefahr* imminent
AKW *n* centrale *f* atomique
Akzent *m* accent *m*; **2uieren** accentuer
akzept|abel acceptable; **2anz** *f* acceptation *f*; **~ieren** accepter
Alarm *m* alerte *f*, alarme *f*; ***blinder ~*** fausse alerte; ***~ schlagen*** donner l'alarme *od* l'alerte; ⚠ ***une*** alarme; **~anlage** *f* dispositif *m* d'alarme
alarmieren alerter; *beunruhigen* alarmer; **~d** alarmant
Alb ***die Schwäbische ~*** le Jura souabe
Albanien *n* l'Albanie *f*
Albdruck *m* cauchemar *m* (*a fig*)
albern niais, inepte; **2heit** *f* niaiserie *f*, ineptie *f*
Albtraum *m* cauchemar *m*
Album *n* album *m*
Alge *bot f* algue *f*
Algebra *math f* algèbre *f*; **2isch** algébrique
Algeri|en *n* l'Algérie *f*; **~er(in** *f*) *m* Algérien *m*, -ne *f*; **2sch** algérien
Algier Alger
Algorithmus *m* algorithme *m*
Alibi *jur n* alibi *m*; **~funktion** *f* rôle *m* d'alibi
Alimente *jur n/pl* pension *f* alimentaire
alkalisch *chim* alcalin
Alkohol *m* alcool *m*; **2frei** sans alcool; *Getränk a* non alcoolisé; **~iker(in** *f*) *m* alcoolique *m,f*; **2isch** alcoolique; **~ismus** *m* alcoolisme *m*; **~test** *m* alcootest *m*
All *n* univers *m*; *Weltraum* espace *m*
alle *allein stehend* tous [tus], toutes; tout le monde; *mit subst* tous les, toutes les; ***wir ~*** nous tous; ***~ beide*** tous les deux; ***~ zwei Jahre*** tous les deux ans; ***auf ~ Fälle*** en tous cas; F ... ***ist ~*** il n'y a plus de ...; *cf a* ***alles***
Allee *f* allée *f*; *Straße* avenue *f*
allein seul; ***er hat es ganz ~ gemacht*** il l'a fait tout seul; ***~ der Gedanke*** la seule pensée; ***~ erziehend*** élevant son enfant seul; ***~ Erziehender*** *m, f* parent *m* unique; ***~ stehend*** *Person* seul; *Haus* isolé; ***von ~*** tout seul; **2berechtigung** *f* droit *m* exclusif; **2gang** *Sport* ***im ~*** en solitaire; *fig* ***e-n ~ machen*** faire cavalier seul; **~ig** exclusif; **2sein** *n* solitude *f*
allemal *auf jeden Fall* à tous les coups; *cf a* ***Mal***[1]
allenfalls à la rigueur, tout au plus
aller... *in Zssgn* le plus ... de tous; **~beste** le meilleur de tous; **~dings** à vrai dire, à la vérité; bien sûr
Allerg|ie *f* allergie *f* (***gegen*** à); **~iker(in** *f*) *m* allergique *m, f*; **2isch** allergique (***gegen*** à)
aller|hand F pas mal de, toutes sortes de; ***das ist ja ~!*** c'est un peu fort!; *bewundernd* il faut le faire!; **2heiligen** *n* la Toussaint; **~lei** toutes sortes de; **~letzt** le tout dernier; ***zu ~*** en tout dernier lieu; **~liebst** ravissant; ***am ~en mögen*** préférer par-dessus tout; **~nächst** ***in ~er Zeit*** dans un avenir très proche; **2nötigste** ***das ~*** le strict minimum; **2seelen** *n* jour *m* des Morts; **~seits** ***guten Morgen ~!*** bonjour à tous!; **~wenigst** ***am ~en*** moins que tout autre
alles tout; ***~ Gute!*** meilleurs vœux!, bonne chance!; ***~ in allem*** tout bien considéré; ***vor allem*** avant tout, surtout
alle|samt tous ensemble; **~zeit** toujours, en tout temps
allgemein général; ***im 2en*** en général; ***~ gültig*** universellement valable; ***~ verständlich*** à la portée de tous; **2bildung** *f* culture *f* générale; **2heit** *f* public *m*, tout le monde; **2medizin** *f* médecine *f* générale; **2wissen** *n* connaissances *f/pl* générales
Allheilmittel *n* remède *m* universel, panacée *f*
Allianz *f* alliance *f*
Alligator *zo m* alligator *m*
Alliierte|(r) *m* allié *m*; ***die ~n*** *pl* les alliés *m/pl*
all|jährlich annuel(lement); **2macht** *f* toute-puissance *f*; **~mächtig** tout-puissant; **~mählich** graduel; *adv* peu à peu; **2radantrieb** *auto m* traction *f* toutes roues motrices; **2tag** *m* vie *f* quotidienne; **~täglich** quotidien; *fig a* ordinaire, banal; **~wissend** omnis-

cient; **②wissenheit** *f* omniscience *f*
allzu ~ sehr, ~ viel trop
Alm *f* alpage *m*
Almosen *n* aumône *f*
Aloe *bot f* aloès *m*
Alpdruck *m cf* ***Albdruck***
Alpen *pl* Alpes *f/pl*
Alphabet *n* alphabet *m*; **②isch** (par ordre) alphabétique
alphanumerisch alphanumérique
alpin alpin
Alptraum *m cf* ***Albtraum***
als *zeitlich* quand, lorsque; *nach Komparativ* que (*vor Zahlen* de); *in der Eigenschaft* ~ comme, en tant que; ***~ ob*** comme si; ***~ ich einmal*** ... un jour que je ...; ***mehr ~ zwei Jahre*** plus de deux ans; ***~ Freund*** en ami
also *folgernd* donc, par conséquent; *einleitend* alors
alt vieux (vieille); *Mensch a* âgé; *ehemalig* ancien; ***wie ~ bist du?*** quel âge as-tu?; ***ich bin 15 Jahre ~*** j'ai quinze ans; ***~ werden*** vieillir; F ***~ aussehen*** avoir l'air con
Alt *mus m* contralto *m*
Altar *m* autel *m*
alt|backen rassis; **~bekannt** connu depuis longtemps; **②eisen** *n* ferraille *f*
Alte|(r) *m, f* vieux *m*, vieille *f*; ***die ~n*** les vieux *m/pl*; **~nheim** *n* maison *f* de retraite
Alter *n* âge *m*; *hohes* vieillesse *f*; ***im ~ von*** à l'âge de
älter plus âgé; ***mein ~er Bruder*** mon frère aîné; ***ein ~er Herr*** un monsieur d'un certain âge
altern vieillir
alternativ alternatif; *umweltbewusst* écolo; **②bewegung** *f* mouvement *m* alternatif; **②e** *f* alternative *f*
Alters|erscheinung *f* signe *m* de vieillesse; **~grenze** *f* limite *f* d'âge; **~heim** *n* maison *f* de retraite; **~rente** *f* retraite *f*; **②schwach** *Person* sénile; *Gegenstand* vieux, délabré
Alter|tum *n* Antiquité *f*; **②tümlich** antique, archaïque
Alt|glascontainer *m* conteneur *m* à verre; **②hergebracht** traditionnel; **②klug** précoce; **~metall** *n* ferraille *f*; **②modisch** démodé, passé de mode; **~öl** *n* huile *f* de vidange; **~papier** *n* papier *m* à recycler; **②sprachlich** ***~es Gymnasium*** lycée *m* classique; **~stadt** *f* cité *f*, vieille ville *f*
Alt-Taste *EDV f* touche *f* Alt
Altweibersommer *m* été *m* indien, été *m* de la Saint-Martin
Aluminium *n* aluminium *m*; **~folie** *f* papier *m* alu
Alzheimerkrankheit *f* maladie *f* d'Alzheimer
am *cf* ***an***; ***~ Knie*** au genou; ***~ Abend*** (***Morgen***) le soir (matin); ***~ 1. Mai*** le premier mai; ***~ Himmel*** dans le ciel; ***~ Leben*** en vie; ***~ schnellsten*** le plus vite
Amateur *m* amateur *m*; **~funker** *m* radio-amateur *m*, cibiste *m*
Amazonas *m* Amazone *f*
Amboss *m* enclume *f*
ambulan|t *méd* ***~e Behandlung*** traitement *m* qui ne nécessite pas d'hospitalisation; **②z** *f* dispensaire *m*; *auto* ambulance *f*
Ameise *zo f* fourmi *f*; **~nhaufen** *m* fourmilière *f*
Amerika *n* l'Amérique *f*; **~ner(in** *f*) *m* Américain *m*, -e *f*; **②nisch** américain
Amnestie *f* amnistie *f*
Amok *m* ***~ laufen*** devenir fou furieux
Ampel *f* feux *m/pl* (de signalisation)
Amphetamin *n* amphétamine *f*; ⚠ ***une*** amphétamine
Ampulle *f* ampoule *f*
Amput|ation *f* amputation *f*; **②ieren** amputer
Amsel *zo f* merle *m*
Amt *n Dienststelle* office *m*, service *m*, bureau *m*; *Tätigkeit* fonction *f*, charge *f*; ***Auswärtiges ~*** ministère *m* des Affaires étrangères; **②ieren** être en fonction(s); **②lich** officiel
Amts|arzt *méd m* médecin *m* assermenté; **~einführung** *f* installation *f* dans ses fonctions; **~geheimnis** *n* secret *m* professionnel; **~gericht** *n* tribunal *m* de première instance; **~missbrauch** *m* abus *m* de pouvoir; **~person** *f* officiel *m*; **~schimmel** *péj m* bureaucratie *f*, lenteurs *f/pl* de l'administration; **~zeichen** *tél m* tonalité *f* (avant de composer le numéro)
Amulett *n* amulette *f*
amüs|ant amusant; **~ieren** amuser; ***sich ~*** s'amuser (***über*** de); **②ierviertel** *n* quartier *m* des boîtes
an à; *géogr* sur; ***von ... ~*** à partir de, dès;

Paris ~ 9.10 Paris arrivée 9 heures 10; ***~ der Wand*** au mur; ***~ Weihnachten*** à Noël; ***~ e-m Sonntagmorgen*** un dimanche matin; ***~ seiner Stelle*** à sa place; ***sterben ~*** mourir de; ***Mangel ~*** manque de; ***das Licht ist ~*** la lumière est allumée; *cf a* **am**
Anabolikum *n* anabolisant *m*
Analogie *f* analogie *f*
Analphabet *m* illettré *m*, analphabète *m*; **~entum** *n* analphabétisme *m*
Analys|e *f* analyse *f*; **2ieren** analyser
Ananas *bot f* ananas *m*; ⚠ ***un*** ananas
Anarchie *f* anarchie *f*
Anatom|ie *f* anatomie *f*; **2isch** anatomique
anbahnen ***sich ~*** se préparer, s'esquisser
Anbau *m agr* culture *f*; *arch* annexe *f*; **2en** *agr* cultiver; *arch* ajouter (***an*** à); **~möbel** *n/pl* meubles *m/pl* à éléments
an|behalten garder; **~bei** *comm* ci-joint, ci-inclus; **~beißen** mordre; **~belangen** concerner; ***was mich anbelangt*** en ce qui me concerne; **~beten** adorer
Anbetracht *m* ***in ~*** en considération de, vu, étant donné
anbetteln ***j-n um etw ~*** mendier qc auprès de qn
Anbetung *f* adoration *f*
an|biedern ***sich ~*** vouloir se faire bien voir (***bei*** par); **~bieten** offrir; ***sich ~*** se proposer (***als*** comme); **~binden** attacher (***an*** à)
Anblick *m* aspect *m*, vue *f*; *Bild* spectacle *m*; ***beim ~ von*** à la vue de; **2en** regarder
an|bohren percer; **~brechen** *Flasche etc* entamer; *Knochen* fêler; *beginnen* commencer; *Tag* se lever; *Nacht* tomber; **~brennen** *Essen* brûler; *Milch* attacher; **~bringen** *herbeibringen* apporter; *festmachen* poser; *a Bitte* placer
Anbruch *m* ***~ des Tages*** lever *m* du jour; ***~ der Nacht*** tombée *f* de la nuit
anbrüllen F ***j-n ~*** engueuler qn, crier *od* pester contre qn
Andacht *f* recueillement *m*; *Gottesdienst* prières *f/pl*
andächtig recueilli, attentif
andauern durer, continuer, persister; **~d** continuel, persistant; *adv* continuellement, sans cesse
Anden *pl* Andes *f/pl*
Andenken *n* mémoire *f*, souvenir *m*; ***zum ~ an*** en mémoire *od* en souvenir de
andere autre; ***noch ~ Fragen?*** y a-t-il encore d'autres questions?; ***mit ~n Worten*** en d'autres termes; ***am ~n Morgen*** le lendemain matin; ***etwas ~s*** autre chose; ***nichts ~s als*** rien d'autre que; ***unter ~m*** entre autres; **~rseits** d'autre part
ändern changer, modifier; ***ich kann es nicht ~!*** je ne peux rien y faire!; ***sich ~*** changer
andernfalls autrement, sinon
anders autrement; ***jemand*** (***niemand***) ~ quelqu'un (personne) d'autre; ***~ denkend*** qui pense autrement; dissident; ***~ werden*** changer; ***~ sein*** être différent (***als*** de); **~artig** différent; **~herum** dans l'autre sens; **~wo, ~wohin** ailleurs, autre part
anderthalb un et demi
Änderung *f* changement *m*, modification *f*
andeut|en indiquer; laisser entendre; ***j-m ~ dass*** ... faire comprendre à qn que ...; **2ung** *f* indication *f*; allusion *f*
Andorra *n* l'Andorre *f*
Andrang *m* affluence *f*; foule *f*
an|drehen *Radio*, *Gas* ouvrir; *Radio a* allumer; F *fig* ***j-m etw ~*** refiler qc à qn; **~drohen** ***j-m etw ~*** menacer qn de qc; **~eignen** ***sich etw ~*** s'approprier qc; *Kenntnisse* assimiler qc
aneinander l'un à (*od* près de) l'autre; ***~ denken*** penser mutuellement l'un à l'autre; ***~ fügen*** joindre; ***~ geraten*** se disputer
anekeln dégoûter, écœurer
anerkenn|en reconnaître (***als*** pour); *lobend* apprécier; *jur* légitimer; **~end** élogieux; **2ung** *f* reconnaissance *f*
anfahren *auto* démarrer; *Baum etc* accrocher, tamponner, entrer en collision avec; *fig* ***j-n ~*** apostropher qn, rabrouer qn
Anfall *m méd* attaque *f*, crise *f*, *a fig* accès *m*; **2en** attaquer, assaillir
anfällig *méd* de santé délicate; *Gerät* sensible; sujet à des défaillances techniques; **2keit** *f* fragilité *f*, faiblesse *f*
Anfang *m* commencement *m*, début *m*; ***am ~*** au commencement, au début; ***~ Mai*** début mai; ***~ der achtziger Jahre*** au début des années quatre-vingt; ***von ~ an*** dès le début; **2en** commencer (***zu***

à; ***mit*** par); ~ ***zu*** *a* se mettre à
Anfänger(in *f*) *m* débutant *m*, -e *f*, commençant *m*, -e *f*
anfangs au début, d'abord; **⁀buchstabe** *m* lettre *f* initiale; **⁀stadium** *n* stade *m* initial
anfassen toucher; ***sich*** ~ se tenir par la main; ***mit*** ~ donner un coup de main; *fig* ***zum*** ⁀ facilement abordable
anfecht|bar contestable; **~en** contester
an|fertigen faire, fabriquer, confectionner (*a Kleider*); **~feuchten** humecter; **~feuern** *Sport* encourager, stimuler; **~flehen** implorer, supplier; **~fliegen** *aviat* desservir, faire escale à; s'approcher de
Anflug *m aviat* vol *m* d'approche; *fig Spur* soupçon *m*; ***mit e-m ~ von Ironie*** avec une pointe d'ironie
anforder|n demander, exiger, réclamer; **⁀ung** *f* demande *f*; **~en** *pl* exigences *f/pl*
Anfrage *f* demande *f*; *pol* interpellation *f*; **⁀n** demander (***bei*** à)
an|freunden ***sich*** ~ se lier d'amitié (***mit j-m*** avec qn); ***sich mit etw*** ~ s'habituer à qc; **~fühlen** ***es fühlt sich weich an*** c'est mou au toucher
anführ|en *Gruppe* mener, conduire; *nennen* citer, mettre en avant, alléguer; *betrügen* duper, tromper; **⁀er(in** *f*) *m* chef *m*, meneur *m*; **⁀ungszeichen** *n/pl* guillemets *m/pl*
Angabe *f* indication *f*; *tech* donnée *f*; F *Aufschneiderei* vantardise *f*, crânerie *f* F; ***nähere ~n*** précisions *f/pl*
angeb|en indiquer, donner, déclarer; F *aufschneiden* se vanter, crâner F; ***genau(er)*** ~ préciser; **⁀er(in** *f*) *m* vantard *m*, -e *f*, crâneur *m*, -euse *f*; **⁀erei** *f* vantardise *f*, crânerie *f*; **~lich** prétendu; *adv* à ce qu'on dit, soi-disant
angeboren inné; *méd* congénital
Angebot *n* offre *f*; ~ ***und Nachfrage*** l'offre et la demande
an|gebracht convenable, approprié, opportun; **~gebunden** ***kurz*** ~ brusque, pas très aimable; **~gegossen** ***wie ~ sitzen*** *Kleidung* aller comme un gant; **~gegriffen** fatigué, souffrant; ***~e Gesundheit*** santé *f* compromise; **~geheitert** éméché; ~ ***sein*** *a* être gris
angehen *Licht* s'allumer; *betreffen* regarder, concerner; ***das geht dich nichts an!*** ça ne te regarde pas!
angehör|en faire partie de; **⁀ige(r)** *m*, *f Familie* proche parent *m*, -e *f*; *Mitglied* membre *m*; ***seine ~n*** sa famille; ***die nächsten ~n*** les proches parents
Angeklagte(r) *m*, *f* accusé *m*, -e *f*
Angel *Tür⁀* gond *m*; *Fisch⁀* ligne *f*; canne *f* à pêche
Angelegenheit *f* affaire *f*
angelernt ***~er Arbeiter*** ouvrier *m* spécialisé
Angelhaken *m* hameçon *m*
angeln 1. pêcher à la ligne; *fig* F pêcher; **2.** ⁀ *n* pêche *f* à la ligne
Angel|punkt *m fig* pivot *m*; **~rute** *f* canne *f* à pêche
an|gemessen convenable, approprié; **~genehm** agréable; ***das ⁀e mit dem Nützlichen verbinden*** joindre l'utile à l'agréable; **~genommen** ~, (***dass***) ... à supposer que (+ *subj*); **~geregt** animé; **~gesehen** considéré, estimé
angesichts face à, en présence de, étant donné
Angestellte(r) *m*, *f* employé *m*, -e *f*; ***leitender*** ~ cadre *m* (supérieur)
an|getan ~ ***sein von*** être enchanté de; **~getrunken** (légèrement) ivre; ***in ~em Zustand*** en état d'ivresse; **~gewiesen** ~ ***sein auf*** dépendre de; **~gewöhnen** ***j-m etw*** ~ accoutumer qn à qc; ***sich etw*** ~ prendre l'habitude de faire qc
Angewohnheit *f* habitude *f*
Angina *méd f* angine *f*
angleichen assimiler
Angler(in *f*) *m* pêcheur *m*, -euse *f* à la ligne
angreif|bar attaquable; **~en** attaquer (*a fig*); **⁀er** *m* agresseur *m*; *Sport* attaquant *m*
angrenzend avoisinant, limitrophe
Angriff *m* attaque *f* (***auf*** contre); agression *f*; ***zum ~ übergehen*** passer à l'attaque; *fig* ***in ~ nehmen*** attaquer; **⁀slustig** agressif
Angst *f* peur *f* (***vor*** de); ***aus ~ vor*** de *od* par peur de; ***ich habe ~*** *od* ***mir ist*** ⁀ j'ai peur; ***j-m ~ einjagen*** faire peur à qn; **~hase** *m* F poule *f* mouillée, froussard *m*
ängst|igen (***sich*** ~ s')inquiéter; **~lich** craintif, peureux, anxieux, inquiet; **⁀lichkeit** *f* anxiété *f*; timidité *f*
an|gucken regarder; ***guck dir das mal an!*** regarde-moi ça!; **~gurten** ***sich*** ~ attacher sa ceinture; **~haben** *Kleider*

porter, être vêtu de; *fig* ***j-m nichts ~ können*** ne pouvoir rien faire contre qn
anhalten *j-n, etw* arrêter; *Atem* retenir; *stehenbleiben* s'arrêter; *andauern* durer; **~d** persistant, continu
Anhalter(in *f*) *m* (auto-)stoppeur *m*, -euse *f*; ***per Anhalter fahren*** faire de l'auto-stop, faire du stop
Anhaltspunkt *m* point *m* de repère
anhand ~ ***von*** à l'aide de
Anhang *m Buch* appendice *m*; *Verwandte* famille *f*; progéniture *f*; *Anhänger* partisans *m/pl*
anhäng|en accrocher, atteler; *hinzufügen* rajouter; *fig* ***j-m etw ~*** attribuer qc à qn; **≗er** *m Wagen* remorque *f*; *Schmuck* pendentif *m*; **≗er(in** *f*) *m* partisan *m*, adhérent *m*, -e *f*, adepte *m, f*; *begeisterter* fana(tique) *m, f*, fan *m*; *Sport a* supporter *m*; **~lich** dévoué, fidèle; **≗lichkeit** *f* dévouement *m* (***an*** pour), fidélité *f*
anhäufen amasser, accumuler; **≗ung** *f* accumulation *f*
an|heben *Last* soulever; *Preis* augmenter, relever
anheim ***j-m etw ~ stellen*** s'en remettre à qn de qc
anheuern ***j-n ~*** engager qn
Anhieb ***auf ~*** du premier coup, d'emblée
Anhöhe *f* colline *f*, hauteur *f*
anhör|en écouter; ***sich ~*** *klingen* sonner (***wie*** comme); ***sich etw ~*** écouter qc; ***etw mit ~*** entendre qc; **≗ung** *f* consultation *f*
Animateur(in *f*) *m* animateur *m*, -trice *f*
animieren encourager, inciter, entraîner
ankämpfen lutter (***gegen*** contre)
Ankauf *m* achat *m*; **≗en** acheter
Anker *mar m* ancre *f*; ***vor ~ gehen*** jeter l'ancre; ⚠ ***une*** ancre; **≗n** mouiller
anketten enchaîner
Anklage *f* accusation *f*, inculpation *f*; **~bank** *f* banc *m* des accusés; **≗n** ***j-n wegen etw ~*** accuser qn de qc
Ankläger(in *f*) *m* accusateur *m*, -trice *f*
anklammern ***sich ~*** se cramponner (***an*** à)
Anklang *m* **~ *finden*** être bien accueilli (***bei*** par), avoir du succès (auprès de)
ankleben coller; *Plakat* afficher
Ankleide|kabine *f Kaufhaus* cabine *f* d'essayage; *Schwimmbad* cabine *f* de bains; **≗n** habiller, vêtir; ***sich ~*** s'habiller
anklicken *EDV* cliquer
an|klopfen frapper (à la porte); **~knipsen** *Licht* allumer, ouvrir
anknüpf|en nouer; *Gespräch* engager, entamer; ***Beziehungen ~*** entrer en relations (***zu*** avec); ***an etw ~*** partir de qc; **≗ungspunkt** *m fig* trait *m* d'union, point *m* de départ
ankommen arriver; *Anklang finden* avoir du succès (***bei*** auprès de); ***es kommt darauf an, zu*** ... il importe de ...; ***das kommt*** (***ganz***) ***darauf an*** cela dépend; ***es kommt auf euch an*** cela dépend de vous; ***es darauf ~ lassen*** courir le risque
ankreuzen marquer d'une croix
ankündig|en annoncer; **≗ung** *f* annonce *f*
Ankunft *f* arrivée *f*
ankurbel|n *Wirtschaft etc* relancer, redresser, encourager
anlächeln ***j-n ~*** sourire à qn
Anlage *f Kapital* placement *m*, investissement *m*; *Bau* construction *f*; *tech* installation *f*; *EDV* système *m*; *Veranlagung* talent *m*, disposition *f*; *Anordnung* arrangement *m*; *zu e-m Brief* pièce *f* jointe; ***öffentliche ~n*** jardins *m/pl* publics; ***sanitäre ~n*** installations *f/pl* sanitaires
Anlass *m Gelegenheit* occasion *f*; *Grund* cause *f*, raison *f*, motif *m*; **~ *geben zu*** ... donner lieu à
anlass|en *Motor* faire démarrer; *Licht, TV, Radio* laisser allumé; *Kleidung* garder (sur soi); ***sich gut ~*** s'annoncer *od* se présenter bien, promettre; **≗er** *m auto* démarreur *m*
anlässlich à l'occasion de
Anlauf *m Sport* élan *m*; **≗en** *mar Hafen* faire escale à, toucher; *beginnen* démarrer; *Scheibe* se couvrir de buée; *Spiegel* se ternir; **~stelle** *f* lieux *m* d'accueil, permanence *f*
anlege|n poser, mettre (***an*** contre); *Kleidung* mettre; *Verband* appliquer; *Garten, Straße* aménager; *Liste* dresser; *Sammlung* constituer; *Geld* placer, investir; *Gewehr* mettre en joue; *Schiff* accoster (***an etw*** qc), aborder (à, dans); ***sich mit j-m ~*** chercher la dispute avec

qn; **&platz** *m*, **&stelle** *f mar* débarcadère *m*, embarcadère *m*
anlehnen *Tür* laisser entrouvert; (**sich**) **an etw** ~ (s')appuyer contre qc; *fig* **sich** ~ **an** s'inspirer de
anleiern F mettre en route
Anleihe *écon f* emprunt *m*
anleit|en diriger, instruire; **&ung** *f* instructions *f/pl*, directives *f/pl*
anlernen instruire, former
anlieg|en *Arbeit* rester à faire; *Kleidung* **eng** ~ être ajusté, mouler le corps; **&en** *n* désir *m*, demande *f*; **&er** *m* riverain *m*
an|locken attirer; **~lügen** **j-n** ~ mentir à qn; **~machen** *befestigen* attacher; *Licht etc* allumer, ouvrir; *Salat* assaisonner; *Mädchen* F brancher; **~malen** peindre
anmaß|en **sich etw** ~ s'arroger qc; **sich ein Urteil** ~ se permettre un jugement (**über** sur); **~end** arrogant, prétentieux; **&ung** *f* arrogance *f*
Anmeldeformular *n* formulaire *m* de demande d'inscription
anmeld|en *Besuch* annoncer; *Schüler* faire inscrire; *auto* déclarer; **sich** ~ *zur Teilnahme* se faire inscrire, s'inscrire; *beim Arzt* prendre rendez-vous; **&ung** *f* inscription *f*; *behördliche* déclaration *f*
anmerk|en **man merkt ihm an, dass** ... on remarque *od* voit que ...; **sich nichts** ~ **lassen** ne rien laisser paraître; **&ung** *f* remarque *f*; *Fußnote* annotation *f*
Anmut *f* grâce *f*, charme *m*; **&ig** gracieux, charmant
an|nageln clouer; **~nähen** (re)coudre (**an** à)
annäher|nd approximatif; **&ung** *f* approche *f*; *fig* rapprochement *m*; **&ungsversuche** *m/pl* avances *f/pl*
Annahme *f e-s Vorschlags etc* acceptation *f*; *e-s Kindes* adoption *f*; *Vermutung* supposition *f*, hypothèse *f*; **~stelle** *f* réception *f*
annehm|bar acceptable; passable; **~en** accepter; *adoptieren* adopter; *vermuten* supposer; **sich j-s** (**e-r Sache**) ~ se charger de qn (de qc); **&lichkeiten** *f/pl* commodités *f/pl*, agréments *m/pl*
annektieren annexer
Annonc|e *f* annonce *f*; **&ieren** passer *od* mettre une annonce (dans le journal)
annullieren annuler
anöden F embêter, empoisonner; **er ödet die Leute an** *a* il barbe les gens
anonym anonyme; **&ität** *f* anonymat *m*
Anorak *m* anorak *m*
anordn|en arranger, disposer; *befehlen* ordonner; **&ung** *f* arrangement *m*, disposition *f*; *Befehl* ordre *m*
anorganisch inorganique
anpacken *Problem* aborder, s'attaquer à; **j-n hart** ~ traiter qn durement; **mit** ~ donner un coup de main
anpass|en adapter; **sich j-m** (**e-r Sache**) ~ s'adapter à qn (à qc); **&ung** *f* adaptation *f*; **~ungsfähig** souple
Anpfiff *m Sport* coup *m* d'envoi; F *fig* engueulade *f*
an|pöbeln F **j-n** ~ interpeller grossièrement qn; **~prangern** mettre au pilori, dénoncer; **~preisen** vanter, faire l'éloge de; **~probieren** essayer; **~pumpen** F **j-n** ~ taper qn
Anrainer *m* riverain *m*
an|raten **j-m etw** ~ conseiller qc à qn; **~rechnen** compter; **als Fehler** ~ compter comme faute; **j-m etw hoch** ~ savoir gré de qc à qn
Anrecht *m* droit *m*; **ein ~ haben auf** avoir droit à
Anrede *f* formule *f* de politesse; titre *m*; **&n** **j-n** ~ adresser la parole à qn, aborder qn; appeler qn (**mit Vornamen** par son prénom)
anreg|en exciter; *méd* stimuler; *Appetit* ouvrir, aiguiser; *vorschlagen* suggérer; **~end** excitant; *méd* stimulant; **&ung** *f* excitation *f*; *Vorschlag* suggestion *f*; **&ungsmittel** *méd n* stimulant *m*
Anreise *f* voyage *f*; *Hinreise* aller *m*; *Ankunft* arrivée *f*
Anreiz *m* stimulant *m*, attrait *m*, encouragement *m*
anrichten *Speisen* préparer, dresser; *Schaden* provoquer, causer
anrüchig louche, mal famé
Anruf *tél m* appel *m*, coup *m* de téléphone, F coup *m* de fil; **~beantworter** *tél m* répondeur *m* automatique; **&en** *tél* appeler (**j-n** qn); **j-s Hilfe** ~ réclamer le secours de qn
anrühren toucher (à); *Farbe etc* délayer
Ansage *f* annonce *f*; **&n** annoncer; **~r(in** *f*) *m Radio, TV* speaker *m*, speakerine *f*; *Veranstaltung* présentateur *m*, -trice *n*
ansamm|eln (**sich** ~ s')amasser, (s')ac-

cumuler; **Ձlung** *f Menschen*Ձ rassemblement *m*
ansässig domicilié; *seit langem* établi
Ansatz *m Beginn* début *m*; *Versuch* essai *m*; **∼punkt** *m* point *m* de départ *od* d'attaque
anschaff|en acquérir, acheter; **Ձung** *f* acquisition *f*
anschau|en regarder; **∼lich** expressif, palpable, concret; **Ձung** *f* conception *f*, point *m* de vue, opinion *f*, manière *f* de voir
Anschein *m* apparence *f*; ***allem* ∼ *nach*** selon toute apparence; **Ձend** *adv* apparemment
anschieben *auto* pousser (pour la faire démarrer)
Anschlag *m Zettel* affiche *f*; *pol* attentat *m*; *Schreibmaschine* frappe *f*; *mus* toucher *m*; ***durch* ∼ *bekannt geben*** annoncer par voie d'affiches; **∼brett** *n* tableau *m* d'affichage; **Ձen** afficher; *Saite* toucher; *Kopf* cogner; *Geschirr* ébrécher; *Hund* aboyer; **∼säule** *f* colonne *f* d'affichage, colonne *f* Morris
anschließen *Kabel*, *Gerät* brancher (***an*** sur); *Schlauch* raccorder (à); *fig* rattacher (à); ***sich*** ∼ *folgen* suivre (***an etw*** qc); ***sich j-m*** ∼ se joindre à qn; *j-s Meinung* se ranger à l'avis de qn; **∼d** suivant; *Zimmer* voisin, contigu; *adv* ensuite, après
Anschluss *m Verkehr* correspondance *f*; *tech* branchement *m*, raccordement *m*; *tél* abonnement *m*; *tél Verbindung* communication *f*; *pol* rattachement *m* (***an*** à); ***im* ∼ *an*** à la suite de; ***den* ∼ *bekommen*** *Zug etc* avoir la correspondance; *fig* ∼ ***finden*** se faire des relations; **∼flug** *m* correspondance *f*
anschmieg|en ***sich an j-n*** ∼ se blottir contre qn; **∼sam** affectueux, caressant
an|schnallen ***sich*** ∼ attacher sa ceinture (de sécurité); **∼schnauzen** F engueuler, enguirlander, rabrouer; **∼schneiden** entamer (*a fig*); **∼schrauben** visser; **∼schreiben** *Schule* écrire au tableau; **∼schreien** ***j-n*** ∼ crier contre *od* après qn
Anschrift *f* adresse *f*
anschuldig|en ***j-n*** ∼ accuser *od* inculper qn (***wegen etw*** de qc); **Ձung** *f* accusation *f*, inculpation *f*
an|schwärzen *fig* dénigrer; **∼schwellen** *méd* enfler; *Stimme etc* s'enfler
anseh|en regarder; ***j-n schief*** ∼ regarder qn de travers; ***sich e-n Film*** ∼ voir un film; ***man sieht ihm an, dass*** ... on voit *od* ça se voit que ...; ***j-n*** (***etw***) ∼ ***als*** considérer *od* regarder qn (qc) comme; **Ձen** *n* réputation *f*, prestige *m*, estime *f*; **∼nlich** de belle apparence; *beträchtlich* considérable
an|seilen ***sich*** ∼ s'encorder; **∼setzen** poser (***an*** à); *Termin* fixer; *anfügen* rajouter (***an*** à); *beginnen* commencer, s'apprêter (***zu etw*** à faire qc); ***Fett*** ∼ engraisser; *aviat* ***zur Landung*** ∼ amorcer l'atterrissage
Ansicht *f Bild* vue *f*; *Meinung* opinion *f*, avis *m*; ***meiner* ∼ *nach*** à mon avis; ***ich bin der* ∼, *dass*** ... je suis d'avis que ...; *comm* ***zur*** ∼ pour examen
Ansichts|karte *f* carte *f* postale; **∼sache** *f* affaire *f* d'opinion *od* de goût
anspann|en *Seil etc* tendre; *Zugtier* atteler; ***alle seine Kräfte* ∼, *um zu*** ... faire tous ses efforts pour ...; **Ձung** *f fig* tension *f*
anspiel|en *Sport* se mettre à jouer; ***auf etw*** ∼ faire allusion à qc; **Ձung** *f* allusion *f*
Ansporn *m* stimulant *m*; **Ձen** stimuler, aiguillonner
Ansprache *f* allocution *f*; ***e-e* ∼ *halten*** faire *od* prononcer une allocution
ansprechen ***j-n*** ∼ adresser la parole à qn, aborder qn; *j-m gefallen* plaire à qn; **∼d** agréable, plaisant, séduisant
Ansprechpartner(in *f*) *m* interlocuteur *m*, -trice *f*
an|springen *Motor* démarrer; **∼spritzen** asperger, éclabousser
Anspruch *m Recht* droit *m* (***auf*** à); *Forderung* prétention *f*, exigence *f*; ∼ ***haben auf*** avoir droit à; ***Ansprüche erheben auf*** avoir des prétentions sur; ***in* ∼ *nehmen*** *Versicherung etc* avoir recours à; *j-n* occuper; *Zeit* prendre; **Ձslos** peu exigeant; **Ձsvoll** exigeant, prétentieux
Anstalt *f* établissement *m*, institution *f*
Anstand *m* bienséance *f*, savoir-vivre *m*, décence *f*
anständig décent, honnête; **Ձkeit** *f* honnêteté *f*
anstandslos sans difficulté; sans hésitation

anstarren regarder fixement
anstatt au lieu de
anstechen *Fass* mettre en perce
ansteck|en attacher; *Ring* mettre; *Zigarette* allumer; *méd* infecter, contaminer; **~end** contagieux (*a fig*); **2er** *m* pin's *m*; **2ung** *f* contagion *f* (*a fig*), infection *f*, contamination *f*
anstehen *Schlange stehen* faire la queue; *Problem* être en suspens
ansteigen monter; **~d** montant; *fig* croissant
anstelle à la place de
anstell|en *Arbeitskräfte* employer, engager, embaucher; *Gerät* faire marcher; *Radio, TV* allumer, ouvrir; ***was hast du wieder angestellt?*** qu'est-ce que tu as encore fait?; ***sich ~*** faire la queue; ***sich geschickt*** (***dumm***) ~ s'y prendre bien (mal); ***stell dich nicht so an!*** ne fais pas tant de manières!; **2ung** *f Stelle* emploi *m*; ***e-e ~ finden*** trouver un emploi
anstift|en inciter (***zu*** à); **2ung** *f* incitation *f*; ***~ zum Mord*** incitation au meurtre
anstimmen entonner
Anstoß *m Impuls* impulsion *f*; *Fußball* coup *m* d'envoi; ***~ erregen*** scandaliser *od* choquer (***bei j-m*** qn); ***~ nehmen an*** être choqué par; **2en** heurter *od* cogner (***an, mit etw*** qc); *mit den Gläsern* trinquer; ***auf j-n*** *od* ***etw ~*** boire à la santé de qn; F arroser qc
anstößig choquant, indécent
anstrahlen *Gebäude* illuminer; ***j-n ~*** regarder qn d'un air rayonnant
anstreich|en peindre; *Fehler* marquer; **2er** *m* peintre *m* (en bâtiment)
anstreng|en fatiguer; ***sich ~*** s'efforcer (***zu*** de), faire un effort; *jur* ***e-n Prozess ~*** intenter un procès (***gegen*** contre); **~end** dur, pénible, fatigant; **2ung** *f* effort *m*, fatigue *f*
Anstrich *m* couche *f* de peinture
Ansturm *m mil* assaut *m*; *fig* ruée *f* (***auf*** vers)
Antarkt|is *géogr f* Antarctique *m*; **2isch** antarctique
antasten toucher, porter atteinte à
Anteil *m* part *f*, quote-part *f*; ***prozentualer ~*** pourcentage *m*; ***an etw ~ nehmen*** prendre part à qc; **~nahme** *f Mitgefühl* sympathie *f*, compassion *f*; *Interesse* intérêt *m*
Antenne *f* antenne *f*
Anti|..., 2... *in Zssgn* anti...; **~alkoholiker** *m* antialcoolique *m*; **~babypille** *f* pilule *f* contraceptive; **~biotikum** *méd n* antibiotique *m*; **~blockiersystem** *n* système *m* de freinage anti-blocage, système *m* A.B.S.; **~faschist(in** *f*) *m* antifasciste *m, f*; **~histamin** *n* antihistaminique *m*
antik antique; *Möbel etc* ancien; **2e** *f* Antiquité *f*
Antillen *pl* ***die ~*** les Antilles *f/pl*
Antilope *zo f* antilope *f*
Antipathie *f* antipathie *f*
antippen taper doucement
Antiquar *m* libraire *m* d'occasion, bouquiniste *m* F; **~iat** *n* librairie *f* d'occasion; **2isch** d'occasion
Antiquität *f* antiquité *f*; **~enhändler** *m* antiquaire *m*
Antisemit *m* antisémite *m*; **~ismus** *m* antisémitisme *m*
Antrag *m* demande *f* (***stellen*** faire); *Formular* formulaire *m*; *Parlament* motion *f*; **~steller** *m* celui *m* qui fait une demande, requérant *m*
an|treffen rencontrer; **~treiben** faire avancer; pousser, inciter (***zu*** à); *tech* actionner, entraîner, propulser; **~treten** *mil* se mettre en rang; *Erbe* recueillir; ***e-e Stellung ~*** entrer en fonctions; ***e-e Reise ~*** partir en voyage
Antrieb *m Impuls* impulsion *f*; *tech* commande *f*, entraînement *m*; *aviat, mar* propulsion *f*; ***aus eigenem ~*** de sa propre initiative; **~srad** *n* roue *f* motrice
Antritt *m e-s Amtes* entrée *f* en fonctions; ***~ der Reise*** départ *m*
antun ***j-m Gewalt ~*** faire violence à qn; ***sich etw ~*** attenter à ses jours
Antwerpen Anvers
Antwort *f* réponse *f* (***auf*** à), réplique *f*; **2en** répondre (***j-m*** à qn; ***auf etw*** à qc)
an|vertrauen ***j-m etw ~*** confier qc à qn; ***sich j-m ~*** se confier à qn; **~wachsen** *Wurzel schlagen* prendre racine; *festwachsen* s'attacher (***an*** à); *zunehmen* s'accroître
Anwalt *m* avocat *m*
Anwärter(in *f*) *m* candidat *m*, -e *f* (***auf*** à), postulant *m*, -e *f*, aspirant *m*, -e *f*
anweis|en *anleiten* instruire; *befehlen* ordonner (***j-n zu*** à qn de); *zuweisen*

assigner; *Geld* virer; *per Post* mandater; **⁓ung** *f* *Anleitung* instruction *f*, directives *f*/*pl*; *Befehl* ordre *m*; *Post*⁓ mandat *m*
anwend|bar applicable (***auf*** à); **⁓en** appliquer (***auf*** à); *verwenden* employer, utiliser; **⁓er(in** *f*) *m* utilisateur *m*, -trice *f*; **⁓ung** *f* application *f*, emploi *m*, utilisation *f*
anwerben engager, recruter
anwesen|d présent; ***die ⁓en*** les personnes présentes, l'assistance *f*; **⁓heit** *f* présence *f*
anwidern dégoûter
Anwohner *m* riverain *m*
Anzahl *f* nombre *m*
anzahl|en verser un acompte (***100 Mark*** de 100 marks); **⁓ung** *f* acompte *m*
anzapfen *Fass* mettre en perce; *Leitung* se brancher sur
Anzeichen *n* signe *m*, indice *m*
Anzeige *f* *Zeitung* annonce *f*; *Familien*⁓ faire-part *m*; *jur* dénonciation *f*; *EDV-Gerät* affichage *m*; ***gegen j-n ⁓ erstatten*** déposer (une) plainte *od* porter plainte contre qn; **⁓n** marquer, indiquer; *bei der Polizei* dénoncer (à la police)
anzieh|en *Kleidung* mettre; *Person* habiller; *fig fesseln* attirer, intéresser; *Bremse*, *Schraube* serrer; *Preise* monter, augmenter; ***sich ⁓*** s'habiller; **⁓end** attrayant, attirant; **⁓ungskraft** *f* attraction *f* (*a phys*)
Anzug *m* costume *m*, complet *m*; *fig* ***im ⁓ sein*** s'annoncer, se préparer
anzüglich piquant, de mauvais goût, scabreux
anzünden *Kerze etc* allumer; *Haus* mettre le feu à
anzweifeln ***etw ⁓*** mettre qc en doute
apart qui a du cachet *od* du chic
Apath|ie *f* apathie *f*; **⁓isch** apathique
Apennin(en *pl*) *m* les (monts) Apennins *m*/*pl*
Apfel *m* pomme *f*; **⁓baum** *bot m* pommier *m*; **⁓kuchen** *m* tarte *f* aux pommes; **⁓mus** *n* compote *f* de pommes; **⁓saft** *m* jus *m* de pommes; **⁓sine** *f* orange *f*; **⁓tasche** *f* chausson *m* aux pommes; **⁓wein** *m* cidre *m*
Apostel *m* apôtre *m*
Apostroph *m* apostrophe *f*; ⚠ ***une*** apostrophe
Apotheke *f* pharmacie *f*; **⁓r(in** *f*) *m* pharmacien *m*, -ne *f*
Apparat *m* appareil *m*; *tél*, *TV*, *Radio a* poste *m*; ***bitte bleiben Sie am ⁓!*** ne quittez pas!
Appell *m* *Aufruf* appel *m* (***an*** à); *mil* rassemblement *m* pour le rapport; **⁓ieren** faire appel (***an*** à)
Appenzell *Stadt* Appenzell; *Kanton* le canton d'Appenzell
Appetit *m* appétit *m*; ***⁓ haben auf*** avoir envie de; **⁓lich** appétissant; **⁓losigkeit** *f* manque *m* d'appétit; **⁓zügler** *m* coupe-faim *m*
applaudieren applaudir
Applaus *m* applaudissements *m*/*pl*
Aprikose *bot f* abricot *m*
April *m* avril *m*; ***im ⁓*** en avril; ***am 3. ⁓*** le 3 avril; ***der 3. ⁓ 1998*** le 3 avril 1998; **⁓scherz** *m* poisson *m* d'avril
Aquaplaning *n* aquaplanage *m*
Aquarell *n* aquarelle *f*
Aquarium *n* aquarium *m*
Äquator *m* équateur *m*
Äquivalent *n* équivalent *m*
Ar *n* *Flächenmaß* are *m*
Ära *f* ère *f*
Arab|er(in *f*) *m* Arabe *m*, *f*; **⁓ien** *n* l'Arabie *f*; **⁓isch** arabe
Arbeit *f* travail *m*; F boulot *m*; *zu schaffende* besogne *f*; *Klassen*⁓ composition *f*; ***häusliche***, ***schriftliche ⁓en*** *pl* devoirs *m*/*pl*; ***sich an die ⁓ machen*** se mettre au travail; ***die ⁓ niederlegen*** cesser le travail; **⁓en** travailler
Arbeiter|(in *f*) *m* travailleur *m*, -euse *f*; *Industrie*⁓ ouvrier *m*, -ière *f*; ***geistiger ⁓*** travailleur *m* intellectuel; ***ungelernter ⁓*** manœuvre *m*; **⁓bewegung** *f* mouvement *m* ouvrier; **⁓klasse** *f* classe *f* ouvrière; **⁓schaft** *f* ouvriers *m*/*pl*
Arbeit|geber *m* patron *m*, employeur *m*; **⁓geberschaft** *f* patronat *m*; **⁓nehmer** *m* salarié *m*
arbeitsam travailleur, laborieux, assidu (au travail)
Arbeits|amt *n* office *m* du travail; Agence *f* nationale pour l'emploi (A.N.P.E.); **⁓beschaffungsmaßnahme** *f* mesure *f* pour la création d'emplois; **⁓bescheinigung** *f* certificat *m* de travail, attestation *f* d'emploi; **⁓essen** *n* déjeuner-débat *m*, déjeuner *m* de travail; dîner *m* d'affaires; **⁓fähig**

apte au travail; **~gemeinschaft** *f* groupe *m* d'études *od* de travail; *Schule* club *m*; **~gericht** *n* conseil *m* de prud'hommes; **~kleidung** *f* vêtements *m/pl* de travail; **~kraft** *f Leistung* capacité *f od* potentiel *m* de travail; *Person* aide *m, f*; collaborateur *m*; ***ausländische Arbeitskräfte*** main-d'œuvre *f* étrangère; **~lager** *n* camp *m* de travail; **~leistung** *f* rendement *m*; **~lohn** *m* salaire *m*; **2los** sans travail, en *od* au chômage; **~lose(r)** *m, f* chômeur *m*, -euse *f*; **~losengeld** *n* allocation *f* (de) chômage (***erhalten*** toucher); **~losenhilfe** *f* allocation *f* de fin de droits; **~losenversicherung** *f* assurance *f* chômage; **~losigkeit** *f* chômage *m*; **~markt** *m* marché *m* de l'emploi *od* du travail; **~minister** *m* ministre *m* du Travail; **~niederlegung** *f* débrayage *m*, grève *f*, arrêt *m* de travail; **~norm** *f* norme *f* de travail; **~pause** *f* pause *f*, temps *m* de repos; **~platz** *m Stelle* emploi *m*; *Ort* lieu *m* de travail; **2scheu** paresseux, fainéant; **~speicher** *EDV m* mémoire *f* vive; **~suche** *f* ***er ist auf ~*** il est à la recherche d'un emploi; **~tag** *m* journée *f* de travail; *Werktag* jour *m* ouvrable; **~teilung** *f* division *f od* répartition *f* du travail; **~unfähigkeit** *f* inaptitude *f* au travail; *dauernde* invalidité *f*; **~unterbrechung** *f* suspension *f od* interruption *f* du travail; **~vermittlung** *f* bureau *m* de placement; **~vertrag** *m* contrat *m* de travail; **~weise** *f* méthode *f* de travail, façon *f* de travailler; **~zeit** *f* heures *f/pl* de travail; ***gleitende ~*** horaire *m* flexible; **~zeitverkürzung** *f* réduction *f* du temps de travail; **~zimmer** *n* cabinet *m* de travail *od* d'étude, bureau *m*

Archäologie *f* archéologie *f*

Arche ***die ~ Noah*** l'arche *f* de Noé

Architekt *m* architecte *m*; **~ur** *f* architecture *f*

Archiv *n* archives *f/pl*

ARD *f* Première chaîne *f* de la télévision allemande

Arena *f* arène *f*; *Manege* piste *f*

arg grave, gros; *sehr* très, fort

Argentini|en *n* l'Argentine *f*; **~er(in** *f*) *m* Argentin *m*, -e *f*; **2sch** argentin

Ärger *m Unannehmlichkeit* ennui(s) *m(pl)*, contrariété *f*; *Unmut* dépit *m*, colère *f*; **2lich** *unangenehm* ennuyeux, fâcheux, embêtant F; *verärgert* fâché, en colère, contrarié; ***~ werden*** se fâcher; **2n** fâcher, contrarier, embêter F; ***sich ~*** se mettre en colère (***über*** contre), se fâcher; **~nis** *n* scandale *m*

Argument *n* argument *m*; **2ieren** raisonner, argumenter

Arg|wohn *m* soupçon(s) *m(pl)*; **2wöhnen** soupçonner; **2wöhnisch** soupçonneux

Arie *mus f* air *m*

Aristokrat|(in *f*) *m* aristocrate *m, f*; **~ie** *f* aristocratie *f*; **2isch** aristocratique

Arkt|is *géogr f* Arctique *m*; **2isch** arctique

Arm *m* bras *m* (*a Fluß2*); *e-s Leuchters* branche *f*; ***~ in ~*** bras dessus bras dessous; *fig* ***j-n auf den ~ nehmen*** monter un bateau à qn

arm pauvre (***an*** en); ***die 2en*** les pauvres *m/pl*; ***der 2e!*** le pauvre!

Armaturenbrett *auto n* tableau *m* de bord

Arm|band *n* bracelet *m*; **~banduhr** *f* montre-bracelet *f*; **~binde** *f* brassard *m*; *méd* écharpe *f*; **~brust** *f* arbalète *f*

Armee *f* armée *f*

Ärmel *m* manche *f*; **~kanal** *géogr* ***der ~*** la Manche

ärmlich pauvre, misérable

armselig misérable, pitoyable, minable

Armut *f* pauvreté *f*

Aroma *n* arôme *m*; **~therapie** *f* aromathérapie *f*; **2tisch** aromatique

arrangieren arranger; ***sich ~*** s'arranger (***mit*** avec)

Arrest *m* détention *f*, arrêts *m/pl*; *Schule* retenue *f*, colle *f* F

arrogan|t arrogant; **2z** *f* arrogance *f*

Arsch *m* P cul *m*; **~loch** *n* P trou *m* du cul; *Schimpfwort* con *m*

Art *f Weise* manière *f*, façon *f*; *Gattung* espèce *f* (*a biol*), sorte *f*, genre *m*; *Beschaffenheit* nature *f*; ***auf diese ~*** de cette façon *od* manière; ***e-e ~ ...*** une espèce de ...; ***aller ~*** de toutes sortes; **~enschutz** *m* protection *f* des espèces

Arterie *f* artère *f*; **~nverkalkung** *méd f* artériosclérose *f*

artig *Kind* sage, gentil

Artikel *m* article *m*

artikulieren articuler

Artillerie *mil f* artillerie *f*

Artischocke *bot f* artichaut *m*
Artist(in *f*) *m* artiste *m*, *f* de cirque *od* de music-hall, acrobate *m*, *f*
Arznei *f* médicament *m*, remède *m*; **~mittel** *n* médicament *m*
Arzt *m* médecin *m*, docteur *m*; **~helferin** *f* assistante *f* médicale
Ärzt|in *f* (femme *f*) médecin *m*, doctoresse *f*; **②lich** médical; ***~e Behandlung*** soins *m*/*pl* médicaux
As *n cf* ***Ass***
Asbest *m* amiante *f*
Asche *f* cendre *f*
Aschen|bahn *Sport f* cendrée *f*; **~becher** *m* cendrier *m*; **~puttel** *n* Cendrillon *f*
Aschermittwoch *m* mercredi *m* des Cendres
ASCII-Code *m* code *m* ASCII
Asiat|(in *f*) *m* Asiatique *m*, *f*; **②isch** asiatique
Asien *n* l'Asie *f*
Asket *m* ascète *m*; **②isch** ascétique
asozial asocial, inadapté à la société
Aspekt *m* aspect *m*
Asphalt *m* asphalte *m*; **②ieren** asphalter, bitumer
Aspirin *n* aspirine *f*; ⚠ ***une*** aspirine
Ass *n* as *m* (*a fig*)
Assembler *m* assembleur *m*
Assistent(in *f*) *m* assistant *m*, -e *f*
Assoziation *f* association *f*
Ast *m* branche *f*
Aster *bot f* aster *m*, reine-marguerite *f*; ⚠ ***un*** aster
Ästheti|k *f* esthétique *f*; **②sch** esthétique
Asthma *méd n* asthme *m*; **②tisch** *méd* asthmatique
Astro|loge *m*, **~login** *f* astrologue *m*, *f*; **~logie** *f* astrologie *f*; **~naut(in** *f*) *m* astronaute *m*, *f*; **~nom** *m* astronome *m*; **~nomie** *f* astronomie *f*
ASU *f* contrôle *m* antipollution
Asyl *n* asile *m*; **~ant** *m* réfugié *m* qui demande asile; **~bewerber** *m* demandeur *m* d'asile; **~recht** *n* droit *m* d'asile
Atelier *n* studio *m*, atelier *m*
Atem *m* haleine *f*, souffle *m*, respiration *f*; ***außer ~ kommen*** s'essouffler; ***~ holen*** *od* ***schöpfen*** prendre haleine, respirer; *fig* ***j-n in ~ halten*** tenir qn en haleine; **②beraubend** qui coupe le souffle, époustouflant; **~gerät** *n* respirateur *m*, appareil *m* respiratoire; **②los** hors d'haleine; **~pause** *f* temps *m* d'arrêt, répit *m*; **~zug** *m* souffle *m*
Atheis|mus *m* athéisme *m*; **~t** *m* athée *m*; **②tisch** athée
Athen Athènes
Äther *m* éther *m*
Äthiopien *n* l'Éthiopie *f*
Athlet *m* athlète *m*; **②isch** athlétique
Atlantik *m* Atlantique *m*
atlantisch atlantique; ***der ②e Ozean*** l'océan *m* Atlantique
Atlas *m* atlas *m*
atmen respirer
Atmosphär|e *f* atmosphère *f*; *fig a* ambiance *f*; **②isch** atmosphérique
Atmung *f* respiration *f*
Atom *n* atome *m*
atomar atomique
Atom|bombe *f* bombe *f* atomique; **~energie** *f* énergie *f* nucléaire; **~kern** *m* noyau *m* atomique; **~kraft** *f* énergie *f* nucléaire; **~kraftwerk** *n* centrale *f* nucléaire; **~krieg** *m* guerre *f* atomique; **~müll** *m* déchets *m*/*pl* radioactifs; **~sperrvertrag** *m* traité *m* de non-prolifération des armes nucléaires; **~sprengkopf** *mil m* ogive *f od* tête *f* atomique; **~streitmacht** *f* force *f* atomique; **~waffen** *f*/*pl* armes *f*/*pl* atomiques, engins *m*/*pl* nucléaires; **②waffenfrei** dénucléarisé; **~wissenschaftler** *m* atomiste *m*
Attent|at *n* attentat *m*; **~äter** *m* auteur *m* d'un attentat, criminel *m*
Attest *n* certificat *m*, attestation *f*
Attrak|tion *f* attraction *f*; **②tiv** attrayant, séduisant
Attrappe *comm f* article *m* factice; ⚠ *nicht* ***attrape***
Attribut *n gr* complément *m* déterminatif; *Merkmal* attribut *m*; **②iv** *gr* ***~es Adjektiv*** adjectif *m* épithète
ätzend corrosif, caustique; *fig* mordant
au! aïe!
auch aussi; *sogar* même; ***~ nicht*** non plus; ***ich ~*** moi aussi; ***ich ~ nicht*** moi non plus; ***oder ~*** ou bien; ***wenn ~*** même si; ***nicht nur ..., sondern ~*** non seulement ..., mais encore *od* aussi; ***wer*** (***wo***) ***~ immer*** qui (où) que ce soit; ***~ das noch!*** il ne manquait plus que cela!
Audienz *f* audience *f*
audiovisuell audio-visuel

Auerhahn *zo m* coq *m* de bruyère

auf 1. *prép* sur; à; en; *~ Seite 20* page 20; *~ der Straße* dans la rue; sur la route; *~ der Welt* dans le monde; *~ Korsika* en Corse; *~ See* en mer; *~ dem Land* à la campagne; *~ der Schule* à l'école; *~ Urlaub* en vacances; *~ Deutsch* en allemand; **2.** *adv ~!* allez!; *~ geht's!* allons-y!; *~ sein Geschäft, Tür* être ouvert; *Person* être debout *od* levé; *~ und ab* de haut en bas; *hin und her* de long en large; *~ und ab gehen Person* aller et venir; *Weg etc* monter et descendre; **3.** *conj ~ dass* afin que ..., pour que (*beide + subj*)

aufatmen respirer

Aufbau *m Bauen* construction *f*; *Struktur* structure *f*; organisation *f*; *e-r Rede, e-s Werks* disposition *f*; *der ~ e-s Dramas* (*e-s Romans*) la texture d'un drame (d'un roman); **Ձen** construire, bâtir; *aufstellen* monter

auf|bäumen *sich ~* se cabrer (*a fig*); **~bauschen** *fig* exagérer; **~begehren** protester, se révolter (*gegen* contre); **~bekommen** *Tür etc* arriver à ouvrir; **~bereiten** préparer, traiter; *Daten* éditer; **~bessern** *Gehalt* augmenter, améliorer

aufbewahr|en conserver, garder; **Ձung** *f* conservation *f*; *für Gepäck* consigne *f*

auf|bieten *Kräfte* déployer, mettre en œuvre; *Polizei* mobiliser; **~blasen** gonfler; **~bleiben** rester debout *od* levé; *Tür* rester ouvert; **~blenden** *auto* mettre les feux de route *od* les phares; *Film* ouvrir (une scène) en fondu; **~blicken** lever les yeux (*zu* vers); **~blühen** s'épanouir; **~brauchen** consommer, finir

aufbrausen *fig* s'emporter; **~d** emporté, colérique

auf|brechen *Tür etc* forcer, fracturer; *sich öffnen* s'ouvrir; *fortgehen* se mettre en route, partir; **~bringen** *Mode* mettre en vogue, introduire, lancer; *Verständnis etc* faire preuve de; *Geld* trouver, réunir; *j-n ~ erzürnen* mettre qn en colère; *aufwiegeln* monter qn (*gegen* contre)

Aufbruch *m* départ *m*

auf|brühen *Kaffee* faire; *Tee* infuser; **~bürden** *j-m etw ~* imposer qc à qn; **~decken** découvrir (*a fig*); **~drängen** *j-m etw ~* imposer qc à qn; *sich j-m ~* s'imposer à qn; *Idee* ne pas sortir de la tête de qn; **~drehen** *Hahn* ouvrir

aufdringlich importun, casse-pieds F, envahissant

aufeinander l'un sur l'autre; *nacheinander* l'un après l'autre; *~ folgen* se succéder; *~ folgend* consécutif; *~ prallen, ~ stoßen* se heurter; **Ձfolge** *f* succession *f*

Aufenthalt *m* séjour *m*; *während der Fahrt* arrêt *m*; **~sgenehmigung** *f* permis *m* de séjour; **~sraum** *m* salle *f* d'attente, salle *f* de réunion

auferlegen *j-m etw ~* imposer qc à qn

aufersteh|en *rel* ressusciter; **Ձung** *f* résurrection *f*

aufessen manger (tout), finir

auffahr|en *aufschrecken* sursauter; *auto* heurter, tamponner, télescoper (*auf etw* qc); **Ձt** *f* rampe *f* (d'accès); **Ձunfall** *m* télescopage *m*

auffallen se faire remarquer; *j-m ~* frapper *od* surprendre qn, attirer l'attention de qn; *nicht ~ a* passer inaperçu; **~d, auffällig** frappant, surprenant, étrange; *Kleidung, Farbe* voyant

auffangen *Ball* (r)attraper; *Signal* capter; *Wasser* recueillir

auffass|en saisir, comprendre; **Ձung** *f* conception *f*, opinion *f*; *Deutung* interprétation *f*; **Ձungsgabe** *f* compréhension *f*; *schnelle ~* intelligence *f* rapide

aufforder|n inviter (*zu* à); **Ձung** *f* invitation *f*

auffrischen rafraîchir; *Erinnerung* raviver; *Wind* fraîchir

aufführ|en *Theaterstück* représenter, jouer; *Konzert* exécuter; *Gründe, Beispiele* énumérer; *sich ~* se conduire, se comporter; **Ձung** *f Theater* représentation *f*

Aufgabe *f Arbeit* tâche *f*; *Pflicht* devoir *m*; *math* problème *m*; *Haus*Ձ devoir *m*; *mündliche* leçon *f*; *von Postsendungen* expédition *f*; *von Gepäck* enregistrement *m*; *Verzicht* abandon *m*; **~nbereich** *m* ressort *m*

Aufgang *m* montée *f*, escalier *m*; *astr* lever *m*

aufgeben *Postsendung* expédier; *Gepäck* faire enregistrer; *Hausaufgaben* donner; *Rätsel* poser; *Bestellung, An-*

nonce passer; *verzichten* renoncer (à); ***das Rauchen*** ~ arrêter de fumer

aufgehen *Gestirn* se lever; *Saat* lever; *sich öffnen* s'ouvrir; *Naht* se découdre; *math* tomber juste; ***in Flammen*** ~ être la proie des flammes

auf|gehoben ***gut ~ sein*** être entre de bonnes mains; **~geklärt** éclairé; *sexuell* averti; au courant des questions sexuelles; **~gelegt** disposé (***zu*** à); ***gut*** (***schlecht***) ***~ sein*** être de bonne (mauvaise) humeur; **~geregt** excité, énervé, affolé; **~geschlossen** ouvert (***für*** à); compréhensif; **2geschlossenheit** *f* ouverture *f* d'esprit; **~geschmissen** F ***~ sein*** être fichu; **~geweckt** éveillé, intelligent, vif; **~greifen** saisir, (re)prendre

aufgrund en raison de

auf|haben *Hausaufgaben* avoir à faire; *Geschäft* être ouvert; *Hut* avoir sur la tête; **~halten** *Tür* tenir ouvert; *hemmen* arrêter, retenir, retarder; ***sich ~*** séjourner, rester; ***sich mit etw ~*** s'attarder à *od* sur qc; ***sich ~ über*** s'indigner de

aufhäng|en suspendre, accrocher; *tél* raccrocher; *Verbrecher* pendre; **2er** *m* attache *f*

aufheb|en *vom Boden* ramasser; *Last* soulever; *aufbewahren* conserver, garder; *abschaffen* supprimer, annuler; *Sitzung*, *Blockade* lever; *Urteil* casser; ***sich gegenseitig ~*** se neutraliser; **2en** *n* ***viel ~s machen*** faire beaucoup de bruit (***von*** de); **2ung** *f* suppression *f*, annulation *f*; levée *f*; cassation *f*

auf|heitern *j-n* égayer, dérider; ***sich ~*** *Wetter* s'éclaircir; **~helfen** ***j-m ~*** aider qn à se relever; **~hellen** (***sich ~***) s')éclaircir; **~hetzen** exciter (***zu*** à); ***j-n gegen j-n ~*** monter (la tête à) qn contre qn; **~holen** *Rückstand* rattraper; *Sport* regagner du terrain; **~hören** cesser, finir, s'arrêter (***zu*** de); ***mit etw ~*** cesser, finir, arrêter qc; **~kaufen** acheter; *péj* rafler

aufklär|en *Angelegenheit* tirer au clair, éclaircir, élucider; ***j-n ~*** éclairer qn; *psych* faire l'éducation sexuelle de qn; ***j-n über etw ~*** informer qn de qc; ***sich ~*** *Himmel* s'éclaircir; **2ung** *f* éclaircissement *m*; *mil* reconnaissance *f*; ***sexuelle ~*** éducation *f* sexuelle; (***Zeitalter*** *n* ***der***) ~ siècle *m* philosophique *od* des lumières

aufkleb|en coller (***auf*** sur); **2er** *m* autocollant *m*

auf|knöpfen déboutonner; **~kommen** *Wind* se lever; *Zweifel*, *Verdacht* naître; *Mode* se répandre; ***für die Kosten ~*** subvenir aux frais; **~laden** charger (***auf*** sur); *Batterie* recharger

Auflage *f Buch* édition *f*; *Zeitung* tirage *m*; *Verpflichtung* obligation *f*

auf|lassen F *Tür* laisser ouvert; *Hut* garder; **~lauern** ***j-m ~*** guetter qn

Auflauf *m Menschen2* attroupement *m*, rassemblement *m*; *cuis* soufflé *m*

auflegen poser, mettre (***auf*** sur); *tél* raccrocher; *Buch* éditer

auflehn|en ***sich ~*** se révolter, se rebeller (***gegen*** contre); **2ung** *f* révolte *f*, rébellion *f*

auf|lesen ramasser; **~leuchten** s'allumer; *Augen* s'illuminer; **~lockern** *Erde* rendre meuble; *Stil* aérer

auflös|en *in Flüssigkeit* dissoudre (*a fig Verein etc*), diluer; *Rätsel*, *Gleichung* résoudre; *Geschäft* liquider; ***sich ~*** se dissoudre; *Nebel* se dissiper; **2ung** *f* dissolution *f*

aufmach|en ouvrir; *Paket*, *Knoten a* défaire; **2ung** *f Ware* conditionnement *m*, présentation *f*

aufmerksam attentif; *zuvorkommend* prévenant; ***j-n auf etw ~ machen*** attirer l'attention de qn sur qc; ***~ werden auf*** remarquer; **2keit** *f* attention *f*

aufmunter|n encourager; **2ung** *f* encouragement *m*

Aufnahme *f Empfang* accueil *m*, réception *f*; *in Organisation* admission *f* (***in*** à); *Film* prise *f* de vues; *Foto* photo *f*; *Ton2* enregistrement *m*; **2fähig** réceptif (***für*** à); **~gebühr** *f* droits *m/pl* d'inscription; **~prüfung** *f* examen *m* d'admission *od* d'entrée

aufnehmen *vom Boden* ramasser; *empfangen* accueillir (*a durch Publikum*), recevoir; *zulassen* admettre (***in*** à, dans); *Foto* prendre (en photo); *auf Band* enregistrer; *Unfall* faire le constat de; *Arbeit* commencer; *Kampf*, *Verhandlungen* engager; *Geld* emprunter; ***mit j-m Kontakt ~*** entrer en contact avec qn; ***es mit j-m ~ können*** pouvoir se mesurer à qn

aufpassen faire attention (***auf*** à); ***aufgepasst!*** attention!
Aufprall *m* choc *m*; **≈en** heurter (***auf etw*** qc)
aufpumpen gonfler
aufputsch|en exciter; **≈mittel** *n* excitant *m*, stimulant *m*
auf|raffen ***sich ~*** se décider enfin (***zu etw*** à faire qc); se ressaisir; **~räumen** *Zimmer, Gegenstände* ranger; *Unfallstelle* déblayer
aufrecht droit (*a fig*); *stehend* debout; **~erhalten** maintenir
aufreg|en exciter, énerver; ***sich ~*** s'irriter (***über*** de), s'énerver, s'émouvoir, s'affoler; **~end** excitant; **≈ung** *f* excitation *f*, énervement *m*, émotion *f*, affolement *m*
aufreiben *Haut* écorcher; *fig* exténuer; ***sich ~*** s'exténuer; **~d** harassant, exténuant
aufreißen ouvrir brusquement, déchirer
aufreiz|en exciter; **~end** excitant, provocant; *Musik* agaçant; **≈ung** *f* excitation *f*
aufrichten (re)dresser; *fig* consoler; ***sich ~*** se dresser
aufrichtig sincère, franc; **≈keit** *f* sincérité *f*, franchise *f*
aufrücken avoir de l'avancement; *mil* monter en grade
Aufruf *m* appel (***an*** à); **≈en** appeler
Aufruhr *m* révolte *f*, émeute *f*
aufrunden *Summe* arrondir (***auf*** à)
Aufrüstung *mil f* (ré)armement *m*
auf|rütteln *fig* secouer, réveiller; **~sagen** réciter
aufsässig rebelle, récalcitrant
Aufsatz *m Schule* rédaction *f*, dissertation *f*; *Artikel* article *m*, étude *f*
auf|saugen absorber; **~schauen** lever les yeux (***zu*** vers); **~scheuchen** effaroucher; **~schieben** remettre (***auf*** à), différer, ajourner
Aufschlag *m Aufprall* choc *m*; *Kleidung* revers *m*; *Preis* augmentation *f*; supplément *m*; *Tennis* service *m*; **≈en** *Ärmel* retrousser; *Buch* ouvrir; *Zelt* monter; *aufprallen* heurter (***auf etw*** qc); *Ware, Preis* augmenter, renchérir
aufschließen ouvrir
Aufschluss *m* éclaircissement *m*; ***j-m ~ geben*** donner *od* fournir à qn des éclaircissements (***über*** sur); ***sich ~ über etw verschaffen*** s'informer de qc; **≈reich** instructif, significatif, révélateur
aufschneid|en couper; *Fleisch* découper; *méd* inciser; *fig* faire le fanfaron; **≈er(in** *f*) *m* fanfaron *m*, -onne *f*
Aufschnitt *cuis m* charcuterie *f*
auf|schnüren défaire; **~schrauben** dévisser; **~schrecken** (*j-n* faire) sursauter; **~schreiben** noter; **~schreien** pousser un cri
Aufschrift *f* inscription *f*
Aufschub *m* délai *m*, remise *f*, ajournement *m*
Aufschwung *m bes écon* essor *m*, redressement *m*
aufseh|en lever les yeux (***zu*** vers); **≈en** *n* ***~ erregen*** faire sensation, faire grand bruit; ***~ erregend*** sensationnel, spectaculaire, retentissant; **≈er(in** *f*) *m* surveillant *m*, -e *f*, gardien *m*, -ne *f*
aufsetzen *Brille, Hut* mettre; *Wasser* faire chauffer; *Miene* prendre; *Brief* rédiger; *aviat* se poser; ***sich ~*** se dresser sur son séant
Aufsicht *f* surveillance *f*; *Person* surveillant *m*, -e *f*; ***unter ~ stellen*** placer sous surveillance; (***die***) ***~ führen*** surveiller (***über j-n*** qn)
auf|sitzen monter (à cheval); **~spannen** tendre; *Schirm* ouvrir; **~sparen** garder, réserver; **~sperren** ouvrir (largement); **~spielen** jouer; *fig* ***sich ~*** faire l'important; **~spießen** piquer, embrocher; **~springen** se lever d'un bond; sauter (***auf*** sur); *Tür* s'ouvrir (brusquement); *Haut* (se) gercer; **~spüren** dépister; **~stampfen** piétiner
Aufstand *m* soulèvement *m*, révolte *f*
aufständisch rebelle; **≈e(r)** *m* rebelle *m*, insurgé *m*
auf|stapeln empiler; **~stechen** percer; **~stecken** *Haar* relever; F *aufgeben* abandonner; **~stehen** se lever; *Tür* être ouvert; **~steigen** monter (***auf*** sur); *Rauch* s'élever; *aviat* décoller, s'envoler; *im Beruf* avoir de l'avancement
aufstell|en *hinstellen* mettre, poser, placer; *aufrichten* dresser; *aufbauen* monter; *Mannschaft* composer, former; *Wache* poster; *Programm, Rekord*

établir; **sich ~** se poster; **sich als Kandidat ~ lassen** se porter candidat; **&ung** *f* placement *m*; *e-s Programms etc* établissement *m*; *Mannschafts&* composition *f*; *Liste* relevé *m*
Aufstieg *m* montée *f*, ascension *f*; *im Beruf* avancement *m*
auf|stoßen *Tür* ouvrir en poussant; *rülpsen* roter F, éructer; **~stützen** (**sich ~** s')appuyer (**auf** sur); **~suchen** **j-n ~** aller trouver *od* voir qn
Auftakt *m fig* prélude *m* (**zu** à)
auf|tanken *auto* faire le plein (d'essence); *Flugzeug a* ravitailler; **~tauchen** remonter à la surface, émerger; *fig* surgir; **~tauen** (faire) dégeler; *Speisen* décongeler; *fig Person* se dégeler; **~teilen** partager, répartir (**unter** entre)
Auftrag *m* ordre *m*, mission *f*; *comm* commande *f*; **im ~ von** par ordre de *od* sur l'ordre de; **&en** *Speisen* servir; *Farbe* mettre, passer; **j-m etw ~** charger qn de (faire) qc
auf|treffen **auf etw ~** frapper *od* rencontrer qc, tomber sur qc; **~treiben** trouver, F dégot(t)er, dénicher; **~trennen** découdre
auftreten 1. *mit dem Fuß* poser le pied, marcher; *Theater* entrer en scène; jouer (**als** le rôle de); *vorkommen* apparaître, se présenter; **sicher** (**energisch**) **~** se montrer sûr de soi (énergique); **als Käufer ~** se porter acheteur; **2. &** *n* manières *f/pl*, attitude *f*; *Vorkommen* présence *f*, apparition *f*
Auftrieb *m phys* poussée *f* verticale; *aviat* portance *f*; *fig* élan *m*, essor *m*
Auftritt *m* scène *f* (*a fig*); *Schauspieler* entrée *f* en scène
auf|tun (**sich ~** s')ouvrir; **~wachen** se réveiller; **~wachsen** grandir
Aufwand *m* dépense *f* (**an** de); *Luxus* luxe *m*
aufwändig coûteux
aufwärmen réchauffer
aufwärts vers le haut, en haut; **~führen** monter; **mit etw geht es ~** qc va de mieux en mieux
auf|waschen laver; **~wecken** réveiller; **~weichen** ramollir; **~weisen** présenter
aufwend|en *Fleiß etc* employer; *Geld* dépenser; **~ig** *cf* **aufwändig**; **&ungen** *f/pl* dépenses *f/pl*
aufwerfen *Damm* élever; *Frage* soulever; *fig* **sich zu etw ~** s'ériger *od* se poser en qc
aufwert|en *höher bewerten* valoriser; *Währung* réévaluer; **&ung** *f* valorisation *f*; *Währung* réévaluation *f*
auf|wickeln enrouler; **~wiegeln** inciter à la révolte; **~wiegen** compenser
Aufwind *m* courant *m od* vent *m* ascendant
auf|wirbeln soulever (en tourbillons); **~wischen** essuyer
aufzähl|en énumérer, dénombrer; **&ung** *f* énumération *f*
aufzeichn|en *zeichnen* dessiner; *schreiben* noter; *auf Band* enregistrer; **&ung** *f auf Band* enregistrement *m*; *TV* émission *f* en différé; **&ungen** *f/pl* notes *f/pl*
auf|zeigen mettre en évidence, montrer; **~ziehen** *Fahne* hisser; *Vorhang* ouvrir; *Uhr* remonter; *Kind, Tier* élever; *verspotten* railler, taquiner; *Veranstaltung* organiser; *Sturm* s'approcher
Aufzucht *f* élevage *m*
Aufzug *m Lift* ascenseur *m*; *Theater* acte *m*; *Kleidung péj* accoutrement *m*
aufzwingen **j-m etw ~** imposer qc à qn
Augapfel *m* globe *m* de l'œil
Auge *n* œil *m* (*pl* yeux); **in meinen ~n** à mes yeux; **mit bloßem ~** à l'œil nu; **unter vier ~n** en tête à tête, entre quatre yeux (F entre quat'-z-yeux); **mit anderen ~n ansehen** voir sous un autre aspect; **j-m etw aufs ~ drücken** imposer qc à qn; **etw ins ~ fassen** envisager qc; **ins ~ fallen** sauter aux yeux; **ins ~ gehen** mal tourner; **aus den ~n verlieren** perdre de vue; *fig* **ein ~ zudrücken** fermer les yeux (sur qc); **kein ~ zumachen** ne pas fermer l'œil
Augen|arzt *m*, **~ärztin** *f* oculiste *m, f*, ophtalmologiste *m, f*; **~blick** *m* moment *m*, instant *m*; **in diesem ~** à ce moment; **&blicklich** *gegenwärtig* actuel; *sofortig* instantané; *vorübergehend* momentané; *adv* en ce moment; *sofort* à l'instant; **~braue** *f* sourcil *m*; **~entzündung** *f* inflammation *f* de l'œil; ophtalmie *f*; **~licht** *n* vue *f*; **~lid** *n* paupière *f*; **~maß** *n* **ein gutes ~ haben** avoir le compas dans l'œil; **~merk** *n* **sein ~ richten auf** fixer son attention sur; **~schein** *m* apparence *f*; **in ~ nehmen** examiner; **~weide** *f* régal *m* pour

les yeux; **~wimper** *f* cil *m*; **~zeuge** *m* témoin *m* oculaire

August *m* août *m*; ***im*** ~ en août; ***am 4.*** ~ le 4 août; ***der 4.*** ~ ***1973*** le 4 août 1973

Auktion *f* vente *f* aux enchères; **~ator** *m* commissaire-priseur *m*

Aula *f* salle *f* des fêtes

aus 1. *räumlich, Herkunft* de; *Material* en; *Grund* par; ***von*** ... ~ de, depuis; ~ ***dem Fenster*** par la fenêtre; ***vom Fenster*** ~ depuis la fenêtre; ***von hier*** ~ d'ici; ~ ***München*** de Munich; ~ ***Holz*** en bois; ~ ***Spaß*** pour rire; ~ ***Versehen*** par erreur; ~ ***Mitleid*** par pitié; ~ ***sein*** *Veranstaltung* être fini *od* terminé; *Licht, Heizung etc* être éteint; ***auf etw*** ~ ***sein*** chercher (à faire) qc; **2.** ≗ *n Sport* hors-jeu *m*; *fig* fin *f*

ausarbeit|en élaborer; **≗ung** *f* élaboration *f*

aus|arten dégénérer (***in*** en); **~atmen** expirer

Ausbau *m Vergrößerung* agrandissement *m*; *Umbau* aménagement *m*; **≗en** *vergrößern* agrandir; *umbauen* aménager; *Motor* démonter; *Beziehungen* développer, approfondir

ausbessern raccommoder, réparer

Ausbeut|e *f* rendement *m*; profit *m*; **≗en** exploiter; **~er** *péj m* exploiteur *m*; **~ung** *f* exploitation *f*

ausbild|en former, instruire; **≗er** *m* instructeur *m*; **≗ung** *f* formation *f*, instruction *f*; **≗ungsstätte** *f* centre *m* de formation

ausbitten ***sich etw*** ~ demander qc (***von j-m*** à qn)

ausbleiben 1. ne pas venir; *Ereignis* ne pas se produire; ***es konnte nicht*** ~, ***dass*** ... il était inévitable que ...; **2.** ≗ *n* absence *f*

Ausblick *m* vue *f*

ausbrech|en *Gefangener* s'évader; *Krieg* éclater; *Feuer, Krankheit* se déclarer; ***in Tränen*** ~ éclater en sanglots; ***in Lachen*** ~ éclater de rire; **≗er** *m* évadé *m*

ausbreit|en étendre, étaler, répandre; ***sich*** ~ s'étendre, se répandre, se propager; **≗ung** *f* extension *f*, propagation *f*

Ausbruch *m Vulkan* éruption *f*; *aus der Haft* évasion *f*; *Krankheit* apparition *f*; *Krieg* début *m*, commencement *m*; *Gefühl* effusion *f*, éclat *m*; ***zum*** ~ ***kommen*** éclater, se déclarer

aus|brüten couver (*a fig*); **~bürgern** expatrier; **~bürsten** brosser

Ausdauer *f* endurance *f*, persévérance *f*; **≗nd** endurant, persévérant

ausdehn|en (***sich*** ~ s')étendre; *zeitlich* (s')allonger, (se) prolonger; *phys* (se) dilater; **≗ung** *f* extension *f*, expansion *f*; *Größe* étendue *f*; *phys* dilatation *f*

aus|denken (***sich***) ***etw*** ~ imaginer qc; **~drehen** *Licht etc* éteindre, fermer

Ausdruck *m* expression *f*; *Wort a* terme *m*; *EDV* listage *m*; ***zum*** ~ ***bringen*** exprimer; **≗en** imprimer

ausdrück|en exprimer; *Zigarette* écraser; *Zitrone* presser; ***sich*** ~ s'exprimer; **~lich** exprès; *adv* expressément

ausdrucks|los sans expression, inexpressif; **~voll** expressif; **≗weise** *f* façon *f* de s'exprimer; style *m*

auseinander séparés l'un de l'autre; ~ ***bringen*** séparer, désolidariser; ~ ***fallen*** se démonter, se disloquer; ~ ***gehen*** se séparer; *Menschenmenge* se disperser; *Gegenstand* se disjoindre; *Meinungen* diverger; ~ ***halten*** *fig* distinguer; ~ ***nehmen*** démonter; ~ ***setzen*** exposer, expliquer; ***sich mit etw*** ~ ***setzen*** traiter qc; ***sich mit j-m*** ~ ***setzen*** s'expliquer avec qn; **≗setzung** *f Streit* explication *f*, dispute *f*, querelle *f*; ***kriegerische*** ~ conflit *m* armé

ausfahr|en sortir *od* se promener en voiture; *j-n* sortir *od* promener (en voiture); **≗t** *f Autobahn, Garage* sortie *f*; *Spazierfahrt* sortie *f od* promenade *f* en voiture

Ausfall *m Haare* chute *f*; *e-r Veranstaltung* annulation *f*; *Verlust* perte *f*; *tech* panne *f*; *e-r Person* absence *f*; **≗en** *Haare, Zähne* tomber; *Schulstunde, Veranstaltung* être annulé, ne pas avoir lieu; *Maschine* tomber en panne; *Person* manquer; ~ ***lassen*** supprimer; ***gut*** (***schlecht***) ~ être bon (mauvais); **≗end, ausfällig** grossier, insultant; **~straße** *f* route *f od* axe *m* de sortie (d'une ville)

ausfertig|en *Dokument* délivrer, dresser; **≗ung** *f* ***in dreifacher*** ~ en triple exemplaire

aus|findig ~ ***machen*** découvrir, F dénicher; **~fließen** (s'é)couler; **~flippen** échapper à *od* fuir la réalité; *durchdrehen* F craquer

Ausflucht *f* subterfuge *m*; *Vorwand* prétexte *m*; ***Ausflüchte machen*** répondre par des pirouettes
Ausflug *m* excursion *f*, randonnée *f*
Ausflügler(in *f*) *m* excursionniste *m, f*
ausfragen questionner, interroger (***über*** sur)
Ausfuhr *comm f* exportation *f*
ausführ|bar exécutable, praticable; *comm* exportable; **~en** *Hund, Person* sortir; *comm* exporter; *durchführen* exécuter, effectuer, réaliser; *darlegen* expliquer, déclarer
ausführlich détaillé; *adv* en détail; **≈keit** *f* abondance *f* de détails
Ausführung *f Durchführung* exécution *f*, réalisation *f*; *Modell* version *f*; **~en** *pl e-s Redners* déclarations *f/pl*, paroles *f/pl*
Ausfuhrverbot *n* interdiction *f* de sortie, embargo *m* sur les exportations
ausfüllen remplir
Ausgabe *f Geld* dépense *f*; *Verteilung* distribution *f*; *Buch* édition *f*; *Zeitung* numéro *m*; *EDV* sortie *f*
Ausgang *m* sortie *f*; issue *f* (*a fig*); *Ende* fin *f*; **~spunkt** *m* point *m* de départ; **~ssperre** *f* couvre-feu *m*
ausgeben *Geld* dépenser; *verteilen* distribuer; *Fahrkarten* délivrer; ***sich ~ für*** *od* ***als*** se faire passer pour
ausge|bildet formé; **~bucht** complet; ***alle Plätze sind ~*** toutes les places sont retenues; **~dehnt** vaste, étendu; *zeitlich* prolongé; **~dient** usé, hors de service; **~fallen** singulier, peu commun, extravagant, saugrenu; **~glichen** équilibré
ausgehen sortir; *Licht etc* s'éteindre; *Haare* tomber; *Geld etc* venir à manquer, s'épuiser; *enden* finir, se terminer; *fig* ***von etw ~*** partir de qc; ***davon ~, dass*** ... partir du fait que ..., supposer que ...; ***leer ~*** partir les mains vides; ***ihm ging das Geld aus*** il avait dépensé tout son argent
ausge|lassen turbulent, d'une folle gaieté *f*; **~nommen** *prép* excepté; **~prägt** prononcé, marqué; **~rechnet** justement, précisément; **~schlossen** impossible; ***es ist nicht ~, dass*** ... il n'est pas exclu que ...; **~sprochen** prononcé, marqué; *adv* vraiment, réellement; **~sucht** exquis, de choix, choisi; **~zeichnet** excellent
ausgiebig abondant; *Essen* copieux; ***~en Gebrauch machen von*** user largement de
ausgießen vider
Ausgleich *m* compensation *f*; *Sport* égalisation *f*; ***zum ~*** en compensation; **≈en** compenser; *Sport* égaliser; ***e-e schlechte Note ~*** compenser une mauvaise note; **~ssport** *m* sport *m* de compensation; **~streffer** *m* point *m* d'égalisation
ausgrab|en déterrer; **≈ungen** *f/pl* fouilles *f/pl*
ausgrenzen exclure
Ausguss *m* évier *m*
aus|halten endurer, supporter; *Vergleich, Blick* soutenir; ***es ist nicht auszuhalten!*** c'est insupportable!; **~händigen** remettre (***j-m etw*** qc à qn)
Aushang *m* affiche *f*
aushänge|n *Tür* décrocher; *zur Kenntnisnahme* afficher; *ausgehängt sein* être affiché; **≈schild** *n* enseigne *f*
aus|harren persévérer; **~heben** *Graben* creuser; *Tür* décrocher; **~helfen** ***j-m ~*** aider *od* dépanner qn
Aushilf|e *f Person* aide *m, f*, auxiliaire *m, f*; **~spersonal** *n* personnel *m* intérimaire
aus|höhlen creuser; **~holen** *zum Schlag* lever le bras; *fig* ***weit ~*** remonter aux sources; **~horchen** ***j-n ~*** sonder qn; **~hungern** affamer; **~kehren** balayer; **~kennen** ***sich ~*** s'y connaître (***in*** en); **~klammern** *Thema* laisser de côté; **~klingen** *Musik* s'achever (***mit*** par); *Ferien* se terminer; **~klopfen** battre, épousseter; *Pfeife* vider en tapant; **~kochen** faire bouillir
auskommen 1. ***mit etw ~*** s'en tirer *od* se débrouiller avec qc; ***mit j-m gut*** (***schlecht***) ***~*** s'entendre bien (mal) avec qn, être en bons (mauvais) termes avec qn; ***ohne j-n*** (***etw***) ***~*** se passer de qn (de qc); **2.** **≈** *n* ***sein ~ haben*** avoir de quoi vivre
aus|kosten savourer; **~kundschaften** épier; *Gegend* reconnaître
Auskunft *f* renseignement *m*, information *f*; *Stelle* renseignements *m/pl* (*a tél*); ***~ erteilen*** renseigner (***j-m über etw*** qn sur qc), donner des renseignements (à qn sur qc)
aus|kuppeln *auto* débrayer; **~kurie-**

ren guérir complètement; **~lachen** ***j-n ~*** rire *od* se moquer de qn; **~laden** décharger; *Gast* décommander

Auslage *f Waren* étalage *m*; **~n** *pl* dépenses *f/pl*, débours *m/pl*, frais *m/pl*

Ausland *n* étranger *m*; ***im*** *od* ***ins ~*** à l'étranger

Ausländ|er(in *f*) *m* étranger *m*, -ère *f*; **≈erfeindlich** xénophobe; **≈erfreundlich** xénophile; **≈isch** étranger

Auslands|aufenthalt *m* séjour *m* à l'étranger; **~gespräch** *tél n* communication *f* internationale; **~korrespondent(in** *f*) *m* correspondant *m*, -e *f* (*in e-r Firma* correspondancier *m*, -ière *f*) pour l'étranger; **~reise** *f* voyage *m* à l'étranger

auslass|en omettre, sauter; *Wut* ***~ an*** passer sur; ***sich ~ über*** se prononcer sur; **≈ung** *f* omission *f*; **≈ungszeichen** *gr n* apostrophe *f*

Auslauf *m Tiere* enclos *m*, parc *m*; **≈en** *Flüssigkeit* (s'é)couler, fuir; *Schiff* partir, sortir; *enden* finir, se terminer; **~modell** *n* fin *f* de série

ausleeren vider

ausleg|en *Fußboden* recouvrir (***mit*** de); *Geld* avancer; *Waren* étaler; *deuten* interpréter; *tech* concevoir; **≈ung** *f* interprétation *f*, exégèse *f*

aus|leihen prêter (***j-m*** à qn); ***sich etw ~*** emprunter qc (***von j-m*** à qn); **~lernen** finir son apprentissage; ***man lernt nie aus*** on n'a jamais fini d'apprendre

Auslese *f* sélection *f*; *Wein* vin *m* de grand cru; *fig* élite *f*; **≈n** *Buch* finir (de lire); *aussondern* trier

ausliefer|n livrer (***an*** à); *pol* extrader; **≈ung** *f* livraison *f*; *pol* extradition *f*

aus|liegen être exposé; **~löschen** *Licht* éteindre; *fig* effacer; **~losen** tirer au sort

auslös|en déclencher (*a tech*), provoquer; *Pfand* dégager, retirer; **≈er** *Foto m* déclencheur *m*

ausmachen *Licht*, *Radio etc* éteindre, fermer; *verabreden* convenir de; *darstellen* constituer; *als Summe* faire; *erkennen* repérer; ***das macht mir nichts aus*** cela ne me dérange pas; ça ne me fait rien

ausmalen peindre, enluminer; *schildern* dépeindre; ***sich etw ~*** se figurer qc

Ausmaß *n* dimensions *f/pl*, envergure *f*, ampleur *f*

ausmerzen supprimer, éliminer; **~messen** mesurer

Ausnahme *f* exception *f*; ***mit ~ von*** à l'exception de; **~fall** *m* cas *m* exceptionnel; **~zustand** *m* état *m* d'urgence

ausnahmsweise exceptionnellement

ausnehmen *Schlachttier* vider; *Nest* dénicher; *ausschließen* excepter; *fig* F ***j-n ~*** plumer qn; **~d** exceptionnellement, extraordinairement

aus|nutzen ***etw ~*** profiter de qc, tirer profit de qc; ***j-n ~*** exploiter qn; **~packen** dépaqueter, déballer; *Koffer* défaire; *fig* F vider son sac; **~pfeifen** siffler, huer; **~plaudern** ébruiter, divulguer; **~plündern** dévaliser, piller; **~probieren** essayer

Auspuff *auto m* (pot *m*, tuyau *m* d')échappement *m*; **~gase** *n/pl* gaz *m/pl* d'échappement; **~rohr** *n* tuyau *m* d'échappement; **~topf** *m* pot *m* d'échappement

aus|pumpen pomper; ***den Magen ~*** faire un lavage d'estomac; **~quartieren** déloger; **~radieren** gommer, effacer, gratter; **~rangieren** mettre au rancart; *Maschine* mettre hors service; **~rauben** dévaliser; **~räumen** vider, démeubler; **~rechnen** calculer; *fig* ***sich etw ~ können*** pouvoir s'imaginer qc

Ausrede *f* excuse *f*; **≈n** ***j-m etw ~*** dissuader qn de qc; ***j-n ~ lassen*** laisser qn s'exprimer; ***lassen Sie mich ~!*** ne m'interrompez pas!

ausreichen suffire; **~d** suffisant; *Schulnote* passable; *adv* suffisamment

Ausreise *f* sortie *f*, départ *m*

aus|reißen arracher; F *weglaufen* se sauver; *Jugendlicher* faire une fugue; **~renken** ***sich etw ~*** se démettre *od* se déboîter qc; **~richten** aligner, orienter; *Gruß etc* transmettre; *Veranstaltung* organiser; *erreichen* obtenir; ***j-m etw ~ a*** faire savoir qc à qn

ausrotten exterminer

ausrücken *mil* se mettre en marche; *Feuerwehr* sortir; F *weglaufen* décamper, déguerpir

Ausruf *m* exclamation *f*, cri *m*; **≈en** s'écrier, s'exclamer, crier; *Stationen* annoncer; *verkünden* proclamer; **~ezeichen** *n* point *m* d'exclamation

ausruhen (***sich***) ~ se reposer
ausrüst|en équiper (***mit*** de); **2ung** *f* équipement *m*
ausrutschen glisser
Aussage *f* déclaration *f*; *jur* déposition *f*; **2n** dire, exprimer, déclarer; *jur* déposer; **~satz** *m* proposition *f* affirmative
Aus|satz *méd m* lèpre *f*; **2sätzig** lépreux
ausschalten *Licht, Radio, TV* éteindre, fermer; *Strom* couper; *Maschine* arrêter; *Gegner* éliminer, écarter
Ausschank *m* débit *m* de boissons, buvette *f*
Ausschau *f* ***nach j-m ~ halten*** chercher qn des yeux
ausscheid|en *aussondern* éliminer; *biol* excréter; *aus e-m Amt* quitter (***aus etw*** qc), se retirer (de); *Sport* être éliminé; *Möglichkeit* ne pas entrer en ligne de compte; **2ung** *f* élimination *f*; **2ungskampf** *m Sport* éliminatoire *f*; **2ungsspiel** *n* match *m* de sélection, match *m* éliminatoire
aus|scheren *auto* se déporter, quitter la file; **~schimpfen** gronder, réprimander; **~schlafen** (***sich***) ~ dormir son saoul
Ausschlag *m méd* éruption *f*; *Zeiger* déviation *f*; *fig* ***den ~ geben*** être déterminant; **2en** *Auge* crever; *Zahn* casser; *fig Angebot etc* refuser; *Zeiger* dévier; *Pferd* ruer; *bot* pousser, bourgeonner; **2gebend** décisif, déterminant
ausschließ|en exclure (***aus, von*** de); **~lich** exclusif; *adv* exclusivement
Ausschluss *m* exclusion *f* (***aus*** de); ***unter ~ der Öffentlichkeit*** à huis clos
aus|schmücken orner, décorer (***mit*** de); *fig* enjoliver, embellir; **~schneiden** découper (***aus*** dans)
Ausschnitt *m Zeitung* coupure *f*; *Film, Buch* extrait *m*; *Kleid* décolleté *m*; *Kreis2* secteur *m*; *Teil* tranche *f*, morceau *m*
ausschreiben *Wort* écrire en toutes lettres; *Scheck* remplir; *Rechnung* dresser; *Stelle* offrir publiquement, mettre au concours
ausschreit|en marcher à grands pas; **2ungen** *f/pl* excès *m/pl*; ***es kam zu ~*** il y eut des actes de violence
Ausschuss *m* comité *m*, commission *f*; *Abfall* rebut *m*; **~ware** *f* marchandise *f* de rebut, camelote *f*

aus|schütteln secouer; **~schütten** verser, vider; *Herz* épancher; *Dividende* répartir
ausschweif|end dissolu, débauché; **2ung** *f* débauche *f*
aussehen 1. avoir l'air (***wie*** de), paraître; ***gut ~*** *Person* être bien; *gesundheitlich* avoir bonne mine; *Sache* faire bien; **2.** **2** *n* apparence *f*, air *m*, mine *f*; *von Sachen a* aspect *m*
außen à l'extérieur, dehors; ***von ~*** de l'extérieur, du dehors; ***nach ~*** vers l'extérieur, en dehors; *fig* ***nach ~ hin*** vu de l'extérieur; ***~ vor sein*** être laissé à l'écart; **2bordmotor** *mar m* moteur *m* hors-bord; ***Boot n mit ~*** hors-bord *m*; **2handel** *m* commerce *m* extérieur; **2minister** *m* ministre *m* des Affaires étrangères; **2politik** *f* politique *f* extérieure; **2seite** *f* extérieur *m*; **2seiter** *m* outsider *m*; non-conformiste *m*; **2spiegel** *auto m* rétroviseur *m* extérieur; **2stände** *comm m/pl* créances *f/pl*; **2stürmer** *Sport m* ailier *m*
außer 1. *prép*: *außerhalb* hors de; *neben* en dehors de, outre; *ausgenommen* sauf, à part, excepté; ***~ sich sein*** être hors de soi; ***~ Betrieb*** hors de service; ***~ Gefahr*** hors de danger; ***~ Stande sein*** être hors d'état (***zu*** de); **2.** *conj* ***~ dass*** sinon *od* excepté *od* sauf que; ***~ wenn*** à moins que ... ne (+ *subj*), sauf *od* excepté si; **~dem** en outre, de *od* en plus; **~dienstlich** en dehors du service
äußere 1. extérieur; **2.** **2** *n* extérieur *m*
außer|ehelich extra-conjugal; *Kind* illégitime, naturel; **~gewöhnlich** extraordinaire, exceptionnel; **~halb** en dehors de, à l'extérieur de, hors de; ***~ Frankreichs*** hors de France; **~irdisch** extraterrestre
äußerlich extérieur, externe (*a méd*); *fig* superficiel; **2keiten** *f/pl* formalités *f/pl*, apparences *f/pl*
äußern dire, exprimer; ***sich ~*** donner son avis (***über*** sur); *sich zeigen* se manifester
außerordentlich extraordinaire; prodigieux
äußerst extrême; dernier; *adv* extrêmement; ***im ~en Fall*** à la rigueur
außerstande *cf* ***außer, Stand***
Äußerung *f Worte* propos *m/pl*; *von Gefühlen* manifestation *f*

aussetzen *Tier, Kind* abandonner; *Belohnung* offrir; *e-r Gefahr etc* exposer (à); *aufhören* s'arrêter; ***etw auszusetzen haben*** trouver à redire (***an*** à); ***sich*** ~ s'exposer (***e-r Sache*** à qc)
Aussicht *f* vue *f*; *fig* perspective *f*, chance *f* (***auf*** de); ***in*** ~ ***haben*** avoir en perspective *od* en vue
aussichts|los voué à l'échec, vain, sans espoir; **~reich** prometteur; **≈turm** *m* belvédère *m*
Aussiedler *m* rapatrié *m*
aussitzen résoudre par l'expectative
aussöhn|en (***sich*** ~ se) réconcilier (***mit*** avec); **≈ung** *f* réconciliation *f*
aus|sondern retirer; **~spannen** *Pferd* dételer; *fig* F *Freundin* souffler, chiper (***j-m*** à qn); *sich erholen* se détendre, se reposer
aussperr|en ***j-n*** ~ fermer la porte à qn; *Arbeiter* lock-outer; **≈ung** *f* lock-out *m*
aus|spielen *Karte* jouer; ***j-n gegen j-n*** ~ se servir de qn contre qn; **~spionieren** espionner
Aussprache *f* prononciation *f*; *Gespräch* mise *f* au point, explication *f*
aussprechen prononcer; *ausdrücken* exprimer; ***sich*** ~ ***für*** (***gegen***) se prononcer *od* se déclarer pour (contre); ***sich mit j-m*** ~ s'expliquer avec qn
Ausspruch *m* parole *f*, sentence *f*
Ausstand *m* grève *f*; ***in den*** ~ ***treten*** se mettre en grève
ausstatt|en équiper, pourvoir, doter (***mit*** de); *Wohnung* installer, meubler; **≈ung** *f* équipement *m*; *Wohnung* installation *f*, ameublement *m*; *comm Ware* présentation *f*; *Theater* décors *m/pl*
aus|stechen découper (à l'emporte-pièce); *Augen* crever; *fig* ***j-n*** ~ supplanter *od* éclipser qn; **~stehen** supporter; ***ich kann ihn nicht*** ~ je ne peux pas le supporter *od* souffrir
aussteig|en descendre (***aus*** de); *fig* se retirer (***aus*** de); *sozial* se marginaliser; **≈er** *m* marginal *m*
ausstell|en exposer; *Waren a* étaler; *Pass etc* délivrer; *Scheck* faire (***auf j-n*** sur qn); *Rechnung* établir; **≈er** *m* exposant *m*; *Scheck* tireur *m*
Ausstellung *f* exposition *f*; *Pass etc* délivrance *f*; **~sraum** *m* salle *f* d'exposition; **~sstand** *m* stand *m*
aussterben s'éteindre, disparaître; ***vom*** ≈ ***bedroht sein*** être menacé de disparition
Aussteuer *f* trousseau *m*; **≈n** *Tonband etc* régler
Ausstieg *m* sortie *f*; ~ ***aus der Kernenergie*** abandon *m* de l'énergie atomique
ausstopfen rembourrer; *Tiere* empailler
Ausstoß *m tech* éjection *f*; *Produktion* rendement *m*, débit *m*; **≈en** *j-n* expulser (***aus*** de); *Schrei* pousser; *Drohung* proférer; *tech* éjecter; *comm* produire, débiter
ausstrahl|en rayonner; *Wärme* répandre; *Radio* diffuser; **≈ung** *f Radio* diffusion *f*; *e-s Menschen* rayonnement *m*
aus|strecken *Hand* tendre; *Arme, Beine* étendre, allonger; **~streichen** rayer, biffer, barrer; **~strömen** s'écouler; *Gas, Geruch* se dégager, s'échapper; **~suchen** choisir
Austausch *m* échange *m*; **≈bar** interchangeable; **≈en** échanger; **~schüler(in *f*)** *m* élève *m, f* d'échange; correspondant *m*, -e *f*
austeil|en distribuer; **≈ung** *f* distribution *f*
Auster *zo f* huître *f*; **~nschale** *f* écaille *f* d'huître
austragen *Post* distribuer; *Wettkampf* disputer
Austral|ien *n* l'Australie *f*; **~ier(in *f*)** *m* Australien *m*, -ne *f*; **≈isch** australien
aus|treiben expulser; *Teufel* exorciser; *fig* ***j-m etw*** ~ faire passer qc à qn; **~treten** *aus Partei etc* quitter (qc), partir (de); *WC* aller aux toilettes; *Radioaktivität etc* s'échapper; **~trinken** vider, finir de boire
Austritt *m* départ *m*, démission *f*; *Radioaktivität* fuite *f*
austrocknen dessécher
ausüb|en exercer; *Sport* pratiquer; **≈ung** *f* exercice *m*, pratique *f*
Ausverkauf *m* soldes *f/pl*; **≈t** *Ware* épuisé; *Theater* ***vor*** **~*em Haus spielen*** jouer devant une salle comble
Auswahl *f* choix *m*; sélection (*a Sport*)
auswählen choisir
Auswander|er *m* émigrant *m*; **≈n** émigrer; **~ung** *f* émigration *f*
auswärtig étranger; extérieur; ***das*** ≈***e Amt*** le ministère des Affaires étrangères

auswärts en dehors, à l'extérieur; ~ ***essen*** manger au restaurant; **⁓sieg** *m Sport* victoire *f* à l'extérieur; **⁓spiel** *n Sport* match *m* en déplacement
auswechsel|n remplacer (***gegen*** par), changer (contre); **⁓spieler(in** *f*) *m Sport* remplaçant *m*, -e *f*; **⁓ung** *f* remplacement *m*
Ausweg *m* issue *f*; **⁓los** sans issue
ausweichen ***j-m*** (***e-r Sache***) ~ éviter qn (qc); *e-r Frage* éluder (qc); **~d** *Antwort* évasif
Ausweis *m* carte *f*; *Personal⁓* carte *f* d'identité; **⁓en** expulser; ***sich*** ~ justifier de son identité, montrer ses papiers; **~papiere** *n/pl* pièces *f/pl* d'identité; **~ung** *f* expulsion *f*
ausweiten élargir; *fig* agrandir, développer; ***sich*** ~ s'agrandir, se développer
auswendig par cœur; ~ ***lernen*** (***können***) apprendre (savoir) par cœur
aus|werfen jeter (*a Anker*), lancer, rejeter; **~werten** exploiter; *Umfrage* dépouiller, analyser; **~wirken *sich*** ~ se répercuter (***auf*** sur), avoir des conséquences; **~wischen** effacer
Auswuchs *m* excroissance *f*; *fig* excès *m*, abus *m*
auswuchten *tech* équilibrer
auszahlen payer, verser; *fig* ***sich*** ~ être payant
auszählen compter; ***die Stimmen*** ~ dépouiller le scrutin
Auszahlung *f* paiement *m*, versement *m*
auszeichn|en *j-n* distinguer; *mit Orden* décorer (***mit*** de); *Waren* étiqueter; ***sich*** ~ se distinguer (***durch*** par); **⁓ung** *f* distinction *f*; *Orden* décoration *f*
ausziehen *Kleidung* enlever, retirer, ôter; *Tisch* rallonger; *Antenne* sortir; *aus e-r Wohnung* déménager; ***sich*** ~ se déshabiller
Auszubildende(r) *m, f* apprenti *m*, -e *f*
Auszug *m Buch* extrait *m*; *Konto* relevé *m*; *Wohnung* déménagement *m*
authentisch authentique
Auti|smus *m* autisme *m*; **⁓stisch** autiste

Auto *n* voiture *f*, auto *f*; ~ ***fahren*** faire de la voiture; *am Steuer* conduire; ***mit dem*** ~ ***fahren*** aller en voiture; ⚠ ***une*** auto; **~ausstellung** *f* Salon *m* de l'automobile; **~bahn** *f* autoroute *f*; **~bahngebühr** *f* péage *m*
Autobiografie *f* autobiographie *f*
Auto|bombe *f* voiture *f* piégée; **~bus** *m* autobus *m*; *Reisebus* autocar *m*
Autodidakt *m* autodidacte *m*
Auto|fähre *f* car-ferry *m*; **~fahrer(in** *f*) *m* automobiliste *m, f*; **~friedhof** *m* cimetière *m* de voitures
Autogramm *n* autographe *m*; **~jäger** *m* chasseur *m* d'autographes
Auto|karte *f* carte *f* routière; **~kino** *n* cinéma *m* pour automobilistes, drive-in *m*; **~kolonne** *f* file *f* de voitures
Automat *m* distributeur *m* (automatique); **~ik** *f tech* dispositif *m* automatique; *auto* boîte *f* automatique; **~ikgurt** *m* ceinture *f* à enrouleur; **~ikschaltung** *f* boîte *f* automatique; **~ikwagen** *m* voiture *f* automatique; **~ion** *f* automation *f*; **⁓isch** automatique
Automechaniker *m* mécanicien *m* automobile
Automobil *n* automobile *f*; **~industrie** *f* industrie *f* automobile
autonom autonome; **⁓ie** *f* autonomie *f*
Autonummer *f* numéro *m* d'immatriculation
Autopsie *f* autopsie *f*
Autor(in *f*) *m* auteur *m*
Auto|radio *n* autoradio *m od f*; **~reifen** *m* pneu *m* de voiture; **~reisezug** *m* train *m* auto-couchettes; **~rennen** *n* course *f* automobile; **~reparaturwerkstatt** *f* garage *m*
autori|tär autoritaire; **⁓tät** *f* autorité *f*
Auto|skooter *m* autos *f/pl* tamponneuses; **~telefon** *n* téléphone *m* de voiture; **~unfall** *m* accident *m* de voiture; **~vermietung** *f* location *f* de voitures; **~wrack** *n* carcasse *f* d'auto, épave *f*
avancieren monter en grade
Axt *f* hache *f*, cognée *f*
Azubi *m, f cf* ***Auszubildende***(***r***)

B

B *mus n* si *m* bémol
Baby *n* bébé *m*
Bach *m* ruisseau *m*
Backbord *mar n* bâbord *m*
Backe *f* joue *f*
backen (faire) cuire; *in der Pfanne* (faire) frire
Backen|bart *m* favoris *m/pl*; **~zahn** *m* molaire *f*
Bäcker|(in *f*) *m* boulanger *m*, -ère *f*; **~ei** *f* boulangerie *f*
Back|form *f* moule *m* à gâteaux; **~hendel** *östr n* poulet *m* rôti; **~obst** *n* fruits *m/pl* séchés; **~ofen** *m* four *m*; **~pflaume** *f* pruneau *m*; **~pulver** *n* levure *f* chimique
Backspacetaste *f* touche *f* de retour arrière
Back|stein *m* brique *f*; **~waren** *f/pl* produits *m/pl* de boulangerie; ***feine ~*** pâtisseries *f/pl*
Bad *n* bain *m*; *Badezimmer* salle *f* de bains; *Schwimm*☐ piscine *f*; *Kurort* station *f* balnéaire *od* thermale; ***ein ~ nehmen*** prendre un bain
Bade|anstalt *f* établissement *m* de bains; **~anzug** *m* maillot *m* de bain; **~hose** *f* slip *m* de bain; **~kappe** *f* bonnet *m* de bain; **~mantel** *m* peignoir *m* de bain; **~meister** *m* maître-nageur *m*
baden baigner; (***sich***) **~** se baigner; *in der Badewanne* prendre un bain
Baden-Württemberg *n* le Bade-Wurtemberg
Bade|ort *m* station *f* balnéaire, ville *f* d'eaux; **~saison** *f* saison *f* balnéaire; **~strand** *m* plage *f*; **~tuch** *n* serviette *f od* drap *m* de bain; **~wanne** *f* baignoire *f*; **~zimmer** *n* salle *f* de bains
baff F **~ *sein*** en rester baba
Bafög *n* bourse *f* d'études
Bagger *m* pelle *f* mécanique; *Schwimm*☐ drague *f*
Bahn *f Eisen*☐ chemin *m* de fer; *Weg* voie *f*; *Renn*☐, *Start*☐ piste *f*; *Flug*☐ trajectoire *f*; *Tapete* lé *m*, laisse *f*; ***mit der ~ fahren*** aller en train; **☐brechend** qui fait époque *od* date, révolutionnaire; **~damm** *m* remblai *m*
bahnen *Weg* frayer; *fig* ***e-r Sache den Weg ~*** ouvrir la voie à qc
Bahn|fahrt *f* voyage *m* en train; **~hof** *m* gare *f*; ***auf dem ~*** à la gare; **~linie** *f* ligne *f* de chemin de fer; **~steig** *m* quai *m*; **~übergang** *m* passage *m* à niveau; **~verkehr** *m* trafic *m* ferroviaire
Bahre *f* civière *f*, brancard *m*
Bakterie *f* bactérie *f*, microbe *m*
balancieren (se) tenir en équilibre; ⚠ *nicht* ***balancer***
bald bientôt; *fast* presque; **~** ... **~** ... tantôt ... tantôt ...; **~ *darauf*** peu après; ***so ~ wie möglich*** aussi tôt que possible, dès que possible
baldig prompt, prochain; ***auf ein ~es Wiedersehen!*** au plaisir de vous revoir bientôt!
Baldrian *bot m* valériane *f*
Balg[1] *m Tierfell* peau *f*
Balg[2] *n od m* F *Kind* moutard *m* P, marmot F *m*
balg|en ***sich ~*** se bagarrer; **☐erei** *f* bagarre *f*
Balkan ***der ~*** les Balkans *m/pl*
Balken *m* poutre *f*
Balkon *m* balcon *m*
Ball *m* balle *f*; *größerer*, *Fuß*☐ ballon *m*; *Billard*☐ bille *f*; *Tanzfest* bal *m*
Ballade *f* ballade *f*
Ballast *m* lest *m*; *fig* poids *m* mort; **~stoffe** *m/pl* cellulose *f* végétale
Ballen *m comm* ballot *m*; *am Fuß* éminence *m* du gros orteil
Ballett *n* ballet *m*
Ballon *m* ballon *m*
Ballspiel *n* jeu *m* de balle
Ballungs|gebiet *n*, **~raum** *m*, **~zentrum** *n* agglomération *f*, conurbation *f*
Balsam *m* baume *m*
Baltikum ***das ~*** les pays *m/pl* baltes
Bambus *bot m*, **~rohr** *n* bambou *m*
banal banal; **☐ität** *f* banalité *f*
Banane *bot f* banane *f*; **~nrepublik** *f péj* république *f* bananière
Banause *m* esprit *m* borné, philistin *m*
Band[1] *n* ruban *m*, bande *f*; *Gelenk*☐ ligament *m*; *fig* lien *m*; ***auf ~ aufnehmen*** enregistrer (sur bande); ***am laufenden ~*** sans arrêt

Band² *m Buch* volume *m*; *e-s Werkes* tome *m*
Band³ *f mus* groupe *m*
Bandag|e *f* bandage *m*; **≗ieren** bander, panser
Bandbreite *f Radio* largeur *f* de bande; *fig Gehälter* marge *f*; *Meinungen* éventail *m*
Bande *f* bande *f*; *Verbrecher* gang *m*
Bänderriss *méd m* rupture *f* des ligaments
bändigen dompter, maîtriser
Bandit *m* bandit *m*
Band|maß *n* mètre *m* à ruban; **~scheibe** *f* disque *m* intervertébral; **~scheibenschaden** *méd m* hernie *f* discale; **~wurm** *m* ver *m* solitaire
bang(e) anxieux; ***mir ist ~*** j'ai peur (***vor*** de); ***j-m ≗e machen*** faire peur à qn
Bank *f* **1.** banc *m*; *Zug*, *Auto* banquette *f*; *fig* ***durch die ~*** sans exception; ***etw auf die lange ~ schieben*** faire traîner qc en longueur; **2.** *comm* banque *f*; ***sein Geld auf die ~ bringen*** déposer son argent à la banque; **~angestellte(r)** *m*, *f* employé *m*, -e *f* de banque
Bankett *n* banquet *m*; *Straße* accotement *m*
Bankier *m* banquier *m*
Bank|konto *n* compte *m* en banque; **~leitzahl** *f* code *m* banque; **~note** *f* billet *m* de banque
Bankrott 1. *m* faillite *f*, banqueroute *f*; ***~ machen*** faire faillite; **2.** ≗ *adj* en faillite
Bankverbindung *f* identité *f* bancaire
Bann *m hist* ban *m*, bannissement *m*; *Kirchen≗* anathème *m*; *fig* charme *m*, envoûtement *m*; **≗en** *Gefahr* conjurer; *fig* ***wie gebannt*** fasciné
Banner *n* bannière *f*
bar *nackt* nu; *ohne* dépourvu de; *comm* comptant; ***gegen*** *od* ***in ~*** au comptant; ***~ zahlen*** payer (au) comptant *od* en espèces
Bar *f Theke* bar *m*; *Nacht≗* cabaret *m*, boîte *f* de nuit; ⚠ ***le*** bar
Bär *zo m* ours *m*
Baracke *f* baraque *f*
Barbar *m* barbare *m*; **≗isch** barbare; *Mord* atroce; **~ei** *f* barbarie *f*
Bardame *f* barmaid *f*
Barde *m* barde *m*
barfuß pieds nus, nu-pieds
Bargeld *n* argent *m* liquide; **≗los** par virement *od* chèque
Bariton *mus m* baryton *m*
Barkeeper *m* barman *m*
barmherzig charitable, miséricordieux; **≗keit** *f* charité *f*, pitié *f*, miséricorde *f*
barock 1. baroque; **2.** ≗ *m od n* (art *m*) baroque *m*
Barometer *n* baromètre *m*
Barren *m Metall* barre *f*; *Gold* lingot *m*; *Turngerät* barres *f/pl* parallèles
Barriere *f* barrière *f*
Barrikade *f* barricade *f*
barsch brusque
Barsch *zo m* perche *f*
Bart *m* barbe *f*; *an der Oberlippe* moustache *f*; *Schlüssel* panneton *m*; ⚠ ***la*** barbe
bärtig barbu
bartlos imberbe
Barzahlung *f* paiement *m* au comptant *od* en espèces
Base *f* **1.** *Kusine* cousine *f*; **2.** *chim* base *f*
Basel Bâle
basieren *~* ***auf*** se baser sur
Basilika *f* basilique *f*
Basis *f* base *f*
Basken|land ***das ~*** le pays basque; **~mütze** *f* béret *m* (basque)
Basketball *Sport m* basket(-ball) *m*
Bass *mus m* basse *f*; **~schlüssel** *mus m* clé *f* de fa
Bassin *n* bassin *m*; *Schwimm≗* piscine *f*
Bast *m* raphia *m*
Bastard *m Mensch* bâtard *m*; *bot*, *zo* hybride *m*
bast|eln bricoler; **≗ler** *m* bricoleur *m*
Batik *m od f* batik *m*
Batist *m* batiste *f*; ⚠ ***la*** batiste
Batterie *f mil*, *auto* batterie *f*; *Taschenlampe etc* pile *f*
Bau *m* construction *f*; *Bauwerk*, *Bauwesen* bâtiment *m*; *größerer* édifice *m*; *Tier≗* terrier *m*; ***im ~ sein*** être en construction; **~arbeiten** *f/pl* travaux *m/pl*; **~arbeiter** *m* ouvrier *m* du bâtiment; **~art** *f* style *m* d'architecture; type *m od* mode *m* de construction
Bauch *m* ventre *m*, abdomen *m*; **~fell** *n* péritoine *m*; **~höhle** *f* cavité *f* abdominale; **≗ig** ventru; **~landung** *aviat f* crash *m*; **~muskeln** *m/pl* muscles *m/pl* abdominaux; **~nabel** *m* nombril *m*;

~redner *m* ventriloque *m*; **~schmerzen** *m/pl*, **~weh** *n* mal *m* au ventre
bauen bâtir, construire; *nur tech* fabriquer, produire, faire; *fig* ***auf j-n (etw) ~*** compter sur qn (qc); F ***gut gebaut sein*** être bien bâti
Bauer¹ *m* paysan *m*, fermier *m*; *Schach* pion *m*
Bauer² *n od m Vogelkäfig* cage *f*
Bäuer|in *f* paysanne *f*, fermière *f*; **²lich** paysan, rustique
Bauern|fängerei *f* attrape-nigaud *m*; **~haus** *n*, **~hof** *m* ferme *f*; **~möbel** *n/pl* meubles *m/pl* rustiques
bau|fällig délabré; **²firma** *f* entreprise *f* de construction; **²genehmigung** *f* permis *m* de construire; **²gerüst** *n* échafaudage *m*; **²gewerbe** *n* industrie *f* du bâtiment; **²herr** *m* propriétaire *m*; maître *m* d'œuvre; **²holz** *n* bois *m* de construction; **²ingenieur** *m* ingénieur *m* du bâtiment et des travaux publics; **²jahr** *n* année *f* de construction; *Auto* année *f* de fabrication; **²kasten** *m* jeu *m* de construction; **²kunst** *f* architecture *f*; **²land** *n* terrain *m* à bâtir; **~lich** architectural, architectonique
Baum *m* arbre *m*
Bau|material *n* matériaux *m/pl* de construction; **~meister** *m* architecte *m*
baumeln pendiller; ***mit den Beinen ~*** balancer les jambes
Baum|schule *f* pépinière *f*; **~stamm** *m* tronc *m* d'arbre; **~sterben** *n* dépérissement *m* des arbres; **~stumpf** *m* souche *f*; **~wolle** *f* coton *m*; **²wollen** de *od* en coton
Bau|plan *m* plan *m* de la construction; **~platz** *m* terrain *m* à bâtir
Bausch *m* tampon *m*; ***in ~ und Bogen*** en bloc; **²ig** bouffant
bauspar|en souscrire à l'épargne-logement; **²er** *m* souscripteur *m* à l'épargne-logement; **²kasse** *f* caisse *f* d'épargne-logement; **²vertrag** *m* contrat *m* d'épargne-logement
Bau|stein *m* pierre *f* à bâtir; *Spielzeug* cube *m*; *EDV* puce *f*; **~stelle** *f* chantier *m*; **~unternehmer** *m* entrepreneur *m* de bâtiment; **~vorschriften** *f/pl* règlement *m* sur les constructions; **~werk** *n* édifice *m*, bâtiment *m*
Bauxit *m* bauxite *f*; ⚠ ***la*** bauxite
Bauzaun *m* clôture *f* de chantier

Bayer|(in *f*) *m* Bavarois *m*, -e *f*; **~n** *n* la Bavière
bayrisch bavarois
Bazillus *m* bacille *m*
beabsichtigen avoir l'intention *od* se proposer (***etw zu tun*** de faire qc); ***das war beabsichtigt*** c'était intentionnel *od* voulu
beacht|en faire attention à; *Vorschriften* observer; *Vorfahrt* respecter; **~lich** considérable, respectable, appréciable; **²ung** *f* prise *f* en considération; observation *f*; respect *m*; ***starke ~ finden*** susciter le plus vif intérêt
Beamt|e(r) *m*, **~in** *f* fonctionnaire *m*, *f*
beängstigend alarmant, inquiétant
beanspruchen *Recht* revendiquer; *Platz*, *Zeit* prendre; *j-n* occuper; *Nerven* fatiguer; *tech* soumettre à des efforts
beanstand|en réclamer contre, faire des objections à, trouver à redire à; **²ung** *f* réclamation *f*
beantragen demander (officiellement)
beantwort|en *Frage* répondre à; **²ung** *f* réponse *f* (à)
bearbeit|en travailler; *tech a* façonner, usiner; *Text*, *Thema* traiter; *Akten* étudier; *für TV etc* adapter; *mus* arranger; **²ung** *f* travail *m*; *tech a* façonnage *m*; *für Theater*, *TV* adaptation *f*; arrangement *m*
beaufsichtig|en surveiller; **²ung** *f* surveillance *f*
beauftrag|en charger (***mit*** de); **²te(r)** *m* délégué *m*
bebauen *Gelände* bâtir; *agr* cultiver
beben 1. trembler, frémir; **2. ²** *n Erd²* tremblement *m* de terre
Becher *m* gobelet *m*
Becken *n* bassin *m* (*a des Körpers*); *mus* cymbale *f*
bedacht ***~ auf*** soucieux de; ***~ sein auf a*** veiller à
bedächtig *ruhig* posé; *besonnen* circonspect, réfléchi
bedanken ***sich bei j-m für etw ~*** remercier qn de *od* pour qc
Bedarf *m* besoin(s) *m(pl)* (***an*** de); ***bei ~*** en cas de besoin; ***nach ~*** suivant les besoins; **~shaltestelle** *f* arrêt *m* facultatif
bedauer|lich regrettable; **~n** ***j-n ~*** plaindre qn; ***etw ~*** regretter *od* déplorer

qc; **&n** *n* regret *m* (**über** de); **~nswert** déplorable; *Person* à plaindre
bedeck|en couvrir (**mit** de); **~t** *Himmel* couvert
bedenk|en considérer, penser à; **&en** *pl* doutes *m/pl*, scrupules *m/pl*; **~enlos** sans scrupules; **~lich** douteux, critique, dangereux
bedeut|en signifier, vouloir dire; **~end** important, considérable; **~sam** significatif
Bedeutung *f Sinn* signification *f*, sens *m*; *Wichtigkeit* importance *f*; **&slos** insignifiant, sans importance; **~sunterschied** *ling m* différence *f* de sens; **&svoll** d'une grande importance; (très) significatif; **~swandel** *ling m* changement *m* de sens
bedienen (**sich ~** se) servir; *Maschine* manier, commander
Bedienung *f* service *m*; *Kellnerin* serveuse *f*; **~sanleitung** *f* mode *m* d'emploi
beding|en *voraussetzen* impliquer, conditionner, nécessiter; *verursachen* causer, provoquer; **~t** conditionnel; *beschränkt* limité; *verursacht* causé (**durch** par); **&theit** *f* relativité *f*, caractère *m* limité
Bedingung *f* condition *f*; **unter der ~, dass** ... à (la) condition que (+ *subj*); **&slos** sans condition(s), inconditionnel; **~ssatz** *gr m* proposition *f* conditionnelle
bedrängen presser *od* harceler (**mit** de), talonner
bedroh|en menacer (**mit** de); **~lich** menaçant; **&ung** *f* menace *f*
bedrück|en oppresser, accabler; **~end** déprimant; **~t** déprimé
Beduine *m* Bédouin *m*
Bedürfnis *n* besoin *m* (**nach** de); **&anstalt** *f* W.-C. *m/pl* publics
bedürftig nécessiteux, indigent; **&keit** *f* indigence *f*
Beefsteak *n* bifteck *m*
beeilen sich ~ se dépêcher, se hâter
beein|drucken impressionner; **~flussen** influencer; **~trächtigen** faire tort à, porter préjudice *od* atteinte à
beend(ig)en finir, terminer
beengt sich ~ fühlen se sentir mal à l'aise; **~ wohnen** habiter à l'étroit
beerben ***j-n*** **~** hériter de qn
beerdig|en enterrer; **&ung** *f* enterrement *m*
Beere *bot f* baie *f*; *Wein&* grain *m*
Beet *n* planche *f*, carré *m*; *schmales* plate-bande *f*
befähig|en qualifier (**für**, **zu** pour); **~t** qualifié; **&ung** *f* qualification *f*
befahr|bar praticable; **~en 1.** passer sur, emprunter; *Buslinie* exploiter; **2.** *adj* **stark ~** très fréquenté
befallen *Fieber* saisir; *Krankheit* frapper; *Ungeziefer* attaquer
befangen *verlegen* gêné, embarrassé; *voreingenommen* partial; **&heit** *f* embarras *m*; manque *m* d'objectivité
befassen sich ~ mit s'occuper de
Befehl *m* ordre *m*; *Befehlsgewalt* commandement *m*; *EDV* commande *f*; **&en** ordonner, commander (***j-m etw*** qc à qn); **~shaber** *m* commandant *m*; **~sverweigerung** *f* refus *m* d'obéissance
befestig|en fixer, attacher (**an** à); *Mauer etc* consolider; *mil* fortifier; **&ung** *f* fixation *f*, attache *f*; *mil* fortification *f*
befeuchten humecter, mouiller
befinden 1. sich ~ se trouver; **2. &** *n* état *m* de santé
befolgen suivre; *Befehl* exécuter
beförder|n transporter, expédier; *im Rang* promouvoir (***j-n zum Direktor*** qn directeur); **&ung** *f* transport *m*; avancement *m*, promotion *f*
befragen interroger, questionner; *um Rat fragen* consulter
befrei|en libérer, délivrer (**aus**, **von** de); *freistellen* exempter, dispenser (**von** de); **sich ~** se libérer; *sich retten* se dégager (**aus** de); **&er(in** *f*) *m* libérateur *m*, -trice *f*; **&ung** *f* libération *f*, délivrance *f*; exemption *f*, dispense *f* (**von** de)
befreunden sich mit etw ~ se familiariser avec qc; **mit *j-m* befreundet sein** être ami avec qn, être lié avec qn
befriedig|en contenter, satisfaire; **sich selbst ~** se masturber; **~end** satisfaisant; *Note* assez bien; **~t** satisfait, content (**über** de); **&ung** *f* satisfaction *f*, contentement *m*
befristet à durée limitée
befrucht|en féconder; **&ung** *f* fécondation *f*; **künstliche ~** insémination *f* artificielle

Befug|nis *f* autorisation *f*, droit *m*, compétence *f*; **⁲t** autorisé (***zu etw*** à faire qc)
befühlen toucher, tâter
Befund *m* constatation *f*; *méd* diagnostic *m*; ***ohne*** ~ résultat *m* négatif
befürcht|en craindre, redouter (***dass*** ... que ... ne + *subj*); **⁲ung** *f* crainte *f*, appréhension *f*
befürwort|en préconiser, appuyer; **⁲er(in** *f*) *m* partisan *m*, -e *f*
begab|t doué (***für*** pour); **⁲ung** *f* don *m*, talent(s *pl*) *m*
begeben ***sich*** ~ se rendre; ***sich zur Ruhe*** ~ aller se coucher; ***sich in Gefahr*** ~ s'exposer au danger; **⁲heit** *f* événement *m*
begeg|nen ***j-m*** ~ rencontrer qn; **⁲nung** *f* rencontre *f*
begehen *Verbrechen*, *Irrtum* commettre; *Fehler* faire; *Fest* fêter, célébrer
begehr|en désirer, convoiter; **~enswert** désirable; **~t** convoité, désiré, populaire
begeister|n enthousiasmer; ***sich*** ~ s'enthousiasmer *od* se passionner (***für*** pour); **~t** enthousiaste, passionné; enthousiasmé (***von*** par); **⁲ung** *f* enthousiasme *m*
Begier|de *f* avidité *f*, désir *m*; **⁲ig** avide (***auf***, ***nach*** de)
begießen arroser (*a fig*)
Beginn *m* commencement *m*, début *m*; ***zu*** ~ au début, au commencement; **⁲en** commencer (***zu*** à; ***mit*** par), débuter
beglaubigen authentifier; *Abschrift* certifier conforme; *Unterschrift* légaliser
begleichen *Rechnung* régler
begleit|en accompagner (*a mus*); **⁲er(in** *f*) *m* compagnon *m*, compagne *f*; *e-r Gruppe* accompagnateur *m*, -trice *f*; **⁲ung** *f* accompagnement *m* (*a mus*); ***in*** ~ ***von*** en compagnie de
beglückwünschen féliciter (***zu*** de *od* pour)
begnadig|en gracier; **⁲ung** *f* grâce *f*
begnügen ***sich mit etw*** ~ se contenter de qc
begraben enterrer
Begräbnis *n* enterrement *m*
begreif|en comprendre, saisir, concevoir; **~lich** compréhensible; ***j-m etw*** ~ ***machen*** faire comprendre qc à qn
Begriff *m* notion *f*, concept *m*; ***im*** ~ ***sein***, ***etw zu tun*** être sur le point de faire qc; **~sbestimmung** *f* définition *f*
begründ|en *gründen* fonder; *Gründe angeben* justifier, motiver (***mit*** par); **~et** fondé; **⁲ung** *f* justification *f*
begrüß|en saluer, accueillir, souhaiter la bienvenue à; **⁲ung** *f* accueil *m*; salut *m*
begünstigen favoriser
begutachten donner son avis sur, expertiser; ~ ***lassen*** faire expertiser
behaart poilu; *Pflanze*, *Tier* velu
behäbig qui aime ses aises, pépère F, peinard F
behag|en ***j-m*** ~ plaire à qn, être au goût de qn; **⁲en** *n* plaisir *m*, bien-être *m*; **~lich** douillet, confortable; ***sich*** ~ ***fühlen*** se sentir à son aise
behalten garder, conserver; *im Gedächtnis* retenir
Behälter *m* récipient *m*, réservoir *m*
behand|eln traiter; *méd a* soigner; ***schlecht*** ~ maltraiter; **⁲lung** *f* traitement *m*; *méd a* soins *m/pl*
beharr|en persévérer, persister (***auf*** dans); **~lich** persévérant; *adv* avec persistance; **⁲lichkeit** *f* persévérance *f*
behaupt|en affirmer, soutenir, prétendre; ***sich*** ~ se maintenir; **⁲ung** *f* affirmation *f*, assertion *f*
beheben *Schaden* réparer
beheizen chauffer
behelf|en ***sich*** ~ se débrouiller (***mit*** avec); **~smäßig** provisoire
behelligen importuner
beherbergen loger, héberger
beherrsch|en régner sur, gouverner; *fig* maîtriser, dominer; ***sich*** ~ se maîtriser, se dominer; ***e-e Sprache*** ~ posséder une langue; **~t** contrôlé; **⁲ung** *f* domination *f*; ***die*** ~ ***verlieren*** ne plus pouvoir se contrôler
beherzigen prendre à cœur
behilflich ***j-m*** ~ ***sein*** aider qn (***bei etw*** à faire qc)
behinder|n gêner; **⁲te(r)** *m*, *f* handicapé *m*, -e *f*; **~tengerecht** adapté aux handicapés
Behörd|e *f* autorité *f*, administration *f*; **⁲lich** officiel
behüten garder; ***j-n vor etw*** ~ préserver qn de qc
behutsam précautionneux, prudent

bei *Nähe* près de; *bei e-r Person* auprès de, chez; ~ ***mir*** chez moi; ~ ***sich haben*** avoir sur soi; ***beim Arzt*** chez le médecin; ~ ***Racine*** chez *od* dans Racine; ~ ***Tisch*** à table; ~ ***Tag*** le *od* de jour; ~ ***Nacht*** la *od* de nuit; ~ ***der Ankunft*** à l'arrivée; ~ ***Regen*** en cas de pluie; ~ ***100 Grad*** à 100 degrés; ***beim Reden*** en parlant; ***beim Schlafengehen*** en allant se coucher; ***j-n ~ seinem Namen rufen*** appeler qn par son nom

bei|behalten conserver, maintenir; **~bringen** *Beweise etc* fournir, administrer; *Niederlage* infliger; ***j-m etw ~ lehren*** apprendre *od* enseigner qc à qn

Beicht|e *f* confession *f*; **≈en** se confesser; *seine Sünden* confesser; **~stuhl** *m* confessional *m*; **~vater** *m* confesseur *m*

beide les deux; ***alle ~*** tous (les) deux; ***einer von uns ~n*** un de nous deux; ***keiner von ~n*** ni l'un ni l'autre

beider|lei ~ ***Geschlechts*** des deux sexes; **~seitig** des deux côtés; *gegenseitig* réciproque, mutuel

beieinander ensemble

Beifahrer *m Pkw* passager *m*; *Lkw* aide-conducteur *m*; **~sitz** *m* place *f* à côté du conducteur

Beifall *m* applaudissements *m/pl*; *Zustimmung* approbation *f*; ~ ***klatschen*** *od* ***spenden*** applaudir (***j-m*** qn)

beifügen joindre

beige beige

Bei|geschmack *m* goût *m* particulier, arrière-goût *m*; **~hilfe** *f Sozial≈* allocation *f*; *jur* complicité *f* (***zum Mord*** de meurtre)

Beil *n* hache *f*, hachette *f*

Beilage *f Zeitung* supplément *m*; *Essen* garniture *f*

beiläufig en passant, incidemment

beileg|en *e-m Brief* joindre (à); *Streit* régler; **≈ung** *f* règlement *m*

Beileid *n* condoléances *f/pl*; ***j-m sein ~ aussprechen*** présenter ses condoléances à qn

beiliegend ci-joint, ci-inclus

beim *cf* ***bei***

bei|messen *Bedeutung etc* attribuer, attacher (***e-r Sache*** à qc)

Bein *n* jambe *f*; *Tier* patte *f*; *Tisch, Stuhl* pied *m*; *Knochen* os *m*

beinah(e) presque, à peu près; ***ich wäre ~ gefallen*** j'ai failli *od* j'ai manqué tomber

Beinbruch *m* fracture *f* de la jambe; *Sport* ***Hals- und ~!*** bonne chance!

beipflichten approuver (***j-m*** qn)

beisammen ensemble; **≈sein** *n* ***gemütliches ~*** réunion *f* amicale

Beisein *n* ***im ~ von*** en présence de

beiseite à part; ***Spaß ~!*** blague à part!; ***~ lassen*** laisser de côté; ***~ legen*** mettre de côté (*a Geld*)

beisetz|en enterrer; **≈ung** *f* enterrement *m*, funérailles *f/pl*

Beispiel *n* exemple *m*; ***zum ~*** (*abr* z.B.) par exemple (*abr* p. ex.); ***sich ein ~ nehmen an*** prendre exemple sur; **≈haft** exemplaire; **≈los** sans précédent; **≈sweise** par exemple

beiß|en mordre; *Rauch* piquer; *Farben* ***sich ~*** jurer; **~end** âcre; *fig Spott* mordant; **≈zange** *f* pince *f*

Bei|stand *m* assistance *f*, aide *f*; **≈stehen** ***j-m ~*** assister *od* aider qn

beisteuern contribuer (***zu*** à)

Beitrag *m* contribution *f*; *Mitglieds≈* cotisation *f*; **≈en** contribuer (***zu*** à)

bei|treten ***e-r Partei*** *etc* ~ adhérer à *od* entrer dans un parti *etc*; **≈tritt** *m* adhésion *f* (***zu*** à)

Beiwagen *m Motorrad* side-car *m*

Beize *f Holzfarbe* teinture *f*; *Farbentferner* décapant *m*; *Küche* marinade *f*

beizeiten à temps

bejahen répondre par l'affirmative (à); *gutheißen* approuver; **~d** affirmatif

bekämpf|en combattre; lutter contre; **≈ung** *f* lutte *f*; ***die ~ des Terrorismus*** la lutte contre le terrorisme

bekannt connu (***für*** pour); ***mit j-m ~ sein*** connaître qn; ***~ machen*** annoncer, faire connaître, publier; ***j-n mit j-m ~ machen*** présenter qn à qn; ***sich mit etw ~ machen*** se familiariser avec qc; ***~ geben*** publier, rendre public; ***es kommt mir ~ vor*** ça me rappelle qc; ***mir ist ~, dass*** ... je sais que ...; ***~ werden*** *Autor etc* se faire connaître

Bekannte(r) *m, f* (quelqu'un de ma) connaissance *f*

bekannt|lich comme on sait; **≈machung** *f* publication *f*; avis *m*; **≈schaft** *f* connaissance *f*

bekehren convertir (***zu*** à)

bekenn|en confesser, avouer; ***sich zu***

***etw* ~** professer qc; ***sich zu j-m* ~** prendre parti pour qn; ***sich schuldig* ~** se reconnaître coupable; **≈erbrief** *m* lettre *f* de revendication; **≈tnis** *n* confession *f* (*a rel*)
beklagen déplorer; ***sich* ~** se plaindre (***über*** de)
bekleckern F tacher; ***sich* ~** se salir
bekleid|en (re)vêtir (***mit*** de); ***ein Amt* ~** occuper une fonction; **≈ung** *f* vêtements *m/pl*
Beklemmung *f* oppression *f*, serrement *m* de cœur
beklommen angoissé; **≈heit** *f* angoisse *f*
bekloppt F cinglé, timbré, toqué
bekommen recevoir; *oft* avoir; *erlangen* obtenir; *Krankheit* attraper; *Ärger* avoir; ***sie bekommt ein Kind*** elle va avoir un bébé; ***Hunger* ~** commencer à avoir faim; ***Sie* ~ *noch 5 Franc*** je vous dois encore cinq francs; ***j-m* (*gut*) ~** réussir à qn; *Essen* ***das bekommt mir nicht*** je ne supporte pas
bekömmlich digeste, sain
bekräftig|en confirmer; **≈ung** *f* confirmation *f*
bekümmert attristé, affligé
be|kunden manifester; **~lächeln** sourire de; **~laden** charger (***mit*** de)
Belag *m* enduit *m* (*a méd*), couche *f*, revêtement *m*; *Zahn* tartre *m*; *Brot, Kupplung* garniture *f*
Belager|er *mil m* assiégeant *m*; **≈n** assiéger; **~ung** *f* siège *m*; **~ungszustand** *m* état *m* de siège
Belang *m* ***von* ~** d'importance; **~e** *pl* intérêts *m/pl*; **≈en** *jur* (***gerichtlich***) **~** poursuivre (en justice); **≈los** sans importance, futile, insignifiant
belast|bar solide; *Mensch* endurant; **≈barkeit** *f* résistance *f*; **~en** charger (***mit*** de; *a jur*); *Konto* débiter; *Körper* surmener; *seelisch* ***j-n* ~** peser sur qn, accabler qn
belästig|en incommoder, importuner; **≈ung** *f* ennuis *m/pl*; *Störung* dérangement *m*; ***sexuelle* ~** harcèlement *m* sexuel
Belastung *f* charge *f*; *fig* poids *m*; *seelische* stress *m*; *Konto* débit *m*; ***erbliche* ~** tare *f* héréditaire; **~szeuge** *m* témoin *m* à charge
belaufen *sich* ~ *auf* se monter *od* s'élever *od* se chiffrer à
belauschen épier
beleb|en (***sich* ~** s')animer; **~t** *Straße* animé; *Szene* mouvementé
Beleg *m* pièce *f* justificative, document *m*; **≈en** *Platz* marquer; *reservieren* retenir; *Kurs* s'inscrire à; *beweisen* prouver, justifier de; *Brot* garnir; ***den ersten Platz* ~** occuper la première place; **~schaft** *f* personnel *m*
belegt *Zunge* chargé; *Stimme* voilé; *Hotel* complet; *Zimmer*, *tél* occupé; **~es *Brot*** sandwich *m*
belehr|en instruire (***über*** sur); ***j-n e-s Besseren* ~** ouvrir les yeux à qn, détromper qn; **≈ung** *f* instruction *f*
beleidig|en *kränken* vexer, offenser; *beschimpfen* insulter, injurier; **~end** vexant, blessant, outrageant; **~t ~ *sein*** être vexé; **≈ung** *f* offense *f*; injure *f* (*a jur*), insulte *f*
belesen ~ *sein* avoir des lettres
beleucht|en éclairer; *festlich* illuminer; **≈ung** *f* éclairage *m*; illumination *f*
Belgi|en *n* la Belgique; **~er(in *f*)** *m* Belge *m, f*; **≈sch** belge
belicht|en *Foto* exposer; **≈ung** *f* pose *m*, exposition *m*; **≈ungsmesser** *m* posemètre *m*
Belieben *n* ***nach* ~** à volonté, à votre gré, comme il (vous) plaira
beliebig quelconque, n'importe (le)quel; ***jeder* ≈e** n'importe qui; ***in* ~*er Reihenfolge*** dans n'importe quel ordre
beliebt aimé (***bei*** par), populaire; ***sich bei j-m* ~ *machen*** se faire bien voir par qn; **≈heit** *f* popularité *f*
beliefern fournir *od* approvisionner (***mit*** en)
bellen aboyer
belohn|en récompenser (***für*** de *od* pour); **≈ung** *f* récompense *f*
belügen *j-n* ~ mentir à qn; ***ich habe ihn* (*sie*) *belogen*** je lui ai menti
belustig|en (***sich* ~** s')amuser, (se) divertir; **≈ung** *f* amusement *m*, divertissement *m*
be|malen peindre; **~mängeln** critiquer
bemannt *Raumfahrzeug* habité
bemerk|bar *sich* ~ *machen* se faire remarquer; *Sache* se faire sentir; **~en** remarquer (*a äußern*), apercevoir, s'apercevoir de; **~enswert** remarquable; **≈ung** *f* remarque *f*, observation *f*, réflexion *f*

bemitleiden ***j-n*** ~ avoir pitié de qn, plaindre qn; **~swert** pitoyable, digne de pitié
bemüh|en ***sich*** ~ s'efforcer (***zu*** de), se donner du mal *od* de la peine; ***sich um j-n*** ~ prendre soin de qn; ***sich um etw*** ~ faire des efforts pour obtenir qc; ~ ***Sie sich nicht!*** ne vous dérangez pas!; **2ung** *f* effort *m*, peine *f*; ***ärztliche ~en*** soins *m/pl* médicaux
benachbart voisin
benachrichtig|en ***j-n von etw*** ~ informer *od* avertir qn de qc; **2ung** *f* information *f*, avertissement *m*
benachteilig|en ***j-n*** ~ désavantager *od* défavoriser *od* léser qn, porter préjudice à qn; ***~t sich ~ fühlen*** se sentir lésé *od* frustré; **2ung** *f* préjudice *m*; ***soziale*** ~ discrimination *f* sociale
benehmen 1. ***sich*** ~ se conduire, se comporter; **2.** **2** *n* conduite *f*, comportement *m*
beneiden ***j-n um etw*** ~ envier qc à qn; **~swert** enviable
Beneluxländer *pl* ***die*** ~ le Benelux, les pays *m/pl* du Benelux
benommen engourdi, hébété, abasourdi
benoten *Schule* noter
benötigen ***etw*** ~ avoir besoin de qc
benutz|en, benützen utiliser, employer, se servir de; *Weg* emprunter; *Verkehrsmittel* prendre; ***die Gelegenheit*** ~ profiter de l'occasion; **2er** *m* utilisateur *m*; *Verkehrsmittel* usager *m*; *Wörterbuch* lecteur *m*; **~erfreundlich** *Gerät* pratique; *EDV* convivial; **2erhandbuch** *n* manuel *m*; **2eroberfläche** *f* interface *f* d'utilisateur; **2ung** *f* utilisation *f*, emploi *m*, usage *m*
Benzin *n* essence *f*; *Auto* ***kein ~ mehr haben*** tomber en panne sèche; **~kanister** *m* bidon *m* d'essence, jerrycan *m*; **~motor** *m* moteur *m* à essence; **~uhr** *f* jauge *f* d'essence; **~verbrauch** *m* consommation *f* d'essence
beobacht|en observer; **2er(in** *f***)** *m* observateur *m*, -trice *f*; **2ung** *f* observation *f*; *méd* surveillance *f*
bepflanzen ***etw*** ~ planter qc (***mit etw*** en qc)
bequem commode, confortable; *Weg* facile; *Person* qui aime ses aises; ***es sich ~ machen*** se mettre à son aise; ***~en sich zu etw*** ~ daigner faire qc; **2lichkeit** *f* commodité *f*, confort *m*; *Trägheit* paresse *f*; ***alle ~en*** tout le confort
berat|en ***j-n*** ~ conseiller qn; (***sich über***) ***etw*** ~ délibérer sur qc; ***gut*** (***schlecht***) ~ ***sein*** être bien (mal) avisé; **2er** *m* conseiller *m*; **2ung** *f* délibération *f*; *durch j-n* consultation *f*
berauschend enivrant; F ***nicht gerade*** ~ pas formidable
berech|enbar calculable, prévisible; **~nen** calculer; ***j-m etw*** ~ compter qc à qn; **~nend** *péj* calculateur; **2nung** *f* calcul *m* (*a fig*)
berechtig|en autoriser (***zu*** à), donner le droit (***j-n zu*** à qn de); **~t** autorisé (***zu*** à); *begründet* justifié; **2ung** *f* autorisation *f*, droit *m*; bien-fondé *m*
Bereich *m* domaine *m*, sphère *f*
bereicher|n (***sich*** ~ s')enrichir; **2ung** *f* enrichissement *m*
Bereifung *f* pneus *m/pl*
bereinigen *Sache* régler
bereisen *Land* parcourir; *als Vertreter* sillonner
bereit prêt (***zu*** à); ***sich ~ erklären*** se déclarer prêt; **~en** *Sorge etc* causer; *Überraschung* ménager; *Essen* préparer; **~halten** tenir prêt
bereits déjà
Bereitschaft *f* disposition *f* (***zu*** à); **~sdienst** *m* permanence *f*; *méd* service *m* de garde
bereitstellen préparer; mettre à la disposition (***für j-n*** de qn)
bereitwillig empressé; *adv* volontiers
Berg *m* montagne *f*; *fig* ***die Haare stehen einem zu ~e*** cela (vous) fait dresser les cheveux sur la tête; **2ab** en descendant; *fig* ***es geht mit ihm*** ~ sa santé décline; **~arbeiter** *m* mineur *m*; **2auf** en montant; ***es geht wieder*** ~ *comm* les affaires reprennent; *méd* ça va mieux; **~bahn** *f* chemin de fer *m* de montagne; **~bau** *m* industrie *f* minière; **~besteigung** *f* ascension *f*; **~bewohner(in** *f***)** *m* montagnard *m*, -e *f*
bergen sauver; *aus dem Wasser* repêcher; *Tote* dégager; *Sachen* récupérer
Berg|führer *m* guide *m* de (haute) montagne; **~gipfel** *m* sommet *m*; **~hütte** *f* refuge *m*

bergig montagneux
Berg|kette *f* chaîne *f* de montagnes; **~mann** *m* mineur *m*; **~predigt** *rel f* Sermon *m* sur la montagne; **~spitze** *f* sommet *m*, pic *m*; **~steiger(in** *f*) *m* alpiniste *m*, *f*; **~-und-Tal-Bahn** *f* montagnes *f/pl* russes
Bergung *f von Menschen* sauvetage *m*; *von Sachen* récupération *f*; *von Toten* dégagement *m*
Bericht *m* rapport *m*, compte rendu *m*; *erzählend* récit *m*; *Presse* reportage *m*; **2en** ***j-m etw*** *od* ***über etw*** **~** rapporter qc à qn; ***von*** *od* ***über etw*** **~** relater qc, faire le récit de qc; **~erstatter** *m* reporter *m*, correspondant *m*
berichtig|en rectifier, corriger; **2ung** *f* rectification *f*, correction *f*
Berlin Berlin
Berliner *m* Berlinois *m*; *cuis* beignet *m*
Bermuda|s *pl* ***die*** **~** les Bermudes *f/pl*; **~shorts** *pl* bermuda *m*
Bern Berne
Bernstein *m* ambre *m* (jaune)
bersten crever, éclater (*fig* ***vor*** de)
berüchtigt *Ort* mal famé; *Verbrecher* notoire
berücksichtig|en prendre en considération, tenir compte de; **2ung** *f* prise *f* en considération
Beruf *m* profession *f*, métier *m*; ***von*** **~** de son métier
berufen ***j-n zu etw*** **~** appeler *od* nommer qn au poste de ...; ***sich*** **~** ***auf*** se réclamer de; *adj* ***sich zu etw*** **~** ***fühlen*** se sentir appelé à qc
beruflich professionnel; *adv* par sa profession
Berufs|ausbildung *f* formation *f* professionnelle; **~beratung** *f* orientation *f* professionnelle; **2bildend** **~*e Schule*** école *f* professionnelle; **~erfahrung** *f* expérience *f* professionnelle; **~kleidung** *f* vêtements *m/pl* professionnels; **~krankheit** *f* maladie *f* professionnelle; **~möglichkeiten** *f/pl* débouchés *m/pl*; **~schule** *f* école *f* professionnelle; **~soldat** *m* militaire *m* de carrière; **~sportler** *m* professionnel *m*; **2tätig** qui exerce une activité professionnelle; ***die*** **2*en*** les travailleurs *m/pl*; **~verkehr** *m* heures *f/pl* de pointe *od* d'affluence
Berufung *f Ernennung* nomination *f*; *innere* vocation *f*; *jur* appel *m*; **~** ***einlegen*** faire appel
beruhen **~** ***auf*** reposer sur, être basé sur; ***die Sache auf sich*** **~** ***lassen*** laisser l'affaire où elle en est
beruhig|en (***sich*** **~** se) calmer, (s')apaiser, (se) rassurer, (se) tranquilliser; **~end** rassurant; **~t** **~** ***sein*** être rassuré *od* tranquille; **2ung** *f* apaisement *m*; **2ungsmittel** *n* calmant *m*, tranquillisant *m*, sédatif *m*
berühmt célèbre, renommé, fameux; **2heit** *f* célébrité *f* (*a Person*)
berühr|en toucher (*a fig*); *erwähnen* mentionner; **2ung** *f* contact *m*; ***in*** **~** ***kommen*** entrer en contact (***mit*** avec); **2ungsangst** *f* appréhension *f*
besänftigen apaiser, calmer
Besatzung *f aviat*, *mar* équipage *m*; **~smacht** *f* puissance *f* occupante
beschädig|en endommager, abîmer; **2ung** *f* endommagement *m*, dégradation *f*, détérioration *f*
beschaffen procurer, fournir; **2heit** *f* qualité *f*, nature *f*, état *m*
beschäftig|en occuper; *Arbeitskräfte* employer; *Gedanke* ***j-n*** **~** préoccuper qn; ***sich*** **~** ***mit*** s'occuper de; **~t** occupé (***mit etw*** à faire qc); **2ung** *f* occupation *f*; *berufliche* emploi *m*
beschäm|end *schändlich* honteux; *demütigend* humiliant; **~t** honteux, confus; **2ung** *f* honte *f*
beschatten *Personen* surveiller, F filer; *Sport* marquer
beschaulich contemplatif, paisible
Bescheid *m* réponse *f*; ***j-m*** **~** ***geben*** *od* ***sagen*** informer *od* aviser qn; **~** ***wissen*** être au courant (***über*** de); ***abschlägiger*** **~** refus *m*
bescheiden modeste; **2heit** *f* modestie *f*
bescheinig|en certifier, attester; ***hiermit wird bescheinigt, dass*** ... par la présente, il est certifié que ...; **2ung** *f* certificat *m*, attestation *f*
bescheißen P ***j-n*** **~** F rouler qn; ***beschissen werden*** se faire rouler
beschenken ***j-n*** **~** faire un cadeau à qn; ***j-n mit etw*** **~** faire cadeau *od* présent de qc à qn
Bescherung *f* distribution *f* des cadeaux *m/pl*; *fig* F ***da haben wir die*** **~*!*** nous voilà dans de beaux draps!

beschießen bombarder, tirer sur
beschimpf|en insulter, injurier; **2ung** *f* insulte *f*, injure *f*
Beschiss F tromperie *f*; ***das ist ~!*** c'est du vol!
beschissen P emmerdant
Beschlag *m* ferrure *f*; ***in ~ nehmen*** accaparer; **2en** *Pferd* ferrer; *Glas* (***sich***) **~** se couvrir de buée; ***in etw ~ sein*** être fort en qc, être versé dans qc, être ferré sur qc; **2nahmen** saisir, confisquer, réquisitionner
beschleunig|en accélérer; **2ung** *f* accélération *f*
beschließen décider, résoudre (***zu*** de); *beenden* terminer
Beschluss *m* résolution *f*, décision *f*; ***e-n ~ fassen*** prendre une résolution; **2fähig** qui atteint le quorum
be|schmieren barbouiller (***mit*** de); **~schmutzen** (***sich ~*** se) salir *od* souiller
beschneid|en rogner (*a fig*); *rel* circoncire; **2ung** *rel f* circoncision *f*
beschönig|en embellir, enjoliver; **2ung** *f* embellissement *m*; euphémisme *m*
beschränken limiter (***auf*** à), borner, restreindre; ***sich ~ auf*** se borner *od* se limiter à
beschrankt *Bahnübergang* gardé
beschränk|t limité; *geistig* borné, étroit; **2theit** *f* étroitesse *f* (d'esprit); **2ung** *f* limitation *f*, restriction *f*
beschreib|en décrire; *Papier* écrire sur; **2ung** *f* description *f*
beschuldig|en accuser, *jur* inculper (***j-n e-r Sache*** qn de qc); **2ung** *f* accusation *f*
beschütz|en protéger (***vor*** de *od* contre); **2er(in** *f*) *m* protecteur *m*, -trice *f*
Beschwerde *f* réclamation *f*, plainte *f*; **~n** *pl méd* douleur *f*, troubles *m*/*pl*
beschwer|en charger; ***sich ~*** se plaindre (***über*** de; ***bei j-m*** à qn); **~lich** fatigant, pénible
be|schwichtigen apaiser, calmer; **~schwindeln** tromper, duper
beschwipst F gris, éméché
beschwören affirmer par serment, jurer; *anflehen* conjurer; *Geister* évoquer; *bannen* conjurer
beseitig|en supprimer, faire disparaître, enlever, écarter, éloigner; *umbringen* liquider, éliminer; **2ung** *f* suppression *f*, enlèvement *m*, élimination *f*
Besen *m* balai *m*; **~stiel** *m* manche *m* à balai
besessen obsédé (***von*** par), maniaque; *vom Teufel* possédé; ***wie ~*** comme fou
besetz|en occuper; *Kleid* garnir (***mit*** de); **~t** occupé (*a tél*); *Bus*, *Zug* complet; ***~es Gebiet*** territoire occupé; **2ung** *f mil* occupation *f*; *Theater*, *Film* distribution *f*
besichtig|en visiter, aller voir; **2ung** *f* visite *f*
besiedelt ***dicht*** (***dünn***) ***~ sein*** avoir une population dense (clairsemée)
besiegen vaincre
besinn|en ***sich ~*** réfléchir; ***sich auf etw ~*** se rappeler qc; ***sich anders ~*** se raviser; **2ung** *f* connaissance *f*; ***die ~ verlieren*** perdre connaissance; *fig* ***zur ~ kommen*** revenir à la raison; **~ungslos** sans connaissance
Besitz *m* possession *f*; *Eigentum* propriété *f*; ***~ ergreifen von***, ***in ~ nehmen*** prendre possession de; **2en** posséder, avoir; **~er(in** *f*) *m* possesseur *m*; *Inhaber* détenteur *m*, -trice *f*; *Eigentümer* propriétaire *m*, *f*; ***den ~ wechseln*** changer de propriétaire
besonder|e spécial, particulier, exceptionnel; ***etwas 2s*** quelque chose d'exceptionnel; ***nichts 2s*** rien d'extraordinaire; ***im 2n*** en particulier; **2heit** *f* particularité *f*; **~s** spécialement, particulièrement, en particulier, surtout
besonnen réfléchi, pondéré, circonspect; **2heit** *f* réflexion *f*, circonspection *f*
besorg|en *beschaffen* procurer; *sich kümmern* s'occuper de; **2nis** *f* crainte *f*, inquiétude *f*; ***~ erregend*** inquiétant; **~t** inquiet; **2ung** *f* ***~en machen*** faire des courses *od* des commissions *od* des emplettes
bespielen *Tonband etc* enregistrer
besprech|en ***etw ~*** discuter qc; ***sich mit j-m ~*** conférer avec qn (***über etw*** de qc); ***ein Buch ~*** faire la critique d'un livre; **2ung** *f* discussion *f*, conférence *f*; *Zeitungskritik* compte rendu *m*, critique *f*
besser meilleur; *adv* mieux; ***es geht ihm ~*** il va mieux; ***~ gesagt*** ou mieux; ***~ werden*** s'améliorer; ***es ist ~*** il vaut mieux *od* mieux vaut (***zu schweigen als*** ... se taire que de ...); ***immer ~*** de

mieux en mieux; ***um so ~*** tant mieux
besser|n ***sich ~*** s'améliorer; *Wetter a* se remettre au beau; *Person* s'amender; **2ung** *f* amélioration *f*; *méd* rétablissement *m*; ***gute ~!*** bon rétablissement!
Bestand *m* (*Fort*)*Bestehen* existence *f*, durée *f*, continuité *f*; *Tier2* population *f*; *Personal* effectif *m*; *Vorrat* stock *m*; *Kasse* encaisse *f*; ***~ haben*** durer, persister
beständig constant; durable, persistant; continuel, perpétuel; stable (*a Wetter*); **2keit** *f* constance *f*; durée *f*; stabilité *f*
Bestand|saufnahme *f* inventaire *m*; **~teil** *m* partie *f* intégrante, composante *f*, élément *m*
bestärken ***j-n in etw ~*** renforcer qn dans qc
bestätig|en confirmer; *Brief* accuser réception de; ***sich ~*** se confirmer, se vérifier; **2ung** *f* confirmation *f*
bestatt|en inhumer; **2ung** *f* inhumation *f*; **2ungsinstitut** *n* pompes *f*/*pl* funèbres
beste meilleur; ***am ~n*** le mieux; ***sein ~r Freund*** son meilleur ami; ***der erste 2*** le premier venu; ***er ist der 2 in seiner Klasse*** il est le meilleur *od* à la tête de sa classe; ***das 2*** le meilleur; ***sein 2s tun*** faire de son mieux; ***es ist das 2*** *od* ***am ~n, zu*** ... le mieux est de ...; ***j-n zum 2n haben*** se moquer de qn; ***aufs 2*** pour le mieux, au mieux
bestech|en corrompre, acheter; *fig* séduire; **~lich** corruptible; **2ung** *f* corruption *f*; **2ungsgelder** *n*/*pl* pot-de-vin *m*
Besteck *n* couvert *m*
bestehen 1. *Prüfung* réussir; *Kampf* soutenir (avec succès); *existieren* exister; ***auf etw ~*** insister sur qc; ***darauf ~ zu*** ... insister pour ...; ***~ aus*** se composer de; ***darin ~ zu*** ... consister à ...; **2. 2** *n* existence *f*
bestehlen voler (***j-n*** qn)
bestell|en *Waren* commander; *Zimmer* retenir, faire réserver; *Grüße* transmettre; *Feld* cultiver; ***j-n ~*** faire venir qn; **2ung** *f* commande *f*; *comm* ordre *m*
besten|falls (en mettant les choses) au mieux; **~s** pour le mieux
Bestie *f* bête *f* féroce
bestimmen *festlegen* déterminer, fixer; *anordnen* arrêter, décider; ***~ über*** décider *od* disposer de; ***für od zu etw ~*** destiner à qc; ***j-n ~*** désigner qn (***für*** *od* ***zu*** pour); ***j-n ~, etw zu tun*** décider qn à faire qc; ***zu ~ haben*** commander, décider
bestimmt *feststehend* déterminé; *entschieden* décidé, résolu, ferme; *adv sicher* certainement, sûrement; ***in ~en Fällen*** dans certains cas; *gr* ***~er Artikel*** article *m* défini; **2heit** *f Entschlossenheit* détermination *f*, fermeté *f*; *Gewissheit* certitude *f*
Bestimmung *f Vorschrift* disposition *f*, règlement *m*; *Festlegung* détermination *f*, définition *f*; *Zweck2* destination *f*; *Schicksal* destinée *f*; **~sort** *m* destination *f*
Best|leistung *f* record *m*; **2möglich** ***der ~e*** ... le meilleur ... possible
bestraf|en punir; **2ung** *f* punition *f*
bestrahl|en irradier (*a méd*); **2ung** *f* irradiation *f*; *méd a* séance *f* de rayons
bestreichen enduire (***mit*** de); *Brot* tartiner; ***mit Butter ~*** beurrer
be|streiten contester; *Kosten* subvenir à; **~streuen** ***mit etw ~*** répandre qc sur; *cuis* saupoudrer de qc
Bestseller *m* best-seller *m*
bestürmen ***j-n mit Fragen ~*** assaillir, presser qn de questions
bestürz|t consterné (***über*** de), interdit; **2ung** *f* consternation *f*
Besuch *m* visite *f*; *Schule* fréquentation *f*; ***~ haben*** avoir de la visite; ***bei j-m zu ~ sein*** être en visite chez qn; **2en** *hingehen* aller voir; *herkommen* venir voir; *förmlich* rendre visite à; *Schule* fréquenter; *Kurs* suivre; *Museum, Stadt* visiter; **~er(in** *f*) *m* visiteur *m*, -euse *f*; **~szeit** *f* heures *f*/*pl* de visite
besucht ***gut ~*** couru, fréquenté; ***schlecht ~*** peu fréquenté
Betablocker *m* bêta-bloquant *m*
betätig|en *Hebel* actionner; ***sich ~*** s'occuper; ***sich bei etw ~*** prendre part à qc; ***sich politisch ~*** avoir une activité politique; **2ung** *f* activité *f*; *tech* actionnement *m*
betäub|en étourdir; *durch Lärm* abasourdir, assourdir; *méd* anesthésier; **2ung** *f* étourdissement *m*; *méd* anesthésie *f*; **2ungsmittel** *méd n* anesthésique *m*, narcotique *m*

Bete *bot f* ***Rote*** ~ betterave *f* rouge
beteilig|en ***j-n*** ~ faire participer qn (***an*** à); ***sich*** ~ ***an*** *od* ***bei*** participer *od* prendre part à; **~t** concerné, intéressé; ~ ***sein an*** *Unfall*, *Verbrechen* être concerné par; *Unternehmen* être intéressé dans; **&ung** *f* participation *f*
beten prier; ***zu Gott*** ~ prier Dieu
beteuern *Unschuld etc* protester de
Beton *m* béton *m*
beton|en accentuer (*a fig*); **&ung** *f* accentuation *f*
betonieren bétonner
Betracht *m* ***in*** ~ ***ziehen*** prendre en considération *f*; (***nicht***) ***in*** ~ ***kommen*** (ne pas) entrer en ligne de compte; **&en** regarder, contempler; ~ ***als*** considérer comme; **~ung** *f* contemplation *f*; *Erwägung* considération *f*; ***bei näherer*** ~ en y regardant de plus près
beträchtlich considérable
Betrag *m* montant *m*, somme *f*
betragen 1. *Summe* s'élever à, se monter à; *Geschwindigkeit* être de l'ordre de; ***sich*** ~ se conduire, se comporter; **2.** & *n* conduite *f*, comportement *m*
betreffen concerner; ***was ... betrifft*** en ce qui concerne ...; ***was mich betrifft*** quant à moi; *Briefkopf* ***betrifft*** (*abr* betr.) objet; **~d** concerné, en question
betreiben *Gewerbe* exercer; *Studien* faire, poursuivre; *Sport* pratiquer
betreten 1. mettre le pied sur *od* dans; *Raum* entrer dans; *Rasen* marcher sur; **2.** *adj* embarrassé, confus
betreu|en s'occuper de, prendre *od* avoir soin de; **&er** *m Sport* soigneur *m*; *Reisegruppe* accompagnateur *m*; *Ferienlager* moniteur *m*
Betrieb *m Unternehmen* entreprise *f*; *agr* exploitation *f*; *e-r Maschine* marche *f*, fonctionnement *m*; *Treiben* animation *f*, activité *f*; ***in*** ~ ***sein*** être en marche *od* en service; ***in*** ~ ***setzen*** mettre en marche; ***außer*** ~ hors service; ***im Geschäft war viel*** ~ il régnait une grande activité dans le magasin; **&sam** actif
Betriebs|anleitung *f* mode *m* d'emploi; **~ferien** *pl* congés *m/pl* annuels; **~klima** *n* ambiance *f* de l'entreprise; **~kosten** *pl* frais *m/pl* d'exploitation; **~leiter** *m* chef *m* d'entreprise; **~leitung** *f* direction *f*, management *m*; **~rat** *m* comité *m* d'entreprise; **~ratsmitglied** *n* délégué *m* du personnel; **~störung** *f* panne *f od* incident *m* technique; **~system** *EDV n* système *m* d'exploitation; **~wirtschaft** *f* gestion *f* des entreprises
betrinken ***sich*** ~ s'enivrer, se soûler
betroffen bouleversé, consterné; ***sich*** ~ ***fühlen*** se sentir concerné
betrübt triste, affligé
Betrug *m* escroquerie *f*, fraude *f*
betrüg|en tromper, duper (***j-n*** qn), tricher, frauder; **&er(in** *f*) *m* escroc *m*, fraudeur *m*, -euse *f*; **~erisch** frauduleux; *Person* malhonnête
betrunken ivre, soûl
Bett *n* lit *m*; ***das*** ~ ***hüten*** garder le lit; ***zu*** ~ ***gehen*** (aller) se coucher; **~decke** *f* couverture *f* de lit; *Tagesdecke* dessus *m* de lit
betteln mendier (***um etw*** qc)
bett|lägerig alité; **&laken** *n* drap *m* (de lit)
Bettler(in *f*) *m* mendiant *m*, -e *f*
Bett|ruhe *f* ~ ***verordnen*** prescrire un repos complet; **~vorleger** *m* descente *f* de lit; **~wäsche** *f*, **~zeug** *n* draps *m/pl*, literie *f*
betucht F riche
beug|en plier, fléchir, courber; *gr* décliner; *Verb* conjuguer; ***sich*** ~ se pencher; *fig* se soumettre (à)
Beule *f* bosse *f*
beunruhigen (***sich*** ~ s')inquiéter
beurlauben donner un congé à; *Beamten* suspendre de ses fonctions, mettre en disponibilité
beurteil|en juger de, apprécier; **&ung** *f* jugement *m*, appréciation *f*
Beute *f* butin *m*; *e-s Tieres* proie *f*
Beutel *m* sac *m*; *Geld&* bourse *f*; *Känguru* poche *f*; **~chen** *n* sachet *m*
bevölker|n (***sich*** ~ se) peupler (***mit*** de); **~t** ***dicht*** (***schwach***) ~ à population dense (faible); **&ung** *f* population *f*; **&ungsexplosion** *f* poussée *f* démographique
bevollmächtig|en autoriser, donner mandat *od* procuration à; **&te(r)** *m* mandataire *m*
bevor avant que (+ *subj*); avant de (+ *inf*); **~munden** tenir en tutelle; **~stehen** être proche; ***unmittelbar*** ~ être imminent
bevorzug|en préférer, favoriser; **~t**

préféré, favori; ***j-n ~ behandeln*** accorder un traitement de faveur à qn; **²ung** *f* préférence *f* (pour)
bewach|en garder, surveiller; **²ung** *f* garde *f*, surveillance *f*
bewaffn|en (***sich*** ~ s')armer (***mit*** de); **²ung** *f* armement *m*
bewahren garder; ***j-n ~ vor*** préserver qn de
bewähren ***sich*** ~ faire ses preuves
bewähr|t éprouvé; **²ung** *f jur* ***mit*** ~ avec sursis
bewältigen *Arbeit* venir à bout de; *Enttäuschung* surmonter; *Strecke* parcourir; *Vergangenheit* assumer
bewandert ~ ***sein in*** être fort *od* F calé en *od* versé dans
beweg|en remuer, bouger; ***j-n*** ~ *rühren* émouvoir, toucher qn; ***j-n zu etw*** ~ engager *od* déterminer qn à qc; ***sich*** ~ bouger, remuer; **²grund** *m* mobile *m*, motif *m*; **~lich** mobile; *geistig* vif; **²lichkeit** *f* mobilité *f*
beweg|t *Leben* mouvementé, agité (*a Meer*); *gerührt* ému; **²ung** *f* mouvement *m*; *körperliche* exercice *m*; *Rührung* émotion *f*; ***etw kommt in*** ~ il y a du mouvement dans qc; ***in ~ setzen*** mettre en mouvement *od* en marche; **~ungslos** immobile
Beweis *m* preuve *f*; *wissenschaftlicher* démonstration *f*; **²en** prouver; *Lehrsatz* démontrer; *Eifer etc* faire preuve de; **~führung** *f* argumentation *f*, démonstration *f*; **~stück** *jur n* pièce *f* à conviction
bewenden ***es bei etw ~ lassen*** s'en tenir à qc
bewerb|en ***sich ~ um*** poser sa candidature à; ***sich um e-e Stelle ~*** *a* solliciter, postuler un emploi; **²er(in** *f*) *m* candidat *m*, -e *f* (***um*** à); postulant *m*, -e *f*; **²ung** *f* candidature *f*; **²ungsschreiben** *n* lettre *f* de candidature; **²ungsunterlagen** *f/pl* dossier *m* de candidature
bewert|en évaluer; ***e-e Klassenarbeit*** ~ noter une composition; **²ung** *f* évaluation *f*; *Schule*, *Sport* note *f*, points *m/pl*
bewilligen accorder, octroyer; *Rechte* concéder
bewirken produire, provoquer
bewirt|en régaler; **~schaften** exploiter, administrer; **²ung** *f* hospitalité *f*, accueil *m*, service *m*
bewohn|bar habitable; **~en** habiter; **²er(in** *f*) *m* habitant *m*, -e *f*; *Haus*, *Wohnung* occupant *m*, -e *f*
bewölk|t nuageux; **²ung** *f* nuages *m/pl*
Bewunder|er *m*, **~in** *f* admirateur *m*, -trice *f*; **²n** admirer; **²nswert** admirable; **~ung** *f* admiration *f*
bewusst conscient; *absichtlich* voulu, intentionnel; *fraglich* en question; ***j-m etw ~ machen*** faire comprendre qc à qn; ***sich etw ~ machen*** se rendre compte de qc; ***sich e-r Sache ~ sein*** être conscient *od* avoir conscience de qc; ***sich e-r Sache ~ werden*** prendre conscience de qc, se rendre compte de qc; **~los** sans connaissance; ~ ***werden*** perdre connaissance; **²losigkeit** *f* évanouissement *m*; **²sein** *n* conscience *f*; *Besinnung* connaissance *f*; ***das ~ verlieren*** (***wiedererlangen***) perdre (reprendre) connaissance; **~seinsverändernd** *Droge* modifiant le champ de conscience
bezahl|en payer; **~t** ***sich ~ machen*** rapporter, être payant; **²ung** *f* paiement *m*
bezaubernd charmant, ravissant
bezeichn|en *Weg etc* marquer; *benennen* désigner; ~ ***als*** qualifier de; **~end** significatif, caractéristique (***für*** de); **²ung** *f* désignation *f*, qualification *f*; *genaue* spécification *f*
bezeugen témoigner (***etw*** de qc), attester
bezieh|en *Haus*, *Wohnung* aller occuper, s'installer dans; *Waren* acheter, faire venir; *Zeitung* être abonné à; *Gehalt*, *Rente* toucher; ~ ***auf*** rapporter à; ***sich ~ auf*** se rapporter à, se référer à, avoir trait à; *Himmel* ***sich*** ~ se couvrir; ***die Betten*** ~ mettre des draps; **²ung** *f* rapport *m*, relation *f*; ***~en haben*** avoir du piston F; ***in ~ zu etw stehen*** être en rapport avec qc; ***~en zu j-m aufnehmen*** entrer en relations avec qn; ***in dieser*** ~ à cet égard; ***in gewisser*** ~ à certains égards; **²ungskiste** F *f* histoires *f/pl* de cœur; **~ungsweise** respectivement; ou plutôt
Bezirk *m* district *m*; *Stadt*² quartier *m*
Bezug *m* *Überzug* enveloppe *f*; *Bett* draps *m/pl*; *Waren* achat *m*; *Zeitung* abonnement *m*; *Beziehung* rapport *m*

(***zu*** avec); ***Bezüge*** *pl Gehalt* appointements *m/pl*; ***in ~ auf*** par rapport à, relativement à, concernant; ***~ nehmen auf*** se référer à

Bezugnahme *f* référence *f*; ***unter ~ auf*** (en) nous référant à

Bezugsperson *psych f* personne *f* de référence

be|zwecken avoir pour but; **~zweifeln** douter de

BH *m* soutien-gorge *m*

Bibel *f* Bible *f*; *als Buch* bible *f* (*a fig*)

Biber *zo m* castor *m*

Bibliothek *f* bibliothèque *f*; **~ar(in** *f*) *m* bibliothécaire *m, f*

biblisch biblique; ***~e Geschichte*** histoire sainte

bieder brave, honnête; **Ձkeit** *f* honnêteté *f*, bonhomie *f*

bieg|en plier, courber; ***um die Ecke ~*** tourner le coin de la rue; **~sam** pliable, flexible, souple; **Ձsamkeit** *f* flexibilité *f*; **Ձung** *f* courbure *f*, coude *m*; *Straße* tournant *m*

Biene *f* abeille *f*

Bienen|königin *f* reine *f*; **~stock** *m* ruche *f*; **~zucht** *f* apiculture *f*

Bier *n* bière *f*; ***helles*** (***dunkles***) ~ bière blonde (brune); ⚠ ***la*** bière; **~brauer** *m* brasseur *m*; **~deckel** *m* dessous *m* de bock; **~krug** *m* chope *f*

Biest *n fig* F peau *f* de vache; ***kleines ~*** petite peste *f*

bieten offrir; ***sich ~*** se présenter; ***sich etw nicht ~ lassen*** ne pas se laisser marcher sur les pieds

Bikini *m* bikini *m*

Bilanz *f* bilan *m*; *Handels*Ձ balance *f*; *fig* ***die ~ ziehen aus*** faire le bilan de

Bild *n* image *f*; *Gemälde* tableau *m*; *Foto* photo *f*; ***sich ein ~ machen von*** se faire une idée de; ***im ~e sein*** être au courant (***über*** de); **~berichterstatter** *m* reporter-photographe *m*, photo-reporter *m*

bilden former; *ausmachen* constituer; ***sich ~*** se former; *geistig a* se cultiver, s'instruire; **~d** éducatif, instructif; ***~e Kunst*** arts *m/pl* plastiques

Bilder|buch *n* livre *m* d'images; **~galerie** *f* galerie *f* de tableaux; **~rahmen** *m* cadre *m*; **~rätsel** *n* rébus *m*; **~stürmer** *m* iconoclaste *m*

Bild|fläche *f fig* ***auf der ~ erscheinen*** faire son apparition; ***von der ~ verschwinden*** s'éclipser, disparaître de la circulation; **~hauer** *m* sculpteur *m*; **Ձlich** *figurativ* figuratif; *übertragen* figuré, métaphorique; **~nis** *n* portrait *m*; **~platte** *f* vidéodisque *m*; **~röhre** *TV f* tube *m* cathodique; **~schirm** *m* écran *m*; **~schirmarbeitsplatz** *m* poste *m* de travail; **~schirmschoner** *m* économiseur *m* d'écran; **~schirmtext** *m* minitel *m*; **Ձschön** ravissant, magnifique; **~störung** *TV f* coupure *f*; **~telefon** *n* vidéophone *m*

Bildung *f* formation *f*; *geistige a* culture *f*; *Schul*Ձ éducation *f*, instruction *f*; ***humanistische ~*** formation *f* classique; **~slücke** *f* lacune *f*; **~sreform** *f* réforme *f* de l'enseignement; **~surlaub** *m* congé-formation *m*; **~sweg** *m* formation *f*; ***auf dem zweiten ~*** en cycle de formation parallèle; **~swesen** *n* enseignement *m*

Bildunterschrift *f* légende *f*

Billard *n* billard *m*; **~kugel** *f* bille *f*; **~stock** *m* queue *f*

billig bon marché; ***~er*** meilleur marché; ***recht und ~*** juste et équitable; **~en** approuver; **Ձung** *f* approbation *f*

Billion *f* billion *m*

Bimsstein *m* pierre *f* ponce

binär binaire

Binde *f* bande *f*; *Verband* bandage *m*; *Arm*Ձ écharpe *f*; *Monats*Ձ serviette *f* hygiénique; **~gewebe** *n* tissu *m* conjonctif; **~glied** *n* lien *m*; **~haut** *f* conjonctive *f*; **~hautentzündung** *méd f* conjonctivite *f*

binden attacher (***an*** à); *Krawatte* nouer; *Buch* relier; *verpflichten* engager, lier; ***sich ~*** s'engager, se lier **~d** obligatoire, qui engage

Binde|strich *m* trait *m* d'union; **~wort** *gr n* conjonction *f*

Bindfaden *m* ficelle *f*

Bindung *f innere* lien *m*; *vertragliche* engagement *m*; *chim, phys, Phonetik* liaison *f*; *Schi* fixation *f*

Binnen|hafen *m* port *m* fluvial; **~handel** *m* commerce *m* intérieur; **~markt** *m* marché *m* intérieur; ***Europäischer ~*** Marché *m* unique; **~schifffahrt** *f* navigation *f* fluviale; **~verkehr** *m* circulation *f* intérieure

Binse *bot f* jonc *m*; *fig* ***in die ~n gehen*** F

être foutu *od* fichu; **~nwahrheit** *f* vérité *f* de la Palice
Bio|chemie *f* biochimie *f*; **2dynamisch** *agr* biodynamique; **~grafie** *f* biographie *f*; **2grafisch** biographique; **~laden** *m* magasin *m* de produits écologiques; **~loge** *m*, **~login** *f* biologiste *m, f*; **~logie** *f* biologie *f*; *Schulfach* sciences *f/pl* naturelles; **2logisch** biologique; **~ *abbaubar*** biodégradable; **~rhythmus** *m* biorythme *m*; **~technik** *f* biotechnologie *f*; **~top** *biol m od n* biotope *m*
Birke *bot f* bouleau *m*
Birnbaum *bot m* poirier *m*
Birne *f bot* poire *f*; *Glüh2* ampoule *f*
bis 1. *prép* ~ (**an**, **in**, **nach**, **zu**) jusqu'à (*vor anderer prép als „à"* jusque); **von ... ~** de ... à; **~ *auf*** *außer* sauf, à ... près; **~ *auf weiteres*** jusqu'à nouvel ordre; **~ *Ende Januar*** jusqu'à fin janvier; **~ *heute*** jusqu'aujourd'hui *od* jusqu'à aujourd'hui; **~ *vor wenigen Jahren*** jusqu'à il y a quelques années; **~ *jetzt*** jusqu'à présent; **~ *wann?*** jusqu'à quand?; **~ *1715*** jusqu'en 1715; **~ *hierher*** jusqu'ici; **~ *dahin*** jusque-là; *zeitlich a* d'ici là; **~ *nach Hause*** jusque chez lui; **~ *an den Rand*** jusqu'au bord; **~ *zum Bahnhof*** jusqu'à la gare; **~ *gleich!*** à tout à l'heure!; **~ *morgen!*** à demain!; ***zwei ~ drei Tage*** deux ou trois jours; ***von 1939 ~ 1945*** de 1939 à 1945; **2.** *conj* jusqu'à ce que (+ *subj*); ***bleib, ~ ich zurückkomme*** reste jusqu'à ce que je revienne; ***warten ~ ...*** attendre que ... (+ *subj*)
Bischof *m* évêque *m*
bisexuell bisexuel
bisher jusqu'à présent; **~ig** qui a été jusqu'à présent, précédent
Biskaya *f* golfe *m* de Gascogne
Biskuit *n* biscuit *m* de Savoie
Biss *m* morsure *f*; **~ *haben*** avoir du mordant
bisschen ***ein ~*** un peu (de ...); ***ein kleines ~*** un tout petit peu; ***ein ~ schneller*** un peu plus vite
Bissen *m* bouchée *f*
bissig *fig* hargneux, mordant; ***~er Hund!*** chien méchant!
Bistum *n* évêché *m*
bisweilen parfois
Bit *EDV n* bit *m*
Bitte *f* prière *f*, demande *f* (**um** de); ***ich habe e-e ~ an dich*** il faut que je te demande qc
bitte s'il vous plaît *od* s'il te plaît; *auf Dank* (il n'y a) pas de quoi, je vous en prie; *auf Entschuldigung* il n'y a pas de mal, ce n'est rien; (***wie***) ***~?*** comment?, pardon?
bitten ***j-n um etw ~*** demander qc à qn; ***j-n ~, etw zu tun*** prier qn de faire qc, demander à qn de faire qc; ***darf ich ~?*** *Tanz* est-ce que vous voulez m'accorder cette danse?
bitter amer (*a fig*); *Kälte* rigoureux; *Armut* extrême; **2keit** *f* amertume *f* (*a fig*)
Bizeps *m* biceps *m*
Black-out *m* absence *f*
Blähung *méd f* vent *m*, ballonnement *m*
Blamage *f* honte *f*; ***es ist e-e ~ für ihn*** il s'est rendu ridicule en faisant cela
blamieren ***j-n ~*** ridiculiser qn; ***sich ~*** se rendre ridicule, se couvrir de honte; ⚠ *nicht* **blâmer**
blank luisant; *sauber* propre; *Draht* nu; *Gefühl* pur; *ohne Geld* F fauché
Blankoscheck *m* chèque *m* en blanc
Bläschen *n méd* vésicule *f*; *Luft2* petite bulle *f*
Blase *f Luft2* bulle *f*; *Haut2* cloque *f*, ampoule *f*; *Harn2* vessie *f*; **~balg** *m* soufflet *m*
blasen souffler; *Blasinstrument* jouer de; **2entzündung** *méd f* cystite *f*
blasiert blasé, hautain, snob
Blas|instrument *n* instrument *m* à vent; **~kapelle** *f* fanfare *f*, harmonie *f*; **~rohr** *n* sarbacane *f*
blass pâle, blême; **~ *werden*** pâlir
Blässe *f* pâleur *f*
Blatt *n* feuille *f* (*bot u Papier*); *Zeitung* journal *m*; *Säge* lame *f*
blättern feuilleter (***in etw*** qc); *EDV* dérouler; ***nach oben ~*** faire défiler vers le haut; ***nach unten ~*** faire défiler vers le bas
Blätterteig *m* pâte *f* feuilletée
blau bleu; *fig Auge* au beurre noir; F *betrunken* ivre, soûl, noir F, rond F; ***~er Fleck*** bleu *m*; **~äugig** aux yeux bleus; *fig* naïf; **2beere** *bot f* myrtille *f*; **~grau** gris bleuâtre; **2helme** *pl* Casques *m/pl* bleus
bläulich bleuâtre
Blau|licht *n* gyrophare *m*; **~säure** *chim*

f acide *m* cyanhydrique *od* prussique; **~strumpf** *m fig* bas *m* bleu

Blech *n* tôle *f*; *Weiß*2 fer-blanc *m*; **~büchse** *f*, **~dose** *f* boîte *f* en fer-blanc

blech|en *zahlen* F cracher, casquer; **~ern** en tôle *od* en fer-blanc; *Klang* de casserole; **2schaden** *auto m* tôles *f/pl* froissées

Blei *n* plomb *m*

bleiben rester, demeurer; **~** ***bei*** *beharren* persister dans; ***es bleibt dabei*** c'est entendu; ***bitte ~ Sie am Apparat!*** ne quittez pas!; **~** ***lassen*** ne pas faire; **~d** durable

bleich blême, pâle; **~** ***werden*** pâlir; **~en** blanchir; *Haare* décolorer; **2gesicht** *n fig* visage *m* pâle

blei|ern de plomb (*a fig*); **~frei** *Benzin* sans plomb; **~haltig** plombifère

Bleistift *m* crayon *m*; **~spitzer** *m* taille-crayon *m*

Blende *f Foto* diaphragme *m*; **2n** éblouir (*a fig*), aveugler; **2nd** *fig* fantastique; **~** ***aussehen*** respirer la santé

Blick *m* regard *m*; *flüchtiger* coup *m* d'œil; *Aussicht* vue *f* (***auf*** sur); ***auf den ersten ~*** du premier coup d'œil; ***Liebe auf den ersten ~*** coup *m* de foudre; **2en** regarder (***auf etw*** qc); ***sich ~ lassen*** se montrer; **~fang** *m* ***das ist ein ~*** cela accroche les regards; **~punkt** *m Gesichtspunkt* point *m* de vue; ***im ~ stehen*** être au centre de l'intérêt

blind aveugle (*a fig*); **~** ***werden*** devenir aveugle, perdre la vue; ***auf einem Auge ~*** borgne; **~*****er Alarm*** fausse alerte *f*; **~*****er Passagier*** passager *m* clandestin

Blinddarm *m* appendice *m*; **~entzündung** *f* appendicite *f*

Blinde|(r) *m,f* aveugle *m,f*; **~nschrift** *f* écriture *f* braille; ***in ~*** en braille

Blind|flug *m* vol *m* sans visibilité; **~heit** *f* cécité *f*; *fig* aveuglement *m*; **2lings** aveuglément; **~schleiche** *zo f* orvet *m*

blink|en *auto etc* clignoter; *funkeln* étinceler; **2er** *m*, **2licht** *n* clignotant *m*

blinzeln cligner des yeux

Blitz *m* éclair *m*; *~schlag* foudre *f*; *Foto* flash *m*; **~ableiter** *m* paratonnerre *m*; **2en** ***es blitzt*** il y a *od* il fait un éclair (des éclairs); **~gerät** *n* flash *m*; **~krieg** *m* guerre *f* éclair; **~licht** *n* flash *m*; **~lichtwürfel** *m* flash-cube *m*; **~schlag** *m* foudre *f*; **2schnell** rapide comme l'éclair

Block *m* bloc *m*; *Notiz*2 bloc-notes *m*; *Häuser*2 pâté *m* de maisons, îlot *m*; **~ade** *f* blocus *m*; **~flöte** *mus f* flûte *f* à bec; **~freiheit** *pol f* non-alignement *m*; **~haus** *n* cabane *f* en rondins; **2ieren** bloquer; **~schrift** *f* caractères *m/pl* d'imprimerie

blöd|e stupide, bête, idiot; **2heit** *f* stupidité *f*, bêtise *f*; **2sinn** *m* idiotie(s) *f(pl)*, bêtise(s) *f(pl)*; **~sinnig** idiot

blond blond; **2ine** *f* blonde *f*

bloß 1. *adj alleinig* seul, simple; *unbedeckt* nu; **2.** *adv* seulement, uniquement, simplement, ne ... que

Blöße *f Nacktheit* nudité *f*; *fig* ***sich e-e ~ geben*** donner prise sur soi, prêter le flanc

bloßstellen compromettre

Blue Jeans *f* blue-jean *m*; ⚠ ***le*** blue-jean

blühen être en fleur(s); *a fig* fleurir; *fig* être florissant, prospérer; ***ihm blüht etw*** il va lui arriver qc; **~d** en fleur(s), fleuri; *fig* florissant

Blume *f* fleur *f*; *Wein* bouquet *m*; *Bier* mousse *f*; *fig* ***durch die ~*** à mots couverts, à demi-mot

Blumen|geschäft *n* fleuriste *m*; **~händler(in** *f***)** *m* fleuriste *m,f*; **~kohl** *m* chou-fleur *m*; **~strauß** *m* bouquet *m* de fleurs; **~topf** *m* pot *m* de fleurs

Bluse *f* corsage *m*; *langärmelig* chemisier *m*; ⚠ *nicht* ***blouse***

Blut *n* sang *m*; ***nur ruhig ~!*** du calme!

Blut|armut *méd f* anémie *f*; **~bad** *n* massacre *m*, carnage *m*; **~bank** *f* banque *f* du sang; **2beschmiert** couvert *od* taché de sang; **~druck** *m* tension *f* artérielle

Blüte *f* fleur *f*; *Blütezeit* floraison *f*; *fig* apogée *m*

Blutegel *zo m* sangsue *f*

bluten saigner

Blüten|blatt *n* pétale *m*; **~staub** *m* pollen *m*

Blutentnahme *méd f* prélèvement *m* sanguin, prise *f* de sang

Bluter *méd m* hémophile *m*

Bluterguss *méd m* hématome *m*

Blütezeit *f* floraison *f* (*a fig*); *fig* apogée *m*

Blut|gefäß *n* vaisseau *m* sanguin;

B

~gruppe *f* groupe *m* sanguin; **&ig** sanglant, ensanglanté; **~konserve** *f* poche *f* de sang; **~körperchen** *n* globule *m* du sang; **~kreislauf** *m* circulation *f* du sang; **~probe** *f* prise *f* de sang; **~rache** *f* vendetta *f*; **&rot** rouge sanguin; **&rünstig** sanguinaire; **~spender(in** *f*) *m* donneur *m*, -euse *f* de sang; **&stillend ~es Mittel** hémostatique *m*; **~übertragung** *f* transfusion *f* sanguine; **~ung** *f* saignement *m*; *stärker* hémorragie *f*; **~vergießen** *n* effusion *f* de sang; **~vergiftung** *f* septicémie *f*; **~wurst** *f* boudin *m*
BLZ *f* code *m* banque
BMX-Rad *n* bicross *m*
Bö *f* rafale *f*
Bob *Sport m* bob(sleigh) *m*
Bock *m* mâle *m*; *Ziegen&* bouc *m*; *Schaf&* bélier *m*; *Reh&* chevreuil *m* mâle; *Kutscher&* siège *m*; *Gestell* chevalet *m*, tréteau *m*; *Sport* cheval *m* de bois; F ***keinen ~ haben*** avoir la flemme; F ***~ auf etw haben*** avoir envie de qc; *fig* ***e-n ~ schießen*** commettre une gaffe; ***null ~!*** F ralbol!
bock|en *Motor* cafouiller; *Pferd* se cabrer; *schmollen* bouder; **~ig** obstiné, têtu; **&springen** *n Spiel* saute-mouton *m*; **&sprung** *m* cabriole *f*; **&wurst** *f* saucisse *f* de Francfort
Boden *m* sol *m*, terre *f*; *Fass, Flasche etc* fond *m*; *Fuß&* plancher *m*; *Dach&* grenier *m*; **&los** *fig* inouï, énorme; **~personal** *aviat n* personnel *m* au sol; **~reform** *f* réforme *f* agraire; **~satz** *m* dépôt *m*, fond *m*; **~schätze** *m/pl* ressources *f/pl od* richesses *f/pl* naturelles *od* du sous-sol; **~see** *m* lac *m* de Constance; **~station** *f Raumfahrt* station *f* terrestre; **~turnen** *n Sport* exercices *m/pl* au sol
Body *m* body *m*, justaucorps *m*
Bodybuilding *n* culturisme *m*, musculation *f*
Bogen *m Krümmung* courb(ur)e *f*; *Waffe, arch, math* arc *m*; *Brücken&* arche *f*; *Wölbung* cintre *m*; *Geigen&* archet *m*; *Papier&* feuille *f*; **~schütze** *m* archer *m*
Bohne *bot f* haricot *m*; *Kaffee&* grain *m*; ***grüne ~n*** haricots verts; ***weiße ~n*** haricots secs; **~nstange** *f* échalas *m* (*a fig*)
bohr|en percer, creuser; *tech* forer; *Zahnarzt* passer la roulette; **&er** *m* foret *m*, mèche *f*; *Nagel&* vrille *f*; *Zahnarzt* fraise *f*; **&insel** *f* plate-forme *f* de forage; **&loch** *n Öl* puits *m*; **&maschine** *f* perceuse *f* (électrique); **&turm** *m Öl* derrick *m*; **&ung** *f* forage *m*; *Motor* alésage *m*
Boiler *m* chauffe-eau *m*
Boje *mar f* bouée *f*, balise *f*
Bolivien *n* la Bolivie
Bolzen *tech m* boulon *m*
bombardieren bombarder; ***mit Fragen ~*** assaillir de questions
Bombe *f* bombe *f*
Bomben|angriff *m* bombardement *m*; **~anschlag** *m* attentat *m* à la bombe (***auf*** contre); **~erfolg** *m* F succès *m* fou; **&sicher** à l'épreuve des bombes; *fig* sûr et certain
Bon *m* bon *m*; *Kassenzettel* ticket *m* de caisse
Bonbon *m, n* bonbon *m*
Bonsai *m* bonsaï *m*
Bonus *m* bonus *m*
Boot *n* bateau *m*, canot *m*; *Kahn* barque *f*
booten *EDV* booter
Bord[1] *mar, aviat* ***an ~*** à bord; ***an ~ gehen*** aller à bord, s'embarquer; ***von ~ gehen*** débarquer; ***über ~*** par-dessus bord
Bord[2] *n Wandbrett* étagère *f*
Bordell *n* maison *f* de prostitution, maison *f* close; *péj* bordel *m*
Bord|funker *m* radio *m* de bord; **~karte** *aviat f* carte *f* d'embarquement; **~stein** *m* pierre *f* de bordure
borgen ***j-m etw ~*** prêter qc à qn; (***sich***) ***etw bei od von j-m ~*** emprunter qc à qn
borniert borné; **&heit** *f* étroitesse *f* d'esprit *od* de vues
Börse *f écon* Bourse *f*; *Geld&* porte-monnaie *m*, bourse *f*
Börsen|bericht *m* bulletin *m* de la Bourse; **~krach** *m* krach *m* (boursier); **~kurs** *m* cours *m* de la Bourse; **~makler** *m* agent *m* de change; **~notierung** *f* cotation *f* en Bourse; **~papiere** *n/pl* valeurs *f/pl* boursières; **~spekulant** *m* spéculateur *m* en Bourse
Borste *f* poil *m*; *Schwein* soie *f*
Borte *f* bordure *f*, galon *m*
bösartig méchant; *méd* malin (*f* maligne)
Böschung *f* talus *m*; *Ufer&* berge *f*

böse 1. mauvais; *boshaft* méchant; *verärgert* fâché; ***j-m** od **auf j-n** ~ **sein*** en vouloir à qn; **2.** **ℒ(s)** *n* mal *m*; **ℒwicht** *m* méchant *m*
bos|haft méchant; **ℒheit** *f* méchanceté *f*, malignité *f*
Bosnien *n* la Bosnie; **~-Herzegowina** *n* la Bosnie-Herzégovine
bosnisch bosniaque
Bosporus *m* Bosphore *m*
böswillig malveillant
Botani|k *f* botanique *f*; **~ker(in** *f*) *m* botaniste *m*, *f*; **ℒsch** botanique
Bot|e *m* messager *m*; *Laufbursche* garçon *m* de course; **~engang** *m* course *f*; **~schaft** *f* message *m*; *pol* ambassade *f*; **~schafter(in** *f*) *m* ambassadeur *m*, -drice *f*
Bottich *m* cuve *f*
Bouillon *f* consommé *m*, bouillon *m*; ⚠ ***le*** bouillon
Bowle *f* punch *m* froid
box|en boxer; **ℒen** *n* boxe *f*; ⚠ ***la*** boxe; **ℒer** *m* boxeur *m*; **ℒershorts** *pl* boxer-short *m*; **ℒhandschuh** *m* gant *m* de boxe; **ℒkampf** *m* match *m od* combat *m* de boxe; **ℒsport** *m* boxe *f*
Boykott *m* boycottage *m*; **ℒieren** boycotter
Brainstorming *n* brainstorming *m*, remue-méninges *m*
Branche *f* branche *f*; **~nverzeichnis** *tél n* annuaire *m* des professions; F pages *f*/*pl* jaunes
Brand *m* incendie *m*; ⚠ ***un*** incendie; *méd* gangrène *f*; ***in ~ stecken*** mettre le feu à, incendier; ***in ~ geraten*** prendre feu; **~blase** *f* cloque *f*; **~bombe** *f* bombe *f* incendiaire
branden *Meer* se briser (***gegen*** contre); déferler (*a fig*)
Brandenburg *n* le Brandebourg
Brand|fleck *m* brûlure *f*; **ℒmarken** *fig* stigmatiser; **~schaden** *m* dégâts *m*/*pl* causés par l'incendie; **~stifter(in** *f*) *m* incendiaire *m*, *f*; **~stiftung** *f* incendie *m* criminel; **~teig** *cuis m* pâte *f* à choux; **~ung** *f* déferlement *m*, ressac *m*; **~wunde** *f* brûlure *f*
Branntwein *m* eau-de-vie *f*
Brasilian|er(in *f*) *m* Brésilien *m*, -ne *f*; **ℒisch** brésilien
Brasilien *n* le Brésil
braten 1. (faire) rôtir, (faire) cuire; *in schwimmendem Fett* (faire) frire; *auf dem Rost* (faire) griller; **2.** **ℒ** *m* rôti *m*; **ℒsoße** *f* sauce *f* de rôti
Brat|fisch *m* poisson *m* frit; **~huhn** *n* poulet *m* rôti; **~kartoffeln** *f*/*pl* pommes *f*/*pl* de terre sautées; **~pfanne** *f* poêle *f* (à frire); **~rost** *m* gril *m*
Bratsche *mus f* alto *m*
Bratwurst *f* saucisse *f* grillée
Brauch *m* usage *m*; **ℒbar** utile, utilisable
brauchen *nötig haben* avoir besoin de; *gebrauchen* se servir de; *Zeit meist* mettre; ***ich brauche etw*** *a* il me faut qc; ***wie lange wird er ~?*** combien de temps lui faudra-t-il?; ***du brauchst es nur zu sagen*** tu n'as qu'à le dire, il suffit de le dire; ***er hätte nicht zu kommen ~*** il n'aurait pas eu besoin de venir
Braue *f* sourcil *m*
brau|en *Bier* brasser; **ℒer** *m* brasseur *m*; **ℒerei** *f* brasserie *f*
braun brun, marron; *von der Sonne* bronzé; ***~ werden*** *von der Sonne* bronzer
Bräune *f Haut* bronzage *m*, hâle *m*; **ℒn** brunir; *Sonne* bronzer
Braunkohle *f* lignite *m*
bräunlich brunâtre
Brause *f Dusche* douche *f*; *Gießkanne* pomme *f* d'arrosoir
brausen *Wind, Wasser* mugir; *Fahrzeug* passer en trombe; (***sich***) *~ duschen* se doucher
Braut *f* fiancée *f*; *am Hochzeitstag* mariée *f*
Bräutigam *m* fiancé *m*; *am Hochzeitstag* marié *m*
Braut|jungfer *f* demoiselle *f* d'honneur; **~kleid** *n* robe *f* de mariée; **~paar** *n* fiancés *m*/*pl*; *am Hochzeitstag* mariés *m*/*pl*
brav brave, honnête; *Kind* sage, gentil
BRD *f* R.F.A. *f* (= République fédérale d'Allemagne)
brechen *etw* casser (*von selber* se casser); rompre (*a Vertrag, Schweigen*); briser (*a Widerstand*); *Rekord* battre; *sich erbrechen* vomir; *fig* ***mit j-m ~*** rompre avec qn; ***sich den Arm ~*** se casser *od* se fracturer le bras; ***sich ~*** *Wellen* se briser; *Strahlen* être réfracté
Brech|mittel *méd n* vomitif *m*; **~reiz** *m* nausée *f*, envie *f* de vomir; **~stange** *f*

pince *f* monseigneur; **~ung** *f Optik* réfraction *f*
Brei *m* purée *f*, bouillie *f*
breit large; ***2 Meter*** **~** large de 2 mètres; ***weit und*** **~** à perte de vue; ***sich ~ machen*** occuper beaucoup de place
Breit|e *f* largeur *f*; *géogr* latitude *f*; **~engrad** *m* degré *m* de latitude, parallèle *m*; **&schlagen** F ***j-n*** **~** finir par persuader qn; **&treten** F rabâcher; **~wand** *f* grand écran *m*
Bremen Brême
Bremsbelag *auto m* garniture *f* de frein
Bremse *f* **1.** *tech* frein *m*; **2.** *zo* taon *m*
bremsen freiner (*a fig*)
Brems|kraftverstärker *m* servo-frein *m*; **~leuchte** *f* feu *m* de stop; **~pedal** *n* pédale *f* de frein; **~spur** *f* trace *f* de freinage; **~weg** *m* distance *f* de freinage
brenn|bar combustible, inflammable; **&element** *n* élément *m* combustible; **~en** brûler; *Lampe* être allumé; *Branntwein* distiller; *Wunde, Ziegel etc* cuire; ***mir ~ die Augen*** j'ai les yeux qui piquent; *fig* ***darauf ~, etw zu tun*** brûler de faire qc; **&er** *tech m* brûleur *m*
Brenn|holz *n* bois *m* de chauffage; **~nessel** *bot f* ortie *f*; **~punkt** *m phys* foyer *m*; *fig* centre *m*; **~spiritus** *m* alcool *m* à brûler; **~stab** *m* barre *f* de combustible; **~stoff** *m* combustible *m*
brenzlig *fig* critique, dangereux; **~ *werden*** *a* sentir le roussi
Breton|e *m*, **~in** *f* Breton *m*, -ne *f*; **&isch** breton
Brett *n* planche *f*; *Spiel&* damier *m*; *Schach&* échiquier *m*; ***schwarzes*** **~** tableau *m* d'affichage; **~erzaun** *m* clôture *f* en planches, palissade *f*
Brief *m* lettre *f*; **~beschwerer** *m* presse-papiers *m*; **~bogen** *m* feuille *f* de papier à lettres; **~bombe** *f* lettre *f* piégée; **~freund(in** *f*) *m* correspondant *m*, -e *f*; **~kasten** *m* boîte *f* aux lettres; ***elektronischer*** **~** boîte *f* aux lettres électronique; **&lich** par lettre(s); **~marke** *f* timbre(-poste) *m*; ***~n sammeln*** collectionner des timbres; **~markensammler(in** *f*) *m* philatéliste *m,f*; **~öffner** *m* coupe-papier *m*; **~papier** *n* papier *m* à lettres; **~tasche** *f* portefeuille *m*; **~taube** *f* pigeon *m* voyageur; **~träger(in** *f*) *m* facteur *m*, factrice *f*; *amtlich* préposé *m*, -e *f*; **~umschlag** *m* enveloppe *f*; **~waage** *f* pèse-lettre *m*; **~wechsel** *m* correspondance *f*
Brille *f* lunettes *f/pl*; ***e-e*** **~** une paire de lunettes; **~netui** *n* étui *m* à lunettes; **~nträger(in** *f*) *m* **~ *sein*** porter des lunettes
bringen *hin~* porter; *her~* apporter, amener; *begleiten* emmener, accompagner, conduire (***zum Bahnhof*** à la gare); *veröffentlichen* publier; *Kino, TV* passer; *Gewinn* rapporter; ***Glück*** **~** porter bonheur; ***auf die Seite*** **~** mettre de côté; ***in Erfahrung*** **~** apprendre; ***etw mit sich*** **~** entraîner qc; ***j-n um etw*** **~** faire perdre qc à qn, frustrer qn de qc; ***ums Leben*** **~** tuer; ***j-n dazu ~, etw zu tun*** amener qn à faire qc; ***zum Lachen*** **~** faire rire; ***es zu etw*** **~** réussir dans la vie; ***j-n auf e-e Idee*** **~** donner une idée à qn
Brise *mar f* brise *f*
Brit|e *m*, **~in** *f* Britannique *m,f*; **&isch** britannique
bröckel|ig friable; **~n** s'effriter
Brocken *m* morceau *m*; *fig* ***ein paar*** **~** (***Englisch***) quelques bribes *f/pl* (d'anglais); F ***ein harter*** **~** un sacré morceau
Brokkoli *pl* brocoli *m*
brodeln bouillonner
Brombeere *bot f* mûre *f*
Bronch|ien *f/pl* bronches *f/pl*; **~itis** *méd f* bronchite *f*
Bronze *f* bronze *m*; ⚠ ***le*** bronze
Brosche *f* broche *f*
Broschüre *f* brochure *f*
Brot *n* pain *m*; ***schwarzes*** **~** pain *m* bis; ***sein ~ verdienen*** gagner son pain *od* sa vie
Brötchen *n* petit pain *m*; ***belegtes*** **~** sandwich *m*
Brot|erwerb *m* gagne-pain *m*; **&los ~ *werden*** perdre son gagne-pain; ***~e Kunst*** métier *m* peu lucratif; **~rinde** *f* croûte *f* de pain; **~schneidemaschine** *cuis f* machine *f* à trancher; **~schnitte** *f* tranche *f* de pain; *bestrichene* tartine *f*
Bruch *m* rupture *f* (*a fig*); *~stelle* cassure *f*; *Knochen&* fracture *f*; *Eingeweide&* hernie *f*; *math* fraction *f*
brüchig fragile, cassant
Bruch|rechnung *f* calcul *m* des fractions; **~strich** *m* barre *f* de fraction;

~stück *n* fragment *m*; **~teil** *m* fraction *f*; ***im ~ e-r Sekunde*** en une fraction de seconde; **~zahl** *f* nombre *m* fractionnaire
Brücke *f* pont *m*; *Teppich* carpette *f*; *mar* passerelle *f*
Bruder *m* frère *m*; *Kerl* F type *m*
brüder|lich fraternel; **~lichkeit** *f* fraternité *f*; **~schaft** *f* fraternité *f* (*a rel*), camaraderie *f*; ***mit j-m ~ trinken*** trinquer avec qn
Brüh|e *f cuis* bouillon *m*; F *péj* lavasse *f*, eau *f* de vaisselle; **~würfel** *m* bouillon-cube *m*
brüllen *Rind* mugir; *Löwe* rugir; *Mensch* hurler
brumm|en gronder, grogner; *Motor* vrombir; *Insekt* bourdonner; *undeutlich sagen* grommeler; *mürrisch äußern* ronchonner; **~i** *m* F gros-cul *m*; **~ig** grognon, ronchon(neur)
brünett brun, châtain
Brunft *ch f* rut *m*
Brunnen *m* puits *m*; *Spring~* fontaine *f*
Brunst *zo f* rut *m*, chaleur *f*
brünstig *zo* en rut, en chaleur
brüsk brusque, rude
Brüssel Bruxelles
Brust *f* poitrine *f*; *weibliche a* sein *m*; **~bein** *n* sternum *m*; *Geflügel* bréchet *m*; **~beutel** *m* bourse *f* portée autour du cou
brüsten ***sich ~*** se rengorger, se vanter (***mit*** de)
Brust|korb *m* thorax *m*; **~schwimmen** *n* brasse *f*; **~umfang** *m* tour *m* de poitrine
Brüstung *f* parapet *m*; *Geländer* balustrade *f*
Brustwarze *f* mamelon *m*
Brut *f* couvée *f*; *fig* sale graine *f*
brutal brutal; **~ität** *f* brutalité *f*
Brutapparat *agr m* incubateur *m*
brüt|en couver; **~er** *tech m* ***schneller ~*** surrégénérateur *m* à neutrons
Brutkasten *méd m* couveuse *f*
brutto brut; ***~ wiegen*** peser brut; **~gewicht** *n* poids *m* brut; **~sozialprodukt** *écon n* produit *m* national brut; **~verdienst** *m* salaire *m* brut
BSE *n* E.S.B. *f* (= encéphalopathie spongiforme bovine)
Btx *n* minitel *m*; **~-Gerät** *n* minitel *m*
Bub *m* garçon *m*, gamin *m*; **~e** *Kartenspiel* valet *m*
Buch *n* livre *m*; **~drucker** *m* imprimeur *m*; **~druckerei** *f* imprimerie *f*
Buche *bot f* hêtre *m*
buchen *comm* comptabiliser; *Flug etc* réserver, retenir
Bücher|bord *n*, **~brett** *n* étagère *f*; **~ei** *f* bibliothèque *f*; **~regal** *n* étagère *f* (à livres); **~schrank** *m* bibliothèque *f*
Buchfink *zo m* pinson *m*
Buch|führung *f*, **~haltung** *f* comptabilité *f*; **~halter(in** *f*) *m* comptable *m*, *f*; **~händler(in** *f*) *m* libraire *m*, *f*; **~handlung** *f* librairie *f*
Büchse *f* boîte *f*; *Gewehr* carabine *f*, fusil *m*
Büchsen|fleisch *n* viande *f* en conserve; **~öffner** *m* ouvre-boîtes *m*
Buchstabe *m* lettre *f*; ***großer ~*** majuscule *f*; ***kleiner ~*** minuscule *f*
buch|stabieren épeler; **~stäblich** *adv* littéralement; **~stütze** *f* serre-livres *m*
Bucht *f* baie *f*; *kleine* crique *f*
Buchung *f comm* écriture *f*; *e-s Flugs etc* réservation *f*
Buckel *m* bosse *f*; F *Rücken* dos *m*; **~ig** bossu
bücken ***sich ~*** se baisser
Bückling *m* hareng *m* fumé *od* saur; *Verbeugung* courbette *f*
Buddhis|mus *rel m* bouddhisme *m*; **~t(in** *f*) *m* bouddhiste *m*, *f*; **~tisch** bouddhiste, bouddhique
Bude *f* baraque *f*; *Zimmer* F piaule *f*
Budget *n* budget *m*
Büfett *n* buffet *m*
Büffel *zo m* buffle *m*
büffeln F piocher, potasser, bûcher
Bug *m mar* proue *f*; *aviat* nez *m*
Bügel *m Kleider~* cintre *m*; *Brillen~* branche *f*; **~brett** *n* planche *f* à repasser; **~eisen** *n* fer *m* à repasser; **~falte** *f* pli *m*; **~frei** qui ne nécessite aucun repassage
bügeln repasser
Bühne *f Theater* scène *f*; *fig a* théâtre *m*
Bühnen|bild *n* décors *m/pl*; **~bildner** *m* scénographe *m*, décorateur *m* de théâtre
Bulgar|e *m*, **~in** *f* Bulgare *m*, *f*; **~ien** *n* la Bulgarie; **~isch** bulgare
Bulimie *f* boulimie *f*
Bull|auge *mar n* hublot *m*; **~dogge** *zo f* bouledogue *m*

Bulle *m zo* taureau *m*; *péj Polizist* flic *m*, poulet *m*
Bummel *m* F balade *f*; **~ant** *m* F traînard *m*, lambin *m*; **~ei** F *f* lenteur *f*; fainéantise *f*
bummel|n *umherschlendern* flâner, se balader; *trödeln* traîner; **²streik** *m* grève *f* du zèle; **²zug** *m* F tortillard *m*
bums! boum!, patatras!
bumsen *Geräusch* faire boum; *stoßen* rentrer (*gegen* dans); *vulgär* baiser
Bund[1] m alliance *f*, union *f*; *pol a* (con)fédération *f*; *Verband* association *f*; *an Hose, Rock* ceinture *f*; F *cf* ***Bundeswehr***
Bund[2] *n* botte *f*; ***ein ~ Radieschen*** une botte de radis
Bündel *n* paquet *m*; *Akten* liasse *f*; *Strahlen* faisceau *m*; **²n** faire un paquet de
Bundes|bahn *f* chemins *m/pl* de fer fédéraux; **~genosse** *m* allié *m*; **~kanzler** *m* chancelier *m* fédéral; **~land** *n* land *m*; **~liga** *f Fußball* première division *f*; **~präsident** *m* président *m* de la République fédérale (*Schweiz* de la Confédération); **~rat** *m* Conseil *m* fédéral, Bundesrat *m*; **~republik** *f* ***~ Deutschland*** République *f* fédérale d'Allemagne (*abr* R.F.A.); ***in der ~*** en République fédérale; **~staat** *m* État *m* fédéral; **~tag** *m* Parlement *m* fédéral, Bundestag *m*; **~wehr** *mil f* armée *f* de la République fédérale
Bundfaltenhose *f* pantalon *m* à pinces
bündig *Antwort etc* concis; ***kurz und ~*** sans détours
Bündnis *n* alliance *f*, pacte *m*
Bunker *m mil* blockhaus *m*; *Luftschutz* abri *m* antiaérien
bunt de couleurs variées, multicolore; *abwechslungsreich* varié; ***~ durcheinander*** pêle-mêle; *fig* ***jetzt wird's mir zu ~!*** F j'en ai marre!; **²stift** *m* crayon *m* de couleur
Bürde *f fig* charge *f*, fardeau *m*
Burg *f* château *m* fort
Bürg|e *m*, **~in** *f* garant *m*, -e *f*; **²en** ***~ für*** se porter garant de
Burgenland ***das ~*** le Burgenland
Bürger|(in *f*) *m* bourgeois *m*, -e *f*; *Staats²* citoyen *m*, -ne *f*; **~initiative** *f* comité *m* de défense; **~krieg** *m* guerre *f* civile; **²lich** *Klasse, Milieu* bourgeois; *staats~* civil, civique; ***²es Gesetzbuch*** code *m* civil; **~meister** *m* maire *m*; *Belgien, Schweiz* bourgmestre *m*; **~steig** *m* trottoir *m*
Bürgschaft *jur f* caution *f*, garantie *f*
Burgund *n* la Bourgogne; **~er(in** *f*) *m* Bourguignon *m*, -ne *f*; **~erwein** *m* vin *m* de Bourgogne; bourgogne *m*
Büro *n* bureau *m*; **~angestellte(r)** *m*, *f* employé *m*, -e *f* de bureau; **~arbeit** *f* travail *m* de bureau; **~automation** *f* bureautique *f*; **~klammer** *f* trombone *m*; **~krat** *m* bureaucrate *m*; **~kratie** *f* bureaucratie *f*
Bursch|(e) *m* garçon *m*, gars *m* F, type *m* F; **²ikos** sans gêne, décontracté
Bürste *f* brosse *f*; **²n** brosser; **~nschnitt** *m* coupe *f* en brosse
Bus *m* bus *m*; *Reise²* car *m*; *EDV* bus *m*; **~bahnhof** *m* gare *f* routière
Busch *m bot* buisson *m*; *in Afrika* brousse *f*; *fig* ***auf den ~ klopfen*** tâter le terrain
Büschel *n* touffe *f*
busch|ig *Haare* touffu; **²messer** *n* machette *f*
Busen *m* seins *m/pl*, poitrine *f*, gorge *f*; **~freund(in** *f*) *m* ami(e *f*) *m* intime
Bus|fahrer *m* conducteur *m od* chauffeur *m* de bus; **~haltestelle** *f* arrêt *m* d'autobus; **~linie** *f* ligne *f* d'autobus
Bussard *zo m* buse *f*
Buße *f rel* pénitence *f*; *jur* amende *f*
büßen expier; ***das sollst du mir ~!*** tu me le paieras!
Bußgeld *n* amende *f*
Büste *f* buste *m*; ⚠ ***le*** buste; **~nhalter** *m* soutien-gorge *m*
Butter *f* beurre *m*; ***mit ~ bestreichen*** beurrer; **~berg** *m* excédents *m/pl* de beurre; **~brot** *n* tartine *f* beurrée; F ***für ein ~*** pour une bouchée de pain; **~brotpapier** *n* papier *m* sulfurisé; **~dose** *f* beurrier *m*; **~milch** *f* petit-lait *m*, babeurre *m*
Button *m* badge *m*
Byte *EDV n* octet *m*

C

C *mus n* do *m*, ut *m*
Café *n* salon *m* de thé
Cafeteria *f* cafétéria *f*
camp|en camper; **&er(in** *f*) *m* campeur *m*, -euse *f*; **&ing** *n* camping *m*; **&ingbus** *m* camping-car *m*; **&ingplatz** *m* (terrain *m* de) camping *m*
Cannabis *m* cannabis *m*
Cape *n* cape *f*
CD *f* disque *m* compact, C.D. *m*; ⚠ ***le*** disque; **~-ROM** *f* CD-ROM *m*, disque *m* optique compact; **~-ROM-Laufwerk** *n* lecteur *m* de CD-ROM; **~-Spieler** *m* platine *f* laser; **~-Wechsler** *m* changeur *m* de disques compacts
Cellist(in *f*) *m* violoncelliste *m, f*
Cello *mus n* violoncelle *m*
Celsius 5 ***Grad*** **~** 5 degrés centigrade
Cembalo *mus n* clavecin *m*
Champagner *m* champagne *m*
Champignon *bot m* champignon *m* de Paris
Chance *f* chance *f*; **~ngleichheit** *f* égalité *f* des chances
Chao|s *n* chaos *m*; **~t** *m* *Radikaler* casseur *m*; *unordentlich* bordélique *m*; **&tisch** chaotique
Charakter *m* caractère *m*; **~fehler** *m* défaut *m* de caractère; **&isieren** caractériser; **~istik** *f* caractéristique *f*; **&istisch** caractéristique (***für*** de); **&lich** de caractère; **&los** sans caractère; **~** ***sein*** manquer de caractère; **~zug** *m* trait *m* de caractère; ⚠ *Schreibung* ***caractère*** *etc*
charmant charmant
Charme *m* charme *m*
Charter|flug *m* vol *m* charter; **~flugzeug** *n* charter *m*; **&n** affréter
Chassis *tech n* châssis *m*
Chauffeur *m* conducteur *m*, chauffeur *m*
Chaussee *f* grand-route *f*; ⚠ *nicht* ***chaussée***
Chauvi *m* F phallo *m*
Chauvinist|(in *f*) *m* chauvin *m*, -e *f*; ***männlicher*** **~** phallocrate *m*; **&isch** chauvin; *männlich* phallocrate
checken *kontrollieren* vérifier; F *begreifen* piger
Chef|(in *f*) *m* chef *m,f*, patron *m*, -ne *f*; **~arzt** *m* médecin-chef *m*; **~redakteur** *m* rédacteur *m* en chef; **~sekretärin** *f* secrétaire *f* de direction
Chemie *f* chimie *f*; **~faser** *f* fibre *f* synthétique
Chemikalien *f/pl* produits *m/pl* chimiques
Chemi|ker(in *f*) *m* chimiste *m, f*; **&sch** chimique; **~e** ***Reinigung*** nettoyage *m* à sec
Chemotherapie *f* chimiothérapie *f*
Chicorée *m od f cf* ***Schikoree***
Chiffr|e *f* chiffre *m*; *Annonce* référence *f*; ⚠ ***le*** chiffre; **&ieren** chiffrer; *codieren* coder
Chile *n* le Chili
Chilen|e *m*, **~in** *f* Chilien *m*, -ne *f*; **&isch** chilien
China *n* la Chine
Chines|e *m*, **~in** *f* Chinois *m*, -e *f*; **&isch** chinois
Chinin *méd n* quinine *f*
Chip *EDV m* puce *f*; **~karte** *f* carte *f* à puce
Chirurg *m* chirurgien *m*; **~ie** *f* chirurgie *f*; **&isch** chirurgical
Chlor *chim n* chlore *m*; **&en** *Wasser* javelliser
Cholera *méd f* choléra *m*; ⚠ ***le*** choléra
cholerisch coléreux
Cholesterin *n* cholestérol *m*
Chor *m* chœur *m* (*a arch*); *Gesangverein* chorale *f*; ***im*** **~** en chœur
Chor|eografie *f* chorégraphie *f*; **~gestühl** *n* stalles *f/pl*
Christ|(in *f*) *m* chrétien *m*, -ne *f*; **~baum** *m* arbre *m* de Noël; **~enheit** *f* chrétienté *f*; **~entum** *n* christianisme *m*; **~kind** *n* enfant *m* Jésus; **&lich** chrétien; **~us** *m* Jésus-Christ, le Christ
Chrom *chim n* chrome *m*
Chromosom *biol n* chromosome *m*
Chron|ik *f* chronique *f*; **&isch** chronique; **&ologisch** chronologique
circa environ
City *f* centre *m* ville
Clementine *f cf* ***Klémentine***

clever intelligent, malin, débrouillard F

Clique *f péj* clique *f*; **~nwirtschaft** *f* régime *m* de cliques

Clou *m* F clou *m*

Come-back *n* come-back *m*, retour *m*

Comics *pl* bande *f* dessinée (*abr* B.D.)

Compact Disc *f* disque *m* compact; ⚠ ***le*** disque

Compiler *EDV* compilateur *m*

Computer *m* ordinateur *m*; **~arbeitsplatz** *m* poste *m* de travail; **~grafik** *f* graphique *m*; ⚠ ***le*** graphique; **≈lesbar** lisible informatiquement; **~spiel** *n* jeu *m* informatique; **~tomogramm** *n* image *f* scanner; **~tomograph** *m* scanner *m*; **~tomographie** *f* scanographie *f*; **~virus** *m* virus *m* informatique

Conférencier *m* présentateur *m*, animateur *m*

Container *m* conteneur *m*

Contergankind *n* enfant *m* victime de la thalidomide

Controlling *n* contrôle *m* de gestion

cool F *ruhig* cool; *prima* sympa

Corner *östr m Sport* corner *m*

Couch *f* canapé-lit *m*

Count-down *m* compte *m* à rebours

Coupé *m auto* coupé *m*

Cousin *m* cousin; **~e** *f* cousine *f*

Crack *n Rauschgift* crack *m*

Creme *f* crème *f*

Curry *cuis m od n* cari *m*

Cursor *m* curseur *m*

Cyberspace *m* cyber-espace *m*

D

D *mus n* ré *m*

da 1. *adv örtlich* là; *zeitlich* alors, à ce moment; ***~ sein*** être là *od* présent; ***ist noch Milch da?*** est-ce qu'il y a encore du lait?; ***~ ist***, ***~ sind*** voilà *od* voici; ***~ bin ich*** me voici; ***~ kommt er*** le voilà qui vient; ***~!*** tiens!; ***der Mann ~*** cet homme-là; ***~ drüben*** là-bas; ***~ drin*** *od* ***~ hinein*** là-dedans; ***von ~ an*** *od* ***ab*** dès lors; **2.** *conj* parce que, comme; ***~*** (***doch***) puisque

dabei *örtliche Nähe* (tout) près; *bei dieser Gelegenheit* à cette occasion; *außerdem* avec cela, en outre, de plus; *gleichzeitig* à la fois; *obwohl doch* pourtant; *mit enthalten* compris; ***ich bin gerade ~, etw zu tun*** je suis en train de faire qc; ***etw ~ haben*** avoir qc sur soi; ***es ist nichts ~*** *leicht* ce n'est pas difficile; *harmlos* ça ne fait rien, ce n'est pas grave; **~ sein** être présent, être de la partie

dableiben rester là

Dach *n* toit *m*; **~boden** *m* grenier *m*; **~decker** *m* couvreur *m*; **~fenster** *n* lucarne *f*; **~gepäckträger** *auto m* galerie *f* de toit; **~kammer** *f* mansarde *f*; **~pappe** *f* carton *m* bitumé; **~rinne** *f* gouttière *f*

Dachs *zo m* blaireau *m*

Dachziegel *m* tuile *f*

Dackel *zo m* teckel *m*

dadurch par là; *auf solche Weise* de cette manière; *deshalb* c'est pourquoi; ***~, dass*** ... du fait que ...

dafür pour cela; *zum Ausgleich* en revanche; *als Ersatz* en échange; ***~ sein*** être pour; ***~ sein, dass*** ... être d'avis que ... (+ *subj*;) ***ich kann nichts ~*** ce n'est pas ma faute, je n'y peux rien; ***~, dass*** ... parce que ...

dagegen contre cela; *im Gegensatz dazu* par contre; *im Vergleich dazu* en comparaison; ***~ sein*** être contre; ***etw ~ haben*** avoir qc contre

daheim chez moi, toi, *etc*; à la maison

daher *Ort* de là, de ce côté-là; *Ursache* c'est *od* voilà pourquoi, pour cette raison, à cause de cela; *folglich* par conséquent; ***das kommt ~, dass*** ... cela vient de ce que ...

dahin là, y; *verloren* perdu; *vergangen* passé; ***bis ~*** jusque-là (*a zeitlich*); **~gestellt *~ sein lassen*** laisser indécis; ***es***

bleibt ~, ob ... laissons la question en suspens de savoir si ...
dahinten là-bas
dahinter (là) derrière; *fig* là-dessous; ***es steckt nichts ~*** c'est creux; ***~ kommen*** découvrir
dalassen laisser (ici *od* là)
damalig d'alors, de cette époque
damals alors, à l'époque; ***schon ~*** déjà à cette époque
Dame *f* dame *f* (*a Spiel*); *Schach* reine *f*
Damen|binde *f* serviette *f* hygiénique; **~friseur** *m*, **~frisör** *m* coiffeur *m* pour dames
damit 1. *adv* avec (cela); ***was will er ~ sagen?*** que veut-il dire par là?; ***genug ~!*** ça suffit!; ***Schluss ~!*** un point, c'est tout!; **2.** *conj* afin que, pour que (+ *subj*); afin de, pour (+ *inf*)
dämlich F bête, nigaud
Damm *m* digue *f*; *Stau*2 barrage *m*; *fig* barrière *f*
dämmer|ig crépusculaire, sombre; **2ung** *f Abend*2 crépuscule *m*; *Morgen*2 aube *f*, point *m* du jour
Dämon *m* démon *m*; **2isch** démoniaque
Dampf *m* vapeur *f*; *von Speisen* fumée *f*; **~bügeleisen** *n* fer *m* à repasser à vapeur; **2en** dégager des vapeurs; *Speisen* fumer
dämpfen *cuis* cuire à la vapeur *od* à l'étouffée; *Licht*, *Begeisterung* atténuer; *Stoß* amortir; *Schall* étouffer, assourdir; ***mit gedämpfter Stimme*** à mi-voix
Dampf|er *m* (bateau *m* à) vapeur *m*; *Ozean*2 paquebot *m*; **~kochtopf** *cuis m* cocotte-minute *f*, autocuiseur *m*; **~maschine** *f* machine *f* à vapeur; **~walze** *f* rouleau *m* compresseur
danach *zeitlich* après, après cela, après quoi, puis, ensuite; *dementsprechend* d'après cela; ***sich ~ richten*** en tenir compte; ***mir ist nicht ~*** je n'en ai pas envie; ***er sieht ~ aus*** il en a tout l'air
Dän|e *m*, **~in** *f* Danois *m*, -e *f*
daneben à côté; *außerdem* outre cela; *gleichzeitig* en même temps; **~gehen** F rater, échouer; *Torschuß* rater le but
Dän|emark *n* le Danemark; **2isch** danois
Dank *m* remerciement *m*; ***vielen ~!*** merci beaucoup *od* bien!
dank *prép* grâce à
dankbar reconnaissant (***für*** de); *Sache* payant, facile; ***ich bin Ihnen ~ dafür*** je vous en suis reconnaissant; **2keit** *f* reconnaissance *f*, gratitude *f*
danke merci; ***~ schön*** merci beaucoup *od* bien
danken ***j-m für etw ~*** remercier qn de qc; ***ich danke!*** *iron* non merci!
dann alors, puis; ***~ und wann*** de temps à autre
daran à cela, y; F *oft* après; ***~ denken*** y penser; ***~ sterben*** en mourir; ***mir liegt viel ~*** j'y tiens beaucoup; ***es liegt ~, dass*** ... cela provient du fait que ...; ***ich bin nahe ~ zu*** ... je suis sur le point de ...
darauf *räumlich* (là-)dessus, sur cela; *zeitlich* après (cela), ensuite; ***am Tag ~*** le lendemain; ***ich komme nicht ~*** cela ne me revient pas; ***es kommt ~ an*** cela dépend; **~hin** sur ce; *Folge* à la suite de quoi
daraus de là, de cela, en; ***was ist ~ geworden?*** qu'en est-il advenu?; ***ich mache mir nichts ~*** je n'y tiens pas; F très peu pour moi; ***mach dir nichts ~!*** ne t'en fais pas!
darbiet|en offrir, présenter; **2ung** *f* spectacle *m*, représentation *f*
darin (là-)dedans, dans *od* en cela, y
darleg|en expliquer, exposer; **2ung** *f* explication *f*
Darlehen *n* prêt *m*
Darm *m* intestin *m*; *Tier* boyau *m*; **~grippe** *f* grippe *f* intestinale
darstell|en représenter, décrire; *Sachverhalt* présenter; *Theater* représenter; *Rolle* interpréter; **2er(in** *f*) *m* acteur *m*, actrice *f*, interprète *m*, *f*; **2ung** *f* représentation *f*, description *f*; *e-r Rolle* interprétation *f*
darüber au-dessus, (là-)dessus; ***~ hinweg*** par-dessus; *zu diesem Thema* à ce sujet; ***~ hinaus*** au-delà; *außerdem* en plus; ***ich freue mich ~*** je m'en réjouis; ***~ werden Jahre vergehen*** et avec cela les années passeront
darum ~ (***herum***) autour; *kausal* pour cela, voila *od* c'est pourquoi; ***ich bitte dich ~*** je t'en prie
darunter au-dessous, (là-)dessous; *inmitten* dans ce nombre; parmi eux *od* elles; ***was verstehst du ~?*** qu'est-ce que tu entends par là?

D

D

Dasein *n* existence *f*; *cf a* ***da***
dass que; *damit* afin *od* pour que (+ *subj*); ***so*** ~ de sorte que (+ *subj*); ***nicht*** ~ ***ich wüsste*** pas que je sache
dastehen être là
DAT *n* enregistrement *m* audionumérique
Datei *f* fichier *m*; **~enverzeichnis** *n* répertoire *m*; **~name** *m* nom *m* de fichier; **~verwaltungsprogramm** *n* programme *m* de manipulation de fichiers
Daten *n/pl* données *f/pl*; **~austausch** *m* échange *m* de données; **~autobahn** *f* autoroute *f* de l'information; **~bank** *f* banque *f* de données; **~bestand** *m* ensemble *m* de données; **~erfassung** *f* saisie *f* des données; **~fernverarbeitung** *f* télétraitement *m*; **~handschuh** *m* gant *m* de données; **~missbrauch** *m* utilisation *f* non autorisée de données; **~schrott** *m* données *f/pl* non exploitables; **~schutz** *m* protection *f* de la vie privée; informatique *f* et libertés *f/pl*; **~schutzbeauftragte(r)** *m, f* commissaire *m, f* responsable de la protection des données; **~träger** *m* support *m* de données; **~verarbeitung** *f* informatique *f*
datieren dater; ~ ***von*** dater de
Dativ *gr m* datif *m*
Dattel *bot f* datte *f*; **~palme** *f* dattier *m*
Datum *n* date *f*; ***ohne*** ~ non daté; ***welches*** ~ ***haben wir heute?*** le combien sommes-nous aujourd'hui?, quel jour est-ce aujourd'hui?; ⚠ ***la*** date
Dauer *f* durée *f*; ***auf die*** ~ à la longue; **~auftrag** *m Bank* ordre *m* permanent; **&haft** durable, solide; ***~er Friede*** paix *f* stable; **~karte** *f* abonnement *m*; **~lauf** *m* course *f* d'endurance; *Laufschritt* pas *m* de gymnastique; **~lutscher** *m* sucette *f*
dauer|n durer; ***wie lange dauert es noch?*** combien de temps faut-il encore?; ***es dauert nicht lange*** cela ne dure pas longtemps; **~nd** permanent, continu; **&welle** *f* permanente *f*, indéfrisable *f*
Daumen *m* pouce *m*; *fig* ***j-m den*** ~ ***halten*** croiser les pouces, penser à qn (pour qu'il réussisse); ***am*** ~ ***lutschen*** sucer son pouce
Daunen *f/pl* duvet *m*; **~decke** *f* édredon *m*
davon en, de cela; ***das kommt*** ~***!*** c'est bien fait; ***auf und*** ~ ***sein*** F avoir filé *od* décampé; **~kommen** s'en sortir (***mit*** avec); *mit dem Leben* en réchapper; ***mit dem Schrecken*** ~ en être quitte pour la peur; **~laufen** partir en courant, se sauver; **~tragen** *Sieg* remporter (***über*** sur)
davor devant; *zeitlich* avant; ***ich habe Angst*** ~ j'en ai peur
dazu *Zweck* à cela, pour cela, dans ce but; *ferner* avec cela, en outre, de plus; ***ich bin nicht*** ~ ***gekommen*** (***zu*** ...) je n'ai pas trouvé le temps (de ...); ***wie kommst du denn*** ~***?*** quelle drôle d'idée!; **~gehören** en faire partie; **~gehörig** y appartenant, qui en fait partie; **~kommen** survenir; ***noch*** ~ s'y ajouter
dazwischen entre les deux, au milieu; *zeitlich* entre-temps; **~kommen** *Ereignis* intervenir, survenir; **~reden** ***red nicht immer dazwischen!*** ne m'interromps pas sans cesse!
DD-Diskette *f* disquette *f* double densité
DDR *hist f* R.D.A. *f* (République démocratique allemande)
Deal *m* F transaction *f*; **&en** F faire le trafic de drogues; **~er** *m* F revendeur *m* de drogues
dearchivieren *EDV* décompacter, décompresser
Debatt|e *f* débat *m*; ⚠ ***le*** débat; **&ieren** débattre (***über etw*** qc)
dechiffrieren déchiffrer, décoder
Deck *mar n* pont *m*
Decke *f* couverture *f*; *Zimmer&* plafond *m*
Deckel *m* couvercle *m*
deck|en *Dach, mil, Kosten* couvrir; *Bedarf* satisfaire à; *Sport* marquer; ***den Tisch*** ~ mettre la table; ***sich*** ~ coïncider; **&ung** *f* couverture *f* (*a comm u mil*); *Sport* marquage *m*; ~ ***des Bedarfs*** satisfaction *f* des besoins
Decoder *m* décodeur *m*
defekt 1. défectueux; *beschädigt* endommagé, avarié, en panne; **2.** & *m* défaut *m*, manque *m*
Defensive *f* défensive *f*
defin|ieren définir; **&ition** *f* définition *f*
Defizit *comm n* déficit *m*
Degen *m* épée *f*

degenerieren dégénérer
dehn|bar extensible; *fig* élastique; **2barkeit** *f* extensibilité *f*; *fig* élasticité *f*; **~en** (**sich** ~ s')étendre, (s')allonger, (s')étirer; *phys* (se) dilater; **2ung** *f* extension *f*; *phys* dilatation *f*
Deich *m* digue *f*
Deichsel *f* timon *m*
dein ton, ta, *pl* tes; ***~er***, ***~e***, ***~es***, ***der***, ***die***, ***das*** ***~e*** *od* ***~ige*** le tien, la tienne; **~erseits** de ton côté, de ta part; **~etwegen** à cause de toi, pour toi
dekaden|t décadent; **2z** *f* décadence *f*
Deklin|ation *gr f* déclinaison *f*; **2ieren** décliner
dekomprimieren *EDV* décompacter, décompresser
Dekor|ateur *m* décorateur *m*; *Schaufenster2* étalagiste *m*; **~ation** *f* décoration *f*; *Theater* décors *m/pl*; **2ieren** décorer (***mit*** de)
delegier|en déléguer; **2te(r)** *m*, *f* délégué *m*, -e *f*
Delete-Taste *f* touche *f* de suppression
Delfin *zo m* dauphin *m*
delikat *heikel* délicat; *köstlich* delicieux
Delikatesse *f* *Leckerbissen* mets *m* fin, régal *m*; *süß* friandise *f*; ⚠ *nicht* ***délicatesse***
Delikatessgeschäft *n* épicerie *f* fine
Delikt *n* délit *m*
Delphin *m* *cf* ***Delfin***
Demagog|e *m* démagogue *m*; **2isch** démagogique
dementieren démentir
dem|entsprechend, ~gemäß conformément à cela, en conséquence; **~nach** donc; *cf a* ***~gemäß***; **~nächst** sous *od* d'ici peu
Demo *f* F manif *f*
Demokrat|(in *f*) *m* démocrate *m*, *f*; **~ie** *f* démocratie *f*; **2isch** démocratique; *Personen* démocrate
demolieren démolir
Demonstrant *m* manifestant *m*
Demonstration *f* manifestation *f*; *Vorführung* démonstration *f*
demonstrativ ostensible; *gr* démonstratif
demonstrieren *öffentlich* manifester; *vorführen* démontrer
Demoskopie *f* sondage *m* d'opinion
Demut *f* humilité *f*
demütig humble; **~en** (***sich*** ~ s')humilier; **2ung** *f* humiliation *f*
Den Haag La Haye *f*
denkbar imaginable
denken 1. penser (***an*** à); *nach~* réfléchir, raisonner; ***das kann ich mir*** ~ je m'en doute; ~ ***Sie mal!*** figurez-vous!, imaginez-vous!; **2.** 2 *n* pensée *f*, réflexion *f*
denk|faul paresseux d'esprit; **2fehler** *m* faute *f* de raisonnement; **2mal** *n* monument *m*; **2malschutz** *m* protection *f* des monuments; **~würdig** mémorable; **2zettel** *m fig* leçon *f*
denn car; ***wo ist er ~?*** où est-il donc?; ***mehr ~ je*** plus que jamais; ***es sei ~, dass*** ... à moins que ... ne (+ *subj*)
dennoch cependant, pourtant
Denunz|iant(in *f*) *m* dénonciateur *m*, -trice *f*; **2ieren** dénoncer
Deo *n* déodorant *m*; **~dorant** *n* déodorant *m*; **~roller** *m* déodorant *m* à bille; **~spray** *m* déodorant *m* en aérosol
Deponie *f* décharge *f* publique; **2ren** déposer
Depress|ion *psych f* dépression *f*; **2iv** dépressif
deprimieren déprimer
der, die, das 1. *Artikel* le, la, *pl* les; **2.** *demonstrativ* ce, cette, *pl* ces; *substantivisch* celui-ci, celle-ci, cela *od* ça; *pl* ceux-ci, celles-ci; **3.** *relativ* qui (*Akkusativ* que)
derart de telle manière, tellement; ~, ***dass*** ... à tel point que ...; **~ig** tel, pareil
derb grossier
dergleichen ***nichts*** ~ rien de tel
derjenige, diejenige, dasjenige celui, celle (***welcher*** qui)
derselbe, dieselbe, dasselbe le *od* la même; ***dasselbe*** *substantivisch* la même chose
Desert|eur *m* déserteur *m*; **2ieren** déserter
des|gleichen de même, pareillement; **~halb** à cause de cela, pour cette raison, c'est *od* voilà pourquoi
Design *n* design *m*, stylisme *m*
Desinfektion *f* désinfection *f*; **~smittel** *n* désinfectant *m*
desinfizieren désinfecter
Desinteress|e *n* manque *m* d'intérêt; **2iert** indifférent

D

Desktop-Publishing *n* publication *f* assistée par ordinateur
Desoxyribonukleinsäure *f* acide *m* désoxyribonucléique
dessen ungeachtet malgré cela, néanmoins
Destill|ation *f* distillation *f*; **≗ieren** distiller
desto d'autant; **~ *besser*** d'autant mieux, tant mieux!
deswegen *cf* ***deshalb***
Detail *n* détail *m*
Detektiv *m* détective *m*
deut|en *erklären* interpréter; ***auf etw ~*** indiquer qc; **~lich** distinct, clair, net; **≗lichkeit** *f* clarté *f*, netteté *f*
deutsch allemand; *in Zssgn* germano-: ***~-polnisch*** germano-polonais; ***~-französisch*** franco-allemand; ***auf* ≗** *od* ***im ≗en*** en allemand; *fig* ***mit j-m ~ reden*** parler carrément à qn; **≗e(r)** *m*, *f* Allemand *m*, -e *f*; **≗land** *n* l'Allemagne *f*
Deutung *f* interprétation *f*
Devise *f* devise *f*; **~n** *écon f/pl* devises *f/pl*
Dezember *m* décembre *m*; ***im ~*** en décembre; ***am 18. ~*** le 18 décembre; ***der 18. ~ 1996*** le 18 décembre 1996
dezent discret
dezentral décentralisé
Dezernat *n* département *m*
dezimal décimal; **≗bruch** *m* fraction *f* décimale; **≗stelle** *f* décimale *f*; **≗system** *n* numération *f* décimale
d.h. (*abr* ***das heißt***) c'est-à-dire
Dia *n* diapo *f*
Diabetes *méd m* diabète *m*
Diagnose *f* diagnostic *m*; ⚠ ***le*** diagnostic
diagonal diagonal; **≗e** *f* diagonale *f*
Dialekt *m* dialecte *m*
Dialog *m* dialogue *m* (*a EDV*); **~box** *f* zone *f* de dialogue
Dialyse *f* dialyse *f*
Diamant *m* diamant *m*
Diaprojektor *m* projecteur *m* de diapositives
Diät *méd f* régime *m*; ***~ halten*** suivre un régime; **~en** *f/pl* indemnités *f/pl* parlementaires
dich te (*vor Vokal* t'); toi
dicht épais; *Verkehr*, *Menschenmenge* dense; *Stoff* serré; *wasser~*, *luft~* étanche; ***~ an*** *od* ***bei*** tout près de; **≗e** *f* épaisseur *f*; densité *f*
dicht|en composer *od* faire des vers; **≗er(in** *f*) *m* poète *m*, femme *f* poète, poétesse *f* (*oft péj*); **~erisch** poétique; **≗ung** *f* poésie *f*; *Gedicht a* poème *m*; *Literatur* littérature *f*; *tech* joint *m*
dick épais; *Mensch* gros; ***es macht ~*** cela fait grossir; ***durch ~ und dünn*** quoi qu'il arrive; **≗e** *f* épaisseur *f*, grosseur *f*; **~flüssig** épais, visqueux; **≗icht** *n* fourré *m*; **≗kopf** *m* tête *f* de mule *od* de cochon, cabochard *m*; **~köpfig** têtu, entêté; **≗köpfigkeit** *f* entêtement *m*; **~leibig** obèse; **≗milch** *f* lait *m* caillé
Dieb|(in *f*) *m* voleur *m*, -euse *f*; **~esgut** *n* butin *m*; **~stahl** *m* vol *m*
Diele *f Flur* vestibule *m*, entrée *f*; *Brett* planche *f*
dien|en servir (***j-m*** qn); ***~ zu*** servir à (***j-m*** à qn); ***~ als*** servir de; **≗er(in** *f*) *m* domestique *m*, *f*, valet *m*, serviteur *m*, servante *f*; **~lich** utile
Dienst *m* service *m*; ***~ haben*** être de service; ***j-m e-n ~ erweisen*** rendre (un) service à qn; ***außer ~*** (*abr* ***a.D.***) en retraite; ***der öffentliche ~*** la fonction publique
Dienstag *m* mardi *m*
Dienst|alter *n* ancienneté *f*; **≗bereit** prêt à servir, disponible; **~bote** *m* domestique *m*; **~geheimnis** *n* secret *m* professionnel; **~grad** *m* grade *m*; **~leistung** *f* (prestation *f* de) service *m*; **≗lich** en service officiel, pour affaires; **~mädchen** *n* bonne *f*; **~reise** *f* voyage *m* en service commandé; **~stelle** *f* service *m*, office *m*, bureau *m*; **~stunden** *f/pl* heures *f/pl* de service; **~weg** *m* voie *f* hiérarchique; ***auf dem ~*** par la voie hiérarchique
diesbezüglich à cet effet, à ce sujet
Diesel *m Motor*, *Fahrzeug* diesel *m*; **~motor** *m* moteur *m* diesel; **~öl** *n* gasoil *od* gazole *m*
dieser, diese, die(se)s 1. *adjektivisch* ce (*vor Vokal* cet) *m*, cette *f*, ces *pl*; **2.** *substantivisch* celui-ci *m*, celle-ci *f*, *pl* ceux-ci *m*, celles-ci *f*; ***die(se)s*** *n* ceci, cela, ça F
diesig brumeux
dies|jährig de cette année; **~mal** cette fois(-ci); **~seits** de ce côté
Dietrich *m* crochet *m* (de serrurier), rossignol *m*
Diffamierung *f* diffamation *f*

Differenz *f* différence *f*; *Unstimmigkeit* différend *m*
Differenzial *n tech* différentiel *m*; *math* différentielle *f*
differenzieren différencier
digital numérique; *Tonband* audionumérique; **&anzeige** *f* affichage *m* numérique *od* digital; **&rechner** *m* calculateur *m* numérique; **&uhr** *f* montre *f* à affichage numérique
Diktat *n* dictée *f*; *pol* diktat *m*; ***nach ~ schreiben*** écrire sous dictée; ⚠ ***la*** dictée; **~or** *m* dictateur *m*; **&orisch** dictatorial; **~ur** *f* dictature *f*
diktier|en dicter; **&gerät** *n* machine *f* à dicter, dictaphone *m*
Dilettant|(in *f*) *m* dilettante *m, f*; **&isch** en dilettante
Dimension *f* dimension *f*
Ding *n* chose *f*; machin *m* F, truc *m* F; ***vor allen ~en*** avant tout; ***guter ~e sein*** être de bonne humeur; *prov* ***aller guten ~e sind drei*** jamais deux sans trois
Dingsbums *n* F truc *m*, machin-chouette *m*
Dingsda F ***Herr ~*** monsieur Chose *od* Machin
Dinosaurier *m* dinosaure *m*
Diode *f* diode *f*
Diox|id *chim n* dioxide *m*; **~in** *chim n* dioxine *f*
Diözese *rel f* diocèse *m*; ⚠ ***le*** diocèse
Diphtherie *méd f* diphtérie *f*
Diphthong *ling m* diphtongue *f*
Diplom *n* diplôme *m*
Diplomat *m* diplomate *m*; **~ie** *f* diplomatie *f*; **&isch** diplomatique; *fig Person* diplomate
Diplomingenieur *m* ingénieur *m* diplômé d'État
dir te (*vor Vokal* t'); toi, à toi
direkt direct; (tout) droit; *TV* en direct; ***~ gegenüber*** juste en face; **&ion** *f* direction *f*; **&or(in** *f*) *m* directeur *m*, directrice *f*; *Gymnasium* proviseur *m*; *Collège* principal *m*; *Grundschule* directeur *m*, directrice *f*; **&übertragung** *Radio, TV f* émission *f* en direct; **&zugriffsspeicher** *m* mémoire *f* vive
Dirig|ent *mus m* chef *m* d'orchestre; **&ieren** diriger *od* conduire un orchestre
Diskette *f* disquette *f*; **~nlaufwerk** *n* lecteur *m* de disquettes
Disko *f* F discothèque *f*, boîte *f*
Diskont *écon m* escompte *m*; **~satz** *m* taux *m* d'escompte
Diskothek *f* discothèque *f*
diskreditieren discréditer
Diskrepanz *f* divergence *f*
diskret discret; **&ion** *f* discrétion *f*
diskriminier|en discriminer; **&ung** *f* discrimination *f*
Diskus *Sport m* disque *m*
Diskussion *f* discussion *f*; ***das steht nicht zur ~*** le problème n'est pas là; **~sleiter** *m* animateur *m* du débat
Diskus|werfen *n* lancement *m* du disque; **~werfer** *m* lanceur *m* de disque
diskutieren discuter (***etw*** qc, ***über*** de *od* sur)
Display *n* afficheur *m*
Disqualifi|kation *f* disqualification *f*; **&zieren** disqualifier
Dissertation *f* thèse *f* de doctorat; ⚠ *nicht* ***dissertation***
Distanz *f* distance *f*; **&ieren** distancer; ***sich ~*** se distancer (***von*** de), prendre ses distances (par rapport à)
Distel *bot f* chardon *m*
Disziplin *f* discipline *f*; **&arisch** disciplinaire; **&iert** discipliné
Divi|dende *écon f* dividende *m*; ⚠ ***le*** dividende; **&dieren** diviser; **~sion** *f math, mil* division *f*
DM *f* mark *m*; ⚠ ***le*** mark
DNS *f* A.D.N. *m* (= acide désoxyribonucléique)
doch *jedoch* cependant, pourtant; *bejahend auf verneinte Frage* si!; ***komm ~!*** viens donc!; ***du weißt ~, dass*** ... tu sais bien que ...; ***wenn er ~ käme!*** si seulement il venait!
Docht *m* mèche *f*
Dock *mar n* dock *m*, bassin *m*
Dogge *zo f* dogue *m*; ⚠ ***le*** dogue
Dogma *n* dogme *m*
Doktor *m* docteur *m* (*a Arzt*); **~arbeit** *f* thèse *f* de doctorat
Doktrin *f* doctrine *f*
Doku *f* F doc *f*
Dokument *n* document *m*; **~arfilm** *m* documentaire *m*; **&ieren** documenter
Dolch *m* poignard *m*
dolmetsch|en traduire; servir d'interprète; **&er(in** *f*) *m* interprète *m, f*
Dom *m* cathédrale *f*; ⚠ *nicht* ***dôme***
Domäne *f* domaine *m*; ⚠ ***le*** domaine

D

dominieren dominer; **~d** dominant
Dompfaff *zo m* bouvreuil *m*
Dompt|eur *m*, **~euse** *f* dompteur *m*, -euse *f*
Donau ***die ~*** le Danube
Donner *m* tonnerre *m*; **2n** tonner (***es donnert*** il tonne); *Geschütze* tonner, gronder; *Zug* passer avec un bruit de tonnerre; **~stag** *m* jeudi *m*; **~wetter!** sapristi!, nom de nom!; *erstaunt* bigre!, fichtre!, par exemple!
doof F bête, idiot, stupide; *langweilig* rasant, assommant
dop|en *Sport* doper; **2ing** *n* dopage *m*; **2ingkontrolle** *f* contrôle *m* antidopage; ⚠ ***le*** contrôle
Doppel *n* double *m* (*a Tennis*); **~bett** *n* lits *m/pl* jumeaux; **~fenster** *n* doubles fenêtres *f/pl*; **~gänger** *m* double *m*, sosie *m*; **~haus** *n* maisons *f/pl* jumelles; **2klicken** *EDV* cliquer deux fois; **~punkt** *m* deux-points *m*
doppelt double; ***~ so viel*** deux fois plus; ***~ sehen*** voir double; ***in ~er Ausfertigung*** en deux exemplaires; ***das 2e*** le double
Doppel|verdienst *m* cumul *m* de deux salaires; **~zentner** *m* quintal *m*; **~zimmer** *n* chambre *f* pour deux personnes, chambre *f* double
Dorf *n* village *m*; **~bewohner(in** *f*) *m* villageois *m*, -e *f*
Dorn *m* épine *f*; **2ig** épineux
dörr|en (des)sécher; **2obst** *n* fruits *m/pl* séchés
Dorsch *zo m* morue *f*
dort là, y, par là; ***~ drüben*** là-bas; **~her** de là, de là-bas; **~hin** (de ce côté-)là, là-bas; **~ig** de là-bas, de cet endroit
Dose *f* boîte *f*
dösen somnoler
Dosenöffner *m* ouvre-boîtes *m*
Dosimeter *n* dosimètre *m*
Dosis *f* dose *f*
Dotter *m od n* jaune *m* d'œuf
Double *n Film* doublure *f*
Dover Douvres
Downloading *EDV n* téléchargement *m*
Dozent(in *f*) *m* maître *m* de conférences, chargé *m*, -e *f* de cours
Drache *m Fabeltier* dragon *m*; **~n** *m Spielzeug* cerf-volant *m*; *Fluggerät* deltaplane *m*; ***e-n ~ steigen lassen*** lancer un cerf-volant; **~nfliegen** *n* deltaplane *m*; **~nflieger** *m* deltaplaniste *m*
Draht *m* fil *m* (métallique); *fig* ***auf ~ sein*** être sur le qui-vive, F être branché; **2ig** sportif, nerveux; **2los** *durch Funk* sans fil; **~seilbahn** *f* téléphérique *od* téléférique *m*; *auf Schienen* funiculaire *m*; **~zieher** *m* fig ***der ~ sein*** tirer les ficelles
Drama *n* drame *m*; **~tiker** *m* auteur *m* dramatique; **2tisch** dramatique
dran F ***wer ist ~?*** à qui le tour?; ***ich bin ~*** c'est mon tour; *cf a* ***daran***
Drang *m* impulsion *f*, envie *f*
drängeln pousser; se bousculer
drängen presser, pousser; ***j-n ~, etw zu tun*** presser qn de faire qc; ***sich ~*** se presser, se pousser, se bousculer; ***sich durch die Menge ~*** se frayer un chemin à travers la foule; ***die Zeit drängt*** le temps presse
drankommen F ***ich komme dran*** c'est mon tour
drastisch *Ausdruck* cru, vert; ***~e Maßnahmen*** mesures radicales *od* draconiennes
drauf F ***~ und dran sein, etw zu tun*** être sur le point de faire qc; *cf a* ***darauf***; **2gänger** *m* risque-tout *m*, casse-cou *m*, tête *f* brûlée
draußen dehors
Dreck *m* saleté *f*, crasse F *f*; *Straßen2* boue *f*; *fig Schund* saleté *f*, saloperie F *f*; **2ig** sale; boueux; *fig Witz* obscène; ***es geht ihm ~*** F il est dans la mouise
Dreh F *m* truc *m*; ***er ist auf den ~ gekommen*** il a trouvé la combine; **~bank** *tech f* tour *m*; **2bar** tournant; **~bleistift** *m* porte-mine *m*; **~buch** *n Film* scénario *m*
drehen tourner (*a Film*); ***sich ~*** tourner; ***worum dreht es sich?*** de quoi s'agit-il?
Dreh|kreuz *n* tourniquet *m*; **~orgel** *f* orgue *m* de Barbarie; **~scheibe** *f* plaque *f* tournante (*a fig*); **~ung** *f* tour *m*, rotation *f*; **~zahl** *f* nombre *m* de tours; *auto* régime *m*; **~zahlmesser** *m* compte-tours *m*
drei **1.** trois; **2.** **2** *f* trois *m*; *Note* assez bien; **~dimensional** tridimensionnel; **2eck** *n* triangle m; **~eckig** triangulaire; **2einigkeit** *rel f* Trinité *f*; **~erlei** de trois sortes; **~fach** triple; **~farbig** tricolore; **~hundert** trois cents; **2kampf**

Sport m triathlon *m*; **≗königstag** *m* jour *m* des Rois; **~mal** trois fois; **≗rad** *n* tricycle *m*; *für Lasten* triporteur *m*; **≗satz** *math m* règle *f* de trois; **~spurig** à trois voies
dreißig trente; ***etwa ~*** une trentaine; **~ste** trentième
dreist effronté, impertinent
drei|tägig de trois jours; **≗viertelstunde** *f* trois quarts *m/pl* d'heure; **~zehn** treize; **~zehnte** treizième
dresch|en battre; *fig* ***Phrasen ~*** F faire du bla-bla; **≗maschine** *f* batteuse *f*
Dresden Dresde
dress|ieren dresser; **≗ur** *f* dressage *m*; **≗urpferd** *n* cheval *m* de dressage
dribbeln *Fußball* dribbler
drillen *mil u fig* dresser
Drillinge *m/pl* triplé(e)s *m(f)pl*
drin F *cf* ***darin***
dring|en ***durch etw ~*** pénétrer à travers qc, traverser qc; ***aus etw ~*** sortir *od* s'échapper de qc; ***darauf ~, dass*** ... insister pour que (+ *subj*); ***an die Öffentlichkeit ~*** transpirer dans le public; **~end** urgent, pressant; *Verdacht* sérieux; *adv* d'urgence; **~lich** urgent, pressant; **≗lichkeit** *f* urgence *f*
drinnen dedans
dritte troisième; ***zu dritt sein*** être trois; ***die ≗ Welt*** le tiers monde; **≗l** *n* tiers *m*; **~ns** troisièmement, tertio
Drog|e *f* drogue *f*; **≗enabhängig, ≗ensüchtig** drogué; **~enszene** *f* milieu *m* de la drogue; **~entote(r)** *m, f* victime *f* de la drogue; **~erie** *f* droguerie *f*, herboristerie *f*; **~ist(in** *f*) *m* droguiste *m, f*; marchand *m* de couleurs
drohen menacer (***j-m*** qn, ***mit*** de)
dröhnen retentir; *Motor* vrombir
Drohung *f* menace *f*
drollig amusant, drôle
Dromedar *zo n* dromadaire *m*
Drossel *zo f* grive *f*
drosseln freiner, limiter
drüben de l'autre côté
drüber F *cf* ***darüber***
Druck *m* pression *f*; *Buch≗* impression *f*; **~buchstabe** *m* lettre *f* d'imprimerie
Drückeberger *m* tire-au-flanc *m*
drucken imprimer
drücken presser, serrer; *stoßen* pousser; ***auf etw ~*** appuyer sur qc; ***j-m die Hand ~*** donner une poignée de main à qn; *fig* ***die Preise ~*** faire baisser les prix; ***sich ~*** F tirer au flanc, se défiler; **~d** *Hitze* étouffant; *Schweigen* oppressant
Drucker *m* imprimeur *m*; *EDV-Gerät* imprimante *f*
Drücker *m Tür* poignée *f*; F ***am ~ sitzen*** être à un poste clé; F être dans les huiles
Drucker|ei *f* imprimerie *f*; **~schwärze** *f* encre *f* d'imprimerie
Druck|fehler *m* faute *f* d'impression; **~knopf** *m* bouton-pression *m*; *Schalter* bouton-poussoir *m*; **~luft** *f* air *m* comprimé; **~sache** *f* imprimé *m*; **~schrift** *f* ***in ~*** en caractères *m/pl* d'imprimerie
drum F *cf* ***darum***
drunter ***alles geht ~ und drüber*** tout est sens dessus dessous; *cf a* ***darunter***
Drüse *f* glande *f*
Dschungel *m* jungle *f*; ⚠ ***la*** jungle
DTP *n* P.A.O. *f* (= publication assistée par ordinateur)
du tu (+ *Verb*); toi; ***~ bist's!*** c'est toi!
Dübel *tech m* cheville *f*
ducken ***sich ~*** baisser la tête (*a fig*); *niederkauern* se blottir
Dudelsack *mus m* cornemuse *f*
Duell *n* duel *m*; **≗ieren** ***sich mit j-m ~*** se battre en duel avec qn
Duett *mus n* duo *m*
Duft *m* parfum *m*, bonne odeur *f*; **≗en** sentir bon; **≗end** odorant
duld|en souffrir, tolérer; **~sam** tolérant
dumm bête, sot, stupide; *fig* ***das ist mir zu ~*** F j'en ai marre; ***der ≗e sein*** être le dindon de la farce; **≗heit** *f* bêtise *f*, sottise *f*, stupidité *f*; **≗kopf** *m* imbécile *m*
dumpf *Geräusch, Schmerz* sourd; *fig unklar* vague
Düne *f* dune *f*
Dung *m natürlicher* fumier *m*
düng|en engraisser; *mit Mist* fumer; **≗er** *m* engrais *m*
dunkel sombre; obscur (*a fig*); *Farbe* foncé; ***es wird ~*** il commence à faire nuit
dunkel|blau bleu foncé; **≗heit** *f* obscurité *f*, ténèbres *f/pl*; **≗kammer** *f Foto* chambre *f* noire
dünn mince; *Kleid, Kaffee* léger; *Luft* rare
Dunst *m* vapeur *f*, fumée *f*; *in der Luft* brume *f*

D

dünsten *cuis* cuire à l'étuvée
dunstig *Wetter* brumeux
Duplikat *n* duplicata *m*, copie *f*
Dur *mus* majeur; ***A-Dur*** la majeur
durch par; *quer* ~ à travers; *math* divisé par; ***das ganze Jahr*** ~ toute l'année; ~ ***und*** ~ complètement, d'un bout à l'autre
durcharbeiten *Stoff* étudier à fond *od* d'un bout à l'autre; *ohne Pause* travailler sans interruption
durchaus tout à fait, absolument; ~ ***nicht*** pas du tout
durchblättern feuilleter
Durchblick *m* échappée *f* (***auf*** sur); *fig* ***er hat den*** ~ il voit clair; **≈en** *fig* (***nicht mehr***) ~ (ne plus) voir clair; ~ ***lassen*** laisser entendre
durchblut|en *méd* irriguer; **≈ung** *f* irrigation *f*
durch|bohren (trans)percer; *fig* ***mit Blicken*** ~ transpercer du regard; **~brechen** percer; *Schallmauer* franchir; **~brennen** *Sicherung* sauter; *Glühbirne* griller; F *weglaufen* filer, se sauver; **~bringen** *Gesetz, Kandidaten* faire passer; *Kranken* sauver; *Vermögen* gaspiller, dilapider
Durchbruch *m* percée *f* (*a mil u fig*)
durch|denken examiner à fond; **~diskutieren** discuter à fond; **~drehen** s'affoler, craquer
durchdringen pénétrer; **~d** pénétrant; *Blick, Schrei* perçant
durcheinander 1. pêle-mêle, en désordre; ~ ***bringen*** mettre en désordre; *verwirren* troubler; *verwechseln* mélanger, confondre; ~ ***reden*** parler tous à la fois; *fig* ~ ***sein*** être troublé, ne plus s'y retrouver; **2.** ≈ *n* confusion *f*, désordre *m*, F pagaille *f*
durchfahr|en passer par, traverser; *nicht halten* ne pas s'arrêter; ***bei Rot*** ~ griller un feu rouge; **≈t** *f* passage *m*; ~ ***verboten!*** passage interdit!
Durchfall *m méd* diarrhée *f*; *fig* échec *m*; **≈en** *Examen* échouer, être recalé
durch|finden ***sich*** ~ trouver son chemin; **~fragen** ***sich*** ~ demander son chemin
durchführ|bar exécutable, réalisable; **~en** exécuter, mettre à exécution, réaliser
Durchgang *m* passage *m*; *Sport* manche *f*; *Wahl* tour *m* de scrutin; **~sverkehr** *m* trafic *m* de transit
durchge|braten bien cuit; **~froren** transi
durchgehen passer (***durch*** par); *Vorschlag* être adopté; *Pferd, Motor, Fantasie* s'emballer; *fliehen* s'enfuir; *fig* examiner; *durchlesen* parcourir; ***e-e Lektion noch einmal*** ~ repasser une leçon; ***j-m etw*** ~ ***lassen*** laisser passer qc à qn, fermer les yeux sur qc; **~d** *Zug* direct; ~ ***geöffnet*** ouvert en permanence *od* sans interruption
durch|greifen prendre des mesures énergiques; **~halten** tenir bon; **~hauen** couper en deux; **~kommen** passer (***durch*** par); *fig* se tirer d'affaire; réchapper d'une maladie; *im Examen* réussir, être reçu; **~können** pouvoir passer (***durch*** par); **~kreuzen** *Pläne* contrarier, contrecarrer
durch|lassen laisser passer; **~lässig** perméable
durchlauf|en *Sohlen* percer (à force de marcher); *Strecke* parcourir; *Schule* passer par, faire; **≈erhitzer** *m* chauffe-eau *m* instantané
durch|lesen lire (entièrement); *flüchtig* parcourir; **~leuchten** *méd* radiographier; ***durchleuchtet werden*** passer une radio; **~löchern** trouer; **~machen** *Klasse* faire; ***e-e Klasse noch mal*** ~ redoubler une classe; ***viel*** ~ passer par de rudes épreuves
Durchmesser *m* diamètre *m*
durch|müssen devoir passer (***durch*** par); **~nehmen** *Thema* traiter, étudier; **~pausen** décalquer; **~probieren** essayer l'un après l'autre; **~rechnen** calculer
Durchreise *f* passage *m*; ***auf der*** ~ ***sein*** être de passage; ***auf der*** ~ ***durch*** en passant par; **≈n** passer; *Gegend* traverser
durch|reißen déchirer; **~ringen** ***sich zu etw*** ~ se résoudre à qc
Durchsage *f* annonce *f*, message *m*
durchschauen ***j-n*** ~ pénétrer les intentions de qn
durchscheinen transparaître; **~d** transparent, translucide
Durchschlag *m Kopie* double *m*, copie *f*; **≈en** *Geschoss* percer; *zerschlagen* casser en deux; *Farbe etc* passer à travers;

***sich** ~* se débrouiller; ***sich mühsam** ~* gagner péniblement sa vie; **≈end** efficace, décisif; *Erfolg* retentissant; **~skraft** *f* force *f* percutante (*a fig*)
durchschneiden couper (en deux), trancher; ***j-m die Kehle** ~* couper la gorge à qn
Durchschnitt *m* moyenne *f*; ***im** ~* en moyenne; **≈lich** moyen; *adv* en moyenne
Durchschnitts|alter *n* âge *m* moyen; **~einkommen** *n* revenu *m* moyen; **~geschwindigkeit** *f* vitesse *f* moyenne; **~mensch** *m* homme *m* moyen *od* de la rue; *péj* homme *f* médiocre; **~wert** *m* valeur *f* moyenne
Durchschrift *f* copie *f*, double *m*
durch|sehen regarder à travers; *Text* parcourir; *prüfend* examiner; *noch einmal* ~ réviser; **~setzen** imposer, faire adopter; ***seinen Willen** ~* imposer sa volonté; ***sich** ~* s'imposer; **~setzt** ~ ***mit*** entremêlé de
Durchseuchung *f* contamination *f*
Durchsicht *f* examen *m*, révision *f*; **≈ig** transparent (*a fig*)
durch|sickern suinter, s'infiltrer; *fig* transpirer; **~sieben** passer au crible; ***mit Kugeln** ~* cribler de balles; **~sprechen** discuter; **~stechen** percer; **~stecken** faire passer (à travers); **~streichen** barrer, biffer, rayer
durchsuch|en fouiller; **≈ung** *f* fouille *f*; *Wohnung* perquisition *f*
durchtreten *Gaspedal* appuyer à fond sur
durchtrieben rusé, roué, madré, malin, roublard
Durchwahl *f* automatique *m*; *Nummer* numéro *m* de poste
durchweg sans exception, tous (toutes)
durch|wühlen fouiller (***etw*** dans qc); **~zählen** compter un à un; **~ziehen** passer; *Gebiet* parcourir
Durchzug *m* courant *m* d'air
dürfen avoir le droit *od* la permission (de), être autorisé (à); pouvoir; devoir; ***darf ich Ihnen helfen?*** est-ce que je peux vous aider?; ***das hättest du nicht tun** ~* tu n'aurais pas dû faire cela; ***das dürfte genügen*** cela devrait suffire
dürftig insuffisant, maigre
dürr sec (*a Mensch*); *Boden* aride; *Ast, Blatt a* mort; **≈e** *f* sécheresse *f*
Durst *m* soif *f* (*fig* ***nach*** de); ~ ***haben*** avoir soif; **≈ig** ~ ***sein*** avoir soif; **≈stillend** désaltérant
Dusche *f* douche *f*; **≈n** *j-n* doucher; (***sich***) ~ se doucher, prendre une douche
Düse *tech f* tuyère *f*; **≈n** F foncer, filer; **~nantrieb** *m* propulsion *f* par réaction; **~nflugzeug** *n* avion *m* à réaction; **~ntriebwerk** *n* (turbo)réacteur *m*
düster sombre (*a fig*)
Dutyfreeshop *m* boutique *f* hors taxes
Dutzend *n* douzaine *f*; **≈weise** par douzaines
duzen (***sich*** ~ se) tutoyer
Dynam|ik *f* dynamique *f*; *fig a* dynamisme *m*; **≈isch** dynamique
Dynamit *n* dynamite *f*; ⚠ ***la*** dynamite
Dynamo *m* dynamo *f*; ⚠ ***la*** dynamo
D-Zug *m* express *m*

E

E *mus n* mi *m*
Ebbe *f* marée *f* basse; ~ ***und Flut*** marée *f*
eben 1. *adj* plat, plan; ***zu ~er Erde*** au rez-de-chaussée; **2.** *adv* justement; ~ ***angekommen sein*** venir d'arriver; ***ich wollte** ~ **sagen*** j'allais dire; **~bürtig** ***j-m** ~ **sein*** valoir qn
Ebene *f* plaine *f*; *pol* ***auf höchster** ~* au plus haut échelon
ebenerdig au niveau du sol
ebenfalls de même, pareillement
Ebenholz *n* bois *m* d'ébène
ebenso de même; ~ ***sehr***, ~ ***viel*** autant (de); ~ ***wenig*** tout aussi peu
Eber *zo m* verrat *m*; **~esche** *bot f* sorbier *m*

E

ebnen aplanir (*a fig*)
Echo *n* écho *m*
echt véritable, naturel; authentique; **2heit** *f* vérité *f*; authenticité *f*; **2zeit** *f* temps *m* réel
Eckball *m Sport* corner *m*
Eck|e *f* coin *m*; **2ig** angulaire, anguleux; *fig* gauche; **~zahn** *m* canine *f*
Ecstasy *n* ecstasy *f*; ⚠ ***une*** ecstasy
Ecu *m od f* écu *m*
edel noble; généreux; *Metall* précieux; **2metall** *n* métal *m* précieux; **2mut** *m* générosité *f*; **~mütig** généreux; **2stahl** *m* acier *m* inoxydable; **2stein** *m* pierre *f* précieuse; **2tanne** *bot f* sapin *m* argenté
editieren éditer
Editor *EDV m* éditeur *m*
EDV *f* informatique *f*
EEG *n* électro-encéphalogramme *m*
Efeu *bot m* lierre *m*
Effekt *m* effet *m*
Effekten *pl Habe* effets *m/pl*; *Wertpapiere* titres *m/pl*, effets *m/pl* publics, valeurs *f/pl*
Effekt|hascherei *f* tape-à-l'œil *m*; **2iv** *tatsächlich* effectif; *wirksam* efficace; **~ivität** *f* efficacité *f*; **2voll** qui fait de l'effet; théâtral
effizient efficace
EG *f* C.E.E. *f* (= Communauté économique européenne)
egal égal; **~ *ob*** peu importe que ... (+ *subj*); ***das ist* ~** ça revient au même; ***das ist mir* ~** ça m'est égal
Egge *f* herse *f*; **2n** herser
Egois|mus *m* égoïsme *m*; **~t(in** *f*) *m* égoïste *m*, *f*; **2tisch** égoïste
ehe ~ (***dass***) avant que ... (+ *subj*), avant de (+ *inf*); ***nicht* ~** pas jusqu'à ce que (+ *subj*)
Ehe *f* mariage *m*; ***wilde* ~** union *f* libre, concubinage *m*; **2ähnlich *~e Gemeinschaft*** concubinage *m*; **~brecher(in** *f*) *m* adultère *m*, femme *f* adultère; **2brecherisch** adultère; **~bruch** *m* adultère *m*; **~frau** *f* femme *f*, épouse *f*; **~leute** *pl* époux *m/pl*; **2lich** conjugal; *Kind* légitime; **~losigkeit** *f* célibat *m*; **2malig** ancien, d'autrefois; **~malige** *m/pl* anciens élèves *m/pl*; **~mann** *m* mari *m*; **~paar** *n* couple *m* (de mariés)
eher *früher* plus tôt; *lieber* plutôt; ***je ~ desto lieber*** le plus tôt sera le mieux; ***nicht ~ als*** pas avant que ... (+ *subj*)
Ehe|ring *m* alliance *f*; **~scheidung** *f* divorce *m*; **~schließung** *f* mariage *m*; **~vermittlungsinstitut** *n* agence *f* matrimoniale
ehrbar honorable, honnête
Ehre *f* honneur *m*; ***zu ~n von*** en l'honneur de; **2n** honorer; respecter
Ehren|amt *n* charge *f* honorifique; **2amtlich *~e Helfer*** *pl* des bénévoles; **~bürger(in** *f*) *m* citoyen *m*, -ne *f* d'honneur; **~doktor** *m* docteur *m* honoris causa; **~gast** *m* invité *m* d'honneur; **~mann** *m* homme *m* d'honneur; **~mitglied** *n* membre *m* honoraire; **~platz** *m* place *f* d'honneur; **~rechte** *n/pl* ***bürgerliche* ~** droits *m/pl* civiques; **~rettung** *f* réhabilitation *f*; **2rührig** injurieux; **2voll** honorable; **~wort** *n* parole *f* d'honneur
Ehr|furcht *f* respect *m*; **2fürchtig, 2furchtsvoll** respectueux; **~gefühl** *n* sens *m od* sentiment *m* de l'honneur; **~geiz** *m* ambition *f*; **2geizig** ambitieux
ehrlich honnête; **~ *gesagt*** pour dire vrai; **2keit** *f* honnêteté *f*
ehr|los infâme; **2losigkeit** *f* infamie *f*; **2ung** *f* hommage *m*; **~würdig** vénérable
Ei *n* œuf *m*
ei! eh!, tiens!
Eiche *bot f* chêne *m*
Eichel *f* gland *m*
eichen 1. *adj* de *od* en chêne; **2.** *Verb*: *Hohlmaße* jauger; *Gewichte*, *Maße* étalonner
Eich|hörnchen *zo n* écureuil *m*; **~maß** *n* étalon *m*; *Hohl- u Längenmaß* jauge *f*
Eid *m* serment *m*; ***an ~es statt erklären*** certifier sur l'honneur; ***unter ~ stehen*** être assermenté
Eidechse *zo f* lézard *m*
eid|esstattlich *jur* ***~e Erklärung*** déclaration *f* sur l'honneur; **2genosse** *m* confédéré *m*, Suisse *m*
Eidotter *m* jaune *m* d'œuf
Eier|becher *m* coquetier *m*; **~kuchen** *m* omelette *f*; **~schale** *f* coquille *f* d'œuf; **~stock** *méd m* ovaire *m*; **~uhr** *f* sablier *m*
Eifer *m* zèle *m*; empressement *m*; **~sucht** *f* jalousie *f*; **2süchtig** jaloux (***auf*** de)

eifrig zélé; empressé
Eigelb *n* jaune *m* d'œuf
eigen propre; spécifique; particulier; **≈art** *f* particularité *f*; **~artig** particulier, singulier; *seltsam* curieux, étrange; **≈bedarf** *m* consommation *f* personnelle; **~händig** de mes (*od* ses, *etc*) propres mains; **≈heim** *n* maison *f* individuelle; **≈heit** *f* particularité *f*; trait *m* caractéristique; **≈lob** *n* éloge *m* de soi-même; **~mächtig** arbitraire; **≈name** *m* nom *m* propre; **~nützig** égoïste
eigens exprès
Eigen|schaft *f* qualité *f*; *phys*, *chim* propriété *f*; ***in seiner ~ als*** en sa qualité de; **~sinn** *m* entêtement *m*, opiniâtreté *f*; **≈sinnig** entêté, opiniâtre
eigentlich proprement dit, véritable; *Sinn* propre; *adv* en réalité; à vrai dire
Eigen|tor *n Sport* but *m* contre son propre camp; **~tum** *n* propriété *f*; **~tumswohnung** *f* appartement *m* en copropriété; **~tümer(in** *f*) *m* propriétaire *m*, *f*; **≈tümlich** singulier, étrange; **~tümlichkeit** *f* particularité *f*; **≈willig** entêté; volontaire; *Stil* individuel; original
eignen ***sich ~*** se prêter (***zu*** à); convenir (***für*** pour); ***sie eignet sich nicht zu dieser Arbeit*** elle n'est pas faite pour ce travail
Eignung *f* aptitude *f* (***für*** à); **~stest** *m* test *m* d'aptitude
Eil|bote *m* courrier *m*; ***durch ~n*** par exprès; **~brief** *m* lettre *f* (par) exprès
Eile *f* hâte *f*; **≈n** se hâter, se dépêcher; *Sache* être urgent
eilig *Person* pressé; *Sache* pressant; ***es ~ haben*** être pressé; **~st** à la hâte, vite
Eilzug *m* train *m* direct
Eimer *m* seau *m*
ein *Zahlwort*, *Artikel* un, une; ***~ für alle Mal*** une fois pour toutes; ***sein ≈ und Alles*** tout ce qu'il a de plus cher; ***~er von uns beiden*** l'un de nous deux; ***bei j-m ~ und aus gehen*** fréquenter qn
einander l'un l'autre, les uns les autres; l'un à l'autre, les uns aux autres
einarbeiten ***sich ~*** se mettre au courant d'un travail, s'initier à un travail
einarmig à un bras
einäscher|n incinérer; **≈ung** *f* incinération *f*
einatmen inspirer, inhaler
einäugig borgne
Einbahnstraße *f* sens *m* unique
Einband *m* reliure *f*
einbändig en un seul volume
Einbau *m* montage *m*; mise *f* en place; **≈en** *Möbel* encastrer; *Geräte* installer, monter; **~möbel** *pl* meubles *m/pl* encastrables
einberuf|en *mil* appeler sous les drapeaux; *Parlament* convoquer
einbeziehen inclure, comprendre (***in*** dans)
einbiegen ***in e-e Straße ~*** s'engager dans une rue
einbild|en ***sich ~*** s'imaginer; **≈ung** *f* imagination *f*; *irrige Vorstellung* illusion *f*; *Anmaßung* suffisance *f*; **≈ungskraft** *f* imagination *f*
einbinden *Buch* relier; *fig* intégrer
Einblick *m* vue *f*; *fig* connaissance *f*; ***flüchtiger ~*** aperçu *m*
einbrech|en ***in ein Haus ~*** cambrioler une maison; **≈er** *m* cambrioleur *m*
einbringen *Antrag* déposer; *Getreide* engranger; *Gewinn* rapporter; ***sich ~*** s'intégrer
Einbruch *m in ein Haus* effraction *f*, cambriolage *m*; ***bei ~ der Nacht*** à la tombée de la nuit; **~(s)diebstahl** *m* cambriolage *m*
ein|bürgern naturaliser; *fig* ***sich ~*** *Sitten* s'introduire, passer dans les mœurs; **≈bürgerung** *f* naturalisation *f*; **≈buße** *f* perte *f*; **~büßen** perdre; **~checken** enregistrer; **~dämmen** endiguer; **~decken** ***sich ~*** se pourvoir (***mit*** de), s'approvisionner (en)
eindeutig sans équivoque, clair; *fig* catégorique, net
eindring|en pénétrer (***in*** dans); *mil* envahir (***in ein Land*** un pays); **~lich** insistant; *adv* avec insistance; **≈lichkeit** *f* insistance *f*
Ein|druck *m* impression *f*; **≈drücken** enfoncer; **≈drucksvoll** impressionnant
eineinhalb un et demi
Einelternteilfamilie *f* famille *f* monoparentale
einengen resserrer, restreindre
Einer *m math* unité *f*; *Ruderboot* canot *m* à un rameur
einerlei **1.** ***das ist ~!*** c'est indifférent!; **2.** **≈** *n* monotonie *f*; ***das tägliche ~*** le traintrain quotidien

einerseits d'une part, d'un côté
einfach simple; modeste; *Mahl* frugal; *Fahrkarte* simple; **2heit** *f* simplicité *f*; frugalité *f*
einfädeln *Nadel* enfiler; *fig* engager
einfahren (r)entrer (*in* dans); *Bergwerk* descendre; *Auto* roder
Einfahrt *f* entrée *f*; *Torweg* porte *f* cochère
E
Einfall *m mil* invasion *f*; *plötzlicher Gedanke* idée *f*; ***er ist auf den ~ gekommen zu*** ... il lui a pris la fantaisie de ...; **2en** s'écrouler; *mil* envahir (***in ein Land*** un pays); ***sich ~ lassen, etw zu tun*** s'aviser de faire qc
Ein|falt *f* simplicité *f*; naïveté *f*; niaiserie *f*; **2fältig** simple; naïf; niais; **~familienhaus** *n* maison *f* individuelle; **2fangen** saisir; *Stimmung* rendre; **2farbig** d'une seule couleur; *Stoff* uni
einfass|en border (***mit*** de); garnir
einfetten graisser; *tech* lubrifier
ein|finden ***sich ~*** se présenter; **~flechten** *fig* insérer; **~fliegen** faire venir par avion; **~fließen** couler; *fig* ***etw ~ lassen*** glisser qc (***in*** dans); **~flößen** *Arznei* faire prendre; *Angst* inspirer
Einfluss *m* influence *f*; **2reich** influent, puissant
einförmig uniforme; *fig* monotone; **2keit** *f* uniformité *f*; monotonie *f*
ein|frieren geler; être pris dans les glaces; *Lebensmittel* congeler; **2fügemodus** *EDV m* mode *m* insertion; **~fügen** (***sich*** s')insérer; **2fügetaste** *EDV f* touche *f* d'insertion; **~fühlen** ***sich ~ in j-n*** se mettre au diapason *od* dans la peau de qn; **~fühlsam** compréhensif, compatissant; **2fühlungsvermögen** *psych n* faculté *f* de s'identifier à qn; pouvoir *m* d'intuition
Ein|fuhr *f* importation *f*; **2führen** (***sich ~*** s')introduire; *Waren* importer; *in ein Amt* installer; **~fuhrstopp** *écon m* arrêt *m* des importations; **~führung** *f* introduction *f*
Eingabe *f* pétition *f*; *Daten* entrée *f*; **~taste** *f* touche *f* d'entrée
Eingang *m* entrée *f*; ***verbotener ~*** entrée interdite
ein|geben *Arznei* administrer, faire prendre; *Daten* entrer; *fig* suggérer; **~gebildet** imaginaire; *dünkelhaft* vaniteux, présomptueux
Eingeborene(r) *m, f* indigène *m, f*
Eingebung *f* inspiration *f*
ein|gefallen *Wange* creux; *Auge* enfoncé; **~gefleischt** invétéré; ***~er Junggeselle*** célibataire *m* endurci
eingehen *Post* arriver; *Pflanze*, *Tier* mourir, crever F; *Stoff* rétrécir; ***auf etw ~*** consentir à qc, accepter qc; ***ein Risiko ~*** courir un risque; **~d** détaillé, minutieux
Eingemachte(s) *n* confitures *f/pl*; conserves *f/pl*; ***ans ~ gehen*** entamer ses réserves
ein|gemeinden rattacher à une commune; **~genommen** prévenu (***für*** en faveur de; ***gegen*** contre); ***von sich ~*** suffisant, infatué; **~geschnappt** vexé, froissé, piqué; **~geschränkt** restreint; **~geschrieben** *Brief* recommandé; **~gespielt** ***gut aufeinander ~ sein*** bien travailler ensemble; **~gestellt** ***~ auf*** préparé à; **~getragen** enregistré; ***~es Warenzeichen*** marque *f* déposée; **2geweide** *pl* intestins *m/pl*; entrailles *f/pl*; **~gewöhnen** (***sich ~*** s')acclimater; **~gießen** verser (***in*** dans); **~gleisig** à voie unique; **~gliedern** intégrer, incorporer; **~graben** enterrer; **~greifen** intervenir (***in*** dans); **2griff** *m* intervention *f* (*a méd*); ***~ in das Privatleben*** atteinte *f* à la vie privée
Einhalt *m* ***~ gebieten*** arrêter; **2en** *Versprechen* tenir; *Termin* respecter; *Richtung* garder
einhändig à une seule main
einhängen *Hörer* raccrocher; ***sich bei j-m ~*** prendre le bras de qn
einheimisch indigène, autochtone
Einheit *f* unité *f*; **2lich** uniforme, homogène; *nach Einheit strebend* unitaire; **~lichkeit** *f* uniformité *f*, homogénéité *f*
Einheits|partei *f* parti *m* unifié; **~preis** *m* prix *m* unique
einhellig unanime
einholen *j-n*, *versäumte Zeit* rattraper; ***j-s Rat ~*** prendre conseil de qn
einig uni; (***sich***) ***~ sein, werden*** être, se mettre d'accord (***über*** sur); **~e** quelques; quelques-uns(-unes); **~e Mal** quelquefois; **~en** unifier; ***sich ~ über etw*** tomber d'accord sur qc; **~ermaßen** en quelque sorte; *leidlich* passablement; **~es** quelque chose; différentes choses *f/pl*; **2keit** *f* accord *m*; concorde *f*; **2ung** *f* unification *f*; accord *m*

einjagen ***j-m Angst*** *od* ***e-n Schreck ~*** faire peur à qn; F flanquer la frousse à qn
einjährig d'un an
einkalkulieren tenir compte de, mettre en ligne de compte
Einkauf *m* achat *m*, emplette *f*; **≈en** acheter; faire des achats
Einkäufer(in *f*) *m* acheteur *m*, -euse *f*
Einkaufs|bummel *m* lèche-vitrines *m*; **~preis** *m* prix *m* d'achat; **~wagen** *m* chariot *m*, caddie *m*; **~zentrum** *n* centre *m* commercial
ein|kehren entrer dans une auberge; **~klammern** mettre entre parenthèses
Einklang *m* accord *m*; ***in ~ mit*** en harmonie avec
ein|kleiden ***sich neu ~*** s'habiller de neuf; **~klemmen** coincer; **~kochen** faire des conserves; mettre en conserve
Einkommen *n* revenu *m*; **≈sschwach** à faible revenu; **≈sstark** à haut revenu; **~steuer** *f* impôt *m* sur le revenu; **~steuererklärung** *f* déclaration *f* d'impôts
Einkünfte *f/pl* revenus *m/pl*
einlad|en inviter; *Gepäck* charger; **~end** engageant; **≈ung** *f* invitation *f*
Ein|lage *f Brief* annexe *f*; *Kapital≈* mise *f* de fonds; *Sparkasse* dépôt *m*; *Schuh* semelle *f* orthopédique; *Theater* intermède *m*; **~lass** *m* admission *f*; **≈lassen** laisser entrer; ***sich auf etw ~*** s'embarquer dans qc; ***sich mit j-m ~*** entrer en relations avec qn
Einlauf *m* arrivée *f*; *méd* lavement *m*; **≈en** arriver; *Schiff* entrer au port; *Stoff* (se) rétrécir
einleben ***sich ~*** s'acclimater
einlege|n mettre (***in*** dans); *Lied* insérer; *Früchte, Gurken* mettre en conserve; *jur* ***Berufung ~*** faire appel; **≈sohle** *f* semelle *f* orthopédique; fausse semelle *f*
einleit|en introduire; entamer; **≈ung** *f* introduction *f*
einleuchten paraître évident; **~d** évident
einliefern ***j-n ins Gefängnis ~*** incarcérer qn; ***j-n ins Krankenhaus ~*** hospitaliser qn
einlösen *Scheck* encaisser; *Pfand* dégager, retirer; *Versprechen* tenir
einmachen faire des conserves; mettre en conserve
einmal une fois; ***auf ~*** tout à coup; ***nicht ~*** pas même; ne ... même pas; ***noch ~*** encore une fois; ***es war ~*** il était une fois; **≈eins** *n* table *f* de multiplication; **~ig** unique
Einmarsch *m* entrée *f*; *mil* invasion *f*; **≈ieren** entrer, faire son entrée; *mil* envahir (***in ein Land*** un pays)
einmisch|en ***sich ~*** se mêler (***in*** de), intervenir (dans); **≈ung** *f* intervention *f*; *pol* ingérence *f*
einmünden *Straße* déboucher sur
einmütig unanime; **≈keit** *f* unanimité *f*
Einnahme *f mil* prise *f*; *Geld* recette *f*
einnehmen *mil* prendre; *Geld* toucher; *Steuern* percevoir; *Stellung* occuper; *Medikament* prendre; **~d** engageant, charmant, séduisant
Einöde *f* désert *m*
einordn|en ranger; classer; *fig* situer; ***sich ~*** s'intégrer (***in*** dans); *auto* prendre une file
ein|packen empaqueter, emballer; envelopper; **~parken** *auto* se garer; ***rückwärts ~*** faire un créneau; **~pflanzen** planter (dans)
einpräg|en empreindre; ***sich etw ~*** se graver qc en mémoire, enregistrer qc; **~sam** qui se grave facilement en mémoire; ***e-e ~e Melodie*** une mélodie facile à retenir
ein|quartieren (***sich ~*** se) loger; *mil* cantonner; **~rahmen** encadrer; **~räumen** *Gegenstände* ranger; *zugestehen* concéder, accorder; **~reden** ***auf j-n ~*** tâcher d'influencer *od* de persuader qn; ***j-m etw ~*** persuader qn de qc
einreib|en (***sich ~*** se) frictionner
einreichen présenter; ***Klage ~*** déposer une plainte (***gegen*** contre)
einreih|en ranger; ***sich ~*** se mettre dans une file; **~ig** à un rang; ***~er Anzug*** costume *m* à veston droit
Einreise *f* entrée *f*; **~erlaubnis** *f* permis *m* d'entrée; **≈n** entrer; **~verbot** *n* interdiction *f* d'entrer; **~visum** *n* visa *m* d'entrée
ein|reißen *Haus* démolir; *Papier* déchirer; *fig Gewohnheit* se répandre; se propager; **~renken** *méd* remboîter; remettre en place
einricht|en arranger; installer; aménager; ***etw so ~, dass*** faire en sorte que;

Ձung *f* arrangement *m*; installation *f*; aménagement *m*; *öffentliche* organisme *m*, institution *f*
ein|rosten s'enrouiller; *fig* s'encroûter; **~rücken** *Anzeige* insérer; *Zeile* rentrer, renforcer
eins un; ***es ist alles ~*** c'est du pareil au même
Eins *f* ***die ~*** le un; *Schule* ***e-e ~ bekommen*** avoir 20 sur 20
einsam solitaire, isolé; **Ձkeit** *f* solitude *f*
einsammeln *Hefte, Geld* ramasser; *Geld a* recueillir
Einsatz *m Spiel* enjeu *m*; *mus* rentrée *f*; ***persönlicher ~*** engagement *m* personnel; ***unter ~ des Lebens*** en risquant sa vie; ***im ~*** en service; **Ձbereit** disponible; prêt à intervenir; **Ձfreudig** dynamique
einschalt|en intercaler; *Elektrogerät* mettre en circuit; *Licht, Radio, TV* allumer; *Auto* ***den ersten Gang ~*** passer la première; ***den zweiten Gang ~*** passer en seconde; **Ձquote** *f TV* pourcentage *m* d'écoute
ein|schärfen recommander expressément; **~schätzen** estimer; **~schenken** verser; **~schicken** envoyer; **~schlafen** s'endormir; *Arm, Bein* s'engourdir; **~schläfern** assoupir, endormir; *töten* piquer; **~schläfernd** endormant; soporifique
Einschlag *m Blitz* chute *f*; *Bombe* (point *m* d')impact *m*; **Ձen** *Nägel* enfoncer; *einwickeln* envelopper (***in*** dans); *Weg* prendre; *Lenkung* braquer; ***es hat eingeschlagen*** la foudre est tombée sur ...
einschlägig ***~e Literatur*** ouvrages *m/pl* se rapportant au sujet *od* spécialisés
ein|schleichen ***sich ~*** se glisser (***in*** dans); **~schleppen** *Krankheit* introduire, importer; **~schleusen** faire entrer clandestinement
einschließ|en (***sich ~*** s')enfermer; *umringen* entourer; *Festung* cerner; *fig* renfermer; **~lich** y compris
ein|schmeicheln ***sich bei j-m ~*** s'insinuer auprès de qn; **~schnappen** se fermer brusquement; *fig* F ***er ist eingeschnappt*** il est vexé; il l'a mal pris
einschränk|en limiter, réduire; ***sich ~*** réduire ses dépenses; **Ձung** *f* restriction *f*, réduction *f*

Einschreib(e)brief *m* lettre *f* recommandée
einschreiben (***sich ~*** s')inscrire; *Brief* ***~ lassen*** recommander; **Ձ** *Aufschrift* recommandé
einschreiten intervenir
einschüchter|n intimider
einschul|en mettre à l'école, scolariser; **Ձung** *f* scolarisation *f*
ein|sehen comprendre, voir; examiner; ***das sehe ich nicht ein*** je ne vois pas pourquoi; **~seifen** savonner; *fig* F rouler
einseitig unilatéral; *parteiisch* partial
einsend|en envoyer; **Ձeschluss** *m* date *f* limite d'envoi; **Ձung** *f* envoi *m*
einsetz|en mettre, insérer (***in*** dans); *Mittel* employer; *Leben* risquer; *Ausschuss* constituer; *in ein Amt* installer; *beginnen* commencer; ***sich ~ für*** s'engager pour; intervenir en faveur de; soutenir
Einsicht *f in Akten* consultation *f* (***in*** de); *Erkenntnis* intelligence *f*, compréhension *f*; ***zu der ~ kommen, dass*** ... en arriver à la conclusion que ...; **Ձig** intelligent, compréhensif
Einsiedler *m* ermite *m*
einsilbig monosyllab(iqu)e; *Person* laconique, taciturne
einsinken s'enfoncer
Einsitzer *aviat, auto m* monoplace *m* (*aviat*), *f* (*auto*)
einspannen *Pferd* atteler; *tech* serrer; tendre; *fig* ***j-n ~*** mettre qn à contribution
einspar|en économiser; **Ձung** *f* économie *f*
ein|sperren enfermer; emprisonner; **~spielen** *Geld* rapporter; ***sie sind gut aufeinander eingespielt*** ils forment une bonne équipe
einsprachig monolingue
einspritz|en injecter; **Ձmotor** *m* moteur *m* à injection; **Ձung** *f* injection *f*
Einspruch *m* protestation *f*; réclamation *f*; *pol* veto *m*
einspurig à une seule voie
einst autrefois, jadis; *künftig* un jour
Einstand *m Tennis* égalité *f*; *Dienstantritt* ***seinen ~ geben*** arroser son entrée en fonction
ein|stecken empocher; *Brief* mettre à la boîte; *fig hinnehmen* encaisser; ***er***

kann viel ~ il a bon dos; **~stehen** répondre (***für*** de); **⁀steigekarte** *aviat f* carte *f* d'embarquement; **~steigen** monter (en voiture); **~!** en voiture!

einstell|en mettre (***in*** dans); *tech* ajuster; *Foto* mettre au point; *Radio* régler; *unterbrechen* suspendre; *Arbeiter* embaucher, recruter; *Rekord* égaler; ***die Arbeit*** (*mil* ***das Feuer***) ~ cesser le travail (le feu); **⁀ung** *f* réglage *m*; *Unterbrechung* arrêt *m*, suspension *f*; *von Arbeitskräften* embauche *f*, recrutement *m*; *innere* attitude *f*

einstig ancien; d'autrefois

einstimm|en *mus* joindre sa voix à celle des autres; **~ig** unanime; à l'unanimité; *mus* à une voix; **⁀igkeit** *f* unanimité *f*

ein|stöckig à un (seul) étage; **~studieren** apprendre (par cœur); **~stufen** classifier; **~stufig** *Rakete* à un seul étage; **~stürmen** fondre (***auf j-n*** sur qn); **⁀sturz** *m* écroulement *m*; **~stürzen** s'écrouler

einstweil|en en attendant; **~ig** provisoire; *jur* ***~e Verfügung*** référé *m*

eintägig d'une journée

ein|tauchen plonger; **~tauschen** échanger (***gegen***, ***für*** contre)

einteil|en diviser; partager; répartir; *phys* graduer; **~ig** *Badeanzug* d'une seule pièce; **⁀ung** *f* division *f*; graduation *f*

eintönig monotone

Eintopf *m* plat *m* unique, pot-au-feu *m*

Ein|tracht *f* concorde *f*, harmonie *f*; **⁀trächtig** en bonne intelligence

Eintrag *m* inscription *f*, enregistrement *m*; **⁀en** inscrire, enregistrer; *Lob*, *Tadel* valoir (***j-m*** à qn)

einträglich profitable, lucratif

eintreffen 1. arriver; **2.** ⁀ *n* arrivée *f*

eintreiben *Geld* faire rentrer

eintreten entrer (***in*** dans); *Tür* enfoncer; *geschehen* survenir; ***für j-n***, ***etw*** ~ appuyer qn, qc

Eintritt *m* entrée *f*; ~ ***frei*** entrée gratuite; ~ ***verboten*** entrée interdite

Eintritts|geld *n* (prix *m* d')entrée *f*; **~karte** *f* billet *m*

Einver|nehmen *n* accord *m*, entente *f*, intelligence *f*; ***im*** ~ ***mit*** en accord avec; **⁀standen** d'accord (***mit*** avec); **~ständnis** *n* accord *m*

Einwand *m* objection *f* (***gegen*** à)

Einwander|er *m*, **~in** *f* immigrant *m*, -e *f*; *Eingewanderte(r)* immigré *m*, -e *f*; **⁀n** immigrer; **~ung** *f* immigration *f*; **~ungsland** *n* pays *m* d'immigration

ein|wandfrei impeccable, irréprochable, parfait

Einwegflasche *f* bouteille *f* perdue *od* non reprise *od* non consignée

einweih|en inaugurer; *rel* consacrer; ~ ***in*** initier à; **⁀ung** *f* inauguration *f*; initiation *f*

einweis|en *in e-e Arbeit* initier (à); *in ein Heim* envoyer (dans); *in ein Amt* installer (dans); ***j-n ins Krankenhaus*** ~ hospitaliser qn; **⁀ung** *f* initiation *f*; installation *f*; ~ ***ins Krankenhaus*** hospitalisation *f*

einwend|en objecter

einwerfen *Brief* mettre à la boîte; poster; *Sport* remettre en jeu; *Fenster* casser; *fig* objecter

einwickel|n (***sich*** ~ s')envelopper; **⁀papier** *n* papier *m* d'emballage

einwillig|en consentir (***in*** à); **⁀ung** *f* consentement *m*

einwirk|en agir, *fig* influer (***auf*** sur); **⁀ung** *f* influence *f*; effet *m*

Einwohner|(in *f*) *m* habitant *m*, -e *f*; **~meldeamt** *n* bureau *m* de déclaration de domicile

Einwurf *m Sport* remise *f* en jeu; *für Briefe* fente *f*; *Einwand* objection *f*

Einzahl *gr f* singulier *m*; **⁀en** verser, payer; **~ung** *f* versement *m*, paiement *m*

Einzel *n Tennis* simple *m*; **~fall** *m* cas *m* isolé; **~gänger** *m Kind* solitaire *m*; *Politiker*, *Künstler* non-conformiste *m*; **~handel** *m* commerce *m* de détail; **~heit** *f* détail *m*; **~kind** *n* enfant *m* unique

einzeln seul; *besonder* particulier; *abgesondert* isolé; séparé; ***der ⁀e*** l'individu *m*; ***ins ⁀e gehen*** entrer dans les détails; ***im ⁀en*** en détail

Einzel|teile *tech m/pl* pièces *f/pl* détachées; **~zimmer** *n* chambre *f* individuelle *od* à un lit

einziehen *Krallen* rétracter; *Kopf* baisser; *Bauch*, *Fahrgestell* rentrer; *Wand* construire; *Steuern* percevoir; *in e-e Wohnung* emménager; *Ruhe* revenir; *Wasser* pénétrer; *Soldaten* appeler sous les armes; *Güter* confisquer

E

E

einzig unique; ***kein** ≗**er*** pas un seul; ***das*** ≗***e*** la seule chose (+ *subj*); ***der*** ≗***e*** le seul (+ *subj*); **~artig** unique en son genre, sans pareil, exceptionnel
Einzug *m* entrée *f*; *in e-e Wohnung* emménagement *m*
einzwängen faire entrer en forçant; ***eingezwängt sein*** être coincé
Eis *n* glace *f*; ***~ am Stiel*** bâton *m* glacé; esquimau *m*; ***~ laufen*** faire du patin; **~bahn** *f* patinoire *f*; **~bär** *m* ours *m* blanc; **~berg** *m* iceberg *m*; **~brecher** *m* brise-glace *m*; **~diele** *f* glacier *m*; ***in der ~*** chez le glacier
Eisen *n* fer *m*
Eisenbahn *f* chemin *m* de fer; **~abteil** *n* compartiment *m*; **~er** *m* cheminot *m*; **~fahrplan** *m* indicateur *m* des chemins de fer; **~schaffner** *m* contrôleur *m*; **~schiene** *f* rail *m*; **~wagen** *m* wagon *m*; *für Personen a* voiture *f*; **~zug** *m* train *m*
Eisen|beton *m* béton *m* armé; **~erz** *n* minerai *m* de fer; **≗haltig** ferrugineux; **~waren** *f/pl* quincaillerie *f*
eisern de fer; *fig* tenace
eis|frei débarrassé des glaces; **~gekühlt** glacé; *Wein* frappé; **≗hockey** *n* hockey *m* sur glace; **~ig** glacial (*a fig*); **~kalt** glacial, glacé; **≗kunstlauf** *m* patinage *m* artistique; **≗lauf(en** *n*) *m* patinage *m*; *cf a* ***Eis***; **≗meer** *n* ***Nördliches*** (***Südliches***) ~ océan *m* Glacial arctique (antarctique); **≗pickel** *m* piolet *m*; **≗schnelllauf** *m* patinage *m* de vitesse; **≗scholle** *f* plaque *f* de glace; **≗verkäufer** *m* marchand *m* de glaces, glacier *m*; **≗würfel** *m* cube *m* de glace, glaçon *m*; **≗zapfen** *m* glaçon *m*; **≗zeit** *f* période *f* glaciaire
eitel vaniteux, coquet; **≗keit** *f* vanité *f*
Eiter *m* pus *m*; **≗n** suppurer
eitrig purulent
Ei|weiß *n* blanc *m* d'œuf; *biol* protides *m/pl*; *méd im Harn* albumine *f*; **~zelle** *biol f* ovule *m*
Ekel *m* nausée *f*; dégoût *m*; ***~ erregend*** dégoûtant; **≗haft, ≗ig** dégoûtant; **≗n** dégoûter, écœurer; ***es ekelt mich*** cela me dégoûte
EKG *méd n* électrocardiogramme *m*
Ekstase *f* extase *f*; ***in ~ geraten*** s'extasier
Ekzem *méd n* eczéma *m*
Elan *m* élan *m*, énergie *f*
elasti|sch élastique; **≗zität** *f* élasticité *f*
Elbe ***die*** ~ l'Elbe *f*
Elch *zo m* élan *m*
Elefant *zo m* éléphant *m*
elegan|t élégant; **≗z** *f* élégance *f*
Elektri|ker *m* électricien *m*; **≗sch** électrique
Elektrizität *f* électricité *f*; **~swerk** *n* centrale *f* électrique
Elektro|enzephalogramm *n* électro-encéphalogramme *m*; **~gerät** *n* appareil *m* électrique; **~herd** *m* cuisinière *f* électrique; **~kardiogramm** *n* électrocardiogramme *m*; **~magnet** *m* électro-aimant *m*; **~motor** *m* moteur *m* électrique
Elektron *n* électron *m*; **~enmikroskop** *n* microscope *m* électronique; **~enrechner** *m* ordinateur *m*; **~ik** *f* électronique *f*; **~iker** *m* électronicien *m*; **≗isch** électronique
Elektrotechnik *f* électrotechnique *f*; **~er** *m* (technicien *m*) électricien *m*
Element *n* élément *m*; **≗ar** élémentaire
Elend 1. *n* misère *f*, détresse *f*; calamité *f*; **2.** ≗ misérable, pitoyable; **~sviertel** *n* bidonville *m*
elf 1. onze; **2.** ≗ *f* ***die*** ~ le onze (*a Fußball*)
Elfenbein *n* ivoire *m*
Elfmeter *m* penalty *m*
elfte (le, la) onzième
Elite *f* élite *f*
Ell(en)bogen *m* coude *m*
Ellipse *f* ellipse *f*
Elsass ***das*** ~ l'Alsace *f*
Elsäss|er(in *f*) *m* Alsacien *m*, -ne *f*; **≗isch** alsacien
Elster *zo f* pie *f*
elterlich des parents, parental
Eltern *pl* parents *m/pl*; **~abend** *m* réunion *f* de parents d'élèves; **≗los** orphelin, sans parents; **~teil** *m* un *m* des parents; **~vertretung** *f* représentation *f* des parents d'élèves
E-Mail *f* message *m* électronique, courrier *m* électronique
Email *n* émail *m*; **≗lieren** émailler
Emanze *f* F féministe *f*
Emanzip|ation *f* émancipation *f*; **≗ieren** émanciper
Embargo *n* embargo *m*
Embryo *m* embryon *m*
Emigr|ant(in *f*) *m* émigré *m*, -e *f*;

~ation *f* émigration *f*; ***in der ~*** en exil; **⁀ieren** émigrer
Emotion *f* émotion *f*; **⁀al** émotionnel
Empfang *m* réception *f* (*a Radio*); accueil *m*; *comm* ***den ~ bestätigen*** accuser réception; **⁀en** recevoir; *Personen a* accueillir
Empfäng|er *m* destinataire *m*; *Radio, TV* récepteur *m*; **⁀lich** sensible (***für*** à), réceptif (à); **~lichkeit** *f* réceptivité *f* (***für*** à); *für Krankheit* prédisposition *f* (à); **~nis** *biol f* conception *f*; **~nisverhütung** *f* contraception *f*
Empfangs|bescheinigung *f* reçu *m*, récépissé *m*; **~dame** *f* hôtesse *f* d'accueil
empfehl|en recommander; ***sich ~*** *zurückziehen* se retirer; **~enswert** recommandable; **⁀ung** *f* recommandation *f*
empfind|en sentir, éprouver; *innerlich* ressentir; **~lich** sensible (***für*** à; *a fig*); *leicht verletzt* susceptible; **⁀lichkeit** *f* sensibilité *f*; susceptibilité *f*; **⁀ung** *f* sensation *f*; *Gefühl* sentiment *m*; **~ungslos** insensible; **⁀ungsvermögen** *n* sensibilité *f*
empor en haut
Empore *f* galerie *f*, tribune *f*
empören (***sich*** s')indigner (***über*** de), (se) révolter (contre); **~d** révoltant, choquant, scandaleux
empör|t indigné (***über*** de), révolté; **⁀ung** *f* indignation *f*
emsig diligent, assidu; **⁀keit** *f* diligence *f*, assiduité *f*
emulieren *EDV* émuler
Ende *n* fin *f*; *räumlich a* bout *m*; ***äußerstes ~*** extrémité *f*; ***am ~*** à la fin (de); au bout (de); *schließlich* en fin de compte; ***zu ~*** terminé; ***zu ~ gehen*** tirer à sa fin
enden finir, se terminer (***mit*** par); *aufhören* cesser; ***~ als*** finir comme
End|ergebnis *n* resultat *m* final; **~gerät** *n* périphérique *m*; **⁀gültig** définitif
Endivie *f* chicorée *f*; ⚠ *nicht* ***endive***
End|lager *n* lieu *m* de stockage définitif; **⁀lich** enfin; **⁀los** sans fin, interminable, infini; **~punkt** *m* extrémité *f*; **~spiel** *Sport n* finale *f*; **~spurt** *m* sprint *m*, finish *m*; **~station** *f* terminus *m*; **~ung** *gr f* terminaison *f*
Energie *f* énergie *f*; **~bedarf** *m* besoins *m/pl* énergétiques; **~krise** *f* crise *f* de l'énergie
energielos sans énergie
energie|sparend à faible consommation d'énergie; **⁀sparlampe** *f* ampoule *f* à faible consommation; **⁀verbrauch** *m* consommation *f* d'énergie; **⁀versorgung** *f* approvisionnement *m* en énergie
energisch énergique
eng étroit; *fig* restreint; F ***etw ~ sehen*** prendre qc trop au sérieux
engagier|en (***sich*** s')engager; **~t** engagé
Enge *f* étroitesse *f*; passage *m* étroit; *fig* ***j-n in die ~ treiben*** mettre qn au pied du mur
Engel *m* ange *m*
Eng|land *n* l'Angleterre *f*; **~länder(in** *f*) *m* Anglais *m*, -e *f*; **⁀lisch** anglais
Engpass *m* défilé *m*; goulot *m* d'étranglement (*a fig, bes écon*)
engstirnig borné, obtus, mesquin
Enkel(in *f*) *m* petit-fils *m*, petite-fille *f*; ***Enkel*** *pl* petits-enfants *m/pl*
enorm énorme; *Preis* faramineux
Ensemble *n Theater* compagnie *f*, troupe *f*
entart|en dégénérer
entbehr|en être privé *od* dépourvu de; **~lich** superflu; **⁀ung** *f* privation *f*
entbind|en dégager (***von*** de); *Frau* accoucher; **⁀ung** *f* dégagement *m*; *méd* accouchement *m*; **⁀ungsheim** *n* clinique *f* d'accouchement, maternité *f*
entblößen ***sich ~*** se mettre à nu
entdeck|en découvrir; **⁀er** *m* découvreur *m*; **⁀ung** *f* découverte *f*
Ente *zo f* canard *m*; *Zeitungs⁀* fausse nouvelle *f*; bobard *m* F
enteign|en exproprier; **⁀ung** *f* expropriation *f*
enterben déshériter
Enter-Taste *f* touche *f* d'entrée
entfallen *wegfallen* être supprimé; ***j-m ~*** échapper à qn; ***auf j-n ~*** revenir à qn; ***es ist mir ~*** cela m'échappe
entfalt|en déplier; *entwickeln* (***sich*** se) développer; ***sich ~*** s'épanouir; **⁀ung** *f* déploiement *m*; développement *m*; épanouissement *m*
entfern|en (***sich ~*** s')éloigner; *Fleck* enlever; **~t** éloigné; ***3 km voneinander ~*** distants de 3 km; **⁀ung** *f Beseitigung* éloignement *m*, enlèvement *m*; *Abstand* distance *f*; **⁀ungsmesser** *m* télémètre

m; **2ungstaste** *EDV f* touche *f* de suppression
entfremden aliéner
entführ|en enlever; *Kind* kidnapper; *Flugzeug* détourner; **2er** *m* ravisseur *m*; *Flugzeug* pirate *m* de l'air; **2ung** *f* enlèvement *m*, rapt *m*, kidnapping *m*; *Flugzeug* détournement *m*

E

entgegen au-devant de, vers; contre; contrairement à; **~gehen** aller à la rencontre (***j-m*** de qn); **~gesetzt** opposé; **~kommen** *fig* ***j-m*** ~ faire des avances *od* des concessions à qn; **~kommend** prévenant; *auto* qui roule en sens inverse; **~nehmen** accepter, recevoir; **~sehen** attendre (***e-r Sache*** qc); **~setzen** opposer (à); **~stehen** être opposé (à); ***dem steht nichts entgegen*** rien ne s'y oppose
entgegn|en répliquer, répondre, riposter; **2ung** *f* réponse *f*, réplique *f*
entgehen échapper (***e-r Gefahr*** à un danger); ***sich nichts ~ lassen*** ne rien perdre *od* F rater (de qc)
entgift|en désintoxiquer; **2ung** *f* désintoxication *f*
entgleis|en dérailler; **2ung** *f* déraillement *m*; *fig* faux pas *m*, incartade *f*; écart *m* de langage
enthalt|en contenir; ***sich ~*** s'abstenir (de); **~sam** abstinent; **2samkeit** *f* abstinence *f*; *Sex* continence *f*; **2ung** *f* abstention *f* (*a Stimm2*)
enthärten *Wasser* adoucir
enthaupt|en décapiter; **2ung** *f* décapitation *f*
enthüll|en dévoiler (*a Statue*), révéler; **2ung** *f* dévoilement *m*, révélation *f*
Enthusias|mus *m* enthousiasme *m*; **2tisch** enthousiaste
entjungfer|n déflorer, dépuceler P; **2ung** *f* défloration *f*
entkommen s'échapper
entkräft|en affaiblir; **2ung** *f* affaiblissement *m*
entlad|en décharger; ***sich ~*** *Batterie* se vider; *Zorn, Gewitter* éclater; **2ung** *f* décharge *f*
entlang le long de; ***den Fluss ~*** le long de la rivière; **~gehen** longer (qc)
entlarven démasquer
entlass|en renvoyer, congédier; *Arbeiter* licencier; **~ *werden*** *Kranke* quitter l'hôpital; *Häftling* quitter la prison; **2ung** *f* renvoi *m*, licenciement *m*
entlast|en décharger; **2ung** *f* décharge *f*; **2ungszeuge** *m* témoin *m* à décharge
entmilitarisier|en démilitariser; **2ung** *f* démilitarisation *f*
entmündig|en mettre sous tutelle; **2ung** *f* mise *f* sous tutelle
entmutig|en décourager; **2ung** *f* découragement *m*
ent|nehmen prendre (***aus*** dans); *fig* conclure (***aus*** de); **~nervt** énervé; **~reißen** arracher; **~richten** payer, régler; **~rollen** dérouler
entrüst|en ***sich ~*** s'indigner (***über*** de); **~et** indigné; **2ung** *f* indignation *f*
entsag|en renoncer (à); **2ung** *f* renonciation *f*
entsalzen dessaler
entschädig|en (***sich ~*** se) dédommager (***für*** de); **2ung** *f* dédommagement *m*; *Summe* indemnité *f*
entschärfen *Bombe* désamorcer; *Lage* calmer, apaiser
entscheid|en décider (***über*** de); ***sich ~*** se décider (***für*** pour); ***er kann sich nicht ~*** il n'arrive pas à se décider; **~end** décisif; **2ung** *f* décision *f*; **2ungsträger** *m* décideur *m*
entschieden décidé; **2heit** *f* décision *f*
entschlacken *med* désintoxiquer
entschließen ***sich ~*** se résoudre, se décider (***zu*** à)
entschlossen résolu; **2heit** *f* résolution *f*, détermination *f*
Entschluss *m* résolution *f*, décision *f*
entschuldig|en excuser; ***sich ~ wegen etw*** s'excuser de qc; ***~ Sie!*** excusez-moi!; **2ung** *f* excuse(s *pl*) *f*; **~!** pardon!; **2ungsbrief** *m*, **2ungszettel** *m* *Schule* billet *m* d'excuse
Entschwefelung *f* désulphuration *f*
entsetz|en 1. (***sich ~*** s')effrayer; **2.** **2** *n* effroi *m*; **~lich** effroyable, horrible
ent|sinnen ***sich ~*** se souvenir (***an*** de); **~sorgen** *Kernkraftwerk* enlever *od* traiter les déchets radioactifs (de); *Müll* évacuer; *Stadt* nettoyer
entspann|en détendre; ***sich ~*** se détendre; **2ung** *f* détente *f*; **2ungspolitik** *f* politique *f* de détente
entsprech|en correspondre à; *den Erwartungen* répondre à; **~end** correspondant; **2ung** *f* correspondance *f*; équivalent *m*

entspringen *Fluss* prendre sa source; *fig* naître (de)
entsteh|en naître (**aus** de); résulter (de); **Ձung** *f* naissance *f*, origine *f*
entstellen défigurer
enttäusch|en décevoir, désillusionner, désabuser; **Ձung** *f* déception *f*
entwaff|nen désarmer; **Ձung** *f* désarmement *m*
Entwarnung *f* fin *f* de l'alerte
entwässern drainer, assécher
entweder ~ ... **oder** ou ... ou
ent|weichen s'échapper; **~wenden** dérober; **~werfen** tracer, esquisser, concevoir; *Plan* dresser
entwert|en déprécier; *Geld* dévaluer; *Fahrkarte* composter; **Ձer** *m Fahrschein* composteur *m*; **Ձung** *f* dépréciation *f*; *Geld* dévaluation *f*; *Fahrkarte* compostage *m*
entwick|eln développer (*a Foto*); **sich ~** se développer, évoluer; **Ձler** *m Foto* révélateur *m*
Entwicklung *f* développement *m*, évolution *f*; **~shelfer** *m* coopérant *m*; **~shilfe** *f* aide *f* au développement; **~sland** *n* pays *m* en voie de développement
entwirren débrouiller
entwöhn|en *Baby* sevrer; *Drogensüchtige* désintoxiquer; **Ձung** *f* sevrage *m*; désintoxication *f*
entwürdigend avilissant, dégradant
Entwurf *m* projet *m*, esquisse *f*
entwurzeln déraciner
entzieh|en (**sich ~** se) soustraire; se dérober; **Ձung** *f* privation *f*; *Droge* désintoxication *f*; **Ձungskur** *f* cure *f* de désintoxication
entziffern déchiffrer
entzücken 1. ravir; **2.** Ձ *n* ravissement *m*; **~d** ravissant
Entzug *m* privation *f*; *Führerschein* retrait *m*; **~serscheinung** *f Droge* état *m* de manque
entzünd|bar inflammable; **~en** (**sich ~** s')enflammer (*a méd*); **Ձung** *méd f* inflammation *f*
entzwei cassé; **~brechen** (se) briser, (se) casser; **~en** brouiller, désunir; **~gehen** se briser, se casser
Enzephalogramm *n* encéphalogramme *m*
Enzian *bot m* gentiane *f*
Enzyklopädie *f* encyclopédie *f*
Enzym *biol n* enzyme *m*
Epidemie *f* épidémie *f*
Epidemiologe *m* épidémiologiste *m*
Epilepsie *méd f* épilepsie *f*
Epilog *m* épilogue *m*
Episode *f* épisode *m*; ⚠ ***un*** épisode
Epoche *f* époque *f*
Epos *n* épopée *f*, poème *m* épique
er il; *mit Bezug auf ein weibliches frz subst* elle; *betont* lui; ~ ***allein*** lui seul; ~ ***selbst*** lui-même; ~ ***auch*** lui aussi
erachten croire; ***meines* Ձs** à mon avis
erbarmen 1. ***sich j-s*** ~ avoir pitié de qn; **2.** Ձ *n* pitié *f*
erbärmlich déplorable, pitoyable, minable
erbarmungslos impitoyable
erbau|en bâtir; *fig* édifier; **Ձer** *m* bâtisseur *m*; **~lich** édifiant; **Ձung** *f* construction *f*; *fig* édification *f*
Erb|e 1. *m*, **~in** *f* héritier *m*, -ière *f*; **2. ~e** *n* héritage *m*, succession *f*
erben hériter (***etw von j-m*** qc de qn)
erbeuten capturer
Erb|faktor *m* facteur *m* héréditaire; **~gut** *n* patrimoine *m* héréditaire
erbitten demander (***etw von j-m*** qc à qn)
erbittert exaspéré; *Kampf* acharné
Erbkrankheit *méd f* maladie *f* héréditaire
erblassen, erbleichen pâlir
erblich héréditaire
erblicken apercevoir
erblind|en devenir aveugle; **Ձung** *f* perte *f* de la vue; cécité *f*
Erbmasse *f jur* masse *f* successorale; *biol* hérédité *f*
erbrechen 1. (**sich**) ~ vomir; **2.** Ձ *méd n* vomissement *m*
Erbschaft *f* héritage *m*
Erbse *bot f* pois *m*; ***grüne* ~n** petits pois *m/pl*
Erb|stück *n* objet *m od* meuble *m* de famille; **~sünde** *rel f* péché *m* originel; **~teil** *n* part *f* d'héritage
Erd|apfel *östr m* pomme *f* de terre; **~ball** *m* globe *m* (terrestre); **~beben** *n* tremblement *m* de terre, séisme *m*; **~beere** *f Frucht* fraise *f*; *Pflanze* fraisier *m*; **~boden** *m* terre *f*, sol *m*; *fig* ***dem ~ gleichmachen*** raser
Erde *f* terre *f* (*als Planet* Terre); **Ձn** *Radio* mettre à la terre

E

erdenklich imaginable
Erd|gas *n* gaz *m* naturel; **~geschoss** *n* rez-de-chaussée *m*
erdicht|en imaginer; **~et** inventé, imaginé
Erd|karte *f* mappemonde *f*; **~kugel** *f* globe *m* terrestre; **~kunde** *f* géographie *f*; **~nuss** *f* cacah(o)uète *f*; **~öl** *n* pétrole *m*; **~öllagerstätte** *f* gisement *m* de pétrole, gisement *m* pétrolier; **~reich** *n* terre *f*, sol *m*
erdreisten ***sich ~ zu*** avoir l'audace de
erdrosseln étrangler
erdrücken écraser
Erd|rutsch *m* glissement *m* de terrain; *pol* raz-de-marée *m*; **~scholle** *f* glèbe *f*; **~teil** *m* continent *m*
erdulden endurer
Erd|umlaufbahn *f* orbite *f* terrestre; **~wärme** *f* géothermie *f*
ereifern ***sich ~*** s'échauffer
ereig|nen ***sich ~*** se produire, avoir lieu; **ᛟnis** *n* événement *m*
Erektion *f* érection *f*
erfahr|en 1. *Verb* éprouver; apprendre, savoir; **2.** *adj* expérimenté; **ᛟung** *f* expérience *f*; **ᛟungsaustausch** *m* échange *m* d'expériences
erfassen saisir (*a fig*)
erfind|en inventer; **ᛟer(in** *f*) *m* inventeur *m*, -trice *f*; **~erisch** inventif, ingénieux; **ᛟung** *f* invention *f*
Erfolg *m* succès *m*; *Ergebnis* résultat *m*; ***viel ~!*** bonne chance!; ***~ versprechend*** prometteur; **ᛟen** s'effectuer, avoir lieu; **ᛟlos** sans succès; **ᛟreich** couronné de succès; **~serlebnis** *n* sentiment *m* de satisfaction
erforder|lich nécessaire; **~n** demander, exiger, réclamer; **ᛟnis** *n* exigence *f*
erforsch|en explorer, étudier; **ᛟung** *f* exploration *f*, examen *m*, étude *f*
erfreu|en réjouir; ***sich e-r Sache ~*** jouir de qc; **~lich** réjouissant; satisfaisant
erfrieren mourir (*od* périr) de froid; *Pflanze* geler
erfrisch|en (***sich ~*** se) rafraîchir; **ᛟung** *f* rafraîchissement *m*; **ᛟungsraum** *m* cafétéria *f*; **ᛟungstuch** *n* serviette *f* rafraîchissante
erfüll|en remplir (***mit*** de); *Bitte* accorder; *Pflicht* accomplir; ***sich ~*** s'accomplir; **ᛟung** *f* accomplissement *m*; réalisation *f*; ***in ~ gehen*** se réaliser
ergänz|en compléter; **~end** complémentaire; **ᛟung** *f* complément *m*
ergeb|en 1. *hervorbringen* donner; ***sich ~*** se rendre; *aus etw folgen* s'ensuivre (***aus*** de); **2.** *adj* dévoué; *gefasst* résigné; **ᛟenheit** *f* dévouement *m*; résignation *f*; **ᛟnis** *n* résultat *m*; *Folge* conséquence *f*; *Wirkung* effet *m*; **~nislos** sans résultat
ergehen ***wie ist es dir ergangen?*** qu'est-ce que tu es devenu?; ***so erging es mir auch*** c'est ce qui m'est arrivé à moi aussi; ***über sich ~ lassen*** subir
ergiebig fertile, productif, fructueux
Ergonom|ie *f* ergonomie *f*; **ᛟisch** ergonomique
ergrauen grisonner, blanchir
ergreif|en saisir; *rühren* émouvoir; **ᛟung** *f* arrestation *f*, capture *f*
Ergriffenheit *f* émotion *f*
ergründen sonder, approfondir
erhaben élevé; *fig* sublime; ***~ sein über*** être au-dessus de
erhalten 1. *Verb* (***sich ~*** se) conserver; entretenir; *Brief* recevoir; **2.** *adj* ***gut ~*** en bon état
erhältlich disponible; en vente
erhängen (***sich ~*** se) pendre
erhärten confirmer
erheb|en (***sich ~*** se) lever; *erhöhen* élever; *Steuern* percevoir; *Einwand* élever; ***sich ~*** *empören* s'insurger; *jur* ***Klage ~*** intenter une action; **~lich** considérable
erheitern égayer
erhellen éclairer
erhitzen chauffer; ***sich ~*** s'échauffer
erhoffen espérer, escompter
erhöh|en *Preise* augmenter, majorer; **ᛟung** *f* *Anhöhe* hauteur *f*; *Preis* augmentation *f*
erhol|en ***sich ~*** se reposer, reprendre des forces; **~sam** reposant; **ᛟung** *f* rétablissement *m*; repos *m*
Erika *bot f* bruyère *f*
erinner|n ***j-n an etw ~*** rappeler qc à qn; ***sich an etw ~*** se rappeler qc, se souvenir de qc; **ᛟung** *f* souvenir *m*, mémoire *f*; ***zur ~ an*** en souvenir de
erkält|en ***sich ~*** s'enrhumer, attraper un rhume, se refroidir; **ᛟung** *f* refroidissement *m*, rhume *m*
erkennen reconnaître (***an*** à); *wahrnehmen* (a)percevoir, distinguer

erkenntlich ***sich ~ zeigen*** se montrer reconnaissant (***für*** de); **≈nis** *f* connaissance *f*
Erkennungs|marke *mil f* plaque *f* d'identité; **~melodie** *f TV, Radio* indicatif *m*; **~zeichen** *n* signe *m od* marque *f* de reconnaissance
Erker *m* encorbellement *m*; **~fenster** *n* fenêtre *f* en saillie
erklär|en expliquer; *förmlich* déclarer; **~lich** explicable; **≈ung** *f* explication *f*; déclaration *f*; ***e-e ~ abgeben*** faire une déclaration
erklingen résonner, retentir
erkrank|en tomber malade; **≈ung** *f* maladie *f*, affection *f*
erkunden explorer *m*
erkundig|en ***sich ~*** s'informer (***bei j-m*** auprès de qn; ***über*** de), se renseigner (sur); **≈ung** *f* information *f*; prise *f* de renseignements
erlahmen diminuer, décroître
erlangen obtenir
Erlass *m Gebühren* dispense *f*; *Strafe* remise *f*; *Anordnung* arrêté *m*, décret *m*
erlassen *Verordnung* émettre, publier; ***j-m etw ~*** dispenser qn de qc
erlaub|en permettre; **≈nis** *f* permission *f*
erläuter|n expliquer; **≈ung** *f* explication *f*
Erle *bot f* aulne *m*
erleb|en voir, éprouver; assister à; **≈nis** *n* événement *m*, aventure *f*, expérience *f*; **~nisreich** mouvementé
erledig|en finir, exécuter, régler; *zügig* expédier; F *Gegner* liquider; **~t** *fertig, a fig* fini; *erschöpft* F claqué, crevé; **≈ung** *f* règlement *m*, exécution *f*
erleichter|n *Aufgabe* faciliter; *seelisch* soulager; **~t** soulagé; **≈ung** *f* soulagement *m*
erleiden subir
erlernen apprendre
erleucht|en éclairer; *fig* illuminer; **≈ung** *f fig* illumination *f*, inspiration *f*
erliegen succomber à; ***zum ≈ kommen*** *Verkehr* être paralysé
erlogen faux, inventé
Erlös *m* produit *m* (d'une vente)
erloschen *Vulkan* éteint
erlös|en délivrer (***von*** de); *rel* sauver; **≈er** *rel m* Rédempteur *m*, Sauveur *m*; **≈ung** *f* délivrance; *rel* rédemption *f*
ermächtig|en autoriser (***zu*** à); **≈ung** *f* autorisation *f*
ermahn|en exhorter (***zu*** à); **≈ung** *f* exhortation *f*
ermäßig|en réduire; **≈ung** *f* réduction *f*
Ermessen *n* jugement *m*; ***nach eigenem ~*** à mon (ton, son, ...) gré
ermitt|eln trouver; *jur Täter* retrouver; *bestimmen* établir, déterminer; **≈lungen** *jur f/pl* enquête *f*
ermöglichen rendre possible, permettre
ermord|en assassiner; **≈ung** *f* assassinat *m*
ermüd|en se fatiguer; *j-n* fatiguer; **≈ung** *f* fatigue *f*
ermunter|n encourager (***zu*** à); **≈ung** *f* encouragement *m*
ermutig|en encourager; **≈ung** *f* encouragement *m*
ernähr|en (***sich ~*** se) nourrir; **≈er(in** *f*) *m* soutien *m* de famille; **≈ung** *f* alimentation *f*, nutrition *f*; *Nahrung* nourriture *f*
ernenn|en ***j-n ~*** nommer qn (***zum Direktor*** directeur); **≈ung** *f* nomination *f*
erneuer|n (***sich ~*** se) renouveler; **≈ung** *f* renouvellement *m*
erneut à nouveau
erniedrig|en humilier; (***sich ~*** s')abaisser
Ernst *m* gravité *f*, sérieux *m*; ***im ~*** sérieusement; ***das ist mein ~*** je ne plaisante pas
ernst sérieux, grave; ***~ bleiben*** garder son sérieux; ***etw ~ nehmen*** prendre qc au sérieux; **~haft, ~lich** sérieux
Ernte *f* récolte *f*; *Getreide≈* moisson *f*; **≈n** récolter; *Korn* moissonner
ernüchter|n dégriser (*a fig*); **≈ung** *f* dégrisement *m*, désenchantement *m*
Erober|er *m* conquérant *m*; **≈n** conquérir; **~ung** *f* conquête *f*
eröffn|en ouvrir; *feierlich* inaugurer; ***j-m etw ~*** faire savoir qc à qn; **≈ung** *f* ouverture *f*; inauguration *f*
erogen érogène
erörter|n discuter; **≈ung** *f* discussion *f*
Erot|ik *f* érotisme *m*; **≈isch** érotique
erpicht ***~ sein auf*** être avide de, avoir grande envie de
erpress|en ***j-n ~*** faire chanter qn; **≈er** *m* maître-chanteur *m*; **≈ung** *f* chantage *m*

E

E

erproben éprouver; tester
erraten deviner
erreg|bar excitable; ***leicht*** ~ irritable; **~en** exciter; **~end** excitant; **2er** *méd m* agent *m* pathogène; **~t** excité; irrité; **2ung** *f* excitation *f*; irritation *f*; **2ungszustand** *psych m* état *m* d'excitation
erreich|bar accessible; **~en** atteindre; *Zug, Bus* attraper; ***j-n telefonisch*** ~ joindre qn par téléphone; ***nichts*** ~ ne rien obtenir (***bei j-m*** de qn)
erricht|en élever, ériger; **2ung** *f* érection *f*, mise *f* sur pied
erringen *Sieg* remporter
erröten rougir (***über***, ***vor*** de)
Errungenschaft *f* conquête *f*; *Anschaffung* acquisition *f*
Ersatz *m* remplacement *m* (***für*** de), compensation *f*, ersatz *m*, succédané *m*; **~befriedigung** *f* compensation *f*; **~dienst** *m cf* ***Zivildienst***; **~mann** *m* remplaçant *m*; **~mine** *f* mine *f* de rechange; **~rad** *n* roue *f* de rechange; **~teil** *n* pièce *f* de rechange
erschaff|en créer; **2ung** *f* création *f*
erschein|en 1. paraître; apparaître; sembler; *vor Gericht* comparaître; *Buch* ***soeben erschienen*** vient de paraître; **2.** 2 *n* apparition *f*; *e-s Werkes* publication *f*, parution *f*; **2ung** *f Geister*2 apparition *f*; *Traumbild* vision *f*; *Natur*2 phénomène *m*; *Aussehen* aspect *m*; ***äußere*** ~ physique *m*
erschieß|en tuer d'un coup de feu; *hinrichten* fusiller; **2ung** *f* exécution *f* par les armes
erschlagen assommer
erschließen *Gelände* ouvrir à l'exploitation; *Bauland* viabiliser
erschöpf|en épuiser; **2ung** *f* épuisement *m*
erschrecken s'effrayer (***über*** de); *j-n* effrayer; **~d** effrayant
erschütter|n ébranler; *seelisch* émouvoir; bouleverser; **2ung** *f* ébranlement *m*; *fig* bouleversement *m*
erschweren rendre (plus) difficile
erschwinglich *Preis* abordable; *Ware* ***leicht*** (*od* ***für alle***) ~ à la portée de toutes les bourses
ersehen voir (***aus*** par); ***daraus ist zu*** ~, ***dass*** on peut en conclure que
ersetz|bar remplaçable; **~en** remplacer; *Unkosten* rembourser; *Schaden* indemniser (***j-m etw*** qn de qc)
ersichtlich évident; ***ohne ~en Grund*** sans raison apparente
erspar|en économiser, épargner (*a fig*); **2nis** *f* épargne *f*, économie *f* (***an*** de); **~se** *pl* économies *f/pl*
erst *zuerst* d'abord; *nur* seulement, ne ... que
erstatt|en *Kosten* rembourser; *zurückgeben* restituer; ***Anzeige*** ~ porter plainte (***gegen*** contre); ***Bericht*** ~ faire un rapport; **2ung** *f Kosten* remboursement *m*; *jur* restitution *f*
Erstaufführung *f* première *f*
erstaun|en 1. étonner; **2.** 2 *n* étonnement *m*; **~lich** étonnant; **~t** étonné (***über*** de)
erste ***der***, ***die***, ***das*** 2 le premier, la première; ***der ~ Beste*** *Mensch* le premier venu; *Sache* la première chose que vous trouvez; ***zum ~n Mal*** pour la première fois
erstechen poignarder
erstellen *herstellen* produire; *Haus* construire; *Rechnung* établir, faire
erstens premièrement
erstick|en étouffer; **2ung** *f* étouffement *m*
erstklassig de première qualité
erstreben aspirer (***etw*** à qc); **~swert** souhaitable, désirable
erstrecken ***sich*** ~ s'étendre (***auf*** à), porter (sur)
ersuchen demander (***j-n um etw*** qc à qn; ***j-n***, ***etw zu tun*** à qn de faire qc)
ertappen attraper; ***auf frischer Tat*** ~ prendre sur le fait *od* en flagrant délit
Ertrag *m* rendement *m*; **2en** supporter
erträglich supportable, tolérable
ertragreich productif
ertränken noyer
erträumen ***sich etw*** ~ rêver de qc
ertrinken 1. se noyer; **2.** 2 *n* noyade *f*
erübrigen avoir de reste *od* en trop; ***es erübrigt sich zu*** ... il n'est pas nécessaire de ...; il est superflu de ...
erwachen s'éveiller; *aufwachen* se réveiller
erwachsen adulte; **2enbildung** *f* formation *f* des adultes; **2e(r)** *m, f* adulte *m, f*
erwäg|en considérer, examiner; **2ung** *f* considération *f*; ***in ~ ziehen*** envisager

erwähn|en mentionner; **2ung** *f* mention *f*
erwärmen chauffer; *fig* ***sich ~ für*** s'enthousiasmer pour
erwart|en *warten auf* attendre; *rechnen mit* s'attendre à; ***wie zu ~ war*** comme il fallait s'y attendre; **2ung** *f* attente *f*; **~ungsvoll** plein d'espoir
erwecken *Verdacht* éveiller; ***den Anschein ~*** donner l'impression
erweisen *beweisen* prouver; *Achtung* témoigner; *Dienst* rendre; ***sich ~ als*** se révéler être
erweiter|n (***sich ~*** s')élargir; **2ung** *f* élargissement *m*
Erwerb *m* acquisition *f*; *Brot*2 gagne-pain *m*; **2en** acquérir, acheter
erwerbs|los chômeur, sans travail; **2losigkeit** *f* chômage *m*; **2quelle** *f* source *f* de revenu; **~tätig** actif; **~unfähig** invalide; **2zweig** *m* branche *f* professionnelle
erwider|n répliquer, répondre; *Gruß, Besuch* rendre; **2ung** *f* réplique *f*, réponse *f*
erwischen attraper; F pincer, choper
erwünscht désiré, souhaité
erwürgen étrangler
Erz *n* minerai *m*
erzähl|en raconter; **~end** narratif; **2er** *m* narrateur *m*; **2ung** *f* récit *m*; *Märchen* conte *m*
Erz|bischof *rel m* archevêque *m*; **2bischöflich** archiépiscopal; **~bistum** *n* archevêché *m*; **~engel** *m* archange *m*
erzeug|en produire; *verursachen* engendrer; **2er** *m Hersteller* producteur *m*; **2nis** *n* produit *m*; **2ung** *f* production *f*
Erzgebirge ***das ~*** les monts *m/pl* Métallifères
erzieh|en élever, éduquer; **2er(in** *f*) *m* éducateur *m*, -trice *f*; pédagogue *m*, *f*
Erziehung *f* éducation *f*; **~sberechtigte(r)** *m*, *f* responsable *m*, *f* légal(e); **~swesen** *n* instruction *f* publique
erzielen atteindre, obtenir
erzogen ***gut*** (***schlecht***) **~** bien (mal) élevé
erzürnt en colère
erzwingen obtenir de force
es 1. *als Objekt* le, la; en, y; **2.** *als Subjekt* il, ce; ***~ gibt*** il y a; ***~ klopft*** on frappe à la porte
Escape-Taste *f* touche *f* échappe
Esche *bot f* frêne *m*
Esel|(in *f*) *m* âne *m*, ânesse *f*; **~sbrücke** *f* guide-âne *m*; **~sohr** *n im Buch* corne *f*
Eskalation *f* escalade *f*
Eskimo *m* Esquimau *m*
Eskorte *mil f* escorte *f*
Esoterik *f* ésotérisme *m*
Espe *bot f* tremble *m*
Essay *m od n* essai *m*
essbar mangeable, comestible
essen manger; ***zu Mittag ~*** déjeuner; ***zu Abend ~*** dîner; F ***gegessen sein*** être classé
Essen *n Nahrung* nourriture *f*; *Mahlzeit* repas *m*; **~smarke** *f* ticket *m* de repas; **~szeit** *f* heure *f* des repas
Essenz *f* essence *f*
Essig *m* vinaigre *m*
Ess|löffel *m* cuiller *f* à soupe; **~tisch** *m* table *f* (de salle à manger); **~waren** *f/pl* denrées *f/pl* alimentaires; **~zimmer** *n* salle *f* à manger
Establishment *n* ordre *m* établi
Estland *n* l'Estonie *f*
Estragon *m* estragon *m*
etablieren ***sich ~*** s'établir, s'installer
Etage *f* étage *m*; ***auf der ersten ~*** au premier étage; ⚠ ***un*** étage; **~nbett** *n* lits *m/pl* superposés
Etappe *f* étape *f*
Etat *m* budget *m*
Ethik *f* éthique *f*, morale *f*; **~unterricht** *m etwa* instruction *f* religieuse
Etikett *n* étiquette *f*; **~e** *f* étiquette *f*; **2ieren** étiqueter
etliche quelque(s); pas mal de
Etsch *f* Adige *m*
Etui *n* étui *m*; *Schmuck* écrin *m*
etwa environ, à peu près; **~ig** éventuel
etwas quelque chose; *in verneinenden Sätzen* rien; *ein wenig* quelque (peu de)
EU *f* Union *f* européenne
euch vous
euer votre, *pl* vos
Eule *zo f* hibou *m*; ***~n nach Athen tragen*** porter de l'eau à la rivière
eure ***der***, ***die***, ***das ~*** le, la vôtre
euresgleichen vos pareils
euretwegen à cause de vous
Euro *m Währung* euro *m*
Eurocheque *m* eurochèque *m*
Europa *n* l'Europe *f*
Europäer(in *f*) *m* Européen *m*, -ne *f*
europäisch européen; **2e** ***Gemeinschaft*** (EG) Communauté *f* écono-

E

mique européenne (C.E.E.); ***2es Parlament*** Parlement *m* européen
Europarat *m* Conseil *m* de l'Europe
Euroscheck *m cf* ***Eurocheque***
Euter *n* pis *m*
Eva *f* Ève *f*
evakuieren évacuer
evangel|isch protestant; **2ium** *n* Évangile *m*
eventuell éventuel; *adv* éventuellement
ewig éternel; **2keit** *f* éternité *f*
EWS *n* S.M.E. *m* (= système *m* monétaire européen)
EWU *n* U.M.E. *m* (= Union *f* monétaire européenne)
exakt exact, précis; **2heit** *f* exactitude *f*
Examen *n* examen *m*; ***schriftliches ~*** épreuve *f* écrite
Exempel *n* exemple *m*; ***ein ~ an j-m statuieren*** faire un exemple de qn
Exemplar *n* exemplaire *m*; **2isch** exemplaire
Exil *n* exil *m*
Existenz *f* existence *f*; *péj Mensch* individu *m*; **~minimum** *n* minimum *m* vital
existieren exister; vivre
exklusiv exclusif; *Gesellschaft* fermé, sélect
exotisch exotique
Expansion *f* expansion *f*
Expedition *f* expédition *f*
Experiment *n* expérience *f*; **2ieren** faire des expériences (***mit*** sur)
Expert|e *m*, **~in** *f* expert *m* (*a für e-e Frau*); **~ensystem** *EDV n* système *m* expert
explo|dieren exploser, faire explosion; *bersten* éclater; **2sion** *f* explosion *f*; **~siv** explosif
Exponent *m math* exposant *m*; *Person* représentant *m*
Export *m* exportation *f*; **2ieren** exporter
extra *absichtlich* exprès; *gesondert* à part; **2blatt** *n* édition *f* spéciale *f*
Extrakt *m* extrait *m*
extravagant extravagant
extrem extrême; **2ist(in** *f*) *m* extrémiste *m*, *f*; **~istisch** extrémiste
exzentrisch excentrique
Exzess *m* excès *m*
Eyeliner *m* eye-liner *m*

F

F *mus n* fa *m*
Fabel *f* fable *f*; **~dichter** *m* fabuliste *m*; **2haft** formidable, épatant F
Fabrik *f* usine *f*; **~ant** *m* fabricant *m*; **~arbeiter** *m* ouvrier *m* d'usine; **~at** *n* produit *m* (manufacturé); **~ation** *f* fabrication *f*, production *f*
fabrizieren fabriquer
Fach *n* compartiment *m*, rayon *m*; *fig* branche *f*; *Schul2* matière *f*
Fach|arbeiter *m* ouvrier *m* qualifié; **~arzt** *m*, **~ärztin** *f* spécialiste *m*, *f* (***für*** de); **~ausbildung** *f* formation *f* spécialisée; **~ausdruck** *m* terme *m* technique; **~buch** *n* livre *m* spécialisé
Fächer *m* éventail *m*
Fach|gebiet *n* domaine *m*, matière *f*, spécialité *f*; **~geschäft** *n* magasin *m* spécialisé; **~hochschule** *f* école *f* supérieure; **~kenntnisse** *pl* connaissances *f*/*pl* spéciales; **2kundig** compétent, expert; **~literatur** f littérature *f* spécialisée; **~mann** *m* spécialiste *m*, expert *m*, homme *m* du métier; **2männisch** expert; **~schule** *f* école *f* professionnelle; **2simpeln** parler métier; **~werk** *arch n* colombage *m*; **~werkhaus** *n* maison *f* à colombages; **~zeitschrift** *f* revue *f* spécialisée
Fackel *f* flambeau *m*; **~zug** *m* retraite *f* aux flambeaux
fad(e) fade; insipide
Faden *m* fil *m* (*a fig*); **~nudeln** *f*/*pl* vermicelle *m*; **2scheinig** *Stoff* usé jusqu'à la corde; *fig Argument* cousu de fil blanc
fähig capable (**zu** de); *geschickt* apte (**zu** à); **2keit** *f* capacité *f*; aptitude *f*

fahl blafard, blême, livide
fahnd|en ***nach j-m ~*** rechercher qn; **2ung** *f* recherches *f/pl*
Fahne *f* drapeau *m*; *fig* ***e-e ~ haben*** empester *od* F puer l'alcool
Fahr|bahn *f*, **~damm** *m* chaussée *f*
Fähre *f* bac *m*; *Fährschiff* ferry-boat *m*
fahren aller (***mit dem Auto*** en voiture); rouler; *ab~* partir (***nach*** pour, à); ***ein Auto ~*** conduire une voiture; ***j-n ~*** conduire qn; ***~ durch*** traverser; passer par; ***Ski ~*** faire du ski; ***mit der Hand über das Gesicht ~*** se passer la main sur le visage; ***was ist bloß in dich gefahren?*** qu'est-ce qui t'a pris?
Fahrer|(in *f*) *m* conducteur *m*, -trice *f*, chauffeur *m*, -euse *f*; **~flucht** *f* délit *m* de fuite
Fahr|gast *m* passager *m*, voyageur *m*; **~geld** *m* prix *m* du voyage; **~gestell** *n auto* châssis *m*; *aviat* train *m* d'atterrissage; **~karte** *f* billet *m*; **~kartenschalter** *m* guichet *m*; **2lässig** négligent; *jur* ***~e Tötung*** homicide *m* involontaire; **~lässigkeit** *f* négligence *f*; **~lehrer** *m* moniteur *m od* professeur *m* d'auto-école; **~plan** *m* horaire *m*; *als Broschüre* indicateur *m*; **~planauszug** *m* fiche-horaire *f* des trains; **2planmäßig** régulier; **~preis** *m* prix *m* du transport; **~prüfung** *f* examen *m* du permis de conduire; ***seine ~ machen*** passer son permis de conduire; **~rad** *n* bicyclette *f*, vélo *m*; **~schein** *m* billet *m*, ticket *m*; **~scheinautomat** *m* billetterie *f*; **~schule** *f* auto-école *f*; **~spur** *f* voie *f*, file *f*; **~stuhl** *m* ascenseur *m*; *für Kranke* fauteuil *m* roulant; **~stuhlführer** *m* liftier *m*, garçon *m* d'ascenseur; **~stunde** *f* leçon *f* d'auto-école
Fahrt *f* voyage *m*, trajet *m*, parcours *m*; *Ausflug* excursion *f*; ***~ ins Blaue*** excursion *f* surprise; ***in voller ~*** à toute allure
Fährte *f* piste *f*
Fahr|unterricht *m* cours *m/pl* de conduite automobile; **~werk** *aviat n* train *m* d'atterrissage; **~zeit** *f* temps *m* du parcours; **~zeug** *n* véhicule *m*
fair sport, loyal, fair-play
Faktor *m* élément *m*, facteur *m*
Fakultät *f* faculté *f*
Falke *zo m* faucon *m*
Fall *m Sturz* chute *f*; *Sachverhalt* cas *m*; ***auf jeden*** (***keinen***) ***~*** en tout (aucun) cas; ***für den ~, dass*** ... au cas où ...; ***gesetzt den ~, dass*** ... à supposer que ...
Falle *f* piège *m*
fallen tomber (*a fig*); *sinken* baisser; *Tor* être marqué; ***die Entscheidung fällt heute*** la décision est prise aujourd'hui; ***~ lassen*** *Plan, j-n* laisser tomber; *Bemerkung* faire
fällen *Baum* abattre; *jur Urteil* rendre, prononcer; *fig* ***ein Urteil ~*** porter un jugement (***über*** sur)
fällig *Flugzeug etc* attendu; *Zinsen, Zahlung* exigible
falls au cas où
Fallschirm *m* parachute *m*; **~absprung** *m* descente *f* en parachute; **~jäger** *m* parachutiste *m*, para *m* F; **~springer(in** *f*) *m* parachutiste *m*, *f*
falsch faux (*a Person, Zähne*); *Adresse* mauvais; ***~ gehen*** *Uhr* mal marcher; ***etw ~ aussprechen*** mal prononcer qc
fälsch|en fausser, falsifier; **2er(in** *f*) *m* falsificateur *m*, -trice *f*
Falsch|geld *n* faux billet *m* de banque; **~heit** *f* fausseté *f*
fälschlich faux, erroné
Fälschung *f* falsification *f*, faux *m*; **2ssicher** infalsifiable
Falt|blatt *n* dépliant *m*; **~boot** *n* canot *m* pliant *od* démontable
Falte *f* pli *m*; *Runzel* ride *f*; **2n** plier; **~nrock** *m* jupe *f* plissée
Falter *m* papillon *m*
faltig plissé; *Haut* ridé
familiär *vertraut* familier; *die Familie betreffend* familial
Familie *f* famille *f*
Familien|angelegenheit *f* affaire *f* de famille; **~anschluss** *m* accueil *m* dans une famille; **~leben** *n* vie *f* familiale *od* de famille; **~name** *m* nom *m* de famille; **~packung** *f* conditionnement *m* familial; **~planung** *f* planning *m* familial; **~stand** *m* situation *f* de famille; **~vater** *m* père *m* de famille
Fan *m* F fan *m*, *f*, fana *m*, *f*
Fanati|ker(in *f*) *m* fanatique *m*, *f*; **2sch** fanatique
Fang *m* prise *f*, capture *f*; **2en** attraper, prendre; *ergreifen* saisir; **~frage** *f* colle *f* F; ***~n stellen*** poser des colles
Fantasie *f* imagination *f*; ⚠ *nicht* ***fantaisie***; **2los** dépourvu d'imagination;

F

2ren se livrer à son imagination; *méd* délirer; **2voll** plein d'imagination
Fantast *m* rêveur *m*; **2isch** fantastique
Farb|aufnahme *f* photo *f* en couleurs; **~band** *n* ruban *m* encré
Farb|e *f* couleur *f*; *zum Malen* peinture *f*; *Gesicht* teint *m*; **2echt** grand teint
färben colorer, teindre; ***sich rot*** ~ se colorer en rouge
farben|blind daltonien; **~froh** haut en couleur(s)

F

Farb|fernsehen *n* télévision *f* en couleurs; **~fernseher** *m* téléviseur *m* couleurs; **~film** *m* film *m* en couleurs; **~fotografie** *f* photographie *f* en couleurs; **2ig** coloré; **~ige** *m*, *f*, *pl* homme *m*, femme *f*, gens *m/pl* de couleur; **2los** incolore (*a fig*); **~stift** *m* crayon *m* de couleur; **~stoff** *m* matière *f* colorante; **~ton** *m* ton *m*
Färbung *f* coloration *f*, teinte *f*
Farm *f* ferme *f*; **~er** *m* fermier *m*
Farn *bot m*, **~kraut** *n* fougère *f*
Fasan *zo m* faisan *m*
Fasching *m* carnaval *m*
Faschis|mus *m* fascisme *m*; **~t(in** *f*) *m* fasciste *m*, *f*; **2tisch** fasciste
faseln radoter
Faser *f* fibre *f*; **2ig** fibreux
Fass *n* tonneau *m*; *Wein2* fût *m*; ***Bier vom*** ~ bière *f* pression
Fassade *f* façade *f*
fassen prendre, saisir; *Plan* concevoir; *enthalten* contenir; *begreifen* comprendre; ***Mut*** ~ reprendre courage; ***e-n Entschluss*** ~ prendre une décision; ***sich kurz*** ~ être bref
Fassung *f seelische* contenance *f*; *Text* version *f*; *Glühbirne* douille *f*; ***die ~ verlieren*** perdre contenance; ***j-n aus der ~ bringen*** faire perdre contenance à qn
fassungs|los décontenancé; **2vermögen** *n räumlich* capacité *f*; *fig* compréhension *f*, entendement *m*
fast presque, à peu près; ~ ***nur*** ne ... guère que
fasten 1. jeûner; **2.** 2 *n* jeûne *m*; **2zeit** *f* carême *m*.
Fast Food *n* fast-food *m*
Fastnacht *f*, **~sdienstag** *m* mardi *m* gras
fatal *unangenehm* fâcheux; *unheilvoll* fatal
fauchen *Katze* cracher
faul *verfault* pourri; *träge* paresseux; **~e *Ausrede*** faux-fuyant *m*, mauvaise excuse *f*
faul|en pourrir; **~enzen** fainéanter; **2enzer(in** *f*) *m* fainéant *m*, -e *f*; **2heit** *f* paresse *f*
Fäulnis *f* pourriture *f*; *Verwesung* putréfaction *f*
Faulpelz *m* fainéant *m*; *Schule* cancre *m* F, flemmard *m* F, cossard *m* P
Faust *f* poing *m*; ***auf eigene*** ~ de sa propre initiative; **~handschuh** *m* moufle *f*; **~hieb** *m* coup *m* de poing; **~regel** *f* règle *f* générale; **~schlag** *m* coup *m* de poing
Favorit(in *f*) *m* favori *m*, -te *f*
Fax *n* fax *m*; **2en** envoyer un fax; ***etw*** ~ faxer qc; **~gerät** *n* télécopieur *m*; **~nummer** *f* numéro *m* de fax; **~papier** *n* papier *m* pour télécopieur
Fazit *n* résultat *m*, bilan *m*
FCKW *m* C.F.C. *m* (= chlorofluorocarbone)
Feber *östr*, **Februar** *m* février *m*; ***im*** ~ en février; ***am 21.*** ~ le 21 février; ***der 21.*** ~ ***1999*** le 21 février 1999
fecht|en faire de l'escrime; **2en** *n* escrime *f*; **2er(in** *f*) *m* escrimeur *m*, -euse *f*
Feder *f* plume *f*; *tech* ressort *m*; **~ball** *m* *Spiel* badminton *m*; *Ball* volant *m*; **~bett** *n* édredon *m*; **~gewicht** *n Sport* poids *m* plume; **~halter** *m* porte-plume *m*; **2leicht** léger comme une plume; **2n** faire ressort; **2nd** élastique; **~ung** *tech f* suspension *f*
Fee *f* fée *f*
Fegefeuer *rel n* purgatoire *m*
fegen balayer; *Schornstein* ramoner
fehl ~ ***am Platz*** déplacé
Fehlbetrag *m* déficit *m*
fehlen 1. manquer, être absent, faire défaut; ***wer fehlt heute?*** qui manque *od* est absent aujourd'hui?; ***es fehlt uns an*** nous manquons de; ***mir fehlen zwei Mark*** il me manque deux marks; *fig* ***was fehlt dir?*** qu'est-ce que tu as?; **2.** 2 *n* manque *m*; *Abwesenheit* absence *f*
Fehler *m Verstoß* faute *f*; *Charakter2*, *tech* défaut *m*; **2frei** sans défaut; *Schule* sans faute; **2haft** défectueux; *unrichtig* plein de fautes, incorrect; **~meldung** *f* message *m* d'erreur
Fehl|geburt *f* fausse couche *f*; **~planung** *f* erreur *f* de planification; **~**

schlag *m fig* échec *m*; **&schlagen** échouer; **~start** *m Sport* faux départ *m*, départ *m* manqué; **~tritt** *m* faux pas *m* (*a fig*); **~zündung** *f Motor* raté *m*

Feier *f* cérémonie *f*, fête *f*; *e-s Festes* célébration *f*; **~abend** *m* fin *f* de la journée; ***machen wir ~!*** arrêtons-nous de travailler!; **&lich** solennel; **~lichkeit** *f* solennité *f*; **&n** célébrer, fêter; *nicht arbeiten* chômer; **~tag** *m* jour *m* férié

feig(e) lâche

Feige *bot f* figue *f*

Feig|heit *f* lâcheté *f*, poltronnerie *f*; **~ling** *m* lâche *m*, poltron *m*

Feile *f* lime *f*; **&n** limer

feilschen marchander (***um etw*** qc)

fein fin; *vornehm* distingué; *prima* F chic

Feind|(in *f*) *m* ennemi *m*, -e *f*; **&lich** ennemi, hostile; **~schaft** *f* inimitié *f*; **&selig** hostile; **~seligkeiten** *mil f/pl* hostilités *f/pl*

fein|fühlig sensible; **&gefühl** *n* délicatesse *f*, tact *m*; **&heit** *f* finesse *f*; ***~en*** *pl Einzelheiten* détails *m/pl*; **&kostgeschäft** *n* traiteur *m*; **&mechanik** *f* mécanique *f* de précision; **&schmecker** *m* gourmet *m*

feist gras

Feld *n* champ *m* (*a fig*); *Brettspiel* case *f*; *Radsport* peloton *m*; *Spiel&* terrain *m*; *fig Bereich* domaine *m*; **~arbeit** *f* travail *m* des champs; **~bett** *n* lit *m* de camp; **~flasche** *f* gourde *f*; **~herr** *m* général *m*; **~stecher** *m* jumelles *f/pl* de campagne; **~webel** *m* adjudant *m*; **~weg** *m* chemin *m* de terre; **~zug** *m* campagne *f*

Felge *f* jante *f*

Fell *n* peau *f*; *Haarkleid* poil *m*, pelage *m*

Fels|(en) *m* rocher *m*; *Felsmasse* roc *m*; **&ig** rocheux

femin|in féminin; **&istin** *f* féministe *f*; **~istisch** féministe

Fenchel *bot m* fenouil *m*

Fenster *n* fenêtre *f* (*a EDV*); *Wagen&* glace *f*; ***aus dem ~ sehen*** regarder par la fenêtre; ⚠ ***la*** fenêtre; **~brett** *n* appui *m*, rebord *m* (d'une fenêtre); **~heber** *m* lève-glace *m*, lève-vitre *m*; **~laden** *m* volet *m*; **~rahmen** *m* châssis *m* de fenêtre; **~scheibe** vitre *f*, carreau *m*; **~technik** *EDV f* technique *f* de multifenêtrage

Ferien *pl* vacances *f/pl*; ***in ~ sein*** (***fahren***) être (partir) en vacances; **~kurs** *m* cours *m* de vacances; **~lager** *n* colonie *f* de vacances

Ferkel *n* porcelet *m*, goret *m*; *fig* petit cochon *m*

fern loin (***von*** de); éloigné; *entlegen* lointain; ***der &e Osten*** l'Extrême-Orient *m*; ***~ halten*** (***sich*** se) tenir à l'écart (***von*** de); ***das liegt mir ~*** c'est loin de ma pensée;

Fern|abfrage *f* interrogation *f* à distance; **~amt** *tél n* interurbain *m*, inter *m*; **~bedienung** *f* commande *f* à distance, télécommande *f*; **&bleiben** rester à l'écart (***von*** de)

Fern|e *f* lointain *m*; ***in der*** *od* ***die ~*** au loin; ***aus der ~*** de loin; **&er** de plus, en outre, encore; **~fahrer** *m* routier *m*; **~gespräch** *tél n* communication *f* interurbaine; **&gesteuert** télécommandé, téléguidé; **~glas** *n* jumelles *f/pl*, longue-vue *f*; **~heizung** *f* chauffage *m* à distance; **~kurs** *m* cours *m* par correspondance; **~laster** F *m* poids *m* lourd; **~licht** *n auto* feux *m/pl* de route; **~meldewesen** *n* télécommunications *f/pl*; **~rohr** *n* télescope *m*; **~schreiben** *n* télex *m*; **~schreiber** *m* téléscripteur *m*; **~sehen** *n* télévision *f*; **&sehen** regarder la télévision; **~seher** *m Gerät* téléviseur *m*; *Person* téléspectateur *m*; **~sehsatellit** *m* satellite *m* de télévision; **~sehschirm** *m* écran *m* de télévision; **~sehsendung** *f* émission *f* de télévision; **~sehzuschauer(in** *f*) *m* téléspectateur *m*, -trice *f*; **~sprechamt** *n* bureau *m* téléphonique; *weitere Zssgn cf* ***Telefon***...; **~steuerung** *f* commande *f* à distance; **~verkehr** *m Bahn* service *m* des grandes lignes; *Straße* trafic *m* à grande distance

Ferse *f* talon *m*

fertig *bereit* prêt; *beendet* fini, achevé; *erschöpft* F à plat; ***mit etw ~ sein*** avoir fini qc; ***~ werden mit*** venir à bout de; ***~ bringen*** arriver (à faire qc); ***sich ~ machen*** se préparer; F *fig* ***j-n ~ machen*** *körperlich* F vanner qn; *moralisch* F moucher qn, secouer les puces à qn; *erledigen* achever qn; **&gericht** *n* plat *m* cuisiné; **&haus** *n* maison *f* préfabriquée; **&keit** *f* dextérité *f*; **&stellung** *f* achèvement *m*, finition *f*; *Bau* réalisation *f*

F

fesch chic, pimpant
Fessel *f* lien *m*; *Hemmnis* entrave *f*; **2n** enchaîner, ligoter; *fig* captiver; **2nd** captivant
fest ferme; solide (*a Nahrung*); *Zeitpunkt, Preis, Wohnsitz* fixe; *Stoff* serré; *Schlaf* profond
Fest *n* fête *f*; ⚠ ***la*** fête
fest|binden attacher (***an*** à); **2essen** *n* banquet *m*; **~fahren** ***sich ~*** ne plus pouvoir avancer, s'enliser; **2halle** *f* salle *f* des fêtes; **~halten** ***an etw ~*** tenir ferme à qc; ***sich ~ an*** s'attraper à; **~igen** raffermir; ***sich ~*** se consolider; **2igkeit** *f* fermeté *f*; **~klammern** ***sich ~*** s'accrocher (***an*** à); **2komma** *n* virgule *f* fixe; **2land** *n* terre *f* ferme, continent *m*; **~legen** fixer; ***sich auf etw ~*** s'engager à qc; **~lich** solennel; **2lichkeit** *f* solennité *f*; *Festakt* cérémonie *f*; **~machen** fixer; *mar* (s')amarrer; *vereinbaren* convenir de; **2nahme** *f* arrestation *f*; **~nehmen** arrêter; **2platte** *f* disque *m* dur; **2plattenlaufwerk** *n* lecteur *m* de disque dur; **2rede** *f* discours *m* solennel; **2saal** *m* salle *f* des fêtes; **~schrauben** visser, fixer; **~setzen** fixer, établir; **2setzung** *f* fixation *f*; **2spiele** *n/pl* festival *m*; **~stehen** être certain; **~stehend** fixé; *Tatsache* établi; *Redensart* figé; **~stellen** constater; **2stellung** *f* constatation *f*; **2tag** *m* jour *m* de fête
Festung *f* forteresse *f*
Festzug *m* cortège *m*
fett gras; ***~ gedruckt*** imprimé en caractères gras
Fett *n* graisse *f*; **~fleck** *m* tache *f* de graisse; **2ig** graisseux; **~kloß** *m*, **~wanst** *m* F gros lard *m*
Fetzen *m* lambeau *m*; ***ein ~ Papier*** un lambeau de papier
fetzig F qui décoiffe
feucht humide; **2igkeit** *f* humidité *f*; **2igkeitscreme** *f* crème *f* hydratante
feudal féodal; *fig* luxueux, fastueux
Feuer *n* feu *m*; *~sbrunst* incendie *m*; *fig* ardeur *f*; ***~ fangen*** prendre feu; *fig* s'enflammer (***für*** pour); *fig* ***~ und Flamme sein*** être tout feu tout flamme (***für*** pour); **~alarm** *m* alerte *f* au feu; **~bestattung** *f* incinération *f*, crémation *f*; **~eifer** *m* zèle *m* ardent; **2fest** incombustible; *tech* réfractaire, ignifuge; **~gefahr** *f* danger *m* d'incendie; **2gefährlich** inflammable; **~leiter** *f* échelle *f* de secours; **~löscher** *m* extincteur *m*; **~melder** *m* avertisseur *m* d'incendie
feuer|n chauffer; *mil* tirer (***auf*** sur); *fig* ***j-n ~*** renvoyer qn; **~rot** rouge vif; *Gesicht* écarlate
Feuer|schiff *n* bateau-phare *m*; **~stein** *m* silex *m*; pierre *f* à feu; **~versicherung** *f* assurance *f* contre l'incendie; **~waffe** *f* arme *f* à feu; **~wehr** *f* (corps *m* des sapeurs-)pompiers *m/pl*; **~wehrmann** *m* pompier *m*; **~werk** *n* feu *m* d'artifice; **~zeug** *n* briquet *m*
feurig ardent, enflammé
Fiasko *n* fiasco *m*
Fibel *f* abécédaire *m*
Fichte *bot f* épicéa *m*
ficken *vulgär* baiser
fidel gai, joyeux, de bonne humeur; ⚠ *nicht* ***fidèle***
Fieber *n* fièvre *f*; ***~ haben*** avoir de la fièvre; **~anfall** *m* accès *m* de fièvre; **2haft** fiévreux, fébrile; **2senkend** *méd* fébrifuge; **~thermometer** *n* thermomètre *m* médical
fies F méchant, dégoûtant
Figur *f* silhouette *f*, stature *f*; *Schach* pièce *f*; *Roman* personnage *m*; *Eislauf* figure *f*; ***sie hat e-e gute ~*** elle est bien faite, F bien roulée; ***auf seine ~ achten*** faire attention à sa ligne
Filet *n* filet *m*
Filiale *f* succursale *f*
Film *m* film *m*; *Photo* pellicule *f*; *Filmbranche* cinéma *m*; ***e-n ~ drehen*** tourner un film; ***beim ~ sein*** faire du cinéma; **2en** filmer, tourner; **~gesellschaft** *f* société *f* cinématographique; **~kamera** *f* caméra *f* de cinéma; **~kassette** *f* châssis *m*; **~regisseur** *m* réalisateur *m*; metteur *m* en scène; **~schauspieler(in** *f*) *m* acteur *m*, -trice *f* de cinéma; **~star** *m* star *f*, vedette *f*; **~studio** *n* studio *m* de cinéma; **~verleih** *m* société *f* de distribution; **~vorstellung** *f* séance *f* de cinéma
Filter *m od n* filtre *m*; **~kaffee** *m* café *m* filtre *od nur* filtre *m*; **2n** filtrer; **~papier** *n* papier *m* filtre; **~zigarette** *f* cigarette *f* à bout filtre
Filz *m* feutre *m*; *pol* F magouille *f*; **2en** F fouiller; **~schreiber** *m*, **~stift** *m* crayon *m* feutre; marqueur *m*

Finanz|amt *n* perception *f*, percepteur *m*; **~en** *pl* finances *f/pl*; **ℒiell** financier; **ℒieren** financer; **~lage** *f* situation *f* financière; **~minister** *m* ministre *m* des Finances; **~ministerium** *n* ministère *m* des Finances; **~wesen** *n* finances *f/pl*
Findelkind *n* enfant *m* trouvé
find|en trouver; *der Ansicht sein* trouver, penser; ***ich finde ihn nett*** je le trouve gentil; ***wie ~ Sie ...?*** comment trouvez-vous ...?; ***das wird sich ~*** nous verrons bien
Finder|(in *f*) *m* celui *m* (celle *f*) qui trouve; **~lohn** *m* récompense *f* à celui qui rapporte un objet perdu
Finger *m* doigt *m*; **~abdruck** *m* empreinte *f* digitale; ***genetischer ~*** empreinte *f* génétique; **~fertigkeit** *f* dextérité *f*; **~hut** *m* dé *m* (à coudre); *bot* digitale *f*; **~nagel** *m* ongle *m*; **~spitze** *f* bout *m* du doigt; **~spitzengefühl** *n* doigté *m*
fingieren feindre, simuler
Fink *zo m* pinson *m*
Finn|e *m*, **~in** *f* Finlandais *m*, -e *f*; **ℒisch** finlandais; **~land** *n* la Finlande
finster sombre, obscur, ténébreux; **ℒnis** *f* obscurité *f*, ténèbres *f/pl*
Firma *f* maison *f*, entreprise *f*, firme *f*
Firmung *rel f* confirmation *f*
Fisch *m* poisson *m*; *astr* **~e** *pl* Poissons *m/pl*; ***~e fangen*** attraper *od* prendre des poissons; **~dampfer** *m* chalutier *m*
fischen pêcher
Fischer|(in *f*) *m* pêcheur *m*, -euse *f*; **~boot** *n* bateau *m* de pêche; **~dorf** *n* village *m* de pêcheurs; **~ei** *f* pêche *f*
Fisch|fang *m* pêche *f*; **~gräte** *f* arête *f*; **~händler(in *f*)** *m* poissonnier *m*, -ière *f*; **~kutter** *m* cotre *m* de pêche; **~laich** *m* frai *m* de poisson; **~markt** *m* marché *m* aux poissons; **~stäbchen** *cuis n* poisson *m* pané; **~vergiftung** *méd f* intoxication *f* due au poisson; **~zucht** *f* pisciculture *f*; **~zug** *m fig* coup *m* de filet
Fisole *östr f* haricot *m* vert
Fistel *méd f* fistule *f*; **~stimme** *f* voix *f* de fausset
fit en forme, bien entraîné; **ℒnesscenter** *n* centre *m* de culturisme
fix prompt, rapide; vite; *Idee* fixe; ***~ und fertig*** fin prêt; *erschöpft* F claqué
fix|en F se piquer; **ℒer** *m Rauschgift* drogué *m*
fixieren fixer; ***j-n ~*** fixer qn, regarder qn fixement
FKK nudisme *m*; *in Zssgn* nudiste
flach plat (*a fig*)
Fläche *f* surface *f*, superficie *f*; **ℒndeckend** global; **~ninhalt** *m* superficie *f*
Flachs *bot m* lin *m*
flackern vaciller
Fladen *m* galette *f*; *Kuh*ℒ bouse *f* de vache
Flagge *f* pavillon *m*; **ℒn** pavoiser
Flame *m*, **Flämin** *f* Flamand *m*, -e *f*
flämisch flamand
Flamme *f* flamme *f*; ***in ~n stehen*** être en flammes
Flandern *n* la Flandre
Flanell *m* flanelle *f*
flanieren flâner
Flank|e *f* flanc *m*; *Fußball* centre *m*; **ℒieren** flanquer
Flasche *f* bouteille *f*; *Säuglings*ℒ biberon *m*; *fig Person* F nouille *f*, cloche *f*; **~nbier** *n* bière *f* en bouteilles; **~nhals** *m* goulot *m* (de bouteille); **~nöffner** *m* ouvre-bouteilles *m*, décapsuleur *m*; **~npfand** *n* consigne *f*; **~nzug** *tech m* palan *m*
flatterhaft volage, instable
flattern voleter; *Fahne, Haare* flotter
flau faible (*a Brise*); languissant; *Markt* peu actif, stagnant
Flaum *m* duvet *m*
Flaute *f mar* calme *m* (plat); *écon* marasme *m*
Flechte *f Haar*ℒ tresse *f*; *méd* dartre *m*; *bot* lichen *m*; **ℒn** tresser
Fleck *m* tache *f*; *Stelle* endroit *m*; ***blauer ~*** bleu *m*; **~entferner** *m* détachant *m*; **ℒenlos** sans tache, immaculé (*a fig*); **ℒig** tacheté
Fledermaus *zo f* chauve-souris *f*
Flegel *m fig* impertinent *m*, malappris *m*, rustre *m*, pignouf F *m*, **~ei** *f* impertinence *f*; **ℒhaft** mal éduqué, impertinent, grossier, malotru; **~jahre** *n/pl* âge *m* ingrat
flehen implorer (***zu j-m*** qn, ***um etw*** qc), supplier (***zu j-m*** qn)
Fleisch *n* chair *f*; *Nahrung* viande *f*; ***~fressend*** carnassier, carnivore; **~brühe** *f* consommé *m*; bouillon *m* gras; **~er** *m* boucher *m*; *für zubereitete Fleischwaren* charcutier *m*; **~erei** *f* boucherie *f*; charcuterie *f*; **~hauer** *östr m* boucher

F

m; **2ig** charnu; **~kloß** *m* boulette *f* de viande; **2lich** charnel; **2los** sans viande, maigre; **~wolf** *m* hachoir *m*; **~wunde** *f* blessure *f* profonde
Fleiß *m* application *f*, assiduité *f*; **2ig** appliqué, assidu
flennen F pleurnicher, chialer F
fletschen ***die Zähne*** ~ montrer les dents
flexib|el flexible; **2ilität** *f* flexibilité *f*
flick|en raccommoder, rapiécer; *Fahrradschlauch* réparer; **2en** *m* pièce *f*; *Fahrrad* rustine *f*; **2zeug** *n* nécessaire *m* pour réparer les pneus
Flieder *bot m* lilas *m*
Fliege *f* mouche *f*; *Binder* nœud *m* papillon
fliegen voler; ***mit dem Flugzeug*** ~ aller en avion; ***ein Flugzeug*** ~ piloter un avion; F *fig* ***von der Schule*** ~ être renvoyé de l'école; *fig* ***in die Luft*** ~ sauter, exploser
Fliegen|fänger *m* attrape-mouches *m*; **~gewicht** *Sport n* poids *m* mouche; **~klatsche** *f* tapette *f* tue-mouches; **~pilz** *bot m* fausse oronge *f*, amanite *f* tue-mouches
Flieger|(in *f*) *m* aviateur *m*, -trice *f*; **~alarm** *m* alerte *f* aérienne; **~angriff** *m* raid *m* aérien
fliehen fuir (***vor j-m, vor etw*** qn, qc), s'enfuir (devant qn, qc)
Fliese *f* carreau *m*, dalle *f*; **~nleger** *m* carreleur *m*
Fließband *n* tapis *m* roulant; *Fabrik* chaîne *f* (de montage); **~arbeit** *f* travail *m* à la chaîne
fließen couler; **~d** courant; ~ ***französisch sprechen*** parler couramment le français
Fließkomma *n* virgule *f* flottante
flimmern scintiller; *Bild* trembloter
flink agile
Flinte *f* fusil *m*
Flipchart *f* paperboard *m*
Flipper *m* flipper *m*; **2n** jouer au flipper
flippig F loufoque
Flirt *m* flirt *m*; **2en** flirter
Flittchen *n péj* coureuse *f* de garçons
Flitter *m* paillettes *f/pl*; **~wochen** *f/pl* lune *f* de miel
flitz|en F filer comme une flèche; **2er** *m* F *auto* bolide *m*
Flock|e *f* flocon *m*; **2ig** floconneux
Floh *m* puce *f*; *fig* ***j-m e-n ~ ins Ohr setzen*** mettre à qn une idée en tête; **~markt** *m* marché *m* aux puces
Flop *m* bide *m*
Flora *f* flore *f*
Florenz Florence
florieren prospérer
Floskel *f* formule *f* toute faite
Floß *n* radeau *m*
Flosse *f* nageoire *f*
Flöte *f* flûte *f*; **2n** jouer de la flûte
Flötist(in *f*) *m* flûtiste *m, f*
flott *Tempo* rapide; *leicht, kess* léger, dégagé, déluré; *schick* chic
Flotte *mar f* flotte *f*; **~nstützpunkt** *mil m* base *f* navale
Fluch *m Kraftwort* juron *m*; *Verwünschung* malédiction *f*; **2en** jurer
Flucht *f* fuite *f*; **2artig** précipitamment
flüchten s'enfuir; ***sich*** ~ se réfugier (***zu j-m*** chez qn, ***in etw*** dans qc)
flüchtig fugitif; *vergänglich* passager; ***ein ~er Blick*** un coup d'œil; ***ein ~er Eindruck*** un aperçu; **2keitsfehler** *m* négligence *f*, faute *f* d'inattention
Flüchtling *m* fugitif *m*; *pol* réfugié *m*; **~slager** *n* camp *m* de réfugiés
Flug *m* vol *m*; **~abwehrrakete** *mil f* missile *m* antiaérien; **~bahn** *f* trajectoire *f*; **~begleiter(in** *f*) *m* steward *m*, hôtesse *f* de l'air; **~blatt** *n* tract *m*; **~boot** *n* hydravion *m*; **~datenschreiber** *m* boîte *f* noire
Flügel *m* aile *f*; *Klavier* piano *m* à queue; *Tür-, Fenster*2 battant *m*; **~mutter** *tech f* papillon *m*; **~schraube** *tech f* vis *f* à ailettes; **~stürmer** *Sport m* ailier *m*; **~tür** *f* porte *f* à deux battants
Fluggast *m* passager *m*
flügge ~ ***sein*** voler de ses propres ailes; *fig* ~ ***werden*** prendre sa volée
Flug|gesellschaft *f* compagnie *f* aérienne; **~hafen** *m* aéroport *m*; **~körper** *m* engin *m od* objet *m* volant; **~linie** *f* ligne *f* aérienne; **~lotse** *m* aiguilleur *m* du ciel; **~nummer** *f* numéro *m* de vol; **~personal** *n* personnel *m* navigant, navigants *m/pl*; **~platz** *m* aérodrome *m*; **~schein** *m* billet *m* d'avion; **~schreiber** *m* boîte *f* noire; **~schrift** *f* brochure *f* de propagande, tract *m*; **~sicherung** *f* contrôle *m* du trafic aérien; **~verkehr** *m* trafic *m* aérien; **~wesen** *n* aviation *f*
Flugzeug *n* avion *m*; **~absturz** *m* catas-

trophe *f* aérienne; **~entführer** *m* pirate *m* de l'air; **~entführung** f détournement *m* d'avion; **~halle** *f* hangar *m* (d'avions); **~träger** *m* porte-avions *m*
Flunder *zo f* flet *m*
flunkern raconter des histoires
Fluorchlorkohlenwasserstoff *m* chlorofluorocarbone *m*
Flur *m* entrée *f*, vestibule *m*
Fluss *m* rivière *f*; *großer* fleuve *m*; **2abwärts** en aval; **2aufwärts** en amont; **~bett** *n* lit *m* d'un fleuve
flüssig liquide (*a Geld*); *Verkehr*, *Stil* fluide; **2keit** *f Stoff* liquide *m*; *Zustand* liquidité *f*; **2kristall** *m* crystal *m* liquide; **2kristallanzeige** *f* afficheur *m* à crystaux liquides
Fluss|lauf *m* cours *m* d'une rivière *od* d'un fleuve; **~pferd** *zo n* hippopotame *m*; **~schifffahrt** *f* navigation *f* fluviale; **~ufer** *n* rive *f*, berge *f*
flüstern chuchoter
Flut *f Gezeiten* marée *f* haute; *Wassermassen* flots *m/pl*; *fig von Worten etc* flot *m*; **~licht** *n* ***bei*** ~ sous la lumière des projecteurs; **~welle** *f* raz *m* de marée
Föderalismus *m* fédéralisme *m*
Fohlen *n* poulain *m*
Föhn *m* sèche-cheveux *m*
Föhre *bot f* pin *m* sylvestre
Folge *f* suite *f*, conséquence *f*; *Reihen*2 série *f*; *Fortsetzung* continuation *f*; *Ergebnis* résultat *m*, effet *m*; ***zur ~ haben*** avoir pour conséquence
folgen suivre (***j-m*** qn); *nachfolgen* succéder (***j-m*** *od* ***auf j-n*** à qn); *gehorchen* obéir (à); ***aus etw*** ~ résulter de qc; ***daraus folgt, dass*** ... il s'ensuit que ...; ***wie folgt*** comme suit; **~d** suivant; ***im*** 2***en*** *weiter unten* ci-dessous; **~dermaßen** de la manière suivante; **~schwer** lourd de conséquences
folgerichtig conséquent, logique; **2keit** *f* conséquence *f*, logique *f*
folger|n conclure (***aus*** de); **2ung** *f* conclusion *f*
folg|lich par conséquent; *also* donc; **~sam** obéissant
Folie *f* feuille *f*; *Schule* transparent *m*
Folter *f* torture *f*; *fig* ***j-n auf die ~ spannen*** torturer qn; **2n** torturer
Fön *m cf* ***Föhn***
Fontäne *f* jet *m* d'eau; ⚠ *nicht* ***fontaine***
foppen taquiner, faire monter à l'échelle
Förder|band *n* tapis *m* roulant; **~er** *m*, **~in** *f* protecteur *m*, -trice *f*; mécène *m*, *f*, bienfaiteur *m*, -trice *f*; **2lich** profitable
fordern exiger (***etw von j-m*** qc de qn); *geltend machen* revendiquer
fördern faire avancer, encourager, promouvoir; *begünstigen* favoriser, faire réussir; *Bergbau* extraire
Forderung *f* exigence *f*; *Geltendmachung* revendication *f*; *Schuld*2 créance *f*
Förderung *f* encouragement *m*; *Bergbau* extraction *f*
Forelle *zo f* truite *f*
Form *f* forme *f*; *Back*2 moule *m*; ***in ~ von*** sous forme de; ***in ~ sein*** être en forme
formal formel; **2ität** *f* formalité *f*
Format *n* format *m*; *fig* envergure *f*, classe *f*; **2ieren** *EDV* formater; **~ieren** *n* formatage *m*
Formel *f* formule *f*
formell formel
form|en former; *Gießerei* mouler; **2fehler** *jur m* vice *m* de forme; **~ieren** (***sich*** ~ se) former
förmlich formel; *in aller Form* dans les formes; *feierlich* cérémonieux; **2keit** *f* formalité *f*
form|los sans formalités; *fig* sans façons; **2sache** *f* formalité *f*; ***das ist reine*** ~ c'est de pure forme
Formul|ar *n* formulaire *m*, formule *f*; **2ieren** formuler; **~ierung** *f* rédaction *f*, formulation *f*, mise *f* au point; *als Resultat* formule *f*
forsch énergique, qui n'a pas froid aux yeux
forsch|en faire des recherches; ***nach etw*** ~ rechercher qc; **2er(in** *f*) *m* chercheur *m*, -euse *f*; **2ung** *f* recherche *f*
Forst *m* forêt *f*; ⚠ ***la*** forêt
Förster *m* forestier *m*
Forstwirtschaft *f* sylviculture *f*
fort parti, absent, pas ici *od* là; ***und so*** ~ et ainsi de suite; ***in einem*** ~ sans arrêt
fort|bestehen continuer d'exister; **~bewegen** ***sich*** ~ se déplacer; **2bewegung** *f* locomotion *f*; **~bilden** ***sich*** ~ se perfectionner; **2bildung** *f* perfectionnement *m*, formation *f* continue *od* permanente; **2dauer** *f* persistance *f*, continuation *f*; **~fahren** partir; *weitermachen* continuer (***zu*** à, de); **~führen**

F

continuer; **~gehen** s'en aller; *weitergehen* continuer son chemin; **~geschritten** avancé; **~laufend** ininterrompu, suivi; **~pflanzen** ***sich ~*** *biol* se reproduire; *Licht, Schall* se propager; **2pflanzung** *biol f* reproduction *f*; **~schreitend** progressif; **2schritt** *m* progrès *m*; **~schrittlich** progressiste; **~setzen** (***sich ~*** se) continuer; **2setzung** *f* continuation *f*; *Text* suite *f*; ***~ folgt*** à suivre; **2setzungsroman** *m* feuilleton *m*; **~während** continuel

fossil fossile

Foto *n* photo *f*; ⚠ ***la*** photo; **~apparat** *m* appareil *m* photo; **2gen** photogénique; **~graf(in** *f*) *m* photographe *m*, *f*; **~grafie** *f* photographie *f*; **2grafieren** photographier; prendre des photos; **~kopie** *f* photocopie *f*; **2kopieren** photocopier; **~kopierer** *m* photocopieur *m*

Fotze *f vulgär* chatte *f*

Fracht *f* charge *f*; *mar* cargaison *f*; *Frachtgebühr* prix *m* de transport; **~brief** *m* lettre *f* de voiture; *mar* connaissement *m*; **~er** *m* cargo *m*

Frack *m* habit *m* noir, frac *m*

Frage *f* question *f*; *gr* interrogation *f*; ***e-e ~ stellen*** poser une question; ***in ~ stellen*** remettre en question; ***in ~ kommen*** entrer en ligne de compte; ***nicht in ~ kommen*** être hors de question; ***das kommt nicht in ~*** il n'en est pas question; **~bogen** *m* questionnaire *m*

frage|n demander (***j-n ~*** demander à qn; ***j-n etw od nach etw od um etw ~*** demander qc à qn); *aus~* questionner; *prüfend* interroger; ***nach j-m ~*** demander des nouvelles de qn; ***sich ~*** se demander; **2satz** *gr m* proposition *f* interrogative; **2wort** *n* interrogatif *m*; **2zeichen** *n* point *m* d'interrogation

frag|lich *unsicher* incertain, douteux; *betreffend* en question; **~los** incontestablement, sans aucun doute

Fragment *n* fragment *m*

fragwürdig douteux

Fraktion *pol f* groupe *m* parlementaire; ⚠ *nicht* ***fraction***; **~sführer** *m* chef *m* d'un groupe parlementaire

Franc *m* franc *m*; ***30 ~*** trente francs

Franken *m* franc *m* suisse; ***30 ~*** trente francs

frankieren affranchir

Frankreich *n* la France

Franse *f* frange *f*

Franz *m* François *m*

Franz|ose *m*, **~ösin** *f* Français *m*, -e *f*; **2ösisch** français

Fraß P *m* F bouffe *f*, mangeaille *f*

Fratze *f* grimace *f*

Frau *f* femme *f*; *als Anrede* madame (*abr* Mme)

Frauen|arzt *m*, **~ärztin** *f* gynécologue *m*, *f*; **~bewegung** *f* mouvement *m* féministe; **~emanzipation** *f* émancipation *f* de la femme; **2feindlich** mysogyne; **~haus** *n* centre *m* d'accueil pour femmes battues; **~klinik** *f* clinique *f* gynécologique; **~rechtlerin** *f* féministe *f*

Fräulein *n* demoiselle *f*; *als Anrede* mademoiselle (*abr* Mlle)

fraulich féminin

Freak *m* enragé *m*

frech insolent, effronté, culotté F; **2heit** *f* insolence *f*, effronterie *f*, culot *m* F

frei libre (***von*** de); *Beruf* libéral; *Journalist etc* indépendant; *Stelle* vacant; *Sicht* dégagé; *kostenlos* gratuit; *~mütig* franc, sincère; ***ein ~er Tag*** un jour de congé; ***morgen haben wir ~*** demain nous avons congé; ***im 2en*** en plein air

Frei|bad *n* piscine *f* en plein air; **2bekommen** obtenir *un jour etc* de congé; **2beruflich** ***~ tätig sein*** exercer une profession libérale

Freiburg *Stadt* Fribourg; *Kanton* le canton de Fribourg

Frei|exemplar *n* exemplaire *m* gratuit; **~gabe** *f* libération *f*; **2geben** *Schule* donner congé; **2gebig** généreux; **2haben** avoir congé; **~heit** *f* liberté *f*; **2heitlich** libéral; **~heitsstrafe** *f* peine *f* de prison; **~karte** *f* billet *m* de faveur *od* gratuit; **~körperkultur** *f* nudisme *m*; **2lassen** libérer, relâcher; *jur* ***gegen Kaution ~*** remettre en liberté sous caution; **~lassung** *f* remise *f* en liberté; **~lauf** *m Fahrrad* roue *f* libre

freilich bien sûr

Frei|lichtbühne *f* théâtre *m* de plein air; **2machen** *Brief* affranchir; ***sich ~*** se libérer *od* s'affranchir (***von*** de); *sich entkleiden* se déshabiller; **~maurer** *m* franc-maçon *m*; **2mütig** franc, sincère; **2sprechen** *jur* acquitter; **~spruch** *jur m* acquittement *m*; **2stehen** *Sport* être

seul; ***es steht dir frei zu*** ... tu es libre de ...; **≗stellen** ***j-m ~ zu*** ... laisser à qn le choix de ...; ***j-n ~*** exempter *od* dispenser qn (***von*** de); **~stoß** *m Fußball* coup *m* franc; **~stunde** *f Schule* heure *f* libre
Freitag *m* vendredi *m*
Frei|tod *m* suicide *m*; **~treppe** *f* perron *m*; **≗willig** volontaire; ***sich ~ melden*** être volontaire (***zu*** pour); **~willige(r)** *m, f* volontaire *m, f*; **~zeit** *f* loisirs *m/pl*; ***seine ~ verbringen*** occuper ses loisirs; **~zeitgestaltung** *f* organisation *f od* emploi *m* des loisirs
fremd étranger; *seltsam* étrange; ***ich bin ~ hier*** je ne suis pas d'ici; ***sich ~ vorkommen*** se sentir dépaysé; **~artig** étrange; **≗e** *f* pays *m* étranger; ***in der ~*** à l'étranger
Fremden|führer(in *f*) *m* guide *m, f*; **~legion** *mil f* Légion *f* étrangère; **~verkehr** *m* tourisme *m*; **~verkehrsbüro** *n* syndicat *m* d'initiative, office *m* de tourisme; **~zimmer** *n* chambre *f* à louer
Fremde(r) *m, f* étranger *m*, -ère *f*
fremd|gehen F être infidèle; **≗körper** *méd m* corps *m* étranger; **≗sprache** *f* langue *f* étrangère; **~sprachig** de langue étrangère; **~sprachlich** concernant l'enseignement des langues étrangères; **≗wort** *n* mot *m* étranger
Frequenz *phys f* fréquence *f*
Fresse *f* P gueule *f*
fressen manger
Freude *f* joie *f*; *Vergnügen* plaisir *m*; ***~ haben an*** prendre plaisir à; ***j-m e-e ~ machen*** faire plaisir à qn
Freuden|geschrei *n* cris *m/pl* de joie; **~tag** *m* jour *m* de joie
freud|estrahlend rayonnant de joie; **~ig** joyeux; *Ereignis, Nachricht* heureux; **~los** sans joie
freuen ***sich ~*** être content *od* heureux (***über, zu*** de); ***sich ~ auf*** se réjouir d'avance de; ***es freut mich, dass*** ... je suis heureux que (+ *subj*); ***das freut mich*** cela me fait plaisir
Freund|(in *f*) *m* ami *m*, -e *f*; F copain *m*, copine *f*; **≗lich** aimable, gentil (***zu j-m*** avec qn); *Zimmer, Farbe* gai; *Wetter* beau; ***das ist sehr ~ von Ihnen*** c'est très aimable à vous; **~lichkeit** *f* amabilité *f*, affabilité *f*; **~schaft** *f* amitié *f*; **≗schaftlich** amical
Frevel *m* crime *m*; *rel* sacrilège *m*; **≗haft** criminel
Frieden *m* paix *f*; ***im ~*** en temps de paix; ***lass mich in ~!*** F fiche-moi la paix!
Friedens|bewegung *f* mouvement *m* pacifiste; **~forschung** *f* polémologie *f*; **~initiative** *f* démarches *f/pl* de paix; **~verhandlungen** *f/pl* négociations *f/pl* de paix; **~vertrag** *m* traité *m* de paix
fried|fertig pacifique; **≗hof** *m* cimetière *m*; **~lich** pacifique; *ruhig* paisible; **~liebend** pacifique
Friedrich *m* Frédéric *m*
frieren geler; ***ich friere*** *od* ***mich friert*** j'ai froid; *stärker* F je gèle; ***es friert*** il gèle
Frisbee *n* frisbee *m*; **~scheibe** *f* frisbee *m*
frisch frais; *Wäsche* propre; ***~ gestrichen!*** attention à la peinture!, peinture fraîche!; **≗e** *f* fraîcheur *f*; *Jugend≗* vigueur *f*; **≗haltefolie** *f* film *m* alimentaire
Fris|eur *m*, **~ör** *m* coiffeur *m*; **~eursalon** *m*, **~örsalon** *m* salon *m* de coiffure; **~euse** *f*, **~öse** *f* coiffeuse *f*
frisieren (***sich ~*** se) coiffer; F *Motor* trafiquer
Frist *f* délai *m*; **≗en** ***sein Leben ~*** gagner péniblement sa vie; **≗gemäß** dans les délais; **≗los** ***~e Entlassung*** renvoi *m* sans préavis
Frisur *f* coiffure *f*
frivol *leichtfertig* frivole; *schlüpfrig* leste
froh content (***über*** de); *fröhlich* joyeux, gai; ***~e Weihnachten!*** joyeux Noël!; ***ich bin ~, dass*** ... je suis content que ... (+ *subj*)
fröhlich gai, joyeux; **≗keit** *f* gaieté *f*
fromm pieux, religieux; *Pferd* doux; ***~er Wunsch*** vœu *m* pieux
Frömmigkeit *f* piété *f*
frönen ***e-r Sache ~*** se livrer *od* s'adonner à qc
Fronleichnam(sfest *n*) *m* Fête-Dieu *f*
Front *f* front *m* (*a mil, Wetter*); *arch* façade *f*; ⚠ ***le*** front; **~antrieb** *m auto* traction *f* avant
Frosch *m* grenouille *f*; **~mann** *m* homme-grenouille *m*; **~perspektive** *f* ***aus der ~*** vu d'en bas
Frost *m* gelée *f*; *Kälte* froid *m*; **~beule** *f* engelure *f*
frösteln frissonner

F

frostig froid; *fig* **~er Empfang** accueil *m* glacial
Frottee *n od m* tissu *m* éponge
frottieren frotter, frictionner
Frucht *f* fruit *m* (*a fig*); ⚠ **le** fruit; **&bar** fécond, fertile; *fig* fructueux; **~barkeit** *f* fécondité *f*, fertilité *f*; **~saft** *m* jus *m* de fruits; **~wasseruntersuchung** *f* amniocentèse *f*
früh de bonne heure, tôt; **heute ~** ce matin; **gestern ~** hier matin; **zu ~ kommen** arriver trop tôt; **&aufsteher** *m* lève-tôt *m* F; **&e** *f* **in aller ~** de grand matin; **~er** plus tôt; *ehemals* autrefois; **~ oder später** tôt ou tard; **~ere** ancien; **~estens** au plus tôt; **&geburt** *f Kind* prématuré *m*; **&jahr** *n*, **&ling** *m* printemps *m*; **~morgens** de bon (*od* de grand) matin; **~reif** précoce; **&stück** *n* petit déjeuner *m*; **~stücken** prendre le petit déjeuner
Frust F *m* frustration *f*; **&riert** frustré
Fuchs *m*, **Füchsin** *f* renard *m*, -e *f*; *Pferd* alezan *m*; *fig* **alter Fuchs** vieux routier
Fuchs|schwanz *tech m* scie *f* égoïne; **&teufelswild** F **~ werden** devenir fou furieux
fuchteln mit etw ~ agiter qc
Fuge *f* joint *m*, jointure *f*; *mus* fugue *f*; **aus den ~n gehen** se disloquer
füg|en sich ~ se soumettre (**in etw** à qc); **~sam** docile
fühl|bar sensible; *tastbar* palpable; **~en** sentir; *empfinden* ressentir; *Schmerz, Freude* éprouver; *Puls* tâter; **sich wohl ~** se sentir bien; **&er** *m zo* antenne *f*; *fig* **seine ~ ausstrecken** tâter le terrain
führen conduire, mener; *Gruppe* guider; *Amt* remplir; *Namen, Titel* porter; *Betrieb* diriger; *Haushalt, Konto* tenir; *Waren* avoir à vendre; *mil* commander; *Sport* être en tête, mener; **zu etw ~** mener à qc; **mit sich ~** avoir sur soi; **~d** dirigeant; prépondérant
Führer|(in *f*) *m Fahrzeug* conducteur *m*, -trice *f*; *Reise&* guide *m* (*a Buch*); *pol* leader *m*; **~schein** *m* permis *m* de conduire; **den ~ machen** F passer son permis
Führung *f* conduite *f*; *mil* commandement *m*; *Unternehmen* gestion *f*, direction *f*; *Museum* visite *f* guidée; *Sport* **in ~ liegen** être en tête; **~skraft** *f* cadre *m* (supérieur)
Fuhr|unternehmen *n* entreprise *f* de transport; **~werk** *n* véhicule *m* hippomobile
Fülle *f* abondance *f*, profusion *f*
füllen (**sich ~** se) remplir (**mit** de)
Füll|federhalter *m* stylo *m*; **&ig** plantureux, dodu; **~ung** *f* remplissage *m*; *Kissen* rembourrage *m*; *cuis* farce *f*; *Zahn* plombage *m*
fummeln F tripoter (**an etw** qc)
Fund *m* trouvaille *f*
Fundament *n* fondations *f/pl*; *fig* base *f*, fondement *m*; **~alismus** *m* fondamentalisme *m*; *rel* intégrisme *m*; **~alist** *m* fondamentaliste *m*; *rel* intégriste *m*; **&alistisch** fondamentaliste; *rel* intégriste
Fund|amt *n*, **~büro** *n* bureau *m* des objets trouvés; **~gegenstand** *m* objet *m* trouvé; **~grube** *f fig* mine *f*
fünf cinq; *Schule* **e-e & schreiben** avoir une note en dessous de la moyenne; **&eck** *n*, **~eckig** pentagone *m u adj*; **~fach** quintuple; **~hundert** cinq cents; **&jahresplan** *m* plan *m* quinquennal; **&kampf** *m Sport* pentathlon *m*; **&linge** *pl* quintuplé(e)s *m(f)pl*; **~te** cinquième; **&tel** *n* cinquième *m*; **~tens** cinquièmement; **~zehn** quinze; **~zehnte** quinzième; **~zig** cinquante; **etwa ~** une cinquantaine; **~zigste** cinquantième
Funk *m* radio *f*; T.S.F. *f*; **über ~** par radio; **~amateur** *m* radio-amateur *m*
Funk|e(n) *m* étincelle *f*; **&eln** étinceler; **&en** transmettre par radio; **~er** *m* radio *m*; **~gerät** *n* poste *m* de radio; **~haus** *n* maison *f* de la radio; **~signal** *n* signal *m* par radio; **~spruch** *m* message *m* radio; **~streife** *f* policiers *m/pl* en voiture radio; **~taxi** *n* radio-taxi *m*
Funktion *f* fonction *f*; **~är** *m* responsable *m*; **&ieren** fonctionner; **~staste** *EDV f* touche *f* de fonction
Funkturm *m* tour *f* émettrice de radio
für 1. *prép* pour; *als Austausch für* en échange de; *anstatt* au lieu de; *zum Gebrauch für* à l'usage de; *zu Gunsten von* en faveur de; **was ~ ein(e)** quel(le); **~ immer** pour toujours; **Tag ~ Tag** jour après jour; **Wort ~ Wort** mot à mot; **jeder ~ sich** chacun pour soi; **2. &** *n*

das ~ und Wider le pour et le contre
Furcht *f* crainte *f*, peur *f* (***vor*** de); **≈bar** terrible, effroyable, affreux
fürchten craindre (***j-n***, ***etw*** qn, qc; ***dass*** ... que ... ne + *subj*); ***sich ~*** avoir peur (***vor*** de)
fürchterlich *cf* ***furchtbar***
furcht|erregend redoutable, effrayant; **~los** intrépide; **~sam** craintif
füreinander l'un pour l'autre
Fürsorge *f* sollicitude *f*; ***öffentliche ~*** aide *f* sociale; **~empfänger(in** *f*) *m* bénéficiaire *m*, *f* d'une aide sociale; **~rin** *f* assistante *f* sociale
fürsorglich attentionné
Fürsprache *f* intercession *f*, intervention *f*; ***~ für j-n einlegen*** intercéder *od* intervenir en faveur de qn
Fürst|(in *f*) *m* prince *m*, princesse *f*; **~entum** *n* principauté *f*; **≈lich** princier, de prince
Furunkel *méd m* furoncle *m*
Fürwort *gr n* pronom *m*
Furz P *m* pet *m* F; **≈en** P péter F
Fuß *m* pied *m*; *von Tieren a* patte *f*; ***zu ~*** à pied; ***zu ~ gehen*** marcher; aller à pied; ***gut zu ~ sein*** être bon marcheur; ***~ fassen*** prendre pied, s'établir; *jur* ***auf freiem ~*** en liberté
Fußabstreifer *m* décrottoir *m*
Fußball *m* ballon *m* de football; *Sportart* football *m*; ***~ spielen*** jouer au football; **~feld** *n* terrain *m* de football; **~spiel** *n* match *m* de football; **~spieler** *m* footballeur *m*; **~toto** *n* loto *m* sportif
Fuß|boden *m* plancher *m*; **~bremse** *f* frein *m* à pied; **~gänger(in** *f*) *m* piéton *m*, -ne *f*; **~gängerzone** *f* zone *f* piétonne *od* piétonnière; **~geher** *östr m* piéton *m*; **~gelenk** *n* articulation *f* du pied; **~note** *f* note *f* (explicative); **~pflege** *f* soins *m/pl* des pieds; **~sohle** *f* plante *f* du pied; **~spur** *f* trace *f* de pas; *Fährte* piste *f*; **~stapfen** *pl fig* ***in j-s ~ treten*** marcher sur les traces de qn; **~tritt** *m* coup *m* de pied; **~weg** *m* chemin *m*, sentier *m*
Futter *n* nourriture *f*; *Kleider≈* doublure *f*
Futteral *n* étui *m*; *für Schirm* fourreau *m*
futtern F bouffer
fütter|n donner à manger à; *Kleider* doubler; ***mit Pelz ~*** fourrer; **≈ung** *f* *Vieh* alimentation *f*; *der Raubtiere* repas *m* des fauves
Futur *gr n* futur *m*

G

G

G *mus n* sol *m*
Gabe *f* don *m*
Gabel *f* fourche *f*; *Ess≈* fourchette *f*; **≈n** ***sich ~*** *Weg* bifurquer; **~stapler** *tech m* chariot *m* élévateur; **~ung** *f* bifurcation *f*
gackern caqueter
gaffen faire le badaud, regarder bouche bée
Gag *m* F gag *m*
Gage *f* cachet *m*
gähnen bâiller
Galavorstellung *f* gala *m*
Galeere *mar f* galère *f*
Galerie *f* galerie *f*
Galgen *m* potence *f*, gibet *m*; **~frist** *f* quart *m* d'heure de grâce; **~humor** *m* plaisanterie *f* macabre
Galle *f* bile *f*; *von Tieren* fiel *m*; **~nblase** *f* vésicule *f* biliaire; **~nstein** *m* calcul *m* biliaire
Gallie|n *n* la Gaule; **~r(in** *f*) *m* Gaulois *m*, -e *f*
gallisch gaulois
Galopp *m* galop *m*; **≈ieren** galoper
Gameshow *f* jeu *m* télévisé
gamm|eln F glander, traînasser; **≈ler(in** *f*) *m* clochard *m*, -e *f*
Gämse *zo f* chamois *m*
Gang *m Gehen, Ablauf* marche *f*; *Art des Gehens* démarche *f*, allure *f*; *Ablauf a* cours *m*; *Besorgung* course *f*; *beim Essen* plat *m*; *Korridor* couloir *m*; *auto* vitesse *f*; ***in ~ bringen*** mettre en marche, faire démarrer; ***in ~ kommen*** se

mettre en marche, s'amorcer, démarrer; ***im ~(e) sein*** être en ours; ***in vollem ~(e) sein*** battre son plein
gang ~ ***und gäbe*** courant, habituel, monnaie courante
gängeln mener à la baguette *od* par le bout du nez
gängig courant
Gangschaltung *f auto* changement *m* de vitesses; *Fahrrad* dérailleur *m*
Gangway *f* passerelle *f*
Ganove *m* bandit *m*, malfaiteur *m*, voyou *m*, truand *m*
Gans *zo f* oie *f*
Gänse|blümchen *bot n* pâquerette *f*; **~braten** *m* oie *f* rôtie; **~füßchen** *n/pl* guillemets *m/pl*; ***in*** ~ entre guillemets; **~haut** *f fig* chair *f* de poule; ***dabei kriege ich e-e*** ~ ça me donne la chair de poule; **~marsch** *m* ***im*** ~ à la file indienne; **~rich** *m* jars *m*
ganz 1. *adj* entier; tout; ***die ~e Stadt*** toute la ville *od* la ville entière; ***ein ~es Jahr*** toute une année; ***sein ~es Geld*** tout son argent; ***in der ~en Welt*** dans le monde entier; **2.** *adv*: *vor adj u adv* tout; ~ (***und gar***) entièrement, tout à fait; ~ ***und gar nicht*** pas du tout; ***im*** (***Großen und***) **℘en** dans l'ensemble, au total; ~ ***wie du willst*** comme tu veux
Ganze *n* tout *m*; ***aufs ~ gehen*** risquer le tout pour le tout
gänzlich entier, total; *adv* tout à fait, entièrement
Ganztagsbeschäftigung *f* travail *m* à plein temps
gar 1. *adj Speise* assez cuit, à point; **2.** *adv* ~ ***nicht*** pas du tout; ~ ***nichts*** rien du tout; ***vielleicht*** ~ peut-être même
Garage *f* garage *m*; ⚠ ***le*** garage
Garantie *f* garantie *f*; **℘ren** garantir (***für etw*** qc); **~schein** bon *m od* certificat *m* de garantie
Garbe *f* gerbe *f*
Garde *f* garde *f*
Garderobe *f Kleidungsstücke* vêtements *m/pl*, garde-robe *f*; *Kleiderablage* vestiaire *m*; *Flur*℘ portemanteau *m*; **~nfrau** *f* préposée *f* au vestiaire; **~nmarke** *f* ticket *m* de vestiaire; **~nständer** *m* portemanteau *m*
Gardine *f* rideau *m*; **~nstange** *f* tringle *f* à rideaux
gären fermenter
Garn *n* fil *m*; *fig* ***j-m ins ~ gehen*** donner dans le panneau
garnieren garnir (***mit*** de)
Garnitur *f Besatz* garniture *f*, parement *m*; *Satz zusammengehörender Dinge* assortiment *m*, ensemble *m*; *Polster*℘ salon *m*
garstig vilain
Garten *m* jardin *m*; **~arbeit** *f* jardinage *m*; **~bau** *m* horticulture *f*; **~erde** *f* terreau *m*; **~fest** *n* garden-party *f*; **~geräte** *n/pl* outils *m/pl od* outillage *m* de jardin; **~haus** *n* cabane *f od* abri *m* de jardin; **~laube** *f* tonnelle *f*; **~lokal** *n* restaurant *m od* café *m* avec jardin; **~schere** *f* sécateur *m*; **~stadt** *f* cité-jardin *f*; **~zaun** *m* clôture *f*; **~zwerg** *m* nain *m* dans un jardin; *fig* F gnome *m*
Gärtner|(in *f*) *m* jardinier *m*, -ière *f*; **~ei** *f* exploitation *f* horticole
Gärung *f* fermentation *f*
Gas *n* gaz *m*; ~ ***geben*** accélérer; **~brenner** *m* brûleur *m* à gaz; **℘förmig** gazeux; **~hahn** *m* robinet *m* du gaz; **~heizung** *f* chauffage *m* au gaz; **~herd** *m* cuisinière *f* à gaz; **~kammer** *f* chambre *f* à gaz; **~laterne** *f* bec *m* de gaz; **~leitung** *f* conduite *f* de gaz; **~maske** *f* masque *m* à gaz; **~ofen** *m* radiateur *m* à gaz; **~pedal** *n* accélérateur *m*
Gasse *f* ruelle *f*
Gast *m* invité *m*, -e *f*; hôte *m*; *Besucher* visiteur *m*; *im Lokal* consommateur *m*; **~arbeiter** *m* travailleur *m* étranger *od* immigré; **~bett** *n* lit *m* pour les invités; **℘freundlich** hospitalier; **~geber(in** *f*) *m* hôte *m*, -esse *f*; **~haus** *n*, **~hof** *m* hôtel *m*; *kleineres* auberge *f*
gastieren *Zirkus etc* donner une représentation
Gast|land *n* pays *m* d'accueil; **~lich** hospitalier, accueillant; **~lichkeit** *f* hospitalité *f*; **~mahl** *n* festin *m*, banquet *m*; **~rolle** *f* rôle *m* d'un acteur étranger à la troupe; **~spiel** *n* représentation *f* d'acteurs en tournée; *Sport* match *m* à l'extérieur; **~stätte** *f* restaurant *m*; **~stube** *f* salle *f* (d'hôtel); **~wirt(in** *f*) *m* hôtelier *m*, -ière *f*, restaurateur *m*, -trice *f*; *Schankwirt* aubergiste *m*, *f*; **~wirtschaft** *f* auberge *f* restaurant *m*; **~zimmer** *n* chambre *f* d'amis
Gasuhr *f* compteur *m* à gaz

Gatte *st/s m* époux *m*
Gatter *n* grille *f*
Gattin *st/s f* épouse *f*
Gattung *f* genre *m* (*a biol*); *Art* espèce *f*
GAU *m* accident *m* maximal
Gaul F *m* cheval *m*; *péj* canasson *m*
Gaumen *m* palais *m*
Gauner *m* escroc *m*, filou *m*; **~ei** *f* escroquerie *f*
Gaze *f* gaze *f*
Gazelle *zo f* gazelle *f*
Geächtete(r) *m* proscrit *m*, hors-la-loi *m*
Gebäck *n* pâtisserie *f*; *Plätzchen* petits gâteaux *m/pl*, biscuits *m/pl*
Gebälk *n* charpente *f*
Gebärde *f* geste *m*; **ᘊn *sich* ~** se conduire, se comporter
gebär|en donner naissance à; **ᘊmutter** *f* matrice *f*, utérus *m*
Gebäude *n* bâtiment *m*, immeuble *m*
geben donner (***j-m etw*** qc à qn); *Zucker in Tee etc* mettre; *Antwort a* faire; ***sich ~*** *sich verhalten* se montrer; *nachlassen* se calmer; ***etw von sich ~*** dire qc; ***es gibt*** il y a; ***was gibt es?*** qu'y a-t-il?; *zum Essen* qu'est-ce qu'il y a à manger?; *TV* qu'est-ce qu'il y a à la télé?; ***das gibt es nicht!*** c'est impossible!, ça ne va pas!
Gebet *n* prière *f*
Gebiet *n* territoire *m*; *fig* domaine *m*; ***auf diesem ~*** dans *od* en ce domaine
gebieterisch impérieux
gebietsweise local; ***~ Regen*** averses *f/pl* par endroits
Gebilde *n* objet *m*, chose *f*, création *f*
gebildet cultivé, instruit
Gebirg|e *n* (chaîne *f* de) montagnes *f/pl*; ***im ~*** à la montagne; ***ins ~ gehen*** *od* ***fahren*** aller à la montagne; **ᘊig** montagneux; **~sbewohner(in** *f*) *m* montagnard *m*, -e *f*; **~szug** *m* chaîne *f* de montagnes
Gebiss *n* dentition *f*, dents *f/pl*; *künstliches* dentier *m*
Gebläse *n* soufflerie *f*, ventilateur *m*
geblümt fleuri, à fleurs
gebogen tordu, courbé
geboren né; ***ein ~er Deutscher*** un Allemand de naissance; ***ein ~er Redner*** un orateur-né; ***~e Müller*** née Müller; ***ich bin am ... ~*** je suis né(e) le ...
geborgen à l'abri; **ᘊheit** *f* sécurité *f*, protection *f*
Gebot *n rel* commandement *m*; *Erfordernis* mot *m* d'ordre; *Auktion* enchère *f*
Gebrauch *m* usage *m*; *Verwendung* emploi *m*; *Sitte* coutume *f*; **ᘊen** faire usage *od* se servir de; employer, utiliser; ***gut zu ~ sein*** être utile
gebräuchlich usuel
Gebrauchs|anweisung *f* mode *m* d'emploi; **ᘊfertig** prêt à l'emploi; **~gegenstand** *m* objet *m* d'usage courant
gebraucht utilisé; *Waren* d'occasion; **ᘊwagen** *m* voiture *f* d'occasion
Gebrech|en *n* infirmité *f*; **ᘊlich** infirme, décrépit
Gebrüder *pl* frères *m/pl*
Gebrüll *n* cris *m/pl*; *Rind* mugissement *m*, beuglement *m*, meuglement *m*
Gebühr *f* taxe *f*, droit *m*
gebühren ***j-m ~*** être dû à qn; **~d** dû; *angemessen* convenable; **~frei** gratuit, sans taxes; **~pflichtig** soumis à une taxe; *Parken* payant; ***~e Straße*** route *f* à péage; ***~e Verwarnung*** contravention *f*
gebunden *Buch* relié; *fig* lié, engagé
Geburt *f* naissance *f*; ***vor Christi ~*** avant Jésus-Christ; **~enkontrolle** *f*, **~enregelung** *f* contrôle *m* des naissances, planning *m* familial; **ᘊenschwach** à faible taux de natalité; **ᘊstark** à taux de natalité élevé; **~enziffer** *f* taux *m* de natalité
gebürtig natif, originaire (***aus*** de); ***~er Franzose*** Français de naissance *od* d'origine; d'origine française
Geburts|anzeige *f* faire-part *m* de naissance; **~datum** *n* date *f* de naissance; **~fehler** *m* malformation *f* de naissance; **~helfer** *m* accoucheur *m*; **~ort** *m* lieu *m* de naissance; **~tag** *m* anniversaire *m*; **~tagsfeier** *f* fête *f* d'anniversaire; **~urkunde** *f* acte *m* de naissance
Gebüsch *n* buissons *m/pl*
Gedächtnis *n* mémoire *f*; ***zum ~ an*** à la mémoire de; ***im ~ behalten*** garder en mémoire; **~lücke** *f* trou *m* de mémoire; **~schwund** *m* perte *f* de la mémoire, amnésie *f*; **~stütze** *f* moyen *m* mnémotechnique
Gedanke *m* pensée *f*, idée *f*; ***in ~n sein*** être préoccupé; ***sich ~n machen über*** se préoccuper de; ***j-s ~n lesen*** lire dans la pensée de qn

G

Gedanken|austausch *m* échange *m* d'idées *od* de vues; **~gang** *m* suite *f od* cours *m* des idées; **²los** irréfléchi, étourdi; **~strich** *m* tiret *m*; **~übertragung** *f* transmission *f* de pensée; **²voll** pensif

Gedärm(e) *n(pl)* intestins *m/pl*, boyaux *m/pl*

Gedeck *n für e-e Person* couvert *m*; *Mahlzeit* menu *m*

gedeihen prospérer, croître

gedenken se souvenir de; *ehrend* commémorer (qc); **~ zu** *vorhaben* se proposer de

G

Gedenk|feier *f* commémoration *f*; **~minute** *f* minute *f* de silence; **~stätte** *f*, **~stein** *m* mémorial *m*; **~tafel** *f* plaque *f* commémorative; **~tag** *m* jour *m* anniversaire

Gedicht *n* poème *m*, poésie *f*; *fig* **das ist ein ~!** c'est formidable!

Gedräng|e *n* bousculade *f*, foule *f*, cohue *f*; **²t** serré, entassé; *Stil* concis

Geduld *f* patience *f*; **²en sich ~** patienter; **²ig** patient

geehrt honoré; *in Briefen* **Sehr ~er Herr N!** Monsieur, ...

geeignet approprié; *befähigt* qualifié; apte (**für** a)

Gefahr *f* danger *m*, péril *m*; **~ laufen zu** courir le risque de; **auf die ~ hin, dass** ... quitte à (+ *inf*); **auf eigene ~** à ses risques et périls; **außer ~ sein** être hors de danger

gefähr|den mettre en danger; **~lich** dangereux, risqué

gefahrlos sans danger, sûr

Gefährt|e *m*, **~in** *f* compagnon *m*, compagne *f*

Gefälle *n* pente *f*; *fig* **das soziale ~** les différences sociales

Gefallen 1. *m* service *m*; **j-n um e-n ~ bitten** demander un service à qn; **~ finden an** trouver plaisir à; **2. ²** plaire, convenir (**j-m** à qn); **es gefällt mir** ça me plaît; **sich etw ~ lassen** accepter qc; **das lasse ich mir nicht ~!** je ne suis pas disposé à me laisser faire!

gefällig complaisant, obligeant, serviable; *Sache* plaisant, agréable; **j-m ~ sein** faire plaisir à qn; **²keit** *f* complaisance *f*; *Dienst* service *m*; **~st** s'il vous plaît; **sei ~ still!** tu es (instamment) prié de te taire!

gefangen prisonnier; **²e(r)** *m,f* prisonnier *m*, -ière *f*; **²nahme** *f* capture *f*; **~nehmen** faire prisonnier, capturer; **²schaft** *f* captivité *f*

Gefängnis *n* prison *f*; **ins ~ kommen** aller en prison; ⚠ **la** prison; **~direktor** *m* directeur *m* de prison; **~strafe** *f* peine *f* de prison; **~wärter** *m* gardien *m* de prison

Gefäß *n* vase *m*, récipient *m*; *Blut²* vaisseau *m*

gefasst calme, résigné; **~ sein auf** s'attendre à

Gefecht *mil n* combat *m*

gefedert *auto* **gut ~ sein** avoir une bonne suspension

Gefieder *n* plumage *m*

Geflecht *n* treillis *m*; cannage *m*

Geflügel *n* volaille *f*

Geflüster *n* chuchotement *m*

Gefolg|e *n* suite *f*; **~schaft** *f* partisans *m/pl*

gefragt demandé

gefräßig vorace; **²keit** *f* voracité *f*

gefrier|en (con)geler; **²fach** *n* compartiment *m* congélateur; **²fleisch** *n* viande *f* congelée; **²punkt** *m* point *m* de congélation; **²schrank** *m*, **²truhe** *f* congélateur *m*

Gefrorene(s) *östr n* glace *f*

Gefüg|e *n* structure *f*; **²ig** souple, docile

Gefühl *n* sentiment *m*; *Gespür* intuition *f*; *physisch* sensation *f*; *Gemütsbewegung* émotion *f*; **²los** insensible (**gegen** à); **²sbetont** émotif, sensible; **~ssinn** *m* (sens *m* du) toucher *m*; **²voll** avec âme; *rührselig* sentimental

gegebenenfalls le cas échéant

gegen *Richtung od zeitlich* vers; *feindlich* contre; *Tausch* en échange de; **freundlich ~** amical envers

Gegen|angriff *m* contre-attaque *f*; **~anzeige** *méd f* contre-indication *f*; **~besuch** *m* visite *f* faite en retour; **~beweis** *m* preuve *f* (du) contraire

Gegend *f* contrée *f*, région *f*; *Nähe* voisinage *m*

gegeneinander l'un contre l'autre

Gegen|fahrbahn *auto f* voie *f* d'en face; **~gewicht** *n* contrepoids *m*; **ein ~ bilden zu etw** contrebalancer qc; **~gift** *n* antidote *m*; **~kandidat** *m* rival *m*, concurrent *m*; **~leistung** *f* équivalent *m* d'un service rendu; **als ~** en contrepartie; **~maßnahme** *f* contre-mesure *f*; représaille *f*; **~mittel** *n* antidote *m*; **~partei** *f* parti *m* opposé; **~probe** *f* contre-épreuve *f*; **~richtung** *f* direction *f* opposée; **~satz** *m* contraste *m*; ***im ~ zu*** contrairement à, par opposition à, en contraste avec; **≈sätzlich** opposé (à); **~seite** *f* côté *m* opposé; **≈seitig** mutuel, réciproque; **~seitigkeit** *f* réciprocité *f*; **~spieler** *m* adversaire *m*, opposant *m*, rival *m*; **~stand** *m* objet *m*; *behandelter* sujet *m*; **≈ständlich** concret; *Kunst* figuratif; **~stimme** *f* voix *f* contre; **~stück** *n* pendant *m*; **~teil** *n* contraire *m*; ***im ~*** au contraire; **≈teilig** contraire, opposé

gegenüber 1. *adv* en face; ***einander ~*** vis-à-vis; **2.** *prép räumlich* en face de, vis-à-vis de; *j-m* ~ envers, à l'égard de; *im Vergleich zu* par rapport à; **3. ≈** *n* vis-à-vis *m*; **~liegen** se trouver en face; **~liegend** d'en face; **~stehen** être situé *od* se trouver en face; **~stellen** opposer; confronter (*a jur*); **≈stellung** *f* confrontation *f*

Gegen|verkehr *m* circulation *f* venant d'en face; **~wart** *f* temps *m* présent; *Anwesenheit* présence *f*; *gr* présent *m*; **≈wärtig** présent; *jetzig* actuel; *adv* à présent; **~wehr** *f* résistance *f*, défense *f*; **~wert** *m* contre-valeur *f*; **~wind** *m* vent *m* contraire; **~wirkung** *f* réaction; **≈zeichnen** contresigner; **~zug** *m* riposte *f*; *Bahn* train *m* qui en croise un autre

Gegner|(in *f*) *m* adversaire *m*, *f*; rival *m*, -e *f*; **~schaft** *f* antagonisme *m*

Gehackte(s) *n* viande *f* hachée

Gehalt 1. *m* teneur *f* (***an*** en); *fig* fond *m*, idées *f*/*pl*; *Inhalt* contenu *m*; **2.** *n* salaire *m*; *Beamter* traitement *m*; **~sempfänger** *m* salarié *m*; **~serhöhung** *f* augmentation *f* de salaire; **≈voll** substantiel; *nahrhaft* nutritif

gehässig haineux; **≈keit** *f* hargne *f*, méchanceté *f*, haine *f*

Gehäuse *n* boîtier *m*; *tech* carter *m*; *Schnecke* coquille *f*; *Kern*≈ trognon *m*

geheim secret; ***~ halten*** tenir secret; **≈dienst** *m* services *m*/*pl* secrets

Geheimnis *n* secret *m*; *tiefes* mystère *m*; **~krämer** *m* cachottier *m*; **≈voll** mystérieux

Geheim|nummer *f Bank* code *m* confidentiel; *Telefon* numéro *m* sur la liste rouge; **~polizei** *f* police *f* secrète; **~schrift** *f* écriture *f* chiffrée *od* codée; **~zahl** *f* code *m* confidentiel

gehemmt complexé, bloqué; F coincé

gehen aller (à pied); marcher (*a funktionieren*); *fort~* s'en aller, partir, sortir; *Teig* lever; *Ware* se vendre; ***einkaufen*** (***schwimmen***) ~ aller faire les courses (à la piscine); ***~ wir!*** allons-nous-en!, partons!; ***wie geht es dir?*** comment vas-tu?; ***es geht mir gut*** (***schlecht***) je vais bien (mal); ***es geht nichts über*** ... il n'y a rien de tel que ..., rien ne vaut ...; ***worum geht es?*** de quoi s'agit-il?; ***was geht hier vor sich?*** qu'est-ce qui se passe ici?; *Zimmer* ***nach Westen ~*** donner à l'ouest; ***sich ~ lassen*** se laisser aller

Gehen *n* marche *f*; ***das Kommen und ~*** le va-et-vient

Geheul *n* hurlement(s *pl*) *m*

Gehilf|e *m*, **~in** *f* aide *m*, *f*, assistant *m*, -e *f*

Gehirn *n* cerveau *m*; **~erschütterung** *méd f* commotion *f* cérébrale; **~schlag** *méd m* attaque *f* d'apoplexie; **~wäsche** *pol f* lavage *m* de cerveau

gehoben *Stil* élevé, soutenu

Gehör *n Sinn* ouïe *f*; ***nach dem ~*** d'oreille; ***j-m ~ schenken*** prêter l'oreille à qn; ***sich ~ verschaffen*** se faire entendre

gehorchen ***j-m ~*** obéir à qn; ***nicht ~*** désobéir

gehör|en ***j-m ~*** appartenir *od* être à qn; ***~ zu*** faire partie de, compter parmi; ***gehört dir das?*** est-ce que ça t'appartient?, est-ce que c'est à toi?; ***es gehört sich*** c'est convenable; ***es gehört sich nicht*** ça ne se fait pas; ***das gehört nicht hierher*** cela n'a rien à faire ici; **~ig** *passend* convenable, adéquat

gehörlos sourd; ***die ≈en*** les sourds, les malentendants *m*/*pl*

gehorsam 1. obéissant; **2. ≈** *m* obéissance *f*

Geh|steig *m*, **~weg** *m* trottoir *m*

Geier *zo m* vautour *m*

Geige *f* violon *m*; ***~ spielen*** jouer du violon; ***etw auf der ~ spielen*** jouer qc au violon; **≈n** jouer du violon; **~nbogen** *m* archet *m*; **~nkasten** *m* étui *m* à violon; **~r(in** *f*) *m* violoniste *m*, *f*

G

geil lascif, lubrique; F *toll* géant; *fig* F ***das ist ~!*** c'est super!
Geisel *f* otage *m*; **~nahme** *f* prise *f* d'otage(s); **~nehmer** *m* preneur *m* d'otage(s)
Geiß *f* chèvre *f*; **~bock** *m* bouc *m*
Geißel *f* fouet *m*; *fig* fléau *m*
Geist *m* esprit *m*; génie *m*; *Gespenst* spectre *m*; ***den ~ aufgeben*** rendre l'âme; ***der Heilige ~*** le Saint-Esprit
Geister|bahn *f* train *m* fantôme; **~erscheinung** *f* apparition *f*; **~fahrer** *auto m* automobiliste *m* roulant à contresens sur l'autoroute
geistes|abwesend absent; **2arbeiter** *m* (travailleur *m*) intellectuel *m*; **2blitz** *m* idée *f* géniale *od* lumineuse; **2gabe** *f* talent *m*; **2gegenwart** *f* présence *f* d'esprit; **~gegenwärtig** qui a de l'à-propos; **~gestört** atteint de troubles mentaux; **~krank** aliéné; ***ein 2er*** un malade mental; **2krankheit** *f* maladie *f* mentale; **2wissenschaften** *f/pl* lettres *f/pl* (et sciences *f/pl* humaines); **2zustand** *m* état *m* mental
geist|ig spirituel, intellectuel, mental; ***~e Getränke*** spiritueux *m/pl*; ***~ Behinderter*** handicapé *m* mental; **~lich** spirituel; *zum Klerus gehörig* clérical; *kirchlich* ecclésiastique; ***~er Stand*** clergé *m*; **2liche(r)** *m* ecclésiastique *m*; *katholischer* curé *m*; *protestantischer* pasteur *m*; **2lichkeit** *f* clergé *m*; **~los** dénué d'esprit, sans esprit; **~reich** spirituel
Geiz *m* avarice *f*; **2en *~ mit*** être avare de; **~hals** *m* avare *m*, grigou F *m*; **2ig** avare
Gejammer *n* lamentations *f/pl*
Gekläff *n* jappement *m*
Geklapper *n* claquement *m*, cliquetis *m*
Geklimper *n auf dem Klavier* pianotage *m*
gekonnt adroit
gekränkt vexé, offensé
Gekritzel *n* griffonnage *m*, gribouillage *m*
gekünstelt affecté, artificiel, maniéré
Gel *n* gel *m*
Gelächter *n* rire *m od* rires *m/pl*; ***lautes ~*** éclats *m/pl* de rire
gelähmt paralysé
Gelände *n* terrain *m*; *umzäuntes* enceinte *f*
Geländer *n Treppen2* rampe *f*; *Balkon2* balustrade *f*; *Brücken2* parapet *m*
Geländewagen *m* voiture *f* tout terrain, jeep *f*
gelangen parvenir (***zu***, ***an*** à); atteindre (***zu etw*** qc)
gelassen calme; *adv* de sang-froid; **2heit** *f* calme *m*; sang-froid *m*
geläufig courant; familier (***j-m*** à qn); ***~ sprechen*** parler couramment
gelaunt disposé; ***gut*** (***schlecht***) ***~ sein*** être de bonne (mauvaise) humeur
gelb jaune; *Ampel* orange; ***der ~e Sack*** le sac jaune pour les emballages recyclables; **~lich** jaunâtre; **2sucht** *méd f* jaunisse *f*
Geld *n* argent *m*; ***zu ~ machen*** vendre pour avoir de l'argent liquide; **~angelegenheit** *f* question *f* d'argent; **~anlage** f placement *m*; **~ausgabe** *f* dépense *f*; **~automat** *m* distributeur *m* de billets; **~beutel** *m*, **~börse** *f* porte-monnaie *m*, bourse *f*; **~buße** *f* amende *f*; **~entwertung** *f* dépréciation *f* monétaire; **~geber** *m* bailleur *m* de fonds; **~geschäfte** *n/pl* transactions *f/pl* monétaires; **~gier** *f* cupidité *f*, soif *f* de l'argent; **2gierig** cupide; **~knappheit** *f*, **~mangel** *m* manque *m* d'argent; **~mittel** *n/pl* ressources *f/pl* financières, disponibilités *f/pl*, fonds *m/pl*; **~schein** *m* billet *m* de banque; **~schrank** *m* coffre-fort *m*; **~strafe** *f* amende *f*; **~stück** *n* pièce *f*; **~verlegenheit** *f* embarras *m/pl* pécuniaires; **~verschwendung** *f* gaspillage *m* d'argent; **~wechsel** *m* change *m*; **~wechsler** *m* distributeur *m* de monnaie
Gelee *n* gelée *f*; *cuis* ***in ~*** en gelée; ⚠ ***la*** gelée
gelegen *örtlich* situé; *fig* ***das kommt mir sehr ~*** cela m'arrive fort à propos
Gelegenheit *f* occasion *f*; ***bei dieser ~*** à cette occasion
Gelegenheits|arbeit *f* travail *m* occasionnel; **~arbeiter** *m* travailleur *m* occasionnel; **~kauf** *m* occasion *f*
gelegentlich occasionnel; *adv* à l'occasion, occasionnellement
gelehr|ig docile; qui apprend bien; **2igkeit** *f* docilité *f*; **2samkeit** *f* érudition *f*; **~t** savant, érudit; **2te(r)** *m* savant *m*, érudit *m*

Geleit *n* accompagnement *m*, conduite *f*; *mil* escorte *f*; ***j-m das letzte ~ geben*** accompagner qn à sa dernière demeure; **2en** accompagner, reconduire; *mil* escorter
Gelenk *n* articulation *f*, jointure *f*; *tech* joint *m*; **2ig** souple
gelernt *ausgebildet* qualifié
geliebt aimé, chéri; **2e(r)** *m, f* amant *m*, maîtresse *f*
gelinde doux, léger; ***~ gesagt*** pour ne pas dire autre chose
gelingen 1. réussir; ***es gelingt mir, etw zu tun*** je réussis *od* j'arrive *od* je parviens à faire qc; **2. 2** *n* succès *m*; ***gutes ~!*** bonne chance!
geloben promettre solennellement (***zu*** de)
gelt|en *wert sein* valoir; *gültig sein* être valable; *Sport* compter; *Gesetz* être en vigueur; ***~ lassen*** admettre; ***~ für*** *od* ***als*** être considéré comme, être supposé être; ***j-m ~*** s'adresser à qn; ***es gilt zu*** ... il s'agit de; **~end** valable; en vigueur; ***~ machen*** *Anspruch* faire valoir; ***seinen Einfluss ~ machen*** faire prévaloir son influence; **2ung** *f Bedeutung* importance *f*; *Ansehen* autorité *f*; ***~ haben*** être valable; ***zur ~ bringen*** mettre en valeur; ***zur ~ kommen*** être mis en valeur; **2ungsbedürfnis** *n* besoin *m* de se faire valoir
Gelübde *n* vœu *m*
gelungen réussi
gemächlich ***ganz ~*** tout doucement
Gemälde *n* peinture *f*; **~galerie** *f* galerie *f* de peinture
gemäß *adj* conforme (à); *prép* conformément à, selon; **~igt** modéré; ***~es Klima*** climat *m* tempéré
gemein *niederträchtig* méchant, infâme, vache F, rosse F; *allgemein* commun; ***~er Soldat*** simple soldat; ***etw ~ haben mit*** avoir qc en commun avec
Gemeinde *f* commune *f*, municipalité *f*; *égl* paroisse *f*; *beim Gottesdienst* fidèles *m/pl*; **~beamte(r)** *m* fonctionnaire *m* municipal; **~rat** *m* conseil *m* municipal; **~steuer** *f* impôt *m* local; **~vorsteher** *m* maire *m*
gemein|gefährlich qui constitue un danger public; **2gut** *n* bien *m od* patrimoine *m* commun; **2heit** *f* méchanceté *f*, bassesse *f*, infamie *f*, vacherie *f* F; **~nützig** d'utilité publique; **2platz** *m* lieu *m* commun; **~sam** commun; *adv* en commun; ***der 2e Markt*** le Marché Commun
Gemeinschaft *f* communauté *f*; **2lich** (en) commun; **~sarbeit** *f* travail *m* d'équipe; **~skunde** *f* instruction *f od* éducation *f* civique; **~sproduktion** *f* coproduction *f*; **~sraum** *m* salle *f* commune
Gemein|sinn *m* sens *m* civique; **2verständlich** à la portée de tous, populaire; **~wohl** *n* bien *m* public, intérêt *m* commun
Gemenge *n* mélange *m*
gemessen mesuré; **2heit** *f* mesure *f*; gravité *f*
Gemetzel *n* massacre *m*, carnage *m*, boucherie *f*
Gemisch *n* mélange *m*
Gemse *f cf* ***Gämse***
Gemurmel *n* murmure *m*
Gemüse *n* légume *m* (*meist pl*); **~garten** *m* potager *m*; **~händler(in** *f*) *m* marchand(e) *m(f)* des quatre-saisons, marchand(e) *m(f)* de légumes
Gemüt *n* âme *f*, cœur *m*; **2lich** *Ort* où l'on se sent à l'aise; intime, confortable; *Person* tranquille, débonnaire; *Stimmung* chaleureux; **~lichkeit** *f* intimité *f*, confort *m*
Gemüts|art *f* caractère *m*, naturel *m*, tempérament *m*; **~bewegung** f émotion *f*, agitation *f*; **2krank** mélancolique, neurasthénique; **~verfassung** *f*, **~zustand** *m* état *m* d'âme
Gen *biol n* gène *m*
genau 1. *adj* exact, précis; minutieux; *streng* strict; **2eres** des précisions *f/pl*, de plus amples détails *m/pl*; **2.** *adv* exactement, précisément; ***~ um 10 Uhr*** à dix heures précises; ***~ der*** celui-là même; ***~ zuhören*** écouter attentivement; ***es ~ nehmen*** regarder de près; ***~ kennen*** connaître à fond; **2igkeit** *f* exactitude *f*, précision *f*; **~so** *cf* ***ebenso***
genehmig|en autoriser; *zustimmen* consentir à; *gutheißen* approuver; **2ung** *f* autorisation *f*; consentement *m*; approbation *f*
geneigt incliné, penché; ***~ sein zu*** être enclin à
General *mil m* général *m*; **~direktor** *m* P.-D.G. *m* (= président-directeur

général); **~konsul** *m* consul *m* général; **~konsulat** *n* consulat *m* général; **~probe** *f* répétition *f* générale; **~sekretär** *m* secrétaire *m* général; **~stab** *mil m* état-major *m* général; **~streik** *m* grève *f* générale; **~versammlung** *f* assemblée *f* générale; **~vertreter** *m* agent *m* général

Generation *f* génération *f*; **~enkonflikt** *m* conflit *m* de générations

Generator *tech m* générateur *m*

generell général

genes|en guérir (*von* de); **2ung** *f* guérison *f*

G

Genet|ik *biol f* génétique *f*; **2isch** génétique; **~er Fingerabdruck** empreinte *f* génétique

Genf Genève; ***der ~er See*** le lac Léman

genial génial, de génie; **2ität** *f* génie *m*

Genick *n* nuque *f*

Genie *n* génie *m*

genieren (***sich ~*** se) gêner

genieß|bar consommable; *essbar* mangeable; *trinkbar* buvable; **~en** *essen* manger; *trinken* boire; *mit Behagen* savourer, goûter; *fig* jouir de (*a Ansehen etc*); **2er** *m* gourmet *m*, bon vivant *m*

Genitiv *gr m* génitif *m*

Genmanipulation *f* manipulations *f/pl* génétiques

genormt normalisé, standard

Genoss|e *m*, **~in** *f* compagnon *m*, compagne *f*; *pol* camarade *m*, *f*; **~enschaft** *écon f* coopérative *f*

Gentechnologie *f* génie *m* génétique

Genua Gênes

genug assez, suffisamment

Genüg|e *f* ***zur ~*** suffisamment; **2en** suffire; *Anforderungen* satisfaire à; ***das genügt*** ça suffit; **2end** suffisant; **2sam** sobre, frugal; **~samkeit** *f* sobriété *f*

Genugtuung *f* satisfaction *f*

Genus *gr n* genre *m*

Genuss *m* jouissance *f*; *von Nahrung* consommation *f*; ***ein ~*** un plaisir; *Essen* un délice; ***in den ~ von etw kommen*** bénéficier de qc; **~mittel** *n* denrée *f* de luxe; **~sucht** *f* avidité *f* de plaisirs; **2süchtig** avide de jouissances

Geograf *m* géographe *m*; **~ie** *f* géographie *f*; **2isch** géographique

Geolog|e *m* géologue *m*; **~ie** *f* géologie *f*; **2isch** géologique

Geometr|ie *f* géométrie *f*; **2isch** géométrique

Gepäck *n* bagages *m/pl*; **~abfertigung** *f* enregistrement *m* des bagages; **~aufbewahrung** *f* consigne *f*; **~kontrolle** *f* contrôle *m* des bagages; **~schalter** *m* guichet *m* des bagages; **~schein** *m* bulletin *m* de bagages; **~träger** *m am Bahnhof* porteur *m*; *am Fahrrad* porte-bagages *m*; **~wagen** *m* fourgon *m* à bagages

Gepard *zo m* guépard *m*

gepflegt soigné, raffiné

Gepflogenheit *f* habitude *f*, coutume *f*

Geplapper *n* babillage *m*

Geplauder *n* causerie *f*

Gepolter *n* tapage *m*

Gequassel *n*, **Gequatsche** *n* bla-bla *m*, bavardages *m/pl*

gerade 1. *adj* droit; *ohne Umweg* direct; *Zahlen* pair; *Charakter* franc; **2.** *adv* juste(ment); précisément; exactement; ***~ etw getan haben*** venir de faire qc; ***~ ein Jahr*** juste un an; ***~ in dem Augenblick, als*** ... précisément au moment où ...; ***nicht ~*** pas exactement; ***das ist es ja ~!*** c'est justement ça!; ***~ deshalb*** c'est précisément pour cela; ***~ rechtzeitig*** juste à temps; ***warum ~ ich?*** pourquoi c'est tombé sur moi?; ***da wir ~ davon sprechen*** comme nous sommes juste en train d'en parler

Gerade *f math* droite *f*; *Rennbahn* ligne *f* droite; *Boxen* **linke** (**rechte**) **~** direct *m* du gauche (droit)

gerade|aus tout droit; **~heraus** franchement, carrément, sans détours; **~stehen** *fig* **~ für** répondre de; **~wegs** directement; **~zu** vraiment; purement et simplement

Gerät *n Elektro2*, *Haushalts2* appareil *m*; *Radio2*, *Fernseh2* poste *m*; *~schaften Sport*, *Labor* équipement *m*; *Handwerks2*, *Garten2* outil *m*; *Küchen2* ustensile *m*; *Mess2* instrument *m*; *Turn2e* agrès *m/pl*

geraten *in* (***zwischen***) ***etw ~*** arriver (par hasard) à qc, tomber dans (*od* entre) qc; ***an j-n ~*** tomber sur qn; ***in Schwierigkeiten ~*** avoir des difficultés; ***außer sich ~*** être hors de soi; ***gut*** (***schlecht***) **~** bien réussir (ne pas réussir)

Geräteturnen *n* gymnastique *f* aux agrès

Geratewohl *n* ***aufs ~*** au hasard, au petit bonheur
geräumig spacieux
Geräusch *n* bruit *m*; **2los** sans bruit; **2voll** bruyant
gerb|en tanner; **2er** *m* tanneur *m*
gerecht juste, équitable; ***j-m ~ werden*** rendre justice à qn; **2igkeit** *f* justice *f*
Gerede *n* bavardage *m*
gereizt irrité; **2heit** *f* irritation *f*
Gericht *n* **1.** *Speise* mets *m*, plat *m*; **2.** *jur* tribunal *m*, cour *f*; *Gebäude* palais *m* de justice; ***j-n vor ~ stellen*** traduire qn devant le tribunal; ***vor ~ gehen*** recourir à la justice; ***das Letzte ~*** le Jugement dernier; **2lich** judiciaire
Gerichts|barkeit *f* juridiction *f*; **~gebäude** *n* palais *m* de justice; **~hof** *m* cour *f* (de justice); **~saal** *m* salle *f* d'audience; **~verfahren** *n* procédure *f*; **~verhandlung** *f* débats *m/pl* judiciaires; **~vollzieher** *m* huissier *m* (de justice)
gering petit, peu considérable, minime; **~er**, **~st** moindre; ***nicht im ~sten*** (ne ...) pas le moins du monde; **~fügig** peu important; insignifiant; **~schätzig** dédaigneux; **2schätzung** *f* dédain *m*
gerinnen *Blut* se coaguler; *Milch* cailler
Gerippe *n* squelette *m*; *Tier* carcasse *f*
gerissen *fig* rusé, roué
German|en *m/pl* Germains *m/pl*; **2isch** germanique
gern(**e**) volontiers; ***etw ~ tun*** aimer faire qc; ***~ haben*** aimer; ***ich möchte ~*** j'aimerais bien; ***~ geschehen!*** il n'y a pas de quoi!
Geröll *n* éboulis *m*
Gerste *bot f* orge *f*
Geruch *m* odeur *f*; **2los** inodore, sans odeur; **~sinn** *m* odorat *m*
Gerücht *n* bruit *m*, rumeur *f*; ***es geht das ~, dass*** ... le bruit court que ...
geruhen daigner (***etw zu tun*** faire qc)
gerührt touché, ému
Gerümpel *n* vieilleries *f/pl*, bric-à-brac *m*, fatras *m*
Gerüst *n* *Bau2* échafaudage *m*; *fig* charpente *f*, structure *f*
gesamt tout entier; total; ***das 2e*** le tout; **2ausgabe** *f* édition *f* complète; **2betrag** *m* (montant *m*) total *m*; **2heit** *f* totalité *f*; **2schule** *f etwa* C.E.S. *m* (= collège *m* d'enseignement secondaire)
Gesandt|e(r) *pol m* envoyé *m*; ministre *m* plénipotentiaire; **~schaft** *f* légation *f*
Gesang *m* chant *m*; **~buch** *n* livre *m* de cantiques; **~slehrer(in** *f*) *m* professeur *m* de chant; **~verein** *m* chorale *f*
Gesäß *n* derrière *m*
Geschäft *n* affaire *f*; *Handel* commerce *m*; *Laden* magasin *m*; **2ig** affairé; **~igkeit** *f* affairement *m*; **2lich** commercial, d'affaires; *adv* pour affaires
Geschäfts|aufgabe *f* cessation *f* de commerce; **~bericht** *m* rapport *m* de gestion; **~brief** *m* lettre *f* d'affaires; **~essen** *n* repas *m* d'affaires; **~frau** *f* femme *f* d'affaires; **~führer** *m* gérant *m*; **~führung** *f* gestion *f* des affaires; **~jahr** *n* exercice *m*; **~lage** *f* situation *f* des affaires, conjoncture *f*; **~leitung** *f* direction *f* (de l'entreprise); **~mann** *m* homme *m* d'affaires; **~partner** *m* associé *m*; **~reise** *f* voyage *m* d'affaires; **~reisende(r)** *m* commis *m* voyageur; **~schluss** *m* heure *f* de fermeture du magasin; ***nach ~*** après la fermeture; **~stelle** *f* bureau *m*, agence *f*; **~straße** *f* rue *f* commerçante; **2tüchtig** commerçant, efficace; **~zeit** *f* heures *f/pl* d'ouverture des magasins *od* des bureaux; **~zweig** *m* branche *f* commerciale
geschehen 1. avoir lieu, arriver, se passer, se produire; ***das geschieht ihm recht*** c'est bien fait pour lui; **2. 2** *n* événements *m/pl*
gescheit intelligent, judicieux; F pas idiot
Geschenk *n* cadeau *m*, présent *m*; **~gutschein** *m* chèque-cadeau *m*; **~packung** *f* emballage *m* cadeau
Geschicht|e *f* histoire *f*; **2lich** historique; **~sschreiber** *m*, **~swissenschaftler** *m* historien *m*
Geschick *n* *Verhängnis* destin *m*; *Gewandtheit* = **~lichkeit** *f* adresse *f*, habileté *f*; **2t** adroit, habile
geschieden divorcé
Geschirr *n* *Tisch2* vaisselle *f*; *Pferde2* harnais *m*; ***irdenes ~*** poterie *f*; ***~ spülen*** faire la vaisselle; **~spüler** *m*, **~spülmaschine** *f* lave-vaisselle *m*; **~tuch** *n* torchon *m*
Geschlecht *n* *natürliches* sexe *m*; *Fami-*

G

lie famille *f*; *Generation* génération *f*; *gr* genre *m*; **≙lich** sexuel
Geschlechts|krankheit *f* maladie *f* sexuellement transmissible, M.S.T. *f*; **~teile** *m/pl* organes *m/pl* génitaux; **~verkehr** *m* rapports *m/pl* sexuels; **~wort** *gr n* article *m*
geschliffen *Edelstein* taillé; *Stil* poli
geschlossen fermé; *in sich* ~ compact, serré; ***~e Vorstellung*** représentation *f* privée
Geschmack *m* goût *m*; ***an etw ~ finden*** prendre goût à qc; **≙los** de mauvais goût; **~losigkeit** *f* manque *m* de goût; **~(s)sache** *f* affaire *f* de goût; **≙voll** plein de goût, de bon goût
geschmeidig souple; **≙keit** *f* souplesse *f*
Geschöpf *n* créature *f*
Geschoss *n mil* projectile *m*; *Stockwerk* étage *m*
Geschrei *n* cris *m/pl*
Geschütz *mil n* pièce *f* d'artillerie, canon *m*
Geschwätz *n* bavardage *m*; **≙ig** bavard
geschweige ~ ***denn*** et encore moins
geschwind rapide, prompt; *adv* vite; **≙igkeit** *f* vitesse *f*; ***mit e-r ~ von*** ... à une vitesse de ...; **≙igkeitsbegrenzung** *f* limitation *f* de vitesse; **≙igkeitsüberschreitung** *f* excès *m* de vitesse
Geschwister *pl* frère(s *pl*) *m* et sœur(s *pl*) *f*
geschwollen *méd* enflé; *Stil* pompeux, prétentieux
Geschworene(r) *m* juré *m*; ***die ~n*** le jury
Geschwulst *méd f* tumeur *f*
Geschwür *méd n* ulcère *m*
Geselchte(s) *östr n* viande *f* fumée
Gesell|e *m* compagnon *m*; **≙en** ***sich zu j-m ~*** se joindre à qn; **≙ig** sociable; ***~es Beisammensein*** réunion *f* entre amis
Gesellschaft *f* société *f*; compagnie *f*; *Fest≙* réunion *f*; ***in ~ von*** en compagnie de; ***j-m ~ leisten*** tenir compagnie à qn; **≙lich** social; mondain
Gesellschafts|schicht *f* couche *f* sociale; **~spiel** *n* jeu *m* de société
Gesetz *n* loi *f*; **~buch** *n* code *m*; ***Bürgerliches ~*** Code civil; **~esvorlage** *f* projet *m* de loi; **≙gebend** législatif; **~geber** *m* législateur *m*; **~gebung** *f* législation *f*; **≙lich** légal; ~ ***geschützt*** breveté; **≙los** sans lois, anarchique; **≙mäßig** *regelmäßig* régulier; *jur* légal, légitime
gesetzt posé, pondéré; ~ (***den Fall***), ***dass*** à supposer que (+ *subj*)
gesetzwidrig illégal
Gesicht *n* figure *f*, *seltener* visage *m*; ***ein dummes ~ machen*** faire une drôle de figure *od* bobine P; ***zu ~ bekommen*** voir; ***aus dem ~ verlieren*** perdre de vue; ***ein ~ ziehen*** faire la moue
Gesichts|ausdruck *m* physionomie *f*; **~farbe** *f* teint *m*; **~kreis** *m* horizon *m*; **~punkt** *m* point *m* de vue; **~wasser** *n* lotion *f* pour le visage; **~züge** *m/pl* traits *m/pl* du visage
Gesindel *n* canaille *f*, racaille *f*
gesinnt (***gut***, ***übel***) ~ (bien, mal) disposé, intentionné
Gesinnung *f* sentiments *m/pl*; *Meinung*, *bes pol* opinion *f*, conviction *f*; **≙slos** sans caractère; **≙streu** loyal; **~swechsel** *m* changement *m* d'opinion
gesittet civilisé
Gespann *n* attelage *m*; *fig* tandem *m*
gespannt *straff* tendu (*a fig*); *Aufmerksamkeit* soutenu; ~ ***sein auf etw*** être pressé (*od* impatient) de savoir qc; ***ich bin ~ ob*** ... je suis curieux de savoir si ...
Gespenst *n* fantôme *m*, spectre *m*; **≙isch** fantomatique
Gespött *n* dérision *f*, moquerie *f*; ***j-n zum ~ machen*** tourner qn en dérision
Gespräch *n* conversation *f*, entretien *m*; *tél* communication *f*; **≙ig** loquace, causeur F; **~igkeit** *f* loquacité *f*; **~spartner(in** *f*) *m* interlocuteur *m*, -trice *f*; **~sstoff** *m* sujet *m* de conversation
Gespür *n* flair *m*; ***ein ~ haben für*** avoir le sens de
Gestalt *f* forme *f*; *Person* figure *f*, personnage *m*; *Wuchs* taille *f*, physique *m*, stature *f*; ***in ~ von*** sous forme de; **≙en** organiser; *formen* former, façonner; **~ung** *f* organisation *f*; formation *f*, façonnement *m*; *Raum≙* décoration *f*
geständ|ig ~ ***sein*** avouer; **≙nis** *n* aveu *m*
Gestank *m* puanteur *f*, mauvaise odeur *f*
gestatten permettre

Geste *f* geste *m*; ⚠ ***le*** geste
gestehen avouer, confesser
Gestein *n* roche *f*
Gestell *n Bock* chevalet *m*; *Regal* rayonnages *m/pl*; *Grundkonstruktion* bâti *m*
gest|ern hier; ~ ***Abend*** hier soir; **~rig** d'hier
Gestirn *n* astre *m*
gestreift rayé, à rayures
Gestrüpp *n* broussailles *f/pl*
Gestüt *n* haras *m*
Gesuch *n* demande *f*, requête *f*; *Bittschrift* pétition *f*
gesucht recherché
gesund bien portant; sain; salubre; ~ ***sein*** être en bonne santé; ***der ~e Menschenverstand*** le bon sens; **~en** guérir; **≈heit** *f* santé *f*; *~! beim Niesen* à tes (*od* vos) souhaits!; ***auf j-s ~ trinken*** boire à la santé de qn; **~heitlich** ***~ geht es ihm gut*** il est en bonne santé
Gesundheits|amt *n* service *m* d'hygiène; dispensaire *m*; **≈schädlich** malsain, insalubre; **~zustand** *m* état *m* de santé
Getöse *n* fracas *m*
Getränk *n* boisson *f*; **~eautomat** *m* distributeur *m* automatique de boissons
getrauen ***sich*** ~ oser (***etw zu tun*** faire qc)
Getreide *n* céréales *f/pl*; blé *m*; **~ernte** *f* moisson *f*; **~speicher** *m* silo *m*
getreu fidèle
Getriebe *n* mécanisme *m*, engrenage *m*; *auto* boîte *f* de vitesses
getrost avec confiance, en toute tranquillité
Getue *n* affectation *f*, chichis *m/pl* F
Getümmel *n* tumulte *m*, mêlée *f*, cohue *f*
Gewächs *n* plante *f*; *Weinsorte* cru *m*; *méd* tumeur *f*
gewachsen ***j-m***, ***e-r Sache ~ sein*** être à la hauteur de qn, qc
Gewächshaus *n* serre *f*
gewagt osé, risqué
gewählt *Stil* choisi
Gewähr *f* garantie *f*; ***~ übernehmen für*** répondre de; **≈en** accorder; ~ ***lassen*** laisser faire; **≈leisten** garantir
Gewahrsam *m* garde *f*; *Haft* détention *f*; ***in ~ nehmen*** prendre sous sa garde, détenir

Gewalt *f* force *f*; *~tätigkeit* violence *f*; *Macht* pouvoir *m*, puissance *f*; *moralische* autorité *f*; ***mit ~*** à toute force; ***höhere ~*** force majeure; ***~ anwenden*** recourir à la force; ***in seine ~ bringen*** s'emparer de; ***die ~ verlieren über*** perdre le contrôle de; **~herrschaft** *f* despotisme *m*, tyrannie *f*; **~herrscher** *m* despote *m*, tyran *m*; **≈ig** énorme, colossal; F formidable, terrible; **≈los** non-violent; **~losigkeit** *f* non-violence *f*; **≈sam** violent; ***~ öffnen*** ouvrir de force; **~tat** *f* acte *m* de violence; **≈tätig** violent; **~verbrechen** *n* crime *m* (de sang); **~verherrlichung** *f* apologie *f* de la violence; **~verzicht** *m* non-belligérance *f*
Gewand *n* vêtement *m*
gewandt adroit, habile; *körperlich* agile; **≈heit** *f* adresse *f*, habilité *f*; agilité *f*; *im Benehmen* aisance *f*
Gewässer *n* eaux *f/pl*
Gewebe *n* tissu *m* (*a fig*)
Gewehr *n* fusil *m*; **~kolben** *m* crosse *f*; **~lauf** *m* canon *m* (de fusil)
Geweih *n* bois *m/pl*; *Hirsch a* ramure *f*
Gewerbe *n* industrie *f*; *Beruf* métier *m*; profession *f*; **~gebiet** *n* zone *f* industrielle; **~schule** *f* école *f* professionnelle *od* technique
gewerb|lich industriel; **~smäßig** professionnel
Gewerkschaft *f* syndicat *m*; **~ler(in** *f*) *m* syndicaliste *m*, *f*; **≈lich** syndical; **~sbewegung** *f* syndicalisme *m*; **~sbund** *m* fédération *f* syndicale; **~smitglied** *n* syndiqué *m*, -e *f*
Gewicht *n* poids *m*; *fig a* importance *f*; ***~ legen auf*** attacher de l'importance à; **≈ig** *wichtig* de poids, important
gewillt ***~ sein***, ***etw zu tun*** être disposé à faire qc
Gewimmel *n* fourmillement *m*; *Menge* foule *f*, cohue *f*
Gewinde *n Schrauben≈* pas *m* de vis, filetage *m*
Gewinn *m* gain *m*; profit *m*; bénéfice *m*; ***~ bringend*** lucratif, rémunérateur; **~beteiligung** *f* participation *f* aux bénéfices; **≈en** gagner; *Erze* extraire; **≈end** *Wesen*, *Lächeln* avenant, engageant; **~er** *m* vainqueur *m*, gagnant *m*; **~sucht** *f* âpreté *f* au gain; **~zahl** *f* numéro *m* gagnant

Gewirr *n* confusion *f*; *Straßen*𝟐 dédale *m*
gewiss sûr, certain; ***ein gewisser Herr N*** un certain monsieur N; *adv* certainement; **~*!*** mais oui!
Gewissen *n* conscience *f*; **𝟐haft** consciencieux; **𝟐los** sans scrupules
Gewissens|biss *m* remords *m*; **~frage** *f* cas *m* de conscience; **~freiheit** *f* liberté *f* de conscience; **~gründe** *m/pl* ***aus ~n*** pour des raisons morales; **~konflikt** *m* conflit *m* moral
gewissermaßen pour ainsi dire
Gewissheit *f* certitude *f*
Gewitter *n* orage *m*; **~regen** *m* pluie *f* d'orage
gewitzt, gewitzigt malin
gewöhnen (***sich ~*** s')accoutumer, habituer (***an*** à)
Gewohnheit *f* habitude *f*, coutume *f*; **𝟐smäßig** habituel; routinier; *adv* par habitude
gewöhnlich ordinaire; *zur Gewohnheit geworden* habituel; *herkömmlich* usuel; *péj* commun, vulgaire; ***wie ~*** comme d'habitude
gewohnt habituel; ***etw ~ sein*** être habitué à qc
Gewöhnung *f* accoutumance *f* (***an*** à)
Gewölbe *n* voûte *f*
Gewühl *n* cohue *f*
Gewürz *n* épice *f*
gezahnt *bot* denté; *Briefmarke* dentelé
Gezeiten *pl* marée *f*
Gezeter *n* cris *m/pl*
gezielt concentré, bien orienté, systématique
geziert affecté
Gezwitscher *n* gazouillement *m*, ramage *m*.
gezwungen contraint, forcé
Gicht *méd f* goutte *f*
Giebel *m* pignon *m*
Gier *f* avidité *f*; **𝟐ig** avide (***nach***, ***auf*** de)
gieß|en verser; *Blumen* arroser; *tech* couler, fondre; ***es gießt*** il pleut à verse; **𝟐erei** *f* fonderie *f*; **𝟐kanne** *f* arrosoir *m*
Gift *n* poison *m*; *zo* venin *m*; **𝟐ig** toxique; *Pilz* vénéneux; *Schlange* venimeux (*a fig*); **~müll** *m* déchets *m/pl* toxiques; **~stoff** *m* toxique *m*; *méd* toxine *f*
Gigabyte *n* giga-octet *m*
Gigant *m* géant *m*; **𝟐isch** gigantesque; F *toll* géant, génial

Gipfel *m* sommet *m*; *fig a* apogée *m*, comble *m*; **~konferenz** *pol f* conférence *f* au sommet
Gips *m* plâtre *m*; **~abdruck** *m*, **~abguss** *m* plâtre *m*, moulage *m* en plâtre; **𝟐en** plâtrer; **~er** *m* plâtrier *m*; **~verband** *m* plâtre *m*
Giraffe *zo f* girafe *f*
Girlande *f* guirlande *f*
Giro *n* virement *m*; **~konto** *n* compte *m* courant
Gischt *m od f* embruns *m/pl*
Gitarr|e *f* guitare *f*; **~enspieler(in** *f*) *m*, **~ist(in** *f*) *m* guitariste *m*, *f*
Gitter *n* grille *f*; grillage *m*; *fig* F ***hinter ~n sitzen*** être sous les verrous; **~fenster** *n* fenêtre *f* grillagée
Glanz *m* éclat *m*; *Pracht* splendeur *f*
glänzen briller (*a fig*); **~d** brillant
Glanz|leistung *f* performance *f* brillante; **~zeit** *f* époque *f* de gloire
Glarus Glaris
Glas *n* verre *m*; **~container** *m* conteneur *m* à verre; **~er** *m* vitrier *m*
gläsern de verre; *fig* transparent
Glas|faser *f* fibre *f* de verre; *tél* fibre *f* optique; **~hütte** *f* verrerie *f*; **𝟐ieren** *Keramik* vernisser; *cuis* glacer; **𝟐ig** vitreux; **𝟐klar** transparent; *fig* limpide; **~scheibe** *f* carreau *m*, vitre *f*; **~ur** *f* vernis *m*; *cuis* glaçage *m*, nappage *m*; **~wolle** *f* laine *f* de verre
glatt lisse; poli; *Straße* glissant; *fig Sieg etc* net; ***~ ablehnen*** refuser carrément; ***~ rasiert*** rasé de près
Glätte *f Fahrbahn* état *m* glissant
Glatteis *n* verglas *m*
glätten lisser, polir; *Schweiz bügeln* repasser
glattgehen F se dérouler sans incident
Glatze *f* tête *f* chauve, calvitie *f*; ***e-e ~ haben*** être chauve
Glaube(n) *m* croyance *f* (***an*** à); *rel* foi *f* (***an*** en)
glauben croire (***etw*** qc); ***j-m ~*** croire qn; ***~ an*** croire à; ***an Gott ~*** croire en Dieu
Glaubens|bekenntnis *n* profession *f* de foi, credo *m*
glaubhaft crédible, plausible
gläubig croyant; ***die 𝟐en*** les fidèles *m/pl*
Gläubiger *écon m* créancier *m*
glaubwürdig digne de foi
gleich 1. *adj* égal; *identisch* le même;

ähnlich pareil; ***das* ᘔ*e*** la même chose; ***auf die ~e Art*** de la même façon; ***zur ~en Zeit*** en même temps; ***das ist mir ~*** ça m'est égal; je m'en moque; ***ganz ~ wann*** n'importe quand; **2.** *adv ebenso* également; *sofort* à l'instant, tout de suite; ***~ groß*** de même taille, aussi grand; ***~ nach*** juste après; ***~ gegenüber*** juste en face; ***es ist ~ 5*** il va être 5 heures; ***~ aussehen*** se ressembler; ***~ bleibend*** constant; ***~ gesinnt*** qui a les mêmes idées; ***~ lautend*** identique; *ling* homonyme; ***bis ~!*** à tout à l'heure!

gleich|altrig du même âge; **~artig** de même nature, semblable; **~bedeutend** synonyme (***mit*** à *od* avec); **~berechtigt** ayant les mêmes droits, émancipé; **ᘔberechtigung** *f* émancipation *f*; **~en** ressembler (à); ***sich ~*** se ressembler; **~ermaßen** également; **~falls** de même, pareillement; ***danke ~!*** merci à vous aussi!; **~förmig** uniforme; **ᘔgewicht** *n* équilibre *m*; **~gültig** indifférent; **ᘔgültigkeit** *f* indifférence *f*; **ᘔheit** *f* égalité *f*; **ᘔklang** *m* consonance *f*; *fig* harmonie *f*; **~kommen** ***e-r Sache ~*** équivaloir à qc; ***j-m ~*** être l'égal de qn; **~machen** égaliser; **~mäßig** régulier; **ᘔmut** *m* calme *m*, impassibilité *f*; **~mütig** calme, impassible; **ᘔnis** *n* parabole *f*; **~sam** pour ainsi dire; **~seitig** *math* équilatéral; **~setzen, ~stellen** mettre sur le même plan; assimiler (à); **ᘔstrom** *tech m* courant *m* continu; **ᘔung** *math f* équation *f*; **~wertig** équivalent; **~zeitig** simultané; *adv* en même temps

Gleis *n* voie *f* (ferrée), rails *m/pl*; *Bahnsteig* quai *m*

gleit|en glisser; ***~de Arbeitszeit*** horaire *m* à la carte; **ᘔflug** *m* ***im ~*** en vol plané; **ᘔschirm** *m* parapente *m*; **ᘔschirmfliegen** *n* parapente *m*; **ᘔzeit** *f* horaire *m* mobile

Gletscher *m* glacier *m*; **~spalte** *f* crevasse *f*

Glied *n* membre *m*; *männliches* pénis *m*; *e-r Kette* chaînon *m*; **ᘔern** diviser; organiser; structurer; **~erung** *f* division *f*; organisation *f*; structure *f*; *e-s Aufsatzes* plan *m*, disposition *f*; **~maßen** *pl* membres *m/pl*

glimm|en brûler sans flamme; luire; *unter der Asche* couver; **ᘔstängel** *m* F clope *f*, sèche *f*

glimpflich indulgent; ***~ davonkommen*** s'en tirer à bon compte

glitschig glissant

glitzern étinceler, scintiller

global *umfassend* global; *weltweit* planétaire

Globus *m* mappemonde *f*, globe *m* terrestre

Glocke *f* cloche *f*

Glocken|blume *bot f* campanule *f*; **~spiel** *n* carillon *m*; **~turm** *m* clocher *m*

Glöckner *m* sonneur *m*

glorreich glorieux

Glotze *f* F télé *f*, petit écran *m*; **ᘔn** F ouvrir de grands yeux

Glück *n Zustand* bonheur *m*; *durch Zufall* chance *f*; ***auf gut ~*** au petit bonheur; ***viel ~!*** bonne chance!; ***zum ~*** heureusement, par bonheur; ***~ haben*** avoir de la chance; ***~ bringend*** porte-bonheur

glück|en réussir; ***alles glückt ihm*** tout lui réussit; **~lich** heureux; ***~er Zufall*** heureux hasard; **~licherweise** heureusement; **~selig** bienheureux

Glücks|fall *m* coup *m* de chance; **~kind** *n* ***ein ~ sein*** être né coiffé; **~pilz** *m* chanceux *m*, veinard *m*; **~spiel** *n* jeu *m* de hasard; **~tag** m jour *m* de chance

glückstrahlend rayonnant de bonheur, radieux

Glückwunsch *m* félicitations *f/pl*; ***herzlichen ~!*** toutes mes (*od* nos) félicitations!; *zum Geburtstag* bon anniversaire!; ***j-m seine Glückwünsche aussprechen*** féliciter qn (***zu etw*** de qc); **~karte** *f* carte *f* de félicitations

Glüh|birne *f* ampoule *f*; **ᘔen** être rouge; *fig* brûler (***vor*** de); **ᘔend** ardent, brûlant (*beide a fig*); *Hitze* torride; **~wein** *m* vin *m* chaud; **~wurm** *m* ver *m* luisant

Glut *f Feuer* braise *f*; *Sonne*, *fig* ardeur *f*

Glykol *chim n* glycol *m*

GmbH *comm f* S.A.R.L. *f* (= société à responsabilité limitée)

Gnade *f* grâce *f*

Gnaden|frist *f* délai *m* de grâce; **~gesuch** *jur n* recours *m* en grâce; **ᘔlos** sans pitié; **~stoß** *m* coup *m* de grâce

gnädig clément; ***~e Frau*** Madame

G

Gnom *m* gnome *m*, nain *m*
Goal *östr n Sport* but *m*
Gokart *m* kart *m*; **~-Fahren** *n* karting *m*
Gold *n* or *m*; **~barren** *m* lingot *m* d'or; **2en** d'or; *goldfarbig* doré; **~fisch** *m* poisson *m* rouge; **2gelb** jaune doré; **~gräber** *m* chercheur *m* d'or; **~grube** *f fig* mine *f* d'or; **2haltig** aurifère; **2ig** mignon, gentil, adorable; **~mine** *f* mine *f* d'or; **~münze** *f* pièce *f* d'or; **~schmied** *m* orfèvre *m*
Golf¹ *géogr m* golfe *m*
Golf² *Sport n* golf *m*; **~platz** terrain *m* de golf; **~schläger** *m* crosse *f* de golf; **~spieler** *m* joueur *m* de golf
Golfstaat *m* pays *m* du Golfe
Gondel *f Boot* gondole *f*; *Seilbahn2* cabine *f*; *Ballon2* nacelle *f*
Gong(schlag) *m* gong *m*
gönn|en ***sich etw ~*** se payer, s'offrir, s'accorder qc; ***j-m etw ~*** être content pour qn; **2er(in** *f*) *m* protecteur *m*, -trice *f*; bienfaiteur *m*, -trice *f*; mécène *m*; **2erhaft** protecteur; condescendant
Gorilla *zo m* gorille *m*
Gosse *f* caniveau *m*; *fig* ruisseau *m*
Got|ik *f* style *m od* époque *f* gothique; **2isch** gothique
Gott *m* dieu *m*; *christlicher* Dieu; ***~ der Herr*** le Seigneur; ***~ sei Dank!*** Dieu merci!, grâce à Dieu!; ***leider ~es!*** hélas!
gottergeben soumis à la volonté divine
Gottes|dienst *m* service *m* religieux; messe *f*; office *m*; **~furcht** *f* crainte *f* de Dieu; **~lästerung** *f* blasphème *m*
Gottheit *f* divinité *f*
Gött|in *f* déesse *f*; **2lich** divin
gott|lob! Dieu soit loué!; **~los** impie, athée; **~verlassen** *Ort* perdu; **2vertrauen** *n* confiance *f* en Dieu
Götze *m*, **~nbild** *n* idole *f*
Grab *n* tombe *f*, tombeau *m*; *ausgehobenes* fosse *f*
Graben *m* fossé *m*; *mil* tranchée *f*
graben creuser
Grab|mal *n* tombeau *m*, monument *m* funéraire; **~stätte** *f* sépulture *f*, tombeau *m*; **~stein** m pierre *f* tombale
Grad *m Maß* degré *m*; *fig* grade *m*; ***15 ~ Kälte*** 15 degrés en dessous de zéro; **~einteilung** *f* graduation *f*
Graffiti *pl* graffiti *m/pl*
Grafik *f* art *m* graphique; *Druck* gravure *f*, estampe *f*; *Diagramm*, *Schaubild* graphique *m*; ⚠ ***le*** graphique; **~bildschirm** *m* écran *m* graphique; **~er** *m* dessinateur-graveur *m*; **~karte** *f* carte *f* graphique; **~modus** *m* mode *m* graphique; **~programm** *n* grapheur *m*
grafisch graphique
Grafologie *f* graphologie *f*
Gramm *n* gramme *m*
Grammati|k *f* grammaire *f*; **2sch** grammatical
Granat *m Stein* grenat *m*
Granat|e *mil f* obus *m*; *Hand2* grenade *f*; **~splitter** *m* éclat *m* d'obus; **~trichter** *m* trou *m* d'obus *m*; **~werfer** *m* mortier *m*, lance-grenades *m*
grandios grandiose, magnifique
Granit *m* granit(e) *m*
Grapefruit *f* pamplemousse *m*; ⚠ ***le*** pamplemousse
Graphik *f cf* ***Grafik***
Graphologie *cf* ***Grafologie***
Gras *n* herbe *f*; **2en** *Vieh* brouter l'herbe; **~halm** *m* brin *m* d'herbe
grassieren sévir
grässlich affreux, horrible, hideux
Grat *m* arête *f*, crête *f*
Gräte *f Fisch* arête *f*
gratis gratis, gratuitement
Grätsche *f Turnen* saut *m* jambes écartées
Gratul|ant *m* personne *f* qui félicite qn; **~ation** *f* félicitations *f/pl*; **2ieren** ***j-m*** (***zu etw***) ~ féliciter qn (de qc); ***j-m zum Geburtstag ~*** souhaiter bon anniversaire à qn
grau gris; **2brot** *n* pain *m* de seigle
Graubünden (le canton des) Grisons *m/pl*
Gräuel *m*, **~tat** *f* atrocité *f*
grauen 1. ***der Tag graut*** le jour commence à poindre; **2.** ***mir graut vor*** j'ai horreur de; **3.** 2 *n* horreur *f*, épouvante *f*; **~haft, ~voll** horrible, épouvantable, atroce, affreux
gräulich grisâtre
Graupeln *f/pl* grésil *m*
grausam cruel; **2keit** *f* cruauté *f*
gravieren graver; **~d** sérieux, grave
Graz|ie *f* grâce *f*; **2iös** gracieux
greif|bar palpable, tangible; *verfügbar* disponible; **~en** saisir (***nach etw*** qc), prendre; *fig Maßnahmen*, *Kontrollen* opérer; ***zu etw ~*** recourir à qc; ***um sich ~*** se propager

Greis *m* vieillard *m*; **≈enhaft** sénile; **~in** *f* vieille femme *f*
grell *Ton* perçant; *Licht* cru; *Farbe* criard
Grenz|e *f Landes≈* frontière *f*; *fig* limite *f*, borne *f*; **≈en** toucher (***an*** à); **≈enlos** sans bornes, illimité; *unendlich* infini; **~fall** *m* cas *m* limite; **~land** *m* pays *m* frontalier; **~linie** *pol f* ligne *f* de démarcation; **~pfahl** *m* poteau *m* frontière; **~polizei** *f* police *f* des frontières; **~stein** *m* borne *f*; **~übergang** *m* poste *m* frontière; **~wert** *m* limite *f*
Greuel *m*, **~tat** *f cf* ***Gräuel***
Griech|e *m*, **~in** *f* Grec *m*, Grecque *f*; **~enland** *n* la Grèce; **≈isch** grec
Grieß *cuis m* semoule *f*
Griff *m Tür* poignée *f*; *Messer* manche *m*; *Sport* prise *f*; ***im ~ haben*** dominer, contrôler; **≈bereit** à portée de la main
Grill *m* gril *m*, barbecue *m*
Grille *f zo* grillon *m*; *fig* caprice *m*
Grimasse *f* grimace *f*; ***~n schneiden*** faire des grimaces
grimmig furieux
grinsen ricaner
Grippe *méd f* grippe *f*
Grips *m* F jugeote *f*, matière *f* grise
grob grossier; brutal; **≈heit** *f* grossièreté *f* (*a fig*); **≈ian** *m* rustre *m*, brute *f*
grölen brailler
Groll *m* rancune *f*, ressentiment *m*; **≈en** *Donner* gronder; ***j-m ~*** en vouloir à qn
Groschen *m* pièce *f* de dix pfennigs; *fig* F ***der ~ ist*** (***bei ihm***) ***gefallen*** il a fini par comprendre
groß grand; *voluminös* gros; ***wie ~ ist er?*** quelle taille a-t-il?; ***~e Ferien*** grandes vacances *f/pl*; ***≈ und Klein*** petits et grands; ***im ≈en und Ganzen*** dans l'ensemble, en gros; **~artig** grandiose, magnifique; F formidable; **≈aufnahme** *f Film* gros plan *m*; **≈brand** *m* grand incendie *m*
Großbritannien *n* la Grande-Bretagne
Größe *f* grandeur *f* (*a fig*); *Ausmaße* dimensions f/pl, taille *f*; *Dicke* grosseur *f*; *Körper≈*, *Kleider≈* taille *f*; *Schuh≈* pointure *f*; *Person* célébrité *f*
Großeltern *pl* grands-parents *m/pl*
Größenwahn *m* folie *f* des grandeurs, mégalomanie *f*
Groß|grundbesitz *m* grande propriété *f*; **~handel** *m* commerce *m* de *od* en gros; **~händler** *m* grossiste *m*; **~industrie** *f* grande industrie *f*; **~macht** *f* grande puissance *f*; **~mama** *f* grand-maman *f*; **~markt** *m* hypermarché *m*; **~maul** *n* F grande gueule *f*; **~mut** *f* générosité *f*; **~mutter** *f* grand-mère *f*; **~papa** *m* grand-papa *m*; **~raum** *écon m* conurbation *f*; ***der ~ München*** le grand Munich; **~raumbüro** *n* bureau *m* collectif; **~raumflugzeug** *n* avion *m* gros porteur; **~schreibung** *f* emploi *m* des lettres majuscules; **≈sprecherisch** hâbleur, fanfaron; **≈spurig** crâneur; ***~ auftreten*** se donner des grands airs; **~stadt** *f* grande ville *f*; **≈städtisch** de la grande ville
größtenteils pour la plupart, en majeure partie
groß|tun ***mit etw ~*** se vanter de qc; **≈vater** *m* grand-père *m*; **≈verdiener** *m* qn qui gagne beaucoup; **≈wild** *n* gros gibier *m*; **~ziehen** élever; **~zügig** généreux; permissif; *Haus* spacieux; **≈zügigkeit** *f* générosité *f*
grotesk grotesque
Grotte *f* grotte *f*
Grübchen *n* fossette *f*
Grube *f* fosse *f*; *Bergwerk* mine *f*
grübeln se creuser la tête; broyer du noir
Gruft *f* caveau *m*
Grufti *m* F ringard *m*
grün vert; *pol* ***die ≈en*** les Verts *m/pl*, F les écolos *m/pl*; ***im ≈en*** dans la nature; ***der ~e Punkt*** le logo d'Éco-Emballages
Grund *m Boden* fond *m*; *Erdboden* sol *m*; *Vernunft≈* raison *f*; *Beweg≈* motif *m*, mobile *m*; *Ursache* cause *f*; ***im ~e*** au fond; ***von ~ auf ändern*** modifier de fond en comble; ***auf ~ e-r Sache*** en raison de qc; ***aus diesem ~e*** pour cette raison; ***~ und Boden*** propriété *f*; ***zu ~e gehen*** périr; ***zu ~e legen*** prendre pour base; ***e-r Sache zu ~e liegen*** être à la base de qc; ***zu ~e richten*** ruiner; **~begriffe** *m/pl* fondements *m/pl*; **~besitz** *m* propriété *f* foncière; **~besitzer** *m* propriétaire *m* foncier
gründ|en fonder; **≈er(in** *f*) *m* fondateur *m*, -trice *f*
grund|falsch absolument faux; **≈fläche** *f math* base *f*; *e-r Wohnung* surface *f*; **≈gebühr** taxe *f* fixe; **≈gedanke** *m* idée *f* de base; **≈gesetz** *n BRD* constitution *f*; **≈kurs** *m Schule* cours *m* de

G

base; ≈**lage** *f* base *f*; ~**legend** fondamental
gründlich solide, approfondi; *Person a* consciencieux, minutieux; *adv* à fond; ~***e Kenntnisse in*** de solides connaissances sur; ≈**keit** *f* solidité *f*; conscience *f* professionnelle; soin *m*; minutie *f*
grundlos sans fond; *fig* dénué de fondement, gratuit, sans motif
Gründonnerstag *m* jeudi *m* saint
Grund|riss *m* plan *m*; ~**satz** *m* principe *m*; ≈**sätzlich** de principe; *adv* par principe; ***ich bin ~ dagegen*** je suis foncièrement contre; ~**schule** *f* école *f* primaire; ~**stein** *m* première pierre *f*; ~**steuer** *f* impôt *m* foncier; ~**stück** *n* (parcelle *f* de) terrain *m*; ~**stücksmakler** *m* agent *m* immobilier
Gründung *f* fondation *f*
grund|verschieden essentiellement différent; ≈**wasser** *n* nappe *f* phréatique; ≈**zahl** *math f* nombre *m* cardinal; ≈**zug** *m* trait *m* principal
Grün|fläche *f* espace *m* vert; ≈**lich** verdâtre; ~**span** *m* vert-de-gris *m*; ~**streifen** *m Autobahn* bande *f* médiane
grunzen grogner
Grupp|e *f* groupe *m*; ⚠ ***le*** groupe; ~**enarbeit** *f* travail *m* en groupe; ≈**ieren** (***sich*** ~ se) grouper
Grusel|film *m* film *m* d'épouvante; ≈**ig** qui donne le frisson, qui fait dresser les cheveux sur la tête; ≈**n *mir gruselt*** j'ai le frisson
Gruß *m Wort, Geste* salut *m*; *Briefschluss* salutations *f/pl*; *an j-n* compliments *m/pl*, F bonjour *m*; ***mit freundlichem ~*** veuillez agréer, Monsieur *etc*, mes salutations distinguées; ***herzliche Grüße!*** amitiés!
grüßen saluer; ***j-n ~ lassen*** donner le bonjour à qn
Grütze *f* gruau *m*; *fig* F cervelle *f*, jugeote *f*
gucken *nach etw ~* regarder qc; ≈**loch** *n* judas *m*
Gulasch *cuis m* goulasch *m*
Gulden *m* florin *m*
gültig valable; *jur* valide; *Geld* qui a cours; ≈**keit** *f* validité *f*
Gummi *n, a m Material* caoutchouc *m*; *Radier*≈ gomme *f*; *~band* élastique *m*; ~**ball** *m* balle *f* en caoutchouc; ~**band** *n* élastique *m*; ~**baum** *m* caoutchouc *m*; *Kautschukbaum* hévéa *m*; ~**boot** *n* canot *m* en caoutchouc
gummieren gommer, caoutchouter
Gummi|knüppel *m* matraque *f*; ~**reifen** *m auto* pneu *m*; ~**schlauch** *m* tuyau *m* de caoutchouc; ~**stiefel** *m/pl* bottes *f/pl* en caoutchouc; ~**zug** *m* élastique *m*
Gunst *f* faveur *f*; ***zu seinen ~en*** en sa faveur; ***zu ~en*** en faveur de
günst|ig favorable; *Preis* avantageux; ***~e Gelegenheit*** bonne occasion *f*; ***im ~sten Fall*** dans le meilleur des cas; ≈**ling** *m* favori *m*
Gurgel *f* gorge *f*; ≈**n** se gargariser; *Wasser* gargouiller
Gurke *f* concombre *m*; *kleine* cornichon *m*
gurren roucouler
Gurt *m Sicherheits*≈ ceinture *f* (de sécurité); *Tragriemen* sangle *f*
Gürtel *m* ceinture *f*
Guru *m* gourou *m*
GUS *f* C.E.I. *f* (= Communauté *f* des États indépendants)
Guss *m Regen*≈ averse *f*; *Gießerei* fonte *f*; *Zucker*≈ glaçage *m*; *fig* ***aus e-m ~*** d'un seul jet; ~**eisen** *n* fonte *f*
gut *adj* bon; *adv* bien; *Wetter* beau; ***ganz ~*** pas mal; ***schon ~!*** ça suffit!; (***wieder***) ***~ werden*** s'arranger; ***~ gebaut*** bien bâti, bien proportionné; *Frau* F bien roulée; ***~ gehen*** bien aller; ***wenn alles ~ geht*** si tout se passe bien; ***mir geht es ~*** je vais bien; ***~ gelaunt*** de bonne humeur; ***~ tun*** faire du bien (***j-m*** à qn); ***~e Reise!*** bon voyage!; ***sei bitte so ~ und*** ... sois gentil de (+ *inf*); ***in etw ~ sein*** être bon en qc; ***er ist ein sehr ~er Schüler*** c'est un très bon élève; ***es riecht ~*** ça sent bon; ***du hast es ~*** tu as de la chance, F du pot; ***es ist ~ möglich*** ça se peut bien; ***es gefällt mir ~*** ça me plaît beaucoup; ***~ gemacht!*** bien!; ***mach's ~!*** bonne chance!; *Schulnote* (***sehr***) ~ (très) bien
Gut *n* bien *m*; *Land*≈ propriété *f*; *Ware* marchandise *f*; ~**achten** *n* expertise *f*; ~**achter** *m* expert *m*; ≈**artig** *méd* bénin; ~**dünken *nach ~*** à mon (ton *etc*) gré; comme bon me (te *etc*) semble
Gute *n* bien *m*; ***~s tun*** faire le bien; ***alles ~!*** bonne chance!
Güte *f* bonté *f*; *comm* bonne qualité *f*
Güter|bahnhof *m* gare *f* des marchan-

dises; **~gemeinschaft** *jur f* communauté *f* des biens; **~trennung** *jur f* séparation *f* des biens; **~verkehr** *m* trafic *m* des marchandises; **~wagen** *m* wagon *m* de marchandises; **~zug** *m* train *m* de marchandises
gut|gläubig crédule; *jur* de bonne foi; **2haben** *comm n* avoir *m*; **~heißen** approuver; **~herzig** généreux, qui a bon cœur
gütig bon; aimable
gütlich *Einigung* à l'amiable; ***sich an etw ~ tun*** se régaler de qc
gut|machen réparer; rattraper; **~mütig** (d'un naturel) bon; **2mütigkeit** *f* gentillesse *f*
Guts|besitzer(in *f*) *m* propriétaire *m*, *f* foncier (-ière)
Gut|schein *m* bon *m*; **2schreiben** ***j-m etw ~*** créditer qn de qc
Gutshof *m* ferme *f*
gutwillig de bonne volonté
Gymnasium *n* lycée *m*; △ *nicht* ***gymnase***
Gymnastik *f* gymnastique *f*

H

H *mus n* si *m*
Haag ***Den ~*** la Haye
Haar *n* cheveu *m*; *als Gesamtheit* cheveux *m/pl*, chevelure *f*; *Körper2*, *Bart2*, *Tier2* poil *m*; ***sich die ~e schneiden lassen*** se faire couper les cheveux; ***sich aufs ~ gleichen*** se ressembler comme deux gouttes d'eau; ***um ein ~*** il s'en est fallu d'un cheveu (pour que + *subj*); **~ausfall** *m* chute *f* des cheveux; **~bürste** *f* brosse *f* à cheveux; **2en** (***sich***) ~ *Tier* perdre ses poils; **~esbreite** *f* ***um ~*** de justesse; **~festiger** *m* fixateur *m* pour les cheveux; **2genau** précisément; **2ig** poilu, velu; **~nadelkurve** *f* virage *f* en épingle à cheveux; **~netz** *n* filet *m*; **2scharf** très net; F ***~ daneben!*** manqué de justesse!; **~schnitt** *m* coupe *f* de cheveux; **~spalterei** *f* ***~ betreiben*** couper les cheveux en quatre; **~spange** *f* barrette *f*; **~spray** *n* laque *f*; **2sträubend** inouï, monstrueux; **~teil** *n* postiche *m*; **~tracht** *f* coiffure *f*; **~trockner** *m* sèche-cheveux *m*; **~wäsche** *f* shampooing *m*; **~waschmittel** *n* shampooing *m*; **~wasser** *n* lotion *f* capillaire; **~wuchs** *m* chevelure *f*
Habe *f* avoir *m*, bien *m*
haben avoir; ***was hast du denn?*** qu'est-ce que tu as?; ***heute ~ wir Montag*** aujourd'hui nous sommes lundi; ***du hast zu gehorchen*** tu dois obéir; F ***da ~ wir's!*** ça y est!; F ***sich ~*** *sich zieren* faire des simagrées
Haben *comm n* avoir *m*, crédit *m*
Habgier *f* avidité *f*, cupidité *f*; **2ig** avide, cupide
Habicht *zo m* autour *m*
Habseligkeiten *f/pl* affaires *f/pl*
Hack|e *f* **1.** pioche *f*, houe *f*; **2.** *Ferse* talon *m*; **2en** *Fleisch* hacher; *Holz* casser; *Vogel* donner des coups de bec; **~er** *m* F pirate *m* (de l'informatique); **~fleisch** *n* viande *f* hachée
Hafen *m* port *m* (*a fig*); **~arbeiter** *m* docker *m*; **~stadt** *f* ville *f* portuaire
Hafer *m* avoine *f*; **~flocken** *f/pl* flocons *m/pl* d'avoine
Haft *f* détention *f*, emprisonnement *m*; **2bar** responsable (***für*** de); **~befehl** *m* mandat *m* d'arrêt; **2en** adhérer (***an*** à); *bürgen* répondre (***für*** de)
Häftling *m* détenu *m*
Haftnotiz *f* post-it *m*, papillon *m* adhésif
Haft|pflicht *f* responsabilité *f* civile; **~pflichtversicherung** *f* assurance *f* (de) responsabilité civile; **~ung** *f* responsabilité *f* (***für*** de)
Hagel *m* grêle *f* (*a fig*); **~korn** *n* grêlon *m*; **2n** grêler; **~schauer** *m* giboulée *f*
hager maigre, décharné
Hahn *m* **1.** *zo* coq *m*; **2.** *Wasser2* robinet *m*
Hähnchen *cuis n* poulet *m*
Hai *zo m*, **~fisch** *m* requin *m*
Haiti Haïti; ***auf ~*** à Haïti

häkeln faire du crochet
Haken *m* crochet *m* (*a Boxen*); *Angel*⁓ hameçon *m*; *Kleider*⁓ portemanteau *m*; **~kreuz** *n* croix *f* gammée
halb 1. *adj* demi; ***e-e ~e Stunde*** une demi-heure; ***ein ~es Jahr*** six mois; ***die ~e Klasse*** la moitié de la classe; **2.** *adv* à demi, (à) moitié; ***~ gar*** à moitié cuit; ***~ vier*** trois heures et demie; ***~ voll*** à moitié plein
halb... *in Zssgn* demi-..., semi-..., à moitié; **~amtlich** officieux; **⁓bruder** *m* demi-frère *m*; **⁓dunkel** *n* pénombre *f*
halber à cause de, pour
Halb|fabrikat *n* produit *m* semi-fini; **~gott** *m* demi-dieu *m*; **⁓herzig** du bout des lèvres, à contre-cœur; **⁓ieren** partager en deux; **~insel** *f* presqu'île *f*, péninsule *f*; **~jahr** *n* semestre *m*, six mois *m/pl*; **⁓jährig** de six mois; **⁓jährlich** tous les six mois; **~kreis** *m* demi-cercle *m*; **~kugel** *f* hémisphère *m*; **⁓laut** à mi-voix; **~leiter** *tech m* semi-conducteur *m*; **⁓mast *~ flaggen*** mettre les drapeaux en berne; **~messer** *m* rayon *m*; **~mond** *m* croissant *m*; **~pension** *f* demi-pension *f*; **~schlaf** *m* demi-sommeil *m*; **~schuh** *m* soulier *m* bas; **~schwester** *f* demi-sœur *f*; **~stiefel** *m* bottine *f*; **⁓stündlich** toutes les demi-heures; **~tagsbeschäftigung** *f* emploi *m* à mi-temps; **⁓wegs** passablement, tant bien que mal; **~welt** *f péj* demi-monde *m*; **~wertzeit** *f* période *f* radioactive, demi-vie *f*; **⁓wüchsig** adolescent, mineur; **~zeit** *f Sport* mi-temps *f*
Halde *f Bergbau* terril *m*
Hälfte *f* moitié *f*; ***zur ~*** à moitié
Halfter *m od n* licou *m*
Hall|e *f* grande salle *f*; hall *m*; *Turn*⁓ gymnase *m*; **⁓en** résonner; **~enbad** *n* piscine *f* couverte
hallo! *tél* allô!; *Ruf* hé!, hep!; *aus der Ferne* ohé!
Halm *m* tige *f*, brin *m*
Halogenlampe *f* lampe *f* halogène
Hals *m* cou *m*; *Kehle* gorge *f*; *Pferd* encolure *f*; *Flasche* goulot *m*; ***es im ~ haben*** avoir mal à la gorge; ***~ über Kopf*** précipitamment, en toute hâte; ***sich vom ~ schaffen*** se débarrasser de; ***es hängt mir zum ~ (he)raus*** j'en ai par-dessus la tête!; F j'en ai marre!; **~band** *n* collier *m* (*a des Hundes*); **~entzündung** *f* inflammation *f* de la gorge, laryngite *f*; **~kette** *f* collier *m*; **~-Nasen-Ohren-Arzt** *m* oto-rhino-laryngologiste *m*, F oto-rhino *m*; **~schmerzen** *m/pl* mal *m* de gorge; ***~ haben*** avoir mal à la gorge; **⁓starrig** opiniâtre, entêté; **~tuch** *n* écharpe *f*; *seidenes* foulard *m*; **~weh** *n cf* ***~schmerzen***; **~weite** *f* encolure *f*
Halt *m Anhalten* arrêt *m*, halte *f*; *Stütze* appui *m*, stabilité *f*; *innerer* soutien *m*; ***~ machen*** s'arrêter, faire une halte; ⚠ ***la*** halte
halt! stop!, halte(-là)!
haltbar *fest* solide; *Lebensmittel* qui se conserve bien; *Meinung* soutenable; **⁓keit** *f* solidité *f*; conservation *f*; **⁓keitsdatum** *n* date-limite *f*
halten tenir; *zurückhalten* retenir; *Rede* faire, prononcer; *Zeitung* être abonné à; *stehenbleiben* s'arrêter; *Lebensmittel* (***sich***) ~ se conserver; ***~ für*** croire, tenir pour, prendre pour; ***gehalten werden für*** passer pour; ***den Mund ~*** se taire; ***sich ~ an*** s'en tenir à; ***zu j-m ~*** soutenir qn; ***viel (wenig) ~ von*** estimer beaucoup (peu); ***was ~ Sie davon?*** qu'en pensez-vous?
Halter *m Person* détenteur *m*; *tech* support *m*
Halte|stelle *f* arrêt *m*; **~verbot** *n* arrêt *m* interdit
halt|los *psych* inconstant, instable; *unbegründet* sans fondement; **⁓ung** *f Körper*⁓ tenue *f*, allure *f*; *fig* attitude *f*
Hamburg Hambourg
Hamburger *cuis m* hamburger *m*
hämisch méchant; *Grinsen* sardonique
Hammel *m* mouton *m*; **~keule** *f* gigot *m* de mouton
Hammer *m* marteau *m*
hämmern marteler
Hämoglobin *n* hémoglobine *f*; ⚠ ***une*** hémoglobine
Hämorriden *pl* hémorroïdes *f/pl*
Hampelmann *m* pantin *m*
Hamster *zo m* hamster *m*; **~er** *m* accapareur *m*; **⁓n** accaparer; faire des stocks
Hand *f* main *f*; ***Hände weg!*** bas les mains!, n'y touchez pas!; ***mit der ~*** à la main; ***das liegt auf der ~*** c'est évident; ***von der ~ in den Mund leben*** vivre au

jour le jour; ***in die Hände klatschen*** battre des mains; ***er ist seine rechte ~*** il est son bras droit; ***in den Händen haben*** (***bleiben***) avoir (rester) entre les mains; ***eine ~ voll*** une poignée

Hand|arbeit *f* travail *m* manuel; *Nadelarbeit* ouvrage *m* à l'aiguille; ***es ist ~*** c'est fait main; **~ball** *Sport m* hand-ball *m*; **~bewegung** *f* geste *m*; **~bremse** *f* frein *m* à main; **~buch** *n* manuel *m*

Händedruck *m* poignée *f* de main

Handel *m* commerce *m*; ***~ treiben*** faire du commerce (***mit*** avec)

handeln agir; *feilschen* marchander; ***mit etw ~*** faire le commerce de qc; ***von etw ~*** traiter de qc; ***es handelt sich um*** il s'agit de

Handels|abkommen *n* accord *m* commercial; **~bilanz** *f* balance *f* commerciale; **~einig** ***~ sein*** (***werden***) être (tomber) d'accord; **~gesellschaft** *f* société *f* commerciale; ***Offene ~*** société *f* en nom collectif; **~hochschule** *f* école *f* supérieure de commerce; **~kammer** *f* chambre *f* de commerce; **~marine** *f* marine *f* marchande; **~politik** *f* politique *f* commerciale; **~schiff** *n* navire *m* marchand; **~schule** *f* école *f* de commerce; **~üblich** courant; **~vertrag** *m* traité *m* de commerce; **~vertreter** *m* représentant *m* de commerce; **~ware** *f* article *m* de commerce

Hand|feger *m* balayette *f*; **~fest** solide (*a Beweis*); **~fläche** *f* paume *f*; **~gearbeitet** fait (à la) main; **~gelenk** *n* poignet *m*; **~gemenge** *n* bagarre *f*, mêlée *f*, rixe *f*; **~gepäck** *n* bagages *m/pl* à main; **~granate** *mil f* grenade *f* (à main); **~greiflich** ***~ werden*** en venir aux mains; **~haben** manier, manipuler; **~habung** *f* maniement *m*, manipulation *f*; **~karren** *m* charrette *f* à bras; **~koffer** *m* valise *f*; **~kuss** *m* baisemain *m*; **~langer** *m* manœuvre *m*; *péj* complice *m*

Händler(**in** *f*) *m* marchand *m*, -e *f*; commerçant *m*, -e *f*

handlich maniable

Handlung *f* action *f*; *Tat* acte *m*; *Laden* boutique *f*, *größer* magasin *m*; **~sfähig** capable d'agir; **~sreisende**(**r**) *m* commis *m* voyageur; **~sweise** *f* façon *f* de faire, procédés *m/pl*

Hand|rücken *m* dos *m* de la main; **~schellen** *f/pl* menottes *f/pl*; **~schrift** *f* écriture *f*; *Schriftwerk* manuscrit *m*; **~schriftlich** écrit à la main; **~schuh** *m* gant *m*; **~schuhfach** *n* boîte *f* à gants; **~streich** *m* coup *m* de main; **~tasche** *f* sac *m* à main; **~tuch** *n* essuie-main *m*, serviette *f* de toilette; ***das ~ werfen*** jeter l'éponge; **~umdrehen** *n* ***im ~*** en un tournemain; **~werk** *n* métier *m*; **~werker** *m* artisan *m*; **~werkszeug** *n* outils *m/pl*

Handy *n* radiotéléphone *m*, portatif *m*, (téléphone *m*) portable *m*

Hanf *bot m* chanvre *m*

Hang *m Abhang* pente *f*; *fig Neigung* penchant *m* (***zu*** pour)

Hänge|brücke *f* pont *m* suspendu; **~lampe** *f* (lampe *f* à) suspension *f*; **~matte** *f* hamac *m*

hängen *befestigen* suspendre, accrocher (***an*** à); *Verbrecher* pendre; *befestigt sein* pendre, être accroché, être suspendu (***an*** à); *fig* ***an j-m, etw ~*** tenir *od* s'attacher à qn, à qc; ***~ bleiben*** rester accroché (***an*** à); *fig* rester (gravé en mémoire); ***j-n ~ lassen*** laisser qn dans le pétrin

Hans *m* Jean *m*

hänseln taquiner

Hansestadt *f* ville *f* hanséatique

Hanswurst *m* pitre *m*

Hantel *f Sport* haltère *m*

hantieren s'affairer; ***mit etw ~*** manipuler qc

hapern F ***es hapert mit etw*** il y a qc qui cloche

Happen *m* bouchée *f*; *fig* morceau *m*

Happy End *n* happy end *m*

Hardware *EDV f* matériel *m*

Harem *m* harem *m*

Harfe *f* harpe *f*

Harke *f* râteau *m*; **~n** ratisser

Harlekin *m* arlequin *m*

harmlos inoffensif

Harmon|ie *f* harmonie *f*; **~ieren** s'harmoniser (***mit*** avec); *Personen* s'accorder; **~ika** *f* harmonica *m*; *Zieh~* accordéon *m*; **~isch** harmonieux; **~isieren** harmoniser

Harn *m* urine *f*; **~blase** *f* vessie *f*

Harnisch *m* armure *f*; *fig* ***in ~ geraten*** se mettre en colère

Harnröhre *f* urètre *m*

Harpun|e *f* harpon *m*; **≈ieren** harponner
hart dur; *rauh* rude; *streng* rigoureux; *Währung* fort; **~ gekocht** *Ei* dur
Härte *f* dureté *f*; *fig a* rigueur *f*; *im Sport* rudesse *f*; *unsoziale* injustice *f*; **~fall** *m* cas *m* social; **≈n** durcir
Hart|faserplatte *f* panneau *m* dur; **~geld** *n* pièces *f/pl* de monnaie; **≈gesotten** *fig* endurci; **~gummi** *n od m* ébonite *f*; **≈herzig** qui a le cœur dur *od* sec; **~herzigkeit** *f* dureté *f od* sécheresse *f* de cœur; **≈näckig** opiniâtre, obstiné, tenace; **~näckigkeit** *f* opiniâtreté *f*, obstination *f*, ténacité *f*
Harz *n* résine *f*; **≈ig** résineux
Haschisch *n* haschisch *m*
haschen fumer du haschisch; ***nach etw*** **~** chercher à attraper qc
Hase *zo m* lièvre *m*
Haselnuss *bot f* noisette *f*
Hasen|braten *m* lièvre *m* rôti; **~fuß** *m* *fig* poltron *m*; **~scharte** *méd f* bec-de-lièvre *m*
Hass *m* haine *f* (***gegen***, ***auf*** pour *od* de)
hassen haïr; **~swert** haïssable
hässlich laid; *fig a* vilain; **≈keit** *f* laideur *f*
Hast *f* hâte *f*; **≈en** se hâter; **≈ig** précipité; *adv* en toute hâte
hätscheln caresser; *ver~* dorloter
hatschi! *beim Niesen* atchoum!
Haube *f* bonnet *m*, coiffe *f*; *auto* capot *m*
Hauch *m* souffle *m*; *fig* ***ein ~ von*** un soupçon de; **≈en** souffler
hauen (***sich ~*** se) battre
Haufen *m* tas *m*; *Menschen* foule *f*
häufen amasser; ***sich ~*** s'amasser, s'accumuler; *Fälle* se multiplier
häufig fréquent; *adv* fréquemment, souvent; **≈keit** *f* fréquence *f*
Haupt *n* tête *f*; *fig* chef *m*; **~bahnhof** *m* gare *f* centrale; **~beschäftigung** *f* occupation *f* principale; **~bestandteil** *m* constituant *m* principal; **~darsteller(in** *f*) *m* acteur *m* principal, actrice *f* principale; **~eingang** *m* entrée *f* principale
Häuptelsalat *östr m* laitue *f*
Haupt|fach *n Studium* matière *f* principale; **~figur** *f* personnage *m* principal; **~film** *m* grand film *m*, film *m* principal; **~gericht** *cuis n* plat *m* principal, plat *m* de résistance; **~geschäftszeit** *f* heures *f/pl* d'affluence; **~gewinn** *m* gros lot *m*; **~grund** *m* raison *f* principale
Häuptling *m* chef *m* de tribu
Haupt|person *f* personnage *m* principal; **~quartier** *mil n* quartier *m* général; **~rolle** *f* rôle *m* principal; **~sache** *f* principal *m*, essentiel *m*; **≈sächlich** principal, essentiel; *adv* principalement, avant tout; **~satz** *gr m* proposition *f* principale; **~schule** *f* école *f* primaire; **~speicher** *EDV m* mémoire *f* centrale; **~stadt** *f* capitale *f*; **~straße** *f* rue *f* principale, grand-rue *f*; **~verkehrsstraße** *f* artère *f*; **~verkehrszeit** *f* heures *f/pl* de pointe; **~wort** *gr n* nom *m*, substantif *m*
Haus *n* maison *f*; *Parlament* Assemblée *f*; *Schnecke* coquille *f*; *Theater* ***volles ~*** salle *f* comble; ***zu ~e*** à la maison, chez soi; ***nach ~e kommen*** rentrer à la maison *od* chez soi; ***ins ~ stehen*** être imminent; ***~ halten*** économiser (***mit etw*** qc); **~apotheke** *f* pharmacie *f* familiale; **~arbeit** *f* travaux *m/pl* domestiques *od* du ménage; *Schule* devoir *m*; **~arzt** *m* médecin *m* de famille; **~aufgabe** *f* *Schule* devoir *m*; **~besetzer** *m* squatter *m*; **~besetzung** *f* squattérisation *f*; **~besitzer(in** *f*) *m* propriétaire *m*, *f* (d'une maison)
hausen *wohnen* être logé (à l'étroit); F nicher; *sein Unwesen treiben* faire des ravages
Haus|flur *m* entrée *f*, vestibule *m*; **~frau** *f* ménagère *f*; *Berufsangabe* femme *f* au foyer; *Hausherrin* maîtresse *f* de maison; **~friedensbruch** *jur m* violation *f* de domicile; **≈gemacht** fait maison; **~halt** *m* ménage *m*; *écon*, *pol* budget *m*; ***j-m den ~ führen*** tenir l'intérieur de qn; **~hälterin** *f* gouvernante *f*; **~haltsgeld** *n* argent *m* pour les dépenses du ménage; **~haltsgerät** *n* appareil *m* ménager; **~haltsplan** *m* budget *m*; **~haltswaren** *f/pl* articles *m/pl* ménagers; **~herr(in** *f*) *m* maître *m*, maîtresse *f* de maison; **≈hoch** de la hauteur d'une maison; *fig* ***haushohe Niederlage*** défaite *f* immense; ***j-n ~ schlagen*** battre qn à plate couture
hausier|en ***mit etw ~*** colporter qc; **≈er(in** *f*) *m* colporteur *m*, -euse *f*
häuslich domestique; *Person* qui aime son intérieur, casanier

Haus|mädchen *n* bonne *f*; **~mann** *m* homme *m* au foyer; **~mannskost** *f* cuisine *f* maison; **~meister** *m* concierge *m*; **~mittel** *n* remède *m* de bonne femme; **~nummer** *f* numéro *m*; **~ordnung** *f* règlement *m* intérieur (d'une maison); **~rat** *m* ustensiles *m/pl* de ménage; **~ratversicherung** *f* assurance *f* habitation; **~schuhe** *m/pl* chaussons *m/pl*, pantoufles *f/pl*; **~suchung** *jur f* perquisition *f*; **~tier** *n* animal *m* domestique; **~tür** *f* porte *f* d'entrée; **~verwalter** *m* gérant *m* (d'immeubles); **~wart** *m* concierge *m*; **~wirt(in** *f*) *m* propriétaire *m, f*; **~wirtschaft** *f* économie *f* domestique
Haut *f* peau *f*; ***bis auf die ~ durchnässt*** trempé jusqu'aux os; **~abschürfung** *f* égratignure *f*; **~arzt** *m* dermatologue *m*; **~ausschlag** *méd m* eczéma *m*
Häut|chen *n* pellicule *f*, membrane *f*; **♀en** ***sich ~*** *zo* muer; *fig* faire peau neuve
haut|eng collant, moulant; **♀farbe** *f* couleur *f* de (la) peau; **♀krankheit** *méd f* dermatose *f*; **♀pflege** *f* soins *m/pl* dermatologiques
H-Bombe *mil f* bombe *f* H
HD-Diskette *f* disquette *f* haute densité
Hearing *n* audition *f* d'experts
Hebamme *f* sage-femme *f*
Hebebühne *auto f* pont *m* élévateur
Hebel *m* levier *m*
heben *Last* soulever; *Arm* lever; *fig Niveau* relever; *Stimmung* faire monter; ***sich ~*** se lever, monter
Hebrä|er *m* Hébreu *m*; **♀isch** hébreu, hébraïque
Hecht *zo m* brochet *m*; **~sprung** *m Sport* saut *m* de carpe
Heck *n* arrière *m*; *mar a* poupe *f*
Hecke *f* haie *f*; **~nrose** *bot f* églantine *f*; *Strauch* églantier *m*; **~nschütze** *m* franc-tireur *m*
Heck|klappe *f* hayon *m* (arrière); **~motor** *m* moteur *m* arrière; **~scheibe** *f* lunette *f* arrière; **~tür** *f* hayon *m*
Heer *n* armée *f*
Hefe *f* levure *f* de boulanger
Heft *n Schreib♀* cahier *m*; *Zeitschrift* numéro *m*; *Griff* manche *m*; **~apparat** *m* agrafeuse *f*; **♀en** attacher, agrafer (***an*** à); *vornähen* bâtir; *Buch* brocher; **~er** *m* classeur *m*
heftig violent, véhément; **♀keit** *f* violence *f*, véhémence *f*
Heft|klammer *f* agrafe *f*; *Büroklammer* trombone *m*; **~pflaster** *n* pansement *m* adhésif; sparadrap *m*
hegen soigner; *Hoffnung* caresser
Hehl *n* ***kein ~ aus etw machen*** ne pas dissimuler qc; **~er(in** *f*) *m* receleur *m*, -euse *f*; **~erei** *jur f* recel *m*
Heid|e[1] *m*, **~in** *f* païen *m*, -ne *f*
Heide[2] *f* lande *f*, bruyère *f*; **~kraut** *bot n* bruyère *f*
Heidelbeere *bot f* myrtille *f*
Heiden|angst *f* F ***e-e ~ haben*** avoir une peur bleue; **~geld** *n* F ***ein ~*** une fortune; **~lärm** *m* F boucan *m* du diable; **~spaß** *m* F ***e-n ~ haben*** avoir un plaisir fou
Heid|entum *n* paganisme *m*; **♀nisch** païen
heikel délicat, scabreux; *Person* difficile
heil *Person* indemne, sain et sauf; *Sache* intact, entier
Heil *n* salut *m*; ***sein ~ versuchen*** tenter sa chance
Heiland *rel m* Sauveur *m*
Heil|bad *n* ville *f* d'eaux, station *f* thermale; **♀bar** curable; **♀en** guérir
heilig saint; *geheiligt* sacré; ***~ sprechen*** canoniser; **♀abend** *m* veille *f* de Noël; **♀e(r)** *m, f* saint *m*, -e *f*; **~en** sanctifier; **♀enschein** *m* auréole *f*; **♀keit** *f* sainteté *f*; **♀sprechung** *f* canonisation *f*; **♀tum** sanctuaire *m*
Heil|kraft *f* vertu *f* curative; **~kraut** *n* plante *f* médicinale; **♀los** *Durcheinander* terrible; **~mittel** *n* remède *m*; **~praktiker** *m* naturopathe *m*; **~quelle** *f* source *f* minérale *od* médicinale; **♀sam** salutaire; **~sarmee** *f* Armée *f* du Salut; ***Mitglied n der ~*** salutiste *m, f*; **~ung** *f* guérison *f*
heim à la maison, chez soi
Heim *n* foyer *m*, chez-soi *m* (*od* chez-moi *etc*); *Alters♀* maison *f* de retraite; *Kinder♀* home *m* d'enfants; **~arbeit** *f* travail *m* à domicile
Heimat *f* pays *m* natal, pays *m*, patrie *f*; **~land** *n cf* ***Heimat***; **♀los** apatride; **~ort** *m* lieu *m* de naissance; **~vertriebene(r)** *m* expulsé *m*, réfugié *m*
heim|begleiten raccompagner chez lui; **♀chen** *zo n* grillon *m*; **~fahren, ~gehen** rentrer (chez soi); **~isch** (qui

est) du pays, indigène; ***sich ~ fühlen*** se sentir chez soi; **2kehr** *f* retour *m*, rentrée *f*; **~kehren** rentrer, retourner chez soi; **2kehrer** *m* rapatrié *m*; **~kommen** *cf* ***~kehren***; **~lich** secret, clandestin; **2lichkeit** *f* secret *m*, clandestinité *f*; **2reise** *f* retour *m*; **~schicken** renvoyer (à la maison); **~suchen** *Unglück* affliger, frapper; **2trainer** *m* vélo *m* d'appartement; **2tücke** *f* perfidie *f*, sournoiserie *f*; **~tückisch** perfide, sournois; *Krankheit* insidieux; **~wärts** vers la maison *od* son pays; **2weg** *m* chemin *m* du retour; **2weh** *n* mal *m* du pays, nostalgie *f*; **2werker** *m* bricoleur *m*; **~zahlen** ***j-m etw ~*** rendre la pareille à qn

H

Heirat *f* mariage *m*; **2en** se marier (***j-n*** avec qn), épouser (qn)

Heirats|antrag *m* demande *f* en mariage; **~schwindler** *m* escroc *m* au mariage; **~vermittlung** *f* agence *f* matrimoniale

heiser enroué; **~ *werden*** s'enrouer; **2keit** *f* enrouement *m*

heiß chaud; *fig Wunsch* ardent; ***es ist ~*** il fait chaud; ***mir ist ~*** j'ai chaud; *fig* ***~e Musik*** rythmes *m/pl* endiablés

heißen s'appeler, se nommer; ***das heißt*** c'est-à-dire; ***es heißt*** on dit; ***was heißt ... auf Französisch?*** comment dit-on ... en français?

heiter *lustig* gai; *Wetter* beau; *abgeklärt* serein; *fig* ***aus ~em Himmel*** sans prévenir, comme un coup de tonnerre; F ***das kann ~ werden!*** ça commence bien!, ça promet!; **2keit** *f* gaieté *f*, hilarité *f*; *innere* sérénité *f*

heiz|en chauffer; **2er** *m* chauffeur *m*; **2kessel** *m* chaudière *f*; **2kissen** *n* coussin *m* électrique; **2körper** *m* radiateur *m*; **2material** *n* combustible *m*; **2ung** *f* chauffage *m*

hektisch fébrile, fiévreux

Held(in *f*) *m* héros *m*, héroïne *f*

helden|haft héroïque; **2tat** *f* action *f* héroïque, exploit *m*; **2tum** *n* héroïsme *m*

helfen ***j-m ~*** aider qn, secourir qn, assister qn; ***er weiß sich zu ~*** il sait se débrouiller; ***es hilft nichts*** il n'y a rien à faire

Helfer|(in *f*) *m* aide *m, f*, assistant *m*, -e *f*; **~shelfer(in** *f*) *m* complice *m, f*

hell clair; ***am ~en Tage*** en plein jour; ***es wird schon ~*** le jour commence à poindre

hell|blau bleu clair; **~blond** blond très clair

Helle *f* clarté *f*

hell|hörig qui a l'oreille *od* l'ouïe fine; *Wohnung* sonore; **~ *werden*** *fig* commencer à avoir des soupçons; **2igkeitsregelung** *f* contrôle *m* de luminosité; **2seher(in** *f*) *m* voyant *m*, -e *f*

Helm *m* casque *m*

Hemd *n* chemise *f*; **~bluse** *f* chemisier *m*; **~kragen** *m* col *m* de chemise

Hemisphäre *f* hémisphère *m*; ⚠ ***un*** hémisphère

hemm|en freiner, enrayer, entraver; **2nis** *n* entrave *f*; **2schuh** *m fig* obstacle *m*; **2schwelle** *f* appréhensions *f/pl*; **2ung** *psych f* inhibition *f*, complexe *m*; **~ungslos** sans retenue

Hengst *zo m* étalon *m*

Henkel *m* anse *f*

Henker *m* bourreau *m*

Henne *f* poule *f*

her ***hier ~*** par ici; F ***~ damit!*** donne!; ***von ... ~*** du côté de; ***neben ... ~*** à côté de; ***das ist lange ~*** il y a longtemps de cela

herab en bas; ***von oben ~*** d'en haut (*a fig*); **~lassen** *Vorhänge* baisser; *fig* ***sich ~ zu*** condescendre à; **~lassend** condescendant; **2lassung** *f* condescendance *f*; **~setzen** *Preis* baisser, réduire, diminuer; *fig* déprécier; **~steigen** descendre

heran|bringen apporter; **~kommen** s'approcher (***an*** de); *fig* atteindre, égaler (qc); ***etw an sich ~ lassen*** s'attendre de sang-froid à qc; **~treten** ***an j-n ~*** s'adresser à qn; **~wachsen** grandir, croître; **2wachsende(r)** *m, f* adolescent *m*, -e *f*

herauf en haut; **~beschwören** *Gefahr* provoquer; *Erinnerung* évoquer; **~holen** monter; **~kommen** monter

heraus (en) dehors; ***zum Fenster ~*** par la fenêtre; **~ *mit der Sprache!*** parle!, dis-le!; **~bekommen** (parvenir à) faire sortir; *entdecken* découvrir; ***ich bekomme noch 10 Mark heraus*** vous me devez encore dix marks; **~bringen** sortir (*a Buch*); *erraten* deviner; **~finden** découvrir, trouver la solution; *aus* *etw* trouver son chemin; **≈forderer** *m Sport* challenge(u)r *m*; **~fordern** provoquer, défier; **~fordernd** provocant, agaçant; **≈forderung** provocation *f*, défi *m*; **≈gabe** *f* remise *f*, restitution *f*; **~geben** *ausliefern* remettre; *zurückerstatten* restituer; *Geld* rendre la monnaie; *Buch* éditer, publier; **≈geber** *m* éditeur *m* responsable; **~holen** retirer, sortir (***aus*** de); **~kommen** sortir; *Buch* être publié, paraître; **~lassen** laisser sortir; **~nehmen** retirer; *fig* ***sich etw ~*** se permettre qc; **~platzen** ***mit etw ~*** laisser échapper qc; **~putzen** ***sich ~*** s'habiller coquettement; **~reden** ***sich ~*** chercher des excuses; **~rücken** *Geld* lâcher; **~stellen** placer dehors, sortir; *betonen* mettre en évidence; ***sich ~ als*** apparaître comme; **~strecken** *Zunge* tirer; *Kopf* sortir

herb *Geschmack* âpre; *Wein* sec; *fig* amer

Herberge *f* auberge *f*

herbringen apporter; amener (*a j-n*)

Herbst *m* automne *m*; **≈lich** automnal

Herd *m* cuisinière *f*; *fig* foyer *m*

Herde *f* troupeau *m* (*a fig*)

herein (en) dedans, à l'intérieur; ***~!*** entrez!; **~bitten** ***j-n ~*** prier qn d'entrer; **~brechen** *Nacht* tomber; *Unheil* s'abattre (***über*** sur); **~bringen** rentrer; **~fallen** *fig* se laisser prendre; F se faire avoir *od* rouler; **~holen** faire entrer; **~kommen** entrer; **~lassen** laisser entrer; **~legen** *fig* ***j-n ~*** tromper *od* F rouler qn; **~strömen** entrer à flots, *fig* en foule

her|fallen ***~ über*** tomber *od* se ruer sur; **~finden** trouver le chemin; **~führen** amener; **≈gang** *m* déroulement *m*; ***den ganzen ~ erzählen*** raconter comment une chose s'est passée; **~geben** donner, rendre; ***sich zu etw ~*** se prêter à qc; **~gebracht** traditionnel; **~gehen** ***vor j-m ~*** précéder qn; ***hinter j-m ~*** suivre qn; **~holen** aller chercher

Hering *m* hareng *m*; *Zelt* piquet *m*

her|kommen (s')approcher; *abstammen* provenir (***von*** de); ***wo kommst du her?*** d'où viens-tu?; **~kömmlich** traditionnel; **≈kunft** *f* provenance *f*, origine *f*; **~laufen** ***hinter j-m ~*** courir après qn; **~machen** ***sich ~ über*** se jeter sur

hermetisch hermétique

Heroin *n* héroïne *f*

heroisch héroïque

Herpes *m* herpès *m*

Herr *m* monsieur *m*; *als Anrede* Monsieur (*abr* M.); *Meister, vom Hund* maître *m*; *rel* ***der ~*** le Seigneur

Herren|anzug *m* complet *m*, costume *m*; **~friseur** *m*, **~frisör** *m* coiffeur *m* pour hommes; **~rad** *n* bicyclette *f* d'homme

herrichten préparer; *Haus* aménager

Herr|in *f* maîtresse *f*; **≈isch** autoritaire, impérieux

herrlich magnifique, splendide; **≈keit** *f* splendeur *f*, magnificence *f*, gloire *f*

Herrschaft *f* domination *f*; *Regierungszeit* règne *m*; *höchste Gewalt* souveraineté *f*; ***meine ~en!*** Messieurs Dames!; ***die ~ verlieren über*** perdre le contrôle de; **≈lich** seigneurial

herrsch|en dominer; *Monarch* régner (***über*** sur); ***es herrschte Freude*** la joie régnait; **≈er(in *f*)** *m* souverain *m*, -e *f*; **≈erhaus** *n* dynastie *f*; **≈sucht** *f* despotisme *m*; **~süchtig** despotique

her|rühren provenir (***von*** de); **~sagen** réciter; **~stellen** produire, fabriquer, confectionner, manufacturer; *Verbindung* établir; **≈steller** *m* fabricant *m*, producteur *m*; **≈stellung** *f* fabrication *f*, production *f*

herüber de ce côte-ci

herum ***um ... ~*** autour de; ***rings ~*** tout autour; ***anders ~*** à l'envers, de l'autre côté; ***hier ~*** par ici

herum|drehen (***sich ~*** se) retourner; *Kopf* tourner; **~führen** guider, faire faire le tour (de qc à qn); **~kommen** ***um die Ecke ~*** tourner le coin; ***er ist weit herumgekommen*** il a beaucoup voyagé, il a vu beaucoup de pays; *fig* ***um etw ~*** passer au travers de qc; **~kriegen** ***j-n ~*** faire changer qn d'avis; **~lungern** traîner les rues; **~reichen** faire circuler; **~reisen** ***in e-m Land ~*** parcourir un pays; **~sprechen** ***sich ~*** s'ébruiter; **~treiben** ***sich in Kneipen ~*** courir les bistrots

herunter en bas; **~bringen** descendre; **~gekommen** *Mensch* tombé bien bas; *Haus* à l'abandon; **~lassen** faire descendre; baisser; **~leiern** débiter *od* réciter machinalement; **~machen** F ***j-n ~*** dénigrer qn; **~schlucken** avaler;

~spielen ***etw*** ~ dédramatiser qc; **~werfen** jeter en bas
hervor|bringen produire, faire naître; **~gehen** sortir, résulter (***aus*** de); ***als Sieger*** ~ sortir vainqueur; **~heben** *fig* faire ressortir, rehausser, mettre en relief, souligner; **~kommen** sortir; **~ragen** saillir; *fig* se distinguer; **~ragend** *fig* excellent; *Person* éminent; **~rufen** *fig* faire naître, provoquer, causer, susciter; **~stechend** *fig* saillant, (pré)dominant; **~treten** s'avancer; *herausragen* faire saillie; *fig* ressortir; **~tun** ***sich*** ~ se distinguer, se faire remarquer
Herz *n* cœur *m* (*a fig*); ***von ganzem ~en*** de tout mon (ton *etc*) cœur; ***sich etw zu ~en nehmen*** prendre qc à cœur; ***etw auf dem ~en haben*** avoir qc sur le cœur
Herz|anfall *m* crise *f* cardiaque; **~beschwerden** *pl* troubles *m/pl* cardiaques
Herzens|lust *f* ***nach*** ~ à cœur joie; **~wunsch** *m* désir *m* ardent
herz|ergreifend saisissant, émouvant; **≗fehler** *m* vice *m od* lésion *f* cardiaque; **~haft** courageux; *Speise* savoureux
herzig mignon
Herz|infarkt *méd m* infarctus *m* du myocarde; **~klopfen** *n* battements *m/pl* de cœur; **≗krank** cardiaque; **≗lich** cordial, affectueux; ***~e Grüße*** *Brief* sincères amitiés; ~ ***gern*** avec le plus grand plaisir; **~lichkeit** *f* cordialité *f*; **≗los** sans cœur, insensible; **~losigkeit** *f* insensibilité *f*; **~schlag** *m* battement *m* de cœur; *Todesursache* crise *f* cardiaque, arrêt *m* du cœur; **~schrittmacher** *m* stimulateur *m* cardiaque; **~spezialist** *méd m* cardiologue *m*; **~verpflanzung** *méd f* greffe *f* du cœur
Hessen *n* la Hesse
heterosexuell hétérosexuel
Hetz|e *f Eile* précipitation *f*; *fig* polémique *f*, agitation *f*, propos *m/pl* incendiaires; **≗en** *Hund* lâcher (***auf*** sur); *verfolgen* traquer; *eilen* se dépêcher, se presser; *pol* tenir des propos incendiaires (***gegen*** contre); **~kampagne** *f* campagne *f* de haine
Heu *n* foin *m*
Heuchel|ei *f* hypocrisie *f*; **≗n** feindre; faire l'hypocrite
Heuchler|(in *f*) *m* hypocrite *m,f*; **≗isch** hypocrite
heuer *südd u östr* cette année
heulen hurler; *weinen* pleurnicher F
Heu|schnupfen *méd m* rhume *m* des foins; **~schrecke** *zo f* sauterelle *f*
heute aujourd'hui; ~ ***Morgen*** (***Abend***) ce matin (soir); ~ ***in acht*** (***vierzehn***) ***Tagen*** (d')aujourd'hui en huit (en quinze), d'ici à huit (à quinze) jours; ~ ***vor acht Tagen*** il y a huit jours; ***noch*** ~ ce jour même
heut|ig d'aujourd'hui; *jetzig* actuel; **~zutage** de nos jours
Hexe *f* sorcière *f*
hexen user de sortilèges; **≗jagd** *pol f* chasse *f* aux sorcières; **≗meister** *m* sorcier *m*; **≗schuss** *méd m* lumbago *m*
Hexerei *f* sorcellerie *f*
Hickhack *n* tergiversations *f/pl*
Hieb *m* coup *m*
hier ici; *bei Namensaufruf* ~! présent!; ***d(ies)er Mann*** ~ cet homme-ci; ~ ***bin ich*** me voilà; *fig* F ***es steht mir bis*** ~ j'en ai jusque-là; ~ ***zu Lande*** ici, dans ce pays; **~auf** *Ort* là-dessus; *Zeit* après cela, après quoi; **~aus** d'ici; *fig* de ceci, de là; **~bei** *bei dieser Gelegenheit* à cette occasion; *gleichzeitig* en même temps; **~durch** par ici; *fig* par ce moyen, par là; **~her, ~hin** par ici, de ce côté-ci; ***bis hierher*** jusqu'ici, jusque-là; ***hierhin und dorthin*** çà et là, de-ci de-là, par-ci par-là; **~in** là-dedans; *fig* en cela; **~mit** avec cela; *Brief* par la présente; **~nach** après cela; *demzufolge* en conséquence; **~über** là-dessus, à ce sujet; *Richtung* de ce côté-ci, par ici; **~unter** là-dessous; *verstehen* par là; **~von** de cela; en; **~zu** à cela; à cet effet; à ce sujet; **~zulande** *cf* ***hier***
hiesig d'ici, de ce lieu
Hi-Fi-Anlage *f* chaîne *f* hi-fi
high F *Drogen* camé; *fig* en pleine forme
Highlife *n* super-ambiance *f*; ~ ***machen*** mettre de l'ambiance
Hightech *n* high-tech *m*
Hilfe *f* aide *f*, secours *m*, assistance *f*, appui *m*; (***zu***) ~! au secours!; ***mit der*** ~ ***j-s*** avec l'aide de qn; ***mit*** ~ ***von etw*** à l'aide de qc; ***j-m erste*** ~ ***leisten*** donner les premiers soins à qn; **~ruf** *m* appel *m* au secours
hilf|los privé de secours; sans défense,

désarmé; impuissant; **~reich** secourable

Hilfs|aktion *f* secours *m/pl*; ***e-e ~ einleiten*** organiser les secours; **~arbeiter** *m* manœuvre *m*; **≈bedürftig** nécessiteux; **≈bereit** serviable; **~bereitschaft** *f* esprit *m* d'entraide; serviabilité *f*; **~kraft** *f* aide *m, f*; **~mittel** *n* ressource *f*; instrument *m* de travail; **~organisation** *f* organisation *f* de secours; **~verb** *gr n* (verbe *m*) auxiliaire *m*

Himbeere *bot f* framboise *f*

Himmel *m* ciel *m*; ***unter freiem ~*** en plein air; ***um ~s willen!*** mon Dieu!; *fig* ***aus heiterem ~*** sans prévenir; **~bett** *n* lit *m* à baldaquin; **≈blau** bleu ciel; **~fahrt** *f* (***Christi***) ~ Ascension *f*; ***Mariä ~*** Assomption *f*; **~fahrtskommando** *fig* F *n* mission *f* suicide; **~reich** *n* royaume *m* des cieux; **≈schreiend** révoltant

Himmels|körper *m* corps *m* céleste; **~richtung** *f* point *m* cardinal

himmlisch céleste; *fig* divin

hin 1. *adv* (vers ce lieu-)là; y; ***nach Norden ~*** vers le nord; ***über Jahre ~*** pendant des années; ***auf seine Bitte ~*** sur *od* à sa demande; ***es ist noch lange ~*** il y a encore longtemps d'ici là; ***~ und zurück*** aller et retour; ***~ und her*** dans un sens et dans l'autre; ***~ und her gehen*** aller et venir; ***~ und her schwanken*** chanceler; ***~ und wieder*** de temps à autre; **2.** *adj* F foutu, fichu; ***unsere Ruhe ist ~*** c'en est fini de notre repos

hinab en bas; en descendant; ***den Fluss ~*** en aval; **~fahren, ~gehen** descendre

hinarbeiten ***auf etw ~*** viser à qc

hinauf vers le haut; en montant; en haut; ***den Fluss ~*** en amont; **~fahren, ~gehen, ~steigen** monter

hinaus dehors; ***~ mit dir!*** sors d'ici!, dehors!; ***zum Fenster ~*** par la fenêtre; **~gehen** sortir; ***über etw ~*** dépasser qc; *Fenster* ***~ auf*** donner sur; **~laufen** ***~ auf*** aboutir à, revenir à; **~lehnen** ***sich ~*** se pencher au dehors; **~schieben** *zeitlich* ajourner, remettre à une date ultérieure; **~werfen** jeter (dehors); *j-n* mettre *od* F flanquer à la porte; **~wollen** vouloir sortir; *fig* ***~ auf*** viser à; ***darauf wollte ich hinaus*** voilà où je voulais en venir

Hinblick *m* ***im ~ auf*** en vue de, en considération de, eu égard à

hinder|lich gênant; ***j-m ~ sein*** entraver qn; **~n** empêcher (***j-n an etw*** qn de faire qc); gêner; **≈nis** *n* obstacle *m*; **≈nisrennen** *n* course *f* d'obstacles

hindurch ***durch etw ~*** à travers qc; *quer* au travers de qc; par; *zeitlich* pendant, durant; ***das ganze Jahr ~*** durant toute l'année

hinein dedans; ***hier ~*** par ici; ***bis tief in die Nacht ~*** jusque tard dans la nuit; **~denken** ***sich in j-s Lage ~*** se mettre à la place de qn; **~fahren** entrer (***in*** dans); **~gehen** entrer (***in*** dans); **~geraten** ***in etw ~*** tomber dans qc

hin|fahren y aller (en voiture, *etc*); *j-n* y conduire; **≈fahrt** *f* aller *m*; **~fallen** tomber (par terre); **~fällig** *gebrechlich* infirme; *ungültig* nul, caduc; ***~ werden*** se périmer, s'annuler; ***das ist ~*** ce n'est plus valable; **≈gabe** *f* dévouement *m*; **~geben** donner, sacrifier; ***sich ~*** s'adonner, se consacrer (à qc); se donner (à qn)

hingegen par contre, au contraire

hin|gehen y aller; **~halten** tendre, présenter; ***j-n ~*** faire attendre qn

hinken boiter (*a fig*); être boiteux; **~d** boiteux

hin|kommen venir (à, chez), y aller; ***wo ist meine Brille hingekommen?*** où sont passées mes lunettes?; ***wo kämen wir denn hin, wenn*** ... que deviendrions-nous si ...; **~kriegen** F ***die Sache ~*** y arriver; **~länglich** suffisant; *adv* suffisamment; **~legen** poser, coucher; ***sich ~*** se coucher, se mettre au lit; s'allonger, s'étendre; **~nehmen** accepter, tolérer; **≈reise** *f* aller *m*; **~reißen** *entzücken* ravir; **~reißend** ravissant; **~richten** *Verbrecher* exécuter; **≈richtung** *f* exécution *f*; **~schicken** y envoyer; **~setzen** mettre, poser, placer; ***sich ~*** s'asseoir; **≈sicht** ***in dieser ~*** à cet égard, sous ce rapport; **~sichtlich** en ce qui concerne, par rapport à, quant à; **≈spiel** *n Sport* match *m* aller; **~stellen** (***sich ~*** se) placer; ***~ als*** faire passer pour

hinten derrière, à l'arrière; *im Hintergrund* au fond; ***von ~*** par derrière; ***nach ~*** en arrière; **~herum** par derrière (*a fig*)

hinter derrière; *Folge* après; ~ ***sich bringen*** en finir avec; **≈bein** *n Tier* patte *f* de derrière; **≈bliebenen** *pl* ***die*** ~ la famille du défunt
hintere de derrière, arrière
hinter|einander l'un après l'autre; ***dreimal*** ~ trois fois de suite; **≈gedanke** *m* arrière-pensée *f*; **~gehen** abuser, tromper; **≈grund** *m* fond *m*; *Bild* arrière-plan *m*; *fig* ***Hintergründe*** dessous *m/pl*; **≈halt** *m* embuscade *f*; **~hältig** sournois; **≈hältigkeit** *f* sournoiserie *f*; **~her** après (coup); **≈hof** *m* arrière-cour *f*; **≈kopf** *m* arrière *m* de la tête, occiput *m*; **≈land** *n* arrière-pays *m*, hinterland *m*; **~lassen** laisser; *letztwillig* léguer; **≈lassenschaft** *f* héritage *m*; **~legen** déposer; **≈list** *f* sournoiserie *f*; **~listig** sournois; **≈mann** *m* celui *m* qui est derrière; *fig* instigateur *m*
Hintern *m* derrière *m*, postérieur *m*
Hinter|rad *n* roue *f* arrière; **≈rücks** par derrière; **~seite** *f* derrière *m*; **~teil** *n* derrière *m*; **≈treiben** contrecarrer, faire échouer; **~treppe** *f* escalier *m* de service; **~tür** *f* porte *f* de derrière; *fig* porte *f* de sortie; **≈ziehen** ***Steuern*** ~ frauder le fisc
hinüber de l'autre côté; *über hinweg* par-dessus; ~ ***sein*** F *Kleid* être foutu; *Fleisch* être avarié; **~gehen** traverser (***über etw*** qc)
Hin und Her *n* va-et-vient *m*
Hin- und Rückfahrt *f* aller et retour *m*
hinunter en bas; en descendant; **~gehen** descendre; **~schlucken** avaler; **~steigen** descendre
Hinweg *m* aller *m*; ***auf dem*** ~ en y allant, à l'aller
hinweg ~ ***mit euch!*** ôtez-vous de là!; ***über etw*** ~ par-dessus qc; **~helfen** ***j-m über etw*** ~ aider qn à surmonter qc; **~kommen** ~ ***über*** surmonter (qc); **~sehen** ~ ***über*** fermer les yeux sur, passer sur; **~setzen** ***sich*** ~ ***über*** passer outre à
Hinweis *m* indication *f*; *Anzeichen* indice *m*; *Verweis* renvoi *m* (***auf*** à); **≈en** ***auf etw*** ~ indiquer *od* signaler qc; ***j-n auf etw*** ~ attirer l'attention de qn sur qc; **~schild** *n*, **~tafel** *f* panneau *m* indicateur; plaque *f* indicatrice
hin|werfen jeter; *Arbeit* abandonner; *Zeichnung* ébaucher; **~ziehen** ***sich*** ~ traîner en longueur
hinzu de plus, en outre; **~fügen** ajouter (***zu*** à); **~kommen** s'y ajouter; ***zu etw*** ~ s'ajouter à qc; ***hinzu kommt noch, dass*** ... ajoutez à cela que ...; **~rechnen, ~zählen** ajouter; **~ziehen** *Arzt* consulter
Hirn *n* cervelle *f*; *Organ* cerveau *m*; **~gespinst** *n* chimère *f*; **≈rissig, ≈verbrannt** complètement fou, absurde
Hirsch *m* cerf *m*; **~kuh** *f* biche *f*
Hirse *bot f* millet *m*, mil *m*
Hirt(in *f*) *m* pâtre *m*; berger *m*, -ère *f*
hissen hisser
Histor|iker *m* historien *m*; **≈isch** historique
Hit *m* hit *m*; **~parade** *f* hit-parade *m*; ⚠ ***le*** hit-parade
Hitz|e *f* chaleur *f*; ardeur *f*; **≈ebeständig** résistant à la chaleur; **~ewelle** *f* vague *f* de chaleur; **≈ig** *fig* fougueux, passionné, ardent; **~schlag** *m* coup *m* de chaleur
HIV|-negativ séronégatif; **~-positiv** séropositif
H-Milch *f* lait *m* U.H.T.
Hobby *n* passe-temps *m* favori, hobby *m*, violon *m* d'Ingres
Hobel *m* rabot *m*; **~bank** *f* établi *m*; **≈n** raboter
hoch 1. haut; *Preis, Gehalt* élevé; *Alter, Geschwindigkeit* grand; *Fieber* fort; ***2 Meter*** ~ ***sein*** être haut de deux mètres, avoir deux mètres de haut; ~ ***hinauswollen*** avoir de hautes visées; ***Hände*** ~***!*** haut les mains!; ***in hohem Maße*** dans une large mesure; *fig* ***das ist mir zu*** ~***!*** ça me dépasse!; ~ ***achten*** estimer beaucoup; ~ ***begabt*** surdoué; ~ ***schätzen*** estimer beaucoup; **2.** ≈ *n Wetter* anticyclone *m*
Hoch|achtung *f* haute considération *f*; **≈achtungsvoll** *Briefschluss* veuillez agréer, Monsieur *etc*, l'assurance de ma considération distinguée; **~amt** *égl n* grand-messe *f*; **≈arbeiten** ***sich*** ~ arriver à force de travail; **≈auflösend** *Bildschirm* à haute résolution; **~bau** *m* ***Hoch- und Tiefbau*** bâtiment *m* et travaux *m/pl* publics; **~betrieb** *m* activité *f* intense; **~burg** *f e-r Partei* fief *m*; **≈deutsch** haut allemand; **~druck** *m* haute pression *f*; **~ebene** *f* plateau *m*;

♀erfreut ravi; **~form** *f* excellente condition *f* physique; **~frequenz** *tech f* haute fréquence *f*; **~gebirge** *n* hautes montagnes *f/pl*; **~genuss** *m* délice *m*; **~geschwindigkeitszug** *m* train *m* à grande vitesse, T.G.V. *m*; **♀gezüchtet** *Tier* sélectionné; *Motor* poussé; **♀giftig** très toxique; **~haus** *n* building *m*, tour *f*; **♀heben** soulever; **♀kommen** ***wieder*** ~ se relever, se remettre, se rétablir, se retaper F, retrouver son second souffle; *Land* se redresser; **~konjunktur** *f* haute conjoncture *f*; boom *m od* prospérité *f* économique; **~land** *n* région *f* montagneuse; **~leistungs...** *in Zssgn Sport etc* de haut rendement, de haut niveau; **~mut** *m* orgueil *m*; **♀mütig** orgueilleux; **♀näsig** arrogant; **♀nehmen** ***j-n*** ~ faire marcher qn, mener qn en bateau; **~ofen** *m* haut fourneau *m*; **♀prozentig** très concentré; *Schnaps* à haute teneur en alcool; **~rechnung** *f* estimation *f*; **~rufe** *m/pl* vivats *m/pl*; **~saison** *f* pleine saison *f*; **~schulabschluss** *m* diplôme *m* d'études supérieures; **~schule** *f* établissement *m* d'enseignement supérieur; **~seefischerei** *f* pêche *f* en haute mer; **~sicherheitstrakt** *m* quartier *m* de haute sécurité; **~sommer** *m* plein été *m*; ***im*** ~ en plein été, au plus fort *od* au cœur de l'été; **~spannung** *f* haute tension *f*; **♀spielen** *fig* ***etw*** ~ exagérer qc; **~sprung** *m* saut *m* en hauteur

höchst le plus haut; maximum; *fig* extrême, suprême; *adv* extrêmement

Hochstapler *m* escroc *m*, imposteur *m*

Hochstelltaste *f* touche *f* Shift

höchstens tout au plus, au maximum

Höchst|geschwindigkeit *f* vitesse *f* maximum; **~leistung** *f* rendement *m* maximum; *Sport* record *m*; **~maß** *m* maximum *m* (***an*** de); **~preis** *m* prix *m* maximum; **♀wahrscheinlich** très probablement

hoch|trabend pompeux, emphatique; **♀verrat** *m* haute trahison *f*; **♀wald** *m* (haute) futaie *f*; **♀wasser** *n* crue *f*; *Überschwemmung* inondation *f*; *Meer* marée *f* haute; **~wertig** de qualité supérieure; *Erz* riche

Hochzeit *f Fest* noces *f/pl*; *Trauung* mariage *m*; **~sreise** *f* voyage *m* de noces

hock|en être accroupi; **♀er** *m* escabeau *m*, tabouret *m*

Höcker *m* bosse *f*

Hockey *n* hockey *m*

Hoden *m* testicule *m*

Hof *m* cour *f*; *agr* ferme *f*; *Mond* halo *m*

hoffen espérer (***auf etw*** qc; ***etw zu tun*** faire qc); ***ich hoffe es*** je l'espère; ***ich hoffe nicht!*** j'espère que non; **~tlich** ~ ***kommst du*** espérons *od* j'espère que tu viendras

Hoffnung *f* espérance *f*, espoir *m*

hoffnungslos désespéré; **♀igkeit** *f* désespoir *m*

höfisch courtois

höflich poli; **♀keit** *f* politesse *f*; **♀keitsbesuch** *m* visite *f* de courtoisie

Höhe *f* hauteur *f*; altitude *f*; *e-r Summe* montant *m*; *Stand* niveau *m*; *fig* ***ich bin nicht ganz auf der*** ~ je ne me sens pas tout à fait bien; ***das ist die ~!*** c'est le comble!

Hoheit *f pol* souveraineté *f*; *Titel* Altesse *f*; **~sgebiet** *n* territoire *m* national; **~sgewässer** *n/pl* eaux *f/pl* territoriales; **~szeichen** *n* emblème *m* national

Höhen|messer *m* altimètre *m*; **~sonne** *méd f* lampe *f* à rayons ultraviolets; **~unterschied** *m* différence *f* de niveau; **~zug** *m* chaîne *f* de montagnes

Höhepunkt *m* point *m* culminant, apogée *m*, sommet *m*

hohl creux (*a fig*)

Höhle *f* caverne *f*; grotte *f*; *der wilden Tiere* antre *m*, tanière *f*

Hohl|maß *n* mesure *f* de capacité; **~raum** *m* espace *m* vide, cavité *f*; **~spiegel** *m* miroir *m* concave

Hohn *m Verachtung* dédain *m*, mépris *m*; *Spott* raillerie *f*, dérison *f*; **~gelächter** *m* rire *m* sarcastique, ricanement *m*

höhnisch méprisant; moqueur, railleur; ~ ***grinsen*** ricaner

Holdinggesellschaft *f* holding *m*; ⚠ ***le*** holding

holen aller *od* venir chercher; ~ ***lassen*** envoyer chercher; ***sich*** ~ *Krankheit* attraper

Holland *n* la Hollande

Holländ|er(in *f*) *m* Hollandais *m*, -e *f*; **♀isch** hollandais

Hölle *f* enfer *m*; ***in die ~ kommen*** aller en enfer; **~nlärm** *m* tapage *m* infernal, F boucan *m* de tous les diables

H

höllisch infernal; *adv* F diablement
Holografie *f* holographie *f*
holp|(e)rig *Weg* cahoteux; *a fig* raboteux; ~ ***lesen*** lire en hésitant; **~*er Stil*** style heurté; **~ern** cahoter
Holunder *bot m* sureau *m*
Holz *n* bois *m*; ***aus*** ~ en bois; ~ ***hacken*** casser du bois; **~bearbeitung** *f* travail *m* du bois; **~blasinstrument** *n* instrument *m* à vent en bois; **~*e*** *pl* bois *m/pl*
hölzern de *od* en bois; *fig* raide, gauche
Holz|fäller *m* bûcheron *m*; **~hammer** *m* maillet *m*; **⁓ig** ligneux; *Gemüse* filandreux; **~kohle** *f* charbon *m* de bois; **~scheit** *n* bûche *f*; **~schnitt** *m* gravure *f* sur bois; **~schnitzer** *m* sculpteur *m* sur bois; **~schnitzerei** *f* sculpture *f* sur bois; **~schuh** *m* sabot *m*, galoche *f*; **~weg** *m fig* ***auf dem*** ~ ***sein*** faire fausse route; **~wolle** *f* fibre *f od* laine *f* de bois
Homöopath *m* homéopathe *m*; **⁓isch** homéopathique
homosexuell homosexuel; **⁓e(r)** *m*, *f* homosexuel *m*, -le *f*; *Frau meist* lesbienne *f*
Honig *m* miel *m*; **~kuchen** *m* pain *m* d'épice; **~melone** *f* melon *m* d'Antibes; **~wabe** *f* rayon *m* de miel
Honor|ar *n* honoraires *m/pl*; **⁓ieren** *bezahlen* rétribuer; *belohnen* récompenser (***mit*** par)
Hopfen *bot m* houblon *m*
hopsen F sauter, sautiller
hörbar audible, perceptible
horchen écouter
Horde *f* horde *f*, bande *f*
hören entendre; *zu~*, *an~* écouter; ***auf j-n*** ~ écouter qn; ***von j-m*** ~ avoir des nouvelles de qn; ***er hört schwer*** il entend mal
Hör|er(in *f*) *m* auditeur *m*, -trice *f*; *tél* écouteur *m*, récepteur *m*; **~fehler** *méd m* défaut *m* de l'ouïe; **~gerät** *n* appareil *m* de correction auditive; **⁓ig** ***j-m*** ~ ***sein*** être esclave de qn
Horizont *m* horizon *m*; *fig* ***seinen*** ~ ***erweitern*** élargir son horizon; ***das geht über meinen*** ~ ça me dépasse; **⁓al** horizontal
Hormon *biol n* hormone *f*; ⚠ ***une*** hormone
Horn *n* corne *f*; *mus* cor *m*; *mil* clairon *m*
Hörnchen *n Gebäck* croissant *m*
Hornhaut *f* callosité *f*; *Auge* cornée *f*
Hornisse *zo f* frelon *m*
Horoskop *n* horoscope *m*
Horror *m* horreur *f*; **~film** *m* film *m* d'horreur
Hör|saal *m* salle *f* de cours, amphithéâtre *m*; **~spiel** *Radio n* pièce *f* radiophonique
horten amasser, accumuler
Hörweite *f* ***in*** ~ à portée de la voix; ***außer*** ~ hors de portée de la voix
Höschen *n* petite culotte *f*, slip *m*
Hose *f lange* pantalon *m*; *kurze* culotte *f*; F ***in die*** ~ ***gehen*** foirer; P ***tote*** ~ ***sein*** être chiant
Hosen|anzug *m* ensemble *m* pantalon-veste; **~rock** *m* jupe-culotte *f*; **~schlitz** *m* braguette *f*; **~tasche** *f* poche *f* (de pantalon); **~träger** *m/pl* bretelles *f/pl*
hospitieren assister à un cours
Hostie *rel f* hostie *f*
Hot Dog *m* hot-dog *m*
Hotel *n* hôtel *m*; **~besitzer(in** *f*) *m* hôtelier *m*, -ière *f*; **~direktor** *m* directeur *m* d'hôtel; **~gewerbe** *n* industrie *f* hôtelière; **~zimmer** *n* chambre *f* d'hôtel
hüben ~ ***und drüben*** de ce côté-ci et de l'autre
Hubraum *auto m* cylindrée *f*
hübsch joli
aviat m hélicoptère *m*
Huf *m* sabot *m*; **~eisen** *n* fer *m* à cheval
Hüft|e *f* hanche *f*; **~gelenk** *n* articulation *f* de la hanche; **~gürtel** *m*, **~halter** *m* gaine *f*
Hügel *m* colline *f*; **⁓ig** vallonné
Hugenott|e *m*, **~in** *f* huguenot *m*, -e *f*
Huhn *n zo*, *cuis* poule *f*
Hühnchen *cuis n* poulet *m*; *fig* ***mit j-m ein*** ~ ***zu rupfen haben*** avoir un compte à régler avec qn
Hühner|auge *méd n* cor *m* (au pied), œil-de-perdrix *m*; **~brühe** *cuis f* bouillon *m* de poule; **~ei** *n* œuf *m* de poule; **~hof** *m* basse-cour *f*; **~stall** *m* poulailler *m*
Hülle *f* enveloppe *f*; *Buch⁓* jaquette *f*; *Platten⁓* pochette *f*; ***sterbliche*** ~ dépouille *f* mortelle; ***in*** ~ ***und Fülle*** à profusion, en abondance
hüllen envelopper (***in*** dans); *fig* ***sich in Schweigen*** ~ se renfermer dans le silence

Hülse *f Schote* gousse *f*, cosse *f*; *Patronen*＆ douille *f*; **~nfrüchte** *f/pl cuis* légumes *m/pl* secs; *bot* légumineuses *f/pl*
human humain; **~istisch** humaniste; *Gymnasium* classique; ~ ***gebildet*** qui a fait ses humanités; **~itär** humanitaire; **＆ität** *f* humanité *f*
Hummel *zo f* bourdon *m*
Hummer *zo m* homard *m*
Humor *m* humour *m*; ~ ***haben*** avoir (le sens) de l'humour; **~ist** *m* humoriste *m*; **＆istisch, ＆voll** humoristique, plein d'humour
humpeln boiter
Hund *m* chien *m*
Hunde|hütte *f* niche *f*; **~kuchen** *m* biscuit *m* de chien; **~leine** *f* laisse *f*; **＆müde** F éreinté, claqué F, harassé; **~rasse** *f* race *f* canine
hundert cent; ***~e von*** des centaines de; ***zu ~en*** par centaines; **＆er** *m math* centaine *f*; *Geldschein* billet *m* de cent marks; **~fach, ~fältig** centuple; **＆jahrfeier** *f* centenaire *m*; **~jährig** centenaire; **~prozentig** *fig* à cent pour cent; **~ste** centième
Hündin *f* chienne *f*
hündisch *fig* servile
hunds|miserabel F très mauvais; ***ich fühle mich*** ~ je suis malade comme un chien; **＆tage** *m/pl* jours *m/pl* caniculaires, canicule *f*
Hüne *m* géant *m*
Hunger *m* faim *f*; ~ ***haben*** avoir faim; ~ ***bekommen*** commencer à avoir faim; ***vor ~ sterben*** mourir de faim; **~lohn** *m* salaire *m* de famine *od* de misère; **＆n** souffrir de la faim; *fasten* jeûner; ***j-n ~ lassen*** ne donner rien à manger à qn; **~snot** *f* famine *f*; **~streik** *m* grève *f* de la faim; **~tod** *m* mort *f* par inanition
hungrig affamé, qui a faim (***nach, auf*** de); ***ich bin ~*** j'ai faim
Hupe *auto f* avertisseur *m*, klaxon *m*; **＆n** klaxonner
hüpfen sauter, sautiller
Hürde *f Sport* haie *f*; *fig* obstacle *m*; **~nlauf** *m* course *f* de haies
Hure *f* prostituée *f*, P putain *f*
huschen passer rapidement
hüsteln toussoter
husten 1. tousser; **2. ＆** *m* toux *f*; **＆anfall** *m* quinte *f* de toux; **＆bonbon** *m od n* bonbon *m od* pastille *f* contre la toux; **＆saft** *m* sirop *m* contre la toux
Hut 1. *m* chapeau *m*; **2.** *f* ***auf der ~ sein*** prendre garde (***vor*** à), se tenir sur ses gardes
hüten garder; ***das Bett ~*** garder le lit; ***sich ~ vor*** prendre garde à, se garder de
Hütte *f* cabane *f*; *mit Strohdach* chaumière *f*; *Berg*＆ refuge *m*; *tech* forges *f/pl*; **~nwerk** *n* usine *f* métallurgique
Hyäne *zo f* hyène *f* (*a fig*)
Hyazinthe *bot f* jacinthe *f*
Hydrant *m* bouche *f* d'eau *od* d'incendie
hydraulisch hydraulique
Hydrokultur *f* culture *f* hydroponique
Hygien|e *f* hygiène *f*; **＆isch** hygiénique
Hymne *f* hymne *m*; ⚠ ***un*** hymne
hypermodern ultramoderne
Hypno|se *f* hypnose *f*; **~tiseur** *m* hypnotiseur *m*; **＆tisieren** hypnotiser
Hypotenuse *math f* hypoténuse *f*
Hypothek *f* hypothèque *f*; ***e-e ~ aufnehmen*** prendre une hypothèque
Hypothe|se *f* hypothèse *f*; **＆tisch** hypothétique
Hyster|ie *f* hystérie *f*; **＆isch** hystérique

I

IC *m* intercité *m*
ICE *m* T.G.V. *m*
ich je (+ *Verb*), *vor Vokal* j'; moi; ***hier bin ~*** me voilà; ~ ***bin es*** c'est moi
Ich *n psych* moi *m*; ***mein anderes ~*** mon autre personnalité
IC-Zuschlag *m* supplément *m* intercité
ideal 1. *adj* idéal; **2. ＆** *n* idéal *m*; *Vorbild* modèle *m*; **~isieren** idéaliser; **＆ismus** *m* idéalisme *m*; **＆ist** *m* idéaliste *m*

Idee *f* idée *f*
identi|fizieren (***sich*** ~ s'identifier (***mit*** à *od* avec); **~sch** identique (***mit*** à); **&tät** *f* identité *f*; **&tätskarte** *östr f* carte d'identité *f*
Ideolog|e *m* idéologue *m*; **~ie** *f* idéologie *f*; **&isch** idéologique
idiomatisch *ling* idiomatique; ***~er Ausdruck*** expression *f* idiomatique, idiome *m*
Idiot *m* idiot *m*; **~ie** *f* idiotie *f*; **&isch** idiot
Idol *n* idole *f*; ⚠ ***une*** idole
Idyll *n* tableau *m* idyllique; **&isch** idyllique
Igel *zo m* hérisson *m*
ignorieren ignorer, ne pas tenir compte de
ihm lui, à lui
ihn le, *vor Vokal* l'; *nach prép* lui
ihnen leur; *nach prép* eux *m*, elles *f*; *betont* à eux, à elles; & vous, à vous
ihr 1. *Personalpronomen: Dativ von* ***sie*** lui; à elle; *pl von* ***du*** vous; **2.** *Possessivpronomen: von e-r Besitzerin* son *m* (*vor Vokal a f*), sa *f* (*vor Konsonant*), *pl* ses; *von mehreren Besitzern* leur; & votre; **3.** ***~er, ~e, ~es, der, die, das ~e*** *od* ***~ige*** le sien, la sienne; le (la) leur; ***~er, ~e, ~es*** le (la) vôtre; **~erseits** de sa (leur) part; & de votre part; **~esgleichen** son (leur) pareil; & vos pareils; **~etwegen** à cause d'elle (d'eux, d'elles); & à cause de vous
illeg|al illégal; **~itim** illégitime
Illus|ion *f* illusion *f*; **&orisch** illusoire
Illustr|ation *f* illustration *f*; **&ieren** illustrer; **~ierte** *f* revue *f*, magazine *m*; *Kinder&* illustré *m*
im *cf* ***in***; ~ ***Bett*** au lit; ~ ***Schrank*** dans l'armoire; ~ ***Mai*** en mai; ~ ***Jahre 1985*** en 1985; ~ ***Stehen*** debout
Image *n* image *f* (de marque)
imaginär imaginaire
Imbiss *m* casse-croûte *m*, petit repas *m*, collation *f*; **~stube** *f* snack *m*
imitieren imiter, copier
Imker *m* apiculteur *m*
Immatrikul|ation *f* inscription *f* en Faculté; **&ieren** ***sich*** ~ s'inscrire en Faculté
immer toujours; ~ ***noch*** encore, toujours; ***wer auch*** ~ qui que ce soit; ***für*** ~ pour toujours, à jamais; ~ ***wieder*** sans arrêt; ~ ***schneller*** de plus en plus vite; ~ ***mehr*** de plus en plus; **&grün** *bot n* pervenche *f*; **~hin** en tout cas; **~zu** constamment
Immobilien *pl* (biens *m/pl*) immeubles *m/pl*
immun immunisé (***gegen*** contre); **&ität** *f* immunité *f*; **&schwäche** *f* déficience *f* immunitaire; **&schwächekrankheit** *f* syndrome *m* immuno-déficitaire; **&system** *n* système *m* immunitaire
Imperativ *gr m* impératif *m*
Imperfekt *gr n* imparfait *m*
Imperialis|mus *m* impérialisme *m*; **~t** *m* impérialiste *m*; **&tisch** impérialiste
impf|en vacciner (***gegen*** contre); **&schein** *m* certificat *m* de vaccination; **&stoff** *m* vaccin *m*; **&ung** *f* vaccination *f*
imponieren ***j-m*** ~ en imposer à qn
Import *m* importation *f*; **~eur** *m* importateur *m*; **&ieren** importer
imposant imposant
impotent impuissant; ⚠ *nicht* ***impotent***
imprägnier|en imperméabiliser; **~t** imperméable
improvisieren improviser
Impuls *m* impulsion *f*; **&iv** impulsif
imstande *cf* ***Stand***
in 1. *räumlich* dans, à, en; ~ ***Frankreich*** en France; ~ ***Portugal*** au Portugal; ~ ***Paris*** à Paris; ***in den USA*** aux U.S.A.; ~ ***der*** *od* ***die Stadt*** en ville; ~ ***der*** *od* ***die Schule*** à l'école; ***~s Kino*** au cinéma; ***~s Bett*** au lit; ~ ***der Küche*** dans la cuisine; **2.** *zeitlich* dans, en, pendant; ~ ***dieser*** (***der nächsten***) ***Woche*** cette semaine (la semaine prochaine); ~ ***diesem Alter*** (***Augenblick***) à cet âge (instant); ~ ***3 Tagen*** *von jetzt an* dans trois jours; *Dauer* en trois jours; ~ ***der Nacht*** pendant la nuit; **3.** *Art und Weise* en; ***gut sein*** ~ être bon en; ~ ***Behandlung*** (***Reparatur***) en traitement (réparation); ***~s Deutsche*** en allemand; *cf a* ***im***; **4.** ~ ***sein*** F être branché
Inbegriff *m* incarnation *f*; **&en** compris
indem pendant que; ~ ***er das tut*** en faisant ceci
Inder(in *f*) *m* Indien *m*, -ne *f*
Indianer(in *f*) *m* Indien *m*, -ne *f*
Indien *n* l'Inde *f*
Indikativ *gr m* indicatif *m*

indirekt indirect
indisch indien
indiskret indiscret; **≈ion** *f* indiscrétion *f*
indiskutabel inadmissible, hors de question; ⚠ *nicht* ***indiscutable***
individuell individuel
Individuum *n* individu *m*
Indonesien *n* l'Indonésie *f*
industrialisier|en industrialiser; **≈ung** *f* industrialisation *f*
Industrie *f* industrie *f*; **~abfälle** *m/pl* déchets *m/pl* industriels; **~gebiet** *n* région *f* industrielle
industriell industriel; **≈e(r)** *m* industriel *m*
Industrie|roboter *m* robot *m* industriel; **~staat** *m* pays *m* (nation *f*) industrialisé(e)
ineinander l'un dans l'autre; **~** ***verliebt*** amoureux l'un de l'autre; **~** ***greifen*** s'enchaîner, s'imbriquer
infam infâme
Infarkt *méd m* infarctus *m*
Infektion *méd f* infection *f*; **~skrankheit** *f* maladie *f* infectieuse
Infinitiv *gr m* infinitif *m*
infizieren infecter, contaminer
Inflation *f* inflation *f*
Info *f* F info *f*
infolge par suite de; **~dessen** par conséquent
Inform|atik *f* informatique *f*; **~atiker** *m* informaticien *m*; **~ation** *f* information *f*; **≈ieren** (***sich*** **~** s')informer (***über*** de); ***falsch*** **~** mal informer
infrage *cf* ***Frage***
infra|rot infrarouge; **≈struktur** *f* infrastructure *f*
Infusion *méd f* perfusion *f*; ⚠ *nicht* ***infusion***
Ingenieur *m* ingénieur *m*
Ingwer *m* gingembre *m*
Inhaber(in *f*) *m* possesseur *nur m*, propriétaire *m,f*; *e-s Amtes, Kontos* titulaire *m,f*; *e-s Rekords* détenteur *m*, -trice *f*
Inhalt *m* contenu *m*; *Raum≈* capacité *f*, volume *m*; *fig* sens *m*, fond *m*
Inhalts|angabe *f* résumé *m*, sommaire *m*; **~verzeichnis** *n* table *f* des matières
Initiative *f* initiative *f*
inklusive (y) compris
inkonsequent inconséquent
In-Kraft-Treten *n* entrée *f* en vigueur
Inland *n* pays *m*; *Landesinnere* intérieur *m* du pays
Inliner, Inline Skates *pl* patins *m/pl* en ligne
inländisch national, du pays
inmitten au milieu de
innen dedans, à l'intérieur
Innen|architekt(in *f*) *m* architecte-décorateur *m*; **~architektur** *f* décoration *f*; **~minister** *m* ministre *m* de l'Intérieur; **~ministerium** *n* ministère *m* de l'Intérieur; **~politik** *f* politique *f* intérieure; **~stadt** *f* centre *m* ville
inner|e intérieur; *pol*, *méd* interne; ***das Innere*** l'intérieur *m*; **≈eien** *pl* abats *m/pl*; **~halb** dans (*a zeitlich*); à l'intérieur de; **~lich** interne (*a méd*), intérieur
innig intime, cordial
Innovat|ion *f* innovation *f*; **≈iv** innovateur
Innung *f* guilde *f*, corporation *f*, corps *m* de métier
inoffiziell non officiel
ins *cf* ***in***
Insasse *m Fahrzeug* passager *m*; *Anstalt* pensionnaire *m*
insbesondere en particulier
Inschrift *f* inscription *f*
Insekt *n* insecte *m*; **~enbekämpfungsmittel** *n* insecticide *m*; **~enschutzmittel** *n* insectifuge *m*; **~enstich** *m* piqûre *f* d'insecte
Insel *f* île *f*; ***kleine*** **~** îlot *m*; **~bewohner(in** *f*) *m* insulaire *m,f*; **~gruppe** *f* archipel *m*
Inser|at *n* annonce *f*; **≈ieren** mettre une annonce
ins|geheim en secret; **~gesamt** en tout, au total
Insider *m* initié *m*
insofern 1. *conj* **~** ***als*** ... dans la mesure où ...; **2.** *adv* sur ce point
Inspektion *f* inspection *f*; *auto* révision *f*
inspirieren inspirer
inspizieren inspecter
Installateur *m* installateur *m*, plombier *m*
instand *cf* ***Stand***; **≈haltung** *f* entretien *m*, maintenance *f*
inständig ***j-n*** **~** ***bitten*** prier qn instamment (***zu*** de)
Instanz *f* instance *f*
Instinkt *m* instinct *m*; **≈iv** instinctif

I

Institut *n* institut *m*
Instrument *n* instrument *m*
Insulin *n* insuline *f*; ⚠ ***une*** insuline
inszenier|en mettre en scène; **2ung** *f* mise *f* en scène
Integrität *f* intégrité *f*
intellektuell intellectuel; **2e(r)** *m, f* intellectuel *m*, -le *f*
intelligent intelligent
Intelligenz intelligence *f*; ***künstliche ~*** intelligence *f* artificielle; **~quotient** *m* quotient *m* intellectuel (*abr* Q.I.)
Intendant *m* *TV* président *m* (d'une chaîne de télévision); *Theater* directeur *m*
intensiv intense, intensif; **2kurs** *m* cours *m* intensif; **2station** *f* service *m* de réanimation
interaktiv interactif
Intercity *m* intercité *m*; ***~ Express*** T.G.V. *m*
interessant intéressant
Interess|e *n* intérêt *m* (***an, für*** à, pour); **2elos** indifférent; **~elosigkeit** *f* indifférence *f*, désintérêt *m*; **~engemeinschaft** *f* communauté *f* d'intérêts; **~ent** *m* amateur *m*, acheteur *m* potentiel; **2ieren** ***j-n ~*** intéresser qn (***für*** à); ***sich ~ für*** s'intéresser à, être intéressé par
Interface *n* interface *f*; ⚠ ***une*** interface
intern interne; **2at** *n* internat *m*
international international
Internet *n* Internet *m*
Internist *méd m* spécialiste *m* des maladies internes
Inter|pretation *f* interprétation *f*; *Text2* explication *f* de texte; **2pretieren** interpréter; *Text* expliquer; **~punktion** *f* ponctuation *f*
Interrailkarte *f* carte *f* Inter-Rail
Interregio *m* express *m* régional
Interrogativpronomen *n* pronom *m* interrogatif
Inter|vall *n* intervalle *m*; **2venieren** intervenir; **~view** *n* interview *f*; ⚠ ***une*** interview; **2viewen** interviewer
intim intime (***mit*** avec); **2ität** *f* intimité *f*; **2sphäre** *f* vie *f* privée
intoler|ant intolérant (***gegenüber*** envers); **2anz** *f* intolérance *f*
intransitiv *gr* intransitif
Intrig|e *f* intrigue *f*; **2ieren** intriguer (***gegen*** contre)

Invalid|e *m* invalide *m, f*; **~ität** *f* invalidité *f*
Inventar *n* installation *f*, équipement *m*; *Verzeichnis* inventaire *m*
Inventur *comm f* inventaire *m*; ***~ machen*** faire l'inventaire
invest|ieren *écon* investir; **2ition** *f* investissement *m*
inwie|fern, ~weit dans quelle mesure
inzwischen en attendant, entre-temps
Irak ***der ~*** l'Irak *m*; **2isch** irakien
Iran ***der ~*** l'Iran *m*; **2isch** iranien
irdisch terrestre
Ir|e *m*, **~in** *f* Irlandais *m*, -e *f*
irgend ***wenn ~ möglich*** si faire se peut; ***wenn du ~ kannst*** si cela t'est possible; F ***~ so ein*** ... une espèce de ..., un de ces ...; **~ein** un ... quelconque; **~einer, ~wer** quelqu'un, une personne quelconque; *egal wer* n'importe qui; **~etwas** quelque chose; *egal was* n'importe quoi; **~jemand** quelqu'un; *egal wer* n'importe qui; **~wann** un jour; *egal wann* n'importe quand; **~wie** d'une façon ou d'une autre; *egal wie* n'importe comment; **~wo** quelque part; *egal wo* n'importe où
irisch irlandais, d'Irlande
Irland *n* l'Irlande *f*
Iron|ie *f* ironie *f*; **2isch** ironique
irre *geistesgestört* aliéné, fou; *verwirrt* dérangé; F *sagenhaft* formidable, extra, super, génial
Irre(r) *m, f* aliéné *m*, -e *f*; fou *m*, folle *f*; ***wie ein Irrer*** comme un fou
irre|führen tromper, induire en erreur; **~führend** trompeur; *Werbung* mensonger; **~machen** déconcerter
irren ***sich ~*** se tromper (***in etw*** de qc; ***in j-m*** sur qn); ***sich in der Straße ~*** se tromper de rue; ***durch die Stadt ~*** errer dans la ville
Irrenanstalt *méd f* asile *m* d'aliénés, asile *m* psychiatrique
irrig erroné
irritieren *ärgern, reizen* irriter; *verwirren* déconcerter
Irr|licht *n* feu *m* follet; **~sinn** *m* démence *f*, folie *f* (*a fig*); **2sinnig** fou (*a fig*); **~tum** *m* erreur *f*; ***im ~ sein*** être dans l'erreur; **2tümlich** erroné; **2tümlicherweise** par erreur; **~weg** *m* mauvaise voie *f*
Ischias *méd n od m* sciatique *f*

Islam *rel m* islam *m*; **≈isch** islamique
Island *n* l'Islande *f*
Isländ|er(in *f*) *m* Islandais *m*, -e *f*; **≈isch** islandais
Isolier|band *n* ruban *m* isolant, chatterton *m*; **≈en** (***sich*** ~ s')isoler; **~kanne** *f* thermos *m*; **~ung** *f* isolement *m*; *tech* isolation *f*
Isomatte *f* tapis *m* de sol
Israel *n* Israël *m*
Israeli *m*, *f* Israélien *m*, -ne *f*; **≈sch** israélien; **~t(in** *f*) *m hist* Israélite *m*, *f*; **≈tisch** *hist* israélite
Italien *n* l'Italie *f*
Italien|er(in *f*) *m* Italien *m*, -ne *f*; **≈isch** italien

J

ja oui; ***da ist er ~!*** tiens, le voilà!; ***ich sagte es Ihnen*** ~ c'est ce que je vous disais justement; ***tut es ~ nicht!*** ne faites surtout pas cela!; ***sei ~ vorsichtig!*** sois bien prudent!; ***du kommst doch, ~?*** tu viens, n'est-ce pas?
Jacht *mar f* yacht *m*; ⚠ ***le*** yacht
Jacke *f* veste *f*; *Damen- u Kinder≈* jaquette *f*
Jackett *n* veston *m*
Jagd *f* chasse *f* (***auf*** à); ***auf die ~ gehen*** aller à la chasse; ***~ machen auf*** faire la chasse à; **~hund** *m* chien *m* de chasse; **~hütte** *f* pavillon *m* de chasse; **~revier** *n* chasse *f*; **~schein** *m* permis *m* de chasse *od* de chasser
jagen chasser; *Verbrecher* pourchasser; *fig eilen* foncer; ***nach etw*** ~ courir après qc
Jäger(in *f*) *m* chasseur *f*, -euse *f*
Jaguar *zo m* jaguar *m*
jäh soudain; *steil* escarpé
Jahr *n* an *m*, année *f*; ***das ganze*** ~ toute l'année; ***jedes*** ~ tous les ans, chaque année; ***einmal im*** ~ une fois par an; ***im ~ 1986*** en 1986; ***ein 20 ~e altes Auto*** une voiture vieille de 20 ans; ***mit 18 ~en*** à 18 ans; ***heute vor e-m*** ~ il y a un an aujourd'hui; ***die 80er ~e*** les années 80; **≈aus** ~, ***jahrein*** bon an, mal an; **~buch** *n* annuaire *m*
jahrelang *adj* qui dure des années; *adv* pendant des années
Jahres|anfang *m* début *m od* commencement *m* de l'année; **~bericht** *m* rapport *m* annuel; **~ende** *n* fin *f* de l'année; **~tag** *m* anniversaire *m*; **~wechsel** *m* nouvel an *m*; **~zahl** *f* millésime *m*; **~zeit** *f* saison *f*
Jahr|gang *m* année *f*; *mil* classe *f*; *Wein* millésime *m*; *Schule* promotion *f*; **~hundert** *n* siècle *m*
jährlich annuel; *adv* par an
Jahr|markt *m* foire *f*; **~tausend** *n* millénaire *m*; **~zehnt** *n* dizaine *f* d'années, décennie *f*
Jähzorn *n* irascibilité *f*; **≈ig** irascible, coléreux
Jakob *m* Jacques *m*
Jalousie *f* store *m*
Jammer *m* misère *f*; ***es ist ein ~!*** quelle pitié!
jämmerlich lamentable, déplorable, misérable; ***~ versagen*** échouer lamentablement
jammer|n se lamenter, gémir; **~schade es ist** ~ quel dommage!
Jänner *östr*, **Januar** *m* janvier *m*; ***im*** ~ en janvier; ***am 10.*** ~ le 10 janvier; ***der 10. ~ 1996*** le 10 janvier 1996
Japan *n* le Japon; **~er(in** *f*) *m* Japonais *m*, -e *f*; **≈isch** japonais
Jargon *m* jargon *m*, argot *m*
Jastimme *f* oui *m*
jäten sarcler
Jauche *f* purin *m*
jauchzen pousser des cris de joie, jubiler
Jause *östr f* casse-croûte *m* F
jawohl oui; *ganz recht* bien sûr
je *pro* par; *jeweils* chacun; *jemals* jamais; ***der beste Film, den ich ~ gesehen habe*** le meilleur film que j'aie jamais vu; ***~ zwei*** deux de chaque *od* chacun

J

deux; ***3 Mark ~ Kilo*** 3 marks le kilo; ***~ nach Größe*** suivant la taille; ***~ nachdem*** (, ***wie***) cela dépend (de); ***~ ... desto*** ... plus ... plus ...
Jeans *f* jean *m*; ⚠ ***le*** jean; **~jacke** *f* veste *f* en jean
jedenfalls en tout cas
jeder *m*, **jede** *f*, **jedes** *n* chaque; *verallgemeinernd* tout; *substantivisch* chacun *m*, chacune *f*; ***jeden zweiten Tag*** tous les deux jours; ***jeden Augenblick*** à tout instant; ***ohne jeden Kommentar*** sans aucun commentaire; ***jeder von uns*** chacun de nous; ***jeder Beliebige*** n'importe qui; ***das weiß jeder*** tout le monde le sait; ***jedes Mal*** chaque fois; ***jedes Mal wenn*** toutes les fois que
jedermann chacun, tout le monde
jederzeit à tout moment
jedoch cependant
jeher ***von ~*** depuis toujours
jemals jamais
jemand quelqu'un; *in negativer Umgebung* personne; ***~ anders*** quelqu'un d'autre; ***ohne ~ zu grüßen*** sans saluer personne
jener *m*, **jene** *f*, **jenes** *n* ce (*vor Vokal* cet) *m*, cette *f*, ces *pl* ... là; *substantivisch* celui-là *m* (*pl* ceux-là), celle-là *f* (*pl* celles-là); ***dieses und jenes*** ceci et cela
jenseitig qui est au-delà, de l'autre côté
jenseits 1. *prép* au-delà de; **2.** ***das*** **≈** l'au-delà *m*, l'autre monde *m*
jetzig actuel
jetzt maintenant, à présent; *in Vergangenheitsschilderungen* alors; ***bis ~*** jusqu'à présent, jusqu'à maintenant; ***von ~ an*** désormais; ***eben ~*** juste en ce moment; ***~ gleich*** tout de suite; ***schon ~*** d'ores et déjà
jeweil|ig respectif; **~s** chaque fois
Job *m* F job *m*, petit boulot *m*; **~sharing** *n* partage *m* du travail
Joch *n* joug *m* (*a fig*)
Jockei *m* jockey *m*
Jod *chim n* iode *m*
jodeln jodler
Joga *n* yoga *m*
jogg|en faire du jogging; **≈er** *m* joggeur *m*; **≈ing** *n* jogging *m*; **≈inganzug** *m* survêtement *m* de jogging
Jogurt *m od n* yaourt *m*; **~bereiter** *m* yaourtière *f*
Johann *m* Jean *m*; **~a** *f* Jeanne *f*
Johannisbeere *f* *Rote* groseille *f*; ***Schwarze ~*** cassis *m*
johlen hurler, crier
Joint *m* joint *m*
Jongl|eur *m* jongleur *m*; **≈ieren** jongler (***mit*** avec)
Joule *n* joule *m*
Journal|ismus *m* journalisme *m*; **~ist(in** *f*) *m* journaliste *m*, *f*
Joystick *m* manette *f* de jeu
Jubel *m* allégresse *f*; **≈n** pousser des cris d'allégresse *od* de joie
Jubiläum *n* anniversaire *m*; ***fünfzigjähriges ~*** cinquantenaire *m*, jubilé *m*; ***hundertjähriges ~*** centenaire *m*
juck|en démanger; **≈reiz** *m* démangeaison *f*
Jude *m*, **Jüdin** *f* Juif *m*, Juive *f*
jüdisch juif; *rel* judaïque
Jugend *f* jeunesse *f*; **~arbeitslosigkeit** *f* chômage *m* des jeunes; **≈frei** *Film* autorisé aux mineurs; ***nicht ~er Film*** film interdit aux moins de dix-huit ans; **~gericht** *n* tribunal *m* pour mineurs *od* pour enfants; **~herberge** *f* auberge *f* de jeunesse; **~kriminalität** *f* délinquance *f* juvénile; **≈lich** jeune; *der Jugend eigen* juvénile; **~liche(r)** *m*, *f* jeune *m*, *f*, adolescent *m*, -e *f*; **~stil** *m* Art Nouveau *m*, style *m* 1900; **~strafanstalt** *f* prison *f* pour enfants; **~verbot** *n* interdiction *f* aux moins de dix-huit ans
Jugoslaw|e *m*, **~in** *f hist* Yougoslave *m*, *f*; **~ien** *hist n* la Yougoslavie; **≈isch** *hist* yougoslave
Juli *m* juillet *m*; ***im ~*** en juillet; ***am 16. ~*** le 16 juillet; ***der 16. ~ 1949*** le 16 juillet 1949
jung jeune; ***~e Leute*** *pl* des jeunes gens *m/pl*
Junge *m* garçon *m*; gamin *m*
Junge(s) *zo n* petit *m*; ***Junge werfen*** mettre bas, avoir des petits
jungen|haft puéril, de gamin; **≈streich** *m* farce *f od* blague F *f* de gamins
jünger plus jeune; *Bruder*, *Schwester* cadet; ***er ist drei Jahre ~ als ich*** il est de trois ans mon cadet
Jünger *rel m* disciple *m* (*a fig*)
Jungfer *f* ***alte ~*** vieille fille *f*; **~nfahrt** *f* voyage *m* inaugural, premier voyage *m*
Jung|frau *f* vierge *f*; *astr* Vierge *f*; *rel*

die Heilige ~ la (Sainte) Vierge; **~geselle** *m* célibataire *m*, vieux garçon *m*
jüngst 1. *adj* le *od* la plus jeune; *Bruder* (le) cadet; *Ereignis, Nachrichten* dernier; ***in ~er Zeit*** récemment; *rel* ***das* ***℞***e Gericht*** le Jugement dernier; **2.** *adv* récemment
Juni *m* juin *m*; ***im*** ~ en juin; ***am 25.*** ~ le 25 juin; ***der 25.*** ~ ***1916*** le 25 juin 1916
junior 1. *adj* (le) jeune; junior; **2.** ℞ *m Sport* junior *m*; **℞pass** *m* carte *f* jeunes
Junkie *m* junkie *m*
Jura[1] *n/pl* droit *m*; ~ ***studieren*** faire son droit, étudier le droit
Jura[2] *m Gebirge* Jura *m*; *Kanton* canton *m* du Jura
Jurist *m* juriste *m*; **℞isch** juridique
Jury *f* jury *m*; ⚠ ***le*** jury
Justiz *f* justice *f*; **~irrtum** *m* erreur *f* judiciaire; **~minister** *m* ministre *m* de la Justice
Juwel *n od m* bijou *m*, joyau *m* (*beide a fig*); **~ier** *m* bijoutier *m*, joaillier *m*
Jux *m* F blague *f*, plaisanterie *f*

K

Kabarett *n* cabaret *m od* théâtre *m* de chansonniers
Kabel *n* câble *m*; **~fernsehen** *n* télévision *f* par câble, télédistribution *f*, câblodistribution *f*
Kabeljau *zo m* morue *f* fraîche, cabillaud *m*
Kabine *f* cabine *f*; *aviat a* carlingue *f*
Kabinett *n* cabinet *m*
Kabis *m Schweiz* chou *m* vert
Kabriolett *auto n* cabriolet *m*, voiture *f* décapotable
Kachel *f* carreau *m* (de faïence); **℞n** carreler; **~ofen** *m* poêle *m* de faïence
Kadaver *m* cadavre *m* (d'animal)
Käfer *m zo* coléoptère *m*; *auto* coccinelle *f*
Kaff *n péj* bled *m*, patelin *m*
Kaffee *m* café *m*; **~bohne** *f* grain *m* de café; **~kanne** *f* cafetière *f*; **~maschine** *f* machine *f* à faire le café; *große* percolateur *m*; **~mühle** *f* moulin *m* à café; **~pause** *f* pause-café *f*; **~tasse** *f* tasse *f* à café
Käfig *m* cage *f*
kahl *Kopf* chauve; *Wand* nu; *Landschaft* dénudé; ~ ***geschoren*** tondu, rasé; **℞heit** *f des Kopfes* calvitie *f*; *fig* nudité *f*; **℞kopf** *m* tête *f* chauve; **~köpfig** chauve
Kahn *m* barque *f*, canot *m*
Kai quai *m*
Kairo le Caire
Kaiser|(in *f*) *m* empereur *m*, impératrice *f*; **℞lich** impérial; **~reich** *n* empire *m*; **~schnitt** *méd m* césarienne *f*
Kajalstift *m* crayon *m* khôl
Kajüte *mar f* cabine *f*
Kakao *m* cacao *m*; *fig* ***j-n durch den ~ ziehen*** se payer la tête de qn
Kakt|ee *f*, **~us** *m* cactus *m*
Kalauer *m* calembour *m*
Kalb *n* veau *m*; **℞en** vêler; **~fleisch** *n* veau *m*
Kalbs|braten *m* rôti *m* de veau; **~schnitzel** *n* escalope *f* de veau
Kalender *m* calendrier *m*; *Taschen*℞ agenda *m*; **~jahr** *n* année *f* civile
Kali *chim n* potasse *f*
Kaliber *n* calibre *m* (*a fig*)
Kalium *chim n* potassium *m*
Kalk *m* chaux *f*; *méd* calcium *m*; **℞en** enduire de chaux; *agr* chauler; **~stein** *m* calcaire *m*
Kalkul|ation *f* calcul(s) *m*(*pl*); **℞ieren** calculer
Kalorie *f* calorie *f*; **℞narm** hypocalorique, peu calorique
kalt froid (*a fig*); ***es ist*** ~ il fait froid; ***mir ist*** ~ j'ai froid; ~ ***bleiben*** rester impassible *od* de marbre; **~blütig** de *od* avec sang-froid
Kälte *f* froid *m*; *fig* froideur *f*; ***vor ~ zittern*** trembler de froid; ***fünf Grad ~*** cinq degrés en dessous de zéro; **~einbruch** *m* coup *m* de froid; **~grad** *m*

degré *m* en dessous de zéro; **~periode** *f* vague *f* de froid

kalt|machen *fig* F liquider; **~schnäuzig** froid(ement); **⌂start** *EDV m* démarrage *m* à froid; **~stellen** *fig* limoger, F dégommer

Kalzium *chim n* calcium *m*

Kamel *n* chameau *m*

Kamera *f* appareil *m* photo; *Film⌂* caméra *f*

Kamerad|(in *f*) *m* camarade *m*, *f*; ⚠ *Schreibung* cam**a**rade; **~schaft** *f* camaraderie *f*

Kameramann *m* cameraman *m*

Kamille *bot f* camomille *f*

Kamin *m* cheminée *f*; **~feger** *m* ramoneur *m*

Kamm *m* peigne *m*; *Gebirgs⌂* crête *f*

kämmen (***sich*** ~ se) peigner

Kammer *f* chambre *f*; **~musik** *f* musique *f* de chambre; **~ton** *mus m* diapason *m*

Kampf *m* combat *m*; lutte *f*; *Wett⌂* match *m*; **⌂bereit** prêt au combat

kämpfen combattre (***gegen j-n*** qn *od* contre qn); se battre (***mit j-m*** avec qn); lutter (***gegen*** contre; ***um od für*** pour)

Kampfer *chim m* camphre *m*

Kämpfer *m* combattant *m*; *fig* champion *m* (***für*** de)

Kampf|flugzeug *mil n* avion *m* de combat; **~kraft** *f* force *f* combative; **~richter** *m Sport* arbitre *m*; **⌂unfähig** hors de combat

kampieren camper

Kanada *n* le Canada

Kanad|ier(in *f*) *m* Canadien *m*, -ne *f*; **⌂isch** canadien

Kanal *m* canal *m*; *Abwasser⌂* égout *m*; *géogr* la Manche

Kanalis|ation *f* égouts *m/pl*, tout-à-l'égout *m*; **⌂ieren** canaliser

Kanarienvogel *m* canari *m*, serin *m*

Kandid|at(in *f*) *m* candidat *m*, -e *f*; **~atur** *f* candidature *f*; **⌂ieren** poser sa candidature, se porter candidat

Känguru *zo n* kangourou *m*

Kaninchen *zo n* lapin *m*

Kanister *m* bidon *m*, jerrycan *m*

Kanne *f* pot *m*; *Kaffee⌂* cafetière *f*; *Tee⌂* théière *f*; *Gieß⌂* arrosoir *m*

Kannibale *m* cannibale *m*

Kanon *m* canon *m*

Kanone *f* canon *m*; *fig Person* as *m*, crack *m*

Kant|e *f* arête *f*; *Rand* bord *m*; *fig* ***auf die hohe ~ legen*** mettre de côté; **⌂ig** à arêtes vives; *Gesicht* anguleux

Kantine *f* cantine *f*

Kanton *m* canton *m*

Kanu *n* canoë *m*

Kanüle *f* canule *f*

Kanzel *f* chaire *f*

Kanzlei *f pol* chancellerie *f*; *Anwalts⌂* étude *f*, bureau *m*

Kanzler *m* chancelier *m*

Kap *géogr n* cap *m*, promontoire *m*

Kapazität *f* capacité *f*; *Könner* autorité *f*, sommité *f*

Kapelle *f égl* chapelle *f*; *mus* orchestre *m*

kapern capturer

kapieren F piger

Kapital *n* capital *m*, capitaux *m/pl*, fonds *m/pl*; **~anlage** *f* placement *m* de capitaux; **~ismus** *m* capitalisme *m*; **~ist** *m* capitaliste *m*; **⌂istisch** capitaliste *m*

Kapitän *m* capitaine *m* (*a Sport*)

Kapitel *n* chapitre *m*

Kapitul|ation *f* capitulation *f*; **⌂ieren** capituler

Kappe *f* bonnet *m*; *mit Schirm* casquette *f*; *fig* ***etw auf seine ~ nehmen*** prendre qc sur soi

Kapsel *f* capsule *f*

kaputt F cassé, abîmé, P foutu; *erschöpft* éreinté, F claqué, crevé, vidé; **~gehen** se casser, s'abîmer; *tech* tomber en panne; **~machen** casser, abîmer

Kapuze *f* capuchon *m*

Karabiner *mil m* carabine *f*

Karaffe *f* carafe *f*

Karambolage *f* carambolage *m*; ⚠ ***le*** carambolage

Karat *n* carat *m*

Karate *n* karaté *m*

Karawane *f* caravane *f*

Kardinal *m* cardinal *m*; **~zahl** *f* nombre *m* cardinal

Karfiol *östr m* chou-fleur *m*

Karfreitag *m* vendredi *m* saint

karg *Mahlzeit* frugal; *Boden* pauvre; *Lohn* maigre

kärglich pauvre

kariert à carreaux

Karies *méd f* carie *f*
Karik|atur *f* caricature *f*; **~aturist** *m* caricaturiste *m*; **2ieren** caricaturer
Karl *m* Charles *m*; **~ *der Große*** Charlemagne *m*
Karneval *m* carnaval *m*; ⚠ *Schreibung* carn**a**val
Kärnten *n* la Caranthie
Karo *n* carreau *m*
Karosserie *auto f* carrosserie *f*
Karotte *bot f* carotte *f*
Karpfen *zo m* carpe *f*; ⚠ ***la*** carpe
Karre *f* charrette *f*; F *Auto* bagnole *f*; ***alte* ~** vieux clou *m*
Karriere *f* carrière *f*; **~ *machen*** faire carriére; **~frau** *f* carriériste *f*; **~macher** *m* arriviste *m*, carriériste *m*
Karte *f* carte *f* (*a EDV*); *Fahr2, Eintritts2* billet *m*, ticket *m*; *Fußball* ***gelbe, rote* ~** carton *m* jaune, rouge; *fig* ***alles auf e-e* ~ *setzen*** jouer le tout pour le tout
Kartei *f* fichier *m*; **~karte** *f* fiche *f*; **~kasten** *m* boîte *f* à fiches
Karten|spiel *n* jeu *m* de cartes; **~telefon** *n* téléphone *m* à cartes; **~vorverkauf** *m* location *f*
Kartoffel *f* pomme *f* de terre; **~brei** *m* purée *f* de pommes de terre; **~chips** *pl* chips *m/pl*; **~knödel** *m* boulette *f* de pommes de terre; **~puffer** *m* crêpe *f* de pommes de terre; **~schalen** *f/pl* pelures *f/pl* de pommes de terre
Karton *m* carton *m*; **2ieren** cartonner
Karussell *n* manège *m* (de chevaux de bois); **~ *fahren*** faire un tour de manège
Karwoche *f* semaine *f* sainte
Karzinom *n* carcinome *m*
Käse *m* fromage *m*; ***Schweizer* ~** gruyère *m*; **~kuchen** *m* gâteau *m* au fromage blanc
Kaserne *f* caserne *f*
käsig F *bleich* pâle, cireux
Kasino *n Spiel2* casino *m*; *Offiziers2* mess *m*
Kasper *m*, **~letheater** *n* guignol *m*
Kasse *f* caisse *f*
Kassen|arzt *m* médecin *m* conventionné par la Sécurité sociale; **~bestand** *m* encaisse *f*; **~erfolg** *m* pièce *f od* film *m* à succès; **~patient** *m* patient *m* affilié à une caisse de maladie; **~zettel** *m* ticket *m* de caisse
Kassette *f* cassette *f*; *Bücher* coffret *m*; **~ndeck** *n* platine *f* à cassettes; **~nrekorder** *m* magnétophone *m od* lecteur *m* à cassettes
kassier|en encaisser; **2er(in *f*)** *m* caissier *m*, -ière *f*
Kastanie *f Baum* châtaignier *m*; *Ross2* marronnier *m*; *Frucht* châtaigne *f*; marron *m* (*a cuis*)
Kästchen *n* coffret *m*; *auf Formularen etc* case *f*
Kasten *m* boîte *f*, caisse *f*
kastrieren castrer
Kasus *gr m* cas *m*
Katalog *m* catalogue *m*
Katalysator *m chim* catalyseur *m*; *auto* pot *m* catalytique
Katapult *m od n* catapulte *f*
katastrophal catastrophique
Katastrophe *f* catastrophe *f*; **2ngebiet** *n* région *f* sinistrée; **2nschutz** *m* protection *f* contre les catastrophes
Katechismus *rel m* catéchisme *m*
Kategor|ie *f* catégorie *f*; **2isch** catégorique
Kater *m* matou *m*, chat *m* mâle; *fig* F mal *m* aux cheveux
Kathedrale *f* cathédrale *f*
Kathol|ik(in *f*) *m* catholique *m, f*; **2isch** catholique
Kätzchen *n* chaton *m* (*a bot*)
Katze *f* chat *m*; *weibliche* chatte *f*
Kauderwelsch *n* charabia *m*
kauen mâcher
kauern (***sich***) **~** s'accroupir
Kauf *m* achat *m*, acquisition *f*; ***etw in* ~ *nehmen*** s'accommoder de qc; **2en** acheter; ***sich etw* ~** s'acheter qc
Käufer(in *f*) *m* acheteur *m*, -euse *f*; *Kunde* client *m*, -e *f*
Kauf|haus *n* grand magasin *m*; **~kraft** *écon f* pouvoir *m* d'achat
käuflich à vendre, achetable; *bestechlich* corruptible, vénal
Kauf|mann *m* marchand *m*; *Großhändler* commerçant *m*; **2männisch** commercial; **~vertrag** *m* contrat *m* de vente
Kaugummi *m* chewing-gum *m*, gomme *f* à mâcher
kaum à peine; ne ... guère; **~ *zu glauben!*** on a peine à le croire!; **~ *hatte er das gesagt, als*** ... à peine eut-il dit cela que ...
Kaution *f* caution *f*, cautionnement *m*
Kautschuk *m* caoutchouc *m*

Kauz *m zo* hibou *m*; *fig* ***ein komischer ~*** un drôle de type *od* de zèbre
Kavalier *m* gentleman *m*; **~sdelikt** *n* peccadille *f*
Kaviar *m* caviar *m*
KB, Kbyte, KByte *n* Ko *m* (= kilo-octet)
Kegel *m Spiel* quille *f*; *math* cône *m*; **~bahn** *f* bowling *m*; **&förmig** conique; **&n** jouer aux quilles
Kehl|e *f* gorge *f*; **~kopf** *m* larynx *m*
kehr|en *fegen* balayer; *wenden* tourner; ***j-m den Rücken ~*** tourner le dos à qn; **&reim** *m* refrain *m*; **&seite** *f* revers *m*; ***die ~ der Medaille*** le revers de la médaille
kehrtmachen revenir sur ses pas; faire demi-tour
keifen criailler
Keil *m* coin *m*; *Unterleg&* cale *f*
Keile F *Prügel* correction *f*, frottée *f* F, raclée *f* F, rossée *f* F, volée *f*; **~rei** F *f* bagarre *f*, rixe *f*
Keil|riemen *auto m* courroie *f*; **~schrift** *f* écriture *f* cunéiforme
Keim *m* germe *m* (*a fig*); *fig* ***etw im ~ ersticken*** étouffer qc dans l'œuf; **&en** germer (*a fig*); **&frei** stérilisé; **&tötend** antiseptique; **~zelle** *f biol* gamète *m*; *fig* foyer *m*, source *f*
kein (ne ...) pas de ...; *betont* aucun (ne ...); ~ ... ***mehr*** ne plus de ...; (***ich habe***) ***~ Geld*** (je n'ai) pas d'argent; ***das ist ~ Grund*** ce n'est pas une raison; ***in ~em Fall*** en aucun cas; **~er, ~e, ~es** pas un, -e, aucun, -e, nul, -le, personne (*mit Verb* ne ...); **~erlei** aucun, nul; **~esfalls, ~eswegs** en aucun cas, nullement, en aucune façon (*mit Verb* ne ...); pas *od* point du tout; **~mal** pas une (seule) fois; ***einmal ist ~*** une fois n'est pas coutume
Keks *m od n* biscuit *m*; F ***j-m auf den ~ gehen*** taper sur le système de qn
Kelch *m Glas* coupe *f*; *rel, bot* calice *m*
Kelle *f Maurer&* truelle *f*; *Schöpf&* louche *f*
Keller *m* cave *f*; **~assel** *zo f* cloporte *m*; **~ei** *f* caves *f/pl*; **~geschoss** *n* sous-sol *m*; **~loch** *n* soupirail *m*; **~meister** *m* sommelier *m*; **~wohnung** *f* appartement *m* en sous-sol
Kellner *m* garçon *m* (de café, de restaurant); serveur *m*; **~in** *f* serveuse *f*
Kelt|e *m*, **~in** *f* Celte *m, f*
Kelter *f* pressoir *m*; **&n** pressurer, passer au pressoir, presser
keltisch celte, celtique
Kenia *n* le Kenya
kennen connaître; ***j-n ~ lernen*** faire la connaissance de qn
Kenner(in *f*) *m* connaisseur *m*, expert *m* (*beide a Frau*)
kenntlich reconnaissable (***an*** à); ***etw ~ machen*** marquer qc
Kenntnis *f* connaissance *f*; ***gute ~se in etw haben*** avoir de bonnes connaissances de *od* sur qc; ***~ haben von*** avoir connaissance de; ***~ nehmen von*** prendre connaissance de; ***etw zur ~ nehmen*** prendre note de qc; ***j-n von etw in ~ setzen*** porter qc à la connaissance de qn
Kenn|wort *n* mot *m* de passe; **~zeichen** *n* marque *f* (distinctive), caractéristique *f*; *auto* numéro *m* minéralogique; **&zeichnen** caractériser
kentern *mar* chavirer, sombrer
Keramik *f* céramique *f*
Kerbe *f* entaille *f*
Kerbel *bot m* cerfeuil *m*
Kerker *m* cachot *m*
Kerl *m* type *m*, gaillard *m*
Kern *m* noyau *m* (*a phys*); *Kernobst* pépin *m*; *Problem* fond *m*; *Reaktor* cœur *m*
Kern|arbeitszeit *f* plage *f* fixe; **~brennstoff** *m* combustible *m* nucléaire; **~energie** *f* énergie *f* nucléaire; **~fach** *n* matière *f* principale; **~forschung** *f* recherche *f* nucléaire; **~fusion** *f* fusion *f* nucléaire; **~gehäuse** *n Obst* trognon *m*; **&gesund** plein de santé; **~kraft** *f* énergie *f* nucléaire; **~kraftbefürworter** *m* partisan *m* de l'énergie nucléaire; **~kraftgegner** *m* adversaire *m* de l'énergie nucléaire, antinucléaire *m*; **~kraftwerk** *n* centrale *f* nucléaire; **&los** *Obst* sans pépins; **~obst** *n* fruits *m/pl* à pépins; **~physik** *f* physique *f* nucléaire; **~physiker** *m* atomiste *m*; **~punkt** *m* point *m* central; **~schmelze** *f* fusion *f* du cœur; **~seife** *f* savon *m* de Marseille; **~spaltung** *phys f* fission *f* nucléaire; **~waffen** *mil f/pl* armes *f/pl* nucléaires
Kerze *f* bougie *f*; *Kirchen&* cierge *m*; **&ngerade** droit comme un i

kess désinvolte; ***ein kesses Mädchen*** une fille qui a de l'allure
Kessel *m* chaudron *m*; *großer* chaudière *f*; *Tee*⁓ bouilloire *f*; *géogr* cuvette *f*
Ketschup *n* ketchup *m*
Kettchen *n* chaînette *f*
Kette *f* chaîne *f*; *Halsband* collier *m*; ⁓**n** attacher (***an*** à)
Ketten|fahrzeug *n* véhicule *m* à chenilles; **~raucher** *m* fumeur *m* invétéré; **~reaktion** *f* réaction *f* en chaîne
Ketzer *m* hérétique *m*; **~ei** *f* hérésie *f*; ⁓**isch** hérétique
keuch|en haleter; ⁓**husten** *méd m* coqueluche *f*
Keule *f* massue *f*; *Geflügel*⁓ cuisse *f*; *Hammel*⁓ gigot *m*
keusch chaste; ⁓**heit** *f* chasteté *f*
Keyboard *n* orgue *m* électronique; ⚠ ***un*** orgue
Kfz *n* automobile *f*; **~-Steuer** *f* impôt *m* sur les véhicules automobiles; *in Frankreich* vignette *f* (automobile); **~-Versicherung** *f* assurance *f* automobile
kichern ricaner, pouffer de rire
Kiefer[1] *m* mâchoire *f*
Kiefer[2] *bot f* pin *m*
Kiel *mar m* quille *f*; **~wasser** *n* sillage *m*
Kiemen *biol f/pl* branchies *f/pl*
Kies *m* gravier; F *fig Geld* galette *f*, fric *m*
Kiesel *m* caillou *m*
kiffen F fumer de l'herbe
Kilo *n*, **~gramm** *n* kilo(gramme) *m*; **~hertz** *n* kilohertz *m*; **~joule** *n* kilojoule *m*; **~meter** *m* kilomètre *m*; **~meterzähler** *m* compteur *m* kilométrique; **~watt** *n* kilowatt *m*
Kind *n* enfant *m*, *f*
Kinder|arzt *m*, **~ärztin** *f* pédiatre *m*, *f*; **~betreuung** *f* garde *f* d'enfants; **~ei** *f* enfantillage *m*, gaminerie *f*; **~fahrkarte** *f* billet *m* demi-tarif; **~garten** *m* jardin *m* d'enfants; école *f* maternelle; **~gärtnerin** *f* jardinière *f* d'enfants; institutrice *f* d'école maternelle; **~geld** *n* allocations *f/pl* familiales; **~krankheiten** *f/pl* maladies *f/pl* infantiles; **~lähmung** *méd f* poliomyélite *f*; ⁓**leicht** enfantin; ⁓**los** sans enfants; **~mädchen** *n* bonne *f* d'enfants; ⁓**reich** ***e-e ~e Familie*** une famille nombreuse; **~spiel** *n fig* jeu *m* d'enfant, bagatelle *f*; **~stube** *f fig* ***e-e gute ~ haben*** être bien élevé; **~wagen** *m* voiture *f* d'enfant; landau *m*; poussette *f*; **~zimmer** *n* chambre *f* d'enfant(s)
Kindes|entführung *f* enlèvement *m* d'enfant; **~misshandlung** *f* mauvais traitement *m* infligé à un enfant
Kind|heit *f* enfance *f*; ⁓**isch** puéril; ***~ werden*** retomber en enfance; ⁓**lich** enfantin; naïf; *Liebe* filial
Kinn *n* menton *m*; **~bart** *m* barbiche *f*; **~haken** *m* crochet *m* à la mâchoire, uppercut *m*; **~lade** *f* mâchoire *f*
Kino *n* cinéma *m*, ciné *m* F; **~besucher(in** *f*) *m* spectateur *m*, -trice *f*; **~vorstellung** *f* séance *f* de cinéma
Kiosk *m* kiosque *m*
Kippe *f* F *Zigarettenstummel* mégot *m*; *fig* ***auf der ~ stehen*** être incertain, être dans une situation critique
kippen basculer; *Regierung*, *Minister* renverser
Kippschalter *m* interrupteur *m* à bascule
Kirche *f* église *f*
Kirchen|fenster *n* vitrail *m* (*pl* vitraux); **~gemeinde** *f* paroisse *f*; **~lied** *n* cantique *m*; **~musik** *f* musique *f* sacrée; **~schiff** *arch n* nef *f*; **~steuer** *f* impôt *m* destiné à l'Église; *in Frankreich etwa* denier *m* du culte
kirch|lich ecclésiastique; *Trauung*, *Feiertag* religieux; ⁓**turm** *m* clocher *m*; ⁓**weih** *f* kermesse *f*
Kirschbaum *m* cerisier *m*
Kirsche *f* cerise *f*
Kissen *n* coussin *m*; *Kopf*⁓ oreiller *m*; **~bezug** *m* taie *f* d'oreiller
Kiste *f* caisse *f*
Kitsch *m* toc *m*, kitsch *m*; *Film* navet *m*; *Schund* pacotille *f*; ⁓**ig** de mauvais goût, kitsch, tocard F
Kitt *m* mastic *m*; *fig* ciment *m*
Kittchen *n* F violon *m*, tôle *f*; ***j-n ins ~ stecken*** coller qn au violon
Kittel *m* blouse *f*
kitten mastiquer; *fig* cimenter
Kitz *zo n* chevreau *m*
Kitzel *m* chatouillement *m*; *Sinnen*⁓ volupté *f*
kitz|eln chatouiller; **~(e)lig** chatouilleux; *fig* délicat
Kiwi *bot f* kiwi *m*; ⚠ ***le*** kiwi
kläffen japper, glapir

K

klaffend béant
Klage *f* plainte *f*; *jur* action *f* (en justice)
klagen se plaindre (***über*** de); *jammern* se lamenter; *jur* intenter une action en justice
Kläger(in *f*) *m jur* demandeur *m*, -deresse *f*, plaignant *m*, -e *f*
kläglich *Stimme* plaintif; *péj* lamentable, déplorable, minable
klamm *erstarrt* engourdi
Klamm *géogr f* gorge *f*
Klammer *f tech* crampon *m*; *Büro*≈ trombone *m*; *Heft*≈ attache *f*; *Wäsche*≈, *Haar*≈ pince *f*; **~n** *pl im Text* parenthèses *f/pl*; *eckige* crochets *m/pl*; ***in ~n*** entre parenthèses
klammern ***sich ~*** se cramponner (***an*** à)
Klang *m* son *m*; ***mit Sang und ~*** tambour battant; **~farbe** *f* timbre *m*; **≈voll** sonore
Klappbett *n* lit *m* pliant
Klappe *f tech* clapet *m*; *Herz*≈ valvule *f*; *Blasinstrument* clé *f*; *Filmaufnahme* claquette *f*; *Mund* F gueule *f*
klappen F *gelingen* marcher; ***nach oben ~*** relever; ***nach unten ~*** rabattre; F ***das klappt*** ça va bien, ça gaze F
Klapper *f* crécelle *f*; *Kinder*≈ hochet *m*; **≈n** claquer, cliqueter; ***mit den Zähnen ~*** claquer des dents; **~schlange** *f* serpent *m* à sonnettes; **~storch** F *m* cigogne *f*
Klapp|fahrrad *n* bicyclette *f* pliante; **~messer** *n* couteau *m* pliant; **≈rig** *Mensch* usé, affaibli; *Tisch* branlant; ***~es Auto, Fahrrad*** F vieux clou *m*, tacot *m*; **~sitz** *m* strapontin *m*; **~stuhl** *m* pliant *m*; **~tisch** *m* table *f* pliante
Klaps *m* tape *f*, claque *f*
klar clair; *Flüssigkeit a* limpide; (***na***) ***~!*** bien sûr!; ***alles ~!*** tout va bien!; ***das ist ~*** c'est évident; ***das ist mir nicht ~*** je ne comprends pas bien; ***sich über etw im ≈en sein*** se rendre compte de qc; ***~ sehen*** voir clair
Kläranlage *f* station *f* d'épuration
klären *Angelegenheit* (***sich ~*** s')éclaircir; *Frage* clarifier; *Wasser* traiter, épurer
Klarheit *f* clarté *f*
Klarinette *mus f* clarinette *f*
klar|kommen s'en sortir; ***ich komme da nicht klar*** je m'y perds; **~machen** ***j-m etw ~*** expliquer, faire comprendre qc à qn
Klärung *f Wasser* traitement *m*; épuration *f*; *fig Frage* clarification *f*
Klasse *f* classe *f*; *Sport* catégorie *f*; ***~!*** super!, formidable!
Klassen|arbeit *f* composition *f*; **~kamerad** *m* camarade *m* de classe; **~kampf** *m* lutte *f* des classes; **~lehrer** *m* professeur *m* principal, coordinateur *m*; **~sprecher(in** *f*) *m* délégué *m*, -e *f* de classe; **~treffen** *n* réunion *f* d'anciens élèves; **~zimmer** *n* salle *f* de classe
klassifizier|en classer, classifier; **≈ung** *f* classement *m*, classification *f*
Klassi|k *f* classicisme *m*; **~ker** *m* classique *m*; **≈sch** classique
Klatsch *m* commérage *m*, cancans *m/pl*; **~base** *f* commère *f*, concierge *f*
klatschen *Beifall* applaudir; F *schwätzen* cancaner, caqueter; ***in die Hände ~*** battre des mains
klatsch|haft cancanier, bavard; **≈mohn** *bot m* coquelicot *m*; **~nass** trempé jusqu'aux os
klauben *östr* trier
Klaue *f* griffe *f*; *Raubvögel* serre *f*; *fig schlechte Schrift* écriture *f* illisible
klauen F piquer, chiper
Klausel *jur f* clause *f*
Klausur *f Schule* épreuve *f* écrite; *rel* clôture *f*; *fig* isolement *m*
Klavier *n* piano *m*; ***~ spielen*** jouer du piano; **~konzert** *n* concerto *m* pour piano; **~spieler(in** *f*) *m* pianiste *m*, *f*
Klebeband *n* ruban *m* adhésif
kleb|en coller; *fig* F ***j-m eine ~*** coller une gifle à qn; **~rig** gluant, collant; **≈stoff** *m* colle *f*, adhésif *m*
kleckern faire des taches
Klecks *m* tache *f*; **≈en** faire des taches
Klee *bot m* trèfle *m*
Kleid *n* robe *f*; **≈en** (***sich ~*** s')habiller
Kleider *pl* habits *m/pl*, vêtements *m/pl*; **~ablage** *f* vestiaire *m*; **~bügel** *m* cintre *m*; **~bürste** *f* brosse *f* à habits; **~haken** *m* patère *f*; **~schrank** *m* garde-robe *f*; **~ständer** *m* portemanteau *m*
Kleidung *f* habillement *m*, habits *m/pl*, vêtements *m/pl*; **~sstück** *n* vêtement *m*
Kleie *f* son *m*
klein petit; *Buchstabe* minuscule; ***von ~ auf*** depuis son plus jeune âge; ***der ~e Mann*** l'homme de la rue; ***ein ~ wenig*** un petit peu; ***das ~ Gedruckte*** les clauses *f/pl* en tout petits caractères; ***~***

schneiden couper menu, couper en petits morceaux; **≈anzeige** *f* petite annonce *f*; **≈asien** *n* l'Asie Mineure *f*; **≈geld** *n* (petite) monnaie *f*
Kleinigkeit *f* bagatelle *f*; ***e-e ~ zum Essen*** un petit quelque chose à manger
Klein|kind *n* petit enfant *m*; **~kram** *m* babioles *f/pl*; **~krieg** *m* guérilla *f*, petite guerre *f*; **≈laut** penaud, décontenancé; **≈lich** *knickerig* mesquin; *genau* pointilleux, minutieux; **~stadt** *f* petite ville *f*; **≈städtisch** provincial; **~wagen** *m* petite voiture *f*, mini *f* F
Kleister *m* colle *f* (d'amidon)
Klementine *f* clémentine *f*
Klemme *f* pince *f*; *tech* serre-fils *m*; F *fig* embarras *m*; ***in der ~ sein*** être dans l'embarras
klemmen coincer, serrer; *Tür* être coincé; ***sich ~*** se pincer; *fig* ***sich hinter etw ~*** s'atteler à qc
Klempner *m* plombier *m*
Klette *f bot* bardane *f*; F *Person* pot *m* de colle
kletter|n 1. grimper (***auf*** sur); *Sport* varapper; **2. ≈** *n* varappe *f*; **≈pflanze** *f* plante *f* grimpante
Klettverschluss *m* fermeture *f* velcro
klicken *EDV* cliquer
Klient(in *f*) *m* client *m*, -e *f*
Klima *n* climat *m*; **~anlage** *f* climatisation *f*, climatiseur *m*; **≈tisch** climatique
klimpern faire sonner (***mit etw*** qc); *auf dem Klavier* pianoter; ***auf der Gitarre ~*** gratter de la guitare
Klinge *f* lame *f*
Klingel *f* sonnette *f*; sonnerie *f*; **~knopf** *m* bouton *m* de sonnette; **≈n** sonner (***j-m*** qn); ***es klingelt*** on sonne
klingen sonner; *Glas* tinter; ***das klingt seltsam*** cela paraît étrange
Klini|k *f* clinique *f*, hôpital *m*; **≈sch** clinique
Klinke *f Tür* poignée *f*, bouton *m*
klipp ***~ und klar*** clair et net
Klippe *f* écueil *m* (*a fig*); *Steilküste* falaise *f*
klirren *Ketten* cliqueter; *Gläser* tinter; **~d *~e Kälte*** froid de canard F
Klischee *n* cliché *m*
klitschnass F trempé jusqu'aux os
Klo *n* toilettes *f/pl*, W.-C. *m/pl*
klobig massif, mastoc F
klonen 1. cloner; **2. ≈** *n* clonage *m*
klopfen frapper; battre (*a Herz*); ***es klopft*** on frappe; ***j-m auf die Schulter ~*** taper sur l'épaule de qn
Klöppel *m Glocke* battant *m*
Klops *cuis m* boulette *f* de viande
Klosett *n* W.-C. *m/pl*, cabinets *m/pl*; **~papier** *n* papier *m* hygiénique
Kloß *cuis m* boulette *f*
Kloster *n* couvent *m*, monastère *m*
Klotz *m* bloc *m* de bois; *fig Mensch* lourdaud *m*
Klub *m* club *m*; **~sessel** *m* fauteuil *m* club
Kluft *f Spalt* fente *f*; *tief u breit* gouffre *m*; *fig* fossé *m* (**zwischen** entre); F *Kleidung* frusques *f/pl* P; *Uniform* uniforme *m*
klug intelligent; *vernünftig* sensé; ***daraus werde ich nicht ~*** je n'y comprends rien; **≈heit** *f* intelligence *f*; *Vorsicht* prudence *f*
Klumpen *m* masse *f*, *rund* boule *f*; *Gold* pépite *f*; *cuis* grumeau *m*
knabber|n grignoter (***an etw*** qc); **≈zeug** *n* gâteaux *m/pl* d'apéritif
Knabe *m* garçon *m*
knacken craquer; *Nuss* casser; *Tresor* forcer; *fig* ***j hat an etw zu ~*** qc donne du fil à retordre à qn
Knackpunkt *m* point *m* crucial
Knacks *m Sprung* fêlure *f*
Knall *m* détonation *f*; *Überschall≈* bang *m* ; *fig* ***e-n ~ haben*** F être cinglé *od* toqué *od* marteau; **~bonbon** *m* bonbon *m* à pétard; **~effekt** *m* coup *m* de théâtre; **≈en** éclater, détoner; *Tür, Peitsche* claquer; *Korken* sauter; *fig* F ***j-m e-e ~*** donner une gifle *od* une baffe à qn; **≈ig** *Farben* criard; **~körper** *m* pétard *m*; **≈rot** d'un rouge éclatant; *Gesicht* rouge de honte
knapp *Kleidung* serré, juste; *Geld, Vorräte* rare; *Mahlzeit* maigre; *Mehrheit* faible; *Stil* concis; ***e-e ~e Stunde*** une petite heure; ***~ gewinnen*** gagner de justesse; ***j-n ~ halten*** ne pas donner beaucoup d'argent à qn; **≈heit** *f* pénurie *f*, manque *m*; *Stil* concision *f*
Knarre *f Gewehr* F flingue *m*
knarren grincer
Knast *m* P tôle *od* taule *f*; **~bruder** *m* P taulard *m*
knattern crépiter; *Motorrad* pétarader
Knäuel *n od m* pelote *f*; *Personen* grappe *f*

Knauf *m Tür* bouton *m*; *Degen* pommeau *m*
knauser|ig radin; **~n** ***mit etw ~*** lésiner sur qc
knautsch|en friper, froisser; **ℒzone** *f auto* zone *f* rétractable
Knebel *m* bâillon *m*; **ℒn** bâillonner (*a fig*)
kneifen pincer; *fig* F se dégonfler
Kneipe *f* bistro(t) *m*
knet|en pétrir; **ℒmasse** *f* pâte *f* à modeler
Knick *m in Papier* pli *m*; *Biegung* coude *m*; **ℒen** *Papier* plier; *Zweig* (se) casser, (se) briser; *fig* ***geknickt sein*** être déprimé
Knicks *m* révérence *f*
Knie *n* genou *m*; *tech* coude *m*; *fig* ***etw übers ~ brechen*** expédier qc; **~beuge** *f* flexion *f* des genoux; *rel* génuflexion *f*; **~kehle** *f* jarret *m*; **ℒn** être à genoux; ***sich ~*** se mettre à genoux; **~scheibe** *f* rotule *f*; **~strumpf** *m* bas *m* de sport, chaussette *f* montante

K

Kniff *m Falte* pli *m*; *fig* truc *m*; **ℒlig** difficile, délicat
knipsen *Foto* photographier, prendre en photo; prendre des photos; *Fahrkarte* poinçonner
Knirps *m Kind* petit bonhomme *m*; gosse *m*, mioche *m*; *kleiner Mensch* nabot *m*
knirschen crisser, craquer; ***mit den Zähnen ~*** grincer des dents
knistern *Feuer* crépiter; *Papier* faire un bruit de froissement; *fig* ***~de Spannung*** atmosphère *f* électrique
knittern se froisser
Knoblauch *bot m* ail *m*
Knöchel *m Fuß*ℒ cheville *f*; *Finger*ℒ phalange *f*
Knochen *m* os *m*; **~bruch** *m* fracture *f*; **~mark** *n* moelle *f* osseuse
knochig osseux
Knödel *cuis m* boulette *f*
Knolle *bot f* tubercule *m*; *Zwiebel* bulbe *m*
Knopf *m* bouton *m*
knöpfen boutonner
Knopfloch *n* boutonnière *f*
Knorpel *biol m* cartilage *m*
Knospe *f* bourgeon *m*, bouton *m*; **ℒn** bourgeonner, boutonner
Knoten 1. *m* nœud *m* (*a mar*); *Haar*ℒ chignon *m*; *Nerven*ℒ ganglion *m*; **2. ℒ** nouer; **~punkt** *m Verkehr* nœud *m* routier *od* ferroviaire
Know-how *n* savoir-faire *m*
Knüller F *m* succès *m* fou, scoop *m*; *comm* article *m* choc
knüpfen nouer; *fig* ***e-e Bedingung an etw ~*** mettre une condition à qc
Knüppel *m* bâton *m*, gourdin *m*; *Polizei*ℒ matraque *f*; *aviat Steuer*ℒ manche *m* à balai
knurren gronder, grogner; *Magen* gargouiller
knusp(e)rig croquant, croustillant
knutschen F (s')embrasser avec fougue, (se) bécoter
k. o. K.-O.; *fig* ***~ sein*** F être complètement crevé
Kobold *m* lutin *m*
Koch *m*, **Köchin** *f* cuisinier *m*, -ière *f*
Kochbuch *n* livre *m* de cuisine
kochen faire la cuisine; (faire) cuire; *Wasser*, *Milch* (faire) bouillir; *fig* ***vor Wut ~*** bouillir de rage; ***~d heiß*** bouillant
Koch|er *m* réchaud *m*; **~löffel** *m* cuiller *f* de bois; **~kessel** *m* chaudron *m*; **~kunst** *f* art *m* culinaire; **~nische** *f* coin *m* cuisine; **~platte** *f* réchaud *m*; **~salz** *n* sel *m* de cuisine; **~topf** *m* cocotte *f*, marmite *f*, casserole *f*
Köder *m* appât *m*; **ℒn** appâter (*a fig*)
Koffein *n* caféine *f*; ⚠ ***la*** caféine; **ℒfrei** décaféiné
Koffer *m* valise *f*; *großer Reise*ℒ malle *f*; **~kuli** *m* chariot *m*; **~radio** *n* transistor *m*; **~raum** *auto m* coffre *m*
Kohl *bot m* chou *m*
Kohle *f* charbon *m*; *Stein*ℒ houille *f*; F *Geld* fric *m*; **~hydrate** *n/pl* hydrates *m/pl* de carbone, glucides *m/pl*; **~kraftwerk** *n* centrale *f* thermique au charbon
Kohlen|bergwerk *n* mine *f* de charbon; **~dioxid** *n* gaz *m* carbonique; **~monoxid** *n* oxyde *m* de carbone; **~säure** *f* acide *m* carbonique; **ℒsäurehaltig** *Getränk* gazeux; **~stoff** *m* carbone *m*; **~wasserstoffe** *m/pl* hydrocarbures *m/pl*
Kohle|papier *n* papier *m* carbone; **~zeichnung** *f* (dessin *m* au) fusain *m*
Kohl|kopf *bot m* chou *m*; **~rabi** *bot m* chou-rave *m*; **~rübe** *bot f* chou-navet *m*

Koje *mar f* couchette *f*
Kokain *n* cocaïne *f*; ⚠ ***la*** cocaïne
kokett coquet
Kokosnuss *bot f* noix *f* de coco
Koks *m* coke *m*
Kolben *m Motor* piston *m*; *chim* ballon *m*; *Mais* épi *m*; *Gewehr* crosse *f*
Kolibri *zo m* colibri *m*, oiseau-mouche *m*
Kolik *méd f* colique *f*
Kollaps *méd m* collapsus *m*
Kolleg *n* cours *m*
Kolleg|e *m*, **~in** *f Arbeits*≗ collègue *m*, *f*; *Fach*≗ confrère *m*; *Amts*≗ homologue *m*
Kollegium *n Lehrer*≗ collège *m* des professeurs
Kollekt|e *f* quête *f*; **~ion** *f* collection *f*; **≗iv** collectif; **~iv** *n* collectivité *f*
kolli|dieren entrer en collision; *zeitlich* coïncider; **≗sion** *f* collision *f*; *fig* conflit *m*
Köln Cologne
Kölnischwasser *n* eau *f* de Cologne
Kolon|ie *f* colonie *f*; **≗isieren** coloniser; **~ist** *m* colon *m*
Kolonne *f* colonne *f*; *Fahrzeug*≗ convoi *m*; *Autoschlange* file *f*; *Arbeits*≗ équipe *f*
Koloss *m* colosse *m*
kolossal colossal (*a fig*)
Kolumbien *n* la Colombie
Koma *n* coma *m*
Kombi *auto m* voiture *f* commerciale, fourgonnette *f*, break *m*
Kombin|ation *f* combinaison *f*; *Kleidung* ensemble *m*; *gedankliche* déduction *f*; *Ski* ***alpine*, *nordische* ~** combiné *m* alpin, nordique; **≗ieren** combiner; *gedanklich* déduire
Komet *m* comète *f*; ⚠ ***la*** comète
Komfort *m* confort *m*; **≗abel** confortable
Komi|k *f* comique *m*; ⚠ ***le*** comique; **~ker** *m* comique *m*; **≗sch** comique; *sonderbar* drôle (de)
Komitee *n* comité *m*
Komma *n* virgule *f*
kommandieren commander
Kommando *n Befehl* commandement *m*; *Sondergruppe* commando *m*; ***auf ~*** sur commandement
kommen venir; *an~*, *geschehen* arriver; ***~ lassen*** faire venir, envoyer chercher; ***durch*** *e-n Ort* **~** passer par ...; ***nach Hause ~*** rentrer; ***teuer zu stehen ~*** revenir cher; ***ins Gefängnis ~*** aller en prison; ***hinter etw ~*** découvrir qc; ***um etw ~*** perdre qc; ***wieder zu sich ~*** reprendre connaissance; ***es kommt daher, dass*** ... cela vient du fait que ...; ***wie kommt es, dass*** ... comment se fait-il que ...; ***~d ~e Woche*** la semaine prochaine; ***die ~en Generationen*** les générations futures
Komment|ar *m* commentaire *m*; ***kein ~!*** sans commentaire!; **~ator** *m* commentateur *m*; **≗ieren** commenter
kommerziell commercial
Kommilitone *m* camarade *m* d'études
Kommissar *m* commissaire *m*
Kommission *f* commission *f*
Kommode *f* commode *f*
Kommune *f Gemeinde* commune *f*; *Wohngemeinschaft* communauté *f*
Kommunikation *f* communication *f*
Kommunion *rel f* communion *f*
Kommunis|mus *m* communisme *m*; **~t(in** *f*) *m* communiste *m*, *f*; **≗tisch** communiste
Komödie *f* comédie *f*
Komparativ *gr m* comparatif *m*
Kompass *m* boussole *f*
kompatib|el compatible; **≗ilität** *f* compatibilité *f*
kompensieren compenser
Kompetenz *f* compétence *f*
komplett complet
Komplex *m* complexe *m* (*a psych*); *Gebäude*≗, *Fragen*≗ ensemble *m*
Kompliment *n* compliment *m*; ***j-m ein ~ machen*** faire un compliment à qn
Komplize *m* complice *m*
komplizier|en compliquer; **~t** compliqué
Komplott *n* complot *m*
kompon|ieren composer; **≗ist** *m* compositeur *m*
Kompost *m* compost *m*; **~ierung** *f* compostage *m*
Kompott *n* compote *f*; ⚠ ***la*** compote
Kompression *EDV f* compression *f*
komprimieren comprimer
Kompro|miss *m* compromis *m*; **≗misslos** intransigeant; **≗mittieren** (***sich ~*** se) compromettre
Kondens|ator *m* condensateur *m*; **≗ieren** condenser; **~milch** *f* lait *m* condensé; **~wasser** *n* eau *f* de condensation

K

Kondition *f* condition *f*; ***gute** ~* bonne condition physique; **~straining** *n* entraînement *m* pour se mettre en forme
Konditor *m* pâtissier *m*; **~ei** *f* pâtisserie *f*
kondolieren présenter ses condoléances (***j-m*** à qn)
Kondom *n* préservatif *m*
Konfekt *n* confiserie *f*, chocolats *m/pl*
Konfektionskleidung *f* prêt-à-porter *m*
Konferenz *f* conférence *f*; **~schaltung** *f* téléconférence *f*
Konfession *rel f* confession *f*, religion *f*; **ℒell** confessionnel; **ℒslos** sans confession; **~sschule** *f* école *f* confessionnelle *od* libre
Konfigur|ation *EDV f* configuration *f*; **ℒieren** configurer
Konfirm|and(in *f*) *m* confirmand *m*, -e *f*, catéchumène *m*, *f*; **~ation** *f* confirmation *f*; **ℒieren** confirmer
konfiszieren confisquer
Konfitüre *f* confiture *f*
Konflikt *m* conflit *m*
konfrontieren confronter (***mit*** à)
konfus confus; *Person* dérouté
Kongress *m* congrès *m*; **~teilnehmer** *m* congressiste *m*
König *m* roi *m*; **~in** *f* reine *f*; **~inpastete** *f* bouchée *f* à la reine; **ℒlich** royal; **~reich** *n* royaume *m*; **~tum** *n* royauté *f*
Konjug|ation *gr f* conjugaison *f*; **ℒieren** *gr* conjuguer
Konjunkt|ion *gr f* conjonction *f*; **~iv** *gr m* subjonctif *m*; **~ur** *écon f* conjoncture *f*
konkret concret
Konkurr|ent *m* concurrent *m*; **~enz** *f* concurrence *f*; ***j-m ~ machen*** faire concurrence à qn; **ℒenzfähig** compétitif; **~enzkampf** *m* concurrence *f*, compétition *f*; **ℒenzlos** défiant toute concurrence; **ℒieren** ***mit j-m ~*** concurrencer qn; ***um e-n Preis ~*** concourir pour un prix
Konkurs *m* faillite *f*; ***in ~ gehen, ~ machen*** faire faillite; ⚠ *nicht* ***concours***; **~masse** *f* actif *m* de la faillite
könn|en pouvoir; *gelernt haben* savoir; ***e-e Sprache ~*** savoir une langue; ***schwimmen ~*** savoir nager; ***du kannst gehen*** tu peux partir; ***ich kann nicht mehr*** je n'en peux plus; ***es kann sein*** c'est possible; **ℒen** *n* savoir(-faire) *m*; capacités *f/pl*; **ℒer** *m* spécialiste *m*; *Sport* as *m*
konsequen|t logique; conséquent; ***~ handeln*** agir avec logique; **ℒz** *f* conséquence *f*; esprit *m* de suite
konservativ conservateur; **ℒe(r)** *m*, *f* conservateur *m*, -trice *f*
Konserv|e *f* conserve *f*; **~endose** *f* boîte *f* de conserve; **~enfabrik** *f* conserverie *f*; **ℒieren** conserver; **~ierung** *f* conservation *f*; **~ierungsstoff** *m* conservateur *m*
Konsonant *m* consonne *f*
konstant constant; *adv* constamment
konstruieren construire
Konstruk|teur *m* constructeur *m*; **~tion** *f* construction *f*
Konsul *m* consul *m*; **~at** *n* consulat *m*
konsultieren consulter
Konsum *m* consommation *f*; **~artikel** *m* article *m* de consommation courante; **~ent** *m* consommateur *m*; **~gesellschaft** *f* société *f* de consommation; **ℒieren** consommer
Kontakt *m* contact *m*; ***in ~ stehen*** être en contact (***mit*** avec); **ℒfreudig** ouvert, sociable; **~linsen** *f/pl* lentilles *f/pl od* verres *m/pl* de contact; **~person** *f* personne *f* avec laquelle qn est en relation; *méd* personne *f* en contact avec le foyer de contagion; *Ansprechpartner* interlocuteur *m*
konterkarieren contrecarrer
Kontinent *m* continent *m*
kontinuierlich continu
Konto *n* compte *m*; **~auszug** *m* relevé *m* de compte; **~nummer** *f* numéro *m* de compte
kontraproduktiv nuisible
Kontrast *m* contraste *m*; **~regler** *m* réglage *m* de contraste
Kontroll|e *f* contrôle *m*; ⚠ ***le*** contrôle; **~eur** *m* contrôleur *m*; **ℒieren** contrôler; **~punkt** *m*, **~stelle** *f* poste *m* de contrôle
Konversation *f* conversation *f*; **~slexikon** *n* encyclopédie *f*
Konzentration *f* concentration *f*; **~slager** *n* camp *m* de concentration
konzentrieren (***sich ~*** se) concentrer (***auf*** sur)
Konzept *n* *Entwurf* brouillon *m*; *Plan* plan *m*, conception *f*; *fig* ***j-n aus dem ~ bringen*** embrouiller qn

Konzert *n* concert *m*; *Solo*♀ récital *m*
Konzil *égl n* concile *m*
konzipieren concevoir
koordinier|en coordonner; **♀ung** *f* coordination *f*
Kopf *m* tête *f* (*a fig*); **~ hoch!** du courage!; **pro ~** par personne; **im ~ rechnen** calculer de tête; *fig* **j-m über den ~ wachsen** dépasser qn; **sich den ~ zerbrechen** se casser la tête; **~ an ~** coude à coude; **~arbeit** *f* travail *m* intellectuel; **~ball** *m* tête *f*; **~bedeckung** *f* coiffure *f*, F couvre-chef *m*
köpfen décapiter; *Ball* envoyer de la tête
Kopf|ende *n Bett* chevet *m*; **~hörer** *m* casque *m*; **~jäger** *m* chasseur *m* de têtes; **~kissen** *n* oreiller *m*; **♀los** *fig aufgeregt* affolé; *gedankenlos* étourdi; **~rechnen** *n* calcul *m* mental; **~salat** *m* laitue *f*; **~schmerzen** *m/pl* mal *m* de tête; **~schütteln** *n* hochement *m* de tête; **~sprung** *m* plongeon *m*; **~stand** *m* poirier *m*; **~tuch** *n* foulard *m*; **♀über** la tête (la) première; **~zerbrechen** *n* **j-m ~ machen** poser des problèmes à qn
Kopie *f* copie *f*; **~rbefehl** *EDV m* commande *f* de copie; **♀ren** copier; **~rer** *m*, **~rgerät** *n* photocopieuse *f*; **~rschutz** *m* verrouillage *m*, protection *f* contre copie
koppeln *tech* coupler; *fig* combiner
Koralle *f* corail *m*
Korb *m* panier *m*, corbeille *f*; *fig* **e-n ~ bekommen** essuyer un refus; **~möbel** *n* meuble *m* en osier *od* en rotin
Kord *m* velours *m* côtelé; **~hose** *f* pantalon *m* en velours
Korea *n* la Corée
Korinthe *f* raisin *m* de Corinthe
Kork *m* liège *m*; **~en** *m* bouchon *m*; **~enzieher** *m* tire-bouchon *m*
Korn *n* grain *m*, céréales *f/pl*, blé *m*; *Visier*♀ guidon *m*; **~blume** *bot f* bleuet *m*; **~feld** *n* champ *m* de blé
körnig granuleux
Körper *m* corps *m*; **~bau** *m* constitution *f*, stature *f*; **~behinderte(r)** *m* handicapé *m* physique; **~geruch** *m* odeur *f* corporelle; **~größe** *f* taille *f*; **~haltung** *f* tenue *f*; **~kraft** *f* force *f* physique; **♀lich** physique, corporel; **~pflege** *f* hygiène *f* corporelle; **~schaft** *f* corps *m*, corporation *f*; **~teil** *m* partie *f* du corps; **~verletzung** *jur f* coups *m/pl* et blessures
korpulen|t corpulent; **♀z** *f* embonpoint *m*, corpulence *f*
korrekt correct
Korrektur *f* correction *f*; **~band** *n* ruban *m* correcteur
Korrespond|ent(in *f*) *m* correspondant *m*, -e *f*; *e-r Firma* correspondancier *m*, -ière *f*; **~enz** *f* correspondance *f*; **♀ieren mit j-m ~** correspondre avec qn
Korridor *m* couloir *m*, corridor *m*
korrigieren corriger
Korrosion *f* corrosion *f*
korrupt corrompu; **♀ion** *f* corruption *f*
Korsage *f* bustier *m*
Korsika *n* la Corse
Kortison *n* cortisone *f*; ⚠ **la** cortisone
kose|n caresser; **♀name** *m* petit nom *m*; **♀wort** *n* mot *m* tendre
Kosmeti|k *f* cosmétique *f*, soins *m/pl* de beauté; **~kerin** *f* esthéticienne *f*; **~kkoffer** *m* vanity-case *m*; **~ktuch** *n* kleenex *m*; **♀sch** cosmétique; **~e Chirurgie** chirurgie *f* plastique
kosm|isch cosmique; **♀onaut** *m* cosmonaute *m*; **♀os** *m* cosmos *m*
Kost *f* nourriture *f*; **gute ~** bonne chère *f*; **♀bar** précieux; **~barkeit** *f Gegenstand* objet *m* précieux *od* de valeur
kosten[1] coûter; **was** *od* **wieviel kostet ...?** combien coûte ...?; **viel ~** coûter cher
kosten[2] *Speisen* goûter, déguster
Kosten *pl* frais *m/pl*, coût *m*, dépenses *f/pl*; **auf ~ von** aux frais de; *fig* aux dépens de; **~erstattung** *f* restitution *f* des frais; **♀los** gratuit(ement); **~voranschlag** *m* devis *m*
köstlich délicieux, savoureux; *fig* amusant; **sich ~ amüsieren** s'amuser drôlement bien
Kost|probe *f* échantillon *m*; **♀spielig** coûteux
Kostüm *n* costume *m*; *Damen*♀ tailleur *m*; **~ball** *m*, **~fest** *n* bal costumé
Kot *m* excréments *m/pl*
Kotelett *n* côtelette *f*; **~en** *pl Bart* pattes *f/pl*
Köter *m* F cabot *m*, clebs *m*
Kotflügel *m* aile *f*, garde-boue *m*
kotzen P dégobiller, dégueuler

K

Krabbe *f Garnele* crevette *f*; *Krebs* crabe *m*
krabbeln *Kind* marcher à quatre pattes; *Insekten* courir, grouiller
Krach *m* fracas *m*; *Lärm* vacarme *m*, F tapage *m*, boucan *m*; *Zerwürfnis* différend *m*, brouille *f*; **~ machen** faire du tapage *od* du vacarme; ***mit j-m ~ haben*** être brouillé avec qn; **2en** craquer; ***gegen etw ~*** heurter qc avec fracas
krächzen croasser; *Mensch* parler avec une voix éraillée
Kraft *f* force *f*; *Rüstigkeit* vigueur *f*; *Person* aide *m, f*, collaborateur *m*, -trice *f*; ***in ~ treten*** (***sein***) entrer (être) en vigueur
kraft *prép* en vertu de
Kraft|anstrengung *f* effort *m*; **~brühe** *f* consommé *m*; **~fahrer(in** *f*) *m* automobiliste *m, f*; **~fahrzeug** *n* véhicule *m* automobile; **~fahrzeugschein** *m* carte *f* grise; **~fahrzeugsteuer** *f* impôt *m* sur les véhicules automobiles; *in Frankreich* vignette *f* automobile; **~fahrzeugversicherung** *f* assurance *f* automobile
kräftig fort, vigoureux; *nahrhaft* substantiel; **~en** fortifier, tonifier
kraft|los faible, sans force; **2probe** *f* épreuve *f* de force; **2stoff** *m* carburant *m*; **~voll** vigoureux; **2wagen** *m* automobile *f*; **2werk** *n* centrale *f* électrique
Kragen *m* col *m*; **~weite** *f* encolure *f*
Krähe *zo f* corneille *f*; **2n** *Hahn* chanter
Kralle *f* griffe *f*
Kram *m* affaires *f/pl*, F fourbi *m*; *Plunder* fatras *m*; **2en** fouiller (***in*** dans); **~laden** *m* bazar *m*
Krampf *méd m* crampe *f*, spasme *m*; **~ader** *f* varice *f*; **2haft** convulsif, spasmodique
Kran *m* grue *f*
Kranich *zo m* grue *f*
krank malade; **~ *werden*** tomber malade; **2e(r)** *m, f* malade *m, f*
kränkeln être maladif
kranken ~ *an* pécher par
kränken offenser, blesser, vexer
Kranken|gymnast(in *f*) *m* kinésithérapeute *m, f* (*abr* kinési); **~gymnastik** *f* gymnastique *f* médicale, kinésithérapie *f*; **~haus** *n* hôpital *m*; **~kasse** *f* caisse *f* (de) maladie; **~pfleger** *m* infirmier *m*; **~schein** *m etwa* feuille *f* de maladie; **~schwester** *f* infirmière *f*; **~versicherung** *f* assurance *f* maladie; **~wagen** *m* ambulance *f*; **~zimmer** *n* chambre *f* de malade *od* d'hôpital
krankhaft maladif
Krankheit *f* maladie *f*; **~serreger** *m* agent *m* pathogène
kränklich maladif, souffreteux
Kränkung *f* offense *f*, vexation *f*
Kranz *m* couronne *f*
Krapfen *cuis m* beignet *m*
krass extrême, frappant; ***sich ~ ausdrücken*** s'exprimer crûment
Krater *m* cratère *m*
kratz|en (***sich ~*** se) gratter; *fig* F ***das kratzt mich nicht*** ça ne me touche pas; **2er** *m* égratignure *f*, éraflure *f*; ***die Platte hat e-n ~*** le disque est rayé
kraulen *Sport* nager le crawl; *liebkosen* gratter doucement, caresser
kraus *Haar* crépu, frisé
kräuseln *Haar* friser; *Stoff* crêper, froncer; ***sich ~*** *Haar* friser; *Wasser* se rider
Kraut *n* herbe *f*; *Blätter* fanes *f/pl*; *Kohl* chou *m*
Krawall *m* échauffourée *f*, tumulte *m*, bagarre *f*; *Lärm* tapage *m*
Krawatte *f* cravate *f*
kreativ créatif; **2ität** *f* créativité *f*
Krebs *m zo* écrevisse *f*; *méd* cancer *m*; *astr* Cancer *m*; ***~ erregend*** cancérigène; **2artig** *méd* cancéreux; **~geschwulst** *f* tumeur *f* cancéreuse; **2krank** malade du cancer, cancéreux; **~vorsorge** *f* dépistage *m* du cancer
Kredit *écon m* crédit *m*; **~karte** *f* carte *f* de crédit
Kreide *f* craie *f*
Kreis *m* cercle *m*; *Verwaltungs2* district *m*, canton *m*, arrondissement *m*; ***im ~ gehen*** tourner en rond; ***in diplomatischen ~en*** dans les milieux diplomatiques
kreischen criailler, piailler
Kreisel *m Spielzeug* toupie *f*; *phys* gyrostat *m*
kreisen tourner (***um*** autour de); *Blut* circuler
kreis|förmig circulaire; **2lauf** *m* circuit *m*, cycle *m*, circulation *f*; **2laufstörungen** *méd f/pl* troubles *m/pl* circulatoires; **~rund** rond, en forme de cercle; **2säge** *f* scie *f* circulaire

Kreißsaal *m* salle *f* d'accouchement
Kreisverkehr *m* sens *m* giratoire
Kreml ***der*** ~ le Kremlin
Krempe *f Hut* bord *m*
Krempel *m* F fatras *m*, fourbi *m*, bataclan *m*
Kren *östr m* raifort *m*
krepieren *Granate* éclater, exploser; *Tier*, P *Mensch* crever
Krepp *m* crêpe *m*; **~papier** *n* papier *m* crêpon
Kresse *bot f* cresson *m*
Kreta *n* la Crète
Kreuz *n* croix *f*; *Körperteil* reins *m/pl*; *Kartenspiel* trèfle *m*; *mus* dièse *m*; ***über*** ~ en croix; ⚠ ***la*** croix; **≈en** (***sich*** ~ se) croiser; **~er** *m mar* croiseur *m*; **~fahrt** *f* croisière *f*; **~feuer** *n fig* ***ins*** ~ ***geraten*** être attaqué de tous côtés; **~gang** *arch m* cloître *m*; **≈igen** crucifier; **~igung** *f* crucifixion *f*; **~otter** *f* vipère *f*; **~schlitzschraubenzieher** *m* tournevis *m* cruciforme; **~schlüssel** *m* vilebrequin *m*, clé *f* en croix; **~schmerzen** *m/pl* mal *m* de reins; **~ung** *f* croisement *m*; *Straßen*≈ carrefour *m*; **~worträtsel** *n* mots *m/pl* croisés; **~zug** *hist m* croisade *f*
kriech|en ramper; *péj* faire de la lèche (***vor j-m*** à qn); **≈spur** *auto f* file *f* destinée aux véhicules lents; **≈tier** *n* reptile *m*
Krieg *m* guerre *f*; ***mit j-m*** ~ ***führen*** faire la guerre à qn; ~ ***führend*** belligérant; ***in den*** ~ ***ziehen*** partir en guerre (***gegen*** contre)
kriegen F avoir, recevoir; *Krankheit* attraper
Kriegs|beil *n fig* ***das*** ~ ***ausgraben*** (***begraben***) déterrer (enterrer) la hache de guerre; **~beschädigte(r)** *m* mutilé *m* de guerre; **~dienst** *m* service *m* militaire; **~dienstverweigerer** *m* objecteur *m* de conscience; **~erklärung** *f* déclaration *f* de guerre; **~gefangene(r)** *m* prisonnier *m* de guerre; **~gefangenschaft** *f* captivité *f*; **~schauplatz** *m* théâtre *m* des opérations; **~schiff** *n* vaisseau *m od* bâtiment *m od* navire *m* de guerre; **~teilnehmer** *m* combattant *m*; **~verbrecher** *m* criminel *m* de guerre; **~versehrte(r)** *m* mutilé *m* de guerre; **~zustand** *m* état *m* de guerre
Krimi *m Roman* (roman *m*) policier *m*, F polar *m*; *Film* film *m* policier
Kriminal|beamte(r) *m* agent *m* de la police judiciaire; **~ität** *f* criminalité *f*, délinquance *f*; **~polizei** *f* police *f* judiciaire, brigade *f* criminelle; **~roman** *m* roman *m* policier
kriminell criminel; **≈e(r)** *m* criminel *m*
Krimskrams *m* F pacotille *f*, camelote *f*
Kripo *f* P.J. *f* (= police *f* judiciaire)
Krippe *f* crèche *f*; *Futter*≈ mangeoire *f*
Krise *f* crise *f*; **≈ln** ***es kriselt*** une crise menace; **~ngebiet** *n* point *m* chaud; **~nstab** *m* état-majeur *m* de crise
Kristall *m u n* cristal *m*
Kriterium *n* critère *m*
Kriti|k *f* critique *f*; **~ker** *m* critique *m*; **≈sch** critique; **≈sieren** critiquer
kritzeln griffonner, gribouiller
Kroat|e *m*, **~in** *f* Croate *m,f*; **~ien** *n* la Croatie; **≈isch** croate
Krokodil *zo n* crocodile *m*
Krone *f* couronne *f*
krönen couronner (***j-n zum König*** qn roi)
Kronleuchter *m* lustre *m*
Krönung *f* couronnement *m*
Kropf *m méd* goitre *m*; *zo* jabot *m*
Kröte *zo f* crapaud *m*
Krücke *f* béquille *f*
Krug *m* cruche *f*, pichet *m*; *Bier*≈ chope *f*
Krümel *m* miette *f*
krumm courbe; *gebogen* courbé; *verbogen* tordu; *fig* louche
krümm|en courber; *biegen* plier; ***sich*** ~ se tordre; **≈ung** *f* courbe *f*, courbure *f*
Krüppel *m* estropié *m*, infirme *m*
Kruste *f* croûte *f*
Kübel *m* baquet *m*; *Eimer* seau *m*
Kubik|meter *m* mètre *m* cube; **~wurzel** *math f* racine *f* cubique; **~zahl** *math f* cube *m*
Küche *f* cuisine *f*
Kuchen *m* gâteau *m*; *Obst*≈ tarte *f*; **~form** *f* moule *m* à gâteaux
Küchen|geräte *n/pl* ustensiles *m/pl* de cuisine; **~geschirr** *n* vaisselle *f* ordinaire; **~herd** *m* fourneau *m* de cuisine, cuisinière *f*; **~maschine** *f* mixer *m*, robot *m* ménager; **~schrank** *m* buffet *m* de cuisine; **~tuch** *n* essuie-tout *m*
Kuckuck *zo m* coucou *m*
Kufe *f Schlitten* patin *m*
Kugel *f* boule *f*; *math* sphère *f*; *Billard*≈ bille *f*; *Gewehr*≈ balle *f*; *Kanonen*≈ bou-

let *m*; *Sport* poids *m*; **2förmig** sphérique; **~lager** *tech n* roulement *m* à billes; **2rund** rond comme une boule; F *Person* rondelet; **~schreiber** *m* stylo *m* (à) bille; **2sicher** pare-balles; **~stoßen** *Sport n* lancer *m* du poids
Kuh *f* vache *f*; **~handel** *m péj* marchandage *m*
kühl frais; *fig* froid; **2anlage** *f* installation *f* frigorifique; **2box** *f* glacière *f*
Kühle *f* fraîcheur *f*; *fig* froideur *f*
kühl|en rafraîchir; *Lebensmittel* réfrigérer; *Motor* refroidir; **2er** *m auto* radiateur *m*; **2erhaube** *f* capot *m*; **2raum** *m* chambre *f* froide; **2schrank** *m* réfrigérateur *m*, frigo F *m*; **2truhe** *f* congélateur *m*
kühn hardi; **2heit** *f* hardiesse *f*
Kuhstall *m* étable *f*
Küken *n* poussin *m*
kulant arrangeant, coulant en affaires
Kuli *m* coolie *m*; F stylo *m*
Kulisse *f Bühnenbild* décor *m*; *fig Rahmen* cadre *m*; ***hinter den ~n*** dans les coulisses
kullern F rouler, dégringoler
Kult *m* culte *m*; **~figur** *f* idole *f*; ⚠ ***une*** idole
kultivieren cultiver
Kultur *f Bildung*, *agr* culture *f*; *e-s Volkes* civilisation *f*; **~abkommen** *n* accord *m* culturel; **~beutel** *m* trousse *f* de toilette; **2ell** culturel; **~geschichte** *f* histoire *f* de la civilisation; **~zentrum** *n* centre *m* culturel
Kultusminister *m* ministre *m* de l'Éducation
Kümmel *bot m* cumin *m*
Kummer *m* chagrin *m*, affliction *f*, peine *f*, soucis *m/pl*
kümmer|lich misérable; ***~n sich ~ um*** s'occuper de; ***was kümmert mich das*** je ne m'en soucie guère
Kumpel *m Bergmann* mineur *m*; F *Freund* copain *m*, copine *f*
Kund|e *m*, **~in** *f* client *m*, -e *f*; **~endienst** *m* service *m* après-vente; *auto* service *m* entretien
Kundgebung *f* manifestation *f*
kündig|en donner congé à, donner son préavis à, congédier; *Vertrag* résilier, dénoncer; **2ung** *f* congé *m*, préavis *m*; **2ungsfrist** *f* (délai *m* de) préavis *m*
Kundschaft *f* clientèle *f*
künftig à venir, futur; *adv* à l'avenir
Kunst *f* art *m*; ***das ist keine ~*** ce n'est pas difficile; **~ausstellung** *f* exposition *f* d'œuvres d'art; **~dünger** *m* engrais *m* chimique; **~faser** *f* fibre *f* synthétique; **~fehler** *m* faute *f* professionnelle; **2fertig** adroit; **~fertigkeit** *f* adresse *f*; **~fliegen** *n* acrobatie *f* aérienne; **2gerecht** conforme aux règles de l'art; **~geschichte** *f* histoire *f* de l'art; **~gewerbe** *n* arts *m/pl* décoratifs; **~griff** *m* artifice *m*; **~herz** *n* cœur *m* artificiel; **~leder** *n* similicuir *m*
Künstler|(in *f*) *m* artiste *m*, *f*; **2isch** artistique; **~name** *m* pseudonyme *m*, nom *m* de guerre
künstlich artificiel, factice; ***~e Intelligenz*** intelligence *f* artificielle
Kunst|liebhaber(in *f*) *m* amateur *m* d'art; **~sammlung** *f* collection *f* d'objets d'art; **~seide** *f* rayonne *f*; **~stoff** *m* matière *f* plastique; **2stoffbeschichtet** recouvert d'une matière synthétique; **~stück** *n* tour *m* d'adresse; ***das ist kein ~*** ce n'est pas sorcier; **~turnen** *n* gymnastique *f* artistique, **2voll** (fait) avec art; *sinnreich* ingénieux; **~werk** *n* œuvre *f* d'art
kunterbunt *Farben* bariolé; *durcheinander* pêle-mêle
Kupfer *n* cuivre *m*; **~stich** *m* estampe *f*, gravure *f* (en taille-douce)
Kuppe *f Berg* sommet *m*; *Finger* bout *m*
Kuppel *f innen* coupole *f*; *äußere* dôme *m*
Kuppelei *jur f* proxénétisme *m*
kupp|eln *auto* embrayer; **2lung** *f auto* embrayage *m*; *Zug*, *Anhänger* attelage *m*
Kur *f* cure *f*
Kür *f Sport* exercices *m/pl* libres; *Eislauf* figures *f/pl* libres
Kurbel *f* manivelle *f*; **2n** tourner la manivelle; **~welle** *f* vilebrequin *m*
Kürbis *bot m* courge *f*, potiron *m*, citrouille *f*
Kur|gast *m* curiste *m*; **~haus** *n* casino *m*; **2ieren** guérir
kurios curieux, bizarre, drôle
Kur|ort *m* station *f* thermale; **~pfuscher** *m* charlatan *m*
Kurs *m Geld*, *Lehrgang* cours *m*; *mar*, *aviat* route *f*, cap *m*; *pol* orientation *f*; ***hoch im ~ stehen*** être à la mode;

K

~buch *n* indicateur *m* (des chemins de fer)
kursieren *Geld* circuler; *Gerücht* courir
Kurswagen *m Zug* voiture *f* directe
Kurtaxe *f* taxe *f* de séjour
Kurve *f* courbe *f*; *auto* virage *m*; **2nreich** sinueux
kurz court; *Zeit* bref; **~ und gut** bref, en un mot; **vor ~em** récemment; **~ vorher** peu avant; **sich ~ fassen** être bref; **~ gefasst** bref, succinct; **j-n ~ halten** serrer la vis à qn; **zu ~ kommen** ne pas avoir son compte; **~ angebunden** sec, peu loquace; **2arbeit** *f* chômage *m* partiel; **2arbeiter** *m* chômeur *m* partiel; **~ärmelig** à manches courtes
Kürze *f* brièveté *f*; **in ~** sous peu; **2n** raccourcir, abréger
kurz|erhand sans hésiter; **~fristig** à bref délai; *comm* à court terme; **2geschichte** *f* nouvelle *f*; **~lebig** éphémère
kürzlich récemment, dernièrement
Kurz|schluss *tech m* court-circuit *m*; **~schlusshandlung** *psych f* coup *m* de tête; **~schrift** *f* sténographie *f*; **2sichtig** myope; **~sichtigkeit** *f* myopie *f*; **~streckenläufer** *Sport m* sprinter *m*; **2um** bref
Kürzung *f* raccourcissement *m*, réduction *f*, diminution *f*; *math* simplification *f*
Kurz|waren(geschäft *n*) *f/pl* mercerie *f*; **2weilig** divertissant; **~welle** *Radio f* ondes *f/pl* courtes
Kusine *f* cousine *f*
Kuss *m* baiser *m*; **2echt** *Lippenstift* indélébile
küssen (**sich ~** s')embrasser; *Hand* baiser
Küste *f* côte *f*; rivage *m*; littoral *m*
Küster *égl m* sacristain *m*
Kutsche *f* carrosse *m*, diligence *f*, calèche *f*; **~r** *m* cocher *m*
Kutteln *pl* tripes *f/pl*
Kutter *mar m* cotre *m*; *Fisch2* chalutier *m*
Kuvert *n Brief2* enveloppe *f*
Kybernetik *f* cybernétique *f*
KZ *n* camp *m* de concentration

L

labil instable
Labor *n* laboratoire *m*, F labo *m*; **~ant(in** *f*) *m* laborantin *m*, -ine *f*
Labyrinth *n* labyrinthe *m*
Lache *f Wasser* flaque *f*; *Blut* mare *f*
lächeln 1. sourire (**über** de, **zu** à); **2. 2** *n* sourire *m*
lachen 1. rire (**über** de); **laut ~** rire aux éclats; **gezwungen ~** rire du bout des lèvres; **2. 2** *n* rire *m*; **j-n zum ~ bringen** faire rire qn
lächerlich ridicule; **j-n ~ machen** ridiculiser qn; **sich ~ machen** se rendre ridicule
Lachs *zo m* saumon *m*
Lack *m* laque *f*, vernis *m*; *auto* peinture *f*; **2ieren** laquer, vernir
Lade|fläche *f* surface *f* de chargement; **~gerät** *n für Batterie* chargeur *m* de batterie; **~hemmung** *mil f* enrayage *m*
laden charger (*a Batterie u EDV u mil*); *jur* citer en justice
Laden *m* boutique *f*, *großer* magasin *m*; *Fenster2* volet *m*; **~dieb** *m* voleur *m* à l'étalage; **~diebstahl** *m* vol *m* à l'étalage; **~inhaber** *m* propriétaire *m od* patron *m* d'un magasin; **~preis** *m* prix *m* de vente; **~schluss** *m* heure *f* de fermeture; **~tisch** *m* comptoir *m*
Lade|rampe *f* rampe *f* de chargement; **~raum** *m Schiff* cale *f*
Ladung *f Fracht* chargement *m*, cargaison *f*; *Spreng2, elektrische* charge *f*; *jur* citation *f*
Lage *f* situation *f*; position *f*; *Sach2* état *m* de choses; *Schicht* couche *f*; **in schöner ~** *Haus* bien situé; **in der ~ sein, etw zu tun** être en mesure *od* à même *od* en état de faire qc
Lager *n* camp *m* (*a pol*); *comm* entrepôt

m, dépôt *m*; *Bett* lit *m*; *tech* palier *m*; ***auf ~ haben*** avoir en réserve; **~bestand** *m* stock *m*; **~feuer** *n* feu *m* de camp; **~haus** *n* entrepôt *m*
lager|n *hinlegen* coucher; *comm* stocker, emmagasiner; être stocké; *ruhen* être couché; *kampieren* camper; ***kühl ~*** conserver au frais; **2raum** *m* entrepôt *m*; **2ung** *f comm* stockage *m*
Lagune *f* lagune *f*
lahm paralysé; *hinkend* boiteux; *fig* faible, apathique; ***~ legen*** paralyser
lähmen paralyser
Lähmung *méd f* paralysie *f*
Laib *m* ***~ Brot*** miche *f* de pain; ***~ Käse*** meule *f* de fromage
Laich *m* frai *m*; **2en** frayer
Laie *m* profane *m*, amateur *m*; *rel* laïque *od* laïc *m*; **2nhaft** en amateur; **~nspiel** *n* théâtre *m* amateur
Laken *n* drap *m*
lakonisch laconique
Lakritze *f* réglisse *f od m*
lallen bafouiller, balbutier
Lamelle *f* lamelle *f*, lame *f*
Lamm *n* agneau *m*
Lampe *f* lampe *f*; **~nfieber** *n* trac *m*; ***~ haben*** avoir le trac; **~nschirm** *m* abat-jour *m*
Lampion *m* lampion *m*
Land *n Fest2* terre *f*; *Erdboden* sol *m*; *géogr u pol* pays *m*; *Gegensatz zu Stadt* campagne *f*; ***auf dem ~*** à la campagne; ***hier zu ~e*** ici, dans ce pays; **~arbeiter** *m* ouvrier *m* agricole; **~besitz** *m* propriété *f* foncière; **~bevölkerung** *f* population *f* rurale; **~bewohner** *m* campagnard *m*; **~ebahn** *f* piste *f* d'atterrissage; **2einwärts** vers l'intérieur des terres
landen *mar* accoster; *mil* débarquer; *aviat* atterrir, se poser
Land|enge *f* isthme *m*; **~eplatz** *aviat m* terrain *m* d'atterrissage
Länderspiel *Sport n* match *m* international
Landes|farben *f/pl* couleurs *f/pl* nationales; **~grenze** *f* frontière *f*; **~innere** *n* intérieur *m*; **~sprache** *f* langue *f* nationale; **~währung** *f* monnaie *f* nationale
Land|flucht *f* exode *m* rural; **~gericht** *n* tribunal *m* de grande instance; **~haus** *n* maison *f* de campagne; *kleines* cottage *m*; **~karte** *f* carte *f* (géographique); **~kreis** *m* arrondissement *m*; **2läufig** courant; **~leben** *n* vie *f* champêtre
ländlich champêtre, rural; *einfach* rustique
Landschaft *f* paysage *m*, région *f*, contrée *f*; **2lich** du paysage; ***~ sehr schön*** très pittoresque
Lands|mann *m*, **~männin** *f* compatriote *m*, *f*
Land|straße *f* route *f*; **~streicher(in** *f***)** *m* vagabond *m*, -e *f*; **~streitkräfte** *mil f/pl* forces *f/pl* terrestres; **~tag** *m* landtag *m*, Parlement *m* d'un land; **~tagsabgeordnete(r)** *m*, *f* député *m*, femme *f* député au landtag
Landung *f mil* débarquement *m*; *aviat* atterrissage *m*; ***weiche ~*** atterrissage en douceur; **~sbrücke** *f*, **~ssteg** *m* débarcadère *m*
Land|weg *m* ***auf dem ~*** par voie de terre; **~wirt** *m* agriculteur, cultivateur *m*; **~wirtschaft** *f* agriculture *f*; **2wirtschaftlich** agricole; ***~e Maschinen*** machines *f/pl* agricoles; **~zunge** *f* langue *f* de terre, presqu'île *f*
lang long; ***drei Meter ~ sein*** avoir trois mètres de longueur, être long de trois mètres; ***drei Jahre ~*** pendant trois années; ***den ganzen Tag ~*** pendant toute la journée; ***seit ~em*** depuis longtemps; ***vor ~er Zeit*** il y a longtemps de cela; ***über kurz oder ~*** tôt ou tard; ***~ ersehnt*** désiré depuis longtemps; ***~ erwartet*** attendu depuis longtemps
~atmig verbeux; interminable; *Buch* ennu-yeux
lange longtemps, longuement; ***wie ~?*** combien de temps?; ***es ist schon ~ her*** il y a bien longtemps de cela
Länge *f* longueur *f*; *géogr* longitude *f*; ***in die ~ ziehen*** (faire) traîner en longueur
langen *ausreichen* suffire; ***mir langt es!*** F j'en ai marre!
Längen|grad *m* degré *m* de longitude; **~maß** *n* mesure *f* de longueur
Lang|eweile *f* ennui *m*; ***~ haben*** s'ennuyer; ***aus ~*** par ennui, pour passer le temps; **2fristig** à long terme; **~lauf** *Schi m* course *f* de fond; **~läufer** *Schi m* skieur *m* de fond; **~laufski** *m* ski *m* de fond; **~lebigkeit** *f* longévité *f*
länglich oblong, allongé

längs *prép* le long de; *adv* dans le sens de la longueur
langsam lent; **~er werden** ralentir; **2keit** *f* lenteur *f*
Lang|schläfer *m* grand dormeur *m*; **~spielplatte** *f* disque *m* microsillon, 33 tours *m*
längst depuis longtemps; ***ich weiß es ~*** il y a longtemps que je le sais; **~ens** au plus tard
Langstrecken|lauf *m* course *f* de fond; **~läufer** *m* coureur *m* de fond
lang|weilen (***sich ~*** s')ennuyer; **~weilig** ennuyeux; **2welle** *Radio f* grandes ondes *f/pl*, ondes *f/pl* longues; **~wierig** long, laborieux, de longue haleine
Lanze *f* lance *f*
Lappalie *f* bagatelle *f*
Lapp|e *m*, **~in** *f* Lapon *m*, -e *f*
Lappen *m* chiffon *m*
läppisch niais, puéril, ridicule
Lappland *n* la Laponie
Lapsus *m* lapsus *m*
Laptop *m* portable *m*
Lärche *bot f* mélèze *m*
Lärm *m* bruit *m*, vacarme *m*, tapage *m*; **2en** faire du bruit; **2end** bruyant, tumultueux; **~schutz** *m* protection *f* contre le bruit; **~schutzwall** *m* écran *m* antibruit
Larve *f* masque *m*; *zo* larve *f*
lasch mou (molle); *Geschmack* fade
Laser *m* laser *m*; **~drucker** *m* imprimante *f* laser; **~strahl** *m* rayon *m* laser
lassen *zulassen* laisser; *veranlassen* faire; ***etw machen ~*** faire faire qc; ***j-n grüßen ~*** donner le bonjour à qn; ***er kann das Rauchen nicht ~*** il ne peut pas s'arrêter de fumer; ***lass das!*** arrête-toi!
lässig nonchalant, désinvolte, F relax(e); **2keit** *f* nonchalance *f*, désinvolture *f*, P je-m'en-foutisme *m*
Last *f* charge *f*, fardeau *m*; ***j-m zur ~ fallen*** être à charge à qn, importuner qn; ***j-m etw zur ~ legen*** imputer qc à qn; *comm* ***zu ~en von ...*** *cf* ***zulasten***; **~auto** *n* camion *m*; **2en ~ auf** peser sur; **~enaufzug** *m* monte-charges *m*
Laster[1] *n* vice *m*
Laster[2] *m Lkw* camion *m*
Läster|er *m*, **~in** *f* diffamateur *m*, -trice *f*
lasterhaft vicieux, dépravé
lästern ***über j-n ~*** médire de qn, diffamer qn
lästig importun, désagréable; ***j-m ~ werden*** *od* ***fallen*** importuner qn
Last|kahn *m* péniche *f*, chaland *m*; **~kraftwagen** *m* poids *m* lourd, camion *m*
Last-Minute-Flug *m* vol *m* de dernière minute
Last|schrift *comm f* poste *m* débiteur, débit *m*; **~tier** *n* bête *f* de somme; **~wagen** *m* camion *m*; **~wagenfahrer** *m* conducteur *m* de camion
Latein *n* latin *m*; **2isch** latin; ***~e Buchstaben*** caractères *m/pl* romains
Laterne *f* lanterne *f*; *Straßen2* réverbère *m*; **~npfahl** *m* lampadaire *m*
latschen F traîner la patte, se traîner
Latte *f* latte *f*; *Sport* barre *f*
Lätzchen *n* bavette *f*
Latzhose *f* salopette *f*
lau tiède; *Luft*, *Wetter* doux; *fig* indifférent
Laub *n* feuillage *m*, feuilles *f/pl*; **~frosch** *m* grenouille *f* verte; **~säge** *f* scie *f* à chantourner
Lauch *bot m* poireau *m*
Lauer *f* ***auf der ~ liegen*** se tenir aux aguets; **2n** guetter (***auf j-n***, ***etw*** qn, qc)
Lauf *m* course *f*; *Ver2*, *Fluss2* cours *m*; *Gewehr2* canon *m*; ***im ~e der Zeit*** à la longue; **~bahn** *f* carrière *f*; **~bursche** *m* garçon *m* de course
laufen courir; *zu Fuß gehen* marcher; *fließen* couler; *Maschinen* marcher, fonctionner; ***~d auf dem 2en sein*** être au courant *od* à jour *od* à la page F; ***am ~en Band*** sans arrêt
Läufer *m Sport* coureur *m*; *Treppen2* tapis *m* d'escalier; *Schach* fou *m*; **~in** *f* coureuse *f*
Lauf|feuer *n* ***wie ein ~*** comme une traînée de poudre; **~gitter** *n für Kinder* parc *m*; **~masche** *f* maille *f* qui file *od* filée; **~pass** *m* ***j-m den ~ geben*** envoyer promener qn; **~schritt** *m* pas *m* de gymnastique; **~stall** *m für Kinder* parc *m*; **~steg** *m* passerelle *f*; **~werk** *EDV n* lecteur *m*
Lauge *f* lessive *f*, eau *f* savonneuse
Laun|e *Stimmung* humeur *f*; *Einfall* caprice *m*; **2enhaft, 2isch** capricieux
Laus *zo f* pou *m*; **~bub** *m* petit voyou *m*, petit vaurien *m*

L

lausch|en écouter (attentivement); **~ig** retiré, discret, intime
lausig minable; ***e-e ~e Kälte*** un froid de canard
laut 1. haut; fort; bruyant; ***~ sprechen*** parler à haute voix; ***~er bitte!*** parlez plus fort, s'il vous plaît!; **2.** *prép* suivant, d'après; **3.** **&** *m* son *m*
Laute *mus f* luth *m*
läuten sonner; ***es läutet*** on sonne
lauter pur; *fig* sincère; ***~ Unsinn erzählen*** ne raconter que des bêtises
läutern (***sich ~*** se) purifier
laut|hals à haute voix; *lachen* à gorge déployée; **~los** silencieux; *gehen* à pas feutrés; **&malerei** *f* onomatopée *f*; **&schrift** *f* écriture *f* phonétique; **&sprecher** *m* haut-parleur *m*; **&sprecherbox** *f* baffle *m*; **&stärke** *f* volume *m*; intensité *f* du son
lauwarm tiède
Lava *géol f* lave *f*
Lavendel *bot m* lavande *f*
lavieren *mar* louvoyer (*a fig*)
Lawine *f* avalanche *f*
lax relâché; ***~e Moral*** *a* morale facile
Lay-out *n* mise *f* en page
Lazarett *n* hôpital *m* militaire
LCD-Anzeige *f* afficheur *m* LCD
leas|en acheter en crédit-bail; **&ing** *n* crédit-bail *m*, leasing *m*
Leben *n* vie *f*; ***am ~ sein*** être en vie; ***sich das ~ nehmen*** se suicider; ***das tägliche ~*** la vie de tous les jours; ***mein ~ lang*** toute ma vie
leben vivre; ***gut ~*** faire bonne chère; ***von etw ~*** vivre de qc; **~d** vivant; **~dig** vivant; *lebhaft* vif; **&digkeit** *f* vivacité *f*
Lebens|art *f* manière *f* de vivre; *gute* savoir-vivre *m*; **~bedingungen** *f/pl* conditions *f/pl* de vie; **~dauer** *f* durée *f* de vie, longévité *f*; **~erfahrung** *f* expérience *f* de la vie; **~erwartung** *f* espérance *f* de vie; **&fähig** viable; **~frage** *f* question *f* vitale; **~gefahr** *f* danger *m* de mort; ***unter ~*** au péril de ma (sa *etc*) vie; **&gefährlich** très dangereux, mortel; **~gefährte** *m*, **~gefährtin** *f* compagnon *m*, compagne *f*; **&groß** (de) grandeur naturel; **~haltungskosten** *pl* coût *m* de la vie; **~kraft** *f* force *f* vitale, vigueur *f*; **~lage** *f* situation *f*; **&länglich** *Strafe* à perpétuité; **~lauf** *m* curriculum *m* vitæ; **&lustig** heureux de vivre; **~mittel** *n/pl* vivres *m/pl*, denrées *f/pl* alimentaires; **~mittelgeschäft** *n* épicerie *f*, magasin *m* d'alimentation; **~mittelhändler** *m* épicier *m*; **&müde** las de vivre, dégoûté de la vie; **~notwendigkeit** *f* nécessité *f* vitale; **~qualität** *f* qualité *f* de la vie; **~retter** *m* sauveteur *m*; **~standard** *m* niveau *m* de vie; **~unterhalt** *m* subsistance *f*; ***seinen ~ verdienen*** gagner sa vie; **~versicherung** *f* assurance *f* vie; **~weise** *f* manière *f* de vivre; **&wichtig** vital; **~zeichen** *n* signe *m* de vie; **~zeit** *f* durée *f* de la vie; ***auf ~*** à vie
Leber *f* foie *m*; **~fleck** *m* grain *m* de beauté; **~tran** *m* huile *f* de foie de morue
Lebe|wesen *n* être *m* vivant; **~wohl** *n* adieu *m*
lebhaft vif; *Verkehr* intense; **&igkeit** *f* vivacité *f*
Leb|kuchen *m* pain *m* d'épice; **&los** inanimé; **~zeiten** *pl* ***zu seinen ~*** de son vivant; ***zu ~ seines Vaters*** du vivant de son père
lechzen ***nach etw ~*** être avide de qc
leck ***~ sein*** avoir une fuite, fuir
Leck *n* fuite *f*; *mar* voie *f* d'eau
lecken 1. *leck sein* avoir une fuite, fuir; **2.** *mit der Zunge* (***sich ~*** se) lécher
lecker délicieux, appétissant; **&bissen** *m* friandise *f*
Leder *n* cuir *m*; *weiches* peau *f*; **~hose** *f* culotte *f* de cuir *od* de peau; **&n** de *od* en cuir; **~sessel** *m* fauteuil *m* de cuir; **~waren** *pl* articles *m/pl* de cuir
ledig célibataire
lediglich uniquement, seulement
leer vide; ***~ stehend*** *Wohnung* vide, vacant;
Leere *f* vide *m*
leer|en (***sich ~*** se) vider; *räumen* évacuer; ***den Briefkasten ~*** faire la levée du courrier; **&gut** *n* emballage *m*; **&lauf** *m tech* marche *f* à vide; *auto* point *m* mort; **&taste** *f* barre *f* d'espacement; **&ung** *f Post* levée *f*
legal légal; **~isieren** légaliser; **&isierung** *f* légalisation *f*; **&ität** *f* légalité *f*
Legasthen|ie *f* dyslexie *f*; **~iker** *m* dyslexique *m*
legen mettre; *bedächtig* poser; *flach* coucher; (***Eier***) **~** pondre (des œufs); ***sich schlafen ~*** se coucher; ***sich ~*** *Per-*

son s'allonger; *Gewitter* s'arrêter; *Schmerzen* se calmer
Legende *f* légende *f*
leger décontracté, F relax(e); ⚠ *nicht* ***léger***
Leggins *pl* caleçon *m*
Legierung *f* alliage *m*
Legislative *f* (pouvoir *m*) législatif *m*
legitim légitime; **&ität** *f* légitimité *f*
Lehm *m* glaise *f*; **&ig** glaiseux
Lehn|e *f Rücken&* dos *m*; dossier *m*; **&en** appuyer (***an*** contre), adosser (à); ***sich ~ an*** s'appuyer contre, s'adosser à; ***sich aus dem Fenster ~*** se pencher par la fenêtre; **~sessel** *m* fauteuil *m*
Lehrbuch *n* manuel *m*, méthode *f*, cours *m*
Lehre *f Belehrung* leçon *f*; *System* doctrine *f*; *Lehrzeit* apprentissage *m*; *Messinstrument* calibre *m*, jauge *f*
lehren ***j-n etw ~*** enseigner *od* apprendre qc à qn
Lehrer|(in *f*) *m* professeur *m* (*a von Frauen*), maître *m*, -sse *f*; *Grundschul&* instituteur *m*, -trice *f*; **~mangel** *m* manque *m* de professeurs, pénurie *f* de maîtres; **~zimmer** *n* salle *f* des professeurs
Lehr|fach *n* matière *f* d'enseignement; **~gang** *m* cours *m*; stage *m*; **~herr(in** *f*) *m* patron *m*, -ne *f*; **~körper** *m* personnel *m* enseignant; **~kraft** *f* enseignant *m*; **~ling** *m* apprenti *m*, -e *f*; **~mittel** *n/pl* matériel *m* d'enseignement; **~plan** *m* programme *m* scolaire; **&reich** instructif; **~satz** *m* thèse *f*; *math* théorème *m*; **~stelle** *f* place *f* d'apprentissage; **~stuhl** *m* chaire *f*; **~tochter** *f Schweiz* apprentie *f*; **~vertrag** *m* contrat *m* d'apprentissage; **~zeit** *f* apprentissage *m*
Leib *m* corps *m*; *Bauch* ventre *m*; ***bei lebendigem ~*** tout vivant; ***mit ~ und Seele*** corps et âme
Leibes|erziehung *f* éducation *f* physique; **~kräfte** *f/pl* ***aus ~n schreien*** crier à tue-tête; **~übungen** *f/pl* exercices *m/pl* physiques
Leib|gericht *n* plat *m* préféré; **&haftig** en personne, en chair et en os, incarné; **&lich** corporel, physique; **~wächter** *m* garde *m* du corps; **~wäsche** *f* linge *m* de corps
Leiche *f* mort *m*, corps *m* mort, cadavre *m*
leichen|blass blanc comme un linge, blême, livide; **&halle** *f* dépôt *m* mortuaire; **&schauhaus** *n* morgue *f*; **&verbrennung** *f* crémation *f*; **&wagen** *m* corbillard *m*; **&zug** *m* cortège *m* *od* convoi *m* funèbre
Leichnam *m* corps *m*, cadavre *m*
leicht *Gewicht* léger; *zu tun* facile; ***es fällt mir ~ zu ...*** je n'ai pas de peine à ...; ***~ nehmen*** prendre à la légère; ***nimm's ~!*** ne t'en fais pas!; ***~ verständlich*** facile à comprendre; **&athletik** *f* athlétisme *m*; **~fertig** léger, étourdi; **&gewicht** *n Sport* poids *m* léger; **~gläubig** crédule; **&igkeit** *f* légèreté *f*; *Mühelosigkeit* facilité *f*; **&metall** *n* métal *m* léger; **&sinn** *m* étourderie *f*, légèreté *f*; **~sinnig** étourdi, F tête en l'air, insouciant
leid ***etw ~ sein*** en avoir marre de qc
Leid *n* chagrin *m*, douleur *f*, malheur *m*; ***es tut mir ~, dass*** *od* ***zu*** je regrette que (+ *subj*) *od* de (+ *inf*); ***das tut mir ~*** j'en suis désolé; ***du tust mir ~*** tu me fais pitié
leiden 1. souffrir (***an***, ***unter*** de); ***ich kann ihn nicht ~*** je ne peux pas le souffrir; **2.** **&** *n* souffrance *f*, douleur *f*; *méd* affection *f*; **~d** souffrant; **&schaft** *f* passion *f*; **~schaftlich** passionné
leider malheureusement; ***~!*** *a* hélas!
leidlich passable
Leid|tragende(r) *m*, *f fig* ***er ist der Leidtragende dabei*** c'est lui qui en fait les frais; **~wesen** *n* ***zu meinem ~*** à mon grand regret
Leierkasten *m* orgue *m* de Barbarie
Leih|bücherei *f* bibliothèque *f* de prêt; **&en** ***j-m etw ~*** prêter qc à qn; ***etw von j-m ~*** emprunter qc à qn; **~gebühr** *f* frais *m/pl* de location; **~haus** *n* mont-de-piété *m*; **~mutter** *f* mère *f* porteuse; **~wagen** *m* voiture *f* de location; **&weise** à titre de prêt
Leim *m* colle *f*; **&en** coller; *reinlegen* F duper
Leine *f* corde *f*; *Hunde&* laisse *f*
Lein|en *n* toile *f*, lin *m*; ***in ~ gebunden*** relié en toile; **&en** de *od* en toile; **~samen** *bot m* graine *f* de lin; **~wand** *f* toile *f*; *Film* écran *m*
leise bas; *schwach* faible, léger; ***mit ~r Stimme*** à voix basse; ***~r stellen*** baisser
Leiste *f Holz&* liteau *m*; *Zier&* baguette *f*; *Körpergegend* aine *f*

L

leisten faire; *vollbringen* accomplir; *Dienst* rendre; *Hilfe* prêter; ***sich etw*** ~ se payer, s'offrir, s'accorder qc; *Schule* ***er könnte mehr*** ~ il pourrait faire davantage
Leistung *f große* performance *f*, exploit *m*; *Arbeits*② travail *m* (accompli); *écon* rendement *m*; *tech* puissance *f*; *in Geld* prestation *f*; *Schule* **~en** *pl* résultats *m/pl* obtenus; **~sdruck** *m* contrainte *f* d'obtenir de bons résultats; **②sfähig** performant, efficace, efficient, productif; **~sfähigkeit** *f* efficacité *f*, productivité *f*, rendement *m*; **~skurs** *m Schule* matière *f* principale (dans le second cycle), option *f* renforcée; **~sprämie** *f* prime *f* de rendement; **~ssport** *m* sport *m* de compétition
Leit|artikel *m* éditorial *m*, article *m* de fond; **~bild** *n* modèle *m*
leiten diriger; *verwalten* gérer; *tech* conduire; *fig* guider; **~d** *Stellung* dirigeant; ***~er Angestellter*** *m* cadre *m* (supérieur)
Leiter¹ *f* échelle *f*
Leiter² *m*, **~in** *f* directeur *m*, -trice *f*, chef *m*, gérant *m*; *nur m phys* conducteur *m*
Leit|faden *m* guide *m*, manuel *m*; **~gedanke** *m* idée *f* directrice, idée *f* maîtresse; **~motiv** *mus n* motif *m* dominant; leitmotiv *m* (*a fig*); **~planke** *f* glissière *f* de sécurité; **~spruch** *m* devise *f*
Leitung *f Führung* direction *f*; *Wasser*②, *Gas*② conduite *f*; *Strom*②, *tél* ligne *f*; **~swasser** eau *f* du robinet
Lektion *f* leçon *f*
Lektor(in *f*) *m* lecteur *m*, -trice *f*
Lektüre *f* lecture *f*
Lemming *m* lemming *m*
Lende *f Rind* longe *f*, filet *m*; **~n** *pl Körpergegend* lombes *m/pl*, reins *m/pl*; **~nschurz** *m* pagne *m*
lenk|en diriger, guider; *auto* conduire, piloter; **②er(in** *f*) *m* conducteur *m*, -trice *f*; *nur m Lenkstange* guidon *m*; *Lenkrad* volant *m*; **②rad** *n* volant *m*; **②stange** *f Fahrrad* guidon *m*; **②ung** *f auto* direction *f*
Leopard *zo m* léopard *m*
Lerche *zo f* alouette *f*
lernen apprendre; ***er lernt leicht*** il a des facilités pour apprendre; ***schwimmen*** ~ apprendre à nager
Lern|mittelfreiheit *f* gratuité *f* des fournitures et livres scolaires; **~programm** *n* didacticiel *m*
lesbar lisible
Lesb|ierin *f* lesbienne *f*; **②isch** lesbien
Lese|buch *n* livre *m* de lecture; **~lampe** *f* lampe *f* de lecture
lesen lire; ***Ähren*** ~ glaner; **~swert** qui vaut la peine *od* digne d'être lu
Leser(in *f*) *m* lecteur *m*, -trice *f*
Lese|ratte *f* F rat *m* de bibliothèque; **~rbriefe** *m/pl* courrier *m* des lecteurs; **②rlich** lisible; **~stoff** *m* lecture *f*; **~zeichen** *n* signet *m*
Lesung *f* lecture *f*; *pol* ***in erster*** ~ en première lecture
Lettland *n* la Lettonie
letzt dernier; ***zum ~en Mal(e)*** pour la dernière fois; ***in ~er Zeit*** récemment; F ***das ist das ②e!*** c'est impossible!; ***zu guter*** ② à la fin; **~ens** l'autre jour; **~lich** en fin de compte
Leucht|e *f* lampe *f*; *fig* ***er ist keine*** ~ ce n'est pas une lumière; **②en** luire, briller; éclairer (***j-m*** qn); **②end** lumineux (*a fig*); **~er** *m* chandelier *m*, bougeoir *m*, *mehrarmiger* flambeau *m*; **~farbe** *f* couleur *f* fluorescente; **~feuer** *n aviat* balise *f*; *mar* fanal *m*; **~reklame** *f* réclame *f* lumineuse; **~röhre** *f* tube *m* néon; **~stift** *m* surligneur *m*; **~turm** *m* phare *m*; **~zifferblatt** *n* cadran *m* lumineux
leugnen nier
Leukämie *méd f* leucémie *f*
Leukoplast *n* sparadrap *m*
Leumund *m* réputation *f*
Leute *pl* gens *m/pl* (*vorangehendes adj f/pl*), monde *m*; ***junge*** ~ des jeunes gens
Lexikon *n* dictionnaire *m*
Libanon ***der*** ~ le Liban
Libelle *zo f* libellule *f*
liberal libéral; **②ismus** *m* libéralisme *m*
Libero *m* libéro *m*
Libyen *n* la Libye
Licht 1. *n* lumière *f*; *Tages*② jour *m*; ~ ***machen*** allumer la lumière; *fig* ***j-n hinters ~ führen*** mystifier qn; ***grünes ~ geben*** donner le feu vert; **2.** ② *adj* lumineux, clair
Licht|bild *n* photo(graphie) *f*; *Dia* diapo(sitive) *f*; **~bildervortrag** *m* conférence *f* avec projections; **~blick** *m fig* lueur *f* d'espoir, éclaircie *f*; **②empfindlich** sensible à la lumière

lichten *Anker* lever; *Wald* éclaircir; ***sich ~*** *Haare etc* s'éclaircir
licht|erloh ***~ brennen*** être tout en flammes (*a fig*); **²geschwindigkeit** *phys f* vitesse *f* de la lumière; **²hupe** *f* ***die ~ betätigen*** faire un appel de phares; **²jahr** *astr n* année-lumière *f*; **²maschine** *f auto* dynamo *f*; **²schalter** *m* interrupteur *m*; **²schein** *m* lueur *f*; **~scheu** qui craint la lumière du jour; **²schutzfaktor** *m* indice *m* de protection; **²strahl** *m* rayon *m* de lumière
Lichtung *f im Wald* clairière *f*
Lid *n* paupière *f*; **~schatten** *n* ombre *f* à paupières
lieb cher; *geliebt* chéri; *nett*, *artig* gentil; ***der ~e Gott*** le bon Dieu; ***sei bitte so ~ und*** ... sois gentil et ... (*od* de + *inf*); *Brief* ***~er Paul*** cher Paul; ***~ gewinnen*** prendre en affection; ***~ haben*** aimer
Liebe *f* amour *m* (*pl oft f*; ***zu*** de); ***~ auf den ersten Blick*** coup *m* de foudre
lieben (***sich ~*** s')aimer; *sexuell* faire l'amour (avec qn)
liebenswürdig aimable; **²keit** *f* amabilité *f*
lieber plutôt; ***~ haben*** *od* ***mögen*** aimer mieux (***als*** que), préférer (***als*** à); ***etw ~ tun*** aimer mieux *od* préférer faire qc; ***du solltest ~*** ... tu ferais mieux de (+ *inf*)
Liebes|brief *m* lettre *f* d'amour; **~erklärung** *f* déclaration *f* (d'amour); **~kummer** *m* ***~ haben*** avoir un chagrin d'amour; **~paar** *n* couple *m* d'amoureux
lieb|evoll affectueux; **²haber** *m e-r Frau* amoureux *m*, amant *m*; *e-r Kunst* amateur *m*; **²haberei** *f* violon *m* d'Ingres, F dada *m*; **~kosen** caresser; **²kosung** *f* caresse *f*; **~lich** gracieux, agréable; *Gegend* charmant; **²ling** *m* favori *m*, -te *f*; préféré *m*, -e *f*; chouchou *m*, -te *f* F; *Anrede* chéri *m*, -e *f*; **²lingsbeschäftigung** *f* passe-temps *m* favori, violon *m* d'Ingres; **²lingsgericht** *cuis n* plat *m* préféré; **~los** sans cœur, sans amour; **²reiz** *m* charmes *m/pl*; **~reizend** charmant; **²schaft** *f* liaison *f*; **²ste(r)** *m, f* bien-aimé *m*, -e *f*
Liechtenstein *n* le Liechtenstein
Lied *n* chanson *f*; chant *m*; *Kirchen²* cantique *m*
Liederabend *m* récital *m* de chant
liederlich *unmoralisch* dissolu, débauché; *Arbeit* bâclé
Liedermacher *m* compositeur *m* de chansons
Liefer|ant *m* fournisseur *m*; **²bar** disponible; **~frist** *f* délai *m* de livraison
liefer|n livrer; fournir (*a Beweis*); **²ung** *f* livraison *f*; **²wagen** *m* camionnette *f*, fourgonnette *f*
Liege *f* divan *m*
liegen *Lebewesen* être couché; *Ort* être situé; *Sache* se trouver; ***es liegt Schnee*** il y a de la neige; ***mir liegt viel daran*** j'y tiens beaucoup; ***~ bleiben*** *Person* rester couché; *Ware* ne pas se vendre; *Arbeit* rester en souffrance; ***~ lassen*** laisser; *vergessen* oublier; *fig* ***j-n links ~ lassen*** ignorer qn
Liege|stuhl *m* chaise *f* longue, transatlantique *m*; **~stütz** *m Sport* traction *f*; ***~e*** *pl* F pompes *f/pl*; **~wagen** *m* voiture-couchettes *f*
Lift *m* ascenseur *m*; *Ski* remonte-pente *m*
Liga *f* ligue *f*; *Sport* division *f*
Likör *m* liqueur *f*; ⚠ ***la*** liqueur
lila lilas, mauve
Lilie *bot f* lis *m*, *a* lys *m*
Limonade *f* limonade *f*
Limousine *auto f* berline *f*
Linde *bot f* tilleul *m*
linder|n soulager, apaiser, adoucir; **²ung** *f* soulagement *m*, apaisement *m*, adoucissement *m*
Lineal *n* règle *f*
Linguistik *f* linguistique *f*
Linie *f* ligne *f*; ***auf seine ~ achten*** faire attention à sa ligne; **~nflug** *aviat m* vol *m* régulier; **~nrichter** *Sport m* juge *m* de touche
lin(i)ieren régler
Linke ***die ~*** la (main) gauche; *pol* la gauche
link|e gauche; **~en** F baiser; **²e(r)** *pol m* partisan *m* de la gauche; **~isch** maladroit, gauche, F empoté
links à gauche; ***~ von*** à gauche de; ***von ~ nach rechts*** de gauche à droite; *pol* ***~ stehen*** être à gauche; **²außen** *m Fußball* ailier *m* gauche; **²händer(in** *f*) *m* gaucher *m*, -ère *f*
Linse *f bot*, *Optik* lentille *f*
Lippe *f* lèvre *f*; **~nbekenntnis** *n* aveu *m* du bout des lèvres; **~npflegestift** *m* pommade *f* pour les lèvres; **~nstift** *m*

bâton *m* de rouge, rouge *m* à lèvres
liquidieren liquider
lispeln zézayer, zozoter F
List *f* ruse *f*, astuce *f*
listig rusé, astucieux, finaud
Litauen *n* la Lituanie
Liter *n od m* litre *m*
litera|risch littéraire; **℞tur** *f* littérature *f*; **℞turpreis** *m* prix *m* littéraire; ⚠ *Schreibung* li**tt**éraire, li**tt**érature
Litfaßsäule *f* colonne *f* d'affiches, colonne *f* Morris
live *TV* en direct
Lizenz *f* licence *f*
Lkw *m* camion *m*, poids *m* lourd
Lob *n* louange *f*, éloge *m*; **℞en** faire l'éloge de, louer; **℞enswert** digne de louanges, louable
löblich louable
Loch *n* trou *m*; *fig Elendswohnung* taudis *m*; **℞en** poinçonner, perforer; **~er** *m* perforatrice *f*
Locke *f* boucle *f*
locken 1. *Haar* (***sich*** **~** se) boucler; **2.** *an sich ziehen* attirer; **℞kopf** *m* tête *f* bouclée *od* frisée; **℞wickler** *m* bigoudi *m*
lock|er lâche; relâché (*a fig Moral*); *entspannt* relax(e) F; **~ern** (***sich*** **~** se) relâcher; *Sport* (s')assouplir; *Schraube, Knoten* (se) desserrer; **℞erungsübungen** *Sport f/pl* exercices *m/pl* d'assouplissement; **~ig** bouclé; **℞mittel** *n* appât *m*, leurre *m*
lodern flamber
Löffel *m* cuiller *f od* cuillère *f*; ***ein ~ voll*** une cuillerée; **℞n** manger à la cuiller
Logbuch *mar n* journal *m od* livre *m* de bord
Loge *f* loge *f*
Logi|k *f* logique *f*; **℞sch** logique; **℞scherweise** logiquement
Lohn *m* salaire *m*, paye *od* paie *f*; *Belohnung* récompense *f*; **~ausgleich** *m* ajustage *m* des salaires; ***bei vollem ~*** sans perte de salaire; **~empfänger** *m* salarié *m*; **℞en** être payant *od* rentable; valoir la peine *od* F le coup; ***das lohnt sich*** cela vaut la peine; ***der Film lohnt sich*** le film vaut la peine d'être vu; **℞end** payant, rentable, rémunérateur, profitable; **~erhöhung** *f* augmentation *f* (de salaire); **~steuer** *f* impôt *m* sur le revenu; **~steuerjahresausgleich** *m* remboursement *m* annuel du trop-perçu; **~steuerkarte** *f* fiche *f* fiscale; **~stopp** *m* blocage *m* des salaires; **~tüte** *f* enveloppe *f* de paye, paye *f*
Loipe *f* piste *f* de ski de fond, loipe *f*
Lokal 1. *n Gaststätte* restaurant *m*, café *m*; **2.** **℞** *adj* local
Lokomotiv|e *f* locomotive *f*; **~führer** *m* mécanicien *m*
London Londres
Lorbeer *bot m* laurier *m*
Los *n Schicksal* sort *m*, destin *m*, destinée *f*; *Lotterie℞* billet *m* de loterie; ***das große ~ ziehen*** gagner le gros lot (*a fig*)
los *abgetrennt* détaché; ***~!*** allez!; allons(-y)!; ***was ist ~?*** qu'est-ce qu'il y a?; ***etw, j-n ~ sein*** être débarrassé de qc, qn; ***was ist mit dir ~?*** qu'est-ce qui t'arrive?; ***hier ist nicht viel ~*** il ne se passe pas grand-chose ici
losbinden délier, détacher
Lösch|apparat *m* extincteur *m*; **℞en** éteindre; *Tonband* effacer; *Datei* supprimer; *Speicher* remettre à zéro; *Datenträger* effacer; *Durst* étancher, apaiser; ***den Durst ~ a*** se désaltérer; **~papier** *n* buvard *m*; **~taste** *f* touche *f* de suppression
lose lâche; *beweglich* mobile; *leichtfertig* frivole
Lösegeld *n* rançon *f*
losen tirer au sort (***um etw*** qc)
lösen (***sich ~*** se) détacher (***von*** de); *lockern* (***sich ~*** se) desserrer; *schmelzen* (***sich ~*** se) dissoudre; *Vertrag* annuler; *Aufgabe* résoudre; *Rätsel* deviner; *Fahrkarte* prendre, acheter
los|fahren démarrer, partir; **~gehen** *aufbrechen* s'en aller, partir; *anfangen* commencer; *Feuerwaffe* partir; ***auf j-n ~*** aller droit *od* foncer sur qn; **~kaufen** racheter; **~ketten** déchaîner; **~kommen** arriver à se détacher (***von*** de); **~lassen** lâcher; **~legen** F démarrer
löslich soluble
los|lösen détacher; **~machen** défaire, détacher; **~reißen** arracher; **~schnallen** ***sich ~*** défaire sa ceinture (de sécurité); **~schrauben** dévisser; **~stürzen** partir en vitesse; ***auf j-n ~*** se précipiter sur qn
Losung *f Wahlspruch* mot *m* d'ordre; *Kennwort* mot *m* de passe
Lösung *f* solution *f* (*a chim*); **~smittel** *n* solvant *m*

los|werden se débarrasser de; **~ziehen** weggehen s'en aller, partir; *mit Worten* se déchaîner (***über***, ***gegen*** contre)
Lot *n Bleigewicht* (fil *m* à) plomb *m*; *math* perpendiculaire *f*
löten souder
Lothring|en *n* la Lorraine; **~er(in** *f*) *m* Lorrain *m*, -e *f*; **²isch** lorrain
Lötkolben *m* fer *m* à souder
Lotse *m* pilote *m*; *Flug²* aiguilleur *m* du ciel
Lotterie *f* loterie *f*; **~gewinn** *m* gain *m* à la loterie; **~los** *n* billet *m* de loterie
Lotto *n* loto *m*; ***im ~ spielen*** jouer au loto; **~schein** *m* billet *m* de loto
Löw|e *zo m*, **~in** *f* lion *m*, -ne *f*; *astr* Lion *m*; **~enzahn** *bot m* pissenlit *m*
Luchs *zo m* lynx *m*
Lücke *f* lacune *f*; *fig a* vide *m*; *Zahn²* brèche *f*; **~nbüßer** *m* bouche-trou *m*; **²nhaft** plein de lacunes, incomplet; *Gedächtnis* défaillant; **²nlos** sans lacunes, complet
Ludwig *m* Louis *m*
Luft *f* air *m*; ***an der frischen ~*** au grand air, en plein air; ***die ~ anhalten*** retenir sa respiration; ***frische ~ schöpfen*** prendre l'air; ***in die ~ sprengen*** faire sauter; ***j-n wie ~ behandeln*** ignorer qn; ***j-n an die ~ setzen*** flanquer qn à la porte; **~angriff** *m* raid *m* aérien, attaque *f* aérienne; **~ballon** *m* ballon *m*; **~bild** *n* photo *f* aérienne; **~blase** *f* bulle *f* d'air; **~brücke** *f* pont *m* aérien; **²dicht** hermétique; **~druck** *m* pression *f* atmosphérique
lüften aérer; *fig Geheimnis* dévoiler
Luft|fahrt *f* aviation *f*, aéronautique *f*; **~feuchtigkeit** *f* humidité *f* de l'air; **~gewehr** *n* carabine *f* à air comprimé; **²ig** bien aéré; *Kleidung* léger; **~kissenfahrzeug** *n* aéroglisseur *m*; **²krank** ***~ sein*** avoir le mal de l'air; **~kurort** *m* station *f* climatique; **²leer** vide (d'air); ***~er Raum*** vide *m*; **~linie** *f* ***50 km ~*** 50 km à vol d'oiseau; **~loch** *n* trou *m* d'air; **~matratze** *f* matelas *m* pneumatique; **~pirat** *m* pirate *m* de l'air; **~post** *f* poste *f* aérienne; ***mit ~*** par avion; **~pumpe** *f* pompe *f* (à pneus); **~reinhaltung** *f* protection *f* de l'air; **~röhre** *f* trachée(-artère) *f*; **~schlösser** *n/pl* ***~ bauen*** faire des châteaux en Espagne; **~spiegelung** *f* mirage *m*
Lüftung *f* ventilation *f*, aération *f*
Luft|veränderung *f* changement *m* d'air; **~verkehr** *m* trafic *m* aérien; **~verschmutzung** *f* pollution *f* de l'air; **~waffe** *mil f* armée *f* de l'air; **~weg** *m* ***auf dem ~*** par air; **~zug** *m* courant *m* d'air
Lüge *f* mensonge *m*
lügen mentir; ***das ist gelogen*** c'est un mensonge
Lügendetektor *m* détecteur *m* de mensonge
Lügner(in *f*) *m* menteur *m*, -euse *f*
Luke *f Fenster* lucarne *f*; *mar* écoutille *f*
Lümmel *péj m* mufle *m*, rustre *m*, malotru *m*; **²n** ***sich ~*** se vautrer
Lump *m* gredin *m*, vaurien *m*
Lump|en *m* chiffon *m*; *pl zerlumpte Kleider* guenilles *f/pl*, haillons *m/pl*; **²ig** *fig* misérable
Lunge *f* poumon *m*; **~nentzündung** *f* pneumonie *f*
lungern traîner
Lupe *f* loupe *f*; *fig* ***unter die ~ nehmen*** examiner sur toutes les coutures
Lust *f Freude* plaisir *m*; *Verlangen* envie *f*; *sinnliche* désir *m*; ***~ auf od zu etw haben*** avoir envie de qc; ***~ haben, etw zu tun*** avoir envie de faire qc; ***zu nichts ~ haben*** n'avoir goût à rien
Lüsterklemme *f* domino *m*
lüstern lascif, lubrique; **²heit** *f* lascivité *f*
lustig gai, joyeux, amusant, drôle; ***sich ~ machen über*** se moquer de
Lüstling *m* satyre *m*
lust|los sans entrain; **²mord** *m* assassinat *m* avec viol; **²spiel** *n* comédie *f*
Luther|aner(in *f*) *m* luthérien *m*, -ne *f*; **²isch** luthérien
lutsch|en sucer; ***am Daumen ~*** sucer son pouce; **²er** *m* sucette *f*
Lüttich Liège
Luv *mar f* côté *m* du vent
Luxemburg *n* le Luxembourg; **~er(in** *f*) *m* Luxembourgeois *m*, -e *f*; **²isch** luxembourgeois
luxuriös luxueux; ⚠ *nicht* ***luxurieux***
Luxus *m* luxe *m*; **~artikel** *m* article *m* de luxe
Luzern Lucerne
lynchen lyncher
Lyrik *f* poésie *f* lyrique; *Ausdrucksart* lyrisme *m*; **~er(in** *f*) *m* poète *m* lyrique
lyrisch lyrique

M

Maas *f* Meuse *f*
Mach|art *f* façon *f*; **2bar** faisable; *Plan* réalisable
machen faire; *Prüfung* passer; *mit adj* rendre; ***j-n glücklich*** ~ rendre qn heureux; ***was*** *od* ***wie viel macht das?*** ça fait combien?; ***das macht nichts*** cela ne fait rien; *nach Entschuldigung* il n'y a pas de mal; ***mach dir nichts daraus!*** ne t'en fais pas!; ***da kann man nichts*** ~ on ne peut rien y faire; tant pis!; ***mach mal*** *od* ***schon!*** vas-y!; ***mach's gut!*** bonne chance!, bon courage!
Macho *m* F macho *m*
Macht *f* pouvoir *m*; *Staat* puissance *f*; ***an der*** ~ ***sein*** être au pouvoir; **~haber** *m* détenteur *m* du pouvoir, dirigeant *m*
mächtig puissant; *fig* énorme, massif
Macht|kampf *m* lutte *f* pour le pouvoir; **2los** impuissant; **~probe** *f* épreuve *f* de force; **~übernahme** *pol f* prise *f* du pouvoir; **~wechsel** *pol m* changement *m* de gouvernement; **~wort** *n* ***ein*** ~ ***sprechen*** faire acte d'autorité
Madagaskar *n* Madagascar
Mädchen *n* jeune fille *f*; *Gegensatz zu Junge* fille *f*; ***kleines*** ~ petite fille *f*, fillette *f*; *Dienst2* bonne *f*; **~name** *m* nom *m* de jeune fille
Made *zo f* ver *m*, asticot *m*
madig *Früchte* véreux; *fig* ~ ***machen*** dénigrer
Mafia *f* maffia *f*
Mafioso *m* maffioso *m*
Magazin *n* magasin *m*, dépôt *m*; *Zeitschrift* magazine *m*
Magen *m* estomac *m*; **~beschwerden** *pl* indigestion *f*, embarras *m* gastrique; **~-Darm-Infektion** *méd f* gastro-entérite *f*; **~geschwür** *méd n* ulcère *m* d'estomac; **~krebs** *méd m* cancer *m* de l'estomac; **~schmerzen** *m/pl* maux *m/pl* d'estomac; F mal *m* au ventre
mager maigre; **2keit** *f* maigreur *f*; **2milch** *f* lait *m* écrémé; **2sucht** *f* anorexie *f*
Mag|ie *f* magie *f*; **2isch** magique
Magister *m Universitätsgrad* maîtrise *f*; *östr cf* ***Apotheker***
Magnet *m* aimant *m* (*a fig*); **~band** *n* bande *f* magnétique; **2isch** magnétique; **~karte** *f* carte *f* magnétique; **~nadel** *f* aiguille *f* aimantée; **~streifen** *m* piste *f* magnétique
Mahagoni *n* acajou *m*
mäh|en *Gras* faucher; *Rasen* tondre; *Getreide* moissonner; **2drescher** *m* moissonneuse-batteuse *f*
Mahl *n* repas *m*
mahlen moudre
Mahlzeit *f* repas *m*; ~**!** bon appétit!
Mähne *f* crinière *f*; *von Menschen* tignasse *f*
mahn|en ***j-n an etw*** ~ rappeler qc à qn; ***zu etw*** ~ exhorter à qc; **2ung** *f* avertissement *m*; exhortation *f*; *comm* sommation *f*
Mai *m* mai *m*; ***der Erste*** ~ le Premier mai; ***im*** ~ en mai; ***am 6.*** ~ le 6 mai; ***der 6.*** ~ ***1996*** le 6 mai 1996; **~glöckchen** *bot n* muguet *m*; **~käfer** *zo m* hanneton *m*
Mailand Milan
Mailbox *f* boîte *f* aux lettres électronique
Mailing *n* mailing *m*
Main ***der*** ~ le Main
Mainz Mayence
Mais *bot m* maïs *m*; **~kolben** *m* épi *m* de maïs
Majestät *f* majesté *f*; *Anrede* Sire!
Majoran *bot m* marjolaine *f*
makaber macabre
Makel *m* tache *f*, défaut *m*; **2los** sans défaut, parfait, irréprochable
Make-up *n* maquillage *m*
Makkaroni *cuis pl* macaronis *m/pl*
Makler *comm m* courtier *m*; *Börse* agent *m* de change; *Immobilien* agent *m* immobilier
Makrele *zo f* maquereau *m*
Makro *EDV n* macro *m*
Mal[1] **1.** *n* fois *f*; ***ein für alle*** ~**(*****e*****)** une fois pour toutes; ***zum ersten*** **(*****letzten*****)** ~ pour la première (dernière) fois; ***jedes*** ~ chaque fois; ***das nächste*** ~ la prochaine fois; ***mit e-m*** ~ tout d'un coup; **2.** 2 *math* fois; ***zwei*** ~ ***fünf ist zehn*** deux fois cinq font dix
Mal[2] *n Zeichen* marque *f*

mal F *cf* ***einmal***; *wird meist nicht übersetzt*
Malaysia *n* la Malaisie
malen peindre
Maler|(in *f*) *m* peintre *m* (femme *f* peintre); **~ei** *f* peinture *f*; **⁀isch** pittoresque
Mali *n* le Mali
Malkasten *m* boîte *f* de couleurs
malnehmen multiplier (***mit*** par)
Malta *n* l'île *f* de Malte
Malz *n* malt *m*
Mama *f*, **Mami** *f enf* maman *f*
man on
Management *n* management *m*; ***das mittlere ~*** les cadres *m/pl* moyens
managen gérer
Manager *m* manager *m*
manch plus d'un, maint; ***~e*** *pl* certains, *nur adj* quelques; bien des ...; **~erlei** divers, toutes sortes de; **~mal** quelquefois
Mandant *jur m* client *m*, mandant *m*
Mandarine *bot f* mandarine *f*
Mandat *jur*, *pol n* mandat *m*
Mandel *f bot* amande *f*; *Organ* amygdale *f*
Manege *f Zirkus* piste *f*
Mangel *m Fehler* défaut *m*; *Fehlen* absence *f* (***an*** de); *Knappheit* manque *m* (***an*** de), pénurie *f* (***an*** de); ***aus ~ an*** faute de; **~erscheinung** *f* symptôme *m* de carence; **⁀haft** défectueux; *Schulnote* médiocre
mangeln ***es mangelt mir an etw*** je manque de qc; qc me manque
mangels à défaut de, faute de
Mangelware *f* marchandise *f* rare
Mango *bot f* mangue *f*
Mangold *bot m* b(l)ette *f*
Manie *f* manie *f*
Manier *f* manière *f*; ***gute ~en*** bonnes manières, savoir-vivre *m*; ***schlechte ~en*** mauvaises manières
manipulieren manipuler
Manko *n comm* déficit *m*; *fig* manque *m*
Mann *m* homme *m*; *Ehe⁀* mari *m*; ***alter ~*** vieillard *m*
Männchen *n* petit homme *m*, bonhomme *m*; *Tier* mâle *m*
Mannequin *n* mannequin *m*
männlich mâle; *gr* masculin
Mannschaft *f Sport*, *fig* équipe *f*; *mar*, *aviat* équipage *m*; **~sgeist** *Sport m* esprit *m* d'équipe

Manöv|er *n* manœuvre *f*; ⚠ ***la*** manœuvre; **⁀rieren** manœuvrer
Manschette *f* manchette *f*; *tech* joint *m*; **~nknopf** *m* bouton *m* de manchette
Mantel *m* manteau *m*; *Fahrrad* enveloppe *f*, bandage *m*
Manuskript *n* manuscrit *m*
Mäppchen *n Feder⁀* trousse *f*
Mappe *f Aktentasche* serviette *f*; *Schul⁀* cartable *m*; *Ablege⁀* classeur *m*, chemise *f*
Märchen *n* conte *m* (de fée); *fig* ***~ erzählen*** raconter des histoires; **⁀haft** fabuleux, féerique, F fantastique
Margarine *f* margarine *f*
Margerite *bot f* marguerite *f*
Marienkäfer *zo m* coccinelle *f*
Marihuana *n* marijuana *f*; ⚠ ***la*** marijuana
Marille *östr f* abricot *m*
Marine *f* marine *f*
Marionette *f* marionnette *f*
Mark[1] *f Geld* mark *m*; ***30 ~*** trente marks; ⚠ ***le*** mark
Mark[2] *n Knochen⁀* moelle *f*; *Frucht⁀* pulpe *f*
Marke *f comm* marque *f*; *Spiel⁀*, *Kontroll⁀* jeton *m*; *Essens⁀* ticket *m*; *Brief⁀* timbre *m*; **~nartikel** *comm m* article *m* de marque
Marketing *n* marketing *m*
markier|en marquer, repérer; *vortäuschen* jouer, simuler
Markise *f* store *m*
Markt *m* marché *m*; ***auf den ~ bringen*** mettre sur le marché, lancer; **~forschung** *écon f* étude *f* de marché; **~lage** *f* situation *f* du marché, conjoncture *f*; **~platz** *m* place *f* du marché; **~wirtschaft** *f* économie *f* de marché; ***freie ~*** économie libre
Marmelade *f* confiture *f*
Marmor *m* marbre *m*
Marokkan|er(in *f*) *m* Marocain *m*, -e *f*; **⁀isch** marocain
Marokko *n* le Maroc
Marone *f* marron *m*
Marsch *m* marche *f* (*a mus*); ⚠ ***la*** marche
Marsch|befehl *m* ordre *m* de marche; **~flugkörper** *mil m* missile *m* de croisière; **⁀ieren** marcher
Marsmensch *m* Martien *m*
Martinique la Martinique
Märtyrer(in *f*) *m* martyr *m*, -e *f*

M

Marxis|mus *m* marxisme *m*; **~t(in** *f*) *m* marxiste *m*, *f*; **2tisch** marxiste
März *m* mars *m*; ***im*** **~** en mars; ***am 5.*** **~** le 5 mars; ***der 5.*** **~** ***1996*** le 5 mars 1996
Marzipan *n* pâte *f* d'amandes
Masche *f* maille *f*; F ***die neueste*** **~** le nouveau dada
Maschine *f* machine *f* (*auch Lok*, *Motorrad*); *Motor* moteur *m*; *Flugzeug* appareil *m*; ***mit der*** **~** ***schreiben*** taper à la machine, dactylographier
Maschinen|gewehr *n* mitrailleuse *f*; **2lesbar** lisible par la machine; **~öl** *n* huile *f* à machine; **~pistole** *f* mitraillette *f*; **~schaden** *m* avarie *f* de machine
Maschineschreiben *n* dactylographie *f*
Masern *méd pl* rougeole *f*
Maserung *f* madrure *f*
Mask|e *f* masque *m*; ⚠ ***le*** masque; **2ieren** masquer; ***sich*** **~** se déguiser (***als*** en)
Masochismus *m* masochisme *m*
Maß[1] *n* mesure *f*; *Mäßigung* modération *f*; ***~e und Gewichte*** poids et mesures; ***nach*** **~** sur mesure; ***in dem ~e wie*** dans la mesure où; ***in hohem ~e*** dans une large mesure; ***in zunehmendem ~e*** de plus en plus; **~** ***halten*** se modérer
Maß[2] *f* litre *m* de bière
Massage *f* massage *m*; ⚠ ***le*** massage
Massaker *n* massacre *m*
Masse *f* masse *f*; *Menschen2* foule *f*; ***die breite*** **~** le grand public
Maßeinheit *f* unité *f* de mesure
Massen|andrang *m* grande affluence *f*; **~arbeitslosigkeit** *f* chômage *m* de masse; **2haft** en masse; **~karambolage** *f* carambolage *m* en série; **~medien** *n/pl* mass media *m/pl*
Masseur(in *f*) *m* masseur *m*, -euse *f*
maß|gebend, ~geblich qui fait autorité, déterminant, décisif; **~halten** *cf* ***Maß***
massieren masser
massig volumineux, massif
mäßig modére; *im Essen* frugal, sobre; *Geldsumme* modique; *dürftig* médiocre; **~en** (***sich*** **~** se) modérer; *mildern* tempérer; *Tempo* ralentir; **2ung** *f* modération *f*
massiv 1. massif, solide; *fig* énergique, grossier; **2.** **2** *n Gebirge* massif *m*
Maß|krug *m* chope *f*; **2los** démesuré, sans mesure; **~nahme** *f* mesure *f*; ***~n ergreifen*** prendre des mesures; **~stab** *m Karte* échelle *f*; *fig* norme *f*, critère *m*; **2voll** modéré, mesuré
Mast *m* mât *m* (*a mar*); *Strom2* pylône *m*
mästen engraisser
Masturb|ation *f* masturbation *f*; **2ieren** se masturber
Match *n* match *m*; **~ball** *m Tennis* balle *f* de match
Material *n Werkstoff* matériau *m*; *für geistige Arbeit* matériaux *m/pl*; *Stoff* matière *f*; *Ausrüstung* matériel *m*; **~ismus** *m* matérialisme *m*; **~ist** *m* matérialiste *m*; **2istisch** matérialiste
Materie *f* matière *f*
materiell matériel
Mathemati|k *f* mathématiques *f/pl*, maths *f/pl* F; **~ker** *m* mathématicien *m*; **2sch** mathématique
Matinee *f* séance *f* ayant lieu dans la matinée; ⚠ *nicht* ***matinée***
Matratze *f* matelas *m*
Matrixdrucker *m* imprimante *f* matricielle
Matrose *m* matelot *m*, marin *m*
Matsch *m* boue *f*, gadoue *f*; **2ig** boueux, bourbeux; *Frucht* blet
matt épuisé, abattu, faible; *Farbe*, *Foto* mat; *Glas* dépoli; *Schach* mat
Matte *f* natte *f*; *Fuß2* paillasson *m*; *Sport* tapis *m*; F ***auf der*** **~** ***stehen*** être à pied d'œuvre
Matterhorn *n* Cervin *m*
Matura *östr*, *Schweiz f* baccalauréat *m*
Mauer *f* mur *m*; **2n** maçonner
Maul *n* gueule *f*; *Pferd* bouche *f*; P ***halt's ~!*** ferme ta gueule!
maulen F ronchonner, rouspéter
Maul|esel(in *f*) *m* mulet *m*, mule *f*; **~korb** *m* muselière *f*; **~tier** *n* mulet *m*, mule *f*
Maulwurf *m* taupe *f*; **~shaufen** *m*, **~shügel** *m* taupinière *f*
Maurer *m* maçon *m*; **~kelle** *f* truelle *f*
Maus *zo u EDV f* souris *f*; **~efalle** *f* souricière *f*
mausern ***sich*** **~** muer; *fig* faire peau neuve
Maut *östr f* péage *m*; **~straße** *f* route *f* à péage
maxim|al maximum, maximal; *adv* au maximum; **2um** *n* maximum *m*
Mayonnaise *cuis f* mayonnaise *f*
MB, Mbyte, MByte *n* Mo *m* (= méga-octet)

M

Mechan|ik *f* mécanique *f*; **~iker** *m* mécanicien *m*; **2isch** mécanique; *gedankenlos* machinal; **~ismus** *m* mécanisme *m*
meckern *Ziege* chevroter; *fig* F rouspéter, râler
Mecklenburg-Vorpommern *n* le Mecklembourg-Poméranie
Medaille *f* médaille *f*
Medien *pl* média(s) *m/pl*; **2wirksam** médiatique
Medikament *n* médicament *m*
meditieren méditer (**über** sur)
Medium *n zur Information* média *m*; *phys* milieu *m*
Medizin *f* médecine *f*; *Arznei* remède *m*; **2isch** médical; **~-technische Assistentin** *f* assistante *f* médicale
Meer *n* mer *f*; ⚠ **la** mer; **~busen** *m* golfe *m*; **~enge** *f* détroit *m*
Meeres|früchte *cuis f/pl* fruits *m/pl* de mer; **~spiegel** *m* niveau *m* de la mer
Meer|rettich *bot m* raifort *m*; **~schweinchen** *zo n* cobaye *m*
Mega|byte *n* méga-octet *m*; **~hertz** *n* mégahertz *m*
Mehl *n* farine *f*; **2ig** farineux; **~speise** *östr f* entremets *m*
mehr plus, davantage; **noch ~** encore plus; **immer ~** de plus en plus; **~ oder weniger** plus ou moins; **nicht ~** ne ... plus; **~ als** plus que; *vor Zahl* plus de; **2arbeit** *f* travail *m* supplémentaire; **2aufwand** *m* surcroît *m* de dépenses; **2bereichsöl** *n* huile *f* multigrade; **~deutig** ambigu, équivoque; **~ere** plusieurs; **~fach** multiple; *wiederholt* réitéré; *adv* à différentes reprises; **~farbig** polychrome; **2heit** *f* majorité *f*; **~mals** plusieurs fois; **~platzfähig** *EDV* multiposte; **2platzrechner** *m* système *m* multiposte; **~sprachig** *Text* plurilingue; *Mensch* polyglotte; **~stimmig** *Chor* à plusieurs voix; **2wegverpackung** *f* emballage *m* consigné; **2wertsteuer** *f* taxe *f* à la valeur ajoutée (*abr* T.V.A.); **2zahl** *gr f* pluriel *m*; **die ~ der Leute** la plupart des gens (+ *Verb im pl*); **2zweck...** *in Zssgn* à usages multiples; **2zweckhalle** *f* salle *f* polyvalente
meiden éviter
mein mon, ma, *pl* mes; **~er**, **~e**, **~es**, **der**, **die**, **das ~e** *od* **~ige** le mien, la mienne
Meineid *jur m* parjure *m*
meinen être d'avis; *glauben* croire; *denken* penser; *sagen wollen* vouloir dire; **wie ~ Sie das?** qu'est-ce que vous entendez par là?; **ich habe es nicht so gemeint** ce n'est pas là ma pensée
mein|erseits de ma part, de mon côté; **~etwegen** à cause de moi; pour moi; quant à moi; **~!** soit!, je le veux bien
Meinung *f* opinion *f*, avis *m*; **meiner ~ nach** à mon avis; **der ~ sein, dass** ... être d'avis que ...; **seine ~ ändern** changer d'avis; **ich bin ganz Ihrer ~** je suis entièrement de votre avis; **j-m seine ~ sagen** dire sa façon de penser à qn
Meinungs|austausch *m* échange *m* de vues; **~forschung** *f* sondage *m* d'opinion; **~freiheit** *f* liberté *f* d'opinion; **~umfrage** *f* sondage *m* d'opinion; **~verschiedenheit** *f* divergence *f* de vues, désaccord *m*
Meise *zo f* mésange *f*
Meißel *m* ciseau *m*; **2n** ciseler
meist la plupart de; le plus de; (**die**) **~(e Zeit**) la plupart du temps; **die ~e Arbeit** le plus grand travail; **die ~en** (**Arbeiter**) la plupart (des ouvriers); **am ~en** le plus; **~ens** le plus souvent, la plupart du temps, généralement
Meister|(in *f*) *m* maître *m*, -sse *f*; *Sport* champion *m*, -ne *f*; **~schaft** *f* maîtrise *f*; *Sport* championnat *m*; **~stück** *n*, **~werk** *n* chef-d'œuvre *m*
Melanchol|ie *f* mélancolie *f*; **2isch** mélancolique
melden annoncer, rapporter, déclarer, signaler; **sich ~** se présenter (**bei** chez); *brieflich* donner signe de vie; *tél* répondre; *Schule* lever le doigt; *zur Prüfung* se faire inscrire; **sich zu Wort ~** demander la parole; **sich krank ~** se faire porter malade
Melde|pflicht *f Einwohnermeldeamt* inscription *f* obligatoire; *Krankheit* déclaration *f* obligatoire; **~schluss** *m* clôture *f* des inscriptions
Meldung *f* annonce *f*, rapport *m*, déclaration *f*; *Nachricht* information *f*; *An2* inscription *f*; *EDV* message *m*
meliert **~es Haar** cheveux poivre et sel
melken traire
Melod|ie *f* mélodie *f*; **2isch** mélodieux
Melone *f bot* melon *m*; *Wasser2* pastèque *f*; *Hut* chapeau *m* melon

Membran *f* membrane *f*
Memoiren *pl* mémoires *m/pl*
Menge *f* quantité *f*; *große* multitude *f*; *Menschen*2 foule *f*; *math* ensemble *m*; F ***e-e Menge*** ... beaucoup de, F pas mal de, un tas de; **2n** mêler, mélanger; **~nlehre** *math f* théorie *f* des ensembles
Mensa *f* restaurant *m* universitaire
Mensch *m* homme, être *m* humain; **~en** *pl a* gens *m/pl*; ***kein ~*** personne (+ ne)
Menschen|fresser *m* cannibale *m*; **~kenntnis** *f* ***~ haben*** être bon psychologue; **~kette** *f* chaîne *f* humaine; **~leben** *n* vie *f* humaine; **~menge** *f* foule *f*; **~rechte** *n/pl* droits *m/pl* de l'homme; **~seele** *f* ***es war keine ~ da*** il n'y avait pas âme qui vive; **2unwürdig** indigne d'un être humain, dégradant; **2verachtend** inhumain; **~verstand** *m* ***gesunder ~*** bon sens *m*, sens *m* commun
Mensch|heit *f* humanité *f*, genre *m* humain; **2lich** humain
Menstruation *f* règles *f/pl*
Mentalität *f* mentalité *f*
Menü *n* menu *m* (*a EDV*); **2gesteuert** commandé par menu
Merkblatt *n* notice *f*
merk|en remarquer, s'apercevoir de; ***sich etw ~*** retenir qc; **~lich** sensible; *sichtlich* visible; **2mal** *n* marque *f*, signe *m*; *Anzeichen* indice *m*; *Eigenart* caractéristique *f*; **~würdig** étrange, curieux, bizarre; **~würdigerweise** curieusement
mess|bar mesurable; **2becher** *m* mesure *f* graduée
Messe *f rel* messe *f*; *Ausstellung* foire *f*, exposition *f*, salon *m*
messen mesurer; ***sich mit j-m ~*** se mesurer avec *od* à qn
Messer *n* couteau *m*; *Kampf* ***bis aufs ~*** au couteau, à mort; ***auf des ~s Schneide stehen*** ne tenir qu'à un fil
Messestand *m* stand *m*
Messgerät *n* appareil *m* de mesure
Messing *n* laiton *m*, cuivre *m* jaune
Messinstrument *n* instrument *m* de mesure
Messung *f* mesurage *m*
Metall *n* métal *m*; **~industrie** *f* industrie *f* métallurgique; **2isch** métallique
Metapher *f* métaphore *f*
Metastase *f* métastase *f*
Meteorologie *f* météorologie *f*
Meter *n od m* mètre *m*; **~maß** *n* mètre *m*
Method|e *f* méthode *f*; **2isch** méthodique
Metzger *m* boucher *m*; **~ei** *f* boucherie *f*
Meute *f* meute *f*
Meuter|ei *f* mutinerie *f*; **2n** se mutiner (***gegen*** contre)
Mexikan|er(in *f*) *m* Mexicain *m*, -e *f*; **2isch** mexicain
Mexiko *n* le Mexique; *Stadt* Mexico
MHz *n* MHz (= mégahertz)
miau miaou; **~en** miauler
mich me (*vor Vokal* m'); moi
Midlife-Crisis *f* crise *f* de la quarantaine
Miene *f* air *m*, mine *f*; ***gute ~ zum bösen Spiel machen*** faire contre mauvaise fortune bon cœur
mies mauvais; F moche; **2macher** *m* défaitiste *m*, pessimiste *m*
Miete *f* location *f*; *Preis* loyer *m*, (prix *m* de) location *f*; ***zur ~ wohnen*** être locataire
miet|en louer; **2er(in** *f*) *m* locataire *m*, *f*
Miet|preis *m* loyer *m*; **~shaus** *n* maison *f* de rapport; **~vertrag** *m* contrat *m* de location; **~wohnung** *f* appartement *m* loué
Migräne *méd f* migraine *f*
Mikro *n* F micro *m*
Mikrobe *f* microbe *m*; ⚠ ***le*** microbe
Mikro|chip *m* puce *f*; **~computer** *m* micro-ordinateur *m*; **~elektronik** *f* microélectronique *f*; **~film** *m* microfilm *m*; **~fon** *n* microphone *m*, F micro *m*; **~prozessor** *m* miocroprocesseur *m*; **~skop** *n* microscope *m*; **2skopisch** microscopique; **~welle** *f* micro-onde *f*; **~wellenherd** *m* four *m* à micro-ondes
Milch *f* lait *m*; **~flasche** *f* bouteille *f* à lait; *Baby*2 biberon *m*; **~kaffee** *m* café *m* au lait; **~kännchen** *n* petit pot *m* à lait; **~mixgetränk** *n* milk-shake *m*; **~produkte** *n/pl* produits *m/pl* laitiers; **~pulver** *n* lait *m* en poudre; **~reis** *cuis m* riz *m* au lait; **~shake** *m* milk-shake *m*; **~straße** *astr f* Voie *f* lactée, galaxie *f*; **~tüte** *f* berlingot *m* de lait; **~zahn** *m* dent *f* de lait
mild doux; *nachsichtig* indulgent; *Strafe* léger; ***~e ausgedrückt*** dit à mots couverts

M

Mild|e *f* douceur *f*, indulgence *f*; **≈ern** adoucir; **≈ernd** *jur* **~e Umstände** circonstances atténuantes
Milieu *n* milieu *m* (social)
Militär *n* troupes *f/pl*, armée *f*; **~dienst** *m* service *m* militaire; **~diktatur** *f* dictature *f* militaire; **≈isch** militaire; **~regierung** *f* gouvernement *m* militaire
Milliarde *f* milliard *m*; ⚠ **le** milliard
Millimeter *n od m* millimètre *m*; **~papier** *n* papier *m* millimétré
Million *f* million *m*; ⚠ **le** million; **~är(in** *f*) *m* millionnaire *m, f*
Milz *f* rate *f*
Mimik *f* mimique *f*
Mimose *f bot* mimosa *m*; *fig* personne *f* hypersensible; ⚠ **le** mimosa
minder moindre; *weniger wert* inférieur; *adv* moins; **≈heit** *f* minorité *f*; **~jährig** mineur; **≈jährige(r)** *m, f* mineur *m*, -e *f*
minder|n diminuer, amoindrir; **≈ung** *f* diminution *f*; **~wertig** d'une valeur *od* qualité inférieure; **≈wertigkeit** *f* infériorité *f*; **≈wertigkeitskomplex** *psych m* complexe *m* d'infériorité
mindest|e le *od* la moindre; ***nicht das ≈*** pas la moindre chose; ***nicht im ≈n*** pas le moins du monde; **~ens** au moins; **≈haltbarkeitsdatum** *n* date *f* limite de conservation; **≈lohn** *m* salaire *m* minimum; **≈maß** *n* minimum *m* (***an*** de)
Mine *f* mine *f*
Mineral *n* minéral *m*; **≈isch** minéral; **~öl** *n* huile *f* minérale; **~stoffe** *m/pl* substances *f/pl* minérales; **~wasser** *n* eau *f* minérale
Minibus *m* minibus *m*
minim|al minime; **≈um** *n* minimum *m*
Minirock *m* mini-jupe *f*
Minister *m* ministre *m*
Ministerium *n* ministère *m*
Minister|präsident *m* président *m* du Conseil (des ministres), Premier ministre *m*; **~rat** *m* Conseil *m* des ministres
minus 1. moins; **2.** **≈** *n Fehlbetrag* déficit *m*; *Nachteil* désavantage *m*; **≈pol** *m* pôle *m* négatif; **≈zeichen** *n* signe *m* moins
Minute *f* minute *f*
mir me (*vor Vokal m'*); moi, à moi
Mirabelle *bot f* mirabelle *f*
Misch|batterie *f* robinets *m/pl* mitigeurs; **~brot** *n* pain *m* bis; **~ehe** *f* mariage *m* mixte; **≈en** (***sich ~*** se) mêler, mélanger; ***sich unters Volk ~*** se mêler à la foule; **~ling** *m* métis *m*, -se *f*; **~pult** *n* pupitre *m* de mixage; **~ung** *f* mélange *m*; **~wald** *m* forêt *f* d'essences diverses
miserabel F minable; ***ich fühle mich ~*** je me sens mal en point
miss|achten *Vorfahrt etc* ne pas respecter; *verachten* dédaigner; **≈achtung** *f Nichtbeachtung* non-respect *m*; *Verachtung* dédain *m*; **≈brauch** *m* abus *m*; **~brauchen** abuser de
missen ***nicht ~ können*** ne pas pouvoir se passer de
Miss|erfolg *m* échec *m*; **~ernte** *f* mauvaise récolte *f*
Misse|tat *f* méfait *m*; **~täter** *m* malfaiteur *m*
miss|fallen ***j-m ~*** déplaire à qn; **≈fallen** *n* déplaisir *m*; **≈geburt** *f* monstre *m*; **≈geschick** *n* infortune *f*, malchance *f*, adversité *f*; **~glücken** ne pas réussir, échouer; **~gönnen** ***j-m etw ~*** envier qc à qn; **≈griff** *m* erreur *f*, méprise *f*; **≈gunst** *f* jalousie *f*; **~günstig** jaloux; **~handeln** maltraiter; **≈handlungen** *f/pl* mauvais traitements *m/pl*, sévices *m/pl*
Mission *f Auftrag* mission *f*; *rel* missions *f/pl*; **~ar** *m* missionnaire *m*
Miss|klang *m* dissonance *f* (*a fig*); **~kredit** *m* discrédit *m*; ***in ~ bringen*** discréditer; **≈lingen** ne pas réussir, échouer, rater; **~management** *n* mauvaise gestion *f*; **≈raten** ne pas réussir; *adj Kind* mal élevé; **~stand** *m* abus *m*; **≈trauen** se méfier de; **~trauen** *n* méfiance *f* (***gegenüber*** à l'égard de); **≈trauisch** méfiant; **~verhältnis** *n* disproportion *f*; **~verständnis** *n* malentendu *m*; **≈verstehen** mal entendre *od* comprendre
Mist *m* fumier *m*; F *fig Quatsch* bêtises *f/pl*; *Schund* F saloperie *f*; ***so ein ~!*** mince alors!, zut!
Mistel *bot f* gui *m*
mit 1. *prép* avec; ***~ Gewalt*** par la force; ***~ Absicht*** intentionnellement; ***~ dem Auto*** en voiture; ***~ 20 Jahren*** à 20 ans; ***~ 100 Stundenkilometern*** à 100 à l'heure; ***~ einem Mal*** tout à coup; ***~ lauter Stimme*** à haute voix; **2.** *adv* ***~ der Grund dafür, dass*** ... une des raisons

M

pour laquelle ...; ~ ***der Beste*** parmi les meilleurs; ~ ***dabei sein*** y assister; ~ ***anfassen*** prêter la main

Mit|arbeit *f* coopération *f*, collaboration *f*; **2arbeiten** coopérer, collaborer (***an*** à); **~arbeiter(in** *f*) *m* collaborateur *m*, -trice *f*; **~arbeiterstab** *m* équipe *f* de collaborateurs; **~bestimmung** *f* cogestion *f*, participation *f*; **2bringen** amener; *Sache* apporter; **~bringsel** F *n* petit cadeau *m*; souvenir *m* de voyage; **~bürger(in** *f*) *m* concitoyen *m*, -ne *f*; **2einander** ensemble; **~esser** *méd m* comédon *m*, point *m* noir; **~fahrzentrale** *f* Allô Stop *m*; **2geben** donner (à emporter); **~gefühl** *n* compassion *f*; **2gehen** ***mit j-m*** ~ aller avec qn, accompagner qn

Mitglied *n* membre *m*; **~sbeitrag** *m* cotisation *f*; **~schaft** *f* affiliation *f*

mit|haben ***ich habe kein Geld mit*** je n'ai pas d'argent sur moi; **~hilfe** *cf* ***Hilfe***; **2hilfe** *f* assistance *f*, aide *f*; *péj* complicité *f*; **~hören** écouter; *zufällig* surprendre une conversation; **2kämpfer** *m* compagnon *m* de lutte; **~kommen** venir (***mit j-m*** avec qn); *geistig*, *Schule* suivre; **~kriegen** F *verstehen* saisir, comprendre, F piger; **2läufer** *pol m* sympathisant *m*; **2laut** *gr m* consonne *f*

Mitleid *n* pitié *f*; **~enschaft** *f* ***in ~ gezogen werden*** être affecté également par; avoir à subir les suites fâcheuses de; **2ig** plein de pitié, compatissant

mit|machen prendre part à, suivre; *erleben* vivre, voir; **2mensch** *m* prochain *m*; **~nehmen** emmener; *Sache* emporter; *emotional* exténuer; **~reden** prendre part à la conversation; ***mitzureden haben*** avoir son mot à dire, avoir voix au chapitre; **~reißen** emporter; *fig* enthousiasmer; **~schneiden** *Radio*, *TV* enregistrer; **~schreiben** prendre note de; **2schuld** *f* complicité *f*; **~schuldig** complice (***an*** de); **2schüler(in** *f*) *m* camarade *m*, *f* de classe; **2spracherecht** *n* droit *m* d'intervention

Mittag *m* midi *m*; ***heute*** ~ ce midi; ***morgen*** ~ demain (à) midi; (***zu***) ~ ***essen*** déjeuner; **~essen** *n* déjeuner *m*, repas *m* de midi

mittags à midi; **2schlaf** *m* sieste *f*

Mitte *f* milieu *m*; centre *m*; ~ ***März*** à la mi-mars; ~ ***Dreißig*** au milieu de la trentaine

mitteil|en communiquer, faire savoir; **~sam** communicatif; **2ung** *f* communication *f*, message *m*, information *f*

Mittel *n* moyen *m*; *Heil2* remède *m*; *Reinigungs2 etc* produit *m*; *math* moyenne *f*; *pl Geld2* moyens *m/pl*, ressources *f/pl*; **~alter** *n* Moyen Âge *m*; **2alterlich** médiéval, moyenâgeux; **~ding** *n* chose *f* intermédiaire (***zwischen*** entre); **~europa** *n* l'Europe *f* centrale; **2groß** de taille moyenne; **2mäßig** moyen, médiocre; **~mäßigkeit** *f* médiocrité *f*; **~meer** *n* Méditerranée *f*; **~punkt** *m* centre *m*

mittels moyennant

Mittel|schule *f cf* ***Realschule***; **~streifen** *m Straße* ligne *f* médiane; *Autobahn* bande *f* médiane; **~stufe** *f Schule* premier cycle *m*; **~stürmer** *m Fußball* avant-centre *m*; **~weg** *m* ***der goldene*** ~ le juste milieu; **~welle** *f Radio* ondes *f/pl* moyennes, petites ondes *f/pl*; **~wort** *gr n* participe *m*

mitten ~ ***in***, ~ ***auf***, ~ ***unter*** au milieu de; ~ ***im Sommer*** (***Winter***) en plein été (hiver); ~ ***im Dezember*** en plein décembre; ~ ***in Paris*** en plein Paris; **~drin** F en plein milieu, au beau milieu; **~durch** F tout au travers

Mitternacht *f* minuit *m*

mittler|e du milieu; *durchschnittlich* moyen; ~ ***Reife*** *etwa* brevet *m* des collèges; **~weile** en attendant

Mittwoch *m* mercredi *m*; ***am*** ~ mercredi; **2s** le mercredi, tous les mercredis

mit|verantwortlich coresponsable; **~wirken** coopérer (***bei*** à), prendre part (***bei*** à); **2wirkung** *f* coopération *f*, participation *f*; ***unter ~ von*** avec la participation de; **2wisser(in** *f*) *m* complice *m*, *f*; confident *m*, -e *f*

Mix|becher *m* shaker *m*; **2en** mélanger; **~er** *m Gerät* mixe(u)r *m*; **~getränk** *n* cocktail *m*

Möbel *n* meuble *m*; **~spedition** *f* entreprise *f* de déménagement; **~stück** *n* meuble *m*; **~wagen** *m* camion *m* de déménagement

mobil *beweglich* mobile; *rüstig* alerte; **2funk** *m* radiotéléphonie *f*

Mobiliar *n* mobilier *m*

M

mobil|isieren mobiliser; **≈telefon** *n* radiotéléphone *m*
möblieren meubler; ***möbliertes Zimmer*** chambre *f* meublée
Mode *f* mode *f*; ***die neueste ~*** la dernière mode, le dernier cri; ***mit der ~ gehen*** suivre la mode; ***in ~ kommen*** venir en vogue
Modell *n* modèle *m*; *verkleinertes* maquette *f*; ***~ stehen** od **sitzen*** poser comme modèle; **~bau** *m* construction *f* de modèles réduits; **~baukasten** *m* boîte *f* de construction; **~eisenbahn** *f* modèle *m* réduit de chemin de fer; **≈ieren** modeler
Modem *EDV n* modem *m*
Modenschau *f* présentation *f* des collections, défilé *m* de mode
Moderator(in *f*) *m TV* présentateur *m*, -trice *f*
moderieren *TV* présenter
modern moderne, à la mode; **~isieren** moderniser
Mode|schmuck *m* bijoux *m/pl* fantaisie; **~schöpfer** *m* couturier *m*; **~wort** *n* mot *m* à la mode
modisch à la mode
Modul *tech m* module *m*; **≈ar** modulaire; **~bauweise** *f* construction *f* modulaire
Modus *m* mode *m*
Mofa *n* cyclomoteur *m*
mogeln tricher
mögen aimer; ***es mag sein*** c'est possible, cela se peut; ***ich möchte*** je voudrais (***etw*** qc, ***etw tun*** faire qc, ***dass*** ... que + *subj*); ***ich möchte gern*** j'aimerais bien
möglich possible; ***alle ~en*** toutes sortes de; ***sein ≈stes tun*** faire tout son possible; ***nicht ~!*** pas possible!; ***so bald wie ~*** aussi tôt que possible, le plus tôt possible; **~erweise** peut-être; **≈keit** *f* possibilité *f*; ***nach ~*** si possible; ***~st ~ schnell*** le plus vite possible
Mohammed *m* Mahomet *m*; **~aner(in** *f*) *m* musulman *m*, -e *f*; **≈anisch** musulman
Mohn *bot m* pavot *m*; *Klatsch≈* coquelicot *m*
Möhre *bot f* carotte *f*
Molekül *n* molécule *f*; ⚠ ***la*** molécule
Molkerei *f* laiterie *f*
Moll *mus* mineur; ***a-Moll*** la mineur
mollig *warm* agréable, chaud; *dicklich* potelé, grassouillet
Molotowcocktail *m* cocktail *m* Molotov
Moment *m* moment *m*, instant *m*; ***im ~*** actuellement; ***~ bitte!*** un instant, s'il vous plaît; **≈an** momentané; *adv* pour le moment
Monaco (***das Fürstentum***) **~** (la principauté de) Monaco
Monarchie *f* monarchie *f*
Monat *m* mois *m*; **≈lich** mensuel; *adv* tous les mois; **~skarte** *f* carte *f* mensuelle; **~srate** *f* mensualité *f*
Mönch *m* moine *m*
Mond *m* lune *f*; **~finsternis** *f* éclipse *f* de lune; **~landefähre** *f* module *m* lunaire; **~landung** *f* débarquement *m od* atterrissage *m* sur la lune; **~schein** *m* clair *m* de lune
monegassisch monégasque
Mongol|e *m*, **~in** *f* Mongol *m*, -e *f*; **≈isch** mongol
Monitor *m TV*, *EDV* moniteur *m*
Monolog *m* monologue *m*
Monopol *n* monopole *m*
monoton monotone; **≈ie** *f* monotonie *f*
Monster *n* monstre *m*
Montag *m* lundi *m*; ***am ~*** lundi; **≈s** le lundi, tous les lundis
Montage *f* montage *m*, assemblage *m*; ⚠ ***le*** montage
Monteur *m* monteur *m*
montieren monter
Moonboots *pl* après-ski *m/pl*
Moor *n* marais *m*
Moos *bot n* mousse *f*
Moped *n* mobylette *f*
Mops *zo m* carlin *m*
Moral *f* morale *f*; *a e-r Fabel* moralité *f*; *seelische Verfassung* moral *m*; **≈isch** moral
Morast *m* bourbe *f*; **≈ig** bourbeux
Mord *m* meurtre *m*, assassinat *m*
Mörder(in *f*) *m* meurtrier *m*, -ière *f*, assassin *m*
Mordkommission *f* police *f* judiciaire
Mords|angst *f* F ***e-e ~ haben*** avoir une peur bleue; **~glück** F *n* chance *f* inouïe; **~kerl** *m* F fameux gaillard *m*, as *m*; **~wut** F *f* ***e-e ~ haben*** avoir une rage folle
Mordverdacht *m* ***unter ~ stehen*** être soupçonné de meurtre

M

morgen demain; ~ ***Abend*** demain soir; ~ ***früh*** demain matin; ~ ***um diese Zeit*** demain même heure
Morgen *m* matin *m*; ~*zeit* matinée *f*; ***guten ~!*** bonjour!; ***am nächsten*** ~ le lendemain matin; ***heute*** ~ ce matin; ***gestern*** ~ hier matin; **~essen** *n Schweiz* petit déjeuner *m*; **~grauen** *n* aube *f*; **~rock** *m* peignoir *m*
morgens le matin; ***um fünf Uhr*** ~ à cinq heures du matin; ***von ~ bis abends*** du matin au soir
morgig de demain
Morphium *n* morphine *f*
morsch pourri, vermoulu
Morse|alphabet *n* alphabet *m* morse; **≈n** télégraphier en morse; **~zeichen** *n* signal *m od* caractère *m* morse
Mörtel *m* mortier *m*
Mosaik *n* mosaïque *f*; ⚠ ***la*** mosaïque; **~stein** *m* pièce *f* de mosaïque
Moschee *f* mosquée *f*
Mosel ***die*** ~ la Moselle
Moskau Moscou; **~er(in** *f*) *m* Moscovite *m*, *f*
Moskito *m* moustique *m*; **~netz** *n* moustiquaire *f*
Moslem *m* musulman *m*
Most *m* moût *m*; *Apfelwein* cidre *m*
Motel *n* motel *m*
Motiv *n* motif *m*; *Beweggrund* mobile *m*; **~ation** *f* motivation *f*; **≈ieren** motiver
Motor *m* moteur *m*; **~boot** *n* bateau *m od* canot *m* à moteur; **~haube** *f* capot *m*; **≈isieren** motoriser; **~leistung** *f* puissance *f* du moteur; **~rad** *n* moto *f*; **~radfahrer** *m* motocycliste *m*; **~roller** *m* scooter *m*; **~säge** *f* scie *f* à moteur; **~schaden** *m* avarie *f* de moteur
Motte *zo f* mite *f*
Motto *n* devise *f*
motzen F râler
Mountainbike *n* vélo *m* tout terrain (*abr* V.T.T. *m*)
Möwe *zo f* mouette *f*
Mücke *f* moucheron *m*; *Stech≈* moustique *m*; *fig* ***aus e-r ~ e-n Elefanten machen*** faire une montagne de qc; **~nstich** *m* piqûre *f* de moustique
müd|e fatigué; **≈igkeit** *f* fatigue *f*
Muff *m* manchon *m*
Muffel *m* F grognon *m*, rouspéteur *m*; qui boude qc
muffig ~ ***riechen*** sentir le renfermé
Mühe *f* peine *f*, effort *m*; ***sich ~ geben*** se donner de la peine *od* du mal (***pour*** zu); ***der ~ wert sein*** valoir la peine; ***mit ~ und Not*** à grand-peine; **≈los** sans peine, sans effort
Mühle *f* moulin *m*
mühsam pénible
Mulatt|e *m*, **~in** *f* mulâtre *m*, mulâtresse *f*
Mulde *géogr f* cuvette *f*
Mull *méd m* gaze *f*
Müll *m* ordures *f/pl* (ménagères); **~abfuhr** *f* enlèvement *m* des ordures; *Leute* éboueurs *m/pl*
Mullbinde *f* bande *f* de gaze
Müll|container *m* benne *f* d'ordures ménagères; **~deponie** *f* décharge *f*; **~eimer** *m* seau *m* à ordures, poubelle *f*
Müller(in *f*) *m* meunier *m*, -ière *f*
Müll|haufen *m* tas *m* d'ordures; **~schlucker** *m* vide-ordures *m*; **~tonne** *f* poubelle *f*; **~trennung** *f* triage *m* des déchets; **~verbrennungsanlage** *f* incinérateur *m*; *Fabrik* usine *f* d'incinération des ordures
Multi *m* société *f* multinationale
Multi|funktionstastatur *f* clavier *m* multifonctionnel; **≈kulturell** multiculturel; **~media...** *in Zssgn* multimédia
Multipli|kation *math f* multiplication *f*; **≈zieren** multiplier
Multitasking *n* multiprogrammation *f*
Mumie *f* momie *f*
Mumps *méd m* oreillons *m/pl*
München Munich
Mund *m* bouche *f*; ***den ~ halten*** se taire; ***halt den ~!*** tais-toi!, (ferme) ta bouche!, F ferme ton bec!; **~art** *f* dialecte *m*; **~dusche** *f* hydropulseur *m*
münden ~ ***in*** *Fluss* se jeter dans; *Straße* déboucher dans
Mund|geruch *m* mauvaise haleine *f*; **~harmonika** *f* harmonica *m*
mündig *jur* majeur; *fig* émancipé
mündlich verbal, oral; **~*e Prüfung*** oral *m*
Mundstück *n Zigarette* bout *m*; *mus* embouchure *f*
Mündung *f* embouchure *f*
Mund|wasser *n* eau *f* dentifrice; **~werk** *n* F gueule *f*; ***ein loses ~ haben*** être mal embouché; **~-zu-Mund-Beatmung** *méd f* bouche-à-bouche *m*
Munition *f* munitions *f/pl*
munkeln chuchoter

Münster *n* cathédrale *f*
munter vif, éveillé; **℞keit** *f* vivacité *f*
Münz|e *f* (pièce *f* de) monnaie *f*; *Denk℞* médaille *f*; **℞en** *fig* ***das ist auf mich gemünzt*** c'est à moi que cela s'adresse; **~fernsprecher** *m* taxiphone *m*
mürbe tendre; friable; **℞teig** *m* pâte *f* brisée
Murmel *f* bille *f*
murmel|n murmurer; **℞tier** *zo n* marmotte *f*
murren murmurer, gronder
mürrisch de mauvaise humeur, morose, maussade, grincheux
Mus *n* marmelade *f*; *Apfel℞* compote *f*
Muschel *f Mies℞* moule *f*; *~schale* coquillage *m*, coquille *f*
Museum *n* musée *m*
Musical *n* comédie *f* musicale
Musik *f* musique *f*; **℞alisch** musical; ~ ***sein*** être musicien *od* doué pour la musique; **~automat** *m*, **~box** *f* juke-box *m*
Musik|er(in *f***)** *m* musicien *m*, -ne *f*; **~instrument** *n* instrument *m* de musique; **~kapelle** *f* orchestre *m*, fanfare *f*; *mil* musique *f*; **~kassette** *f* musicassette *f*; **~lehrer** *m* professeur *m* de musique; **~stunde** *f* leçon *f* de musique
musisch sensible *od* ouvert aux arts; ~ ***begabt*** doué pour la musique et les arts
musizieren faire de la musique
Muskel *m* muscle *m*; **~kater** F *m* courbatures *f*/*pl*; **~riss** *méd m* déchirure *f* musculaire; **~zerrung** *méd f* claquage *m*; ***sich e-e ~ zuziehen*** se claquer un muscle
muskulös musclé
Müsli *n* mu(e)sli *m*
Muss *n* nécessité *f* absolue; must *m*
Muße *f* loisir *m*
müssen devoir; ***du musst den Film sehen*** il faut que tu voies le film; ***ich muss arbeiten*** je dois travailler, il faut que je travaille; ***sie muss krank sein*** elle doit être malade; ***sie müsste zu Hause sein*** elle devrait être chez elle; ***du hättest ihm helfen ~*** tu aurais dû l'aider
müßig *untätig* oisif; *nutzlos* oiseux, inutile
Muster *n* modèle *m*; *Warenprobe* échantillon *m*; *Tapeten℞* dessin *m*
muster|n examiner, toiser; *mil* ***gemustert werden*** passer au conseil de révision; **℞schüler** *m* élève *m* modèle; **℞ung** *mil f* conseil *m* de révision
Mut *m* courage *m*; ***j-m ~ machen*** encourager qn; ***den ~ verlieren*** perdre courage; ***mir ist nicht wohl zu ~e*** je ne me sens pas bien
mut|ig courageux; **~los** découragé; **℞losigkeit** *f* découragement *m*
mutmaß|en présumer; spéculer; **~lich** présumé; **℞ung** *f* présomption *f*, conjecture *f*
Mutter *f* mère *f*; *Schrauben℞* écrou *m*
mütterlich maternel; **~erseits** du côté maternel
Mutter|liebe *f* amour *m* maternel; **~mal** *n* envie *f*; **~milch** *f* lait *m* maternel; **~schaft** *f* maternité *f*; **~schaftsurlaub** *m* congé *m* de maternité; **~schutz** *jur m* protection *f* légale de la mère; **~söhnchen** *n* enfant *m* gâté; **~sprache** *f* langue *f* maternelle; **~tag** *m* fête *f* des mères
Mutti *f enf* maman *f*
mutwillig volontairement, de propos délibéré
Mütze *f mit Schirm* casquette *f*; *ohne* bonnet *m*; *Basken℞* béret *m*
MWSt. T.V.A. *f*
myster|iös mystérieux
myth|isch mythique; **℞ologie** *f* mythologie *f*; **℞os** *m* mythe *m*

N

na! eh bien!; allons!; ~ ***und?*** et puis après?; ~ ***gut!*** d'accord!; ~ ***ja!*** allons!; ~ ***so (et)was!*** ça alors!; ~, ***dann nicht!*** alors n'y pensons plus!; ~ ***also!*** tu vois!; ~, ***warte!*** attends un peu!
Nabe *tech f* moyeu *m*

Nabel *m* nombril *m*
nach 1. *prép Richtung* à, vers; *zeitlich, Reihenfolge* après; *gemäß* d'après, selon, suivant; ***er fährt ~ Paris*** (***~ Frankreich***) il va à Paris (en France); ***~ Hause*** à la maison, chez soi; ***~ rechts*** (***Süden***) vers la droite (le sud); ***~ oben*** en haut; ***~ unten*** en bas; ***~ vorn*** en avant; ***~ hinten*** en arrière; (***immer***) ***der Reihe ~*** chacun son tour; ***seine Uhr ~ dem Radio stellen*** régler sa montre sur la radio; ***~ meiner Uhr*** à ma montre; ***~ Gewicht*** au poids; **2.** *adv* ***mir ~!*** suivez-moi!; ***~ und ~*** peu à peu, petit à petit; ***~ wie vor*** toujours
nachäffen singer
nachahm|en imiter, copier; *parodieren* parodier; *fälschen* contrefaire; **2ung** *f* imitation *f*; *Fälschung* contrefaçon *f*
Nachbar|(in *f*) *m* voisin *m*, -e *f*; **~schaft** *f* voisinage *m*
Nach|bildung *f* imitation *f*, copie *f*; *genaue* réplique *f*; **2blicken** ***j-m ~*** suivre qn des yeux
nachdem après que ... (+ *ind*); *bei gleichem Subjekt im Haupt- und Nebensatz* après ... (+ *inf passé*); ***je ~*** c'est selon, cela dépend
nachdenk|en réfléchir (***über*** à *od* sur); **2en** *n* réflexion *f*; ***Zeit zum ~*** temps *m* de réflexion; **~lich** pensif; ***es macht e-n ~*** cela vous fait réfléchir
Nachdruck *m* énergie *f*, fermeté *f*; *Buch* reproduction *f*; **2en** reproduire
nachdrücklich énergique; ***j-m ~ raten*** conseiller vivement à qn
nacheifern ***j-m ~*** chercher à égaler qn
nacheinander l'un après l'autre; successivement; ***2 Jahre ~*** deux années de suite
nacherzähl|en répéter (***mündlich*** oralement; ***schriftlich*** par écrit); **2ung** *f* compte *m* rendu
Nachfolge *f* succession *f*; **2n** suivre (***j-m*** qn); *im Amt* succéder (à qn); **~r(in** *f*) *m* successeur *m*
nachforsch|en faire des enquêtes; **2ung** *f* enquête *f*, recherches *f/pl*
Nachfrage *f* demande *f* (*a écon*); **2n** demander des nouvelles (de), demander des précisions (sur)
nach|fühlen ***j-m etw ~ können*** comprendre qn, avoir de la compassion pour qn; **~füllen** remplir à nouveau, recharger; **2füllpackung** *f* écorecharge *f*; **~geben** céder; **2gebühr** *f Post* surtaxe *f*; **~gehen** suivre (***j-m*** qn); *Uhr* être en retard; ***e-r Sache ~*** faire des recherches sur une affaire; ***seiner Arbeit ~*** vaquer à ses occupations, faire son travail; **2geschmack** *m* arrière--goût *m* (*a fig*)
nachgiebig souple, flexible, conciliant; **2keit** *f* flexibilité *f*, souplesse *f*
nachhaltig durable
nachher plus tard, ensuite, après; ***bis ~!*** à tout à l'heure!
Nachhilfe *f* aide *f*; **~stunden** *f/pl*, **~unterricht** *m* cours *m/pl* particuliers
nachholen rattraper, récupérer
Nachkomme *m* descendant *m*; **2n** venir plus tard; ***e-m Wunsch ~*** répondre à un désir
Nachkriegs... *in Zssgn* d'après-guerre; **~zeit** *f* après-guerre *m*
Nachlass *m comm* remise *f*, réduction *f*; *Erbe* succession *f*
nachlassen diminuer; *Sturm* s'apaiser; *Schmerz* se calmer; *Wirkung* faiblir; *Schüler* relâcher ses efforts; *leistungsmäßig* être en baisse
nachlässig négligent; **2keit** *f* négligence *f*
nach|laufen ***j-m ~*** courir après qn; **~lesen** relire, consulter (***in etw*** qc); **~machen** imiter; *fälschen* falsifier; *Foto* ***~ lassen*** faire refaire
Nachmittag *m* après-midi *m od f*; ***heute ~*** cet après-midi; **2s** l'après-midi
Nach|nahme *f* remboursement *m*; ***per ~ schicken*** envoyer contre remboursement; **~name** *m* nom *m* de famille; **~porto** *n* surtaxe *f*; **2prüfen** contrôler, vérifier; **2rechnen** vérifier; **~rede** *f* ***üble ~*** diffamation *f*, médisance *f*
Nachricht *f* nouvelle *f*; *Botschaft* message *m*; *Mitteilung* information *f*; ***e-e gute*** (***schlechte***) ***~*** une bonne (mauvaise) nouvelle; **~en** *pl Radio* bulletin *m* d'informations; *TV* journal *m* télévisé; **~endienst** *m* service *m* d'informations; *mil*, *pol* renseignements *m/pl* généraux (*abr* R.G.); **~ensatellit** *m* satellite *m* de télécommunications; **~ensprecher(in** *f*) *m* présentateur *m*, -trice *f* du journal; **~entechnik** *f* télécommunications *f/pl*
Nach|ruf *m* nécrologie *f*; **2rüsten** *EDV*

N

augmenter la capacité de; **≈sagen** ***j-m Schlechtes*** ~ dire du mal de qn; ***man sagt ihm nach, dass er*** ... on prétend de lui qu'il ...; **~saison** *f* arrière-saison *f*; **≈schicken** *Brief* faire suivre
nachschlage|n *Wort* chercher, vérifier; ***in e-m Buch*** ~ consulter un livre; **≈werk** *n* ouvrage *m* de référence
Nach|schub *mil m* ravitaillement *m*; **≈sehen** *prüfen* (aller) voir (***ob*** si), vérifier; ***j-m*** ~ suivre qn des yeux; ***j-m etw*** ~ passer qc à qn; **≈senden** faire suivre; **~sicht** *f* indulgence *f*; ~ ***haben*** user d'indulgence; **~silbe** *f* suffixe *m*; **≈sitzen** *Schule* être en retenue; **~spiel** *m fig* conséquences *f/pl*, suites *f/pl*; **≈spionieren** ***j-m*** ~ espionner qn; **≈sprechen** répéter
nächst *räumlich* le *od* la plus proche; *folgend* prochain, suivant; ***in den ~en Tagen*** dans les prochains jours; ***in ~er Zeit*** prochainement; ***der ≈e bitte!*** au suivant, s'il vous plaît!
Nächste(r) *m* prochain *m*
nach|stehen ***j-m*** ~ être inférieur à qn; ***j-m in nichts*** ~ ne le céder en rien à qn; **~stellen** *tech* rajuster; *Uhr* retarder; ***j-m*** ~ poursuivre qn
Nächstenliebe *f* amour *m* du prochain, altruisme *m*
Nacht *f* nuit *f*; ***in der*** *od* ***bei*** ~ la *od* de nuit; ***Tag und*** ~ jour et nuit; ***die ganze*** ~ toute la nuit; ***heute*** ~ *letzte* la nuit passée *od* dernière; *kommende* cette nuit; **~dienst** *m* garde *f od* service *m* de nuit
Nachteil *m* inconvénient *m*, désavantage *m*; ***im*** ~ ***sein*** être désavantagé; **≈ig** désavantageux
Nacht|essen *n* souper *m*; **~hemd** *n* chemise *f* de nuit
Nachtigall *zo f* rossignol *m*
Nachtisch *m* dessert *m*
nächtlich nocturne
Nachtlokal *n* boîte *f* de nuit, night-club *m*
Nachtrag *m* supplément *m*; **≈en** ajouter; *fig* ***j-m etw*** ~ garder rancune à qn de qc; **≈end** rancunier
nachträglich ultérieur
nachts la *od* de nuit
Nacht|schicht *f* équipe *f* de nuit; ~ ***haben*** être de nuit; **~tisch** *m* table *f* de chevet; **~tischlampe** *f* lampe *f* de chevet; **~topf** *m* vase *m* de nuit, pot *m* de chambre; **~wächter** *m* veilleur *m* de nuit; **~wandler(in** *f*) *m* somnambule *m*, *f*
Nach|untersuchung *méd f* contrôle *m* médical; **≈wachsen** repousser
Nachweis *m* preuve *f*; **≈bar** démontrable; *chim* décelable; **≈en** *beweisen* prouver, démontrer; *Spuren* déceler; **≈lich** *adv* comme on peut le prouver
Nach|welt *f* postérité *f*; **~wirkung** *f* répercussion *f*; **~en** *a* séquelles *f/pl*; **~wort** *n* épilogue *m*; **~wuchs** *m Familie* progéniture *f*; *Beruf* relève *f*, nouvelle génération *f*; **~wuchsförderung** *f* encouragement *m* des jeunes talents; **≈zahlen** payer un supplément; **≈zählen** recompter; **~zahlung** *f* rappel *m*; **~zügler(in** *f*) *m* retardataire *m*, *f*
Nacken *m* nuque *f*; ⚠ ***la*** nuque; **~stütze** *f* appui-tête *m*
nackt nu; ***mit ~en Füßen*** (les) pieds nus *od* nu-pieds; ***sich*** ~ ***ausziehen*** se déshabiller complètement; ~ ***baden*** se baigner nu; ***j-n*** ~ ***malen*** peindre qn en nu; **≈heit** *f* nudité *f*
Nadel *f* aiguille *f*; *Steck≈* épingle *f*; **~baum** *m* conifère *m*; **~öhr** *n* trou *m* d'aiguille, chas *m*; **~stich** *m fig* coup *m* d'épingle; **~wald** *m* forêt *f* de conifères
Nagel *m* clou *m*; *Finger≈* ongle *m*; ***an den Nägeln kauen*** se ronger les ongles; ***Nägel mit Köpfen machen*** faire des choses convenablement; **~feile** *f* lime *f* à ongles; **~lack** *m* vernis *m* à ongles; **≈n** clouer; **≈neu** flambant neuf
nage|n ronger (***an e-m Knochen*** un os); **≈tier** *zo n* rongeur *m*
nah 1. *adj* proche; ***ganz*** ~ ***sein*** être tout près; **2.** *prép* ~ (***an***, ***bei***) près de
Nahaufnahme *f* gros plan *m*
nahe *cf* ***nah***; ***j-m*** ~ ***gehen*** affecter qn profondément; ***j-m etw*** ~ ***legen*** recommander *od* suggérer qc à qn; ~ ***liegend*** évident; ***j-m*** ~ ***stehen*** *fig* être intime avec qn
Nähe *f* proximité *f*; voisinage *m*; ***in der*** ~ ***des Bahnhofs*** près de la gare, à proximité de la gare; ***ganz in der*** ~ tout près; ***aus der*** ~ de près; ***in deiner*** ~ près de toi
nahen (s')approcher (de)
nähen coudre
näher plus proche, plus près; **≈es** *n* ~ ***bei*** ... pour plus ample informé, pour

N

plus de détails voir ...; ***sich ~ kommen*** *fig* se rapprocher
nähern ***sich ~*** (s')approcher (de)
nahezu presque
Nähgarn *n* fil *m* à coudre
Nahkampf *mil m* corps à corps *m*
Näh|maschine *f* machine *f* à coudre; **~nadel** *f* aiguille *f* (à coudre)
nähren (***sich ~*** se) nourrir (***von*** de)
nahrhaft nourrissant, nutritif, substantiel
Nahrung *f* nourriture *f*; **~skette** *f* chaîne *f* alimentaire; **~smittel** *n/pl* produits *m/pl od* denrées *f/pl* alimentaires, vivres *m/pl*, aliments *m/pl*
Nährwert *m* valeur *f* nutritive
Naht *f* couture *f*; *méd* suture *f*
Nahverkehr *m* trafic *m* à courte distance; **~szug** *m* train *m* de banlieue
Nähzeug *n* trousse *f od* nécessaire *m* de couture
naiv naïf; **ℒität** *f* naïveté *f*
Name *m* nom *m*; ***im ~n von*** au nom de; (***nur***) ***dem ~n nach*** (uniquement) de nom
Namens|tag *m* fête *f*; **~vetter** *m* homonyme *m*; **~zug** *m* signature *f*
namentlich *Aufruf* nominal; *adv mit Namen* nommément; *besonders* notamment
namhaft renommé
nämlich *und zwar* à savoir, c'est-à-dire; *denn* car; ***er ist ~ krank*** c'est qu'il est malade
Napf *m* jatte *f*, écuelle *f*
Narbe *f* cicatrice *f*
Narkose *méd f* anesthésie *f* (générale)
Narr *m* fou *m*; ***j-n zum ~en halten*** se moquer de qn, duper *od* berner qn; **ℒensicher** très sûr; **~heit** *f* folie *f*
närrisch fou (***vor*** de); extravagant; F dingue
Narzisse *bot f* narcisse *m*; *gelbe* jonquille *f*; ⚠ ***le*** narcisse
Nasal *ling m* nasale *f*; ⚠ ***la*** nasale
nasch|en manger par gourmandise; ***gern ~*** aimer les sucreries; **~haft** gourmand; **ℒhaftigkeit** *f* gourmandise *f*; **ℒkatze** *f* gourmand *m*, -e *f*
Nase *f* nez *m*; ***der Bus ist mir vor der ~ weggefahren*** le bus m'est passé sous le nez; ***sich die ~ putzen*** se moucher; *fig* ***die ~ voll haben*** en avoir plein le dos, en avoir par-dessus la tête
Nasen|bluten *n* saignement *m* de nez; ***er hat ~*** il saigne du nez; **~loch** *n* narine *f*, trou *m* de nez; **~spitze** *f* bout *m* du nez
Nashorn *zo n* rhinocéros *m*
nass mouillé; ***triefend ~*** dégoulinant
Nässe *f* humidité *f*; **ℒn** *Wunde* suinter
nasskalt froid et humide
Nation *f* nation *f*
national national; **ℒhymne** *f* hymne *m* national; **ℒismus** *m* nationalisme *m*; **~istisch** nationaliste; **ℒität** *f* nationalité *f*; **ℒmannschaft** *f* équipe *f* nationale; **ℒsozialismus** *m* national-socialisme *m*
NATO *f* O.T.A.N. *f*
Natrium *chim n* sodium *m*
Natter *zo f* couleuvre *f*
Natur *f* nature *f*; ***von ~ aus*** ... d'un naturel ...; **~alismus** *m* naturalisme *m*
Natur|ereignis *n*, **~erscheinung** *f* phénomène *m* naturel; **~forscher** *m* naturaliste *m*; **~geschichte** *f* histoire *f* naturelle; **~gesetz** *n* loi *f* de la nature; **ℒgetreu** naturel, pris sur le vif; **~katastrophe** *f* catastrophe *f* naturelle
natürlich naturel; *adv* naturellement
Natur|recht *n* droit *m* naturel; **~schutz** *m* protection *f* de la nature; ***unter ~*** classé site protégé; **~schutzgebiet** *n* site *m* protégé, réserve *f* naturelle, parc *m* national; **~wissenschaft(en)** *f(pl)* sciences *f/pl* (naturelles); **~wissenschaftler(in** *f*) *m* scientifique *m*, *f*; **~zustand** *m* état *m* naturel
Nazi *m* nazi *m*; **ℒstisch** nazi
Neapel Naples
Nebel *m* brouillard *m*; *Dunst* brume *f*; **~scheinwerfer** *m* phare *m* antibrouillard; **~schlussleuchte** *f* feu *m* arrière de brouillard
neben à côté de; ***~ anderem*** entre autres; ***setz dich ~ mich*** assieds-toi près de moi; **~an** à côté; **ℒbedeutung** *f* signification *f* secondaire, sens *m* second; **~bei** *beiläufig* en passant; *außerdem* en outre; **ℒberuf** *m* occupation *f* accessoire; **~beruflich** à côté *od* en dehors de son travail; **ℒbuhler(in** *f*) *m* rival *m*, -e *f*; **~einander** l'un à côté de l'autre; ***~ bestehen*** coexister; **ℒeinkünfte** *pl*, **ℒeinnahmen** *pl* revenus *m/pl* accessoires; **ℒfach** *n* matière *f*

secondaire; **2fluss** *m* affluent *m*; **2gebäude** *n* annexe *f*; **2geräusch** *n* bruit *m* parasite; **~her** à côté; **2kosten** *pl* faux frais *m/pl*; *Miete* charges *f/pl*; **2mann** *m* voisin *m*; **2produkt** *n* sous-produit *m*; **2rolle** *f* rôle *m* secondaire; **2sache** *f* accessoire *m*, chose *f* de moindre importance; ***das ist ~*** c'est sans importance; **~sächlich** secondaire, accessoire; **2saison** *f* basse saison *f*; **2satz** *gr m* subordonnée *f*; **2straße** *f* rue *f* latérale; *Landstraße* route *f* secondaire; **2strecke** *f* ligne *f* secondaire; **2tisch** *m* table *f* voisine; **2wirkung** *f* effet *m* secondaire; **2zimmer** *n* pièce *f* voisine *od* attenante

neblig brumeux; ***~es Wetter*** temps *m* de brouillard

neck|en (***sich ~*** se) taquiner; **2erei** *f* taquinerie *f*; **~isch** taquin; *ulkig* drôle, amusant

Neffe *m* neveu *m*

negativ 1. négatif; **2.** 2 *n Foto* négatif *m*

Neger(in *f*) *m* Noir *m*, -e *f*; *péj* nègre *m*, négresse *f*

nehmen prendre; ***mit sich ~*** emmener, *Sache* emporter; ***sich einen Tag frei ~*** prendre un jour de congé; ***an die Hand ~*** prendre par la main; ***in die Hand ~*** prendre en main

Neid *m* envie *f*, jalousie *f*; **2isch** jaloux (***auf*** de), envieux (de)

Neige *f* ***zur ~ gehen*** s'épuiser, toucher à sa fin

neig|en pencher, incliner; ***zu etw ~*** pencher à qc, incliner à qc, être enclin à qc; **2ung** *f schiefe Ebene* inclinaison *f*; *Vorliebe* penchant *m* (**zu** à *od* pour), inclination *f* (pour)

nein non

Nektar *m* nectar *m*; **~ine** *f* brugnon *m*, nectarine *f*

Nelke *bot f* œillet *m*; *Gewürz*2 clou *m* de girofle

nennen appeler, nommer; ***sich ~*** s'appeler; ***man nennt ihn*** ... on l'appelle ...; ***das nenne ich*** ...*!* c'est ce que j'appelle ...!; **~swert** appréciable

Nenn|er *math m* dénominateur *m*; **~wert** *écon m* valeur *f* nominale

Neo..., neo... *in Zssgn* néo-...

Neon *n* néon *m*; **~beleuchtung** *f* éclairage *m* au néon; **~röhre** *f* tube *m* au néon

Nepp *m* F poudre *f* aux yeux, camelote *f*

Nerv *m* nerf *m*; ***j-m auf die ~en fallen*** agacer *od* énerver qn; ***die ~en behalten*** (***verlieren***) conserver (perdre) son calme; **2en *j-n ~*** énerver qn, F casser les pieds à qn

Nerven|arzt *m* neurologue *m*; **2aufreibend** énervant; **~belastung** *f* stress *m*; **~heilanstalt** *f* maison *f* de santé, hôpital *m* psychiatrique; **~kitzel** *m* sensation *f*, frissons *m/pl*; **2krank** malade des nerfs; **~krieg** *m* guerre *f* des nerfs; **~säge** *f* F casse-pieds *m*; **~system** *n* système *m* nerveux; **~zusammenbruch** *m* dépression *f* nerveuse

nerv|ös nerveux; *erregt* énervé; **2osität** *f* nervosité *f*

Nerz *zo m* vison *m* (*a Mantel*)

Nest *n* nid *m*; *Ort* F trou *m*, patelin *m*

nett *hübsch* joli; *freundlich* gentil; *angenehm* agréable; ***das ist ~ von Ihnen*** c'est gentil à vous; ***so ~ sein und etw tun*** avoir la gentillesse de faire qc

netto *écon* net

Netz *n* filet *m*; *EDV u fig* réseau *m*; *Strom*2 secteur *m*; ***ans ~ gehen*** être mis en service; **~haut** *f Auge* rétine *f*; **~karte** *f* carte *f* valable sur un réseau

neu nouveau (*vor subst = ein anderer, nach subst = kürzlich entstanden*); neuf (*stets nach subst = fabrikneu, noch nicht benutzt*); *~zeitlich* moderne; ***~ere Sprachen*** langues *f/pl* vivantes; ***~este Nachrichten*** *f/pl* dernières nouvelles *f/pl*; ***von ~em*** de nouveau; ***seit ~estem*** depuis peu; ***was gibt es 2es?*** quoi de neuf?, quelles nouvelles?

neu|artig d'un genre nouveau; **2bau** *m* immeuble *m* récemment construit; **2baugebiet** *n* nouveau quartier *m*

Neuenburg Neuchâtel

neu|erdings *seit kurzem* depuis peu; *erneut* de nouveau; **2erung** *f* innovation *f*; **2gestaltung** *f* réorganisation *f*, refonte *f*

Neugier|(de) *f* curiosité *f*; **2ig** curieux (***auf etw*** de savoir qc); ***ich bin ~, ob*** ... je suis curieux de savoir si ...; **~ige** *pl* curieux *m/pl*, badauds *m/pl*

Neu|heit *f* nouveauté *f*; **~igkeit** *f* nouvelle *f*; **~jahr** *n* jour *m* de l'an, nouvel an *m*; **2lich** l'autre jour; **~ling** *m* novice *m, f*, débutant *m*, -e *f*; **~mond** *m* nouvelle lune *f*

neun neuf; **~te** neuvième; **≗tel** *n* neuvième *m*; **~zehn** dix-neuf; **~zehnte** dix-neuvième; **~zig** quatre-vingt-dix; **~zigjährig** nonagénaire; **~zigste** quatre-vingt-dixième
Neuro|se *méd f* névrose *f*; **~tiker** *m* névrosé *m*
Neusee|land *n* la Nouvelle-Zélande; **~länder** *m*, **-länderin** *f* Néo-Zélandais *m*, -e *f*; **≗ländisch** néo-zélandais
neusprachlich des langues vivantes
neutr|al neutre; **≗alität** *f* neutralité *f*; **≗on** *phys n* neutron *m*; **≗um** *gr n* neutre *m*
Neu|verfilmung *f* nouvelle version *f* (d'un film), remake *m*; **≗wertig** à l'état neuf, comme neuf; **~zeit** *f* temps *m/pl* modernes
nicht pas; *beim Verb* ne ... pas; ***ich ~!*** moi pas!; ***ich auch ~*** moi non plus; ***durchaus ~, gar ~, überhaupt ~*** pas du tout; ***noch ~*** pas encore; ***~ mehr*** ne ... plus; ***~ (wahr)?*** n'est-ce pas?; ***bitte ~!*** je vous en prie, ne faites pas ça!
Nicht|... *in Zssgn oft* non-...; **~beachtung** *f* non-respect *m*
Nichte *f* nièce *f*
Nichteinmischung *pol f* non-intervention *f*
nichtig vain, futile; *jur* nul; **≗keit** *f* futilité *f*; *jur* nullité *f*
Nichtraucher *m Abteil* non fumeurs; ***ich bin ~*** je ne fume pas; **~zone** *f* zone *f* non-fumeurs
nichts 1. rien (*mit* ne *beim Verb*); ***gar ~*** rien du tout; ***~ mehr*** (ne ...) plus rien; ***~ (anderes) als*** rien (d'autre) que; ***weiter ~?*** rien de plus?; ***~ sagend*** vide de sens; *unbedeutend* insignifiant; **2. ≗** *n* néant *m*
nichts|destoweniger néanmoins; **≗könner** *m* bon *m* à rien, F zéro *m*; **≗nutz** *m* vaurien *m*; **≗tuer(in** *f*) *m* fainéant *m*, -e *f*
Nickel *n* nickel *m*
nicken faire un signe de tête
nie ne ... jamais; *ohne Verb* jamais; ***~ mehr*** (ne ...) plus jamais; ***fast ~*** presque jamais; ***~ und nimmer!*** jamais de la vie!
nieder 1. *adj* bas; inférieur; **2.** *adv* ***~ mit ...!*** à bas ...!
Nieder|gang *m* déclin *m*; **≗geschlagen** abattu, déprimé; **≗knien** s'agenouiller; **~lage** *f mil* défaite *f*; **~lande** ***die ~*** *pl* les Pays-Bas *m/pl*; **~länder(in** *f*) *m* Néerlandais *m*, -e *f*; **≗ländisch** néerlandais; **≗lassen** ***sich ~*** *sich setzen* s'asseoir; *Wohnsitz*, *comm* s'établir; **~lassung** *f comm* établissement *m*, succursale *f*; **≗legen** poser à terre; ***sein Amt ~*** se démettre de ses fonctions; ***die Arbeit ~*** cesser le travail, faire grève; *zum Schlafen* ***sich ~*** se coucher; **≗metzeln** massacrer; **~österreich** *n* la Basse-Autriche; **≗reißen** *Gebäude* démolir; **~sachsen** *n* la Basse-Saxe; **~schlag** *m Wetter* précipitations *f/pl*; *chim* précipité *m*; ***radioaktiver ~*** retombées *f/pl* radioactives; **≗schlagen** *Gegner* terrasser, abattre; *Augen* baisser; *Aufstand* écraser; *jur Verfahren* arrêter; **≗trächtig** infâme; **~ung** *f* terrain *m* bas
niedlich gentil, mignon, charmant
niedrig bas; *Strafe* faible; ***~ stehen*** être bas; ***~ fliegen*** voler à basse altitude
niemals (*mit Verb* ne ...) jamais
niemand personne ne ...; ne ... personne; *ohne Verb* personne, aucun; ***~ mehr*** plus personne; ***~ sonst*** personne d'autre, nul autre; **≗sland** *n* no man's land *m*, zone *f* neutre
Niere *f* rein *m*; *cuis* rognon *m*; F ***j-m an die ~n gehen*** toucher qn au vif
nieseln ***es nieselt*** il bruine *od* brouillasse
niesen éternuer
Niete *f tech* rivet *m*; *Lotterie* billet *m* non gagnant; *fig Versager* zéro *m*, nullité *f*
Nigeria *n* le Nigeria
Nikolaustag ***der ~*** la Saint-Nicolas
Nikotin *n* nicotine *f*; ⚠ ***la*** nicotine
Nil ***der ~*** le Nil; **~pferd** *zo n* hippopotame *m*
nippen ***an etw ~*** goûter du bout des lèvres à qc
nirgend|s, ~wo nulle part
Nische *f* niche *f*
nisten nicher
Niveau *n* niveau *m*
Nixe *f* ondine *f*
Nizza Nice
Nobelpreis *m* prix *m* Nobel (***für*** de)
noch 1. *adv* encore; ***~ nicht*** pas encore; ***~ immer*** toujours; ***~ heute*** aujourd'hui même; ***(sei er) ~ so klein*** quelque petit qu'il soit; ***er hat nur ~ 10 Mark*** il ne lui reste plus que 10 marks; ***sonst ~ et-***

was? vous désirez autre chose?; **2.** *conj* ***weder*** ... **~** ... ni ... ni ... (*mit* ne *beim Verb*); **~malig** réitéré; **~mals** encore une fois

Nomade *m* nomade *m*

Nomin|ativ *gr m* nominatif *m*; **2ieren** nommer

Nonne *f* religieuse *f*; **~nkloster** *n* couvent *m* de religieuses

Nord|(en) *m* nord *m*; **~irland** *n* l'Irlande *f* du Nord; **2isch** nordique; *Ski* ***~e Kombination*** *f* combiné *m* nordique; **~korea** *n* la Corée du Nord

nördlich septentrional, du nord; ***~ von*** au nord de

Nord|licht *n* aurore *f* boréale; **~ost(en)** *m* nord-est *m*; **~pol** *m* pôle *m* Nord; **~rhein-Westfalen** *n* la Rhénanie-du-Nord-Westphalie; **~see** *f* mer *f* du Nord; **~west(en)** *m* nord-ouest *m*

nörg|eln trouver à redire, ergoter, chicaner; **2ler(in** *f*) *m* ergoteur *m*, -euse *f*, grincheux *m*, -euse *f*

Norm *f* norme *f*, standard *m*

normal normal; ***nicht ganz ~*** F pas très normal, un peu dérangé; **2benzin** *n* essence *f* ordinaire; **~erweise** normalement; **~isieren** ***sich ~*** se normaliser

Norweg|en *n* la Norvège; **~er(in** *f*) *m* Norvégien *m*, -ne *f*; **2isch** norvégien

Not *f Notwendigkeit* nécessité *f*; *Notlage, Gefahr* détresse *f*; *Armut* pauvreté *f*; *Elend* misère *f*; ***in ~ sein*** être dans le besoin; ***die ~ der Armen lindern*** soulager le malheur des pauvres; ***zur ~*** à la rigueur; ***ohne ~*** sans nécessité; ***~ leidend*** nécessiteux

Notar *m* notaire *m*

Not|arzt *m* médecin *m* du S.A.M.U.; **~arztwagen** *m* voiture *f* du S.A.M.U.; **~ausgang** *m* sortie *f* de secours; **~behelf** *m* expédient *m*; **~bremse** *f Zug* signal *m* d'alarme; **~durft** *f* ***seine ~ verrichten*** faire ses besoins; **2dürftig** à peine suffisant; *behelfsmäßig* de fortune, provisoire, temporaire

Note *f* note *f* (*a Schule, mus*); *Bank2* billet *m*; ***~n lesen*** faire du solfège

Notebook *m* portable *m*

Noten|durchschnitt *m* moyenne *f* des notes; **~ständer** *m* pupitre *m*

Not|fall *m* urgence *f*; ***im ~*** au besoin; **2gedrungen** forcément, par nécessité; ***etw ~ tun*** être obligé *od* contraint de faire qc

notieren noter, marquer

nötig nécessaire; ***etw ~ haben*** avoir besoin de qc; ***das 2ste*** le strict nécessaire; **~en** ***j-n ~*** forcer qn, contraindre qn (***etw zu tun*** à faire qc); **~enfalls** si nécessaire, si besoin est

Notiz *f* note *f*; ***~ nehmen von*** prêter attention à; ***keine ~ nehmen von*** *a* ignorer; ***sich ~en machen*** prendre des notes; **~block** *m* bloc-notes *m*; **~buch** *n* carnet *m*, agenda *m*

Not|lage *f* détresse *f*, situation *f* difficile, embarras *m*; **2landen** *aviat* faire un atterrissage forcé; **~landung** *f* atterrissage *m* forcé; **2leidend** *cf* ***Not***; **~lösung** *f* expédient *m*, solution *f* de fortune; **~lüge** *f* pieux mensonge *m*

notorisch notoire

Not|ruf *tél m* appel *m* d'urgence; **~rufsäule** *f* poste *m* d'appel d'urgence; **~signal** *n* signal *m* de détresse; **~stand** *pol m* état *m* d'urgence; **~standsgebiet** *n* région *f* sinistrée; **~unterkunft** *f* logement *m* provisoire; **~verband** *m* pansement *m* provisoire; **~wehr** *jur f* légitime défense *f*; **2wendig** nécessaire; **~wendigkeit** *f* nécessité *f*

Novelle *f Literatur* nouvelle *f*; *jur* amendement *m*

November *m* novembre *m*; ***im ~*** en novembre; ***am 9. ~*** le 9 novembre; ***der 9. ~ 1969*** le 9 novembre 1969

Nu *m* ***im ~*** en un clin d'œil, F en cinq sec

Nuance *f* nuance *f*; ***e-e ~*** *Kleinigkeit* un tout petit peu

nüchtern à jeun; *fig Mensch* positif; *Stil* sobre; *péj* prosaïque; ***auf ~en Magen*** à jeun; ***nicht mehr ~*** déjà ivre; **2heit** *f* sobriété *f*

Nudeln *f*/*pl* nouilles *f*/*pl*; *Faden2* vermicelle *m*; ⚠ ***le*** vermicelle

null 1. zéro; ***~ und nichtig*** nul et non avenu; ***~ Grad*** (***Fehler***) zéro degré (faute); **2.** **2** *f* zéro *m*; *fig Person* nullité *f*, zéro *m*; **2punkt** *m* zéro *m*; **2tarif** *m* ***zum ~*** gratuitement

numerieren *cf* ***nummerieren***

numerisch numérique

Numerus clausus *m* numerus clausus *m*

Nummer *f* numéro *m*

nummerieren numéroter

Nummern|block *EDV m* pavé *m* numérique; **~schild** *auto n* plaque *f* minéralogique, plaque *f* d'immatriculation
nun à présent, maintenant; *dann* alors; **~!** eh bien!, F eh ben!; ***von ~ an*** dorénavant; *seitdem* dès lors; ***~ aber*** or; ***~, wo*** ... maintentant que ...
Nuntius *m* nonce *m*
nur seulement; ne ... que; ***~ noch*** ne ... plus que; ***wenn ~*** pourvu que (+ *subj*); ***nicht ~ ..., sondern auch*** non seulement ..., mais aussi *od* mais encore
Nürnberg Nuremberg
Nuss *f* noix *f*; **~baum** *m* noyer *m*; **~knacker** *m* casse-noisettes *m*; **~schale** *f* coquille *f* de noix
Nüstern *f/pl Pferd* naseaux *m/pl*
Nutte *f péj* grue *f*
nutz|bar utilisable, exploitable; ***~ machen*** utiliser, exploiter; **~bringend** productif, profitable
Nutze ***sich etw zu ~ machen*** tirer profit de qc
nütze ***zu nichts ~*** bon à rien
Nutzen *m* utilité *f*; *Gewinn* profit *m*; *Vorteil* avantage *m*; ***von ~ sein*** être utile
nützen servir, être utile (***j-m*** à qn); ***etw ~ verwerten*** utiliser qc; ***nichts ~*** ne servir à rien
Nutzlast *f* charge *f* utile
nützlich utile (***für j-n*** à qn); ***sich ~ machen*** se rendre utile; **≈keit** *f* utilité *f*
nutz|los inutile; **≈losigkeit** *f* inutilité *f*; **≈nießer** *m* bénéficiaire *m*; **≈pflanze** *f* plante *f* utile; **≈ung** *f* utilisation *f*, mise *f* à profit
Nylon *n* nylon *m*; **~hemd** *n* chemise *f* de nylon; **~strumpf** *m* bas *m* de nylon
Nymph|e *f* nymphe *f*; **~omanin** *f* nymphomane *f*

O

o! ***o ja!*** ah oui!; ***o weh!*** aïe!, mon Dieu!
Oase *f* oasis *f od m*
ob si; ***als ~*** comme si; ***so tun als ~*** faire semblant de (+ *inf*); ***und ~!*** et comment!, tu penses!
OB *m* maire *m* (d'une grande ville)
Obdach *n* abri *m*; **≈los** sans abri; **~lose(r)** *m,f* sans-abri *m,f*; **~losenasyl** *n* foyer *m* d'hébergement
Obdu|ktion *méd f* autopsie *f*; **≈zieren** autopsier
oben en haut; ***nach ~*** en haut, vers le haut; ***von ~ bis unten*** du haut jusqu'en bas; ***links ~*** en haut à gauche; ***siehe ~*** voir plus haut; ***~ erwähnt*** (mentionné) ci-dessus; ***von ~ herab*** d'en haut (*a fig*); F ***~ ohne*** seins nus; **~auf** *fig* ***~ sein*** être en pleine forme; **~drein** par-dessus le marché; **~hin** superficiellement
Ober *m Kellner* garçon *m*; **~arm** *m* haut *m* du bras; **~befehl** *mil m* commandement *m* en chef; **~begriff** *m* terme *m* générique; **~bürgermeister** *m* maire *m* (d'une grande ville), premier bourgmestre *m*
ober|e de dessus, d'en haut, supérieur; **≈fläche** *f* surface *f*; **~flächlich** superficiel; **~halb** au-dessus de; **≈hand** *f fig* ***die ~ gewinnen*** prendre le dessus; **≈haupt** *n* chef *m*; **≈hemd** *n* chemise *f*; **≈herrschaft** *f* suprématie *f*; **~irdisch** au-dessus du sol, aérien; **≈kellner** *m* maître *m* d'hôtel; **≈kiefer** *m* mâchoire *f* supérieure; **≈körper** *m* torse *m*; ***den ~ freimachen*** se mettre torse nu; **≈leitung** *f* direction *f* générale; *tech* caténaire *f*; **≈lippe** *f* lèvre *f* supérieure; **≈österreich** *n* la Haute-Autriche
Obers *östr n* crème *f*
Ober|schenkel *m* cuisse *f*; **~schule** *f* école *f* secondaire
Oberst *mil m* colonel *m*
oberste le plus haut, suprême
Ober|stufe *f Schule* second cycle *m*; **~teil** *n* haut *m*
obgleich quoique, bien que (*beide* + *subj*)
Obhut *f* garde *f*; ***in j-s ~*** sous la garde de qn
obig (mentionné) ci-dessus
Objekt *n* objet *m*; *gr* complément *m* d'objet

objektiv 1. objectif; **2.** ♀ *n* objectif *m*; **♀ität** *f* objectivité *f*, impartialité *f*
obligatorisch obligatoire
Oboe *mus f* hautbois *m*
Obrigkeit *f* autorités *f/pl*
Observatorium *astr n* observatoire *m*
Obst *n* fruits *m/pl*; **~baum** *m* arbre *m* fruitier; **~garten** *m* verger *m*; **~saft** *m* jus *m* de fruits; **~torte** *f* tarte *f* aux fruits
obszön obscène
obwohl quoique, bien que (*beide* + *subj*)
Ochse *m* bœuf *m*
öde 1. *Gegend* désert, désertique; *fig* ennuyeux; **2.** ♀ *f* désert *m*; *Leere* vide *m*
oder ou; **~ *so*** ou comme ça; ***er kommt doch*, ~?** il viendra, n'est-ce pas?
Ofen *m Zimmer*♀ poêle *m*; *Back*♀ four *m*
offen ouvert; *freimütig* franc; ***~e Stelle*** place *f* vacante; **~ *gesagt*** pour parler franchement; **~ *seine Meinung sagen*** dire ouvertement ce qu'on pense; **~ *stehen*** être ouvert (***j-m*** à qn); *Rechnung* être non-payé; ***es steht Ihnen ~ zu*** ... vous êtes libre de ...
offenbar évident, manifeste, apparent; *adv* apparemment; **~en** (***sich ~*** se) manifester, révéler (*a rel*); *Geheimnis* dévoiler; **♀ung** *f* révélation *f* (*a rel*)
Offenheit *f* franchise *f*
offen|herzig franc, sincère; **~sichtlich** évident; *adv* évidemment
offensiv offensif; **♀e** *f* offensive *f*
öffentlich public; ***~e Verkehrsmittel*** transports *m/pl* publics *od* en commun; ***~e Schulen*** écoles *f/pl* publiques; **~ *auftreten*** apparaître en public; **♀keit** *f* public *m*; ***in aller ~*** publiquement; ***an die ~ bringen*** porter à la connaissance du public, rendre public; **♀keitsarbeit** *f* relations *f/pl* publiques
Offerte *f* offre *f*
offiziell officiel
Offizier *m* officier *m*
öffn|en (***sich ~*** s')ouvrir; **♀er** *m Flaschen*♀ ouvre-bouteilles *m*; *Dosen*♀ ouvre-boîtes *m*; **♀ung** *f* ouverture *f*; **♀ungszeiten** *f/pl* heures *f/pl* d'ouverture
oft souvent, fréquemment
oh oh!, ah!
ohne sans; **~ *dass*** ... sans que (+ *subj*); **~ *zu*** ... sans (+ *inf*); **~ *mich!*** ne comptez pas sur moi!; **~ *ein Wort*** (***zu sagen***) sans (dire) un mot; **~hin** de toute façon
Ohnmacht *f* impuissance *f*; *méd* évanouissement *m*; ***in ~ fallen*** s'évanouir
ohnmächtig impuissant; *méd* évanoui; **~ *werden*** s'evanouir
Ohr *n* oreille *f*; F ***j-n übers ~ hauen*** rouler qn; ***bis über die ~en verliebt*** être amoureux fou de qn
Ohren|arzt *m* oto-rhino *m*; **♀betäubend** assourdissant; **~schmerzen** *m/pl* douleurs *f/pl* d'oreilles
Ohr|feige *f* gifle *f*, claque *f*, taloche F *f*; **♀feigen** gifler; **~läppchen** *n* lobe *m* de l'oreille; **~ring** *m* boucle *f* d'oreille
oje mon Dieu!, oh là là!
O.K. F O.K., d'accord
Öko|loge *m* écologiste *m*; **~logie** *f* écologie *f*; **♀logisch** écologique; **~nomie** *f* économie *f*; **♀nomisch** économique; **~partei** *f* parti *m* écologique; ⚠***le*** parti; **~system** *n* écosystème *m*
Oktave *mus f* octave *f*
Oktober *m* octobre *m*; ***im ~*** en octobre; ***am 9. ~*** le 9 octobre; ***der 9. ~ 1999*** le 9 octobre 1999
ökumenisch *rel* œcuménique
Öl *n* huile *f*; *Erd*♀ pétrole *m*; *Heiz*♀ fuel *m*, mazout *m*; **~baum** *bot m* olivier *m*
ölen huiler, lubrifier
Öl|farbe *f* peinture *f* à l'huile; **~förderung** *f* production *f* de pétrole; **~gemälde** *n* peinture *f* à l'huile; **~heizung** *f* chauffage *m* au mazout; **♀ig** huileux
Olive *f* olive *f*
Oliven|baum *bot m* olivier *m*; **~öl** *n* huile *f* d'olives
Öl|leitung *f* oléoduc *m*, pipe-line *m*; **~malerei** *f* peinture *f* à l'huile; **~pest** *f* marée *f* noire; **~quelle** *f* puits *m* de pétrole; **~sardinen** *f/pl* sardines *f/pl* à l'huile; **~stand** *m* niveau *m* d'huile; **~teppich** *m* marée *f* noire; **~ung** *f tech* huilage *m*; *rel* **Letzte ~** extrême-onction *f*; **~verschmutzung** *f* pollution *f* par le pétrole; **~vorkommen** *n* gisement *m* pétrolifère; **~wechsel** *auto m* vidange *f*; **~zeug** *mar n* ciré *m*
Olympiamannschaft *f* équipe *f* olympique
olympisch ***♀e Spiele*** *n/pl* jeux *m/pl* Olympiques
Om|a F *f*, **~i** F *f* grand-mère *f*, F mémé *f*, *enf* mamie *f*

O

Omnibus *m* autobus *m*; *Reise*≈ autocar *m*; ⚠ *nicht* ***omnibus***
onanieren se masturber
Onkel *m* oncle *m*
online en ligne; ≈**betrieb** *m* mode *m* connecté, opération *f* en ligne
OP *m* salle *f* d'opération
Opa F *m* grand-père *m*, F pépé *m*, *enf* papi *m*
Oper *mus f* opéra *m*; ⚠ ***un*** opéra
Operation *f* opération *f*; **~ssaal** *méd m* salle *f* d'opérations
Operette *mus f* opérette *f*
operieren *méd* opérer (***an*** de); ***operiert werden*** subir une intervention chirurgicale; ***sich*** (***am Fuß*** *etc*) ***~ lassen*** se faire opérer (du pied *etc*)
Opernsänger(in *f*) *m* chanteur *m* (cantatrice *f*) d'opéra
Opfer *n Verzicht* sacrifice *m*; *bei Unglück* victime *f*; ***ein ~ bringen*** faire un sacrifice; ***zum ~ fallen*** être victime de
opfer|n (***sich ~*** se) sacrifier; ≈**ung** *f* sacrifice *m*
Opium *n* opium *m*
Opportunismus *m* opportunisme *m*
Opposition *f* opposition *f*
Optik *f* optique *f*; **~er** *m* opticien *m*
optim|al optimum, optimal; ≈**ismus** *m* optimisme *m*; ≈**ist(in** *f*) *m* optimiste *m*, *f*; **~istisch** optimiste
optisch optique
Orange *f* orange *f*; **~nsaft** *m* jus *m* d'orange
Orchester *mus n* orchestre *m*
Orchidee *bot f* orchidée *f*
Orden *m* ordre *m* (*a rel*); *Auszeichnung* décoration *f*, médaille *f*
Ordensschwester *f* sœur *f*, religieuse *f*
ordentlich *Person*, *Zimmer etc* propre, ordonné; *richtig*, *sorgfältig* soigné; *gründlich* comme il faut; *anständig* honnête; *Leute* convenable; *Mitglied* à part entière; *Professor* titulaire; *Gericht* ordinaire; *Leistung* bon; ***seine Sache ~ machen*** faire son travail comme il faut; ***sich ~ benehmen*** bien se tenir
ordinär vulgaire
ordn|en mettre de l'ordre dans, ordonner, classer, ranger; *regeln* régler; ≈**er** *m Fest*≈ *etc* ordonnateur *m*, organisateur *m*; *Akten*≈ classeur *m*
Ordnung *f* ordre *m*; *Vorschriften* règlement *m*; ***in ~*** en ordre, O.K.; ***in ~ bringen*** remettre en ordre; *reparieren* réparer; ***in ~ halten*** maintenir en ordre; ***etw ist nicht in ~*** qc ne marche pas
ordnungs|gemäß réglementaire, régulier; *adv* en bonne et due forme; ≈**strafe** *f* amende *f*; ≈**zahl** *f* nombre *m* ordinal
Oregano *m* origan *m*
Organ *n* organe *m*; **~isation** *f* organisation *f*; **~isator** *m* organisateur *m*; ≈**isatorisch** d'organisation; d'organisateur; ≈**isch** organique
organisier|en (***sich ~*** s')organiser; **~t** organisé
Organ|ismus *m* organisme *m*; **~ist(in** *f*) *m mus* organiste *m*, *f*; **~spender** *méd m* donneur *m* d'organes; **~verpflanzung** *méd f* transplantation *f* d'organes
Orgasmus *m* orgasme *m*
Orgel *f* orgue *m*
Orgie *f* orgie *f*
Orient *m* Orient *m*
Oriental|e *m*, **~in** *f* Oriental *m*, -e *f*; ≈**isch** oriental
orientier|en ***sich ~*** s'orienter; ≈**ung** *f* orientation *f*; ***die ~ verlieren*** être désorienté; ***zur ~*** à titre indicatif; ≈**ungssinn** *m* sens *m* de l'orientation
original 1. original; **2.** ≈ *n* original *m*; ≈**ausgabe** *f* édition *f* originale; ≈**ton** *m* version *f* originale; ≈**übertragung** *f* émission *f* en direct
originell original; ⚠ *nicht* ***originel***
Orkan *m* ouragan *m*
Ornament *n* ornement *m*
Ort *m* lieu *m*, endroit *m*; *Ortschaft* localité *f*; ***an ~ und Stelle*** sur place; ***vor ~*** sur les lieux; ≈**en** localiser
orthodox orthodoxe
Orthograf|ie *f* orthographe *f*; ≈**isch** orthographique
Orthopäd|e *m* orthopédiste *m*; ≈**isch** orthopédique
örtlich local
Ortschaft *f* localité *f*
Orts|gespräch *tél n* communication *f* urbaine *od* locale; **~kenntnis** *f* connaissance *f* des lieux; **~netz** *tél n* réseau *m* local; **~zeit** *f* heure *f* locale
Öse *f* œillet *m*
Ost(en) *m* est *m*
Ostblock *pol m* pays *m/pl* de l'Est

O

Oster|ei *n* œuf *m* de Pâques; **~ferien** *pl* vacances *f/pl* de Pâques
Ostern *n od pl* Pâques *f/pl*; ***an, zu*** ~ à Pâques; ***frohe*** ~! joyeuses Pâques!
Österreich *n* l'Autriche *f*; **~er(in** *f*) *m* Autrichien *m*, -ne *f*; **⁂isch** autrichien
östlich oriental, de l'est, d'est; ~ ***von*** à l'est de
Ost|see *f* mer *f* Baltique; **~wind** *m* vent *m* d'est
Otter *zo f* vipère *f*
out F démodé
Ouvertüre *mus f* ouverture *f*
oval ovale
Overheadprojektor *m* rétroprojecteur *m*
Overkill *m* surextermination *f*
Oxid *chim n* oxyde *m*; **⁂ieren** s'oxyder
Ozean *m* océan *m*
Ozon *n* ozone *m*; **~loch** *n* trou *m* dans la couche d'ozone, trou *m* d'ozone; **~schicht** *f* couche *f* d'ozone; **~schild** *m* couche *f* d'ozone

P

Paar 1. *n* paire *f*; *Personen, Tiere* couple *m*; ***ein ~ Schuhe*** une paire de chaussures; ⚠ ***la*** paire; **2. *ein*** ⁂ quelques; ***ein ⁂ Mal*** plusieurs fois; **⁂en** *zo* ***sich*** ~ s'accoupler; **~lauf** *Sport m* patinage *m* en couple; **⁂weise** par couples
Pacht *f* bail *m*; *agr* fermage *m*; **⁂en** prendre à bail *od* à ferme
Pächter(in *f*) *m jur* preneur *m* à bail, fermier *m*, -ière *f*
Pack *n péj* canaille *f*, racaille *f*
Päckchen *n* petit paquet *m*; ***ein ~ Zigaretten*** un paquet de cigarettes
Pack|en *m* (gros) paquet *m*; *Briefe, Papiere* liasse *f*; **⁂en** *Koffer, Paket* faire; *Waren* emballer; *ergreifen* saisir (***an*** par); *fig mitreißen* captiver; **~papier** *n* papier *m* d'emballage; **~ung** *f* paquet *m*, boîte *f*
Pädagog|e *m*, **~in** *f* pédagogue *m, f*; **~ik** *f* pédagogie *f*; **⁂isch** pédagogique
Paddel *n* pagaie *f*; **~boot** *n Faltboot* canot *m* pliant; *Kanu* canoë *m*; *Kajak* kayak *m*; **⁂n** pagayer
Page *m* page *m*; *Hotel* chasseur *m*, groom *m*
Paket *n* paquet *m*; colis *m* postal; **~karte** *f* bulletin *m* d'expédition; **~post** *f* service *m* des colis postaux; **~zustellung** *f* distribution *f* des colis
Pakistan *n* le Pakistan
Pakt *m* pacte *m*
Palast *m* palais *m*
Palästina *n* la Palestine
Palästinenser(in *f*) *m* Palestinien *m*, -ne *f*
Palme *f bot* palmier *m*; F *fig* ***j-n auf die ~ bringen*** exaspérer qn, F faire monter qn au cocotier
Palmsonntag *m* (dimanche *m* des) Rameaux *m/pl*
Pampelmuse *bot f* pamplemousse *m*; ⚠ ***le*** pamplemousse
panier|t *cuis* pané; **⁂mehl** *n* chapelure *f*
Pani|k *f* panique *f*; ***in ~ geraten*** s'affoler; **⁂sch *~e Angst*** peur *f* panique
Panne *f tech* panne *f*; *Missgeschick* incident *m* fâcheux, gaffe *f* F; ***e-e ~ haben*** être *od* tomber en panne; **~nhilfe** *auto f* dépannage *m*
panschen *im Wasser* patauger; *Wein* frelater, trafiquer
Panter *zo m* panthère *f*; ⚠ ***la*** panthère
Pantoffel *m* pantoufle *f*; *fig Ehemann* ***er steht unter dem ~*** c'est elle qui porte la culotte; ⚠ ***la*** pantoufle; **~held** F *m* mari *m* mené par le bout du nez par sa femme
Pantomim|e 1. *f* pantomime *f*; **2.** *m* mime *m*; **⁂isch** pantomimique
Panzer *m mil* blindé *m*, char *m*; *von Tieren* carapace *f*; *hist od fig* cuirasse *f*; **~glas** *n* verre *m* pare-balles; **⁂n** blinder; **~platte** *f* plaque *f* de blindage; **~schrank** *m* coffre-fort *m*; **~ung** *f* blindage *m*

Papa *m* F papa *m*
Papagei *zo m* perroquet *m*
Papaya *f* papaye *f*
Papier *n* papier *m*; **~e** *pl* papiers *m/pl*; **~geld** *n* billets *m/pl* de banque; **~korb** *m* corbeille *f* à papier; **~krieg** *m* paperasserie *f* administrative; **~serviette** *f* serviette *f* en papier; **~tüte** *f* sac *m* en papier; **~vorschub** *m* avance *f* papier; **~waren** *f/pl* articles *m/pl* de papeterie; **~warengeschäft** *n* papeterie *f*
Papp|becher *m* gobelet *m*; **~e** *f* carton *m*; **~teller** *m* assiette *f* en carton
Pappel *bot f* peuplier *m*
Paprika *bot m Schote* poivron *m*; *Gewürz* piment *m*, paprika *m*
Papst *m* pape *m*
päpstlich papal, pontifical
Parabel *f* parabole *f*
Parabolantenne *f* antenne *f* parabolique
Parade *mil f* revue *f*, défilé *m*; ***die ~ abnehmen*** passer (les troupes) en revue
Paradeiser *östr m* tomate *f*
Paradies *n* paradis *m*; **²isch** paradisiaque
paradox paradoxal
Paragraf *m* article *m*; *Absatz* paragraphe *m*
parallel parallèle; **²e** *f math* parallèle *f* (*wenn fig, dann m*); **²ogramm** *math n* parallélogramme *m*; **²verarbeitung** *f* multitraitement *m*
Parameter *m* paramètre *m*
Paranuss *bot f* noix *f* du Brésil
Parasit *m* parasite *m*
Pärchen *n* couple *m*
Parfüm *n* parfum *m*; **~erie** *f* parfumerie *f*; **²ieren** (***sich ~*** se) parfumer
parieren *Schlag* parer; *gehorchen* obéir
Pariser *m Mensch* Parisien; F *Kondom* capote *f* anglaise
Park *m* parc *m*
Park-and-ride-System *n* système *m* de parcotrain
Parken 1. *n* stationnement *m*; ***~ verboten!*** stationnement interdit!; **2.** **²** stationner, se garer; ***sein Auto ~*** garer sa voiture; **²d** *auto* en stationnement
Parkett *n* parquet *m*; *Theater* orchestre *m*
Park|gebühren *f/pl* taxe *f* de stationnement; **~haus** *n* parking *m* à étages; **²ieren** *Schweiz cf* ***parken***
Parkinsonkrankheit *f* maladie *f* de Parkinson
Park|kralle *f* sabot *m* de Denver; **~lücke** *f* créneau *m*; **~platz** *m* parking *m*, parc *m* de stationnement; ***e-n ~ suchen*** chercher une place pour stationner; **~scheibe** *f* disque *m* de stationnement; **~scheinautomat** *m* horodateur *m*; **~uhr** *f* parcmètre *m*; **~verbot** *n* défense *f* de stationner; **~wächter** *m* gardien *m*
Parlament *n* Parlement *m*; **²arisch** parlementaire
Parodie *f* parodie *f*; **²ren** parodier
Parole *f mil* mot *m* de passe; *pol* slogan *m*; ⚠ *nicht* ***parole***
Parsing *n* analyse *f* syntaxique
Partei *f pol* parti *m*; *jur* partie *f*; ***für j-n ~ ergreifen*** prendre parti pour qn; ⚠ ***le*** parti; **²isch** partial; **²los** *pol* indépendant, non-inscrit; **~mitglied** *n* membre *m* d'un parti; **~programm** *n* programme *m* de parti; **~tag** *m* congrès *m*, convention *f* (d'un parti); **~vorsitzende(r)** *m, f* chef *m* d'un parti; **~zugehörigkeit** *f* appartenance *f* à un parti
Parterre *n Theater* parterre *m*; *Erdgeschoss* rez-de-chaussée *m*
Partie *f* partie *f*; *Heirats²* parti *m*; ***mit von der ~ sein*** être de la partie
Partisan *mil m* partisan *m*
Partitur *mus f* partition *f*
Partizip *gr n* participe *m*
Partner|(in *f*) *m* partenaire *m, f*; *comm* associé *m*, -e *f*; **~schaft** *f* association *f*; *Städte²* jumelage *m*; **~stadt** *f* ville *f* jumelée
Party *f* surprise-partie *f*, F boum *f*
Pass *m Gebirgs²* col *m*; *Reise²* passeport *m*; *Sport* passe *f*
Passage *f* passage *m*; ⚠ ***le*** passage
Passagier *m* passager *m*; **~dampfer** *m* paquebot *m*; **~flugzeug** *n* avion *m* de transport de passagers, avion *m* de ligne
Passant(in *f*) *m* passant *m*, -e *f*, piéton *m*, -ne *f*
Passbild *n* photo *f* d'identité
passen *das bestimmte Maß haben* être juste, aller (bien); *genehm sein* convenir (***j-m*** à qn); ***~ zu*** aller avec; ***sie ~ gut zueinander*** ils vont bien ensemble; ***passt es Ihnen morgen?*** est-ce que cela vous convient demain?; ***das***

P

passt mir gar nicht ça ne me va *od* convient pas du tout; ***das passt nicht zu ihm*** ce n'est pas son genre; **~d** juste; convenable, approprié, opportun

passieren *Ort* passer; *sich ereignen* se passer, se produire, arriver

passiv 1. passif; **2. ♀** *gr n* passif *m*; **♀rauchen** *n* tabagisme *m* passif

Pass|kontrolle *f* contrôle *m* des passeports; **~wort** *n* mot *m* de passe

Paste *f* pâte *f*

Pastell *n* pastel *m*

Pastete *f* pâté *m*

Pastor *égl m* pasteur *m*

Pat|e *m*, **~in** *f* parrain *m*, marraine *f*; **~enkind** *n* filleul *m*, -e *f*; **~enschaft** *f* parrainage *m*; ***die ~ für etw übernehmen*** parrainer qc

Patent *n* brevet *m*; **♀ieren** breveter; **~rezept** *n* recette *f* miracle

pathetisch pompeux, solennel

Patient(in *f*) *m* malade *m*, *f*, client *m*, -e *f*, patient *m*, -e *f*

Patriot|(in *f*) *m* patriote *m*, *f*; **♀isch** patriotique; *Person* patriote; **~ismus** *m* patriotisme *m*

Patron *m rel* patron *m*; *péj* type *m*

Patrone *f* cartouche *f*

Patsch|e *f* ***in der ~ sitzen*** F être dans le pétrin; **♀en** F taper; ***im Wasser ~*** barboter dans l'eau; **♀nass** trempé jusqu'aux os

patzig F arrogant, insolent

Pauke *mus f* timbale *f*

pauken F potasser, bûcher, piocher; *zur Reifeprüfung* bachoter

pausbäckig joufflu

pauschal *comm* forfaitaire; *fig* global; *adv* à forfait; *fig* globalement, en bloc; **♀e** *f* somme *f* forfaitaire; **♀reise** *f* voyage *m* à forfait; **♀urteil** *n* jugement *m* sommaire

Pause *f* pause *f*; *Schule* récréation *f*; *Theater* entracte *m*; **♀nlos** ininterrompu, sans cesse; **~nzeichen** *n Radio* indicatif *m*; *Schule* sonnerie *f*

pausieren faire une pause

Pavian *zo m* babouin *m*

Pazifi|k *m* Pacifique *m*; **~sch** ***der ~e Ozean*** l'océan *m* Pacifique

Pazifis|mus *m* pacifisme *m*; **~t(in** *f*) *m* pacifiste *m*, *f*; **♀tisch** pacifiste *m*

PC *m* micro-ordinateur *m*

PDS *f* parti *m* du socialisme démocratique

Pech *n* poix *f*; *Unglück* malchance *f*, poisse *f* F, guigne *f* F; **~strähne** *f* période *f* de malchance, F série *f* noire; **~vogel** F *m* malchanceux *m*, déveinard *m* F

Pedal *n* pédale *f*; ⚠ ***la*** pédale

Pedant *m* homme *m* tatillon, F coupeur *m* de cheveux en quatre; **♀isch** pointilleux, tatillon, formaliste

Pegel *m* échelle *f* fluviale; **~stand** *m* niveau *m* de l'eau

peilen relever; *Wassertiefe* sonder; ***über den Daumen gepeilt*** à vue de nez; F au pifomètre

pein|igen tourmenter, torturer; **~lich** fâcheux, embarrassant, gênant; ***~ genau*** méticuleux; ***es war mir ~*** j'avais honte

Peitsche *f* fouet *m*

Peking Pékin

Pell|e *f Frucht* pelure *f*; *Wurst* peau *f*; **♀en** éplucher, peler; **~kartoffeln** *f/pl* pommes de terre *f/pl* en robe de chambre *od* en robe des champs

Pelz *m* fourrure *f*; **~mantel** *m* manteau *m* de fourrure; **~tiere** *n/pl* animaux *m/pl* à fourrure

Pendel *n* pendule *m*; *Uhr* balancier *m*; **♀n** osciller; *Bus, Person* faire la navette; **~verkehr** *m* navette *f*

Pendler *m* personne *f* qui fait la navette entre son domicile et son lieu de travail

penetrant *Geruch* pénétrant; *Person* gênant, agaçant

Penis *m* pénis *m*

Penizillin *phm n* pénicilline *f*; ⚠ ***la*** pénicilline

penn|en F roupiller, pioncer; **♀er** *m* F clochard *m*

Pension *f* pension *f*; *Ruhegehalt a* retraite *f*; **~är(in** *f*) *m* retraité *m*, -e *f*; pensionné *m*, -e *f*; **♀ieren** mettre à la retraite; ***sich ~ lassen*** demander sa mise à la retraite; **~ierung** *f* mise *f* à la retraite; **♀iert** en retraite, retraité; **~sgast** *m* hôte *m* d'une pension, pensionnaire *m*, *f*

Pensum *n* tâche *f*; *Lehrstoff* programme *m*

Penthouse *n* attique *m*

per par

perfekt 1. parfait; ***die Sache ist ~*** l'af-

faire est dans le sac; **2.** ≗ *gr n* parfait *m*; passé *m* composé; ***historisches*** ~ passé *m* simple
Pergament *n* parchemin *m*
Period|e *f* période *f*; *der Frau* règles *f/pl*; **≗isch** périodique
Peripheriegerät *n* périphérique *m*
Perl|e *f* perle *f* (*a fig*); **≗en** *Sekt* pétiller; *Schweiß* perler; **~enkette** *f* collier *m* de perles; **~muschel** *f* huître *f* perlière; **~mutt** *n* nacre *f*
Perron *m Schweiz* quai *m*
Pers|er *m* Persan *m*; *hist* Perse *m*; *Teppich* tapis *m* de Perse; **~ianer** *m* astrakan *m*; **~ien** *n* la Perse; **≗isch** persan; *hist* perse; *géogr* ***der ≗e Golf*** le golfe Persique
Person *f* personne *f*; *Theater* personnage *m*; ***ich für meine*** ~ quant à moi; ***ein Tisch für drei ~en*** une table pour trois (personnes)
Personal *n* personnel *m*; **~abteilung** *f* service *m* du personnel; **~ausweis** *m* carte *f* d'identité; **~chef** *m* chef *m* du personnel; **~computer** *m* ordinateur *m* individuel, micro-ordinateur *m*; **~ien** *pl* identité *f*; **~pronomen** *gr n* pronom *m* personnel
Personen|(kraft)wagen (*abr* PKW) *m* voiture *f* particulière *od* de tourisme; **~zug** *m* train *m* de voyageurs, omnibus *m*
personifizieren personnifier
persönlich personnel; *leibhaftig* en personne; **≗keit** *f* personnalité *f*; *bedeutender Mensch* personnage *m*
Perspektive *f* perspective *f*
Peru *n* le Pérou
Perücke *f* perruque *f*
pervers pervers
Pessimis|mus *m* pessimisme *m*; **~t(in** *f*) *m* pessimiste *m, f*; **≗tisch** pessimiste
Pest *f* peste *f*
Pestizid *n* pesticide *m*
Peter *m* Pierre *m*
Petersilie *bot f* persil *m*; ⚠ ***le*** persil
Petrochemie *f* pétrochimie *f*
Petroleum *n* pétrole *m*; **~lampe** *f* lampe *f* à pétrole
petzen F cafarder, rapporter, moucharder
Pfad *m* sentier *m*; *EDV* chemin *m* (d'accès); **~finder(in** *f*) *m* scout *m*, guide *f*, éclaireur *m*, -euse *f*
Pfahl *m* pieu *m*, poteau *m*
Pfalz ***die*** ~ le Palatinat
Pfand *n* gage *m*; *comm* consigne *f*; **~brief** *écon m* obligation *f* hypothécaire
pfänden *jur* saisir
Pfand|flasche *f* bouteille *f* consignée; **~haus** *n* mont-de-piété *m*; **~leiher(in** *f*) *m* prêteur *m*, -euse *f* sur gages
Pfändung *jur f* saisie *f*
Pfann|e *f* poêle *f*; **~kuchen** *m* crêpe *f*; ***Berliner*** ~ beignet *m* (à la confiture)
Pfarr|bezirk *m* paroisse *f*; **~er** *m katholischer* curé *m*; *evangelischer* pasteur *m*; **~haus** *n* presbytère *m*
Pfau *m* paon *m*
Pfeffer *m* poivre *m*; **~kuchen** *m* pain *m* d'épice; **~minze** *bot f* menthe *f*; **≗n** *cuis* poivrer; **~streuer** *m* poivrier *m*
Pfeife *f* sifflet *m*; *Tabaks≗* pipe *f*; *Orgel≗* tuyau *m*; **≗n** siffler; F ~ ***auf*** se moquer de, se ficher de
Pfeil *m* flèche *f*
Pfeiler *arch m* pilier *m*
Pfennig *m* pfennig *m*; ***keinen ~ haben*** n'avoir pas le sou, être sans le sou
Pferd *n* cheval *m*; *Turnen* cheval *m* d'arçons; ***zu*** ~ à cheval; ***aufs ~ steigen*** monter à cheval
Pferde|rennen *n* course *f* de chevaux; **~schwanz** *m* queue *f* de cheval (*a Frisur*); **~sport** *m* hippisme *m*; **~stall** *m* écurie *f*; **~stärke** *tech f* (*abr* PS) cheval-vapeur *m* (*abr* Ch)
Pfiff *m* sifflement *m*; *fig* ***mit*** ~ avec un petit je-ne-sais-quoi; **~erling** *bot m* chanterelle *f*, girolle *f*; **≗ig** futé, rusé
Pfingst|en *n* la Pentecôte; **~montag** *m* lundi *m* de Pentecôte; **~rose** *bot f* pivoine *f*
Pfirsich *bot m* pêche *f*; **~baum** *m* pêcher *m*
Pflanze *f* plante *f*; ***~n fressend*** *zo* herbivore; **≗n** planter
Pflanzen|faser *f* fibre *f* végétale; **~fett** *n* graisse *f* végétale
pflanzlich végétal
Pflaster *n méd* pansement *m* (adhésif); *Straßen≗* pavé *m*; **≗n** *Straße* paver; **~stein** *m* pavé *m*
Pflaume *bot f* prune *f*; **~nbaum** *bot m* prunier *m*
Pflege *f* soins *m/pl* (*a méd*); *von Gegenständen* entretien *m*; *der Künste etc* cul-

P

ture *f*; ***ein Kind in ~ geben*** mettre un enfant en nourrice; ***in ~ nehmen*** se charger de; **≈bedürftig** qui réclame des soins; **~eltern** *pl* parents *m/pl* nourriciers; **~fall** *m* malade *m* nécessitant des soins constants; **~heim** *n* hospice *m*; **~kind** *n* enfant *m* en garde; **≈leicht** d'un entretien facile; *Mensch* facile à vivre; **~mutter** *f* nourrice *f*

pfleg|en soigner; *Gegenstand, Beziehungen* entretenir; *Begabung, Künste* cultiver; *Daten* tenir à jour; ***etw zu tun ~*** avoir l'habitude de faire qc; **≈er(in** *f*) *m Kranken≈* infirmier *m*, -ière *f*; **≈eversicherung** *f* assurance *f* dépendance

Pflicht *f* devoir *m* (***gegenüber*** envers); *Sport* exercices *m/pl* imposés; *Eislauf* figures *f/pl* imposées; ***es ist meine ~ zu*** ... il est de mon devoir de ...; **≈bewusst** conscient de son devoir; **~bewusstsein** *n* conscience *f* du devoir; **~fach** *n* matière *f* obligatoire; **~versicherung** *f* assurance *f* obligatoire

Pflock *m* piquet *m*

pflücken cueillir

Pflug *m* charrue *f*

pflügen labourer

Pforte *f* porte *f*

Pförtner(in *f*) *m* portier *m*, concierge *m*, *f*

Pfosten *m* poteau *m*

Pfote *f* patte *f*

Pfropf(en) *m* bouchon *m*, tampon *m*

pfropfen *Baum* greffer; *stopfen* fourrer (***in*** dans); ***gepfropft voll*** bondé

pfui! pouah!; **≈rufe** *m/pl* huées *f/pl*

Pfund *n* livre *f* (*a Währung*)

pfusch|en F bâcler, bousiller; **≈er** *m* F bâcleur *m*, bousilleur *m*; **≈erei** *f* F bâclage *m*, bousillage *m*, travail *m* bâclé

Pfütze *f* flaque *f* (d'eau)

Phänomen *n* phénomène *m*; **≈al** phénoménal

Phantasie *f cf* ***Fantasie***

Phantast *m cf* ***Fantast***

Pharma|industrie *f* industrie *f* pharmaceutique; **≈zeutisch** pharmaceutique

Phase *f* phase *f*

Philippinen *pl* ***die ~*** les Philippines *f/pl*

Philolog|e *m*, **~in** *f* philologue *m*, *f*; **~ie** *f* philologie *f*; **≈isch** philologique

Philosoph|(in *f*) *m* philosophe *m*, *f*; **~ie** *f* philosophie *f*; **≈ieren** philosopher; **≈isch** philosophique

Phlegma *n* flegme *m*; **≈tisch** flegmatique, lymphatique

Phon|etik *f* phonétique *f*; **≈etisch** phonétique; **~stärke** *f* niveau *m* acoustique

Phosphat *n* phosphate *m*; **≈frei** sans phosphate(s)

Phosphor *chim m* phosphore *m*

Photo(...) *cf* ***Foto***(...)

Phrase *f* phrase *f* (*a péj*)

pH-Wert *m* pH *m*

Physik *f* physique *f*; **≈alisch** physique, de (la) physique; **~er(in** *f*) *m* physicien *m*, -ne *f*

physisch physique

Pianist(in *f*) *m* pianiste *m*, *f*

picheln F picoler

Pickel *m méd* bouton *m*; *Werkzeug* pic *m*; *Eis≈* piolet *m*

picken becqueter, picoter, picorer

Picknick *n* pique-nique *m*; **≈en** pique-niquer

piep(s)en *Küken* piauler; *kleine Vögel* pépier; *fig* F ***bei dir piepst's wohl!*** tu es complètement marteau!

Pik[1] *n Karten* pique *m*

Pik[2] *m* F ***e-n ~ auf j-n haben*** avoir une dent contre qn

pikant *cuis* épicé, relevé; *fig* croustillant, osé

pikiert froissé, vexé

Piktogramm *n* pictogramme *m*

Pilger *m* pèlerin *m*; **~fahrt** *f* pèlerinage *m*; **≈n** aller en pèlerinage

Pille *f* pilule *f*

Pilot *aviat m* pilote *m*; **~projekt** *n* projet *m* pilote

Pilz *bot m* champignon *m*; **~krankheit** *f* mycose *f*

Pin *m Anstecker* pin's *m*

pingelig F tatillon, pointilleux

Pinguin *zo m* manchot *m*, pingouin *m*

Pinie *bot f* pin *m* (parasol)

pinkeln F faire pipi, pisser P

Pinsel *m* pinceau *m*

Pinzette *f* pince *f* (à épiler)

Pionier *m* soldat *m* du génie; *fig* pionnier *m*

Pirat *m* pirate *m*; **~ensender** *m* radio *f* pirate

Pisse *f* P pisse *f*; **≈n** P pisser

Piste *f* piste *f*

Pistole *f* pistolet *m*
Pixel *n* pixel *m*
Pkw *m* voiture *f* de tourisme
Plache *östr f* bâche *f*
placieren *cf* ***platzieren***
Plackerei *f* F corvée *f*
plädieren plaider (***für*** pour)
Plädoyer *n jur* plaidoirie *f*; *des Staatsanwalts* réquisitoire *m*; *fig* plaidoyer *m*
Plage *f* fléau *m*; **2n** tourmenter, tracasser; ***sich*** ~ s'esquinter, s'échiner
Plakat *n* affiche *f*
Plan *m* plan *m*; *Vorhaben* projet *m*
Plane *f* bâche *f*
planen projeter; *écon* planifier
Planet *m* planète *f*; ⚠ ***la*** planète
planier|en aplanir, niveler; **2raupe** *f* bulldozer *m*
Planke *f* planche *f*
plan|los sans méthode, sans but, irréfléchi; **~mäßig** méthodique, systématique; *Ankunft* comme prévu; *Zug* régulier
Plansch|becken *n* bassin *m* pour enfants; **2en** barboter, patauger
Plantage *f* plantation *f*
Plan|ung *f* planification *f*; **~wirtschaft** *f* dirigisme *m*, économie *f* dirigée *od* planifiée
plappern bavarder, babiller, papoter
plärren F brailler; *weinen* pleurnicher
Plastik[1] *f Kunstwerk* sculpture *f*; *Bildhauerkunst* plastique *f*
Plastik[2] *n* plastique *m*; **~tüte** *f* sac *m* en plastique
plastisch plastique; en relief, à trois dimensions; *bildhaft* imagé
Platane *bot f* platane *m*; ⚠ ***le*** platane
Platin *n* platine *m*
plätschern *Wasser* clapoter
platt plat (*a fig geistlos*); aplati; *Reifen* crevé, à plat; F ***e-n 2en haben*** avoir crevé; F ***da war er*** ~ il en est resté baba
Plattdeutsch *n* bas allemand *m*
Platte *f Metall, Glas* plaque *f*; *Stein* dalle *f*; *Schall2 u EDV* disque *m*; *cuis* plat *m*; ***kalte*** ~ assiette *f* anglaise; **~nspieler** *m* tourne-disque *m*
Platt|form *f* plate-forme *f*; **~fuß** *m* pied *m* plat; *Reifenpanne* crevaison *f*
Platz *m* place *f*; *Sport2* terrain *m*; ~ ***nehmen*** prendre place; ***nehmen Sie ~!*** veuillez vous asseoir!; ~ ***machen für*** céder la place à; ***auf die Plätze*** (***fertig, los***)***!*** à vos marques (prêts, partez)!; ⚠ ***la*** place; **~anweiserin** *f* ouvreuse *f*
Plätzchen *n* petite place *f*; *Gebäck* petit gâteau *m*; biscuit *m*
platzen éclater, crever; *fig Vorhaben* rater; ***vor Neid*** ~ crever de jalousie
platzier|en *Sport* (***sich*** ~ se) placer; **2ung** *f* placement *m*
Platz|karte *f* réservation *f*; **~patrone** *f* cartouche *f* à blanc; **~verweis** *m Sport* expulsion *f*
Plauder|ei *f* causerie *f*; **2n** causer
plauschen *östr cf* ***plaudern***
Plausibilität *f* plausibilité *f*; **~skontrolle** *f* contrôle *m* de plausibilité; ⚠***le*** contrôle
Play-back *n* play-back *m*
Playboy *m* play-boy *m*
Pleite 1. *f* faillite *f*; *fig* échec *m*, fiasco *m*; **2.** 2 en faillite; F *ohne Geld* fauché
PLO *f* O.L.P. *f* (= Organisation de libération palestinienne)
Plomb|e *f* plomb *m*; *Zahn2* plombage *m*, obturation *f*; **2ieren** plomber
Plotter *m* traceur *m*
plötzlich soudain, subit; *adv* tout à coup, soudain(ement), brusquement
plump grossier, lourdaud; **~sen** tomber lourdement
Plunder F *m* fatras *m*
Plünder|er *m* pillard *m*; **2n** piller
Plural *gr m* pluriel *m*; **2istisch** *pol* pluraliste
plus 1. plus; **2.** 2 *n Mehrbetrag* excédent *m*; *Gewinn* bénéfice *m*; *Vorteil* avantage *m*
Plüsch *m* peluche *f*
Plusquamperfekt *gr n* plus-que--parfait *m*
Plutonium *n* plutonium *m*
PLZ *f* code *m* postal
Po F *m* derrière *m*
Pöbel *m* populace *f*
pochen *Herz* battre (violemment); *fig* ***auf etw*** ~ se prévaloir de qc
Pocken *méd pl* variole *f*; **~(schutz)impfung** *f* vaccination *f* antivariolique
Podest *n* estrade *f*
Podium *n* podium *m*, estrade *f*; **~sgespräch** *n* débat *m* en public
Poesie *f* poésie *f*
Poet *m* poète *m*; **2isch** poétique
Pointe *f* sel *m*, piquant *m*

P

Pokal *m* coupe *f*; **~endspiel** *n* finale *f* de la coupe
Pol *m* pôle *m*; **≗ar** polaire
Pol|e *m*, **~in** *f* Polonais *m*, -e *f*
Polemi|k *f* polémique *f*; **≗sch** polémique; **≗sieren** polémiquer
Polen *n* la Pologne
Police *f* police *f* (d'assurance)
polieren faire briller, astiquer
Politesse *f* contractuelle *f*
Polit|ik *f* politique *f*; **~iker(in** *f*) *m* homme *m* politique, politicien *m*, -ne *f*; **~ikverdrossenheit** *f* ras-le-bol *m* de la politique; **≗isch** politique; **≗isieren** parler politique; *Angelegenheit* politiser
Politur *f Glanz* poli *m*; *Pflegemittel* encaustique *f*
Polizei *f* police *f*; **~beamte(r)** *m* agent *m* de police; **≗lich** (par mesure) de police; ***~es Kennzeichen*** numéro *m* minéralogique; **~revier** *n* commissariat *m* de police; **~schutz** *m* ***unter ~*** sous la protection de la police; **~staat** *m* État *m* policier; **~streife** *f* patrouille *f* de police; **~stunde** *f* heure *f* de clôture; **~wache** *f* commissariat *m* de police
Polizist *m* agent *m* de police, policier *m*, F flic *m*; **~in** *f* femme *f* agent de police
polnisch polonais
Polo *Sport n* polo *m*; **~hemd** *n* polo *m*
Polster *n* rembourrage *m*; **~er** *m* tapissier *m*; **~möbel** *pl* meubles *m*/*pl* rembourrés; **≗n** rembourrer, capitonner; **~ung** *f* rembourrage *m*
poltern faire du tapage *od* du vacarme
Pommes frites *pl* frites *f*/*pl*
Pomp *m* pompe *f*; ⚠ ***la*** pompe; **≗ös** pompeux, fastueux
Pony[1] *n* poney *m*
Pony[2] *m Frisur* frange *f*
Popcorn *n* pop-corn *m*
Pop|musik *f* musique *f* pop; **~sänger(in** *f*) *m* chanteur *m* pop, chanteuse *f* pop
popul|är populaire; **≗arität** *f* popularité *f*
Pore *f* pore *m*; ⚠ ***le*** pore
Porno... *in Zssgn* ... porno
porös poreux
Porree *bot m* poireau *m*
Portal *n* portail *m*
Portemonnaie *n cf* ***Portmonee***
Portier *m* portier *m*, concierge *m*
Portion *f* portion *f*; dose *f*
Portmonee *n* porte-monnaie *m*, bourse *f*
Porto *n* port *m*; **≗frei** franc(o) de port
Porträt *n* portrait *m*; **≗ieren** faire le portrait de
Portug|al *n* le Portugal; **~iese** *m*, **~iesin** *f* Portugais *m*, -e *f*; **≗iesisch** portugais
Portwein *m* porto *m*
Porzellan *n* porcelaine *f*; ⚠ ***la*** porcelaine
Posaune *mus f* trombone *m*
Pos|e *f* pose *f*, attitude *f*; **≗ieren** poser
Position *f* position *f*; *beruflich* situation *f*; **≗ieren** positionner
positiv positif
possessiv possessif
possierlich drôle, amusant
Post *f* poste *f*; *Briefe* courrier *m*; ***elektronische ~*** courrier *m* électronique; ***zur ~ bringen*** poster; **≗alisch** postal
Post|amt *n* bureau *m* de poste; **~anweisung** *f* mandat-poste *m*; **~beamte(r)** *m*, **~beamtin** *f* employé *m*, -e *f* des postes; **~bote** *m*, **~botin** *f* facteur *m*, factrice *f*; *offiziell* préposé *m*, -e *f*
Posten *m berufliche Stellung* poste *m*, situation *f*, emploi *m*; *Amt* charge *f*; *mil* sentinelle *f*; *Streik≗* piquet *m* de grève; *Waren* lot *m*; *fig* ***auf dem ~ sein*** être en forme; *wachsam* être sur le qui-vive
Poster *n* poster *m*
Postfach *n* boîte *f* postale
postieren (***sich ~*** se) poster
Post|karte *f* carte *f* postale; **~kutsche** *f* diligence *f*; **≗lagernd** poste *f* restante; **~leitzahl** *f* code *m* postal; **≗modern** postmoderne; **~scheck** *m* chèque *m* postal; **~scheckkonto** *n* compte *m* chèque postal; **~sparkasse** *f* caisse *f* nationale d'épargne; **~stempel** *m* cachet *m* de la poste; ***Datum des ~s*** date *f* de la poste; **≗wendend** par retour du courrier; **~wertzeichen** *n* timbre-poste *m*
Potenz *f math* puissance *f*; *männliche* virilité *f*
PR *f* relations *f*/*pl* publiques
Pracht *f* magnificence *f*, splendeur *f*, somptuosité *f*
prächtig magnifique, splendide, somptueux

Prädikat *n gr* verbe *m*; *Auszeichnung* mention *f*, distinction *f*
Prag Prague
prägen *Münzen* frapper; *fig* marquer de son empreinte, empreindre; *Wort* créer
prahl|en se vanter (***mit*** de); **~er(in** *f*) *m* vantard *m*, -e *f*, hâbleur *m*, -euse *f*, fanfaron *m*, -ne *f*; **~erei** *f* vantardise *f*, fanfaronnade *f*; **~erisch** vantard, fanfaron
Prakti|kant(in *f*) *m* stagiaire *m*, *f*; **~ken** *f/pl* pratiques *f/pl*; **~ker** *m* homme *m* de la pratique; esprit *m* pratique; **~kum** *n* stage *m*; ***ein ~ machen*** faire un stage; **~sch** pratique; ***~er Arzt*** (médecin *m*) généraliste *m*; **~zieren** pratiquer, mettre en pratique; *Arzt* exercer
Praline *f* (crotte *f* en) chocolat *m*
prall rebondi; ***in der ~en Sonne*** en plein soleil; **~en *gegen etw ~*** se heurter contre qc
Prämie *f* prime *f*
präm(i)ieren primer
Pranger *m hist* pilori *m*; *fig* ***an den ~ stellen*** mettre au pilori
Pranke *f* patte *f*, griffe *f*
Präparat *n* préparation *f*
Präposition *gr f* préposition *f*
Präsens *gr n* présent *m*
präsentieren (***sich ~*** se) présenter
Präservativ *n* préservatif *m*
Präsident|(in *f*) *m* président *m*, -e *f*; **~schaft** *f* présidence *f*
prass|eln *Feuer* crépiter; *Regen* tomber dru; **~en** bambocher, faire bombance
Präteritum *gr n* prétérit *m*
Praxis *f praktische Erfahrung* pratique *f*; *Arzt- u Anwalts~* cabinet *m*; *Kundenkreis* clientèle *f*; **~nah** pratique
Präzedenzfall *m* précédent *m*
präzis précis; **~ion** *f* précision *f*
predig|en prêcher; **~er** *m* prédicateur *m*; **~t** *f* sermon *m*
Preis *m* prix *m*; ***um jeden*** (***keinen***) ~ à tout (aucun) prix; **~angabe** *f* indication *f* de prix; **~ausschreiben** *n* concours *m*
Preiselbeere *bot f* airelle *f* rouge
preisen vanter, louer
Preis|erhöhung *f* majoration *f* des prix; **~ermäßigung** *f* réduction *f od* diminution *f* des prix; **~geben** abandonner, livrer (*a Geheimnis*); **~gekrönt** couronné; **~gericht** *n* jury *m*; **~günstig** (à un prix) avantageux; **~index** *m* indice *m* des prix; **~lage** *f **in dieser ~*** dans ces prix; **~nachlass** *m* rabais *m*, remise *f*; **~richter** *m* juge *m* d'un concours; **~träger(in** *f*) *m* lauréat *m*, -e *f*; **~wert** bon marché, avantageux
Prell|bock *m* butoir *m*; **~en** *betrügen* duper; ***j-n um etw ~*** escroquer qc à qn, frustrer qn de qc; **~ung** *méd f* contusion *f*
Premier|e *f* première *f*; **~minister** *m* Premier ministre *m*
Presse *f* presse *f*; *Frucht~* pressoir *m*; **~freiheit** *f* liberté *f* de la presse; **~konferenz** *f* conférence *f* de presse; **~meldung** *f* communiqué *m* de presse
pressen presser
Pressluft *tech f* air *m* comprimé; **~hammer** *m* marteau *m* piqueur
Prestige *n* prestige *m*
Preuß|e *m*, **~in** *f* Prussien *m*, -ne *f*; **~en** *n* la Prusse; **~isch** prussien
prickeln *kribbeln* picoter; *Sekt* pétiller
Priester|(in *f*) *m* prêtre *m*, -sse *f*; **~weihe** *f* ordination *f*
prima F chic, super
primär primaire, primordial; *adv* en premier lieu
Primel *bot f* primevère *f*
primitiv primitif
Primzahl *math f* nombre *m* premier
Printmedium *n* presse *f*
Prinz *m* prince *m*; **~essin** *f* princesse *f*
Prinzip *n* principe *m*; **~iell** de principe; *adv*: *aus Prinzip* par principe; *im Prinzip* en principe; ***e-e ~e Frage*** une question de principe
Priorität *f* priorité *f*; **~enliste** *f* liste *f* des priorités
Prise *f **e-e ~ Salz** etc* une pincée de sel, *etc*
Prisma *n* prisme *m*
privat *nicht öffentlich* privé; *persönlich* particulier, personnel; **~besitz** *m* propriété *f* privée; **~haus** *n* maison *f* particulière; **~schule** *f* école *f* libre; **~stunde** *f* leçon *f* particulière; **~wirtschaft** *f* économie *f* privée
Privileg *n* privilège *m*; **~iert** privilégié
pro 1. par; ***2 Mark ~ Stück*** 2 marks (la) pièce; **2. *das ~ und Kontra*** le pour et le contre
Probe *f* essai *m*, épreuve *f*; *Theater* répétition *f*; *comm* échantillon *m*; *math*

preuve *f*; **auf** ~ à l'essai; **auf die** ~ **stellen** mettre à l'épreuve; **~fahrt** *f* essai *m*; **2n** *Theater* répéter; **2weise** à titre d'essai; **~zeit** *f* période *f* d'essai
probieren essayer; *Speisen* goûter, déguster
Problem *n* problème *m*; **2atisch** problématique
Produkt *n* produit *m*; **~ion** *f* production *f*; **~ionsmittel** *n/pl* moyens *m/pl* de production; **2iv** productif
Produz|ent *m* producteur *m*; **2ieren** produire
professionell professionnel
Profess|or(in *f*) *m* professeur *m* (d'université *od* de faculté); **~ur** *f* *Lehrstuhl* chaire *f*; *Amt* professorat *m*
Profi *Sport m* professionnel *m*, F pro *m*
Profil *n* *Seitenansicht* profil *m*; *fig* personnalité *f*; *Reifen* sculptures *f/pl*; **2ieren sich** ~ se mettre en valeur
Profit *m* profit *m*; **2ieren** profiter (**von** de)
Prognose *f* pronostic *m*
Programm *n* programme *m* (*a EDV*); *TV* **Erstes** *etc* ~ première *etc* chaîne *f*; **2ieren** *EDV* programmer; **~ierer(in** *f*) *m* programmeur *m*, -euse *f*; **~ierfehler** *m* erreur *f*, bogue *f*; **~iersprache** *f* langage *m* de programmation; **~kino** *n* cinéma *m* d'art et d'essai; **~zeitschrift** *f* programme *m*
Projekt *n* projet *m*; **~ion** *f* projection *f*; **~or** *m* projecteur *m*
projizieren projeter
Proletar|iat *n* prolétariat *m*; **~ier** *m* prolétaire *m*; **2isch** prolétarien
Promille *n math* pour mille; *auto* **1,6** ~ 1 gramme 6 d'alcoolémie; **~grenze** *f* taux *m* (légal) d'alcoolémie
prominen|t de marque, en vedette, célèbre; **2z** *f* notables *m/pl*, célébrités *f/pl*, haute société *f*
Promo|tion *f* doctorat *m*; **2vieren** soutenir sa thèse, être reçu docteur
prompt rapide, immédiat, prompt
Pronomen *gr n* pronom *m*
Propaganda *pol f* propagande *f*
Propeller *aviat m* hélice *f*
Prophet *m* prophète *m*; **2isch** prophétique
prophezei|en prophétiser; **2ung** *f* prophétie *f*
Proportion *f* proportion *f*; **2al** proportionnel (**zu** à); **~alschrift** *f* chasse *f* déformée, espacement *m* proportionnel
Prosa *f* prose *f*; **2isch** prosaïque
Prospekt *m* prospectus *m*; *Falt2* dépliant *m*
prost! à votre santé!, à la vôtre!; ~ ***Neujahr!*** bonne année!
Prostitu|ierte *f* prostituée *f*; **~tion** *f* prostitution *f*
Protest *m* protestation *f*; *pol* contestation *f*
Protestant|(in *f*) *m* protestant *m*, -e *f*; **2isch** protestant
protestieren protester (**gegen** contre)
Prothese *méd f* prothèse *f*
Protokoll *n* procès-verbal *m*, constat *m*; *Diplomatie* protocole *m*; **Chef** *m* **des ~s** chef *m* du protocole; **2ieren** dresser un procès-verbal de
Prototyp *m* prototype *m*
protz|en F **mit etw** ~ faire étalage de qc; **~ig** ostentatoire, luxueux
Proviant *m* provisions *f/pl*
Provinz *f* province *f*; **2iell** provincial
Provis|ion *comm f* commission *f*; ⚠ *nicht* **provision**; **2orisch** provisoire
provozieren provoquer
Prozent *n* pour cent; **fünf** ~ cinq pour cent; **~satz** *m* pourcentage *m*; **2ual** en pourcentage; **~er Anteil** pourcentage *m*
Prozess *m jur* procès *m*; *Ablauf, Vorgang* processus *m*
prozessieren être en procès (**gegen**, **mit** avec), intenter un procès (à), plaider (contre)
Prozession *f* procession *f*
Prozessor *m* processeur *m*
prüde prude
prüf|en examiner, tester; *nach*~ vérifier, contrôler; *Prüfling* interroger; **2er** *m* examinateur *m*; **2ling** *m* candidat *m*, -e *f*; **2ung** *f* examen *m*; *Heimsuchung* épreuve *f*; **e-e** ~ **bestehen** réussir un examen, être reçu (à un examen); **e-e** ~ **machen** passer un examen
Prüfungs|angst *f* hantise *f* de l'examen; **~arbeit** *f* épreuve *f*; **~aufgabe** *f* sujet *m* d'examen; **~ausschuss** *m* commission *f od* jury *m* d'examen
Prügel *m* bâton *m*, gourdin *m*; *pl* (**Tracht**) ~ correction *f*, raclée *f* F, rossée *f* F; ~ **bekommen** recevoir une correction, *etc*; **~ei** *f* bagarre *f*; **~knabe** *m*

P

têteꞏ*f* de Turc, souffre-douleur *m*; **℞n** (***sich*** ~ se) battre
Prunk *m* faste *m*, pompe *f*; **℞en *mit etw*** ~ faire parade de qc; **℞voll** fastueux, somptueux
PS *n* ch (= cheval-vapeur *m*; *pl* chevaux-vapeur)
Pseudo|krupp *m* faux croup *m*; **~nym** *n* pseudonyme *m*
pst! chut!
Psyche *f* psychisme *m*
Psychiat|er *m* psychiatre *m*; **℞risch** psychiatrique
psychisch psychique
Psycho|analyse *f* psychanalyse *f*; **~analytiker** *m* psychanaliste *m*; **~loge** *m*, **~login** *f* psychologue *m, f*; **~logie** *f* psychologie *f*; **℞logisch** psychologique; **~pharmaka** *pl* psychotropes *m/pl*; **~se** *f* psychose *f*; **℞somatisch** psychosomatique; **~terror** *m* terreur *f* psychologique; ⚠ ***la*** terreur
Pubertät *f* puberté *f*
Publikum *n* public *m*
publizieren publier
Pudding *m* flan *m*
Pudel *zo m* caniche *m*
Puder *m* poudre *f*; ⚠ ***la*** poudre; **~dose** *f* poudrier *m*; **℞n** (***sich*** ~ se) poudrer; **~zucker** *m* sucre *m* glace
Puff *m Stoß* coup *m*; *Bordell* P bordel *m*
Puffer *m* tampon *m*; *EDV* mémoire *f* tampon; **~staat** *m* État *m* tampon
Pull-down-Menü *n* menu *m* déroulant
Pull|i *m* F pull *m*; **~over** *m* pull-over *m*
Puls *m* pouls *m*; **~ader** *f* artère *f*
Pult *n* pupitre *m*
Pulver *n* poudre *f*; **~fass** *n fig* poudrière *f*; **℞ig** poudreux; **~schnee** *m* neige *f* poudreuse
pummelig *Kind* potelé
Pumpe *f* pompe *f*; **℞n** pomper; F (***sich***) ***von j-m etw*** ~ emprunter qc à qn; *Geld* taper qn de qc F; ***j-m etw*** ~ prêter qc à qn
Punker(in *f*) *m* punk *m, f*
Punkt *m* point *m*; ***der grüne*** ~ le logo d'Éco-Emballages; ~ ***acht Uhr*** à huit heures précises; ***Sieger*** *m* ***nach*** **~*en*** vainqueur *m* aux points; ***etw auf den*** ~ ***bringen*** mettre qc au point; **℞ieren** pointiller; *mus* pointer; *méd* ponctionner
pünktlich ponctuel; ~ ***sein*** (***ankommen***) être (arriver) à l'heure; **℞keit** *f* ponctualité *f*
Punsch *m* punch *m*
Pupille *f* pupille *f*
Puppe *f* poupée *f* (*a* F *Mädchen*); *für das Puppenspiel* marionnette *f*; *zo* chrysalide *f*; **~nspiel** *n* marionnettes *f/pl*; **~nstube** *f* maison *f* de poupée; **~nwagen** *m* voiture *f* de poupée
pur pur
Purpur *m* pourpre *f*, *als Farbe m*
Purzel|baum *m* culbute *f*, galipette *f* F; ***e-n*** ~ ***schlagen*** *a* faire une roulade; **℞n** F dégringoler
Puste F *f* souffle *m*; ***keine*** ~ ***mehr haben*** être à bout de souffle
Pustel *méd f* pustule *f*
pusten souffler
Pute *zo f* dinde *f* (*a fig*); **~r** *zo m* dindon *m*
Putsch *pol m* coup *m* d'État, putsch *m*
Putz *m* enduit *m*; *Rauh℞* crépi *m*; **℞en** nettoyer; *Zähne* laver; *Schuhe* cirer; *Gemüse* éplucher; ***sich die Nase*** ~ se moucher; **~frau** *f* femme *f* de ménage; **℞ig** mignon, amusant; **~lappen** *m* chiffon *m*
Puzzle *n* puzzle *m*
Pyjama *m od n* pyjama *m*
Pyramide *f* pyramide *f*
Pyrenäen *pl* Pyrénées *f/pl*

Q

Q

Quacksalber *m* charlatan *m*
Quadrat *n* carré *m*; ***ins*** ~ ***erheben*** élever au carré; **℞isch** carré; *Gleichung* quadratique; **~meter** *m* mètre *m* carré; **~wurzel** *math f* racine *f* carrée; **~zahl** *math f* carré *m*

quaken *Ente* cancaner, faire coin-coin; *Frosch* coasser
quäken criailler; *Säugling* vagir
Qual *f* tourment *m*, torture *f*
quälen tourmenter, torturer; ***sich ~*** *abmühen* se donner bien du mal (***mit*** avec)
Qualifi|kation *f* qualification *f* (*a Sport*); **~kationsspiel** *n* match *m* de qualification; **2zieren** (***sich ~*** se) qualifier
Qualit|ät *f* qualité *f*; **2ativ** qualitatif
Qualle *zo f* méduse *f*
Qualm *m* fumée *f*; **2en** fumer, répandre une épaisse fumée; F *Raucher* fumer (à grosses bouffées)
qualvoll atroce, douloureux, insupportable
Quantit|ät *f* quantité *f*; **2ativ** quantitatif
Quarantäne *f* quarantaine *f*
Quark *m* fromage *m* blanc
Quartal *n* trimestre *m*
Quartett *n mus* quatuor *m*; *Kartenspiel* jeu *m* des sept familles
Quartier *n Unterkunft* logement *m*, gîte *m*; *Schweiz*: *Stadtviertel* quartier *m*
Quarz *m* quartz *m*; **~uhr** *f* montre *f* à quartz
quasseln F jacasser, jacter
Quatsch F *m* bêtises *f/pl*; ***~ machen*** faire des bêtises; **2en** F bavarder, jaser; *von sich geben* débiter
Quecksilber *n* mercure *m*
Quelle *f* source *f* (*a fig*); **2n** jaillir (***aus*** de); *schwellen* gonfler; **~nangabe** *f* indication *f* des sources; **~nsteuer** *f* retenue *f* à la source
quengel|ig grincheux, pleurnichard; **~n** F pleurnicher
quer en travers, transversalement; ***~ über etw*** en travers de qc; ***~ durch etw*** à travers qc; ***kreuz und ~ durch Deutschland fahren*** parcourir l'Allemagne en tous sens; **2denker** *m* non-conformiste *m*; **~feldein** à travers champs; **2flöte** *f* flûte *f* traversière; **2schiff** *arch n* transept *m*; **2schnitt** *m* coupe *f* transversale; **~schnitt(s)gelähmt** *méd* paraplégique; **2straße** *f* rue *f* transversale
quetsch|en écraser; *méd* contusionner; **2ung** *méd f* contusion *f*
quietschen *Bremsen*, *Reifen*, *Tür* grincer
quitt ***mit j-m ~ sein*** être quitte envers qn
Quitte *bot f* coing *m*
quitt|ieren *comm* acquitter, donner quittance de; *Dienst* abandonner; **2ung** *f* reçu *m*, quittance *f*
Quiz *n* jeu *m* de questions et de réponses, quiz *m*
Quote *f* quote-part *f*, quota *m*, contingent *m*, taux *m*
Quotient *math m* quotient *m*

R

Rabatt *comm m* remise *f*, rabais *m*
Rabbiner *m* rabbin *m*
Rabe *zo m* corbeau *m*
rabiat furieux; brutal
Rache *f* vengeance *f*
Rachen *m* gorge *f*, pharynx *m*; *fig* gueule *f*
räch|en venger; ***sich ~*** se venger (***an j-m*** de qn; ***an j-m für etw*** de qc sur qn); **2er(in** *f*) *m* vengeur *m*, vengeresse *f*
rachsüchtig avide de vengeance, vindicatif
Rad *n* roue *f*; *Fahr2* vélo *m*, bicyclette *f*; *Pfau* ***ein ~ schlagen*** faire la roue (*a Sport*); ***~ fahren*** faire du vélo; ***mit dem ~ fahren*** aller à bicyclette *od* en vélo
Radar *n* radar *m*; **~falle** *f* contrôle-radar *m*; **~schirm** *m* écran *m* radar
Radau F *m* chahut *m*, vacarme *m*, tapage *m*
radebrechen *e-e Sprache* écorcher, baragouiner
Rädelsführer *m* meneur *m*
Radfahrer(in *f*) *m* cycliste *m*, *f*
Radicchio *m* trévise *f*

radier|en *aus*~ gommer, effacer; *Radierkunst* graver à l'eau-forte; **2gummi** *m* gomme *f*; **2ung** *f* (gravure *f* à l')eau-forte *f*
Radieschen *bot n* radis *m*
radikal radical; *pol* extrémiste; **2ismus** *m* extrémisme *m*
Radio *n* radio *f*; ***im*** ~ à la radio; ~ ***hören*** écouter la radio; ⚠ ***la*** radio; **2aktiv** *phys* radioactif; ~***e Abfälle*** déchets *m/pl* radioactifs; **~aktivität** *f* radioactivité *f*; **~apparat** *m* poste *m* de radio *od* de T.S.F.; **~rekorder** *m* radiocassette *f*; **~sendung** *f* émission *f* radiophonique; **~wecker** *m* radio-réveil *m*
Radius *math m* rayon *m*
Rad|kappe *f auto* chapeau *m* de roue, enjoliveur *m*; **~lerhose** *f* culotte *f* de cycliste; **~rennbahn** *f* vélodrome *m*; **~rennen** *n* course *f* cycliste; **~sport** *m* cyclisme *m*, sport *m* cycliste; **~tour** *f* randonnée *f* en vélo; **~weg** *m* piste *f* cyclable
RAF *f* Fraction *f* armée rouge
Raffin|ade *f* sucre *m* raffiné; **~erie** *f* raffinerie *f*
Raffin|esse *f* raffinement *m*, perfectionnement *m*; *péj* ruse *f*, astuce *f*; **2iert** *durchtrieben* rusé, astucieux; *verfeinert* raffiné
Rafting *n* rafting *m*
ragen s'élever, se dresser
Ragout *n* ragoût *m*
Rahm *m* crème *f*
Rahmen 1. *m* cadre *m*; *fig* ***aus dem*** ~ ***fallen*** sortir de l'ordinaire; **2.** 2 *Bild* encadrer; **~gesetz** *n* loi-cadre *f*
räkeln *cf* ***rekeln***
Rakete *f* fusée *f*; *mil a* missile *m*; ~*ngeschoss* roquette *f*; ***ferngelenkte*** ~ missile télécommandé; ***dreistufige*** ~ fusée à trois étages; ***e-e*** ~ ***abfeuern*** lancer un missile *od* une fusée; **~nabschussrampe** *f* rampe *f* de lancement de fusées; **~nabwehrsystem** *n* système *m* antimissile; **~nantrieb** *m* propulsion *f* par fusées
Rallye *f* rallye *m*; ⚠ ***le*** rallye
rammen *Pfahl* enfoncer; *Fahrzeug* entrer en collision avec, tamponner
Rampe *f* rampe *f*; **~nlicht** *n* feux *m/pl* de la rampe; *fig* ***im*** ~ ***stehen*** être au centre de l'intérêt public
Ramsch *m* camelote *f*
RAM-Speicher *m* mémoire *f* vive
Rand *m* bord *m*; *Wald*2 lisière *f*; *Buch etc* marge *f*; ***damit zu*** ~***e kommen*** en venir à bout; ***am*** ~***e des Ruins*** au bord de la ruine
randalier|en faire du tapage, chahuter; **2er** *m* chahuteur *m*, casseur *m*
Rand|bemerkung *f* note *f* marginale; **~erscheinung** *f* phénomène *m* marginal; **~gruppe** *f* groupe *m* marginal; **2los** *Brille* sans rebord; **~streifen** *m Straße* accotement *m*
Rang *m Stellung* rang *m*; *Stand* condition *f*; *mil* grade *m*; *Theater* balcon *m*, galeries *f/pl*; *fig* ***von*** ~ de premier ordre
Ranke *bot f* vrille *f*; *Wein*2 sarment *m*
ranzig rance
Rappe *zo m* cheval *m* noir
Raps *bot m* colza *m*
rar rare; ***sich*** ~ ***machen*** se faire rare; **2ität** *f* rareté *f*, object *m* de curiosité
rasch rapide; *adv* vite
rascheln ***es raschelt*** un bruit se fait entendre
Rasen *m* gazon *m*, pelouse *f*
rasen faire de la vitesse, foncer (à toute allure); *auto* rouler à tombeau ouvert; ***vor Wut*** ~ être fou de colère
rasend furieux; *Tempo* fou; ~***e Kopfschmerzen*** de violents maux de tête; ~ ***werden*** enrager
Rasen|mäher *m* tondeuse *f* à gazon; **~platz** *m* pelouse *f*
Raserei *f auto* vitesse *f* folle; *Wut* rage *f*, fureur *f*; ***j-n zur*** ~ ***bringen*** mettre qn en rage
Rasier|apparat *m* rasoir *m*; **~creme** *f* mousse *f* à raser; **2en** (***sich*** ~ se) raser; **~klinge** *f* lame *f* de rasoir; **~messer** *n* rasoir *m*; **~pinsel** *m* blaireau *m*; **~schaum** *m* mousse *f* à raser; **~seife** *f* savon *m* à barbe; **~wasser** *n* lotion *f* après-rasage; after-shave *m*
Rasse *f* race *f*; **~ndiskriminierung** *f* discrimination *f* raciale; **~ntrennung** *f* ségrégation *f* raciale; **~nunruhen** *pl* émeutes *f/pl* raciales
rass|ig racé; **2ismus** *m* racisme *m*; **~istisch** raciste
Rast *f* halte *f*; **2en** faire une halte; **2los** infatigable; sans relâche; **~platz** *m Autobahn* aire *f* de repos
Rasur *f* rasage *m*
Rat *m* ~*schlag* conseil *m*; *Person* conseil-

ler *m*; *Kollegium* conseil *m*; ***j-n um ~ fragen*** demander conseil à qn
Rate *f Abzahlung* traite *f*; *Geburten*≈ *etc* taux *m*; ***monatliche ~*** mensualité *f*; ***auf ~n kaufen*** acheter à tempérament
raten conseiller (***etw*** *od* ***zu etw*** qc); *Rätsel* deviner; ***rate mal!*** devine!
Ratenzahlung *f* paiement *m* à tempérament
Ratespiel *n* devinettes *f/pl*
Rat|geber(in *f*) *m* conseiller *m*, -ère *f*; **~haus** *n* hôtel *m* de ville; *in kleineren Orten* mairie *f*
ratifizieren ratifier
Ration *f* ration *f*; **≈al** rationnel, raisonnable
rationalisier|en rationaliser; **≈ung** *f* rationalisation *f*
rationell rationnel; *sparsam* économique
rationier|en rationner; **≈ung** *f* rationnement *m*
rat|los perplexe, désemparé; **≈losigkeit** *f* perplexité *f*; **~sam** indiqué, conseillé, à propos, opportun; **≈schlag** *m* conseil *m*
Rätsel *n* énigme *f*; *~aufgabe* devinette *f*; **≈haft** énigmatique
Ratte *zo f* rat *m*
rattern faire du bruit; *tech* brouter
rau *Oberfläche* rugueux; *Haut* rêche; *Klima* rude; *Stimme* rauque; *Gegend* sauvage; *Sitte* grossier
Raub *m* vol *m* (à main armée); *Menschen*≈ rapt *m*; *Beute* proie *f*, butin *m*; **~bau** *m* exploitation *f* abusive; **≈en** voler, enlever
Räuber *m* brigand *m*, bandit *m*; **~bande** *f* bande *f* de brigands
Raub|fisch *m* poisson *m* rapace; **~gier** *f* rapacité *f*; **≈gierig** rapace; **~kopie** *f* piratage *m*; **~mord** *m* assassinat *m* suivi de vol; **~mörder** *m* assassin *m*; **~tier** *n* fauve *m*, bête *f* féroce; **~überfall** *m* hold-up *m*, attaque *f* à main armée; **~vogel** *m* rapace *m*, oiseau *m* de proie
Rauch *m* fumée *f*; **≈en** fumer; ≈ ***verboten!*** interdit de fumer!; ***Pfeife ~*** fumer la pipe; **~er(in** *f*) *m* fumeur *m*, -euse *f*; ***ein starker Raucher*** un gros fumeur
räucher|n fumer; **≈stäbchen** *n* bâton *m* d'encens
Rauch|fahne *f* panache *m* de fumée; **~fleisch** *n* viande *f* fumée; **≈ig** fumeux; *voll Rauch* enfumé; **~verbot** *n* défense *f* de fumer
Räud|e *f der Hunde* gale *f*; **≈ig** galeux
Rauf|bold *m* bagarreur *m*; **≈en** se battre, se bagarrer; *fig* ***sich die Haare ~*** s'arracher les cheveux; **~erei** *f* bagarre *f*, rixe *f*; **≈lustig** bagarreur
rauh *cf* ***rau***; **≈reif** *cf* ***Raureif***
Raum *m* espace *m*; *Platz* place *f*; *Räumlichkeit* local *m*; *Zimmer* pièce *f*; ***im ~ Stuttgart*** dans la région de Stuttgart; **~anzug** *m* combinaison *f* spatiale
räumen *Ort* évacuer; *weg~* enlever
Raum|fähre *f* navette *f* spatiale; **~fahrer(in** *f*) *m* astronaute *m*, *f*, cosmonaute *m*, *f*; **~fahrt** *f* astronautique *f*, navigation *f* spatiale; **~flug** *m* vol *m* spatial; **~forschung** *f* recherche *f* spatiale; **~inhalt** *m* volume *m*, capacité *f*; **~kapsel** *f* capsule *f* spatiale; **~labor** *n* laboratoire *m* spatial
räumlich de *od* dans l'espace; *dreidimensional* à trois dimensions; **≈keiten** *f/pl* locaux *m/pl*
Raum|meter *m Holz* stère *m*; **~pflegerin** *f* femme *f* de ménage; **~schiff** *n* vaisseau *m* spatial; **~sonde** *f* sonde *f* spatiale; **~station** *f* station *f* orbitale
Räumung *f* évacuation *f*; **~sverkauf** *m* liquidation *f* totale
Raupe *zo f* chenille *f*; **~nfahrzeug** *n* véhicule *m* à chenilles, autochenille *f*
Raureif *m* givre *m*
raus *~!* dehors!, sors *od* sortez (d'ici)!; *cf a* ***heraus*** *u* ***hinaus***
Rausch *m* ivresse *f*; ***e-n ~ haben*** être ivre *od* soûl; **≈en** *Bach* murmurer; *Blätter* frémir; *Radio* grésiller; **≈end** *Applaus* bruyant
Rauschgift *n* stupéfiant *m*; **~handel** *m* trafic *m* de drogues *od* de stupéfiants; **~händler** *m* trafiquant *m* de stupéfiants; **≈süchtig** drogué
räuspern ***sich ~*** se racler la gorge, s'éclaircir la voix
rausschmeißen ***j-n ~*** F flanquer qn à la porte, vider qn
Raute *f* losange *m*
Razzia *f* rafle *f*; ⚠ *nicht* ***razzia***
Reagenzglas *n* éprouvette *f*
reagieren réagir (***auf*** à)
Reaktion *f* réaction *f* (***auf*** à); **≈är** *pol* réactionnaire
Reaktor *tech m* réacteur *m*; **~block** *m*

R

réacteur *m*; **~kern** *m* cœur *m* du réacteur; **~sicherheit** *f* sûreté *f* des centrales nucléaires
real réel, effectif; **~isieren** réaliser; **≈ismus** *m* réalisme *m*; **~istisch** réaliste; **≈ität** *f* réalité *f*; **≈schule** collège *m* d'enseignement secondaire (*abr* C.E.S.)
Rebe *f* vigne *f*
Rebell|(in *f*) *m* rebelle *m*, *f*; **≈ieren** se rebeller (***gegen*** contre); **~ion** *f* rébellion *f*; **≈isch** rebelle
Reb|huhn *zo n* perdrix *f*; **~stock** *m* cep *m* (de vigne)
Rechaud *m* chauffe-plat *m*; *Fondue* réchaud *m*
Rechen 1. *m* râteau *m*; **2. ≈** ratisser
Rechen|aufgabe *f* problème *m* (d'arithmétique); **~fehler** *m* erreur *f* de calcul; **~maschine** *f* machine *f* à calculer, calculatrice *f*; **~schaft** *f* **~ *ablegen od geben*** rendre compte (***j-m über etw*** de qc à qn); ***j-n zur ~ ziehen*** demander des comptes à qn; **~schaftsbericht** *m* compte rendu *m*, rapport *m* de gestion; **~zentrum** *n* centre *m* de calcul
rechnen 1. calculer; ***mit mir kannst du ~*** tu peux compter sur moi; ***das rechnet sich nicht*** ce n'est pas rentable; **2. ≈** *n* calcul *m*
Rechner *m Taschen≈* calculatrice *f*; *EDV* ordinateur *m*; **≈isch** par voie de calcul
Rechnung *f* compte *m*; *math* calcul *m*; *comm* facture *f*; *Hotel* note *f*; *Restaurant* addition *f*; ***das geht auf meine ~*** ça va à mon compte
recht *Hand*, *Winkel* droit; *richtig* juste; *passend* convenable; *adv* bien, fort, très; ***zur ~en Zeit*** à temps; ***das ist ~*** c'est bien; ***es geschieht ihm ~*** c'est bien fait pour lui; ***du kommst gerade ~*** tu arrives à point; ***~ und schlecht*** tant bien que mal; ***erst ~*** plus que jamais
Recht *n* droit *m* (***auf*** à); ***von ~s wegen*** de par la loi; ***mit vollem ~*** à bon droit, à juste titre; ***mit welchem ~?*** de quel droit?; ***im ~ sein*** être dans son droit; ***~ sprechen*** rendre la justice; ***~ haben*** avoir raison; ***j-m ~ geben*** donner raison à qn
Recht|e *f* (main *f*) droite *f*; *pol* droite *f*; **~eck** *n* rectangle *m*; **≈eckig** rectangulaire; **≈fertigen** (***sich ~*** se) justifier; **~fertigung** *f* justification *f*; **≈haberisch** qui veut toujours avoir raison, ergoteur; **≈lich** juridique; **≈mäßig** légal, légitime
rechts à droite
Rechts|anspruch *m* droit *m* (***auf*** à); **~anwalt** *m*, **~anwältin** *f* avocat *m*, -e *f*; **~außen** *m Fußball* ailier *m* droit
recht|schaffen honnête; **≈schaffenheit** *f* honnêteté *f*; **≈schreibfehler** *m* faute *f* d'orthographe; **≈schreibung** *f* orthographe *f*
Rechts|extremismus *m* extrémisme *m* de droite; **~fall** *m* cas *m* juridique; **~händer(in** *f*) *m* droitier *m*, -ière *f*; **≈kräftig** qui a force de loi
Rechtsprechung *f* juridiction *f*
rechts|radikal *pol* d'extrême droite; **≈schutz** *m* protection *f* juridique; **≈schutzversicherung** *f* assurance *f* recours; **≈staat** *m* État *m* de droit; **~widrig** illégal
recht|wink(e)lig rectangulaire; **~zeitig** à temps
Reck *n* barre *f* fixe
Recorder *cf* ***Rekorder***
recycelbar recyclable
recyceln recycler
Recycling *n* recyclage *m*; **~papier** *n* papier *m* recyclé
Redakteur(in *f*) *m* rédacteur *m*, -trice *f*
Rede *f* discours *m*; ***e-e ~ halten*** faire *od* prononcer un discours; *gr* **(*in*)*direkte ~*** discours *od* style *m* (in)direct; ***erlebte ~*** style *m* indirect libre; ***das ist nicht der ~ wert*** ça ne vaut pas la peine d'en parler; **≈gewandt** éloquent
reden parler (***von***, ***über*** de; ***mit*** à, avec); ***ich möchte mit dir ~*** je voudrais te parler; ***j-n zum ≈ bringen*** faire parler qn
Rede|nsart *f sprichwörtliche* dicton *m*; *leere* façon *f* de parler; **~wendung** *f* tournure *f*, locution *f*, expression *f*
redlich honnête; ***sich ~ Mühe geben*** faire des efforts sincères
Redner *m* orateur *m*; **~gabe** *f* don *m* oratoire; **~pult** *m* pupitre *m*
redselig loquace
reduzieren réduire (***auf*** à)
Reede *mar f* rade *f*; **~r** *m* armateur *m*; **~rei** *f* société *f* d'armateurs, compagnie *f* de transports maritimes

reell *comm* honnête, correct; *Firma* de confiance; **~e Chance** chance *f* réelle
Refer|at *n* exposé *m*; **ein ~ halten** faire un exposé; **~endar** *m* stagiaire *m*; **~ent** *m Vortragender* conférencier *m*; *Sachbearbeiter* chef *m* de service; **~enzen** *f/pl* références *f/pl*; **≗ieren ~ über etw** faire un exposé de *od* sur qc
reflektieren réfléchir (*Licht u* **über** sur); F **~ auf** avoir des visées sur
Reflex *m Licht≗* reflet *m*; *biol* réflexe *m*; **≗iv** *gr* réfléchi; **~es Verb** verbe *m* pronominal
Reform *f* réforme *f*; **~ation** *rel f* Réforme *f*; **~ator** *rel m*, **~er** *m* réformateur *m*; **~haus** *n* magasin *m* de produits diététiques; **≗ieren** réformer
Refrain *m* refrain *m*
Regal *n* étagère *f*
Regatta *f* régates *f/pl*
rege actif; *Geist* vif, alerte; *belebt* animé
Regel *f* règle *f*; *méd* règles *f/pl*; **in der ~** en règle générale; **≗mäßig** régulier; **~mäßigkeit** *f* régularité *f*; **≗n** (**sich ~** se) régler; **~ung** *f Steuerung* régulation *f*; *e-r Angelegenheit* règlement *m*; **≗widrig** contraire aux règles
regen *Glieder* bouger; **sich ~** bouger, remuer; *tätig werden* devenir actif; *Gefühle* naître
Regen *m* pluie *f*; **~bogen** *m* arc-en-ciel *m*; **~mantel** *m* imperméable *m*; **~schauer** *m* averse *f*; **~schirm** *m* parapluie *m*; **~tropfen** *m* goutte *f* de pluie; **~wald** *m* forêt *f* tropicale; **~wasser** *n* eau *f* de pluie; **~wetter** *n* temps *m* pluvieux; **~wurm** *m* ver *m* de terre; **~zeit** *f* saison *f* des pluies
Regie *f Theater* mise *f* en scène; **~anweisung** *f* indication *f* de mise en scène
regier|en gouverner; *Herrscher* régner; **≗ung** *f* gouvernement *m*; *~szeit e-s Herrschers* règne *m*
Regierungs|bezirk *m* subdivision *f* administrative d'un land; **~form** *f* forme *f* de gouvernement, régime *m*; **~partei** *f* parti *m* gouvernemental; **~sprecher** *m* porte-parole *m* du gouvernement
Regime *pol n* régime *m*
Region *f* région *f*
Regisseur *m Theater*, *Film* metteur *m* en scène; *Film a* réalisateur *m*
Regist|er *n* registre *m* (*a mus*); *in Büchern* index *m*; **≗rieren** enregistrer; **~rierkasse** *f* caisse *f* enregistreuse
Regler *tech m* régulateur *m*
regne|n pleuvoir; **es regnet** il pleut; **~risch** pluvieux
regulär régulier; *Preis* normal
regulier|bar réglable; **~en** *tech* régler; *Fluss* régulariser
Regung *f Bewegung* mouvement *m*; *Gemüts≗* émotion *f*; **≗slos** immobile
Reh *zo n* chevreuil *m*
Rehabilitation *f jur* réhabilitation *f*; *méd* rééducation *f*; **~szentrum** *n* centre *m* de rééducation
Reh|bock *zo m* chevreuil *m*; **~keule** *cuis f* cuissot *m* de chevreuil; **~kitz** *zo n* faon *m*
Reib|e *f*, **~eisen** *n* râpe *f*; **≗en** frotter; *cuis* râper; **sich die Augen ~** se frotter les yeux; **~erei** *f* friction *f*; **~ung** *f* frottement *m*, friction *f* (*a fig*); **≗ungslos** *fig* sans difficulté
reich riche (**an** en); **die ≗en** les riches *m/pl*
Reich *n* empire *m*; *fig* royaume *m*; **das Dritte ~** le troisième Reich
reichen *sich erstrecken* aller, s'étendre (**bis** jusqu'à); *geben* donner, tendre, passer, offrir; *genügen* suffire; **mir reicht's!** j'en ai assez!
reich|haltig abondant, riche; **~lich** abondant; *Essen* copieux; *Trinkgeld* généreux
Reichtum *m* richesse *f* (**an** en)
Reichweite *f* portée *f*; **außer ~** hors de portée
reif mûr
Reif *m* gelée *f* blanche; *Rau≗* givre *m*
Reife *f* maturité *f* (*a fig*)
reifen mûrir
Reifen *m* cerceau *m*; *auto* pneu *m*; **~panne** *f* crevaison *f*
Reife|prüfung *f* baccalauréat *m*, bachot *m* F, bac *m* F; **~zeugnis** *n* diplôme *m* du baccalauréat
reiflich mûr; **etw ~ überlegen** réfléchir mûrement à qc
Reihe *f nebeneinander* rang *m*, rangée *f*; *hintereinander* file *f*; *Aufeinanderfolge* suite *f*, série *f*; **ich bin an der ~** c'est mon tour; **der ~ nach** l'un après l'autre, chacun son tour
Reihen|folge *f* suite *f*, ordre *m*; **~haus**

n maison *f* de lotissement; **2weise** en série
Reiher *zo m* héron *m*
Reim *m* rime *f*; ⚠ ***la*** rime; **2en** (*a **sich*** ~) rimer (***auf*** avec)
rein¹ pur; *sauber* propre; ***ins 2e schreiben*** mettre au propre *od* au net
rein² *cf **herein** u **hinein***
Rein|fall F *m* échec *m*, fiasco *m*; **~heit** *f* pureté *f*
reinig|en nettoyer; **2ung** *f* nettoyage *m*; ***chemische*** ~ nettoyage *m* à sec; *Geschäft* teinturerie *f*; **2ungsmittel** *n* détergent *m*
reinlich propre
rein|rassig de pure race; **2schrift** *f* copie *f* au net
Reis *m* riz *m*
Reise *f* voyage *m*; ***auf*** **~*n*** en voyage; ***e-e*** ~ ***machen*** faire un voyage; ***gute*** **~*!*** bon voyage!; **~andenken** *n* souvenir *m*; **~büro** *n* agence *f* de voyages; **~führer** *m* guide *m*; **~gesellschaft** *f* groupe *m*; **~leiter** *m* guide *m*, accompagnateur *m*
reisen voyager; ***durch Frankreich*** ~ traverser la France; ***ins Ausland*** ~ aller à l'étranger; **2de(r)** *m, f* voyageur *m*, -euse *f*; *Handlungs2* commis *m* voyageur
Reise|pass *m* passeport *m*; **~pläne** *m/pl* projets *m/pl* de voyage; **~route** *f* itinéraire *m*; **~ruf** *m* message *m* personnel (radio); **~scheck** *m* chèque *m* de voyage; **~tasche** *f* sac *m* de voyage; **~ziel** *n* destination *f*
reiß|en *Seil etc* se déchirer; ***in Stücke*** ~ déchirer en morceaux; ***j-m etw aus den Händen*** ~ arracher qc des mains de qn; ***etw an sich*** ~ s'emparer de qc; ***sich um etw*** ~ s'arracher qc; **~end** *Strom* rapide; *Tier* féroce; **~*en Absatz finden*** se vendre comme des petits pains; **2er** F *m Theater* pièce *f* à grand succès; *Buch* livre *m* à grand succès, best-seller *m*; **~erisch** tapageur; **2nagel** *m* punaise *f*; **2verschluss** *m* fermeture *f* éclair; **2zwecke** *f* punaise *f*
Reitbahn *f* manège *m*
reiten 1. monter à cheval; *Sport* faire du cheval; *irgendwohin* aller à cheval; **2.** 2 *n* équitation *f*
Reiter(in *f*) *m* cavalier *m*, -ière *f*
Reit|hose *f* culotte *f* de cheval; **~peitsche** *f* cravache *f*; **~pferd** *n* cheval *m* de selle, monture *f*; **~sport** *m* hippisme *m*, sport *m* équestre; **~stiefel** *m* botte *f* d'équitation; **~unterricht** *m* leçons *f/pl* d'équitation
Reiz *m* attrait *m*, charme *m*; *biol* stimulus *m*; ***den*** ~ ***verlieren*** perdre tout attrait
reizbar irritable, excitable; **2keit** *f* irritabilité *f*
reiz|en irriter, exciter, stimuler; *verlocken* attirer, séduire, tenter; **~end** charmant; **2gas** *n* gaz *m* irritant; **~los** fade, peu attrayant; **2thema** *n* sujet *m* délicat; **2ung** *f méd* irritation *f*; *biol* stimulation *f*; **~voll** attrayant; **2wäsche** *f* dessous *m/pl* affriolants; **2wort** *n* mot *m* choc
rekeln F ***sich*** ~ se prélasser
Reklamation *f* réclamation *f*
Reklame *f* réclame *f*, publicité *f*; ~ ***machen für*** faire de la publicité pour
reklamieren réclamer
rekonstruieren *Ereignis* reconstituer; ⚠ *nicht **reconstruire***
Rekord *m* record *m*; ***e-n*** ~ ***aufstellen*** établir un record
Rekorder *m Kassetten2* magnétophone *m*; *Video2* magnétoscope *m*
Rekrut *mil m* recrue *f*, conscrit *m*; **2ieren** (***sich*** ~ se) recruter (***aus*** dans, parmi)
Rektor *m Universität* recteur *m*; *Schule* directeur *m*; **~in** *f Schule* directrice *f*
relational relationnel
relativ relatif
Relief *n* relief *m*
Religion *f* religion *f*; **~sunterricht** *m* catéchisme *m*
religiös religieux; *fromm* pieux
Reling *mar f* bastingage *m*, rambarde *f*
Reliquie *f* relique *f*
Rem *n* rem *m*
Rempel|ei *f* bousculade *f*; **2n** bousculer
Renn|bahn *f Pferde* champ *m* de courses, hippodrome *m*; *Fahrrad* vélodrome *m*; *allg a* piste *f*; **~boot** *n* bateau *m* de course; **2en** courir; **~en** *n* course *f*; **~fahrer** *m auto* pilote *m*; *Motor-, Fahrrad* coureur *m*; **~pferd** *n* cheval *m* de course; **~rad** *n* vélo *m* de course; **~sport** *m allg* course *f*; **~stall** *m* écurie *f*; **~strecke** *f* parcours *m*; **~wagen** *m* voiture *f* de course, bolide *m*
renommiert renommé

R

renovier|en remettre à neuf, rénover; **2ung** *f* rénovation *f*
rentabel rentable, profitable
Rente *f* retraite *f*, pension *f*; *Kapital2* rente *f*; **~nempfänger(in** *f*) *m* bénéficiaire *m, f* d'une retraite *od* pension
Rentier *zo n* renne *m*
rentieren ***sich*** **~** valoir la peine; *comm* rapporter
Rentner(in *f*) *m* retraité *m*, -e *f*
Reparatur *f* réparation *f*; **~werkstatt** *f* atelier *m* de réparation; *auto* garage *m*
reparieren réparer
Report|age *f* reportage *m*; ⚠ ***le*** reportage; **~er** *m* reporter *m*
repräsent|ativ représentatif; *ansehnlich* qui présente bien, prestigieux; **~ieren** représenter
Repressalien *f/pl* représailles *f/pl*
Reprodu|ktion *f* reproduction *f*; **2zieren** reproduire
Reptil *zo n* reptile *m*
Republik *f* république *f*; *hist* ***Deutsche Demokratische*** **~** République *f* démocratique allemande; ***Slowakische*** **~** République *f* slovaque; ***Tschechische*** **~** République *f* tchèque; **~aner(in** *f*) *m* républicain *m*, -e *f*; **2anisch** républicain
Reservat *n* réserve *f*
Reserve *f* réserve *f* (*a mil*); **~kanister** *m* bidon *m* de réserve; **~rad** *n* roue *f* de secours
reservier|en réserver, retenir; **~t** réservé (*a fig*)
Residenz *f* résidence *f*
Resign|ation *f* résignation *f*; **2ieren** se résigner; **2iert** résigné
resolut résolu; **2ion** *f* résolution *f*
Resonanz *f* résonance *f*; *fig* écho *m*
Resozialisierung *f* réinsertion *f* dans la société
Respekt *m* respect *m* (***vor*** pour); ***sich*** **~** ***verschaffen*** se faire respecter
respekt|ieren respecter; **~los** sans respect, irrévérencieux; **~voll** respectueux
Ressort *n* ressort *m*; ***das fällt nicht in mein*** **~** ce n'est pas de mon ressort
Rest *m* reste *m*; *fig* ***das gab ihm den*** **~** ça lui a donné le coup de grâce
Restaurant *n* restaurant *m*
restaurieren restaurer
Rest|betrag *m* restant *m*; **2lich** restant, qui reste; **2los** totalement, complètement; **~risiko** *n* risque *m* non évaluable; **~zahlung** *f* paiement *m* d'un reliquat
Resultat *n* résultat *m*
Retorte *chim f* cornue *f*; **~nbaby** *n* bébé-éprouvette *m*
Retrovirus *n* rétrovirus *m*
retten (***sich*** **~** se) sauver (***aus***, ***vor*** de)
Rettich *bot m* radis *m*
Rettung *f* sauvetage *m*; *Heil* salut *m*; *fig* ***das war meine*** **~** c'était ma chance
Rettungs|aktion *f* opération *f* de sauvetage; **~boot** *n* canot *m* de sauvetage; **~mannschaft** *f* sauveteurs *m/pl*; **~ring** *m* bouée *f* de sauvetage; **~schwimmer** *m* sauveteur *m*; **~wagen** *m* ambulance *f*
Reu|e *f* repentir *m*; **2en** ***etw reut mich*** je regrette qc; **2evoll, 2ig, 2mütig** repentant, contrit
Revanche *f* revanche *f* (*a Sport*)
revanchieren ***sich*** **~** prendre sa revanche; *für e-n Dienst* rendre la pareille; *für e-e Einladung* inviter qn à son tour
revidieren réviser
Revier *n* district *m*; *e-s Tieres* territoire *m*; *Jagd2* chasse *f* gardée; *Polizei2* commissariat *m*
Revolt|e *f* révolte *f*; **2ieren** se révolter
Revolution *f* révolution *f*; **2är** révolutionnaire; **~är(in** *f*) *m* révolutionnaire *m, f*; **2ieren** révolutionner
Revolver *m* revolver *m*
Revue *f Theater* revue *f*
rezens|ieren ***ein Buch*** **~** faire le compte rendu *od* la critique d'un livre; **2ion** *f* compte rendu *m*, critique *f*
Rezept *n cuis* recette *f*; *méd* ordonnance *f*; **2pflichtig** délivré uniquement sur ordonnance
Rezession *f* récession *f*
Rhabarber *bot m* rhubarbe *f*
Rhein ***der*** **~** le Rhin; **2isch** rhénan; **~land-Pfalz** *n* la Rhénanie-Palatinat
rhetorisch rhétorique
Rheuma *méd n* rhumatisme *m*
rhythm|isch rythmique; **2us** *m* rythme *m*; ⚠ rythme (*kein h*)
Ribisel *östr f* groseille *f*
richten *ordnen* ajuster, arranger; *vor-, zubereiten* préparer; *reparieren* réparer; *jur* (***über***) ***j-n*** **~** juger qn; **~** ***an*** adresser à; **~** ***auf*** diriger *od* braquer sur;

~ ***gegen*** diriger contre; ***sich ~ nach*** se régler sur; ***ich richte mich nach dir*** *a* je prends exemple sur toi
Richter|(in *f*) *m* juge *m*, femme *f* juge; **²lich** judiciaire; **~skala** *f* échelle *f* de Richter
Richtgeschwindigkeit *f* vitesse *f* conseillée
richtig juste, correct, exact, bon; ~ ***rechnen*** calculer juste; ***meine Uhr geht ~*** ma montre est à l'heure; ~ ***nett*** (***böse***) vraiment gentil (méchant); ~ ***stellen*** corriger, rectifier; **²keit** *f* justesse *f*, correction *f*, exactitude *f*; **²stellung** *f* rectification *f*
Richt|linie *f* directive *f*, ligne *f* de conduite; **~preis** *m* prix *m* conseillé; **~schnur** *f fig* règle *f* de conduite
Richtung *f* direction *f*, sens *m*; *Tendenz* tendance *f*, orientation *f*; ***in ~ Dijon*** en direction de Dijon
riechen sentir; ***gut ~*** sentir bon; ***nach etw ~*** sentir qc; ***an etw ~*** respirer l'odeur de qc; *fig* ***ich kann ihn nicht ~*** je ne peux pas le sentir
Riegel *m* verrou *m*; ~ ***Schokolade*** barre *f* de chocolat
Riemen *m* courroie *f*, lanière *f*; *Ruder* aviron *m*, rame *f*
Ries|e *m*, **~in** *f* géant *m*, -e *f*
rieseln couler, ruisseler; *Schnee* tomber doucement
Riesen|arbeit *f* travail *m* gigantesque; **~erfolg** *m* succès *m* monstre; **²haft** gigantesque, colossal; **~rad** *n* grande roue *f*; **~slalom** *m* slalom *m* géant
riesig énorme, gigantesque
Riff *n* récif *m*
Rille *f* rainure *f*; *Schallplatte* sillon *m*
Rind *zo n* bœuf *m*; **~er** *pl* bovins *m/pl*
Rinde *f Baum* écorce *f*; *Brot* croûte *f*
Rinderwahn(sinn) *m* maladie *f* de la vache folle
Rind|fleisch *n* (du) bœuf *m*; **~(s)leder** *n* cuir *m* de bœuf; **~vieh** *n* bétail *m*; F *fig* imbécile *m*
Ring *m* anneau *m*; *Finger²* bague *f*; *Kreis* cercle *m*; *Boxkampf* ring *m*; *Straße* périphérique *m*; *Bahn* ceinture *f*; *Rennstrecke* circuit *m*; *Vereinigung* association *f*; **~buch** *n* classeur *m*
ringel|n ***sich ~*** s'enrouler; **²natter** *zo f* couleuvre *f* à collier; **²spiel** *östr n* manège *m*
ring|en lutter (***um etw*** pour qc); ***nach Luft ~*** suffoquer; **²er** *m* lutteur *m*; **²finger** *m* annulaire *m*; **~förmig** annulaire; *kreisförmig* circulaire; **²kampf** *m* lutte *f*; **²richter** *m* arbitre *m* de boxe
rings ~ ***um*** ... tout autour de ...; **~um(her)** tout autour
Rinn|e *f* rigole *f*; *Dach²* gouttière *f*; **²en** couler; *Gefäß* fuir; **~sal** *n* filet *m* d'eau; **~stein** *m* caniveau *m*
Rippe *f* côte *f*
Rippen|fell *n* plèvre *f*; **~fellentzündung** *f* pleurésie *f*; **~stoß** *m* coup *m* dans les côtes
Risiko *n* risque *m*; ***ein ~ eingehen*** courir un risque; ***auf eigenes ~*** à ses risques et périls; **~gruppe** *f* groupe *m* à risque(s); ⚠***le*** groupe
risk|ant risqué; **~ieren** risquer
Riss *m* fente *f*, fissure *f*, crevasse *f*; *in Mauer a* lézarde *f*; *in Haut a* gerçure *f*; *in Stoff* déchirure *f*
rissig fissuré, crevassé; *Mauer a* lézardé; *Haut a* gercé
Ritt *m* chevauchée *f*, course *f* à cheval
Ritter *m* chevalier *m*; ***zum ~ schlagen*** armer chevalier, adouber; **²lich** chevaleresque; **~tum** *n* chevalerie *f*
rittlings à califourchon
Ritus *m* rite *m*
Ritze *f* fente *f*
ritzen entailler; ~ ***in*** graver dans
Rival|e *m*, **~in** *f* rival *m*, -e *f*; **²isieren** rivaliser (***mit*** avec); **~ität** *f* rivalité *f*
Rizinusöl *n* huile *f* de ricin
Robbe *zo f* phoque *m*
Roboter *m* robot *m*
robust robuste
röcheln râler
Rock[1] *m* jupe *f*
Rock[2] *mus m* rock *m*; **~band** *f* groupe *m* de rock; ⚠ ***le*** groupe
Rocker *m* loubar(d) *m* F
Rodel|bahn *f* piste *f* de luge; **²n** faire de la luge; **~schlitten** *m* luge *f*
roden défricher
Rogen *m* œufs *m/pl* de poisson
Roggen *bot m* seigle *m*
roh *ungekocht* cru; *noch nicht verarbeitet* brut; *ungesittet* grossier, rude; ***mit ~er Gewalt*** de vive force; **²bau** *m* gros œuvre *m*; **²kost** *f* crudités *f/pl*; **²material** *n* matières *f/pl* premières; **²öl** *n* pétrole *m* brut

Rohr *n* tuyau *m*, tube *m*; *Leitungs*≈ conduit *m*; *bot* canne *f*; *Schilf* roseau *m*; **~bruch** *m* rupture *f* de tuyau
Röhre *f* tuyau *m*; *Radio* lampe *f*; *TV* tube *m*; *Back*≈ four *m*
Roh|seide *f* soie *f* grège; **~stoff** *m* matière *f* première
Rolladen *m cf* ***Rollladen***
Rollbahn *aviat f* piste *f*
Rolle *f* rouleau *m*; *unter Möbeln* roulette *f*; *Faden*≈ bobine *f*; *fig* rôle *m*; ***das spielt keine ~*** cela ne joue aucun rôle; ***aus der ~ fallen*** sortir de son rôle, F faire une gaffe; ⚠ ***le*** rôle; **~nspiel** *n* jeu *m* de rôles; **~ntausch** *m* échange *m* de rôles; **~nverteilung** *f* attribution *f* de rôles spécifiques
Roller *m Kinder*≈ trottinette *f*; *Motor*≈ scooter *m*
Rollerskates *pl* patins *m*/*pl* en ligne
Roll|kragenpulli *m* pull *m* à col roulé; **~laden** *m* volet *m* roulant; **~mops** *cuis m* rollmops *m*
Rollo *n* store *m*
Roll|schuh *m* patin *m* à roulettes; ***~ laufen*** faire du patin à roulettes; **~schuhlaufen** *n* patinage *m* à roulettes; **~stuhl** *m* fauteuil *m* roulant; **~stuhlfahrer** *m* handicapé *m* dans un fauteuil roulant; **≈stuhlgerecht** adapté aux fauteuils roulants; **~treppe** *f* escalier *m* roulant
Rom Rome
Roman *m* roman *m*
roman|isch *Kunst*, *Sprachen* roman; *Völker*, *Länder* latin; **≈isierung** *f* romanisation *f*; **≈schriftsteller(in** *f*) *m* romancier *m*, -ière *f*
Romanti|k *f* romantisme *m*; **≈sch** romantique; *schwärmerisch* romanesque
Röm|er(in *f*) *m* Romain *m*, -e *f*; **≈isch** romain
Rommee *n* rami *m*
ROM-Speicher *m* mémoire *f* morte
röntgen radiographier; **≈apparat** *m* appareil *m* de radiographie; **≈aufnahme** *f*, **≈bild** *n* radiographie *f*, radio *f* F; **≈strahlen** *m*/*pl* rayons X *m*/*pl*
rosa rose
Rose *bot f* rose *f*; ***Wilde ~*** églantine *f*; *Strauch* églantier *m*
Rosen|kohl *bot m* chou *m* de Bruxelles; **~kranz** *rel m* chapelet *m*; **~montag** *m* lundi *m* de carnaval
Rosette *arch f* rosace *f*
rosig rose; *fig* ***alles in ~em Licht sehen*** voir tout en rose
Rosine *f* raisin *m* sec
Ross *n* cheval *m*; **~haar** *n* crin *m*; **~kastanie** *bot f* marron *m* d'Inde; *Baum* marronnier *m* (d'Inde)
Rost *m* rouille *f*; *Brat*≈ gril *m*; *Gitter* grille *f*
rosten rouiller
rösten griller; *Kartoffeln* faire sauter; *Kaffee* torréfier
Rost|fleck *m* tache *f* de rouille; **≈frei** inoxydable; **≈ig** rouillé; **~schutzfarbe** *f* peinture *f* antirouille
rot 1. rouge (*a pol*); *Haar* roux; ***~ werden*** rougir; ***in den ~en Zahlen stecken*** être en déficit; **2.** ≈ *n* rouge *m*; ***die Ampel steht auf ~*** le feu est au rouge
Rotation *f* rotation *f*
Röte *f* rougeur *f*
Röteln *méd pl* rubéole *f*
röten (***sich ~***) rougir
rot|haarig roux; **≈haut** *f* Peau-Rouge *m*
rotieren tourner (sur son axe); F *fig* être surmené *od* débordé de travail
Rot|käppchen *n* Petit Chaperon *m* rouge; **~kehlchen** *zo n* rouge-gorge *m*; **~kohl** *bot m* chou *m* rouge
rötlich rougeâtre
Rot|stift *m* crayon *m* rouge; **~wein** *m* vin *m* rouge
Rotz F *m* morve *f*; **~nase** F *f* petit morveux *m*
Route *f* itinéraire *m*, route *f*
Routin|e *f* routine *f*, expérience *f*; **~esache** *f* ***das ist reine ~*** c'est de la pure routine; **≈iert** expérimenté; rompu (***auf e-m Gebiet*** à un domaine)
Rübe *bot f* rave *f*; ***Weiße ~*** navet *m*; ***Rote ~*** betterave *f*; ***Gelbe ~*** carotte *f*
Rubel *m* rouble *m*
Rubin *m* rubis *m*
Ruck *m* saccade *f*, secousse *f*; ***sich e-n ~ geben*** se forcer (à faire qc)
Rückantwort *f Post* ***~ bezahlt*** réponse *f* payée
ruckartig saccadé; *adv* tout à coup
rück|bezüglich *gr* réfléchi; ***~es Verb*** verbe *m* pronominal; **≈blende** *f Film etc* flash-back *m*; **≈blick** *m* rétrospective *f* (***auf*** de), retour *m* en arrière
rücken déplacer, bouger; ***näher ~*** ap-

R

procher; ***zur Seite*** ~ se pousser

Rücken *m* dos *m*; **~deckung** *f fig* soutien *m*, appui *m*; **~lehne** *f* dossier *m*; **~mark** *n* moelle *f* épinière; **~schmerzen** *m/pl* mal *m* au dos, douleurs *f/pl* dorsales; **~schwimmen** *n* nage *f* sur le dos; **~wind** *m* vent *m* arrière; **~wirbel** *m* vertèbre *f* dorsale

Rück|erstattung *f* restitution *f*; *von Kosten* remboursement *m*; **~fahrkarte** *f* billet *m* aller et retour; **~fahrt** *f* retour *m*; **~fall** *m jur u fig* récidive *f*; *méd* rechute *f*; **2fällig** ~ ***werden*** récidiver (*jur u fig*); **~flug** *m* (vol *m* de) retour *m*; **~gabe** *f* restitution *f*; **~gang** *m* diminution *f*, déclin *m*, baisse *f*; **2gängig** ~ ***machen*** annuler; **~gewinnung** *tech f* récupération *f*; **~grat** *n* épine *f* dorsale, colonne *f* vertébrale; *fig* ~ ***haben*** avoir le courage de ses opinions; **~hand** *f Tennis* revers *m*; **~kehr** *f* retour *m*; **~koppelung** *f* feed-back *m*, couplage *m* par réaction; **~lage** *f* réserve *f*; **2läufig** rétrograde, en baisse; **~lichter** *n/pl* feux *m/pl* arrière; **2lings** *von hinten* par derrière; *nach hinten* en arrière; **~nahme** *f comm* reprise *f*; *Zurückziehung* retrait *m*; **~porto** *n* port *m* de retour; **~reise** *f* (voyage *m* de) retour *m*

Rucksack *m* sac *m* à dos; **~tourist** *m* routard *m*

Rück|schlag *m fig* revers *m*; **~schluss** *m* conclusion *f*; **2schrittlich** réactionnaire; **~seite** *f* revers *m*; *e-r Buchseite* verso *m*; **~sendung** *f* renvoi *m*, retour *m*

Rücksicht *f* considération *f*; ***aus*** ~ ***auf*** eu égard à, par égard pour; ~ ***nehmen auf*** avoir égard à; **~nahme** *f* égards *m/pl*; *Schonung* ménagement *m*; *Höflichkeit* politesse *f*; **2slos** sans égards, sans scrupules, brutal; **~slosigkeit** *f* manque *m* d'égards *od* de scrupules, brutalité *f*; **2svoll** plein d'égards (***gegenüber*** pour)

Rück|sitz *auto m* siège *m* arrière; **~spiegel** *auto m* rétroviseur *m*; **~spiel** *n Sport* match *m* retour; **~stand** *m* retard *m*; *chim* résidu *m*; ***im*** ~ ***sein*** être en retard (***gegenüber*** sur); **2ständig** arriéré (*a Zahlung*), retardataire; **~taste** *f* touche *f* de rappel arrière; **~tritt** *m* démission *f*; *von Wettbewerb etc* retrait *m*; **~trittbremse** *f* frein *m* à rétropédalage; **2wärts** en arrière; **~wärtsgang** *auto m* marche *f* arrière; **~weg** *m* retour *m*

ruckweise par saccades

rück|wirkend *jur* rétroactif; **2wirkung** *f* répercussion *f*; **2zahlung** *f* remboursement *m*; **2zieher** *m* ***e-n*** ~ ***machen*** revenir sur sa décision; **2zug** *m* retraite *f*

Rudel *n* bande *f*; **2weise** par bandes

Ruder *mar n* rame *f*, aviron *m*; *Steuer2* gouvernail *m*; **~boot** *n* canot *m* à rames; **~er** *m*, **~in** *f* rameur *m*, -euse *f*; **2n** ramer; *Sport* faire de l'aviron; **~sport** *m* aviron *m*

Ruf *m* appel *m* (*a fig*); *Schrei* cri *m*; *Ansehen* réputation *f*; **2en** appeler, crier; ***den Arzt*** ~ appeler le médecin; ***um Hilfe*** ~ crier au secours

Ruf|name *m* prénom *m* usuel; **~nummer** *f* numéro *m* de téléphone

Rüge *f* réprimande *f*; **2n** réprimander

Ruhe *f* repos *m*, calme *m*, tranquillité *f*; *Stille* silence *m*; ***j-n in*** ~ ***lassen*** laisser qn tranquille; ***lass mich in*** ~***!*** F fiche-moi la paix!; ***die*** ~ ***bewahren*** conserver son calme; ***sich zur*** ~ ***setzen*** se retirer des affaires, prendre sa retraite; ~ ***bitte!*** silence, s'il vous plaît!; **2los** agité

ruhen *Person* se reposer; *Tätigkeit* être suspendu; ~ ***auf*** reposer sur; ***hier ruht*** ici repose, ci-gît

Ruhe|pause *f* pause *f*; **~stand** *m* retraite *f*; **~störer(in** *f*) *m* perturbateur *m*, -trice *f*; **~tag** *m* jour *m* de repos; ***Montag*** ~ fermé le lundi

ruhig calme, tranquille; *still* silencieux; ~***!*** silence!; ~ ***bleiben*** rester calme

Ruhm *m* gloire *f*

rühm|en glorifier, vanter; ***sich e-r Sache*** ~ se vanter de qc; **~lich** glorieux, digne d'éloges

Ruhr *méd f* dysenterie *f*

Rührei *n* œufs *m/pl* brouillés

rühr|en *bewegen, um~* remuer; *innerlich* toucher, émouvoir; ~ ***an*** toucher à; ***sich*** ~ bouger; *mil* ***rührt euch!*** repos!; **~end** touchant, émouvant; **~ig** agile, remuant, entrepenant; **~selig** sentimental, larmoyant; **2ung** *f* émotion *f*

Ruin *m* ruine *f*; **~e** *f* ruine *f*; **2ieren** (***sich*** ~ se) ruiner

rülps|en roter; **2er** *m* rot *m*

R

Rum *m* rhum *m*
Rumän|e *m*, **~in** *f* Roumain *m*, -e *f*; **~ien** *n* la Roumanie; **2isch** roumain
Rummel F *m* foire *f*, remue-ménage *m*; **~platz** *m* champ *m* de foire
rumoren faire du tapage; ***es rumort in meinem Bauch*** mon ventre gargouille
Rumpelkammer *f* débarras *m*
Rumpf *m biol* tronc *m*; *aviat* fuselage *m*; *mar* coque *f*
rümpfen ***die Nase*** ~ faire la grimace
Run *m* ruée *f* (***auf*** sur)
rund rond, arrondi; *ungefähr* environ; ***~ um etw*** tout autour de qc; **2blick** *m* panorama *m*; **2bogen** *arch m* plein cintre *m*
Runde *f Umkreis, Rundgang* ronde *f*; *Bier* tournée *f*; *Sport* tour *m*; *Boxen* round *m*; *Gesellschaft* compagnie *f*
Rund|fahrt *f* circuit *m*; **~flug** *m* circuit *m* aérien
Rundfunk *m* radio *f*, T.S.F. *f*; ***im ~*** à la radio; ***im ~ übertragen*** radiodiffuser; **~gerät** *n* poste *m od* récepteur *m* de radio, appareil *m* de T.S.F.; **~hörer(in *f*)** *m* auditeur *m*, -trice *f*; **~sender** *m* station *f od* émetteur *m* de radio; **~sendung** *f* émission *f* de radio
Rund|gang *m* tour *m* (***durch*** de); **2heraus** franchement, carrément; **2herum** tout autour; **2lich** arrondi; *Person* rondelet; **~reise** *f* tournée *f*, tour *m*, circuit *m* (***durch*** de); **~schreiben** *n* circulaire *f*; **2um** à la ronde, tout autour; **~ung** *f* arrondi *m*; *des Körpers* rondeur *f*; **2weg** tout bonnement, sans façon
Rune *f* rune *f*
runter *cf* ***herunter***; **~hauen** F ***j-m e-e ~*** donner une gifle à qn
Runz|el *f* ride *f*; **2(e)lig** ridé; **2eln *die Stirn*** ~ froncer les sourcils
Rüpel *m* mufle *m*, malotru *m*, rustre *m*, grossier personnage *m*; **2haft** grossier, malotru
rupfen *Federvieh* plumer (*a fig*)
Ruß *m* suie *f*
Russ|e *m*, **~in** *f* Russe *m*, *f*
Rüssel *m* trompe *f*; *Schweins2* groin *m*
rußig noirci de suie
russisch russe
Russland *n* la Russie
rüsten *mil* armer; *st/s* ***sich*** ~ se préparer (***zu*** à)
rüstig vert, vigoureux; **2keit** *f* verdeur *f*, vigueur *f*
rustikal rustique
Rüstung *f mil* armements *m/pl*; *Ritter2* armure *f*; **~sindustrie** *f* industrie *f* d'armement; **~swettlauf** *m* course *f* aux armements
Rüstzeug *n geistiges* bagage *m*
Rute *f* verge *f*, baguette *f*
Rutsch|bahn *f für Kinder* toboggan *m*; *fig* patinoire *f*; **2en** glisser; *auto a* déraper; **2ig** glissant; **2sicher** antidérapant
rütteln secouer; *fig* ***daran ist nicht zu ~*** F il n'y a pas à tortiller

S

Saal *m* salle *f*; ⚠ ***la*** salle
Saar *f* Sarre *f*; **~land** *n* Sarre *f*; **2ländisch** sarrois
Saat *f* semence *f*; *Säen* semailles *f/pl*
Sabbat *rel m* sabbat *m*
sabbern F baver; *fig* bavarder
Säbel *m* sabre *m*; **2n** mal couper
Sabot|age *f* sabotage *m*; ⚠ ***le*** sabotage; **~eur** *m* saboteur *m*; **2ieren** saboter
Sach|bearbeiter *m* personne *f* compétente, responsable *m*; **~beschädigung** *jur f* détérioration *f* volontaire; **~buch** *n* livre *m* spécialisé *od* documentaire; **2dienlich *~e Hinweise*** indications *f/pl* utiles
Sache *f* chose *f*; *Angelegenheit* affaire *f*; *jur* cause *f*; ***meine ~n*** *pl* mes affaires; ***zur ~ kommen*** en venir au fait; ***nicht zur ~ gehören*** ne pas faire partie de l'affaire
sach|gemäß adéquat, approprié;

&kenner *m* expert *m*; **&kenntnis** *f* connaissance *f* des faits, compétence *f*; **~kundig** compétent, expert; **&lage** *f* état *m* de fait *od* des choses; **~lich** objectif; *dinglich* matériel
sächlich *gr* neutre
Sach|lichkeit *f* objectivité *f*; **~schaden** *m* dégâts *m/pl* matériels
Sachse *m*, **Sächsin** *f* Saxon *m*, -ne *f*
Sachsen *n* la Saxe; **~-Anhalt** *n* la Saxe-Anhalt
sächsisch saxon
sachte doucement
Sach|verhalt *m* état *m* des choses; faits *m/pl*; **~verstand** *m* compétence *f*, savoir-faire *m*; **~verständige(r)** *m* expert *m*; **~wert** *m* valeur *f* réelle; **~zwang** *m* force *f* des choses
Sack *m* sac *m*; ***der gelbe ~*** le sac jaune pour les emballages recyclables; **~gasse** *f* cul-de-sac *m*, impasse *f* (*a fig*); **~hüpfen** *n* course *f* en sac
Sadis|mus *m* sadisme *m*; **~t** *m* sadique *m*; **&tisch** sadique
säen semer
Saft *m* jus *m*; *biol* suc *m*; *der Pflanzen* sève *f*; **&ig** juteux; *Preis, Witz* salé
Sage *f* légende *f*, mythe *m*
Säge *f* scie *f*; **~blatt** *n* lame *f* de scie; **~bock** *m* chevalet *m*; **~mehl** *n* sciure *f*
sagen dire; ***er lässt sich nichts ~*** il ne veut rien entendre; ***das sagt mir nichts*** ça ne me dit rien; ***unter uns gesagt*** entre nous soit dit
sägen scier
sagenhaft légendaire, mythique; F formidable
Sägewerk *n* scierie *f*
Sahara ***die ~*** le Sahara; ⚠***le*** Sahara
Sahne *f* crème *f*; **~torte** *f* tarte *f* à la crème
Saison *f* saison *f*; **~arbeiter** *m* saisonnier *m*; **&bedingt** saisonnier
Saite *mus f* corde *f*; **~ninstrument** *n* instrument *m* à cordes
Sakko *m* veston *m*
Sakrament *rel n* sacrement *m*
Sakristei *égl f* sacristie *f*
Salat *m* salade *f*; *Kopf&* laitue *f*; *fig* ***da haben wir den ~!*** ça y est!, nous voilà propres! F; ⚠ ***la*** salade; **~soße** *f* vinaigrette *f*
Salb|e *f* pommade *f*, crème *f*, onguent *m*; **&ungsvoll** onctueux
Saldo *comm m* solde *m*
Salmiak *chim m* sel *m* ammoniac; **~geist** *chim m* ammoniaque *f*
Salon *m* salon *m*; **&fähig** présentable
salopp négligé, relax(e)
Salpeter *chim m* salpêtre *m*; **~säure** *chim f* acide *m* nitrique
Salto *m* saut *m* périlleux
Salve *mil f* salve *f*, décharge *f*
Salz *n* sel *m*; **~bergwerk** *n* mine *f* de sel; **~burg** Salzbourg; **&en** saler; **~hering** *m* hareng *m* salé; **&ig** salé; **~kartoffeln** *f/pl* pommes de terre *f/pl* à l'eau; **~korn** *n* grain *m* de sel; **~säure** *chim f* acide *m* chlorhydrique; **~stange** *f* stick *m* salé; **~streuer** *m* salière *f*; **~wasser** *n* eau *f* salée
Samen *m* semence *f*, graine *f*; *männlicher* sperme *m*; **~korn** *bot n* graine *f*
Sammelbüchse *f* boîte *f* à collectes
sammeln *Pilze* ramasser; *Beweise* rassembler; *Briefmarken etc* collectionner; *Geld, Spenden* collecter; faire une collecte *od* faire la quête (***für*** pour); ***sich ~*** se rassembler, se réunir; *fig* se concentrer, rassembler ses idées
Sammel|name *gr m* nom *m* collectif; **~punkt** *m* lieu *m* de rassemblement; **~stelle** *f* centre *m* de ramassage
Samml|er(in *f*) *m* collectionneur *m*, -euse *f*; **~ung** *f* collection *f*; rassemblement *m* (*a pol*); *von Geld, Spenden* collecte *f*, quête *f*
Samstag *m* samedi *m*
samt 1. ***~ und sonders*** tous sans exception; **2.** *prép* avec
Samt *m* velours *m*; **~handschuh** *m fig* ***j-n mit ~en anfassen*** prendre des gants avec qn
sämtliche tous les ... (sans exception)
Sanatorium *n* maison *f* de repos
Sand *m* sable *m*; ***~ streuen*** sabler (***auf etw*** qc)
Sandale *f* sandale *f*
Sand|bahn *f Sport* piste *f* de sable; **~bank** *f* banc *m* de sable; **~burg** *f* château *m* de sable; **&ig** sablonneux; **~kasten** *m für Kinder* bac *m* à sable; **~korn** *n* grain *m* de sable; **~männchen** *n enf* marchand *m* de sable; **~papier** *n* papier *m* de verre; **~sack** *m* sac *m* de sable; **~stein** *m* grès *m*; **&strahlen** sabler; **~strand** *m* plage *f* de sable; **~uhr** *f* sablier *m*

S

sanft doux; ***er ruhe*** ~ qu'il repose en paix; **≈mut** *f* douceur *f* de caractère; **~mütig** doux
Sänger(in *f*) *m* chanteur *m*, -euse *f*; *Opernsängerin* cantatrice *f*
sanier|en *écon* redresser; *Haus* assainir; **≈ung** *f* redressement *m*; assainissement *m*; **≈ungsgebiet** *n* quartier *m* en rénovation
sanitär sanitaire; ***~e Anlagen*** installations *f/pl* sanitaires
Sanität|er *m* infirmier *m*; **~sauto** *n* ambulance *f*
Sankt saint (*abr* S[t])
Sard|elle *f* anchois *m*; **~ine** *f* sardine *f*; **~dinien** *n* la Sardaigne
Sarg *m* cercueil *m*
Sarkas|mus *m* sarcasme *m*; **≈tisch** sarcastique
Satan *m rel* Satan *m*; *fig* diable *m*; **≈isch** satanique
Satellit *m* satellite *m*; **~enfernsehen** *n* télévision *f* par satellite; **~enschüssel** *f* antenne *f* parabolique; **~enstaat** *m* pays *m* satellite; **~enstadt** *f* ville *f* satellite
Satir|e *f* satire *f* (***auf*** contre); **≈isch** satirique
satt rassasié; ***sich ~ essen*** se rassasier (***an*** de); manger à sa faim; *fig* F ***j-n (etw) ~ haben*** en avoir marre de qn (qc)
Sattel *m* selle *f*; ⚠ ***la*** selle; **≈n** seller; **~schlepper** *m* semi-remorque *m*
sättig|en rassasier; *phys*, *chim*, *Markt* saturer; **≈ung** *f* rassasiement *m*; *fig* saturation *f*
Sattler *m* sellier *m*
Satz *m* phrase *f*; *gr* proposition *f*; *Sprung* saut *m*; *Tennis* set *m*; *Briefmarken* série *f*; *Kaffee≈* marc *m*; *von Geschirr, Werkzeugen etc* jeu *m*; **~aussage** *gr f* verbe *m*; **~bau** *gr m* construction *f*; **~gegenstand** *gr m* sujet *m*; **~lehre** *gr f* syntaxe *f*
Satzung *f* statuts *m/pl*
Satzzeichen *n* signe *m* de ponctuation
Sau *f zo* truie *f*; *Wild≈* laie *f*; P *fig* cochon *m*
sauber propre (*a fig*); ***~ halten*** tenir propre; ***~ machen*** nettoyer; **≈keit** *f* propreté *f*
säuber|n nettoyer; *pol* purger, épurer; ***~ von*** débarrasser de; **≈ung** *pol f* purge *f*, épuration *f*
saublöd P con
Saudi-Arabien *n* l'Arabie *f* Saoudite
sauer aigre; *chim* acide; F *verärgert* fâché (***auf j-n*** contre *od* F après qn); ***saurer Regen*** pluies *f/pl* acides; F *fig* ***~ werden*** se fâcher
Sauerei F *f* cochonnerie *f*
Sauer|kirsche *f* griotte *f*; **~kohl** *m*, **~kraut** *n* choucroute *f*
säuerlich aigrelet; acidulé; *fig Miene* mécontent
Sauer|milch *f* lait *m* caillé; **~stoff** *chim m* oxygène *m*
saufen *Tier u* P *Mensch* boire
Säufer(in *f*) *m* ivrogne *m*, *f*, poivrot *m*, -e *f* F
Sauferei *f* F soûlerie *f*, beuverie *f*
saugen sucer; *Kind u Säugetier* téter; *tech* aspirer
säuge|n allaiter; **≈tier** *n* mammifère *m*
saugfähig absorbant
Säugling *m* nourrisson *m*; **~spflege** *f* puériculture *f*; **~ssterblichkeit** *f* mortalité *f* infantile
Säule *f* colonne *f*; **~ngang** *m* colonnade *f*; **~nhalle** *f* portique *m*
Saum *m Kleider* ourlet *m*
säumen *Kleider* ourler; *fig* border
Sauna *f* sauna *m*; ⚠ ***le*** sauna
Säure *f chim* acide *m*; *Geschmack* acidité *f*, aigreur *f*
Saurier *zo m/pl* sauriens *m/pl*
säuseln murmurer; *sprechen* chuchoter
sausen *Wind etc* siffler; *flitzen* filer (comme une flèche) F; *auto* foncer; *Ohren* bourdonner
Saustall *m* P *fig* porcherie *f*, bordel *m*
Savanne *géogr f* savane *f*
Saxofon *mus n* saxophone *m*
Scanner *m* scanner *m*
S-Bahn *f etwa* R.E.R. *m* (= Réseau *m* express régional)
Schabe *zo f* blatte *f*, cafard *m*
schaben gratter, racler
Schabernack *m* farce *f*, blague *f*
schäbig *Kleidung* râpé, usé; *ärmlich* miteux; *Haltung* mesquin
Schablone *f* patron *m*, pochoir *m*, modèle *m*
Schach *n* échecs *m/pl*; ***~ spielen*** jouer aux échecs; *fig* ***in ~ halten*** tenir en respect; **~brett** *n* échiquier *m*; **~figur** *f* pièce *f* d'un jeu d'échecs; **≈matt** échec

et mat; *fig* épuisé, rompu (de fatigue); **~spiel** *n* jeu *m* d'échecs
Schacht *Bergbau m* puits *m*
Schachtel *f* boîte *f*; ***e-e ~ Zigaretten*** un paquet de cigarettes
Schachzug *m* coup *m*; *fig* ***ein geschickter ~*** une bonne tactique
schade ***es ist ~*** c'est dommage; ***zu ~ für etw*** trop bon pour qc; ***wie ~, dass ...!*** quel dommage que (+ *subj*)!
Schädel *m* crâne *m*; **~bruch** *méd m* fracture *f* du crâne
schaden nuire; ***der Gesundheit ~*** nuire à la santé; ***das schadet nichts*** il n'y a pas de mal; ***es könnte ihm nicht ~*** ça ne pourrait pas lui faire de mal
Schaden *m* dommage *m*, dégâts *m/pl*; *Nachteil* préjudice *m*; ***zum ~ von*** au préjudice de, au détriment de; ***j-m ~ zufügen*** causer du tort à qn, porter préjudice à qn; **~ersatz** *m* indemnité *f*, dommages-intérêts *m/pl*; ***~ leisten*** payer des dommages-intérêts; **~freude** *f* joie *f* maligne; **2froh** qui se réjouit du mal d'autrui
schadhaft endommagé, défectueux
schäd|igen nuire (***j-n*** à qn), porter préjudice (à qn), léser (qn; *a méd*); **~lich** nuisible, nocif
Schädling *m* plante *f od* insecte *m* nuisible; parasite *m*; **~sbekämpfung** *f* lutte *f* contre les parasites; **~sbekämpfungsmittel** *n* pesticide *m*
Schadstoff *m* polluant *m*, toxique *m*; **2arm** peu polluant
Schaf *zo n* mouton *m*; *Mutter2* brebis *f*; **~bock** *m* bélier *m*
Schäfer|(in *f*) *m* berger *m*, -ère *f*; **~hund** *m* chien *m* de berger; ***Deutscher ~*** berger *m* allemand
schaffen *erschaffen* créer; *hervorbringen* produire; *Ordnung, Platz* faire; *transportieren* transporter; *arbeiten* travailler; ***aus dem Weg ~*** écarter; ***j-m zu ~ machen*** donner du mal à qn; ***sich an etw zu ~ machen*** toucher à qc; ***es ~*** y arriver
Schaffhausen Schaffhouse
Schaffner(in *f*) *m Zug* contrôleur *m*, -euse *f*; *Bus* receveur *m*, -euse *f*
Schaft *m Stiefel* tige *f*; *Säule* fût *m*; *Gewehr* crosse *f*; *Werkzeug* manche *m*
Schaf|wolle *f* laine *f* de mouton; **~zucht** *f* élevage *m* de moutons

schal fade (*a fig*); *fig* insipide
Schal *m* cache-nez *m*; *Seiden2* foulard *m*
Schale *f zum Trinken* bol *m*; *Hülle* enveloppe *f*; *Früchte, Gemüse* peau *f*; *Orange* écorce *f*; *abgeschälte* pelure *f*, épluchure *f* (*meist pl*); *Eier, Nuss, Muschel* coquille *f*; *fig das Äußere* apparences *f/pl*
schälen *Obst, Kartoffeln* éplucher, peler; *Eier, Nüsse* écaler; *Haut* ***sich ~*** peler
Schall *m* son *m*; **~dämpfer** *m auto* silencieux *m*; **2dicht** insonorisé; **2en** (ré)sonner, retentir; **2end** ***~es Gelächter*** éclats *m/pl* de rire; **~geschwindigkeit** *f* vitesse *f* du son; **~mauer** *f* mur *m* du son; **~platte** *f* disque *m*; **~welle** *f* onde *f* sonore
schalt|en *Elektrotechnik* coupler, monter; *auto* changer de vitesse; F *verstehen* piger F; ***in den dritten*** (***Gang***) ***~*** passer en troisième; **2er** *m Post, Bank* guichet *m*; *Strom* interrupteur *m*; *oft* bouton *m*; **2hebel** *m* levier *m* de commande (*a fig*); *auto* levier *m* de changement de vitesse; **2jahr** *n* année *f* bissextile; **2tafel** *f* tableau *m* de distribution; **2ung** *f elektrische* montage *m*, couplage *m*; *auto* changement *m* de vitesse
Scham *f* pudeur *f*, honte *f*; *Genitalien* parties *f/pl* génitales
schämen ***sich ~*** avoir honte
Scham|gefühl *n* pudeur *f*; **~haare** *n/pl* poils *m/pl* du pubis; **2haft** pudique; **2los** sans pudeur, impudent, éhonté
Schande *f* honte *f*
schänden *Frau* violer; *Grab* profaner
Schandfleck *m* tache *f*, stigmate *m*
schändlich honteux, infâme
Schandtat *f* action *f* infâme, infamie *f*
Schänke *f* buvette *f*, bistro(t) *m* F
Schanze *f Sprung2* tremplin *m*
Schar *f* groupe *m*, troupe *f*, bande *f*; *Menge* foule *f*; *Vögel* volée *f*; ***in ~en*** en foule; **2en** ***um sich ~*** rallier
scharf *Klinge* tranchant; *Verstand* pénétrant, perçant; *Foto, Umrisse* net; *Kritik* caustique; *Hund* méchant; *Essen* épicé; *Bombe* amorcé; F ***auf etw ~ sein*** vouloir absolument posséder qc; F ***~e Sachen*** alcools *m/pl* forts
Scharfblick *m* perspicacité *f*
Schärfe *f Messer* tranchant *m*; *Verstandes2* pénétration *f*; *Deutlichkeit* netteté *f*; *der Kritik* causticité *f*

schärfen *Messer* aiguiser (*a fig*)
Scharf|schütze *m* tireur *m* d'élite; **~sinn** *m* sagacité *f*, perspicacité *f*; **Ϩsinnig** sagace, perspicace
Scharlach *méd m* scarlatine *f*
Scharnier *n* charnière *f*
scharren gratter
Schart|e *f* brèche *f*; **Ϩig** ébréché
Schaschlik *cuis m od n* brochette *f*
Schatten *m* ombre *f*; **~seite** *f* ***auf der ~ des Lebens stehen*** n'avoir pas de chance dans la vie
Schattierung *f Malerei* dégradé *m*, nuance *f* (*a fig*)
schattig ombragé
Schatz *m* trésor *m* (*a fig*)
schätzen évaluer; *a hoch~* estimer, apprécier
Schatzmeister *m* trésorier *m*
Schätzung *f* évaluation *f*, estimation *f*; **Ϩsweise** approximativement, à peu près
Schau *f* spectacle *m*; *Ausstellung* exposition *f*; ***zur ~ stellen*** étaler, faire étalage de; ***sich zur ~ stellen*** se donner en spectacle
Schauder *m* frisson *m*; **Ϩhaft** horrible, épouvantable; **Ϩn** frémir, frissonner (***vor*** de)
schauen regarder
Schauer *m RegenϨ* averse *f*; *GraupelϨ* giboulée *f*; *Schauder* frisson *m*; **~geschichte** *f* histoire *f* qui donne la chair de poule; **Ϩlich** horrible, horrifiant
Schaufel *f* pelle *f*; **Ϩn** pelleter; *Grab* creuser
Schaufenster *n* vitrine *f*, devanture *f*, étalage *m*; **~bummel** *m* ***e-n ~ machen*** faire du lèche-vitrines; **~dekorateur** *m* étalagiste *m*
Schaukel *f* balançoire *f*; *Wippe* bascule *f*; **Ϩn** (*selber* se) balancer; **~stuhl** *m* fauteuil *m* à bascule, rocking-chair *m*
Schaulustige *pl* curieux *m/pl*, F badauds *m/pl*
Schaum *m* écume *f*; *BierϨ*, *SeifenϨ* mousse *f*
schäumen écumer (*a fig* ***vor Wut*** de rage); *Bier*, *Seife* mousser
Schaum|festiger *m* mousse *f* de coiffage; **~gummi** *m* caoutchouc *m* mousse; **Ϩig** mousseux, écumeux; **~stoff** *m* mousse *f*; **~wein** *m* (vin *m*) mousseux *m*
Schauplatz *m* scène *f*, théâtre *m*
schaurig horrible, épouvantable
Schauspiel *n* spectacle *m*; drame *m*; **~er(in** *f*) *m* acteur *m*, actrice *f*; **~kunst** *f* art *m* dramatique; **~schule** *f* école *f* d'art dramatique
Schausteller *m* forain *m*
Scheck *comm m* chèque *m*; **~heft** *n* chéquier *m*, carnet *m* de chèques
scheckig tacheté
Scheckkarte *f* carte *f* chèque
scheel *Blick* envieux, jaloux; ***j-n ~ ansehen*** regarder qn de travers
scheffeln ***Geld ~*** amasser de l'argent
Scheibe *f* disque *m*; *Brot*, *Fleisch* tranche *f*; *FensterϨ* carreau *m*, vitre *f*; *SchießϨ* cible *f*
Scheiben|bremse *f* frein *m* à disque; **~waschanlage** *f* lave-glace *m*; **~wischer** *m* essuie-glace *m*
Scheich *m* cheik *m*
Scheide *f e-r Waffe* fourreau *m*, gaine *f*; *weibliche* vagin *m*
scheid|en ***sich ~ lassen*** divorcer (***von*** d'avec); ***aus dem Amt ~*** se retirer; **Ϩung** *f* divorce *m*; ***die ~ einreichen*** demander le divorce
Schein *m Bescheinigung* certificat *m*; *GeldϨ* billet *m* (de banque); *LichtϨ* lueur *f*, lumière *f*; *Anschein* apparence *f*; ***zum ~ etw tun*** faire semblant de faire qc; **Ϩbar** apparent; **Ϩen** briller, luire; *den Anschein haben* paraître, sembler; **Ϩheilig** hypocrite; **~welt** *f* monde *m* irréel; **~werfer** *m* projecteur *m*; *auto* phare *m*
Scheiß|e *f* P merde *f*; **Ϩen** P chier; **~haus** *n* P chiottes *f/pl*; **~kerl** *m* P salaud *m*
Scheit *n HolzϨ* bûche *f*
Scheitel *m HaarϨ* raie *f*; *höchster Punkt* sommet *m* (*a math*)
Scheiterhaufen *m* bûcher *m*
scheitern échouer
Schellfisch *zo m* églefin *od* aiglefin *m*
Schelm *m* coquin *m*; **Ϩisch** coquin
Schelte *f* réprimande *f*; **Ϩn** *bes Kinder* gronder
Schema *n* schéma *m*; **Ϩtisch** schématique
Schemel *m* tabouret *m*
schemenhaft vague, fantomatique
Schenke *f cf* ***Schänke***
Schenkel *m* cuisse *f*; *math* côté *m*

schenk|en offrir; faire cadeau de; **2ung** *f* don *m*; *jur* donation *f*
Scherbe *f* tesson *m*; **~n** *pl meist* débris *m/pl*
Schere *f* ciseaux *m/pl*; **e-e ~** une paire de ciseaux
scheren tondre; ***sich nicht um etw ~*** se ficher de qc F; ***das schert mich nicht*** je m'en fiche
Scherereien F *f/pl* ennuis *m/pl*
Schermaus *zo östr f* taupe *f*
Scherz *m* plaisanterie *f*; ***zum ~*** pour rire; **~artikel** *m/pl* (farces *f/pl* et) attrapes *f/pl*; **2en** plaisanter; **2haft** ***~ gemeint*** dit pour rire
scheu 1. timide, craintif; *Tier*, *Kind* sauvage; ***~ machen*** effaroucher; **2. 2** *f* timidité *f*, crainte *f*; *Ehrfurcht* respect *m*
scheuen craindre; *Pferd* s'emballer; ***sich ~, etw zu tun*** avoir peur de faire qc
Scheuer|bürste *f* brosse *f* à récurer; **2n** *Geschirr*, *Boden* récurer; *reiben* frotter; **~tuch** *n* serpillière *f*
Scheuklappe *f* œillère *f*; *fig* ***~n tragen*** avoir des œillères
Scheune *f* grange *f*
Scheusal *n* monstre *m*
scheußlich épouvantable, atroce, hideux, horrible; **2keit** *f* atrocité *f*
Schi(...) *cf* ***Ski***(...)
Schicht *f* couche *f* (*a fig*); *Arbeits2* équipe *f*, poste *m*; **~arbeit** *f* travail *m* par équipes, travail *m* posté; **2en** disposer par couches, empiler
schick 1. élégant, chic; **2. 2** *m* chic *m*, élégance *f*
schicken envoyer; *versenden* expédier; ***sich ~ in*** s'accommoder de, se résigner à; ***das schickt sich nicht*** cela ne se fait pas, ce n'est pas convenable
Schickeria *f* F jet-set *m*; les B.C.B.G. (= bon chic bon genre)
Schickimicki F *m* minet *m*
Schicksal *n* destin *m*, sort *m*
Schiebedach *auto n* toit *m* ouvrant
schieben pousser; ***die Schuld ~ auf*** rejeter la faute sur; ***beiseite ~*** écarter; *comm péj* ***mit etw ~*** faire le trafic de qc
Schieb|er *m tech* coulisseau *m*; *Läufer* curseur *m*; *comm péj* trafiquant *m*; **~etür** *f* porte *f* coulissante; **~ung** *f comm* trafic *m* (***mit*** de); *Betrug* manœuvre *f* frauduleuse
Schieds|gericht *n* tribunal *m* arbitral; **~richter** *m* arbitre *m*; **~spruch** *m* jugement *m* arbitral
schief *schräg* oblique, de travers; *geneigt* incliné, en pente; *Turm* penché; *fig* faux; ***~ gehen*** rater, ne pas marcher
Schiefer *m* ardoise *f*; *géol* schiste *m*; **~dach** *n* toit *m* d'ardoise; **~tafel** *f* ardoise *f*
schieflachen ***sich ~*** F se tordre de rire
schielen loucher
Schienbein *n* tibia *m*
Schiene *f Bahn* rail *m*; *méd* attelle *f*
schier presque; ***es ist ~ unmöglich*** c'est pratiquement impossible
schieß|en tirer (***auf j-n*** sur qn); faire feu; *Flüssigkeit* jaillir; *stürzen* se précipiter; **2en** *n* tir *m*; **2erei** *f* fusillade *f*, coups *m/pl* de feu; **2platz** *m* champ *m* de tir; **2pulver** *n* poudre *f* à canon; **2scharte** *f* créneau *m*, meurtrière *f*; **2scheibe** *f* cible *f*; **2stand** *m* stand *m* de tir
Schiff *n* bateau *m*; *großes See2* navire *m*, bâtiment *m*; *Passagier2* paquebot *m*; *Kirchen2* nef *f*; ***mit dem ~*** par bateau
schiffbar navigable
Schiff|bau *mar m* construction *f* navale; **~bruch** *m* naufrage *m*; ***~ erleiden*** faire naufrage; **2brüchig** naufragé; **~brüchige(r)** *m*, *f* naufragé *m*, -e *f*; **~er** *m Binnen2* batelier *m*; **~fahrt** *f* navigation *f*
Schiffs|junge *m* mousse *m*; **~ladung** *f* cargaison *f*; **~werft** *f* chantier *m* naval
Schikan|e *f* tracasserie *f*, vexation *f*, brimade *f*; *fig* ***mit allen ~n*** muni de tous les raffinements; **2ieren** brimer, faire des tracasseries à
Schikoree *m od f* endive *f*; ⚠ *nicht* ***chicorée***
Schild[1] *n mit Aufschrift* pancarte *f*; *Namens2* plaque *f*; *Verkehrs2* panneau *m*; *Firmen-*, *Aushänge2* enseigne *f*
Schild[2] *m zum Schutz* bouclier *m*; *e-r Mütze* visière *f*; **~drüse** *f* (glande *f*) thyroïde *f*
schilder|n décrire, peindre, présenter; **2ung** *f* description *f*
Schildkröte *zo f* tortue *f*
Schilf *bot n*, **~rohr** *n* roseau *m*
schillern chatoyer, miroiter
Schilling *m* schilling *m*; ***30 ~*** trente schillings

S

Schimmel *m Pferd* cheval *m* blanc; *bot* moisissure *f*, moisi *m*; **2ig** moisi; **2n** moisir

Schimmer *m* lueur *f*; *fig* ***keinen ~ von etw haben*** n'avoir pas la moindre idée de qc; **2n** luire, étinceler

Schimpanse *zo m* chimpanzé *m*

schimpf|en gronder (***mit j-m*** qn); pester (***auf*** contre); rouspéter F, râler F; **2wort** *n* injure *f*

Schindel *f* bardeau *m*

schind|en maltraiter; ***sich ~*** s'éreinter, s'esquinter; **2erei** *f* corvée *f*

Schinken *m* jambon *m*

Schippe *f* pelle *f*; **2n** pelleter

Schirm *m Regen2* parapluie *m*; *Sonnen2* parasol *m*; *Bild2* écran *m*; **~herrschaft** *f* patronage *m*; **~mütze** *f* casquette *f*; **~ständer** *m* porte-parapluies *m*

Schiss P *m* ***~ haben*** avoir la trouille P

Schlacht *mil f* bataille *f*

schlacht|en tuer, abattre; **2enbummler** *m Sport* supporter *m*; **2er** *m* boucher *m*; **2erei** *f* boucherie *f*; **2feld** *mil n* champ *m* de bataille; **2haus** *n*, **2hof** *m* abattoir *m*; **2schiff** *n* cuirassé *m*; **2vieh** *n* animaux *m/pl* de boucherie

Schlacke *f* scorie *f*, mâchefer *m*

Schlaf *m* sommeil *m*; **~anzug** *m* pyjama *m*

Schläfe *f* tempe *f*

schlafen dormir; ***~ gehen*** *od* ***sich ~ legen*** (aller) se coucher, se mettre au lit; ***mit j-m ~*** coucher avec qn

schlaff lâche; *Haut, Muskel* flasque; *kraftlos* mou (molle); épuisé

Schlaf|gelegenheit *f* endroit *m* où dormir, lit *m*; **~krankheit** *méd f* maladie *f* du sommeil; **~lied** *n* berceuse *f*; **2los** privé de sommeil; ***e-e ~e Nacht verbringen*** passer une nuit blanche; **~losigkeit** *f* insomnie *f*; **~mittel** *phm n* somnifère *m*; **~mütze** F *f* endormi *m*, -ie *f*, gnangnan *m*, *f* F

schläfrig qui a sommeil, somnolent

Schlaf|saal *m* dortoir *m*; **~sack** *m* sac *m* de couchage; **~stadt** *f* cité-dortoir *f*; **~tablette** *phm f* comprimé *m* pour dormir; **~wagen** *Bahn m* wagon-lit *m*; **~wandler(in** *f*) *m* somnambule *m*, *f*; **~zimmer** *n* chambre *f* à coucher

Schlag *m* coup *m*; *méd* (attaque *f* d')apoplexie *f*; *Art* espèce *f*; **~abtausch** *m Sport* échange *m* de coups; *fig* joute *f* oratoire; **~ader** *f* artère *f*; **~anfall** *méd m* attaque *f* (d'apoplexie); **2artig** brusque(ment), (tout) d'un coup; **~baum** *m* barrière *f*; **~bohrer** *m* perceuse *f* à percussion

schlagen battre (*a im Sport, Herz*); frapper; *Uhr* sonner; ***sich ~*** se battre; ***um sich ~*** se débattre; ***sich geschlagen geben*** se déclarer vaincu; **~d** *Beweis etc* convaincant

Schlager *m mus* chanson *f* à succès, air *m* à la mode *od* en vogue; *péj* rengaine *f*; *comm Verkaufs2* article *m* choc

Schläger *m Tennis* raquette *f*; **~ei** *f* bagarre *f*; **~typ** *m* bagarreur *m*

schlag|fertig ***~ sein*** riposter du tac au tac, avoir la repartie prompte; **2fertigkeit** *f* esprit *m* de repartie; **2instrument** *mus n* instrument *m* à percussion; **2loch** *n Straße* nid-de-poule *m*; **2obers** *östr n*, **2rahm** *m*, **2sahne** *f* crème *f* fouettée, crème *f* Chantilly; **2seite** *f mar* ***~ haben*** donner de la bande *od* de la gîte; *fig betrunken sein* tituber; **2wort** *n* slogan *m*; **2zeile** *f Zeitung* manchette *f*; **2zeug** *mus n* batterie *f*; **2zeuger** *mus m* batteur *m*

schlaksig maladroit, gauche, dégingandé

Schlamm *m* boue *f*, bourbe *f*, vase *f*; **2ig** boueux, bourbeux

Schlamp|e *f* F souillon *f*; P *Schimpfwort* salope *f*; **~erei** F *f* négligence *f*, laisser-aller *m*; **2ig** négligé, malpropre; *Arbeit* bâclé

Schlange *f zo* serpent *m*; *fig* file *f* d'attente; ***~ stehen*** faire la queue

schlängeln ***sich ~*** *Fluss, Straße* serpenter; *Person* se faufiler

Schlangen|gift *n* venin *m* de serpent; **~linie** *f* ligne *f* sinueuse

schlank mince, svelte; **2heit** *f* minceur *f*, sveltesse *f*; **2heitskur** *f* cure *f* d'amaigrissement

schlapp F *müde* épuisé, flapi F; *energielos* mou (molle); **2e** F *f* défaite *f*, échec *m*; **~machen** F flancher; **2schwanz** *m* F chiffe *f*; ***ein ~ sein*** être mou comme une chique

schlau rusé, malin, astucieux

Schlauch *m* tuyau *m*; *Fahrrad2* chambre *f* à air; **~boot** *n* canot *m* pneumatique

Schlauheit *f* ruse *f*, astuce *f*
schlecht mauvais; *adv* mal; *böse* méchant; ***mir ist ~*** je me sens mal; ***~ aussehen*** avoir mauvaise mine; ***sich ~ fühlen*** se sentir mal; ***es geht ihm sehr ~*** il va très mal; ***~ gelaunt*** de mauvaise humeur; ***j-n ~ machen*** dire du mal de qn; **Ձigkeit** *f Bosheit* méchanceté *f*
schlecken manger des sucreries; *lecken* lécher
Schlegel *m Trommel* baguette *f*; *cuis cf* ***Keule***
Schlehe *bot f* prunelle *f*
schleich|en se glisser; **~end** *Krankheit* insidieux, sournois; **Ձweg** *m* chemin *m* détourné; **Ձwerbung** *f* publicité *f* déguisée
Schleie *zo f* tanche *f*
Schleier *m* voile *m*; **Ձhaft** *fig* mystérieux, incompréhensible
Schleife *f* boucle *f* (*a EDV*); *Band*Ձ nœud *m*
schleif|en *ziehen* traîner; *schärfen* aiguiser; *Edelstein, Glas* tailler; *mit der Schleifscheibe* meuler, poncer; F *drillen* dresser; *Kupplung* ***~ lassen*** faire patiner; **Ձmaschine** *f* ponceuse *f*; **Ձscheibe** *f*, **Ձstein** *m* meule *f*
Schleim *m méd* mucosité *f*; *zäher* glaire *f*; *Hafer*Ձ crème *f* (d'avoine); **~haut** *f* muqueuse *f*; **Ձig** glaireux; visqueux (*a fig*)
schlemm|en festoyer, faire ripaille F; **Ձer** *m* bon vivant *m*; **Ձerei** *f* festin *m*, ripaille F *f*
schlend|ern flâner; **Ձrian** *m* laisser-aller *m*
schlenkern balancer; ***im Gehen mit den Armen ~*** marcher les bras ballants
Schlepp|e *f* traîne *f*; **Ձen** traîner; *mar, auto* remorquer; ***sich ~*** se traîner; **Ձend** *Unterhaltung* languissant; *Tonfall* traînant; **~er** *m mar* remorqueur *m*; *auto* tracteur *m*; **~lift** *m* remonte-pente *m*, tire-fesses *m* F; **~tau** *n* remorque *f*; *fig* ***in j-s ~ sein*** être à la remorque de qn
Schlesien *n* la Silésie
Schleswig-Holstein *n* le Schleswig-Holstein
Schleuder *f* lance-pierres *m*, fronde *f*; *Wäsche*Ձ essoreuse *f*; **Ձn** lancer; *Wäsche* essorer; *auto* déraper; **~preis** *comm m* ***zu ~en*** à bas prix; **~sitz** *aviat m* siège *m* éjectable
schleunigst le plus rapidement possible
Schleuse *f* écluse *f*
schlicht simple; **~en** arranger, régler; *Tarifstreit* arbitrer; **Ձung** *f* règlement *m*, conciliation *f*, arbitrage *m*
schließ|en fermer; *Lücke* combler; *Sitzung* clore; *Vertrag* conclure; *enden* se terminer; ***in die Arme ~*** serrer dans ses bras; ***in sich ~*** renfermer; ***Frieden ~*** faire la paix; ***aus etw ~*** conclure de qc; **Ձfach** *n Bahn* consigne *f* automatique; *Bank* compartiment *m* de coffre-fort; **~lich** finalement, enfin, à la fin, en fin de compte, en définitive; **Ձung** *f* fermeture *f*
Schliff *m Edelstein* taille *f*; *Lebensart* savoir-vivre *m*
schlimm mauvais; *adv* mal; *schwerwiegend* grave; **~e Zeiten** des temps difficiles; ***das ist nicht so ~*** ce n'est pas si grave; ***das Ձe daran*** ce qui est grave; **~er, ~ste** pire; **~stenfalls** dans le pire des cas
Schling|e *f* boucle *f*; *ch* lacet *m*, collet *m*; *méd* écharpe *f*; **~el** *m* polisson *m*, garnement *m*; **Ձen** *beim Essen* engloutir; ***um etw ~*** enrouler, *Arme* passer autour de qc; ***sich um etw ~*** s'enrouler *od* s'entortiller autour de qc; **Ձern** *mar* rouler; **~pflanze** *f* plante *f* grimpante
Schlips *m* cravate *f*
Schlitt|en *m* traîneau *m*; *Rodel* luge *f*; ***~ fahren*** faire de la luge; **Ձern** glisser, patiner
Schlittschuh *m* patin *m* (à glace); ***~ laufen*** faire du patin; **~bahn** *f* patinoire *f*; **~laufen** *n* patinage *m*; **~läufer(in** *f*) *m* patineur *m*, -euse *f*
Schlitz *m* fente *f*; *Hosen*Ձ braguette *f*; **~augen** *n/pl* yeux *m/pl* bridés
Schloss *n Bau* château *m*; *Tür*Ձ serrure *f*; ***ins ~ fallen*** *Tür* se fermer; ***hinter ~ und Riegel*** sous les verrous
Schlosser *m* serrurier *m*
Schlot *m* cheminée *f*; ***wie ein ~ rauchen*** F fumer comme un sapeur
schlottern trembler (***vor*** de); *Knie* flageoler; *Hose, Kleid* flotter
Schlucht *f* ravin *m*, gorge(s) *f*(*pl*)
schluchzen sangloter
Schluck *m* gorgée *f*; ***ein ~ Wasser*** une gorgée d'eau; **~auf** *m* hoquet *m*; **Ձen**

avaler (*a fig*); **~impfung** *méd f* vaccination *f* par voie buccale
schludern F bâcler son travail
Schlummer *m* sommeil *m*; **ℒn** sommeiller
Schlund *m* gosier *m*
schlüpf|en se glisser; ***in die Kleidung*** ~ enfiler ses vêtements; ***aus dem Ei*** ~ éclore; **ℒer** *m* slip *m*; **~rig** glissant; *fig* scabreux, grivois
Schlupfwinkel *m* cachette *f*
schlurfen traîner les pieds
schlürfen boire avec bruit
Schluss *m* fin *f*; *Folgerung* conclusion *f*; ***am*** *od* ***zum*** ~ à la fin; ***bis zum*** ~ jusqu'à la fin; ~ ***für heute!*** ça suffit pour aujourd'hui!; ~ ***machen mit*** en finir avec; ***mit j-m*** ~ ***machen*** rompre avec qn
Schlüssel *m* clé *f* (*a tech*, *mus*, *fig*); **~bein** *n* clavicule *f*; **~blume** *bot f* primevère *f*; **~bund** *m od n* trousseau *m* de clés; **~industrie** *f* industrie-clé *f*; **~loch** *n* trou *m* de la serrure; **~roman** *m* roman *m* à clefs
Schlussfolgerung *f* conclusion *f*
schlüssig concluant; ***sich*** ~ ***werden*** se résoudre (à faire qc)
Schluss|licht *n auto etc* feu *m* arrière; *fig* lanterne *f* rouge; **~pfiff** *Sport m* coup *m* de sifflet final; **~phase** *f* phase *f* finale; **~strich** *m fig* ***e-n*** ~ ***unter etw ziehen*** mettre un point final à qc; **~verkauf** *comm m* soldes *m/pl*
Schmach *f* ignominie *f*, honte *f*
schmachten languir (***nach*** après)
schmächtig fluet, chétif
schmackhaft savoureux, délicieux; ***j-m etw*** ~ ***machen*** faire prendre goût de qc à qn
schmal étroit; *Taille* mince
schmälern *j-s Verdienste etc* rabaisser
Schmal|film *m* film *m* format réduit, super-huit *m*; **~spur** *f Bahn* voie *f* étroite
Schmalz *n* graisse *f* fondue; *Schweine*ℒ saindoux *m*; **ℒig** *fig* sentimental, à l'eau de rose
schmarotz|en faire le parasite; **ℒer** *m* parasite *m* (*biol u fig*)
schmatzen manger bruyamment
Schmaus *m* festin *m*; **ℒen** se régaler
schmecken ***bitter*** ~ avoir un goût amer; ***gut*** ~ avoir bon goût; ***nach etw*** ~ avoir un goût de qc, sentir qc; ***es schmeckt nach nichts*** ça n'a le goût de rien; ***es sich*** ~ ***lassen*** se régaler
Schmeichel|ei *f* flatterie *f*; **ℒhaft** flatteur; **ℒn** ***j-m*** ~ flatter qn (***mit etw*** de qc)
Schmeichler|(in *f*) *m* flatteur *m*, -euse *f*; **ℒisch** flatteur
schmeiß|en F flanquer, balancer; ***mit Geld um sich*** ~ faire valser l'argent; **ℒfliege** *zo f* mouche *f* bleue
schmelz|en fondre; **ℒpunkt** *phys m* point *m* de fusion; **ℒwasser** *n* eaux *f/pl* de la fonte des neiges
Schmerz *m* douleur *f*; **ℒen** causer de la douleur; **~ensgeld** *n jur* pretium doloris *m*; **ℒfrei** exempt de douleur; **ℒhaft** douloureux; **ℒlich** douloureux; **ℒlindernd** calmant; **ℒlos** sans douleur, indolore; **~mittel** *phm n* analgésique *m*; **ℒstillend** sédatif, analgésique
Schmetterling *zo m* papillon *m*
schmettern *werfen* lancer violemment; *Lied* hurler à tue-tête
Schmied *m* forgeron *m*
Schmiede *f* forge *f*; **~eisen** *n* fer *m* forgé; **ℒn** forger (*a fig*)
schmieg|en ***sich*** ~ ***an*** se serrer *od* se blottir contre; **~sam** souple
Schmier|e *f* graisse *f*, cambouis *m*; *fig* ~ ***stehen*** faire le guet; **ℒen** *fetten* graisser, lubrifier; *verstreichen* étaler (***auf*** sur); *Brote* tartiner; *schreiben* gribouiller; F ***j-n*** ~ *bestechen* graisser la patte à qn; **~erei** *f Schrift* gribouillage *m*; **ℒig** graisseux, gras, sale; *fig Person* visqueux; **~mittel** *tech n* lubrifiant *m*
Schminke *f* fard *m*; **ℒn** (***sich*** ~ se) maquiller; *Schauspieler* (se) farder
schmirgel|n passer *od* polir à l'émeri; **ℒpapier** *n* papier *m* émeri
Schmöker *m* F bouquin *m*; **ℒn** F bouquiner
schmollen bouder (***mit j-m*** qn)
Schmor|braten *m* bœuf *m* mode *od* à l'étuvée; **ℒen** cuire à petit feu, braiser
Schmuck *m* ornement *m*, décoration *f*; *Juwelen* bijoux *m/pl*
schmücken orner, parer, décorer (***mit*** de)
Schmuck|kästchen *n* coffret *m* à bijoux; **ℒlos** sobre, austère; **~stück** *n* bijou *m* (*a fig*)
Schmuggel *m* contrebande *f*; **ℒn** faire de la contrebande; ***etw*** ~ passer qc en fraude; **~ware** *f* contrebande *f*

Schmuggler(in *f*) *m* contrebandier *m*, -ière *f*
schmunzeln sourire
Schmutz *m* saleté *f*; **~fink** *fig m* cochon *m*; **~fleck** *m* tache *f* de saleté; **2ig** sale; *fig a* sordide; (***sich***) **~** ***machen*** (se) salir
Schnabel *m* bec *m*
Schnake *zo f* moustique *m*
Schnalle *f* boucle *f*
schnalzen ***mit der Zunge***, ***mit den Fingern*** **~** faire claquer sa langue, ses doigts
Schnäppchen *n* bonne affaire *f*
schnapp|en F *erwischen* attraper; ***nach etw*** **~** chercher à happer qc; ***nach Luft*** **~** étouffer; ***Luft*** **~** prendre l'air; **2schuss** *m Foto* instantané *m*
Schnaps *m* eau-de-vie *f*
schnarchen ronfler
schnattern *Gans* criailler; *Ente* cancaner, nasiller; *fig schwatzen* caqueter
schnauben *Pferd* s'ébrouer; F ***sich die Nase*** **~** se moucher
schnaufen souffler (bruyamment), haleter
Schnauzbart *m* moustache *f*
Schnauze *f Hund, Katze* museau *m*; *aviat* nez *m*; *Kanne* bec *m*; P *Mund* gueule *f* P; P ***die*** **~** ***halten*** fermer sa gueule
Schnecke *zo f* escargot *m*; *Nackt*2 limace *f*; **~nhaus** *n* coquille *f* d'escargot
Schnee *m* neige *f*; *fig* **~** ***von gestern*** de l'histoire ancienne; **~** ***räumen*** déblayer la neige; **~ball** *m* boule *f* de neige; **~ballschlacht** *f* bataille *f* de boules de neige; **2bedeckt** recouvert de neige; **~decke** *f* couche *f* de neige; **~fall** *m* chute *f* de neige; **~flocke** *f* flocon *m* de neige; **~gestöber** *n* tourbillon *m* de neige; **~glöckchen** *bot n* perce-neige *m*; **~kette** *f auto* chaîne *f*; **~mann** *m* bonhomme *m* de neige; **~matsch** *m* neige *f* fondante; **~pflug** *m* chasse-neige *m*; **~regen** *m* pluie *f* mêlée de neige; **~schmelze** *f* fonte *f* des neiges; **~sturm** *m* tempête *f* de neige; **~verwehung** *f* congère *f*; **2weiß** blanc comme neige; **~wittchen** *n* Blanche-Neige *f*
Schneid *m* F cran *m*
Schneide *f* tranchant *m*
schneiden couper; *auto* ***j-n*** **~** faire une queue de poisson à qn; ***sich*** **~** se couper
Schneider *m* tailleur *m*; **~in** *f* couturière *f*; **2n** coudre
Schneidezahn *m* incisive *f*
schneidig qui a de l'allant
schneien neiger; ***es schneit*** il neige
schnell rapide; *adv* vite, rapidement; ***es geht*** **~** ça va vite
Schnell|boot *mar n* vedette *f*; **2en** bondir, sauter; **~gaststätte** *f* snack *m*, fast-food *m*; **~hefter** *m* chemise *f*; **~igkeit** *f* rapidité *f*, vitesse *f*; **~kochtopf** *cuis m* cocotte *f* minute; **~straße** *f* voie *f* express; **~zug** *m* train *m* express, rapide *m*
Schnepfe *zo f* bécasse *f*
schnetzeln *cuis* émincer
schneuzen ***sich*** **~** se moucher
Schnippchen *n fig* ***j-m ein*** **~** ***schlagen*** faire la nique à qn, jouer un tour à qn
schnippisch pimbêche
schnipsen claquer des doigts
Schnitt *m* coupe *f*; *Wunde* coupure *f*; *méd* incision *f*; ***im*** **~** en moyenne; **~blumen** *f/pl* fleurs *f/pl* coupées
Schnitt|e *f* tranche *f*; *bestrichene* tartine *f*; **~fläche** *f* coupe *f*; **2ig** de bonne coupe; *auto* racé; aérodynamique; **~lauch** *bot m* ciboulette *f*; **~muster** *n* patron *m*; **~punkt** *m* intersection *f*; **~stelle** *f EDV* interface *f*; *fig* point *m* de jonction; **~wunde** *f* coupure *f*
Schnitz|el *n Papier*2 petit morceau *m*; *cuis* escalope *f*; ***Wiener*** **~** escalope *f* à la viennoise; **2en** sculpter sur bois; **~er** *m* sculpteur *m* sur bois; F *Fehler* gaffe *f*; **~erei** *f* sculpture *f* sur bois
schnöde *st/s* méprisable, indigne
Schnorchel *mar m* schnorchel *m*
Schnörkel *m* fioriture *f*; *arch* volute *f*
schnorren F mendier
schnüff|eln renifler, flairer (***an etw*** qc); *fig* F fouiner; **2ler** *m* F fouineur *m*
Schnuller *m* tétine *f*
Schnulz|e F *mus f* chanson *f* sentimentale; rengaine *f*; **2ig** F sentimental
Schnupf|en *m* rhume *f* (de cerveau); ***e-n*** **~** ***bekommen*** s'enrhumer; **~tabak** *m* tabac *m* à priser
schnuppe F ***das ist mir*** **~** je m'en fiche F, je m'en fous P
schnuppern renifler, flairer (***an etw*** qc)
Schnur *f* ficelle *f*; *Kabel* fil *m*
Schnür|chen *n* ***wie am*** **~** comme sur

des roulettes; **≈en** lier, ficeler; *Schuhe* lacer
Schnurrbart *m* moustache *f*
schnurren *Katze* ronronner
Schnür|schuh *m* soulier *m* à lacets; **~senkel** *m* lacet *m*
schnurstracks tout droit
Schock *m* choc *m*; ***unter ~ stehen*** être sous l'effet d'un choc; **≈en, ≈ieren** choquer
Schöffe *jur m* juré *m*
Schokolade *f* chocolat *m*; ***e-e Tafel ~*** une tablette de chocolat; ⚠ ***le*** chocolat
Scholle *f* glèbe *f*, motte *f* de terre; *zo Fisch* plie *f*, carrelet *m*
schon déjà; ***~ jetzt*** d'ores et déjà; ***~ an*** *od* ***in*** *zeitlich* dès; ***~ der Gedanke*** la seule pensée; ***~ gut!*** c'est bon!; ***er macht das ~*** il va le faire, il le fera bien
schön beau (bel, belle); *adv* bien; ***~en Tag!*** bonne journée!; ***~en Dank!*** merci bien! *od* merci beaucoup!; F ***ganz ~ teuer*** drôlement cher
schonen (***sich ~*** se) ménager; **~d** avec ménagement; ***~ umgehen mit*** prendre toutes les précautions avec
Schönheit *f* beauté *f* (*a Person*)
Schonung *f* ménagement *m*; **≈slos** sans ménagement, impitoyable
Schonzeit *ch f* période *f* où la chasse est fermée
schöpf|en puiser (***aus*** à *od* dans); **≈er(in** *f*) *m* créateur *m*, -trice *f*; *rel* Créateur *m*; **~erisch** créateur; **≈löffel** *cuis m* louche *f*; **≈ung** *f* création *f*
Schorf *méd m* escarre *f*; *Kruste* croûte *f*
Schornstein *m* cheminée *f*; **~feger** *m* ramoneur *m*
Schoß *m Mutter≈* sein *m* (*a fig*); ***auf den ~ nehmen*** prendre sur ses genoux
Schote *bot f* cosse *f*, gousse *f*
Schott|e *m*, **~in** *f* Écossais *m*, -e *f*
Schotter *m* pierraille *f*, galets *m/pl*; *Bahn* ballast *m*
schott|isch écossais; **≈land** *n* l'Écosse *f*
schraffieren hachurer
schräg oblique; *geneigt* incliné, penché; *adv* en biais; ***~ gegenüber*** presque en face
Schramme *f* éraflure *f*; **≈n** érafler
Schrank *m* armoire *f*; *Wand≈* placard *m*
Schranke *f* barrière *f* (*a fig*); *Gericht* barre *f*; **≈nlos** illimité, effréné
Schrankwand *f* mur *m* aménagé en placards
Schraube *f* vis *f*; *mar* hélice *f*; **≈n** visser
Schrauben|mutter *f* écrou *m*; **~schlüssel** *m* clé *f*; **~zieher** *m* tournevis *m*
Schraub|stock *m* étau *m*; **~verschluss** *m* fermeture *f* à vis
Schrebergarten *m* jardin *m* ouvrier
Schreck *m*, **~en** *m* terreur *f*, effroi *m*, frayeur *f*; **~ensherrschaft** *f* régime *m* de la terreur; **~ensnachricht** *f* nouvelle *f* terrible; **~gespenst** *n* fantôme *m*, spectre *m*; **≈haft** peureux; **≈lich** terrible, effroyable, effrayant
Schrei *m* cri *m*
Schreibblock *m* bloc-notes *m*
schreiben 1. écrire; ***wie schreibt man das?*** comment est-ce que ça s'écrit?; **2.** ≈ *n* lettre *f*
schreib|faul qui n'aime pas écrire; **≈fehler** *m* faute *f* d'orthographe; **≈heft** *n* cahier *m*; **≈kraft** *f* dactylo *f*; **≈maschine** *f* machine *f* à écrire; **≈material** *n* fournitures *f/pl* de bureau; **≈schutz** *EDV m* protection *f* d'écriture; **~schützen** protéger contre l'écriture; **≈stelle** *EDV f* position *f* d'insertion; **≈tisch** *m* bureau *m*; **≈tischlampe** *f* lampe *f* de bureau; **≈ung** *f* orthographe *f*; **≈unterlage** *f* sous-main *m*; **≈waren** *f/pl* articles *m/pl* de papeterie; **≈ warengeschäft** *n* papeterie *f*
schrei|en crier, brailler; ***~ vor Schmerz*** crier de douleur; ***es war zum ≈*** F c'était à s'en taper le derrière par terre; **~end** *Farben* criard; *Unrecht* criant, flagrant; **≈hals** *m* F braillard *m*
Schreiner *m* menuisier *m*, ébéniste *m*
Schrift *f* écriture *f*; *Werk* écrit *m*; ***die Heilige ~*** l'Écriture sainte; **~deutsch** *n* allemand *m* écrit *od* littéraire; **≈lich** écrit; *adv* par écrit; **~sprache** *f* langue *f* écrite; **~steller(in** *f*) *m* auteur *m* (femme *f* auteur), écrivain *m* (femme *f* écrivain); **≈stellerisch** littéraire; **~stück** *n* écrit *m*; **~verkehr** *m*, **~wechsel** *m* correspondance *f*; **~zeichen** *n* caractère *m*
schrill aigu, strident, perçant
Schritt *m* pas *m*; *fig* démarche *f*; ***~e unternehmen*** faire des démarches; ***im ~*** au pas; **~macher** *m méd* pace-maker

S

m; *Radsport* entraîneur *m*; **≈weise** pas à pas
schroff brusque; *steil* raide
schröpfen *fig* saigner, plumer
Schrot *m od n Blei* grenaille *f* de plomb; *Mehl* farine *f* complète
Schrott *m* ferraille *f*; **≈reif** ***~er Wagen*** voiture *f* bonne pour la casse
schrubb|en frotter (avec un balai-brosse); **≈er** *m* balai-brosse *m*
Schrulle *f* lubie *f*
schrumpfen rétrécir, se ratatiner
Schub|fach *n* tiroir *m*; **~karre(n** *m*) *f* brouette *f*; **~lade** *f* tiroir *m*
Schubs F *m* poussée *f*; **≈en** F pousser, bousculer
schüchtern timide; **≈heit** *f* timidité *f*
Schufa *f etwa* Conseil *m* national du crédit
Schuft *m* canaille *f*, fripouille *f*; **≈en** F boulonner, travailler d'arrache-pied
Schuh *m* chaussure *f*, soulier *m*; *fig* ***j-m etw in die ~e schieben*** mettre qc sur le dos de qn; **~bürste** *f* brosse *f* à chaussures; **~creme** *f* cirage *m*; **~geschäft** *n* magasin *m* de chaussures; **~löffel** *m* chausse-pied *m*; **~macher** *m* cordonnier *m*; **~putzer** *m* cireur *m*; **~sohle** *f* semelle *f*
Schul|abgänger *m* élève *m*, *f* ayant terminé sa scolarité; **~amt** *n* administration *f* scolaire; **~anfang** *m nach den Ferien* rentrée *f* des classes; **~arbeit** *f* travail *m* scolaire; *Hausaufgabe* devoir *m*; *östr Klassenarbeit* composition *f*; ***seine ~en machen*** faire ses devoirs; **~aufgabe** *f Hausaufgabe* devoir *m*; *Klassenarbeit* composition *f*; **~besuch** *m* fréquentation *f* scolaire, scolarisation *f*; *Schulzeit* scolarité *f*; **~bildung** *f* éducation *f od* formation *f* scolaire; **~buch** *n* livre *m* de classe, manuel *m* scolaire; **~bus** *m* car *m* de ramassage scolaire
Schuld *f Geld≈* dette *f*; *Fehler* faute *f*; *jur* culpabilité *f*; ***es ist deine ~*** *od* ***du bist ≈ daran*** c'est (de) ta faute; ***ich habe keine ~*** je n'y suis pour rien; ***j-m die ~ (an etw) geben*** rejeter la faute (de qc) sur qn; ***~en haben*** avoir des dettes; ***sich etw zu ~en kommen lassen*** se rendre coupable de qc; **≈bewusst** qui se sent coupable
schulden ***j-m etw ~*** devoir qc à qn
schuldig *bes jur* coupable; *bes comm* ***j-m etw ~ sein*** devoir qc à qn, être redevable de qc à qn; **≈e(r)** *m*, *f* coupable *m*, *f*; **≈keit** *f* devoir *m*
schuld|los non coupable, innocent; **≈ner(in** *f*) *m* débiteur *m*, -trice *f*; **≈zuweisung** *f* accusation *f*
Schule *f* école *f*; ***in der ~*** à l'école, en classe; ***in die ~ gehen*** aller à l'école; ***die ~ fängt um 8 Uhr an*** l'école commence à huit heures
schulen former, entraîner, éduquer
Schüler|(in *f*) *m* élève *m*, *f*, écolier *m*, -ière *f*; **~austausch** *m* échange *m* d'élèves; **~lotse** *m* élève *m* chargé de la surveillance routière; **~vertretung** *f* représentants *m/pl* des élèves; **~zeitung** *f* journal *m* fait par les élèves
Schul|ferien *pl* vacances *f/pl* scolaires; **~fernsehen** *n* télévision *f* scolaire; **≈frei** ***~ haben*** avoir congé; ***~er Tag*** jour *m* de congé; **~funk** *m* radio *f* scolaire; **~gebäude** *n* bâtiment *m* scolaire; **~geld** *n* frais *m/pl* de scolarité; **~heft** *n* cahier *m*; **~hof** *m* cour *f* de l'école; *überdacht* préau *m*; **~jahr** *n* année *f* scolaire; **~kamerad(in** *f*) *m* camarade *m*, *f* d'école; F copain *m* (copine *f*) de classe; **~leiter(in** *f*) *m* directeur *m*, -trice *f* d'école; *Gymnasium* proviseur *m*; *Mittelstufe* principal *m*; **~mappe** *f* serviette *f*, cartable *m*; **~ordnung** *f* règlement *m* scolaire; **~pflicht** *f* scolarité *f* obligatoire; **≈pflichtig** scolarisable, en âge d'aller à l'école; **~ranzen** *m* cartable *m*; **~reform** *f* réforme *f* scolaire; **~schluss** *m* sortie *f* des classes; **~schwänzer** *m* qui fait l'école buissonnière; **~stunde** *f* cours *m*, leçon *f*, heure *f* de classe; **~system** *n* système *m* d'enseignement; **~tasche** *f* serviette *f*, cartable *m*
Schulter *f* épaule *f*; **~blatt** *n* omoplate *f*; **≈frei** *Kleid* décolleté; **≈n** jeter *od* charger sur l'épaule; **~schluss** *m* solidarité *f*
Schulung *f* formation *f*, entraînement *m*, éducation *f*
Schul|wesen *n* enseignement *m*; **~zeit** *f* scolarité *f*; **~zeugnis** *n* bulletin *m* scolaire
schummeln F tricher
Schund *m péj* pacotille *f*, camelote *f*, cochonnerie *f*

Schuppe *f zo, bot* écaille *f*; **~n** *pl im Haar* pellicules *f/pl*
Schuppen *m* remise *f*, hangar *m*
schüren attiser (*a fig*)
Schürfwunde *méd f* éraflure *f*
Schurke *m* canaille *f*, coquin *m*
Schurwolle *f comm* ***reine ~*** pure laine *f* vierge
Schürze *f* tablier *m*; **~njäger** *m* coureur *m* (de jupons)
Schuss *m* coup *m* de feu; *Fußball* tir *m*, shoot *m*; *Flüssigkeit* coup *m*, doigt *m*; F ***in ~ sein*** être en ordre
Schüssel *f Salat*2 saladier *m*; *Suppen*2 soupière *f*; *große* bassine *f*; *flache* plat *m*
Schuss|fahrt *Ski f* schuss *m*; **~waffe** *f* arme *f* à feu; **~wunde** *f* blessure *f* par balle
Schuster *m* cordonnier *m*
Schutt *m* décombres *m/pl*, gravats *m/pl*
Schüttelfrost *méd m* frissons *m/pl*
schütteln (***sich ~*** se) secouer; *Hand* serrer; *Kopf a* hocher
schütten verser; ***es schüttet*** il pleut à torrents
Schutz *m* protection *f* (***vor***, ***gegen*** contre); ***j-n in ~ nehmen*** prendre la défense de qn; **~blech** *n* garde-boue *m*; **~brille** *f* lunettes *f/pl* de protection; **~dach** *n* auvent *m*, abri *m*
Schütze *m* tireur *m*; *astr* Sagittaire *m*; *Tor*2 marqueur *m*
schützen (***sich ~*** se) protéger (***gegen***, ***vor*** contre *od* de), (s')abriter (de), (se) préserver (de), garantir (de)
Schutz|engel *m* ange *m* gardien; **~gebiet** *n pol* protectorat *m*; *Landschafts*2 site *m* protégé; **~gelderpressung** *f* racket *m*; **~helm** *m* casque *m*; **~impfung** *méd f* vaccination *f* préventive
Schützling *m* protégé *m*, -e *f*
schutz|los sans protection, sans défense; **2mann** *m* agent *m* de police; **2maßnahme** *f* mesure *f* de protection; **2patron(in** *f*) *m* patron *m*, -ne *f*; **2umschlag** *m Buch* jaquette *f*
Schwabe *m*, **Schwäbin** *f* Souabe *m*, *f*
schwäbisch souabe
schwach faible; *leistungsmäßig* médiocre; *Tee* léger; *Gedächtnis* mauvais; ***schwächer werden*** s'affaiblir
Schwäche *f* faiblesse *f*; ***e-e ~ haben für*** avoir un faible pour; **2n** affaiblir
Schwachheit *f* faiblesse *f*
schwäch|lich délicat, fragile, faible; **2ling** *m* faible *m*; F mou *m*
Schwach|sinn *m* imbécillité *f*, débilité *f*; **2sinnig** imbécile, débile; **~stelle** *f* point *m* faible; **~strom** *m* courant *m* à basse tension
Schwächung *f* affaiblissement *m*
Schwaden *m* nuage *m*
Schwager *m* beau-frère *m*
Schwägerin *f* belle-sœur *f*
Schwalbe *zo f* hirondelle *f*
Schwall *m* flot *m*
Schwamm *m* éponge *f*; **~erl** *östr n* champignon *m*; **2ig** spongieux; *Person* bouffi; *fig* vague
Schwan *zo m* cygne *m*
schwanger enceinte
Schwangerschaft *f* grossesse *f*; **~sabbruch** *méd m* interruption *f* (volontaire) de grossesse (*abr* I.V.G.); **~stest** *m* test *m* de grossesse
schwank|en chanceler; *Person a* tituber; *fig* varier; **2ung** *f fig* variation *f*
Schwanz *m* queue *f*
schwänzen ***die Schule ~*** faire l'école buissonnière; ***e-e Stunde ~*** sécher un cours
Schwarm *m Insekten* essaim *m*; *Vögel* volée *f*; *Fische* banc *m*; *Menschen* bande *f*, troupe *f*; *fig Idol* idole *f*; ***du bist ihr ~*** F elle a le béguin pour toi
schwärm|en *Bienen* essaimer; ***~ für*** s'enthousiasmer pour, raffoler de, s'engouer pour, être entiché de; **2erei** *f* enthousiasme *m* (***für*** pour), exaltation *f*, engouement *m*; **~erisch** exalté, enthousiaste
Schwarte *f Speck*2 couenne *f*; F *Buch* ***alte ~*** vieux bouquin *m*
schwarz noir; ***~ auf weiß*** noir sur blanc; ***~er Markt*** marché *m* noir; **2arbeit** *f* travail *m* (au) noir; **2brot** *n* pain *m* bis *od* noir
Schwärze *f* noirceur *f*; **2n** noircir
Schwarze(r) *m*, *f* Noir *m*, -e *f*
Schwarz|fahrer *m* resquilleur *m* F; **~handel** *m* marché *m* noir; **~händler** *m* trafiquant *m* du marché noir; **~hörer** *Radio m* auditeur *m* clandestin
schwärzlich noirâtre
Schwarz|seher *m* pessimiste *m*; *TV* téléspectateur *m* clandestin; **~wald** *m* Forêt-Noire *f*; **~weißfilm** *m* film *m* en noir et blanc

S

schwatzen bavarder
Schwätzer(in *f*) *m* bavard *m*, -e *f*
schwatzhaft bavard
Schwebe *f* ***in der ~ fig*** en suspens; **~bahn** *f Seil*~ téléférique *m*; **~n** planer
Schwed|e *m*, **~in** *f* Suédois *m*, -e *f*; **~en** *n* la Suède; **~isch** suédois
Schwefel *chim m* soufre *m*; **~säure** *f* acide *m* sulfurique
schweigen 1. se taire; ***ganz zu ~ von*** sans parler de; **2. ~** *n* silence *m*; **~d** silencieux
schweigsam taciturne, silencieux
Schwein *n* cochon *m*, porc *m* (*beide a péj*); *fig* F ***~ haben*** avoir de la veine *od* du pot F
Schweine|braten *m* rôti *m* de porc; **~fleisch** *n* (viande *f* de) porc *m*; **~rei** *f* cochonnerie *f*; **~stall** *m* porcherie *f*
Schweinsleder *n* peau *f od* cuir *m* de porc
Schweiß *m* sueur *f*, transpiration *f*; **~en** *tech* souder; **~er** *tech m* soudeur *m*; **~gebadet** trempé de sueur; **~geruch** *m* odeur *f* de sueur
Schweiz ***die ~*** la Suisse; ***die deutsche*** (***französische***) ~ la Suisse allemande (romande)
Schweizer 1. *m*, **~in** *f* Suisse *m*, *f*; **2.** *adj* suisse; ***~ Käse*** gruyère *m*; **~isch** suisse
schwelen couver (*a fig*)
schwelgen faire bombance; *fig* ***in Erinnerungen ~*** savourer ses souvenirs
Schwell|e *f Tür* seuil *m* (*a fig*); *Bahn* traverse *f*; **~en** *méd* enfler; **~enangst** *f* appréhension *f*; **~enland** *n* pays *m* nouvellement industrialisé; **~ung** *méd f* enflure *f*
Schwemme *écon f* abondance *f*; **~n** ***an Land geschwemmt werden*** être rejeté à la côte
schwenken *Arme etc* agiter; *Kamera* tourner; *cuis* faire sauter; *spülen* rincer
schwer *im Gewicht* lourd; *schwierig* difficile; *Krankheit* grave; ***~e Zeiten*** des temps durs; ***es ~ haben*** avoir bien du mal (***mit*** avec); ***50 Kilo ~ sein*** peser 50 kilos; ***~ arbeiten*** travailler dur; ***~ behindert*** gravement handicapé; ***~ erziehbar*** difficile, caractériel; ***j-m ~ fallen*** être difficile pour qn; ***es fällt mir ~ zu*** (+ *inf*) j'ai du mal à (+ *inf*); ***~ krank*** gravement malade; ***sich ~ tun*** avoir des difficultés (***mit*** avec); ***~ verdaulich*** indigeste, lourd; ***~ verletzt*** grièvement blessé; ***~ verständlich*** difficile à comprendre; **~e** *f phys* pesanteur *f*; *fig* gravité *f*, poids *m*; **~elosigkeit** *phys f* apesanteur *f*; **~fällig** lourd; **~gewicht** *n Sport* poids *m*/*pl* lourds; *fig* ***das ~ legen auf*** mettre l'accent sur; **~hörig** malentendant; **~industrie** *f* industrie *f* lourde; **~kraft** *phys f* gravité *f*; **~lich** avec peine, difficilement, ne ... guère; **~metall** *n* métal *m* lourd; **~mut** *f* mélancolie *f*; **~mütig** mélancolique; **~punkt** *m phys* centre *m* de gravité; *fig* centre *m*
Schwert *n* épée *f*
Schwer|verbrecher *m* grand criminel *m*; **~wiegend** grave, très sérieux
Schwester *f* sœur *f*; *Kranken*~ infirmière *f*; *Ordens*~ *a* religieuse *f*
Schwieger|eltern *pl* beaux-parents *m*/*pl*; **~mutter** *f* belle-mère *f*; **~sohn** *m* gendre *m*, beau-fils *m*; **~tochter** *f* belle-fille *f*; **~vater** *m* beau-père *m*
schwierig difficile; **~keit** *f* difficulté *f*; ***in ~en geraten*** connaître des difficultés
Schwimm|bad *n* piscine *f*; **~becken** *n* bassin *m*; **~en** nager; *im Wasser treiben* flotter; **~en** *n* natation *f*; **~er(in** *f*) *m* nageur *m*, -euse *f*; **~flosse** *f* palme *f*; **~lehrer** *m* moniteur *m* de natation; **~sport** *m* natation *f*; **~weste** *f* gilet *m* de sauvetage
Schwindel *m méd* vertige *m*; *Betrug* escroquerie *f*; *Täuschung* bidon *m* F; *Lüge* mensonge *m*; F ***der ganze ~*** tout le bataclan F; ***~ erregend*** vertigineux
schwindeln *lügen* mentir, dire des mensonges; ***mir schwindelt*** j'ai le vertige
schwinden diminuer; *Kräfte a* décliner
Schwindl|er(in *f*) *m Lügner* menteur *m*, -euse *f*; *Betrüger* escroc *m*; **~ig** ***mir ist ~*** j'ai le vertige
schwing|en *hin u her* balancer; *drohend* brandir; *pendeln* se balancer; *phys* osciller; *vibrieren* vibrer; **~ung** *phys f* oscillation *f*, vibration *f*
Schwips *m* F ***e-n ~ haben*** être éméché F
schwirren *Pfeil* siffler; *Insekt* bourdonner
schwitzen suer, transpirer
schwören jurer (***bei*** par)
schwul homosexuel, gay
schwül lourd, étouffant; **~e** *f* chaleur *f* étouffante
Schwulst *m Stil* boursouflure *f*

schwülstig *Stil* boursouflé, ampoulé
Schwund *m* perte *f*, diminution *f*
Schwung *m* élan *m*; *fig a* entrain *m*, dynamisme *m*, verve *f*; ***in ~ kommen*** se mettre en train; **&haft** *comm* florissant; **&voll** plein d'entrain; *Musik* entraînant
Schwur *m* serment *m*; **~gericht** *jur n* cour *f* d'assises
Schwyz Schwyz
Science-Fiction *f* science-fiction *f*
sechs six; *Schule* **e-e** ***& bekommen*** avoir un zéro; **&eck** *n* hexagone *m*; **~eckig** hexagonal; **~fach** sextuple; **~hundert** six cents; **~mal** six fois; **&tagerennen** *n* six jours *m/pl*
sechste sixième; **&l** *n* sixième *m*; **~ns** sixièmement
sechzehn seize; **~te** seizième
sechzig soixante; ***etwa ~*** une soixantaine; **~ste** soixantième
Secondhand... *in Zssgn* d'occasion; **~laden** *m* magasin *m* de vêtements d'occasion
See[1] *m* lac *m*
See[2] *f* mer *f*; ***auf ~*** en mer; ***auf hoher ~*** en haute *od* pleine mer, au large; ***an der ~*** au bord de la mer; ***in ~ stechen*** prendre la mer; ***zur ~ gehen*** se faire marin; ***zur ~ fahren*** naviguer
See|bad *n* station *f* balnéaire; **~gang** *m* houle *f*; ***hoher ~*** grosse mer *f*; **~hund** *zo m* phoque *m*; **~igel** *zo m* oursin *m*; **&krank** ***~ sein*** avoir le mal de mer; **~krankheit** *méd f* mal *m* de mer, nausée *f*
Seele *f* âme *f* (*a fig*)
Seelen|heil *n* salut *m* de l'âme; **&los** sans âme, sans vie, inexpressif; **~ruhe** *f* ***in aller ~*** en toute tranquillité; **~wanderung** *phil f* métempsycose *f*
seelisch psychique
Seelsorge *f* charge *f* d'âmes; **~r** *m* père *m* spirituel; pasteur *m*
See|macht *f* puissance *f* maritime; **~mann** *m* marin *m*; **~meile** *f* mille *m* marin; **~not** *f* ***in ~*** en détresse; **~räuber** *m* pirate *m*, corsaire *m*; **~reise** *f* voyage *m* par mer; **~rose** *bot f* nénuphar *m*; **~sack** *m* sac *m* de marin; **~schlacht** *f* bataille *f* navale; **~stern** *zo m* étoile *f* de mer; **~tang** *bot m* varech *m*, goémon *m*; **&tüchtig** *Schiff* en état de naviguer; **~weg** *m* voie *f* maritime; ***auf dem ~*** par mer; **~zunge** *zo f* sole *f*
Segel *n* voile *f*; **~boot** *n* canot *m od* yacht *m* à voiles; **~fliegen** *n* vol *m* à voile; **~flieger(in** *f*) *m* vélivole *m*, *f*; **~flug** *m* vol *m* à voile; **~flugzeug** *n* planeur *m*; **&n** faire voile (***nach*** pour); *Sport* faire de la voile; **~schiff** *n* voilier *m*, bateau *m* à voiles; **~sport** *m* voile *f*, yachting *m*; ***~ treiben*** faire de la voile; **~tuch** *n* toile *f* à voile
Segen *m* bénédiction *f*; **&sreich** béni
Segler *m Sport&* plaisancier *m*; *Schiff* voilier *m*
segnen bénir
sehbehindert malvoyant
sehen voir; ***auf etw ~*** regarder qc; ***nach etw ~*** avoir soin de qc; ***sich ~ lassen*** se montrer; ***siehe Seite 10*** voir page 10
sehens|wert qui vaut la peine d'être vu, digne d'être vu; **&würdigkeit** *f* curiosité *f*
Sehkraft *f* vue *f*
Sehne *f* tendon *m*
sehnen ***sich ~ nach*** s'ennuyer de, regretter, aspirer à
Sehnerv *m* nerf *m* optique
sehnig nerveux; *Fleisch a* filandreux
sehn|lich ***~ wünschen*** désirer ardemment; **&sucht** *f* désir *m* ardent, nostalgie *f* (***nach*** de); **~süchtig** nostalgique; *adv* avec impatience
sehr très, bien, fort; *vor Verben* beaucoup, bien
Seh|schwäche *f* mauvaise vue *f*; **~störungen** *méd f/pl* troubles *m/pl* visuels; **~test** *m* test *m* visuel
seicht *Wasser* peu profond; *fig* superficiel, plat, fade
Seide *f* soie *f*
seiden de soie; **&papier** *n* papier *m* de soie; **&raupe** *zo f* ver *m* à soie
seidig soyeux
Seife *f* savon *m*
Seifen|blase *f* bulle *f* de savon; **~lauge** *f* eau *f* savonneuse; **~oper** *f* série *f* mélo; **~schaum** *m* mousse *f* de savon
seifig savonneux
seihen passer, filtrer
Seil *n* corde *f*; **~bahn** *f* téléférique *m*; *Stand&* funiculaire *m*; **~hüpfen** *n* saut *m* à la corde; **~schaft** *f* cordée *f*; **~tänzer(in** *f*) *m* funambule *m*, *f*, danseur *m*, -euse *f* de corde

S

sein¹ 1. être; ***es ist kalt*** il fait froid; ***er ist zwanzig Jahre alt*** il a vingt ans; F ***etw ~ lassen*** ne pas faire qc, s'abstenir de faire qc; **2.** ☊ *n phil* être *m*; *Dasein* existence *f*
sein² *Possessivpronomen* son, sa, *pl* ses; ***~er***, ***~e***, ***~es***, ***der***, ***die***, ***das ~e*** *od* ***~ige*** le sien, la sienne
seiner|seits de sa part, de son côté; **~zeit** alors, à l'époque
seinesgleichen son pareil; ***j-n wie ~ behandeln*** traiter qn d'égal à égal
seinetwegen à cause de lui, pour lui
seit depuis; *conj* depuis que (+ *ind*); ***schon ~*** dès; ***~ drei Jahren*** depuis trois ans; ***~ langem*** depuis longtemps; **~dem** depuis (ce temps-là), depuis *od* dès lors; *conj* depuis que (+ *ind*)
Seite *f* côté *m*; *Schrift*☊ page *f*; ***auf j-s ~ treten*** se ranger du côté de qn; ***auf der linken ~*** du côté gauche; *fig* ***auf der anderen ~*** d'un autre côté
Seiten|ansicht *f* profil *m*; **~blick** *m* regard *m* en coin; **~hieb** *m fig* coup *m* de griffe; ☊**s** de la part de; **~sprung** *m fig* écart *m* de conduite, escapade *f*; **~stechen** *méd n* point *m* de côté; **~straße** *f* rue *f* latérale; **~streifen** *m* bande *f* latérale
seither depuis (ce temps-là)
seit|lich latéral; **~wärts** de côté
Sekret|är(in *f*) *m* secrétaire *m,f*; **~ariat** *n* secrétariat *m*
Sekt *m* (vin *m*) mousseux *m*
Sekte *rel f* secte *f*
Sektor *m* secteur *m*
Sekunde *f* seconde *f*; **~nzeiger** *m* trotteuse *f*
selber *cf* ***selbst***
selbst même; *ich* (*du*, *er etc*) ~ moi; ***~ gemacht*** fait à la maison
selbständig *cf* ***selbstständig***
Selbst|auslöser *Foto m* déclencheur *m* automatique; **~bedienung** *f* libre-service *m*; **~befriedigung** *f* masturbation *f*; **~beherrschung** *f* maîtrise *f* de soi; **~bestimmungsrecht** *n* droit *m* à l'autodétermination; ☊**bewusst** sûr de soi; **~bewusstsein** *n* confiance *f* en soi; **~bildnis** *n* autoportrait *m*; **~erhaltungstrieb** *m* instinct *m* de conservation; **~erkenntnis** *f* connaissance *f* de soi-même; ☊**gefällig** infatué de soi-même; **~gespräch** *n* monologue *m*; **~hilfegruppe** *f* groupe *m* d'entreaide; ⚠***le*** groupe; **~kostenpreis** *m* prix *m* coûtant, prix *m* de revient; **~kritik** *f* autocritique *f*; **~laut** *gr m* voyelle *f*; ☊**los** désintéressé; **~mord** *m* suicide *m*; **~mörder(in** *f*) *m* suicidé *m*, -e *f*; **~reinigungskraft** *f* capacité *f* d'autoépuration; ☊**sicher** sûr de soi; **~sicherheit** *f* aplomb *m*; ☊**ständig** indépendant; **~ständigkeit** *f* indépendance *f*; ☊**süchtig** égoïste; ☊**tätig** *tech* automatique; **~täuschung** *f* illusion *f* qu'on se fait à soi-même; ☊**verständlich** évident, naturel; *adv* bien entendu; ***das ist ~*** cela va de soi, cela va sans dire; **~verteidigung** *f* autodéfense *f*; **~vertrauen** *n* confiance *f* en soi; **~verwaltung** *f* administration *f* autonome; **~verwirklichung** *f* épanouissement *m* personnel; **~zweck** *m* fin *f* en soi
selchen *östr* fumer
selig heureux; *égl* bienheureux; *verstorben* défunt
Sellerie *bot m od f* céleri *m*
selten rare; *adv* rarement; ☊**heit** *f* rareté *f*
seltsam étrange, curieux, bizarre; ☊**keit** *f* étrangeté *f*
Semester *n* semestre *m*
Semikolon *n* point-virgule *m*
Seminar *n* séminaire *m*; *Universität* institut *m*, département *m*
Semmel *f* petit pain *m*
Senat *m* sénat *m*; **~or** *m* sénateur *m*
sende|n envoyer (***mit der Post*** par la poste); *über Funk* émettre, diffuser; ☊**r** *m* émetteur *m*, station *f*
Sende|reihe *f* feuilleton *m*, série *f*; **~schluss** *m* fin *f* des émissions
Sendung *f comm* envoi *m*; *fig* mission *f*; *Radio*, *TV* émission *f*
Senf *m* moutarde *f*; F ***seinen ~ dazugeben*** mettre son grain de sel
senil sénile; ☊**ität** *f* sénilité *f*
senior 1. *adj* ***Herr L. ~*** monsieur L. père; **2.** ☊ *m Sport* senior *m*; ***~en*** *pl alte Leute* le troisième âge; ☊**enheim** *n* maison *f* du troisième âge, maison *f* de retraite; ☊**enpass** *m* carte *f* vermeil
Senk|e *géogr f* dépression *f*; ☊**en** (a)baisser; ***sich ~*** s'abaisser; *Boden* s'affaisser; **~fuß** *m* pied *m* plat; ☊**recht** vertical, perpendiculaire (***zu***, ***auf*** à);

~rechtstarter *aviat m* avion *m* à décollage vertical
Sensation *f* sensation *f*; **೭ell** sensationnel; **~smache** *f* recherche *f* du sensationnel
Sense *f* faux *f*
sensib|el sensible; *Thema, Bereich* délicat; *Daten* confidentiel; **~ilisieren** sensibiliser (**für** à); **೭ilität** *f* sensibilité *f*
Sensortaste *f* touche *f* à effleurement
sentimental sentimental; **೭ität** *f* sentimentalité *f*
September *m* septembre *m*; ***im ~*** en septembre; ***am 11. ~*** le 11 septembre; ***der 11. ~ 1948*** le 11 septembre 1948
sequenziell *EDV* séquentiel
Serb|e *m*, **~in** *f* Serbe *m*, *f*; **~ien** *n* la Serbie; **೭isch** serbe
Serie *f* série *f*; *TV* feuilleton *m*; **೭ll** *EDV* sériel; **೭nmäßig** en série; **~nnummer** *f* numéro *m* de série; **~nwagen** *m* voiture *f* de série
seriös sérieux
Serpentine *f* lacet *m*
Serum *méd n* sérum *m*
Server *EDV m* serveur *m*
Service *m u n* service *m*
servier|en servir (à table)
Serviette *f* serviette *f*
Servolenkung *auto f* direction *f* assistée
Servus! F salut!
Sessel *m* fauteuil *m*; **~lift** *m* télésiège *m*
sesshaft sédentaire
Set *m od n* set *m* de table
setzen mettre; *e-n Platz anweisen* placer; *Baum etc* planter; *wetten* miser (***auf*** sur); *Text* composer; ***sich ~*** s'asseoir; *Vogel* se percher; *Niederschlag* se déposer; *Erdreich* se tasser; ***über etw ~*** sauter qc; ***über e-n Fluss ~*** traverser *od* passer une rivière
Setzer(in *f*) *m* typographe *m*, *f*
Seuche *f* épidémie *f*
seufz|en soupirer; **೭er** *m* soupir *m*
Sex *m* sexe *m*; **~ismus** *m* sexisme *m*; **೭istisch** sexiste
Sexual|erziehung *f* éducation *f* sexuelle; **~ität** *f* sexualité *f*; **~leben** *n* vie *f* sexuelle; **~verbrechen** *n* crime *m* sadique
sex|uell sexuel; ***~e Belästigung*** harcèlement *m* sexuel; **~y** sexy
sezieren disséquer
Sherry *m* xérès *m*
Shift-Taste *f* touche *f* Shift
Shorts *pl* short *m*
Sibir|ien *n* la Sibérie; **೭isch** sibérien
sich se (*vor Vokal* s'); *nach prép allg* soi, *personenbezogen* lui, elle, *pl* eux, elles; ***jeder für ~*** chacun pour soi; ***er denkt nur an ~*** il ne pense qu'à lui
Sichel *f* faucille *f*; *Mond*೭ croissant *m*
sicher 1. *adj* sûr; *gewiss a* certain; *geschützt a* à l'abri (**vor** de); ***ich bin ~, dass*** ... je suis sûr que ...; ***seiner Sache ~ sein*** être sûr de son fait; **2.** *adv* sûrement, certainement, assurément, bien sûr, sans doute
Sicherheit *f* sûreté *f*; *Gewissheit a* certitude *f*; *Gefahrlosigkeit a* sécurité *f*; *Selbst*೭ assurance *f*; *comm* garantie *f*, caution *f*; ***mit ~*** à coup sûr, avec certitude; ***in ~ bringen*** mettre en sûreté *od* en sécurité *od* à l'abri *od* en lieu sûr
Sicherheits|gurt *aviat, auto m* ceinture *f* de sécurité; **~kopie** *f* sauvegarde *f*; **~nadel** *f* épingle *f* de sûreté *od* de nourrice; **~rat** *pol m* Conseil *m* de Sécurité; **~schloss** *n* serrure *f* de sûreté; **~vorkehrung** *f* mesure *f* de sécurité *od* sûreté
sicherlich *cf* ***sicher 2***
sicher|n assurer; *Daten* sauvegarder; (***sich***) ***vor*** *od* ***gegen etw ~*** (se) garantir *od* (se) protéger de *od* contre qc; **~stellen** *Versorgung etc* assurer; **೭ung** *f* *elektrische* fusible *m*, plomb *m*; *an Waffe etc* sûreté *f*; *Daten*೭ sauvegarde *f*; ***~ der Arbeitsplätze*** sauvegarde *f* des emplois
Sicht *f* vue *f*; *Sichtweite* visibilité *f*; ***in ~*** en vue; ***auf lange ~*** à long terme; **೭bar** visible; **೭en** *bemerken* apercevoir; *Papiere etc* trier, examiner; **೭lich** manifeste, visible; **~vermerk** *m* visa *m*; **~weite** *f* ***in*** (***außer***) ***~*** en (hors de) vue
sickern suinter, filtrer
sie 1. *f/sg* elle; *Akkusativ beim Verb* la, l'; **2.** *pl* ils, elles; *Akkusativ beim Verb* les; *betont u nach prép* eux, elles; **3.** ೭ *Anrede* vous
Sieb *n* crible *m*; *cuis* passoire *f*
sieben[1] passer (au crible), filtrer (*a fig*)
sieben[2] sept; **~hundert** sept cents
sieb(en)te septième; **೭l** *n* septième *m*
sieb|zehn dix-sept; **~zehnte** dix-septième; **~zig** soixante-dix; **~zigste** soixante-dixième

S

siede|n bouillir; **⁀punkt** *m* point *m* d'ébullition
Siedler *m* colon *m*
Siedlung *f* agglomération *f*; cité *f*
Sieg *m* victoire *f*
Siegel *n* sceau *m*, cachet *m*; **~ring** *m* chevalière *f*
sieg|en vaincre (***über j-n*** qn), l'emporter (***über*** sur); *Sport a* gagner; **⁀er(in** *f*) *m* vainqueur *m*, gagnant *m*, -e *f*; **~reich** victorieux
siezen vouvoyer
Signal *n* signal *m*; **⁀isieren** signaler
signieren signer
Silbe *f* syllabe *f*; **~ntrennung** *f* séparation *f* d'un mot à la fin d'une ligne
Silber *n* argent *m*; **~hochzeit** *f* noces *f/pl* d'argent; **⁀n** d'argent
Silhouette *f* silhouette *f*
Silikon *n* silicone *f*; ⚠ ***la*** silicone
Silizium *n* silicium *m*
Silo *m od n* silo *m*
Silvester la Saint-Sylvestre
Sims *m od n arch* corniche *f*; *Fenster⁀* rebord *m*
Simul|ant *m* simulateur *m*; **⁀ieren** simuler
Simultandolmetscher *m* interprète *m* simultané
Sinfonie *mus f* symphonie *f*
singen chanter; ***falsch ~*** chanter faux
Single¹ *f Schallplatte* single *m*; ⚠ ***le*** single
Single² *m Mensch* personne *f* seule
Single³ *n Tennis* simple *m*
Singular *gr m* singulier *m*
Singvogel *m* oiseau *m* chanteur
sinken *Schiff* couler; *Preise etc* baisser
Sinn *m* sens *m* (***für etw*** de qc); ***im ~ haben*** avoir en tête; ***es hat keinen ~*** c'est absurde, ça ne rime à rien; ***~ machen*** être logique; ***keinen ~ machen*** ne rimer à rien; **~bild** *n* symbole *m*; **⁀bildlich** symbolique
Sinnes|eindruck *m* impression *f* sensorielle; **~täuschung** *f* hallucination *f*; **~wahrnehmung** *f* perception *f* sensorielle; **~wandel** *m* changement *m* d'avis
sinn|lich sensuel; **⁀lichkeit** *f* sensualité *f*; **~los** insensé, absurde; **⁀losigkeit** *f* absurdité *f*; **⁀spruch** *m* sentence *f*; **~verwandt** ***~es Wort*** synonyme *m*; **~voll** sensé, judicieux

Sintflut *f* déluge *m*
Sippe *f* clan *m*; parenté *f*
Sirene *f* sirène *f*
Sirup *m* sirop *m*
Sitte *f* coutume *f*; **~n** *pl* mœurs *f/pl*
Sitten|polizei *f* police *f* des mœurs; **⁀widrig** contraire aux bonnes mœurs
sittlich moral; **⁀keit** *f* moralité *f*; **⁀keitsverbrechen** *n* attentat *m* aux mœurs *od* à la pudeur
Situation *f* situation *f*
Sitz *m* siège *m*
sitzen être assis; *Vogel* être perché; *von Kleidern* aller bien; F *im Gefängnis* faire de la prison; ***~ bleiben*** rester assis; *Schule* redoubler (une classe); *comm* ***~ bleiben auf*** ne pas parvenir à vendre; ***~ lassen*** *Frau* laisser tomber; plaquer F; *Wartenden* F poser un lapin à; ***etw nicht auf sich ~ lassen*** ne pas avaler *od* encaisser qc; **⁀bleiber** *m Schule* redoublant *m*
Sitz|gelegenheit *f* place *f*, siège *m*; **~ordnung** *f* disposition *f* des places; **~plan** *m Schule* plan *m* de la classe; **~platz** *m* place *f* assise
Sitzung *f* séance *f*, réunion *f*
Sizilien *n* la Sicile
Skala *f* échelle *f*
Skandal *m* scandale *m*; **⁀ös** scandaleux
Skandinavi|en *n* la Scandinavie; **~er(in** *f*) *m* Scandinave *m*, *f*; **⁀sch** scandinave
Skateboard *n* planche *f* à roulettes, skate(-board) *m*
Skelett *n* squelette *m*; ⚠ ***le*** squelette
Skep|sis *f* scepticisme *m*; **~tiker(in** *f*) *m* sceptique *m*, *f*; **⁀tisch** sceptique
Ski *m* ski *m*; ***auf ~ern*** en ski; ***~ fahren*** *od* ***laufen*** faire du ski; skier; **~anzug** *m* combinaison *f* de ski; **~brille** *f* lunettes *f/pl* de ski; **~hose** *f* pantalon *m* de ski; **~laufen** *n* ski *m*; **~läufer(in** *f*) *m* skieur *m*, -euse *f*; **~lehrer** *m* moniteur *m* de ski; **~lift** *m* remonte-pente *m*, téléski *m*; **~meisterschaft** *f* championnat *m* de ski
Skinhead *m* skinhead *m*, crâne *m* rasé
Ski|piste *f* piste *f* de ski; **~schuh** *m* chaussure *f* de ski; **~schule** *f* école *f* de ski; **~sport** *m* ski *m*; **~springen** *n* saut *m* à skis; **~träger** *m* porte-skis *m*
Skizz|e *f* esquisse *f*; **⁀ieren** esquisser
Sklav|e *m*, **~in** *f* esclave *m*, *f*; **~enhan-**

S

del *m* traite *f* des esclaves; **~erei** *f* esclavage *m*; **≗isch** servile; en esclave
Skonto *comm m od n* escompte *m*
Skorpion *m zo* scorpion *m*; *astr* Scorpion *m*
Skrupel *m* scrupule *m*; **≗los** sans scrupules
Skulptur *f* sculpture *f*
Slalom *m* slalom *m*
Slaw|e *m*, **~in** *f* Slave *m*, *f*; **≗isch** slave
Slip *m* slip *m*; **~einlage** *f* protège-slip *m*; **~per** *m* mocassin *m*
Slowak|e *m*, **~in** *f* Slovaque *m*, *f*; **~ei** *f* ***die ~*** la Slovaquie; **≗isch** slovaque; **≗e** ***Republik*** République *f* slovaque
Slowen|e *m*, **~in** *f* Slovène *m*, *f*; **~ien** *n* la Slovénie; **≗isch** slovène
Slum *m* quartier *m* pauvre, bidonville *m*
Smaragd *m* émeraude *f*
Smog *m* smog *m*; **~alarm** *m* alerte *f* au smog
Smoking *m* smoking *m*
Snob *m* snob *m*, *f*; **~ismus** *m* snobisme *m*; **≗istisch** snob
Snowboard *n Brett* surf *m*; *Sport* surf *m* des neiges; ***~ fahren*** faire du surf des neiges
so ainsi, comme cela, de cette manière, de la sorte; ***~ groß wie*** aussi grand que; ***nicht ~ schnell!*** pas si vite!; ***~ dass*** si bien que (+ *ind*), de (telle) sorte que (+ *subj*); ***~ (sehr)*** tellement; ***~ genannt*** soi-disant; ***~ viel*** (au)tant (***wie*** que); ***dreimal ~ viel*** trois fois autant; ***~ viel er kann*** (au)tant qu'il peut; ***~ weit wie*** *od* ***als möglich*** autant que possible; ***es geht ihm ~ weit gut*** il va assez bien; ***wir sind ~ weit*** nous y sommes, nous sommes prêts; ***~ ein Mensch*** un tel homme; ***ach ~!*** ah, c'est ça!; ah bon!
sobald aussitôt que, dès que
Söckchen *n* socquette *f*
Socke *f* chaussette *f*
Sockel *m* socle *m*
Soda *chim f od n* soude *f*
Sodbrennen *méd n* brûlures *f/pl* d'estomac
soeben tout à l'heure; ***~ etw getan haben*** venir de faire qc
Sofa *n* canapé *m*, divan *m*
sofern à condition que ... (+ *subj*), pourvu que ... (+ *subj*)
sofort tout de suite, immédiatement, aussitôt, sur-le-champ; **≗bildkamera** *f* appareil *m* Polaroïd
Softie *m* F tendre *m*
Software *EDV f* logiciel *m*; **~paket** *n* progiciel *m*
sogar même
sogenannt *cf* ***so***
Sohle *f Schuh≗* semelle *f*; *Fuß≗* plante *f* (du pied); *Tal≗* fond *m*
Sohn *m* fils *m*
Soja|(bohne) *bot f* soja *m*; ⚠ ***le*** soja; **~soße** *f* sauce *f* de soja
solange tant que
Solarenergie *f* énergie *f* solaire
Solarium *n* solarium *m*
Solarzelle *f* pile *f* solaire
solch tel, pareil
Sold *m* solde *f*; ⚠ ***la*** solde
Soldat *m* soldat *m*
Söldner *m* mercenaire *m*
solidar|isch solidaire; ***sich ~ erklären*** se déclarer solidaire (***mit*** de); **≗ität** *f* solidarité *f*
solide solide; *Person* sérieux
Solist(in *f*) *m mus* soliste *m*, *f*
Soll *n comm* débit *m*; *Plan≗* objectif *m*
sollen devoir; ***soll ich ...?*** est-ce que je dois ...?; ***du solltest*** ... tu devrais ..., il te faudrait ...; ***er soll reich sein*** on dit *od* il paraît qu'il est riche; ***er soll ermordet worden sein*** il aurait été assassiné; ***was soll das?*** qu'est-ce que ça veut dire?
Solo *mus n* solo *m*
Solothurn Soleure
somit donc, ainsi
Sommer *m* été *m*; **~ferien** *pl* vacances *f/pl* d'été; **~frische** *f* villégiature *f*; **~gast** *m* estivant *m*, -e *f*; **≗lich** estival; **~sprossen** *f/pl* taches *f/pl* de rousseur; **~zeit** *f Uhr* heure *f* d'été
Sonate *mus f* sonate *f*
Sonde *f* sonde *f*
Sonder|angebot *n* offre *f* spéciale; ***im ~*** en réclame; **≗bar** curieux, étrange; **~genehmigung** *f* autorisation *f* spéciale; **≗lich** ***nicht ~*** pas spécialement; **~ling** *m* original *m*; **~müll** *m* déchets *m/pl* dangereux
sondern mais
Sonder|recht *n* privilège *m*; **~schule** *f* école *f* pour handicapés; **~zeichen** *n* caractère *m* spécial; **~zug** *m* train *m* spécial
sondieren sonder; *fig* tâter le terrain

S

Sonett *n* sonnet *m*
Sonnabend *m* samedi *m*
Sonne *f* soleil *m*; ***in der*** ~ au soleil; **2n *sich*** ~ prendre un bain de soleil
Sonnen|aufgang *m* lever *m* du soleil; **~bad** *n* bain *m* de soleil; **~blume** *bot f* tournesol *m*, soleil *m*; **~brand** *m* coup *m* de soleil; **~brille** *f* lunettes *f/pl* de soleil; **~creme** *f* crème *f* solaire; **~energie** *f* énergie *f* solaire; **~finsternis** *f* éclipse *f* de soleil; **2klar** *fig* évident; clair comme de l'eau de roche; **~kollektor** *tech m* capteur *m* solaire; **~licht** *n* lumière *f* solaire; **~schein** *m* ensoleillement *m*; ***bei*** ~ quand il fait du soleil; **~schirm** *m* parasol *m*; **~stich** *méd m* insolation *f*; **~strahl** *m* rayon *m* de soleil; **~uhr** *f* cadran *m* solaire; **~untergang** *m* coucher *m* du soleil; **~wende** *astr f* solstice *m*
sonnig ensoleillé; *fig* gai
Sonntag *m* dimanche *m*; **2s** le dimanche; **~sfahrer** *auto m* automobiliste *m* du dimanche
sonst *andernfalls* autrement, sinon; *für gewöhnlich* d'habitude; *außerdem* à part cela; ~ ***noch etw*** quelque chose d'autre; ~ ***nichts*** rien d'autre; ~ ***überall*** partout ailleurs; ~ ***wo*** ailleurs, autre part; **~ig** autre
sooft toutes les fois *od* tant que ...
Sopran *mus m* soprano *m*
Sorge *f* souci *m*; ***sich ~n machen*** se faire des soucis (***wegen***, ***um*** pour)
sorgen ~ ***für*** s'occuper de; *zur Folge haben* causer; ***dafür*** ~, ***dass*** ... veiller à ce que ... (+ *subj*); ***sich*** ~ ***um*** se soucier de, s'inquiéter de; **~frei** sans souci; **2kind** *m* enfant *m* à problèmes; **~voll** soucieux
Sorg|falt *f* soin *m*; **2fältig** soigneux; **2los** insouciant; **~losigkeit** *f* insouciance *f*
Sort|e *f* sorte *f*, espèce *f*; **2ieren** trier, classer
Sortiment *n* assortiment *m*
Soße *f* sauce *f*
Souffl|eur *m*, **~euse** *f* souffleur *m*, -euse *f*; **2ieren** souffler
Sound *m* F son *m*; **~karte** *EDV f* carte *f* son; **~track** *m* bande *f* sonore
souverän *pol* souverain; *fig* supérieur; **2ität** *f* souveraineté *f*
so|viel *conj* (pour) autant que ... (+ *subj*); ~ ***ich weiß***, ... (pour) autant que je sache ..., à ce que je sais ...; *cf* ***so***; **~weit** *conj* dans la mesure où ... (+ *ind*); (pour) autant que ... (+ *subj*); *cf* ***so***; **~wie** *und* ainsi que; *sobald* aussitôt que, dès que; tant que; **~wieso** en tout cas
sowjet|isch *hist* soviétique; **2s** *hist m/pl* Soviétiques *m/pl*; **2union** *hist f* Union *f* soviétique
sowohl ~ ... ***als auch*** aussi bien que; ~ ***der Vater als auch der Sohn*** le père aussi bien que le fils *od* de même que le fils
sozial social; **2amt** *n* bureau *m* d'aide sociale; **2arbeiter** *m* travailleur *m* social; **2demokrat(in** *f*) *m* social-démocrate *m, f*; **2hilfe** *f* aide *f* sociale; **2hilfeempfänger(in** *f*) *m* bénéficiaire *m, f* de l'aide sociale; **~isieren** socialiser; **2isierung** *f* socialisation *f*; **2ismus** *m* socialisme *m*; **2ist(in** *f*) *m* socialiste *m, f*; **~istisch** socialiste; **2kunde** *f* instruction *f od* éducation *f* civique; **2lasten** *f/pl* charges *f/pl* sociales; **2plan** *m* plan *m* social; **2politik** *f* politique *f* sociale; **2staat** *m* État *m* social; État-providence *m*; **2versicherung** *f* Sécurité *f* sociale; **2wohnung** *f etwa* H.L.M. *m*
Soziolog|e *m*, **~in** *f* sociologue *m, f*; **~ie** *f* sociologie *f*; **2isch** sociologique
Sozius *m Teilhaber* associé *m*; *Mitfahrer* passager *m*
sozusagen pour ainsi dire
Spachtel *m od f* spatule *f*
Spagat *m* ~ ***machen*** faire le grand écart
Spalier *n* espalier *m*; *fig* ~ ***bilden*** faire la haie
Spalt *m* fente *f*; **~e** fente *f*, fissure *f*; *Gletscher2* crevasse *f*; *Zeitung* colonne *f*; **2en** (***sich*** ~ se) fendre; *fig Partei etc* (se) diviser, (se) scinder; **~material** *n* matériau *m* de fission; **~ung** *f fig* division *f*, scission *f*; *phys Kern2* fission *f*
Span *m* copeau *m*; **~ferkel** *n* cochon *m* de lait
Spange *f* agrafe *f*; *Haar2* barrette *f*; *Arm2* bracelet *m*; *Autobahn2* bretelle *f*
Span|ien *n* l'Espagne *f*; **~ier(in** *f*) *m* Espagnol *m*, -e *f*; **2isch** espagnol
Spann|e *f Zeit2* laps *m* de temps; **2en** tendre; *Kleidung* serrer (qn); **2end** *fig* captivant, attachant, palpitant; **~kraft** *f* élasticité *f*, ressort *m*; **~ung** *f* tension *f*

S

(*a pol, elektrisch*); *in Filmen etc* suspense *m*; **~ungsprüfer** *m* contrôleur *m* de tension
Spanplatte *f* aggloméré *m*
Spar|buch *n* livret *m* de caisse d'épargne; **~büchse** *f* tirelire *f*; **≈en** économiser (***an*** sur); épargner; **~er** *m* épargnant *m*
Spargel *bot m* asperge *f*
Spar|kasse *f* caisse *f* d'épargne; **~konto** *n* compte *m* d'épargne
spärlich maigre; *Haar, Publikum* clairsemé
Sparpolitik *f* politique *f* d'austérité
sparsam économe; *Gerät* ~ (***im Verbrauch***) économique; ***mit etw ~ umgehen*** économiser qc; **≈keit** *f* économie *f*
Sparte *f* section *f*, catégorie *f*; *Zeitung* rubrique *f*
Spaß *m* plaisanterie *f*; *Freude* plaisir *m*; ***aus*** *od* ***zum*** ~ pour rire; ***es macht mir viel*** ~ cela m'amuse beaucoup; ***j-m den ~ verderben*** gâter le plaisir de qn; ***keinen ~ verstehen*** n'avoir aucun sens de l'humour; **≈en** plaisanter; **≈haft, ≈ig** plaisant, drôle; **~macher** *m*, **~vogel** *m* farceur *m*, blagueur *m*; F rigolo *m*
spät tard; ~ *eintretend* tardif; ***wie ~ ist es?*** quelle heure est-il?; ***es wird*** ~ il se fait tard; ***zu ~ kommen*** arriver trop tard, arriver en retard
Spaten *m* bêche *f*
Spätentwickler *m* enfant *m* à développement tardif
spät|er plus tard; *adj* ultérieur; ***früher oder*** ~ tôt ou tard; ***bis ~!*** à plus tard!; **~estens** au plus tard
Spatz *zo m* moineau *m*
spazieren ***~fahren*** se promener en voiture; ***~ gehen*** se promener (à pied)
Spazier|gang *m* promenade *f*; **~gänger(in** *f*) *m* promeneur *m*, -euse *f*; **~stock** *m* canne *f*
Specht *zo m* pivert *m*
Speck *m* lard *m*; **≈ig** gras
Spediteur *m* transporteur *m*; *Möbel≈* déménageur *m*
Speer *m* lance *f*; *Wurf≈* javelot *m*; **~werfen** *n Sport* lancement *m od* lancer *m* du javelot
Speiche *f* rayon *m*
Speichel *m* salive *f*
Speicher *m* magasin *m*; *Dachboden* grenier *m*; *Wasser≈* réservoir *m*; *EDV* mémoire *f*; **~erweiterung** *f* extension *f* de mémoire; **~funktion** *f* fonction *f* de mémoire; **~kapazität** *f* capacité *f* de mémoire; **≈n** emmagasiner, stocker; *Daten* enregistrer, mettre en mémoire; **~platz** *m* espace *m* de mémoire; **~schreibmaschine** *f* machine *f* à écrire à mémoire
speien cracher, vomir
Speise *f Gericht* mets *m*, plat *m*; *Nahrung* nourriture *f*; **~eis** *n* glaces *f/pl*; **~kammer** *f* garde-manger *m*; **~karte** *f* menu *m*, carte *f*; **~röhre** *f* œsophage *m*; **~saal** *m* réfectoire *m*; *Hotel* salle *f* à manger; **~wagen** *m* wagon-restaurant *m*
Spektakel *m* F boucan *m*, chahut *m*, tapage *m*; ⚠ *nicht* ***spectacle***
Spekul|ant(in *f*) *m* spéculateur *m*, -trice *f*; **≈ieren** *comm* spéculer (***mit, auf*** sur)
Spende *f* don *m*; **≈n** donner; **~r(in** *f*) *m* bienfaiteur *m*, -trice *f*, donateur *m*, -trice *f*; *Organ≈* donneur *m*; *Behälter* doseur *m*, distributeur *m*
spendieren F ***j-m etw ~*** offrir qc à qn
Spengler *östr m* plombier *m*
Sperling *zo m* moineau *m*
Sperr|e *f* barrage *m*, barrière *f*; *tech, phys* blocage *m*; *Handels≈* blocus *m*, embargo *m*; *Verbot* interdiction *f*; **≈en** *Straße* barrer; *Hafen, Konto* bloquer; *Strom* couper; ***~ in*** enfermer dans; **~gebiet** *n* zone *f* interdite; **~holz** *n* contre-plaqué *m*; **~müllabfuhr** *f* enlèvement *m* des objets encombrants
Spesen *pl* frais *m/pl*
Spezi *m* F copain *m*
Spezial|ausbildung *f* formation *f* spécialisée; **~gebiet** *n* domaine *m* spécial, spécialité *f*; **~geschäft** *n* magasin *m* spécialisé; **≈isieren** ***sich ~*** se spécialiser (***auf*** dans); **~ist(in** *f*) *m* spécialiste *m, f*; **~ität** *f* spécialité *f*
speziell spécial, particulier
spezifisch spécifique
Sphäre *f* sphère *f* (*a fig*)
Sphinx *f* sphinx *m*; ⚠***le*** sphinx
spick|en *cuis* entrelarder; *fig* farcir (***mit*** de); *Schule* F copier; **≈zettel** *m* F pompe *f*
Spiegel *m* miroir *m*, glace *f*; **~bild** *n* image *f* inversée, reflet *m*; **≈blank** brillant comme un miroir; **~ei** *n* œuf *m* sur le plat; **≈glatt** *Straße* verglacé; **≈n** *glän-*

zen briller; *wider~* refléter; ***sich ~*** se refléter (*in* dans); **~reflexkamera** *f* reflex *m*; **~ung** *f* réflexion *f*, reflet *m*

Spiel *n* jeu *m*; *Wett*≈ *a* match *m*; ***aufs ~ setzen*** risquer; ***auf dem ~ stehen*** être en jeu; **≈en** jouer (*Musikinstrument* de; *Regelspiel* à); **≈end** facilement, sans peine; **~er(in** *f*) *m* joueur *m*, -euse *f*

Spiel|feld *n Sport* terrain *m*; **~film** *m* long métrage *m*; **~halle** *f* salle *f* de jeux; **~hölle** *f péj* tripot *m*; **~kamerad(in** *f*) *m* camarade *m, f* de jeu; **~karte** *f* carte *f* à jouer; **~marke** *f* jeton *m*; **~platz** *m* terrain *m* de jeu; **~raum** *m* marge *f*, liberté *f* de mouvement, latitude *f*; **~regel** *f* règle *f* du jeu; **~sachen** *f/pl* jouets *m/pl*; **~stand** *m* score *m*; **~uhr** *f* boîte *f* à musique; **~verderber** *m* rabat-joie *m*, trouble-fête *m*; **~waren** *f/pl* jouets *m/pl*; **~zeit** *f* saison *f*; **~zeug** *n* jouet *m*

Spieß *m* pique *f*; *Brat*≈ broche *f*; **~bürger** *m*, **~er** *m péj* petit bourgeois *m*, béotien *m*, philistin *m*; **≈ig** borné, obtus

Spinat *bot m* épinards *m/pl*

Spinn|e *zo f* araignée *f*; **≈en** filer; F *fig* être cinglé (toqué, timbré, loufoque, maboul), avoir un grain; **~er** *m* F *fig* cinglé *m*, loufoque *m*; *Fantast* rêveur *m*; **~erei** *f* filature *f*; F *fig* folie *f*, loufoquerie *f* F; **~rad** *n* rouet *m*; **~webe** *f* toile *f* d'araignée

Spion|(in *f*) *m* espion *m*, -ne *f*; **~age** *f* espionnage *m*; **≈ieren** espionner

Spirale *f* spirale *f*; *méd* stérilet *m*

Spirituosen *pl* spiritueux *m/pl*

Spiritus *m* alcool *m* à brûler

spitz pointu; *Winkel* aigu; *Bemerkung* piquant; **≈bogen** *arch m* (arc *m* en) ogive *f*; **≈bube** *m* coquin *m*

Spitze *f* pointe *f* (*a fig Stichelei*); *Berg*≈ sommet *m*; *Gewebe* dentelle *f*; F **~!** super!; ***an der ~ stehen*** être en tête

S

Spitzel *m* mouchard *m*

spitzen *Bleistift* tailler; *Ohren* dresser; **≈geschwindigkeit** *f* vitesse *f* de pointe; **≈kandidat** *m* tête *f* de liste; **≈leistung** *f* rendement *m* maximum; *Sport* record *m*; **≈produkt** *n* produit *m* haut de gamme; **≈technik** *f* technologie *f* de pointe

spitz|findig subtil; **≈findigkeit** *f* subtilité *f*; **≈hacke** *f* pic *m*; **≈name** *m* sobriquet *m*, surnom *m*

Splitter *m* éclat *m*; *in der Haut* écharde *f*; **≈n** voler en éclats; **≈nackt** nu comme un ver

Spoiler *m* spoiler *m*

spons|ern sponsoriser; **≈or** *m* sponsor *m*, commanditaire *m*; **≈oring** *n* parrainage *m*, sponsorisation *f*

spontan spontané

Spore *bot f* spore *f*

Sporn *m* éperon *m*; ***e-m Pferd die Sporen geben*** éperonner un cheval

Sport *m* sport *m*; ***~ treiben*** faire du sport; ***e-n ~ ausüben*** pratiquer un sport; **~halle** *f* salle *f* des sports; **~kleidung** *f* vêtements *m/pl* de sport; **~lehrer(in** *f*) *m* professeur *m* d'éducation physique; **~ler(in** *f*) *m* sportif *m*, -ive *f*; **≈lich** sportif; *Kleidung* sport; **~nachrichten** *pl* nouvelles *f/pl* sportives; **~platz** *m* terrain *m* de sport, stade *m*; **~verein** *m* club *m* sportif, association *f* sportive; **~wagen** *m* voiture *f* (de) sport

Spott *m* moquerie *f*, raillerie *f*; **≈billig** à un prix dérisoire; **≈en** se moquer (***über*** de)

Spött|er(in *f*) *m* moqueur *m*, -euse *f*; **≈isch** railleur, moqueur

Sprachcomputer *m* traducteur *m* de poche

Sprach|e *f* langue *f*; *Ausdrucksweise* langage *m*; *Gabe* parole *f*; **~gebrauch** *m* usage *m*; **~labor** *n* laboratoire *m* de langues; **~lehre** *f* grammaire *f*; **~lehrer(in** *f*) *m* professeur *m* de langues; **≈lich** concernant la langue; linguistique; **≈los** *fig* interdit, stupéfait, sidéré F; **~regelung** *f* version *f* officielle; **~rohr** *n fig* porte-parole *m*; **~unterricht** *m* enseignement *m* d'une langue *od* des langues; **~wissenschaft** *f* linguistique *f*

Spray *m* aérosol *m*; **~dose** *f* bombe *f*; **~er** *m Graffiti* tagueur *m*

Sprechblase *f* bulle *f*

sprech|en parler (***über*** *od* ***von*** de; ***j-n*** *od* ***mit j-m*** à *od* avec qn); **≈er(in** *f*) *m* *Wortführer* porte-parole *m*; *Radio, TV* speaker *m*, speakerine *f*; présentateur *m*, -trice *f*; **≈stunde** *f* heure(s) *f*(*pl*) de consultation; **≈stundenhilfe** *f* assistante *f* médicale; **≈zimmer** *n* parloir *m*; *e-s Arztes* cabinet *m* (de consultation)

spreizen écarter
spreng|en *Brücke etc* faire sauter; *Rasen etc* arroser; **2kopf** *mil m* ogive *f*; **2körper** *m* engin *m* explosif; **2stoff** *m* explosif *m*; **2ung** *f* dynamitage *m*, destruction *f* par explosif
sprenkeln moucheter, tacheter
Spreu *f* balle *f*; *fig* ***die ~ vom Weizen sondern*** séparer le bon grain de l'ivraie
Sprich|wort *n* proverbe *m*; **2wörtlich** proverbial
Spring|brunnen *m* fontaine *f*, jet *m* d'eau; **2en** sauter, bondir; **~er(in** *f*) *m* sauteur *m*, -euse *f*; *Schwimmsport* plongeur *m*, -euse *f*; *nur m Schach* cavalier *m*; **~erstiefel** *pl* rangers *m/pl*; **~flut** *f* grande marée *f*; **~reiten** *n* jumping *m*
Sprinter *Sport m* sprinter *m*
Sprit *m* F *Benzin* essence *f*
Spritz|e *f méd* piqûre *f*; *Instrument* seringue *f*; *Garten2 a* pulvérisateur *m*; *Feuer2* pompe *f* à incendie; **2en** éclabousser; *Blut* jaillir, gicler; *besprengen* arroser, asperger; *spritzlackieren* peindre au pistolet; *méd* injecter; F ***j-n ~*** faire une piqûre à qn; **~er** *m* éclaboussure *f*; **~pistole** *f* pistolet *m* pour peinture; *Spielzeug* pistolet *m* à eau
spröde cassant; *Haut* sec, gercé; *fig Person* revêche, prude
Sprosse *f* échelon *m*, barreau *m*; **~nfenster** *n* fenêtre *f* à croisillons
Sprössling *m* F *Kind* rejeton *m*
Spruch *m Sprichwort* dicton *m*; *Gerichts2* verdict *m*; **~band** *n* banderole *f*
Sprudel *m* eau *f* minérale gazeuse; **2n** bouillonner; *fig* déborder (***vor*** de)
Sprüh|dose *f* atomiseur *m*, bombe *f*; **2en** vaporiser, pulvériser; *fig* ***vor Witz ~*** être pétillant d'esprit; **~regen** *m* pluie *f* fine, bruine *f*
Sprung *m* saut *m*, bond *m*; *in Glas etc* fêlure *f*, fissure *f*; **~brett** *n* plongeoir *m*; tremplin *m* (*a fig*); **2haft** *Person* inconstant, changeant, versatile; ***~ ansteigen*** faire un bond; **~schanze** *f* tremplin *m*
Spucke F *f* salive *f*; **2n** cracher; F *brechen* vomir
Spuk *m* apparition *f* de fantômes; **2en** ***es spukt*** il y a des revenants
Spule *f* bobine *f*
Spül|e *f* évier *m*; **2en** *Geschirr* laver; *Gläser*, *Mund* rincer; *WC* tirer la chasse; ***etw ans Ufer ~*** jeter qc sur le rivage; **~maschine** *f* lave-vaisselle *m*; **~mittel** *n* produit *m* vaisselle
Spur *f* trace *f*, piste *f*; *fig a* vestige *m*; *Fahr2* voie *f*, file *f*
spür|bar sensible; **~en** sentir, éprouver, ressentir
spurlos sans laisser de trace
Spürsinn *m* flair *m*
Spurt *Sport m* sprint *m*
Squash *m* squash *m*; ***~ spielen*** faire du squash; **~halle** *f* salle *f* de squash; **~schläger** *m* raquette *f* de squash
Sri Lanka *n* Sri Lanka; ***auf ~*** à Sri Lanka
Staat *m* État *m*
Staaten|bund *m* confédération *f* (d'États); **2los** apatride, sans nationalité
staatlich de l'État, national, public, étatique
Staats|angehörige(r) *m*, *f* ressortissant *m*, -e *f*; **~angehörigkeit** *f* nationalité *f*; **~anwalt** *m* procureur *m* (de la République); **~besuch** *m* visite *f* officielle; **~bürger(in** *f*) *m* citoyen *m*, -ne *f*; **~chef** *m* chef *m* de l'État; **~dienst** *m* fonction *f* publique; **2eigen** appartenant à l'État, nationalisé; **2feindlich** subversif; **~mann** *m* homme *m* d'État; **~oberhaupt** *n* chef *m* de l'État; **~sekretär** *m* secrétaire *m* d'État; **~streich** *m* coup *m* d'État
Stab *m* bâton *m*; *Gitter2* barreau *m*; *Dirigenten2* baguette *f*; *~hochsprung* perche *f*; *von Menschen* équipe *f*; *mil* état-major *m*
Stäbchen *n/pl Ess2* baguettes *f/pl*
Stabhoch|springer *m* perchiste *m*; **~sprung** *m* saut *m* à la perche
stabil stable; *robust* solide, F costaud; **~isieren** stabiliser; **2ität** *f* stabilité *f*
Stachel *m* épine *f*, pointe *f*; *bot*, *Igel* piquant *m*; *Insekt* dard *m*; **~beere** *f* groseille *f* à maquereau; **~draht** *m* (fil *m* de fer) barbelé *m*; **~schwein** *zo n* porc-épic *m*
stachlig épineux, piquant
Stadel *östr m* grange *f*
Stadion *n* stade *m*
Stadium *n* phase *f*, stade *m*
Stadt *f* ville *f*; ***die ~ Berlin*** la ville de Berlin; **~autobahn** *f* autoroute *f* urbaine

Städt|ebau *m* urbanisme *m*; **~epartnerschaft** *f* jumelage *m*; **~er(in** *f*) *m* citadin *m*, -e *f*; **2isch** de (la) ville, urbain, citadin, municipal
Stadt|plan *m* plan *m* de la ville; **~rand** *m* banlieue *f*; **~rat** *m* conseil *m* municipal; *Person* conseiller *m* municipal; **~rundfahrt** *f* excursion *f od* tour *m* à travers la ville; **~teil** *m*, **~viertel** *n* quartier *m*
Staffel *f Sport* équipe *f* (de coureurs); *~lauf* relais *m*; *aviat* escadrille *f*; **~ei** *f* chevalet *m*; **~lauf** *Sport m* course *f* de relais; **2n** échelonner
Stahl *m* acier *m*
Stall *m Vieh2* étable *f*; *Pferde2* écurie *f*; *Schweine2* porcherie *f*; *Schaf2* bergerie *f*; *Kaninchen2* clapier *m*; *Hühner2* poulailler *m*
Stamm *m Baum2* tronc *m*; *Volks2* tribu *f*; *Geschlecht* souche *f*, race *f*; *gr* radical *m*; **~baum** *m* arbre *m* généalogique
stammeln balbutier
stammen *~* ***von*** *od* ***aus*** (pro)venir de, être originaire de
Stamm|formen *gr f/pl* temps *m/pl* principaux; **~gast** *m* habitué *m*; **~kneipe** *f* bistro(t) *m* habituel; **~kunde** *m* client *m* habituel *od* attitré
stampfen *mit dem Fuß* piétiner; *fest~* fouler; *tech* pilonner, damer
Stand *m Zustand* état *m*; *Lage* situation *f*; *Stellung* position *f*; *sozialer* classe *f*, condition *f*; *Beruf* profession *f*; *Wasser2 etc* niveau *m*; *Spiel2* score *m*; *Messe2* stand *m*; *Verkaufs2* échoppe *f*, étalage *m*; ***auf den neuesten ~ bringen*** actualiser; ***e-n schweren ~ haben*** être dans une situation délicate; ***außer ~e sein*** être hors d'état (***zu*** de); ***im ~e sein zu*** être capable *od* en état *od* à même de ...; ***in ~ halten*** maintenir en bon état, entretenir; ***in ~ setzen*** réparer; ***zu ~e bringen*** parvenir à, réaliser; ***zu ~e kommen*** se faire, se réaliser, avoir lieu
Standard *m Norm* standard *m*; *erreichte Höhe* niveau *m*
Stand-by-Ticket *n* billet *m* stand-by
Ständchen *n Abend2* sérénade *f*; *Morgen2* aubade *f*
Ständer *m* support *m*
Standes|amt *n* (bureau *m* de l')état *m* civil; **2amtlich** ***~e Trauung*** mariage *m* civil; **~beamte(r)** *m* officier *m* d'état civil; **2gemäß** selon son rang
stand|haft ferme; *~* ***bleiben*** tenir bon *od* ferme; **2haftigkeit** *f* fermeté *f*; **~halten** résister (à)
ständig permanent, constant, continuel
Stand|licht *n auto* feux *m/pl* de position, veilleuse *f*; **~ort** *m* emplacement *m*, place *f*; *mar*, *aviat* position *f*; **~pauke** F *f* sermon *m*, savon *m* F, semonce *f*; **~punkt** *m* point *m* de vue; **~spur** *f* bande *f* d'arrêt d'urgence
Stange *f* barre *f*, tige *f*, perche *f*; ***e-e ~ Zigaretten*** une cartouche de cigarettes; ***von der ~ kaufen*** acheter du prêt-à-porter
Stängel *bot m* tige *f*
stanzen *tech* poinçonner, estamper
Stapel *m* pile *f*; *mar* ***vom ~ laufen*** être lancé; F *péj* ***vom ~ lassen*** débiter; **~lauf** *mar m* mise *f* à l'eau, lancement *m*; **2n** empiler
stapfen marcher lourdement
Star *m* **1.** *zo* étourneau *m*; **2.** *méd* ***grauer ~*** cataracte *f*; ***grüner ~*** glaucome *m*; **3.** *Film*, *TV etc* vedette *f*; *Film2 a* star *f*; ⚠ ***la*** star
stark fort; *kräftig* vigoureux; *mächtig* puissant; *intensiv* intense; *Raucher*, *Esser* gros; ***sich für etw ~ machen*** apporter son appui à qc
Stärke *f* force *f*, vigueur *f*, puissance *f*, intensité *f*; *cuis* fécule *f*; *für Wäsche* amidon *m*; **2n** fortifier; renforcer; *Wäsche* empeser, amidonner; ***sich ~*** se restaurer
Starkstrom *m* courant *m* à haute tension
Stärkung *f* renforcement *m*; *Imbiss* collation *f*; *Trost* réconfort *m*
starr *Blick* fixe; *steif* raide (*a fig*), rigide; *~* ***vor Kälte*** engourdi par le froid; **~en** *~* ***auf*** regarder fixement; ***vor Schmutz ~*** être couvert de crasse; **2heit** *f* raideur *f*, rigidité *f*; **~köpfig** entêté, têtu, obstiné; **2sinn** *m* entêtement *m*, obstination *f*
Start *m* départ *m*; *aviat a* envol *m*, décollage *m*; *auto* démarrage *m*; **~bahn** *aviat f* piste *f* de décollage *od* d'envol; **2en** partir; *aviat* décoller; *auto* démarrer (*a fig*); *EDV* lancer; ***den Computer neu ~*** relancer l'ordinateur
Statik *f* statique *f*
Station *f* station *f*; *Krankenhaus* service *m*; **2ieren** stationner; *Raketen* déployer
Statist(in *f*) *m* figurant *m*, -e *f*

Statist|ik *f* statistique *f*; **~iker** *m* statisticien *m*; **≈isch** statistique; ***das ist ~ erwiesen*** c'est prouvé par des statistiques
Stativ *n* pied *m*, trépied *m*
statt au lieu de
Stätte *f* lieu *m*, site *m*
stattfinden avoir lieu
stattlich imposant, considérable
Statue *f* statue *f*
Status *m* état *m*, statut *m*; **~symbol** *n* marque *f* de standing
Statut *n* statut *m*
Stau *m auto* bouchon *m*, embouteillage *m*
Staub *m* poussière *f*; **≈en** faire de la poussière; **~fänger** *m* F ramasse-poussière *m*; **~gefäß** *bot n* étamine *f*; **≈ig** poussiéreux; **≈saugen** passer l'aspirateur; **~sauger** *m* aspirateur *m*; **~tuch** *n* chiffon *m* (à poussière)
Staudamm *m* barrage *m*
stauen *Wasser* retenir; ***sich ~*** s'accumuler, s'amasser
staunen s'étonner (***über*** de)
Stausee *m* lac *m* de retenue
Steak *n* bifteck *m*
stech|en piquer; *Sonne* brûler, taper; ***sich ~*** se piquer (***in den Finger*** le doigt); **~end** *Blick* perçant; *Schmerz* lancinant; **≈uhr** *f* appareil *m* de pointage
Steck|brief *jur m* signalement *m*; **~dose** *f* prise *f* (de courant)
stecken mettre (***in*** dans), fourrer F; *sich befinden* être, se trouver; ***tief in Schulden ~*** être criblé de dettes; ***~ bleiben*** rester bloqué; *einsinken* s'enfoncer; *im Schlamm* s'embourber; *in e-r Rede* rester en panne; **≈pferd** *n* dada *m*; *fig a* passe-temps *m* favori, violon *m* d'Ingres
Steck|er *m* fiche *f* (électrique); **~nadel** *f* épingle *f*
Steg *m* passerelle *f*
Stegreif *m* ***aus dem ~ sprechen, spielen*** improviser
stehen *nicht liegen* être *od* se tenir debout; *sich befinden* être, se trouver; *geschrieben ~ a* être écrit; ***j-m*** (***gut***) ***~*** aller (bien) à qn; ***wo steht das?*** où est-ce que cela se trouve?; ***wie steht's mit ihm?*** comment va-t-il?; ***wie stehst du zu ...?*** quel est ton point de vue sur ...?; F ***das steht mir bis hierher!*** j'en ai ras-le-bol! F; ***~ bleiben*** s'arrêter; ***wo sind wir ~ geblieben?*** où en sommes-nous restés?; ***~ lassen*** laisser; *Schirm etc* oublier; ***j-n ~ lassen*** plaquer qn F; **~d** debout; *Gewässer* stagnant
Steh|kragen *m* col *m* droit; **~lampe** *f* lampe *f* à pied; *große* lampadaire *m*
stehlen voler
Stehplatz *m* place *f* debout
Steiermark ***die ~*** la Styrie
steif raide (*a fig*); **≈heit** *f* raideur *f*
Steig *m* sentier *m* (de montagne); **~bügel** *m* étrier *m*; **≈en** monter; ***in den*** (***aus dem***) ***Wagen ~*** monter en (descendre de) voiture; **≈ern** augmenter, accroître; *verstärken* renforcer; *verbessern* améliorer; **~erung** *f* augmentation *f*, accroissement *m*; *gr* comparaison *f*; **~ung** *f* montée *f*
steil raide, escarpé; **≈küste** *f* falaise *f*
Stein *m* pierre *f*; **~bock** *m zo* bouquetin *m*; *astr* Capricorne *m*; **~bruch** *m* carrière *f*; **≈ern** en pierre, de pierre; *fig Gesicht* impassible; **~fraß** *m* maladie *f* de la pierre; **~gut** *n* faïence *f*; **≈ig** pierreux; **~kohle** *f* houille *f*; **~metz** *m* tailleur *m* de pierre(s); **≈reich** *fig* richissime, (tout) cousu d'or; **~zeit** *f* âge *m* de la pierre
Stelle *f* place *f*; *Ort* lieu *m*; *bestimmte* endroit *m*; *Arbeits≈* place *f*, emploi *m*; *Dienst≈* service *m*; *Text≈* passage *m*; ***auf der ~*** *sofort* sur-le-champ; ***an erster ~ stehen*** être au premier plan; ***ich an deiner ~*** moi à ta place
stellen mettre, poser, placer; *nicht legen* mettre debout; *Uhr* régler; *Falle* tendre; *Frage* poser; ***sich ~*** *irgendwohin* se mettre, se poster; *der Polizei* se constituer prisonnier; ***sich krank ~*** faire semblant *od* feindre d'être malade
Stellen|angebot *n* offre *f* d'emploi; **~gesuch** *n* demande *f* d'emploi; **≈weise** par endroits; **~wert** *m math* valeur *f*; *fig* importance *f*
Stellung *f* position *f*; *berufliche* situation *f*; ***~ nehmen*** prendre position (***zu*** sur); **~nahme** *f* prise *f* de position
Stellvertreter(in *f*) *m* remplaçant *m*, -e *f*
Stelze *f* échasse *f*
stemmen *Gewicht* soulever; ***sich ~ gegen*** s'appuyer contre; *fig* s'opposer à
Stempel *m* tampon *m*, timbre *m*; *bot* pistil *m*; **≈n** tamponner, timbrer; *Post* oblitérer; *an der Stempeluhr* pointer; F ***~ gehen*** être au chômage

S

Stengel *m cf* ***Stängel***

Steno|gramm *n* sténogramme *m*; **~grafie** *f* sténographie *f*; **2grafieren** sténographier, prendre en sténo; **~typistin** *f* sténodactylo *f*

Steppdecke *f* édredon *m* américain, courtepointe *f*

Steppe *f* steppe *f*

Sterbe|bett *n* lit *m* de mort; **~fall** *m* décès *m*; **~hilfe** *f* euthanasie *f*

sterb|en mourir (***an*** de); **~lich** mortel

Stereo *n* stéréo *f*; ***in*** ~ en stéréo; **~anlage** *f* chaîne *f* stéréo *od* hi-fi; **2typ** stéréotypé

steril stérile, infertile; **~isieren** stériliser

Stern *m* étoile *f*; **~bild** *n* constellation *f*; **~chen** *n* astérisque *m*; **~enbanner** *n* bannière *f* étoilée; **~fahrt** *auto f* rallye *m*; ⚠ ***le*** rallye; **2hagelvoll** F ivre mort; **2klar** étoilé; **~kunde** *f* astronomie *f*; **~schnuppe** *f* étoile *f* filante; **~system** *n* galaxie *f*; **~warte** *f* observatoire *m*

stetig continu, continuel, constant, permanent

stets toujours

Steuer[1] *n auto* volant *m*; *mar* barre *f*; gouvernail *m* (*a fig*)

Steuer[2] *f* impôt *m* (***auf*** sur), taxe *f*; **~berater** *m* conseiller *m* fiscal; **~bord** *mar n* tribord *m*; **~erklärung** *f* déclaration *f* d'impôts; **~ermäßigung** *f* allégement *m* fiscal; **2frei** exempt d'impôts; **~gerät** *n Radio* radio-ampli *m*; *EDV* unité *f* de contrôle; **~hinterziehung** *f* fraude *f* fiscale; **~knüppel** *aviat u EDV m* manche *m* à balai; **~mann** *m Ruderboot* barreur *m*

steuern *Schiff* gouverner; *Fahrzeug* conduire, diriger; *Flugzeug*, *Auto* piloter; *tech* commander; *fig* contrôler, diriger, régler

steuer|pflichtig imposable; **2rad** *n auto* volant *m*; **2senkung** *f* réduction *f* d'impôts; **2ung** *f* pilotage *m*; *tech* commande *f*, direction *f*; **2ungstaste** *EDV f* touche *f* Control; **2zahler** *m* contribuable *m*; **2zeichen** *EDV n* caractère *m* de contrôle

Steward *m* steward *m*

Stewardess *aviat f* hôtesse *f* de l'air

Stich *m Insekten2* piqûre *f*; *Messer2* coup *m*; *Näh2* point *m*; *Kupfer2* gravure *f*; *Kartenspiel* pli *m*, levée *f*; ***im*** ~ ***lassen*** abandonner, laisser en plan F; **~elei** *f fig* coup *m* d'épingle, pointe *f*; **2eln** *fig* lancer des coups d'épingles *od* des pointes (***gegen*** à); **~flamme** *f* jet *m* de flamme; **2haltig** valable, concluant; ***nicht*** ~ peu sérieux; **~probe** *f* contrôle *m* fait au hasard; *Statistik* échantillon *m*; **~wort** *n Lexikon* entrée *f*, mot-clé *m*; *Theater* réplique *f*; ***das Wichtigste in ~en*** l'essentiel en quelques mots

stick|en broder; **2er** *m* autocollant *m*; **2erei** *f* broderie *f*; **~ig** *Luft* étouffant; **2oxid** *chim n* oxyde *m* d'azote; **2stoff** *chim m* azote *m*

Stiefbruder *m* demi-frère *m*

Stiefel *m* botte *f*

Stief|mutter *f* belle-mère *f*; **~mütterchen** *bot n* pensée *f*; **~schwester** *f* demi-sœur *f*; **~sohn** *m* beau-fils *m*; **~tochter** *f* belle-fille *f*; **~vater** *m* beau-père *m*

Stiege *f östr Treppe* escalier *m*; *Obst2* cageot *m*

Stiel *m Werkzeug* manche *m*; *Pfanne*, *Kirschen* queue *f*; *Stängel* tige *f*

Stier *m zo* taureau *m*; *astr* Taureau *m*; **2en** regarder fixement (***auf etw*** qc); **~kampf** *m* course *f* de taureaux, corrida *f*; **~kämpfer** *m* toréador *m*

Stift *m Blei2* crayon *m*; *Lippen2* bâton *m* (de rouge); *tech* goupille *f*, goujon *m*; **2en** *gründen* fonder; *spenden* donner; ***Frieden*** ~ faire la paix; **~er(in** *f*) *m* fondateur *m*, -trice *f*; *Spender* donateur *m*, -trice *f*; **~ung** *f* fondation *f*

Stil *m* style *m*; *fig* ***in großem*** ~ de grand style; **2isiert** stylisé; **~istik** *f* stylistique *f*; **2istisch** stylistique

still tranquille, calme; *geräuschlos* silencieux; **~!** silence!; ***der 2e Ozean*** l'océan *m* Pacifique

Stille *f* tranquillité *f*, calme *m*, silence *m*; ***in aller*** ~ *Beisetzung* dans l'intimité; *heimlich* secrètement

stillen *Blut* arrêter; *Schmerz*, *Hunger*, *Durst* apaiser; *Neugier*, *a Hunger*, *Durst* assouvir; *Kind* nourrir au sein, allaiter

stillhalten se tenir tranquille

Stillleben *n Malerei* nature *f* morte

stilllegen *Betrieb* fermer

stillos sans style; de mauvais goût

still|schweigen se taire; **2schweigen**

n silence *m*; **~schweigend** tacite; **~sitzen** rester tranquille; **℞stand** *m* arrêt *m*; *fig* stagnation *f*; **~stehen** s'arrêter, ne pas bouger, rester en place

Stil|möbel *pl* meubles *m/pl* de style; **℞voll** qui a du style

Stimm|bänder *n/pl* cordes *f/pl* vocales; **℞berechtigt** qui a droit de vote; **~bruch** *m* mue *f* (de la voix)

Stimme *f* voix *f*; *Wahl℞ a* suffrage *m*, vote *m*

stimmen être exact *od* juste; *Instrument* accorder; ***es stimmt*** c'est juste; ***es stimmt mich traurig*** cela me rend triste; **~ *für*** (***gegen***) voter pour (contre)

Stimm|engewirr *n* brouhaha *m* de voix; **~enthaltung** *f* abstention *f*; **~gabel** *mus f* diapason *m*; **℞haft** *ling* sonore; **℞los** *ling* sourd; **~recht** *n* droit *m* de vote

Stimmung *f* état *m* d'âme, humeur *f*; *Atmosphäre* atmosphère *f*, ambiance *f*; ***alle waren in*** **~** tous étaient de bonne humeur; **℞svoll** plein d'ambiance; *Bild* qui a de l'atmosphère

Stimmzettel *m* bulletin *m* de vote

stinken puer (***nach etw*** qc); *fig* F ***es stinkt mir*** j'en ai marre F

Stipendium *n* bourse *f*

Stirn *f* front *m*

stöbern fouiller (***in*** dans)

stochern ***in den Zähnen*** **~** se curer les dents; ***im Essen*** **~** chipoter

Stock *m* bâton *m*; *Spazier℞* canne *f*; *Bienen℞* ruche *f*; *bot* pied *m*; *~werk* étage *m*; ***im ersten*** **~** au premier étage; **℞dumm** bête comme ses pieds; **℞dunkel *es ist*** **~** il fait noir comme dans un four

stocken s'arrêter; *langsamer werden* se ralentir; *Redner* hésiter; **~d** *Stimme* hésitant; *Verkehr* ralenti

Stock|ung *f* arrêt *m*; *Verkehrs℞* embouteillage *m*; *écon* stagnation *f*; **~werk** *n* étage *m*

Stoff *m* tissu *m*, étoffe *f*; *Materie* matière *f* (*a Schule*); P *Rauschgift* came *f*; ⚠ ***une*** étoffe; **℞lich** matériel; **~tier** *n* animal *m* en peluche; **~wechsel** *biol m* métabolisme *m*

stöhnen gémir

stolpern trébucher; *fig* ***über ein Wort*** **~** buter sur un mot

stolz 1. fier (***auf*** de); **2.** ℞ *m* fierté *f*

stopf|en *hinein~* fourrer (***in*** dans); *Pfeife* bourrer; *Loch* boucher; *Strümpfe* repriser; *Speise* (*sättigen*) bourrer; **℞garn** *n* fil *m* à repriser

Stoppel *f* chaume *m*; *Bart℞* poil *m* raide; **℞ig** mal rasé; **~zieher** *östr m* tire-bouchon *m*

stopp|en stopper; *Zeit* chronométrer; **℞schild** *n* stop *m*; **℞uhr** *f* chrono(mètre) *m*

Stöpsel *m* bouchon *m*

Storch *zo m* cigogne *f*

stör|en déranger, gêner, perturber; *Radiosendung* brouiller; ***lassen Sie sich nicht*** **~** ne vous dérangez pas; ***darf ich Sie kurz ~?*** puis-je vous déranger une minute?; **~end** gênant; **℞enfried** *m* gêneur *m*, perturbateur *m*; **℞fall** *m* alerte *f*; **℞geräusche** *n/pl Radio* parasites *m/pl*

störrisch récalcitrant, têtu

Störung *f* dérangement *m*; perturbation *f* (*a Tiefdruckgebiet*)

Stoß *m* coup *m*, poussée *f*, secousse *f*; *Haufen* pile *f*, tas *m*; *von Papieren* liasse *f*; **~dämpfer** *auto m* amortisseur *m*

stoßen pousser; ***sich*** **~ *an*** se heurter *od* se cogner contre; *fig* être choqué par, se formaliser *od* se scandaliser de; ***auf j-n*** **~** tomber sur qn; ***auf Schwierigkeiten*** **~** se heurter à des difficultés

Stoß|stange *auto f* pare-chocs *m*; **~zahn** *zo m* défense; **~zeit** *f* heure *f* de pointe

stottern bégayer

Straf|arbeit *f Schule* punition *f*; **℞bar *~e Handlung*** acte *m* punissable *od* répréhensible; ***sich*** **~ *machen*** être passible d'une peine

Strafe *f* punition *f*; *jur* peine *f*; *Geld℞* amende *f*; ***zur*** **~ *für*** en punition de; **℞n** punir

straff tendu, raide; *Stil* serré; *Disziplin* sévère

straffällig **~ *werden*** commettre un délit

straffen (***sich*** **~** se) raidir; *fig Unterricht* concentrer; *Disziplin etc* renforcer

sträf|lich répréhensible; ***~er Leichtsinn*** légèreté *f* impardonnable; **℞ling** *m* prisonnier *m*, détenu *m*

Straf|minute *Sport f* pénalisation *f*; **~porto** *n* surtaxe *f*; **~predigt** *f* réprimande *f*, semonce *f*; **~prozess** *m* procès *m* pénal *od* criminel; **~raum** *Sport*

S

m surface *f* de réparation; **~recht** *n* droit *m*, pénal; **~stoß** *Sport m* penalty *m*; **~tat** *f* délit *m*, acte *m* criminel; **~täter** *m* délinquant *m*; **~zettel** *m* contravention *f*; F P.-V. *m* (= procés-verbal)
Strahl *m* rayon *m*; *Wasser*2, *Gas*2 jet *m*; 2**en** rayonner (*a fig*); briller; **~enbehandlung** *méd f* radiothérapie *f*; **~enbelastung** *f* exposition *f* aux radiations; **~enkrankheit** *f* contamination *f* radioactive; **~enschutz** *m* protection *f* contre les radiations; 2**ensicher** à l'épreuve des radiations; 2**enverseucht** irradié; **~ung** *f* rayonnement *m*, (ir)radiation *f*; 2**ungsarm** antiradiation
Strähne *f* mèche *f*
stramm tendu; *Haltung* rigide; ***~er Bursche*** solide gaillard *m*
strampeln *Baby* gigoter; *Radler* pédaler
Strand *m* plage *f*; ***am ~*** sur la plage; **~gut** *n* épave *f*; **~korb** *m* fauteuil-cabine *m* en osier
Strapaz|e *f* fatigue *f*; 2**ieren** (***sich ~*** se) fatiguer; 2**ierfähig** résistant, solide, robuste; 2**iös** fatigant, épuisant, harassant
Straßburg Strasbourg
Straße *f* rue *f*; *Fahr*2, *Land*2 route *f*; *Meerenge* détroit *m*; ***die ~ von Dover*** le pas de Calais; ***auf der ~*** dans la rue; sur la route
Straßen|arbeiten *f/pl* travaux *m/pl* de voirie; **~bahn** *f* tramway *m*; **~beleuchtung** *f* éclairage *m* des rues; **~café** *n* café *m* en plein air; **~händler** *m* marchand *m* ambulant; **~karte** *f* carte *f* routière; **~kehrer** *m* balayeur *m*; **~kreuzung** *f* carrefour *m*; **~lage** *auto f* tenue *f* de route; **~laterne** *f* réverbère *m*; **~rand** *m* bas-côté *m*, accotement *m*; **~reinigung** *f* nettoyage *m* des rues; *Amt* voirie *f*; **~schild** *n* plaque *f* de rue; **~sperre** *f* barrage *m* routier; **~verkehr** *m* circulation *f* routière; **~verkehrsordnung** *f* code *m* de la route; **~zustand** *m* état *m* des routes
Strate|gie *f* stratégie *f*; 2**isch** stratégique
sträuben ***sich ~*** se hérisser; *fig* être récalcitrant (***gegen*** contre)
Strauch *m* arbrisseau *m*, arbuste *m*
Strauß *m zo* autruche *f*; *Blumen*2 bouquet *m*

Streamer *m* streamer *m*
streb|en ***nach etw ~*** chercher à atteindre qc; tendre *od* aspirer à qc; 2**er(in** *f*) *m péj* ambitieux *m*, -euse *f*, arriviste *m*, *f*; *Schule* F bosseur *m*, -euse *f*, bûcher *m*, -euse *f*; **~sam** zéle, assidu; ambitieux
Strecke *f* distance *f*, parcours *m*, trajet *m*; *Bahn* ligne *f*; ***zur ~ bringen*** tuer, abattre
strecken étendre, allonger, étirer; ***sich ~*** s'étirer
Streetworker *m* éducateur *m* de rue
Streich *m* (mauvais) tour *m*; ***dummer ~*** sottise *f*, bêtise *f*; ***j-m e-n*** (***üblen***) ***~ spielen*** jouer un (mauvais) tour à qn; ***auf einen ~*** d'un seul coup
streicheln caresser
streichen *an~* peindre; *auftragen* étaler, étendre; *auf e-e Brotschnitte* tartiner; *durch~* barrer, rayer, radier, biffer; *Auftrag*, *Plan* annuler; *Subventionen*, *Stellen* supprimer; ***mit der Hand über etw ~*** passer la main sur qc
Streich|holz *n* allumette *f*; **~instrument** *mus n* instrument *m* à cordes; **~orchester** *n* orchestre *m* à cordes; **~ung** *f im Text* rature *f*; *fig* annulation *f*, suppression *f*
Streife *f* patrouille *f*
streifen effleurer (*a fig Thema*); *umher~* rôder
Streif|en *m* bande *f*; **~enwagen** *m* voiture *f* de police; **~schuss** *m* éraflure *f*
Streik *m* grève *f*; ***wilder ~*** grève sauvage; **~brecher** *m* briseur *m* de grève; 2**en** faire grève, être en grève; **~ende(r)** *m*, *f* gréviste *m*, *f*; **~posten** *m* piquet *m* de grève
Streit *m* querelle *f*; *Wort*2 dispute *f*; 2**en** (***sich***) ~ se quereller *od* se disputer (***mit*** avec); ***für etw ~*** lutter pour qc; **~frage** *f* affaire *f* litigieuse; **~gespräch** *n* débat *m*, discussion *f*; 2**ig** ***j-m etw ~ machen*** disputer *od* contester qc à qn; **~igkeiten** *f/pl* querelles *f/pl*, conflits *m/pl*; **~kräfte** *mil f/pl* forces *f/pl* (armées); 2**süchtig** querelleur
streng sévère, rigoureux, strict; *Sitte* austère; ***~ verboten*** formellement interdit; ***~ genommen*** au fond; 2**e** *f* sévérité *f*, riguer *f*; **~gläubig** orthodoxe
Stress *m* stress *m*; ***im ~*** stressé
stressen stresser

stress|frei détendu; **~geplagt** surmené
stressig stressant
Streu *f* litière *f*; **2en** répandre; ***Zucker*** *etc* ***auf etw ~*** saupoudrer qc de sucre, *etc*
streunen vagabonder, errer
Streuung *phys f* dispersion *f*, diffusion *f*
Strich *m* trait *m*; *Linie* ligne *f*; ***gegen den ~*** à rebours; F ***auf den ~ gehen*** faire le trottoir; **~code** *m* code *m* barres; **~junge** *m* prostitué *m*; **~mädchen** *n* prostituée *f*; fille *f* des rues; **~punkt** *m* point-virgule *m*; **2weise** par endroits
Strick *m* corde *f*; **2en** tricoter; **~jacke** *f* gilet *m*, tricot *m*; **~leiter** *f* échelle *f* de corde; **~nadel** *f* aiguille *f* à tricoter; **~waren** *pl* articles *m/pl* tricotés; **~zeug** *n* tricot *m*
Striemen *m* marque *f* de coup, meurtrissure *f*
Strip *m* P strip *m*; **2pen** P faire du strip-tease; **~per(in** *f*) *m* strip-teaseur *m*, -euse *f*
strittig contesté, contestable, controversé; ***~er Punkt*** point *m* litigieux
Stroh *n* paille *f*; **~dach** *n* toit *m* de chaume; **~halm** *m* brin *m* de paille; *Trinkhalm* paille *f*; **~hut** *m* chapeau *m* de paille; **~sack** *m* paillasse *f*; **~witwer** *m* mari *m* dont la femme est en voyage
Strolch *m* voyou *m*
Strom *m* fleuve *m*; *Elektrizität* courant *m* (électrique); *fig* ***ein ~ von*** un flot *od* un torrent de; ***es gießt in Strömen*** il pleut à torrents; **~ausfall** *m* panne *f* d'électricité
strömen couler; *Menschen* affluer
Strom|kreis *m* circuit *m* (électrique); **2linienförmig** aérodynamique; **~schnelle** *f* rapide *m*; **~stärke** *f* ampérage *m*, intensité *f* du courant
Strömung *f* courant *m* (*a fig*)
Stromverbrauch *m* consommation *f* de courant
Strophe *f Gedicht* strophe *f*; *Lied* couplet *m*
strotzen ~ ***vor*** *od* ***von*** regorger de; ***vor Gesundheit ~*** déborder de santé
Strudel *m* tourbillon *m* (*a fig*)
Struktur *f* structure *f*; **~krise** *f* crise *f* structurelle; **2schwach** économiquement défavorisé; **~wandel** *m* changement *m* de structures
Strumpf *m* bas *m*; **~band** *n* jarretière *f*; **~halter** *m* jarretelle *f*; **~haltergürtel** *m* porte-jarretelles *m*; **~hose** *f* collant *m*
struppig hirsute
Stube *f* chambre *f*
Stück *n als Bruchteil* morceau *m* (*a mus*); *als selbstständiges Ganzes* pièce *f* (*a Theater2*); *Exemplar* exemplaire *m*; ***5 Mark pro ~*** 5 marks (la) pièce; ***ein ~ Kuchen*** un morceau de gâteau; ***in ~e reißen*** mettre en morceaux *od* pièces; **~chen** *n* petit morceau *m*, bout *m*; **2weise** pièce par pièce, à la pièce
Student(in *f*) *m* étudiant *m*, -e *f*; **~enheim** *n* foyer *m* d'étudiants
Studie *f* étude *f*; **~nplatz** *m* place *f* dans une université; **~nrat** *m*, **~nrätin** *f* professeur *m* (*a von e-r Frau*)
studieren étudier (***etw*** qc); faire des études
Studio *n* studio *m*
Studium *n* études *f/pl*; ***das ~ der Medizin*** les études de médecine
Stufe *f Treppen2* marche *f*; *fig* degré *m*, échelon *m*; *Entwicklungs2* stade *m*; *Raketen2* étage *m*; **~nplan** *m* plan *m* progressif; **2nweise** graduellement, progressivement
Stuhl *m* chaise *f*; **~gang** *méd m* selles *f/pl*
stülpen *umdrehen* retourner; *über~* recouvrir (***etw über etw*** qc de qc); *Hut* enfoncer (***auf*** sur)
stumm muet
Stummel *m* bout *m*; *Zigaretten2* mégot *m* F
Stummfilm *m* film *m* muet
Stümper(in *f*) *m péj* bousilleur *m*, -euse *f*
Stumpf *m Arm2, Bein2* moignon *m*; *Baum2* souche *f*
stumpf *Messer* émoussé (*a fig*); *Nase* plat; *Winkel* obtus; *glanzlos* terne; *teilnahmslos* hébété, apathique; **2sinn** *m* abrutissement *m*, stupidité *f*; **~sinnig** hébété, abruti, stupide
Stunde *f* heure *f*; *Lehr2* leçon *f*, cours *m*
Stunden|geschwindigkeit *f* vitesse *f* horaire; **~kilometer** *m/pl* kilomètres-heure *m/pl*; **2lang** pendant des heures; **~lohn** *m* salaire *m* horaire; **~plan** *m* emploi *m* du temps; **2weise**

S

par heure; **~zeiger** *m* aiguille *f* des heures
stündlich par heure; toutes les heures
Stunt *m* cascade *f*; **~man** *m* cascadeur *m*; **~woman** *f* cascadeuse *f*
Stupsnase *f* nez *m* retroussé
stur F *Person* obstiné, têtu; *Arbeit* abrutissant
Sturm *m* tempête *f*; *Sport* attaque *f*; *mil* assaut *m* (***auf*** de)
stürm|en *sich stürzen* s'élancer; *Sport* attaquer; *mil* prendre d'assaut (*a fig*); ***es stürmt*** il fait de la tempête; **≗er** *m* *Sport* avant *m*; **~isch** *Wetter* de tempête; *fig* impétueux, fougueux; *Beifall* frénétique; *Debatte* orageux
Sturz *m* chute *f* (*a fig u pol*)
stürzen tomber, chuter F; *rennen* se précipiter (***zur Tür*** à la porte); ***sich ~*** se jeter *od* se précipiter (***auf j-n*** sur qn; ***aus dem Fenster*** par la fenêtre); *fig* ***die Regierung ~*** renverser le gouvernement; ***j-n ins Verderben ~*** ruiner, perdre qn; ***vom Fahrrad ~*** faire une chute de bicyclette
Sturz|flug *aviat m* piqué *m*; **~helm** *m* casque *m* (de protection)
Stute *zo f* jument *f*
Stütze *f* appui *m*, soutien *m* (*a fig Person*), support *m*; *fig a* aide *f*; F *vom Staat* aide *f* publique
stutzen *beschneiden* tailler; *kürzen* écourter; *cf a* **stutzig** (**werden**)
stützen appuyer, soutenir; ***sich ~ auf*** s'appuyer sur (*a fig*)
stutzig ***j-n ~ machen*** surprendre qn; éveiller les soupçons de qn; ***~ werden*** s'étonner; commencer à se méfier
Styropor *n* polystyrène *m* (expansé)
Subjekt *n gr* sujet *m*; *péj* individu *m*; **≗iv** subjectif; **~ivität** *f* subjectivité *f*
Substantiv *gr n* nom *m*, substantif *m*; **≗ieren** *gr* substantiver
Substanz *f* substance *f*
subtrahieren *math* soustraire
subventionieren *écon* subventionner
Suche *f* recherche *f* (***nach*** de); **≗n** chercher; *intensiv* rechercher; ***er hat hier nichts zu ~*** il n'a rien à faire ici
Sucht *f* manie *f*, passion *f* (***nach*** de); *Drogen≗* toxicomanie *f*
süchtig ***~ sein*** être toxicomane
Suchtkranke(r) *m, f* toxicomane *m, f*

Süd(en) *m* sud *m*, midi *m*
Süd|frankreich *n* le sud de la France, le Midi; **~früchte** *f/pl* fruits *m/pl* des pays chauds; **~korea** *n* la Corée du Sud; **≗lich** méridional, du sud; ***~ von*** au sud de; **~ost(en)** *m* sud-est *m*; **~pol** *m* pôle *m* Sud; **~tirol** *n* le Tyrol du Sud; **≗wärts** en direction du sud; **~west(en)** *m* sud-ouest *m*; **~wind** *m* vent *m* du sud
suggerieren suggérer
Sühne *f* expiation *f* (***für*** de)
Sülze *cuis f* gelée *f*; viande *f* en gelée
Summe *f* somme *f*, total *m*
summen *Insekten* bourdonner; *Melodie* fredonner
summieren ***sich ~*** s'additionner
Sumpf *m* marais *m*, marécage *m*; **≗ig** marécageux
Sünd|e *f* péché *m*; **~enbock** *m fig* bouc *m* émissaire; **~er(in** *f*) *m* pécheur *m*, pécheresse *f*; **≗haft** F ***~ teuer*** hors de prix; **≗igen** pécher
super F super
Super *n Benzin* super *m*; **~lativ** *gr m* superlatif *m*; **~markt** *m* supermarché *m*
Suppe *f* potage *m*, soupe *f*
Suppen|kelle *f* louche *f*; **~löffel** *m* cuiller *f* à soupe; **~schüssel** *f* soupière *f*; **~teller** *m* assiette *f* à soupe
Surf|brett *n* planche *f* à voile; **≗en** faire de la planche à voile; **~er** *m* véliplanchiste *m*
süß sucré; *fig* doux; *niedlich* mignon; **≗e** *f* douceur *f*; **~en** sucrer; **≗igkeiten** *f/pl* sucreries *f/pl*, friandises *f/pl*; **~lich** douceâtre; *fig* doucereux; **~sauer** aigre-doux; **≗speise** *f* entremets *m*; **≗stoff** *m* saccharine *f*; **≗wasser** *n* eau *f* douce
Sweatshirt *n* sweat-shirt *m*
Symbol *n* symbole *m*; **~figur** *f* figure *f* de proue; **~ik** *f* symbolisme *m*; **≗isch** symbolique; **≗isieren** symboliser; **~ismus** *m* *Literatur* symbolisme *m*
Symmetr|ie *f* symétrie *f*; **≗isch** symétrique; ⚠ *Schreibung* symétrie
Sympath|ie *f* sympathie *f* (***für*** pour); **~isant(in** *f*) *m* sympathisant *m*, -e *f*; **≗isch** sympathique; **≗isieren** sympathiser (***mit*** avec)
Symphonie *mus f* symphonie *f*; **~orchester** *n* orchestre *m* symphonique

Symptom *n* symptôme *m*
Synagoge *f* synagogue *f*
synchronisier|en synchroniser; *Film* doubler; **&ung** *f* synchronisation *f*; *Film* doublage *m*
Syndrom *n* syndrome *m*
Synonym *ling n* synonyme *m*
syntaktisch *gr* syntaxique
Syntax *gr u EDV f* syntaxe *f*
Synthe|se *f* synthèse *f*; **~sizer** *m* synthétiseur *m*; **&tisch** synthétique
Syrien *n* la Syrie
System *n* système *m* (*a EDV*); **~analyse** *f* analyse *f* des systèmes; **~analytiker** *m* ingénieur *m* système,analyste-programmeur *m*; **&atisch** systématique; **~kritiker** *m* critique *m* du système
Szene *f Theater u fig* scène *f*; *Milieu* milieux *m/pl*; **~rie** *f* décors *m/pl*

T

Tabak *m* tabac *m*; **~geschäft** *n* débit *m* de tabac; **~waren** *pl* tabacs *m/pl*
Tabelle *f* barème *m*, table *f*, tableau *m*; *Sport* classement *m*; **~nführer** *m* leader *m* du classement; **~nkalkulation** *f* tableur *m*; **~nplatz** *m* place *f* au classement
Tablett *n* plateau *m*; **~e** *f* comprimé *m*; ⚠ *nicht* ***tablette***
Tabu 1. *n* tabou *m*; **2.** & *adj* tabou
Tabulator *m* tabulateur *m*; **~taste** *f* touche *f* de tabulation
Tachometer *auto m* compteur *m*
Tadel *m* blâme *m*, réprimande *f*; **&los** irréprochable; **&n** blâmer (***wegen*** de *od* pour), reprendre, réprimander; **&nswert** blâmable, répréhensible
Tafel *f Schule* tableau *m* (noir); *Gedenk&* plaque *f*; *in Büchern* planche *f*; *Schokolade* tablette *f*; *Tisch* table *f*; ***die ~ putzen*** nettoyer le tableau; ***an die ~ schreiben*** écrire au tableau; **~dienst** *m* ***~ haben*** être responsable du tableau
täfel|n lambrisser; **&ung** *f* lambris(sage) *m*, boiserie *f*
Taft *m* taffetas *m*
Tag *m* jour *m*; *Dauer* journée *f*; ***es ist ~*** il fait jour; ***am ~e*** le *od* de jour; ***am hellichten ~*** en plein jour; ***den ganzen ~*** toute la journée; ***e-s ~es*** un jour; ***welchen ~ haben wir heute?*** nous sommes quel jour aujourd'hui?; ***heute in 14 ~en*** aujourd'hui en quinze; ***guten ~ (sagen)*** (dire) bonjour; (***ich wünsche e-n) schönen ~!*** bonne journée!; F ***sie hat ihre ~e*** elle a ses règles; ***unter ~e*** *Bergbau* au fond; ***zu ~e bringen*** *od* ***fördern*** mettre au jour; ***zu ~e kommen*** *od* ***treten*** se révéler
Tage|bau *Bergbau m* exploitation *f* à ciel ouvert; **~buch** *n* journal *m*; ***ein ~ führen*** tenir un journal; **&lang** des journées entières
tagen *Versammlung* siéger
Tages|ablauf *m* déroulement *m* de la journée; **~anbruch** *m* pointe *f* du jour; **~gespräch** *n* ***das ist ~*** tout le monde en parle; **~karte** *f* carte *f* pour la journée; *Restaurant* menu *m* du jour; **~licht** *n* lumière *f* du jour; **~lichtprojektor** *m* rétroprojecteur *m*; **~mutter** *f* nourrice *f*; **~ordnung** *f* ordre *m* du jour; **~tour** *f* voyage *m* d'une journée; **~zeit** *f* heure *f* du jour; ***zu jeder ~*** à toute heure; **~zeitung** *f* quotidien *m*
täglich (de) tous les jours, quotidien
Tagschicht *f* équipe *f* de jour
tagsüber pendant la journée
Tagung *f* congrès *m*, assises *f/pl*
Taifun *m* typhon *m*
Taill|e *f* taille *f*; **&iert** cintré
Taiwan *n* le Taïwan
Takelage *mar f* gréement *m*
Takt *m mus* mesure *f*; *Motor* temps *m*; *fig* tact *m*; **~gefühl** *n* tact *m*
Takti|k *f mil u fig* tactique *f*; **~ker** *m* tacticien *m*; **&sch** tactique
takt|los sans tact, indiscret; **&losigkeit**

f manque *m* de tact, indiscrétion *f*; **2stock** *mus m* baguette *f*; **~voll** plein de tact, discret
Tal *n* vallée *f*; ***kleines ~*** vallon *m*
Talent *n* talent *m* (***für*** pour); **2iert** talentueux, doué
Talg *m* suif *m*
Talisman *m* talisman *m*, porte-bonheur *m*
Talkshow *f* entretien *m* télévisé
Talsperre *f* barrage *m*
Tang *bot m* varech *m*
Tangente *math f* tangente *f*
tangieren toucher, concerner
Tank *m* réservoir *m*, citerne *f*; *mar Öltank* tank *m*; **2en** prendre de l'essence; **~er** *mar m* pétrolier *m*; **~stelle** *f* poste *m* d'essence, station-service *f*; **~wagen** *m* camion-citerne *m*; **~wart** *m* pompiste *m*
Tanne *bot f* sapin *m*
Tannen|baum *m* sapin *m*; *bes* arbre *m* de Noël; **~zapfen** *bot m* pomme *f* de pin
Tante *f* tante *f*
Tantiemen *f/pl* droits *m/pl* d'auteur
Tanz *m* danse *f*; ⚠ ***la*** danse; **~abend** *m* soirée *f* dansante; **2en** danser
Tänzer(in *f*) *m* danseur *m*, -euse *f*
Tanz|fläche *f* piste *f* de danse; **~kurs** *m* cours *m* de danse; **~musik** *f* musique *f* de danse; **~schule** *f* école *f* de danse
Tape|te *f* papier *m* peint; **2zieren** poser du papier peint, tapisser (*a fig* ***mit*** de)
tapfer courageux, brave; **2keit** *f* courage *m*, bravoure *f*
Tarif *m* tarif *m*; **~verhandlungen** *f/pl* négociations *f/pl* salariales; **~vertrag** *m* convention *f* collective
tarn|en camoufler; **2ung** *f* camouflage *m*
Tasche *f in Kleidung* poche *f*; *Einkaufs2, Hand2* sac *m*
Taschen|buch *n* livre *m* de poche; **~dieb** *m* voleur *m* à la tire, pickpocket *m*; **~geld** *n* argent *m* de poche; **~lampe** *f* lampe *f* de poche; **~messer** *n* canif *m*; **~rechner** *m* calculatrice *f* de poche; **~tuch** *n* mouchoir *m*
Tasse *f* tasse *f*; ***e-e ~ Kaffee*** une tasse de café
Tastatur *f* clavier *m*
Tast|e *f* touche *f*; **2en** tâtonner; ***nach etw ~*** chercher qc à tâtons; **~entelefon** *n* téléphone *m* à touches; **~sinn** *m* toucher *m*
Tat *f* action *f*, acte *m*; *Verbrechen* crime *m*; ***auf frischer ~ ertappen*** prendre sur le fait; **2enlos *~ zusehen*** regarder sans rien faire
Täter(in *f*) *m* auteur *m* (du crime), coupable *m*, *f*
tätig actif; ***~ sein bei*** être employé chez; **2keit** *f* activité *f*
Tat|kraft *f* énergie *f*; **2kräftig** énergique; *Hilfe* efficace
tätlich violent; ***~ werden*** se livrer à des voies de fait; **2keiten** *f/pl* violences *f/pl*; *jur* voies *f/pl* de fait
Tatort *m* lieu *m od* scène *f* du crime
tätowier|en tatouer; **2ung** *f* tatouage *m*
Tat|sache *f* fait *m*; ***vor vollendete ~n gestellt werden*** être mis devant le fait accompli; **2sächlich** réel, vrai, effectif; *adv* vraiment, réellement, effectivement, en fait
tätscheln caresser, cajoler
Tatze *f* patte *f*, griffe *f*
Tau[1] *m* rosée *f*
Tau[2] *n* cordage *m*, câble *m*
taub sourd (*a fig* ***gegen*** à)
Taube *zo f* pigeon *m*; **~nschlag** *m* pigeonnier *m*
Taub|heit *f* surdité *f*; **2stumm** sourd-muet; **~stumme(r)** *m*, *f* sourd-muet *m*, sourde-muette *f*
tauch|en plonger; **2er(in** *f*) *m* plongeur *m*, -euse *f*; *mit Taucheranzug* scaphandrier *m*; **2sieder** *m* thermoplongeur *m*; **2sport** *m* plongée *f* sous-marine
tauen *Eis, Schnee* fondre; ***es taut*** il dégèle
Tauf|e *f* baptême *m*; **2en** baptiser; **~pate** *m* parrain *m*; **~patin** *f* marraine *f*; **~schein** *m* certificat *m* de baptême
taug|en être bon *od* apte (***zu, für*** à); ***nichts ~*** ne rien valoir; **2enichts** *m* vaurien *m*; **~lich** bon, apte (***zu, für*** à); **2lichkeit** *f* aptitude *f*
Taumel *m* vertige *m*; *fig* ivresse *f*, transports *m/pl st/s*; **2n** chanceler, tituber
Tausch *m* échange *m*; **2en** échanger (***gegen*** contre); *Geld* changer; ***ich möchte nicht mit ihm ~*** je ne voudrais pas être à sa place

täuschen (*sich* ~ se) tromper; **~d** ***e-e ~e Ähnlichkeit*** une ressemblance frappante
Tauschhandel *m* (économie *f* de) troc *m*
Täuschung *f* tromperie *f*; *beim Examen* fraude *f*; *Sinnes*≈ illusion *f*
tausend 1. mille; **2.** ≈ *n* millier *m*; **~jährig** millénaire; **~ste** millième; **≈stel** *n* millième *m*
Tau|tropfen *m* goutte *f* de rosée; **~wetter** *n* dégel *m*; **~ziehen** *n fig* tiraillements *m/pl*
Taxi *n* taxi *m*
taxieren évaluer, estimer
Taxi|fahrer *m* chauffeur *m* de taxi; **~stand** *m* station *f* de taxis
Team *n* équipe *f*; **~work** *n* travail *m* d'équipe
Techn|ik *f* technique *f*; **~iker(in** *f*) *m* technicien *m*, -ne *f*; **≈isch** technique
Techno *m* techno *f*; ⚠ ***la*** techno
Technolog|ie *f* technologie *f*; **~iepark** *m* parc *m* technologique; **~ietransfer** *m* transfert *m* technologique; ⚠ *Schreibung*; **≈isch** technologique
Teddybär *m* nounours *m*
Tee *m* thé *m*; *Kräuter*≈ tisane *f*, infusion *f*; **~beutel** *m* sachet *m* de thé; **~gebäck** *n* gâteaux *m/pl* secs; **~kanne** *f* théière *f*; **~löffel** *m* petite cuiller *f*
Teer *m* goudron *m*; **≈en** goudronner
Tee|sieb *n* passoire *f* (à thé), passe-thé *m*; **~tasse** *f* tasse *f* à thé
Teich *m* étang *m*
Teig *m* pâte *f*; **≈ig** pâteux; **~waren** *f/pl* pâtes *f/pl* (alimentaires)
Teil *m od n* partie *f*; *An*≈ part *f*; ***zum*** ~ en partie; **≈bar** divisible; **~chen** *n* particule *f*; **≈en** (***sich*** ~ se) diviser (***in*** en; *a math*); *auf*~ partager (***mit j-m*** avec qn); ***j-s Ansichten*** ~ partager les idées de qn; ***sich die Arbeit*** ~ se partager le travail
teil|haben avoir part (***an*** à); **≈haber(in** *f*) *m écon* associé *m*, -e *f*; **≈nahme** *f* participation *f* (***an*** à); *An*≈ sympathie *f*; **~nahmslos** indifférent, apathique; **≈nahmslosigkeit** *f* indifférence *f*, apathie *f*; **~nehmen** participer (***an*** à); **≈nehmer(in** *f*) *m* participant *m*, -e *f*
teil|s en partie; **≈strecke** *f* section *f*; **≈ung** *f* division *f*; partage *m*; **≈ungsartikel** *gr m* article *m* partitif; **~weise** en partie, partiellement; **≈zahlung** *f* paiement *m* à tempérament; **≈zeitarbeit** *f* travail *m* à temps partiel; **~zeitbeschäftigt** employé à temps partiel
Telearbeit *f* télétravail *m*
Telefax *n Gerät* télécopieur *m*, fax *m*; *Kopie* télécopie *f*, fax *m*
Telefon *n* téléphone *m*; ***am*** ~ au téléphone; ~ ***haben*** avoir le téléphone; **~anruf** *m* appel *m* téléphonique, coup *m* de téléphone; **~at** *n* conversation *f* téléphonique, coup *m* de fil F; **~buch** *n* annuaire *m* du téléphone, bottin *m*; **~gebühr** *f* taxe *f* téléphonique; **~gespräch** *n* communication *f* téléphonique; **≈ieren** téléphoner (***mit j-m*** à qn); **≈isch** par téléphone; **~ist(in** *f*) *m* standardiste *m*, *f*, téléphoniste *m*, *f*; **~karte** *f* carte *f* de téléphone; **~leitung** *f* ligne *f* téléphonique; **~netz** *n* réseau *m* téléphonique; **~nummer** *f* numéro *m* de téléphone; **~zelle** *f* cabine *f* téléphonique; **~zentrale** *f* central *m* téléphonique, standard *m*
telegen télégénique
Telegraf|ie *f* télégraphie *f*; **≈ieren** télégraphier; **≈isch** par télégramme
Telegramm *n* télégramme *m*
Teleobjektiv *n* téléobjectif *m*
Teleshopping *n* téléachat *m*
Teleskop *n* télescope *m*
Telex *n* télex *m*
Teller *m* assiette *f*; **~wäscher** *m* plongeur *m*
Tempel *m* temple *m*
Temperament *n Lebhaftigkeit* entrain *m*, vivacité *f*; *Gemütsart* tempérament *m*; ~ ***haben*** être plein d'entrain; **≈los** sans dynamisme, sans entrain; **≈voll** dynamique, plein d'entrain
Temperatur *f* température *f*; ***j-s*** ~ ***messen*** prendre la température de qn
Tempo *n* vitesse *f*, allure *f*, rythme *m*; *mus* tempo *m*; **~limit** *n* limitation *f* de vitesse; **~taschentuch** *n* mouchoir *m* en papier, kleenex *m*
Tendenz *f* tendance *f*; **≈iös** tendancieux
tendieren tendre (***zu*** à)
Tennis *n* tennis *m*; **~platz** *m* court *m* (de tennis); **~schläger** *m* raquette *f* (de tennis); **~spieler(in** *f*) *m* joueur *m*, -euse *f* de tennis

T

Tenor *mus m* ténor *m*
Teppich *m* tapis *m*; **~boden** *m* moquette *f*
Termin *m* date *f*; *beim Arzt etc* rendez-vous *m*; ***e-n ~ vereinbaren*** prendre rendez-vous
Terminal *n* terminal *m*
Terminkalender *m* agenda *m*
Terpentin *n* térébenthine *f*
Terrasse *f* terrasse *f*; **Ωnförmig** en terrasses
Terrine *f* soupière *f*; ⚠ *nicht* ***terrine***
Territorium *n* territoire *m*
Terror *m* terreur *f*; ⚠ ***la*** terreur; **~anschlag** *m* attentat *m* terroriste; **Ωisieren** terroriser; **~ismus** *m* terrorisme *m*; **~ist(in** *f*) *m* terroriste *m*, *f*; **Ωistisch** terroriste
Tesafilm *m* ruban *m* adhésif, scotch *m*
Tessin ***das ~*** le Tessin
Test *m* test *m*
Testament *n* testament *m*; **Ωarisch** testamentaire; ***~ vermachen*** léguer par testament; **~svollstrecker** *m* exécuteur *m* testamentaire
testen tester
teuer cher; ***~ bezahlen*** payer cher; ***wie ~ ist es?*** cela coûte combien?; **Ωung** *f* hausse *f* des prix; **Ωungsrate** *f* taux *m* d'inflation
Teufel *m* diable *m*; ***geh zum ~!*** va au diable!; **~skreis** *m* cercle *m* vicieux
teuflisch diabolique
Text *m* texte *m*; *Lieder*Ω paroles *f*/*pl*
Textil|ien *pl* textiles *m*/*pl*; **~industrie** *f* industrie *f* textile
Text|stelle *f* passage *m*; **~system** *n* système *m* de traitement de texte; **~verarbeitung** *f* traitement *m* de texte; **~verarbeitungsprogramm** *n* programme *m* de traitement de texte
Thailand *n* la Taïlande
Theater *n* théâtre *m*; F ***so ein ~!*** quelle comédie!; F ***das ist doch nur ~*** c'est du cinéma; **~besucher** *m* spectateur *m*; **~karte** *f* billet *m* de théâtre; **~kasse** *f* bureau *m* de location; **~probe** *f* répétition *f*; **~stück** *n* pièce *f* de théâtre; **~vorstellung** *f* représentation *f* théâtrale
theatralisch théâtral
Theke *f* bar *m*, comptoir *m*
Thema *n* sujet *m*, thème *m*; ***nicht zum ~ gehörig*** hors sujet; ***kein ~ sein*** être hors de question; ***das ~ wechseln*** changer de sujet
Themse ***die ~*** la Tamise
Theolog|e *m*, **~in** *f* théologien *m*, -ne *f*; **~ie** *f* théologie *f*; **Ωisch** théologique
Theoret|iker *m* théoricien *m*; **Ωisch** théorique
Theorie *f* théorie *f*
Therap|eut(in *f*) *m* thérapeute *m*, *f*; **Ωeutisch** thérapeutique; **~ie** *f* thérapeutique *f*, thérapie *f*
Thermalbad *n* station *f* thermale
Thermometer *n* thermomètre *m*
Thermosflasche *f* bouteille *f* thermos
Thermostat *tech m* thermostat *m*
These *f* thèse *f*
Thrombose *méd f* thrombose *f*
Thron *m* trône *m*; **Ωen** trôner (*a iron*); **~folge** *f* succession *f* au trône; **~folger** *m* héritier *m* du trône
Thunfisch *m cf* ***Tunfisch***
Thurgau ***der ~*** le canton de Thurgovie
Thüringen *n* la Thuringe
Tick *m méd u fig* tic *m*; *fig a* manie *f*, marotte *f*; ***e-n ~ haben*** avoir ses petites manies
ticken faire tic tac
Tie-Break *m* tie-break *m*
tief profond; bas; *Stimme* grave; ***3 Meter ~*** profond de 3 mètres; ***bis ~ in die Nacht*** jusque tard dans la nuit; ***~ schlafen*** dormir profondément; *fig* ***das lässt ~ blicken*** cela apprend bien des choses; ***~ schürfend*** profond, qui va au fond des choses
Tief|bau *m* travaux *m*/*pl* publics; **Ωblau** bleu foncé; **~(druckgebiet)** *n* zone *f* de basse pression
Tief|e *f* profondeur *f*; *mus* gravité *f*; **~ebene** *f* plaine *f*; **~flug** *aviat m* rase-mottes *m*; **~gang** *mar m* tirant *m* d'eau; **~garage** *f* garage *m* souterrain; **Ωgekühlt** surgelé; **~kühlkost** *f* produits *m*/*pl* surgelés; **~kühltruhe** *f* congélateur *m*; **~punkt** *m fig* point *m* le plus bas; **~schlag** *m Boxen*, *fig* coup *m* bas
Tier *n* animal *m*, bête *f*; *fig* ***ein großes od hohes ~*** F une grosse légume; **~art** *f* espèce *f* animale; **~arzt** *m*, **~ärztin** *f* vétérinaire *m*, *f*; **~freund** *m* ami *m* des animaux; **~heim** *n* asile *m* pour les animaux; **Ωisch** animal; *von Menschen* bestial; **~kreis** *astr m* zodiaque *m*; **~liebe** *f* affection *f* pour l'animal,

T

amour *m* des animaux; **~quälerei** *f* cruauté *f* envers les animaux; **~schützer** *m* protecteur *m* des animaux; **~schutzverein** *m* Société *f* protectrice des animaux; **~versuch** *m* expérimentation *f* animale
Tiger(in *f*) *m zo* tigre *m*, -sse *f*
tilgen *Spuren* effacer; *Schulden, Anleihe* amortir, rembourser
Timing *n* minutage *m*, timing *m*
Tinktur *f* teinture *f*
Tinte *f* encre *f*; **~nfisch** *zo m* seiche *f*; **~nfleck** *m* tache *f* d'encre; **~nkiller** *m* effaceur *m*; **~nstrahldrucker** *m* imprimante *f* à jet d'encre
Tipp *m* F *Hinweis* tuyau *m*, rancard *m* F
tipp|en *auf der Schreibmaschine* taper; *berühren* toucher (***an etw*** qc); *raten* deviner; ***im Lotto*** ~ jouer au loto; **2fehler** *m* faute *f* de frappe; **~topp** F impeccable
Tirol *n* le Tyrol
Tisch *m* table *f*; ***bei ~ sitzen*** être à table; ***den ~ decken*** mettre le couvert *od* la table; ***vom ~ sein*** être reglé; ***j-n über den ~ ziehen*** rouler qn dans la farine; **~decke** *f* nappe *f*
Tischler *m* menuisier *m*; **~ei** *f* menuiserie *f*
Tisch|tennis *n* ping-pong *m*; **~tuch** *n* nappe *f*
Titel *m* titre *m*; **~blatt** *n Buch* frontispice *m*; **~seite** *f Zeitschrift* couverture *f*
Toast *m* toast *m*; *Röstbrot a* pain *m* grillé; ***e-n ~ auf j-n ausbringen*** porter un toast à qn; **~brot** *n* pain *m* de mie; **2en** faire griller; **~er** *m* grille-pain *m*
tob|en *Kampf, Elemente* faire rage; *Kinder, Publikum* être déchaîné; *Person* ~ ***gegen*** se déchaîner contre; **2sucht** *f* folie *f* furieuse; **~süchtig** fou furieux
Tochter *f* fille *f*; **~gesellschaft** *comm f* filiale *f*
Tod *m* mort *f*; *jur* décès *m*; ***j-n zum ~e verurteilen*** condammer qn à mort; **2ernst** très sérieux; *iron* sérieux comme un pape
Todes|anzeige *f* faire-part *m* de décès; **~fall** *m* décès *m*; **~kampf** *m* agonie *f*; **~opfer** *n* mort *m*; **~stoß** *m* coup *m* de grâce (*bes fig*); **~strafe** *f* peine *f* capitale *od* de mort; **~ursache** *f* cause *f* de la mort; **~urteil** *jur n* arrêt *m* de mort, sentence *f* capitale
Tod|feind *m* ennemi *m* mortel; **2krank** incurable, à l'article de la mort
tödlich mortel
tod|müde mort de fatigue; **~schick** F dernier cri; **~sicher** F absolument sûr; **2sünde** *f* péché *m* mortel
Toilette *f* toilettes *f/pl*, cabinets *m/pl*, W.-C. *m/pl*; **~npapier** *n* papier *m* hygiénique
toler|ant tolérant; **2anz** *f* tolérance *f*; **~ieren** tolérer
toll *verrückt* fou (folle); F *großartig* formidable, super; F ***ein ~er Bursche*** un rude gaillard; **~en** *Kinder* s'amuser follement; **~kühn** téméraire; **2kühnheit** *f* témérité *f*
Tollpatsch *m péj* pataud *m*, balourd *m*, godiche *f*; **2ig** empoté, balourd, pataud, godiche
Toll|wut *méd f* rage *f*; **2wütig** enragé
Tomate *bot f* tomate *f*
Tomo|gramm *n* image *f* scanner; **~graph** *m* tomographe *m*, scanner *m*; **~graphie** *f* tomographie *f*, scanographie *f*
Ton *m* **1.** *Erde* argile *f*; **2.** *mus u fig* ton *m*; *Schall* son *m*; ***in e-m humoristischen*** ~ sur un ton plaisant; ***der gute*** ~ le bon ton; **~abnehmer** *tech m* tête *f* de lecture, pick-up *m*; **~art** *mus f* mode *m*; **~band** *n* bande *f* magnétique; **~bandgerät** *n* magnétophone *m*
tönen sonner; *prahlerisch reden* claironner; *Haar* teindre
Toner *m* toner *m*; *Kopierer* encre *f*
tönern d'argile
Ton|fall *m* intonation *f*; **~film** *m* film *m* sonore; **~ingenieur** *m* ingénieur *m* du son; **~leiter** *mus f* gamme *f*
Tonne *f* tonneau *m*; *Maß* tonne *f*
Ton|spur *f* piste *f* sonore; **~störung** *f* interruption *f* du son
Tönung *f* teinte *f*
Top *n* débardeur *m*
Topf *m* pot *m*; *Koch2* marmite *f*; *Stiel2* casserole *f*
Topfen *östr m* fromage *m* blanc
Töpfer *m* potier *m*; **~ei** *f* poterie *f*; **~scheibe** *f* tour *m* de potier; **~ware** *f* poterie *f*
Tor *n* porte *f*; portail *m*; porche *m*; *Sport* but *m*; ***ein ~ schießen*** marquer un but; ***im ~ stehen*** être dans les buts
Torf *m* tourbe *f*; **~moor** *n* tourbière *f*;

T

~mull *m* poussier *m* de tourbe
Tor|heit *f* sottise *f*; **~hüter** *m* gardien *m* (de but)
töricht insensé, sot
Torjäger *m Fußball* buteur *m*
torkeln chanceler, tituber
Tor|latte *f Sport* barre *f*; **~linie** *f* ligne *f* de but
torpedieren torpiller
Torpedo *m* torpille *f*
Tor|pfosten *m Sport* poteau *m* (de but); **~schuss** *m* tir *m* au but; **~schütze** *m* marqueur *m*
Torte *f* gâteau *m* (à la crème); *Obst*⁓ tarte *f*
Torwart *Sport m* gardien *m* (de but)
tosen *Wasser*, *Sturm* être déchaîné, mugir; **~d ~er Beifall** tonnerre *m* d'applaudissements
tot mort; **~ umfallen** tomber mort; **~ geboren** mort-né; **sich ~ stellen** faire le mort
total total, complet; *adv* complètement; **~itär** *pol* totalitaire; **⁓itarismus** *pol m* totalitarisme *m*
totarbeiten **sich ~** se tuer à la tâche; F se crever au travail
Tote(r) *m*, *f* mort *m*, morte *f*; **die Toten** les morts
töten tuer
Toten|bett *n* lit *m* de mort; **⁓blass** livide; **~gräber** *m* fossoyeur *m* (*a fig*); **~kopf** *m* tête *f* de mort; **~maske** *f* masque *m* mortuaire; **~messe** *f* messe *f* des morts; **~schädel** *m* crâne *m*; **~schein** *m* certificat *m* de décès; **~stille** *f* silence *m* de mort; **~tanz** *Kunst m* danse *f* macabre
totlachen F **sich ~** mourir de rire
Toto *m od n* loto *m* sportif
tot|schießen F abattre d'un coup de feu; **⁓schlag** *jur m* homicide *m*, meurtre *m*; **~schlagen** assommer, tuer (*a Zeit*); **~schweigen** passer sous silence
Tötung *jur f* homicide *m*
Toup|et *m* postiche *m*; **⁓ieren** crêper
Tour *f* randonnée *f*, excursion *f*, tour *m*; **auf ~en kommen** *fig* battre son plein; **krumme ~en machen** faire de sales coups; ⚠ **le** tour
Touris|mus *m* tourisme *m*; **~t(in** *f*) *m* touriste *m*, *f*; **⁓tisch** touristique
Tournee *f* tournée *f*; **auf ~ gehen** faire une tournée

toxikologisch toxicologique
toxisch toxique
Trab *m* trot *m*
Trabantenstadt *f* ville *f* satellite
trab|en trotter; **⁓er** *m Pferd* trotteur *m*; **⁓rennen** *n* course *f* au trot
Tracht *f* costume *m*; **~ Prügel** volée *f* (de coups de bâton)
trächtig *Tier* pleine
Trackball *EDV m* trackball *m*
Tradition *f* tradition *f*; **⁓ell** traditionnel
Trafik *östr f* bureau *m* de tabac; **~ant** *m* buraliste *m*
Trag|bahre *f* brancard *m*; **⁓bar** *Gerät* portatif; *Kleidung* portable; *erträglich* supportable; *zulässig* admissible
träge paresseux; *phys* inerte
tragen porter
Träger *m* porteur *m*; *am Kleid* bretelle *f*; *arch* poutre *f*; *fig e-r Idee* représentant *m*; **~rakete** *f* fusée *f* porteuse
Trag|fähigkeit *f* capacité *f* de charge; **~fläche** *aviat f* aile *f*; **~flächenboot** *n* hydroptère *m*; **~flügelboot** *n* hydroglisseur *m*
Trägheit *f* paresse *f*; *phys* inertie *f*
tragisch tragique
Tragödie *f* tragédie *f*
Tragweite *f* portée *f* (*a fig*)
Trailer *m Film* bande-annonce *f*
Train|er *m* entraîneur *m*; **⁓ieren** s'entraîner; *j-n* entraîner; **~ing** *n* entraînement *m*; **~ingsanzug** *m* survêtement *m*
Traktor *m* tracteur *m*
trällern chantonner, fredonner
Tram *östr f*, *Schweiz n* tram *m*
trampeln trépigner, piétiner
tramp|en faire de l'auto-stop; **⁓er(in** *f*) *m* auto-stoppeur *m*, -euse *f*
Trampolin *n* trampoline *m*
Tran *m* huile *f* de poisson
Träne *f* larme *f*; **in ~n ausbrechen** fondre en larmes; **⁓n mir ~ die Augen** mes yeux pleurent; **~ngas** *n* gaz *m* lacrymogène
Tränke *f* abreuvoir *m*; **⁓n** *Material* tremper, imbiber; *Tiere* abreuver
Trans|fer *m* transfert *m*; **~formator** *tech m* transformateur *m*; **~fusion** *méd f* transfusion *f*
Transistor *tech m* transistor *m*
Transit *m* transit *m*
transitiv *gr* transitif

transparent 1. transparent; **2.** ♀ *n Spruchband* banderole *f*
Transplant|ation *méd f* greffe *f*, transplantation *f*; ♀**ieren** transplanter, greffer
Transport *m* transport *m*; **~eur** *m* transporteur *m*; ♀**fähig** transportable; ♀**ieren** transporter; **~mittel** *n* moyen *m* de transport; **~unternehmen** *n* entreprise *f* de transport
Trapez *n* trapèze *m*
Traube *f Wein*♀ raisin *m*; *bot* grappe *f*; **~n essen** manger du raisin; **~nsaft** *m* jus *m* de raisin; **~nzucker** *m* glucose *m*, dextrose *m*
trauen 1. ***j-m*** (***e-r Sache***) ~ avoir confiance en qn (en qc); ***ich traute meinen Ohren nicht*** je n'en croyais pas mes oreilles; ***sich ~ zu*** oser (+ *inf*); **2.** *Ehepaar* unir, marier; ***sich ~ lassen*** se marier
Trauer *f Traurigkeit* tristesse *f*; *um Tote* deuil *m*; **~fall** *m* deuil *m*, décès *m*; **~gottesdienst** *m* service *m* funèbre; **~marsch** *m* marche *f* funèbre; ♀**n** ***um j-n*** ~ porter le deuil de qn, pleurer (la mort de) qn; **~spiel** *n* tragédie *f*
träufeln verser goutte à goutte
Traum *m* rêve *m* (*a fig*)
träumen rêver (***von*** de; *a fig*)
Träumer|(in *f*) *m* rêveur *m*, -euse *f*; **~ei** *f* rêverie *f*; ♀**isch** rêveur
traurig triste (***über*** de); ♀**keit** *f* tristesse *f*
Trau|ring *m* alliance *f*; **~schein** *m* extrait *m od* acte *m* de mariage; **~ung** *f* mariage *m*; **~zeuge** *m* témoin *m*
Trecker *m* tracteur *m*
Treff *m* F rencontre *f*; rendez-vous *m* (*a Ort*)
treffen 1. *Ziel etc* toucher; *begegnen* (***sich*** ~ se) rencontrer; *Maßnahme, Entscheidung* prendre; *Vorbereitungen* faire; ***auf j-n*** ~ tomber sur qn; *fig* ***das trifft sich gut*** cela tombe bien; ***ich hab's getroffen*** je suis bien tombé; **2.** ♀ *n* rencontre *f*; **~d** juste; *Wort a* propre
Treff|er *m* coup *m* réussi; *Lotterie* billet *m* gagnant; *Fußball* but *m*; **~punkt** *m* (lieu *m* de) rendez-vous *m*
Treibeis *n* glaces *f/pl* flottantes
treiben 1. pousser (*a wachsen*); *Studien, Sport, Handel* faire; *tech an*~ entraîner, actionner; *im Wasser* flotter; ***j-n zu etw*** ~ pousser qn à (faire) qc; ***Knospen*** ~ bourgeonner; ***Unfug*** ~ faire des bêtises; ***was treibst du denn so?*** qu'est-ce que tu deviens?; ***sich ~ lassen*** se laisser emporter par le courant; **2.** ♀ *n* activité *f*; *in den Straßen* animation *f*
Treib|gas *n* gaz *m* propulseur; **~haus** *n* serre *f*; **~hauseffekt** *m* effet *m* de serre; **~jagd** *f* battue *f*; **~stoff** *m* carburant *m*
Trend *m* tendance *f*
trenn|en (***sich*** ~ se) séparer (***von*** de); ♀**schärfe** *Radio f* sélectivité *f*; ♀**ung** *f* séparation *f*; ♀**wand** *f* cloison *f*
Treppe *f* escalier *m*; ***auf der*** ~ dans l'escalier; ***e-e ~ hoch*** au premier; **~nabsatz** *m* palier *m*; **~ngeländer** *n* rampe *f*; **~nhaus** *n* cage *f* d'escalier
Tresor *m* coffre-fort *m*; *Bank* chambre *f* forte; ⚠ *nicht* ***trésor***
Tretboot *n* pédalo *m*
treten marcher (***auf*** sur); *beim Radfahren* pédaler; ***j-n*** ~ donner un coup de pied à qn; ***ins Zimmer*** ~ entrer dans la pièce; ***auf die Bremse*** ~ appuyer sur le frein; *fig* ***mit Füßen*** ~ fouler aux pieds
treu fidèle, loyal
Treu|e *f* fidélité *f*, loyauté *f*; **~händer** *jur m* fiduciaire *m*; ♀**herzig** candide; ♀**los** infidèle, déloyal
Tribunal *n* tribunal *m*
Tribüne *f* tribune *f*
Tribut *m* tribut *m*
Trichter *m* entonnoir *m*
Trick *m* truc *m*, ficelle *f*, combine *f* F; **~aufnahmen** *f/pl* effets *m/pl* spéciaux
Trieb *m bot* pousse *f*; *Natur*♀ instinct *m*; *Neigung* penchant *m*; **~feder** *f fig* mobile *m*; *Person* instigateur *m*, -trice *f*; **~kraft** *f fig* moteur *m*; **~werk** *n* moteur *m*; *aviat* réacteur *m*
triefen ruisseler, dégouliner (***von*** *od* ***vor*** de); *fig* déborder (de)
Trier Trèves
triftig *Grund* valable
Trikot *n Sport* maillot *m*; *Tanz* justaucorps *m*
Triller *mus m* trille *m*
Trimm-dich-Pfad *m* parcours *m* de santé
trink|bar buvable; *Wasser* potable; ♀**becher** *m* gobelet *m*; **~en** boire; ♀**er(in** *f*) *m* buveur *m*, -euse *f*; ♀**geld** *n* pourboire *m*; ♀**halm** *m* paille *f*; ♀**spruch** *m* toast *m*; ♀**wasser** *n* eau *f* potable

T

Trio *n* trio *m* (*a fig*)
trippeln trottiner
Tripper *méd m* blennorragie *f*
Tritt *m* pas *m*; *Fuß*☊ coup *m* de pied; **~brett** *n* marchepied *m*; **~leiter** *f* escabeau *m*
Triumph *m* triomphe *m*; **☊al** triomphal; **~bogen** *m* arc *m* de triomphe; **☊ieren** triompher (***über*** de)
trocken sec (*a fig Stil, Wein*); **☊dock** *mar n* cale *f* sèche; **☊haube** *f* casque *m* sèche-cheveux; **☊heit** *f* sécheresse *f* (*a fig*); **~legen** *Sumpf* assécher; *Baby* changer
trocknen sécher
Troddel *f* gland *m*
Tröd|el *m* bric-à-brac *m*; **☊eln** *péj* F lambiner; **~ler(in** *f*) *m* brocanteur *m*, -euse *f*; *langsamer Mensch* F lambin *m*, -e *f*
Trog *m* auge *f*
Trommel *f* tambour *m*; **~fell** *n im Ohr* tympan *m*; **☊n** jouer du tambour; tambouriner (*a fig*)
Trommler *m* tambour *m*
Trompete *f* trompette *f*; **☊n** jouer *od* sonner de la trompette; *Elefant* barrir; **~r** *m* trompettiste *m*
Tropen *pl* tropiques *m/pl*; ***in den ~*** sous les tropiques
Tropf *m* ***armer ~*** pauvre diable *m*; *méd* ***am ~ hängen*** être au goutte-à-goutte
tröpfeln tomber goutte à goutte; ***es tröpfelt*** il tombe quelques gouttes (de pluie)
tropfen 1. tomber goutte à goutte, (dé)goutter, dégouliner; **2.** ☊ *m* goutte *f*; *fig* ***es ist ein ~ auf den heißen Stein*** c'est une goutte d'eau dans la mer; **~weise** goutte à goutte
Trophäe *f* trophée *m*; ⚠ ***le*** trophée
tropisch tropical
Trost *m* consolation *f*; *fig* ***nicht recht bei ~ sein*** F travailler du chapeau, dérailler
tröst|en (***sich ~*** se) consoler; **~lich** rassurant
trost|los désolant; **☊pflaster** *n* petite consolation *f*; **☊preis** *m* prix *m* de consolation; **~reich** consolant
Trott *m* ***der alltägliche ~*** le traintrain quotidien; ***der alte ~*** la routine
Trottel *m péj* crétin *m*, idiot *m*; **☊ig** stupide; F gaga
trotten se traîner
trotz malgré
Trotz *m* entêtement *m*; ***aus ~*** par dépit; ***meinen Ratschlägen zum ~*** en dépit de mes conseils
trotzdem quand même, néanmoins, malgré tout
trotzen ***j-m*** (***e-r Sache***) ~ affronter *od* braver qn (qc)
trotzig entêté
trüb(e) *Flüssigkeit* trouble; *glanzlos* terne; *Wetter* sombre; *fig* triste
Trubel *m* animation *f*, tumulte *m*
trüb|en (***sich ~*** se) troubler (*a fig*); **☊sal** *f* affliction *f*; ***~ blasen*** broyer du noir; **~selig** triste, morne; **☊sinn** *m* mélancolie *f*; **~sinnig** mélancolique, triste
Trüffel *bot f od* F *m* truffe *f*
Trugbild *n* chimère *f*, mirage *m*
trüg|en tromper; ***der Schein trügt*** les apparences sont trompeuses; **~erisch** trompeur
Trugschluss *m* fausse conclusion *f*
Truhe *f* coffre *m*, bahut *m*
Trümmer *pl* décombres *m/pl*, débris *m/pl*
Trumpf *m* atout *m* (*a fig*)
Trunk|enheit *f* ivresse *f*; ***~ am Steuer*** conduite *f* en état d'ivresse *od* d'ébriété; **~sucht** *f* ivrognerie *f*, alcoolisme *m*; **☊süchtig** ivrogne, alcoolique
Trupp *m* troupe *f*, bande *f*; *Arbeits*☊ équipe *f*
Truppe *f* troupe *f* (*a mil u Theater*); *Theater* a compagnie *f*; **~n** *pl mil* troupes *f/pl*
Trut|hahn *m* dindon *m*; **~henne** *f* dinde *f*
Tschador *m* tchador *m*
Tschech|e *m*, **~in** *f* Tchèque *m*, *f*; **~ien** *n* la République tchèque; **☊isch** tchèque; ***die ☊e Republik*** la République tchèque
Tschecho|slowake *m*, **~slowakin** *f* *hist* Tchécoslovaque *m*, *f*; **~slowakei** *hist* ***die ~*** la Tchécoslovaquie; **☊slowakisch** *hist* tchécoslovaque
tschüss! F salut!, au revoir
T-Shirt *n* tee-shirt *m*
Tube *f* tube *m*; ⚠ ***le*** tube
Tuberkulose *méd f* tuberculose *f*
Tuch *n* drap *m*; *Kopf*☊, *Hals*☊ foulard *m*; *Umschlag*☊ châle *m*; *Staub*☊ chiffon *m*; **~fühlung** *f* ***auf ~*** au coude à coude
tüchtig bon; *fähig* capable; *fleißig* tra-

vailleur; F *adv* beaucoup; **&keit** *f* capacité *f*, aptitude *f*, valeur *f*
Tück|e *f* perfidie *f*; **&isch** perfide; *Sache a* traître
tüfteln F se creuser la cervelle
Tugend *f* vertu *f*; **&haft** vertueux
Tulpe *bot f* tulipe *f*
tummel|n ***sich*** ~ s'ébattre; F *sich beeilen* se grouiller F; **&platz** *m fig* terrain *m* d'action
Tumor *méd m* tumeur *f*; ⚠ ***la*** tumeur
Tümpel *m* mare *f*
Tumult *m* tumulte *m*
tun faire; F *legen etc* mettre; F ***das tut's auch*** ça va aussi; ***es tut sich etw*** il se passe qc; (***sich***) ***wichtig*** ~ faire l'important; ***ich weiß nicht, was ich ~ soll*** je ne sais que faire; ***so ~, als ob*** faire comme si, faire semblant de (+ *inf*); ***das tut gut*** cela fait du bien; ***Sie ~ gut daran, zu ...*** vous faites bien de (+ *inf*); ***ich habe viel zu ~*** j'ai beaucoup à faire *od* de travail; ***damit habe ich nichts zu ~*** je n'ai rien à faire avec cela; ***mit j-m zu ~ bekommen*** avoir affaire à qn
Tünche *f* badigeon *m*; *fig* vernis *m*; **&n** blanchir à la chaux, badigeonner
Tuner *m* tuner *m*, syntoniseur *m*
Tunes|ien *n* la Tunisie; **&isch** tunisien
Tunfisch *zo m* thon *m*
Tunke *f* sauce *f*; **&n** tremper
Tunnel *m* tunnel *m*
tupfen toucher légèrement; *mit Watte* tamponner
Tür *f* porte *f*; ***vor die ~ setzen*** mettre à la porte; ***Tag der offenen ~*** journée *f* portes ouvertes; **~angel** *f* gond *m*
Turbine *tech f* turbine *f*
Turbo *m* turbo *m*; *Auto* turbo *f*; **~lader** *m* turbocompresseur *m*; **~motor** *m* moteur *m* turbo
turbulent tumultueux; *Versammlung a* houleux
Tür|flügel *m* battant *m*; **~griff** *m* poignée *f* de porte
Türk|e *m*, **~in** *f* Turc *m*, Turque *f*; **~ei** ***die ~*** la Turquie; **~is** *m Schmuckstein* turquoise *f*; **&isch** turc (*f* turque)
Türklinke *f* poignée *f* de porte
Turm *m* tour *f*; ⚠ ***la*** tour
türmen F *abhauen* s'éclipser F; ***sich ~*** s'entasser
Turm|spitze *f* flèche *f* (d'un clocher); **~springen** *n* plongeons *m/pl* de haut vol; **~uhr** *f* horloge *f*
turn|en faire de la gymnastique; **&en** *n* gymnastique *f*; **&er(in** *f*) m gymnaste *m,f*; **&geräte** *n/pl* agrès *m/pl*; **&halle** *f* gymnase *m*; **&hemd** *n* maillot *m*; **&hose** *f* culotte *f od* short *m* de gymnastique
Turnier *n* turnoi *m*
Turn|lehrer(in *f*) *m* professeur *m* d'éducation physique *od* de gymnastique; **~schuh** *m* chaussure *f* de gymnastique
turnusmäßig à tour de rôle
Turn|verein *m* club de gymnastique; **~zeug** F *n* affaires *f/pl* de gymnastique
Tür|öffner *m* dispositif *m* ouvre-porte; **~pfosten** *m* montant *m* de porte; **~schwelle** *f* seuil *m* (de la porte); **~vorleger** *m* paillasson *m*
Tusche *f* encre *f* de Chine
tuscheln chuchoter
Tussi *f* F nana *f*
Tütchen *n* sachet *m*, pochette *f*; *Eis&* cornet *m*
Tüte *f* sac *m*; *spitze* cornet *m*
tuten *auto* klaxonner
TÜV *m etwa* service *m* des Mines
Typ *m* type *m* (*a* F *Kerl*)
Type *f Druck&* type *m*; *Mensch* F drôle *m* d'oiseau; **~nrad** *n* marguerite *f*; **~nradschreibmaschine** *f* machine *f* à écrire à marguerite
Typhus *méd m* (fièvre *f*) typhoïde *f*
typisch typique, caractéristique, représentatif (*alle* ***für*** de)
Tyrann *m* tyran *m*; **~ei** *f* tyrannie *f*; **&isch** tyrannique; **&isieren** tyranniser

T

U

U-Bahn *f* métro *m*; **~-Fahrschein** *m* ticket *m* de métro
übel 1. mauvais; *adv* mal; ***mir ist*** **~** je me sens mal, j'ai mal au cœur; **~ *gelaunt*** de mauvaise humeur; **~ *nehmen*** prendre mal; ***ich nehme es ihm nicht*** **~** je ne lui en veux pas; **~ *riechend*** nauséabond, malodorant; **2. ℒ** *n* mal *m*
Übel|keit *f* envie *f* de vomir, nausée *f*; **~täter** *m* malfaiteur *m*
üben s'exercer; *Musikstück* étudier; ***etw*** **~** *od* ***sich in etw*** **~** s'exercer à (faire) qc; ***Klavier*** **~** s'exercer au piano
über sur, au-dessus de; *mehr als* plus de (+ *Zahl*); **~ *etw hinweg*** par-dessus qc; **~ *München nach Rom fahren*** passer par Munich pour se rendre à Rome; ***lachen*** **~** rire de; ***sich ärgern*** **~** se mettre en colère à propos de; **~ *Nacht*** pendant la nuit; **~ *und*** **~** entièrement
überall partout
überanstreng|en (***sich*** **~** se) surmener; **ℒung** *f* surmenage *m*
überarbeiten *Buch etc* remanier; ***sich*** **~** se surmener
überaus extrêmement, infinement
über|belichten *Foto* surexposer; **~bieten *j-n*** **~** enchérir sur qn; **ℒbleibsel** *n* reste *m*
Überblick *m* vue *f* d'ensemble; *Darstellung* tour *m* d'horizon, résumé *m*, exposé *m*; **ℒen** embrasser du regard; *fig* avoir une vue d'ensemble de *od* sur
über|bringen remettre; **~brücken** *fig Gegensätze* concilier; **ℒbuchung** *f* surbooking *m*; **~dacht** couvert; *von überdenken* réfléchi; **~dauern** survivre à; **~denken** réfléchir à *od* sur
überdies en outre, de plus
Über|dosis *f Droge* overdose *f*; **~druss** *m*, dégoût *m*; **ℒdrüssig** dégoûté (***e-r Sache*** de qc); **ℒdurchschnittlich** au-dessus de la moyenne; **ℒeifrig** trop zélé; **ℒeilen *etw*** **~** précipiter qc
übereinander l'un sur l'autre; **~ *schlagen*** *Beine* croiser
überein|kommen convenir (***zu*** de; ***dass*** que), tomber d'accord (pour); **ℒkommen** *n*, **ℒkunft** *f* convention *f*, accord *m* (***über*** sur); **~stimmen** être d'accord (***mit j-m*** avec qn); *Dinge* correspondre (***mit*** à *od* avec), concorder (avec); **ℒstimmung** *f* accord *m*; ***in*** **~ *mit*** en accord avec
über|empfindlich hypersensible; **~fahren** *Lebewesen* écraser; *Verkehrszeichen* griller; **ℒfahrt** *f mar* traversée *f*; **ℒfall** *m* attaque *f* (par surprise), agression *f*; **~fallen** attaquer (par surprise), agresser; **~fällig** en retard; **~fliegen** *aviat* survoler; *fig* parcourir (des yeux); **~fließen** déborder; **~flügeln** surpasser; **ℒfluss** *m* abondance *f* (***an*** de); **ℒflussgesellschaft** *f* société *f* d'abondance; **~flüssig** superflu; **~fluten** inonder; **~fordern *j-n*** **~** demander *od* exiger trop de qn; **ℒfremdung** *f* déculturation *f*
überführ|en *Leiche* transférer; *Täter* convaincre (***e-r Sache*** de qc); **ℒung** *f* transfert *m*; *Brücke* passage *m* supérieur
Überfüll|e *f* surabondance *f* (***an*** de); **ℒt** surchargé; *Verkehrsmittel* bondé
Übergabe *f* remise *f*; *mil* reddition *f*
Übergang *m* passage *m*; *fig* transition *f*; **~slösung** *f* solution *f* provisoire *od* de transition
über|geben remettre, passer; ***sich*** **~** *erbrechen* vomir; **~gehen** sauter, omettre, oublier; **~ *zu*** passer à; **~ *in*** se transformer en; **ℒgewicht** *n* excédent *m* de poids; *fig* prépondérance *f*; **~glücklich** au comble de la joie, comblé; **~greifen** **~ *auf*** envahir (qc), empiéter sur; **ℒgriff** *m* empiétement *m* (***auf*** sur); *Gewaltakt* acte *m* de violence; **~haben** F en avoir assez de; **~hand** **~ *nehmen*** augmenter trop, devenir envahissant; **~häufen** combler (***mit*** de)
überhaupt en général; *schließlich* après tout; **~ *nicht*** pas du tout
überheblich arrogant; **ℒkeit** *f* arrogance *f*
über|hitzen surchauffer; **~höht** excessif; **~holen** dépasser, doubler; *tech* réviser; **ℒholspur** *f* voie *f* de dépassement; **~holt** dépassé, périmé, suranné; **~hören** (faire semblant de) ne pas entendre; **~irdisch** surnaturel; **~laden**

surcharger; *adj Stil* tarabiscoté; *Roman* touffu

überlass|en laisser, céder (***j-m etw*** qc à qn); ***j-n sich selbst*** ~ livrer qn à lui-même; ***j-n seinem Schicksal*** ~ abandonner qn à son sort; ***das überlasse ich Ihnen*** je m'en remets à vous; **&ung** *f* cession *f*

über|lasten surcharger; **~laufen** déborder; *zum Feind* déserter; **&läufer** *m* déserteur *m*

überleben ***j-n, etw*** ~ survivre à qn, à qc; **&de(r)** *m, f* survivant *m*, -e *f*; **~sgroß** plus grand que nature

überleg|en 1. *adj* supérieur (***j-m, e-r Sache*** à qn, à qc); **2.** *Verb* réfléchir (***etw*** à *od* sur qc); ***ich habe es mir anders überlegt*** j'ai changé d'avis; **&enheit** *f* supériorité *f*; **~t** réfléchi; **&ung** *f* réflexion *f*

überleit|en ~ ***zu*** enchaîner avec; **&ung** *f* enchaînement *m*

überliefer|n transmettre; **&ung** *f* tradition *f*

Über|macht *f* supériorité *f* (numérique); **&mächtig** trop puissant; **~maß** *n* excès *m*; **&mäßig** excessif

Übermensch *m* surhomme *m*; **&lich** surhumain

übermitt|eln transmettre; **&lung** *f* transmission *f*

übermorgen après-demain

übermüd|et trop fatigué, mort de fatigue; **&ung** *f* grande fatigue *f*, épuisement *m*

Über|mut *m* pétulance *f*, exubérance *f*, démesure *f*; **&mütig** exubérant, pétulant

übernächste ***der*** ~ ***Tag*** le surlendemain; ***~s Jahr*** dans deux ans

übernacht|en passer la nuit; **&ung** *f* nuit *f*, nuitée *f*; ~ ***und Frühstück*** chambre *f* et petit déjeuner *m*

Über|nahme *f* prise *f* en charge; *e-r Idee* adoption *f*; **&natürlich** surnaturel; **&nehmen** *Aufgabe* se charger de; *Kosten* prendre en charge; *Amt, Verantwortung* assumer; *Idee, Methode etc* adopter

überprüf|en contrôler, vérifier, examiner, réviser; **&ung** *f* contrôle *f*, vérification *f*, examen *m*, révision *f*

überqueren traverser

überragen dépasser; **~d** supérieur, éminent

überrasch|en surprendre; **~end** surprenant; **&ung** *f* surprise *f*

überred|en ***j-n zu etw*** ~, ***etw zu tun*** persuader qn de faire qc

überregional suprarégional; *Presse* national

überreich|en présenter, remettre; **&ung** *f* présentation *f*, remise *f*

überreizt *psych* surexcité

Überreste *m/pl* restes *m/pl*, débris *m/pl*, vestiges *m/pl*

über|rumpeln surprendre, prendre à l'improviste; **~runden** *Sport* doubler, prendre un tour d'avance; **~sättigt** saturé

Überschallflugzeug *n* avion *m* supersonique

über|schätzen surestimer; **~schlagen** *berechnen* estimer, évaluer; *beim Lesen* sauter; ***sich*** ~ culbuter; *auto, aviat* capoter; *auto a* faire un tonneau; ***sich mehrmals*** ~ faire plusieurs tonneaux; **~schnappen** F *fig* devenir fou; **~schneiden** ***sich*** ~ coïncider, interférer; **&schreibemodus** *m* mode *m* réécriture; **~schreiben** *EDV* écraser, effacer; **~schreien** ***j-n*** ~ crier plus fort que qn; **~schreiten** *Straße* traverser; *Grenze* franchir; *Anzahl* dépasser, excéder; *Befugnisse* outrepasser

Über|schrift *f* titre *m*; **~schuss** *m* excédent *m*, surplus *m*; **&schüssig** excédentaire; **&schütten** couvrir (***mit*** de); *fig* combler (de); **~schwang** *m* exubérance *f*, exaltation *f*

überschwemm|en inonder; **&ung** *f* inondation *f*

überschwenglich exalté, exubérant

Übersee ***nach*** ~ ***gehen*** partir outre-mer; ***aus*** *od* ***in*** ~ d'outre-mer

über|sehen *überblicken* embrasser du regard; *fig* avoir une vue d'ensemble de *od* sur, voir l'ampleur de; *Fehler* ne pas voir, omettre; *absichtlich* fermer l'œil (***etw*** sur qc); ***das habe ich*** ~ cela m'a échappé

übersetz|en traduire (***aus dem Deutschen ins Französische*** de l'allemand en français); **&er(in** *f*) *m* traducteur *m*, -trice *f*; **&ung** *f* traduction *f*; *tech* multiplication *f*

Übersicht *f* vue *f* d'ensemble, aperçu *m*, précis *m*, résumé *m*; *~stafel* tableau *m*

U

synoptique; **⁓lich** clair, bien disposé; *Gelände* dégagé
über|siedeln aller s'établir (***nach*** à *od* en); **⁓sinnlich** transcendant, surnaturel; **⁓spannt** excentrique, exalté, extravagant; **⁓spitzt** exagéré, outré; **⁓springen** sauter; **⁓stehen** surmonter; *überleben* survivre; **⁓steigen** franchir; *fig* dépasser; ***das übersteigt meine Kräfte*** c'est au-dessus de mes forces; **⁓stimmen** mettre en minorité
Überstunden *f/pl* heures *f/pl* supplémentaires
überstürz|en (***sich*** ⁓ se) précipiter; **⁓t** précipité
über|teuert trop cher; **⁓tönen** *Lärm* couvrir
Übertrag *comm m* report *m*
übertrag|bar transmissible (*a méd*); **⁓en** transmettere (***auf*** à); *Radio*, *TV a* diffuser; *Aufgabe* confier (***j-m*** à qn); *übersetzen* traduire; ***⁓e Bedeutung*** sens *m* figure; **⁓ung** *f* transmission *f*; *Radio*, *TV a* diffusion *f*
übertreffen dépasser, surpasser (***an*** en), l'emporter sur
übertreib|en exagérer; **⁓ung** *f* exagération *f*
übertret|en *zur anderen Partei* passer (***zu*** à); *rel* se convertir (***zu*** à); *Sport* mordre sur la ligne; *Gesetz*, *Regel* enfreindre, transgresser; ***sich den Fuß*** ⁓ se fouler le pied; **⁓ung** *f* infraction *f* (à), transgression *f* (de)
über|trieben exagéré; **⁓trumpfen** surpasser, surclasser
übervölker|t surpeuplé; **⁓ung** *f* surpeuplement *m*, surpopulation *f*
übervorteilen exploiter, rouler F
überwach|en surveiller; **⁓ung** *f* surveillance *f*; **⁓ungsstaat** *m* état *m* policier
überwältigen vaincre, maîtriser; **⁓d** grandiose; ***⁓e Mehrheit*** majorité *f* écrasante
überweis|en *Geld* virer; *méd* envoyer (***zu, an*** à); **⁓ung** *f* virement *m*
über|werfen ***sich mit j-m*** ⁓ se brouiller avec qn; **⁓wiegen** prédominer
überwind|en vaincre, surmonter; ***sich ⁓ zu*** se forcer à; **⁓ung** *f* victorie *f* sur; *Selbst⁓* effort *m*
Über|zahl *f* majorité *f*, supériorité *f* numérique; ***in der ⁓ sein*** être majoritaire; **⁓zählig** en surnombre
überzeug|en convaincre, persuader (***j-n von etw*** qn de qc); ***sich von etw ⁓*** se persuader de qc; **⁓t** convaincu, persuadé; **⁓ung** *f* conviction *f*
überzieh|en recouvrir *od* revêtir (***mit*** de); *Bett* changer les draps (de); *Konto* mettre à découvert; *Kleid* mettre, enfiler; ***sich ⁓*** *Himmel* se couvrir; **⁓er** *m* pardessus *m*
Überzug *m* couverture *f*, revêtement *m*
üblich usuel, habituel, d'usage; ***es ist ⁓*** c'est la coutume *od* l'usage, ***wie ⁓*** comme d'habitude
U-Boot *n* sous-marin *m*
übrig de reste; restant; ***die ⁓en*** les autres; ***während der ⁓en Zeit*** le reste du temps; ***⁓ bleiben*** rester; ***es bleibt mir nichts anderes ⁓ als*** ... je n'ai rien d'autre à faire que ...; ***⁓ lassen*** laisser; ***zu wünschen ⁓ lassen*** laisser à désirer
übrigens d'ailleurs, du reste
Übung *f* exercice *m*; *mus* étude *f*
UdSSR *hist* ***die*** ⁓ l'U.R.S.S. *f*
Ufer *n* bord *m*, rive *f*; *Meer a* rivage *m*
Ufo *n* ovni *m* (= objet volant non identifié)
Uhr *f Armband⁓*, *Taschen⁓* montre *f*; *öffentliche*, *Turm⁓* horloge *f*; *Pendel⁓*, *Wand⁓*, *Tisch⁓* pendule *f*; ***um 1 ⁓*** à une heure; ***um 2 ⁓*** à deux heures; ***um 12 ⁓*** a midi; ***wie viel ⁓ ist es?*** quelle heure est-il?; ***um wie viel ⁓?*** à quelle heure?; ***rund um die ⁓*** vingt-quatre heures sur vingt-quatre; **⁓macher(in** *f*) m horloger *m*, -ère *f*; **⁓werk** *n* mécanisme *m*, mouvement *m*; **⁓zeiger** *m* aiguille *f*; **⁓zeigersinn** *m* ***im ⁓*** dans le sens des aiguilles d'une montre; ***entgegen dem ⁓*** en sens inverse des aiguilles d'une montre; **⁓zeit** *f* heure *f*
Uhu *zo m* grand-duc *m*
UKW *Radio* F.M. (= fréquence *f* modulée), modulation *f* de fréquence
Ulk *m* plaisanterie *f*; **⁓ig** drôle
Ulme *bot f* orme *m*
Ultimatum *n* ultimatum *m*; ***j-m ein ⁓ stellen*** envoyer un ultimatum à qn
Ultraschall *m* ultra-son *m*; **⁓aufnahme** *f* échographie *f*; **⁓gerät** *n* appareil *m* ultra-son; **⁓untersuchung** *f* échographie *f*
um *örtlich* ⁓ (... ***herum***) autour de; *zeitlich* aux environs de, autour de F; *Uhrzeit* à; *ungefähr* environ, autour de F;

Bezug, Grund pour; ~ ... ***willen*** pour l'amour de, en considération de; ~ ***zu*** (+ *inf*) pour (+ *inf*), afin de (+ *inf*); ~ ***j-n sein*** entourer qn; ~ ***sein*** F être fini; *Zeit* être révolu; ***die Frist ist*** ~ le délai est arrivé á expiration; ~ ***3 Uhr*** à 3 heures; ~ ***Ostern*** aux environs de Pâques; ~ ***2 Mark billiger*** de 2 marks meilleur marché; ***Tag*** ~ ***Tag*** jour après *od* pour jour; *cf* ***umso***

umarm|en serrer dans ses bras, étreindre, enlacer; ~ *u küssen* embrasser; **2ung** *f* étreinte *f*

Umbau *m* transformation *f*, aménagement *m*; **2en** transformer, aménager (***zu*** en)

um|bilden transformer; *Regierung* remanier; **~binden** *Schürze etc* mettre; **~blättern** tourner la page; **~blicken** ***sich*** ~ regarder autour de soi; *den Kopf wenden* tourner la tête; **~bringen** tuer; **~denken** changer sa façon de voir les choses; **~disponieren** modifier ses projets

umdreh|en (re)tourner; ***sich*** ~ se retourner; ***den Hals*** ~ tordre le cou; **2ung** *f Motor* tour *m*; *um e-e Achse* rotation *f*, révolution *f*

um|einander l'un autour de l'autre; **~fahren** *Hindernis* contourner; *umwerfen* renverser; **~fallen** tomber, se renverser; ***tot*** ~ tomber mort

Umfang *m math* circonférence *f*; *Größe* étendue *f*, ampleur *f*, envergure *f*; *Menge* volume *m*; ***in großem*** ~ dans une large mesure; **2reich** étendu, vaste, ample, volumineux

umfassen *fig* embrasser, comporter, comprendre; **~d** vaste, étendu; *Geständnis* complet

Um|feld *n* contexte *m*; **~frage** *f* enquête *f*, sondage *m* d'opinion; **2füllen** transvaser; **~gang** *m* relations *f*/*pl*; ***mit j-m*** ~ ***haben*** fréquenter qn; ***schlechten*** ~ ***haben*** avoir de mauvaises fréquentations; **2gänglich** sociable; **~gangsformen** *f*/*pl* manières *f*/*pl*; ***gute*** ~ ***haben*** avoir du savoir-vivre

Umgangssprach|e *f* langage *m* familier; **2lich** familier

umgeb|en (***sich*** ~ s')entourer (***mit*** de); *adj* entouré (***von*** de); **2ung** *f e-r Person* entourage *m*; *e-s Ortes* environs *m*/*pl*

umgeh|en *vermeiden* contourner, éviter; ***mit j-m*** ~ fréquenter qn; ***mit j-m*** ~ ***können*** savoir s'y prendre avec qn; ***mit etw*** ~ manier qc; ***mit etw sparsam*** ~ économiser qc; **~end** immédiat(ement); **2ungsstraße** *f* route *f* de contournement, rocade *f*

um|gekehrt renversé, à l'envers, inverse(ment); **~graben** bêcher; **~haben** F porter; **2hang** *m* cape *f*, pèlerine *f*; **~hängen** jeter sur ses épaules; *Bild* suspendre ailleurs; **~hauen** abattre; F *fig* ***das haut mich um*** ça me coupe le souffle F

umhin ***nicht*** ~ ***können***, ***etw zu tun*** ne (pas) pouvoir s'empêcher de faire qc

umhören ***sich*** ~ se renseigner, s'informer

Umkehr *f* retour *m*; *fig a* conversion *f*; **2en** retourner en arrière, faire demi-tour, s'en retourner, revenir sur ses pas; *Taschen* retourner; *math Bruch* renverser; *Wortfolge* inverser

um|kippen perdre l'équilibre, se renverser; ***der See ist umgekippt*** l'équilibre biologique du lac est rompu; **~klammern** étreindre

Umkleideraum *m* vestiaire *m*

umkommen être tué, mourir, périr (***bei*** dans); F ~ ***vor*** crever de F

Umkreis *m* ***im*** ~ ***von*** dans un rayon de; **2en** tourner autour de

Umlauf *m* circulation *f*; *Rundschreiben* circulaire *f*; ***in*** ~ ***bringen*** mettre en circulation; **~bahn** *f* orbite *f*; ***auf e-e*** ~ ***bringen*** mettre sur orbite; **2en** circuler; *Gerücht* courir

umlegen *Schal etc* mettre; *verlegen* déplacer; *Kosten* répartir (***auf*** entre); F *töten* descendre F

umleit|en *Verkehr* dévier; *Fluss* détourner; **2ung** *f* déviation *f*

umliegend environnant

Umnachtung *f* ***geistige*** ~ aliénation *f* mentale

um|quartieren loger ailleurs; *evakuieren* évacuer; **~randen** border, encadrer; **~räumen** changer les meubles de place

umrechn|en convertir (***in*** en); **2ung** *f* conversion *f*; **2ungskurs** *m* cours *m* du change

um|reißen *fig* ébaucher, esquisser; **~rennen** renverser (en courant); **~ringen** entourer; ***von Feinden umringt***

U

cerné par les ennemis; **≗riss** *m* contour *m*; **~rühren** remuer; **~satteln** *fig* changer de carrière *od* de profession; **≗satz** *écon m* chiffre *m* d'affaires

Umschau *f* ***nach j-m ~ halten*** chercher qn du regard; **≗en *sich ~*** *cf* ***umsehen***

Umschlag *m Brief≗* enveloppe *f*; *Buch≗* jaquette *f*; *méd* compresse *f*; *comm* transbordement *m*; *Änderung* changement *m*, revirement *m*; **≗en** *Wetter* changer subitement; *Waren* transborder; *Buchseite* tourner; **~platz** *m fig* plaque *f* tournante

umschreib|en *Begriff* exprimer par une périphrase; **≗ung** *f* périphrase *f*

Um|schrift *f* ***phonetische ~*** transcription *f* phonétique; **≗schulen *j-n ~*** *Schulwechsel* faire changer qn d'école, envoyer qn à une autre école; *beruflich* recycler qn; **≗schwärmt** entouré, adoré; **~schweif** *m* ***ohne ~e*** sans détours; **~schwung** *m* changement *m* brusque, revirement *m*; **≗sehen *sich ~*** tourner la tête; *nach allen Seiten* regarder autour de soi; ***sich in der Stadt ~*** faire un tour en ville; ***sich nach etw ~*** chercher qc; **≗sein** F *cf* ***um***; **≗seitig** au verso, à la page suivante

Umsicht *f* circonspection *f*; **≗ig** circonspect

umsiedeln transplanter, transférer

umso ~ *größer* *etc* d'autant plus grand, *etc*; ***~ besser!*** tant mieux!; ***~ mehr als*** d'autant plus que

umsonst *vergeblich* en vain, inutilement; *kostenlos* gratuitement

Um|stand *m* circonstance *f*; ***unter allen Umständen*** en tous cas; *jur* ***mildernde Umstände*** circonstances atténuantes; ***keine Umstände machen*** ne pas faire de façons; ***sie ist in anderen Umständen*** elle est enceinte; **≗ständlich** compliqué

Umstands|kleid *n* robe *f* de grossesse; **~wort** *gr n* adverbe *m*

umsteigen changer (de train)

umstell|en changer (de place); *Betrieb etc* réorganiser, regrouper; ***auf EDV ~*** informatiser; ***sich ~*** s'adapter (***auf*** à); **≗ung** *f* changement *m*; réorganisation *f*, regroupement *m*; adaptation *f*

um|stimmen *j-n ~* faire changer qn d'avis; **~stoßen** renverser; **~stritten** contesté, controversé

Um|sturz *pol m* subversion *f*, renversement *m*, révolution *f*; **≗stürzen** se renverser; *Fahrzeug a* verser; ***etw ~*** renverser qc

Umtausch *m* échange *m*; *von Geld* change *m*; **≗en** échanger (***gegen*** contre); *Geld* changer

umwälz|end révolutionnaire; **≗ung** *f* bouleversement *m*, révolution *f*

umwand|eln transformer (***in*** en); **≗lung** *f* transformation *f*

Umweg *m* détour *m*

Umwelt *f* environnement *m*; **~belastung** *f* pollution *f*; **≗bewusst** respectueux de l'environnement; **~einfluss** *m* influence *f* de l'environnement; **~engel** *m* label *m* écologique; **≗feindlich** polluant; **~forscher** *m* spécialiste *m* de l'environnement, écologiste *m*; **≗freundlich** non-polluant; **~katastrophe** *f* catastrophe *f* écologique; **≗schädlich** polluant; **~schutz** *m* protection *f* de l'environnement; **~schützer** *m* protecteur *m* de l'environnement, écologiste *m*; **~schutzpapier** *n* papier *m* recyclé; **~sünder** *m* pollueur *m*; **~verschmutzer** *m* pollueur *m*; **~verschmutzung** *f* pollution *f*

um|wenden (***sich ~*** se) retourner; **~werfen** renverser; *Mantel* jeter sur ses épaules; **~ziehen** déménager; ***sich ~*** se changer; **~zingeln** encercler, cerner

Umzug *m Wohnungswechsel* déménagement *m*; *in den Straßen* cortège *m*

unabhängig indépendant (***von*** de); ***~ davon, ob*** indépendamment du fait que; **≗keit** *f* indépendance *f*

unab|kömmlich indispensable; **~lässig** continuel, incessant; *adv* sans cesse; **~sichtlich** involontaire; **~wendbar** inévitable, inéluctable

unachtsam inattentif; **≗keit** *f* inattention *f*

unan|fechtbar incontestable; **~gebracht** déplacé, inopportun; **~gefochten** incontesté; **~gemessen** inadéquat; **~genehm** désagréable; **~nehmbar** inacceptable; **≗nehmlichkeit** *f* désagrément *m*; **~sehnlich** disgracieux; **~ständig** indécent; **~tastbar** inviolable, intangible

unappetitlich peu appétissant

Unart *f* vilaine habitude *f*; **≗ig** *Kind* méchant, mal élevé

unauf|dringlich discret; **~fällig** discret; *Person* effacé; **~findbar** introuvable; **~gefordert** spontanément; **~hörlich** incessant; *adv* sans cesse; **~merksam** inattentif
unaus|löschlich indélébile; **~sprechlich** inexprimable, indicible; **~stehlich** insupportable
unbarmherzig impitoyable
unbe|absichtigt involontaire, non intentionnel; **~achtet** inaperçu; **~dacht** inconsidéré; **~denklich** sans inconvénient, sans danger; **~deutend** insignifiant; **~dingt** absolu; *adv* absolument; **~fahrbar** impraticable; **~fangen** non prévenu, impartial; naïf, ingénu; **~friedigend** peu satisfaisant, insuffisant; **~friedigt** insatisfait, mécontent; **~fugt** non autorisé; **~gabt** sans talents, peu doué; **~greiflich** incompréhensible; **~grenzt** illimité; **~gründet** mal fondé, non fondé; **2hagen** *n* malaise *m*; **~haglich** ***sich ~ fühlen*** se sentir mal à l'aise; **~helligt** sans être importuné; **~herrscht** qui ne sait pas se maîtriser, incontrôlé; **~holfen** maladroit; **~irrt** sans se laisser déconcerter; **~kannt** inconnu; **~kleidet** déshabillé; **~kümmert** insouciant; **~lebt** inanimé; calme; **~lehrbar** incorrigible; **~liebt** impopulaire; **~mannt** *Raumfahrzeug* non habité; **~merkt** inaperçu; **~nutzt** inutilisé; **~quem** inconfortable; **~rechenbar** incalculable; *Person* imprévisible; **~rechtigt** non autorisé; *Forderung etc* injustifié; **~rührt, ~schädigt** intact; **~scheiden** exigeant; **~schränkt** illimité; **~schreiblich** indescriptible; **~sehen** sans examen, tel quel; **~siegbar** invincible; **~sonnen** irréfléchi, inconsidéré; **~ständig** inconstant; *Wetter* instable; **~stechlich** incorruptible; **~stimmt** indéfini; *unsicher* incertain; **~streitbar** inconstable, indiscutable; **~stritten** incontesté; **~teiligt** étranger (***an*** à); *gleichgültig* indifférent; **~tont** non accentué, atone
unbeugsam inflexible
unbe|wacht *Parkplatz* non gardé; **~weglich** immobile; *jur* ***~e Güter*** biens *m/pl* immeubles; **~wohnt** inhabité; *Haus a* inoccupé; **~wusst** inconscient, involontaire; **~zahlbar** impayable (*a* F *köstlich*)
Unbild|en *pl* ***~ der Witterung*** intempéries *f/pl*
un|blutig non sanglant; sans effusion de sang; **~brauchbar** inutilisable; *Mensch* inapte (***für*** à)
und et; ***~ so weiter*** et ainsi de suite, et cetera
Undank *m* ingratitude *f*; **2bar** ingrat (***gegen*** envers)
un|definierbar indéfinissable; **~denkbar** inimaginable, impensable; **~deutlich** indistinct, vague; *Sprache* inarticulé; **~dicht** qui fuit; ***~ sein*** fuir; **2ding** *n* absurdité *f*, non-sens *m*
unduldsam intolérant
undurch|dringlich impénétrable; **~führbar** irréalisable; **~lässig** imperméable; **~sichtig** opaque; *fig* mystérieux, louche
uneben inégal; *Gelände a* accidenté; **2heit** *f* inégalité *f*; *im Gelände* accident *m*
un|echt faux; **~ehelich** illégitime; *Kind a* naturel; **~ehrlich** malhonnête; **~eigennützig** désintéressé; **~einig** désuni, en désaccord (***mit j-m über etw*** avec qn sur qc); **~empfindlich** insensible (***für*** à); **~endlich** infini (*a math*, *Foto*); *~ groß*, *weit* immense
unent|behrlich indispensable; **~geltlich** gratuit; *Tätigkeit* bénévole; **~schieden** indécis; *Sport* ***~ spielen*** faire match nul; **~schlossen** irrésolu, indécis; **~schuldbar** inexcusable
uner|bittlich inexorable; **~fahren** inexpérimenté; **~forschlich** impénétrable; **~freulich** désagréable; **~giebig** improductif; **~gründlich** insondable, impénétrable; **~heblich** insignifiant; **~hört** inouï; **~kannt** sans être reconnu, incognito; **~klärlich** inexplicable; **~lässlich** indispensable; **~laubt** défendu; *adv* sans la permission de qn; **~ledigt** non fait, inachevé; **~messlich** immense; **~müdlich** infatigable, inlassable; **~reichbar** inaccessible; **~reicht** sans égal, inégalé; **~sättlich** insatiable; **~schlossen** inexploré, inexploité; **~schöpflich** inépuisable, intarissable; **~schütterlich** inébranlable, imperturbable; **~schwinglich** inabordable; **~setzlich** irremplaçable; **~träglich** insupportable; **~wartet**

inattendu; **~wünscht** indésirable; **~zogen** mal élevé
unfähig incapable (***zu*** de); **≈keit** *f* incapacité *f*
unfair déloyal
Unfall *m* accident *m*; **~flucht** *f* délit *m* de fuite; **~stelle** *f* lieu *m* de l'accident; **~verhütung** *f* prévention *f* des accidents
unfassbar inconcevable
unfehlbar infaillible; **≈keit** *f* infaillibilité *f*
unfolgsam désobéissant
unförmig informe
unfrankiert non affranchi
unfreiwillig involontaire; *adv* malgré soi
unfreundlich peu aimable, désagréable; *Wetter* maussade
Unfrieden *m* discorde *f*; ***~ stiften*** semer la discorde
unfruchtbar stérile; **≈keit** *f* stérilité *f*
Unfug *m* bêtise(s) *f(pl)*; ***~ treiben*** faire des bêtises
Ungar|(**in** *f*) *m* Hongrois *m*, -e *f*; **≈isch** hongrois; **~n** *n* la Hongrie
ungastlich inhospitalier
unge|**achtet** malgré, en dépit de; ***dessen ~*** malgré cela, néanmoins; **~ahnt** inespéré, insoupçonné; **~beten** non invité; ***~er Gast*** intrus *m*; **~bildet** inculte, sans éducation; **~boren** ***noch ~*** encore à naître; **~bräuchlich** peu usité, inusité; **~braucht** tout neuf; **~bührlich** inconvenant; **~bunden** *fig* libre; ***frei und ~*** libre comme l'air; **~deckt** *Scheck* sans provision
Ungeduld *f* impatience *f*; **≈ig** impatient
unge|**eignet** impropre (***für*** à); *Person* inapte (***für*** à); **~fähr** à peu près, environ; *adj* approximatif; **~fährlich** inoffensif, sans danger
ungeheuer 1. énorme; *adv* énormément; **2. ≈** *n* monstre *m*; **~lich** monstrueux
unge|**hindert** libre, sans être empêché; **~hobelt** *fig* grossier; **~hörig** inconvenant
ungehorsam 1. désobéissant; **2. ≈** *m* désobéissance *f*; ***ziviler ~*** désobéissance *f* du citoyen
unge|**künstelt** sans affectation, simple, naturel; **~kürzt** intégral; **~legen** inopportun; ***j-m ~ kommen*** déranger qn; **~lernt** non qualifié; **~mein** extrêmement; **~mütlich** peu confortable, peu sympathique

ungenau inexact; **≈igkeit** *f* inexactitude *f*
ungeniert sans gêne
unge|**nießbar** immangeable; *Getränk* imbuvable (*a* F *fig Person*); **~nügend** insuffisant; **~pflegt** négligé, peu soigné; **~rade** *Zahl* impair
ungerecht injuste; **~fertigt** non justifié, injustifié; **≈igkeit** *f* injustice *f*
ungeschehen ***das kann man nicht ~ machen*** ce qui est fait est fait
Ungeschick|(**lichkeit** *f*) *n* maladresse *f*; **≈t** maladroit
unge|**schminkt** *fig* sans fard; **~setzlich** illégal; **~stört** tranquille; **~straft** impuni; *adv* impunément; **~stüm** impétueux; **~sund** malsain, insalubre; ***er sieht ~ aus*** il a l'air malade; **~trübt** *Glück* sans nuage
Ungetüm *n* monstre *m*
ungewiss incertain; ***j-n im ≈en lassen*** maintenir qn dans l'incertitude; **≈heit** *f* incertitude *f*
unge|**wöhnlich** extraordinaire; **~wohnt** inaccoutumé, inhabituel; **≈ziefer** *n* vermine *f*; **~zogen** *Kind* désobéissant, méchant; **~zwungen** désinvolte, décontracté, relax(e) F
ungläubig incrédule; *rel* incroyant, infidèle
unglaub|**lich** incroyable; **~würdig** peu digne de foi; *zweifelhaft* douteux
ungleich inégal; **≈heit** *f* inégalité *f*; **~mäßig** inégal, irrégulier
Unglück *n* malheur *m*; *Unfall* accident *m*; **≈lich** malheureux; **≈licherweise** malheureusement
ungültig non valable, nul; *Ausweis* périmé; ***für ~ erklären*** annuler, invalider; ***~ werden*** se périmer; **≈keit** *f* nullité *f*
Ungunst ***zu ~en*** au préjudice de
ungünstig défavorable
ungut ***~es Gefühl*** sentiment *m* d'inquiétude; ***nichts für ~!*** sans rancune!, ne m'en veuillez pas!
unhaltbar *Zustände* intenable; *Behauptung* insoutenable; *Sport* imparable
Unheil *n* malheur *m*, désastre *m*; ***~ bringend*** funeste; **≈bar** incurable; **≈voll** funeste
unheimlich inquiétant, sinistre; ***~ gut*** F vachement bon *od* bien
unhöflich impoli, malpoli; **≈keit** *f* impolitesse *f*

un|hörbar inaudible; **~hygienisch** peu hygiénique
Uniform *f* uniforme *m*; ⚠ ***un*** uniforme; **≗iert** en uniforme
uninteress|ant sans intérêt, dépourvu d'intérêt; **~iert** qui ne s'intéresse pas (***an*** à)
Union *f* union *f*; ***Europäische*** ~ Union *f* européenne
univers|al universel; **≗ität** *f* université *f*; **≗um** *n* univers *m*
Unke *f zo* crapaud *m*; *fig* F prophète *m* de malheur; **≗n** F prédire des malheurs
unkennt|lich méconnaissable; **≗nis** *f* ignorance *f*
unklar confus, vague, peu clair, indistinct; **≗heit** *f* manque *m* de clarté, confusion *f*
un|klug imprudent; **≗kosten** *pl* frais *m/pl*; **≗kraut** *n* mauvaise herbe *f*; ~ ***jäten*** sarcler; **≗krautvernichtungsmittel** *n* herbicide *m*; **~kündbar** *Stelle* permanent; *Vertrag* non résiliable; **~längst** récemment; **~lauter** *Wettbewerb* déloyal; **~leserlich** illisible; **~logisch** illogique
unlös|bar *Problem* insoluble; **~lich** *chim* insoluble
unmännlich peu viril, efféminé
unmäßig immodéré, démesuré; *im Essen u Trinken* intempérant; **≗keit** *f* intempérance *f*
Unmenge *f* quantité *f* énorme (***von*** de)
Unmensch *m* brute *f*, barbare *m*; **≗lich** inhumain; **~lichkeit** *f* inhumanité *f*
un|merklich imperceptible; **~missverständlich** sans équivoque; **~mittelbar** immédiat, direct; **~möbliert** non meublé
unmöglich impossible; **≗keit** *f* impossibilité *f*
unmoralisch immoral
unmündig *jur* mineur; **≗keit** *f* minorité *f*
unnach|ahmlich inimitable; **~giebig** intransigeant, inflexible; **~sichtig** sévère, sans indulgence, impitoyable
un|nahbar *Mensch* inaccessible, hautain; **~natürlich** peu naturel; *geziert* affecté; **~nötig** inutile
UNO *f* O.N.U. *f*
unord|entlich désordonné, négligé, en désordre; **≗nung** *f* désordre *m*
unpartei|isch impartial; **≗lichkeit** *f* impartialité *f*
un|passend impropre, peu convenable, déplacé; **~passierbar** impraticable; **~pässlich** indisposé; **~persönlich** impersonnel; **~politisch** apolitique; **~populär** impopulaire; **~praktisch** peu pratique; *Person* maladroit; **~produktiv** improductif; **~pünktlich** inexact
unrecht 1. mauvais; **2.** ≗ *n* injustice *f*, tort *m*; ***zu*** ~ à tort; **~mäßig** illégitime, illégal
unregelmäßig irrégulier; **≗keit** *f* irrégularité *f*
un|reif pas mûr (*a fig*); *Obst a* vert; **~rein** impur
unrichtig incorrect, inexact, faux; **≗keit** *f* incorrection *f*
Unruh|e *f* inquiétude *f*; **~n** *pl pol* troubles *m/pl*; **~estifter(in** *f*) *m* perturbateur *m*, -trice *f*, fauteur *m* de troubles; **≗ig** inquiet; *Leben, Meer* agité; *Schüler* dissipé, turbulent
uns nous, à nous
unsach|gemäß non *od* mal approprié; **~lich** subjectif, non fondé
un|sagbar indicible; **~sanft** brutal, rude; **~sauber** malpropre; ***~e Methoden*** méthodes malhonnêtes; **~schädlich** inoffensif; ~ ***machen*** mettre hors d'état de nuire; **~scharf** *Foto* flou; **~schätzbar** inestimable; **~scheinbar** insignifiant; *Mensch* effacé; **~schicklich** inconvenant; **~schlagbar** imbattable; **~schlüssig** irrésolu, indécis
Unschuld *f* innocence *f*; **≗ig** innocent
unselbstständig qui manque d'indépendance *od* d'initiative *od* de personnalité; *beruflich* salarié
unser notre, *pl* nos; ***~er, ~e, ~es, der, die, das ~e*** *od* ***uns*(*e*)*rige*** le (la) nôtre; **~einer, ~eins** nous autres, des gens comme nous
unsicher incertain; *Person* qui manque d'assurance; ~ ***werden*** se troubler; **≗heit** *f* incertitude *f*; *e-r Person* manque *m* d'assurance; *e-r Gegend* insécurité *f*
unsichtbar invisible
Unsinn *m* bêtises *f/pl*, absurdité(s) *f*(*pl*); **≗ig** insensé, absurde
Unsitt|e *f* mauvaise habitude *f*; *Missstand* abus *m*; **≗lich** immoral
un|sozial antisocial; **~sportlich** peu sportif; *unfair* antisportif

unsterblich immortel; **&keit** *f* immortalité *f*
Un|stimmigkeit *f* désaccord *m*, divergence *f*, différend *m*; **&sympathisch** antipathique
untätig inactif; **&keit** *f* inactivité *f*
untauglich inapte (***für*** à); **&keit** *f* inaptitude *f* (à)
unteilbar indivisible
unten en bas, en dessous; ***nach*** ~ en bas, vers le bas; ***siehe*** ~ voir ci-dessous; ***auf Seite 5*** ~ en bas de la page 5
unter sous; *unterhalb* au-dessous de; *zwischen* entre; *mitten zwischen* parmi; ~ ***anderem*** entre autres; ***einige*** ~ ***uns*** certains d'entre nous *od* parmi nous; ***das bleibt unter*** ~ que cela reste entre nous; ~ ***dieser Bedingung*** à cette condition; ***j-n*** ~ ***sich haben*** avoir qn sous ses ordres
Unter|arm *m* avant-bras *m*; **&belichtet** *Foto* sous-exposé; **~bewusstsein** *n* subconscient *m*; **&bieten** vendre moins cher (***j-n*** que qn); *Rekord* battre; **&binden** empêcher, mettre un terme à
unterbrech|en interrompre; **&ung** *f* interruption *f*; **&ungsbefehl** *EDV m* instruction *f* de rupture
unter|breiten soumettre; **~bringen** *Gast* loger; *verstauen, Person in Stellung* caser
unterdessen en attendant, entre-temps
unterdrück|en *Gefühle, Aufstand* réprimer, étouffer; *Volk* opprimer; **&ung** *f* répression *f*; oppression *f*
untere inférieur (*a fig*), bas, d'en bas
untereinander l'un sous l'autre; *unter sich* (*uns etc*) entre eux (nous, *etc*); *gegenseitig* mutuellement, réciproquement
unterentwickelt sous-développé
unterernähr|t sous-alimenté; **&ung** *f* sous-alimentation *f*
Unter|führung *f* (passage *m*) souterrain *m*; **~gang** *m* ruine *f*, perte *f*; *mar* naufrage *m*; *Sonne* coucher *m*; **~gebene(r)** *m, f* subordonné *m*, -e *f*; **&gehen** périr; *mar* couler, faire naufrage; *Sonne* se coucher; **&geordnet** subordonné; *zweitrangig* secondaire; **~gewicht** *n* manque *m* de poids; **&graben** *fig* miner
Untergrund *m* sous-sol *m*; *pol* clandestinité *f*; **~bahn** *f* métro *m*
unterhalb au-dessous de
Unterhalt *m* entretien *m*; **&en** *Familie, Gebäude etc* entretenir; *belustigen* divertir, distraire, amuser; ***sich*** ~ s'entretenir (***mit j-m über etw*** avec qn de qc); *sich belustigen* se divertir, s'amuser; **&end, &sam** divertissant, distrayant, amusant; **~spflicht** *f* obligation *f* alimentaire; **&spflichtig** ~ ***sein*** avoir le devoir d'entretien; **~szahlung** *f* pension *f* alimentaire; **~ung** *f* entretien *m*; *Gespräch a* conversation *f*; *Vergnügen* divertissement *m*, amusement *m*
Unter|händler *m* négociateur *m*; **~hemd** *n* maillot *m od* gilet *m* de corps; **~hose** *f* caleçon *m*; *kurze* slip *m*; **&irdisch** souterrain; **~kiefer** *m* mâchoire *f* inférieure; **&kommen** trouver une place, se caser F; **~kunft** *f* abri *m*, gîte *m*, logement *m*; ~ ***und Verpflegung*** le gîte et le couvert; **~lage** *f Schreib&* sous-main *m*; *tech* support *m*; *Schriftstück* pièce *f*, document *m*
unterlass|en ***etw*** ~ s'abstenir de qc; ***es*** ~, ***etw zu tun*** omettre de faire qc; **&ung** *f* omission *f* (*a jur*)
unterlaufen saboter
unterlegen inférieur (***j-m, e-r Sache*** à qn, à qc); ***er ist mir*** ~ il est inférieur à moi; **&heit** *f* infériorité *f*
Unter|leib *m* bas-ventre *m*, abdomen *m*; **&liegen** *besiegt werden* être vaincu (***j-m*** par qn), succomber (à); *der Kontrolle, Mode etc* être soumis à; ***j-s Zuständigkeit*** ~ relever de qn; **~lippe** *f* lèvre *f* inférieure; **~mieter(in** *f*) *m* sous-locataire *m, f*
unternehm|en entreprendre; **&en** *n* entreprise *f* (*a écon*); ***ein gewagtes*** ~ une entreprise osée; **&ensberater** *m* conseiller *m* en gestion; **&ensberatung** *f* consultation *f* en gestion; **&er(in** *f*) *m* entrepreneur *m*, -euse *f*; **~ungslustig** entreprenant
Unterredung *f* entretien *m*
Unterricht *m* enseignement *m*, cours *m/pl*; **&en** ***etw*** ~ enseigner qc; ***j-n in etw*** ~ enseigner qc à qn; ***j-n über etw*** ~ renseigner qn sur qc, informer qn de qc
Unter|rock *m* jupon *m*; **&sagen** interdire (***j-m etw*** qc à qn); **~satz** *m* dessous *m* de plat, rond *m*; **&schätzen** sous-estimer

U

unterscheid|en distinguer (***von*** de; ***zwischen*** entre); ***sich*** ~ se distinguer, différer (***von*** de; ***durch*** par); **2ung** *f* distinction *f*
Unterschied *m* différence *f*; ***im*** ~ ***zu*** à la différence de; **2lich** différent; **2slos** sans distinction
unterschlag|en *Geld* détourner; *Dokumente etc* soustraire; *fig* cacher, taire; **2ung** *jur f* soustraction *f*; ~ ***von Geldern*** détournement *m* de fonds
Unter|schlupf *m* abri *m*, cachette *f*; **2schreiben** signer; **~schrift** *f* signature *f*; **~seeboot** *n* sous-marin *m*; **2setzt** trapu; **~stand** *mil m* abri *m*
unterste le plus bas
unter|stehen ***j-m*** ~ être subordonné à qn, être sous les ordres de qn; ***sich*** ~, ***etw zu tun*** oser faire qc; **~stellen** (***sich*** ~ se) mettre à l'abri; ***j-n j-m*** ~ subordonner qn à qn; ***etw*** ~ *annehmen* supposer qc; ***j-m etw*** ~ attribuer *od* imputer (faussement) qc à qn; ***j-m bestimmte Absichten*** ~ faire un procès d'intention à qn; **~streichen** souligner (*a fig*); **2stufe** *f Schule* premier cycle *m*
unterstütz|en aider, assister, secourir, soutenir, appuyer; **2ung** *f* aide *f*, assistance *f*, secours *m*, soutien *m*, appui *m*
untersuchen examiner; *ermitteln* enquêter sur; *chim* analyser
Untersuchung *f* examen *m* (*a méd*); enquête *f* (*a jur*); *jur* instruction *f*; *chim* analyse *f*; **~shaft** *f* détention *f* préventive; **~srichter** *m* juge *m* d'instruction
Unter|tan *m* sujet *m*; **~tasse** *f* soucoupe *f*; ***fliegende*** ~ soucoupe *f* volante; **2tauchen** plonger; *fig* disparaître
Unterteil *n* bas *m*, partie *f* inférieure; **2en** subdiviser; **~ung** *f* subdivision *f*
Unter|titel *m* sous-titre *m*; ***mit*** **~n** sous-titré; **~ton** *m fig* ***ein*** ~ ***von Spott*** une pointe d'ironie; **~treibung** *f* minimisation *f*; **2vermieten** sous-louer
Unterwalden *n* Unterwald
unter|wandern *pol* noyauter; **2wäsche** *f* sous-vêtements *m/pl*, linge *m* (de corps)
unterwegs en route, en chemin, chemin faisant
unterweis|en instruire; **2ung** *f* instruction *f*
Unterwelt *f Totenreich* enfers *m/pl*; *der Verbrecher* pègre *f*, milieu *m*
unterwerf|en (***sich*** ~ se) soumettre; **2ung** *f* soumission *f* (***unter*** à)
unterwürfig *péj* servile; **2keit** *f* servilité *f*
unterzeichn|en signer; **2er** *m* signataire *m*; **2ung** *f* signature *f*
unterziehen ***sich e-r Sache*** ~ se soumettre à qc, subir qc
untragbar intolérable
untrennbar inséparable
untreu infidèle; **2e** *f* infidélité *f*
untröstlich inconsolable
untrüglich ***ein*** **~es *Zeichen*** un signe infaillible
Untugend *f* vice *m*
untypisch atypique
unüber|legt irréfléchi; **~sehbar** immense; **~trefflich** insurpassable, incomparable; **~windlich** insurmontable, invincible, infranchissable
unum|gänglich inévitable; **~schränkt** *pol* absolu; **~wunden** franchement, sans détours
ununterbrochen ininterrompu; *adv* sans interruption, sans cesse
unver|änderlich invariable (*a gr*); **~antwortlich** irresponsable; **~besserlich** incorrigible; **~bindlich** qui n'engage à rien, sans obligation; **~bleit** sans plomb; **~daulich** indigeste (*a fig*); **~dient** immérité; **~dorben** qui n'est pas abîmé; *fig* sain, qui n'est pas corrompu; **~dünnt** non dilué; *Getränk* non coupé; **~einbar** incompatible (***mit*** avec); **~fälscht** authentique, non falsifié; **~fänglich** anodin; **~froren** effronté, sans gêne; **~gänglich** impérissable, immortel; **~gesslich** inoubliable; **~gleichlich** incomparable; **~heiratet** célibataire; **~hofft** *adj* inespéré; *adv* à l'improviste; **~käuflich** invendable; **~kennbar** indubitable, évident; **~letzt** sans blessure(s), indemne, sain et sauf; **~meidlich** inévitable; **~mischt** pur; **~mittelt** soudain, brusque(ment) **~mutet** inattendu; **2nunft** *f* déraison *f*; **~nünftig** déraisonnable; **~richtet** **~*er Dinge*** ~ ***zurückkehren*** revenir bredouille
unverschämt insolent, impertinent, effronté; **2heit** *f* insolence *f*, impertinence *f*, effronterie *f*

U

unver|sehens à l'improviste; **~sehrt** intact; *Person* indemne, sain et sauf; **~söhnlich** irréconciliable; **Ωstand** *m* déraison *f*; **~standen** ***sich ~ fühlen*** se sentir incompris; **~ständlich** incompréhensible, inintelligible; ***es ist mir ~*** j'ai du mal à comprendre cela; **~sucht** ***nichts ~ lassen*** ne rien négliger (pour ...); **~wundbar** invulnérable; **~wüstlich** *Stoff* inusable; ***~e Gesundheit*** santé *f* à toute épreuve *od* de fer; **~zeihlich** impardonnable; **~züglich** immédiat; *adv* sans délai

unvollendet inachevé

unvollkommen imparfait; **Ωheit** *f* imperfection *f*

unvollständig incomplet

unvoreingenommen sans préjugés

unvorher|gesehen imprévu; **~sehbar** imprévisible

unvorsichtig imprudent; **Ωkeit** *f* imprudence *f*

unvorstellbar inimaginable

unvorteilhaft désavantageux

unwahr faux; *lügenhaft* mensonger; **Ωheit** *f* mensonge *m*; **~scheinlich** invraisemblable, improbable; F incroyable(ment)

unwegsam impraticable

unweigerlich inévitable(ment), immanquable(ment)

unwesentlich non essentiel, peu important

Unwetter *n* tempête *f*

unwichtig sans importance

unwider|legbar irréfutable; **~ruflich** irrévocable, sans appel; **~stehlich** irrésistible

Unwill|e *m* indignation *f*; **Ωig** indigné (***über*** de); *widerwillig* à contrecœur; **Ωkürlich** involontaire

unwirk|lich irréel; **~sam** inefficace; *jur* nul

unwirsch brusque, bourru

unwirt|lich inhospitalier, peu accueillant; **~schaftlich** peu économique, non rentable

unwissen|d ignorant; **Ωheit** *f* ignorance *f*

unwohl ***mir ist ~*** je ne me sens pas bien, je suis indisposé; **Ωsein** *n* indisposition *f*

unwürdig indigne (***j-s, e-r Sache*** de qn, de qc)

unzählig innombrable

unzeitgemäß inactuel, démodé

unzer|brechlich incassable; **~reißbar** indéchirable; **~störbar** indestructible; **~trennlich** inséparable

Un|zucht *jur f* attentat *m* à la pudeur; **Ωzüchtig** impudique, luxurieux

unzufrieden mécontent, insatisfait; **Ωheit** *f* mécontentement *m*, insatisfaction *f*

unzu|gänglich inaccessible, inabordable (*beide a Person*); **~länglich** insuffisant; **~lässig** inadmissible; **~mutbar** inacceptable; **~rechnungsfähig** *jur* irresponsable; **~reichend** insuffisant; **~sammenhängend** incohérent; **~verlässig** sur qui (*od* sur quoi) on ne peut compter; *Quelle* incertain, peu sûr

unzweifelhaft indubitable

Uploading *EDV n* téléchargement *m*

üppig *Vegetation* luxuriant; *Mahlzeit, Busen* plantureux

uralt vieux comme le monde

Uran *chim n* uranium *m*

Ur|aufführung *f* première *f*; **~bevölkerung** *f*, **~einwohner** *m/pl* population *f* primitive, autochtones *m/pl*, aborigènes *m/pl*; **~enkel(in** *f*) *m* arrière-petit-fils *m*, arrière-petite-fille *f*; **~großmutter** *f* arrière-grand-mère *f*; **~großvater** *m* arrière-grand-père *m*; **~heber(in** *f*) *m* auteur *m*; **~heberrechte** *n/pl* droits *m/pl* d'auteur

Uri *n* l'Uri *m*

urig *Lokal* pittoresque; *Mensch* folklo

Urin *m* urine *f*; **Ωieren** uriner

Urkunde *f* acte *m*, document *m*; **~nfälschung** *jur f* faux *m* en écriture

Urlaub *m* vacances *f/pl*, congé(s) *m(pl)*; *mil* permission *f*; ***in ~ sein*** être en vacances; ***e-n Tag ~ nehmen*** prendre un jour de congé; **~er(in** *f*) *m* vacancier *m*, -ière *f*; *mil* permissionnaire *m*

Ur|sache *f* cause *f*; *Grund* raison *f*; ***keine ~!*** il n'y a pas de quoi!; **Ωsächlich** causal; **~sprung** *m* origine *f*; **Ωsprünglich** d'origine, originaire, originel; *adv* à l'origine

Urteil *n* jugement *m*; *jur a* sentence *f*, arrêt *m*, verdict *m*; ***ein ~ fällen*** rendre un jugement; ***ein ~ abgeben über*** porter un jugement sur; ***sich ein ~ bilden***

U

…ire une opinion; **2en** juger (***über*** …
~svermögen *n* jugement *m*, dis-…
…ement *m*
…**ald** *m* forêt *f* vierge; **2wüchsig**

primitif, naturel; **~zeit** *f* ère *f* préhistorique; **~zustand** *m* état *m* primitif
Utensilien *pl* ustensiles *m*/*pl*
Utop|ie *f* utopie *f*; **2isch** utopique

V

Vaduz Vaduz
Vagabund *m* vagabond *m*
vage vague
Vakuum *n* vide *m*; **2verpackt** emballé sous vide; **~verpackung** *f* emballage *m* sous vide
Vampir *m* vampire *m*
Vandalismus *m* vandalisme *m*
Vanille *f* vanille *f*
vari|abel variable; **2ante** *f* variante *f*
Varietee *n* music-hall *m*
variieren varier
Vase *f* vase *m*; ⚠ ***le*** vase
Vater *m* père *m*; **~land** *n* patrie *f*
väterlich paternel
Vater|schaft *f* paternité *f*; **~tag** *m* fête *f* des Pères; **~unser** *rel n* Notre Père *m*, Pater *m*
Vatikan *m* ***der*** ~ le Vatican
V-Ausschnitt *m* décolleté *m* en V
Veget|arier(in *f*) *m* végétarien, -ne *f*; **2arisch** végétarien; **~ation** *f* végétation *f*; **2ieren** végéter, vivoter
Veilchen *bot n* violette *f*
Vene *f* veine *f*
Venedig Venise
Venezuela *n* le Vénézuéla
Ventil *n tech* soupape *f*; *am Luftschlauch* valve *f*; **~ation** *f* ventilation *f*; **~ator** *m* ventilateur *m*
verabred|en ***etw*** ~ convenir de qc; ***sich*** ~ se donner rendez-vous; ***sich mit j-m*** ~ donner rendez-vous à qn; **2ung** *f* rendez-vous *m*
verab|reichen *Arznei* administrer; **~scheuen** détester
verabschied|en congédier; *Gesetz* voter, adopter; ***sich*** ~ prendre congé (***von*** de); **2ung** *f* congédiement *m*; *Gesetz* vote *m*, adoption *f*
ver|achten mépriser, dédaigner; **~ächtlich** méprisant, dédaigneux; *verachtenswert* méprisable; **2achtung** *f* mépris *m*, dédain *m*; **~allgemeinern** généraliser; **~altet** vieilli, suranné, désuet
Veranda *f* véranda *f*
veränder|lich variable; **~n** changer, modifier; ***sich*** ~ changer, **2ung** *f* changement *m*, modification *f*
veranlag|t ***musisch*** ~ doué pour les arts; ***praktisch*** ~ ***sein*** avoir un sens pratique; **2ung** *f* prédisposition *f*
veranlass|en ***etw*** ~ occasionner qc; faire faire qc, ordonner qc; ***j-n zu etw*** ~ amener *od* déterminer qn à (faire) qc; **2ung** *f* cause *f*, motif *m*; ~ ***zu etw geben*** donner lieu à qc
veran|schaulichen illustrer; **~schlagen** estimer, évaluer (***auf*** à)
veranstalt|en organiser; **2er** *m* organisateur *m*; **2ung** *f* manifestation *f*
verantwort|en ***etw*** ~ répondre de qc; **~lich** responsable (***für*** de); **2ung** *f* responsabilité *f*; ***die*** ~ ***für etw übernehmen*** assumer *od* prendre la responsabilité de qc; ***j-n zur*** ~ ***ziehen*** demander des comptes à qn; **2ungsbewusstsein** *n*, **2ungsgefühl** *n* sentiment *m* de responsabilité; **~ungslos** irresponsable
verarbeiten travailler, usiner, transformer (***zu*** en); *geistig* digérer, assimiler; *EDV* traiter; **~d ~e *Industrie*** industrie *f* de transformation
ver|ärgern irriter, fâcher; **~armt** appauvri; **~arzten** F soigner; **~ausgaben** ***sich*** ~ se dépenser; **~äußern** aliéner, vendre
Verb *gr n* verbe *m*
Verband *m* association *f*; *méd* pansement *m*; *mil* formation *f*; **~(s)kasten** *m* trousse *f* de premiers soins

V

verbann|en bannir; **2ung** *f* bannissement *m*; exil *m*
ver|barrikadieren (***sich*** ~ se) barricader; **~bergen** cacher, dissimuler (***etw vor j-m*** qc à qn); ***sich vor j-m*** ~ se cacher de qn
verbesser|n (***sich*** ~ s')améliorer; *berichtigen* corriger; **2ung** *f* amélioration *f*; correction *f*
verbeug|en ***sich*** ~ s'incliner (***vor*** devant); **2ung** *f* inclination *f*
ver|biegen tordre; **~bieten** défendre, interdire; **~billigt** à prix réduit, au rabais
verbinden lier (***mit*** avec *od* à), joindre (à), (ré)unir (à); *Wunde* panser; *Augen* bander; *tech* raccorder (à); *elektrisch* connecter (à); *chim* combiner; *tél* ~ ***mit*** donner la communication avec; (***Sie sind***) ***falsch verbunden*** vous avez fait le mauvais numéro
verbindlich *bindend* obligatoire; *gefällig* obligeant; **2keit** *f e-s Gesetzes* caractère *m* obligatoire; *e-r Person* obligeance *f*; *comm* obligation *f*
Verbindung *f* liaison *f*, communication *f* (*a tél*, *Verkehrs2*); contact *m*, relation *f*; *tech* raccord *m*; *chim* combinaison *f*, composé *m*; ***mit j-m in*** ~ ***stehen*** (***treten***) être (entrer) en contact *od* en relation(s) avec qn
ver|bissen acharné; ~ ***verteidigen*** défendre avec acharnement; **~bitten** ***das verbitte ich mir!*** je ne peux pas tolérer cela!
verbitter|t aigri; **2ung** *f* amertume *f*
verblassen pâlir
Verbleib *m* ***über seinen*** ~ ***weiß man nichts*** on ne sait pas où il se trouve; **2en** rester, demeurer; ~ ***wir dabei!*** restons-en là!
verbleit contenant du plomb
verblend|en aveugler; **2ung** *f* aveuglement *m*
verblüff|en ébahir, stupéfier; **~t** stupéfait, ébahi; **2ung** *f* stupéfaction *f*, ébahissement *m*
ver|blühen défleurir, se flétrir (*a fig*), se faner (*a fig*); **~bluten** mourir d'une hémorragie; **~bohrt** obstiné; **~borgen** caché; ***im 2en*** en secret, en cachette
Verbot *n* interdiction *f*, défense *f*; **2en** ***Rauchen*** ~ interdit de fumer
Verbrauch *m* consommation *f* (***an*** de); **2en** consommer; *Kräfte* dépenser; **~er** *m* consommateur *m*; **~erschutz** *m* défense *f* des consommateurs; **~erzentrale** *f* institut *m* de la consommation; **2t** usé
Verbrech|en *n* crime *m*; ***ein*** ~ ***begehen*** commettre un crime; **~er(in** *f*) *m* criminel *m*, -le *f*; **2erisch** criminel
verbreit|en (***sich*** ~ se) répandre; *Lehre, Nachricht a* (se) propager; **~ern** élargir
verbrenn|en brûler; *Tote* incinérer; **2ung** *f* combustion *f*; *Tote* crémation *f*, incinération *f*; *méd* brûlure *f*; **2ungsmotor** *m* moteur *m* à combustion interne
verbringen *Zeit* passer
verbrüder|n ***sich*** ~ fraterniser; **2ung** *f* fraternisation *f*
ver|brühen ***sich*** ~ s'ébouillanter; **~buchen** enregistrer, comptabiliser
verbünde|n ***sich*** ~ s'allier (***mit*** à); **2te(r)** *m, f* allié *m* -e *f*
ver|bürgen ***sich*** ~ ***für*** se porter garant de, répondre de; **~büßen** ***e-e Strafe*** ~ purger une peine; **~chromt** chromé
Verdacht *m* soupçon *m*; ***gegen j-n*** ~ ***schöpfen*** commencer à soupçonner qn; ***im*** ~ ***stehen*** être soupçonné (***zu*** de + *inf*)
verdächtig suspect; ***sich*** ~ ***machen*** se rendre suspect; **~en** soupçonner (***j-n e-r Sache*** qn de qc); **2ung** *f* soupçon *m*
verdamm|en condamner; *rel* damner; **~t** maudit, sacré F; F ~ ***noch mal!*** zut alors!; F ~ ***gut*** drôlement bon
ver|dampfen s'évaporer; **~danken** ***j-m etw*** ~ devoir qc à qn
verdau|en digérer (*a fig*); **~lich** ***leicht*** ~ digeste, facile à digérer; ***schwer*** ~ indigeste, lourd; **2ung** *f* digestion *f*; **2ungsstörungen** *f/pl* troubles *m/pl* digestifs
Verdeck *n auto* capote *f*; *mar* pont *m*; **2en** couvrir (*a fig*); *verbergen* cacher
verdenken ***ich kann es ihm nicht*** ~ je ne peux pas lui en vouloir
verderb|en *Lebensmittel* s'abîmer; *etw* abîmer; *Spaß, Preise etc* gâcher; *sittlich* corrompre; ***sich die Augen*** ~ s'abîmer la vue; ***sich den Magen*** ~ se détraquer l'estomac; ***es mit j-m*** ~ perdre les bonnes grâces de qn; **2en** *n* perte *f*, ruine *f*; **~lich** *Lebensmittel* périssable; *schädlich* pernicieux

ver|deutlichen rendre clair, élucider; **~dichten** comprimer, condenser; ***sich** ~ Nebel* s'épaissir; *Gerücht* prendre corps; **~dicken** (***sich*** ~ s')épaissir
verdien|en *Geld* gagner; *Lob, Tadel* mériter; **2st 1.** *m* gain *m*; **2.** *n* mérite *m*; **~t** (bien) mérité; *Person* de mérite; ***sich** ~ **machen um*** bien mériter de
ver|doppeln (***sich***) ~ doubler; **~dorben** abîmé; *fig* gâché; *Lebensmittel a* avarié; *sittlich* corrompu, dépravé; **~dorren** se dessécher
verdräng|en *ersetzen* supplanter; *psych* refouler; **2ung** *psych f* refoulement *m*
ver|drehen tordre; *Augen* rouler; *fig Tatsachen, Wahrheit* dénaturer, altérer; *fig* ***j-m den Kopf*** ~ tourner la tête à qn; **~dreifachen** (***sich***) ~ tripler
ver|drießlich, ~drossen maussade, renfrogné
verdrücken *essen* F avaler, bouffer; *fig* ***sich*** ~ F filer à l'anglaise, s'éclipser
Verdruss *m* dépit *m*, contrariété *f*, ennuis *m/pl*
verduften F déguerpir, filer, ficher le camp
verdummen s'abêtir, s'abrutir
verdunk|eln (***sich*** ~ s')obscurcir; **2(e)lung** *f* obscurcissement *m*; *mil* black-out *m*
ver|dünnen diluer (***mit Wasser*** avec de l'eau); **~dunsten** s'évaporer; **~dursten** mourir de soif; **~dutzt** stupéfait, ahuri
verehr|en *rel* vénérer; *fig* adorer; **2er(in** *f*) *m* admirateur *m*, -trice *f*; *m e-s Mädchens* soupirant *m*; **2ung** *f* vénération *f*; *fig* admiration *f*, adoration *f*; **~ungswürdig** vénérable
vereidigen faire prêter serment à, assermenter
Verein *m* association *f*, club *m*
vereinbar compatible (***mit*** avec); **~en** convenir de; ***sich** ~ **lassen mit*** se concilier avec; **2ung** *f* accord *m*, convention *f*
vereinen (***sich*** ~ s')unir
vereinfach|en simplifier; **2ung** *f* simplification *f*
vereinheitlichen uniformiser, standardiser
vereinig|en (***sich*** ~ se) réunir, (s')unir; **~t** (ré)uni; ***die 2en Staaten*** les États-Unis *m/pl*; **2ung** *f* (ré)union *f*; *Verein* association *f*
verein|samen devenir solitaire, s'isoler; **~t** uni; ***die 2en Nationen*** les Nations *f/pl* Unies; **~zelt** isolé; ~ ***Regen*** pluies *f/pl* éparses
ver|eiteln déjouer, faire échouer, anéantir; **~eitert** plein de pus; **~enden** mourir; **~enge(r)n** (***sich*** ~ se) rétrécir
vererb|en laisser (en mourant); *testamentarisch* léguer; *biol* transmettre; ***sich** ~ **auf*** se transmettre à; **2ung** *biol f* hérédité *f*; **2ungslehre** *f* génétique *f*
verewigen *Namen* immortaliser
verfahren 1. procéder; ~ ***mit*** traiter; ***sich*** ~ se tromper de route, s'égarer; **2.** **2** *n* procédé *m*; *jur* procédure *f*
Verfall *m* décadence *f*, déclin *m*; *Gebäude* ruine *f*; *comm* échéance *f*; **2en** *Gebäude* tomber en ruine, se délabrer; *comm* échoir, venir à échéance; ***auf etw*** ~ avoir l'idée de qc; ***in etw*** ~ (re)tomber dans qc; ***j-m** ~ **sein*** être l'esclave de qn; **~sdatum** *n* date *f* limite de consommation
ver|fälschen falsifier; **~fänglich** embarrassant, insidieux; **~färben *sich*** ~ changer de couleur
verfass|en rédiger; **2er(in** *f*) *m* auteur *m*, femme *f* auteur
Verfassung *f Staats2* constitution *f*; *Zustand* état *m*; ***körperliche*** ~ condition *f* physique; **2smäßig** constitutionnel; **2swidrig** anticonstitutionnel
verfaulen pourrir
verfecht|en défendre; **2er** *m* défenseur *m*, champion *m*, avocat *m*
verfehlen manquer, rater
verfeind|en *sich* ~ se brouiller; **~et** brouillé (***mit*** avec)
verfeinern raffiner, améliorer
verfilm|en porter à l'écran, tirer un film de; **2ung** *f* adaptation *f* cinématographique
Ver|flechtung *f* interdépendance *f*; **2fliegen** *Ärger etc* se dissiper; *Zeit* fuir; **2flixt!** zut!; **2flossen** passé; F ***ihr** **~er Mann*** son ex-mari; **2fluchen** maudire; **2flüchtigen *sich*** ~ se volatiliser (*a fig*)
verflüssig|en liquéfier
verfolg|en poursuivre (*a jur*); *grausam od ungerecht* persécuter; ***gerichtlich*** ~

poursuivre en justice; **²er** *m* poursuivant *m*; *pol*, *rel* persécuteur *m*; **²ung** *f* poursuite *f*; *pol*, *rel* persécution *f*; ***gerichtliche ~*** poursuites *f/pl* judiciaires; **²ungswahn** *psych m* délire *m od* manie *f* de la persécution
verfremd|en donner un caractère étranger à; **²ungseffekt** *m Theater* effet *m* de distanciation
verfrüht prématuré
verfüg|bar disponible; **~en** *anordnen* ordonner; ***~ über*** disposer de; **²ung** *f* disposition *f*; *Anordnung* ordonnance *f*; ***j-m zur ~ stellen*** (***stehen***) mettre (être) à la disposition de qn
verführ|en séduire; **²er(in** *f*) *m* séducteur *m*, -trice *f*; **~erisch** séduisant, tentant, attrayant; **²ung** *f* séduction *f*
vergangen passé; ***im ~en Jahr*** l'année dernière *od* passée; **²heit** *f* passé *m* (*a gr*); **²heitsbewältigung** *f* maîtrise *f* du passé
vergänglich passager, éphémère, fugitif; **²keit** *f* caractère *m* passager *od* éphémère
vergas|en *chim* gazéifier; *Menschen* gazer; **²er** *m auto* carburateur *m*
vergeb|en *Stelle*, *Aufträge etc* donner, attribuer; *verzeihen* pardonner; **~ens** en vain; **~lich** inutile, vain; *adv* en vain; **²ung** *f* pardon *m*
vergegenwärtigen ***sich etw ~*** se représenter qc, se remémorer qc
vergehen 1. *Zeit*, *Schmerz* passer; ***vor Angst ~*** mourir de peur; ***mir ist die Lust dazu vergangen*** j'en ai perdu l'envie; ***sich an j-m ~*** porter la main sur qn; *an e-r Frau* violer qn; **2.** **²** *jur n* délit *m*
vergelt|en rendre; ***Gleiches mit Gleichem ~*** rendre la pareille à qn; **²ung** *f* vengeance *f*, revanche *f*; **²ungsmaßnahmen** *f/pl* représailles *f/pl*
vergessen oublier; **²heit** *f* oubli *m*; ***in ~ geraten*** tomber dans l'oubli
vergesslich étourdi, distrait
vergeud|en gaspiller; **²ung** *f* gaspillage *m*
vergewaltig|en violer; **²ung** *f* viol *m*
ver|gewissern ***sich ~*** s'assurer (***e-r Sache*** de qc; ***ob*** si); **~gießen** *Tränen* verser
vergift|en (***sich ~*** s')empoisonner, (s')intoxiquer; **²ung** *f* empoisonnement *m*, intoxication *f*
ver|gittern grillager; **~glasen** vitrer
Vergleich *m* comparaison *f* (***mit*** à, avec); *jur nach Streit* compromis *m*; *statt Konkurs* règlement *m* judiciaire; ***im ~ zu*** par rapport à; **²bar** comparable (***mit*** à, avec); **²en** comparer (***mit*** à, avec)
vergnüg|en 1. ***sich ~*** s'amuser (***zu*** à + *inf*), se divertir; **2.** **²** *n* plaisir *m*; ***mit ~*** avec plaisir; ***viel ~!*** amusez-vous bien!; *cf a* ***²ung***; **~t** joyeux, gai; **²ung** *f* amusement *m*, divertissement *m*; **²ungspark** *m* parc *m* d'attractions
ver|golden dorer; **~göttern** adorer, idolâtrer; **~graben** enterrer, enfouir; **~grätzen** fâcher; **~greifen** ***sich an j-m ~*** porter la main sur qn; *schänden* violer qn; ***sich an etw ~*** toucher à qc; **~griffen** *Buch* épuisé
vergrößer|n agrandir (*a Foto*), grossir (*a Lupe etc*), augmenter; **²ung** *f* agrandissement *m* (*a Foto*), grossissement *m*, augmentation *f*; **²ungsglas** *n* loupe *f*
Vergünstigung *f* avantage *m*
vergüt|en ***j-m etw ~*** indemniser qn de qc; ***j-m seine Auslagen ~*** rembourser qn de ses frais; **²ung** *f* indemnité *f*
verhaft|en arrêter; **²ung** *f* arrestation *f*
verhalten 1. ***sich ~*** se conduire, se comporter; ***sich ruhig ~*** garder son calme; ***es verhält sich so*** il en est ainsi; **2.** **²** *n* comportement *m*, conduite *f*; **²sforschung** *f* étude *f* du comportement; **~sgestört** caractériel
Verhältnis *n* relation *f*; *Größen²* proportion *f*; *persönliches* rapports *m/pl* (***zu*** avec); *Liebes²* liaison *f*; **~se** *pl* conditions *f/pl*, situation *f*, circonstances *f/pl*; ***im ~ zu*** par rapport à; ***über seine ~se leben*** vivre au-dessus de ses moyens; **²mäßig** relatif; *adv* relativement; **~wahl** *f* scrutin *m* proportionnel; **~wort** *gr n* préposition *f*
verhand|eln négocier (***über etw*** qc); **²lung** *f* négociation *f*; *jur* audience *f*, débats *m/pl*
verhäng|en couvrir (d'un rideau); *Strafe* infliger (***gegen*** à); *Blockade* décréter; **²nis** *n* fatalité *f*, sort *m*; *Unheil* malheur *m*; **~nisvoll** fatal, néfaste, funeste
ver|harmlosen minimiser; **~härmt** rongé de chagrin; **~härten** *fig* ***sich ~*** se

durcir; **~hasst** détesté, haï, odieux; **~hätscheln** dorloter, chouchouter F; **~hauen** F rosser; *fig* ***e-e Klassenarbeit ~*** rater *od* louper F une composition

verheer|en ravager; **~end** désastreux, catastrophique; **≈ung** *f* ravage *m*

ver|hehlen cacher, dissimuler; **~heilen** guérir

verheimlich|en dissimuler; **≈ung** *f* dissimulation *f*

verheirat|en ***sich ~*** se marier (***mit*** avec); ***j-n mit j-m ~*** marier qn à *od* avec qn; **~et** marié

verheiß|en promettre; **≈ung** *st/s f* promesse *f*; **~ungsvoll** prometteur

verhelfen ***j-m zu etw ~*** aider qn à obtenir qc

verherrlich|en glorifier; **≈ung** *f* glorification *f*

verhexen ensorceler; ***es ist wie verhext*** c'est comme un fait exprès

verhinder|n empêcher; **~t** ***~ sein*** être empêché, être retenu; ***ein ~er Künstler*** un artiste manqué; **≈ung** *f* empêchement *m*

verhöhnen bafouer, tourner en dérision

Verhör *jur n* interrogatoire *m*; **≈en** interroger; ***sich ~*** mal entendre

ver|hüllen voiler; **~hungern** mourir de faim

verhüt|en empêcher, prévenir; **≈ung** *f* prévention *f*; **≈ungsmittel** *méd n* contraceptif *m*

verirr|en ***sich ~*** s'égarer, se perdre; **≈ung** *f* aberration *f*

verjagen chasser

Verjährung *jur f* prescription *f*

verjüng|en rajeunir; ***sich ~*** rajeunir; *Säule* s'amincir; **≈ung** *f* rajeunissement *m*

verkabel|n *TV* câbler; **≈ung** *f* câblage *m*

verkalk|en *méd u fig* se scléroser; *Rohr* s'entartrer; **~t** *fig* sclérosé, gaga F

verkannt méconnu

Verkauf *m* vente *f*; **≈en** (***sich ~*** se) vendre; ***zu ~*** à vendre

Verkäuf|er(in *f*) *m* vendeur *m*, -euse *f*; **≈lich** à vendre; ***leicht ~*** facile à écouler

verkaufsoffen où les magasins sont ouverts

Verkehr *m* circulation *f*, trafic *m*; *Geschlechts≈* rapports *m/pl*; ***aus dem ~ ziehen*** retirer de la circulation; **≈en** *Bus etc* circuler; ***mit j-m ~*** être en relations avec qn; *sexuell* avoir des rapports avec qn; ***bei j-m ~*** fréquenter qn; ***ins Gegenteil ~*** transformer en son contraire

Verkehrs|ader *f* axe *m* routier, artère *f*; **~ampel** *f* feux *m/pl* (de signalisation); **~beruhigung** *f* réduction *f* de la circulation; **~büro** *n* office *m* de tourisme; **~delikt** *n* infraction *f* au code de la route; **~erziehung** *f* enseignement *m* du code de la route; **~flugzeug** *n* avion *m* de ligne; **~hindernis** *n* obstacle *m* à la circulation; **~insel** *f* refuge *m*; **~minister** *m* ministre *m* des Transports; **~mittel** *n* moyen *m* de transport; ***öffentliche ~*** *pl* transports *m/pl* publics *od* en commun; **~opfer** *n* victime *f* de la circulation; **~polizei** *f* police *f* routière; **≈reich** *Straße* fréquenté; **~schild** *n* panneau *m* de signalisation; **≈sicher** sûr; **~sicherheit** *f* sécurité *f* routière; **~stau** *m* bouchon *m*, embouteillage *m*; **~sünder** *m* contrevenant *m* au code de la route; **~teilnehmer** *m* usager *m* de la route; **~unfall** *m* accident *m* de la circulation *od* de la route; **~verbund** *m* société *f* de transport en commun; **~verein** *m* syndicat *m* d'initiative; **≈widrig** contraire au code de la route; **~zeichen** *n* panneau *m* de signalisation

verkehrt à l'envers; *falsch* mauvais, faux; *adv* de travers

verkennen méconnaître, se méprendre sur

verkett|en enchaîner; **≈ung** *f* enchaînement *m*; ***~ unglücklicher Umstände*** malencontreux concours *m* de circonstances

verklagen ***j-n ~*** intenter une action contre qn

verklappen déverser dans la mer

verkleid|en (***sich ~*** se) déguiser (***als*** en); *tech* revêtir; **≈ung** *f* déguisement *m*; *tech* revêtement *m*

verkleiner|n rapetisser, réduire; **≈ung** *f* rapetissement *m*, réduction *f* (*a Foto*)

ver|klemmt complexé; **~klingen** *Musik* se perdre, s'éteindre; **~knallt** ***in j-n ~ sein*** F avoir le béguin pour qn; **≈knappung** *f* pénurie *f*, rareté *f*;

~knüpfen attacher; *fig* lier, joindre, associer (*alle* **mit** à)
verkommen 1. *Haus etc* être laissé à l'abandon; *Mensch* tomber bien bas; **2.** *adj moralisch* dépravé; **2heit** *f* dépravation *f*
verkörper|n personnifier; **2ung** *f* personnification *f*
ver|krachen F ***sich mit j-m*** ~ se brouiller avec qn; **~kraften** supporter; **~kriechen** ***sich*** ~ se fourrer (***in*** dans), se cacher; **~krüppelt** estropié; *Pflanze* rabougri; **~kühlen** ***sich*** ~ attraper un rhume, prendre froid; **~kümmern** *Lebewesen* dépérir; *Muskel, fig Begabung* s'atrophier; *Pflanze a* s'étioler (*a fig*), se rabougrir
verkünd|(ig)en annoncer, proclamer; *Gesetz* promulguer; *Evangelium* prêcher; ***das Urteil verkünden*** prononcer la sentence; **2igung** *f* annonce *f*; *rel* ***Mariä*** ~ l'Annonciation *f*; ***die*** ~ ***des Evangeliums*** la prédication de l'Évangile; **2ung** *f* proclamation *f*
verkürz|en raccourcir; *Arbeitszeit* réduire; **2ung** *f* raccourcissement *m*, réduction *f*
verladen charger; *mar* embarquer
Verlag *m* maison *f* d'édition
verlangen 1. demander (***etw von j-m*** qc à qn), exiger (qc de qn), réclamer (qc de qn); ***nach j-m*** ~ réclamer qn; **2.** 2 *n* désir *m* (***nach*** de); ***auf*** ~ ***von*** sur *od* à la demande de
verlänger|n prolonger; **2ung** *f zeitlich* prolongation *f*; *räumlich* prolongement *m*; **2ungsschnur** *f* rallonge *f*
verlangsamen (***sich*** ~ se) ralentir
verlassen 1. quitter; *im Stich lassen* abandonner; ***sich*** ~ ***auf*** compter sur, se fier à; **2.** *adj* abandonné
Verlauf *m* déroulement *m*, cours *m*; *e-r Straße, Grenze* tracé *m*; **2en** *Ereignis, Entwicklung* se dérouler, se passer; *Straße* aller; ***sich*** ~ *sich verirren* se perdre, s'égarer; *Menschenmenge* s'écouler
verleben *Zeit* passer
verlegen 1. *räumlich* déplacer; *Wohnsitz* transférer; *Brille* égarer; *zeitlich* remettre, ajourner (***auf*** à); *Leitung* poser; *Bücher* éditer; **2.** *adj* embarrassé, gêné; **2heit** *f* embarras *m*, gêne *f*; ***j-n in*** ~ ***bringen*** embarrasser qn

Verleg|er *m* éditeur *m*; **~ung** *f* déplacement *m*, transfert *m*; *zeitlich* ajournement *m*; *tech* pose *f*
verleiden ***j-m etw*** ~ dégoûter qn de qc
Verleih *m* location *f*; *Film*2 distribution *f*; **2en** prêter, louer; *Preis* décerner; *Rechte, Titel* conférer; **~ung** *f Preis* décernement *m*
verleiten ***j-n zu etw*** ~ inciter qn à qc
verlernen désapprendre, oublier
verletz|bar vulnérable; **~en** (***sich*** ~ se) blesser; *fig a* offenser; **~end** blessant; **2te(r)** *m, f* blessé *m*, -e *f*; **2ung** *f* blessure *f*
verleugnen renier
verleumd|en calomnier, diffamer; **2er(in** *f*) *m* calomniateur *m*, -trice *f*, diffamateur *m*, -trice *f*; **2ung** *f* calomnie *f*, diffamation *f*
verlieb|en ***sich*** ~ tomber amoureux (***in j-n*** de qn); **~t** amoureux
verlier|en perdre; **2er(in** *f*) *m* perdant *m*, -e *f*
verlob|en ***sich*** ~ se fiancer (***mit*** avec); **2te(r)** *m, f* fiancé *m*, -e *f*; **2ung** *f* fiançailles *f/pl*
verlock|en séduire, tenter; **~end** tentant, séduisant; **2ung** *f* séduction *f*, tentation *f*
verlogen *Person* menteur; *Sache* mensonger; **2heit** *f* fausseté *f*
verloren perdu; ~ ***gehen*** se perdre, s'égarer
verlos|en tirer au sort; **2ung** *f* tirage *m* au sort
Verlust *m* perte *f*
ver|machen léguer; **2mächtnis** *n jur* legs *m*; *fig* testament *m*
Vermählung *st/s f* mariage *m*
vermarkt|en commercialiser; **2ung** *f* commercialisation *f*
vermehr|en augmenter, accroître, multiplier (*a biol*); ***sich*** ~ augmenter; *biol* se multiplier; **2ung** *f* augmentation *f*, accroissement *m*; *biol* multiplication *f*
vermeid|bar évitable; **~en** éviter
vermeintlich supposé, présumé
Vermerk *m* note *f*, mention *f*; **2en** noter
vermess|en 1. mesurer; *Gelände* arpenter; **2.** *adj* téméraire; *überheblich* présomptueux; **2enheit** *f* témérité *f*; présomption *f*; **2ung** *f* mesurage *m*; arpentage *m*

vermiet|en louer; ***Zimmer zu ~*** chambre à louer; **2er(in** *f*) *m* loueur *m*, -euse *f*; *Zimmer2* logeur *m*, -euse *f*; *Wohnungs2* propriétaire *m*, *f*; **2ung** *f* location *f*
verminder|n (***sich ~***) diminuer, (s')amoindrir; **2ung** *f* diminution *f*, réduction *f*
vermisch|en (***sich ~*** se) mêler (***mit*** avec *od* à), (se) mélanger (avec *od* à); **2te(s)** *n Zeitung* faits *m/pl* divers; **2ung** *f* mélange *m*
ver|missen ne pas retrouver; *schmerzlich* regretter; ***ich vermisse j-n (etw)*** *a* qn (qc) me manque; **~misst** *mil* disparu
vermitt|eln *Stelle etc* procurer; *Wissen* communiquer; *bei Konflikt* servir de médiateur (***zwischen*** entre; ***bei od in*** dans), intervenir, s'interposer; **2ler(in** *f*) *m* intermédiaire *m*, *f*; *bei Konflikt* médiateur *m*, -trice *f*; **2lung** *f Schlichtung* médiation *f*; *Eingreifen* intervention *f*; *Stelle*, *Büro* agence *f*; *tél* standard *m*, central *m*; ***durch j-s ~*** par l'intermédiaire de qn
vermodern pourrir
Vermögen *n Besitz* fortune *f*; *Fähigkeit* faculté *f*; **2d** fortuné, riche
vermummt masqué, déguisé
vermut|en supposer, présumer; **~lich** présumé; probable(ment); **2ung** *f* supposition *f*, présomption *f*
ver|nachlässigen (***sich ~*** se) négliger; **~narben** se cicatriser (*a fig*)
vernehm|en *hören* entendre; *erfahren* apprendre; *jur* interroger; **~lich** distinct; **2ung** *jur f* interrogatoire *m*; *von Zeugen* audition *f*
verneigen ***sich ~*** s'incliner (***vor*** devant)
verneinen dire (que) non, répondre négativement; *gr* mettre à la forme négative; **~end** négatif; **2ung** *f* négation *f* (*a gr*)
vernetz|en interconnecter; **2ung** *f* interconnexion *f*
vernicht|en anéantir, détruire, exterminer; **~end** *Niederlage* écrasant; *Kritik* impitoyable; *Blick* foudroyant; **2ung** *f* anéantissement *m*, destruction *f*, extermination *f*; **2ungslager** *n* camp *m* d'extermination
verniedlichen minimiser
Vernunft *f* raison *f*; ***~ annehmen*** entendre raison; ***j-n zur ~ bringen*** ramener qn à la raison
vernünftig raisonnable
veröffentlich|en publier; **2ung** *f* publication *f*
verordn|en décréter; *méd* prescrire; **2ung** *f jur* décret *m*; *méd* prescription *f*
verpachten affermer, donner à bail
verpack|en emballer; **2ung** *f* emballage *m*; *comm a* conditionnement *m*
ver|passen *Gelegenheit* laisser échapper; *Zug* manquer, rater; **~patzen** *Schule* F ***e-e Klassenarbeit ~*** rater *od* F louper une composition; **~pesten** empester, empoisonner; **~petzen** *Schule* dénoncer, F moucharder; **~pfänden** mettre en gage; *fig sein Wort* engager
verpflanz|en transplanter (*a fig u méd*); *méd meist* greffer; **2ung** *f* transplantation (*a fig u méd*); *méd meist* greffe *f*
verpfleg|en nourrir; ***sich ~*** s'approvisionner, se ravitailler; **2ung** *f* nourriture *f*
verpflicht|en ***j-n ~*** obliger *od* engager qn (***zu*** à); ***sich ~*** s'engager (***zu*** à); **~et** ***~ sein, etw zu tun*** être obligé de faire qc; **2ung** *f* obligation *f*, engagement *m* (***gegenüber j-m*** envers qn)
ver|pfuschen gâcher; **~plempern** F *Geld* dépenser sans compter; *Zeit* gaspiller
verpönt mal vu, unanimement réprouvé
ver|prassen *Geld* dissiper, dilapider, gaspiller; **~prügeln** rosser; F passer à tabac; **~puffen** fuser; *fig* se perdre en fumée
Verputz *m* crépi *m*; **2en** crépir; F *essen* dévorer, engloutir
ver|quollen *Augen*, *Gesicht* enflé; **~rammeln** barricader
Verrat *m* trahison *f*; **2en** (***sich ~*** se) trahir
Verräter|(in *f*) *m* traître *m*, traîtresse *f*; **2isch** traître
verrechn|en compenser, faire le compte de; ***sich ~*** se tromper dans ses calculs; ***sich um e-e Mark ~*** se tromper *od* faire une erreur d'un mark; **2ung** *comm f* compensation *f*, clearing *m*; **2ungsscheck** *m* chèque *m* barré
ver|recken P crever; **~regnet** pluvieux
verreis|en partir en voyage (***nach*** pour); **~t** (parti) en voyage

V

verrenk|en *verdrehen* tordre; *ausrenken* ***sich etw*** **~** se luxer qc; **2ung** *méd f* luxation *f*
ver|richten faire, exécuter; **~riegeln** verrouiller
verringer|n (***sich*** **~** s')amoindrir, diminuer; **2ung** *f* amoindrissement *m*, diminution *f*, réduction *f*
ver|rosten rouiller; **~rotten** pourrir, se décomposer
verrücken déplacer
verrückt fou (***auf***, ***nach*** de); **~** ***werden*** devenir fou; **2e(r)** *m*, *f* fou *m*, folle *f*; **2heit** *f* folie *f*
Verruf *m* ***in*** **~** ***bringen*** jeter le discrédit sur, discréditer; ***in*** **~** ***geraten*** tomber dans le discrédit, se discréditer; **2en** *adj* mal famé
verrutschen glisser, se déplacer
Vers *m* vers *m*; *Bibel* verset *m*
versag|en *Hilfe etc* refuser; *tech* tomber en panne; *Bremsen* lâcher; *Schusswaffe* rater; *Person* échouer, ne pas être à la hauteur; **2en** *n* défaillance *f* (*a tech*); **menschliches** **~** défaillance humaine; **schulisches** **~** insuffisance *f od* échec *m* scolaire; **2er** *m Person, Schuss* raté *m*
versalzen trop saler
versamm|eln (***sich*** **~** se) réunir, (se) rassembler; **2lung** *f* réunion *f*, assemblée *f*
Versand *m* expédition *f*; **~handel** *comm m* vente *f* par correspondance
versäum|en manquer; **~**, ***etw zu tun*** négliger de faire qc; **2nis** *n* négligence *f*; *Schule* absence *f*
ver|schaffen ***j-m etw*** **~** procurer qc à qn; ***sich etw*** **~** se procurer qc; **~schämt** honteux, gêné; **~schandeln** défigurer, massacrer F; **~schanzen** ***sich*** **~** se retrancher (*a fig* ***hinter*** derrière); **~schärfen** aggraver; *Kontrolle* renforcer; ***sich*** **~** *Lage* s'aggraver; **~schätzen** ***sich*** **~** commettre une erreur d'appréciation; **~schenken** donner (en cadeau); **~scherzen** ***sich etw*** **~** perdre qc par sa faute; *Glück* gâcher, gaspiller; **~scheuchen** chasser (*a fig*); **~schicken** expédier
verschieb|en déplacer; *zeitlich* remettre, reporter, ajourner; ***sich*** **~** se déplacer; *Termin* être reporté à une date ultérieure; **2ung** *f* déplacement *m*; *zeitliche* ajournement *m*
verschieden différent (***von*** de), divers; **~artig** hétérogène; **2e** *pl* plusieurs; **2es** *n* différentes choses *f/pl*; *Zeitung* faits *m/pl* divers; **2heit** *f* différence *f*; **~tlich** à plusieurs *od* différentes reprises
ver|schiffen transporter par bateau; *verladen* embarquer; **~schimmeln** moisir; **~schlafen** **1.** se lever trop tard; *Tag* passer à dormir; F *fig* oublier; **2.** *adj* endormi (*a fig*)
Verschlag *m* réduit *m*, cagibi *m*; **2en** **1.** ***j-m die Sprache*** **~** interloquer qn; ***es hat ihn nach X*** **~** il a échoué *od* atterri F à X; **2.** *adj* malin, roué, sournois
verschlechter|n empirer; ***sich*** **~** empirer, se détériorer; *Lage* se dégrader, s'aggraver; *Wetter* se gâter; **2ung** *f* détérioration *f*, dégradation *f*
Verschleiß *m* usure *f*; **2en** (***sich***) **~** s'user; **2frei** exempt d'usure
ver|schleppen *Menschen* déporter, déplacer; *zeitlich* faire traîner en longueur; *Krankheit* traîner; **~schleudern** *comm* vendre à perte, brader, bazarder F; *fig* dissiper; **~schließen** fermer à clé; *fig* ***sich e-r Sache*** **~** se fermer à qc
verschlimmer|n (***sich***) **~** empirer, (se) détériorer; *Krankheit* (s')aggraver; **2ung** *f* aggravation *f*, détérioration *f*
verschlingen engloutir, avaler, dévorer (*alle a fig*)
verschlossen *Person* renfermé, taciturne; **2heit** *f* caractère *m* renfermé
verschlucken avaler; ***sich*** **~** avaler de travers
Verschluss *m* fermeture *f*; *Foto* obturateur *m*; ***unter*** **~** ***halten*** garder sous clé
ver|schlüsseln chiffrer, coder; **~schmachten** mourir de soif; **~schmähen** dédaigner
verschmelz|en fondre (***mit*** avec *od* dans); *écon Firmen* fusionner; **2ung** *f* fusion *f*
ver|schmerzen ***etw*** **~** se consoler de qc; **~schmitzt** futé, finaud; **~schmutzen** salir; *Umwelt* polluer; **~schnaufen** reprendre haleine; **~schneit** enneigé; **~schnupft** **~** ***sein*** être enrhumé; *fig* être vexé; **~schnüren** ficeler; **~schollen** disparu; **~schonen** épargner (*a* ***j-n mit etw*** qc à qn)

verschöner|n embellir; **≈ung** *f* embellissement *m*
verschreib|en *Medikament* prescrire; ***sich*** ~ faire une faute (en écrivant); *fig* ***sich e-r Sache*** ~ se consacrer *od* se donner entièrement à qc; **≈ung** *méd f* prescription *f*; **~ungspflichtig** *phm* soumis à une ordonnance
ver|schroben bizarre, extravagant, farfelu F; **~schrotten** mettre à la ferraille; **~schüchtert** intimidé
verschuld|en ***etw*** ~ se rendre coupable de qc; ***sich*** ~ s'endetter; **≈en** *n* faute *f*; **~et** endetté; **≈ung** *f* endettement *m*
ver|schütten *Flüssigkeit* renverser, répandre; *Lawine* ***j-n*** ~ ensevelir qn; **~schwägert** parent par alliance; **~schweigen** passer sous silence
verschwend|en gaspiller; *Geld*, *Vermögen a* dissiper, dilapider; **≈er(in** *f*) *m* gaspilleur *m*, -euse *f*, prodigue *m*, *f*; **~erisch** gaspilleur, dépensier, prodigue; **≈ung** *f* gaspillage *m*, dissipation *f*
verschwiegen discret; **≈heit** *f* discrétion *f*
verschwimmen devenir flou, se brouiller
verschwinden 1. disparaître; **2.** **≈** *n* disparition *f*
verschwommen vague, flou, diffus
verschwör|en ***sich*** ~ conspirer (***gegen*** contre); **≈er(in** *f*) *m* conspirateur *m*, -trice *f*, conjuré *m*, -e *f*; **≈ung** *f* conspiration *f*, conjuration *f*, complot *m*
verschwunden disparu
versehen 1. *Dienst* faire; *Haushalt* s'occuper de; ***mit etw*** ~ munir de qc; ***j-n mit etw*** ~ *a* pourvoir qn de qc; ***sich*** ~ se tromper; **2.** **≈** *n* erreur *f*, méprise *f*; ***aus*** ~ = **~tlich** par inadvertance, par mégarde
Versehrte(r) *m* mutilé *m*
ver|senden expédier; **~sengen** roussir, brûler; **~senken** *Schiff* couler; *fig* ***sich*** ~ s'absorber, se plonger (***in*** dans); **~sessen** ***auf etw*** ~ acharné à (faire) qc, fou de qc
versetz|en déplacer; *Beamte a* muter; *Schüler* faire passer dans la classe supérieure; *Schlag*, *Tritt* donner, flanquer F; *Pflanze* transplanter; *als Pfand* mettre en gage; *erwidern* répliquer; *fig* ***j-n*** ~ *vergeblich warten lassen* F poser un lapin à qn; ***sich in j-s Lage*** ~ se mettre à la place de qn; *Schüler* ***versetzt werden*** passer dans la classe supérieure; **≈ung** *f Schule* passage *m* dans la classe supérieure; *dienstliche* déplacement *m*, mutation *f*
verseuch|en contaminer; **≈ung** *f* contamination *f*
Versicher|er *m* assureur; **≈n** (***sich*** ~ s')assurer (***gegen*** contre); ***j-m*** ~, ***dass*** ... assurer à qn que ...; **~te(r)** *m*, *f* assuré *m*, -e *f*
Versicherung *f* assurance *f*; **~sgesellschaft** *f* compagnie *f* d'assurances; **~skarte** *f* ***grüne*** ~ carte *f* verte; **~spolice** *f* police *f* (d'assurance)
ver|sickern s'infiltrer (***in*** dans); **~siegeln** cacheter; *gerichtlich* sceller; **~siegen** (se) tarir; **~silbern** argenter; *fig* F monnayer; **~sinken** s'enfoncer (***in*** dans); *cf a* ***versunken***; **~sinnbildlichen** symboliser
Version *f* version *f*
versklaven réduire en esclavage
Vers|lehre *f* versification *f*, métrique *f*; **~maß** *n* mesure *f*, mètre *m*
versöhn|en (***sich*** ~ se) réconcilier (***mit*** avec); **~lich** conciliant; **≈ung** *f* réconciliation *f*
versorg|en approvisionner (***mit*** en), fournir (en), pourvoir (de); *bes tech* alimenter (en); *Familie* entretenir; *Heizung etc* s'occuper de; **≈ung** *f* approvisionnement *m* (***mit*** en); *bes tech* alimentation *f* (en); *Unterhalt* entretien *m*
verspät|en ***sich*** ~ être en retard; **~et** en retard, retardé; **≈ung** *f* retard *m*; ~ ***haben*** être en retard
ver|speisen consommer, manger; **~sperren** barrer; *Sicht* boucher; **~spielen** perdre au jeu; **~spotten** ***j-n*** (***etw***) ~ se moquer de qn (qc), railler qn (qc)
versprech|en promettre; ***sich zu viel*** ~ attendre trop (***von*** de); ***sich*** ~ se tromper en parlant; ***er hat sich versprochen*** la langue lui a fourché; **≈en** *n* promesse *f*; ***ein*** ~ ***halten*** tenir une promesse; **≈er** *m* lapsus *m*; **≈ungen** *f/pl* ***leere*** ~ promesses *f/pl* en l'air
verstaatlich|en nationaliser, étatiser; **≈ung** *f* nationalisation *f*
Verstädterung *f* urbanisation *f*
Verstand *m* intelligence *f*, raison *f*; ***den***

V

~ *verlieren* perdre la raison; **2esmäßig** logique, rationnel

verständ|ig raisonnable; **~igen *j-n von etw* ~** informer qn de qc, communiquer qc à qn, faire savoir qc à qn; ***sich* ~** *verständlich machen* se faire comprendre; ***sich mit j-m* ~ *einigen*** se mettre d'accord avec qn (***über*** sur); **2igung** *f Kontakt* communication *f*; *Informierung* information *f*; *Einvernehmen* entente *f*; **~lich** compréhensible, intelligible; ***schwer*** (***leicht***) ~ difficile (facile) à comprendre; ***j-m etw* ~ *machen*** faire comprendre qc à qn; ***sich* ~ *machen*** se faire comprendre; **2lichkeit** *f* intelligibilité *f*

Verständnis *n* compréhension *f*, intelligence *f*, entendement *m*; ***er hat dafür kein* ~** il ne comprend pas ces choses-là; **2los** qui ne comprend pas; **2voll** compréhensif

verstärk|en renforcer, intensifier; *tech* amplifier; ***sich* ~** augmenter; **2er** *m tech* amplificateur *m*; **2ung** *f* renforcement *m*, intensification *f*; *tech* amplification *f*; *mil* renfort *m*

verstaub|en se couvrir de poussière; **~t** poussiéreux (*a fig*)

verstauch|en *sich den Fuß* ~ se fouler le pied; **2ung** *méd f* entorse *f*, foulure *f*

verstauen mettre, placer, caser

Versteck *n* cachette *f*; **~(*en*) *spielen*** jouer à cache-cache; **2en** cacher (***etw vor j-m*** qc à qn); ***sich* ~** se cacher (***vor j-m*** de qn)

verstehen comprendre; *gelernt haben* entendre, savoir; ***sich* ~** s'entendre (***mit j-m*** avec qn; ***auf etw*** à qc); ***zu* ~ *geben*** donner à entendre; ***was* ~ *Sie unter ...?*** qu'est-ce que vous entendez par ...?; ***es versteht sich von selbst*** cela va de soi

versteifen renforcer; *fig* ***sich* ~ *auf*** s'obstiner à, ne pas démordre de

versteiger|n vendre aux enchères; **2ung** *f* vente *f* aux enchères

versteinern se pétrifier

verstell|bar *tech* réglable; *drehbar* orientable; **~en** *einstellen* régler, ajuster; *falsch einstellen* dérégler; *Weg* barrer; *Stimme* déguiser; ***sich* ~** jouer la comédie; **2ung** *f Heuchelei* dissimulation *f*

ver|steuern payer l'impôt sur; **~stiegen** excentrique, bizarre

verstimm|t *mus* désaccordé; *Magen* dérangé; *fig verärgert* fâché, contrarié; **2ung** *f* mauvaise humeur *f*

ver|stockt obstiné, entêté, buté; **~stohlen** furtif

verstopf|en boucher; *méd* constiper; **2ung** *f méd* constipation *f*

verstorben mort; *jur* décédé; **2e(r)** *m, f* défunt *m*, -e *f*

verstört troublé, bouleversé, effaré

Verstoß *m* faute *f*; *jur* infraction *f* (***gegen*** à); **~ *gegen die Grammatik*** faute de grammaire; **2en** expulser; *Frau* répudier; ***gegen etw* ~** pécher contre qc; *jur* contrevenir à qc

verstrahlt irradié

ver|streichen *Zeit* passer, s'écouler; *Frist* expirer; *Creme etc* étaler; **~streuen** répandre, éparpiller

verstümmel|n mutiler; *fig a* estropier; **2ung** *f* mutilation *f* (*a fig*)

verstummen se taire; *langsam* cesser

Versuch *m* essai *m*, épreuve *f* (*beide a tech*); tentative *f* (*a jur*); *Experiment* expérience *f*; **2en** essayer (***zu*** de + *inf*); *Schwieriges* tenter; *Essen* goûter; ***sich an*** *od* ***in etw* ~** s'essayer à (faire) qc; ***ich werde es* ~** je vais essayer; **~sballon** *m fig* ballon *m* d'essai; **~skaninchen** *n fig* cobaye *m*; **~sstadium** *n* état *m* expérimental; **~stier** *n* animal *m* de laboratoire; **2sweise** à titre d'essai; **~ung** *f* tentation *f*; ***j-n in* ~ *führen*** tenter qn

ver|sunken *fig* ***in etw* ~ *sein*** être absorbé *od* plongé dans qc; **~süßen** rendre plus agréable

vertag|en ajourner; **2ung** *f* ajournement *m*

vertauschen échanger (par erreur) (***mit***, ***gegen*** contre)

verteidig|en (***sich* ~** se) défendre; **2er** *m* défenseur *m* (*a jur*); *Sport* arrière *m*; **2ung** *f* défense *f* (*a Sport*); **2ungsminister** *m* ministre *m* de la Défense

verteil|en distribuer, répartir; ***sich* ~** se répartir; **2er** *m* distributeur *m*; **2ung** *f* distribution *f*, répartition *f*

Verteuerung *f* renchérissement *m*

vertief|en approfondir (*a fig*); ***sich* ~ *in*** se plonger dans; **2ung** *f* creux *m*, renfoncement *m*; *fig* approfondissement *m*

vertikal vertical

vertilg|en exterminer, détruire; *plais essen* bouffer F; **2ung** *f* extermination *f*, destruction *f*

vertonen *mus* mettre en musique
Vertrag *m* contrat *m*; *zwischen Staaten* traité *m*; **≈en** supporter; ***sich*** (***gut, schlecht***) **~** (bien, mal) s'accorder, s'entendre (***mit j-m*** avec qn); **≈lich** contractuel; *adv* par contrat
verträglich accommodant, conciliant; *Essen* ***gut*** **~** digeste
vertrauen 1. avoir confiance (***auf*** en; ***j-m*** en qn); ***j-m*** **~** *a* faire confiance à qn; **2. ≈** *n* confiance *f* (***zu, auf, in*** en *od* dans); ***im*** **~** ***gesagt*** dit confidentiellement; **~erweckend** inspirant la confiance
Vertrauens|frage *pol f* question *f* de confiance; **~sache** *f* affaire *f* de confiance; **~stellung** *f* place *f* de confiance; **≈voll** confiant, plein de confiance; **≈würdig** digne de confiance
vertraulich confidentiel; **≈keit** *f* caractère *m* confidentiel; *péj* **~en** *pl* familiarités *f/pl*
vertraut familier, intime; ***mit etw*** **~** ***sein*** connaître qc à fond; ***sich mit etw*** **~** ***machen*** *od* ***mit etw*** **~** ***werden*** se familiariser avec qc; **≈e(r)** *m, f* confident *m*, -e *f*; **≈heit** *f* familiarité *f* (***mit*** avec), intimité *f*
vertreib|en chasser; *aus Land* expulser; *comm* débiter, vendre, écouler; ***sich die Zeit mit etw*** **~** passer son temps à faire qc; **≈ung** *f* expulsion *f* (***aus*** de)
vertret|en *j-n* remplacer; *Firma, Land* représenter; *Interessen* défendre; *Meinung* soutenir; ***sich den Fuß*** **~** se fouler le pied; ***sich die Beine*** **~** se dégourdir les jambes; **≈er(in** *f*) *m* remplaçant *m*, -e *f*; *pol u comm* représentant *m*, -e *f*; *e-r Ansicht* défenseur *m*; **≈ung** *f pol u comm* représentation *f*; *Stell*≈ remplacement *m*; *Person* remplaçant *m*, -e *f*
Vertrieb *comm m* débit *m*, vente *f*, écoulement *m*
Vertriebene(r) *m, f* réfugié *m*, -e *f*
ver|trinken ***sein Geld*** **~** dépenser son argent à boire; **~trocknen** sécher, se dessécher; **~trödeln** ***die Zeit*** **~** perdre son temps; **~tuschen** cacher, dissimuler; *Skandal* étouffer; **~übeln** ***j-m etw*** **~** en vouloir à qn de qc; **~üben** commettre; *Attentat* perpétrer
verunglück|en avoir un accident; **≈te(r)** *m, f* accidenté *m*, -e *f*
verun|reinigen salir; *Luft, Wasser* polluer; **~sichern** déconcerter; **~treuen** *Geld* détourner
verursach|en causer; **≈er** *m* responsable *m*; **≈erprinzip** *n* principe *m* de pollueur-payeur
verurteil|en condamner (***zu*** à) (*a fig*); **≈ung** *f* condamnation *f* (*a fig*)
verviel|fachen multiplier; **~fältigen** *Text* polycopier
vervoll|kommnen (***sich*** **~** se) perfectionner (***in*** en); **~ständigen** compléter
ver|wackeln *Foto* bouger; **~wählen** *tél* ***sich*** **~** se tromper de numéro
verwahr|en garder; ***sich gegen etw*** **~** protester contre qc; **~lost** laissé à l'abandon; **≈ung** *f* garde *f*, dépôt *m*
verwaist orphelin; *Ort* désert; *Posten* vacant
verwalt|en administrer, gérer; **≈er(in** *f*) *m* administrateur *m*, -trice *f*; *von Gebäuden etc* gérant *m*, -e *f*; **≈ung** *f* administration *f*
verwand|eln (***sich*** **~** se) changer (***in*** en), (se) transformer (en) **≈lung** *f* changement *m*, transformation *f*
verwandt parent (***mit*** de *od* avec); *fig* apparenté; **≈e(r)** *m, f* parent *m*, -e *f*; **≈schaft** *f* parenté *f*; *fig a* affinité *f*
verwarn|en avertir; **≈ung** *f* avertissement *m*
verwässern mettre trop d'eau dans; *fig* délayer
verwechs|eln confondre (***mit*** avec); **≈lung** *f* confusion *f*
verwegen téméraire; **≈heit** *f* témérité *f*
verweichlicht efféminé, mou
verweiger|n refuser; **≈ung** *f* refus *m*
verweilen séjourner; ***bei etw*** **~** s'arrêter à qc
Verweis *m Rüge* réprimande *f*, remontrance *f*; *in Text* renvoi *m* (***auf*** à); **≈en** **~** ***auf*** *od* ***an*** renvoyer à; ***von der Schule*** **~** renvoyer *od* expulser de l'école; **~ung** *f* renvoi *m* (***an e-n Ausschuss*** à une commission); **~** ***vom Gymnasium*** renvoi *m od* expulsion *f* du lycée
verwelken se faner
verwend|bar utilisable; **~en** employer, utiliser; **≈ung** *f* emploi *m*, utilisation *f*
verwerf|en rejeter; **~lich** répréhensible, réprouvable
verwerten utiliser; *wieder* **~** récupérer
verwes|en se putréfier, se décomposer; **≈ung** *f* décomposition *f*, putréfaction *f*

verwick|eln ***j-n in etw* ~** impliquer, F embarquer qn dans qc; ***sich* ~ *in*** s'empêtrer *od* s'enchevêtrer dans; **~elt** compliqué; ***in etw* ~ *sein*** être impliqué dans qc; **≈(e)lung** *f* complication *f*; **~ *in etw*** implication *f* dans qc
verwildern *Tier* redevenir sauvage; *Garten* être à l'abandon
verwirklich|en (***sich* ~** se) réaliser; **≈ung** *f* réalisation *f*
verwirr|en *Fäden* embrouiller; *j-n* déconcerter, dérouter, troubler; **~t** confus, déconcerté, troublé; **≈ung** *f* confusion *f*
ver|wischen effacer, estomper (*a fig*); **~wittern** s'effriter, se dégrader; **~witwet** veuf (veuve); **~wöhnen** gâter; **~worren** confus, embrouillé
verwund|bar vulnérable (*a fig*); **~en** blesser
verwunder|lich étonnant, surprenant; **~n** étonner; **≈ung** *f* étonnement *m*, surprise *f*
Verwund|ete(r) *m, f* blessé *m*, -e *f*; **~ung** *f* blessure *f*
verwünsch|en maudire; **≈ung** *f* malédiction *f*
verwurzelt *fig* enraciné (***in*** dans)
verwüst|en dévaster, ravager; **≈ung** *f* dévastation *f*, ravage *m*
verzag|en perdre courage; **~t** découragé
ver|zählen ***sich* ~** se tromper (en comptant); **~zärteln** *Kind* dorloter; **~zaubern** *fig* enchanter; **~ *in*** changer en; **~zehren** manger, consommer
verzeichn|en enregistrer (*a fig Erfolge etc*); **≈is** *n* liste *f*, registre *m*, relevé *m*; *in Büchern* index *m*; *EDV* répertoire *m*
verzeih|en pardonner (***j-m etw*** qc à qn); **~lich** pardonnable; **≈ung** *f* pardon *m*; ***um* ~ *bitten*** demander pardon (***j-n*** à qn); **~!** (je vous demande) pardon
verzerr|en *Bild, Ton* déformer; *fig a* défigurer; *Gesicht* crisper; ***sich* ~** se crisper, se convulser; **≈ung** *f* déformation *f* (*a fig*); *tél etc* distorsion *f*
verzetteln ***sich* ~** éparpiller ses forces
Verzicht *m* renonciation *f* (***auf*** à); **≈en** renoncer (***auf*** à)
verziehen *Kind* gâter, mal élever; ***das Gesicht* ~** grimacer; ***sich* ~** *Holz* gauchir, se déformer; F *verschwinden* disparaître
verzier|en orner (***mit*** de); décorer (de); enjoliver; **≈ung** *f* ornement *m*, décoration *f*, enjolivure *f*
verzins|en payer les intérêts de; ***sich* ~** produire *od* rapporter des intérêts; **≈ung** *f* rapport *m*, intérêts *m/pl*
verzöger|n retarder; ***sich* ~** avoir du retard; **≈ung** *f* retard *m*
verzollen dédouaner; ***haben Sie etw zu* ~?** avez-vous qc à déclarer?
Verzug *m* retard *m*; ***im* ~ *sein*** être en retard
verzweif|eln désespérer (***an*** de); **~elt** désespéré; **≈lung** *f* désespoir *m*; ***j-n zur* ~ *bringen*** désespérer qn, faire le désespoir de qn
verzweig|en ***sich* ~** se ramifier (*a fig*); *Verkehrsweg a* bifurquer; **≈ung** *f* ramification *f*
verzwickt compliqué
Veteran *m* vétéran *m*
Veterinär *m* vétérinaire *m*
Veto *n* veto *m*; ***sein* ~ *gegen etw einlegen*** opposer son veto à qc
Vetter *m* cousin *m*; **~nwirtschaft** *f* népotisme *m*
Vibr|ation *f* vibration *f*; **≈ieren** vibrer
Video *n* vidéo *f*; ***auf* ~ *aufnehmen*** enregistrer en vidéo; ⚠ ***la*** vidéo; **~band** *n* bande *f* vidéo; **~clip** *m* clip *m* vidéo; **~gerät** *n* magnétoscope *m*; **~kamera** *f* caméra *f* vidéo; **~kassette** *f* vidéocassette *f*; **~rekorder** *m* magnétoscope *m*; **~spiel** *n* jeu *m* vidéo; **~thek** *f* vidéothèque *f*, vidéoclub *m*
Vieh *n* bétail *m*, bestiaux *m/pl*; **~futter** *n* fourrage *m*; **~händler** *m* marchand *m* de bestiaux; **≈isch** brutal, bestial; **~stall** *m* étable *f*; **~zucht** *f* élevage *m*; **~züchter** *m* éleveur *m* de bétail
viel beaucoup (de); **~ *größer*** (de) beaucoup plus grand; ***zu* ~** trop (de); **~ *zu wenig*** beaucoup trop peu; **~ *essen*** manger beaucoup; **~ *Geld*** beaucoup d'argent; ***~e Kinder*** beaucoup d'enfants; ***~e sagen*** ... il y en a beaucoup qui disent ...; ***sehr* ~** beaucoup (de), énormément (de); ***sehr ~e*** ... bien des ...; ***ziemlich* ~(e)** pas mal (de); **~ *beschäftigt*** affairé, fort occupé; **~ *sagend*** qui en dit long; **~ *versprechend*** prometteur; **~deutig** ambigu
vielerlei toutes sortes de
viel|fach multiple; ***auf ~en Wunsch*** à la demande générale; **≈falt** *f* variété *f*, multiplicité *f*; **~farbig** multicolore

V

vielleicht peut-être
viel|mals bien des fois; ***danke*** ~ merci beaucoup *od* bien; **~mehr** plutôt; **~schichtig** complexe; **~seitig** *fig* varié, étendu, vaste; *Mensch* aux dons multiples
vier 1. quatre; ***unter*** ~ ***Augen*** en tête à tête, entre quatre yeux; ***auf allen ~en*** à quatre pattes; **2.** ♀ *f* quatre *m*; *Schulnote* passable; **♀eck** *n* quadrilatère *m*; **~eckig** quadrangulaire; *quadratisch* carré; **~fach** quadruple; **♀füßler** *zo m* quadrupède *m*; **~jährig** âgé de quatre ans; **♀linge** *m/pl* quadruplés *m/pl*; **~mal** quatre fois; **~motorig** quadrimoteur; **~sitzig** à quatre places; **~spurig** *Straße* à quatre voies; **~stöckig** à quatre étages; **~strahlig** *aviat* quadriréacteur; **♀taktmotor** *m* moteur *m* à quatre temps
vierte quatrième
Viertel *n* quart *m*; *e-r Stadt, des Mondes* quartier *m*; **~jahr** *n* trois mois *m/pl*, trimestre *m*; **♀jährlich** trimestriel; *adv* par trimestre; **~note** *mus f* noire *f*; **~pfund** *n* quart *m* (de livre); **~stunde** *f* quart *m* d'heure; **♀stündlich** tous les quarts d'heure
vier|tens quatrièmement; **♀vierteltakt** *mus m* mesure *f* à quatre temps
Vierwaldstätter See *m* lac *m* des Quatre-Cantons
vierzehn quatorze; ~ ***Tage*** quinze jours; **~te** quatorzième
vierzig quarante; **~jährig** quadragénaire; **~ste** quarantième
Vietnam *n* le Viêt-nam; **~ese** *m*, **~esin** *f* Vietnamien *m*, -ne *f*; **♀esisch** vietnamien
Vignette *f* vignette *f*
Villa *f* villa *f*
violett violet
Violine *mus f* violon *m*
virtuell virtuel; ***die ~e Wirklichkeit*** la réalité virtuelle
virtuos de virtuose; *adv* avec virtuosité; **♀e** *m*, **♀in** *f* virtuose *m,f*; **♀ität** *f* virtuosité *f*
Virus *méd u EDV n od m* virus *m*
Visier *n Helm* visière *f*; *Gewehr* hausse *f*
Vision *f* vision *f*
Visite *méd f* visite *f*; **~nkarte** *f* carte *f* (de visite)
Visum *n* visa *m*
vital *Person* plein de vitalité; *lebenswichtig* vital; **♀ität** *f* vitalité *f*
Vitamin *n* vitamine *f*; ⚠ ***la*** vitamine
Vitrine *f* vitrine *f*
Vizepräsident *m* vice-président *m*
Vogel *m* oiseau *m fig* ***e-n*** ~ ***haben*** F être timbré, cinglé; ***den*** ~ ***abschießen*** décrocher la timbale; **♀frei** hors la loi; **~futter** *n* graines *f/pl* pour les oiseaux; **~käfig** *m* cage *f* à oiseaux; *großer* volière *f*; **~kunde** *f* ornithologie *f*
vögeln *vulgär* baiser
Vogel|nest *n* nid *m* d'oiseau; **~perspektive** *f*, **~schau** *f* ***aus der*** ~ à vol d'oiseau; **~scheuche** *f* épouvantail *m*; **~schutzgebiet** *n* réserve *f* d'oiseaux; **~warte** *f* station *f* ornithologique
Vogesen *pl* Vosges *f/pl*
Vokab|el *f* mot *m*, vocable *m*; **~ular** *n* vocabulaire *m*
Vokal *m* voyelle *f*
Volk *n* peuple *m*, nation *f*
Völker|kunde *f* ethnologie *f*; **~mord** *m* génocide *m*; **~recht** *n* droit *m* international *od* des gens; **~verständigung** *f* entente *f* entre les peuples; **~wanderung** *f hist* grandes invasions *f/pl* (des barbares); *fig* exode *m*
Volks|abstimmung *pol f* référendum *m*; **~charakter** *m* caractère *m* national; **~gunst** *f* popularité *f*; **~hochschule** *f* université *f* populaire; **~lied** *n* chanson *f* folklorique; **~sport** *m* sport *m* populaire; **~sprache** *f* langage *m* du peuple; **~stamm** *m* tribu *f*; **~tanz** *m* danse *f* folklorique; **~tracht** *f* costume *m* national; **~tum** *n* nationalité *f*; **♀tümlich** populaire; **~vertreter(in** *f*) *m* représentant *m*, -e *f* du peuple; **~wirt** *m* économiste *m*; **~wirtschaft** *f e-s Landes* économie *f* nationale; *Wissenschaft* économie *f* politique; **~zählung** *f* recensement *m*
voll plein; *gefüllt* rempli; *ganz* entier; *betrunken* F rond; ***~er Bewunderung*** plein d'admiration; ~ (***und ganz***) entièrement, pleinement; ***nicht für*** ~ ***nehmen*** ne pas prendre au sérieux; ~ ***entwickelt*** entièrement développé; ~ ***gießen*** remplir; ~ ***machen*** remplir; ***um das Unglück*** ~ ***zu machen*** pour comble de malheur; F ***die Hosen*** ~ ***machen*** faire dans sa culotte; ~ ***packen*** charger (***mit*** de); ~ ***stopfen*** bourrer (***mit*** de);

V

~ tanken faire le plein; **~auf** largement, entièrement, complètement; **~automatisch** entièrement automatique; **≈bart** *m* grande barbe *f*; **≈beschäftigung** *f* plein emploi *m*; **≈blut** *n Pferd* pur-sang *m*; **≈bremsung** *f* freinage *m* à fond; **~bringen** réaliser, accomplir; **≈dampf** *m fig* ***mit ~*** à toute vapeur
vollende|n achever, terminer; **~t** achevé, parfait; ***~e Tatsache*** fait *m* accompli
vollends entièrement, complètement; ***~ etw tun*** achever (de faire) qc
Voll|endung *f* achèvement *m*; *Vollkommenheit* perfection *f*
Volleyball *m* volley-ball *m*
voll|füllen remplir, faire le plein; **≈gas** *auto n* ***mit ~ fahren*** rouler à pleins gaz; ***~ geben*** appuyer sur le champignon F
völlig complet, entier, total; *adv* complètement, entièrement, totalement
volljährig majeur; **≈keit** *f* majorité *f*
Vollkaskoversicherung *f auto* assurance *f* tous risques
vollkommen parfait; *cf a* ***völlig***; **≈heit** *f* perfection *f*
Voll|kornbrot *n* pain *m* complet; **~macht** *f* procuration *f*, pleins pouvoirs *m/pl*; **~milch** *f* lait *m* entier; **~mond** *m* pleine lune *f*; **~pension** *f* pension *f* complète; **≈schlank** rondelet, grassouillet, potelé; **≈ständig** complet, intégral; *cf a* ***völlig***
vollstreck|en *jur* exécuter; **≈ung** *f* exécution *f*
Voll|treffer *m* coup *m* en plein dans le mille; *fig* gros succès *m*; **~versammlung** *f* assemblée *f* plénière; *UNO* assemblée *f* générale; **≈wertig** qui a toute sa valeur, complet; **≈zählig** au complet; **≈ziehen** exécuter, accomplir; ***sich ~*** s'effectuer; **~zug** *m* exécution *f*
Volontär *m* stagiaire *m*; ⚠ *nicht* ***volontaire***
Volt *n* volt *m*; **~zahl** *f* voltage *m*
Volumen *n* volume *m*
von de; *beim Passiv* par; ***~ ... bis*** de ... à; ***ein Freund ~ mir*** un ami à moi; ***ein Kind ~ 10 Jahren*** un enfant de 10 ans; ***es ist nett ~ dir*** c'est gentil de ta part; ***reden ~*** parler de; ***~ mir aus!*** je veux bien!; **~einander** l'un de l'autre; **~statten** ***~ gehen*** avoir lieu; ***gut ~ gehen*** bien avancer
vor *räumlich* devant; *zeitlich u Reihenfolge* avant; *zeitlich rückblickend* il y a; *Grund* de; ***~ der Tür*** devant la porte; ***~ Weihnachten*** avant Noël; ***ich habe Ihnen ~ 14 Tagen geschrieben*** je vous ai écrit il y a quinze jours; ***fünf ~ zwei*** (***Uhr***) deux heures moins cinq; ***sich fürchten ~*** avoir peur de; ***~ Freude*** de joie; ***~ allem*** avant tout; ***~ sich gehen*** se passer, avoir lieu; ***nach wie ~*** après comme avant
Vor|abend *m* veille *f*; **~ahnung** *f* pressentiment *m*
voran en avant; **~gehen** précéder (***j-m, e-r Sache*** qn, qc); *Arbeit* avancer; **~kommen** avancer
Voran|schlag *m Kosten≈* devis *m*; **~zeige** *f* préavis *m*; *Film* bande *f* d'annonce
Vorarbeit *f* travail *m* préparatoire; **≈en** faire des travaux préparatoires; ***sich ~*** se frayer un chemin; **~er** *m* contremaître *m*
Vorarlberg ***der ~*** le Vorarlberg
voraus en avant, devant; ***im ≈*** d'avance, à l'avance; ***seiner Zeit ~ sein*** être en avance sur son temps; **~gehen** aller devant; *zeitlich* précéder (***e-r Sache*** qc); **~gesetzt** ***~, dass*** à condition que; **≈sage** *f* prédiction *f*; **~sagen** prédire; **~sehen** prévoir; **~setzen** supposer; **≈setzung** *f Vorbedingung* condition *f*; *Annahme* supposition *f*; **≈sicht** *f* prévoyance *f*; ***aller ~ nach*** selon toute probabilité; **~sichtlich** probable(ment); **≈zahlung** *f* paiement *m* anticipé, avance *f*
Vorbe|deutung *f* présage *m*; **~dingung** *f* condition *f* préalable
Vorbehalt *m* réserve *f*; ***unter ~*** sous toutes réserves; **≈en** réserver; ***sich etw ~*** se réserver qc; **≈los** sans réserve, sans restriction
vorbei *zeitlich* passé, fini; *räumlich mit* passer; **~fahren, ~gehen** passer (***an*** *od* ***vor*** devant, ***hinter*** derrière); **~kommen** passer; *besuchen* faire un saut (***bei*** chez); **~lassen** laisser passer; **~sausen** passer en trombe
Vorbemerkung *f* remarque *f* préliminaire; *Buch* avertissement *m*

vorbereit|en (***sich*** ~ se) préparer (***auf*** à); **~end** préparatoire; **2ung** *f* préparation *f*; **~en** *pl* préparatifs *m/pl*
vorbestell|en réserver, retenir; **2ung** *f* réservation *f*
vorbestraft ~ ***sein*** avoir un casier judiciaire chargé; **2e(r)** *m* repris *m* de justice
vorbeug|en prévenir (***e-r Sache*** qc); ***sich*** ~ se pencher en avant; **~end** préventif; *méd* prophylactique; **2ung** *f* prévention *f*; *méd* prophylaxie *f*; **2ungsmaßnahme** *f* mesure *f* préventive
Vorbild *n* modèle *m*; (***sich***) ***j-n zum*** ~ ***nehmen*** prendre qn pour modèle, prendre modèle sur qn; **2lich** exemplaire
vorbringen présenter; *Gründe* produire, alléguer; *Vorschlag* avancer
Vordenker *m* maître *m* à penser
Vorder|achse *f* essieu *m* avant; **~ansicht** *f* vue *f* de face; **~bein** *n Tier* patte *f* de devant
vordere de devant, avant
Vorder|grund *m* premier plan *m* (*a fig*); ***im*** ~ au premier plan; **~mann** *m* voisin *m* de devant; **~rad** *n* roue *f* avant; **~radantrieb** *auto m* traction *f* avant; **~seite** *arch f* façade *f*, devant *m*
vordrängen ***sich*** ~ se pousser en avant, jouer des coudes
vordring|en avancer; **~lich** urgent; ***etw*** ~ ***behandeln*** donner la priorité à qc
Vordruck *m* formulaire *m*, formule *f*
voreilig prématuré
voreingenommen prévenu; **2heit** *f* parti *m* pris
vor|enthalten ***j-m etw*** ~ priver qn de qc; **~erst** pour le moment
Vorfahren *pl* ancêtres *m/pl*
Vorfahrt *f* priorité *f*; ~ ***haben*** avoir priorité (***vor*** sur)
Vorfall *m* incident *m*; **2en** se passer, arriver
Vorfeld *n* ***im*** ~ au préalable
vorführ|en présenter; *Film, Dias* projeter; *dem Richter* amener; **2raum** *m* salle *f* de projection; **2ung** *f* présentation *f*, démonstration *f*; *Film* projection *f*; **2wagen** *m* voiture *f* de démonstration
Vor|gang *m* processus *m* (*a tech, biol etc*); *Ereignis* événement *m*; *Akten* dossier *m*; ***den*** ~ ***schildern*** décrire ce qui s'est passé; **~gänger(in** *f*) *m* devancier *m*, -ière *f*; *im Amt* prédécesseur *m*; **~garten** *m* jardin *m* devant la maison; **2geben** prétendre (***zu sein*** être), prétexter; **~gebirge** *n* cap *m*, promontoire *m*; **2gefasst** **~*e Meinung*** opinion *f* préconçue; **2gefertigt** préfabriqué; **~gefühl** *n* pressentiment *m*
vorgehen 1. avancer (*a Uhr*); *Vorrang haben* avoir la priorité; *verfahren* procéder; *geschehen* se passer; **2.** 2 *n* manière *f* d'agir, action *f*
Vorgeschicht|e *f* préhistoire *f*; *e-r Angelegenheit* antécédents *m/pl*; **2lich** préhistorique
Vor|geschmack *m* avant-goût *m* (***auf*** de); **~gesetzte(r)** *m,f* supérieur *m*, -e *f*
vorgestern avant-hier
vorgreifen ***e-r Sache*** ~ anticiper sur qc; ***j-m*** ~ devancer les intentions de qn
vorhaben 1. projeter, avoir l'intention de (+ *inf*); ***haben Sie heute abend etw vor?*** est-ce que vous avez qc de prévu ce soir?; **2.** 2 *n* projet *m*
vorhalt|en *fig* reprocher (***j-m etw*** qc à qn); **2ungen** *f/pl* reproches *m/pl*, remontrances *f/pl*
Vorhand *f Tennis* coup *m* droit
vorhanden existant; *verfügbar* disponible; **2sein** *n* existence *f*, présence *f*
Vorhang *m* rideau *m*
Vorhängeschloss *n* cadenas *m*
vorher auparavant, avant; *im voraus* d'avance; **2bestimmung** *f bes rel* prédestination *f*; **~gehen** précéder (***e-r Sache*** qc); **~ig** précédent
Vorherrsch|aft *f pol* suprématie *f*, hégémonie *f*; *allg* prédominance *f*; **2en** prédominer; **2end** prédominant
Vorhersage *f* prédiction *f*; *Wetter* prévisions *f/pl*; **2n** prédire
vorherseh|bar prévisible; **~en** prévoir
vor|hin tout à l'heure, à l'instant; **2hinein** ***im*** ~ d'avance
vor|ig dernier, précédent, antérieur; **2jahr** *n* année *f* précédente; **2kämpfer** *m* champion *m*, pionnier *m*; **2kehrungen** *f/pl* ~ ***treffen*** prendre des mesures *od* des dispositions; **2kenntnisse** *f/pl* notions *f/pl* préalables
vorkomm|en *geschehen* arriver; *sich finden* se trouver; *im Text* figurer; *j-m erscheinen* paraître, sembler; **2en** *n von Öl etc* gisement *m*; **2nis** *n* événement *m*

V

Vorkriegs|... *in Zssgn* d'avant-guerre; **~zeit** *f* avant-guerre *m od f*

vorlad|en *jur* convoquer, citer; **&ung** *jur f* convocation *f*, citation *f* (en justice)

Vor|lage *f* modèle *m*; *Gesetzes&* projet *m* de loi; *Fußball* passe *f*; **&lassen** laisser passer (devant); *empfangen* recevoir, laisser entrer; **~lauf** *Sport m* course *f* éliminatoire; **~läufer** *m* précurseur *m*; **&läufig** provisoire; **&laut** impertinent

vorlege|n présenter; *Frage, Plan etc* soumettre; **&r** *m Bett&* descente *f* de lit

vorles|en ***j-m etw*** **~** lire qc à qn; **&ung** *f* conférence *f*, cours *m* (***halten*** faire)

vorletzte avant-dernier

vorlieb **~ *nehmen mit*** se contenter de

Vor|liebe *f* prédilection *f*, préférence *f* (***für*** pour); **&liegend** présent; ***im ~en Falle*** en l'occurrence; **&lügen** ***j-m etw*** **~** dire des mensonges à qn; **&machen** ***j-m etw*** **~** montrer qc à qn; *fig* en faire accroire à qn; ***wir wollen uns nichts ~!*** parlons franchement!; **~machtstellung** *f* suprématie *f*, prépondérance *f*, hégémonie *f*; **~marsch** *mil m* avance *f*; **&merken** prendre note de

Vormittag *m* matin *m*, matinée *f*; ***heute ~*** ce matin; **&s** le matin

Vormund *jur m* tuteur *m*, -trice *f*; **~schaft** *f* tutelle *f*

vorn(e) devant, en avant, en tête; ***nach ~*** en avant; ***von ~*** de face; *neu anfangend* de nouveau; ***noch einmal von ~ anfangen*** recommencer à zéro

Vorname *m* prénom *m*

vornehm distingué; **~en** effectuer, faire; ***sich etw ~*** se proposer de faire qc; ***sich j-n ~*** faire la leçon à qn; **&heit** *f* distinction *f*

vornherein ***von ~*** dès le début, a priori, par principe

Vorort *m* commune *f* de banlieue; **~e** *pl* banlieue *f*; **~zug** *m* train *m* de banlieue

Vor|rang *m* priorité *f*, préséance *f*; **~ *haben*** avoir la priorité (***vor*** sur); ***vor etw den ~ haben*** *a* primer qc; **~rat** *m* provision *f* (***an*** de), stock *m*, réserve *f*; **&rätig** en stock; **~recht** *n* privilège *m*; **~richtung** *f* dispositif *m*; **&rücken** avancer; **~ruhestand** *m* préretraite *f*; **&sagen** *Schule* souffler; **~satz** *m* résolution *f*; *Absicht* intention *f*; *jur* préméditation *f*; **&sätzlich** intentionnel; *adv* à dessein; *jur* avec préméditation; **~schau** *f* aperçu *m* du programme; **~schein** *m* ***zum ~ bringen*** faire apparaître; ***zum ~ kommen*** apparaître; **&schieben** pousser en avant; *als Vorwand* prétexter; *fig* ***j-n ~*** se retrancher derrière qn; **&schießen** *Geld* avancer

Vorschlag *m* proposition *f*; **&en** proposer

vor|schnell *unüberlegt* inconsidéré; *adv* sans réfléchir; **~schreiben** prescrire; ***ich lasse mir nichts ~*** je n'ai d'ordres à recevoir de personne

Vorschrift *f* prescription *f*, règlement *m*; *tech* instruction *f*; ***Dienst*** *m* ***nach ~*** grève *f* du zèle; **&smäßig** réglementaire; **&swidrig** contraire au règlement

Vorschub *m* **~ *leisten*** prêter la main à

Vorschul|alter *n* âge *m* préscolaire; **~e** *f* école *f* maternelle; **~erziehung** *f* éducation *f* préscolaire

Vor|schuss *m* avance *f*; **&schützen** prétexter

vorseh|en prévoir; ***sich ~*** prendre garde (***vor*** à); ***wie vorgesehen*** comme prévu; **&ung** *f* providence *f*

Vorsicht *f* prudence *f*, précaution *f*; ***~!*** attention!, prenez garde!; **&ig** prudent, précautionneux, circonspect; **&shalber** par précaution; **~smaßnahme** *f*, **~smaßregel** *f* précaution *f*

Vor|silbe *gr f* préfixe *m*; **&singen** ***j-m etw ~*** chanter qc à qn; **&sintflutlich** *fig* antédiluvien

Vorsitz *m* présidence *f*; ***den ~ führen*** présider (***bei etw*** qc); **~ende(r)** *m, f* président *m*, -e *f*

Vorsorg|e *f* prévoyance *f*; **~ *treffen*** prendre toutes les précautions nécessaires; **&lich** prévoyant; *adv* par précaution

Vor|spann *Film m* générique *m*; **~speise** *f* hors-d'œuvre *m*, entrée *f*

Vorspiel *n mus* prélude *m* (*a fig*; ***zu*** à); *fig a* préliminaires *m/pl*; **&en** ***j-m etw ~*** jouer qc à qn

vorspringen *arch* faire saillie, saillir, avancer; **~d** *arch* en saillie; *Kinn* saillant

Vor|sprung *m arch* saillie *f*; *fig* avance *f* (***vor j-m*** sur qn); ***e-n ~ von 2 Jahren***

haben avoir une avance de 2 ans; **~stadt** *f* faubourg *m*; **~stand** *m* conseil *m* d'administration, direction *f*; *Person* président *m*, directeur *m*

vorsteh|en avancer, saillir; ***e-r Sache ~*** diriger qc; **~end** saillant; *Zähne etc* proéminent; **2er(in** *f*) *m* directeur *m*, -trice *f*

vorstell|bar imaginable, concevable; **~en** présenter (***j-n j-m*** qn à qn; ***sich*** se); *Uhr* avancer; *bedeuten* signifier, représenter; ***sich etw ~*** (s')imaginer qc, se figurer qc, se représenter qc; **2ung** *f Bekanntmachen* présentation *f*; *Theater* représentation *f*, spectacle *m*; *Kino* séance *f*; *gedankliche* idée *f*, notion *f*; ***sich e-e ~ von etw machen*** se faire une idée de qc; **2ungsgespräch** *n* entretien *m* d'embauche; **2ungskraft** *f*, **2ungsvermögen** *n* imagination *f*

Vor|stoß *m mil* raid *m*, attaque *f*; *fig* démarche *f* (***bei j-m*** auprès de qn); **~strafe** *f* condamnation *f* antérieure; **2strecken** avancer (*a fig Geld*); **2täuschen** simuler, feindre

Vorteil *m* avantage *m*; **2haft** avantageux

Vortrag *m* conférence *f*; ***e-n ~ halten*** faire une conférence; **2en** *Sachverhalt* exposer; *Wunsch* présenter; *Gedicht* réciter; *mus* exécuter

vortrefflich excellent

Vortritt *m* préséance *f*; ***j-m den ~ lassen*** céder le pas à qn

vorüber passé; **~gehen** passer; **~gehend** passager, temporaire; **~ziehen** passer

Vorübung *f* exercice *m* préparatoire

Vorurteil *n* préjugé *m*; **2slos** sans préjugé

Vorver|kauf *m* location *f*; **2legen** *Termin* avancer

Vor|wahl *f*, **~wählnummer** *f tél* indicatif *m*

Vorwand *m* prétexte *m*

vorwärts en avant; **~!** en avant!, allez!; ***~ kommen*** avancer, faire des progrès; ***im Leben ~ kommen*** faire son chemin dans la vie

vorweg d'avance, auparavant; **2nahme** *f* anticipation *f*; **~nehmen** ***etw ~*** anticiper sur qc

vor|werfen ***j-m etw ~*** reprocher qc à qn; **~wiegend** principalement; **~witzig** curieux; **2wort** *n* préface *f*, avant-propos *m*

Vorwurf *m* reproche *m*; ***j-m Vorwürfe machen*** faire des reproches à qn; **2svoll** plein de reproches; *Ton* réprobateur

Vor|zeichen *n* présage *m*; *Anzeichen* indice *m*, signe *m* précurseur; ***ein gutes*** (***böses***) ***~ sein*** être de bon (mauvais) augure; **2zeigen** montrer; *Ausweis a* produire; **2zeitig** prématuré, anticipé; **2ziehen** *Vorhang* tirer, fermer; *Termin* avancer; *fig* préférer; **~zimmer** *n* antichambre *f*

Vorzug *m* préférence *f*; *Vorteil* avantage *m*; *e-r Person* mérite *m*; ***j-m*** (***e-r Sache***) ***den ~ geben*** donner la préférence à qn (à qc); ***Vorzüge bieten*** présenter des avantages

vorzüglich excellent; **2keit** *f* qualité *f* supérieure

vorzugsweise de préférence

vulgär vulgaire, trivial

Vulkan *m* volcan *m*; **~ausbruch** *m* éruption *f* volcanique; **2isch** volcanique

VW *m* Volkswagen *f*; ⚠ ***la*** Volkswagen

W

Waadt le canton de Vaud

Waage *f* balance *f*; *astr* Balance *f*; ***sich die ~ halten*** se contrebalancer; **2recht** horizontal

Wabe *f* rayon *m* (de miel)

wach réveillé, éveillé (*a fig*); ***~ bleiben*** veiller; ***~ werden*** se réveiller

Wachablösung *f* relève *f* de la garde

Wach|e *f* garde *f* (*Person m*); *mil* ***~ halten*** monter la garde; **2en** veiller (***über***

sur); **~hund** *m* chien *m* de garde; **~mann** *m* vigile *m*
Wacholder *bot m* genévrier *m*
wach|rufen *Erinnerung* évoquer; *Gefühle* susciter; **~rütteln** tirer brutalement du sommeil
Wachs *n* cire *f*; *Ski*℘ fart *m*
wachsam vigilant; **℘keit** *f* vigilance *f*
wachsen 1. pousser, croître; *Personen* grandir; *zunehmen* augmenter; **2.** *Boden* cirer; *Skier* farter
Wachstuch *n* toile *f* cirée
Wachstum *n* croissance *f* (*a écon*)
Wachtel *zo f* caille *f*
Wächter *m* garde *m*, gardien *m*
Wach(t)turm *m* mirador *m*
wackel|ig branlant; *Möbel* boiteux; **℘kontakt** *m* mauvais contact *m*; **~n** branler; ***mit den Hüften*** ~ se déhancher
wacker brave, vaillant
Wade *f* mollet *m*
Waffe *f* arme *f*
Waffel *f* gaufre *f*
Waffen|gattung *f* arme *f*; **~gewalt** *f* ***mit*** ~ par la force des armes; **~schein** *m* permis *m* de port d'armes; **~stillstand** *m* armistice *m*, trêve *f*
Wagemut *m* goût *m* du risque
wagen oser (***etw zu tun*** faire qc), risquer (***etw*** qc); ***sich aus dem Haus*** ~ oser sortir de la maison
Wagen *m* voiture *f* (*bes Pkw*); *Bahn* wagon *m*; **~heber** *m* cric *m*
Wag(g)on *m* wagon *m*
wag|halsig casse-cou; **℘nis** *n* entreprise *f* risquée, risque *m*
Wahl *f Auswahl* choix *m*; *pol* élection *f*, vote *m*, scrutin *m*; ***die*** ~ ***haben*** avoir le choix
wählbar éligible
wahl|berechtigt qui a le droit de vote; **℘beteiligung** *f* participation *f* électorale (***hohe*** forte; ***niedrige*** faible)
wähl|en *aus*~ choisir; *tél* composer *od* faire un numéro; *pol* élire (***j-n*** qn), voter (***sozialistisch*** socialiste); **℘er(in** *f*) *m* électeur *m*, -trice *f*
Wahlergebnis *n* résultat *m* des élections
wähler|isch difficile (***in*** sur); **℘schaft** *f* électeurs *m/pl*
Wahl|fach *n* matière *f* facultative, option *f*; **~kabine** *f* isoloir *m*; **~kampf** *m* campagne *f* électorale; **~kreis** *m* circonscription *f* électorale; **~lokal** *n* bureau *m* de vote; **℘los** au hasard, sans discernement; **~programm** *n* plate-forme *f* électorale; **~recht** *n* droit *m* de vote; **~rede** *f* discours *m* électoral; **~sieg** *m* victoire *f* électorale; **~spruch** *m* devise *f*; **~versammlung** *f* réunion *f* électorale; **℘weise** au choix; **~zettel** *m* bulletin *m* de vote
Wahn *m* illusion *f*; *méd* délire *m*, folie *f*; **~sinn** *m* folie *f*; **℘sinnig** fou (folle) (*a fig Tempo etc*); *fig Schmerzen*, *Angst* effroyable; F ~ ***viel zu tun haben*** avoir un travail fou; **~vorstellung** *f* hallucination *f*
wahr vrai, véritable
wahren *Interessen* préserver; *Rechte* défendre; ***den Schein*** ~ sauver les apparences
während 1. *prép* pendant; **2.** *conj* pendant que; *wohingegen* tandis que, alors que
wahrhaft vrai; **~ig** *adv* vraiment
Wahrheit *f* vérité *f*; **℘sgemäß, ℘sgetreu** fidèle à la vérité; **~sliebe** *f* amour *f* de la vérité
wahrnehm|bar perceptible; **~en** (a)percevoir, s'apercevoir de, remarquer, observer; *Gelegenheit* profiter de; *Interessen* veiller à; **℘ung** *f* perception *f*
wahrsage|n prédire; ***j-m*** ~ dire la bonne aventure à qn; ***sich*** ~ ***lassen*** se faire prédire l'avenir; **℘rin** *f* diseuse *f* de bonne aventure
wahrscheinlich probable, vraisemblable; *adv* probablement, vraisemblablement; **℘keit** *f* probabilité *f*, vraisemblance *f*; **℘keitsrechnung** *f* calcul *m* des probabilités
Währung *f* monnaie *f*; **~spolitik** *f* politique *f* monétaire; **~sunion** *f* ***Europäische*** ~ Union *f* monétaire européenne
Wahrzeichen *n* emblème *m*, symbole *m*
Waise *f* orphelin *m*, -e *f*; **~nhaus** *n* orphelinat *m*
Wal *zo m* baleine *f*
Wald *m* forêt *f*; *kleiner* bois *m*; **~brand** *m* incendie *m* de forêt; **~lauf** *m* course *f* en forêt, cross-country *m*; **℘reich** boisé; **~sterben** *n* dépérissement *m od* mort *f* des forêts
Wales *n* le pays de Galles
Wal|fang *m* pêche *f* à la baleine; **~fänger** *m* baleinier *m*

Waliser *m*, **~in** *f* Gallois *m*, -e *f*
Walkie-Talkie *n* talkie-walkie *m*
Walkman *m* walkman *m*
Wall *m* rempart *m* (*a fig*); *Lärmschutz* mur *m*
Wallach *m* (cheval *m*) hongre *m*
Wallfahr|er(in *f*) *m* pèlerin *m*; **~t** *f* pèlerinage *m*
Wallis ***das*** ~ le Valais
Wallon|e *m*, **~in** *f* Wallon *m*, -ne *f*
Walnuss *f* noix *f*
Walross *zo n* morse *m*
walten *st/s* régner; ***Gnade ~ lassen*** faire preuve de clémence
Walze *f* rouleau *m*, cylindre *m*; *Straßen*2 rouleau *m* compresseur; **2n** passer au rouleau, cylindrer; *Metall* laminer
wälzen (***sich*** ~ se) rouler; ***sich im Schmutz*** ~ se vautrer dans la boue; ***ein Problem*** ~ ressasser un problème
Walzer *mus m* valse *f*; ⚠ ***la*** valse
Wälzer *m* F gros bouquin *m*
Walzwerk *n* laminoir *m*
Wand *f* mur *m*, paroi *f* (*a Fels*2)
Wandalismus *m* vandalisme *m*
Wandel *m* changement *m*, transformation *f*, modification *f*; **2n** *ändern* changer; *gehen* déambuler, se promener; ***sich*** ~ changer, se transformer, se modifier
Wander|er *m*, **~in** *f* randonneur *m*, -euse *f*, promeneur *m*, -euse *f*; **2n** faire une randonnée (à pied); *umherziehen* cheminer, errer, se déplacer; **~preis** *Sport m* challenge *m*; **~tag** *Schule m* jour *m* d'excursion *od* de grande sortie; **~ung** *f* randonnée *f* (pédestre); *von Bevölkerung, Tieren* migration *f*
Wand|gemälde *n* peinture *f* murale; **~lung** *f* changement *m*, transformation *f*; *égl Messe* consécration *f*; **~schrank** *m* placard *m*; **~teppich** *m* tapisserie *f*; **~uhr** *f* pendule *f* murale
Wange *f* joue *f*
Wankelmotor *tech m* moteur *m* Wankel *od* à piston rotatif
Wankel|mut *m* inconstance *f*, versatilité *f*; **2mütig** inconstant, versatile
wanken chanceler (*a fig*), vaciller
wann quand; ***seit ~?*** depuis quand?
Wanne *f* cuve *f*; *Bade*2 baignoire *f*
Wanze *f zo* punaise *f*; *fig* micro *m* espion
Wappen *n* armoiries *f/pl*, armes *f/pl*; *~schild* blason *m*; **~tier** *n* animal *m* héraldique
wappnen *fig* ***sich*** ~ s'armer (***gegen*** contre; ***mit*** de)
Ware *f* marchandise *f*
Waren|ausfuhr *f* exportation *f* de marchandises; **~haus** *n* grand magasin *m*; **~lager** *n* entrepôt *m*, stocks *m/pl*; **~probe** *f* échantillon *m*; **~zeichen** *n* marque *f* déposée
warm chaud; ***es ist*** ~ il fait chaud; ***schön*** ~ bien chaud; *Essen* ~ ***stellen*** tenir au chaud; ~ ***machen*** faire chauffer; ***sich ~ laufen*** s'échauffer
Wärme *f* chaleur *f*; **~isolierung** *f* isolation *f* thermique; **2n** chauffer; ***sich*** ~ se (ré)chauffer; ***sich die Füße*** ~ se chauffer les pieds; **~pumpe** *f* pompe *f* à chaleur
Wärmflasche *f* bouillotte *f*
warm|herzig chaleureux; **2start** *EDV m* démarrage *m* à chaud
Warmwasser|bereiter *m* chauffe-eau *m*; **~heizung** *f* chauffage *m* à eau chaude; **~versorgung** *f* alimentation *f* en eau chaude
Warndreieck *n* triangle *m* de présignalisation
warn|en avertir (***vor*** de), mettre en garde (contre); **2schild** *n* signal *m* de danger; **2signal** *n* signal *m* avertisseur; **2streik** *m* grève *f* d'avertissement; **2ung** *f* avertissement *m*, mise *f* en garde
Warschau Varsovie; *pol* **~er** ***Pakt*** *m* pacte *m* de Varsovie
Warteliste *f* liste *f* d'attente
warten attendre (***auf j-n*** qn; ***bis*** que + *subj*); *tech Maschine* entretenir
Wärter(in *f*) *m* gardien *m*, -ne *f*; *bei Kranken* garde-malade *m*, *f*
Warte|saal *m*, **~zimmer** *n* salle *f* d'attente
Wartung *tech f* entretien *m*
warum pourquoi
Warze *f* verrue *f*
was 1. *fragend* que; *meist* qu'est-ce que (*Subjekt* qu'est-ce qui); *alleinstehend u nach prép* quoi; ***~?*** *überrascht* quoi?; *wie bitte?* F quoi?; ~ ***gibt's?*** qu'est-ce qu'il y a?; ~ ***soll's?*** qu'est-ce que ça fait?; ~ ***machen Sie?*** qu'est-ce que vous faites?; ~ ***kostet*** ...? combien coûte ...?; ~ ***für ein***(***e***) ...? quel(le) ...?; ~

W

für eine Farbe (***Größe***)? quelle couleur (taille)?; ~ ***für ein Unsinn!*** quelle bêtise!; **2.** *relativ* ce que (*Subjekt* ce qui); ~ ***auch immer*** quoi que (+ *subj*); ***alles***, ~ ***ich habe*** tout ce que j'ai; ***ich weiß nicht***, ~ ***ich tun*** (***sagen***) ***soll*** je ne sais pas ce que je dois faire (dire); ~ ***mich ärgerte*** ... ce qui m'énervait ...; **3.** F *etwas* quelque chose

wasch|bar lavable; **2bär** *zo m* raton *m* laveur; **2becken** *n* lavabo *m*

Wäsche *f Wäschestücke* linge *m*; *Waschen* lavage *m* (*a tech*), blanchissage *m*; ***große*** ~ lessive *f*; *fig* ***schmutzige*** ~ ***waschen*** laver son linge sale en public; **~klammer** *f* épingle *f od* pince *f* à linge; **~leine** *f* corde *f* à linge

waschen laver; *Wäsche* faire la lessive; ***sich*** ~ se laver; ***sich die Haare*** ~ se laver les cheveux

Wäscherei *f* blanchisserie *f*

Wäschetrockner *m* séchoir *m*

Wasch|küche *f* buanderie *f*; **~lappen** *m* gant *m* de toilette; *fig péj* chiffe *f*, lavette *f*; **~maschine** *f* machine *f* à laver; **2maschinenfest** lavable en machine à laver; **~mittel** *n*, **~pulver** *n* lessive *f*; **~raum** *m* lavabo *m*, cabinet *m* de toilette; **~schüssel** *f* cuvette *f*; **~straße** *f auto* tunnel *m* de lavage automatique

Wasser *n* eau *f*; **~ball** *m* water-polo *m*; **~becken** *n* bassin *m*; **~behälter** *m* réservoir *m* d'eau; **~dampf** *m* vapeur *f* d'eau; **2dicht** imperméable; *tech* étanche; **~fall** *m* chute *f* d'eau, cascade *f*; **~farbe** *f* peinture *f* à l'eau; **~flugzeug** *n* hydravion *m*; **~graben** *m* fossé *m* rempli d'eau; **~hahn** *m* robinet *m*

wässerig aqueux; *fig* ***j-m den Mund*** ~ ***machen*** faire venir l'eau à la bouche de qn

Wasser|kanne *f* broc *m*; **~kessel** *m* bouilloire *f*; **~kraft** *f* énergie *f* hydraulique; **~kraftwerk** *n* centrale *f* hydro-électrique; **~kühlung** *auto f* refroidissement *m* par eau; **~lauf** *m* cours *m* d'eau; **~leitung** *f* conduite *f* d'eau; **~mangel** *m* manque *m od* pénurie *f* d'eau; **~mann** *astr m* Verseau *m*; **~melone** *f* pastèque *f*

wassern *aviat* amerrir

wässern *be~* arroser; *Hering* dessaler; *Foto* laver

Wasser|rohr *n* conduite *f* d'eau; **~schaden** *m* dégâts *m/pl* des eaux; **2scheu** qui craint l'eau; **~ski** *m* ski *m* nautique; ~ ***fahren*** faire du ski nautique; **~spiegel** *m* niveau *m* d'eau; **~sport** *m* sport *m* nautique; **~spülung** *f* chasse *f* d'eau; **~stand** *m* niveau *m* d'eau; **~standsanzeiger** *m* indicateur *m* de niveau d'eau; **~stoff** *chim m* hydrogène *m*; **~stoffbombe** *f* bombe *f* H; **~strahl** *m* jet *m* d'eau; **~straße** *f* voie *f* navigable; **~tier** *zo n* animal *m* aquatique; **~verdrängung** *mar f* déplacement *m*; **~verschmutzung** *f* pollution *f* de l'eau; **~versorgung** *f* alimentation *f* en eau; **~waage** *tech f* niveau *m* à bulle (d'air); **~weg** *m* ***auf dem*** ~ par voie d'eau; **~welle** *f Frisur* mise *f* en plis; **~werfer** *m* canon *m* à eau; **~zeichen** *n* filigrane *m*

waten patauger

watscheln se dandiner

Watt *n* **1.** *am Meer* sable *m* mouillé, laisse *f*, estuaire *m* à marée basse; **2.** *Maßeinheit* watt *m*

Watt|e *f* ouate *f*; **~estäbchen** *n* coton-tige *m*; **2ieren** ouater

wau, wau! *Hund* oua, oua!

Wauwau *m enf* toutou *m*

WC *n* W.-C. *m/pl*

web|en tisser; **2er(in** *f*) *m* tisserand *m*, -e *f*; **2erei** *f* (atelier *m* de) tissage *m*; **2stuhl** *m* métier *m* à tisser

Wechsel *m* changement *m*, variation *f*; *regelmäßiger* alternance *f*; *von Geld* change *m*; *comm* lettre *f* de change; ***gezogener*** ~ traite *f*; **~beziehung** *f* corrélation *f*; **~geld** *n* monnaie *f*; **2haft** changeant; **~jahre** *n/pl der Frau* ménopause *f*, retour *m* d'âge; **~kurs** *m* cours *m* du change

wechseln *sich verändern* changer; *ab~* alterner (***mit*** avec); ***etw*** ~ changer de qc; *Blicke, Briefe* échanger; ***100 Mark*** ~ *umtauschen* changer 100 marks; *in Kleingeld* faire la monnaie de 100 marks; **~d** changeant, variable; ***mit ~em Erfolg*** avec des fortunes diverses

wechsel|seitig mutuel, réciproque; **2strom** *m* courant *m* alternatif; **2stube** *f* bureau *m* de change; **2wirkung** *f* interaction *f*

wecke|n réveiller; *Interesse, Neugier etc* éveiller; **2r** *m* réveil *m*, réveille-matin

m; *fig* ***j-m auf den ~ fallen*** F casser les pieds à qn
wedeln *Skisport* godiller; *Hund* ***mit dem Schwanz*** ~ remuer la queue
weder ~ ... ***noch*** ... ni ... ni ... (*bei Verb* ne ...)
Weg *m* chemin *m*; *fig* voie *f*; ***auf dem ~ nach*** ... sur le chemin de ..., en route pour ...; ***auf halbem*** ~ à mi-chemin; ***auf friedlichem ~e*** par des moyens pacifiques; *fig* ***j-m aus dem ~ gehen*** éviter qn; ***aus dem ~ räumen*** se débarrasser de, écarter; ***sich auf den ~ machen*** se mettre en route; ***etw zu ~e bringen*** réussir (à faire) qc
weg *fort* parti; *verschwunden* disparu; F ***ganz ~ sein*** être emballé F; *fig* ***über etw ~ sein*** avoir surmonté qc; ***weit ~*** éloigné; ~ ***da!*** ôtez-vous de là; ***Hände ~!*** n'y touchez pas!, F bas les pattes!; ~ ***damit!*** enlevez-moi ça!
weg|bleiben ne pas venir; **~blicken** détourner les yeux; **~bringen** emporter, *a j-n* emmener
wegen à cause de ..., pour; *bezüglich* au sujet de; F ***von ~!*** penses-tu! *od* pensez-vous! F
weg|fahren partir (en voiture, *etc*); *etw* enlever (en voiture); **~fallen** être supprimé; **2gang** *m* départ *m*; **~geben** ***etw*** ~ se débarrasser *od* se défaire de qc; **~gehen** s'en aller, partir (*a Schmerz*, *Fleck*, *Ware*); **~jagen** chasser; **~kommen** partir, s'en aller; *abhanden kommen* s'égarer; ***gut dabei*** ~ s'en tirer bien; F ***mach, dass du wegkommst!*** va-t-en!, F tire-toi de là!; **~lassen** laisser de côté, supprimer, omettre; **~laufen** se sauver; **~legen** mettre de côte; **~machen** F enlever, faire partir; **~müssen** F devoir partir; ***ich muss jetzt weg*** il faut que je parte; **~nehmen** ôter, enlever (*a stehlen*); **~rationalisieren** réduire afin de rationaliser; **~räumen** ranger, enlever; *Hindernis* écarter; **~reißen** arracher, enlever de force; **~schaffen** enlever; **~schicken** renvoyer; **~sehen** détourner les yeux; **~tun** F enlever; *wegwerfen* jeter; **~tragen** emporter
Wegweiser *m* poteau *m* indicateur
wegwerf|en jeter; **~end** dédaigneux, méprisant; **2gesellschaft** *f* société *f* de gaspillage
wegziehen retirer; *umziehen* déménager
weh ***j-m ~ tun*** faire mal à qn; ***sich am Finger ~ tun*** se faire mal au doigt
wehen *Wind* souffler; *Fahnen*, *Haare* flotter
Wehen *f/pl Geburt* douleurs *f/pl*
Weh|klage *f* lamentation *f*; **2leidig** pleurnicheur, geignard F; **~mut** *st/s f* nostalgie *f*, mélancolie *f*; **2mütig** nostalgique
Wehr¹ *n in Flüssen* barrage *m*
Wehr² *f* ***sich zur ~ setzen*** se défendre; **~dienst** *mil m* service *m* militaire; **~dienstverweigerer** *m* objecteur *m* de conscience; **2en** ***sich*** ~ se défendre (***gegen*** contre); **2los** sans défense; **~pflicht** *f* ***allgemeine*** ~ service *m* militaire obligatoire; **2pflichtig** *mil* mobilisable, astreint au service militaire; **~pflichtige(r)** *m* conscrit *m*
Weib *n* femme *f*; **~chen** *zo n* femelle *f*; **2isch** efféminé; **2lich** féminin
weich mou (molle), doux, tendre; *Ei* à la coque; ~ ***gekocht*** *Ei* à la coque; ~ ***landen*** atterrir en douceur; ~ ***werden*** ramollir; *fig* se laisser attendrir
Weiche *Bahn f* aiguillage *m*
weichen céder (***der Gewalt*** à la force), reculer (***dem Feind*** devant l'ennemi)
Weich|heit *f* mollesse *f*, douceur *f*; **2herzig** qui a le cœur sensible; **~käse** *m* fromage *m* à pâte molle; **2lich** mou, douillet, efféminé; **~spüler** *m* adoucissant *m*; **~tiere** *zo n/pl* mollusques *m/pl*
Weide *f bot* saule *m*; *Korb2* osier *m*; *Vieh2* pâturage *m*; **2n** paître, brouter; *fig* ***sich ~ an*** se repaître de; **~nkorb** *m* panier *m* d'osier
weiger|n ***sich*** ~ refuser (***etw zu tun*** de faire qc); **2ung** *f* refus *m*
Weihe *rel f* consécration *f*; **2n** consacrer; ***zum Priester geweiht werden*** être ordonné prêtre
Weiher *m* étang *m*
Weihnachten *n* Noël *m*; (***an*** *od* ***zu***) ~ à Noël
Weihnachts|abend *m* veille *f* de Noël; **~baum** *m* arbre *m* de Noël; **~feiertag** *m* ***erster*** ~ jour *m* de Noël; ***zweiter*** ~ lendemain *m* de Noël; **~geschenk** *n* cadeau *m* de Noël; **~lied** *n* chanson *f od* chant *m* de Noël; **~mann** *m* père *m* Noël; **~markt** *m* foire *f od* marché *m* de Noël; **~zeit** *f* temps *m* de Noël

Weih|rauch *m* encens *m*; **~wasser** *n* eau *f* bénite
weil parce que; *da ja* puisque
Weil|chen *n* ***ein*** ~ un petit moment; **~e** *f* ***e-e*** ~ quelque temps, un certain (laps de) temps; ***e-e ganze*** ~ un bon bout de temps
Wein *m* vin *m*; *bot* vigne *f*; **~bau** *m* viticulture *f*; **~beere** *f* grain *m* de raisin; **~berg** *m* vigne *f*, vignoble *m*; **~brand** *m* eau-de-vie *f* de vin, cognac *m*
wein|en pleurer (***vor*** de; ***wegen*** à cause de); **~erlich** pleurnicheur
Wein|ernte *f* vendange *f*; **~flasche** *f* bouteille *f* à vin; **~gut** *n* domaine *m* viticole; **~händler** *m* négociant *m* en vins; **~hauer** *östr m cf* ***Winzer***; **~karte** *f* carte *f* des vins; **~keller** *m* cave *f* à vin; cellier *m*; **~kellerei** *f* cave *f*; **~kellner** *m* sommelier *m*; **~kenner** *m* connaisseur *m* en vins; **~krampf** *m* crise *f* de larmes; **~lese** *f* vendange *f*; **~probe** *f* dégustation *f* de vins; **~rebe** *bot f* vigne *f*; **~stock** *m* cep *m* (de vigne); **~traube(n)** *f(pl)* raisin *m*
weise sage
Weise *f* manière *f*, façon *f*; *mus* air *m*; ***auf diese*** ~ de cette façon; ***auf meine*** ~ à ma manière
weisen montrer, indiquer; ***j-n von der Schule*** ~ renvoyer qn de l'école
Weisheit *f* sagesse *f*; ***mit seiner ~ am Ende sein*** y perdre son latin; **~szahn** *m* dent *f* de sagesse
weismachen ***j-m etw*** ~ faire croire qc à qn, en faire accroire à qn; ***du kannst mir nichts ~!*** ne me raconte pas d'histoires!
weiß blanc; **&blech** *n* fer-blanc *m*; **&brot** *n* pain *m* blanc; **&e(r)** *m, f* Blanc *m*, Blanche *f*; **~en** blanchir; **&glut** *f* incandescence *f*; F *fig* ***j-n bis zur ~ reizen*** chauffer qn à blanc; **&kohl** *m*, **&kraut** *n* chou *m* blanc; **~lich** blanchâtre; **&wein** *m* vin *m* blanc
Weisung *f* instruction *f*, directive *f*, consigne *f*
weit *ausgedehnt* large; *Kleidung a* ample; *Reise, Weg* long; ~ (***weg*** *od* ***entfernt***) loin; ~ ***größer*** bien plus grand; ***von ~em*** de loin; ***in ~er Ferne*** au loin; ***bei ~em*** de loin; ***bei ~em nicht*** loin s'en faut; *fig* ***zu ~ gehen*** aller trop loin, exagérer; ***es ~ bringen*** faire son chemin; ***wir haben es ~ gebracht*** nous avons bien réussi; ~ ***reichend*** étendu, de grande envergure; ~ ***verbreitet*** très répandu; **~ab** loin (***von*** de); **~aus** de loin, de beaucoup; **&blick** *m* clairvoyance *f*, prévoyance *f*
Weite *f* largeur *f*, étendue *f*; *von Kleidung* ampleur *f*; *Sport* distance *f*; **&n** (***sich*** ~ s')élargir
weiter ~! continue! *od* continuez!; ~ ***oben*** plus haut; *im Text* ci-dessus; ~ ***weg*** *od* ***entfernt*** plus loin; ***und so*** ~, et ainsi de suite, et cetera; ~ ***nichts*** rien d'autre; **~arbeiten** poursuivre son travail; **~bilden** ***sich*** ~ se recycler; **&bildung** *f* formation *f* complémentaire
weitere *sonstige* autre; *spätere* ultérieur; ***alles*** & le reste; ***bis auf ~s*** jusqu'à nouvel ordre; ***ohne ~s*** aisément; sans façon
weiter|führen continuer; **~geben** transmettre, faire passer; **~gehen** poursuivre son chemin, continuer; **~hin** en outre; ~ ***etw tun*** continuer à *od* de faire qc; **~kommen** avancer; **~leben** continuer à vivre; **&leben** *rel n* survie *f*; **~machen** continuer; **~reisen** continuer son voyage; **&verkauf** *m* revente *f*
weit|gehend considérable(ment), large(ment); **~läufig** vaste, spacieux; *Verwandter* éloigné; *ausführlich* détaillé; **~sichtig** *méd* presbyte; *fig* prévoyant; **&sprung** *m* saut *m* en longueur; **&winkelobjektiv** *Foto n* objectif *m* grand angle
Weizen *m* blé *m*, froment *m*
welche(r, s) **1.** *fragend* quel(le); *allein stehend* lequel (laquelle); ***welcher von beiden?*** lequel des deux?; **2.** *relativ* qui (*Akkusativ* que); **3.** F *einige(s)* en; ***ich geb' dir welche(s)*** je t'en donne
welk fané; **~en** se faner
Wellblech *n* tôle *f* ondulée
Welle *f* vague *f* (*a fig*); *phys* onde *f*; *fig* ***grüne*** ~ feux *m/pl* coordonnés
wellen onduler; **&bereich** *m Radio* gamme *f*; **&brecher** *m* brise-lames *m*; **&länge** *f* longueur *f* d'ondes; **&linie** *f* ligne *f* ondulée; **&sittich** *zo m* perruche *f*
well|ig onduleux; **&pappe** *f* carton *m* ondulé

Welt *f* monde *m*; ***auf der ganzen ~*** dans le monde entier; ***die Alte*** (***Neue***) ~ l'ancien (le nouveau) monde; ***die Dritte ~*** le tiers monde; ***alle ~*** *jeder* tout le monde; ***zur ~ kommen*** venir au monde; ***zur ~ bringen*** donner le jour à, donner naissance à; **~all** *n* univers *m*; **~anschauung** *f* vision *f* du monde, idéologie *f*; **~ausstellung** *f* exposition *f* universelle; **&berühmt** célèbre dans le monde entier; **&fremd** naïf, peu réaliste; **~frieden** *m* paix *f* mondiale; **~geschichte** *f* histoire *f* universelle; **~handel** *m* commerce *m* mondial; **~herrschaft** *f* hégémonie *f* mondiale; **~krieg** *m* guerre *f* mondiale; ***der Erste*** (***Zweite***) ~ la Première (Seconde) Guerre mondiale; **~kugel** *f* globe *m* terrestre; **&lich** de ce monde, mondain; *nicht kirchlich* séculier, profane; **~literatur** *f* littérature *f* universelle; **~macht** *f* puissance *f* mondiale; **~markt** *m* marché *m* mondial; **~meer** *n* océan *m*; **~meister(in** *f*) *m* champion *m*, -ne *f* du monde; **~raum** *m* espace *m*; **~raumforschung** *f* recherche *f* spatiale; **~reich** *n* empire *m*; **~reise** *f* tour *m* du monde; **~rekord** *m* record *m* du monde; **~ruf** *m* réputation *f* mondiale; **~stadt** *f* métropole *f*; **~untergang** *m* fin *f* du monde; **&weit** mondial, planétaire, universel; **~wirtschaft** *f* économie *f* mondiale; **~wunder** *n* merveille *f* du monde

wem à qui; ***von ~?*** de qui?

wen qui, qui est-ce que; ***für ~?*** pour qui?

Wende *f* tournant *m*; ***e-e ~ bedeuten*** marquer un tournant; **~kreis** *m géogr* tropique *m*; *auto* rayon *m* de braquage

Wendeltreppe *f* escalier *m* tournant *od* en colimaçon

wenden (re)tourner; *auto* faire demi-tour; *mar* virer de bord; ***sich ~ an*** s'adresser à

Wend|epunkt *m fig* tournant *m*; **&ig** *Auto* maniable, manœuvrable; *Person* débrouillard, habile, souple; **~ung** *f* tour *m*; *Umschwung* tournure *f*, revirement *m*; *Rede&* locution *f*, tournure *f*

wenig peu (de); ***~er*** moins (de); ***am ~sten*** le moins; ***ein ~*** un peu (de); ***einer der ~en, die*** ... un des rares qui (+ *subj*); ***zu ~*** trop peu (de); **~stens** au moins, du moins

wenn *falls* si; *zeitlich* quand, lorsque; ***~ auch*** bien que, quoique (*beide + subj*); ***selbst ~*** même si; ***außer ~*** à moins que ... ne (+ *subj*); ***~ ich nur ... wäre!*** si seulement j'étais ...!; **~schon!** qu'importe!

wer 1. qui, qui est-ce qui; ***~ von beiden?*** lequel des deux?; **2.** *derjenige, welcher* celui qui; ***~ auch immer*** quiconque; ***~ es auch sei*** qui que ce soit; **3.** F *jemand* quelqu'un

Werbe|agentur *f* agence *f* de publicité; **~feldzug** *m* campagne *f* publicitaire; **~fernsehen** *n* publicité *f* télévisée; **~film** *m* film *m* publicitaire; **~funk** *m* publicité *f* radiodiffusée

werben faire de la publicité (***für*** pour); ***~ um*** *Frau* faire la cour à; *Gunst* solliciter; ***Kunden ~*** prospecter la clientèle

Werbe|sendung *f* émission *f* publicitaire; **~spot** *m* spot *m* publicitaire; **&wirksam** d'une grande efficacité publicitaire

Werbung *f* publicité *f*, F pub *f*; ***~ machen für*** faire de la publicité pour

Werdegang *m beruflich* carrière *f*

werden devenir; *durch eigenes Zutun* se faire; ***Arzt, Lehrer ~*** devenir *od* se faire médecin, professeur; ***was willst du ~?*** qu'est-ce que tu veux faire plus tard?; ***mir wird schlecht!*** j'en suis malade!; F ***es wird schon wieder ~*** ça va aller mieux; *Futur* ***er wird kommen*** il viendra, il va venir; *Konditional* ***er würde kommen*** il viendrait; *Passiv* ***verkauft ~*** être vendu

werfen (***sich ~*** se) jeter; lancer; ***Junge ~*** mettre bas

Werft *mar f* chantier *m* naval

Werk *n* ouvrage *m*; *e-s Dichters, Künstlers* œuvre *f*; *Arbeit* travail *m*; *Uhr&* mouvement *m*; *Mechanismus* mécanisme *m*; *Fabrik* usine *f*, ateliers *m/pl*, établissement *m*; **~bank** *f* établi *m*; **~meister** *m* contremaître *m*; **~statt** *f* atelier *m*; **~tag** *m* jour *m* ouvrable; **&tags** en semaine; **&tätig** ***die ~e Bevölkerung*** la population active; **~zeug** *n* outil *m*

wert ***~ sein*** valoir (***etw*** qc); ***der Mühe ~ sein*** valoir la peine

Wert *m* valeur *f*; ***~ legen auf*** tenir à; ***großen ~ legen auf*** tenir beaucoup à, attacher une grande valeur *od* un grand prix à; F ***das hat keinen ~*** ça ne sert à rien; **~angabe** *f* déclaration *f* de valeur, valeur *f* déclarée; **2en** évaluer, estimer; *beurteilen* juger; **~gegenstand** *m* objet *m* de valeur; **2los** sans valeur; **~papier** *n* valeur *f*, effet *m*, titre *m*; **~sachen** *f/pl* objets *m/pl* de valeur; **~schätzung** *f* estime *f*, considération *f*; **~stoffe** *m/pl* déchets *m/pl* recyclables; **~ung** *f* évaluation *f*; *Sport* classement *m*; **~urteil** *n* jugement *m* de valeur; **2voll** précieux

Wesen *n Lebe2* être *m*; *Eigenart* nature *f*, caractère *m*; *e-r Person a* naturel *m*; *philos* essence *f*; ***viel ~s machen von*** faire grand bruit de; **2tlich** essentiel; ***im 2en*** en substance; ***~ größer*** beaucoup *od* bien plus grand

weshalb pourquoi

Wespe *zo f* guêpe *f*

West *géogr* ouest

Weste *f* gilet *m*; ⚠ *nicht* ***veste***

West|en *m* ouest *m*; *pol* ***der ~*** l'Ouest *m*, l'Occident *m*; ***der Wilde ~*** le Far-West; **2lich** occidental, de l'ouest, d'ouest; ***~ von*** à l'ouest de; **2wärts** vers l'ouest; **~wind** *m* vent *m* d'ouest

weswegen pourquoi

Wett|bewerb *m* concours *m*, compétition *f*, *bes écon* concurrence *f*; **~büro** *n* bureau *m* de pari mutuel

Wett|e *f* pari *m*; ***um die ~*** à qui mieux mieux; ***e-e ~ abschließen*** *od* ***eingehen*** faire un pari; **~eifer** *m* émulation *f*; **2eifern** rivaliser (***mit*** avec; ***um*** de); **2en** parier; ***um 100 Franc ~*** parier cent francs

Wetter *n* temps *m*; ***es ist schönes ~*** il fait beau (temps); ***bei diesem ~*** par ce temps; **~bericht** *m* bulletin *m* météorologique, F météo *f*; **~aussichten** *f/pl* prévisions *f/pl* météorologiques; **~karte** *f* carte *f* météorologique; **~kunde** *f* météorologie *f*; **~lage** *f* conditions *f/pl* atmosphériques; **~leuchten** *n* éclairs *m/pl* de chaleur; **2n** *fig* pester *od* tempêter (***gegen*** contre); **~vorhersage** *f* prévisions *f/pl* météorologiques; **~warte** *f* station *f* météorologique

Wett|kampf *m* compétition *f*, épreuve *f*, match *m*; **~kämpfer(in** *f*) *m* concurrent, -e *f*; **~lauf** *m* course *f* (*a fig*); **~läufer(in** *f*) *m* coureur *m*, -euse *f*; **2machen** compenser; **~rennen** *n* course *f*; **~rüsten** *n* course *f* aux armements; **~streit** *m* concours *m*, compétition *f*, émulation *f*

wetzen aiguiser

WG *f* communauté *f*

Whirlpool *m* bain *m* à remous

Whisky *m* whisky *m*

wichtig important; ***~ nehmen*** prendre au sérieux; ***sich ~ machen*** faire l'important; **2keit** *f* importance *f*; **2tuer** *m* personne *f* qui fait l'important, crâneur *m*

wickeln enrouler (***um*** autour de; ***in*** dans), envelopper (***in*** dans); *Kind* langer, emmailloter

Widder *m zo* bélier *m*; *astr* Bélier *m*

wider contre; ***~ (meinen) Willen*** malgré moi; ***~ Erwarten*** contre toute attente; **~fahren** arriver (***j-m*** à qn); **2hall** *m* écho *m* (*a fig*); **~hallen** résonner; **~legen** réfuter

widerlich répugnant, repoussant, dégoûtant, écœurant, rebutant

wider|rechtlich illégal; **2rede** *f* contradiction *f*; ***keine ~!*** pas de discussion!; **~rufen** *Anordnung* révoquer; *Behauptung*, *Geständnis* rétracter; **2sacher(in** *f*) *m* adversaire *m*, *f*; **~setzen** ***sich ~*** s'opposer (***j-m***, ***e-r Sache*** à qn, à qc); **~sinnig** absurde; **~spenstig** récalcitrant, rétif, rebelle; **~spiegeln** (***sich ~*** se) refléter (***in*** dans); **~sprechen** contredire (***j-m***, ***e-r Sache*** à qn, à qc); **2spruch** *m* contradiction *f*; ***im ~ stehen*** être en contradiction (***zu*** avec); **~sprüchlich** contradictoire; **~spruchslos** sans discuter; **2stand** *m* résistance *f* (*a pol u elektrischer*); ***~ leisten*** résister; **~standsfähig** résistant; **~stehen** résister (à); **~streben** ***es widerstrebt mir, dies zu tun*** je déteste faire cela; **~wärtig** répugnant; **2wille** *m* répugnance *f* (***gegen*** pour), aversion *f* (pour), dégoût *m* (pour) **~willig** à contrecœur

widm|en (***sich ~*** se) consacrer (à), (se) vouer (à); *Buch* dédier; **2ung** *f* dédicace *f*

widrig contraire, adverse

wie *fragend* comment; *in Ausrufen* que, comme, combien; *vergleichend* comme; ***~ ein Hund*** comme un chien; ***~ üblich*** comme d'habitude; ***so groß ~*** aussi grand que; ***~ alt sind Sie?*** quel âge avez-vous?; ~ ***viel*** combien (de); ***um ~ viel Uhr?*** à quelle heure?; ***~ spät ist es?*** quelle heure est-il? ***~ lange?*** combien de temps?; ***~ froh bin ich!*** que (comme, combien) je suis heureux!; ***~ wäre es mit ...?*** que diriez-vous de ...?

wieder de nouveau, encore; *oft* re... *in Zssgn*; ***da bin ich ~*** me revoilà; ***~ anfangen*** recommencer; ***~ zu sich kommen*** reprendre connaissance; ***~ einmal*** une fois de plus; ***~ beleben*** ranimer, réanimer (*a fig*); ***~ erkennen*** reconnaître (***an*** à); ***~ finden*** retrouver; ***~ gutmachen*** réparer; ***~ sehen*** revoir; ***~ verwertbar*** recyclable; **~ verwerten** recycler; **2aufarbeitung** *f* retraitement *m*; **2aufarbeitungsanlage** *f* usine *f* de retraitement; **2aufbau** *m* reconstruction *f*; **2aufbereitungsanlage** *f Kerntechnik* usine *f* de retraitement; **2aufleben** *n* renaissance *f*; **~bekommen** recouvrer, rentrer en possession de; **2belebung** *f méd* réanimation *f*; *écon* reprise *f*, relance *f*; **2belebungsversuch** *m* tentative *f* de réanimation; **2bewaffnung** *f* réarmement *m*; **~bringen** rapporter; *zurückgeben* rendre; **2entdeckung** *f* redécouverte *f*; **2gabe** *f* reproduction *f*; **~geben** *zurückgeben* rendre, restituer; *nachbilden* reproduire; *beschreiben* décrire; **2geburt** *f* renaissance *f*; **2gutmachung** *f* réparation *f*; **~herstellen** rétablir, restaurer; **~holen** (***sich ~*** se) répéter; *Lernstoff* réviser; **~holt** répété; **2holung** *f* répétition *f*; *von Lernstoff* révision *f*; *TV etc* rediffusion *f*; **2hören** *tél* ***auf ~! au revoir!***; **2kehr** *f* retour *m*; **~kehren** revenir, se répéter; **~kommen** revenir; **2sehen** ***auf ~!*** au revoir!; **~um** de nouveau; *andererseits* d'autre part, d'un autre côté; **2vereinigung** *f pol* réunification *f*; **2verwendung** *f* réutilisa-tion *f*; **2verwertung** *f* recyclage *m*; **2wahl** *f* réélection *f*

Wiege *f* berceau *m*

wiegen peser

Wiegenlied *n* berceuse *f*

wiehern hennir

Wien Vienne

Wiese *f* pré *m*, prairie *f*

Wiesel *zo n* belette *f*

wieso pourquoi

wieviel *cf* ***wie***; **~te** combientième F; ***den 2n haben wir heute?*** le combien sommes-nous aujourd'hui?

wild 1. sauvage (*a bot u zo*); *Blick etc* farouche; *wütend* furieux; *Kind* turbulent; ***~es Tier*** bête *f* féroce; *fig* ***~er Streik*** grève *f* sauvage; F ***~ sein auf*** raffoler de; **2.** **2** *n ch u cuis* gibier *m*; **2bach** *m* torrent *m*; **2ente** *zo f* canard *m* sauvage; **2e(r)** *m*, *f* sauvage *m*, *f*; F ***wie ein Wilder*** comme un fou; **2erer** *m* braconnier *m*; **~ern** braconner; **2hüter** *m* garde-chasse *m*; **2leder** *n* daim *m*; **2nis** *f* désert *m*; **2schwein** *n* sanglier *m*; **2wasserfahren** *n* descente *f* des torrents en canot; **2westfilm** *m* western *m*

Wilhelm *m* Guillaume *m*

Wille *m* volonté *f*; ***gegen meinen ~n*** malgré moi; ***seinen ~n durchsetzen*** imposer sa volonté; ***2n um ... ~*** pour (l'amour de); **2nlos** sans volonté; **~nlosigkeit** *f* manque *m* de volonté

Willens|freiheit *f* libre arbitre *m*; **~kraft** *f* volonté *f*, énergie *f*; **2stark** qui a de la volonté, énergique

will|ig de bonne volonté; *folgsam* docile; **~kommen** bienvenu; ***herzlich ~!*** soyez le (la) bienvenu(e)!; ***j-n ~ heißen*** souhaiter la bienvenue à qn; **~kürlich** arbitraire

wimmeln fourmiller, grouiller (***von*** de); ***es wimmelt von etw*** *a* qc pullule

wimmern geindre

Wimpel *m* fanion *m*; *mar* flamme *f*

Wimper *f* cil *m*; **~ntusche** *f* mascara *m*; ⚠***le*** mascara

Wind *m* vent *m*; **~beutel** *cuis m* chou *m* à la crème

Winde *f tech* treuil *m*; *mar* cabestan *m*; *bot* liseron *m*, volubilis *m*

Windel *f* couche *f*, lange *f*; ***die ~n wechseln*** changer les couches; **~höschen** *n* couche-culotte *f*

winden *Kranz* tresser; ***sich ~*** *Weg etc* serpenter; ***sich um etw ~*** s'enrouler autour de qc; ***sich vor Schmerz ~*** se tordre de douleur

Wind|energie *f* énergie *f* éolienne; **~hund** *zo m* lévrier *m*; **2ig** *Ort* éventé; *fig* louche; ***es ist ~*** il fait du vent; **~mühle** *f* moulin *m* à vent; **~pocken** *méd f/pl* varicelle *f*; **~rad** *n* éolienne *f*; **~richtung** *f* direction *f* du vent; **~schutzscheibe** *auto f* pare-brise *m*;

W

~stärke *f* force *f od* intensité *f* du vent; **&still** calme; **~stoß** *m* rafale *f*; **~surfbrett** *n* planche *f* à voile; **~surfen** *Sport n* planche *f* à voile; **~surfer(in** *f*) *m* véliplanchiste *m*, *f*
Windung *f Krümmung* sinuosité *f*; *Drehung* tour *m*; **~en** *e-s Wegs a* lacets *m/pl*
Wink *m* signe *m*; *fig* avertissement *m*, tuyau *m* F
Winkel *m math* angle *m*; *Gerät* équerre *f*; *Ecke* coin *m*; **&ig** à coins et recoins, à angles; **~messer** *math m* rapporteur *m*
winken faire signe (***j-m*** à qn)
winseln pousser des cris plaintifs
Winter *m* hiver *m*; **&lich** hivernal; **~reifen** *auto m* pneu *m* neige; **~schlaf** *zo m* hibernation *f*; **~spiele** *n/pl* jeux *m/pl* Olympiques d'hiver; **~sport** *m* sport(s) *m(pl)* d'hiver
Winzer(in *f*) *m* vigneron *m*, -ne *f*, viticulteur *m*
winzig minuscule
Wipfel *m* cime *f*, sommet *m* (d'un arbre)
Wippe *f* bascule *f*, balançoire *f*
wir nous; ~ ***drei*** nous trois; ~ ***sind's*** c'est nous
Wirbel *m* tourbillon *m*; *fig a* remous *m/pl*; *méd* vertèbre *f*; *Haar* épi *m*; **&n** tourbillonner; **~säule** *f* colonne *f* vertébrale; **~sturm** *m* cyclone *m*; **~tiere** *n/pl* vertébrés *m/pl*
wirk|en agir (***auf*** sur), faire son effet, opérer; *Wunder* faire; ~ ***wie*** faire l'effet de; ***wohltuend*** ~ avoir un effet salutaire; ***jung*** (***hübsch*** *etc*) ~ faire jeune (joli, *etc*); **&en** *n* action *f*, activité *f*; **~lich** réel, effectif; *echt* vrai, véritable; **&lichkeit** *f* réalité *f*; ***in*** ~ en réalité; **~sam** efficace; **&samkeit** *f* efficacité *f*
Wirkung *f* effet *m*; **~sgrad** *tech m* (degré *m* d')efficacité *f*, rendement *m*; **&slos** sans effet, inopérant; **&svoll** efficace
wirr confus, embrouillé; *Haar* en désordre; **&en** *pol pl* troubles *m/pl*; **&warr** *m* confusion *f*, chaos *m*, embrouillamini *m* F, pagaille *f* F
Wirsing *bot m*, **~kohl** *m* chou *m* frisé *od* de Milan
Wirt(in *f*) *m Gast&* patron *m*, -ne *f*, aubergiste *m*; *Hotel&* hôtelier *m*, -ière *f*; *Haus&* propriétaire *m*, *f*
Wirtschaft *f* économie *f*; *Gast&* restaurant *m*, auberge *f*; *Bahnhofs&* buffet *m*; ***freie*** ~ économie *f* libérale; ***gelenkte*** ~ économie *f* dirigée, dirigisme *m*; **&en** ***gut***, ***schlecht*** ~ bien, mal gérer ses affaires; ***gut*** ~ *a* être économe; **~erin** *f* gouvernante *f*; **&lich** économique; **~lichkeit** *f* rentabilité *f*
Wirtschafts|... *écon in Zssgn* économique; **~flüchtling** *m* réfugié *m* économique; **~gemeinschaft** *f* ***Europäische*** ~ Communauté *f* économique européenne (*abr* C.E.E.); **~kriminalität** *f* criminalité *f* économique; **~krise** *f* crise *f* économique; **~leben** *n* vie *f* économique; **~system** *n* système *m* économique; **~wissenschaft(en)** *f(pl)* sciences *f/pl* économiques; **~wunder** *n* miracle *m* économique
Wirtshaus *n* auberge *f*
wischen essuyer
wispern chuchoter
wissbegierig curieux
wissen 1. savoir; ***nicht*** ~ ne pas savoir, ignorer; ***sehr wohl*** ~ ne pas ignorer; ***ich möchte*** ~ j'aimerais savoir; ***soviel ich weiß*** autant que je sache; ***weißt du noch?*** tu te rappelles? *od* tu t'en souviens?; ***woher weißt du das?*** d'où tiens-tu cela?; ***man kann nie*** ~ on ne peut jamais savoir; ***ich will davon*** (***von ihm***) ***nichts*** ~ je ne veux pas entendre parler de cela (de lui); **2.** & *n* savoir *m*, connaissances *f/pl*
Wissenschaft *f* science *f*; **~ler(in** *f*) *m* scientifique *m*, *f*; **&lich** scientifique
wissen|swert qui vaut la peine d'être connu, intéressant; ***alles &e über*** tout ce qu'il faut savoir sur; **~tlich** sciemment
witter|n flairer (*a fig*); **&ung** *f* temps *m* qu'il fait; *Spürsinn* flair *m*; **&ungsverhältnisse** *n/pl* conditions *f/pl* atmosphériques
Witwe *f* veuve *f*; **~r** *m* veuf *m*
Witz *m* plaisanterie *f*, histoire *f* (drôle), blague *f* F; bon mot *m*, mot *m* d'esprit; *Wortspiel* calembour *m*; ***~e reißen*** raconter de bonnes blagues; **~blatt** *n* journal *m* satirique *od* humoristique; **~bold** *m* blagueur *m*; *péj* mauvais plaisant *m*; **&ig** *geistreich* spirituel; *lustig* drôle, amusant
wo où; **~anders** ailleurs; **~bei** à l'occasion de quoi; ~ ***mir einfällt*** ce qui me rappelle

Woche *f* semaine *f*; ***in der letzten ~*** la semaine passée *od* dernière; ***in der nächsten ~*** la semaine prochaine

Wochen|ende *n* fin *f* de semaine, week-end *m*; **2lang** (pendant) des semaines entières; **~schau** *f* actualités *f/pl*; **~tag** *m* jour *m* de semaine; *Werktag* jour *m* ouvrable

wöchentlich hebdomadaire; ***einmal ~*** une fois par semaine

Wodka *m* vodka *m*

wo|durch par quoi; **~für** pour quoi

Woge *f* vague *f*, flot *m*; **2n** ondoyer, onduler

wo|her d'où; **~hin** où; **~hingegen** tandis que, alors que

wohl 1. bien; *wahrscheinlich* sans doute; ***mir ist nicht ~*** je ne me sens pas bien; ***~ oder übel*** bon gré mal gré; ***~ behütet*** bien protégé; **2.** **2** *n* bien *m*, salut *m*; ***das öffentliche ~*** le bien public; ***zum ~!*** à votre santé!, à la vôtre! F

Wohl|befinden *n* bien-être *m*; **2behalten** sain et sauf; **~fahrtsstaat** *m* État-providence *m*; **2gemerkt** bien entendu; **2genährt** bien nourri; **2gesinnt** ***j-m ~ sein*** être bien intentionné à l'égard de qn; **2habend** aisé; **2ig** agréable; **~klang** *m* harmonie *f*; *ling* euphonie *f*; **2klingend** harmonieux; **~stand** *m* aisance *f*, prospérité *f*; **~standsgesellschaft** *f* société *f* d'abondance; **~tat** *f* bienfait *m*; **~täter(in** *f*) *m* bienfaiteur *m*, -trice *f*; **2tätig** charitable; **~tätigkeit** *f* bienfaisance *f*; **~tätigkeitsbasar** *m* vente *f* de charité; **2tuend** bienfaisant; **2verdient** bien mérité; **~wollen** *n* bienveillance *f*; **2wollend** bienveillant

wohn|en habiter, demeurer, loger; ***in Paris ~*** habiter (à) Paris; ***im Hotel ~*** loger à l'hôtel; ***möbliert ~*** loger en meublé; **2gebiet** *n* quartier *m* résidentiel; **2gemeinschaft** *f* communauté *f* d'habitat, domicile *m* en commun; **~haft** domicilié (***in*** à); **~lich** confortable; **2mobil** *n* camping-car *m*; **2ort** domicile *m*; **2sitz** *m* domicile *m*, résidence *f*

Wohnung *f* logement *m*, habitation *f*, appartement *m*; **~sbau** *m* construction *f* de logements; **~snot** *f* crise *f* du logement

Wohn|wagen *m* roulotte *f*; *Camping* caravane *f*; **~zimmer** *n* salle *f* de séjour, salon *m*, living *m*

wölb|en (***sich ~*** se) voûter, (se) bomber; **2ung** *f* voussure *f*, bombement *m*

Wolf *zo m* (**Wölfin** *f*) loup *m* (louve *f*)

Wolke *f* nuage *m*

Wolken|bruch *m* pluie *f* torrentielle; **~kratzer** *m* gratte-ciel *m*; **2los** sans nuages

wolkig nuageux

Wolldecke *f* couverture *f* de laine

Wolle *f* laine *f*; **2n** de *od* en laine

wollen vouloir; *im Begriff sein* aller; ***lieber ~*** aimer mieux; ***sie will, dass ich komme*** elle veut que je vienne; ***ich wollte gerade anfangen*** j'allais commencer; ***er will mich gesehen haben*** il prétend m'avoir vu; ***ich wollte, ich wäre*** ... si seulement j'étais ...

Woll|ust *f* volupté *f*; **2üstig** voluptueux

wo|mit avec quoi; **~möglich** peut-être

Wonne *f* délice *m*

wor|an ***~ denkst du?*** à quoi penses-tu?; ***~ liegt es, dass ...?*** d'où vient que ...?; *fig* ***~ man ist*** où l'on en est; **~auf** sur quoi; *zeitlich* après quoi; ***~ wartest du?*** qu'est-ce que tu attends?; **~aus** de quoi, d'où; ***~ ist es?*** en quoi est-ce?; **~in** en quoi, dans quoi, où

Workshop *m* atelier-débat *m*

Workstation *f* station *f* de travail

Wort *n* mot *m*; *gesprochenes* parole *f*; *Ausdruck* terme *m*; ***~e*** *pl a* propos *m/pl*; ***das letzte ~ ist gesprochen*** le dernier mot est dit; ***mit anderen ~en*** en d'autres termes; ***sein ~ geben*** donner sa parole; ***~ halten*** tenir parole; ***sein ~ brechen*** manquer à sa parole; ***j-n beim ~ nehmen*** prendre qn au mot; ***ein gutes ~ einlegen für*** intercéder en faveur de; ***j-m ins ~ fallen*** couper la parole à qn; ***sich zu ~ melden*** demander la parole; **~art** *gr f* classe *f* de mots, partie *f* du discours

Wörterbuch *n* dictionnaire *m*

Wort|führer *m* porte-parole *m*; **2karg** taciturne; **~laut** *m* texte *m*, teneur *f*, termes *m/pl*

wörtlich littéral, textuel; *gr* ***~e Rede*** discours *m* direct

Wort|schatz *m* vocabulaire *m*; **~spiel** *n* jeu *m* de mots; *mit Homonymen* calembour *m*; **~stellung** *gr f* ordre *m* des

W

mots; **~wechsel** *m* altercation *f*
wor|über sur quoi; ~ ***lachst du?*** de quoi ris-tu?; **~um** ~ ***geht es?*** de quoi s'agit-il?
wo|von de quoi; ~ ***sprichst du?*** de quoi parles-tu?; **~vor** ~ ***fürchtest du dich?*** de quoi as-tu peur?; **~zu** à quoi; ~ (***eigentlich***)**?** à quoi bon?
Wrack *n* épave *f* (*a fig Mensch*); *auto a* carcasse *f*
wringen *Wäsche* tordre
Wucher *m* usure *f*; **~er** *m* usurier *m*; **2n** *biol* proliférer, foisonner; **~ung** *méd f* excroissance *f*, végétation *f*; **~zinsen** *m/pl* intérêts *m/pl* usuraires
Wuchs *m Wachsen* croissance *f*; *Gestalt* taille *f*
Wucht *f* force *f*, élan *m*; ***mit voller*** ~ de plein fouet; **2ig** imposant, massif; *Schlag* violent
wühlen fouiller
Wulst *m* bourrelet *m*, renflement *m*; **2ig** qui forme un bourrelet; *Lippen* épais, charnu
wund écorché; ***sich*** ~ ***liegen*** *od* ***reiben*** s'écorcher; *fig* ***~er Punkt*** point *m* faible *od* névralgique
Wunde *f* blessure *f*
Wunder *n* miracle *m* (*a rel*), prodige *m*; *~werk* merveille *f*; ~ ***wirken*** faire des miracles; **(*es ist*) *kein*** ~, ***dass du müde bist*** il n'y a rien d'étonnant à ce que tu sois fatigué; **2bar** merveilleux, admirable; *übernatürlich* miraculeux; **~kind** *n* enfant *m* prodige; **2lich** bizarre, étrange, singulier; **~mittel** *n* remède *m* miracle; **2n** étonner; ***sich*** ~ s'étonner (***über*** de); **2schön** ravissant, merveilleusement beau; **2voll** merveilleux; **~werk** *n* merveille *f*
Wundstarrkrampf *méd m* tétanos *m*
Wunsch *m Begehren* désir *m* (***nach*** de); *Glück2* souhait *m*, vœu *m*; ***auf j-s*** ~ à la demande de qn; ***nach*** ~ à souhait; *nach Wahl* au choix; ***beste Wünsche!*** meilleurs vœux!
wünschen désirer; *j-m etw* souhaiter; ***sich etw*** ~ désirer qc; ***was*** ~ ***Sie?*** que désirez-vous?; ***j-m gute Reise*** ~ souhaiter bon voyage à qn; **~swert** désirable, souhaitable
Würde *f* dignité *f*; **2los** indigne; **~nträger** *m* dignitaire *m*; **2voll** digne
würdig digne (***e-r Sache*** de qc); **~en** apprécier; ***j-n keines Blickes*** ~ ne pas daigner regarder qn, ignorer qn; **2ung** *f* appréciation *f*
Wurf *m* jet *m*; *Sport* lancer *m*; *junge Tiere* portée *f*
Würfel *m* cube *m* (*a math*); *Spiel2* dé *m*; **~form** *f* forme *f* cubique; **2n** jeter le(s) dé(s); jouer aux dés; ***e-e Sechs*** ~ faire un six; **~spiel** *n* jeu *m* de dés; **~zucker** *m* sucre *m* en morceaux
Wurfgeschoss *n* projectile *m*
würgen *j-n* étrangler; *mühsam schlucken* s'étouffer; *Brechreiz haben* avoir des nausées
Wurm *m* ver *m*
Würmchen *n* vermisseau *m*
wurm|en F ***das wurmt mich*** cela me ronge *od* me tracasse; **~ig** véreux; **~stichig** *Holz* vermoulu; *Früchte* véreux
Wurst *f* saucisson *m*
Würstchen *n* saucisse *f*
Würze *f* assaisonnement *m*, épice *f*; *fig* sel *m*, saveur *f*
Wurzel *f* racine *f* (*a fig*); *math* ***e-e*** ~ ***ziehen*** extraire une racine; ***~n schlagen*** prendre racine; **~verzeichnis** *EDV n* répertoire *m* racine
würz|en assaisonner, épicer (*beide a fig* ***mit*** de); **~ig** aromatique
Wust *m* F fouillis *m*, ramassis *m*
wüst *Gegend* désert; *unordentlich* en désordre; *ausschweifend* déréglé
Wüste *f* désert *m*
Wut *f* fureur *f*, rage *f*; ***e-e*** ~ ***haben*** être furieux (***auf*** contre); **~anfall** *m* accès *m* de fureur *od* de rage
wüten se déchaîner; *Sturm a* faire rage; **~d** furieux (***auf*** contre)

X, Y

X-Beine *n/pl* jambes *f/pl* cagneuses
x-beinig cagneux
x-beliebig ***ein ~er*** ... n'importe quel ...; ***jeder x-Beliebige*** n'importe qui
x-mal F ***ich habe es ~ gesagt*** je l'ai dit cent fois
x-te ***zum ~n Male*** pour la énième fois
Xylophon *mus n* xylophone *m*
Yen *écon m* yen *m*
Yeti *m* yéti *m*
Yoga *n* yoga *m*
Ypsilon *n* i *m* grec

Z

Zacke *f*, **~n** *m Spitze* pointe *f*; *Gabel, Säge etc* dent *f*
zackig dent(el)é; *fig* qui a du cran *od* de l'allant
zaghaft craintif, timide; **⁀igkeit** *f* timidité *f*
zäh tenace; *Fleisch* coriace; *Person a* robuste; **~flüssig** visqueux; ***~er Verkehr*** ralentissements *m/pl*; **⁀igkeit** *f* ténacité *f*
Zahl *f* nombre *m*; *Ziffer* chiffre *m*; **⁀bar** payable
zählbar dénombrable
zahlen payer; **~, *bitte!*** l'addition, s'il vous plaît!
zählen compter (***zu*** parmi; *fig* ***auf*** sur)
zahlenmäßig numérique
Zähler *m Apparat* compteur *m*; *math* numérateur *m*
Zahl|karte *f* mandat *m* de versement à un compte courant postal; **⁀los** innombrable; **⁀reich** nombreux; **~tag** *m* jour *m* de paie; **~ung** *f* paiement *od* payement *m*
Zählung *f* comptage *m*, dénombrement *m*; *Erfassung* recensement *m*
Zahlungs|bedingungen *f/pl* conditions *f/pl* de paiement; **~befehl** *jur m* sommation *f*; **~bilanz** *f* balance *f* des comptes *od* des paiements; **~frist** *f* délai *m* de paiement; **~mittel** *n* moyen *m* de paiement; ***gesetzliches ~*** monnaie *f* légale; **~schwierigkeiten** *f/pl* difficultés *f/pl* de paiement; **⁀unfähig** insolvable; **~unfähigkeit** *f* insolvabilité *f*; **~verkehr** *m* mouvement *m* des paiements
Zahlwort *gr n* (adjectif *m*) numéral *m*
zahm *Tier* apprivoisé; *fig* docile
zähmen *Tier* apprivoiser; *fig* dompter
Zahn *m* dent *f*; **~arzt** *m*, **~ärztin** *f* dentiste *m, f*; **~bürste** *f* brosse *f* à dents; **~creme** *f* dentifrice *m*
zahnen faire ses dents
Zahn|ersatz *m* prothèse *f* dentaire; **~fleisch** *n* gencive(s *pl*) *f*; **~pasta** *f* dentifrice *m*; **~plombe** *f* plombage *m*; **~rad** *tech n* roue *f* dentée; **~radbahn** *f* chemin *m* de fer à crémaillère; **~schmelz** *m* émail *m* (des dents); **~schmerzen** *m/pl* ***~ haben*** avoir mal aux dents; **~seide** *f* fil *m* dentaire; **~spange** *f* appareil *m* dentaire; **~stein** *m* tartre *m*; **~stocher** *m* cure-dent *m*; **~techniker** *m* mécanicien-dentiste *m*
Zange *f* pince *f*, tenailles *f/pl*
Zank *m* querelle *f*; **⁀en *sich ~*** se quereller (***mit*** avec)
zänkisch querelleur
Zäpfchen *n Hals* luette *f*; *phm* suppositoire *m*
Zapfen *m Verschluss* bouchon *m*, bonde *f*; *bot* cône *m*; *tech* pivot *m*
zapfen *Wein etc* tirer
Zapfsäule *f für Benzin* pompe *f* à essence
zapp|eln frétiller (*a Fische*), gigoter F; **~(e)lig** remuant
zappen F zapper

Zar *m* tsar *m*
zart tendre (*a Fleisch*); délicat (*a Gesundheit*); ~**fühlend** délicat; 2**gefühl** *n* délicatesse *f*; 2**heit** *f* tendreté *f*; délicatesse *f*
zärtlich tendre; 2**keit** *f* tendresse *f*; ~**en** *pl* caresses *f*/*pl*
Zauber *m* charme *m*, magie *f* (*beide a fig*); sortilège *m*; ~**ei** *f* magie *f*, sorcellerie *f*; ~**er** *m*, ~**in** *f* magicien *m*, -ne *f*; ~**formel** *f* formule *f* magique; 2**haft** *fig* ravissant, enchanteur; ~**kraft** *f* vertu *f* magique; ~**künstler** *m* prestidigitateur *m*; ~**kunststück** *n* tour *m* de prestidigitateur; 2**n** pratiquer la magie; ~**spruch** *m* formule *f* magique; ~**stab** *m* baguette *f* magique; ~**wort** *n* parole *f* magique
zaudern hésiter, tarder
Zaum *m* bride *f*; *fig* ***im ~ halten*** contrôler, mettre un frein à
Zaun *m* clôture *f*; *Draht*2 grillage *m*; ~**könig** *zo m* roitelet *m*; ~**pfahl** *m fig* ***ein Wink mit dem ~*** un appel du pied
z.B. p. ex. (= par exemple)
ZDF *n* Deuxième chaîne *f* de la télévision allemande
Zebra *zo n* zèbre *m*; ~**streifen** *m* passage *m* pour piétons
Zeche *f Rechnung* addition *f*; *Bergbau* mine *f*; *fig* ***die ~ bezahlen*** payer les pots cassés
Zecke *zo f* tique *f*
Zeder *bot f* cèdre *m*; ⚠ ***le*** cèdre
Zeh *m*, ~**e** *f* doigt *m* de pied, orteil *m*; ***große ~*** gros orteil *m*; ~**enspitze** *f* ***auf ~n gehen*** marcher sur la pointe des pieds
zehn dix; ***etwa ~*** une dizaine; 2**er** *math m* dizaine *f*; ~**fach** dix fois autant; ~**jährig** âgé de dix ans; 2**kampf** *m Sport* décathlon *m*; ~**mal** dix fois; ~**te** dixième; 2**tel** *n* dixième *m*; ~**tens** dixièmement
Zeichen *n* signe *m*; *Kenn*2 marque *f*, indice *m*; ***j-m ein ~ geben*** faire signe à qn; ***als ~ der Dankbarkeit*** en signe de reconnaissance; ~**block** *m* bloc *m* de papier à dessin; ~**brett** *n* planche *f* à dessin; ~**lehrer(in** *f*) *m* professeur *m* de dessin; ~**papier** *n* papier *m* à dessin; ~**setzung** *gr f* ponctuation *f*; ~**sprache** *f* langage *m* par signes *od* par gestes; ~**trickfilm** *m* dessin *m* animé
zeichn|en dessiner; *kenn*~ marquer; *unter*~ signer; *Anleihe* souscrire à; 2**en** *n* dessin *m* (*a Schulfach*); 2**er(in** *f*) *m* dessinateur *m*, -trice *f*; *comm* souscripteur *m*; 2**ung** *f* dessin *m*
Zeigefinger *m* index *m*
zeigen (***sich*** ~ se) montrer; faire voir; ***auf etw ~*** montrer *od* indiquer qc; ***es zeigt sich, dass*** il s'avère que
Zeiger *m* aiguille *f*
Zeile *f* ligne *f* (*a TV*); ***ein paar ~n*** *kurze Mitteilung* un (petit) mot
Zeit *f* temps *m*; ~*alter* époque *f*, âge *m*; *Uhr*2 heure *f*; ***die gute alte ~*** le bon vieux temps; ***die ganze ~*** tout le temps; ***mit der ~*** avec le temps; ***von ~ zu ~*** de temps en temps, de temps à autre; ***vor einiger ~*** il y a un certain temps de cela; ***zur ~*** en ce moment; à l'heure actuelle; ***zur ~ Napoleons*** à l'époque de Napoléon; ***in letzter ~*** ces derniers temps; ***die ~ ist um*** le délai est écoulé; ***sich ~ lassen*** prendre (tout) son temps; ***es wird ~, dass*** ... il est grand temps de (+ *inf*); ***es ist höchste ~*** il est grand temps; ***mit der ~ gehen*** être de son époque; ***e-e ~ lang*** pour un certain temps
Zeit|abschnitt *m* période *f*; ~**alter** *n* époque *f*, âge *m*, siècle *m*; ~**arbeit** *f* travail *m* intérimaire; ~**bombe** *f* bombe *f* à retardement; ~**druck** *m* ***unter ~ stehen*** être pressé par le temps; ~**enfolge** *gr f* concordance *f* des temps; ~**fahren** *n Radsport* course *f* contre la montre; ~**geist** *m* esprit *m* du temps *od* du siècle; 2**gemäß** moderne, actuel; ~**genosse** *m*, ~**genossin** *f* contemporain *m*, -e *f*; 2**genössisch** contemporain; ~**geschichte** *f* histoire *f* contemporaine; ~**gewinn** *m* gain *m* de temps; ~**karte** *f* abonnement *m*; 2**lebens** sa vie durant; 2**lich** *rel irdisch* temporel; ***~ begrenzt*** limité dans le temps, temporaire; ***~e Reihenfolge*** ordre *m* chronologique; 2**los** *Kleidung, Stil* classique, non conditionné par la mode; ~**lupe** *f* ralenti *m* (***in*** au); ~**mangel** *m* ***aus ~*** faute de temps; ~**not** *f* manque *m* de temps; ~**punkt** *m* moment *m*; ~**raffer** *m* accéléré *m* (***im*** en); 2**raubend** qui prend beaucoup de temps; ~**raum** *m* période *f*, laps *m* de temps; ~**rechnung** *f* chronologie *f*; ***christliche ~*** ère *f* chrétienne; ~**schrift**

f revue *f*; **~spanne** *f* laps *m* de temps
Zeitung *f* journal *m*
Zeitungs|abonnement *n* abonnement *m* à un journal; **~anzeige** *f* annonce *f*; **~artikel** *m* article *m* de journal; **~ausschnitt** *m* coupure *f* de journal; **~ente** *f* canard *m*; **~händler** *m* marchand *m* de journaux; **~kiosk** *m* kiosque *m* à journaux; **~notiz** *f* nouvelle *f* de presse; **~papier** *n* papier *m* journal; **~verkäufer** *m* vendeur *m* de journaux
Zeit|verlust *m* perte *f* de temps; **~verschiebung** *f* décalage *m* horaire; **~verschwendung** *f* gaspillage *m* de temps; **~vertreib** *m* passe-temps *m*; **&weilig** temporaire; *einstweilig* provisoire; **&weise** de temps en temps; **~wort** *gr n* verbe *m*; **~zeichen** *Radio n* signal *m* horaire; ***beim dritten Ton des ~s*** au troisième top *il sera exactement* ...
Zelle *f* cellule *f*; *tél* cabine *f*
Zellstoff *m* cellulose *f*
Zelt *n* tente *f*; ***ein ~ aufschlagen*** dresser (planter, monter) une tente; ***im ~*** sous la tente; **&en** camper, faire du camping; **~lager** *n* camping *m*; **~platz** *m* terrain *m* de camping
Zement *m* ciment *m*; **&ieren** cimenter
Zenit *astr m* zénith *m* (*a fig*)
zens|ieren *Schule* noter; *staatlich* soumettre à la censure; **&or** *m* censeur *m*; **&ur** *f Zeugnisnote* note *f*; *staatliche Kontrolle* censure *f*
Zentimeter *n od m* centimètre *m*
Zentner *m* cinquante kilos *m/pl*
zentral central; **&afrika** *n* l'Afrique *f* centrale; **&e** *f* bureau *m* central, direction *f* centrale; *tél* standard *m*; **&einheit** *EDV f* unité *f* centrale; **&heizung** *f* chauffage *m* central; **~isieren** centraliser; **&massiv** *géogr n* Massif *m* central; **&rechner** *m* ordinateur *m* hôte; **&speicher** *EDV m* mémoire *f* centrale; **&verriegelung** *auto f* verrouillage *m* central
zentrieren *Text* centrer
Zentrifug|alkraft *phys f* force *f* centrifuge; **~e** *f* centrifugeuse *f*
Zentrum *n* centre *m*
Zeppelin *m* dirigeable *m*, zeppelin *m*
Zepter *n* sceptre *m*
zerbeißen casser avec les dents
zerbrech|en se casser; *etw* casser; **~lich** fragile
zer|bröckeln s'effriter; **~drücken** écraser
Zeremon|ie *f* cérémonie *f*; **~iell** *n* cérémonial *m*; **&iell** cérémonieux
Zerfall *m* désagrégation *f*, désintégration *f* (*a Kernphysik*); **&en** se désagréger, se désintégrer (*a Atomkern*); **~ *in*** *sich gliedern in* se diviser en
zer|fetzen, ~fleischen déchiqueter; **~fressen** ronger; **~gehen** fondre; **~kauen** mâcher; **~kleinern** broyer, concasser, hacher
zerknirsch|t contrit; **&ung** *f* contrition *f*
zer|knittern, ~knüllen froisser; **~kratzen** égratigner, rayer; **~lassen** faire fondre; **~legen** décomposer; *tech* démonter; *Fleisch* découper; **~lumpt** déguenillé; **~malmen** écraser; **~mürben** décourager, démoraliser; **~platzen** crever, éclater; **~quetschen** écraser
Zerrbild *n* caricature *f*
zerreißen se déchirer; *etw* déchirer
zerren tirer (avec violence) (***an*** sur); ***sich e-n Muskel ~*** se claquer un muscle
zerrinnen fondre; *fig* s'évanouir
Zerrissenheit *f fig* déchirements *m/pl*
Zerrung *méd f* claquage *m*
zerrütt|en désorganiser; *Gesundheit* ruiner, ébranler; *Nerven* détraquer; **~et** *Ehe* désuni; ***~e Familienverhältnisse*** famille *f* à problèmes; **&ung** *f* désorganisation *f*, ruine *f*; désunion *f*
zer|sägen scier; **~schellen** s'écraser (***an*** contre); **~schlagen** casser; *Spionagenetz* démanteler; *Hoffnungen etc* ***sich ~*** s'anéantir, s'effondrer; *fig* ***wie ~ sein*** être moulu *od* rompu de fatigue; **~schneiden** couper en morceaux
zersetz|en (***sich ~*** se) décomposer, (se) désagréger; *fig* miner, détruire; **~end** démoralisateur, destructif; **&ung** *f* décomposition *f*; *fig* destruction *f*
zer|splittern voler en éclats; **~springen** se briser, se casser, voler en éclats
zerstör|en détruire; **&er** *m* destructeur *m*; *Kriegsschiff* destroyer *m*, contre-torpilleur *m*; **~erisch** destructeur, destructif; **&ung** *f* destruction *f*
zerstreu|en (***sich ~*** se) disperser; *fig ablenken* (se) distraire; *Bedenken etc* dissiper; **~t** *fig* distrait; **&theit** *f* distraction *f*; **&ung** *f fig* distraction *f*

zer|stückeln morceler, dépecer, démembrer, déchiqueter; **~treten** écraser (du pied); *Rasen* piétiner; **~trümmern** détruire, casser, fracasser; *Atomkern* désintégrer
Zerwürfnis *n* désaccord *m*, brouille *f*
zerzaust ébouriffé
Zettel *m* bout *m* de papier; *Notiz*2 fiche *f*
Zeug *n Sachen* choses *f/pl*, trucs *m/pl* F, fourbi *m* F; *Ausrüstung* équipement *m*, attirail *m* F; ***dummes ~*** des bêtises *f/pl*; *fig* ***das ~ zu etw haben*** avoir l'étoffe de qc; ***sich ins ~ legen*** s'atteler au travail
Zeug|e *m*, **~in** *f* témoin *m*
zeugen *Kind* engendrer, procréer *st/s*; *jur* témoigner, déposer; *fig* ***von etw ~*** témoigner de qc; **2aussage** *f* déposition *f*; **2vernehmung** *f* audition *f* des témoins
Zeugnis *n Bescheinigung* attestation *f*, certificat *m*; *Schule* bulletin *m* (trimestriel), livret *m* scolaire; *Prüfungs*2 diplôme *m*
Zeugung *biol f* engendrement *m*, procréation *f*
z.H. (*abr* ***zu Händen von***) à l'attention de
Zickzack *m* zigzag *m*; ***im ~ fahren*** zigzaguer
Ziege *zo f* chèvre *f*
Ziegel *m* brique *f*; *Dach*2 tuile *f*
Ziegen|bock *zo m* bouc *m*; **~käse** *m* fromage *m* de chèvre; **~peter** *méd m* oreillons *m/pl*
ziehen tirer; *heraus~* retirer (***aus*** de); *Zahn* extraire, arracher; *Linie* tracer; *Pflanzen* cultiver; *sich bewegen* (s'en) aller, partir, passer; ***nach Berlin ~*** aller habiter (à) Berlin; ***sich ~*** *Stoff* s'étirer; *fig* ***sich in die Länge ~*** traîner en longueur; ***auf sich ~*** attirer; ***nach sich ~*** entraîner; ***es zieht*** il y a un courant d'air
Zieh|harmonika *f* accordéon *m*; **~ung** *f Lotterie* tirage *m*
Ziel *n* but *m*, objectif *m*; *Reise*2 destination *f*; *Sport* arrivée *f*; *~scheibe* cible *f*; ***sich ein ~ setzen*** se fixer un but; ***sein ~ erreichen*** parvenir à son but; **2en** viser (***auf j-n*** qn, ***auf etw*** qc); **~fernrohr** *n* lunette *f* de tir; **~gruppe** *f* groupe *m* cible; ⚠***le*** groupe; **~linie** *Sport f* ligne *f* d'arrivée; **2los** sans but; **~richter** *Sport m* juge *m* à l'arrivée; **~scheibe** *f* cible *f* (*a fig*); **2strebig** ambitieux, qui poursuit son but résolument, déterminé
ziemlich *adv* assez; *adj* F assez grand
Zier|de *f* ***zur ~*** comme décor; *fig* ***die ~ der Familie sein*** être l'honneur de la famille; **2en** orner, décorer; ***sich ~*** faire des façons *od* des chichis *od* des simagrées; **2lich** gracile, fin; **~pflanze** *f* plante *f* ornementale
Ziffer *f* chiffre *m*; ⚠ ***le*** chiffre; **~blatt** *n* cadran *m*
Zigarette *f* cigarette *f*; **~nautomat** *m* distributeur *m* automatique de cigarettes; **~nstummel** *m* bout *m* de cigarette, mégot *m* F, clope *m* F
Zigarre *f* cigare *m*; ⚠ ***le*** cigare
Zigeuner(in *f*) *m* bohémien *m*, -ne *f*, gitan *m*, -e *f*, tsigane *m*, *f*, romanichel *m*, -le *f*
Zimmer *n* pièce *f*; *mit Bett* chambre *f*; *großes a* salle *f*; ***~ frei*** chambre à louer; **~einrichtung** *f* ameublement *m*; **~mädchen** *n* femme *f* de chambre; **~mann** *m* charpentier *m*; **~pflanze** *f* plante *f* d'appartement; **~suche** *f* ***auf ~ sein*** être à la recherche d'une chambre; **~vermieter(in** *f*) *m* logeur *m*, -euse *f*
zimperlich douillet; ***nicht gerade ~ sein*** ne pas être particulièrement sensible
Zimt *m* cannelle *f*
Zink *n* zinc *m*
Zinke *f* dent *f*
Zinn *n* étain *m*
Zinne *f* créneau *m*
Zins *écon m* intérêt *m*; ***5 Prozent ~en bringen*** produire *od* rapporter des intérêts de 5 pour cent; **~eszinsen** *m/pl* intérêts *m/pl* composés; **2los** sans intérêt, exempt d'intérêts; **~satz** *m* taux *m* d'intérêt
Zipfel *m* bout *m*, coin *m*
zirka environ
Zirkel *m math* compas *m*; *Kreis, Gruppe* cercle *m*; **~kasten** *m* boîte *f* de compas
zirkulieren circuler
Zirkus *m* cirque *m*
zisch|eln chuchoter; **~en** siffler
ziselieren ciseler
Zitadelle *f* citadelle *f*
Zitat *n* citation *f*
Zither *mus f* cithare *f*
zitieren citer (***aus e-m Buch*** un passage

d'un livre); ***zu j-m zitiert werden*** être convoqué chez qn
Zitrone *f* citron *m*; ⚠ ***le*** citron; **~nlimonade** *f* citronnade *f*; **~npresse** *f* presse-citron *m*
Zitrusfrüchte *f/pl* agrumes *m/pl*
zittern trembler (***vor Wut*** *etc* de colère, *etc*; ***vor j-m*** devant qn); grelotter (***vor Kälte*** de froid)
zivil 1. civil; *Preise* raisonnable; **2.** ≗ *n* ***~ tragen*** être en civil; ***Polizist in ~*** policier *m* en civil; **≗bevölkerung** *f* population *f* civile; **≗dienst** *m* service *m* civil (pour les objecteurs de conscience); **≗isation** *f* civilisation *f*; **~isieren** civiliser; **≗ist** *m* civil *m*; **≗recht** *n* droit *m* civil; **≗schutz** *m* protection *f* civile
zock|en P jouer pour de l'argent; **≗er** *m* P flambeur *m*
Zoff *m* F engueulade *f*; ***es gibt ~*** ça va chauffer; ***mit j-m ~ haben*** être brouillé avec qn
zögern 1. hésiter (***zu*** à + *inf*), tarder (à); **2.** ≗ *n* hésitation *f*
Zölibat *n od m* célibat *m*
Zoll *m Behörde* douane *f*; *Abgabe* (droit *m* de) douane *f*; *altes Maß* pouce *m*; **~abfertigung** *f* accomplissement *m* des formalités douanières; **~amt** *n* (bureau *m* de) douane *f*; **~beamte(r)** *m* douanier *m*; **~erklärung** *f* déclaration *f* en douane; **≗frei** exempt de droits de douane, en franchise, hors taxes; **≗pflichtig** soumis à la douane, passible d'un droit de douane; **~stock** *m* mètre *m* pliant
Zombie *m* zombie *m*
Zone *f* zone *f*
Zoo *m* zoo *m*; **~handlung** *f* magasin *m* d'animaux domestiques
Zoolog|e *m*, **~in** *f* zoologue *m*, *f*, zoologiste *m*, *f*; **~ie** *f* zoologie *f*; **≗isch** zoologique
Zoomobjektiv *n* zoom *m*
Zopf *m* natte *f*, tresse *f*; *fig* ***das ist ein alter ~*** c'est démodé
Zorn *m* colère *f*; **≗ig** en colère
Zote *f* obscénité *f*
zu 1. *prép* à; ***auf etw*** *od* ***j-n ~*** vers qc *od* qn; ***~ Hause*** à la maison, chez moi (toi, *etc*); ***zum Frisör gehen*** aller chez le coiffeur; ***zum Fenster hinauswerfen*** jeter par la fenêtre; ***Wasser zum Trinken*** de l'eau à boire; ***~ Weihnachten*** à Noël; *schenken etc* pour Noël; ***~ Fuß*** à pied; ***~ meiner Überraschung*** à ma surprise; ***wir sind ~ dritt*** nous sommes (à) trois; ***~ hunderten*** par centaines; ***2 ~ 1 gewinnen*** gagner par deux à un; ***2 ~ 2*** deux partout; **2.** *mit inf* de, à *od ohne prép*; ***er versprach ~ kommen*** il promit de venir; **3.** *adv* trop; ***~ teuer*** trop cher; **4.** *geschlossen* fermé; ***Tür ~!*** fermez la porte!; ***~ sein*** être fermé
zualler|erst en tout premier lieu, tout d'abord; **~letzt** en tout dernier lieu
Zubehör *n* accessoires *m/pl*
zubereit|en préparer; **≗ung** *f* préparation *f*
zu|binden lier; *Schuhe* lacer; **~bleiben** rester fermé; **~blinzeln** ***j-m ~*** cligner de l'œil à qn
Zubringer *m zur Autobahn* bretelle *f* (de raccordement); **~dienst** *m für Flughafen etc* desserte *f*
Zucchini *pl* courgettes *f/pl*
Zucht *f von Tieren* élevage *m*; *von Pflanzen* culture *f*; *Disziplin* discipline *f*
zücht|en *Tiere* élever; *Pflanzen* cultiver; **≗er(in** *f*) m éleveur *m*, -euse *f*
Zuchthaus *n* maison *f* centrale, pénitencier *m*; *Strafe* réclusion *f*
züchtigen *st/s* châtier
Zuchtperle *f* perle *f* de culture
Züchtung *f zo* élevage *m*; *bot* culture *f*
zucken tressaillir, palpiter; ***die Achseln ~*** hausser les épaules
zücken *Waffe* tirer; *fig Brieftasche* sortir
Zucker *m* sucre *m*; **~dose** *f* sucrier *m*; **~fabrik** *f* sucrerie *f*; **~guss** *m* glaçage *m*; **~hut** *m* pain *m* de sucre; **≗krank** *méd* diabétique; **~kranke(r)** *m*, *f* diabétique *m*, *f*; **~krankheit** *f* diabète *m*; **≗n** sucrer; **~rohr** *bot n* canne *f* à sucre; **~rübe** *bot f* betterave *f* sucrière; **~wasser** *n* eau *f* sucrée; **~watte** *f* barbe *f* à papa; **~zange** *f* pince *f* à sucre
Zuckung *f* convulsion *f*, tic *m*
zudecken couvrir (***mit*** de)
zudem en outre, de *od* en plus
zudrehen fermer; ***j-m den Rücken ~*** tourner le dos à qn
zudringlich importun; **≗keit** *f* importunité *f*
zudrücken fermer; *fig* ***ein Auge ~*** fermer les yeux
zueinander l'un envers l'autre; ***sie***

passen gut ~ ils vont bien ensemble
zuerkennen *Preis* décerner
zuerst d'abord; *als erste(r)* le premier, la première; ~ ***etw tun*** *a* commencer par faire qc
Zufahrt *f* accès *m*; **~straße** *f* voie *f* d'accès
Zufall *m* hasard *m*; **&en** *Tür etc* se fermer brusquement; *Anteil etc* ***j-m*** ~ échoir à qn
zufällig accidentel, fortuit; *adv* par hasard
Zuflucht *f* refuge *m*; ~ ***suchen*** chercher refuge (***bei j-m*** auprès de qn)
zufolge d'après, suivant (qc)
zufrieden content (***mit*** de), satisfait (de); ***sich*** ~ ***geben*** se contenter (***mit*** de); ~ ***lassen*** laisser en paix; ~ ***stellen*** contenter, satisfaire; ~ ***stellend*** satisfaisant; **&heit** *f* contentement *m*, satisfaction *f*
zu|frieren geler; **~fügen** *Schaden etc* causer; **&fuhr** *f* approvisionnement *m* (***von*** en)
Zug[1] *m Eisenbahn* train *m*; *U-Bahn* rame *f*; *von Menschen* cortège *m*; *Schule* section *f*; *Gesichts-, Charakter&* trait *m*; *Schach* coup *m*; *Rauchen* bouffée *f*; *Luft&* courant *m* d'air; *tech* traction *f*; ***mit dem*** ~ ***fahren*** aller en train; ***in einem*** **~*e*** d'une seule traite, d'un coup; ***das Leben in vollen Zügen genießen*** profiter *od* jouir pleinement de la vie; ***in groben Zügen*** à grands traits
Zug[2] *géogr* Zoug
Zu|gabe *f comm* prime *f*; *Konzert* morceau *m* supplémentaire *od* hors programme; **~gang** *m* accès *m* (*a fig*); ~ ***haben*** avoir accès (***zu*** à); **&gänglich** accessible (***für*** à; *a fig*); *Person* abordable, d'un abord facile
Zugbrücke *f* pont-levis *m*
zugeben ajouter; *gestehen* avouer
zugehen *Schloss etc* fermer (***schwer*** mal); ~ ***auf*** se diriger vers; ***es geht lustig zu*** on s'amuse bien
Zugehörigkeit *f* appartenance *f* (***zu*** à)
Zügel *m* bride *f*; ~ *pl* rênes *f/pl* (*a fig*); **&los** *fig* effréné, débridé; **&n** tenir en bride (*a fig*)
Zuge|ständnis *n* concession *f*; **&stehen** concéder
Zugführer *m* chef *m* de train
zugig exposé aux courants d'air
zügig rapide(ment), sans interruption
Zug|kraft *f tech* force *f* de traction; *fig* attraction *f*; **&kräftig** qui attire le public
zugleich en même temps (***mit*** que), à la fois
Zug|luft *f* courant *m* d'air; **~maschine** *f* tracteur *m*; **~personal** *n* personnel *m* du train
zugreifen profiter de *od* saisir l'occasion; ***greifen Sie zu!*** *bei Tisch* servez-vous!; *Werbung* c'est le moment d'acheter!
Zugriff *EDV m* accès *m*; **~szeit** *f* temps *m* d'accès
zugrunde *cf* ***Grund***
zugunsten en faveur de
zugute *st/s* ***j-m etw*** ~ ***halten*** tenir compte de qc à qn; ***j-m*** ~ ***kommen*** profiter à qn
Zug|verbindung *f* correspondance *f*; **~vogel** *m* oiseau *m* migrateur *od* de passage
zu|halten tenir fermé; ***sich die Ohren*** ~ se boucher les oreilles; **&hälter** *m* souteneur *m*, maquereau *m* F; **&hause** *n* chez-soi *m* (chez-moi *m etc*)
zuhör|en écouter (***j-m*** qn); **&er(in** *f*) *m* auditeur *m*, -trice *f*; ***Zuhörer*** *pl a* auditoire *m*
zu|jubeln ***j-m*** ~ ovationner qn; **~knallen** F *Tür* claquer; **~knöpfen** boutonner; **~kommen** ***auf j-n*** ~ s'avancer vers qn; *Ereignisse* attendre qn; ***j-m etw*** ~ ***lassen*** faire parvenir qc à qn
Zu|kunft *f* avenir *m*; *gr* futur *m*; ***in*** ~ à l'avenir; **&künftig** futur; **~kunftsforschung** *f* futurologie *f*
zu|lächeln ***j-m*** ~ sourire à qn; **&lage** *f* prime *f*, indemnité *f*; **~lassen** *Tür* laisser fermé; *erlauben* permettre; *auto* immatriculer; ***j-n zu etw*** ~ admettre qn à qc; **~lässig** admissible, permis; **&lassung** *f* admission *f* (***zu*** à); *auto* immatriculation *f*; **~lasten** *comm* ~ ***von ...*** au débit de ...; **~legen** *hinzufügen* ajouter; F ***sich etw*** ~ s'acheter qc, faire l'acquisition de qc
zu|letzt en dernier lieu, finalement; *zum letzten Mal* pour la dernière fois; *als Letzte(r)* le dernier, la dernière; **~liebe** ***j-m*** ~ pour faire plaisir à qn
zumachen fermer

zu|mal *adv* surtout, particulièrement; *conj* d'autant plus que; **~meist** le plus souvent; **~mindest** du moins
zumut|bar acceptable; **~e** *cf* **Mut**; **~en** ***j-m etw*** **~** exiger qc de qn; ***j-m zu viel*** **~** demander trop à qn; **2ung** *f* exigence *f*; *Unverschämtheit* impudence *f*; ***so e-e ~!*** quel culot!
zu|nächst d'abord, en premier lieu; **~nähen** (re)coudre; **2nahme** *f* augmentation *f*; **2name** *m* nom *m* de famille
zünden s'allumer; *etw* allumer; **~d** *Musik* enlevé, fougueux
Zünd|er *m* fusée *f*; **~flamme** *f* veilleuse *f*; **~holz** *n* allumette *f*; **~kerze** *auto f* bougie *f* (d'allumage); **~schlüssel** *auto m* clé *f* de contact; **~schnur** *f* mèche *f*; **~ung** *auto f* allumage *m*
zunehmen augmenter; *Person* grossir ([***um***] ***ein Kilo*** d'un kilo)
zuneig|en ***sich dem Ende*** **~** tirer *od* toucher à sa fin; **2ung** *f* affection *f*
Zunft *hist f* corporation *f*
Zunge *f* langue *f*; ***es liegt mir auf der*** **~** je l'ai sur le bout de la langue; **~nbrecher** *m* mot *m* imprononçable; *Name* nom *m* imprononçable; **~nkuss** *m* baiser *m* langue
zu|nichte **~** ***machen*** *Hoffnungen etc* réduire à néant, anéantir; **~nutze** *cf* ***Nutze***
zupfen tirer (***am Ärmel*** par la manche); *Saite* pincer
zurande *cf* ***Rand***
zuraten ***j-m*** **~** conseiller à qn de faire qc
zurechnungsfähig *jur* responsable de ses actes; *geistig* capable de discerner; ***nicht mehr*** **~** ***sein*** ne plus jouir de toutes ses facultés mentales
zurecht|finden ***sich*** **~** s'y retrouver, s'orienter; **~kommen** ***mit etw*** **~** se débrouiller avec qc, venir à bout de qc; **~legen** préparer; **~machen** F préparer, arranger; **~rücken** rajuster; **~weisen** réprimander; **2weisung** *f* réprimande *f*
Zürich Zurich; **~see** *m* ***der*** **~** le lac de Zurich
zurichten apprêter; ***j-n übel*** **~** F abîmer *od* arranger qn
zurück en arrière; **~***gekehrt* de retour; *im Rückstand* en retard; **~behalten** retenir; **~bekommen** ravoir, récupérer; ***ich bekomme noch Geld zurück*** vous me devez encore de l'argent; **~bleiben** rester en arrière; *Arbeit, Schule* être en retard; **~blicken** regarder en arrière (*a fig*); **~bringen** rapporter; *j-n* ramener; **~drängen** repousser; **~erobern** reconquérir; **~erstatten** restituer; **~fahren** retourner; *rückwärts* reculer; **~fallen** retomber; *fig* rétrograder; ***auf j-n*** **~** retomber sur qn; **~fordern** redemander, réclamer; **~führen** ramener; ***etw auf etw*** **~** attribuer *od* imputer qc à qc; **~geben** rendre; **~geblieben** *geistig* arriéré, retardé; **~gehen** retourner; *fig Temperatur, Geschäfte etc* baisser; **~** ***auf*** remonter à; **~gezogen** retiré, solitaire; **~greifen** **~** ***auf*** avoir recours à, recourir à; **~halten** (***sich*** **~** se) retenir; **~haltend** réservé; **2haltung** *f* réserve *f*; **~holen** aller reprendre; ***j-n*** **~** ramener qn; **~kehren** retourner; ***aus den Ferien*** **~** rentrer de vacances; **~kommen** revenir; *fig* ***auf etw*** **~** revenir à *od* sur qc; **~lassen** laisser; **~legen** *an s-n Platz* remettre; *Geld* mettre de côté; *Weg* parcourir, couvrir; **~nehmen** reprendre; *Behauptung* rétracter; *Verbot etc* retirer; **~rufen** rappeler (*a tél*); ***sich etw ins Gedächtnis*** **~** se remémorer qc; **~schicken** renvoyer; **~schrecken** reculer (***vor*** devant); ***vor nichts*** **~** ne reculer devant rien; **~setzen** reculer (*a auto*); ***j-n*** **~** désavantager *od* négliger qn, traiter qn en parent pauvre; **~stehen** *Haus* être en retrait; *fig* **~** ***hinter*** être inférieur à, céder le pas à; **~stellen** *an s-n Platz* remettre; *Uhr* retarder (***um*** de); *Vorhaben* renvoyer à plus tard; ***zurückgestellt werden*** *z.B. vom Wehrdienst* obtenir un sursis; **~stoßen** repousser; **~treten** reculer; *vom Amt* démissionner; **~weichen** reculer; **~weisen** refuser, rejeter, repousser (*a Person*); **~werfen** rejeter; *Strahlen* réfléchir; **~wirken** réagir (***auf*** sur); **~zahlen** rembourser; **~ziehen** (***sich*** **~** se) retirer
zurufen ***j-m etw*** **~** crier qc à qn
Zusage *f* acceptation *f*; *Versprechen* promesse *f*; **2n** *bei Einladung* accepter; ***j-m etw*** **~** promettre qc à qn; ***j-m*** **~** *gefallen* plaire *od* convenir à qn

zusammen ensemble; *im ganzen* au total; **2arbeit** *f* collaboration *f*, coopération *f*; **~arbeiten** collaborer; **~beißen** *Zähne* serrer; **~brechen** s'écrouler, s'effondrer (*a fig*); ***der Verkehr bricht zusammen*** la circulation est bloquée; **2bruch** *m fig* effondrement *m*, écroulement *m*, débâcle *f*; **~fahren** *vor Schreck* sursauter, tressaillir; **~fallen** s'écrouler; *zeitlich* coïncider (***mit*** avec); **~falten** plier; **~fassen** résumer; **2fassung** *f* résumé *m*, sommaire *m*; **2fluss** *m* confluent *m*; **~fügen** joindre; **~gesetzt** composé; **2halt** *m fig* cohésion *f*, solidarité *f*; **~halten** *fig* être solidaires; **2hang** *m* rapport *m*, liaison *f*, connexion *f* (***mit*** avec); *Text2* contexte *m*; ***im ~ stehen mit*** être en rapport avec; **~hängen** être en rapport (***mit*** avec), être lié (à); **~hängend** cohérent; **~hanglos** incohérent; **~klappbar** pliant; **~kommen** se réunir; **2kunft** *f* réunion *f*, rencontre *f*; **~leben** vivre ensemble; **~legen** *vereinigen* regrouper; *falten* plier; *Geld* se cotiser; **~nehmen** *Kräfte*, *Mut* rassembler; ***sich ~*** se contenir, se ressaisir; **~passen** s'accorder, aller bien ensemble, s'harmoniser; **~prallen** entrer en collision, se heurter; **~rechnen** additionner; **~reißen** ***sich ~*** se ressaisir; **~rollen** (***sich ~*** s')enrouler; **~rotten** ***sich ~*** s'ameuter, s'attrouper; **~schlagen** démolir (*a* F *j-n*); **~schließen** ***sich ~*** s'associer; *écon* fusionner; **2schluss** *m* association *f*; *écon* fusion *f*; **~schreiben** écrire en un seul mot; **~schrumpfen** se ratatiner; **~setzen** composer; *tech* assembler; ***sich ~ aus*** se composer de; **2setzung** *f* composition *f*, composé *m*; *tech* assemblage *m*; **~stellen** composer; *Material* rassembler, réunir; **2stoß** *m* collision *f* (*a fig*), tamponnement *m*, télescopage *m*; *fig a* heurt *m*; **~stoßen** entrer en collision (***mit*** avec), se tamponner, se télescoper, se heurter (*a fig*); **~stürzen** s'écrouler, s'effondrer; **~treffen** *zeitlich* coïncider; *sich begegnen* se rencontrer; ***mit j-m ~*** rencontrer qn; **2treffen** *n* rencontre *f*; *zeitlich* coïncidence *f*; **~treten** se réunir; **~zählen** additionner; **~ziehen** contracter; *Truppen* concentrer; *in ein Haus* aller habiter ensemble; ***sich ~*** se contracter

Zusatz *m* supplément *m*; addition *f*; *~mittel* additif *m*

zusätzlich supplémentaire

zuschau|en regarder (***bei etw*** qc); ***j-m ~*** regarder faire qn; **2er(in** *f*) *m* spectateur *m*, -trice *f*

zuschicken envoyer

Zuschlag *m* supplément *m* (*a Bahn*); *Versteigerung* adjudication *f*; *Gebühren2* surtaxe *f*; **2en** *Tür* claquer; *Buch* fermer; *Person* frapper; **2pflichtig** *Zug* à supplément

zu|schließen fermer à clé; **~schneiden** tailler; couper (sur mesure); **~schreiben** ***j-m etw ~*** attribuer qc à qn; **2schrift** *f* lettre *f*; **~schulden** *cf* ***Schuld***; **2schuss** *m Beihilfe* allocation *f*; *staatlicher* subvention *f*; **~schütten** combler, remblayer

zusehen *cf* ***zuschauen***; ***~, dass*** ... veiller à ce que (+ *subj*); **~ds** à vue d'œil

zu|senden envoyer; **~setzen** *hinzufügen* ajouter; *Geld* perdre (de l'argent); ***j-m ~*** importuner qn; *mit Fragen etc* harceler qn; *Krankheit* éprouver qn

zusicher|n ***j-m etw ~*** assurer qc à qn; **2ung** *f* assurance *f*

zu|spielen *Ball* passer; **~spitzen** ***die Lage spitzt sich zu*** la situation devient critique; **~sprechen** ***j-m Mut ~*** encourager qn; ***j-m Trost ~*** consoler qn

Zustand *m* état *m*; *Lage* situation *f*

zustande *cf* ***Stand***

zuständig compétent; **2keit** *f* compétence *f*

zustehen ***j-m ~*** appartenir à qn, revenir à qn de droit

zustell|en *Post* distribuer; *überbringen* remettre; *jur* notifier; **2ung** *f* distribution *f*, remise *f*

zustimm|en consentir (à); **2ung** *f* consentement *m*, accord *m*; ***seine ~ geben*** donner son accord

zustoßen ***j-m ~*** arriver à qn

Zustrom *m Menschen* afflux *m*

zutage *cf* ***Tag***

Zutaten *cuis f/pl* ingrédients *m/pl*

zuteil|en attribuer, assigner (***j-m etw*** qc à qn); *j-n* affecter (à); **2ung** *f* attribution *f*

zutragen ***j-m etw ~*** rapporter qc à qn; ***sich ~*** arriver, se produire

zutrau|en ***j-m etw*** ~ croire qn capable de qc; ***sich zu viel*** ~ présumer de ses forces; **2en** *n* confiance *f* (***zu*** en *od* dans); **~lich** confiant; qui n'est pas sauvage

zutreffen être juste *od* exact; ~ ***auf*** s'appliquer à; **~d** exact, juste; ***auf j-n*** ~ qui correspond à qn; **2es** ***bitte unterstreichen*** souligner la mention exacte; **2es** ***bitte ankreuzen*** prière de cocher la case correspondante

zutrinken ***j-m*** ~ boire à la santé de qn

Zutritt *m* accès *m*, entrée *f*

zuungunsten *cf* ***Ungunst***

zuverlässig sur qui *od* sur lequel on peut compter, sûr; *Person a* sérieux; *tech* fiable; **2keit** *f e-r Person* sérieux *m*; *tech* fiabilité *f*

Zuversicht *f* confiance *f*, optimisme *m*; **2lich** plein de confiance, optimiste

zuviel *cf* ***viel***

zuvor *früher* auparavant; *zuerst* d'abord; **~kommen** ***j-m*** ~ devancer qn; ***e-r Sache*** ~ prévenir qc; **~kommend** prévenant

Zuwachs *m* accroissement *m*; **2en** *Wunde* se cicatriser; ***der Weg wächst zu*** la végétation finit par boucher le chemin; **~rate** *f* taux *m* d'accroissement

zuwege *cf* ***Weg***

zuweilen parfois

zuweis|en ***j-m etw*** ~ assigner qc à qn; **2ung** *f* assignation *f*

zuwend|en *Blick etc* ***j-m*** ~ tourner vers qn; ***sich j-m*** (***e-r Sache***) ~ se tourner vers qn (qc); *fig a* s'occuper de qn (qc), se consacrer à qn (qc); **2ung** *f finanzielle* aide *f* financière, don *m*; *menschliche* affection *f*

zuwenig *cf* ***wenig***

zuwerfen *Tür* claquer; ***j-m etw*** ~ lancer *od* jeter qc à qn (*a Blick*)

zuwider ***j-m*** ~ ***sein*** dégoûter qn, répugner (à) qn; **~handeln** contrevenir à, enfreindre; **2handlung** *f* infraction *f*, contravention *f*; **~laufen** être contraire à

zuwinken ***j-m*** ~ faire signe à qn

zuziehen *Vorhang* fermer, tirer; *Knoten* serrer; *an e-n Ort* s'établir; ***j-n*** ~ faire appel à qn; ***sich e-e Krankheit*** ~ contracter une maladie

zuzüglich (en) plus

Zwang *m* contrainte *f*; ***tun Sie sich keinen*** ~ ***an*** faites comme chez vous, ne vous gênez pas

zwängen ***in etw*** ~ faire rentrer de force dans qc

zwanglos décontracté, sans façon, sans cérémonie

Zwangs|arbeit *f* travaux *m/pl* forcés; **~ernährung** *f* alimentation *f* forcée; **~herrschaft** *f* tyrannie *f*, despotisme *m*; **~jacke** *f* camisole *f* de force; **2läufig** forcé(ment), inévitable(ment); *adv a* par la force des choses, obligatoirement; **~maßnahme** *f* mesure *f* coercitive; **~vollstreckung** *jur f* exécution *f* forcée; **~vorstellung** *psych f* obsession *f*; **2weise** de *od* par force, par contrainte

zwanzig vingt; ***etwa*** ~ une vingtaine; **~ste** vingtième

zwar il est vrai, à la vérité; ***und*** ~ c'est-à-dire

Zweck *m* but *m*, fin *f*; ***für e-n wissenschaftlichen*** ~ dans un but scientifique; ***zu diesem*** ~ à cet effet, à cette fin; ***seinen*** ~ ***erfüllen*** remplir sa fonction; ***es hat keinen*** ~ cela ne sert à rien; **2los** inutile; **2mäßig** fonctionnel, pratique, adéquat, approprié

zwecks en vue de

zwei 1. deux; **2.** **2** *f* deux *m*; *Note* bien; **~deutig** ambigu, équivoque (*a fig*); **2deutigkeit** *f* ambiguïté *f*, équivoque *f*; **~erlei** de deux sortes; ***das ist*** ~ ce sont deux choses différentes, F ça fait deux; **~fach** double

Zweifel *m* doute *m*; ***ohne*** ~ sans aucun doute; ⚠ *nicht* ***sans doute***; **2haft** douteux; **2los** sans aucun doute; **2n** douter (***an*** de); **~sfall** *m* ***im*** ~ en cas de doute

Zweig *m* branche *f* (*a fig*), rameau *m*

zweigleisig à double voie

Zweig|niederlassung *f*, **~stelle** *f* succursale *f*

zwei|händig *mus* à deux mains; **~hundert** deux cents; **~jährig** de deux ans; *Pflanze* bisannuel; **2kampf** *m* duel *m*; **~mal** deux fois; **~motorig** *aviat* bimoteur; **~reihig** *Anzug* croisé; **~schneidig** à double tranchant (*a fig*); **~seitig** bilatéral; **2sitzer** *m aviat* biplace *m*; *auto* voiture *f* à deux places; **~sprachig** bilingue; **~spurig** *Straße* à deux voies; **~stöckig** à deux étages; **~strahlig** *aviat* biréacteur; **~stündig** de deux heures; **Ꝛtaktmotor** *m* moteur *m* à deux temps

zweite second, deuxième; ***aus ~r Hand*** de seconde main; ***wir sind zu zweit*** nous sommes à deux

zweiteilig en deux parties; ***~er Badeanzug*** deux-pièces *m*

zweitens deuxièmement

zweit|rangig secondaire; **Ꝛwagen** *m* deuxième voiture *f*

Zweizimmerwohnung *f* deux-pièces *m*

Zwerchfell *n* diaphragme *m*

Zwerg *m* nain *m*

Zwetsch(g)e *bot f* quetsche *f*

zwicken pincer

Zwieback *m* biscotte *f*

Zwiebel *bot f* oignon *m*; *Blumen*Ꝛ bulbe *m*

Zwie|gespräch *n* dialogue *m*; **~licht** *n* demi-jour *m*; *fig* ***ins ~ geraten*** s'attirer les soupçons (de); **Ꝛlichtig** louche; **~spalt** *m* conflit *m*; **Ꝛspältig** contradictoire; **~tracht** *f* discorde *f*

Zwilling *m* jumeau *m*, *Mädchen* jumelle *f*; **~e** *pl* jumeaux *m/pl od* jumelles *f/pl*; *astr* Gémeaux *m/pl*

zwing|en forcer (***zu etw*** à qc; ***etw zu tun*** à faire qc), obliger (à), contraindre (à); ***sich ~*** se forcer (***etw zu tun*** à faire qc); ***gezwungen sein zu*** ... être forcé *od* obligé de (+*inf*); **~end** *Grund, Notwendigkeit* impérieux; **Ꝛer** *m Hunde*Ꝛ chenil *m*

zwinkern ***mit den Augen ~*** cligner des yeux

Zwirn *m* fil *m*

zwischen entre

Zwischen|deck *mar n* entrepont *m*; **Ꝛdurch** *inzwischen* entre-temps; *von Zeit zu Zeit* de temps en temps; **~ergebnis** *n* résultat *m* provisoire; **~fall** *m* incident *m*; **~händler** *m* intermédiaire *m*; **~lager** *n* stockage *m* provisoire; **Ꝛlagern** stocker provisoirement; **~lagerung** *f* stockage *m* provisoire; **Ꝛlanden** *aviat* faire escale; **~landung** *aviat f* escale *f*; **~lösung** *f* solution *f* provisoire *od* intermédiaire; **~raum** *m* intervalle *m*; **~ruf** *m* interruption *f*; **~spiel** *n* intermède *m*, interlude *m*; **~station** *f* ***~ machen*** (***in***) faire escale (à); **~stecker** *m* adapteur *m*; **~stufe** *f* étape *f od* stade *m* intermédiaire; **~wand** *f* cloison *f*; **~zeit** *f* ***in der ~*** entre-temps, pendant ce temps

Zwist *m* dissension *f*, querelle *f*

zwitschern gazouiller

Zwitter *biol m* hermaphrodite *m*

zwölf douze; (***um***) ***~ Uhr*** (à) midi, *nachts* (à) minuit; **~te** douzième

Zyankali *chim n* cyanure *m* de potassium

Zyklus *m* cycle *m*

Zylind|er *m tech, math* cylindre *m*; *Hut* haut-de-forme *m*; **Ꝛrisch** cylindrique

Zyn|iker *m* cynique *m*; **Ꝛisch** cynique; **~ismus** *m* cynisme *m*

Zyp|ern *n* la Chypre; **~rier** *m*, **~rierin** *f*, **~riot** *m*, **~riotin** *f* Cypriote *m*, *f*, Chypriote *m*, *f*; **Ꝛriotisch, Ꝛrisch** cypriote

Zypresse *bot f* cyprès *m*; ⚠ ***le*** cyprès

Zyste *méd f* kyste *m*; ⚠ ***le*** kyste

Anhang

Französische Abkürzungen

A

A 2 ***Antenne deux*** „Zweites Programm“ (des französischen Fernsehens)

A.C.F. ***Automobile Club de France*** Französischer Automobilklub

A.C.T.I.M. ***Agence pour la coopération technique, industrielle et économique*** Agentur für technische, industrielle und wirtschaftliche Zusammenarbeit

A.E.A. ***Association des étudiants allemands*** Vereinigung der deutschen Studenten

A.E.L.E. ***Association europóene de libre-échange*** Europäische Freihandelsgemeinschaft, Freihandelszone

A.F.E.F. ***Association française des enseignants de français*** Verband der Lehrkräfte der französischen Sprache

A.F.N.O.R. ***Association française de normalisation*** Französischer Verband für Normengebung

A.F.P. ***Agence France-Press*** AFP (*franz. Nachrichtenagentur*)

A.I.E.A. ***Agence internationale de l'énergie atomique*** Internationale Agentur für Atomenergie

A.I.T. ***Alliance internationale du tourisme*** Internationale Allianz für Touristik

A.J. ***auberge de la jeunesse*** Jugendherberge

A.J.P. ***Accueil des jeunes en France*** Aufnahmestelle für junge Menschen in Frankreich

A.M.S. ***Assemblée mondiale de la santé*** Weltgesundheitskongress

A.N.P.E. ***Agence nationale pour l'emploi*** Nationale Agentur für Stellenvermittlung (*etwa*: Arbeitsamt)

Arr. ***arrondissement*** Pariser Stadtbezirk

A.S. ***association sportive*** Sportverein

A.S.S.U. ***Association sportive scolaire et universitaire*** Schul- und Universitätssportverband

Av. ***avenue*** Straße

A.V.E.L. ***Association de vacances éducatives et linguistiques*** Verband für Feriengestaltung auf dem Bildungs- und Fremdsprachensektor

B

B.A.S. ***Bureau d'aide sociale*** Sozialamt

B.C.B.G. ***bon chic bon genre*** schick; elegant

Bd, bd ***boulevard*** Boulevard

B.D. ***bande dessinée*** Comics

B.E.P. ***brevet d'études professionelles*** Berufsfachschulabschluss

B.E.P.C. ***brevet d'études du premier cycle*** *etwa* mittlere Reife

B.I.T. ***Bureau international du travail*** Internationales Arbeitsamt

B.O. ***Bulletin officiel*** Amtsblatt

B.P. ***boîte postale*** Postfach

B.P.F. ***bon pour francs*** gut für ... Franc (*auf Schecks, Wechseln usw.*)

C

C.A.D. ***Comité d'aide au développement*** Hilfsausschuss für Entwicklung

c.-à-d. ***c'est-à-dire*** das heißt

C.A.F. ***caisse d'allocations familiales*** Kasse für Familienbeihilfe, Kindergeldkasse

C.A.P. ***certificat d'aptitude professionnelle*** *etwa* Facharbeiterprüfung

C.A.P.E.S. ***certificat d'aptitude pédagogique à l'enseignement secondaire*** Bescheinigung über die pädagogische Befähigung zum Unterricht an höheren Schulen

C.C. ***Corps consulaire*** Konsularisches Korps; ***compte courant*** laufendes Konto, Girokonto

C.C.I. ***Chambre de commerce internationale*** Internationale Handelskammer

C.C.P. ***compte chèques postaux*** Postscheckkonto

C.D. ***Corps diplomatique*** Diplomatisches Korps; ***compact disc*** CD

C.E.C.A. ***Communauté européenne du charbon et de l'acier*** Europäische Gemeinschaft für Kohle und Stahl, Montanunion

C.E.D. ***Communauté européenne de défense*** Europäische Verteidigungsgemeinschaft

Cedex, *a* **Cédex** ***Courrier d'entreprises à distribution exceptionnelle*** Sonderbüro für die Posteingänge von Großbetrieben

C.E.E. ***Communauté économique européenne*** Europäische (Wirtschafts-) Gemeinschaft, E(W)G

C.E.G. ***Collège d'enseignement général*** *Art* Realschule

C.E.I. ***Communauté des États indépendants*** Gemeinschaft unabhängiger Staaten, GUS

C.E.S. ***Collège d'enseignement secondaire*** *etwa* Gesamtschule

C.E.S.C. ***Conférence européenne de sécurité et de coopération*** Konferenz für Sicherheit und Zusammenarbeit, KSZE

C.E.T. ***Collège d'enseignement technique*** Gymnasium mit technischer Oberstufe von 2 bzw. 3 Jahren

cf. ***confer, comparez*** vergleiche

C.F.C. ***chlorofluorocarbone*** FCKW

C.G.C. ***Confédération générale des cadres*** Allgemeiner Bund der (leitenden) Angestellten (*Angestelltengewerkschaft*)

C.G.T.-F.O. ***Confédération générale du travail – Force ouvrière*** Französischer Gewerkschaftsverband

C.H. ***centre hospitalier*** Krankenhauszentrum

C.I.C.R. ***Comité international de la Croix-Rouge*** Internationales Komitee vom Roten Kreuz

C.I.O. ***Comité international olympique*** Internationales Olympisches Komitee

C.L.I.F. ***Centre de liaison interfamiliale*** Zentralstelle für Verbindungen zwischen den Familien

C.N.A.J.E.P. ***Comité national des associations de jeunesse et d'éducation populaire*** Nationalausschuss der Jugend- und Volksbildungsvereine

C.N.E.S. ***Centre national d'études spatiales*** Nationales Raumforschungszentrum

C.N.O.S.F. ***Comité national olympique du sport français*** Olympischer Nationalausschuss des französischen Sports

C.N.P.F. ***Conseil national du patronat français*** Nationalrat der französischen Arbeitgeberschaft

C.N.R.S. ***Centre national de la recherche scientifique*** Staatliche Zentrale für wissenschaftliche Forschung

CP ***cours préparatoire*** Vorbereitungsklasse; erste Grundschulklasse

C.-R.F. ***Croix-Rouge française*** Französisches Rotes Kreuz

C.-R.I. ***Croix-Rouge internationale*** Internationales Rotes Kreuz

C.R.O.U.S. ***centre régional des œuvres universitaires et scolaires*** *etwa* Studentenwerk

C.R.S. ***Compagnie républicaine de sécurité*** Republikanische Sicherheitskompanie; Bereitschaftspolizei; ***un C.R.S.*** ein Bereitschaftspolizist

C.S.C.E. ***Conférence sur la sécurité et la coopération en Europe*** Konferenz über die Sicherheit und Zusammenarbeit in Europa, KSZE (*Helsinki, 1975*)

CV ***cheval-vapeur*** Steuer-PS

C.V. ***curriculum vitæ*** Lebenslauf

D

D.A.F.U. ***Direction de l'aménagement foncier et de l'urbanisme*** Direktion für Boden- und Stadtplanung

dép. ***départ*** Abfahrt; ***député*** Abgeordneter

D.E.U.G. ***Diplôme d'études universitaires générales*** Diplom über allgemeine Universitätsstudien

D.P.L.G. ***diplômé par le gouvernement*** von der Regierung diplomiert (*etwa*: staatlich geprüft)

D.S.T. ***Direction de la surveillance du territoire*** Direktion der Landesüberwachung (*Geheimdienst*)

E

E.D.F. ***Électricité de France*** Französische Elektrizitätsgesellschaft

E.E.E. ***Espace économique européen*** Europäischer Wirtschaftsraum, EWR

E.N.A. ***École nationale d'administration*** Staatliche Verwaltungsschule

E.N.S. ***École normale supérieure*** Hochschule zur Ausbildung von Lehrern an höheren Schulen

E.N.S.E.P.S. ***École normale supérieure d'éducation physique et sportive*** Hochschule für Leibesübungen

E.U.A. ***États-Unis d'Amérique*** Vereinigte Staaten von Amerika, USA

exp. ***expéditeur*** Absender, Abs.

F

F.E.D. ***Fonds européen de développement*** Europäischer Entwicklungsfonds

F.F.A. ***Forces françaises en Allemagne*** Französische Streitkräfte in Deutschland

F.F.F. ***Fédération française de football*** Französischer Fußballbund

F.I.A.N.E. ***Fonds d'intervention et d'action pour la nature et l'environnement*** Interventions- und Aktionsfonds für die Natur und die Umwelt

F.I.C.T.A.D. ***Fonds international de coopération technique et d'aide au développement*** Internationaler Fonds für technische Zusammenarbeit und Entwicklungshilfe

F.I.F.A. ***Fédération internationale de football association*** Internationaler Fußballverband

F.I.P.F. ***Fédération internationale des professeurs de français*** Internationaler Verband der Lehrkräfte der französischen Sprache

F.I.T. ***Fédération internationale des traducteurs*** Internationaler Übersetzerverband

F.M.I. ***Fonds monétaire international*** Internationaler Währungsfonds, IWF

F.O. ***Force ouvrière*** Arbeitsmacht (*e-e Gewerkschaft*)

F.S. ***faire suivre!*** nachsenden!

F.S.M. ***Fédération syndicale mondiale*** Weltgewerkschaftsbund

G

G.A.E.C. ***Groupement agricole d'exploitation en commun*** Landwirtschaftlicher Zusammenschluss für gemeinsame Nutzung

G.D.F. ***Gaz de France*** Französische Gasgesellschaft

GO ***grandes ondes*** Langwelle, LW

G.V. ***grande vitesse*** Eilgut

H

H.E.C. ***Hautes études commerciales*** höhere Handelsstudien

H.L.M. (*abusivement*) ***habitation à loyer modéré*** Wohnung zu mäßiger Miete, Sozialwohnung

H.L.R. ***habitation à loyer réduit*** (*neuer als H.L.M.*) Wohnung zu herabgesetzter Miete

I

I.D.I. ***Institut de développement industriel*** Institut für industrielle Entwicklung

I.F. ***Institut de France*** Französisches Institut

I.F.O.P. ***Institut français d'opinion publique*** Französisches Institut für Meinungsforschung

I.G.A.M.E., igame ***Inspecteur général de l'Administration en mission extraordinaire*** Generalinspektor der Verwaltung mit einem Sonderauftrag, *Art* Oberpräfekt

I.N.E.D. ***Institut national d'études démographiques*** Staatliches Institut für demographische Studien

I.N.S. ***Institut national du sport*** Staatliches Sportinstitut

I.N.S.E.E. ***Institut national de la statistique et des études économiques*** Staatliches Institut für Statistik und Wirtschaftsstudien

I.P.E.S. ***Institut de préparation à l'enseignement secondaire*** Institut zur Vorbereitung auf den Lehrdienst an höheren Schulen

J

J.E.C. ***Jeunesse étudiante chrétienne*** Christliche studentische Jugend

J.M.F. ***Jeunesses musicales de France*** Musik-Jugend Frankreichs (*Bewegung zur Förderung der Musikerziehung*)

J.O. ***Jeux Olympiques*** Olympische Spiele; ***Journal officiel*** Amtsblatt

J.O.C. ***Jeunesse ouvrière chrétienne*** Christliche Arbeiterjugend

K

kg/cm² ***kilogramme par centimètre carré*** Kilogramm pro Quadratzentimeter, atü

km/h ***kilomètre(s)-heure*** *od* ***kilomètre(s) à l'heure*** Stundenkilometer, Kilometer je Stunde

L

L.D.H. ***Ligue des droits de l'homme*** Liga für Menschenrechte

M

M. ***Monsieur*** Herr(n)
Me ***maître*** Rechtsanwalt
M.I.J.E. ***Maisons internationales de la jeunesse et des étudiants*** Internationale Häuser der Jugend und der Studenten
M.J.C. ***Maison de jeunes et de culture*** Kulturhaus der Jugend
M.L.F. ***Mouvement de libération des femmes*** Frauenbewegung
Mlle ***Mademoiselle*** Fräulein
Mlles ***Mesdemoiselles*** Fräulein *pl*
MM. ***Messieurs*** (an) die Herren
Mme ***Madame*** Frau
Mmes ***Mesdames*** *pl als Adresse*: ***Mmes X et Y*** Frau X und Frau Y
MO ***méga-octet*** Megabyte, MB
M.O. ***Moyen-Orient*** Mittlerer Osten
M.R.G. ***Mouvement des radicaux de gauche*** frz. Mitte-Links-Partei
M.S.T. ***maladie sexuellement transmissible*** Geschlechtskrankheit

N

N.B. ***nota bene*** Anmerkung, Anm.
N.-D. ***Notre-Dame*** Unsere Liebe Frau
N.D.L.R. ***note de la rédaction*** Anmerkung der Redaktion
N.I. ***non-inscrits*** Parteilose *pl*
no. ***numéro*** Nummer
N/Réf. ***notre référence*** unser Zeichen
N.U. ***Nations Unies*** Vereinte Nationen

O

O.A.C.I. ***Organisation de l'aviation civile internationale*** Internationale Organisation der Zivilluftfahrt
O.C.D.E. ***Organisation de coopération et de développement économiques*** Organisation für wirtschaftliche Zusammenarbeit und Entwicklung
O.E.A. ***Organisation des États américains*** Organisation der amerikanischen Staaten
O.F.A.J. ***Office franco-allemand pour la jeunesse*** Französisch-deutsches Jugendwerk
O.I.E.A. ***Organisation internationale de l'énergie atomique*** Internationale Atomenergiebehörde
O.I.P.C. ***Organisation internationale de police criminelle*** internationale Organisation der Kriminalpolizei
O.L.P. ***Organisation de libération palestinienne*** Palästinensische Befreiungsfront, PLO
O.M.S. ***Organisation mondiale de la santé*** Weltgesundheitsorganisation
O.N.M. ***Office national météorologique*** Staatliches Amt für den Wetterdienst
O.N.T. ***Office national du tourisme*** Staatliches Touristenbüro
O.N.U. ***Organisation des Nations Unies*** Organisation der Vereinten Nationen, UNO
O.P.A. ***offre publique d'achat*** öffentliches Aktienkaufangebot
O.P.E.P. ***Organisation des pays exportateurs de pétrole*** Organisation der Erdöl exportierenden Länder, OPEC
O.R.T.F. ***Office de radiodiffusion-télévision française*** (*bis 7.8.1974*) Amt für französische Rundfunk- und Fernsehsendungen (*seit 1974*: *T.F.*)
O.S. ***ouvrier spécialisé*** angelernter Arbeiter
O.T.A.N. ***Organisation du Traité de l'Atlantique-Nord*** NATO, Nato (*seit 4.4.1949*)
O.U.A. ***Organisation de l'unité africaine*** Organisation für die Einheit Afrikas (*seit 25.5.1963*)
O.V.N.I., ovni *m* ***objet volant non identifié*** unbekanntes Flugobjekt, Ufo *od* UFO

P

p. ***page*(s)** Seite(n); ***pour*** für
P.C. ***Parti communiste*** Kommunistische Partei
P.C.C. ***pour copie conforme*** für die Richtigkeit der Abschrift
P.-D.G., P.D.G. ***président-directeur général*** Generaldirektor; Aufsichtsratsvorsitzender; Industriemanager
p.ex. ***par exemple*** zum Beispiel, z. B.
P.I.B. ***produit intérieur brut*** Bruttoinlandsprodukt
P.J. ***Police judiciaire*** Kriminalpolizei; ***pièce*(s) *jointe*(s)** Anlage(n)

P.M.E. ***Petites et moyennes entreprises*** kleine und mittlere Betriebe
P.M.U. ***Pari mutuel urbain*** Pferdetoto
P.N.B. ***produit national brut*** Bruttosozialprodukt
P.S. ***Parti socialiste*** Sozialistische Partei
P.S.U. ***Parti socialiste unifié*** *seit 1960* Sozialistische Einheitspartei
P.T.T. ***Postes, Télécommunications, Télédiffusion*** *hist u Schweiz* Post- und Fernmeldewesen
P.U.F. ***Presses universitaires de France*** Französische Universitätsdruckerei (*Verlag*)
P.V. ***petite vitesse*** Frachtgut
P.-V. ***procès-verbal*** gebührenpflichtige Verwarnung

Q

Q.G. ***quartier général*** Stabsquartier
Q.I. ***quotient intellectuel, quotient d'intelligence*** Intelligenzquotient, IQ

R

R. ***recommandé*** Einschreiben
R.A.S. ***rien à signaler*** alles in Ordnung; ohne Befund
R.A.T.P. ***Régie autonome des transports parisiens*** Autonome Pariser Verkehrsbetriebe
R.C. ***registre du commerce*** Handelsregister
R.D.A. *hist*: ***République démocratique allemande*** Deutsche Demokratische Republik, DDR
R.E.R. ***Réseau express régional*** Regionales Schnellbahnnetz (Paris)
R.F. ***République française*** Französische Republik
R.F.A. ***République fédérale d'Allemagne*** Bundesrepublik Deutschland, BRD
R.N. ***route nationale*** Nationalstraße; *in der BRD*: Bundesstraße
R.P. ***réponse payée*** Antwort bezahlt
R.P.R. ***Rassemblement pour la République*** (*seit dem 5. 12. 1976*) Sammlungsbewegung für die Republik (*unter Chirac*)
R.S.V.P. ***répondez, s'il vous plaît*** um Antwort wird gebeten, U.A.w.g.

S

S.A. ***Société anonyme*** Aktiengesellschaft, AG
S.A.M.U. ***service d'aide médicale d'urgence*** Dienststelle für ärztliche Soforthilfe; *etwa* Notarzt, Rettungsdienst
S.A.R.L. ***Société à responsabilité limitée*** Gesellschaft mit beschränkter Haftung, GmbH
S.E.O. ***sauf erreur ou omission*** Irrtum oder Auslassung vorbehalten
S.I. ***syndicat d'initiative*** Fremdenverkehrsamt
SIDA ***syndrome d'immunodéficience acquise*** Aids
S.M.I.C. ***salaire minimum interprofessionnel de croissance*** dynamischer Mindestlohn für alle Berufssparten
S.M.I.G. ***salaire minimum interprofessionnel garanti*** garantierter Mindestlohn für alle Berufssparten
S.N.C.F. ***Société nationale des chemins de fer français*** Staatliche französische Eisenbahngesellschaft
S.N.E.C.M.A. ***Société nationale d'étude et de construction de moteurs d'aviation*** Staatliche Gesellschaft für das Studium und den Bau von Flugzeugmotoren
S.O.F.R.E.S. ***Société française d'enquête par sondage*** Französische Gesellschaft für Untersuchungen durch Meinungsbefragung
S.P.A. ***Société protectrice des animaux*** Tierschutzverein
s.v.p. ***s'il vous plaît*** bitte

T

T.E.E. ***Trans-Europ-Express*** Trans-Europ-Express
TF 1 ***Télévision française un*** Französisches Fernsehen – erstes Programm
T.G.V. ***train à grande vitesse*** Hochgeschwindigkeitszug
T.N.P. ***Théâtre national populaire*** Nationales Volkstheater (*Theater in Paris*)
T.T.C. ***toutes taxes comprises*** einschließlich aller Gebühren, inkl. MWSt.
T.U.C. ***travail d'utilité collective*** ABM-Stelle
T.V.A. ***taxe à*** *od* ***sur la valeur ajoutée*** Mehrwertsteuer, MWSt.

U

u.c. ***unité de compte*** Verrechnungseinheit

U.D.F. ***Union pour la démocratie française*** Union für die französische Demokratie

U.D.R. ***Union pour la défense de la République*** (*seit Mai 1968*) Union für die Verteidigung der Republik

U.E. ***Union européenne*** EU

U.E.O. ***Union de l'Europe occidentale*** Westeuropäische Union

U.E.P. ***Union européenne de paiements*** Europäische Zahlungsunion

U.M.E. ***Union monétaire européenne*** Europäische Währungsunion, EWU

U.N.R. ***Union pour la Nouvelle République*** (*1962–1968*; *jetzt*: *U.D.R.*) Union für die Neue Republik

U.P.U. ***Union postale universelle*** Weltpostverein

U.R.S.S. *hist*: ***Union des Républiques socialistes soviétiques*** Union der Sozialistischen Sowjetrepubliken, UdSSR

V

v. ***voir*** siehe

V.A.C. ***vin d'appellation contrôlée*** kontrollierter Markenwein

V.I.P. *f* ***very important person*** (= ***personnage très important***) sehr bedeutende Persönlichkeit, VIP

V/Réf. ***votre référence*** Ihr Zeichen

V.T.T. ***vélo tout-terrain*** Mountainbike

W

W.-C. ***water-closet*** Toilette, WC

X

X.P. ***exprès payé*** Eilbote bezahlt

Z

Z.U.P. ***Zone à urbaniser en priorité*** Zone für vorrangige Stadtplanung

Konjugation der französischen Verben

Die in der folgenden Zusammenstellung angeführten Verben sind als Musterbeispiele zu betrachten. Im Wörterbuch sind hinter jedem Verb Nummer und Buchstabe (1a), (2b), (3c), (4d) usw. angegeben, die auf diese Musterbeispiele hinweisen.

Alphabetisches Verzeichnis der aufgeführten Konjugationsmuster

abréger 1g
acheter 1e
acquérir 2l
aimer 1b
aller 1o
appeler 1c
asseoir 3l
avoir 1

blâmer 1a
boire 4u
bouillir 2e

clore 4k
conclure 4l
conduire 4c
confire 4o
conjuguer 1m
coudre 4d
courir 2i
couvrir 2f
croire 4v
croître 4w
cueillir 2c

déchoir 3m
dire 4m

échoir 3m
écrire 4f
employer 1h
envoyer 1p
être 1

faillir 2n
faire 4n
falloir 3c
fuir 2d

geler 1d

haïr 2m

lire 4x

manger 1l
menacer 1k
mettre 4p
moudre 4y
mourir 2k
mouvoir 3d

naître 4g

paraître 4z
payer 1i
peindre 4b
plaire 4aa
pleuvoir 3e
pouvoir 3f
prendre 4q
punir 2a

recevoir 3a
régner 1f
résoudre 4bb
rire 4r

saluer 1n
savoir 3g
sentir 2b
seoir 3k
suivre 4h

traire 4s

vaincre 4i
valoir 3h
vendre 4a
venir 2h
vêtir 2g
vivre 4e
voir 3b
vouloir 3i

Man beachte besonders:

1. Das *Imparfait* und das *Participe présent* können stets aus der 1. Person Plural des Indicatif présent abgeleitet werden, z. B.

   nous trouv**ons**: je trouv**ais** *usw.*, *trouv***ant**.

2. Das *Passé simple* wird heute in der gesprochenen Sprache meist durch das *Passé composé* ersetzt.
3. Das *Imparfait du subjonctif* wird heute auch in der Schriftsprache höchstens noch in der 3. Person Singular gebraucht. Gewöhnlich wird es durch das *Présent du subjonctif* ersetzt.

Hilfsverben

(1) **avoir**

A. Indicatif

I. Einfache Formen

Présent

sg. j'*ai*
tu *as*
il *a*
pl. nous av*ons*
vous av*ez*
ils *ont*

Imparfait

sg. j'av*ais*
tu av*ais*
il av*ait*
pl. nous av*ions*
vous av*iez*
ils av*aient*

Passé simple

sg. j'eu*s*
tu eu*s*
il eu*t*
pl. nous eû*mes*
vous eû*tes*
ils eu*rent*

Futur simple

sg. j'aur*ai*
tu aur*as*
il aur*a*
pl. nous aur*ons*
vous aur*ez*
ils aur*ont*

Conditionnel présent

sg. j'aur*ais*
tu aur*ais*
il aur*ait*
pl. nous aur*ions*
vous aur*iez*
ils aur*aient*

Participe présent

ay*ant*

Participe passé

eu (*f* eu*e*)

II. Zusammengesetzte Formen

Passé composé

j'ai eu

Plus-que-parfait

j'avais eu

Passé antérieur

j'eus eu

Futur antérieur

j'aurai eu

Conditionnel passé

j'aurais eu

Participe composé

ayant eu

Infinitif passé

avoir eu

B. Subjonctif

I. Einfache Formen

Présent

sg. que j'ai*e*
que tu ai*es*
qu'il ai*t*
pl. que nous ay*ons*
que vous ay*ez*
qu'ils ai*ent*

Imparfait

sg. que j'euss*e*
que tu euss*es*
qu'il eû*t*
pl. que nous euss*ions*
que vous euss*iez*
qu'ils euss*ent*

Impératif

ai*e* – ay*ons* – ay*ez*

II. Zusammengesetzte Formen

Passé

que j'aie eu

Plus-que-parfait

que j'eusse eu

(1) **être**

Hilfsverben

A. Indicatif

I. Einfache Formen

Présent

sg. je sui*s*
tu e*s*
il e*st*

pl. nous somm*es*
vous êt*es*
ils *sont*

Imparfait

sg. j'ét*ais*
tu ét*ais*
il ét*ait*

pl. nous ét*ions*
vous ét*iez*
ils ét*aient*

Passé simple

sg. je fu*s*
tu fu*s*
il fu*t*

pl. nous fû*mes*
vous fû*tes*
ils fu*rent*

Futur simple

sg. je ser*ai*
tu ser*as*
il ser*a*

pl. nous ser*ons*
vous ser*ez*
ils ser*ont*

Conditionnel présent

sg. je ser*ais*
tu ser*ais*
il ser*ait*

pl. nous ser*ions*
vous ser*iez*
ils ser*aient*

Participe présent

ét*ant*

Participe passé

été

II. Zusammengesetzte Formen

Passé composé

j'ai été

Plus-que-parfait

j'avais été

Passé antérieur

j'eus été

Futur antérieur

j'aurai été

Conditionnel passé

j'aurais été

Participe composé

ayant été

Infinitif passé

avoir été

B. Subjonctif

I. Einfache Formen

Présent

sg. que je soi*s*
que tu soi*s*
qu'il soi*t*

pl. que nous soy*ons*
que vous soy*ez*
qu'ils soi*ent*

Imparfait

sg. que je fuss*e*
que tu fuss*es*
qu'il fû*t*

pl. que nous fuss*ions*
que vous fuss*iez*
qu'ils fuss*ent*

Impératif

soi*s* – soy*ons* – soy*ez*

II. Zusammengesetzte Formen

Passé

que j'aie été

Plus-que-parfait

que j'eusse été

(1 a) **blâmer**

Erste Konjugation

I. Einfache Formen

Présent

sg. je blâm*e*
tu blâm*es*
il blâm*e*[1]

pl. nous blâm*ons*
vous blâm*ez*
ils blâm*ent*

Passé simple

sg. je blâm*ai*
tu blâm*as*
il blâm*a*

pl. nous blâm*âmes*
vous blâm*âtes*
ils blâm*èrent*

Participe passé

blâm*é*(*e*)

Infinitif présent

blâm*er*

Impératif

blâm*e*
blâm*ons*
blâm*ez*
NB. blâm*es*-en (-y)

Imparfait

sg. je blâm*ais*
tu blâm*ais*
il blâm*ait*

pl. nous blâm*ions*
vous blâm*iez*
ils blâm*aient*

Participe présent

blâm*ant*

Futur simple

sg. je blâm*erai*
tu blâm*eras*
il blâm*era*

pl. nous blâm*erons*
vous blâm*erez*
ils blâm*eront*

Conditionnel

sg. je blâm*erais*
tu blâm*erais*
il blâm*erait*

pl. nous blâm*erions*
vous blâm*eriez*
ils blâm*eraient*

Subjonctif présent

sg. que je blâm*e*
que tu blâm*es*
qu'il blâm*e*

pl. que nous blâm*ions*
que vous blâm*iez*
qu'ils blâm*ent*

Subjonctif imparfait

sg. que je blâm*asse*
que tu blâm*asses*
qu'il blâm*ât*

pl. que nous blâm*assions*
que vous blâm*assiez*
qu'ils blâm*assent*

II. Zusammengesetzte Formen

(Vom *Participe passé* mit Hilfe von **avoir** und **être**)

1. Das Aktiv

Passé composé: j'ai blâmé
Plus-que-parfait: j'avais blâmé
Passé antérieur: j'eus blâmé
Futur II: j'aurai blâmé
Conditionnel II: j'aurais blâmé

2. Das Passiv

Présent: je suis blâmé
Imparfait: j'étais blâmé
Passé simple: je fus blâmé
Passé composé: j'ai été blâmé
Plus-que-parf.: j'avais été blâmé
Passé antérieur: j'eus été blâmé
Futur I: je serai blâmé
Futur II: j'aurai été blâmé
Conditionnel I: je serais blâmé
Conditionnel I: j'aurais été blâmé
Impératif: sois blâmé
Participe présent: étant blâmé
Participe passé: ayant été blâmé
Infinitif présent: être blâmé
Infinitif passé: avoir été blâmé

---
[1] blâme-t-il?

Zeichen	Infinitif	Bemerkungen	Présent de l'indicatif	Présent du subjonctif	Passé simple	Futur	Impératif	Participe passé
(1 b)	aimer	Der vortonige [ɛ]-Laut wird oft wie [e] gesprochen: **aime** [ɛm] aber **aimons** [emõ]	aim*e* aim*es* aim*e* aim*ons* aim*ez* aim*ent*	aim*e* aim*es* aim*e* aim*ions* aim*iez* aim*ent*	aim*ai* aim*as* aim*a* aim*âmes* aim*âtes* aim*èrent*	aim*erai* aim*eras* aim*era* aim*erons* aim*erez* aim*eront*	aim*e* aim*ons* aim*ez*	aim*é*(*e*)
(1 c)	appeler	Der Schlusskonsonant des Stammes verdoppelt sich unter dem Ton (auch im ***fut.*** und ***cond***., da Nebenton)	appell*e* appell*es* appell*e* appel*ons* appel*ez* appell*ent*	appell*e* appell*es* appell*e* appel*ions* appel*iez* apell*ent*	appel*ai* appel*as* appel*a* appel*âmes* appel*âtes* appel*èrent*	appell*erai* appell*eras* appell*era* appell*erons* appell*erez* appell*eront*	appell*e* appel*ons* appel*ez*	appel*é*(*e*)
(1 d)	geler	Das **e** des Stammes wird **è** unter dem Ton (auch im ***fut.*** und ***cond***., da Nebenton)	gèl*e* gèl*es* gèl*e* gel*ons* gel*ez* gèl*ent*	gèl*e* gèl*es* gèl*e* gel*ions* gel*iez* gèl*ent*	gel*ai* gel*as* gel*a* gel*âmes* gel*âtes* gel*èrent*	gèl*erai* gèl*eras* gèl*era* gèl*erons* gèl*erez* gèl*eront*	gèl*e* gel*ons* gel*ez*	gel*é*(*e*)
(1 e)	acheter	**èt** unter dem Ton (auch im ***fut.*** und ***cond***., da Nebenton)	achèt*e* achèt*es* achèt*e* achet*ons* achet*ez* achèt*ent*	achèt*e* achèt*es* achèt*e* achet*ions* achet*iez* achèt*ent*	achet*ai* achet*as* achet*a* achet*âmes* achet*âtes* achet*èrent*	achèt*erai* achèt*eras* achèt*era* achèt*erons* achèt*erez* achèt*eront*	achèt*e* achet*ons* achet*ez*	achet*é*(*e*)

Zeichen	Infinitif	Bemerkungen	Présent		Passé simple	Futur	Impératif	Participe passé
			de l'indicatif	du subjonctif				
(1f)	régner	Das **é** des Stammes wird **è** unter dem Ton **nur** im ***prés.*** und ***impér.***, nicht im ***fut.*** und ***cond.***	règn*e* règn*es* règn*e* régn*ons* régn*ez* règn*ent*	règn*e* règn*es* règn*e* régn*ions* régn*iez* règn*ent*	régn*ai* régn*as* régn*a* régn*âmes* régn*âtes* régn*èrent*	régn*erai* régn*eras* régn*era* régn*erons* régn*erez* régn*eront*	règn*e* régn*ons* régn*ez*	régn*é* (*inv.*)
(1g)	abréger	Das **é** des Stammes wird **è** unter dem Ton **nur** im ***prés.*** und ***impér.***, nicht im ***fut.*** und ***cond.*** Nach **g** Einschiebung eines stummen **e** vor **a** u. **o**	abrèg*e* abrèg*es* abrèg*e* abrége*ons* abrég*ez* abrèg*ent*	abrèg*e* abrèg*es* abrèg*e* abrég*ions* abrég*iez* abrèg*ent*	abrége*ai* abrége*as* abrége*a* abrége*âmes* abrége*âtes* abrég*èrent*	abrég*erai* abrég*eras* abrég*era* abrég*erons* abrég*erez* abrég*eront*	abrèg*e* abrége*ons* abrég*ez*	abrég*é*(*e*)
(1h)	employer	Das **y** des Stammes wird **i** unter dem Ton (auch im ***fut.*** und ***cond.***, da Nebenton)	emploi*e* emploi*es* emploi*e* employ*ons* employ*ez* emploi*ent*	emploi*e* emploi*es* emploi*e* employ*ions* employ*iez* emploi*ent*	employ*ai* employ*as* employ*a* employ*âmes* employ*âtes* employ*èrent*	emploi*erai* emploi*eras* emploi*era* emploi*erons* emploi*erez* emploi*eront*	emploi*e* employ*ons* employ*ez*	employ*é*(*e*)
(1i)	payer	Für das **y** des Stammes wird unter dem Ton (auch im ***fut.*** und ***cond.***, da Nebenton) die Schreibung mit **i** bevorzugt	pai*e*, pay*e* pai*es*, pay*es* pai*e*, pay*e* pay*ons* pay*ez* pai*ent*, *-yent*	pai*e*, pay*e* pai*es*, pay*es* pai*e*, pay*e* pay*ions* pay*iez* pai*ent*, *-yent*	pay*ai* pay*as* pay*a* pay*âmes* pay*âtes* pay*èrent*	pai*erai*, paye.. pai*eras* pai*era* pai*erons* pai*erez* pai*eront*	pai*e*, pay*e* pay*ons* pay*ez*	pay*é*(*e*)

Zeichen	Infinitif	Bemerkungen	Présent		Passé simple	Futur	Impératif	Participe passé
			de l'indicatif	du subjonctif				
(1 k)	menacer	**c** erhält eine Cedille (ç) vor **a** und **o**, damit dem c der [s]-Laut erhalten bleibt	menac*e* menac*es* menac*e* menaç*ons* menac*ez* menac*ent*	menac*e* menac*e* menac*es* menac*ions* menac*iez* menac*ent*	menaç*ai* menaç*as* menaç*a* menaç*âmes* menaç*âtes* menac*èrent*	menac*erai* menac*eras* menac*era* menac*erons* menac*erez* menac*eront*	menac*e* menaç*ons* menac*ez*	menac*é*(*e*)
(1 l)	manger	Einschiebung eines stummen **e** zwischen Stamm und mit **a** oder **o** beginnender Endung, damit das **g** den [ʒ]-Laut behält	mang*e* mang*es* mang*e* mang*eons* mang*ez* mang*ent*	mang*e* mang*es* mang*e* mang*ions* mang*iez* mang*ent*	mang*eai* mang*eas* mang*ea* mang*eâmes* mang*eâtes* mang*èrent*	mang*erai* mang*eras* mang*era* mang*erons* mang*erez* mang*eront*	mang*e* mang*eons* mang*ez*	mang*é*(*e*)
(1 m)	conjuguer	Das stumme **u** am Ende des Stammes bleibt überall, auch vor **a** und **o**	conjugu*e* conjugu*es* conjugu*e* conjugu*ons* conjugu*ez* conjugu*ent*	conjugu*e* conjugu*es* conjugu*e* conjugu*ions* conjugu*iez* conjugu*ent*	conjugu*ai* conjugu*as* conjugu*a* conjugu*âmes* conjugu*âtes* conjugu*èrent*	conjugu*erai* conjugu*eras* conjugu*era* conjugu*erons* conjugu*erez* conjugu*eront*	conjugu*e* conjugu*ons* conjugu*ez*	conjugu*é*(*e*)
(1 n)	saluer	**u** wird vortonig als Gleitlaut [ɥ] gesprochen: **salue** [saly] aber **saluons** [salɥõ]	salu*e* salu*es* salu*e* salu*ons* salu*ez* salu*ent*	salu*e* salu*es* salu*e* salu*ions* salu*iez* salu*ent*	salu*ai* salu*as* salu*a* salu*âmes* salu*âtes* salu*èrent*	salu*erai* salu*eras* salu*era* salu*erons* salu*erez* salu*eront*	salu*e* salu*ons* salu*ez*	salu*é*(*e*)

Zeichen	Infinitif	Bemerkungen	Présent de l'indicatif	Présent du subjonctif	Passé simple	Futur	Impératif	Participe passé
(1 o)	aller	Wechsel des Stammes **all** mit den Stämmen von lateinisch **vadere** und **ire**	va*is* va*s* va all*ons* all*ez* vo*nt*	aill*e* aill*es* aill*e* all*ions* all*iez* aill*ent*	all*ai* all*as* all*a* all*âmes* all*âtes* all*èrent*	irai iras ira irons irez iront	va (vas-y; *aber*: va-t'en) all*ons* all*ez*	all*é*(*e*)
(1 p)	envoyer	Nach (1 h), hat aber unregelmäßiges ***fut.*** und ***cond.***	envoi*e* envoi*es* envoi*e* envo**y***ons* envo**y***ez* envoi*ent*	envoi*e* envoi*es* envoi*e* envo**y***ions* envo**y***iez* envoi*ent*	envo**y***ai* envo**y***as* envo**y***a* envo**y***âmes* envo**y***âtes* envo**y***èrent*	enverr*ai* enverr*as* enverr*a* enverr*ons* enverr*ez* enverr*ont*	envoi*e* envo**y***ons* envo**y***ez*	envo**y***é*(*e*)

(2a) **punir**[1])

Zweite Konjugation

Zweite regelmäßige Konjugation, deren Kennzeichen die Stammerweiterung durch **...iss...** ist

	I. Einfache Formen		
Présent	***Impératif***	***Futur I***	***Subjonctif présent***
sg. je pun*is* tu pun*is* il pun*it*	pun*is* pun*issons* pun*issez*	*sg.* je pun*irai* tu pun*iras* il pun*ira*	*sg.* que je pun*isse* que tu pun*isses* qu'il pun*isse*
pl. nous pun*issons* vous pun*issez* ils pun*issent*		*pl.* nous pun*irons* vous pun*irez* ils pun*iront*	*pl.* que nous pun*issions* que vous pun*issiez* qu'ils pun*issent*
Passé simple	***Imparfait***	***Conditionnel I***	***Subjonctif imparfait***
sg. je pun*is* tu pun*is* il pun*it*	*sg.* je pun*issais* tu pun*issais* il pun*issait*	*sg.* je pun*irais* tu pun*irais* il pun*irait*	*sg.* que je pun*isse* que tu pun*isses* qu'il pun*ît*
pl. nous pun*îmes* vous pun*îtes* ils pun*irent*	*pl.* nous pun*issions* vous pun*issiez* ils pun*issaient*	*pl.* nous pun*irions* vous pun*iriez* ils pun*iraient*	*pl.* que nous pun*issions* que vous pun*issiez* qu'ils pun*issent*
Participe passé pun*i*(*e*)			
Infinitif présent pun*ir*	***Participe présent*** pun*issant*		

II. Zusammengesetzte Formen

Vom *Participe passé* mit Hilfe von **avoir** und **être**; s. (1a)

[1]) **fleurir** im bildlichen Sinne hat im *Participe présent* meist **florissant**, im *Imparfait* meist **florissait**

Zeichen	Infinitif	Bemerkungen	Présent de l'indicatif	Présent du subjonctif	Passé simple	Futur	Impératif	Participe passé
(2b)	sentir	Keine Stammerweiterung durch **...iss...**	sen*s* sen*s* sen*t* sent*ons* sent*ez* sent*ent*	sent*e* sent*es* sent*e* sent*ions* sent*iez* sent*ent*	sent*is* sent*is* sent*it* sent*îmes* sent*îtes* sent*irent*	sent*irai* sent*iras* sent*ira* sent*irons* sent*irez* sent*iront*	sen*s* sent*ons* sent*ez*	sent*i*(*e*)
(2c)	cueillir	***prés.***, ***fut.*** und **cond.** nach der 1. Konjugation	cueill*e* cueill*es* cueill*e* cueill*ons* cueill*ez* cueill*ent*	cueill*e* cueill*es* cueill*e* cueill*ions* cueill*iez* cueill*ent*	cueill*is* cueill*is* cueill*it* cueill*îmes* cueill*îtes* cueill*irent*	cueill*erai* cueill*eras* cueill*era* cueill*erons* cueill*erez* cueill*eront*	cueill*e* cueill*ons* cueill*ez*	cueill*i*(*e*)
(2d)	fuir	Keine Stammerweiterung durch **...iss...** Wechsel zwischen **y** und **i** je nach End- od. Stammbetonung	fu*is* fu*is* fu*it* fu*yons* fu*yez* fu*ient*	fu*ie* fu*ies* fu*ie* fu*yions* fu*yiez* fu*ient*	fu*is* fu*is* fu*it* fu*îmes* fu*îtes* fu*irent*	fu*irai* fu*iras* fu*ira* fu*irons* fu*irez* fu*iront*	fu*is* fu*yons* fu*yez*	fu*i*(*e*)
(2e)	bouillir	***prés. ind.*** und Ableitungen nach der 4. Konjugation	bou*s* bou*s* bou*t* bouill*ons* bouill*ez* bouill*ent*	bouill*e* bouill*es* bouill*e* bouill*ions* bouill*iez* bouill*ent*	bouill*is* bouill*is* bouill*it* bouill*îmes* bouill*îtes* bouill*irent*	bouill*irai* bouill*iras* bouill*ira* bouill*irons* bouill*irez* bouill*iront*	bou*s* bouill*ons* bouill*ez*	bouill*i*(*e*)

Zeichen	Infinitif	Bemerkungen	Présent		Passé simple	Futur	Impératif	Participe passé
			de l'indicatif	du subjonctif				
(2f)	couvrir	***prés. ind.*** und Ableitungen nach der 1. Konjugation; ***p.p.*** auf **-ert**	couvr*e* couvr*es* couvr*e* couvr*ons* couvr*ez* couvr*ent*	couvr*e* couvr*es* couvr*e* couvr*ions* couvr*iez* couvr*ent*	couvr*is* couvr*is* couvr*it* couvr*îmes* couvr*îtes* couvr*irent*	couvr*irai* couvr*iras* couvr*ira* couvr*irons* couvr*irez* couvr*iront*	couvr*e* couvr*ons* couvr*ez*	couve*rt*(*e*)
(2g)	vêtir	Geht nach (2b), außer im ***p.p.*** Abgesehen von **vêtu** wird **vêtir** kaum noch gebraucht	vêt*s* vêt*s* vêt vêt*ons* vêt*ez* vêt*ent*	vêt*e* vêt*es* vêt*e* vêt*ions* vêt*iez* vêt*ent*	vêt*is* vêt*is* vêt*it* vêt*îmes* vêt*îtes* vêt*irent*	vêt*irai* vêt*iras* vêt*ira* vêt*irons* vêt*irez* vêt*iront*	vêt*s* vêt*ons* vêt*ez*	vêt*u*(*e*)
(2h)	venir	***prés. ind., fut., p.p.*** u. Ableitungen nach der 4. Konjugation. Im ***passé simple*** Umlaut [ɛ̃]; man beachte das eingeschobene **-d-** im ***fut.*** und ***cond.***	vien*s* vien*s* vien*t* ven*ons* ven*ez* vien*nent*	vien*ne* vien*nes* vien*ne* ven*ions* ven*iez* vien*nent*	vin*s* vin*s* vin*t* vîn*mes* vîn*tes* vin*rent*	vien*drai* vien*dras* vien*dra* vien*drons* vien*drez* vien*dront*	vien*s* ven*ons* ven*ez*	ven*u*(*e*)
(2i)	courir	***prés. ind., p.p., fut.*** u. Ableitungen nach der 4., ***passé simple*** nach der 3. Konjugation; **-rr-** im ***fut.*** und ***cond.***	cour*s* cour*s* cour*t* cour*ons* cour*ez* cour*ent*	cour*e* cour*es* cour*e* cour*ions* cour*iez* cour*ent*	cour*us* cour*us* cour*ut* cour*ûmes* cour*ûtes* cour*urent*	cour*rai* cour*ras* cour*ra* cour*rons* cour*rez* cour*ront*	cour*s* cour*ons* cour*ez*	cour*u*(*e*)

Zeichen	Infinitif	Bemerkungen	Présent de l'indicatif	Présent du subjonctif	Passé simple	Futur	Impératif	Participe passé
(2k)	mourir	***prés. ind., fut.*** und Ableitungen nach der 4. Konjugation, doch Umlaut **eu** neben **ou**; ***passé simple*** nach der 3. Konjugation.	meurs meurs meurt mourons mourez meurent	meure meures meure mourions mouriez meurent	mourus mourus mourut mourûmes mourûtes moururent	mourrai mourras mourra mourrons mourrez mourront	meurs mourons mourez	mort(*e*)
(2l)	acquérir	***prés. ind.*** und Ableitungen nach der 4. Konjugation mit Einschiebung von **i** vor **e**; ***p.p.*** mit **-s**; **-err-** im ***fut.*** u. ***cond.***	acquiers acquiers acquiert acquérons acquérez acquièrent	acquière acquières acquière acquérions acquériez acquièrent	acquis acquis acquit acquîmes acquîtes acquirent	acquerrai acquerras acquerra acquerrons acquerrez acquerront	acquiers acquérons acquérez	acquis(*e*)
(2m)	haïr	Geht nach (2a); aber es verliert im *sg.* ***prés. ind.*** und ***impér.*** das Trema auf dem **i**	hais [ɛ] hais hait haïssons haïssez haïssent	haïsse haïsses haïsse haïssions haïssiez haïssent	haïs [a'i] haïs haït haïmes haïtes haïrent	haïrai haïras haïra haïrons haïrez haïront	hais haïssons haïssez	haï(*e*)
(2n)	faillir	Defektiv			faillis faillis faillit faillîmes faillîtes faillirent	faillirai failliras faillira faillirons faillirez failliront		failli

(3 a) **recevoir**

Dritte Konjugation

I. Einfache Formen

Présent	**Impératif**	**Futur I**	**Subjonctif présent**
sg. je reç*ois* tu reç*ois* il reç*oit*	reç*ois* rec*evons* rec*evez*	*sg.* je rec*evrai* tu rec*evras* il rec*evra*	*sg.* que je reç*oive* que tu reç*oives* qu'il reç*oive*
pl. nous rec*evons* vous rec*evez* ils reç*oivent*		*pl.* nous rec*evrons* vous rec*evrez* ils rec*evront*	*pl.* que nous rec*evions* que vous rec*eviez* qu'ils reç*oivent*
Passé simple	**Imparfait**	**Conditionnel I**	**Subjonctif imparfait**
sg. je reç*us* tu reç*us* il reç*ut*	*sg.* je rec*evais* tu rec*evais* il rec*evait*	*sg.* je rec*evrais* tu rec*evrais* il rec*evrait*	*sg.* que je reç*usse* que tu reç*usses* qu'il reç*ût*
pl. nous reç*ûmes* vous reç*ûtes* ils reç*urent*	*pl.* nous rec*evions* vous rec*eviez* ils rec*evaient*	*pl.* nous rec*evrions* vous rec*evriez* ils rec*evraient*	*pl.* que nous reç*ussions* que vous reç*ussiez* qu'ils reç*ussent*
Participe passé reç*u*(*e*)	**Participe présent** rec*evant*		
Infinitif présent rec*evoir*			

II. Zusammengesetzte Formen

Vom *Participe passé* mit Hilfe von **avoir** und **être**; *s.* (1 a)

Zeichen	Infinitif	Bemerkungen	Présent de l'indicatif	Présent du subjonctif	Passé simple	Futur	Impératif	Participe passé
(3b)	voir	Wechsel zwischen **i** und **y** wie in (2d). Ableitungen regelmäßig, jedoch im ***fut.*** und ***cond.*** **-err-** (statt **-oir-**)	vois vois voi*t* *vo***y***ons* vo**y***ez* voi*ent*	voi*e* voi*es* voi*e* vo**y***ions* vo**y***iez* voi*ent*	v*is* *pourvoir*: je pourvus	ver*rai* *pourvoir*: je pourvoirai; *prévoir*: je prévoirai	voi*s* vo**y***ons* vo**y***ez*	v*u*(*e*)
(3c)	falloir	Nur gebräuchlich in der 3. P. *sg.*	il fau*t*	qu'il fa*ille*	il fall*ut*	il faud*ra*		fall*u* (*inv.*)
(3d)	mouvoir	Tonsilbe: **meu-**	meu*s* meu*s* meu*t* mouv*ons* mouv*ez* meuv*ent*	meuv*e* meuv*es* meuv*e* mouv*ions* mouv*iez* meuv*ent*	m*us* m*us* m*ut* m*ûmes* m*ûtes* m*urent*	mouv*rai* mouv*ras* mouv*ra* mouv*rons* mouv*rez* mouv*ront*	meu*s* mouv*ons* mouv*ez*	m*û*, m*ue*
(3e)	pleuvoir		il pleu*t*	qu'il pleuv*e*	il pl*ut*	il pleuv*ra*		pl*u* (*inv.*)
(3f)	pouvoir	Im ***prés. ind.*** manchmal auch **je puis;** fragend **puis-je**	peu*x* peu*x* peu*t* pouv*ons* pouv*ez* peuv*ent*	puiss*e* puiss*es* puiss*e* puiss*ions* puiss*iez* puiss*ent*	p*us* p*us* p*ut* p*ûmes* p*ûtes* p*urent*	pour*rai* pour*ras* pour*ra* pour*rons* pour*rez* pour*ront*		p*u* (*inv.*)

Zeichen	Infinitif	Bemerkungen	Présent de l'indicatif	Présent du subjonctif	Passé simple	Futur	Impératif	Participe passé
(3g)	savoir	***p.pr.* sachant**	sai*s* sai*s* sai*t* sav*ons* sav*ez* sav*ent*	sach*e* sach*es* sach*e* sach*ions* sach*iez* sach*ent*	*sus* *sus* *sut* *sûmes* *sûtes* *surent*	sau*rai* sau*ras* sau*ra* sau*rons* sau*rez* sau*ront*	sach*e* sach*ons* sach*ez*	*su*(*e*)
(3h)	valoir	**prévaloir** bildet das ***prés. subj.*** regelmäßig: **que je prévale** etc.	vau*x* vau*x* vau*t* val*ons* val*ez* val*ent*	vaill*e* vaill*es* vaill*e* val*ions* val*iez* vaill*ent*	val*us* val*us* val*ut* val*ûmes* val*ûtes* val*urent*	vaud*rai* vaud*ras* vaud*ra* vaud*rons* vaud*rez* vaud*ront*		val*u*(*e*)
(3i)	vouloir	Tonsilbe: **veu-**. Im ***fut.*** Einschiebung von **-d-**	veu*x* veu*x* veu*t* voul*ons* voul*ez* veul*ent*	veuill*e* veuill*es* veuill*e* voul*ions* voul*iez* veuill*ent*	voul*us* voul*us* voul*ut* voul*ûmes* voul*ûtes* voul*urent*	voud*rai* voud*ras* voud*ra* voud*rons* voud*rez* voud*ront*	veuill*e* veuill*ons* veuill*ez*	voul*u*(*e*)
(3k)	seoir	Nur in wenigen Formen gebräuchlich: ***p.pr.* seyant**; ***impf.* seyait**; ***cond.* siérait**	il sie*d*					

Zeichen	Infinitif	Bemerkungen	Présent de l'indicatif	Présent du subjonctif	Passé simple	Futur	Impératif	Participe passé
(3l)	asseoir	Hat, außer im ***passé simple*** und ***p.p.*** (**assis**), doppelte Formen. ***Impf.*** **asseyais** *od.* **assoyais**	assie*ds* assie*ds* assie*d* assey*ons* assey*ez* assey*ent*	assey*e* assey*es* assey*e* assey*ions* assey*iez* assey*ent*	ass*is* ass*is* ass*it* ass*îmes* ass*îtes* ass*irent*	assié*rai* assié*ras* assié*ra* assié*rons* assié*rez* assié*ront*	assie*ds* assey*ons* assey*ez*	ass*is*(*e*)
		surseoir bildet **je sursois**, **nous sursoyons** usw., ***fut.*** **je surseoirai**	*od.* assoi*s* assoi*s* assoi*t* assoy*ons* assoy*ez* assoi*ent*	*od.* assoi*e* assoi*es* assoi*e* assoy*ions* assoy*iez* assoi*ent*		*od.* assoi*rai* assoi*ras* assoi*ra* assoi*rons* assoi*rez* assoi*ront*	*od.* assoi*s* assoy*ons* assoy*ez*	
(3m)	déchoir		déchoi*s* déchoi*s* déchoi*t* déchoy*ons* déchoy*ez* déchoi*ent*	déchoi*e* déchoi*es* déchoi*e* déchoy*ions* déchoy*iez* déchoi*ent*	déch*us* déch*us* déch*ut* déch*ûmes* déch*ûtes* déch*urent*	déchoi*rai* déchoi*ras* déchoi*ra* déchoi*rons* déchoi*rez* déchoi*ront*		déch*u*(*e*)
	échoir	Defektiv	il échoi*t* ils échoi*ent*	qu'il échoi*e* qu'ils échoi*ent*	il éch*ut* ils éch*urent*	il échoi*ra* ils échoi*ront*		éch*u*(*e*)

(4 a) **vendre**

Vierte Konjugation

Vierte regelmäßige Konjugation mit unverändertem Stamm

	I. Einfache Formen		
Présent	***Impératif***	***Futur I***	***Subjonctif présent***
sg. je vend*s*[1] tu vend*s*[1] il vend[1]	vend*s* vend*ons* vend*ez*	*sg.* je vend*rai* tu vend*ras* il vend*ra*	*sg.* que je vend*e* que tu vend*es* qu'il vend*e*
pl. nous vend*ons* vous vend*ez* ils vend*ent*		*pl.* nous vend*rons* vous vend*rez* ils vend*ront*	*pl.* que nous vend*ions* que vous vend*iez* qu'ils vend*ent*
Passé simple	***Imparfait***	***Conditionnel I***	***Subjonctif imparfait***
sg. je vend*is* tu vend*is* il vend*it*	*sg.* je vend*ais* tu vend*ais* il vend*ait*	*sg.* je vend*rais* tu vend*rais* il vend*rait*	*sg.* que je vend*isse* que tu vend*isses* qu'il vend*ît*
pl. nous vend*îmes* vous vend*îtes* ils vend*irent*	*pl.* nous vend*ions* vous vend*iez* ils vend*aient*	*pl.* nous vend*rions* vous vend*riez* ils vend*raient*	*pl.* que nous vend*issions* que vous vend*issiez* qu'ils vend*issent*
Participe passé vend*u*(*e*)			
Infinitif présent vend*re*	***Participe présent*** vend*ant*		

II. Zusammengesetzte Formen

Vom *Participe passé* mit Hilfe von **avoir** und **être**; s. (1 a)

[1] **rompre** bildet: il rompt; **battre** bildet: je (tu) bats, il bat; **foutre** bildet: je (tu) fous

Zeichen	Infinitif	Bemerkungen	Présent de l'indicatif	Présent du subjonctif	Passé simple	Futur	Impératif	Participe passé
(4b)	peindre	Wechsel zwischen nasalem **n** und mouilliertem **n** (**gn**); **-d-** nur vor **r**, also im ***inf.***, ***fut.*** und ***cond.***	pein*s* pein*s* pein*t* peign*ons* peign*ez* peign*ent*	peign*e* peign*es* peign*e* peign*ions* peign*iez* peign*ent*	peign*is* peign*is* peign*it* peign*îmes* peign*îtes* peign*irent*	peind*rai* peind*ras* peind*ra* peind*rons* peind*rez* peind*ront*	pein*s* peign*ons* peign*ez*	pein*t*(*e*)
(4c)	conduire	**Luire, reluire, nuire** haben im ***p.p.*** kein **t**	condu*is* condu*is* condu*it* conduis*ons* conduis*ez* conduis*ent*	conduis*e* conduis*es* conduis*e* conduis*ions* conduis*iez* conduis*ent*	conduis*is* conduis*is* conduis*it* conduis*îmes* conduis*îtes* conduis*irent*	condui*rai* condui*ras* condui*ra* condui*rons* condui*rez* condui*ront*	condui*s* conduis*ons* conduis*ez*	condu*it*(*e*)
(4d)	coudre	Vor den mit Vokal beginnenden Endungen wird **-d-** durch **-s-** ersetzt	coud*s* coud*s* coud cous*ons* cous*ez* cous*ent*	cous*e* cous*es* cous*e* cous*ions* cous*iez* cous*ent*	cous*is* cous*is* cous*it* cous*îmes* cous*îtes* cous*irent*	coud*rai* coud*ras* coud*ra* coud*rons* coud*rez* coud*ront*	coud*s* cous*ons* cous*ez*	cous*u*(*e*)
(4e)	vivre	Wegfall des End-**v** des Stammes im *sg.* ***prés. ind.***; ***passé simple*** **vécus**; ***p.p.*** **vécu**	vi*s* vi*s* vi*t* viv*ons* viv*ez* viv*ent*	viv*e* viv*es* viv*e* viv*ions* viv*iez* viv*ent*	véc*us* véc*us* véc*ut* véc*ûmes* véc*ûtes* véc*urent*	viv*rai* viv*ras* viv*ra* viv*rons* viv*rez* viv*ront*	vi*s* viv*ons* viv*ez*	véc*u*(*e*)

Zeichen	Infinitif	Bemerkungen	Présent de l'indicatif	Présent du subjonctif	Passé simple	Futur	Impératif	Participe passé
(4f)	écrire	Vor Vokal bleibt **v** aus lateinisch **b** erhalten	écri*s* écri*s* écri*t* écriv*ons* écriv*ez* écriv*ent*	écriv*e* écriv*es* écriv*e* écriv*ions* écriv*iez* écriv*ent*	écriv*is* écriv*is* écriv*it* écriv*îmes* écriv*îtes* écriv*irent*	écri*rai* écri*ras* écri*ra* écri*rons* écri*rez* écri*ront*	écri*s* écriv*ons* écriv*ez*	écri*t*(*e*)
(4g)	naître	**-ss-** im *pl.* ***prés. ind.*** u. dessen Ableitungen; im *sg.* ***prés. ind.*** erscheint **i** vor **t** als **î**	nai*s* nai*s* naî*t* naiss*ons* naiss*ez* naiss*ent*	naiss*e* naiss*es* naiss*e* naiss*ions* naiss*iez* naiss*ent*	naqu*is* naqu*is* naqu*it* naqu*îmes* naqu*îtes* naqu*irent*	naît*rai* naît*ras* naît*ra* naît*rons* naît*rez* naît*ront*	nai*s* naiss*ons* naiss*ez*	né(*e*)
(4h)	suivre	***p.p.*** nach der 2. Konjugation.	sui*s* sui*s* sui*t* suiv*ons* suiv*ez* suiv*ent*	suiv*e* suiv*es* suiv*e* suiv*ions* suiv*iez* suiv*ent*	suiv*is* suiv*is* suiv*it* suiv*îmes* suiv*îtes* suiv*irent*	suiv*rai* suiv*ras* suiv*ra* suiv*rons* suiv*rez* suiv*ront*	sui*s* suiv*ons* suiv*ez*	suiv*i*(*e*)
(4i)	vaincre	Kein **t** in der 3. P. *sg.* ***prés. ind.***; Umwandlung des **c** in **qu** vor Vokalen (jedoch: **vaincu**)	vainc*s* vainc*s* vainc vainqu*ons* vainqu*ez* vainqu*ent*	vainqu*e* vainqu*es* vainqu*e* vainqu*ions* vainqu*iez* vainqu*ent*	vainqu*is* vainqu*is* vainqu*it* vainqu*îmes* vainqu*îtes* vainqu*irent*	vainc*rai* vainc*ras* vainc*ra* vainc*rons* vainc*rez* vainc*ront*	vainc*s* vainqu*ons* vainqu*ez*	vainc*u*(*e*)

Zeichen	Infinitif	Bemerkungen	Présent		Passé simple	Futur	Impératif	Participe passé
			de l'indicatif	du subjonctif				
(4k)	clore	***prés.*** 3. P. *pl.* **closent**; entsprechend ***prés. subj.***; 3. P. *sg.* ***prés. ind.*** auf **...ôt**	je clo*s* tu clo*s* il clô*t* ils clos*ent*	que je clos*e*		je clo*rai*	clo*s*	clo*s*(*e*)
	éclore	Nur in der 3. P. gebräuchlich	il éclô*t* ils éclos*ent*	qu'il éclos*e* qu'ils éclos*ent*		il éclo*ra* ils éclo*ront*		éclo*s*(*e*)
(4l)	conclure	***passé simple*** geht nach der 3. Konjugation. **Reclure** hat im ***p.p.*** **reclus(e)**; ebenso: **inclus(e)**; aber: **exclu(e)**	conclu*s* conclu*s* conclu*t* conclu*ons* conclu*ez* conclu*ent*	conclu*e* conclu*es* conclu*e* conclu*ions* conclu*iez* conclu*ent*	concl*us* concl*us* concl*ut* concl*ûmes* concl*ûtes* concl*urent*	conclu*rai* conclu*ras* conclu*ra* conclu*rons* conclu*rez* conclu*ront*	conclu*s* conclu*ons* conclu*ez*	concl*u*(*e*)
(4m)	dire	**Redire** wird wie **dire** konjugiert. Die anderen Komposita haben im ***prés.*** **...disez** mit Ausnahme v. **maudire**, das nach der 2. Konjugation geht, aber im ***p.p.*** **maudit** hat	di*s* di*s* di*t* dis*ons* di*tes* dis*ent*	dis*e* dis*es* dis*e* dis*ions* dis*iez* dis*ent*	d*is* d*is* d*it* d*îmes* d*îtes* d*irent*	di*rai* di*ras* di*ra* di*rons* di*rez* di*ront*	di*s* dis*ons* di*tes*	di*t*(*e*)

Zeichen	Infinitif	Bemerkungen	Présent de l'indicatif	Présent du subjonctif	Passé simple	Futur	Impératif	Participe passé
(4n)	faire	Vielfacher Wechsel des Stammvokals	fai*s* } [fɛ] fai*s* } [fɛ] fai*t* } [fɛ] fais*ons* [fəzõ] fai**t***es* [fɛt] fo*nt*	fass*e* fass*es* fass*e* fass*ions* fass*iez* fass*ent*	f*is* f*is* f*it* f*îmes* f*îtes* f*irent*	fer*ai* fer*as* fer*a* fer*ons* fer*ez* fer*ont* } [fə-]	fai*s* fais*ons* fai**t***es*	fai*t*(*e*)
(4o)	confire	**suffire** hat im ***p.p.*** **suffi** (*inv.*)	confi*s* confi*s* confi*t* confis*ons* confis*ez* confis*ent*	confis*e* confis*es* confis*e* confis*ions* confis*iez* confis*ent*	conf*is* conf*is* conf*it* conf*îmes* conf*îtes* conf*irent*	confir*ai* confir*as* confir*a* confir*ons* confir*ez* confir*ont*	confi*s* confis*ons* confis*ez*	confi*t*(*e*)
(4p)	mettre	Abwerfung des einen **t** im *sg.* ***prés. ind.*** in den stammbetonten Formen	met*s* met*s* met mett*ons* mett*ez* mett*ent*	mett*e* mett*es* mett*e* mett*ions* mett*iez* mett*ent*	m*is* m*is* m*it* m*îmes* m*îtes* m*irent*	mettr*ai* mettr*as* mettr*a* mettr*ons* mettr*ez* mettr*ont*	met*s* mett*ons* mett*ez*	m*is*(*e*)
(4q)	prendre	Einige Formen werfen **d** ab	prend*s* prend*s* prend pre**n***ons* pre**n***ez* prenn*ent*	prenn*e* prenn*es* prenn*e* pren*ions* pren*iez* prenn*ent*	pr*is* pr*is* pr*it* pr*îmes* pr*îtes* pr*irent*	prendr*ai* prendr*as* prendr*a* prendr*ons* prendr*ez* prendr*ont*	prend*s* pre**n***ons* pre**n***ez*	pr*is*(*e*)

Zeichen	Infinitif	Bemerkungen	Présent de l'indicatif	Présent du subjonctif	Passé simple	Futur	Impératif	Participe passé
(4r)	rire	***p.p.*** nach der 2. Konjugation	ri*s* ri*s* ri*t* ri*ons* ri*ez* ri*ent*	ri*e* ri*es* ri*e* rii*ons* rii*ez* ri*ent*	r*is* r*is* r*it* r*îmes* r*îtes* r*irent*	rir*ai* rir*as* rir*a* rir*ons* rir*ez* rir*ont*	ri*s* ri*ons* ri*ez*	ri (*inv.*)
(4s)	traire	***passé simple*** fehlt	trai*s* trai*s* trai*t* tray*ons* tray*ez* trai*ent*	trai*e* trai*es* trai*e* tray*ions* tray*iez* trai*ent*		trair*ai* trair*as* trair*a* trair*ons* trair*ez* trair*ont*	trai*s* tray*ons* tray*ez*	trai*t*(*e*)
(4u)	boire	Vor Vokal bleibt **v** aus lat. **b** erhalten. ***passé simple*** nach der 3. Konjugation	boi*s* boi*s* boi*t* buv*ons* buv*ez* boiv*ent*	boiv*e* boiv*es* boiv*e* boiv*ions* buv*iez* boiv*ent*	b*us* b*us* b*ut* b*ûmes* b*ûtes* b*urent*	boir*ai* boir*as* boir*a* boir*ons* boir*ez* boir*ont*	boi*s* buv*ons* buv*ez*	b*u*(*e*)

Zeichen	Infinitif	Bemerkungen	Présent de l'indicatif	Présent du subjonctif	Passé simple	Futur	Impératif	Participe passé
(4v)	croire	***passé simple*** nach der 3. Konjugation	crois crois croi*t* croy*ons* croy*ez* croi*ent*	croi*e* croi*es* croi*e* croy*ions* croy*iez* croi*ent*	cr*us* cr*us* cr*ut* cr*ûmes* cr*ûtes* cr*urent*	croi*rai* croi*ras* croi*ra* croi*rons* croi*rez* croi*ront*	croi*s* croy*ons* croy*ez*	cr*u*(*e*)
(4w)	croître	î im *sg.* ***prés ind.*** und im *sg.* ***impér. passé simple*** nach der 3. Konjugation	croî*s* croî*s* croî*t* croiss*ons* croiss*ez* croiss*ent*	croiss*e* croiss*es* croiss*e* croiss*ions* croiss*iez* croiss*ent*	cr*ûs* cr*ûs* cr*ût* cr*ûmes* cr*ûtes* cr*ûrent*	croît*rai* croît*ras* croît*ra* croît*rons* croît*rez* croît*ront*	croî*s* croiss*ons* croiss*ez*	crû, *crue*
(4x)	lire	***passé simple*** nach der 3. Konjugation	li*s* li*s* li*t* lis*ons* lis*ez* lis*ent*	lis*e* lis*es* lis*e* lis*ions* lis*iez* lis*ent*	l*us* l*us* l*ut* l*ûmes* l*ûtes* l*urent*	li*rai* li*ras* li*ra* li*rons* li*rez* li*ront*	li*s* lis*ons* lis*ez*	l*u*(*e*)
(4y)	moudre	***passé simple*** nach der 3. Konjugation	moud*s* moud*s* moud moul*ons* moul*ez* moul*ent*	moul*e* moul*es* moul*e* moul*ions* moul*iez* moul*ent*	moul*us* moul*us* moul*ut* moul*ûmes* moul*ûtes* moul*urent*	moud*rai* moud*ras* moud*ra* moud*rons* moud*rez* moud*ront*	moud*s* moul*ons* moul*ez*	moul*u*(*e*)

Zeichen	Infinitif	Bemerkungen	Présent		Passé simple	Futur	Impératif	Participe passé
			de l'indicatif	du subjonctif				
(4z)	paraître	**î** vor **t**; ***passé simple*** nach der 3. Konjugation	parai*s* parai*s* paraî*t* paraiss*ons* paraiss*ez* paraiss*ent*	paraiss*e* paraiss*es* paraiss*e* paraiss*ions* paraiss*iez* paraiss*ent*	par*us* par*us* par*ut* par*ûmes* par*ûtes* par*urent*	paraît*rai* paraît*ras* paraît*ra* paraît*rons* paraît*rez* paraît*ront*	parai*s* paraiss*ons* paraiss*ez*	par*u*(*e*)
(4aa)	plaire	***passé simple*** nach der 3. Konjugation; **taire** bildet **il tait** (ohne ^)	plai*s* plai*s* plaî*t* plais*ons* plais*ez* plais*ent*	plais*e* plais*es* plais*e* plais*ions* plais*iez* plais*ent*	pl*us* pl*us* pl*ut* pl*ûmes* pl*ûtes* pl*urent*	plai*rai* plai*ras* plai*ra* plai*rons* plai*rez* plai*ront*	plai*s* plais*ons* plais*ez*	pl*u* (*inv.*)
(4bb)	résoudre	**absoudre** hat kein ***passé simple***; als ***participe passé*** **absous, absoute**	résou*s* résou*s* résou*t* résolv*ons* résolv*ez* résolv*ent*	résolv*e* résolv*es* résolv*e* résolv*ions* résolv*iez* résolv*ent*	résol*us* résol*us* résol*ut* résol*ûmes* résol*ûtes* résol*urent*	résoud*rai* résoud*ras* résoud*ra* résoud*rons* résoud*rez* résoud*ront*	résou*s* résolv*ons* résolv*es*	résol*u*(*e*)

Zahlwörter

Grundzahlen

0	***zéro*** [zero]
1	***un, une*** *f* [ɛ̃ *od* œ̃, yn]
2	***deux*** [dø, døz‿]
3	***trois*** [trwa, trwaz‿]
4	***quatre*** [katrə, kat]
5	***cinq*** [sɛ̃k, sɛ̃]
6	***six*** [sis, si, siz‿]
7	***sept*** [sɛt]
8	***huit*** [ɥit, ɥi]
9	***neuf*** [nœf, nœv‿]
10	***dix*** [dis, di, diz‿]
11	***onze*** [ɔ̃z]
12	***douze*** [duz]
13	***treize*** [trɛz]
14	***quatorze*** [katɔrz]
15	***quinze*** [kɛ̃z]
16	***seize*** [sɛz]
17	***dix-sept*** [disɛt]
18	***dix-huit*** [dizɥit, dizɥi]
19	***dix-neuf*** [diznœf, diznœv‿]
20	***vingt*** [vɛ̃]
21	***vingt et un*** [vɛ̃teɛ̃]
22	***vingt-deux*** [vɛ̃tdø]
23	***vingt-trois*** [vɛ̃trwa]
24	***vingt-quatre*** [vɛ̃tkatrə]
30	***trente*** [trɑ̃t]
40	***quarante*** [karɑ̃t]
50	***cinquante*** [sɛ̃kɑ̃t]
60	***soixante*** [swasɑ̃t]
70	***soixante-dix*** [swasɑ̃tdis]
71	***soixante et onze*** [swasɑ̃teɔ̃z]
72	***soixante-douze*** [swasɑ̃tduz]
80	***quatre-vingt(s)*** [katrəvɛ̃]
81	***quatre-vingt-un*** [katrəvɛ̃ɛ̃]
90	***quatre-vingt-dix*** [katrəvɛ̃dis]
91	***quatre-vingt-onze*** [katrəvɛ̃ɔ̃z]
100	***cent*** [sɑ̃]
101	***cent un*** [sɑ̃ɛ̃]
200	***deux cent(s)*** [døsɑ̃]
211	***deux cent onze*** [døzɑ̃ɔ̃z]
1000	***mille*** [mil]
1001	***mille un*** [milɛ̃]
1002	***mille deux*** [mildø]
1100	***onze cents*** [ɔ̃zsɑ̃]
1308	***treize cent huit*** [trɛzsɑ̃ɥit]
2000	***deux mille*** [dømil]
100 000	***cent mille*** [sɑ̃mil]

le million [miljɔ̃] die Million
le milliard [miljar] die Milliarde

Ordnungszahlen

1er	***le premier*** [prəmje] der erste
1re	***la première*** [prəmjɛr] die erste
2^{e}	***le deuxième*** [døzjɛm] der zweite
	la deuxième [døzjɛm] die zweite
	le second [zgɔ̃] der zweite
	la seconde [zgɔ̃d] die zweite
3^{e}	***le*** *od* ***la troisième*** [trwazjɛm]
4^{e}	***quatrième*** [katrijɛm]
5^{e}	***cinquième*** [sɛ̃kjɛm]
6^{e}	***sixième*** [sizjɛm]
7^{e}	***septième*** [sɛtjɛm]
8^{e}	***huitième*** [ɥitjɛm]
9^{e}	***neuvième*** [nœvjɛm]
10^{e}	***dixième*** [dizjɛm]
11^{e}	***onzième*** [ɔ̃zjɛm]
12^{e}	***douzième*** [duzjɛm]
13^{e}	***treizième*** [trɛzjɛm]
14^{e}	***quatorzième*** [katɔrzjɛm]
15^{e}	***quinzième***]kɛ̃zjɛm]
16^{e}	***seizième*** [sɛzjɛm]
17^{e}	***dix-septième*** [disɛtjɛm]
18^{e}	***dix-huitième*** [dizɥitjɛm]
19^{e}	***dix-neuvième*** [diznœvjɛm]
20^{e}	***vingtième*** [vɛ̃tjɛm]
21^{e}	***vingt et unième*** [vɛ̃teynjɛm]
22^{e}	***vingt-deuxième*** [vɛ̃tdøzjɛm]
30^{e}	***trentième*** [trɑ̃tjɛm]
40^{e}	***quarantième*** [karɑ̃tjɛm]
50^{e}	***cinquantième*** [sɛ̃kɑ̃tjɛm]
60^{e}	***soixantième*** [swasɑ̃tjɛm]
70^{e}	***soixante-dixième*** [swasɑ̃tdizjɛm]
71^{e}	***soixante et onzième*** [swasɑ̃teɔ̃zjɛm]
80^{e}	***quatre-vingtième*** [katrəvɛ̃tjɛm]
81^{e}	***quatre-vingt-unième*** [katrəvɛ̃ynjɛm]
90^{e}	***quatre-vingt-dixième*** [katrəvɛ̃dizjɛm]
91^{e}	***quatre-vingt-onzième*** [katrəvɛ̃ɔ̃zjɛm]
100^{e}	***centième*** [sɑ̃tjɛm]
101^{e}	***cent unième*** [sɑ̃ynjɛm]
200^{e}	***deux centième*** [døsɑ̃tjɛm]
500^{e}	***cinq centième*** [sɛ̃sɑ̃tjɛm]
1000^{e}	***millième*** [miljɛm]
$1\,000\,000^{e}$	***millionième*** [miljɔnjɛm]

Zahladverbien

1° ***premièrement*** [prəmjɛrmɑ̃], ***primo*** [primo] erstens
2° ***deuxièmement*** [døzjɛmmɑ̃], ***secundo*** [zgɔ̃do] zweitens
3° ***troisièmement*** [trwazjɛmmɑ̃], ***tertio*** [tɛrsjo] drittens
4° ***quatrièmement*** [katrijɛmmɑ̃] viertens
5° ***cinquièmement*** [sɛ̃kjɛmmɑ̃] fünftens

Außerdem ist noch gebräuchlich:
en premier lieu [ɑ̃prəmjeljø] an erster Stelle = erstens,
en second lieu, en troisième lieu usw.;
en dernier lieu = letztens.

Bruchzahlen

$\frac{1}{2}$ ***(un) demi*** [(ɛ̃)dəmi] (ein) halb
$1\frac{1}{2}$ ***un et demi*** [ɛ̃edmi] eineinhalb, anderthalb
$\frac{1}{3}$ ***un tiers*** [ɛ̃tjɛr]
$\frac{2}{3}$ ***(les) deux tiers*** [(le)døtjɛr]
$\frac{1}{4}$ ***un quart*** [ɛ̃kar]
$\frac{3}{4}$ ***(les) trois quarts*** [(le)trwakar]
$\frac{1}{5}$ ***un cinquième*** [ɛ̃sɛ̃kjɛm]
$\frac{9}{10}$ ***(les) neuf dixièmes*** [(le)nœfdizjɛm]

0,5 ***zéro virgule cinq*** [zerovirgylsɛ̃k] null Komma fünf

7,35 ***sept virgule trente-cinq***

Vervielfältigungszahlen

fois autant [fwaotɑ̃] ...fach *od*
fois plus [fwaplys] ...mal mehr
deux fois autant zweifach
cinq fois autant fünffach
vingt fois plus zwanzigmal mehr
une quantité sept fois plus grande que ...das Siebenfache von ... *usw.*

Daneben sind gebräuchlich:
simple [sɛ̃plə] einfach
double [dublə] doppelt
triple [triplə] dreifach
quadruple [kwadryplə] vierfach
quintuple [kɛ̃typlə] fünffach
sextuple [sɛkstyplə] sechsfach
centuple [sɑ̃typlə] hundertfach

Sammelzahlen

une douzaine ein Dutzend
une huitaine etwa 8 (*auch* 8 Tage)
une dizaine etwa 10
une quinzaine etwa 15 (*auch* 14 Tage)
une vingtaine etwa 20
une trentaine etwa 30
une quarantaine etwa 40
une cinquantaine etwa 50
une soixantaine etwa 60
une centaine etwa 100
un millier etwa 1000

Bindung

Unter Bindung versteht man im Französischen die Aussprache eines gewöhnlich stummen Endkonsonanten eines Wortes, wenn das folgende Wort mit Vokal oder stummem h beginnt. Die gebundenen Wörter müssen dem Sinn nach zusammengehören.

Wir beschränken uns im Folgenden auf die wichtigsten unerlässlichen oder aber unmöglichen Bindungen.

1. Unerlässliche Bindungen

a) Artikel (+ Adjektiv) + Substantiv:

bzw. Demonstrativpronomen
bzw. Possessivpronomen
bzw. Zahlwort

les amis [le**z**ami]
aux armes [o**z**arm]
ces arbres [se**z**arbrə]
son habit [sɔ̃**n**abi]
deux élèves [dø**z**elɛv]
un petit homme [ɛ̃pti**t**ɔm]
trois petits enfants [trwapti**z**ɑ̃fɑ̃]
au premier étage [oprəmje**r**etaʒ]
un grand homme [ɛ̃grɑ̃**t**ɔm]
(d wird in der Bindung wie t gesprochen)
un certain âge [ɛ̃sɛrtɛ**n**ɑʒ]
(Die Endung [ɛ̃] der betreffenden Adjektive wird in der Bindung zu [ɛ] = Entnasalierung)
bon anniversaire [bɔ**n**anivɛrsɛr]
([bɔ̃] wird in der Bindung zu [bɔn] entnasaliert)

b) Personalpronomen bzw. ***on*** bzw. ***tout*** (+ ***en*** + Verb: bzw. + ***y***)

nous allons [nuzalɔ̃]
ils écoutent [ilzekut]
j'en ai [ʒɑ̃ne]
je vous en donne [ʒvuzɑ̃dɔn]
il les a vus [illezavy]
on y va [ɔ̃niva]
tout est fini [tutɛfini]

In umgekehrter Reihenfolge:

que dit-il? [kəditil]
sont-ils arrivés? [sɔ̃tilarive]
entend-elle? [ɑ̃tɑ̃tɛl]
(d wird in der Bindung wie t gesprochen)

prends-en [prɑ̃zɑ̃]
allons-y [alɔ̃zi]

c) ***c'est*** + folgendes Wort:

c'est un imbécile [sɛtɛ̃nɛ̃besil]
c'est incroyable [sɛ̃tɛ̃krwajablə]

d) Einige (besonders einsilbige) Präpositionen + folgendes Wort:

chez eux [ʃezø]
dans une cave [dɑ̃zynkav]
en hiver [ɑ̃nivɛr]
sans amour [sɑ̃zamur]
sous une table [suzyntablə]

e) Einige Adverbien + folgendes Wort:

très utile [trezytil]
bien aimable [bjɛ̃nɛmablə]
tout autour [tutotur]
plus heureux [plyzørø]
moins habile [mwɛ̃zabil]

2. Unmögliche Bindungen

a) nach ***et*:**
et il dit [eildi]

b) vor ***h aspiré*:**
les héros [leero]
en haut [ɑ̃o]

c) vor den Zahlen ***un*** und ***onze*:**
sur les une heure [syrleynœr]
ils sont onze [ilsɔ̃ɔ̃z]

d) vor ***oui*:**
mais oui [mɛwi]

e) zwischen Substantiv im Singular + Adjektiv:
cas intéressant [kɑɛ̃terɛsɑ̃]
prix élevé [prielve]

f) zwischen substantivischem Subjekt + Verb:
les amis arrivent [lezamiariv]

g) im Plural zusammengesetzter Substantive:
arcs-en-ciel [arkɑ̃sjɛl]
salles à manger [salamɑ̃ʒe]

Silbentrennung im Französischen

Die Trennung eines Wortes am Zeilenende erfolgt im Französischen nach Sprechsilben. Dabei gelten folgende Regeln:

1. Ein einzelner Konsonant zwischen zwei Vokalen tritt zur folgenden Silbe,

   z. B. **di-ri-ger, pay-san, la-va-bo, par-lé, thé-ra-peu-ti-que**

   Ausnahme: Bei x zwischen zwei Vokalen wird im allgemeinen nicht getrennt,

   z. B. **Saxon**

2. Von zwei oder mehr Konsonanten zwischen zwei Vokalen tritt nur der letzte Konsonant zur folgenden Silbe,

   z. B. **par-tir, ex-cur-sion, res-ter, doc-ker, chas-seur, nom-mer, ail-leurs** (mouilliertes l ist trennbar),

   cons-cience, subs-tan-tif (auch etymologische Trennung **con-science, sub-stantif** ist möglich, aber nicht üblich).

Dabei gelten folgende Ausnahmen:

a) Konsonant + l oder + r werden nicht getrennt,

   z. B. **ci-ble, es-clan-dre, an-glais, dé-sas-tre, af-freux, ins-truit**

b) Die einen einzigen Laut darstellenden Konsonantenpaare ch, gn, ph, th werden nicht getrennt,

   z. B. **ro-cher, ga-gner, or-tho-gra-phe**

3. Mehrere aufeinanderfolgende Vokale werden nicht getrennt,

   z. B. **théâ-tre, prière, sec-tion, voyage, muet, croyons, louaient**

Ausnahme: Eine Vorsilbe kann vom Stamm getrennt werden,

z. B. **pré-avis, an-ti-al-coo-li-que**

4. Ein einzelner Vokal eines Wortes kann nicht abgetrennt werden,

   z. B. **état, abré-ger, oser**

   Ausnahme: Nach Elision ist Trennung möglich,

   z. B. **qu'a-vec**

5. Nach dem Apostroph darf nicht getrennt werden,

   z. B. **au-jour-d'hui, puis-qu'il**

Zeichensetzung im Französischen

1. Punkt, Strichpunkt, Doppelpunkt, Fragezeichen, Ausrufezeichen, Anführungszeichen (im Französischen «») usw. werden wie im Deutschen gebraucht.

   An geringen Abweichungen sind zu erwähnen:

   Der Punkt wird in Abkürzungen wie **H.L.M., S.N.C.F., U.S.A.** usw. gesetzt.

   Kein Punkt steht nach Ordnungszahlen: **1**^{er} bzw. **1**^{re}, **2**^{e}, **3**^{e} usw.

   Das Datum wird so abgekürzt: **12/10/98**

   Das Ausrufezeichen steht nie nach der Anrede am Briefanfang:

   Monsieur,
   J'ai l'honneur de vous faire savoir ...

2. Einige bedeutende Abweichungen vom Deutschen sind dagegen beim Gebrauch des Kommas zu verzeichnen:

   a) Adverbiale Bestimmungen zu Beginn eines Satzes werden durch Komma abgetrennt:

   A trois heures, il n'était toujours pas arrivé.
   Avec lui, il faut se méfier.

   b) Nicht durch Komma abgetrennt werden dagegen:

   Objektsätze (**Je sais qu'il a tort.**)

   indirekte Fragesätze (**Je me demande s'il n'est pas malade.**)

   nachgestellte Adverbialsätze (**J'irai le voir avant qu'il parte.**)

   zum Verständnis des Hauptsatzes notwendige Relativsätze (**Le livre que tu m'as prêté ne me plaît pas.**)

   Infinitivgruppen (**Il m'a demandé de l'aider.**)

   c) Vor „etc." steht im Französischen ein Komma:

   Paris, Londres, Berlin, etc.

Die französischen Departments

01* **Ain** [ɛ̃] (***l'*** *m*)
02 **Aisne** [ɛn] (***l'*** *f*)
03 **Allier** [alje] (***l'*** *m*)
04 **Alpes-de-Haute-Provence** (***les*** *f/pl*)
05 **Hautes-Alpes** [otzalp] (***les*** *f/pl*)
06 **Alpes-Maritimes** (***les*** *f/pl*)
07 **Ardèche** (***l'*** *f*)
08 **Ardennes** (***les*** *f/pl*)
09 **Ariège** (***l'*** *f*)
10 **Aube** (***l'*** *f*)
11 **Aude** (***l'*** *m*)
12 **Aveyron** [avɛrɔ̃] (***l'*** *m*)
13 **Bouches-du-Rhône** (***les*** *f/pl*)
14 **Calvados** [-os] (***le***)
15 **Cantal** (***le***)
16 **Charente** (***la***)
17 **Charente-Maritime** (***la***)
18 **Cher** [ʃɛr] (***le***)
19 **Corrèze** (***la***)
2A **Corse-du-Sud** (***la***)
2B **Haute-Corse** (***la***)
21 **Côte-d'Or** (***la***)
22 **Côtes-d'Armor** (***les*** *f/pl*)
23 **Creuse** (***la***)
24 **Dordogne** (***la***)
25 **Doubs** [du] (***le***)
26 **Drôme** (***la***)
27 **Eure** [œr] (***l'*** *f*)
28 **Eure-et-Loir** (***l'*** *m*)
29 **Finistère** (***le***)
30 **Gard** (***le***)
31 **Haute-Garonne** (***la***)
32 **Gers** [ʒɛrs] (***le***)
33 **Gironde** (***la***)
34 **Hérault** [ero] (***l'*** *m*)
35 **Ille-et-Vilaine** (***l'*** *f*)
36 **Indre** (***l'*** *f*)
37 **Indre-et-Loire** (***l'*** *f*)
38 **Isère** (***l'*** *f*)
39 **Jura** (***le***)
40 **Landes** (***les*** *f/pl*)
41 **Loir-et-Cher** (***le***)
42 **Loire** (***la***)
43 **Haute-Loire** (***la***)
44 **Loire-Atlantique** (***la***)
45 **Loiret** (***le***)
46 **Lot** [lɔt] (***le***)
47 **Lot-et-Garonne** (***le***)
48 **Lozère** (***la***)
49 **Maine-et-Loire** (***le***)
50 **Manche** (***la***)
51 **Marne** (***la***)
52 **Haute-Marne** (***la***)
53 **Mayenne** [majɛn] (***la***)
54 **Meurthe-et-Moselle** (***la***)
55 **Meuse** (***la***)
56 **Morbihan** [mɔrbiɑ̃] (***le***)
57 **Moselle** (***la***)
58 **Nièvre** (***la***)
59 **Nord** (***le***)
60 **Oise** (***l'*** *f*)
61 **Orne** (***l'*** *f*)
62 **Pas-de-Calais** (***le***)
63 **Puy-de-Dôme** (***le***)
64 **Pyrénées-Atlantiques** (***les*** *f/pl*)
65 **Hautes-Pyrénées** (***les*** *f/pl*)
66 **Pyrénées-Orientales** (***les*** *f/pl*)

---

* Die Kennziffer des Departements erscheint in den beiden letzten Ziffern der französischen Autonummern (z. B. ***3471 CN 91***) sowie in den beiden ersten Ziffern der 5-stelligen französischen Postleitzahlen (z. B. ***Abbeville 80100***).

67 **Bas-Rhin** (***le***)
68 **Haut-Rhin** (***le***)
69 **Rhône** (***le***)
70 **Haute-Saône** (***la***)
71 **Saône-et-Loire** [son-] (***la***)
72 **Sarthe** (***la***)
73 **Savoie** (***la***)
74 **Haute-Savoie** (***la***)
75 **Ville de Paris** (***la***)
76 **Seine-Maritime** (***la***)
77 **Seine-et-Marne** (***la***)
78 **Yvelines** (***les*** *f/pl*)
79 **Deux-Sèvres** (***les*** *f/pl*)
80 **Somme** (***la***)
81 **Tarn** (***le***)
82 **Tarn-et-Garonne** (***le***)
83 **Var** (***le***)
84 **Vaucluse** (***le***)
85 **Vendée** (***la***)
86 **Vienne** (***la***)
87 **Haute-Vienne** (***la***)
88 **Vosges** [voʒ] (***les*** *f/pl*)
89 **Yonne** (***l'*** *f*)
90 **Territoire-de-Belfort** (***le***)
91 **Essonne** (***l'*** *f*)
92 **Hauts-de-Seine** [odsɛn] (***les*** *m/pl*)
93 **Seine-Saint-Denis** (***la***)
94 **Val-de-Marne** (***le***)
95 **Val-d'Oise** (***le***)

Lautschriftzeichen

Vokale

[a]	madame	[madam]
[ɑ]	phrase	[frɑz]
[e]	comité	[kɔmite]
[ɛ]	personne	[pɛrsɔn]
[ə]	le	[lə]
[i]	diriger	[diriʒe]
[o]	beau	[bo]
[ɔ]	mort	[mɔr]
[ø]	peu	[pø]
[œ]	cœur	[kœr]
[u]	groupe	[grup]
[y]	blessure	[blesyr]

Nasalvokale

[ɑ̃]	lampe	[lɑ̃p]
[ɛ̃]	vin	[vɛ̃]
[ɔ̃]	bonbon	[bɔ̃bɔ̃]
[œ̃]	lundi	[lœ̃di]

Halbvokale

[j]	bien	[bjɛ̃]
[w]	trois	[trwa]
[ɥ]	lui	[lɥi]

Konsonanten

[s]	précis	[presi]
[z]	rose	[roz]
[ʃ]	champignon	[ʃɑ̃piɲɔ̃]
[ʒ]	garage	[garaʒ]
[v]	visite	[vizit]
[ɲ]	campagne	[kɑ̃paɲ]
[ŋ]	parking	[parkiŋ]

[p], [t], [k] werden ohne den für das Deutsche typischen Hauchlaut gesprochen.
[b], [d], [g] werden sehr stimmhaft gesprochen.
Das [r] wird als Halszäpfchen-R gesprochen.
Alle anderen Konsonanten werden wie im Deutschen ausgesprochen.